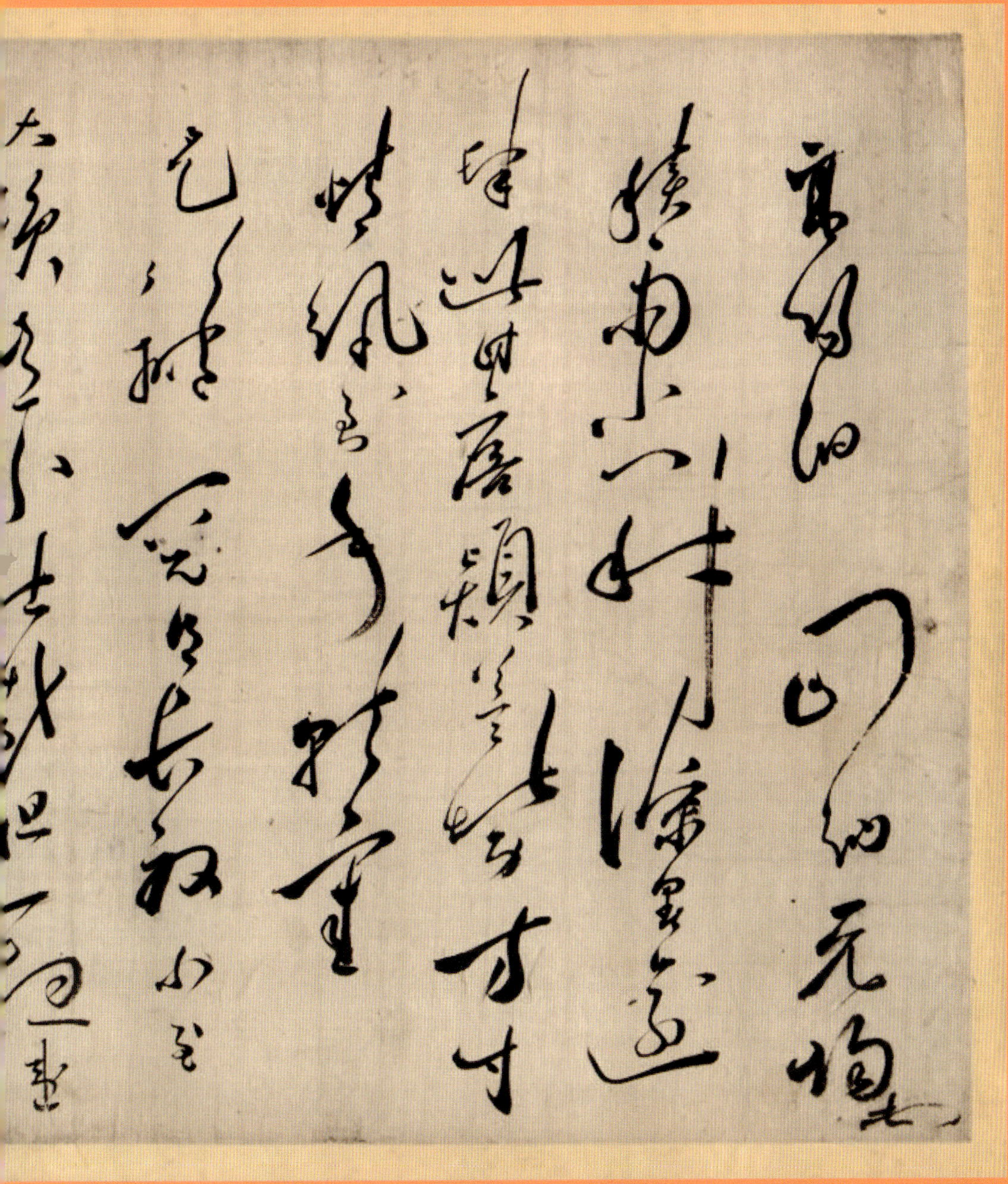

高陽洞 回納

積雨小寂 潦暑逾肆

此時詹頴 益勞方寸 情訊到手

就審 氣體 閱得長夏不至 大損 豈不壯哉

但一夜患 感 未足仰慮

弟狀日益 摧陷 無以攀援自力中

渾眷久在翳桑 頭髮 忽成半白

此何人斯

口室 飢乏 如在目擊 尤以是 焦心而已

若逢吾兒 傳此 遣之狀 如何

餘留不備

元均頓

고양동에 답장 올립니다.
오랫동안 내리던 비가 조금 뜸해지니 장마철 무더위가 갈수록 기승을 부립니다.
우러러 그리워하는 마음이 더욱 간절하던 차에 정감 어린 편지를 받았습니다.
긴 여름철에 큰 탈 없이 잘 지내셨다니, 이 얼마나 대단한 일입니까!
하룻밤 앓았던 감기쯤은 걱정하지 않아도 되겠지요?
저의 처지는 날마다 더욱 어려워져 스스로 부여잡고 일어설 힘조차 없습니다.
가족 모두가 오랫동안 굶주리고 있는지라 제 머리카락도 갑자기 반백이 되었습니다.
이 사람이 대체 누구란 말입니까?
고향 집의 궁핍함이 마치 눈앞에 보이는 듯하니, 속이 타들어 갈 뿐입니다.
만약 제 아들을 만나시게 되면, 이렇게 지낸다는 이야기를 꼭 전해주길 바랍니다.
다 쓰지 못하고 이만 줄입니다.

원균 올림

원릉군 편지에서 확인된 사실

우리는 원균의 편지를 분석함으로써 다음의 다섯 가지 사실을 확인하였다.

첫째, 원균의 편지는 수원도호부 고양동에 사는 절친에게 답장으로 보낸 것이다.
절친의 이름은 아마도 소놀 또는 최용이었을 가능성이 크다.

둘째, 이 편지를 쓴 시점은 선조 24년(1591) 음력 6월로 짐작된다.
그 당시 원균은 종성부사를 그만두고 서울 건천동에 와서 살고 있었다.
그런데 대간의 반대로 내정된 전라좌수사가 되지 못하고, 일시 관직을 잃은 상태였다.

셋째, 선조 23년에는 가을에 경기도의 벼의 수확이 좋지 않았으며, 그 이듬해인 선조 24년 여름에는 보리도 제대로 수확되지 않았다.
그래서 서울에 사는 사람이나 시골에 사는 사람이나 모두 연명하기 어려웠다.

넷째, 당시에 원균의 아들 원사웅은 이미 장가들어 처가인 능성구씨 집안에 동거하고 있었다. 아버지 원균은 사돈인 구씨의 사정이 자신보다 훨씬 나은 것으로 짐작하고, 수원 고양동의 친구를 통해 아들에게 자신의 처지를 알리고자 했다.

다섯째, 원균은 유교적 교양이 높은 명가(名家)의 자제로 한문에 능통했다.
그는 자신이 말하고자 하는 바를 간단명료 하면서도 격조 높은 문학적 표현으로 서술할 줄 아는 선비이자 무사였다.

글쓴이: 백승종

원균의 진실
역사적 기억의 조작

저자 백승종

저자는 독일 튀빙겐대학교 교수, 보훔대학교 한국학과장 대리 및 서강대학교 교수를 지냈고, 막스 플랑크 역사연구소, 프랑스 고등사회과학원, 경희대학교 및 한국기술교육대학교에서 초빙교수를 지냈다.

30여 권의 저서가 있는데 조선시대에 관한 것으로는 《상속의 역사》, 《신사와 선비》, 《조선, 아내 열전》, 《세종의 선택》, 《문장의 시대, 시대의 문장》, 《정조와 불량선비 강이천》, 《고성현령 원전과 진주목사 원사립》 및 《해월 최시형》 등이 있다.

한국출판평론학술상과 한국출판문화상을 수상했으며 다년간 한국출판문화상 심사위원을 역임하였다.

수년 전부터는 '원균 문제'의 심각성을 깨닫고 그에 관한 종합적인 연구에 착수하였다. 기왕의 연구 결과를 섭렵하고, 관련 자료를 샅샅이 검토한 결과 오늘에 이르러 이 책과 같은 대작(大作)을 저술하기에 이르렀다.

이 책을 통해 우리는 편견과 왜곡을 떨쳐내고 원균의 진실을 새롭게 발견한다. 또, 임진왜란 및 정유재란의 성격에 관하여서도 여러 가지 흥미로운 사실을 발견하게 될 것이다. 아울러, 이 책은 역사연구에 사료비판(史料批判)이 얼마나 중요한지 새삼 깨닫게 한다.

원균의 진실
역사적 기억의 조작

초판 인쇄 | 2025년 11월 14일
초판 발행 | 2025년 12월 15일

지은이 | 백 승 종
펴낸이 | 소 재 두

교　정 | 박진형 장원철
편　집 | 심재진
펴낸곳 | 논형
주　소 | 경기도 부천시 소사구 성주로 66, 2동 806호
전　화 | 02-887-3561
팩　스 | 02-887-6690
이메일 | jdso6313@naver.com
등　록 | 제386-3200000251002003000019호
ISBN 978-89-6357-999-3 (93900)

* 책값은 뒤표지에 있습니다.

원균의 진실

역사적 기억의 조작

백승종 지음

주제 1. 왜란의 시말(始末)

왜군의 진로(1592년)

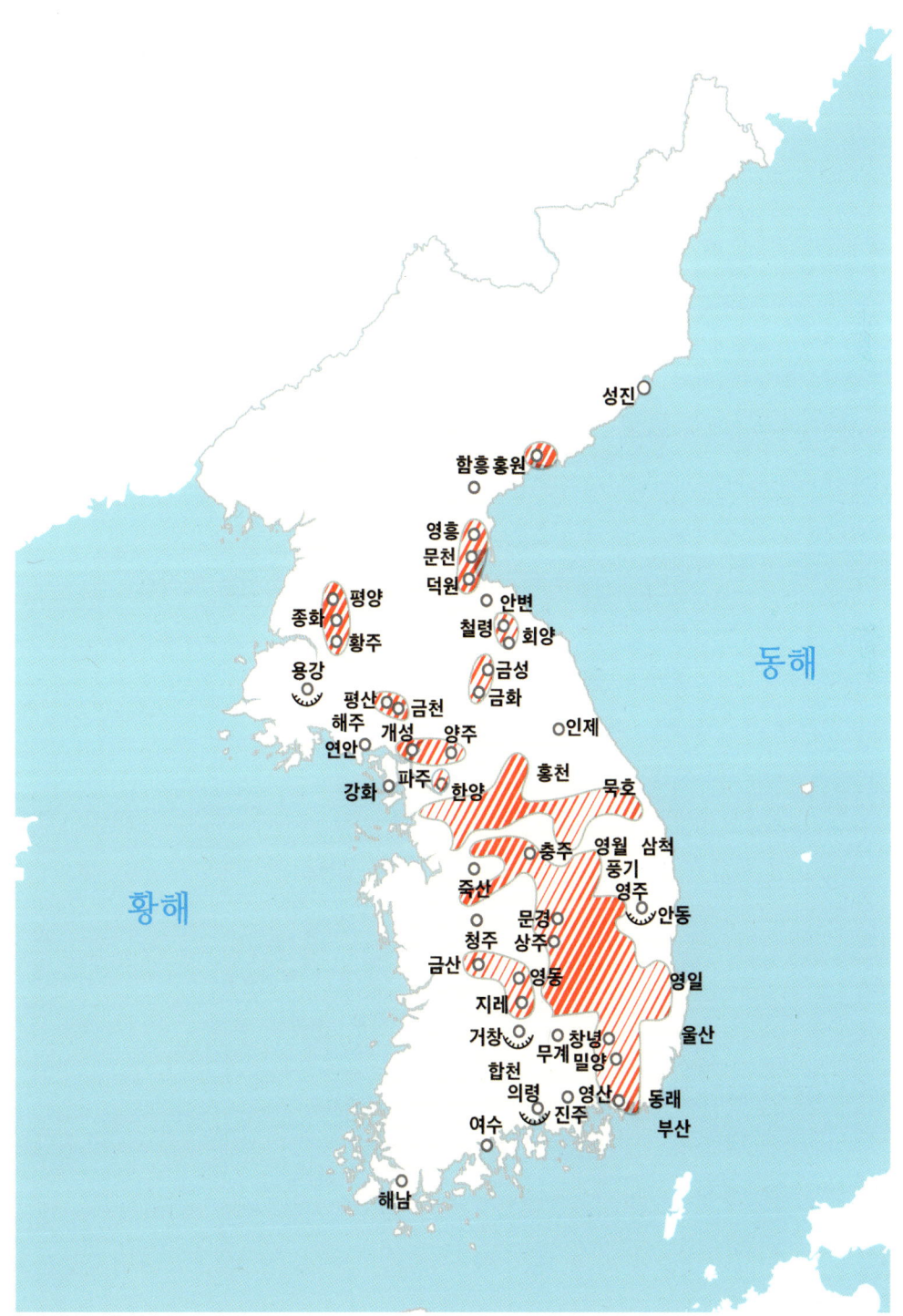

일본군의 최대 점령 지역(1592년 6월경)

진실이 빛나는 기록의 향기

진실이 빛나는 기록의 향기

주제 1. 왜란의 시말(始末)

왜군의 진로(1597년)

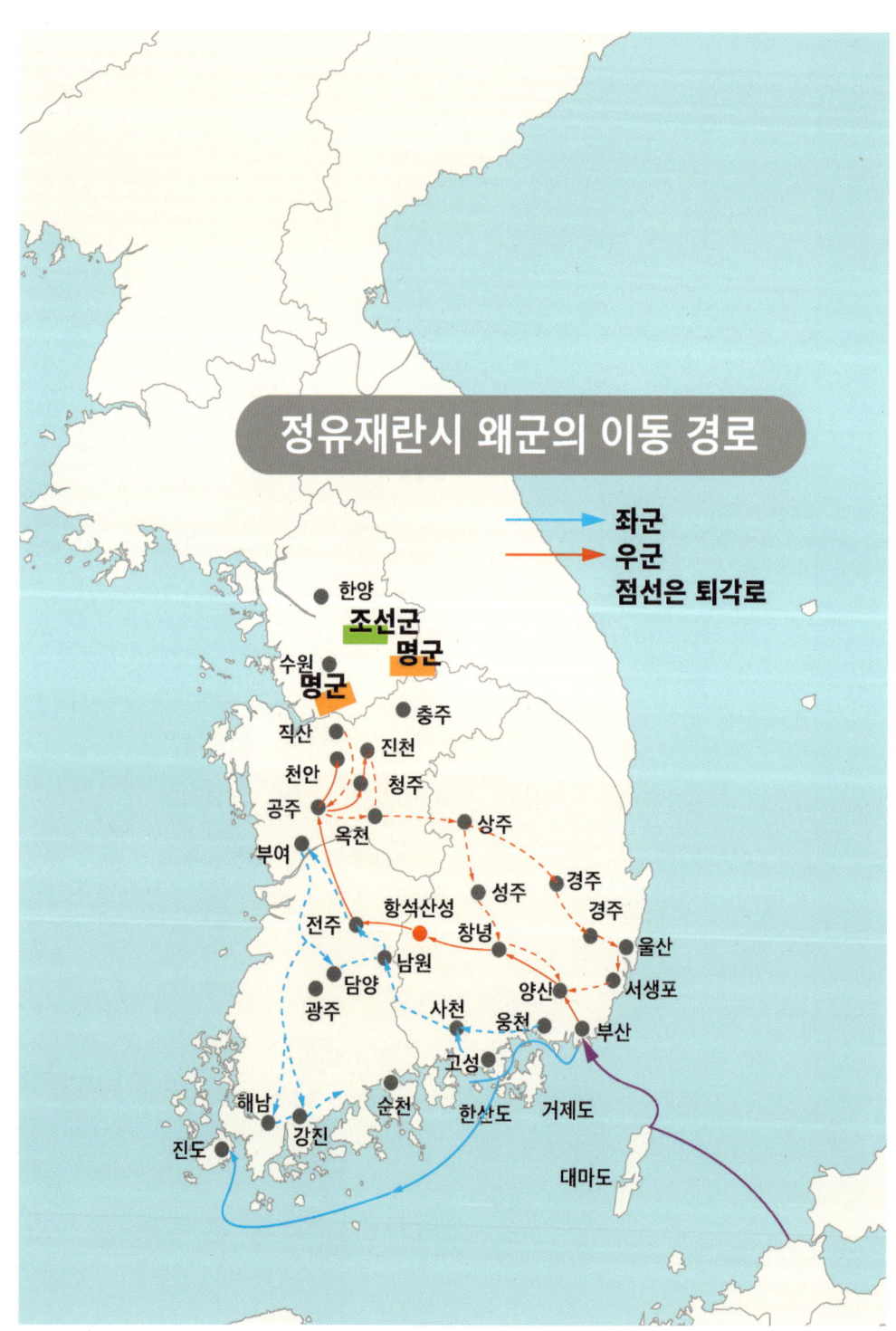

주제 2. 원균과 연합 수군의 승리

왜란 초기 원균이 집중적으로 방어한 사천과 곤양 일대

진실이 빛나는 기록의 향기

원균이 우려한 왜적의 소굴 안골포와 가덕도

진실이 빛나는 기록의 향기

주제 2. 원균과 연합 수군의 승리

조선 연합 수군의 1차 승리(1592년 5월)

마산
창원
7일 **9** 합포 승전
부산
7일 **10**
일 **11** 남포 숙박
\진포 승전
7일
8 옥포대첩
거제도

6일
7
송미포 숙박

진실이 빛나는 기록의 향기

주제 2. 원균과 연합 수군의 승리

기문포 해전이 벌어진 거제도 북부

원균이 순국한 춘원포 일대

진실이 빛나는 기록의 향기

진실이 빛나는 기록의 향기

주제 3. 이 책의 주요 자료

원균을 삼군통제사에 임명(선조실록, 선조30년1월28일)

이충무공전서에서 재발견한 정탁의 신구차

주제 3. 이 책의 주요 자료

김간이 저술한 원균행장(첫부분)

行狀

統制使贈左贊成公行狀

公의 諱는 均이오 字는 平仲이오 姓은 元氏니 系出原州라 高麗太祖統合三韓功臣兵部令諱克猷는 公之鼻祖也오 高祖諱蒙은 贈軍資監正이오 曾祖諱淑貞은 贈兵曹參議오 祖諱任은 贈戶曹參判이오 考諱俊良

733
은 贈領議政平原府院君慶尙左兵使오 母親贈貞敬夫人은 南原梁氏니 諱希曾之女라 公이 以嘉靖庚子正月五日에 生하니 火號捷有膂力이라 登武科하여 由宣傳官爲造山萬戶하여 討蕃胡有功으로 超拜富寧府使하고 俄移鍾城하여 從兵使李鎰하여 破時錢部落이러니 至壬辰하여 拜慶尙右水使하다 是年四月에 倭賊平秀吉이 傾國入寇하니 釜山東萊가 次第皆陷이나 公이 手下에 只有四船으로 不能敵하고 留虞候禹應辰하여 守本鎭하고 與玉浦萬戶李雲龍과 永登萬戶禹致績과 南海縣監奇孝謹으로 退保昆陽海口하고 遣裨將李英男하여 告性見全羅左水使李舜臣하여 請與合力禦敵하니 舜臣이 辭以所守가 各有界限이라하여 不聽이어늘 性返至五六이러니 會에 光陽縣監魚泳潭과 順天府使權俊이 馳詣舜臣하여 力贊下海之計하니 舜臣이 始許리라 舜臣이 已與賊으로 數次合戰하여 焚獲賊船十餘隻하니 各有功限이어늘 公이 率軍一柄하니 扇面當中에 書曰六月八日하야 秀吉이 付筑前守之物而是日所新賊將이 即筑前守也라 公이 所以必殺筑前守也라 與右水使李億祺로 來會于巨濟洋中하야 七日鎣明에 三道舟師가 齊進玉浦前洋하니 賊船이 擺列若蟻屯이어늘 公이 鳴螺直前하야 其中堅하고 舜臣等이 一時奮擊하야 乘銳崩之하야 遂焚賊船百餘隻하니 溺死者가 不可勝計라 所獲賊船中에 得金圓扇一柄하니 扇面當中에 書曰六月八日이라하고 右邊에 書羽柴筑前守五字하니 疑是秀吉이 付筑前守之物而是日所新賊將이 即筑前守也라 公이 所以殺敵하여 能以少破衆하니 是以로 所向無敵焉이러라 八日黎明에 三道舟師가 齊進玉浦前洋하니 賊船이 擺列若蟻屯이어늘 公이 鳴螺直前하야 衝其中堅하고 舜臣等이 一時奮擊하야 乘銳崩之하야 遂焚賊船百餘隻하니 溺死者가 不可勝計라 所獲賊船中에 得金圓扇一柄하니 扇面當中에 書曰六月八日이라하고 右邊에 書羽柴筑前守五字하니 疑是秀吉이 付筑前守之物而是日所新賊將이 即筑前守也라 公이 所以必殺筑前守也라 與右水使李億祺로 來會于巨濟洋中하야 七日鎣明에 三道舟師가 齊進玉浦前洋하니 賊船이 擺列若蟻屯이어늘 公이 鳴螺直前하야 衝其中堅하고 舜臣等이 一時奮擊하야 乘銳崩之하야 遂焚賊船百餘隻하니 溺死者가 不可勝計라 所獲賊船中에 得金圓扇一柄하니 扇面當中에 書曰六月八日이라하고 右邊에 書羽柴筑前守五字하니 疑是秀吉이 付筑前守之物而是日所新賊將이 即筑前守也라 公이 所以殺敵하여 能以少破衆하니 是以로 所向無敵焉이러라 日에 聞大駕去邪하고 率諸將하여 西向慟哭하고 遺弟公 餘으로 馳啟崩之하야 遂焚賊船百餘隻하니 溺死者가 不可勝計라 所獲賊船中에 得金圓扇一柄하니 扇面當中에 書曰六月八日이라하고 右邊에 書羽柴筑前守五字하니 疑是秀吉이 付筑前守之物而是日所新賊將이 即筑前守也라 公이 所以殺敵하여 能以少破衆하니 是以로 所向無敵焉이러라

原州元氏三司公派令節制使宗譜

진실이 빛나는 기록의 향기

원균의 공훈을 호평한 이산해의 아계유고

所患者潰散。而一登船上。則怯夫懦卒。皆奮必死之勇。是皆利於舟楫。而不利於陣馬。所謂我國之長於水戰者。此也。亂初。三路將士。漢南數百郡邑。豈無一人義士。而無城不陷。無戰不敗。至今其所稱道者。唯元均加德閑山之勝。李舜臣露梁之捷。而 皇朝 名將肅行 天討。兵威大盛。尙且南原之陷。晉州之潰。島山之退。前後相踵。獨有陳提督提兵數千。鏖賊海上。蓋提督與元，李二將。雖有絶人之勇略。而若置之南原，晉州，島山。則寧望其不陷不潰不退乎。此乃近日已試之驗。而愚夫愚婦之所共知也。今若不以所長。敵其所短。而乃反迎賊下陸。使賊伸其所長。使我屈於所

진실이 빛나는 기록의 향기

주제 3. 이 책의 주요 자료

1843년 진위읍지 인물조에 등장하는 원균과 그의 조카 원사립

주제 4. 원균의 공훈에 관한 포상

선조의 치제문

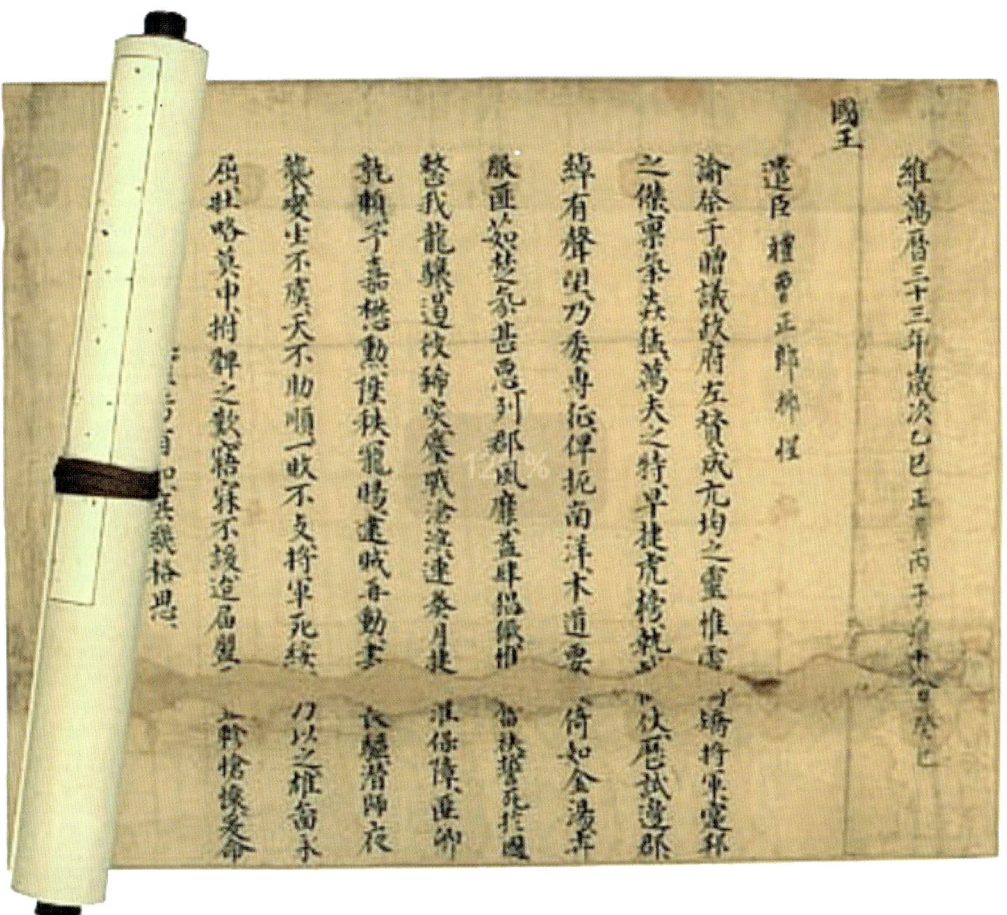

진실이 빛나는 기록의 향기

주제 4. 원균의 공훈에 관한 포상

선무1등공신교서(일부)

진실이 빛나는 기록의 향기

教書

資憲大夫知中樞府事贈効忠仗義迪毅協力宣武功臣崇祿大夫議政府左贊成兼判義禁府事原陵君元均書

王若曰見危立懽虎臣效敵愾之忠儻爵東動鷲紙擧酬勞之典式申寵贈用獎毅魂惟卿龍石人村山西將望李輕騎之猿臂百中爭能班定遠之虎頭萬里食肉蛇矛用壯豹略多奇清齋執戰之星妙譽蔚分符之地紆縈綬於北

진실이 빛나는 기록의 향기

주제 4. 원균의 공훈에 관한 포상

나라에서 세운 원균사당

원균의 묘소

진실이 빛나는 기록의 향기

진실이 빛나는 기록의 향기

주제 4. 원균의 공훈에 관한 포상

애마총

양세충효정문

진실이 빛나는 기록의 향기

주제 5. 원균과 원주원씨 집안

원릉군 원균장군 가계도
- 임진왜란 전후 원릉군 원균장균과 원씨일가의 공신을 중심으로

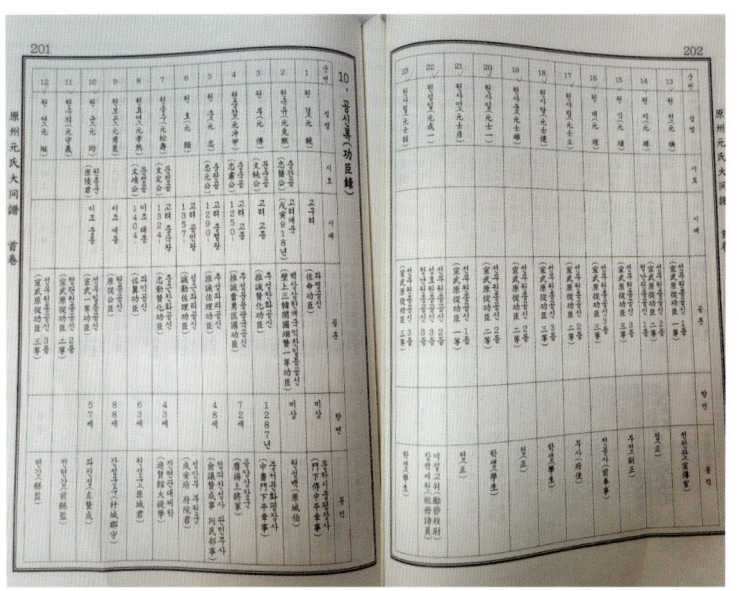

진실이 빛나는 기록의 향기

주제 5. 원균과 원주원씨 집안

원릉군 원균장군 가계도
- 임진왜란 전후 원릉군 원균장균과 원씨일가의 13 공신을 중심으로

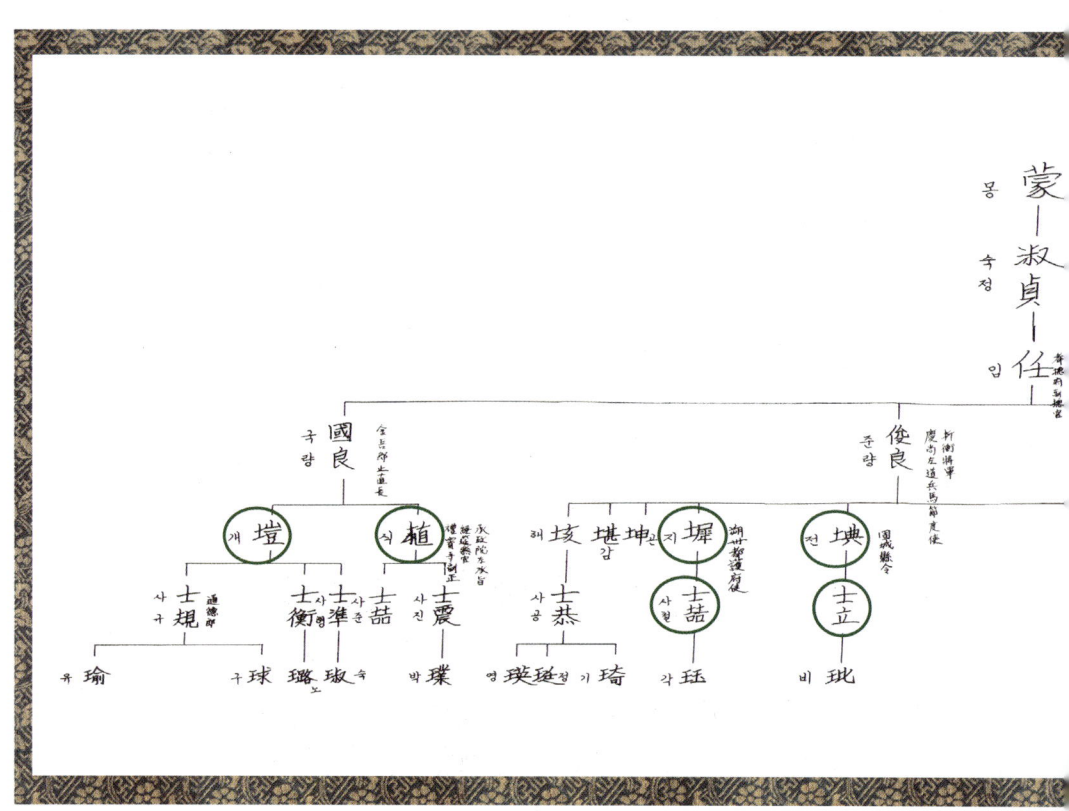

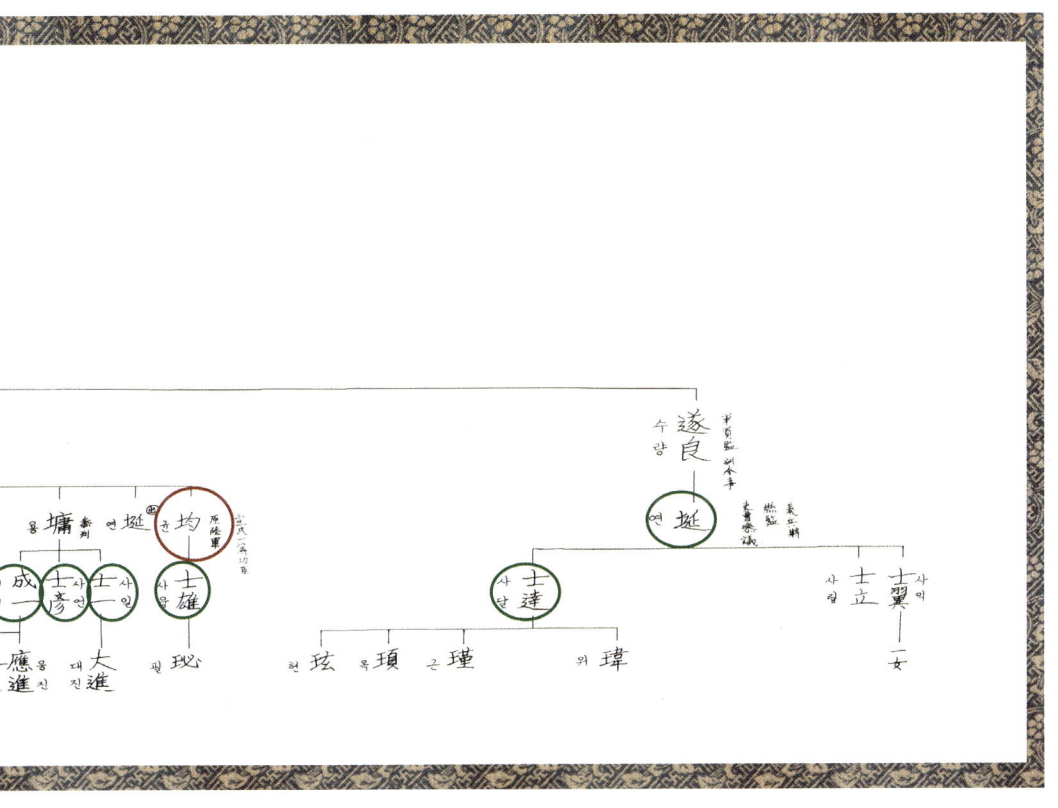

진실이 빛나는 기록의 향기

주제 5. 원균과 원주원씨 집안

원균 가계도

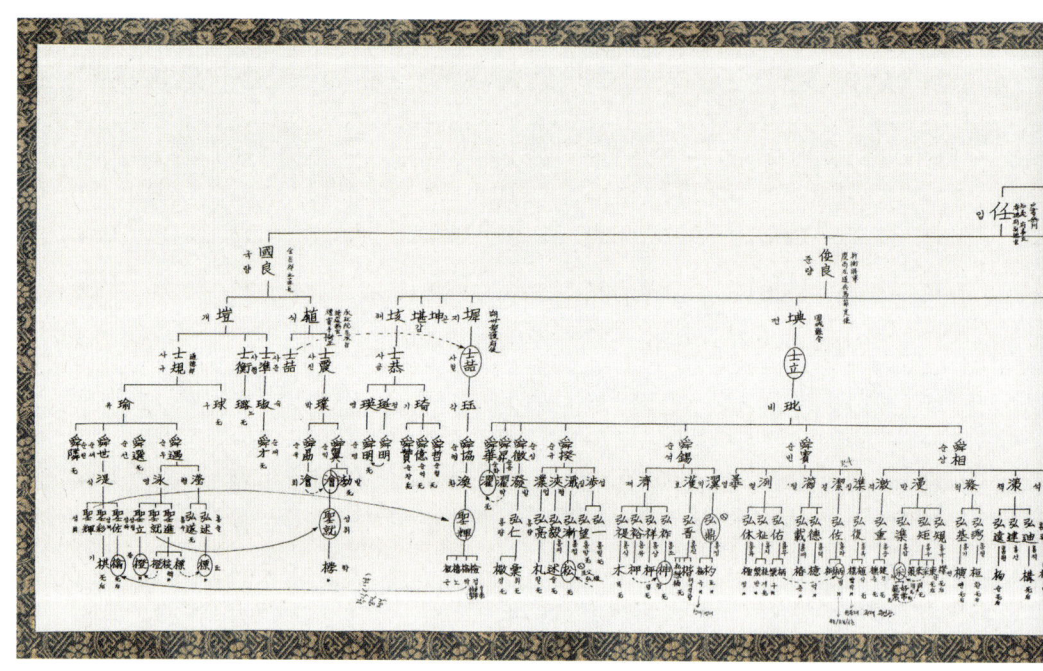

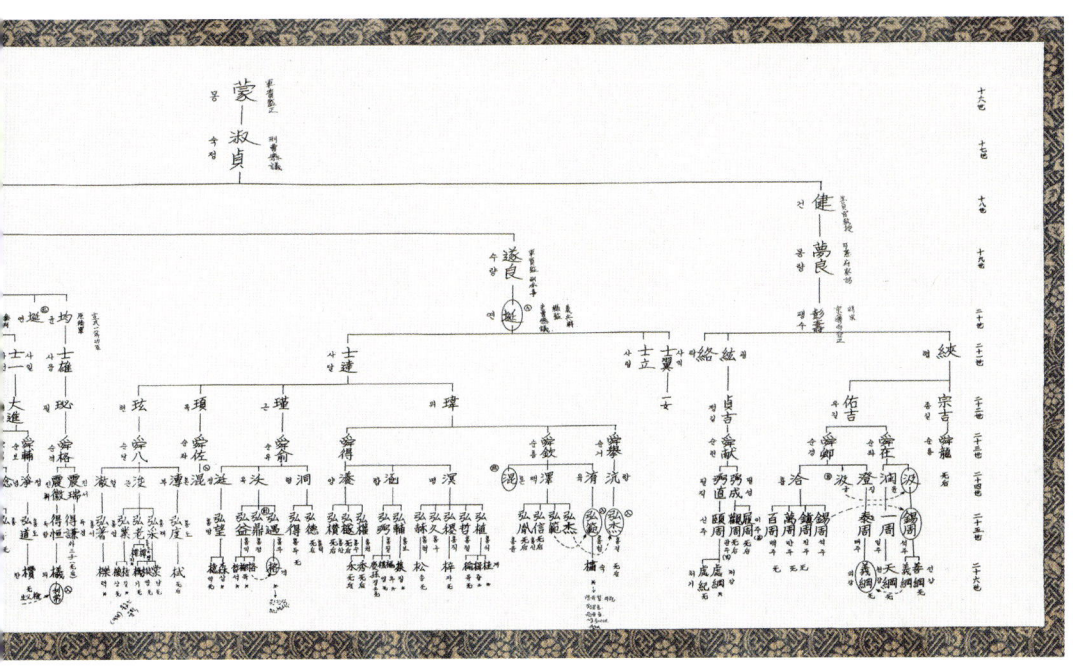

진실이 빛나는 기록의 향기

머리말

　원균, 그 이름을 떠올릴 때마다 마음이 무겁고 답답하다. 우리 역사에 이보다 더 남루하고 처참한 이름이 또 있을까. 누구나 마치 당연하다는 듯 그를 비웃고 깔보며 손가락질한다. 그만큼 쉽게 조롱거리가 되는 인물은 지나 온 역사에서 찾아보기가 어렵다. 믿지 못하겠거든 당장 인터넷 백과사전을 펼쳐 봐도 좋다. 임진왜란에 관한 인기 강사의 유튜브를 검색해 보아도 물론 좋다. 이처럼 넘쳐나는 원균에 관한 험담과 악평은 과연 역사적 진실일까.

　필자는 한 사람의 역사가로서 오랫동안 이순신에게 깊은 관심을 기울였다. 그것은 자연스러운 일이었다. 우연히도 필자는 그와 생일이 같았고, 많은 사람이 그러하듯 필자 역시 어린 시절부터 《난중일기》를 읽고 깊은 감명을 받았다. 또 직업이 역사가이기에 이순신과 수군에 관한 글을 많이 읽었다. 그래서 언젠가는 《이순신 백과사전》 같은 책을 써 볼 생각도 하였다. 이순신은 수군 대장으로 나라를 구한 명장이요, 그가 남긴 글 속에서는 엄격하고도 다정한 선비였다. 그동안 필자는 이순신의 선비다움을 칭찬하는 여러 편의 칼럼을 쓰기도 하였고, 그것을 주제로 강연에 나서기도 하였다.

　그러나 이순신을 가까이할수록 또 한 사람의 인물이 점점 더 필자의 마음속으로 파고들었다. 다름 아닌 '원균'이란 장수였다. 누구나 알다시피 이순신은 시간이 흐를수록 원균을 더욱더 증오하고 혐오해 《난중일기》에 온갖 악평을 도배하다시피 하였다. 그것이 이순신에게는 역사의 진실이었을 것이나 원균이 동의할 수 있는 진실은 아니었다. 설사 후세인 우리가 역사적 인물 이순신을 무한히 존경한다고 하여도, 우리와 그를 동일시할 필요가 있을까.

　주위를 한번 둘러보자. 지금 우리 사회에는 이순신과 자신을 동일시하는 사람들이 너무 많다. 심지어 어떤 이들은 지극히 개인적이고 주관적인 이순신의 판단과 신념을 절대적인 기준으로 삼아, 16세기 조선의 정치를 비판하고 허다한 역사적 인물들의 옳고 그름을 판단한다. 그들에게 이순신은 절대선(絶對善)이다. 이쯤 되면 참으로 위험한 사고방식이 아니겠는가.

돌이켜 보면 지난 반세기 동안에도 역사적 인물 원균을 제대로 평가하기 위해 노력한 지식인들이 여럿이었다. 그들은 원균의 억울함을 토로했고, 더럽혀진 그의 명예를 회복하기에 힘썼다. 또 그들은 원균을 공정하고 객관적인 잣대로 평가하자고 주장하였다. 그들은 각자의 전공에 따라 역사 서술이나 소설 또는 수필의 형태로 자신들의 견해를 제시하였다.

아쉽게도 그 대부분은 금세 역사의 뒤편으로 밀려났다. "간신", "악장(惡將)", "겁장(怯將)" 또는 "탐욕스럽고 비루한 자"라는 원균의 이미지가 너무나도 완강하게 버티고 있어서였다. 누가 무슨 말을 해도 사람들은 원균을 좋게 보지 않는다. 설상가상으로 이순신을 연구하는 학자들은 '아무리 좋게 보아도 원균은 결코 명장이 아니다'라든가 '역사 기록을 보면 원균을 비난하는 글이 대부분이다'라는 안이한 평가로 새로운 논의가 시작되는 것 자체를 부정한다. 그래서 원균에 관한 새로운 이해는 사람들의 관심을 끌기가 매우 힘들다.

나이도 적지 않은 필자가 원균 연구를 시작하자 주위에서 모두 말렸다. "만약 원균에 관해 제법 쓸만한 연구 성과가 나오더라도 세상은 너의 견해를 수용하지 못할 것"이라면서 친지들은 필자의 미래를 걱정하였다. 아마 친구와 지인들의 충고가 현실적으로 옳은 판단일지도 모른다. 사악한 이미지로 가득한 원균의 역사적 위치가 누군가의 책 한 권으로 크게 달라질 수 없을 거라는 걱정이 있다.

그러나 지식인이란 어떤 사람인가? 더구나 필자와 같은 '미시사가(Microhistorian)'란 무엇을 연구하는 것이 옳은가. 이 책에서 역사적 인물 원균을 논하는 까닭은 역사적 진실에 한 걸음 다가서기 위해서다. 수백 년 동안 응어리진 그의 한을 풀어주기 위해서 책을 쓰는 것이 아니다. 일부러 그를 변명하고, 그의 공적을 부풀려 선전하려고 이렇게 두꺼운 책을 저술하는 것이 아니다. 미시사가로서 필자의 가장 큰 관심사는 역사적 수사(搜査)의 기법을 구사해 과연 원균에 관한 통설을 뒤집을 수 있는가 하는 점이다. 대다수 사람들이 쉽게 동의하는 원균의 못되고 못난 모습, 그것이 역사적 진실과는 다르다는 점을 다양한 통로를 통해 확인할 수가 있는지, 이를 알아보는 것이다.

연구 결과, 원균은 또 한 사람의 명장이었고, 그에 관해 우리가 알고 있는 것은 대부분 조작된 기록이었다. 역사적 진실의 의도적 왜곡과 의도적 망각이 있었고, 그 때문에 원균에 관한 잘못된 통념이 굳어졌다. 이 책을 쓰면서 필자는 그러한 사실을 거듭 확인하였다.

그럼 이제 이 책을 쓰기 위해 설정한 다섯 개의 과제를 간단히 소개하겠다.

첫째 과제는 원균에 관한 역사적 기억이 어떻게 왜곡되고 와전되었는가를 알아내는 것이다. 이 질문에 대한 답을 찾으려고 필자는 전기 자료와 상소문, 그리고 임진왜란과 정유재란을 연구하는데 필수적인 역사책을 집중적으로 분석하였다. 가령 《난중일기》와 《징비록》이 그것이다.

둘째로, 공적 기록과 사적 문서를 상세히 검토하여 원균이란 장수가 왜란 중에 어떠한 역할을 하였는지를 재구성하는 작업이다. 〈선조실록〉을 비롯하여 〈선무 일등공신 교서〉 및 〈원릉군 행장〉이야말로 문제 해결에 가장 중요한 자료들이다. 이와 같은 여러 자료의 행간을 꼼꼼히 살필 때 비로소 원균은 어떠한 사람이었고, 왜란 때 어떠한 공훈이 있었는지를 정확히 알 수 있다.

셋째로, 역사에 회자(膾炙)되는 원균에 관한 악평의 근원을 캐기로 작정하였다. 가장 중요한 승부처는 그의 최후에 벌어졌다는 이른바 "칠천량해전"의 진실이다. 이 문제를 제대로 해결하려면 우선 통제사 원균의 재량권이 어느 정도였는지를 알아야 한다. 또 이른바 '칠천량해전'의 서사가 실제로 일어난 역사적 사건과 일치하는지도 잘 살펴야 한다. 아울러 원균이 세상을 떠나면서 남긴 180척의 판옥선이 과연 어떻게 해서 사라졌는지도 밝혀야 한다.

넷째로, 우리는 원균이 역사에 남긴 유산이 무엇이고, 그것이 언제 그리고 왜 사라졌는지 알아야 한다. 분명히 말하지만, 원균은 그 나름으로 후세에 뚜렷한 메시지를 남겼다. 그러나 그의 역사적 유산은 "망각의 늪"에 빠지고 말았다. 왜, 그런 일이 일어났을까 하는 어려운 물음에 대해서도 대답해야 한다.

다섯째로, 21세기의 시민들이 원균과 어떻게 다시 만나야 할지도 연구 대상이다. 우리는 임진왜란과 정유재란의 역사를 어떻게 읽어야 하는가? 그리고 그 역사를 통해 과연 새로운 지식 정보를 생산할 수 있는가. 이러한 문제도 회피하지 않을 것이다. 오늘날 시민의 역할은 지식과 정보의 단순 소비자에 그치지 않는다. 그들은 지식 정보의 역동적인 생산자이기도 하다. "프로슈머(Prosumer)", 즉 생산과 소비를 동시에 하는 존재이다. 그런데 시민의 지적 활동을 제약하는 '가짜 뉴스'가 횡행하고 있어, 이 또한 큰 걸림돌이다. 이 문제를 우리는 장차 어떻게 풀 것인가? 여기에 심각하게 제기되는 또 하나의 과제가 있다. 날마다 시민들이 이용하는 인터넷 백과사전의 왜곡과 부실함이다. 이 문제 역시 원균의 진실을 밝혀 냉철하게 분석할 것이다.

원균의 역사적 진실을 발견하는 작업은 쉬운 일이 아니었다. 그것은 험난한 가시

밭길이요, 사방이 지뢰밭이나 다름없었다. 최근 여러 해 동안 이 문제를 진단하고 해결하기 위해 책상 앞에서 오랜 시간을 보냈다. 음과 양으로 게으르고 재주 없는 나를 끝없이 응원하고 격려해 주신 분들이 적지 않았다. 페이스북에 원균에 관한 글을 올릴 때마다 '좋아요'를 눌러주고 깨우침을 주는 댓글을 달아주신 여러 벗님께 감사드린다. 또 원균의 진실에 관심을 가진 평택 시민의 단톡방 '원균장군문화벨트 시민연대'와 '원균학당'의 여러분께도 그동안 한결같이 성원하고 격려해 주어서 대단히 감사하다는 말씀을 드리고 싶다. 아울러 여러모로 부족한 연구 결과를 모임에서 발표할 수 있도록 주선하여 준 여러 학술단체와 시민들에게도 깊이 감사드린다.

끝으로 이른 아침이나 늦은 밤 그리고 휴일까지도 필자는 원균의 진실에 사로잡혀 가장의 책무를 소홀히 할 때가 많았는데, 불평하지 않고 언제나 등을 토닥여준 사랑하는 아내와 딸에게 '그대들 덕분에 이 과제를 완수했다'라는 인사말을 드린다. 스스로 정한 과제를 일단 마칠 수 있게 되어 기쁘다.

지난 시간, 누군가 의도적으로 파묻어 버린 역사의 진실, 많은 장애물을 걷어내고 우리가 거기에 도달하기란 참 어려운 일이다. 성심껏 노력하였으나, 이 책에는 부족한 점이 많을 줄로 안다. 그래도 누군가는 이 길을 따라 더욱더 멀리 나아가기를 바랄 뿐이다. 우리는 애타는 마음으로 역사의 진실을 추구한다. 턱없는 비하도 무조건의 칭송도 아닌 진실의 힘, 그 위대한 역사적 힘이 우리를 희망의 새 길로 인도할 것이다.

2025년 초가을
평택 석양재(石羊齋)에서 백승종 씀

차 례

원균의 편지 _ 면지
진실이 빛나는 기록의 향기 _ Ⅳ
머리말 _ 5

서 장 원균의 진실. 왜, 필요한가! _ 13
제1절 저술의 목적 _ 18
제2절 임진왜란, 정유재란 그리고 조선 수군 _ 23
제3절 역사의 거울에 비친 원균의 생애 _ 78

제1부 역사적 기억의 왜곡과 와전 _ 93

제1장 이운룡과 강덕룡의 전기자료 해부 _ 96
제1절 원균과 이운룡 - 역사의 진실을 찾아서 _ 97
제2절 원균과 강덕룡 - 역사적 텍스트의 변조 _ 159

제2장 정탁의 〈신구차〉 _ 185
제1절 〈신구차〉 다시 읽기 - 선조 30년 봄, 이순신 하옥 사건의 정치적 의미 _ 186
제2절 역사적 텍스트의 왜곡 - 정탁의 〈신구차〉 _ 195
제3절 정탁은 세상과 자신을 속였을까? _ 207

제3장 이순신의 《난중일기》 _ 217
제1절 어렵게 성사된 원-이 연합군 _ 221
제2절 《난중일기》에서 확인한 원균과 이순신의 갈등 _ 236
제3절 원-이 갈등을 부추긴 사람들 _ 245
제4절 이순신의 일기와 원균의 〈장계〉 - 같고도 다른 기록 _ 252

제4장 유성룡의 《징비록》 _ 263
제1절 《징비록》이 만든 비겁하고 치사한 원균 상(像) _ 264
제2절 《징비록》을 쓴 이유 - '주화오국(主和誤國)'이란 시비 _ 287
제3절 에도 시대의 역사 인식과 《징비록》 - "용장(勇將) 원균"의 수난 _ 301
제4절 제자 정경세의 유성룡 변호 _ 308
제5절 이산해의 유성룡 비판 _ 327

제2부 역사적 진실의 재구성 _ 335

제1장 〈선조실록〉의 행간 _ 340
   제1절 수군 연합함대의 수훈(제1기 1592~1593년) _ 341
   제2절 조선 수군의 위축(제2기 1594~1596) _ 363
   제3절 정유재란의 회오리(제3기 1597년 상반기) _ 403

제2장 김간의 〈원균행장〉 _ 428
   제1절 김간의 <원균행장>에 관한 주석 _ 431
   제2절 원균과 임진왜란의 심층적 이해 _ 460

제3장 〈원균 선무공신교서〉의 이해 _ 477
   제1절 원균을 "선무 일등공신 제3인"으로 책록하는 교서 _ 479
   제2절 이순신의 공신교서와 비교 _ 488
   제3절 선무공신의 선정 _ 499

제4장 원균의 전략과 전술 _ 521
   제1절 왜란의 개시와 원균의 대응 _ 523
   제2절 연합함대 전성기 원균의 전략 _ 544
   제3절 통제사 시절의 전략과 전술 _ 550

제3부 원균의 최후 _ 565

제1장 층층시하의 삼도수군통제사 _ 570

제2장 통제사 원균의 군비 확장 _ 613
   제1절 판옥선의 건조(建造) _ 615
   제2절 제도의 개편 – 통제영 직할부대의 강화 _ 622
   제3절 이순신 직계 세력의 포용 _ 627

제3장 '칠천량해전'이란 전설 _ 631
   제1절 위험천만한 부산포 공격론 _ 633
   제2절 이른바 '칠천량해전'은 전쟁문학의 산물 _ 640
   제3절 칠천량의 진실은 무엇일까 _ 663

제4부 사라진 원균의 유산 _ 697

제1장 조선 수군의 위엄 _ 701
   제1절 수군의 공적 _ 702
   제2절 공훈이 빛나는 장수들 - 원균의 부장들 _ 731
   제3절 왜란 직후의 수군 _ 738

제2장 17세기 전반 신군부의 변화 - 삼도수군통제사 _ 750
   제1절 양대 계파가 아닌 통제사들 _ 752
   제2절 통제사가 된 이순신과 원균의 부하들 _ 756
   제3절 다양한 계통의 참전 장수들 _ 766
   제4절 인조와 가까웠던 신군부 _ 776

제2장 부록: 이순신의 조방장 _ 790

제3장 배제와 혐오 그리고 망각의 역사 _ 812
   제1절 당대의 문신들과 원균의 대립 _ 816
   제2절 초당파적 혐오와 배제 _ 829
   제3절 18세기에는 사회적 통념으로 굳어진 혐오와 배제 _ 842

제5부 민주 시민의 역사 읽기 _ 853

제1장 17세기의 전형적인 가짜 뉴스 - 백호 윤휴의 〈통제사 이충무공의 유사〉 _ 860
   제1절 왜란 초기에 원균이 도망쳤다는 거짓말 _ 861
   제2절 원균은 배신자라는 거짓말 _ 867
   제3절 원균의 최후도 편파적으로 서술 _ 875

제2장 인터넷 백과사전의 교정 _ 879
   제1절 인터넷 백과사전의 내용 _ 880
   제2절 백과사전의 비판 _ 893

종장 - 원균의 역사적 진실에 대하여 _ 901
   제1절 요약과 결론 _ 904
   제2절 역사를 위하여 _ 908

부록: 원균의 진실에 관한 중요 자료 선집 _ 915
　1. 원균을 선무 일등공신으로 책봉하는 〈교서〉_ 915
　2. 선조의 〈치제문〉_ 923
　3. 《실록》에서 만난 원균 _ 925
　4. 원균의 편지(1591년 여름) _ 1065
　5. 동아시아의 주요사건 연표 _ 1075
　6. 원균 연보 _ 1079

참고문헌 _ 1083
색인 _ 1091

서장

원균의 진실. 왜, 필요한가!

서장
원균의 진실. 왜, 필요한가!

元均眞實

1. 일본의 조선 침략

　선조 25년(1592) 4월 13일, 일본의 실권자인 도요토미 히데요시(豐臣秀吉)는 약 16만 명의 병력을 동원하여 조선을 침략하였다. 명백한 침략전쟁이었다. 햇수로 7년 동안이나 그 전쟁이 계속되어 인적 물적 피해가 극심하였다. 침략을 받은 조선의 피해가 가장 컸으나, 침략자 일본과 조선을 지원한 명나라의 손실도 적지 않았다. 마침내 선조 31년(1598) 가을에 침략자 히데요시가 죽자 그해 겨울에 일본군은 조선에서 완전히 철수했다. 일본의 침략전쟁은 본래의 목적을 달성하지 못하고 끝난 것이다.
　그러나 이 전쟁으로 말미암아 동아시아 각국의 운명이 달라졌다. 침략전쟁을 일으킨 도요토미 히데요시 정권은 해체되었고, 도쿠가와 이에야스가 그 뒤를 이어 일본의 패권을 거머쥐었다. 또 명나라는 조선을 구원하기 위해 국력을 소진하여 만주족을 철저히 통제하지 못한 까닭에 망국의 비운을 맞이하였다. 그리고 조선은 전쟁으로 폐허가 된 국토를 재건하기에 힘이 부쳤다. 설상가상으로, 북방에서 일어난 만주족(여진족)이 급속히 성장해, 조선은 만주족의 침략을 어떻게 막을 것인가 하는 문제로 고심하기에 이르렀다. 한 마디로, 침략전쟁이 끝난 뒤에도 동아시아는 어수선하였다.

2. 공신의 책봉

　전쟁이 끝나자 선조는 사회적 혼란을 수습하고 왕조의 위신을 세우기에 힘썼다. 우선 전쟁에서 공을 세운 신하들을 표창함으로써, 선조는 왕권을 강화하고 사회적 분위기를 새롭게 하려고 하였다. 즉 침략군을 물리쳐 나라를 구한 신하들을 '선무공신(宣武功臣)'으로 삼았고, 멀리 의주까지 왕을 수행하느라 고생한 신하들을 '호성공신(扈

聖功臣)'으로 표창하였다. 아울러 전쟁 중에 일어난 이몽학의 난을 평정한 신하들을 '청난공신(淸難功臣)'으로 뽑았다. 모든 공신이 그러하듯, 위의 삼 공신도 각기 '정공신(正功臣)'과 별도의 '원종공신(原從功臣)'을 책봉하였다.

누구를 공신으로 책봉하는가 하는 문제는 복잡하고도 어려운 일이었다. 특히 선무공신을 뽑기가 가장 어려웠다. 7년간 전쟁을 치렀기에 장수들의 공적을 일일이 따져 공훈이 가장 많은 몇 명의 장수를 뽑기란 매우 까다롭고 성가신 작업이었다. 그래서 '공신도감(功臣都監)'이라는 특별위원회를 구성해 여러 해 동안 공훈 평가를 했다.(《실록》, 선조 34년 5월 7일) 조정 대신과 실무 관리가 머리를 맞대고 엄격한 심사를 하였는데, 의견을 통일하기가 쉽지 않았다. 많은 토론을 벌인 끝에 선조 37년 6월 25일에 그 결과를 공표했다. 이순신, 권율 및 원균 3명이 선무공신 가운데서도 제1등으로 뽑혔다. 그에 더하여 15명의 장수가 제2등과 제3등으로 선정되었다.(《실록》, 선조 37년 6월 25일)

조정의 여론은 두 가지 점에서 일치하였다. 첫째, 왜란 때 가장 공이 현저한 것은 조선 수군이요. 둘째, 수군을 대표하는 장수는 이순신과 원균이란 사실이었다. 이순신의 공이 원균보다 매우 크다며 원균을 제2등으로 삼자는 주장도 있었으나, 선조를 포함한 다수 의견은 두 장수의 공이 엇비슷하므로 권율과 함께 3명을 제1등 공신으로 정하기로 하였다.

3. 논란에 휩싸인 원균

그런데 세월이 흐르자 선무공신 제1등인 원균에 대한 비판이 크게 일어났다. 조선 후기가 되자 세간의 평은 완전히 한쪽으로 기울어, 이순신은 나라를 구한 "성웅(聖雄)" 또는 백전불패의 "군신(軍神)"으로 숭배하는 사람이 많아졌다. 그 반면에 원균은 "악장(惡將)" 또는 "비겁자", "간신"으로 폄하되었다. 일각에서는 원균을 왜군보다 더 미워하는 경향도 있었다. 요컨대 이순신이 칼을 뽑아 든 고결한 성인군자라면, 원균은 놀부의 심보를 가진 비열하고 탐학한 무뢰한인 것처럼 격하되었다.

21세기 한국사회에서도 그처럼 낡은 통념을 고집하는 사람이 적지 않다. '이순신은 나라를 구한 명장'이요, '원균은 비겁하고 무능한 바보'라는 통념이 사회 곳곳에 스며있다. 예컨대 선거철이 되면 괴상한 비유가 난무해, 자기편은 이순신이요, 상대

진영은 원균이라는 비방이 등장하기 일쑤다. 한국사회에서 원균이란 이름은 불의와 무능의 상징어처럼 사용될 때가 적지 않은 것이다.

4. 미시사가의 사명

필자는 이른바 미시사가(Micro-historian)에 속하는 사람이다. 여기서 말한 "미시사"란 무엇인가? 여러 가지 정의가 가능할 테지만, 그 요점은 심층적이고 복합적인 분석을 통해 역사적 상식과 통설의 허구를 발견하는 것이다. 이른바 정설(定說)에 균열을 냄으로써 그것을 뒤엎는 것이 미시사가의 할 일이다.

미시사를 쓰려면 검토 대상을 축소해야 한다. 마치 현미경으로 들여다보듯 역사적 기록을 깊이 있게 분석하기 위해서이다. 현미경으로 들여다본다는 말은, 정밀한 분석을 통해 이전에 누구도 발견하지 못한 새로운 사실이나 의미를 찾아낸다는 것이다. 그렇게 함으로써 미시사가는 더 큰 틀에서 또는 더욱더 심층적인 관점에서 연구 결과를 일반화할 수 있다.

이 책에서 밝히려는 "원균의 진실"은 그 한 사람에 국한된 연구가 아니다. 나라를 구한 명장인데도 후세에 누명을 쓰게 된 원균의 억울함을 호소하는 데서 그치는 것이 아니다. 원균의 진실을 알게 됨으로써 우리는 원균과 이순신의 경쟁과 대립의 이면에 존재한 역사의 중층성을 만나게 된다. 원균의 문제는 조선 역사를 넘어 16~17세기 동아시아 여러 나라의 역사와 연결되어 있었고, 그것은 아시아에서 팽창을 꾀하던 서양 세력의 움직임과도 관계가 있었다. 이 책은 원균에 관한 서술이 대부분이지만, 그와 동시에 16세기 후반의 조선 사회를 입체적으로 바라보는 시도가 될 것이다.

5. 서장의 구성

여기서는 다음의 세 가지 사항을 서술할 것이다. 먼저 이 책의 저술 목적을 구체적으로 설명하겠다. (제1절) 원균의 진실을 만난다는 것은 역사 속에서 험하게 구겨진 '원균의 명예회복'에 그치지 않는다는 사실을 설명하려고 한다.

이어서 원균과 이순신 등이 두각을 나타낸 임진왜란과 정유재란의 흐름을 정리하겠다. (제2절) 아울러 그 당시 조선 수군의 특징도 살피고, 기나긴 전쟁 동안에 동아시아 사회에서 새롭게 일어났던 상호교섭의 다양한 모습을 스케치할 것이다.

끝으로, 역사의 거울에 비친 원균의 모습이 어떠한지를 분석하겠다. (제3절) 그동안 그의 활동과 업적에 관하여 다양한 평가가 축적되었는데, 그 평가는 크게 엇갈렸다. 대부분은 극도로 부정적인 관점에서 바라보았으나, 그의 업적을 긍정적인 측면에서 재평가한 연구도 있었다. 기왕의 서술을 참고하면서 이 책에서는 진실에 더욱더 가까이 다가서려고 할 것이다.

제1절
저술의 목적

1. 미화된 이순신

오래전부터 필자는 이순신에 관해 연구하였다. 그의 《난중일기(亂中日記)》는 어린 시절부터 필자의 애독서이기도 하였다. 이 일기는 일종의 진중일기(陣中日記)인데 왜란 당시에 수군의 최고 지휘관인 이순신이 지극히 개인적인 관점에서 쓴 것이다. 훗날 정조의 명령으로 편찬된 《이충무공전서(李忠武公全書)》에 《난중일기》가 포함되어 지식인들의 관심을 끌었다. 현대에도 이 책은 시민의 애독서이며, 한 나라의 국보를 넘어 유네스코 세계문화유산으로 지정되기까지 하였다.

임진왜란과 정유재란은 국제 전쟁이었고, 종군(從軍)한 사람도 수십만을 헤아린다. 그런데 전쟁에 참전한 장수나 조정 대신이 날마다 자신의 일상을 상세히 기록 정리한 일지는 별로 없다고 볼 수 있다. 《난중일기》와 견줄 만한 것은 유성룡의 《징비록(懲毖錄)》 정도인데, 후자는 그날그날의 현장 기록이 아니다. 알다시피 유성룡은 왜란 중에 정승을 지낸 조정의 실력자로서 시종일관 이순신을 정치적으로 후원하였다.

이순신의 관점이나 처지를 대변하는 저작은 많다. 《징비록》과 《난중일기》 뿐만 아니라 이순신이 조정에 보낸 〈장계(狀啓)〉도 남아있고, 후세에 여러 문인이 이순신의 영웅적 풍모를 기록한 〈행장(行狀)〉, 〈신도비(神道碑)〉, 〈유사(遺事)〉 등이 적지 않다. 조선 후기에 편찬한 야사도 많은데 거기에서도 이순신은 항상 신묘한 장수요, 선비의 모습까지 완벽하게 겸비한 유장(儒將)으로 묘사되어 있다.[1]

구한말에 나라의 운명이 위기에 빠지자 이순신의 재능과 애국심을 찬미하는 역사책과 소설, 평론 등이 쏟아져 나왔다. 그 흐름은 오늘날까지도 이어진다. 영화 '한산', '명량' 그리고 '노량'이라든가 김훈의 소설 《칼의 노래》가 대표적이다. 한때는 경영자

---

[1] 최근에 발견된 〈원균의 편지〉를 자세히 읽어보면 원균 역시 글을 많이 읽은 선비 장수였던 것이 틀림없다. 이 책의 "부록 4. 원균의 편지"를 참조할 것.

이순신의 모습을 강조해 기업가조차 이순신을 스승으로 모시는 분위기였다. 이순신에 관한 여러 문헌을 읽고 연구하는 가운데 필자 역시 그의 선비다운 모습에 연신 감탄하며 몇 편의 글을 쓰기도 했다. 장차 《이순신 백과사전》 같은 책을 만들 생각을 한 적도 있었다.

그러나 매혹과 쏠림이 언제까지나 계속될 수는 없다. 필자는 이순신에 관한 기록의 편향성에 주목하였다. 그의 공훈과 성품에 관해 이미 나와 있는 서술에는 과도한 미화의 자취를 보았고, 이순신 역시 허물이 있는 한 사람의 인간이라는 당연한 사실에도 눈을 떴다.

2. 원균에 관한 궁금증

이순신의 경쟁자라는 사실로 말미암아 역사에서 혐오와 배제의 대상으로 전락한 원균은 과연 어떠한 사람일까? 또 그들이 이끈 조선의 수군은 어느 정도의 전투력을 가진 군대였을까? 그들과 조정 대신 그리고 국왕 선조는 서로 어떠한 관계였을까? 그들은 일본군과 싸울 때 어떠한 전략을 추구했으며, 일본군과의 소통은 어떠했을까? 부하 장수들은 서로 어떻게 지냈고, 자신들의 상관인 이순신 또는 원균과는 어떠한 사이였을까?

그러한 의문이 일어나는 것은 물론 자연스러운 일이다. 아울러, 전쟁 중 백성의 삶에 관하여도 여러 가지 질문이 떠올랐다. 적의 포로가 된 사람들, 그들의 지배 아래 놓인 사람들, 적과 아군 사이를 오가며 정보를 수집하거나 전달하던 사람들에 관해서도 궁금한 것이 많았다. 일본군과 조선군 및 명나라 군대가 사용한 전함과 무기 그리고 전술적 차이도 관심을 끌었다. 그러나 이 모든 질문에 대한 답변을 이 한 권의 책에 다 담아 낼 수는 없다.

3. 다섯 가지 주제

이 책에서는 다음의 다섯 가지 문제만 다루기로 하였다.

첫째 원균에 관해 일반이 알고 있는 내용 자체를 문제 삼았다. (제1부) 놀랍게도 원균에 관한 기록은 그 자체가 왜곡되거나 와전되었다. 원균에 관한 역사적 기록은 왜, 그처럼 심하게 변질되었을까? 그 점을 정밀하게 분석해야 우리는 원균의 진실에 이르는 탄탄한 길을 발견할 수 있을 것이다.

그런 점에서 원균의 부장이었던 이운룡과 이영남 등에 관한 전기자료를 검색대 위에 올릴 것이다. 옥석을 가려 옛 문헌을 차분한 마음으로 읽고자 한다. 조정 대신 정탁이 이순신을 구명하기 위해 저술했다고 알려진 〈신구차(伸救箚)〉도 비판적 독서의 대상이다. 나아가, 이순신이 쓴 《난중일기》와 유성룡의 《징비록》처럼 사람들이 거의 전폭적으로 신뢰하는 기록물도 꼼꼼하게 분석해야겠다.

《난중일기》는 여러 가지 한계를 가진 문헌이다. 일기는 지극히 개인적인 일이라서 구체적 사실이 글쓴이의 주관적인 평가와 마구 뒤섞이기 마련이다. 자연히 글쓴이의 편향적인 주장과 판단이 곳곳에 등장하므로, 주의가 필요하다. 《징비록》이란 책은 저자의 정치적 편향성이 더욱더 두드러진 데다 사실에 관한 왜곡이 심각한 책이다.

한 권의 책으로 세상의 통념을 바로잡기는 불가능한 일이지만, 힘겹고 때로 맥이 풀리는 작업이라 해도 언제까지나 미뤄두고 있을 수는 없다. 이 책은 기왕에 사람들이 역사적 진실로 인정한 자료까지도 여지없이 비판하였다는 점에서 약간의 의미가 있을 것이다.

둘째, 역사적 진실은 이미 우리가 보고 들은 자료 중에 묻혀 있었다. 그런 점에서 사료에 관한 철저한 확인이 꼭 필요하다. (제2부) 그동안 무심히 지나친 여러 기록 가운데 귀중한 역사적 진실이 숨어있었다. 가령 누구나 쉽게 접할 수 있는《조선왕조실록》에는 미처 주목하지 못한 역사적 진실이 널려있다. 또 〈원릉군 행장〉(김간)에서도 중요한 사실이 적지 않게 발견되었다. 그 행장에는 긴 세월을 지나는 동안에 사라지고만 선조 임금의 〈유서(諭書)〉가 그대로 남아있다. 원균의 공적을 기린 〈선무공신교서〉도 자세히 읽어보면, 다른 사료에서는 발견할 수 없는 소중한 역사적 진실을 고이 간직하고 있다.

원균의 〈공신교서〉는 가치가 매우 높다. 이 교서는 이순신의 〈공신교서〉와는 서술 방식이 다른데, 주무관청인 공신도감에서는 원균의 교서를 작성하는데 특별히 주의한 것으로 보인다. 후세가 원균의 공훈에 관해 불필요한 억측을 하거나 잡담을 하지 못하게 막으려고 노력한 것 같다. 공신도감은 원균이 올린 〈장계〉를 엄밀히 평가해 그가 세운 공적을 〈공신교서〉에 충실히 반영하였다. 그 기록은 검증과 확인을 거친 것인 만큼 신빙성이 매우 높다. 이처럼 소중한 기록을 여태껏 홀대한 것은 실로 유감스러운 일이다. 우리는 이제 〈공신교서〉, 〈유서〉 및 《조선왕조실록》의 여러 기사를 종합하여 원균이 이룩한 공훈을 정확히 평가할 때가 되었다.

셋째, 지난 수백 년 동안 원균에게 패전의 책임을 돌리는 사람이 부지기수였다. 그들이 어떠한 점을 강조하였는지도 재검토해야 할 일이다. 그리고 그들의 주장이 역사적 사실을 제대로 반영하고 있는지도 따져봐야 한다. (제3부)

원균에 관한 심각한 악평의 중심에는 이른바 '칠천량해전'이 자리하고 있다. 한 번의 전투로 원균은 이순신이 수년 동안에 장만한 100척도 넘는 판옥선을 없앴고, 무적의 조선 수군을 한꺼번에 잃었다고 비판하는 이가 많다. 그것은 과연 사실일까? 선조 30년(1597) 7월 16일에 남해의 칠천량에서 수만 명의 조선 수군이 하루아침에 죽고 말았을까? 이런 엄청난 주장이 과연 역사적 사실인지 철저히 검증해야겠다.

이른바 '칠천량해전' 같은 것은 존재하지도 않았다는 것이 필자가 내린 결론이다. 원균은 모든 함선을 이끌고 부산포로 쳐들어간 적도 없었고, 칠천량에서 대규모 해전이 일어나지도 않았다. 그리고 원균이야말로 수사 시절은 물론이고 통제사로 부임했을 때도 신속하게 수군 함대를 키운 장수였다. 그는 판옥선 제작의 달인이었고, 군사 전략에도 밝은 명장이었다. 그런 그가 조선 수군을 한 번의 무모한 전투로 전멸시켰다는 주장은 어불성설이다.

그러나 정유년(1597) 7월 중순에 조선 수군이 무너진 것은 엄연한 사실이다. 그럼 왜, 이런 비극적인 사건이 일어났을까? 그 진실은 아직 명쾌하게 밝혀지지 않았다. 그래서 이 책에서 우리는 이 문제를 진지하게 검토해야 한다.

넷째, 원균이 후세에 남긴 역사적 유산은 그가 순국하자 곧 사라지고 말았는데, 그런 일이 왜 일어났는지도 궁금하다. (제4부) 알고 보면 원균은 이순신과 함께 조선 수군의 양대 산맥을 이루었다. 누구도 부정할 수 없는 명백한 역사적 사실이다. 선무공신 가운데 원균의 부장이 3명이나 된다. 이순신의 부하는 2명이었다는 점을 고려할 때 원균의 영향력이 얼마나 강했는지 실감할 수 있다. 그러나 원균이 나라를 위해 목숨을 바친 뒤에 남해안 어디에도 원균의 넋을 위로하는 사당이 세워지지 못하였다. 그의 업적은 모조리 짓밟히고 부정되다가 끝내 잊혀졌다.

원균의 공훈이 왜곡되다 못해 말살되기에 이른 것은 왜 그런 것일까? 특별한 배경이 있었던 것은 아닌지 해명해야 할 것이다. 이 또한 어려운 과제인데, 문제의 원인을 깊이 따져보면 17세기 초반에 일어난 군부의 세력 교체와 깊은 관련이 있었다. 지금까지 누구도 주목하지 못한 일이지만, 무척 흥미로운 역사적 변화였다.

군부가 교체되는 과정에서 원균의 전통이 부정되었다. 한동안 이순신과 원균의 부장들이 신군부의 패권을 쥐는 듯하였으나, 얼마 지나지 않아서 인조반정의 주역들이 새로운 실력자로 떠올랐다. 그들은 이른바 유장(儒將)의 성격을 지닌 자들로 이순신과 유사한 성격을 띠었다.

17세기의 조선은 무장(武將)의 세계까지도 성리학이 지배하였다. 이는 급변하는 동아시아의 정치 군사적 변화에 대한 조선의 대응 방법이었다. 결과적으로 성리학자들은 문화투쟁에서 완전한 승리를 거두었고, 그들의 승리가 이후의 역사에서는 유장 이순신을 한없이 미화하고, 그와 대립한 원균을 파렴치한 범죄라도 저지른 악한처럼 함부로 깎아내리게 되었다.

참으로 놀라운 날조의 역사였다. 우리는 역사 기록을 분석함으로써 언제, 누가 그리고 왜, 원균을 무능하고 사악한 악인으로 조작하였는지 설명할 수 있을 것이다. 아울러, 그들은 왜, 그처럼 끔찍한 역사적 범죄를 태연히 저질렀는지도 짐작할 수 있다.

다섯째, 이상에서 말한 것 같은 일련의 복잡한 과정을 거치면서 원균에 대한 '가짜 뉴스'가 양적으로 크게 팽창하였다. 그것을 청산하는 작업은 현대사회가 해결해야 할 중요한 역사 문제의 하나이다. (제5부)

오늘날 원균에 관한 '가짜 뉴스' 중에서 가장 영향력이 큰 것은 '위키백과'와 '나무위키'에 실린 것으로 판단된다. 시민은 그런 사이트가 제공하는 내용이라면 무조건 믿고 따르기 마련이다. 그런데 그중에는 '가짜 뉴스'가 적지 않아서 문제이다. 관련 기사를 정확히 분석해 무엇이 어떻게 잘못되었는지를 구체적으로 밝혀야 할 것이다. 한 걸음 더 나아가, 시민과 청소년들에게 신뢰할 수 있는 지식과 정보를 정확히 전달하는 작업도 꼭 필요한 일이다.

《원균의 진실 - 역사적 기억의 조작》은 위에서 설명한 다섯 가지 이야기로 구성되었다. 앞에서 간단히 설명한 여러 가지 사항을 하나씩 차례로 다루므로, 역사에 관심을 가진 시민에게는 흥미진진한 내용이 될 수 있겠다. 이 책을 통해 우리는 원균에 관한 해묵은 오해를 상당 부분 씻어낼 수도 있고, 왜란의 실상을 정확히 파악하는 데 도움이 될 수도 있겠다. 나아가 16~17세기 동아시아의 역사를 이해하는 데도 참고할 수 있을 것으로 기대한다.

제2절
임진왜란, 정유재란 그리고 조선 수군

1. 각국의 장수들

16세기 후반에 조선에는 많은 장수가 있었다. 그 가운데 대표적인 인물을 몇 사람만 손꼽아보자. 조선 수군을 이끈 원균과 이순신을 비롯해 행주대첩을 거둔 권율, 일본의 적정을 탐지한 김응서, 한양 탈환을 비롯해 여러 전투에서 공을 세운 고언백, 탄금대에서 순국한 신립, 진주성을 지키다 순국한 김천일, 함경도에서 일본군을 물리친 정문부 등이 유명하다. 그들 가운데서 권율은 문과를 통해 등용된 문신이었고, 알다시피 김천일과 정문부는 의병장이었다. 전체적으로 보면, 함경도에서 여진족과 싸우면서 명성을 쌓은 장수가 많았다.

그들과 함께 동맹군으로 싸운 명나라 장수 중에도 후세가 명장으로 손꼽는 이들이 있었다. 평양성을 되찾은 이여송과 수군 제독으로 명성을 얻은 진린을 비롯해 다수의 역량 있는 장수가 조선에서 활동했다. 그중에도 이미 본국에서 실전 경험을 가진 장수들이 적지 않았다. 명나라 군대에는 포르투갈 측에서 데려온 용병도 포함되어 있었다.(정확히 말해 그들은 아프리카 서북 지역 출신이었다고 한다.)

또 침략전쟁을 일으킨 일본 측에도 쟁쟁한 장수가 많았다. 고니시 유키나가(小西行長)와 가토 기요마사(加籐淸正)를 비롯해 일본 장수와 군사들은 모두가 실전 경험이 풍부하였다. 그들은 도요토미 히데요시(豊臣秀吉)와 함께 일본을 재통일한 역전의 용사로서 본래 포르투갈 상인을 통해 알게 된 신식 무기를 대량으로 보유하였다. 중국도 포르투갈 상인들에게서 신무기를 구매하였다. 동맹국인 조선도 자연히 그 영향을 받은 셈이었다. 그러므로 이 전쟁은 포르투갈 사람들에게 상당한 이익을 선사했다.

2. 문제의식의 전환

임진왜란과 정유재란의 전투 무대는 조선의 영토에 한정되었다. 그래서 우리는 왜란을 한국사의 영역으로 간주한다. 하지만 한국사로만 볼 수 없는 부분이 있다. 국제적 맥락에서 바라보아야 할 중대한 사건이며, 전쟁이 벌어진 시기를 전후한 장기적 관점에서 그 사건의 성격을 고찰할 필요가 있다. 특히 중요한 점은 이미 16세기 초반부터 동아시아에는 서양의 상인과 군인 및 신부들이 들어와 활동을 시작했다는 사실이다. 그들의 동아시아 진출이 일본을 자극하여 전쟁을 일으키게 하였다고도 볼 수 있다.

16세기 말에 일어난 왜란의 본질은 침략전쟁이었지만 실은 그 이상이었다. 이 전쟁을 침략 야욕에 불타는 일본의 야심가가 평화롭게 살아온 조선을 일방적으로 짓밟은 사건이라고 간단히 규정하는 것은 너무 단순한 평가이다. 왜란의 원인과 전개 과정 및 그 결과를 다각적으로 점검하는 것이 바람직하다. 그래야만 비로소 우리는 이 전쟁이 동아시아 각국의 사회경제 및 문화적 요소와 복잡하게 맞물려 있었다는 사실을 발견할 수 있다.

아래의 짧은 지면으로 그처럼 복합적이고 중층적인 역사적 사건을 정확히 묘사하기는 불가능하다. 그래서 아래에서는 단지 왜란의 몇 가지 특징을 간략하게 서술하기로 한다.

가. 임진왜란
(1) 예고된 전쟁

주의 깊게 살펴보면 임진왜란은 이미 오래전부터 예고된 전쟁이었다. 중종 39년(1544)에 사량진(현 경남 통영시 사량면)에서 대마도 사람들이 변란을 일으켰다. 앞서 중종 5년(1510)에도 이른바 삼포왜란이 발생해 조선 측은 일본 상인의 왕래를 금지한 적이 있다. 그 이듬해인 중종 7년(1512)에 임신조약을 맺어 대마도 상인과의 교역은 재개되었다. 그러나 양측의 무역 규모는 전보다 3분의 1 이하로 줄어들었다. 대마도 왜인들은 자신들의 생존을 위해 무역 규모를 늘리려 하였으나 조선이 완강히 반대해 불만이 깊어졌다.

그러자 중종 39년 4월에 대마도의 왜인 200여 명이 20여 척의 배를 타고 고성군 앞바다에 있는 사량진을 공격하였다. 그때 사량진만호(萬戶) 유택(柳澤)이 그들의 침략을 막고, 20여 명을 사살하였다. 이 사건을 계기로 대마도와 조선의 관계는 단절되었고, 내이포에 거주하던 일본 상인도 축출되었다.

그 후 일본과의 교역은 다시 허용되었다. 우여곡절 끝에 명종 2년(1547) 2월에 정미약조(丁未約條)를 맺어 대마도 상인의 왕래가 다시 허용되었다. 그러나 일본인의 교역 조건은 전보다 훨씬 까다로워졌고 거래 물량도 줄었다. 그때부터는 부산포에서만 양국의 교역이 허락되었다.

대마도를 비롯해 일본의 여러 섬에 거주하는 사람들은 농업여건이 나빠 자급자족을 하지 못했다. 그래서 그들은 생계유지를 위해 국제 교역에 매달렸으나 정상적인 무역 활동을 하기도 어려웠다. 그러자 일본인들은 조선과 명나라의 해안을 침범하여 노략질을 하였다. 이른바 명종 10년(1555)에 대마도의 일본인들은 "왜구(倭寇)"가 되어 전라도 일대를 침략해 "을묘왜변"을 일으켰으며, 중국으로 쳐들어간 왜구는 난징(南京)을 위협할 정도로 기세가 높았다.

선조 20년(1587)에도 일본은 다시 전라도를 침략했다. 녹도만호 이대원(李大源)이 적장을 사로잡아 한양으로 압송하기는 하였으나, 흥양(興陽, 현 전라남도 고흥군)에 다시 침입한 일본인들과 싸우다가 그 자신이 포로가 되었다. 안타깝게도 이대원은 손죽도(巽竹島)에서 순국하였는데, 그는 경기도 양성(현 평택시) 출신이다. 이 사건을 계기로 조정은 일본의 재침을 염려하여 만반의 준비를 서둘렀다.

당시 일본의 집권자 도요토미 히데요시는 조선을 모욕하는 국서를 보내 양국관계에 큰 어려움을 가져왔다. 그 이듬해(선조 21, 1588)에도 도요토미는 조선에 사신을 보내 장차 명나라를 정벌하겠으니 자국을 도우라고 으름장을 놓았다.

조선은 일본과의 관계 악화를 우려하여 선조 23년(1590)에 사신을 파견하였다. 조선 사절단은 그 해를 넘겨 선조 24년(1591) 봄에 귀국하였다. 일본이 명나라를 침공하는 데 조선은 아무런 도움을 줄 수 없다는 것이 불변의 정론(定論)이었다. 그 후 조선과 일본 사이에 한동안 일촉즉발의 긴장이 흘렀고, 선조 25년(1592) 4월 초순이 되자 일본은 침략전쟁을 일으켰다. 앞서 두어 세대 전부터 양국이 충돌할 조짐이 나타났는데, 마침내 일본의 침략전쟁이 시작된 것이다.

알다시피 일본은 사무라이, 즉 무사가 지배하는 사회였다. 조선과의 갈등이 고조되었던 16세기 전반에 일본인들은 새로운 경험을 쌓기 시작하였다. 역사상 처음으로 서양 상인이 일본을 찾아왔다. 1543년에 포르투갈 선박이 다네가섬(種子島)에 표착해 서양의 신무기 조총을 전해주었다. 다시 6년 뒤인 1549년에는 에프(F.) 자비에르 신부가 가고시마(鹿兒島)에 상륙해 그리스도교(가톨릭)를 전파하기 시작하였다.

도요토미 히데요시의 야망

포르투갈과 일본의 관계가 한층 밀접해진 것은 1562년이다. 마침내 일본은 포르투갈 상인에게 항구를 개방하였다. 그보다 훨씬 오래전부터 일본 상인은 말레이시아와 인도네시아 등에 진출해 국제 교역에 종사하였다. 그런데 이제는 본국에서도 서양 상인과 교역하게 된 것이다.

일본의 집권세력은 서양 세력이 일본에서 활동하기 시작하자 극도로 긴장하였다. 1587년이 되자 히데요시는 그리스도교를 금지하는 명령을 내렸다. 서양과 교역해 경제적 이익을 얻는 것은 좋으나, 그들의 문화에 일본인이 물들거나 그들의 침략에 무방비 상태가 되는 일은 용인할 수 없다는 의지를 드러낸 것이다.

한편 1589년에 히데요시는 동아시아를 무력으로 석권할 뜻을 밝혔다. 서양이 무력을 앞세워 동양 여러 나라를 쉽게 점령한 사실을 알고 나서 크게 고무된 것으로 읽힌다. 바로 그해에 히데요시는 류큐(유구, 현 오키나와)의 왕에게 명하여 명나라에 대한 조공 관계를 중단하라고 명령하였다. 그러자 류큐 왕은 그의 명령을 거부하는 동시에, 명나라 사신에게 히데요시에 관한 일을 모두 보고했다. 이로 말미암아 명나라 조정도 히데요시의 야심을 짐작하게 되었다.

히데요시의 야망이 현실로 나타난 것은 1590년 여름에 오다와라(小田原) 성을 함락한 다음이었다. 오다와라 성이 함락되자 일본 북부 지방의 다이묘(大名)들은 히데요시를 상대로 싸울 뜻을 잃고 히데요시에게 순순히 항복하였다. 이로써 일본의 재통일이 이루어졌다. 이제 일본 내부가 통일이 되었으므로 히데요시는 조선과 명나라를 상대로 침략전쟁을 벌일 좋은 기회라고 판단하였다.

명나라의 위기

당시 중국 명나라는 왕조의 전성기를 지나 쇠락 단계로 접어들고 있었다. 가정 29년(1550)에는 북방의 실력자로 손꼽히던 몽골의 알타 한이 명나라의 수도 베이징(北京)을 포위하는 사태가 일어났다. 이른바 '경술(庚戌)의 변'이다. 그로부터 7년이 지난 가정 36년(1557)에는 포르투갈 상인이 중국 남쪽의 마카오(澳門)에 근거지를 마련하고 눌러 앉았다. 이는 중국의 바람과는 거리가 멀었으나, 명나라는 서양 상인의 요구를 거부할 수 없었다.

명나라를 괴롭히는 문제는 또 있었는데, 이른바 왜구의 준동이었다. 가정 41년(1562)에 일본 왜구는 싱화(興化, 현 장시성)를 점령하였다. 그 이듬해에 명장 척계광(戚

繼光)이 푸젠(福建)의 핑하이(平海)에서 왜구를 무찔러 싱화를 다시 회복하기는 하였다.

그러나 중국은 태평한 날이 없었다. 가정 44년(1565)에는 쓰촨(四川)에서 백련교도(白蓮敎徒)가 반란을 일으켰다. 이미 수백 년 전부터 중국에서는 한 왕조의 토대가 흔들리기 시작하기만 하면 백련교도가 먼저 낌새를 알아차리고 반란을 일으켜 왕조의 수명을 재촉하였다.

더욱이 융경 3년(1569)이 되자 몽골의 알탄 칸은 티베트에 대한 원정사업을 시작하였다. 2년 뒤에 명나라는 알탄 칸과 일단 화해하고 그를 순의왕(順義王)에 책봉하였다. 그때 스페인은 중국의 남쪽 바다까지 진출해 필리핀에 식민도시 마닐라를 건설하였다.

1572년에 만력제(萬曆帝)가 즉위하고 명나라에는 회생의 기미가 보였다. 문신 장거정(張居正)이 대대적인 내정 개혁을 추진하였다. 이후 10년 동안 장거정은 명나라의 국운을 상당히 만회하였다. 그러나 그가 노환으로 죽자 명나라는 몰락의 길로 치달았다.

그러는 사이 서양 세력은 중국의 문을 끊임없이 두드렸다. 할 수 없이 만력 6년(1578)에 명나라는 포르투갈 상인에게 광둥(廣東)을 개방하였다. 광둥을 개방하고 4년이 지난 만력 10년(1582)에는 예수회 신부인 마테오리치가 마카오에 상륙하였다. 이후 5년 뒤에 마테오리치는 난징으로 거점을 옮겼다(1587).

그해 즉, 만력 15년(1587)에 몽골의 알탄 칸이 사망하였다. 그러자 이번에는 만주족의 추장 누르하치가 군사를 일으켜 세력을 모았다. 1년이 지나자 누르하치는 건주(建州)의 여러 부족을 통일하고 점차 명나라를 위협하는 세력으로 자라났다. 이 세력은 곧 후금(後金)이 되고, 후에 청나라가 된다.

요컨대 16세기 중반부터 명나라는 북방과 남방으로부터 새로운 도전에 직면하였다. 장거정이란 유능한 대신이 있어 잠시 시름을 잊는 듯하였으나, 그가 사망하자 다시 국운이 기울었다. 마침 그때 일본의 히데요시는 오랜 내전을 마무리하고 재통일을 이루었다. 그는 전쟁 경험이 풍부한 휘하의 장수와 병사들로 장차 동아시아를 몽땅 차지할 계획을 세웠다. 이때 조선은 침략전쟁의 위기를 빤히 알고 있었으나 뾰족한 방법을 찾지 못해 전전긍긍하였다.

(2) 전쟁 준비에 힘썼으나

선조는 즉위 초부터 외침을 염려하였다. 조정 여론도 대체로 국방을 크게 염려하는 분위기였다. 무과 시험에서는 평시보다 훨씬 많은 수의 무사를 뽑았다. 예컨대 선조 5년 12월에 무과의 합격 기준을 조금 낮춰서 52명을 선발하였다.(《실록》, 선조 5년 12월 3일) 또 선조 16년 4월에는 무과 초시에 합격한 1백 명 전원에게 최종 합격자에게 주는 홍패를 주기로 하였다.(《실록》, 선조 16년 4월 1일) 그해 8월에는 따로 별시(別試) 무과를 시행하여 무려 5백 명을 합격자로 선정하였다.(《실록》, 선조 16년 8월 24일)

3년마다 정규 시험으로 28명을 뽑는 것이 규칙이었으나, 이렇게까지 많은 수를 합격시킨 데는 특별한 이유가 있었다. 선조는 그 까닭을 다음과 같이 설명하였다.

"올해 별시(別試) 무과에서 5백 명을 뽑은 것은 바로 북도(北道) 방어를 위한 것이다."(《실록》, 선조 16년 8월 27일)

선조 20년(1587) 연말까지도 조정에서는 외적의 침략, 특히 북방에서 여진족이 소동을 피울까 봐 대비하기에 여념이 없었다. 선조 20년 12월에도 왕은 북쪽 변방을 지키기 위해서 무사를 키우는 데 열성을 쏟았다. 선조는 무사들을 추천하라며 신하들에게 당부하길, 해당자의 현재 지위나 과거에 처벌받은 경력도 따지지 말라고 당부하였다.(《실록》, 선조 20년 12월 22일)

이후 2년이 지난 선조 22년(1589)에, 녹도만호 이대원이 일본군과 싸우다 순국하는 일이 벌어졌다. 이미 오래전부터 일본과의 관계가 어려워지고 있었다는 점은 위에서도 설명하였다. 이 사건 후, 선조는 국방 문제를 북쪽에만 치우쳐서는 안 된다는 점을 깨닫고, 남쪽 변방을 지킬 쓸 만한 장수를 물색하는 데 열중하였다. 왜란이 일어나기 3년 전 일이다. 비변사 당상관들에게 무신(武臣)을 추천하라며, "불차 채용(不次採用)" 즉, 능력만 있으면 순서를 뛰어넘어 고위직에 임명하겠다고 왕은 거듭 약속하였다.(《실록》, 선조 22년 1월 21일)

이때 대신들이 각자 추천한 무사는 다음과 같았다.(《실록》, 선조 22년 1월 21일)

이산해: 손인갑(孫仁甲), 성천지(成天祉), 이순신(李舜臣), 이명하(李明河), 이빈(李賓), 신할(申硈), 조경(趙儆)
심수경(沈守慶): 이경(李景), 신할, 이용준(李用濬), 박진(朴晉)
유홍(兪泓): 이혼(李渾), 왕경조(王景祚), 이용준(李用濬), 변응성(邊應星), 유몽경(柳夢經), 유연(兪淵)
정언신(鄭彦信): 손인갑(孫仁甲), 성천지, 이순신, 이명하(李明河), 이시언(李時言), 한인제(韓仁濟), 이언함(李彦諴), 정담(鄭湛), 김당(金鐺)

윤탁연(尹卓然): 유희선(柳希先), 이종장(李宗張), 윤안성(尹安性)
강섬(姜暹): 유염(柳濂), 정눌(鄭訥), 문몽헌(文夢軒), 김경로(金敬老), 정발(鄭撥), 정득열(鄭得說)
변협(邊協): 조경, 신할, 이복남(李福男)
이진(李戩): 신할, 김순(金洵), 변응성
최원(崔遠): 이경(李景), 전협(田浹)
신립(申砬): 최미수(崔眉壽), 변응성, 변응정(邊應井), 이지시(李之詩), 정현룡(鄭見龍), 이범(李範)

조정 대신은 저마다 2~6명의 장수를 추천하였는데, 그중에는 여러 대신이 중복해서 추천한 장수도 여럿이었다. 가령 성천지, 이순신, 이용준, 변응성, 조경, 신할 등이다. 그런데 이 명단에서 원균의 이름은 찾을 수 없다. 당시에 그는 이미 도호부사라는 높은 지위에 있었기 때문이다.

임진왜란이 일어났을 때 조선은 아무런 대비도 하지 않았다고 말하는 사람들이 많다. 하지만 이런 주장은 사실에 부합하지 않는다. 선조 24년(1591) 일본에서 돌아온 사신 김성일이 히데요시는 침략할 뜻이 없다고 보고하였기 때문에 조선은 전쟁을 대비하지 않았다고 믿는 사람들도 있다. 이것은 물론 잘못된 판단이다.

조선은 나름대로 충실히 전쟁에 대비하였다. 특히 이대원 장군이 희생된 전라좌도 쪽으로 일본군이 쳐들어올 것으로 예상되어, 이 지역을 맡을 전라좌수사를 고르는 작업에 심혈을 기울였다. 모든 곳의 무장을 한꺼번에 다 갖추기는 어렵더라도 전라좌도의 수군만은 특히 신경을 써서 침략에 물샐틈없이 대비하는 것이 조정의 의지였다.

선조 24년(1591) 연초에 조정은 함경도 종성도호부사(종3품)를 지낸 원균을 전라좌수사(정3품)에 임명하였다. 그러나 사간원이 한 가지 문제를 제기하며 임명을 철회하라고 주장하였다.

"전라좌수사 원균(元均)은 수령으로 근무할 때 고적(考績, 근무성적)이 거하(居下)였습니다. 그런데 겨우 반년이 지난 오늘, (임금께서 그를) 좌수사에 초수(超授, 승진 발령)하셨습니다. 출척 권징(黜陟勸懲, 못하는 사람을 내쫓고 잘하는 사람을 승진함)의 뜻이 없어 여론이 마땅하지 않게 여깁니다."(《실록》, 선조 24년 2월 4일)

원균은 선조 23년 하반기에 근무 평가에서 하등급을 받았으므로, 승진 발령이 불가하다는 항의였다. 선조는 이러한 비판 여론을 수용하였고, 그로부터 열흘쯤 뒤 새 후보자를 내세웠다. 그가 바로 이순신이었다.

"진도군수(종4품) 이순신(李舜臣)을 초자(超資, 품계를 초월함)하여 전라도좌수사에 제수하라."《실록》, 선조 24년 2월 13일)

원균을 전라좌수사에 임명한 것은 한 등급만 올린 것이고, 이순신을 올린 것은 3등급이나 껑충 올린 특진이었다. 대간들은 당연히 이를 반대하였으나, 이번에는 선조가 고집을 꺾지 않았다. 언제 일어날지 모르는 전쟁을 대비하고자 한 일인데, 언제까지 상규(常規, 일반 규정)에 얽매일 수는 없었다. 더구나 이순신에게는 영의정 유성룡이라는 든든한 후원자가 버티고 있었다.

임지로 간 이순신은 전쟁 준비에 박차를 가하였다. 만약 조정의 독촉과 지원이 없었더라면 그가 마음껏 군사를 훈련하고, 판옥선을 제작하고, 심지어 거북선까지 만드는 일이 가능하였겠는가? 군비 확장이나 대규모 군사 훈련 같은 일은 이순신이나 원균과 같은 지방의 사령관이 마음대로 결정할 수 있는 일이 아니었다. 후세 사람들은 이순신이 오직 혼자 힘으로 전쟁 준비를 완벽하게 한 것으로 믿는다. 하지만 이것은 사실과 동떨어진 억측에 불과하다.

이순신이 여수로 내려간 지 한 해 뒤(1592), 원균도 경상우도수군절도사 즉 경상우수사에 임명되었다. 아마도 선조 25년 2월쯤에 그는 거제도의 경상우수영에 부임하였을 것이다. 부임한 지 겨우 두 달쯤 지났을 때 일본군이 대대적으로 부산포를 침략했다. 이는 원균의 불행이자 조선의 비극이었다. 경상좌도와 우도는 곧바로 일본군에게 점령되어 경상도에서는 군대를 유지시키기도 사실상 불가능하였다.

(3) 일본이 전쟁을 일으킨 목적과 전망

일본의 조선 침략은 도요토미 히데요시가 저지른 역사적 사건이다. 그는 평민의 아들로 태어났으나 비범한 재능으로 출세의 길을 달렸다. 1580년대 중반쯤 히데요시는 일본의 실질적 지배자로 등장했다. 주군으로 섬기던 오다 노부나가(織田信長)의 명실상부한 후계자가 된 것이다. 히데요시는 출신이 미천하였기 때문에 '쇼군(將軍)'으로 군림하지 못하였다는 주장도 있다. 사실 여부는 알 수 없으나, '간파쿠(關白)'라는 호칭을 사용하며 죽을 때까지 그는 일본 정국을 주도하였다.

조선 침략은 본래 오다 노부나가의 꿈이었다고 하는데, 히데요시가 그 꿈을 계승하였다고도 한다.2 히데요시는 자신의 통치를 정당화하기 위해 군사적 우위를 더욱 강화하려고 하였다. 즉 침략전쟁으로 이웃 나라까지 아울러 지배하는 새로운 국제질서를 만들고자 하였다.3

히데요시가 조선 침략을 거론한 것은 과연 언제부터였을까? 그것은 일본 재통일을 완수하기도 전인 1578년 초였다. 당시에 그는 주고쿠(中國) 지방의 패권을 장악하기 위해 모리 데루모토(毛利輝元)와 격전을 벌였다. 그때 히데요시는 자신의 주군 노부나가가 장차 명나라를 침략할 것이라고 데루모토에게 말한 기록이 남아있다.

히데요시의 조선 침략에는 또 다른 속셈이 깔려있었다. 그는 자신에게 불만을 품은 사무라이들이 장차 내란 또는 반란을 일으킬 가능성이 있다고 보았고, 그런 가능성을 제거하려면 새로운 전쟁이 필요하다고 믿었다.4 요컨대 임진왜란이라는 침략전쟁은 히데요시의 개인적 야망을 드러낸 것이고, 동시에 일본 재통일 후의 정치적 불안을 가라앉히려는 시도였다. 또 아래에서 설명하는 것처럼 일본 경제의 부흥을 노린 과감한 시도였다.

전쟁의 목적이 경제적 이익의 추구에 있었다는 점은, 히데요시가 상정한 침략 대상이 광범위하였다는 사실에서도 알 수 있다. 우리나라에서는 일본의 침략전쟁이 조선을 벗어날 수 없을 것이라고 짐작하는 분위기이지만, 해외 전문가들의 판단은 다르다. 그들은 히데요시가 명나라 정복을 목표로 삼았다고 확신한다. 물론 역사적 근거가 있는 주장이다.

히데요시의 소망은 경제 대국

스티븐 턴불(Stephen Turnbull)은 히데요시가 명나라로 쳐들어갈 교두보를 개척하기 위해 조선을 침략한 것으로 보았으며, 장차 필리핀과 인도까지도 정복할 계획이었다고 하였다.5 이를 뒷받침하는 흥미로운 증언이 있다. 1585년에 히데요시가 예수회 신부 가스파르 코엘료를 만났을 때의 일인데, 히데요시는 자신이 장차 동아시아 전체를 정복하겠다는 뜻을 밝혔다. 알다시피 코엘료 신부는 포르투갈 사람이었으므로,

---

2 Hooker, Richard 1996. "Toyotomi Hideyoshi (1536–1598)", Washington State University. Archived from the original on 2008-10-20.
3 Hooker, Richard 1996.
4 Coyner, Tom 11 July 2006. "Why Are Koreans So Against Japanese?: A Brief History Lesson Helps Foreign Investors Do Business", *The Korea Times*.
5 Turnbull, Stephen 2008. *The Samurai Invasion of Korea 1592–98*, Osprey Publishing Ltd.

히데요시는 그에게 한 가지 중요한 부탁을 하였다. 즉, 포르투갈의 필리프 1세(스페인의 필리프 2세와 동일 인물)에게 일본을 지원해달라고 요청하였다. 그 당시 세계 최강의 함대를 보유한 나라는 명나라를 비롯하여 스페인과 포르투갈 등이었다. 히데요시의 요구를 전해들은 포르투갈 왕은 과연 어떠한 태도를 보였을까? 필리프 1세는 명나라와의 관계가 나빠질까 염려해 히데요시의 요청을 거절했다고 한다.

히데요시는 왜, 아시아 여러 나라를 정복하려고 하였을까? 일본에서 거리가 먼 여러 나라를 직접 통치하기는 불가능하지 않았던가. 히데요시의 전략을 알아보면, 류큐와 대만 및 조선 등을 차례로 정복해 일본의 세력을 한층 키운 다음 일본에서 멀리 떨어진 나라들까지도 하나씩 정복하는 것이었다. 이것은 동아시아에서 일본이 가장 유리한 무역 환경을 조성하기 위해 필수적인 사업이었다. 히데요시는 일본의 군사적 우위를 확신했으므로, 조선과 명나라만이라도 정복해 자국에 유리한 무역 조건을 구축하려고 하였다.6

난항에 빠진 중국과의 교역

고대부터 중국은 동아시아의 문화, 경제, 군사 및 정치의 중심이었다. 동아시아의 여러 국가는 중국의 황제를 최상의 통치자로 인정하고 조공을 바쳤다. 그런데 고대의 역사를 살펴보면, 일본은 중국에 조공을 바치지 않고 독자성을 고집하는 경향이 있었다. 하지만 쇼군 아시카가 요시미츠(足利義滿)는 일본 역사의 방향을 바꾸었다. 그는 14세기 말에 일본을 통치하였는데, 중국이라는 거대한 시장을 얻으려고 명나라에 조공을 바쳤다. 이 무렵부터 일본의 통치자들은 국제적인 교역을 통해 부강한 나라를 만들 꿈을 가졌다.

그러나 1540년대가 되면 중국과의 조공무역이 막을 내린다. "왜구(倭寇)"라고 부르는 해적들이 명나라 해안에서 자주 말썽을 부렸기 때문이다. 그에 앞서 일본 상인들은 조선에서도 왜변을 일으켰고, 그 결과 조선과의 무역이 축소되었다. 이에 위기를 느낀 일본인들이 조선과 명나라 변방에서 더욱더 말썽을 일으켰다. 그로 말미암아 16세기 후반에는 일본의 대외무역이 더욱 위축되었다.

이것은 일본 경제에 적지 않은 타격을 주었다. 이 때문에 일본 본토의 상인은 물론이고 대마도를 비롯한 자급자족이 어려운 여러 섬의 주민들은 대외무역이 부흥하기

---

6 Hooker, Richard 1996.

를 소망하였다. 히데요시는 이런 경제적 문제를 해결하기 위해서라도 조선과 명나라에 침략하여 승리로 이끌어내야 했다.

히데요시의 전쟁 준비

전쟁에는 철저한 준비가 필요하다. 히데요시의 전쟁 준비는 어떻게 추진되었을까? 히데요시는 1586년부터 조선 침략을 위해 2,000척의 선박을 제작하라고 지시하였다.[7] 그리고 조선의 전투력을 시험하기 위해 소규모 무력충돌을 일으켰다. 무력충돌은 1587년에, 그리고 26척을 동원하여 조선의 남해안에 출병하여 조선수군과 전투를 벌인 것을 말한다.[8] 이때 녹도만호 이대원 장군이 순국하였으니, 이른바 손죽도 사건이라고 한다.

이 손죽도 사건을 통해 히데요시는 조선의 해안 방비가 허술하다는 점을 확신하고 승리를 예감하였다. 조선은 도저히 일본의 적수가 되지 못할 것이 틀림없어 보였다. 게다가 지난 수십 년 동안 중국을 노략질한 여러 가지 사건을 보고, 명나라의 군사력도 별로 대단하지 않다고 히데요시는 확신하였다.

그래도 히데요시는 끝까지 명나라를 직접 자극하지 않았다. 마치 평화로운 방법으로 명과의 우호 관계를 회복하는 데 매달리는 것처럼 위장 전술을 사용하였다. 즉 히데요시는 명나라의 뜻을 받들어 왜구의 준동을 막는 것처럼 꾸몄다. 그래서 명나라는 일본이 조공무역을 재개하기 위해 성의를 다하는 것으로 착각하였다.

우리가 잊기 쉬운 한 가지 지점이 또 있었다. 16세기 아시아에 큰 변화의 물결이 일어나고 있었다는 사실이다. 포르투갈의 등장이 바로 그런 변화를 가져왔다. 그들은 아프리카 대륙을 돌아 인도양까지 진출하였고, 마침내 인도네시아와 말레이시아에 닻을 내려 향신료 교역을 본격적으로 시작하였다. 그리고 동아시아로 눈을 돌려 명나라, 필리핀 그리고 일본까지도 자신들의 교역상대로 삼았다. 전례 없는 역사적 대사건이었다.

문제는 경제였다

히데요시는 이러한 정세 변화를 날카롭게 관찰하고, 서양의 동양 진출이 갖는 복

---

7 Rockstein, Edward D. 1993. *Strategic And Operational Aspects of Japan's Invasions of Korea 1592-1598*, Naval War College.
8 Swope, Kenneth M. 2005. "Crouching Tigers, Secret Weapons: Military Technology Employed During the Sino-Japanese-Korean War, 1592-1598", *The Journal of Military History*, 69 (1), pp. 11-42.

합적인 의미를 나름대로 분석하였다. 한편으로 이러한 변화는 일본의 장래를 위협하는 것이요, 다른 한편으로는 일본이 나아갈 새로운 방향을 제시하는 것이었다. 히데요시가 대규모 침략전쟁을 설계한 이면에는 포르투갈의 동양 진출이라는 역사적 사건이 있었다는 점을 꼭 기억해야 한다.

    1590년이 되자 히데요시는, 오다와라(小田原)의 성주 호조(北条) 가문을 누르고 일본 재통일의 염원을 이루었다. 그 이듬해에 그는 조선으로 보낼 침략군을 총동원하였다. 병력은 나고야에 집결하였는데, 조선으로 쳐들어갈 군사는 대략 15만 8천 명이었다. 히데요시는 명나라까지 휩쓸어버릴 속셈이었으므로, 예비병력도 넉넉하게 준비하였다. 이 전쟁은 일본 역사상 초유의 거대한 실험이었다.

(4) 전쟁의 경과

    히데요시는 1592년 4월 13일에 조선 침략을 개시하였다. 전쟁 초기에는 예상했던 대로 큰 성과가 있었다. 일본군이 한양을 점령하는 데는 20일 정도밖에 걸리지 않았고, 조선군은 일본군을 막아낼 의지와 능력을 상실한 것처럼 보였다. 전쟁이 시작된 지 두 달 만에 조선은 일본에 무릎 꿇은 것 같았다. 그때 히데요시가 자신의 어머니에게 보낸 편지를 살펴보면, 명나라에 대한 침공은 예정대로 순조롭게 진행될 전망이라고 했다. 히데요시는 1592년 추석 명절을 어머니와 함께 베이징에서 보낼 꿈으로 가슴이 한껏 부풀어 있었다.

    그러나 히데요시의 계산은 완전히 빗나갔다. 조선은 끝끝내 항복하지 않았고 명나라는 자국의 안위를 걱정한 끝에 조선에 대규모 원병을 파견하였다. 그 사이에 일본군은 경기, 황해, 강원, 평안 및 함경도를 헤집고 돌아다녔으나, 항복을 받아내지는 못했다.

    일본군은 부산포에 상륙한 지 6개월쯤 지났을 때 고향에서는 한 번도 경험하지 못한 춥고 건조한 겨울바람에 온몸을 떨었다. 시간이 흐를수록 일본군은 점점 승리를 낙관하기 어렵게 되었다. 아무래도 이길 수 없을 것이라는 두려움 속에서 일본군은 이후 4년 동안 속수무책으로 고립되어 있었다. 승산이 보이지 않았으므로 사무라이들은 소리 소문도 없이 고국으로 되돌아갔다. 1595~1596년경 조선에는 기껏해야 2~3만 명의 일본군만 남아있었다. 히데요시는 승리의 돌파구를 찾지 못한 채 애태웠으며, 그의 명성과 인기도 추락했다.

1597년이 되자 히데요시는 이대로 전쟁을 끝낼 수 없다며 마지막 힘을 냈다. 그는 다시 한번 침략전쟁을 벌였다. 이른바 정유재란인데, 이번에도 초반 승부는 일본에 유리했다. 그해 여름 일본군은 마치 대승을 거두는 듯하였다. 그러나 2~3개월이 지나자 전황은 다시 일본군에게 불리해졌다.

명나라는 다시 조선에 대규모 군대를 보냈고, 그동안 조선도 착실히 군비를 증강하였다. 일본군은 온갖 방법을 동원하여도 조선을 온전히 점령할 수 없었다. 그런 상태에서 히데요시가 사망하였다. 이후 조선을 침략한 일본군은 모두 본국으로 되돌아갔다.

일본에서는 도요토미 히데요리(豊臣秀賴)가 히데요시의 뒤를 이었다. 하지만 그는 아직 어린아이였다. 2년이 지난 1600년에 히데요리는 세키가하라(関ヶ原) 전투에서 도쿠가와 이에야스(德川家康)에게 크게 패하였다. 이로써 토요토미 가문의 시대는 완전히 저물었다. 도쿠가와 막부가 새로 출범해 일본을 다스리게 되었다. 도쿠가와 가문은 다시는 조선에 대한 침략전쟁을 감행할 엄두조차 내지 못하였다. 그리하여 조선과 일본 사이에는 다시 평화의 시대가 밝아왔다.

일본군

히데요시가 조선에 1차로 파견한 병력은 158,800명이었다. 그 가운데 핵심은 전투병이었으나, 의사, 성직자, 사무원, 선원 및 노무자가 수적으로는 더 많았다. 총병력 가운데 비전투요원이 무려 3분의 2로 10만 명가량이었다. 전투 병력은 5만 명을 조금 넘었다.9

일본군 전투병은 세 종류로 나뉘는데, 그 중심에 사무라이가 있었다. 그들을 돕는 수행원도 있었으나, '아시가루'라고 하는 경무장 보병이 군사의 다수를 차지하였다.

고토 가문의 고문서

일본군의 조직을 구체적으로 알아볼 수는 없을까? 고토 스미하루(五島純玄) 집안에 남아있는 문서가 관심을 끈다. 고토는 다이묘로서 임진왜란 때 705명으로 구성된 비교적 작은 부대를 지휘하였다. 그가 거느린 전투병은 220명으로, 총병력의 3분의 1에 약간 못 미쳤다.

---

9 Perrin, Noel 1979. *Giving up the gun: Japan's reversion to the sword, 1543–1879*. Boston: David R Godine, p. 27.

나머지 485명은 고토의 전투를 지원하는 다양한 인적 자원이었다. 그럼 220명의 전투병은 제각기 어떠한 역할을 맡았을까? 현존하는 고문서를 통해 고토 군의 실상을 상세히 파악할 수 있는데, 그들의 직책과 인원은 아래와 같다.10

직책	인원	마필
장군	1명	말 1필
부장	5명	말 5필
전령	3명	말 3필
감찰관	2명	말 2필
사무라이(기병)	11명	말 11필
사무라이(보병)	40명	
사무라이 수행원	38명	
'아시가루'(足輕, 경보병)	120명	

고토 스미하라 장군은, 약 14만 석으로 평가되는 대규모 영지를 소유한 사무라이였다. 그의 휘하에는 5명의 부장이 있었는데, 부장들은 각기 약 40명의 병사를 지휘했다. 요즘 식으로 말해 부장은 소대장급이었다.

고토의 전투부대는 절반가량이 사무라이였고, 나머지는 농민 가운데서 징발한 경보병이었다. 사무라이는 모두 화려하고 값비싼 갑옷을 입었는데, 두 종류로 나뉘었다. 하나는 기병으로 사무라이 전투병의 4분의 1정도였다. 따라서 사무라이의 4분의 3은 보병이었다는 이야기이다.

고토의 부대는 보병 부대였다. 사무라이 보병은 각기 4명의 경보병을 통솔하였다. 요즘 식으로 말해 사무라이 보병은 분대장급이었다. 그리고 사무라이 보병에게는 각기 1명의 수행원이 딸려 있었는데, 말하자면 부분대장에 해당한다.

고토는 5명의 부장이 휘하병사를 제대로 관리하는지 감독하였다. 그가 2명의 감찰관을 임명한 까닭이 그 점에 있었다. 또 장수인 고토와 부장들 사이에 연락이 원활해야 했으므로 전령 2명을 두었다.

그밖에 고토는 수시로 상급부대와 정보를 공유하고 작전을 협의하였다. 이를 위해 별도로 또 한 명의 전령을 임명한 것으로 보인다. 그에 더하여, 고토는 보병의 공수작전을 지원하기 위해 11명으로 구성된 기병대를 편성하였다. 한 마디로 말하면, 고토는

---

10 Turnbull, Stephen 2002. *Samurai Invasion: Japan's Korean War 1592–98*, Cassell & Co, p. 44.

굉장히 짜임새 있는 부대를 거느리고 출전한 것으로 보인다. 그의 무대는 현대의 군대로 보면 대대장쯤이었다고 볼 수 있다.

아시가루 또는 경보병

전투가 벌어지면 '아시가루'의 역할이 가장 중요하였다. 그들은 창과 '다네가시마'(일본식 조총) 및 활을 휴대하였다. 또, 가슴과 복부를 보호하려고 값싼 철제 갑옷도 걸쳤다.11 아시가루는 조총을 주된 무기로 삼아 유럽식 전투 대형을 짰다. 이는 포르투갈의 영향이었다.

즉, 아시가루는 대열을 지어 일제사격을 하며 전진했다. 우선 앞줄에 자리한 병사들이 한꺼번에 총을 발사하고 나서 무릎을 꿇은 채 탄약을 재장전하였다. 그러면 사격 준비가 끝난 뒷줄의 병사들이 일제히 사격하였다. 이처럼 정연한 일본군을 상대로 조선 육군은 과연 이길 수 있었을까? 전쟁 초기에 조선군은 일본군과 접전조차 피하였다고 한다.

초기의 전황 – 8군의 편성

임진왜란의 전황을 더 자세히 알아보자. 1592년 4월에 히데요시는 우키타 히데이에(宇喜多秀家)를 총사령관으로 삼아 조선 침략을 단행했다. 그 휘하 장수는 고니시 유키나가(小西行長)로 한양을 맨 먼저 점령하였다. 고니시는 협상에 능한 인물이었으므로 히데요시가 중용하였다고 한다. 한양을 차지하자 일본 장수들은 그곳에서 회의를 열고, 조속히 조선 8도를 점령하기로 다짐하였다. 그들은 조선의 도(道) 행정체계에 맞추어 지역분할을 결정였다.

고니시 유키나가가 거느린 제1군은 평안도를 차지하고, 가토 기요마사(加藤淸正)의 제2군은 함경도를 맡았다. 구로다 나가마사(黑田長政) 휘하의 제3군은 황해도를, 모리 가쓰나가(毛利勝永)가 지휘하는 제4군은 강원도를 점령하기로 했다. 또, 후쿠시마 마사노리(福島正則)의 제5군에게는 충청도가 할당되었고, 고바야카와 타카카게(小早川隆景)는 제6군을 거느리고 전라도를 치기로 했다. 모리 테루모토(毛利輝元)는 제7군으로 경상도를 장악하기로 했으며, 끝으로 우키타 히데이에는 제8군을 거느리고 경기도를 통치하기로 했다.

---

11 Turnbull 2008, p. 19.

일본군은 부산에 상륙한 지 4개월 만에 만주까지 진출하는 통로를 확보하였으며, 조선 영토의 대부분을 휩쓸었다. 선조는 당황한 나머지 의주까지 피난해 나라의 위급한 상황을 명나라에 알리는 한편, 즉각적으로 구원병 파견을 요청했다.

명나라 황제 만력제는 조선의 국운이 위태롭다는 사실을 직감하였다. 만약에 자국이 수수방관하면 일본군이 곧 명나라로 쳐들어올 것으로 판단하였다. 다급해진 만력제는 1593년이 되기가 무섭게 이여송에게 군사를 주어 조선을 구원하기로 했다.

명나라의 군사력

16세기 후반 명나라의 군사력은 어느 정도였을까? 전체 군인 수는 대략 845,000명쯤이었다. 아시아에서는 가장 규모가 큰 편이었는데, 일본군만큼 훈련이 잘되었는지는 미지수다. 게다가 왜란이 일어났을 당시 명나라는 몽골과 전쟁 중이었다. 설상가상으로 북서쪽에서 반란이 일어나는 바람에 명나라는 그들을 진압하기도 버거웠다. 따라서 명나라가 조선을 도와 일본과 싸우는 데 전력을 기울일 수는 없었다.

명나라 군대의 장점은 화력이 세다는 점이다. 몽골과 교전할 때 명나라는 무려 480km나 되는 험지를 돌파해 400문이나 되는 대포를 작전에 투입하였다. 명나라의 야전 포대와 공성용(攻城用) 대포는 위력적이었다.[12] 명나라의 대포는 주철(鑄鐵) 식으로 제작되었는데, 종류도 다양하였다. 그중 가장 위력적인 것은 대장군포와 불랑기(佛朗支), 즉 유럽식 대포였다. 처음에 명나라는 불랑기포를 포르투갈 상인에게 구매하였고, 나중에는 스스로 제작하였다.

그래도 명나라 군대의 핵심 전투력은 보병이었다. 그들은 사용하는 무기에 따라 다섯 종류로 보병을 나누었다. 즉, 총·칼·불화살·일반 화살 및 창이 분류 기준이었다. 보병은 기병대와 포병의 지원을 받기도 하였다. 보병의 기본 장비는 석궁과 조총이었으며, 그들도 보호 장구를 사용하였다. 머리에는 원뿔 모양의 철제 투구를 썼으며, 몸에는 가죽이나 쇠로 만든 갑옷을 걸쳤다.[13] 이런 형태의 명나라 보병이 휴대한 석궁은 일본 경보병이 가진 활보다 위력이 더 컸다.

장비만 가지고 보면 명나라 보병이 일본군보다 못할 것은 없었다. 게다가 지형과 지리에 능숙한 조선군이 명나라 군대를 도왔다. 만약 온 힘을 다해 싸울 의지가 있었더라면 명나라 군대가 전쟁의 승기를 빨리 잡을 수도 있었을 것이다. 하지만 그들은

---

12 Turnbull 2008, p. 19.
13 Turnbull 2008, p. 20.

남의 나라 전쟁에 억지로 동원되었으므로, 적과 맞붙어 결전을 벌일 의지가 없었다.

명나라 군대의 평판

조선 사람들은 처음에 명나라 군대가 등장하자 크게 환호하였다. 그러나 시간이 갈수록 불만과 비판의 목소리가 높아졌다. 명나라 장수들은 인기가 거의 없었다. 그나마 한때 가장 평판이 좋았던 이는 이여송(李如松)이었다. 하지만 일본사람들은 그를 함부로 깎아내렸다. 아마 벽제관전투에서 일본군에 패했기 때문일 것이다.

이여송은 무능한 장수였을까? 그럴 리가 없다. 그는 평양에서 일본군을 몰아내 일본군이 경상도로 물러가게 만든 장본인이다. 이런 점만 보아도 이여송은 용감하고 유능한 전략가라고 해야 옳은 것이다.14

그런데 평양성을 탈환한 뒤에 이여송은 곧 위기에 빠졌다. 일본군의 저항이 만만치 않았기 때문이다. 고바야카와 다카카게, 우키타 히데이에, 다치바나 무네시게(立花宗茂) 및 기카와 히로이에(吉川広家)는 한양 북쪽의 벽제관(현 고양시)에서 이여송의 군사를 꺾고 승리하였다.

이후 행주산성에서 권율은 호남 출신의 병사들을 이끌고 일본군과 싸워 크게 무찔렀다(행주대첩). 그 덕분에 수도 한양이 드디어 수복되었다. 권율이 도원수에 임명되어 전선을 관리하게 된 배경이다.

그 후에 명나라는 조선에 보낼 원군의 규모를 크게 확대해 명나라 군대는 한때 5만 명에 육박하였다. 그래서 일본군은 점차 수세로 내몰렸다.

일본군의 위기

일본군의 최대 약점은 보급이 원활하지 못하다는 점이다. 전쟁 초기에 조선 수군이 서해안과 남해안을 완전히 장악해, 일본군은 제해권을 잃었다. 그리하여 인적·물적 보급이 거의 중단된 상태로 조선의 중부와 북부 지방에서 군사작전을 수행하였다. 그래서 일본군의 전투 수행능력은 급속히 떨어졌다.15

요컨대 침략전쟁을 벌인지 일 년쯤 지나자 일본군은 한반도 중북부 지방에서 더는 작전을 수행할 수 없었다. 그들은 평안도와 함경도, 강원도 및 경기도에서 완전히 철

---

14 Turnbull 2008, p. 17.
15 Perez, Louis 2013). *Japan at War: An Encyclopedia*. Santa Barbara, California: ABC-CLIO, p. 140.

수해 부산과 울산 등지로 집결했다. 그리고는 그곳에 견고한 성채를 쌓아 방어태세를 갖추었다. 이로써 일본군은 임진왜란을 승리로 마감할 수 없게 된 것이다.

그 사이 조선 각지에서는 선비들이 의병을 조직해 활동을 전개하였다.16 의병장들은 향촌의 명망가가 대부분이었다. 그들은 훈련되지 않은 농민들과 함께 각지에 주둔한 소규모 일본군 부대를 급습하거나, 소규모로 이동하는 일본군을 공격해 치명적인 타격을 입혔다.

네 가지 복병

히데요시가 보낸 침략군은 다음의 네 가지 복병을 만나 좌초할 위기에 놓였다.

첫째, 조선의 기후, 풍토와 지리 등 자연조건이 일본군에게 무척 불리하였다. 조선은 일본보다 겨울이 길고 날씨도 몹시 추웠다. 그리고 강물은 흐름이 빠르고 계절마다 수량이 일정하지 않아 일본군이 선박을 통해 내륙으로 깊숙이 파고 들어가기가 어려웠다. 조선은 산악도 험준한 편이라서 도로가 협소하였다. 그래서 수레를 통해 군수물자와 병력 등을 수송하기가 불가능했다. 또 하나, 서남해안 일대는 워낙 섬도 많고 조수 간만의 차이가 커서, 일본군은 조선 수군이 어디에 매복해 있고, 장차 어떤 작전을 펼칠 것인지를 가늠하기 어려웠다.

둘째, 명나라가 신속하게 병력과 물자를 보내왔다는 점이다. 처음에는 수천 명의 원군이 조선으로 왔으나, 얼마 뒤에는 4만 8천 명까지 구원 병력이 늘어났다. 명나라 군대가 대대적으로 조선에 주둔하기 시작하자 일본군은 방어에 큰 부담을 안게 되었다. 명나라 군대가 조선에서 철수하지 않는 한 일본이 조선의 항복을 받기란 불가능한 일이었다.

셋째, 각 지방의 선비들이 운영하는 의병도 일본군에게는 낯선 현상이었다. 조선의 의병 중에는 육군도 있지만 수군도 있었다. 심지어 승병(僧兵)까지도 일어나서 총궐기하였다. 의병 항쟁은 조선의 유교 문화와 깊은 관계가 있지만, 이미 그 이전의 역사에서도 발견되는 존재였다.

고대부터 한국은 주변의 초강대국으로부터 자주 침략을 당했다. 그때마다 한국사회는 엄청난 위기에 빠졌으나 매번 슬기롭게 극복하였다. 멀리 삼국시대부터 통일신라와 고려에 이르기까지 나라가 망할 위기가 찾아올 때마다 한국인은 전쟁을 장기화하

---

16 Lewis, James. 5 December 2014. *The East Asian War, 1592–1598: International Relations, Violence and Memory*. Routledge, pp. 60~61.

여 침략자들이 저절로 힘을 잃게 만들었다. 한국인들은 적을 내륙 깊숙이 끌어들여 보급로를 철저히 차단한 다음에 게릴라전을 통해 괴롭히기 일쑤였다.

역사를 읽어보면, 외적과 싸울 때 한국인은 정규군으로만 활동한 것이 아니었다. 수많은 백성들이 의병이 되어 자발적으로 참전하여 관군과 함께 침략군의 허를 찔렀다. 표면상으로 보면, 한국은 외세의 침입으로 금세 망하기라도 할 것처럼 보인 적이 많았다. 그러나 결과를 놓고 보면, 언제나 침략군을 격퇴하고 국운을 되살려냈다.

고대에는 수나라와 당나라 군대가 고구려를 이기지 못하고 연거푸 패전하였다. 특히 수나라는 고구려를 침략하여 저절로 망하기까지 하였다. 또 당나라가 신라와 힘을 합쳐 고구려와 백제를 꺾은 뒤에 신라를 합병하려다가 도리어 빈손으로 쫓겨난 일도 있었다. 고려 때는 거란과 여진 및 몽골이 몇 차례 침략해 왔으나 그때도 번번이 뜻을 이루지 못하고 물러났다. 히데요시는 과연 이러한 한국의 역사적 전통을 알고 있었겠는가?

히데요시는 한국의 역사와 문화적 깊이를 알지 못했기 때문에 침략전쟁을 감행했을 것이다. 조선의 정규군이 일본군보다 약하다고 판단해 안심했겠지만, 그것은 치명적인 오판이었다.

넷째, 히데요시에게는 조선의 수군도 큰 두통거리였다. 본래 조선은 내륙의 육상 교통이 원활하지 않은 반도 국가이다. 한양과 평양을 포함한 영토 전부를 장악하려면 제해권의 확보는 필수적이었다. 고려와 조선에서는 조세의 운송도 이른바 조운(漕運)으로 해결하였다. 그만큼 바닷길이 중요한 나라였다.

또 고려 말부터 조선 중기까지 왜구가 여러 차례 문제를 일으켰는데, 그때마다 한국인들은 침략자들을 해상에서 무찔렀다. 일찍이 최무선은 화포를 선박에 장착하여 왜구를 격퇴하였다. 또, 조선 태종 때는 공격용 전함인 거북선을 만들어 전투에 투입하였다. 게다가 중종과 명종 때는 왜란이 거듭되자 전함의 성능을 크게 개선하였다. 명종 때부터 조선에서는 판옥선을 주축으로 수군을 운영하였다.

알다시피 판옥선은 조선의 바다에 가장 적합한 전선이었다. 이 배는 바닥이 평평하여 수심이 낮은 곳에서도 운행할 수 있었고, 선체가 유난히 견고하여 충돌에 강점이 있었다. 또 어디서든 선회할 수 있었으므로 해상 작전의 다변화가 보장되었다. 아울러 비교적 높은 위치에서 화포를 쏠 수 있어 장점이 많았다.

더구나 조선 수군이 일본 수군과 제해권을 다툰 남해안에는 크고 작은 암초가 많았다. 해상 지리에 익숙하지 못한 일본 수군은 남해안을 자유롭게 운항하는 것이 불가능했다. 설상가상으로 조선 수군 중에는 왜구를 격퇴한 실전 경험이 풍부한 군사도 적지 않았다. 따라서 수군은 히데요시의 침략 야욕을 가로막는 철벽과도 같은 존재였다. 1592년 5월부터 일본군은 조선 수군에 눌려 꼼짝도 할 수 없었다.

전선의 고착

왜란이 시작되었을 때 처음부터 분명한 사실이 한 가지 있었다. 객관적인 전력으로 보아, 조선군이 자력으로 침략군을 무찌를 가능성은 희박하였다는 점이다. 그래서 명나라는 부랴부랴 원군을 파견하였다. 조선군과 명나라 원군이 힘을 합쳐 싸우자 일본군은 후퇴를 거듭하였다. 그들은 조선의 중부와 북부 지방을 포기하고 부산과 울산 등지로 내려가 장기전을 대비했다. 사태가 이렇게 바뀌자 구원군으로 들어온 명나라 군대는 되도록 일본군과 싸우려 하지 않았다. 그들의 관점에서는 조선이 망하지만 않는다면 작전은 일단 성공이라고 여겼다.

그리하여 1593년 상반기부터 전선은 경상도 일대로 고정되었으며, 일본군과 명나라 군대 사이에는 전쟁을 종결할 협상이 시작되었다. 조선은 일본에 대해 철저히 복수하기를 다짐하였으나 스스로 성취하기 어려운 목표였다.

(5) 협상의 좌절

일본군은 조선에서 철수하기를 바랐고 그 과정에서 적절한 명분을 찾았다. 그들은 조선과 명나라 측에 여러 가지 요구 조건을 내세웠으나 결국은 뜻을 이루지 못하였다. 종전 협상은 1596년 초겨울에 실패로 끝났다.

평화협상

명나라와 일본의 협상은 1593년 연초부터 시작되었는데, 이는 명나라 군대가 벽제관 전투에서 패배한 직후였다. 패배 후 이여송이 거느린 명나라 군대는 개성으로 물러났는데 군량마저 바닥이 났다. 조선은 명나라 군대를 지원하느라 힘써 식량을 끌어모았으나 4만 명의 병사를 먹일 식량을 구하지 못하였다. 유성룡의 《징비록(懲毖錄)》에 자세한 내용이 보인다.

이여송 제독의 부하 장수들은 군량이 없으므로 군대를 철수하는 것이 옳다는 말로 이여송을 압박했다. 그러자 그는 무능한 조선의 조정을 성토하고 유성룡 등을 불러놓고 큰소리로 꾸짖었다.

그해 3월 명나라 군대는 한양에 주둔하고 있던 일본군의 식량창고를 불태웠다. 그래서 춘궁기로 궁지에 내몰린 일본군은 이여송에게 휴전협상을 제안하였다.17 명나라는 내심 반색하며 심유경(沈惟敬)을 협상 대표로 보냈다. 양쪽 모두 보급 문제로 애로를 겪고 있었던 터라 전황이 누구에게도 유리해 보이지 않았다. 그래서 그들은 협상할 뜻이 있었다. 당시 조선에 주둔 중인 명나라 군대는 이미 4만 명을 넘었고, 조선 북부 지방에는 전염병이 창궐했다. 두 나라 진중에서도 병사들의 고통이 매우 심했다.

일본군의 남하

그해에 일본군이 부산 쪽으로 철수하게 된 데는 두 가지 원인이 있었다. 하나는 위에서 말한 것처럼 명나라 특공대가 한양에 침투하여 식량창고를 불태운 바람에 일본군이 식량 위기에 빠진 것이다.

또 하나, 심유경은 장차 명나라가 40만 병력을 동원해 일본군을 무찌르겠다며 위협했다. 만일 그 말 대로 된다면 일본군에게는 정말 큰 문제였다. 고니시 유키나가와 가토 기요마사 등 일본군 수뇌부는 심각한 고민에 빠졌다. 그들은 자신들이 어려운 상황에 놓인 것을 부정하지 않았다. 이를 눈치챈 심유경이 고니시 및 가토와 3자 회담을 열고, 그해 4월부터 다음과 같은 조건으로 휴전에 들어가기로 했다.18

> **평화의 네 가지 조건 – 명나라 군대**
> 1. 일본군은 조선 왕자(임해군, 순화군)와 수행원을 되돌려준다.
> 2. 일본군은 부산까지 후퇴한다.
> 3. 명군은 개성까지 후퇴한다.
> 4. 명나라는 일본에 사절단을 파견한다.

그러나 명나라 조정이 일본에 직접 사신을 보낸 적은 없었다. 송응창(宋應昌)과 심유경이 공모해 그들이 부하 사용재(謝用梓)와 서일관(徐一貫)을 황제가 보낸 칙사로 위장하여 일본에 보냈다. 이런 식으로 일본과 명나라는 평화협상을 시작하였는데, 정작 전쟁 당사국인 조선은 협상에서 완전히 배제되었다.

선조 이하 조선의 모든 대신은 일본과 섣부른 강화를 하지 않겠다고 하였다. 하지만 조선의 반대에도 아랑곳하지 않고 명나라 장수들은 일본과 협상을 서둘렀다. 이여

---

17 笠谷和比古・黒田慶一, 《秀吉の野望と誤算》, 文英堂, 2000年.
18 《실록》, 선조 26년(1593) 4월에 관련 기사가 보인다.

송 같은 이는 겉으로는 조선이 원하면 일본군을 몽땅 토벌하겠다고 큰소리를 쳤으나, 실제로는 조선군이 일본군을 공격하지 못하게 막으려고 하였다.[19]

그해 4월 18일이 되자 명나라와 합의한 대로 일본군은 조용히 한양을 빠져나갔다. 조선은 이여송에게 부탁해 철수하는 일본군을 격멸하라고 탄원했다. 그러나 이여송은 도무지 말을 듣지 않았다.[20]

퇴각할 때, 일본군은 심유경과 명나라의 사신 및 조선의 두 왕자(임해군, 순화군)를 대동하였다. 두 왕자는 가토의 호위를 받으며 남하하였는데, 그 사실에 감사하는 취지의 서한까지 작성하는 수모를 겪어야 했다. 그 서한은 현재 기슈(紀州)의 도쿠가와 가문에 남아있다.

순조롭게 부산까지 내려온 일본군은 그해 4월에 방어선을 구축했다. 서생포(현 울산광역시 서생면)에서 웅천(현 경남 진해)까지 성을 쌓은 것인데, 침략전쟁을 일으킨 지 일 년 뒤에 완전히 수세로 돌아선 것이다.

이후 명나라 군대와 일본은 강화(講和) 조건을 구체적으로 논의하였다.[21] 그 무렵인 1593년 5월 1일에 히데요시는 오토모 요시무네(大友義統)와 시마즈 타다토키(島津忠辰) 등을 견책하였다. 침략전쟁의 성과가 부진하였기 때문이다. 히데요시는 명나라를 정벌하겠노라 별렀지만, 이제 명나라와 강화가 본격적으로 개시되어 전략상의 차질이 드러났다. 히데요시로서는 누군가에게 책임을 물어야 하는 상황이 된 것이다.[22]

며칠이 지난 1593년 5월 8일에 고니시를 비롯해 이시다 미츠나리(石田三成)와 마스다 나가모리(増田長盛) 및 오타니 요시츠네(大谷吉継) 등이 명나라 사신과 함께 일본을 향해 출발하였다. 그들은 7일이 지난 5월 15일에 나고야에 도착했다. 히데요시는 그곳에서 명나라 사신과 만났는데, 히데요시는 다음의 7가지 조건을 강화조약의 전제 조건으로 내걸었다.

히데요시의 평화 조건
1. 명나라 황녀를 천황의 왕비로 보낸다.
2. 조공무역을 부활시킨다.

---

19 中野等,《文禄・慶長の役研究の学説史的検討》(PDF), 日韓文化交流基金, 吉川弘文館, 2010年, 114쪽.
20 旧参謀本部,《日本の戦史 朝鮮の役》, 徳間書店, 1995年, 217쪽.
21 Elisonas, Jurgis (1991). "Chapter 6: The inseparable trinity: Japan's relations with China and Korea". In Hall, John Whitney (ed.). *The Cambridge History Of Japan*. Vol. 4. Cambridge University Press. pp. 235–300.
22 中野等,〈唐入り(文禄の役)における加藤清正の動向〉,《九州文化史研究所紀要》, 56号, 2013年; 山田貴司 編著,《シリーズ・織豊大名の研究 第二巻 加藤清正》, 戎光祥出版, 2014年.

3. 일본과 명나라, 두 나라의 대신이 맹세를 교환한다.
   4. 조선 팔도 중 남쪽의 4도를 일본에 할양하고, 다른 4도와 한양을 조선에 반환한다.
   5. 조선의 왕자와 대신 1~2명을 일본에 인질로 보낸다.
   6. 포로로 잡힌 조선 왕자 2명(임화군 및 순화군)은 심유경을 통해 조선에 반환한다.
   7. 조선의 대신들은 앞으로 일본을 배신하지 않기로 맹세한다.

명나라를 대표해 심유경은 이 모든 조건에 동의한다고 대답했다. 그는 일본말을 전혀 모르는 사용자(謝用梓)와 서일관(徐一貫) 등에게 둘러대기를 히데요시는 명나라에 복종할 뜻을 가졌으며, 조공을 보내고자 한다고 했다. 아울러 히데요시가 조선에서 곧 군대를 철수할 것이라고 했다.

회견장에 동석했던 고니시는 히데요시에게 다음과 같이 보고하였다. 명나라 사신이 이미 동의를 표했으니 명나라의 황제에게 사신을 보내 확약을 얻으면 모든 일은 종결될 것이라고 했다.

이상에서 보았듯, 심유경과 고니시는 진실을 은폐한 채 명나라와 일본이 사실상 '합의'에 도달한 것으로 꾸며댔다. 그해 6월 28일에 히데요시는 고니시의 가신을 사신으로 삼아 베이징에 파견하기로 했다. 그리고 7월 중순에 명나라 사신이 일본을 떠나 부산에 도착하자 조선의 두 왕자를 돌려주었다. 그리하여 임해군과 순화군은 자유의 몸이 되었다.

그해 7월, 명나라 황제는 일본이 조공을 바친다고 하였으므로 군대를 조선에서 철수하라는 칙령을 내렸다. 그래서 이여송은 4만 병력을 데리고 귀국했고, 유정(劉綎)과 유격(游擊), 오유충(吳惟忠)만이 7,600명과 함께 조선에 남아 핵심적인 요새를 지키게 하였다. 병부상서 석성(石星)은 조선에 주둔한 병력을 더욱더 감축하여 오직 유정의 군대만 조선에 남겨두었다.

그런데 강화가 한창 추진되고 있을 때도 일본군은 소란을 피웠다. 그들은 대규모 병력으로 진주성을 공격하였다. 1593년 6월 하순에 일본군은 9일 동안 치열한 전투를 벌인 끝에 진주성을 함락시켰다.(제2차 진주성전투) 이 전투에서 의병장 김천일과 경상우병사 최경회 및 충청병사 황진 등이 전사하였다. 이 전투에서 일본군도 피해가 컸다. 그래서 감히 전라도로 진격할 엄두를 내지 못하였다.

그 덕분에 전라도가 온전히 보전되었는데, 그것은 참으로 다행이었다. 전라도는 조선 제일의 곡창이요, 인구도 많아 일본군을 응징하는 반격의 기지로서 기능하였기 때문이다. 이순신은 친지 현덕승(玄德升)에게 보낸 편지에서, "만약 호남이 없으면 나라도 없을 것(若無湖南 是無國家)"이라고 표현할 정도였다. 실제로 전쟁 중에 조정은 전라도 농민에게 가혹할 정도로 많은 부담을 떠안겼고, 이 일은 두고두고 큰 문제로 남았다. 17세기에 정승 김육은 생의 마지막 순간까지도 전라도 백성의 고통을 덜어주기 위해 그 지역에서 반드시 대동법을 시행해야 한다고 주장할 정도였다.

선조의 반대

1593년 9월에 조선의 국왕 선조는 협상을 반대하는 뜻을 명나라에 전하였다. 선조는 나라를 지켜 준 점에 관해 명나라 조정에 감사를 표한다고 말했지만, 실제로는 일본군과 명나라의 강화 회담에서 조선이 완전히 배제된 점을 은근히 비판하였다.

이후 명나라는 계요총독(薊遼總督) 고양겸(顧養謙)에게 조선에 관한 사무를 일임하였다. 이때는 이미 부산 일대에 주둔하던 일본군이 대부분 귀국한 상태였다. 남은 일본군 2만 명쯤이 계속 부산에 남았다. 그래서 명나라 황제는 일본 측을 끝내 신뢰하지 않았다.

"일본의 정서는 교활하고 교활하다. 문제가 단번에 해결되었다고 단정할 수 없다."

만력제는 이렇게 말할 정도였다. 어쨌든 전쟁은 소강상태에 놓였고, 시간은 조용히 흘러갔다. 1594년 10월에 일본은 의화사(議和使)로 고니시의 가신 고니시 조안(小西如安)을 명나라에 보냈다. 그는 부산을 거쳐 베이징으로 갔다.

조안은 히데요시의 공식 서한을 휴대 중이었다. 그런데 송응창은 히데요시가 '항복' 의사를 명백하게 쓴 문서가 필요하다고 말하였다. 고니시는 송응창의 주문에 따라 〈관백이 항복하는 표문〉으로 조작해 조안에게 주었다. 조안은 1594년 12월에 베이징에 도착해 가짜 항복 문서를 바쳤다.

석성의 요구 사항

명나라의 병부상서 석성이 조안과 협상에 나섰다. 그때 석성은 조안에게 다음의 세 가지 조건을 요구했다.

    1. 일본의 왕은 봉작을 받은 다음에 조선과 대마도에서 신속히 철수한다.

2. 일본의 책봉은 허락하나 조공은 용인하지 않는다.
3. 조선과 화해한 다음, 일본은 다시는 침략하지 않기로 다짐한다.

조안은 위의 조건에 바로 동의하였다. 그즈음에 명나라 황제와 대신들은 조안이 가져온 가짜 항복 선언문을 읽고 크게 기뻐했다. 황제는 바로 히데요시를 "일본의 왕"에 책봉하고, 일본의 대신들에게도 높은 벼슬을 내려주고 싶다는 뜻을 밝혔다. 조안은 일본 대신의 명단을 제공하였다.

1595년 1월이 되자 명나라 조정은 다시 심유경을 일본에 보내 히데요시를 정식으로 일본 국왕에 책봉하려고 했다. 히데요시에게 순화왕(順化王)이란 칭호를 주고 황금으로 만든 도장까지 하사하기로 했다. 그런 막중한 과제를 안고 심유경은 일본 사신과 함께 길을 떠났다. 심유경이 가져온 명나라 황제의 칙령은 현재 오사카 역사박물관에 소장되어 있다.

그러나 명나라 황제의 서한이 히데요시의 손에 들어간 것은 반년도 더 지나서였다. 심유경은 문제의 책봉 교서를 전해주기를 망설였다. 마침내 책봉의 교서를 읽은 히데요시는 분노를 터뜨렸다.

히데요시의 분노

"내가 일본을 다스리는데, 왕이 되고자 하면 스스로 왕이 될 것이다. 어찌 명나라의 책봉이 필요하겠느냐! 명나라가 도대체 무엇이냐?"

히데요시는 보란 듯이 명나라 황제의 칙령을 찢어버리고, 명나라 사신을 본국으로 추방하였다. 1596년 9월의 일이었다. 드디어 히데요시는 자신의 요구가 하나도 받아들여지지 않은 사실을 확인하였다. 그는 치를 떨고 이를 갈았다. 그 후에도 심유경은 만력제가 히데요시의 본심을 끝내 알지 못하게 거짓말을 꾸몄으나 끝까지 진실을 외면할 수는 없었다.

심유경의 처형

조선의 선조는 일본이 다시 전쟁을 준비한다는 소식을 명나라 조정에 알렸다. 그리고 명나라 내부에서도 심유경이 그동안 가짜 문서를 조작해 조정을 속였다는 사실을 확인하였다. 뒤늦게나마 만력제는 심유경 등이 자신을 농락하였다는 사실을 깨달았다. 황제는 형개(邢玠)에게 명령하여 병부상서 석성을 하옥하고 곧 심문하라고 지시했다. 또, 조선에 주둔한 명군에게 명령하여 심유경을 체포해 즉시 처형하라고 명했다.

명나라와 일본이 협상을 시작한 뒤, 조선에는 평화의 기운이 감돌았다. 그렇지만 사실은 불안한 나날의 연속이었다. 거짓 평화의 싹이 움트던 3년 동안 조선에 남은 일본군은 남해안의 몇몇 요새만 장악한 채 숨을 죽이고 있었다. 그밖에 지역은 모두 조선이 회복하여 큰 전투는 일어나지 않았으니, 그나마 다행이었던가.[23]

그러나 1596년 9월에 명나라와 일본의 협상이 완전히 결렬되자 전쟁의 암운이 다시 짙어졌다. 히데요시는 온 힘을 다해 조선을 침략할 준비를 서둘렀다. 이른바 정유재란이 목전에 이른 것이다.

나. 정유재란

1597년 정유년, 일본은 조선을 다시 침략하였다. 침략전쟁에 동원된 일본군은 141,500명이었다. 역시 전투 요원과 비전투요원이 뒤섞인 8개의 대부대였다. 임진왜란 때와 마찬가지로 각 진(陣)은 최소 1만 명이 넘었다. 이만한 병력을 국외로 보낸다는 것은 웬만한 대국이 아니고서는 불가능한 일이었다.

정유재란의 목표는 한정적

히데요시는 전쟁의 목표를 명확히 규정하였다. 그해 2월 21일에 각 진의 장수들에게 보낸 〈주인장(朱印狀)〉에서 그는 다음과 같이 명령하였다.

> "전라도를 남김없이 당장에 제압하라. 더 나아가 충청도와 그 밖의 지역도 공격하라."

이와 같은 목표를 달성한 다음에는 경상도 해안의 성으로 철수하라고 했다. 지난 전쟁 때 쌓은 왜성에 더하여 새로 성을 많이 짓고, 규슈지방의 다이묘들을 성주로 임명해 주둔하게 하라고 했다. 그런 다음 나머지 장수들은 모두 귀국하라는 것이었다. 이러한 내용에서 보듯 정유재란은 목표가 한정적이었다. 명나라를 정벌하기는커녕 조

---

[23] Turnbull, Stephen (2002), *Samurai Invasion: Japan's Korean War 1592–98*, Cassell & Co, p. 75.

선 전체를 짓밟을 것도 없다고 보았다. 히데요시가 세운 명시적인 전쟁 목표는 한층 현실적으로 수정되었다.

    이 전쟁의 경과도 임진왜란 때와 거의 같았다. 전쟁 초기에 일본군은 여러 성을 함락시키고 무자비한 파괴와 인명 살상을 일삼았다. 파죽지세로 승리를 구가하는 듯하였다. 그러나 얼마 지나지 않아 일본군의 침략에 맞서 조선과 명나라 군대가 저항선을 만들고 분전하였다. 일본군은 다시 경상도 남부의 해안 지역으로 철수하였다. 임진왜란 때도 그러했듯, 이번에도 침략자와 방어세력 간에 힘의 우열은 뚜렷하지 않았다. 양측은 다시 오랫동안 교착상태에 빠졌다.

히데요시의 사망

    그러다가 1598년 가을에 전쟁을 일으킨 도요토미 히데요시가 사망하였다. 일본의 권력자들은 일본군의 사기 저하를 염려해 한동안 그 사실을 비밀에 부쳤다.

    그때 일본군이 이미 지쳐 있었다. 그들은 경상도 부산 일대와 전라도 순천에 웅크린 채 성채를 방어할 구상에 매달렸다. 얼마 후 일본의 임시 권력자로 등장한 "오대로(五大老)"는 조선의 일본군 장수들에게 전원 철수하라고 명령했다.

    침략군은 거의 아무런 저항도 받지 않은 채 철수 작전을 시작하였다. 그러나 순천 지방에 주둔한 일본군은 마음 놓고 돌아갈 수 없었다. 이순신은 노량 앞바다에서 철수하는 일본군을 추격했다. 그와 진린이 이끄는 조-명 연합 수군은 많은 전과를 거두었으나 이순신과 부총병 등자룡은 전사하였다. 그 뒤에 일본군은 모두 철수하여 본국으로 돌아갔고, 정유재란은 이 년 만에 막을 내렸다.

(1) 일본군의 재침략

    정유재란은 사실상 1596년 겨울에 시작되었다. 그때 가토 기요마사가 거느린 1만 명의 일본군이 조선 수군의 아무런 저항도 받지 않고 경상도 해안에 무사히 도착했다. 조선 수군통제사 이순신은 가토의 침투를 막지 못하였고, 그로 인해 1597년 2월에 원균으로 수군통제사가 교체되었다.

    이후 다른 일본군 대부대도 속속 조선으로 파고들었다. 히데요시는 고바야카와 히데아키에게 명하여 200척의 선박을 이용해 총 141,500명의 병력을 조선으로 파견했다.[24] 수군도 크게 증편해 총병력이 22,100명이나 되었다.

그동안 조선은 힘이 닿는 데까지 군사 장비를 완비하였고 병력도 증원하였다. 경상도 대구에 권율, 경주에 권응, 창녕에 곽재우, 나주에 이복남, 추풍령에 이시윤 등 여러 장수가 총 3만 명가량의 병력을 운용하였다. 이는 임진왜란이 일어나던 때 비하면 조선군은 훨씬 튼튼해졌다. 그러나 자력으로 일본군의 침략을 막기에는 역부족이었다. 그래서 선조는 일본의 재침을 바로 명나라에 알렸다.

명나라 만력제는 망설이지 않고 곧장 조선에 원군을 또 보내겠다고 통보하였다. 황제는 앞서 수년 동안 비밀리에 계속된 강화회의가 실패한 사실을 알고 분노했다. 만력제는 신하들이 자신을 속인 사실에 분개하여 당시 병부상서를 지낸 석성을 투옥하였다. 몇 년 후 석성은 옥중에서 사망했다. 협상을 주도한 심유경은 법에 따라 처형되었다.

만력제는 새로 마귀(麻貴)를 총사령관으로 임명해 채비를 서두르게 하였다(1597년 2월). 그다음 달(3월)에는 산동우참정(山東右參政) 양호(楊鎬)를 첨도어사(僉都御史)로서 경략조선군무(經略朝鮮軍務)로 삼았다. 그는 쓰촨성, 저장성, 후난성, 복건성 등에서 선발한 55,000명의 병력을 거느렸다. 이어서 병부시랑 형개(邢玠)를 병부상서로 승진시키고, 그해 5월에는 그를 조선으로 급파했다. 정유재란 내내 형개는 조선에 체류하며 장수들을 독려했다. 그만큼 명나라는 일본군의 조선 침략을 중대 사안으로 취급하였다. 특기할 점은 이번의 출정에는 광둥 출신인 수군 21,000명도 원병에 포함됐다는 사실이다. 명나라가 서둘러 조선에 보낸 선발대는 3만 명을 헤아렸다.[25]

처음에 일본군은 경상도에 머물며 방어에 나선 조선군을 무력화하려고 수많은 공격을 감행하였다. 그들은 조선군을 혼란에 빠뜨리는 데 성공하였다. 바다에서도 사정은 마찬가지였다. 그해 6월에 일본군은 각종 군함을 1,000척 이상 부산포에 정박시켰다. 그리고는 함대를 점차 양산과 웅천으로 이동시켰다. 이로써 조선 수군은 커다란 위기를 맞았다.[26]

---

24 Turnbull 2002, p. 187.
25 Huang, Ray 1988. "Chapter 9 – The Lung-ch'ing and Wan-li reigns, 1567-1620"; Mote, Frederick W.; Twitchett, Denis (eds.). *The Cambridge History of China* Volume 7: The Ming Dynasty, 1368-1644, Part 1. Cambridge University Press. pp. 511-584. 특히 p. 572.
26 Sajima, Naoko; Tachikawa, Kyochi (2009). "Japanese Sea Power: A Maritime Nation's Struggle for Identity" (PDF). Foundations of International Thinking on Sea Power (2). Sea Power Centre, Australia.

(2) 전라도와 충청도의 침략

히데요시는 임진왜란 때 조선을 정복하지 못한 이유를 나름대로 정확히 분석하였다. 하나는 해전의 실패였다. 조선 수군에게 제해권을 빼앗겼기 때문에 병력과 물자를 마음대로 수송하지 못했다. 그래서 초기에 거둔 승리를 끝까지 지킬 수가 없었다. 그래서 히데요시는 수군의 역량을 강화하는 데 힘을 쏟았다. 그 결과, 정유재란 초기에 일본 수군은 통제사 원균 등의 목숨을 빼앗는 전과를 올렸다. 그들은 남해안의 제해권을 상당 부분 장악하였다.

또 하나의 문제는 임진왜란 때 전라도와 충청도를 휩쓸지 못한 점이었다. 그래서 히데요시는 정유재란의 실질적인 공격 목표를 전라도와 충청도로 설정하였다. 물론 조선에서는 그들이 이렇게 나올 줄 충분히 짐작하였고, 나름대로 철저히 대비하였다.

그러나 일본군의 돌파력은 예상보다 강력하였다. 1597년 8월에 일본군은 집요하고도 끈질긴 공격을 퍼붓기 시작했다. 모리 히데모토와 우키타 히데이에가 이끄는 일본군 두 개 부대가 처음에는 부산을 공격했고 이어서 사천과 남원, 창평 등지를 점령하였다. 전라도 침공에 한 획을 그은 사건은, 그해 8월 중순에 있었던 남원성 전투였다.

남원성전투

1597년 8월 13일, 우키타 히데이에, 고니시 유키나가, 시마즈 요시히로가 이끄는 5만 명의 대군이 남원성 외곽에 도착했다. 연합군은 일본군의 공격을 예상하고 그 나름으로 만반의 준비를 하였는데, 고작 6,000명의 병력이 전부였다. 그 가운데는 양원(楊元)이 거느린 명나라 군대 3,000명도 포함되어 있었다. 중과부적이었다.

일본군은 사다리와 공성 탑 등으로 성벽을 완전히 포위했다. 양측은 화승총과 화살을 쏘며 싸움을 벌였다. 3일간 공방전이 계속되었으나, 결국은 일본군이 성벽을 넘어 요새를 장악했다. 따지고 보면 예측된 결과였다. 성채도 허술하고, 방어에 나선 병력도 턱없이 부족했다.

《조선물어(朝鮮物語)》를 쓴 일본군 장수 오코치 히데모토(大河內秀元)의 서술에 의하면, 연합군 측 사상자는 3,725명이나 되었다. 조선과 명나라 장수들은 거의 전멸했다. 사령관인 명나라 장수 양원(楊元)은 한양까지 퇴각하였는데, 군사를 전멸시킨 죄로 군법에 따라 처형되었다.

성이 함락될 당시 광경은 끔찍하였다. 적군이 성문을 열고 들어오자 조선 군인들은 참수당할 것으로 짐작하고 무릎을 꿇은 채 죽기를 기다렸다. 일부 사람들은 북쪽으로 피하려 했으나, 그곳에는 가토 요시아키와 시마즈 요시히로가 지휘하는 사무라이들이 기다리고 있었다. 그들은 눈에 띄는 모든 조선 사람을 칼로 베었다.[27]

일본군을 따라 종군한 일본 승려 케이넨은, 보름달 아래 남원이 모두 불태워지고, 하얗던 남원 성벽이 붉은 피로 물들었다고 기술하였다. 그때 통곡하는 소리가 처참하게 들려오던 광경을 케이넨은 목격한 것이다.[28]

전통적으로 일본의 사무라이는 자신들이 전쟁에서 죽인 사람들의 머리를 수집했다. 그들을 조선으로 파병한 히데요시는 병사들이 열심히 잘 싸웠다는 증거로 그들이 죽인 사람의 코를 잘라 본국으로 보내라고 명령했다. 그래서 오코치는 그날 남원 성에서 살해한 조선인 3,725명의 코를 일일이 잘라 소금에 절인 다음에 일본으로 보냈다.[29] 임진왜란과 정유재란 때 일본군이 살해한 조선인과 중국인의 코는 히데요시가 교토에 세운 사원 근처에 묻혀 있다. 사람들이 귀 무덤이라고 부르지만, 실상은 코를 묻은 곳이다.

남원성만 무참히 적에게 함락된 것이 아니었다. 황석산성도 그러했다. 이 산성에는 조정도, 곽준 장군 등이 지휘하는 수천 명의 군사가 주둔했다. 그런데 가토 기요마사가 우군을 이끌고 산성을 포위한 채 보름달이 뜬 한밤중에 공격을 퍼부었다. 조선군은 사기를 잃고 350명의 사상자를 낸 다음에 산성에서 퇴각했다.

이렇듯 일본군은 1597년 가을에 전라도 각지를 침략하여 단숨에 무너뜨렸다. 남원성이 적에게 함락되자 전라도의 중심지인 전주성까지도 쉽게 적의 수중에 들어갔다. 그해 가을, 전라도는 온통 아비규환의 생지옥이 되고 말았다.

승리에 도취한 일본군은 충청도로 북상하였다. 사실상 무인지경을 누비는 것이나 다름없었다. 일본군은 충청도의 고을이란 고을은 모두 짓밟았다. 그리고는 한양으로 올라가는 주요한 교통로를 따라 직산으로 향했다.

직산전투

조선 및 명나라 연합군은 직산에 도착하여 일본군이 올라오기를 기다렸다. 그곳은 충청도에서 경기도로 들어가는 교통의 요지였는데, 두 진영은 온 힘을 다해 몇 차례

---

27 Turnbull 2008, p. 82.
28 Turnbull 2008, p. 81.
29 Turnbull 2008, p. 81.

격돌하였다. 이번에도 일본군은 연합군을 쉽게 제압할 줄로 예상하였으나, 연합군의 저항은 결코 만만하게 볼 수 없었다.

본래 일본군은 꾸준히 북상하면 1597년 8월 말이나 늦어도 9월 초에는 다시 한양을 점령할 수 있을 것으로 예상하였을 것이다. 그러나 이 계획은 직산(현 충남 천안시)에서 연합군의 성공적인 방어로 좌절되었다고 볼 수 있다. 그런데 이것은 연합군 측의 평가이고, 일본군에서는 다른 주장을 한다. 연합군에 밀려서 남하한 것이 아니라, 미리 세운 작전 계획에 따른 정상적인 철수였다는 것이다.

여하튼 구로다 나가마사가 우군 선봉대를 이끌고 직산 쪽으로 진격하자 조선의 조정은 갑론을박을 벌이며 적군의 의도를 점쳤다. 조선에 주둔한 명나라 장수들 가운데 몇몇은 더 많은 지원군이 도착할 때까지 임시로 군대를 멀리 철수하는 것이 옳다고 주장했다. 그러나 형개를 비롯한 명나라의 문신들은 명나라 장수들의 요청을 거부하고, 즉각 일본군과 맞서 싸우기를 명령했다.

이에 총사령관 마귀는 3명의 휘하 장수와 정예 기병대를 직산으로 파견해 일본군의 진로를 차단하게 했다. 조선 측 기록에 따르면, 명나라 군대는 직산에서 구로다 나가마사 휘하의 일본군 선봉과 충돌했다. 전투 첫날 명나라 군대는 소규모 일본 정찰대를 물리쳤다. 둘째 날에는 두 진영이 본격적으로 맞붙어 싸웠다. 이 전투에서 일본군이 패하여 후퇴했다고 한다.30

조금 상세히 알아보면 이러했다. 1597년 9월 6일, 구로다 나가마사는 5,000명의 부하를 데리고 직산에 도착했다. 그곳에는 명나라 병사 6,000명이 이미 주둔하고 있었다. 중국 측 기록을 보면, 명나라 장수는 부총병(副总兵)인 해생(解生)으로 2천 명의 군사를 거느렸다고 한다. 어쨌든 구로다의 군대는 돌격을 시작했고, 다른 부대까지 합류해 일본군의 숫자는 30,000명으로 늘어났다. 일본군은 명나라보다 수적으로 엄청난 우위였다.

그러나 일본군은 명나라 군대를 꺾지 못하였다. 명나라 군사들의 갑옷이 우수해서였다고 한다. 구로다와 모리 히데모토가 전한 말에 따르면, 일본군의 총알은 명나라 군사가 사용하는 철제 방패를 뚫을 수 없었다. 그들의 갑옷도 방탄 효과가 뛰어났다고 한다. 연합군과 일본군의 전투는 황혼이 질 무렵까지 계속되었고, 해가 저물자 모두 철수하였다고 한다.31

---

30 《실록》, 선조 30년(1597) 9월 1일.
31 Swope 2009, p. 248.

밤이 되자 구로다는 또 다른 공격을 시작했다. 이번에는 명나라-조선군을 분쇄하기 위해 학익진을 펼쳤다. 그러나 일본군의 공격은 실패했다. 명나라 기병 2,000명이 공격을 개시하자 일본군은 도망쳤다. 명나라 군대의 사상자도 적지 않아 200여 명을 헤아렸다. 그러나 일본군은 피해가 더욱 커서 사망자만 해도 500~600명을 헤아렸다.[32] 여러 가지 사실을 고려하면, 직산전투의 승자는 연합군이었다는 것이 결론이다.

하지만 일본 측의 주장은 달랐다. 직산전투를 마친 뒤, 9월 10일에 일본군은 북쪽으로 진출해 경기도 안성과 죽산까지 점령했다고 주장한다.

요컨대, 일본 측의 주장은 자신들이 애초 히데요시가 제시한 목표, 즉 전라도 및 충청도를 함락시키라는 목표를 이미 충분히 달성하였다는 것이다. 정확히 말해, 본래 목표한 것보다 조금 더 북상하여 경기도까지 진출했으므로 처음 계획대로 남쪽 연안으로 철수하였다는 것이다. 부산과 울산 등에는 임진왜란 때 이미 구축한 성곽이 있어, 이번에는 그 바깥쪽으로 울산에서 순천에 이르기까지 새로운 성곽을 쌓을 계획이라고 했다.

일본은 장차 순천~울산에 이르는 조선의 남부 지방을 영구히 지배할 작정이었다. 성곽과 성채가 완공되면 약간의 군사만 남겨두고 나머지 병력은 모두 귀국할 방침이었다. 일본군은 1598년에는 전쟁을 일으키지 않는 대신에 그다음 해에 또 한 차례 전쟁을 계획하였다고 한다.

일본군의 회군

당시 조선의 왕과 대신들은 일본군이 왜 갑자기 남하를 시작했는지 알 수가 없었다. 혹시 일본군의 계략이 숨어있는 것은 아닐까 의심했다. 그런데 일본군의 회군에 관하여 두 가지 흥미로운 관점이 있다.

첫째, 명나라와 조선은 이미 일본군 포로들의 진술을 통해 대강의 계획을 알고 있었다는 점이다. 하지만 백성을 위로하고 군사들의 사기를 높이려고 직산 싸움에서 거둔 승리를 과대 포장하였다. 그러면서 아군이 승전했으므로 일본군이 후퇴하였다는 주장을 퍼뜨렸다고 한다.

둘째, 일본군은 1598년 봄에 아무런 공격도 시도할 계획이 없었다고 일본인들은 주장했다. 그러나 그것도 진실은 아니었다. 아래에서 확인할 수 있듯, 울산성전투에서는

---

32 Hawley, Samuel 2005. *The Imjin War*, The Royal Asiatic Society, Korea Branch/UC Berkeley Press, 2005, p. 467.

일본군도 큰 피해를 보았기 때문에 침공 계획을 1599년으로 미루었다고 볼 수 있다.

만약 직산전투에서 일본군이 대승을 거두었다면 어떻게 되었을까? 두말할 필요 없이 일본군은 북진을 계속해 한양을 다시 점령했을 것이다. 하지만 직산에서 타격을 입었기 때문에 일본군이 서둘러 남하한 것으로 보아야 옳겠다. 혹자는 명량해전에서 패배하였기 때문에 일본군이 급히 남쪽으로 후퇴했다고 주장하지만, 그렇게 볼 수 있을지 의문이다.

(3) 조선과 명나라 연합군의 반격

1597년 12월 말부터 이듬해 1월 초까지 조선과 명나라 연합군은 울산 왜성을 깨뜨리려고 총공세를 벌였다. 그 작전이 성공했다면 일본군은 서둘러 본국으로 도주하였을 것이다. 그러나 연합군은 끝내 울산성을 함락하지 못하였다.

직산에서 남쪽으로 내려간 가토 기요마사는 통일신라의 옛 수도 경주를 무참히 짓밟았다. 일본군은 닥치는 대로 약탈을 일삼았고 귀중한 유물과 유서 깊은 사찰을 함부로 파괴하였다. 조선과 명나라 연합군은 일본군을 뒤따라 남쪽으로 쫓아가 그들을 압박하였다. 그러자 일본군은 조선 초기에 일본의 무역소로 사용하던 곳, 즉 가토가 전략적 거점으로 선택한 울산의 왜성에 주둔하였다.

울산성전투

연합군은 울산성 공격을 결심하고 포위망을 좁혔다. 연합군의 대규모 반격이 시작되었다. 1597년 12월 말부터 그 이듬해 초까지의 일이었다. 일본군 7,000명이 연합군의 공격에 대비하여 자신들의 요새를 강화하였다. 그때 가토 기요마사는 인근에 있는 서생포로 갔으며, 울산성의 방어는 가토 야스마사, 히로타카 구키, 아사노 나가요시 등이 맡았다.

연합군의 공격이 시작되었을 때 일본군은 그런 줄도 모르고 아직 완성되지 않은 그 성벽의 바깥에 진을 쳤다.[33] 그러자 연합군 36,000명이 덤벼들어 신기전과 화차를 이용해 공격의 수위를 한층 높였다. 곧 연합군은 성을 빼앗는 데 성공했다.

---

33 Shunpo, Naito (1976). Bunroku keichō no eki ni okeru hironin no kenkyū 文禄・慶長役における被擄人の研究 [Research on the subjects of the Bunroku and Keicho eras]. University of Tokyo Press., p. 128.

그런데 모리 히데모토가 거느린 지원군이 강을 건너와 일본군을 지원했다. 당시 일본군은 보급품이 거의 다 떨어진 상태였다. 그들은 생사의 기로에 놓였다.

그때 명나라의 장수 마귀는 도리어 전황이 연합군에 불리하다고 오판했다. 시간이 갈수록 점점 더 많은 일본군이 성 주위로 몰려드는 사실에 마귀는 놀랐다. 그는 연합군이 사기가 떨어지는 것을 목격하고 전투를 계속하기 어렵다고 판단하였다.

늦은 밤에 마귀는 전군에게 퇴각명령을 내렸다. 그런데 하필 폭우까지 쏟아져 철수 작전에 차질이 빚어졌다. 그 틈을 놓치지 않고 일본군은 거세게 반격하였다. 그들은 퇴각하는 명나라와 조선 연합군을 마구 공격하여 의외의 대승을 거두었다.

이 전투에서 연합군은 총 2만 명의 인명 손상을 입었다.34 엄청난 참사였다. 그 바람에 명나라 총사령관 양호(楊鎬)는 한양까지 서둘러 퇴각하였다. 이 전투는 연합군에게 큰 좌절을 안겨주었다. 그로부터 8개월이 지났을 때까지도 연합군은 대오를 수습해 일본군을 다시 공격할 수 없는 참담한 상황에 놓여 있었다.

울산성의 전투를 지휘한 명나라 장수에 관해서 조선과 명나라는 각기 엇갈린 평가를 내렸다. 조선에서는 양호를 지혜롭고 용감한 장수라고 칭찬하였다. 그는 황제에 충성하고 나라를 사랑하는 인물이라는 평가가 많았다. 그러나 명나라에서는 양호를 간신으로 보는 경향이 압도적이다. 처음에 양호는 울산성전투에서 이겼다고 보고했다. 그러나 참패한 실상이 드러나 하마터면 군법으로 사형될 뻔하였다. 겨우 목숨만 구하고 그는 파직되었다.

1618년에 양호는 다시 장수로 기용되어 군사를 이끌고 후금(後金)을 공격했다. 그러나 다시 패배하여, 양호는 감옥에 갇혔다. 끝내 사형 선고를 받고 처형되었다(숭정 2년, 1629).

(4) 수륙병진의 실패

적막을 깨고 연합군은 새로운 전략을 짰다. 만력제는 소강상태에 빠진 전황을 타개하려고 1598년 중반에 다수의 지원병력을 조선에 투입했다. 그 가운데는 진린(陳璘)과 등자룡(鄧子龍)이 거느린 수군도 포함되었다. 2만을 헤아리는 명나라 수군이 조선에 도착한 것은 1598년 5월이었다. 드디어 1598년 9월에는 조선에 주둔하는 명나라

---

34 Zhang Tingyu; et al. (1739). History of Ming (in Chinese) – via Wikisource., Chapter 320. "士卒物故者二萬."

병력이 총 75,000명이나 되었다. 그 규모를 10만이라고 평가하는 학자도 있는데, 임진왜란과 정유재란 전 시기를 통틀어 최대 규모의 지원병력이었다.

조선과 명나라 연합군은 육군을 셋으로 쪼갰다. 서로와 중로 및 동로군을 편성한 것인데, 이에 더해 수군이 육군을 지원하게 하였다. 다시 말해 조명연합군은 일본군의 거점을 육군이 동시에 타격하고, 수군을 운용해 일본군의 퇴로를 차단할 셈이었다. "사로병진책(四路竝進策)"이라고도 하였다. 이러한 수륙합동 작전을 오래전에 역설한 이는 조선의 수군통제사 원균이었다. 그러나 그의 생전에는 한 번도 이런 작전을 실천에 옮길 수 없었다. 그 문제는 다시 설명할 기회가 있다.35

1598년 9월 하순부터 10월 초까지 연합군은 다시 총공세에 돌입하였다. 순천 왜성의 고니시, 사천 왜성의 시마즈 및 울산 왜성의 가토를 상대로 동시에 공격을 감행하였다. 울산의 공격은 마귀가 주도하였고, 사천은 동일원(董一元)이 맡았다. 그리고 유정(劉綎)은 순천으로 쳐들어갔으며, 진린과 이순신은 수군을 거느리고 해상에서 적의 퇴로를 완벽히 차단할 예정이었다.

연합군이 총공세에 동원한 병력은 11만을 넘었다. 이번에는 병사들의 식량이나 왜성 공략에 사용할 무기도 충분히 준비하였다. 큰 기대 속에서 작전이 전개되었다. 연합군은 과연 어떠한 성과를 얻었을까.

울산 왜성에서는 가토 기요마사가 1만 명의 병력으로 방어전에 나섰다(9월 22일). 조선과 명나라 연합군은 29,500명이었고, 그들은 최선을 다해 왜성을 공격했다. 그러나 작전은 다시 실패로 돌아가고, 연합군은 많은 희생을 치르고 울산에서 물러났다.

사천에서는 어떠하였을까. 연합군은 사천이야말로 전략적인 측면에서 가장 중요하다고 판단하고 총력을 기울여 공격을 시작했다. 처음에는 연합군이 이기는 것처럼 보였다. 그러나 일본군이 갑자기 연합군의 후방을 공격하기 시작하였고, 성안에 있던 일본군이 성문을 열고 뛰어나와 반격에 나섰다. 그러자 전세가 금세 뒤집혔다. 이 전투에서 연합군은 무려 30,000명의 병력을 잃고 초라한 모습으로 후퇴했다고 한다.

사천 왜성 전투에 관한 조선 및 명나라 측의 기록을 검토해 보면, 연합군이 성벽을 뚫고 성안으로 침투하는 과정에서 불의의 사고가 일어났다고 한다. 연합군이 작전에 사용할 화약이 폭발하는 바람에 도리어 큰 피해를 보았는데, 일본군은 그 기회를 이용하여 당황한 연합군을 마음껏 도륙하였다고 한다.

순천 왜성 전투도 사정은 비슷하였다. 고니시 유키나가는 13,700명을 거느리고

---

35 특히 제2부의 제4장, 즉 "원균의 전략과 전술"을 참고.

결사적으로 성을 방어했다. 연합군은 무려 43,000명의 병력을 동원해 성을 거세게 공격했다. 그러나 3차례의 공격이 모두 실패로 돌아갔고, 800명의 사상자가 발생하였다. 연합군은 순천에서도 패배했다.

그때 일본군의 내부 사정도 사실은 좋지 않았다. 1598년 6월에 고니시 유키나가는 일본군의 보급 상태가 열악하고, 더는 조선 땅을 추가로 점령하기 어렵다는 판단을 내렸다. 그는 사정을 본국 정부에 보고하였다. 그래서 히데요시는 조선에 파견된 병사의 절반인 70,000명을 본국으로 철수하도록 지시했다. 따라서 연합군이 총공세를 펼쳤을 때 일본군은 60,000명 정도였다. 그해 9월과 10월에 연합군을 상대로 방어전을 치른 일본군은 사쓰마 출신이 대부분이었다. 시마즈 요시히로와 그의 아들 다다쓰네의 부하들이었다.

일본군은 방어에는 성공했으나 성 바깥으로까지 진출해 연합군을 추격할 형편은 아니었다. 공세에 실패한 연합군은 물론이고 방어에 성공한 일본군에게도 이 전쟁은 싸워 이길 가능성이 없어 보였다. 하지만 조선의 백성은 양측 군대의 내부 사정을 알 수 없었으므로 불안하기만 하였다. 백성들은 연합군의 패배를 아쉬워하며 다시 어디론가 피난 갈 채비를 했다.

(5) 히데요시의 죽음과 일본군의 철수

1598년 가을에 엄청난 변화가 찾아왔다고 했다. 연합군의 총공세가 벌어지기 한 달쯤 전인 8월 18일에 도요토미 히데요시가 사망했다. 향년은 62세로 당시의 평균연령이 30대에 머물렀던 점을 고려하면 적은 나이는 아니었다. 아직 연합군의 총공세가 모두 끝나기도 전인 9월 말에, 일본 조정은 자국 병사들에게 모두 철수하라는 명령을 내렸다. 그들은 서둘러 귀국하라는 명령을 내리면서도 히데요시가 사망했다는 사실만큼은 비밀에 부쳤다. 그의 죽음이 알려지면 군대의 사기가 땅에 떨어질까 봐 염려했기 때문이다.

이후 일본군은 왜성에 머물러 있으면서 철수 작전을 준비했다. 우선 울산, 서생포 및 양산 등지에 주둔하던 일본군이 제일 먼저 철수했다. 그들은 1598년 11월 15일경부터 아무런 저항도 받지 않고 부산으로 향하였다. 11월 중순에 일본군 부대는 하나 둘씩 부산에 집결했다. 11월 23일이 되자 가토 기요마사가 대병력을 이끌고 부산포를 떠났다. 그다음 날(11월 24일)에는 모리 요시나리도 부대를 인솔해 본국으로 돌아갔다. 다시 하루 뒤(11월 25일)에는 고니시 유키나가와 시마즈 요시히로도 조선 땅을 뒤로 한 채 일본을 향해 노를 저었다.

조선을 침략한 일본의 다이묘들은 모두 귀국길에 올랐다. 그들은 침략전쟁을 시작할 때도 별다른 저항을 받지 않은 것처럼 조선을 떠나갈 때도 마음대로 배를 몰았다. 조선은 수군의 역량으로 부산까지 쫓아가서 그들의 귀로를 막을 수가 없었다. 조선과 명나라의 연합 육군 역시 물러나는 일본군에게 큰 싸움을 걸 만큼 담대하지 못했던 것일까.

노량해전

그러나 순천 왜성에 주둔한 일본군은 쉽게 떠나지 못했다. 바로 근처에 조선과 명나라 연합 수군이 진을 치고 있어, 그들의 퇴로는 쉽게 열리지 않았다. 순천의 일본군은 1598년 11월 19일에 부산을 향해 길을 떠났는데 연합 수군이 그들의 앞을 가로막았다. 연합 수군은 떠나가는 일본군을 노량 앞바다에서 크게 무찔렀다.

관심을 끄는 한 가지 사실이 있다. 일본군은 그들 수군이 철수 작전을 펼칠 때 명나라 수군 부총병 등자룡과 조선 수군통제사 이순신을 죽음에 이르게 한 사실을 알지 못했다. 그래서 일본인들은 전후에 작성한 역사 기록에서 일본군이 노량에서 패배하였다고 기록하였다.

그러나 세월이 흐른 뒤에 일본사람도 이순신 등의 순국 사실을 접하게 되었다. 일본 지식인들은 조선 후기에 기술된 역사책이며 문학책을 보았으며, 명나라에서 전해진 역사와 문학 작품도 읽었다. 결과적으로 일본인들은 조상들이 조명연합 수군의 최고위 지휘관을 두 명이나 죽게 만든 사실을 알게 된 것이다. 그러자 그들은 태도를 바꾸어, 노량해전의 승리는 일본의 몫이라고 주장하기 시작하였다.

침략전쟁의 종언

그해 12월 초순까지도 일본군의 철수 작전은 계속되었다. 그러나 이제 그들은 소수였고 군사력도 형편없었다. 그들이 몰래 돌아가려고 하였을 때 연합 수군은 포격을 가해 섬멸했다고 한다.

해가 바뀌어 1599년이 되었는데 그해 4월이 되자 조선에 주둔하던 명나라 군사들도 모두 본국으로 돌아갔다. 이로써 1592년 4월에 개시된 도요토미 히데요시의 조선 정복 및 명나라 원정계획은 모두 종결되었다. 만 7년에 걸친 세월 동안에 수많은 조선 백성이 목숨을 잃었고 적의 포로가 되어 일본으로 잡혀갔다. 그러나 이 전쟁의 영향은 조선의 평범한 백성뿐만 아니라 동아시아 전체에 심대한 영향을 끼쳤다.

(6) 전쟁의 영향

조선은 대규모 침략전쟁으로 국토 대부분이 적어도 한번은 크게 약탈당했다. 전쟁을 치르느라 많은 인적 물적 희생을 감당해야 했는데, 특히 전라도와 경기 및 충청도의 백성들이 그러했다. 그래서 전후에는 대동법(大同法)을 만들어 경기 등 세 지역의 백성들을 살려낼 방도를 마련한 것이다.

전쟁 당시 조선의 육군은 일본군의 상대가 되지 못했다. 싸울 무기도 변변하지 못하였고, 전문적으로 훈련된 군인이 소수에 지나지 않았다. 게다가 산성이란 것도 별로 튼튼하지 않아 방어전도 별로 효과가 없었다. 결과적으로 명나라 군대가 일본군과 싸우는 주력이었다. 조선은 스스로 방어하기에 힘이 부족했다.

이처럼 쓰라린 교훈을 가슴 깊이 간직하였고, 그 결과 나중에는 훌륭한 조총부대를 양성하는 데 성공하였다. 훗날 청나라는 조선의 조총병을 앞세워 명나라 군대와 싸우기도 하였고, 17세기 말에는 러시아와 무력충돌이 일어났을 때도 조선의 조총병을 동원하였다.

조선이 임진왜란과 정유재란을 견디고 되살아나는 데는 명나라의 지원이 큰 힘이 되었다. 그래서 조선 사람들은 '재조지은(再造之恩)'이라는 말로 명나라에 깊은 감사를 표했다. 전후에 명나라는 만주족의 침략을 받아 위기에 빠졌고, 그때 조선은 청나라의 눈을 속여가며 비밀리에 명나라를 지원하기도 했다.

전쟁 중에 많은 백성이 일본으로 끌려갔고, 양국관계 및 만주족이 급히 성장하는 등의 국제 정세로 보아, 조선은 일본과 적대적인 관계를 오래 끌고 갈 수도 없었다. 그리하여 서둘러 일본과 평화로운 관계를 회복하고, 붙잡혀 간 백성들을 데려오는 데 힘을 쏟았다.

한편 명나라도 조선을 지원하느라 재정이 고갈되었다. 조선에 파견한 병력은 총 12만 명쯤이었다. 그들이 한꺼번에 파견된 것은 아니고, 전후로 나뉘었으며 파견 기간은 부대마다 달랐다. 16세기 후반에 명나라에서는 80만 명 이상의 병력이 존재했으므로, 그중 상당수가 조선에 파견된 셈이다. 그 많은 병력이 만리장성을 넘어서 조선까지 오고 가는 데는 군사들의 수고도 컸고 비용도 많이 들었다.

명나라에서는 태창(太倉)에서 군사비용을 조달했다. 1592년 임진왜란 당시 태창에는 약 700만 냥의 은이 있었다. 연간 태창의 수입은 209만 2천 냥쯤이었는데, 조선을 비롯한 두어 곳에서 작전을 수행하느라 연간 지출이 240만 냥이나 되었다. 연간 30만 냥 이상 적자가 발생했다. 16세기 말에 명나라는 조선을 포함하여 여러 지역에서 군사비 지출이 과다하게 발생하여 결국은 재정난을 겪었다.

그밖에도 명나라의 감시가 소홀해진 틈을 타고 만주의 건주위(추장 누르하치)가 빠르게 성장하였다. 그들이 세력을 키워 결국에는 후금(後金, 청나라)이 되었고, 얼마 후에는 명나라를 멸망시켰다. 명나라가 기울게 된 까닭이 조선에 보낸 원군 때문만은 아니었으나, 상당히 중요한 원인으로 작용한 것은 틀림없다.

한편 일본은 도요토미 히데요시가 사망한 뒤에 다시 한번 정치적 혼란에 빠졌다. 다이묘들 사이에서 패권전쟁이 일어났는데, 최종적인 승리자는 도쿠가와 이에야스(德川家康)였다. 그는 정적을 모두 제거하고 에도 막부를 세웠다.

침략전쟁의 가장 큰 목적은 이루지 못하였고, 일본의 백성들도 많은 전쟁비용을 부담하느라 큰 고초를 겪었다. 그래서인지 일본 역사에서 그들이 일으킨 조선 침략전쟁은 별로 중요한 주제가 되지 못하였다.

지식과 기술이전

그러나 장기적인 관점에서 보면, 일본은 이 전쟁으로 많은 이득을 보았다. 왜란 때 일본군은 수많은 조선인의 기술자를 전쟁포로로 끌어갔다. 그중에는 도자기를 만드는 장인들도 있었고, 목화를 재배하여 훌륭한 면포를 생산하는 농민들도 많았다. 그리고 활자를 만드는 기술자들도 있었다. 일본은 조선에서 데려온 여러 기술자를 통해 산업이 비약적으로 발전할 계기를 얻었다.

또 일본은 조선인 포로의 상당수를 국제 노예시장에서 팔아 이익을 남겼다. 그밖에도 조선인 포로 중에는 성리학과 전통적인 여러 학문에 능통한 조선의 선비들도 적지 않았다. 그들은 일본의 문화 발달에 이바지하였고, 전쟁 중에 일본군이 조선 각지에서 약탈한 다양한 서적들도 일본의 발전에 밑거름이 되었다. 일본은 7년간의 전쟁으로 영토적 야욕은 채우지 못했으나, 여러모로 성장의 동력을 얻은 셈이었다.

3. 수군의 편성

조선에서 수군이 중요한 까닭은, 왜구를 비롯한 해적의 침략을 방어하는 데 있었다. 평시에도 수군은 조세를 실은 배가 관내를 무사히 지나갈 수 있게 호위도 하였다. 이는 물론 만약의 사태를 대비한 것이었다. 조선 초기에 반포한 《경국대전》에도 수군의 편제가 기록되어 있다. 하삼도를 5개의 지역으로 나누어 각기 수군절도사(정3품)가 주둔하는 주진(主鎭)을 설치하였다. 그 아래는 수군첨절제사(종3품)가 주둔하는 거진(巨鎭)을 두었고, 다시 그 밑에 만호(萬戶, 종4품) 등이 지휘하는 일선 부대를 주요 지역마다 배치하였다.

수군절도사는 관찰사의 지휘를 받는 동시에 수군첨절제사 이하의 장수를 지휘하였다. 수군첨절제사는 병선을 직접 관리하였는데, 평시에는 조운선을 호위하는 역할을 맡았다. 수군절도사는 휘하의 장수들이 거느린 판옥선을 모두 지휘하였는데, 충청수영과 경상좌수영은 규모가 작아 3~4척에 지나지 않았다. 그밖에 전라 좌우 수영과 경상 우수영에는 20여 척의 전함이 속해 있었다.

통제영의 설치

임진왜란이 일어났을 때 각도의 수군절도사는 직급이 똑같아 서로 상하관계가 아니어서 일관된 지휘체계가 없었다. 그래서 장수들 사이에 견해 차이가 생기면 조정하기 어려웠다. 선조 26년(1593년) 7월경에 조정에서는 삼도수군통제사를 두고 수군을 모두 지휘하게 하였다. 그러나 당시에 통제사는 겸직에 불과하여, 여전히 수사들을 지휘하는 데 한계가 있었다. 그래서 통제사의 지휘권은 여전히 제한적이었다.

이순신이 초대 통제사를 지내다가 조정의 징계를 받아 파직되자 그의 선배인 원균이 새로 통제사에 임명되었다. 그때도 통제사의 지휘를 잘 따르지 않는 장수들이 적지 않았다. 특히 이순신의 직속 부하들은 새 통제사의 권위에 도전하는 모습을 보였다. 더구나 통제사 위에는 도원수(권율)가 군림하였고, 다시 그 위에는 도체찰사(이원익)가 있어 겹겹으로 통제사의 작전권을 감시하고 통제하였다. 또 한양의 조정에는 비변사가 병권을 쥐고 사사건건 수군의 활동은 간섭하였다.

한 마디로 수군의 지휘 계통이 지나치게 복잡해 통제사와 각도 수사들이 큰 애로를 겪었다. 선조 31년(1597)에 통제사 이순신과 통제사 원균이 마음먹은 대로 작전을 수행하지 못한 사실, 그리고 통제사 원균과 수사 이억기 및 최호가 순국하게 된 것도 우연이 아니었다.

원균 등이 목숨을 잃은 다음에야 통제사의 지휘권이 제대로 확립되었다. 조정에서는 구조적 폐해를 인정하고 다시 통제사가 된 이순신에게 큰 재량권을 주었다. 그래서 조선 수군은 다시 일본 수군을 대적할 수 있게 되었다.

경상좌수영

본래 경상좌수영은 왜구가 자주 침입하던 낙동강 하구부터 경주에 이르기까지 경상도의 동쪽 해안을 방어하였다. 역사를 거슬러 올라가면 조선 초에는 동래의 감만이포에 본영을 두었다가 태종 때 울산의 개운포로 이전하였다.

그러다가 임진왜란이 일어나기 직전에 일대 변화가 일어났다. 나라에서는 일본의 침략에 대비해 경주, 울산, 포항, 영덕, 기장 등 여러 곳에 흩어져 있던 부대를 모두 동래부와 부산진 인근으로 옮겼다. 본영도 개운포에서 동래부 남촌으로 옮겼다. 그러나 선조 25년(1592) 4월에 일본군이 쳐들어오자 경상좌수영은 한 번도 싸우지 못하고 무너졌다. 당시 경상좌수사는 박홍이었다.

왜란이 완전히 끝날 때까지도 경상좌수영은 역할을 다하지 못했다. 정유재란 때는 이운룡이 경상좌수사로 있었는데, 통제사 원균 등이 순국하자 이운룡은 배를 버리고 육지로 올라가 육군으로 활동하였다.

전쟁이 끝나고 경상좌수영은 인조 13년(1635)에 다시 복구되었다. 본래대로 감만이포에 본영을 두었는데, 왜관과 거리가 너무 가까운 것이 약점이었다. 그래서 효종 3년(1652)에 다시 동래부 남촌으로 이전하였다.

경상우수영

경상우수사가 지휘하는 이 수영은 규모도 크고 그 중요성도 여러 수영 가운데 으뜸이었다. 그러므로 왜란이 끝난 뒤에 경상우수사가 대대로 통제사를 겸하게 되었다. 처음에 본영이 있던 곳은 웅천현(현 창원) 제포였으나, 이곳은 곧 일본 상인들의 거주지가 되었다. 이후 우여곡절을 거쳐 거제현 오아포로 옮겨졌다. 그것은 세조 11년(1465)의 일이었다. 왜란이 일어났을 때 경상우수사는 원균으로, 바로 오아포에 주둔하고 있었다.

왜란 중에 일본군의 압박이 거세져 경상우수영에 속한 여러 지역을 상실하고, 우수영은 거제현 한산도 두억포로 이동하였다(1593년). 수군 통제영과 한 곳에 머물게 된 것인데, 정유재란이 끝나자 다시 거제현 오아포로 되돌아갔다(선조 32년, 1599). 5년 뒤에는 거제현 두룡포로 옮겨와 통영이 되었다(선조 37년, 1604). 통영에서 처음으로 통제사가 된 사람은 유형이었다.

경상우수영의 범위도 시대에 따라 변천이 있었는데, 왜란을 전후한 때는 8관(하동, 곤양, 남해, 사천, 고성, 진해, 거제, 웅천)과 16포(가덕진, 천성포, 제포, 안골포, 영등포, 율포, 옥포, 조라포, 지세포, 가배량, 당포, 사량, 소비포, 적량, 미조항, 평산포)로 재정비되었다. 임진왜란이 발발하기 2개월쯤 전에 경상우수사가 박현에서 원균으로 교체되었다. 당시에 전라좌우수영이 제대로 정비된 사실로 미루어 볼 때 경상우수영의 군비도 어느 정도 갖춰졌을 것으로 짐작된다.

다만 신임 수사가 부임한 지 불과 2개월밖에 지나지 않았을 때 전쟁이 일어난 것이 문제였다. 게다가 고니시 유키나가와 가토 기요마사 등이 거느린 일본군은 15만 8천 명이나 되었으므로, 그들이 부산포에 상륙하자 경상도 남부 지방은 곧 그들의 차지가 되었다. 특히 가덕포와 천성포, 제포 및 안골포 등은 일본군이 처음부터 노리던 곳이었다.

그러므로 경상우수사 원균은 초전에 엄청난 압박을 받았다. 그러나 그는 적에게 굴복하지 않고 부하들을 통솔하여 적의 서진(西進)을 막았다. 원균은 안간힘을 써서 일본군이 진주의 서쪽으로는 절대 넘어오지 못하게 하였다. 그는 조정에 전황을 자세히 보고하는 한편, 서쪽에 이웃한 전라좌수영(이순신)에 합동작전을 요청하였다. 그리하여 선조 25년 5월부터는 드디어 경상우수영과 전라 좌우 수영의 병력이 연합 작전을 펼치게 되었다. 그때부터 조선 수군은 연전연승을 거두고 일본 수군을 완전히 제압해 남해안 대부분을 장악하였다. 이로써 일본군은 부산포와 한양을 연결하는 보급로를 확보하지 못해, 조선 침공에 결정적인 차질을 빚었다. 그리하여 조선은 수군의 활약에 힘입어 되살아날 계기를 마련하였다.

전라좌수영

성종 10년(1479) 이전에는 전라좌수영이 독립적으로 존재하지 않았다. 그런데 바로 그해에 전라도수군절도사영을 둘로 나누어 그중 하나를 전라좌수영으로 삼고, 내례만호진(현 전남 여수시)이 있던 곳에 본영을 설치하였다. 임진왜란이 일어나기 1년 전에 본래는 원균을 전라좌수사로 삼았으나 앞에서 설명한 사정이 있어 이순신이 그 자리에 앉았다.

전라좌수영의 담당은 5관(순천, 흥양, 광양, 낙안, 보성)과 5포(사도, 여도, 녹도, 방답, 발포)였다. 전라우수영이나 경상우수영보다 규모가 작은 편이었다. 그런데 선조 26년 7월경에 이순신이 수군통제사를 겸직하게 되어 갑자기 전라좌수영의 비중이 커졌다. 통제영은 따로 한산도에 두었는데, 이순신, 원균 및 이시언은 모두 전라좌수사로서 통제사의 직책을 겸직하였다. 그리고 광해군 때부터 통제사 자리가 경상우수사에게 넘어가자 전라좌수영의 위상은 본래대로 되돌아갔다.

전라우수영

전라도에 수군을 관리하는 군영이 처음 설치된 것은 고려 우왕 3년(1377)이었다. 무안 당곶포에 방어진을 두었던 것인데, 조선 세종 22년(1440)에는 해남의 황원관으로 이전하였다. 그 후 세조 11년(1465)에 수군절도사영으로 승격하였다. 성종 때부터는 전라좌수영을 분리하여 전라우수영이 되었다. 임진왜란 때 전라우수사는 이억기였다. 그는 순천부사로 있다가 선조 24년(1591)에 전라우수사로 진급하였다. 수사 이억기는 조정의 방침대로 군비를 착실히 준비하여 전쟁이 일어나자 곧 이순신 및 원균과 함께 일본군의 서진을 막았다. 그는 선조 31년(1597) 7월에 순국하였고, 그 뒤를 이어 김억추가 전라우수사가 되었다.

이억기가 순국한 뒤에 통제영이 전라우수영으로 옮겨와 조선 수군의 본거지가 되었다. 명량해전 뒤에는 안위가 전라우수사로 재임하였다. 조선 후기에 편찬한 《대동지지》를 살펴보면, 전라우수영은 7관 18포를 거느려 전국의 수영 가운데 규모가 가장 컸다.

충청수영

고려 말에는 충청도에 왜구의 침입이 잦았다. 그래서 방어진을 두어 해안을 지키도록 하였다. 세종 29년(1447)에 대마도 정벌이 단행될 때 전국의 수군을 재정비하고, 진영도 규모를 확대하였다. 세조 11년에는 충청도수군절도사로 승격하였는데, 수영은 보령의 오천항에 두었다. 다른 수영에 비해 충청수영은 규모가 매우 작았다.

임진왜란 중에는 정걸과 선거이가 충청수사로 활약하였다. 정걸은 전쟁 초기에 전라좌수영의 조방장을 거쳐 충청수사가 되었다. 그는 일찍이 전라좌수사를 역임한 이순신의 대선배였다. 행주대첩 때는 권율에게 화살을 비롯한 군수물자를 지원하는 등 아군의 승리에 이바지하였다. 선거이의 후임 수사가 된 이는 최호였는데, 그는 선조 31

년 7월에 순국하였다.

4. 수군 지휘관

임진왜란과 정유재란 때 두각을 나타낸 명장은 나라마다 적지 않았는데, 조선과 명나라 그리고 일본 수군을 이끈 주요 장수들을 간단히 소개하겠다.

조선 수군

가장 이름난 장수는 이순신과 원균이었다. 그들은 나란히 선무공신 제1등으로 책봉되었는데, 이순신에 관해서는 설명이 필요하지 않을 정도이다. 후대의 평가는 조선 수군의 승리를 몽땅 이순신 일인의 공으로 돌리는 글이 셀 수없이 많았다. 그리고 원균에 관한 후세의 평가는 부정적인 견해가 압도적으로 많았다. 이것은 공정한 평가로 보기 어렵다.

또, 전라우수사로 순국한 이억기도 명장이었다. 그는 선무공신 제2등으로 봉해졌다. 그리고 선무공신 제3등에 뽑힌 4명의 장수도 명장이었다. 권준을 비롯하여 기효근, 이순신(李純信) 및 이운룡이 그에 해당한다. 권준과 이순신(李純信)은 이순신의 휘하 장수요, 기효근과 이운룡은 원균의 휘하에서 공을 많이 세웠다. 그밖에도 정운, 우치적, 유형 및 원전 등도 이름난 장수들이었다. 그 가운데 정운과 유형은 이순신의 부하였고, 우치적과 원전은 원균의 막하였다. 원전은 원균의 동생이다. 이밖에도 일일이 이름을 밝히지 못할 만큼 많은 장수가 있어, 조선 수군의 명예를 드높였다.

명나라 수군

이순신의 《난중일기》를 보면 명나라 수군은 약체였던 것 같은 느낌이 든다. 그러나 사실은 그렇게 보잘 것 없는 군대가 아니었다. 16세기 초에 명나라 수군은 아시아 최상의 전투력을 자랑하였다. 그 당시 명나라가 멀리 루손과 팔렘방에 총독을 파견할 수 있었던 것은 오로지 수군의 힘이었다. 또, 수군의 힘으로 명나라는 스리랑카에서도 정권을 빼앗아 꼭두각시를 왕좌에 앉힐 수 있었다.

더구나 명나라 수군은 1521년에 광동의 툰먼도(屯門, 현 주룽(九龍) 서북부의 서커우(蛇口) 일대에서 노략질을 일삼는 포르투갈 함선과 싸워 이긴 적도 있다. 이 전투에서 명나라 수군은 포르투칼의 불랑기포(佛狼機砲) 여러 대를 노획하였나. 그 이듬해인 1522년에도 명나라 수군은 포르투갈 함대와 싸워 다시 승리를 거두었다.

정유재란 때 조선을 돕기 위해 건너온 명나라 장수 진린과 등자룡도 명장으로 큰 공을 세웠다. 명나라 수군의 명성은 왜란이 끝나고 30여 년이 흐른 1633년에도 거듭 빛났다. 그때 그들은 네덜란드 함대와 중국인 해적을 격파하며 대단한 위력을 과시하였다.

진린(陳璘, 1543~1607)

그는 소주(현 광둥성) 출신으로 1598년(만력 26년)에 명나라 수군을 이끌고 조선으로 와서 일본 수군을 격멸하는 데 이바지하였다. 진린은 이미 1562년(명 가경 41년)에 장수로 이름을 떨쳤다. 조주(潮州)와 영덕(靈德) 등지에서 수만 명이 반란을 일으켰을 때 방어에 성공하였고, 만력 초에도 광둥성에서 일어난 반란을 성공적으로 진압했다. 진린은 전략도 출중하고 지휘 능력도 뛰어났다. 그러나 부정을 저지른 혐의 때문에 탄핵을 받고 군대에서 쫓겨났다.

하지만 1593년(만력 21)에 다시 장수로 발탁되었고, 1598년(만력 26)에 조선으로 파견되었다. 그때 진린은 13,000명의 병력을 550척가량의 전함에 태워 조선에 출병하였다.

왜란이 끝나고 명나라로 돌아가 호광총병(湖广總兵)에 임명되었는데, 1599년(만력 27)에 명나라 조정에서는 조선에서 가장 큰 공을 세운 장수라고 평가했다. 그 후에도 진린은 묘족의 반란을 진압하는 등 많은 전공을 세웠다. 1607년(만력 35) 5월에 세상을 떠났다. 훗날 명나라가 멸망하자 그의 후손 가운데 일부는 조선에 망명하여 지금까지 대대로 한국에 산다.

등자룡(鄧子龍, 1531~1598)

장시성 출신으로 키가 크고 민첩하였는데, 수차례 반란을 평정하여 명성을 얻었다. 또, 1583년(만력 11) 2월에 미얀마가 베트남을 침공하였을 때 명나라 장수로 베트남을 도와 미얀마 군대를 크게 무찔렀다.

1598년(만력 26)에 그는 자신보다 12년 아래인 진린과 함께 명나라 수군을 거느리고 조선으로 왔다. 등자룡은 약 5천 명의 수군을 인솔하였다고 한다. 노량해전 때는 조선과 명나라 수군 연합군의 선봉장이었다. 70세 가까운 나이였으나 200명의 용사와 함께 조선 군함인 판옥선을 타고 용감히 싸웠다. 그러나 불행히도 아군의 오폭으로 배에 불이 나는 바람에 전사하였다.

일본 수군

임진왜란을 일으켰을 때 일본 수군으로 출병한 인원은 9천 명에서 1만 명 정도였다. 육군 중에도 수군이 약간 포함되어 있었기 때문에, 모두 합치면 총 1만 2~3천 명 정도였다. 당시 수군의 주력은 와키자카 야스하루가 이끄는 아와지 출신과 토도 타카토라가 지휘하는 키이 지방의 수군이었다.

그런데 정유재란 때는 일본 수군의 병력이 두 배쯤 증강되어 22,100명이나 되었다. 거기에 더해 그들은 임진왜란을 거치면서 조선의 판옥선을 운용하게 되었고, 조선의 풍토와 지리에도 익숙하게 되었다. 그래서 조선 수군과 접전을 벌여도 예전처럼 일방적으로 밀리지 않았다. 참고로, 임진왜란 때 조선에 파견된 일본 수군(총 8,750명)의 장수, 병력 규모 및 출신 지역을 알아보면 다음과 같다.

〈임진왜란(1592) 당시 일본의 수군〉

장수이름	병력 규모	출신 지역
구키 요시타카(九鬼嘉隆, 선대장 船大將)	1,500명	시마 토바 志摩鳥羽
토도 타카토라(藤堂高虎)	2,000명	키이 코카와 紀伊粉河
와키자카 야스하루(脇坂安治)	1,500명	아와지 스모토 淡路洲本
카토 요시아키(加藤嘉明)	1,000명	아와지 시치 淡路志知
스가 헤이우에몬(菅平右衛門)	250명	아와지 이와야 淡路岩屋
쿠와야마 코토타(桑山小藤太)		
쿠와야마 사다하루(桑山貞晴)	1,000명	키이 와카야마 紀伊和歌山
호리우치 우지요시(堀内氏善)	850명	키이 신구 紀伊新宮
스기와카 덴자부로(杉若伝三郎)	650명	키이 다나베 紀伊田辺

여러 장수 가운데서 특히 이름난 명장은 구키 요시타카(九鬼嘉隆), 토도 타카토라(藤堂高虎) 및 와키자카 야스하루(脇坂安治) 등 이었다.

구키 요시타카(九鬼嘉隆)

구키 요시타카는 해적 출신이었다. 오다 노부나가의 휘하에서 공을 세워 시마국의 다이묘가 되었다. 그는 수군으로 이름을 떨친 모리의 무라카미 수군을 이기고 일본 최고의 해전 명장으로 이름을 얻었다. 바다에 관한 해박한 지식을 인정받아 임진왜란 때 후방에서 일본 수군을 총지휘하였다. 그는 대형 전함 니혼마루(日本丸)를 건조하였는데, 그것은 대포 3대를 장착한 큰 배였다.

안골포에 주둔하였고, 조선함대와 격돌하여 40여 척의 함선 중에서 절반을 잃었다. 이른바 안골포해전으로 조선군 피해는 전사 19명과 부상자 114명이었다. 니혼마루를 보루 삼아 부하들을 구조하였는데, 조선 수군이 발사한 대장군전이 자신의 배인 니혼마루에 명중되어 큰 피해를 입었다. 안골포에서 패전한 뒤로 조선 수군과는 정면 승부를 피하였다. 정유재란 때는 참전하지 않았다.

토도 타카토라(藤堂高虎)

그는 무사로서 다양한 경력을 쌓았는데, 1592년에 수군 장수로서 조선 침략전쟁에 참전하였다. 일본에서는 명성이 높은 장수였으나 옥포해전 등 여러 차례 조선 수군에게 패배하였다. 정유재란 때 통제사 원균 등을 위기로 몰아넣어 한때 이름이 다시 높아졌다. 그러나 명량과 절이도에서 다시 조선 수군에게 패배하였다. 일본으로 귀국한 뒤 노년에는 32만 석의 영지를 가진 다이묘가 되었다.

토도 타카도라는 수륙 전투에 모두 뛰어났다는 평가를 얻었는데, 축성술에도 일가견이 있었다. 그가 건축한 우에노 동조궁(上野東照宮, 현 도쿄도 다이토구)이 아직 남아있다.

와키자카 야스하루(脇坂安治)

본래 이름은 다무라 진나이(田村甚內)였다. 그는 우여곡절 끝에 도요토미 히데요시의 장수로 활약하여 영지를 하사받았다. 그의 영지에는 해적이 들끓어, 1585년경부터 수군을 지휘해 능력을 발휘하였다. 오다와라 성을 공격할 때도 수군을 지휘하며 활약했다.

임진왜란 때에는 일본 수군을 지휘하는 장수로 활동하였다. 그러나 육군으로도 기량을 뽐내며 용인전투에서 7~8만 명이나 되는 조선군을 쉽게 이겼다. 그 직후에 경기도 진위의 의병장 원연에게 패배하였다. 원연은 원균의 동생이다.

수군으로 되돌아온 와키자카 야스하루는 다시 한산대첩에서 조선 수군에게 대패하였다.

와키자카는 한산도에서 가까스로 살아남아 수일 동안 섬에 숨어있으면서 미역 등으로 겨우 연명하였다고 한다. 그는 이런 사실을 자제들에게 알렸고, 그래서 그 후손들은 한산대첩이 벌어진 7월 8일이 되면 온 식구가 미역만 먹는 풍습이 생겼다고 한다. 정유재란 때 와키자카 야스하루는 도도 다카토라, 가토 요시아키와 함께 대함대를 편성했다. 그를 중심으로 일본 수군이 총단결해 통제사 원균이 지휘하는 조선 수군에게 타격을 입혔다.

와키자카는 히데요시가 사망한 이후에도 살아남아 도쿠가와 이에야스에게서 시코쿠의 이요 오즈 번에 새 영지를 받았는데, 5만 3천 석으로 평가되었다. 그의 후손은 에도 시대를 거쳐 오늘날까지 그대로 이어지고 있다.

5. 해전의 결과

선조 25년(1592) 4월 13일부터 일본군 15만 8000명이 몇 차례로 나누어 부산포로 들어왔다. 선발대 제1진만 해도 1만 명이 넘게 하루만에 쏟아져 들이닥쳤다. 동래를 비롯하여 부산 일대는 아수라가 되었고, 승부를 가리기도 전에 이미 결판이 났다. 일본군은 전부터 부산포, 서생포, 제포, 가덕도, 안골포 등의 전략적 중요성을 환히 잘 알고 있었다. 그들은 침략전쟁을 시작하기 무섭게 이 지역들을 바로 차지하였다. 경상도 남부지방은 불과 하루 이틀 사이에 완전히 무너졌다.

경상좌수영은 일본군이 상륙하자 바로 해체되었고, 그곳에서 가장 가까운 경상우수영도 큰 위기를 맞았다. 그러나 경상우수사 원균은 적의 동향을 날카롭게 주시하며 판옥선을 총동원하여 진주성의 바깥에서 곤양 바다를 지키는 데 힘을 쏟았다. 그것이야말로 일본군의 서진을 막는 최상의 방법이었다. 그때 원균이 일본군의 침략을 막지 못했다고 많은 사람이 한탄하고 원망하지만, 그것은 당시의 실정을 전혀 모르고 하는 비판이다.

경상우수사 원균은 압도적인 적의 위력에 굴복하지 않고, 부족한 병력이나마 힘껏 끌어모아 경상우수영을 유지하였을 뿐만 아니라 여러 차례 적선을 침몰시키고 일본군의 수급(首級)을 베었다. 그는 다른 한편으로, 조정 및 전라좌수영과 긴밀하게 연락을 주고받으며 전라도와 경상도 수군이 연합 작전을 펼칠 수 있게 하였다. 그러나 전라좌수영과 전라우수영의 전함이 경상도로 넘어오는 데는 시간이 20일이나 걸렸다. 거제도의 경상우수영이 불타버린 뒤에야 전라좌수영이 움직이기 시작했으니, 상식적으로는 이해하기 어려운 장면이다.

일본군이 처음 부산에 상륙한 직후 그들 수군의 지휘부에는 약간의 혼란이 있었다. 가토 가아키는 곧바로 경상우수영이 있는 거제도로 쳐들어가자고 하였다. 그러나 수군 총사령관 와키자카 야스하루는 신중론을 폈다. 그들이 옥신각신하느라 경상우수영이 있는 거제도로 바로 쳐들어가지 못하였다. 만약 그때 일본 수군이 총력을 기울여 거제도의 경상우수영을 공격했다면 어찌 되었을까? 경상우수사 원균은 자신이 중과부적인 상태임을 잘 알고 있었다. 아울러, 적이 곧 거제도 본영으로 밀어닥칠 것이라는 점도 예상할 수 있었다. 그래서 그는 본영을 고수하는 대신에 일본군의 서진을 막는데 더욱 중요한 진주성의 방어에 온 힘을 쏟았다.

과연 4월 하순이 되자 원균이 염려한 사태가 벌어졌다. 일본 수군은 진해만을 거쳐 거제도로 쳐들어왔다. 그때 그들은 텅 비어 있는 경상 좌우도의 연안을 차례로 모두 정복하였다.36 거제도 오야포의 경상우수영 본영은 이미 화염에 휩싸이고 말았다. 그 소식에 놀란 전라좌수영은 경상우수영 관내인 남해현(현령 기효근)에 군사를 보내, 모든 군수물자와 군사시설을 불태웠다. 적이 남해를 차지할까 봐 서둘러 선제조치를 취했다고 하는데, 정작 경상우수영과는 한 차례 상의도 없이 기습적으로 처리한 일이었다. 그때 남해현령은 휘하 병력을 거느리고 경상우수사와 함께 곤양과 사천 바다를 지키고 있었으니, 기가 막힐 일이었다.

조선 수군의 압도적 승리

이런 일이 있어서 전라좌수영은 경상우수영과의 합동작전을 더는 미룰 수 없게 되었다. 그로 인해 그해 5월 4일에 전라좌수영이 총출동하여 경상우수영과 연합군을 형성하게 되었다. 얼마 뒤에 전라우수영도 연합 수군의 대열에 합류하였다. 나중에는 충청수영까지도 힘을 보태, 남해에 모인 삼도의 수군은 여러 전투에서 일본 수군을 무찌르고 연전연승하였다. 조선 수군은 대공세로 전환하여, 남해안의 요지에서 적을 소

---

36 三笠保存会 編, 《国立国会図書館デジタルコレクション 大日本海軍戦史談》, 三笠保存会, 1930年.

탕하였다. 그때까지도 조선 수군은 가덕도의 서편에서만 활동하였다.

그 대강을 살펴보면 다음과 같다. 선조 25년 5월 6일에 경상우수영과 전라좌수영의 수군이 처음으로 만나 연합군을 구성했다. 그 이튿날(5월 7일) 조선 수군은 가덕도를 향해 항해하다가 거제도 동쪽에 있는 옥포에 일본 수군과 수송 선단이 정박한 사실을 알게 되었다. 조선 수군은 남쪽으로 방향을 바꿔 그들을 공격해 승리했다. 전투를 마치고, 합포로 가고 있던 일본군선을 만나 다시 승리를 거두었다. 그다음 날(5월 7일-5월 8일?)에도 적진포에 정박 중인 일본 수군과 싸워 승리했다. 또, 그날은 이동 중인 일본군 수송선 50척을 발견해 그중 상당수를 격파하였다. (옥포해전) 5월 8일에도 조선 수군은 적진포에 정박한 일본 수송선 13척을 공격해, 그 대부분을 격멸하였다. 여기까지가 연합 수군의 1차 작전 활동이었다.

그해 5월 말부터 6월 초순까지 조선 수군의 연합함대는 네 차례에 걸쳐 연전연승을 거두었다. 우선 5월 29일, 사천해전에서 일본군 수송 선단을 손쉽게 제압하였고, 이어 6월 2일에는 당포(혹은 가덕해전으로도 기록됨)에서 승리하였다. 6월 5일에는 제1차 당항포해전에서, 6월 7일에는 율포해전에서 각각 승리를 거두었다. 그야말로 파죽지세(破竹之勢)였다.

한산대첩

그런 다음 역사적 사건이 일어났다. 선조 25년 7월 8일에 벌어진 한산해전은 역사에서 한산대첩이라고 부르는 것으로, 해전의 역사에서 하나의 분수령을 이룬 사건이다. 이 해전으로 대세가 결정되어, 조선과 일본 수군이 정면충돌하면 조선 수군이 반드시 이긴다는 점이 뚜렷해졌다.

그때까지 일본 수군은 해전을 제대로 치를만한 장수도 없었고 장비도 부족했다. 그들이 해전을 통해 조선 수군을 격파하고 서쪽으로 나아가 한양까지 올라간다는 것은 꿈도 꾸지 못할 일이었다. 일본 수군은 육군 병력을 수송하거나 후방에서 군수물자만을 수송하는 임무에 적합한 수준이었다.

그러나 패전을 거듭하자 나름대로 해상 전투를 수행할 수 있는 별동대를 편성해 조선 수군에 대항했다. 이것이 한산해전이었다. 전투의 개요는 모두가 아는 대로 일본 수군 전함 70여 척이 한산도 바다 안쪽에 진을 치고 웅크리고 있었다. 그러자 조선 수군이 거짓으로 물러나는 척하여 일본 수군을 한산도 바깥 바다로 끌어냈다. 조선 수군은 학익진을 치고 화공을 퍼부어 우선 일본 전함 3척을 격파하였다. 이어서 63척을 불태웠다. 그러자 400여 명의 일본군은 전함을 버리고 상륙해 도주하였다.

전투에 참여한 적군의 숫자나 그들의 피해 상황에 대해서는 피차의 주장에 다소 차이가 있다. 동서고금을 막론하고 거의 모든 전투가 다 이런 식이다. 하지만 한산대첩은 틀림없이 조선 수군의 대승이었다. 이를 계기로 조선 수군이 남해 대부분 지역, 구체적으로는 가덕도 서쪽의 제해권을 쥐었다.

조선 수군은 자신감이 충만해져 이제 가덕도 동쪽도 넘보기 시작했다. 그해 9월 1일에 조선 수군 연합군은 적의 심장부인 부산포를 공격했다. 조선 수군은 총력을 기울여 싸웠고, 부산포에 정박 중인 일본의 전함을 몽땅 불태웠다. 그러나 아쉽게도 거기까지가 전부였다. 부산포를 완전히 점령하고 일본군에게서 탈환해야만 부산과 쓰시마를 잇는 일본군의 보급로가 끊어질 터인데, 조선 수군의 역량이 거기에 미치지 못했다. 더구나 그 전투에서 조선 수군의 맹장인 녹도만호 정운이 적의 대철포(大鐵砲, 대형 조총)에 맞아 순국하였다.

조선군은 부산포해전을 승리로 기억하고 있으나, 절반의 승리였다. 단지 몇 시간 동안 적에게 물적 타격을 입힌 점은 틀림없지만, 본래의 공격 목표를 이루지는 못하였다. 이후, 조선 수군은 부산포 공격이 무리라는 인식을 하게 되어 이후 조선 수군이 부산포까지 쳐들어가는 일은 없었다. 그래서 쓰시마와 부산포를 연결하는 일본군의 보급로는 이후에도 그대로 유지되었다.

정유재란이 본격적으로 시작되기 전에 조선의 조정에서는 통제사 이순신에게 명령해 부산포를 점령하라고 독촉했다. 그 명령을 이순신은 거듭해서 거부하였는데, 그만큼 부산포 공격은 어려운 과제였다. 결국 이순신은 통제사 자리를 잃었고, 후임으로 원균이 통제사로 임명되었다.

통제사 원균은 한때 부산 앞바다를 제압해 일본군을 곤경으로 몰아넣었다. 정유재란 초기인 선조 30년(1597) 초여름이었다. 원균의 수군은 거제도를 점령하고 부산 앞바다까지 진출하여 일본 수군이 쓰시마와 부산을 왕래하는데 큰 부담을 주었다. 일본군은 이미 거제도에서 철수한 상태였는데, 그 틈을 이용해 조선 수군이 거제도를 차지한 것이다.

그러나 이런 상황은 오래 유지되지 못했다. 거제도는 다시 일본군의 수중으로 들어갔고, 그런 다음에는 조선 수군이 부산 앞바다를 자유롭게 왕래하지 못하였다. 일본 수군은 부산포까지 진출한 조선 수군을 역습해 통제사 원균을 비롯한 조선 수군의 수뇌부들을 모두 순국하게 만들었다. 그 뒤로 침략전쟁이 완전히 끝날 때까지 조선 수군은 부산포 앞바다에 나아가지 못하였다.

쌍방의 장단점

한산해전을 고비로 일본 수군은 방어 위주로 전략을 바꾸었다. 그들은 남해안의 요충지에 왜성을 쌓아 철저한 요새로 바꾸었다. 일본 수군의 전투 장비나 싸움 기법이 조선 수군에 미치지 못하였으므로 정면으로 충돌하면 승산이 거의 없었다. 한산해전에서 패배한 이후 그 점은 도저히 부정할 수 없는 사실이 되었다.

그래서 일본군은 되도록 해전을 피하고, 육군과 수군이 공동으로 방어하는 전술을 선택했다. 곳곳에 왜성을 쌓아 대포와 대철포를 설치하고, 전함에도 대철포를 많이 장착했다. 일본군은 육군과 수군이 공동보조를 취해 조선 수군의 진출을 차단하였다. 그것은 꽤 효과적인 전술이었다.

한산대첩 이후로는 조선 수군은 일본군이 점령한 지역을 더 이상 탈환하지 못하였을 뿐 아니라 공격하더라도 성과가 거의 없었다. 부산포든 웅천이든 요새화된 일본의 거점을 공격하여도 득이 없었다. 결과적으로 선조 26년(1593)부터 조선 수군의 출동은 크게 둔화되었다.

일본군의 요새화 정책이 진행되자 조선 수군은 거제도 동쪽으로 좀체 진출할 수 없게 되었다. 명나라가 일본과 강화회의를 벌이는 중간에도 조선 수군은 남해안의 왜성을 무너뜨리려고 몇 차례 출동하기는 하였다. 그러나 웅천 왜성을 무너뜨리지 못해, 전쟁의 판도를 뒤엎을 만큼 큰 효과를 얻지 못하였다.

정유재란 때는 조선 수군의 활동무대가 더욱 위축되었다. 통제사 원균 등이 전사한 이후로 조선 수군은 멀리 서쪽으로 후퇴하여 전라우수영이 있던 고금도(현 전라남도 완도군) 서쪽으로 물러났다. 선조 31년(1598) 명량해전에서 조선 수군이 이겼다고는 하지만, 전투가 끝나자 조선 수군은 바로 남해안을 빠져나가 서해안으로 북상하여 멀리 전라도의 북쪽 끝부분인 군산 선유도까지 후퇴했다.

그해 여름에 명나라 수군 2만여 명이 조선 수군을 지원하러 왔다. 그 뒤에도 조선과 명나라 수군의 본영은 여전히 고금도였다. 그때 조선과 명나라의 연합 수군은 작전 활동을 순천의 서쪽으로 제한하다시피 하였다. 순천부터 동쪽으로 부산까지는 140킬로미터쯤 되는 해안선이 펼쳐져 있는데, 그곳은 일본군이 점령하고 있었다. 그들은 해안에 많은 왜성을 쌓아 연합 수군이 마음 놓고 통행하지 못하도록 했다. 일본은 수군으로 해결하지 못하는 문제를 육군을 동원해서 풀었다. 그러나 수군이 독자적으로 제해권을 행사하지 못해, 방어에만 집중하여 침략전쟁을 승리로 이끌기에는 역부족이었다. 그 반면에 조선은 수군은 싸움을 잘하였지만, 육군의 뒷받침이 없었다. 그래서 적의 진로를 가로막고 함대를 불태우고 군사시설에 피해를 줄 수는 있었지만, 전략적 요충지를 탈환하거나 점령하지는 못했다.

　참고로, 조선 수군이 일본 수군을 상대로 벌인 싸움을 간단히 정리하면 아래와 같다. 하지만 전투에 관한 기록은 쌍방의 기록이 서로 다른 것이 보통이어서 일본 측의 서술은 아래와 일치하지 않는다.

선조 25년(1592)

4월 중순	곤양, 사천 등지에서 몇 차례 승리
5월 7일	옥포와 합포에서 승리(옥포해전, 합포해전)
5월 8일	적진포에서 승리(적진포해전)
5월 29일	사천 앞바다에서 승리(사천해전)
6월 2일	당포 앞바다에서 승리(당포해전, 또는 가덕해전)
6월 5일	당항포에서 첫 번째 승리(제1차 당항포해전)
6월 7일	율포에서 승리(율포해전)
7월 8일	한산도에서 승리(한산해전, 한산대첩)
7월 10일	안골포에서 승리(안골포해전)
8월 29일	장림포에서 승리(장림포해전)
9월 1일	화준구미, 다대포, 서평포, 절영도, 초량목, 부산포에서 싸움

선조 26년(1593)

3월 6일	웅포에서 승리(웅포해전)
5월 2일	웅포에서 2번째 승리(제2차 웅포해전)

선조 27년(1594)

3월 4일	당항포에서 승리(제2차 당항포해전)
9월 29일	장문포에서 승리(장문포해전)
10월 1일	영등포에서 승리(영등포해전)
10월 4일	장문포에서 싸움(제2차 장문포해전)

선조 30년(1597)

2월 10일	부산포에서 싸움(부산포해전)
3월 9일	기문포에서 승리(기문포해전)
6월 19일	안골포와 가덕도에서 승리(안골포 및 가덕도해전)
7월 15일	부산포에서 싸움(부산포해전, 칠천량 사태)
8월 28일	어란포에서 승리(어란포해전)

9월 16일　　　　　　명량(鳴梁)에서 승리(명량해전)

선조 31년(1598)
7월 19일　　　　　　절이포에서 승리(정이포해전)
9월 20일　　　　　　명군과 연합해 장도에서 승리
10월 7일　　　　　　명군과 함께 왜교성에서 싸움
11월 19일　　　　　명군과 함께 노량해전에서 승리(노량해전)

요약과 전망

요컨대 조선의 수군은 오랜 전투 경험을 바탕으로, 임진왜란이 일어나기 전부터 이미 해상 전투 기술도 상당히 발전하였고, 우리 해안 실정에 가장 잘 어울리는 전함인 판옥선을 개발하였다. 선조 24년(1591)에 조정은 장차 일본군이 전라좌도로 침입할 것으로 예상하고 무장을 서둘렀다. 그러나 일본군은 예상을 뒤엎은 대규모 부대를 거느리고 부산포로 들어왔다.

경상좌도는 갑작스러운 침략을 만나 큰 혼란에 빠졌으며, 곧 경상도는 대부분 적의 수중에 들어갔다. 경상우수사 원균은 끝까지 저항하며, 전라좌수영과 합동작전으로 적선을 많이 파괴하였다. 이어서 전라, 경상 및 충청도의 수군이 연합군을 조직하여 큰 성과를 냈으나, 수군의 지휘체계가 혼란하다는 약점이 있었다. 조정에서는 한산도에 삼도 수군통제영을 설치해 문제를 해결하려고 하였지만, 성과는 별로 없었다.

일본군의 침략으로 재정이 더욱 어려워져 모든 경비를 부담해야 했던 경기도, 충청도 및 전라도 백성의 고충은 유난히 컸다. 조선 수군은 병력 자원을 조달하기도 어려웠고, 군량을 마련하기도 벅찼다. 굶주림과 전염병으로 많은 탈영병이 발생한 것도 사실이었다. 수군은 전투의 부담 외에도 농사짓고 고기 잡고 상업에 종사하며 가까스로 부대를 유지하였다.

전쟁이 장기화하고 전선은 고착된 채로 여러 해가 흘러갔다. 그 사이에 우리 병사들은 조총에 익숙해졌고, 상대편 일본군도 조선의 풍토에 익숙해졌으며 심지어 조선 수군의 자랑인 판옥선까지도 제작하는 단계에 이르렀다. 침략군과 조선 및 명나라 연합군은 최선을 다해 싸웠으나 어느 한쪽이 절대적으로 유리한 전투가 되기는 어려웠다. 육지에서든 바다에서든 일본군의 왜성을 깨뜨리기는 어려웠고, 일본 수군은 아무리 노력해도 제해권을 거머쥐고 서해로 나가기에는 역부족이었다.

임진왜란과 정유재란 등을 겪으면서 동아시아의 정치, 사회 및 문화 전반에 상당한 변화가 일어났다고 볼 수 있다. 큰 틀에서 보면 일본의 약진이 두드러졌다. 일본은 더는 동아시아의 변방 국가가 아니라, 명나라와 조선을 한꺼번에 대적하는 강국으로 등장한 것이다. 다른 한편으로는 유럽의 강국 포르투갈과 네덜란드 등과 교섭하며 아시아 정복을 꿈꾸는 야심찬 신흥강국으로 발돋움하였다.

전후에 명나라는 청나라에 멸망하였는데, 청나라는 세계교역에서 가장 큰 이익을 얻는 국가가 되었다. 조선에서는 피폐해진 민생을 살리기 위해 대동법을 제정하는가 하면, 왕실의 위엄을 높이고 사회질서를 강화하려고 유교적 문명화 정책을 더욱 강도 높게 추진하였다.

전쟁 후 조선에서는 군부의 지휘관을 대폭적으로 교체하였는데, 유교적 문명화의 여파로 지휘관조차 선비 기질을 가진 "유장(儒將)"으로 만들어 놓았다. 이러한 시대적 분위기 속에서 선비들은 《난중일기》의 저자인 이순신을 명장의 모범으로 삼아 무한히 숭배하는 경향을 보였다.

제3절
역사의 거울에 비친 원균의 생애

선조 25년(1592) 4월에 왜란이 발생하자 그 직후부터 경상우수사 원균은 일본군과 싸워 전과를 올렸다. 그해 5월 초순에는 전라 좌우 수영과 연합함대를 결성해, 이순신과 이억기 등 여러 명장과 함께 남해안을 누비고 다니며 연거푸 승리하였다. 그때 해전이 벌어진 곳으로는 옥포, 사천, 당포, 당항포, 한산도 및 부산포 등이 유명하였다. 특히 한산 앞바다에서 벌어진 전투는 한산대첩이라는 이름으로 후세가 가장 높이 평가한다.

이런 전쟁 중에 원균과 이순신 사이에는 차츰 불화가 심해졌다. 그 결과 선조 28년(1595) 2월이 되자, 이순신은 바다를 맡았고 원균은 육지로 올라가 충청도병마사가 되어 무너진 성을 쌓고 군사를 조련하였다. 이어서 일본군의 재침이 확실해지자 조정에서는 원균을 가장 위험한 전라도의 병마사로 보내 전쟁에 대비하도록 하였다.

선조 29년(1596) 겨울에 일본군이 다시 바다를 건너오기 시작했다. 조정에서는 수군의 세력이 미약하고, 이순신이 기대에 부응하지 못한 점을 문제 삼아 지휘권을 거둬들였다. 그런 다음에 원균을 삼도수군통제사로 기용하였다. 이에 통제사 원균은 조선 수군의 역량을 급속히 강화하고, 부산 앞바다까지 나아가 일본군의 출입을 통제하는 등 많은 활약을 펼쳤다.

그러나 수군의 작전에 관해 도원수(권율)와 도체찰사(이원익) 및 비변사(유성룡 등)의 간섭이 심하였다. 도원수 등은 원균의 의지를 꺾고 부산포에 출동하라는 명령을 내려 원균과 이억기 및 최호 등이 순국하는 사태가 일어났다. 3명의 장수는 수군의 최고위 사령탑이었다. 그들이 목숨을 잃자 수군은 일대 혼란에 빠진 가운데, 누구도 사태수습을 제대로 하지 못해 조선 수군은 큰 위기를 맞았다.

아래에서 필자는 원균의 삶을 간단히 기술할 것인데, 서장인 만큼 아직도 논란이 되는 여러 가지 사항을 갑론을박하기보다는 그의 업적을 개괄하는 데 초점을 두었다. 여기서 깊숙이 다루지 못한 부분은 본론에서 하나씩 깊이 있게 논의할 것이다.

1. 여진족을 물리친 명장

원균은 중종 35년(1540) 1월 5일에 경기도 진위현(현 경기도 평택시 도일동)에서 태어났다고 한다. 그의 집안은 고려의 손꼽히는 귀족 가문으로 특히 14세기에는 정치적으로 유력한 가문의 하나였다. 원균의 직계 조상 원선은 고려 왕조에 충성을 바치고 끝끝내 절개를 굽히지 않았다.37 조선 초기에 원균의 직계 조상은 누대에 걸쳐 벼슬을 피해 초야에 숨어 지냈는데, 원균의 아버지 원평군 원준량이 처음으로 벼슬길에 나아갔다. 그는 성공한 무관으로 말년에 경상좌도와 우도의 병마절도사 등을 지냈다. 원균의 어머니 정경부인 양씨는 조선 초기의 이름난 학자요 고위 관리였던 양성지의 현손녀였다.

원균은 8남 1녀 중 장남으로 출생하였는데, 외가가 한양의 건천동에 있었으므로 진위와 한양을 오가며 자랐다. 아버지 원준량은 무과중시에도 합격한 인재로 요직을 두루 역임하였다. 그는 유학에도 조예가 깊어 자제들이 문무를 겸비하게 성심껏 지도하였다.

28살이 되던 선조 즉위년(1567)에 원균은 식년 무과에 을과 2위로 급제하였다. 우수한 성적이었다. 무과에 응시할 당시 그는 충순위(忠順衛)로 한양에 거주했다고 기록되어 있다. 급제한 다음에는 곧 선전관(宣傳官)으로 뽑혔다. 선전관이란 젊고 유능한 소수의 무관만 거치는 요직이었다. 그 후 몇 년 사이에 중앙과 지방의 여러 관직을 거쳐, 원균은 경상도 거제현령(종6품)에 임명되었다(선조 9년, 1575). 동료들보다 몇 년쯤 빠른 승진이었다.

이어서 원균은 함경도의 조산보만호(종4품)에 임명되었는데, 그 역시 중요한 관직이었다. 만호 시절에도 능력을 인정받아, 원균은 부령도호부사(富寧都護府使, 종3품)로 특진하였다. 이후에는 종성도호부사가 되어, 선조 21년(1588)에 북병사 이일(李鎰)을 따라 여진족의 거점인 시전부락(時錢部落)을 정벌하였다. 그때 원균의 나이 49세였다.

무과에 급제한 지 20여 년 동안 원균은 남북의 변경을 차례로 누비며 많은 경력을 쌓았다. 장수로서 능력이 탁월해 호평을 받은 적이 여러 번이었다. 선조 29년(1596) 10월 어전에서 대신 김수와 도승지 조인득은 원균이 어떠한 장수인지를 아래와 같이 증언하였다.

---

37 원균의 선조에 관해서는 다음을 참조할 것. 백승종, 《고성현령 원전과 진주목사 원사립》(논형, 2025)의 3장 "가문을 빛낸 선조들".

김수(金睟): "전에 (원균이) 조산만호(造山萬戶)였을 때 어사(御史) 성낙(成洛)이 장계하여 (그의 공적을) 포장(襃奬, 칭찬하고 장려함)하였습니다."

조인득(趙仁得): "소신이 일찍이 종성(鍾城)에서 그를 만나보니, 비록 만군(萬軍)이 앞에 있다 하더라도 횡돌(橫突, 측면을 돌파함)하려는 의지가 있었고, 행군(行軍, 군사 부림)도 매우 박실(朴實, 꾸밈없고 충실함)하였습니다. 그는 탐탁(貪濁)한 사람이 아니었습니다."38

두 문신의 평가에서 보듯, 원균은 성실하고 용감한 장수였다. 그런 평가를 받았기에 그는 여러 요직을 차례로 거쳤다. 실전 경험도 풍부하였고, 목민관으로서 백성들과도 좋은 관계를 맺었다.

2. 왜란 직전에 경상우수사로 발탁

왜란이 일어날 조짐이 있자, 조정에서는 그를 일단 전라좌수사(정3품)로 임명하였다(선조 24년, 1591). 그러나 사간원이 반대하였는데, 그 주장은 다음과 같았다.

"전라좌수사 원균(元均)은 수령(종성도호부사 - 백승종)으로 재임할 때 고적(考積, 근무성적)이 거하(居下, 하등급)였습니다. 겨우 반년이 지난 오늘 좌수사에 초수(超授, 승진)하시므로 출척권징(黜陟勸懲, 잘잘못을 가려 올리고 내림)의 뜻이 없습니다. 그러므로 여론이 마땅하지 않게 여깁니다. 바꾸라고 명하시고, 나이 젊고 무략(武略)이 있는 사람을 잘 선택하여 보내소서."39

종성도호부사 시절 막바지에 받은 근무성적이 좋지 않아서, 승진 발령은 곤란하다는 판단이었다. 겨우 한 번의 고과 성적이 나쁜 것을 빌미로, 사간원은 그의 승진을 반대하였다. 그런데 이런 식의 반대는 늘 되풀이되는 간관의 평상적인 업무였다. 하지만 선조는 그들의 간언을 수용하였고, 그로부터 10일쯤 지나서 이순신을 그 자리에 앉히기로 하였다.

물론 조정에서 원균처럼 이미 검증된 인재를 함부로 버리지는 않았다. 선조 25년(1592) 2월경에 그는 경상우도수군절도사가 되었다. 이미 선조 23년(1590)부터 선조

---

38 《실록》, 선조 29년(1596) 10월 21일.
39 《실록》, 선조 24년(1591) 2월 4일.

와 대신들은 유능한 무관을 널리 구하던 참이었다. 이른바 불차탁용(不次擢用, 순서를 무시하고 발탁함)을 해서라도 국방을 철저히 하려고 노력하였다.

남쪽에서는 일본이 쳐들어올 것 같았고 북쪽에서는 여진족이 침략을 계속하였기 때문에, 조정은 인재를 발탁해 요충지로 파견하느라 여념이 없었다. 바로 그때 원균, 이순신, 이억기, 이운룡, 우치적, 정운, 이순신(李純信), 기효근, 이광악 등 여러 장수가 남해안의 요지에 배치되었다. 결과적으로, 조정의 선택은 적절하였다고 평가된다.

3. 왜란 초기 원균의 공적

일본군이 부산에 쳐들어온 것은 선조 25년(1592) 4월 13일(양력 5월 23일) 오후였다. 이틀이 지난 4월 15일 오후에 전라좌수영에는 두 통의 긴급한 첩보가 도착했다. 이순신은 《난중일기》에 다음과 같이 기록하였다.

> "저물녘 영남우수사(원균)의 통첩이 왔다. '왜선 90척 가량이 (쳐들어)와서 부산 앞바다 절영도(영도)에 정박했다.'라고 하였다. 잇따라 수사(경상좌수사 박홍)의 공문도 왔다. '왜적 350여 척이 부산포 건너편에 이미 도착했다.'라고 하였다. 그래서 (조정에) 곧장 장계를 올렸다. (전라)순찰사(이광), (전라)병마사(최원) 및 (전라)우수사(이억기)에게도 공문을 보냈다. 영남관찰사(김수)에게서도 공문이 왔는데, 같은 내용이었다."[40]

일본군 선발대는 440척의 군함에 분승하였다는 이야기이다. 그중 4분의 1은 이미 부산에 도착하였는데, 다음날 또 다음날에도 일본군이 쏟아져 들어올 모양이었다. 이처럼 많은 일본군을 누가 어떻게 막을까. 난감한 일이 아닐 수 없었다.

당시에 일본군의 침략을 가장 적극적으로 조정에도 알리고, 전라좌도수군절도사 이순신에게도 알린 이가 다름 아닌 원균이었다. 원균은 일본군의 침략 상황을 침착하고 꼼꼼하게 관찰하였다.

원균의 두 번째 공문이 이순신의 진영에 도착한 것은 한밤중이었다. "부산진이 이미 함락되었다."라는 슬픈 소식이었다. 다시 4월 18일에도 원균은 이순신에게 전황(戰況)을 자세히 통보했다. 동래도 이미 적의 수중에 들어갔고, 양산(조영규)과 울산(이언

---

40 이순신, 《난중일기》, 임진년(1592) 4월 15일.

함)의 두 지방관은 조방장이 되어 동래성 안으로 들어갔으나 결국은 싸움에 졌다는 것이다. 또, 4월 20일에는 경상도 남부가 일본군에게 항복했다는 소식이 퍼졌다.

경상우수사 원균은 가능한 대로 병력을 끌어 모아 해상에서 일본군을 공격하였다. 그러나 군사도 부족하고 전함도 턱없이 부족하였다. 전쟁이 발생한 지 5일째인 4월 18일경 조정에 보낸 〈장계〉에서, 원균은 이순신과 합동작전을 하겠다는 뜻을 표현하였다.41 그러나 이순신은 바로 출전하지 않았다.

선조 29년(1596) 11월 7일, 어전 회의 때 승지 이덕열이 보고하기를, 원균이 15번이나 거듭 출병을 요청한 뒤에야 비로소 이순신이 출동하였다고 아쉬워하였다.42 또, 우의정 이원익도, 원균의 말을 인용해 "천 번 만 번을 부른 다음에야 비로소 (이순신이) 진군(進軍)하였다."라고 한탄하였다.43

왜란 초기 경상도는 아비규환의 혼란 상태였다. 초유의 초대형 침략전쟁이 시작되었으니 당연한 일이었다. 경상도를 방어하려고 중앙에서 내려온 장수들은 물론, 현지에 있던 지방관들까지도 적을 피해 깊은 산골짜기로 숨었다. 임진년 5월까지는 병력을 모으는 것도 거의 불가능하였다.

경상도의 전략적 요충인 김해와 창원, 합포, 칠원은 이미 일본군의 소굴이 되었다. 일본의 수군이 여러 섬을 침략하자 수군은 제대로 막지 못하고 육지로 철수했다. 즉, 경상우수영은 원균이 손을 쓸 틈도 없이 대부분 붕괴되었다. 임진년 6월까지 왜적에게 점령되지 않은 경상도의 고을은 대략 10개뿐이었다. 거창, 안음, 함양, 산음, 단성, 진주, 사천, 곤양, 하동, 합천, 삼가 등이었다. 그마저도 백성은 산중으로 숨었고, 빈 성만 남았다.44 요컨대 선조 25년 6월 현재 경상우도에서 무사한 곳은 진주권 뿐이었다. 그것도 과연 얼마나 오래 버틸 수 있을지 장담하기 어려웠다.

그때 경상우수사 원균은 어디서 무슨 작전을 펴고 있었을까? 한 줌밖에 되지 않는 수군을 이끌고, 원균은 해상 정찰에 나섰다. 그는 일본군이 밀양을 탈취했을 때만 해도 여러 포구의 수군을 이끌고 바다로 나아가 위세를 뽐내며 적이 탄 배를 습격하였다.45 그렇게 싸우면서 하루빨리 이순신이 자신의 경상우수영과 함께 싸울 수 있도록

---

41 이순신은 〈장계초본〉(선조 25년 4월 27일)에서 그 사실을 기록하였다.
42 《실록》, 선조 29년(1596) 11월 7일.
43 《실록》, 선조 29년(1596) 11월 7일.
44 순찰사 김수의 〈장계〉에 따르면, 경상우도 병마사 조대곤이 성주의 왜적을 소탕하였다고 한다. 《조선왕조실록》, 선조 25년 6월 28일.
45 이순신, 《이충무공전서(李忠武公全書)》, 권 1, 유서(諭書), 〈원균과 함께 적을 치라고 명하는 유서(命與元均合勢功敵諭書)〉.

상부에 공문을 보내 호소하였다.

진주지역 방어

원균은 뚜렷한 한 가지 전략 목표를 수립해 실천에 옮기고 있었다. 진주지역의 방어가 그것이었다. 망망대해를 몇 척 밖에 안 되는 전함으로 두루 철저하게 감시하기란 불가능한 일이었다. 그래서 원균은 경상도에서 전라도로 넘어가는 전략적 요충지 진주를 방어하는 일에 사활을 걸었다.

일본군의 압도적인 공세에도 불구하고, 원균은 위축되지 않았다. 그는 기효근, 이운룡, 동생 원전, 우치적, 이광악 및 강덕룡 등을 힘껏 지휘하였다. 그들은 이순신이 함대를 이끌고 나타나지 않았을 때도 여러 차례 일본군과 싸워 10여 척의 배를 불태웠고 일본군을 생포하였다.[46]

이순신도 〈장계〉에서 원균이 한 말을 다음과 같이 인용하였다.

> "적선 500여 척이 부산·김해·양산·명지도 등지에 정박하였다. 저들은 마음 내키는 대로 상륙하여 바닷가의 고을과 포구, 병영 및 수영을 거의 다 점령하였다. 우리 측의 봉화(烽火)도 끊어졌으니 매우 통분할 일이다. (원균은) 본도(경상우도)의 수군을 뽑아 적선을 추격하여 10척을 쳐부수었다."[47]

원균은 용감하고 유능한 장수였다. 만약 그에게 한 가지 약점이 있다면, 지나치게 강경하기만 하여 부하들을 부드럽게 어루만지는 능력이 부족했다는 점이다. 영의정 유성룡은 원균의 장단점을 아래와 같이 평가했다.

> "원균이 제 몸을 잊고 용감히 싸우는 것은 장점입니다. 그러나 지친 군졸을 어루만지는 것은 감당하지 못할 것입니다."[48]

연합함대

원균은 용감한 장수였다. 드디어 임진년 5월 초순에 그가 애타게 기다리던 이순신이 함선을 이끌고 경상도 수역으로 들어왔다. 그들은 일단 연합함대를 결성하였다. 6

---

46 김간, 〈원균 행장〉; 이 행장은 영조 16년(1740)에 간행된 《원주 원씨 족보(초간본)》 상권에 실려 있다.
47 이순신, 《이충무공전서(李忠武公全書)》, 권 2, 장계 2(狀啓 二), 〈경상도 도우러 가는 장계(赴援慶尙道狀)〉.
48 《실록》, 선조 29년(1596) 11월 7일.

월에는 이억기의 전라우수영까지 합류해 조선 수군 연합함대는 더욱더 강력해졌다. 그들은 남해안을 누비며 가는 곳마다 연거푸 승리를 거두었다. 임진년 4월부터 6월까지 원균의 경상우수영이 무찌른 적선은 모두 합쳐 55척이요, 목을 벤 것이 1백 3개 수급이었다.49

4. 한산대첩

임진년 7월에는 더 큰 승리가 연합함대를 기다리고 있었다. 한산대첩(閑山大捷)이었는데, 조선 수군 전체가 거둔 공동의 위업이었다. 기록에 따라서는 이순신보다 원균의 역할이 더 컸다는 주장도 보이지만, 서로 공적이 비슷하였다고 보아야 마땅하다. 한산대첩 때 원균의 휘하에서 두각을 나타낸 장수는 김승룡, 기효근, 김준계, 원전, 우치적 등이었다. 나중에는 이운룡과 이광악 등도 큰 공을 세웠다.

그런데 선조 25년 9월에 왜적이 남쪽으로 다시 내려왔다. 4월에 한양을 점령했던 적들도 대부분 부산으로 돌아왔다. 심지어 평안도와 함경도로 올라간 적들도 상당 부분은 남쪽으로 철수하였다.

조선 수군이 일본군의 서해 진출을 완벽하게 차단하였기 때문에, 일본군의 작전 계획에 큰 차질이 빚어졌다. 제해권을 잃은 일본군은 보급 물자를 최전선으로 보내지도 못하였고, 증원군을 파견하지도 못하였다. 각지의 일본군은 부산의 본영과 소통하는 것도 어려워, 북상한 지 불과 수개월 만에 경상도로 남하할 수밖에 없었다. 그 반면에 조선은 전라도와 충청도를 기반으로 하여 장기전을 준비하였다. 원균 등 조선 수군이 남해의 제해권을 장악한 것은 전술적으로 귀중한 성과였다.

그 이듬해인 선조 26년(1593) 8월, 조선 수군에게는 큰 변화가 찾아왔다. 삼도수군통제사(三道水軍統制使)라는 새로운 직책이 신설되어, 전라좌수사 이순신이 그 자리에 앉았다. 신임 통제사 이순신은 원균의 관내인 한산도(閑山島)에 통제영을 두고, 자신과 동급인 원균과 이억기를 통제하게 되었다. 원균으로 말하면 이순신보다 나이도 많은 데다 무과에 급제한 시기도 훨씬 빨랐다. 또, 그동안에 역임한 직책으로 보더라도 이순신이 부하로 취급하기에는 어려운 상대였다.

---

49 김간, 〈원균 행장〉.

5. 원균과 이순신

원균과 이순신은 정치적 배경도 달랐다. 원균은 조정의 소수파인 서인과 북인의 지지를 받고 있었다. 그러나 이순신은 실권자인 영의정 유성룡과 가까운 사이였다. 이순신이 초대 통제사가 된 데는 능력 못지않게 그의 탄탄한 정치적 배경이 큰 역할을 했을 것이다.

한 마디로, 원균의 처지는 여러모로 불리하였다. 하지만 그에 굴하지 않고, 원균은 다양한 방법으로 일본군의 동향을 조사해 조정에 알렸다. 그는 동생 원전을 한양으로 보내 적정(敵情)에 관한 두 가지 분석 결과를 비변사와 공유하였다. 첫째, 이 침략전쟁은 장기화할 전망이다. 둘째, 김해 지방을 비롯해 일본군이 점령한 여러 지역에서 백성의 상당수가 적에게 적극적으로 협력하고 있다.

또, 선조에게도 조선의 수군이 당시 얼마나 어려운 처지에 있는지를 정확히 보고했다. 선조 26년 당시 조선 수군의 절반 이상이 전염병에 걸려 사망하였다. 그러므로 보유 중인 전선(戰船)도 제대로 운용하기 어려웠다.

이런 와중에 원균과 이순신의 관계는 복잡 미묘하였다. 그들은 어린 시절 한양의 건천동에서 함께 자랐으며, 이순신의 덕수 이씨와 원균의 원주 원씨 사이에는 과갈(瓜葛, 사돈 관계)이 적지 않아 남이라고 여길 처지는 아니었다. 나이로 보면, 원균이 이순신의 형님에 해당한다.

그러나 세상이 다 아는 것처럼 그들은 서로 사이가 좋지 않았다. 두 장수는 성격상으로도 차이가 매우 컸다. 이순신은 조용하고 꼼꼼하였으며, 원균은 호방하고 다혈질이었다. 그렇기는 하나 최근에 발굴된 원균의 편지(1591년 6월경)를 자세히 분석해보면 원균은 다정다감하고 가족과 친지에 대한 배려심이 깊었다.(부록 4. 원균의 편지 참조)

두 장수는 정치적 후원세력도 달랐고, 두 장수의 부하들 사이에서도 승진을 위해 서로 공훈을 다투는 모습이 갈수록 노골화되었다. 이런 여러 가지 이유로 양측은 선조 25년 여름부터 차츰 사이가 벌어졌다. 다시 2년이 흘러 선조 27년(1594) 중반이 되었을 때는 돌이킬 수 없는 상태가 되었다.

《난중일기》를 읽어보면, 시간이 흘를수록 이순신은 원균을 점점 더 적대적인 인물로 인식했다는 점이 드러난다. 최후에 이순신은 원균을 비열하고 흉악한 인물이라고 비방하며 노골적인 혐오감을 표출하였다.

그런데 정세의 변화가 일어났다. 선조 26년 10월 3일, 우여곡절 끝에 왕이 한양으로 되돌아왔다. 20여 일이 지난 10월 27일에는 풍원부원군 유성룡을 의정부 영의정으로 삼았다. 그때부터 유성룡은 전쟁 사무를 총괄하는 비변사를 완전히 장악하는 한편으로, 은연중에 일본과 강화(講和)를 추진하였다. 무력으로 왜적을 무찌르기 어렵다고 판단하여 적과의 협상에 일말의 희망을 걸었다는 뜻이다.

유성룡의 정치적 입지가 다져지자 통제사 이순신의 영향력은 더욱더 커졌다. 그 결과 선조 27년(1594) 겨울에 원균은 수군을 떠나게 된다. 대신들은 원균이 유능한 수군 장수라는 점을 인정하면서도 이순신의 통제를 따르지 않는 것을 문제 삼아 육군으로 전출하였다. 선조 28년(1595)의 1월 초의 일이었다.

6. 충청도와 전라도 병마절도사

충청도 병마사가 된 원균은 청주의 상당산성을 개축하는 데 많은 힘을 썼다. 의욕이 지나쳐 군사들과 백성을 힘들게 한다는 비판도 따랐으나, 원균의 추진력이 아니었으면 짧은 기간 내에 성을 다시 쌓지 못했을 것이다. 그는 군사를 조련하는 데도 남다른 열성을 보였다.

선조 29년(1596) 가을에 조정에서는 원균에게 더 중요한 책무를 맡기기로 해, 전라도병마절도사로 이임하게 했다. 당시는 명나라와 일본 사이에 여러 해 동안 추진되어온 강화회담이 파탄이 난 때였다. 조선에는 다시 전운(戰雲)이 짙어졌다.

전쟁이 재발하면 전라도가 가장 위험하리란 점에는 누구도 이견이 없었다. 조정에서는 전라도에 탁월한 장수를 병마절도사로 보내려고 인선에 많은 신경을 썼다. 최종적으로 선택한 장수가 곧 원균이었다. 이처럼 용맹하고 유능한 이가 아니면 전라도를 적의 침략으로부터 지킬 수 없겠다고 판단한 것이다.

북인의 대두

그해 겨울이 되자 조정의 기류가 다시 바뀌었다. 결사 항전을 주장하는 북인이 점차 비변사의 요직을 하나둘씩 차지하였다. 비변사 당상관 중에서 절대 다수를 차지하던 남인이 조금씩 힘을 잃는 것처럼 보였다. 남인 유성룡은 여전히 영의정으로서 실권을 쥐었으나 북인의 영수 이산해가 선조의 신임을 얻기 시작하였다. 당시 정계에 다소 변동이 일어난 것은 부정할 수 없는 추세였고, 그렇게 되자 지난 수년간 조정의 아낌없는 지원을 받아온 통제사 이순신의 자리가 흔들리기 시작하였다. 그에 관해서 대신들의 시각이 비판적으로 바뀌었다.

선조가 원균을 대접하는 태도도 많이 달라졌다. 원균이 신임 전라병사가 되어 조정을 하직하고 임지인 전라도 강진으로 부임하던 날, 선조는 내구마(內廐馬, 대궐에서 기르던 말)를 원균에게 하사하였다.

원균이 탈 말만 준 것이 아니라, 병영에서 길러 장차 여러 장수가 전마(戰馬)로 사용할 종자 말도 함께 주었다. 선조는 원균의 노고를 위로하고 그에 대한 아낌없는 신뢰를 표시한 것이다.

훗날 원균은 고성의 춘원포에서 순국하였는데, 선조가 하사한 명마가 주인의 소지품을 등에 지고 홀로 천 리 먼 길을 달려 진위의 자택으로 돌아왔다는 전설이 아직도 남아있다. 주인을 잃은 명마는 며칠 동안 슬피 울다가 숨겼다고도 한다. 명마가 남쪽에서 돌아와 하염없이 울었다고 하여 '울음 밭'이란 지명도 있고, 또 그렇게 숨진 명마를 원균의 묘소 아래 묻어 '애마총'이 생겼다고도 한다.

7. 삼도수군통제사 원균

선조 29년 겨울에 조정 대신들은 누구나 소리 높여 이순신의 잘못과 무능을 지적하였다. 그들은 이순신이 지난날에 원균을 박대하였고 심지어 모함한 적도 있다는 점을 언급하였다. 유성룡까지도 이런 흐름에 합세해 이순신이 거만하고 직무에 충실하지 못하다고 비난했다. 유성룡의 동지인 대신 정탁은 원균의 탁월한 능력을 호평하며, 이순신도 원균도 다 옳다는 양시론(兩是論)을 펼쳤다. 이러한 여론에 힘입어, 선조 30년(1597) 2월에 원균은 전라좌도수군절도사로서 삼도수군통제사의 직책을 겸하였다.

요컨대 통제사의 교체는 정치적 흐름과 연동되어 있었다. 영의정 유성룡이 구사하던 강화(講和) 노선이 실패로 끝났다. 그에 대한 정치적 문책론이 등장하는 분위기였다. 자연히 유성룡과 밀접한 관계에 있던 통제사 이순신도 이번 기회에 교체하자는 여론이 무성해진 것이었다. 이순신의 낙마(落馬)는 원균이 음해하여 생긴 일이 아니었다.

통제사가 되어 한산도에 부임하자 원균은 다양한 정보를 수집 분석하고, 그 바탕위에 조선 수군의 새 모습을 설계하였다. 일본의 재침략이 현실로 다가왔으므로 그는 군비 증강에 무게를 두었다. 왜란 초기에 조선 수군은 겨우 50척의 판옥선을 운용하였다. 그 후 이순신 통제사 시절인 선조 26년 7월에는 선척(船隻) 수가 120척으로 늘어나더니 다시 수가 100척으로 줄었다. 그런데 선조 30년 2월에 원균이 우도(경상도) 통제사로 임명되자 판옥선 건조에 박차를 가해 부임한 지 4개월이 지난 6월에는 180척으로 늘어났다. 통제사 원균은 무려 80척의 새 전함을 지어 새로운 전쟁에 대비하였다. 원균은 군사 장비를 확장하는 데 능력이 탁월하였다.

또한, 원균은 수륙 합동작전을 펼쳐 적진을 교란하고자 했다. 그는 명나라 육군과 협력하여 부산포로 들어가는 입구에 포진한 일본군을 제거하는 데 초점을 맞추었다. 즉 가덕도와 안골포에 왜성을 쌓고 조선 수군의 진로를 방해하는 일본군을 소탕하려고 했다. 그 작전 계획은 구체적이었고 두 나라의 지휘관들이 동의하였으나, 우리 조정은 차일피일 결정을 미루었다. 결국 명나라 군대와 수군의 연합 작전은 불발에 그쳤다.

여기서 보듯, 조선 수군에게는 작전권이 없었다. 조정의 문신들이 모든 군사작전에 깊숙이 개입해 실질적으로 지휘권을 행사하였다. 아직도 비변사의 다수는 유성룡의 영향 아래에 있었다. 그들은 도체찰사 이덕형과 도원수 권율이나 마찬가지로 모두 유성룡의 사람들이었다. 게다가 원균을 증오하는 이순신이 '백의종군'(보직 대기) 상태였음에도, 도원수 권율에게 비공식 자문 역할을 맡고 있었다. 따라서 통제사 원균의 지휘권은 너무나 제한되어 있었다. 그는 마음대로 할 수 있는 작전이 하나도 없었다.

도체찰사와 도원수는 원균에게 명하여, 수군이 단독으로 부산포로 쳐들어가 적의 기를 꺾으라고 하였다. 비변사 역시 도원수 및 도체찰사와 한 팀이 되어 원균을 강도 높게 압박하였다. 원균은 여러 차례 항의하였고, 지시에 거부도 하였다. 그러나 결국에는 도원수의 본영에 끌려가 매를 맞는 수모까지 당했다. 어쩔 수 없이 그에게는 부산포에 나가 힘껏 싸우는 것 말고는 다른 선택지가 전혀 없었다.

8. 원균의 순국

상부의 부산포를 공격하라는 강압을 거역할 수 없어 원균은 자신이 보유한 전함의 절반에 해당하는 90척의 판옥선을 이끌고 부산포로 출전하였다. 그러나 부산포에는 이미 많은 적선이 기다리고 있어 공격 작전은 원활하지 못했다. 결국 부산포에서 이렇다 할 성과를 내지 못하고 조용히 철수하였다.

당시 일본 수군은 조선의 판옥선을 모방하여 여러 척의 판옥선을 보유한 상태였고 화력도 예전보다 훨씬 강력해져 있었다. 일본 수군에 이러한 전력 강화가 일어날 줄은 누구나 예상하던 일이었다. 왜란이 여러 해 동안 계속되어 육군이든 수군이든 양국의 전력 차이는 해마다 조금씩 줄어들었다.

후세는 '칠천량해전'이라는 이름을 붙여, 통제사 원균의 비극적 생애를 극적으로 설명한다. 그런데 사건의 내막을 자세히 검토한 결과, 다음의 세 가지 전제가 사건의 진실을 이해하는 데 중요하다고 판단하였다.

첫째, 조선군은 부산포 공격 작전을 마치고 바로 한산도로 귀항을 서둘렀다는 점이다. 둘째, 조선군의 퇴로가 안전하지 못하였다는 점이다. 예전과 달리 일본 수군은 우리 함대의 귀항을 수수방관하지 않았다. 시간이 흐를수록 여러 섬에 정박한 일본 수군이 추격에 합세하였다. 셋째, 적의 추격이 잇달아, 원균은 본영인 한산도에 증원군을 요청하였을 것이 분명하지만 길이 막혀 증원군이 오지 못하였다는 점이다.

원균은 날이 밝으면 증원군과 함께 일전을 계획하였으나, 구원군은 오지 않았고 적의 함선은 숫자가 더욱 많아졌다. 임시로 춘원포에 정박한 상태였는데, 중과부적으로 조선군이 열세라는 점이 명백해지자 경상우수사 배설은 일방적으로 대오를 이탈하였다. 이로써 조선수군의 방어선은 힘없이 무너졌다.

통제사 원균은 무의미한 희생을 최대한 줄이려고 모든 군사에게 퇴각명령을 내렸다. 그래서 조선수군의 대부분은 춘원포와 가까운 포구에 무사히 상륙해 적군의 공격에서 벗어났다. 그들은 후일을 도모할 수 있었다.

다만 연합함대의 최고위 지휘관 3인, 즉 원균과 이억기 그리고 최호는 춘원포의 해상과 육지에서 마지막까지 적과 싸우다 장렬하게 순국하였다. 선조 30년(1597) 7월 16일의 일이었다.

사람들은 칠천량에서 조선 수군이 거의 다 전사한 것으로 안다. 그러나 사실과는 거리가 먼 억측이다. 가령 지난 통제사 이순신의 부하 장수와 군관들도 사실상 전원이 살아남았다. 원균의 부하들도 대부분은 목숨을 보전하여, 훗날에 전개된 명량해전과 노량해전에서 조선군의 승리를 견인하였다. 이운룡과 우치적은 그중 대표적인 인물이다.

격군의 생생한 증언

전쟁이 끝나고 3년이 지난, 선조 34년(1601) 겨울에 영의정 이덕형은 체찰사가 되어 남해안을 순회하고 돌아왔다. 그는 자신이 수집한 정보를 토대로 선조에게 다음과 같이 보고하였다. 《실록》에 나오는 중요한 대목을 아래에 인용한다.

> "(통제사 원균이) 부산(釜山)에 진격하여 적을 공격할 때 우리나라 수군 전함 90척이 곧바로 적을 행해 쳐들어갔습니다. 그때 이루 헤아릴 수없이 많은 적선이 바다에 가득하였다고 합니다. 우리 수군은 수가 적어 도저히 당해낼 수 없었습니다. 그래서 아군은 한산(본영)을 향해 후퇴하였습니다. 격군이 쉴새없이 노를 저어 춘원포(春原浦, 경남 고성군)에 닿았다고 합니다."50

이른바 '칠천량 사태'의 진실은 이처럼 왜곡되었다. 원균은 90척의 함선을 이끌고 한산도로 퇴각하여 돌아가고 싶었다. 그러나 부산포에서 한산도까지 돌아가려면 2~3일은 족히 걸렸다. 격군은 지쳤고 해는 이미 져서, 할 수 없이 고성의 춘원포에 정박하였다는 증언이다.

> "그런데 적군이 밤을 틈타 정면으로 공격해 왔습니다. 아군은 많이 지친 상태에서 갑자기 당하는 변고라 뜻대로 싸우지 못하였습니다. (우리 군대는) 물이 마르듯이 서둘러 퇴각하였다고 합니다. 전사자는 하나도 없었다고 합니다."51

통제사 원균과 함께 부산포해전에 나갔던 격군이 그렇게 증언했다. 그때 퇴각한 조선 수군은 칠천량이 아닌 춘원포에 정박하였는데 적이 대규모로 야습해 와서, 조선군은 상륙을 서둘렀다. 마치 "물이 마르듯" 서둘러 퇴각하였다는 것이다.

어떤 병사는 전함에서 내리기 전에 전사하였을 것이고, 어떤 부대는 상륙 후에 일본군과 겨루다가 사상자를 내기도 하였을 것이다. 그러나 우리가 자주 들어 귀에 익숙한 대규모 참패는 발생하지도 않았다. 그렇기에 이덕형은, "전사자는 하나도 없었다고 합니다"라는 다소 과장된 표현으로 임금께 보고한 것이다. 양측의 교전에서 병력의 손실이 거의 없었으므로, 이덕형은 그러한 문장으로 중차대한 자신의 보고를 마무리하였다.

전쟁이 끝난 뒤에 영의정 이덕형이 민간에서 직접 수집한 이른바 칠천량 사태의 진실은 이처럼 단순 명료한 거짓이었다. 이덕형의 보고를 듣고 선조는 다음과 같이 다짐하였다.

---

50 《실록》, 선조 34년(1601) 1월 17일.
51 《실록》, 선조 34년(1601) 1월 17일.

"원균은 싸움에 져 이미 죽었다. 그의 휘하를 비록 다 죽이지는 못할지라도 사실을 밝혀 군율대로 처리하는 것이 마땅하다. 지금 원균의 후배(後人, 부하)로서 이미 고관대작(高官大爵)이 된 이가 많다. 그런데도 그 싸움에 패배한 모든 죄를 원균 한 사람에게 돌린다. 이래서야 원균의 본심이 후세에 밝혀지지 못할 것이다. 구천(황천)에 있는 그의 넋도 어찌 자기 죄를 승복하며, 억울하게 여기지 않을 수 있겠는가."52

역사의 진실은 명명백백하였고, 선조는 사태의 핵심을 똑바로 이해하였다. 후세의 역사가는 이른바 '칠천량 사태'라는 설화를 조작하여, 패전의 모든 책임을 통제사 원균 한 사람에게 떠넘기지 말아야 한다.

여기서 한 가지 특기할 점이 있다. 원균이 순국하자 조정 대신들은 그 사건에서 한 가지 큰 교훈을 얻었다. 다시는 이래라저래라 하는 명령으로 수군의 최고 지휘관을 함부로 압박하지 않기로 하였다. 원균과 이억기, 최호가 순국한 덕분에 통제사의 자리에 다시 오른 이순신은 독립적인 작전권을 손에 넣었다.

9. 선무 일등공신

위험하고도 지루한 전쟁은 끝이 났다. 그로부터 6년이 지난 선조 37년(1604) 6월 25일에 조정은, 전쟁 중에 특히 공이 많은 신하를 세 종류의 공신(功臣)으로 선별해 책봉하였다. 첫째, 의주까지 선조의 거가(車駕, 수레)를 따른 이들을 호성공신(扈聖功臣)으로 삼았다. 둘째, 전쟁터에서 일본군을 크게 무찌른 장수를 선무공신(宣武功臣)으로 표창하였다. 셋째, 전쟁 중에 일어난 이몽학(李夢鶴)의 난을 토벌하는 데 공이 많은 신하는 청난공신(淸難功臣)으로 정했다.

호성공신은 9명, 선무공신은 18명이요, 청난공신은 5명으로 총 32명이었다. 당대의 사관(史官)이 평하기를 전쟁에 가장 공이 큰 이는 원균을 포함하여 이순신과 권율 등 3명이었다고 했다. 그리고 두어 명의 정승도 공이 많다고 칭찬하였다.

어떤 사람들은 공신의 수가 너무 많았다고 비판하는데 과연 옳은 판단일까. 가령 선무공신을 18명으로 정한 것은 지나치지 않았다고 생각된다. 예컨대 1등 공신에 뽑힌 두 명의 통제사, 즉 원균과 이순신을 힘껏 도운 장수도 각기 2명씩을 골라, 권준,

---

52 《실록》, 선조 34년(1601) 1월 17일.

이순신(李純信), 기효근 및 이운룡을 3등 공신으로 삼은 것은 적절한 일이다. 또, 많은 공을 세우고 순국한 전라우수사 이억기를 2등 공신으로 삼은 점이라든가, 순국한 충청수사 최호를 청난공신으로 선정한 것도 올바른 평가였다. 아울러, 한때 원균의 부장이었던 이광악을 진주성 방어에 힘쓴 공적을 인정하여 3등 공신으로 삼은 것도 잘한 일이다.

왜란 때 수군의 공이 가장 컸으나, 육군이라고 왜 공훈이 없었을까. 그들도 각지에서 공을 많이 세웠으며, 힘겨운 전투 끝에 다수가 순국하였다. 따라서 그런 장수들에게도 큰 상을 주는 것은 마땅한 일이다. 도리어 선무공신의 수가 너무 적어 곽재우나 김천일 같은 의병장이 정공신(正功臣)이 되지 못한 점이 큰 아쉬움으로 남는다.

요컨대 원균은 당당히 선무 일등공신으로 책봉되었고, 그의 동료와 부하도 여러 명이 정공신으로 기록되었다. 원균의 여러 아우와 아들 및 조카 13명도 전쟁에 참전하여 그들의 동료 및 부하들과 함께 원종공신(原從功臣)이 되어 상훈의 특전을 누렸다. 상이란 받는 사람의 수가 반드시 적어야 빛나는 것이 아니라, 받을 사람이 다 받았는지가 더더욱 중요할 것이다.

제1부

역사적 기억의 왜곡과 와전

제1부
역사적 기억의 왜곡과 와전

元均眞實

역사의 진실은 역사적 기억을 바탕으로 한다. 때로 그 기억은 개인의 기록에서 비롯되지만, 보통은 집단적 기억이 담긴 공적 기록물이나 구전 설화를 따르기도 한다. 똑같은 내용의 기억과 기록이 축적되면 사람들은 그것을 역사적 진실로 여긴다. 이것은 누구나 인정하는 일반론이다.

그러나 다양한 이유로 역사적 기억은 왜곡되기도 한다. 때로는 그 정도가 지나쳐 기억과 기록이 악의적으로 조작되거나 날조되기도 한다. 이렇게 되면 역사적 진실은 아득히 멀어지고, 사실과 거리가 먼 허구의 역사가 판을 치게 된다. 불행한 일이지만 그런 일이 동서고금을 막론하고 자주 일어난다. 문명이 고도로 발달한 현대사회에서도 그런 일은 얼마든지 일어날 수 있다.

예컨대 서로의 정치적 이해관계가 첨예하게 엇갈릴 때, 우리는 한 가지 사건에 관해서도 완전히 다른 기억과 평가에 도달할 수 있다. 또는 서로의 가치관 또는 세계관이 판이할 때도 함께 경험한 사회적 현상이나 개인적인 체험에 관해 상반된 기억 또는 담론을 구성할 수 있다.

원균에 대한 역사적 기억만큼 심하게 와전되고 왜곡된 사례는 역사상 유례를 찾기 어렵다. 과연 누가, 왜, 그리고 어떤 방식으로 이러한 왜곡에 가담했는지, 필자는 오래도록 그 의문을 품어왔다. 그 문제를 풀기 위해 아래에서는 네 가지의 역사적 실험을 하기로 했다. 첫째, 원균의 최측근이었던 이운룡과 강덕룡의 전기자료를 통해 역사적 기억의 변질과 왜곡을 살펴볼 것이다. 둘째, 원균의 강력한 경쟁자인 이순신의 통제사 해임 사건에 관련된 문서 하나를 점검해 보려 한다. 이를 대신하여 정탁이 쓴 이른바 〈신구차〉의 변질과 왜곡의 문제를 따져보려는 것이다. 셋째, 이순신의 진중일기인 《난중일기》속에서 원균에 관한 그의 평가가 어떠하였는지를 탐구할 것이다. 그리고 원균에 관한 이순신의 평이 후세의 평가에 중요한 역할을 하였기 때문에 이 문제도 따져볼 것이다. 넷째, 원균의 역사적 진실의 열쇠를 쥔 한 권의 책이 바로 유성룡의 《징비록》이다. 이 책에 보이는 원균에 관한 역사적 기술이 얼마나 충실한지를 따져볼 필요가 있다. 이처럼 다양한 각도에서 우리는 원균에 관한 기록과 기억이 어떻게 왜곡 변질되었는지를 파헤칠 것이다.

제1장
이운룡과 강덕룡의 전기자료 해부

이 연구는 젊은 시절부터 추구해온 〈미시사〉 연구의 일환이다. 연구 방법으로 보면 '실마리 찾기'라고 부를 수도 있고, '범죄 수사의 기법'이라고 보아도 좋겠다. 텍스트의 구조와 서사 전략을 통해 통설의 허점을 찾아내는 것이다. 이 책의 전편에 걸쳐 애용한 연구 방법이다.

결과적으로, 아래의 연구에서 도달한 결론은 통설과 상당히 다른 점이 있다. 모두가 믿는 것처럼 원균은 비겁하고 무능하고 음흉한 장수가 아니었다. 그는 용맹하고 유능한 장수로 이순신이 함부로 무시할 수 없는 인물이었다. 이런 결론을 내릴 수 있다는 점에서 우리는 역사를 '다르게 보기'에 성공한 셈이며, '낯설게 보거나 뒤집어 보는 것'을 본령으로 삼는 미시사 연구의 특징을 확인할 수도 있겠다.

이 연구는 원균이라고 하는 탁월한 장수에 대한 재평가를 넘어, 원균과 이순신이 속한 조선 수군의 실상을 알아보는 데 목적이 있다. 나아가 16세기 조선의 사회적 성격을 새롭게 이해하고 거기서 한 걸음 더 나아가 동아시아 세계질서의 본질을 이해하는 데, 연구의 최종 목적이 있다고 생각한다. 그러나 이처럼 원대한 목적이 이 장 하나로 온전히 이뤄질 수는 없다.

아래에서는 한 가지 구체적인 작업을 시도한다. 원균과 그가 가장 신뢰한 부하 장수 두 사람의 관계가 다양한 역사적 텍스트를 통해 얼마나 심하게 왜곡되었는지를 알아볼 것이다. 생전에 원균과 이운룡 및 강덕룡은 매우 친밀한 사이였다. 특히 이운룡은 주장(主將) 원균 덕분에 선무공신 제3등에 책봉되었다. 그러나 시간이 흐름에 따라 그들의 관계는 완전히 변질되었다. 언제, 누가, 왜, 그들 관계를 왜곡하였을까. 아래에서는 바로 그 실상을 깊이 파헤쳐 보려고 한다.

제1절

원균과 이운룡 – 역사의 진실을 찾아서

이운룡은 임진왜란이 일어나기 1년 전에 옥포만호에 임명되어 만일의 사태에 대비하였다. 왜란이 일어나자 그는 경상우수사 원균의 막하에서 많은 공을 세워 원균의 아낌을 받았다. 그리하여 전쟁이 일어나고 2년이 지난 선조 27년(1594)에는 웅천현감으로 승진하였다. 나중에는 원균의 가장 탁월한 부장 두 사람 가운데 하나로 뽑혀 선무공신이 되었다.

그러나 현재 남아있는 이운룡의 전기자료를 보면 아주 이야기가 달라진다. 처음부터 원균에게는 아무런 공적도 없었고, 처음부터 끝까지 전투에서 거둔 모든 승리는 이운룡이 세운 것이라 한다. 그뿐만 아니라 이운룡은 원균의 휘하에 있을 때부터도 이순신의 부장이나 다름없었다. 아니, 그는 원균이나 이순신을 능가하는 명장이었다고 했다. 과연 이러한 그의 전기 서술은 역사적 사실을 제대로 반영한 것일까. 과장되고 왜곡된 점이 있었다면 무엇이 문제일까.

1. 이운룡의 〈비문〉을 우리는 왜 읽어야 하는가?

《조선왕조실록》을 통하여, 우리는 임진왜란 때 이운룡이 원균의 막하에서 중요한 역할을 하였다는 점을 확인할 수 있다. 그러나 임진왜란 중에 이운룡이 세운 공훈이 구체적으로 어떠했는지를 제대로 알려면 아무래도 그의 전기를 읽어보아야 한다. 이운룡의 전기로 가장 주목되는 것은 그의 〈비문〉이다. 이운룡은 광해군 2년(1610)에 세상을 떴는데, 그 해에 손기양(孫起陽)이란 선비가 쓴 장문의 비문이 남아있다. 또, 그보다 20년 뒤에 당대 조선의 문장가로 알려진 택당(澤堂) 이식(李植)이 이운룡의 비문을 고쳐 쓴 것이 있다(인조 8년, 1630).

손기양이란 선비는 경상도 밀양 출신으로, 문과에 급제해 여러 관직을 두루 역임한 유명 인사였다. 그는 이운룡과 동시대의 선비로, 당파로 보면 남인이었다. 손기양은 현재의 경상남도 동부 지역에서 영향력이 큰 학자다. 그의 문집인 《오한집(聱漢集)》은 세상에 알려져 있다. 정조 때 남인으로 정승이 된 채제공(蔡濟恭)이 《《오한집》의 서문(聱漢集序)》을 썼을 정도였으니, 경상도 남인 중에서도 명망이 높았다.[1]

이운룡의 비문을 지을 때는 광해군 초기였다. 조정은 북인 중심으로 재편되고 있어, 손기양을 비롯한 남인은 위기를 맞았다. 손기양은 서인, 남인 및 북인과 골고루 학문적 인연이 있었으나, 유독 남인의 영수 서애(西厓) 유성룡을 믿고 따랐다. 유성룡이라면 이순신의 정치적 후견인으로 원균을 심하게 배척한 당대 정계의 제1인자였다.

그런데 이운룡은 이순신과 유성룡이 미워하는 원균의 부장(副將)이었다. 그렇다면 손기양은 이운룡과 원균의 관계를 어떠한 시각에서 기술하였을까? 무척 궁금한 대목이다.

그리고 인조 때 서인의 우두머리 택당 이식이 이운룡의 〈비문〉을 다시 지었다. 이식은 이운룡이나 원균과는 일면식도 없었다. 그들이 속한 지연과 혈연 또는 당파와는 조금의 관계도 없는 사이였다. 하지만 서인의 영수 이식이 경상도의 한적한 시골 청도에서 태어난 이운룡의 전기를 다시 집필하였다. 이것은 무척 이례적인 일이었다.

도대체 이식은 왜, 이운룡의 〈비문〉을 다시 쓴 것일까? 그가 쓴 〈비문〉은 앞서 손기양이 쓴 〈비문〉과 무엇이 어떻게 달랐을까? 궁금한 점이 한둘이 아니다.

우리가 이운룡의 두 〈비문〉을 비교하며 읽어야 할 이유는 두 가지이다. 첫째, 원균의 부장 이운룡이 세운 공적이 어떠했는가이다. 이운룡의 공적은 주장인 원균의 공적이기도 하다. 왜란 때 경상우수영의 활동을 정확히 알려면 이운룡의 활동상을 자세히 들여다보아야 한다. 현재로서는 그 유일한 통로가 바로 두 편의 〈비문〉이다.

그 문서를 읽어야만 왜란 초기에 경상우수영이 어떠한 역할을 하였는지를 엿볼 수 있다. 경상우수영은 수적 열세에도 불구하고 그것을 만회할 만큼 막강한 전투력을 가졌던가? 이 문제에 대한 답을 찾는 것은 필수적이다. 만약 경상우수영의 공적이 형편없었더라면, 왜란 중에 조정을 시끄럽게 만든 원균과 이순신의 갈등은 근거가 없는 헛된 공(功) 싸움이었다고 평가해도 좋겠다.

둘째, 〈비문〉을 지은 두 사람은 당적이 다른데, 그들은 이운룡의 전기를 통해 어떠한 정치적 목적을 추구하였는가이다. 유성룡 계열의 남인인 손기양과 그 반대편에 있던 서인인 이식의 정치적인 이해관계는 여러 가지로 충돌하였다. 그럼, 손과 이, 두

---

1 채제공(蔡濟恭), 《번암집(樊巖集)》, 제32권.

사람이 지은 이운룡의 〈비문〉은 얼마만큼 객관적이었을까. 또 정치색이 다른 데도 그들은 왜 이운룡의 〈비문〉을 지었을까. 그들의 〈비문〉은 원균에 관한 후세의 평가에도 적지 않은 영향을 미쳤다고 볼 수 있다.

요컨대 이운룡의 〈비문〉은 16~17세기에 정치적으로 비중 있는 두 선비의 붓끝에서 탄생하였다. 과연 이 두 〈비문〉은 정치적으로 윤색된 부분은 없을까 하는 의문이 드는 것은 당연한 일이다. 문제의 〈비문〉은 이운룡과 원균에 관한 우리의 역사적 이해를 도와줄 뿐만 아니라 흥미진진한 역사적 사실도 발굴할 수 있게 할 것이며, 16~17세기 조선의 복잡한 정치적 이해관계도 조망할 수 있겠다.

2. 이운룡의 〈비문〉을 어떻게 읽을 것인가?

20년의 간격을 두고 당파가 다른 두 명의 선비가 이운룡의 〈비문〉을 썼다. 이운룡과의 개인적인 친분 때문에 쓴 것은 아니었다. 이운룡이라는 한 사람의 장수를 통해서 그들은 각각 무엇을 주장하고 싶었을까? 두 사람이 주목한 역사적 사실과 그에 관한 해석은 어떤 점에서 차이가 났을까? 그보다 더 근본적인 질문도 있다. 두 사람은 과연 역사적 사실을 토대로 〈비문〉을 쓴 것일까? 아니면 왜곡을 감행하고, 자신들의 정치적 판단을 〈비문〉에 주입한 것일까? 그리고 후세 사람들은 두 저자의 글쓰기 전략을 똑똑히 인식하고, 생산한 정치적 텍스트의 오류를 지적하였을까?

이제 우리는 두 개의 〈비문〉을 비교해서 읽어야 하므로, 적절한 방법을 찾아야 한다. 그래서 앞서 만들어진 손기양의 텍스트(A)를 앞에 배치하고, 20년 뒤에 작성된 이식의 텍스트(B)를 뒤에 두기로 한다. 그런데 두 〈비문〉의 같음과 차이를 정확히 찾아내려면 텍스트를 내용별로 정리하는 작업이 필요하다. 여기서 사용한 방법을 잠시 설명하면, 손기양의 〈비문〉에서 10번째로 등장하는 소주제의 둘째 부분이라면, 그것을 "A.10b"라고 표기하였다. 이러한 방법으로 두 텍스트를 상호대조하면 두 〈비문〉의 상호 관련성을 정확히 알 수 있다.

아울러, 저자들이 〈비문〉에서 서술하는 역사적 사건이 실제로 일어난 것이고, 그에 관한 〈비문〉 저자의 해석이 타당한지도 검토해야한다. 이 점은 《실록》과 《난중일기》 등 관련 문헌을 폭넓게 조사하면 어느 정도 해결할 수 있을 것이다.

가. 〈비문〉의 제목

손기양과 이식은 〈비문〉의 제목을 어떻게 붙였을까. 차례로 읽어본다.

> A. 効忠仗義宣武功臣。嘉善大夫。三道水軍統制使 息城君。贈資憲大夫兵曹判書 兼知義禁府事。李公墓誌銘。幷序
> 효충장의 선무공신 가선대부 삼도수군통제사 식성군 증 자헌대부 병조판서 겸 지의금부사 이공 묘지명 병서

손기양은 이운룡이 무엇보다도 선무공신(3등)이었다는 사실을 강조했다. 이어서 그가 삼도수군통제사를 지낸 사실, 식성군에 책봉된 점도 빠뜨리지 않았다. 그리고 나서 이운룡이 병조판서에 증직된 점도 언급하였다.

> B. 息城君李公墓碑銘 幷序
> 식성군이공묘지명 병서

그러나 이식은 이운룡이 누린 영예를 '식성군'에 책봉되었다는 한마디로 요약하였다. 그러고는 〈비문〉의 첫머리에 다음과 같이 썼다.

> B.-1a 効忠仗義宣武功臣 嘉善大夫 三道水軍統制使。
> 효충장의선무공신 가선대부 삼도수군통제사

손기양과 다를 바 없이 이운룡이 선무공신으로 삼도수군통제사를 역임한 사실을 강조하였다. 요컨대 손기양이든 이식이든 이운룡이 선무공신이었고 삼도수군통제사를 지낸 장수였다는 점을 강조하였다. 이는 역사적 사실에 어김이 없는 것이다. 덧붙여서, 손기양은 이운룡의 이름과 자(字)도 〈비문〉의 시작 부분에 적어두었다.

> A.-1 公諱雲龍 字景見
> 공의 휘는 운룡 자는 경견이다.

그러나 이식은 이운룡의 자를 쓰지 않았다. 이식은 사실을 모두 상세히 기록하기보다는 특히 중요하다고 여기는 몇 가지 사실에 집중한 것으로 보인다. 〈비문〉의 구

체성에 있어 손기양이 훨씬 상세히 기록하고 있다.

나. 이운룡의 조상은 누구인가?

손기양은 이운룡의 먼 조상을 다음과 같이 기록하였다.

A.-2a 本新羅元臣李謁平之後
본래 신라 으뜸 신하 이알평의 후손이다.

이식도 손기양의 이 기록을 그대로 수용하였다.

B.-40 公本新羅元臣李謁平之胄
공은 본래 신라의 으뜸 신하 이알평의 후손이다.

이식의 〈비문〉은 문장을 연결하기 위해 "공(公)"이란 글자 하나를 덧붙였다. 그리고 "후(後)"를 "주(胄)"로 바꾸었는데 의미상으로 아무런 차이가 없다. 이식은 손기양의 〈비문〉을 눈앞에 두고, 자신의 전략에 따라 자유롭게 가감하였다. 과연 그는 손기양의 〈비문〉을 모방한 것일까? 자세히 살펴야 할 과제로 남는다.

이운룡의 조상에 관한 서술은 남인이든 서인이든 정치적으로 견해를 달리할 이유가 없었다. 따라서 두 저자의 서술에는 차이가 없다. 고려시대의 조상을 언급한 부분도 다르지 않았다.

A-2b 高麗初 門下侍中 禹偁 以駙馬封載寧君 於是貫以載寧
고려 초기에 문하시중 우칭이 (왕의) 부마로 재령군으로 봉해졌다. 이에 재령을 본관으로 하였다.

B.-41 高麗初 門下侍中 禹偁 以駙馬封載寧君 於是有載寧李氏
고려 초기에 문하시중 우칭이 (왕의) 부마로 재령군으로 봉해졌다. 이에 재령이씨가 되었다.

두 〈비문〉의 차이점은 손기양이 "재령을 본관으로 하였다"라고 쓴 것을 이식이 "재령이씨가 되었다"라고 쓴 정도이다. 문체상으로만 약간의 차이를 보인 것이다. 그래도 의미 있는 차이가 있다. 손기양은 선조에 관한 설명을 〈비문〉의 출발점으로 삼은 데 비해 이식은 뒷부분으로 돌렸다. 손기양은 이운룡이란 영웅의 출현을 가문의 유구한 역사적 흐름 속에서 자연스럽게 설명하고자 했으나, 이식은 이운룡의 업적을 서술의 중심으로 삼은 것이다.

손기양과 이식은 이운룡의 선조가 경상도 청도에 세거(世居)한 사실도 언급하였다. 두 개의 텍스트를 차례로 소개한다.

> A-2c 其後世徙居淸道 世有官閥
> 그 후세가 청도에 이주해 살았는데 대대로 벼슬길에 나갔다.

서울에서 멀리 떨어진 곳에 살았으나 이운룡의 조상은 대대로 벼슬길에 나갔다는 점을 강조한 것이다. 이것은 이식도 마찬가지였다.

> B.-42 後世徙家淸道 世有官閥
> 후세에는 청도에 이주했는데 대대로 벼슬길에 나갔다.

여기서도 두 저자의 문장은 거의 일치한다. 그러나 지금까지의 분석에서 두 사람의 차이가 드러나기는 하였다. 손기양은 다소 만연체로 사실을 꼬박꼬박 기술하였고, 이식은 되도록 함축적으로 표현하였다.

다음은 가까운 조상에 관한 기술이다. 〈비문〉에는 그들이 다음과 같이 언급되어 있다.

> A-2d 曾祖 英元 濟用僉正
> 증조부 영원은 제용첨정이오,

> B.-43 曾祖某 濟用僉正
> 증조 아무개는 제용첨정이오,

> A-2e 祖友 富寧府使
> 조부 우는 부령부사요,

> B.-44 祖某 富寧府使
> 조부 아무개는 부령부사요,

A-2f 考夢祥南海縣令 三世皆以武進
　　아버지 몽상은 남해현령이었는데, 3대가 모두 무과 출신이었다.

B.-45a 考某 南海縣令 三世皆以武進
　　아버지 몽상은 남해현령이었는데, 3대가 모두 무과 출신이었다.

손기양이 기록한 것을 이식은 한 글자도 빠짐없이 수용하였다. 차이가 있다면 조상의 이름을 언급하기가 송구스러워 "아무개"라고 간접적으로 말한 것이다. 이렇게 기술한 다음에, 이식은 특별한 점 하나를 추가했다.

<u>B-45b 富寧 南海 世魁武科</u>
　　부령(조부)와 남해(아버지)는 대를 이어 무과에 장원급제하였다.

손기양이 빠뜨린 중요한 사실이다. 《실록》을 찾아보면 이운룡의 아버지 이몽상은 명종 15년(1560) 10월에 시행된 무과에 장원급제하였다. 조부도 과연 장원 급제하였는지는 실록에서 확인할 수 없었다. 그러나 이식의 서술이 사실에 부합할 것으로 생각한다. 한 마디로, 이운룡의 집안은 상당히 알려진 무관 집안이었다.

이어서, 〈비문〉의 저자들은 이운룡의 외가에 관해서도 짧게 기술하였다.

A-2g 妣密陽卞氏
　　어머니는 밀양 변씨

B.-46 妣李氏
　　어머니는 이씨

여기에서 두 저자의 서술에 차이가 발생한다. 손기양은 "밀양변씨"라고 적었으나, 이식은 "이씨"라고 하였다. 누구의 기록이 옳을까? 《재령이씨족보》를 확인한 결과 이운룡의 모친은 밀양변씨였다. 이식은 기록상의 오류를 남긴 것이다. 아마 이것은 필기 과정에서 일어난 단순한 오류였을 것이다.

다. 이운룡의 출생과 청소년시기

〈비문〉에는 이운룡의 출생을 다음과 같이 기록하였다.

    A.-3a 以嘉靖壬戌九月十六日 生公
        가정 임술년(명종 17년, 1562) 9월 12일에 공을 낳았다.

    B.-47 嘉靖壬戌九月十六日 生公
        가정 임술년 9월 12일에 공을 낳았다.

손기양이 쓴 글을 이식은 한 글자도 버리거나 고치지 않고 그대로 따랐다. 이운룡은 원균보다 무려 22세나 어린 인물로, 사실상 아들뻘이었다. 이순신과 비교해도 이운룡은 그보다 17세나 아래였다. 그러므로 나이, 경력 및 지위로 볼 때 이운룡은 두 사람의 수사(水使)에게는 아들이나 조카에 해당하는 젊은 부장이었다.

어린 시절의 이운룡은 어떠하였을까? 가정적으로는 평안하고 유복한 처지였을까? 손기양은 다음과 같이 기록했고, 이식은 이 부분을 생략하였다.

    A-3b 幼而雋異 在髫齔 已屹然如成人 早失所怙 而能知執禮致哀
        어릴 적부터 재주가 남달라 7~8세에도 이미 의젓하고 어른스러웠다. 일찌감치 아버지를 여의었는데 예법대로 상을 다 마쳤다.

안타깝게도 이운룡은 어린 나이에 아버지를 여의었다. 그는 편모슬하에서 자라났다.

    A-3c 旣長從塾師 力學通經史
        장성해서는 스승을 따라 공부에 힘써 경사에 통달하였다.

어린 시절에 이운룡은 여느 양반 자제와 마찬가지로 유교 경전을 공부하였고, 역사책도 힘써 읽었다. 원균이든 이순신이든 그들도 다 마찬가지였다. 그러다가 삶에 전환점이 찾아왔다. 손기양은 다음과 같이 기술하였다.

    A.-4a 萬曆乙酉 投筆捷武擧
        만력 을유년(선조 18년, 1585)에 붓을 던지고 무과에 응시하였다.

만 나이 23세에 이운룡은 자신의 적성이 무과라는 점을 확신하였다. 그것은 그의 아버지와 할아버지 및 증조할아버지가 걸어간 길이었다. 가업(家業)이라고 말해도 좋겠다. 이후 이운룡은 청년 장교로서 순탄하게 성장하였다. 무과에 급제한 지 2년 만에 좋은 기회가 찾아왔는데, 손기양은 다음과 같이 서술했다.

> A-4b 丁亥九月 除宣傳官 時西厓柳公成龍判兵銓 啓以不擇邊將 關防疎虞 請以年少武弁 才兼文武 他日可堪大任者 先授邊將 試可後不次陞用 公得在其選

정해년(선조 20년, 1587) 9월에 선전관이 되었다. 그때 서애 유성룡이 병조판서로 있었다. 유공은 변방의 장수를 잘 고르지 못하면, (변방)관문이 소홀해지므로, 젊은 무관 중에서 문무를 겸비한 사람은 훗날 큰일을 감당할 사람이 될 것이니, 먼저 변장(邊將)에 임명하기를 건의하였다. 이렇게 능력을 시험해 본 다음에 서열을 뛰어넘어 발탁해 쓰자는 것이었다. 공은 바로 그렇게 선발되었다.

유성룡이 이운룡을 후원했다는 거짓말

여기서 손기양은 한 가지 놀라운 사실을 기술하였다. 청년 장교 이운룡은 금세 병조판서 유성룡의 눈에 띄어 곧장 변방의 진을 담당하게 되었다고 했다. 당대 제일의 남인 영수 유성룡이 이운룡을 정치적으로 후원했다는 주장이다. 이운룡은 처음부터 남인이 후원하는 엘리트 장교였다는 뜻이다.

그럼 손기양의 서술은 역사적 사실에 부합하는가? 결과는 다음과 같다. "정해년(선조 20)"에 유성룡은 병조판서가 아니었다. 유성룡이 병조판서에 임명된 것은 기축년(선조 22년) 상반기에 그것도 잠깐이었다. 정경세(鄭經世)가 지은 유성룡의 〈행장〉을 읽어보겠다.

> "기축년(己丑年, 1589년 선조 22년)에 (유성룡은) 대사헌(大司憲)과 병조와 예조의 판서를 잠시 역임하였다. 그해 겨울에 역옥(逆獄, 정여립의 반란 사건)이 일어났다."

유성룡은 선조 22(1589, 기축년)에 세 가지 벼슬을 지냈다. 짧게 병조판서를 지냈다. 그럼 손기양이 〈비문〉에서 언급한 선조 20년(1587, 정해년)에는 누가 병조판서였을까. 정언신(鄭彦信)이었다.[2]

그러므로 손기양의 서술은 역사적 사실과 전혀 맞지 않다. 더 자세히 알고 보면, 정해년에 유성룡은 조정을 떠난 상태였다. 선조 16년(1583)부터 유성룡은 서인의 영수 이이와 정면충돌하였다. 그들은 동인과 서인의 최고 지도자였는데, 유성룡의 공격으로 이이는 정치적 타격을 받았다. 얼마 뒤에는 유성룡 역시 서인의 반격으로 곤경에 빠졌다.

선조 17년(1584)에 유성룡은 홍문관 부제학과 제학 등 요직을 지냈으나, 그 뒤에는 한동안 평탄하지 않았다. 선조 19년(1586)과 선조 20년(1587)에 그는 조정을 떠나 고향 안동에서 칩거하였다. 그러다가 선조 21년(1588)에 조정에 복귀하여 대사헌이 되었다. 이런 사실은 유성룡의 문집인 《서애집》에 실린 〈연보〉에서도 확인할 수 있다.

요컨대 손기양이 기술한 점, 즉 청년 장교 이운룡이 정해년에 병조판서 유성룡의 후원으로 변방의 진지를 지킬 장수로 뽑혔다는 주장은 사실과 거리가 먼 서술이었다. 손기양은 〈비문〉에 왜, 이런 허위 사실을 기록하였을까? 그는 열렬한 유성룡 지지자로서 반대파인 북인이나 서인을 혐오하였다. 그러므로 손기양은 자신과 같은 또래인 자랑스러운 전쟁 영웅 이운룡을 그 자신과 정치색이 같은 남인 장수로 역사에 기록하고 싶었던 것으로 보인다.

서인의 영수 이식은 손기양의 이러한 서술에 어떠한 태도를 보였을까. 이식은 유성룡이 청년 장교 이운룡의 후원자였다는 대목을 삭제했다. 진술의 사실성 여부를 떠나 이운룡이 남인 출신 장수였다고 못 박는 일에 이식이 동조할 이유는 없었다. 이운룡의 〈비문〉을 통해 이식은 은연중에 서인과 이운룡의 밀접한 관계를 내세우고 싶었다. 그것이 이식의 전략이었다.

무과에 급제한 지 4년 만에 이운룡은 경상도 남해안의 요충지 옥포의 수군만호(4품)로 발탁되었다. 벼락출세나 다름없었다. 〈비문〉의 저자들은 다음과 같이 기록했다.

  A.-5a 己丑正月 除玉浦萬戶
    기축년(선조 22년, 1589) 정월에 (이운룡은) 옥포만호가 되었다.

  B.-4 公時爲玉浦萬戶。
    공은 그때 옥포만호가 되었다.

---

2 《실록》, 선조 20년(1587) 10월 4일.

기축년은 선조 21년(1589)이었고, 이운룡의 나이는 28세였다. 그리고 3년이 지나서 임진왜란이 일어났다(선조 25년, 1592). 이운룡은 이곳에서 오래 근무한 터라, 남해의 사정에 능통하였다(30세). 혈기 방장한 이운룡은 왜적과 싸우는데 유리한 조건을 두루 갖추었는데, 그의 만호 임기는 이미 끝난 다음이었다. 손기양은 그 사정을 아래와 같이 서술하였다.

> A-5b 旣莅任 撫愛軍卒 修繕器械 能名藉甚 及瓜軍民控于監司水使 遂以仍任
> 부임하자 군졸을 사랑하여 어루만지고 무기를 수선하여 유능하다는 명성이 매우 높았다. 공의 임기가 끝나자 군인과 백성들이 감사와 수사에게 요청하여 만호로 계속 근무하였다.

전쟁이 일어날 가능성이 클 때였다. 조정에서는 근무성적도 양호하고 인기도 높은 이운룡을 다른 곳으로 보내지 않았다. 이운룡은 4년째 옥포만호로 근무하다가 왜란을 만났다. 그런데 이식은 그 이야기를 〈비문〉에 기록하지 않았다.

3. 임진왜란 시기 이운룡의 눈부신 활약

임진년(선조 25년, 1592) 4월 13일에 왜란이 발생하였는데, 〈비문〉은 전란 초기의 전황을 다음과 같이 서술하였다.

> A.-6a 壬辰變初 釜山諸城相繼陷沒 水使元均欲棄陣遁去
> 임진왜란이 일어나자 처음부터 부산과 여러 성이 연달아 무너졌다. (경상우)수사 원균도 (거제에 있는) 그의 진영을 버리고 도망하려고 하였다.

> B.-3 壬辰春 倭初發難 嶺南一路先潰 右水使元均 方棄船遁
> 임진년 봄에 왜적이 처음으로 난리를 일으켰다. 영남 일대가 먼저 무너졌고, (경상)우수사 원균도 그때 배를 버리고 도망쳤다.

왜란이 일어나자 그해 4월 중순 경상도 각지는 아수라장이 되었다. 경상좌도에서는 거의 모든 관리와 지휘관들이 줄행랑을 놓았다. 경상우도의 사정도 다르지 않았다. 윗글에서 손기양은 원균이 "진영을 버리고 도망하려고 하였다"라고 도망간 것은 아니고 그럴 의도를 가졌다고 기술했다. 그러나 이식은 단호한 표현을 써 "배를 버리고 도망쳤다"라고 표현하였다. 누구의 말이 옳든 원균이 비겁한 장수라고 판단한 점은 일치하였다.

원균이 비겁한 장수라는 거짓말

이런 주장은 과연 사실이었을까? 이 문제를 섣불리 단정하기 전에 먼저 고려할 몇 가지 지점이 있다고 생각한다. 간단히 정리하면 다음과 같은 일곱 가지이다.

첫째, 경상우수영은 4월 말까지 본진이 그 기능을 유지하였다는 사실이다. 이순신의 《난중일기》를 참고할 수 있다. 그것은 거제현령 김준민이 순찰사 김수의 명령에 따라 관할지역을 비운 사이에 일어난 참사였다. 《실록》에서 확인 가능한 일이다.

둘째, 경상우수사 원균은 기효근, 이운룡 등과 함께 사천과 곤양에서 진주성을 보호하려고 애쓰는 중이었다. 《실록》에 관련 기사가 있다.

셋째, 원균은 부장 강덕룡의 도움으로 모병 활동을 대대적으로 진행하고 있었다. 비장 강덕룡의 〈비문〉에서 확인된다.

넷째, 전쟁이 발발하자마자 원균은 날마다 전라좌수사 이순신 등에게 전투상황에 관한 첩보를 제공하였다. 전쟁 발발 후 대엿새가 지나자 원균은 이순신에게 합동군사작전을 제의하며 전의를 불태웠다. 이순신의 《난중일기》와 〈임진장초〉에서 확인된다.

다섯째, 원균의 경상우수영 군대는 이미 4월 중에 상당한 전과를 냈다. 이순신과 합동 작전이 시작되기 전에 이미 승리를 거두고 있었다. 《실록》뿐만 아니라 오희문의 《쇄미록》 등에서도 확인된다.

여섯째, 원균은 휘하의 병사를 전쟁터로 마구 내몰았으므로, "미친 원 수사"라고 불릴 정도였다. 《실록》에 기록된 사실이다.

일곱째, 정탁을 비롯한 조정 대신은 전란 초기에 용맹함으로 말하면 이순신보다 원균이 더욱 뛰어났다고 인정하였다. 정탁의 〈신구차〉를 참고할 수 있다.

그렇다면 손기양과 이식이 기록한 이야기, 즉 원균이 비겁하게도 도망쳤다거나 그럴 생각이 있었다고 쓴 것은 무엇이란 말인가. 그것은 다음의 두 가지 목적을 가진 조작이 아니었을까. 하나는 원균보다 이운룡이 더 용맹스럽다는 주장을 자연스럽게 전개하기 위해서였다. 〈비문〉의 주인공이 이운룡이고 그의 직속상관이 원균이었으므로, 이운룡의 영웅성을 부각하려면 원균과 비교하는 것이 효과적이었다.

또 하나, 손기양도 이식도 각자의 이유로 원균에 관해 부정적 인식을 하고 있었다. 손기양은 유성룡의 맹렬한 추종자였으므로, 유성룡이 누구보다 아낀 이순신을 높이고자 하였다. 그리고 이식은 이순신과 같은 덕수이씨로 노골적으로 이순신을 선호하였다.

그뿐만이 아니었다. 인조 때는 조정 여론이 이순신을 구국의 영웅으로 추앙하는 분위기였다. 이순신 같은 국가적인 영웅을 남인만의 영웅으로 취급할 수는 없었다. 서인도 앞장서 이순신을 찬양함으로써 이순신은 남인이라는 이미지를 없앨 필요가 있었다. 그랬기에 서인의 영수 이식은 《선조수정실록》의 편찬을 주도하면서 인조 7년(1629)까지 이순신에 관한 기술을 대폭 보강하였다.

이상에서 말한 이유로, 손기양은 〈비문〉의 주인공 이운룡이 겁쟁이 원균 수사에게 다음과 같이 항변하였다고 서술하였다.

> A.-6b 公慷慨抗言曰令公荷國厚恩 受此重寄 當誓心勠力 死守勿去 此地乃湖南之保障 此而不守 是無湖南也 無湖南則其能國乎 願公一衆人心力 堅守疆場 事若不濟 死亦無愧 今計湖南舟師尚完 公若飛一紙於湖南 則彼必來援 兩師合力 遮截巨濟 則賊必不敢踰見乃梁 公何遽若是
>
> 공은 북받쳐 오는 원통함을 가지고 대들었다. "영공(원균)은 국가의 두터운 은혜를 입었고, 나라에서 맡긴 중대한 임무가 있습니다. 마땅히 (하늘에) 마음으로 맹세하고 힘을 다해, 죽음으로 (이곳을) 지켜야 합니다. 물러나서는 아니 됩니다. 이곳은 호남의 안전을 지키는 곳이니, 여기를 지키지 못하면 호남이 없습니다. 호남이 없다면 나라가 어떻게 되겠습니까? 부디 공은 여러 사람을 하나로 뭉치게 하고, 관내를 굳게 지키소서. 만약에 그 일이 이뤄지지 못하더라도 죽음을 부끄럽게 여기지 말아야 합니다. 지금 헤아리건대 호남의 수군은 아직 온전합니다. 공이 만약 편지 한 장을 급히 서둘러 호남에 보내시면 저들은 반드시 구원하러 올 것입니다. 두 곳의 수군이 힘을 합쳐 거제에서 적을 막으면, 적은 감히 견내량을 넘어가지 못할 것입니다. 공은 어찌하여 이 일을 서둘지 않으십니까?"

이운룡은 원균에게 정말로 이런 항의를 하였을까? 이것은 순전한 허구라고 본다. 원균을 비하하고 이운룡을 의인(義人)으로 부각하기 위해 만들어낸 하나의 서사 전략이라고 본다. 임진왜란이 일어나기가 무섭게 백방으로 적을 막고자 노력하던 경상우수사 원균에게 어찌 이처럼 무엄하고 발칙한 말을 하였겠는가.

그럼 이식은 손기양이 창작한 흥미로운 이야기를 어떻게 처리하였을까?

B.-5 抗言曰 使君受國重寄 義當守死封內 此地乃兩湖要衝 無此地則無兩湖也 今吾衆雖敝 猶可保聚 湖南水軍完 可請濟師 遏截見乃梁 使賊不得過巨濟以西 則南方事尙可爲 今公捨此欲安之

공이 항거하며 말하였다. "사군(使君, 원균)은 국가로부터 중한 임무를 부여받았으니, 의로움으로 볼 때 자신의 구역을 사수(死守)하는 것이 옳습니다. 이 지역은 곧 양호(兩湖, 호남과 호서, 즉 전라도와 충청도임)의 요충(要衝)입니다. 이곳이 무너지면 양호도 절로 무너집니다. 지금 우리가 비록 피폐해졌으나, 오히려 병력을 끌어모으면 됩니다. 또, 호남의 수군(水軍)이 온전하므로 원병을 요청하면 됩니다. 그리하여 견내량(見乃梁)을 차단하고, 적이 거제(巨濟)를 지나 서쪽으로 나가지 못하게 하면, 남방의 일은 안정될 수가 있습니다. 그런데 공은 지금 여기를 버리고 평안하시기를 바라십니까?"

이식은 손기양이 제공한 호재를 버리지 않았으나, 길이를 짤막하게 줄이면서 이운룡이 상관에게 예의를 갖추어 진언(進言)한 것처럼 수식하였다. 이식은 손기양이 구성한 예화가 사실적이지도 못하고 예법에도 맞지 않는다고 판단해 서술 방식을 바꾼 것이다.

이야기를 그렇게 꾸민 다음에 손기양은, 원균이 이운룡의 항의에 어떠한 반응을 보였는지를 아래와 같이 적었다.

A.-7a 均怒曰湖南舟師 君可請來

그러자 원균이 화를 내며 대답하였다. "호남의 수군을 그대가 불러올 수 있는가?"

이런 예화란 참으로 비현실적이다. 이순신의 〈임진장초〉에서 분명히 확인되듯 호남 수군이 원균을 도와야 한다는 것은 자명하였다. 순찰사 김수도 그런 의견이었다. 그에 앞서 원균은 이미 백방으로 손을 써 이순신에게 연합함대를 구성하자고 부탁하였다. 전쟁이 발발하고 불과 3~4일 만에 원균은 연합함대 구성 쪽으로 논의를 몰아갔다.

그런데 손기양은 그 모든 일을 이운룡 한 사람이 용기 있는 발언으로 추진하였다고 기록하였다. 이런 서술의 모순을 모를 리 없는 이식이었으나, 그는 자신의 목적을 위해 손기양의 서술을 그대로 채용하였다.

B.-6 均怒曰 湖師爾可請來
　　　원균이 성내어 말하였다. "호남의 군대를 데려올 수 있겠는가?"

그런데 원균의 〈장계〉와 서한을 이순신에게 전한 이는 이영남이었다. 우리는 모두 그 점을 알고 있다. 그래서 손기양은 이운룡의 입을 빌려, 이영남을 이 사안에 개입시켰다. 다음과 같은 방식이었다.

A.-7b 公曰死不敢辭 但吾與李舜臣 雖有一時共事之誼 而栗浦權管李英男素相善可遣也 乃手書帖付英男發去
　　　공이 대답하였다. "죽을 일이라도 어찌 사양하겠습니까. 다만 저는 이순신과는 한때 일을 같이한 적이 있었을 뿐입니다. 허나 율포 권관 이영남은 평소부터 그와 잘 지냈으니, 그를 보내면 좋겠습니다. 그러자 원균은 즉각 편지를 써서 이영남에게 주어 보냈다.

이 대목은 전쟁 초기부터 이영남이 원균의 전령 역할을 하였기 때문에 함부로 그를 끌어다가 붙인 것이다. 이영남은 그 당시 권관(종9품)으로 이제 갓 관직을 얻은 말단 장교였다. 평소에 이순신과 친하게 잘 지냈다는 말이 위 예화 속에서 이운룡이 한 말이지만, 믿을 수 있는 근거는 하나도 없다.
　그럼 손기양이 창작한 예화를 이식은 어떻게 처리하였을까.

B.-7 公曰 使君命某 安敢辭 但栗浦萬戶李英男 素識彼帥 可使也
　　　공이 대답하였다. "사군이 저에게 명하신다면, 어찌 감히 사양하겠습니까? 다만 율포만호(栗浦萬戶) 이영남(李英男)이 평소에 그쪽 원수(이순신)를 잘 알고 있으므로 그를 보내소서."

이식은 이순신과 평소에 친하게 지낼 정도라면 이영남의 관직이 만호쯤은 되어야겠다고 판단하였던 모양이다. 그래서 그는 이영남을 "율포만호"라고 기록했다. 하지만 사실과는 거리가 먼 서술이다. 이영남은 신출 장교인 권관이었고, 근무지도 "율포"가 아니라 "소비포"였다. 요컨대 손기양도 이식도 이 중요한 대목에서 거짓된 정보를 사실로 둔갑시킨 잘못을 저질렀다.
　이어서 손기양은 비겁한 장수 원균의 모습을 다시 한번 지어냈는데, 이런 식이었다.

A.-8 均猶懼不濟 移船向南海

원균은 도리어 뜻이 이루어지지 않을까 겁내어 뱃머리를 남해로 돌렸다.

손기양의 서술대로라면 원균은 이운룡의 간절하고 준엄한 꾸짖음에 눌려, 단 한 번이지만 이영남을 이순신에게 보낸 꼴이었다. 그런데 그런 부탁을 해놓고도 원균은 남해로 달아났다고 서술하였다. 참으로 악의적인 왜곡이다.

그럼 이식은 무어라고 기록하였을까?

B.-8 均從之
원균이 그 말을 따랐다.

이식은 손기양이 원균의 비겁한 모습을 반복적으로 서술하는 것이 마음에 들지 않은 것일까? 그는 원균이 이운룡의 진솔한 항의를 순순히 받아들였다고 서술하는 편이, 이운룡의 진정성과 설득력을 강조하는데 더욱 유리하다고 판단한 듯하다. 두 선비의 서사 전략이 이처럼 달랐다.

그런 다음에 손기양은 이운룡이 어떤 일을 하였는지를 아래와 같이 기술하였다.

A.-9 公獨與永登萬戶禹致績入巨濟 見主守金俊民 三人相與誓天討賊 遂下海至見乃梁 以待援師
공은 단독으로 영등포만호 우치적과 함께 거제에 들어가 주수(主守, 거제 현령) 김준민을 만났다. 3인이 적을 토벌하기로 하늘에 맹세하였다. 그리고는 바다로 내려가 견내량에 이르렀다. 거기서 호남의 원군이 오기를 기다렸다.

이 대목도 완전한 창작이다. 거제현령 김준민은 용감한 장수였고, 원균도 그에게 (첨가) 크게 기대를 하였다. 그러나 김수가 근왕병을 모집하면서 그를 진주로 데려가 버렸다. 이후 김준민은 진주성을 지키는 데 힘을 쏟다가 적의 침략에 희생되었다. 원균은 거제도가 왜적의 침략으로 어려운 처지가 되었을 때 김준민에게 거제로 돌아오라고 명령하였다. 그러나 김준민은 명령에 따르지 않았다. 그래서 두 사람 사이가 나빠졌다. 《실록》에 나오는 엄연한 사실이다. 그런데 손기양은 바로 그런 김준민이 이운룡, 우치적과 함께 거제에서 나라를 위해 몸 바치기로 맹세하였다고 적었다.

호남의 원군이 경상도 해역에 도착했을 때도 원균은 김준민에게 함께 출동하자고 권하였다. 그러나 그는 꿈쩍도 하지 않았다. 이순신은 《난중일기》에 그런 사실을 기록하고 김준민과 원균 두 사람을 모두 비난하였다. 원균은 김준민이 진주성에 머무는 동안에 왜적이 거제를 노략질하였기 때문에 노여움을 품고 있었다(《실록》참조). 이런데 손기양은 터무니없는 말을 꾸며서 〈비문〉을 썼다.

그럼 이식은 이 일을 어떻게 서술하였을까. 역시 손기양이 만든 예화를 축약하여 자기식으로 정리하였다. 이운룡과 우치적 그리고 김준민이 지휘관인 경상우수사 원균과는 별도로 독자적인 활동을 하였다는 인식을 알리려는 목적이 있었다고 볼 수 있다.

> B.-9 公卽與永登浦萬戶禹致績詣巨濟 與縣令金俊民誓天討賊 下海瞭候
> 공이 즉시 영등포만호(永登浦萬戶) 우치적(禹致績)과 함께 거제(巨濟)로 찾아가 현령 김준민(金俊民)과 함께 왜적을 토벌하겠다고 하늘에 맹세하였다. 이어서 바다로 내려가 사태를 주시하였다.

그들이 바다로 내려갔다는 기록도 사실과 달랐다. 위에서 말하였듯이, 김준민은 진주에 머물고 있어 출동할 수도 없었고, 연합함대가 작전을 펼 때는 아예 출동을 거부하였다(《난중일기》).

이순신이 즉시 달려왔다는 거짓말

그럼 호남에서 원군은 언제 왔을까. 손기양은 원균의 편지가 이순신에게 도착하자 즉시 그다음 날 구원군이 왔다고 기록하였다.

> A.-10a 翌日均果與湖師偕到松密浦
> 다음날 원균은 과연 호남 수군과 함께 송밀포에 도착하였다.

이식은 어떻게 썼을까? 이번에도 손기양의 말이 지나친 점을 의식해 약간 완화된 표현을 썼다.

> B.-10 英男至湖南 左水使李舜臣果引兵來
> 이영남이 호남에 이르렀다. 좌수사(左水使) 이순신(李舜臣)은 과연 군대를 이끌고 왔다.

정말 이렇게 쉽게 원군 요청을 받았을까? 이순신은 원균의 최초 보고를 받고 약 20일 뒤에 처음으로 경상도 바다에 모습을 드러냈다. 《실록》에서는 원균이 15번이나 간절하게 원군을 요청한 뒤에야 도우러 왔다고도 하였다. "천 번 만 번 부탁한" 뒤에야 도우러 왔다고도 하였다.

이순신이 오지 않은 사이에 일본군의 공격을 받아 경상우수영이 무너졌다. 그러자 일본군의 침략이 전라좌도에 미칠 것이 걱정되어 이순신은 어쩔 수 없이 출동하였다 (역시 《실록》 참고). 이런 사실을 고려하면 손기양이 위에서 기술한 내용은 완벽한 허구였다.

손기양은 이번에도 원균에 관한 악평을 계속하였다. 그는 다음과 같이 서술하였다.

> A.-10b 盖其走路遇援師而還也
> 도망하던 길에 우연히 원균을 만나서 (원균이 거제도로) 돌아온 것이다.

이식도 겁쟁이 원균의 모습을 만드는 일이라면 주저하지 않았다. 그래서 다음과 같이 썼다.

> B.-11 均旣遣使 猶懼不濟 引所部 向南海洋中 遇湖師 慙而還
> 원균은 (이영남을) 사신으로 보내 놓고도 도와주지 않을 것을 걱정했다. 그래서 부대를 인솔하고 남해로 떠났다. 그런데 마침 호남의 군대를 만나자 부끄러워하며 돌아왔다.

참으로 아연실색할 장면이다. 호남에서 원군이 오기를 기다리는 동안 원균, 기효근, 이운룡, 우치적, 강덕룡 등은 어디서 무엇을 하였는가? 그들은 곤양과 사천 앞바다를 지키며 왜군의 수군이 진주로 쳐들어가지 못하게 막았다(《실록》과 김간이 쓴 원균의 〈행장〉 참조). 그런데 이런 거짓을 함부로 반복할 수 있었을까? 악의적인 비난은 사람을 눈멀게 한다. 손기양도 이식도 이 〈비문〉을 지을 때 상당히 편향적이었다는 생각이 든다.

그 두 선비는 원균의 우수영 수군이 그해 4월에 단독으로 적선 10척을 무찔렀고, 또 다른 30척을 쳐부순 사실에 관해서는 완전히 입을 닫았다. 아마도 이 일은 이운룡과는 직접 관계가 없는 전공이었다는 말인가? 분명 이운룡도 함께 이룩한 전공이었다. 그런데도 이를 〈비문〉에는 기록하지 않았다. 원균을 비열한 인간으로 끌어내리려는 장치인 것이다.

가. 선조 25년 경상우수영의 눈부신 활약

원균의 경상우수영은 본래 19척의 판옥선을 보유하였으나3, 전란 초기 실전에 투입할 수 있는 판옥선은 10척 정도였다. 그것도 여러 차례 적과 싸우는 과정에서 파손되어 그해 5월 초순에는 4척만이 온전하였다. 당시 1년 뒤인 선조 26년에는 40척쯤으로 늘어났다. 당시에 삼도 수군의 판옥선 총수는 120척이었다. 전라좌수사 이순신, 전라우수사 이억기 및 경상우수사 원균이 저마다 약 40척을 거느렸다. 충청도 수군은 이름뿐으로 항상 3~4척에 머물렀다. 전쟁 초기에 경상우수영이 빠르게 성장한 것은 누구도 부정할 수 없는 사실이다.

우수사 원균은 통솔력이 강력하였고, 이운룡을 비롯한 부장들도 용감하고 전투를 잘하였다. 이를 아는 조정에서도 경상우수영의 전력 강화에 힘을 보탰다. 경상우수영 수군들이 전투에서 많은 공을 세우다 보니, 조선 수군 내부에서 전라좌수영과 공훈을 놓고 다툼을 벌였다. 이때 전라우수영은 군대의 규모는 컸지만, 전적이 뛰어나지 못해, 전라좌수영과 경상우수영의 수군을 보좌하는 역할에 그쳤다. 이운룡은 기효근, 우치적, 이광악, 원전 등과 함께 경상우수영을 대표하는 장수였다.

경상우수영의 활약 – 옥포해전, 영등포해전, 합포해전

이제 손기양과 이식이 쓴 〈비문〉을 토대로 경상우수영이 세운 빛나는 공훈을 차례로 살펴보자. 〈비문〉 서술의 중심에는 당연히 이운룡이 있다. 그러나 이운룡의 공훈이 곧 경상우수영의 공적이었다는 점을 기억할 필요가 있다. 손기양은 옥포해전을 다음과 같이 서술하였다.

> A.-11 厥明兩師到玉浦洋 遇賊奮擊 賊不能支 舍舟而陸 燒碎四五十艘 盡收其器仗
> 다음 날 두 부대(원균과 이순신의 수군)가 옥포 바다에 이르렀다. 적을 만나자 마구 공격하였는데, 적이 버티지 못하고 배를 버린 채 육지로 도망갔다. 이에 적선 40~50척을 불사르고 그들의 무기를 모두 노획하였다.

이식도 〈비문〉에서 같은 취지로 조선 수군의 승리를 간단히 기록하였다.
> B.-12 是年五月初十日 公會兵玉浦洋擊賊 賊走登岸 燒其船五十艘

---

3 《실록》, 선조 36년(1603) 7월 26일.

이해 5월 10일에 공이 군대를 모아 옥포 앞바다에서 왜적을 격파하였다. 이에 왜적이 달아나 해안으로 올라갔다. 적선(敵船) 50척을 모두 불사르고 돌아왔다.

두 선비는 조선군이 불태운 일본 선박의 숫자를 다르게 썼다. 그러나 대동소이한 것이므로 크게 문제 삼을 일은 아니다. 그런데 이순신의 〈장계〉에서는 그날이 5월 7일이라고 적었고, 적선 26척을 쳐부쉈다고 하였다. 그런데 손기양과 이식은 그보다 두 배나 많은 적선을 쳐부쉈다고 기술하였다. 게다가 이식은 전투가 벌어진 날을 5월 10일이라고 적었다. 아마 날짜를 실수로 잘못 기록한 것 같다.

그 뒤에 조선군은 영등포해전 또는 합포해전을 치렀다. 손기양은 그때 일을 다음과 같이 서술했다.

A.-12 又戰永登洋 燒破十餘艘 乃五月初七日也
또 영등포 바다에서 싸워 10여 척을 불태우고 쳐부수었다. 이는 곧 5월 초 7일이었다.

손기양이 5월 7일이라고 쓴 것은 이순신의 〈장계〉와 일치한다. 다만 전공은 이번에도 두 배로 부풀렸다. 이식은 어떻게 서술하였을까.

B.-12 又戰於永登洋 燒十餘艘
또 영등포 앞바다에서도 싸워 10여 척을 불태웠다.

두 사람의 기록에 차이가 없다. 그런데 뜻밖의 소식으로 연합함대의 제1차 출동은 막을 내렸다. 손기양은 그 점을 아래와 같이 서술하였다.

A.-13a 其夕有大駕西狩報 一軍號泣散去
그날(선조 25년 5월 7일) 저녁에 대가(선조의 가마)가 몽진(蒙塵, 왕의 피난)하였다는 소식이 전해졌다. 모든 군사가 울음을 터뜨리고 흩어졌다.

이식은 그날의 일을 조금 다르게 서술하였다.

B.-13 是夕 傳報大駕西狩 一軍皆泣 湖師歸
이날 밤에 대가(大駕)가 서쪽으로 향했다는 소식이 전해졌다. 군사들이 모두 울었고, 호남의 군대가 돌아갔다.

이식은 연합함대의 해산은 이순신의 뜻을 따른 것으로 보았다. "호남의 군대가 돌아갔다"라고 기록했다. 다시 연합함대가 구성된 것은 5월 말의 일이었다. 그럼 남은 20여 일 동안 경상우수영에서는 어떤 일이 일어났을까? 손기양은 우수사 원균이 또 도망치려고 하였으나, 이운룡이 가로막았다고 서술하였다. 손기양의 말을 따른다면 실질적인 경상우수사는 원균이 아니라 그보다 22살이나 어린 이운룡이었다. 어처구니없는 설명이 다음과 같이 이어진다.

> A-13b 均又欲遁去 公責以忠義 極力援止 倡合殘師 往來於泗川固城之間 水陸遮截 使賊不敢西向
> 원균은 또다시 달아나려고 하였다. 공은 충의로 꾸짖고 애써 그를 만류하였다. 그리고는 남은 군사를 모아 사천과 고성 사이를 왕래하였다. 해상과 육지를 막아 적은 감히 서쪽으로 향하지 못하였다.

터무니없는 글이지만 취할 점이 한 가지 있다. 연합함대가 흩어진 다음에도 경상우수영은 병력을 동원하여 사천과 고성을 왕래하며 일본군이 서쪽으로 나아가지 못하게 막았다는 점이다. 우리가 《실록》 등에서 확인할 수 있듯이 이미 4월부터 원균은 이러한 작전을 진두지휘하였다. 진주성을 지키는 동시에 적의 서진을 막는 좋은 전략이었다. 그런데 손기양은 5월 10일 이후에 이운룡이 바로 그와 같은 전략을 실천에 옮겼다고 주장한 것이다. 이식은 그때 사정을 무어라고 기술하였을까?

> B.-14 均又欲遁 公力諫止 獨糾兵往來水陸 以遏賊勢
> 원균이 또 도망치려 하였다. 공이 강력하게 반대하여 만류하였다. 공은 홀로 병력을 규합해 육지와 바다를 왕래하며 적의 기세를 꺾었다.

이식도 이운룡의 단독 지휘로 경상우수영의 수군이 적의 서쪽 진출을 막아냈다고 기록하였다. 사리로 보면, 30세의 이운룡은 자신보다 22세나 많은 우수사 원균의 명령에 따라 그런 업무에 종사한 장수 가운데 한 명이었을 것이다. 그런데 주객(主客)을 완전히 바꿔 서술한 것이다.

이 기록이 맞는다면 과연 원균은 어디서 무엇을 하였을까? 하는 문제가 생긴다. 손기양은 아래와 같이 서술했다.

A.-14 均駐泊于露梁 惟以湖師去就爲進退之計
　　원균은 노량에 주둔하며, 오직 호남 수군이 움직이는 대로 나아가고 물러날 계획이었다.

말이 맞지 않는 서술이다. 호남 수군은 여수에 있는데 경상우수사 원균이 전라좌수영의 바다인 노량까지 따라가서 그곳에 머물며 여수 쪽만 바라본다니. 말이 안 되는 서술이다. 사실관계를 따져 본다면, 원균은 경상도 바다를 지키고 있다가 다시 호남 수군을 불렀다. 그해 5월 말에 제2차로 연합함대가 꾸려졌다. 《난중일기》에서도 확인되는 사실이다. 한편 이식은 이때의 원균의 행적에 대해서는 침묵하고, 나중 일로 앞의 서술과 유사한 기록을 남겼다.

B.-20 時元均或泊露梁 或往南海 惟視湖師進退
　　이때 원균(元均)은 노량에 정박하기도 하고 남해로 가기도 하였다. 그는 오직 호남의 군대가 진퇴(進退)하는 모습을 구경할 뿐이었다.

이식은 이런 비겁한 상황이 벌어진 것은 그해 7월 초에 제3차 연합함대가 출동했을 때의 일이라고 했다. 정확히 말해 안골포해전 때였다고 했다. 그렇다면 원균은 전투에 참여하지 못했다는 주장이 되고 만다. 명백한 거짓말이다.

사천해전

여하튼 제2차 연합함대의 출동에 관한 서술도 있다. 임진년 5월 29일부터 6월 1일까지 전개된 사천해전에 관한 사항이다.

A.-15a 未幾湖師復來 合進于昆陽前洋 遇零賊輒擊破之 至泗川洋 賊多設帳幕 幡幢眩耀 公身先督戰 擒賊酋而奪其馬
　　얼마 후 호남 수군이 다시 오자 곤양 앞바다에서 군대를 합쳐 전진하였다. 소수의 적을 만나자 곧 격파하고 사천 바다에 이르렀다. 적선은 장막을 많이 쳤는데 눈이 어지러울 정도로 휘황찬란하였다. 공이 먼저 쳐들어가며 싸움을 독려하여 적의 우두머리를 생포하고, 그의 말도 빼앗았다.

사천전투에서는 경상우수영의 활약이 눈부셨다. 이때 이운룡은 왜장을 생포하였고 그의 말까지도 빼앗았다. 이 서술은 사실과 다르지 않을 것이다. 《실록》에서도 사천전투에서 이운룡과 우치적 등이 적장을 생포하고 많은 장비 등을 노획하였다고 하였다. 경상우수영은 당시 판옥선 7척만을 가동하였다고 하였으니, 전공이 얼마나 뛰어났는가를 알 수 있다.

> B.-15 未幾 復會湖師 進擊泗川賊 發大砲破其樓船 賊大奔
> 얼마 후에 다시 호남 수군과 만나 사천의 왜적을 공격해 물리쳤다. 대포를 쏘아 그들의 누각이 있는 배를 쳐부수자 왜적이 모두 달아났다.

이식은 조선군의 승리를 기록하였으나, 이운룡이 세운 특별한 공적은 서술하지 않았다. 왜 그랬을까. 그는 원균이 거느린 경상우수영의 전적이 두드러지는 것을 애써 회피하였다. 그에게는 이 모든 것이 이순신의 탁월한 공적이라고 주장하고 싶었다. 그러나 그것은 사실이 아니다. 우리 수군은 각 수영의 군사들이 연합하여 싸운 것이고, 수영은 독자적인 지휘체계에 따라 운영되었다. 마치 모든 군사를 이순신이 홀로 지휘한 것으로 착각하는 사람들이 많다. 이것은 역사적 사실에 어긋나는 것이다.

당포해전

이어서 6월 2일에도 당포해전이 있었는데, 당포는 현재의 경남 통영시 산양읍 삼덕리이다.

> A.-15b 至唐浦洋 賊於大船上起層樓 擁以紅綃帳 我師憚不敢進 公促櫓先登 以火炮正中層樓 賊酋登岸走 公於船上連射 殺三賊。
> 당포 바다에 이르자 적의 큰 배가 있었는데, 배 위에 누각이 우뚝 솟아 있었다. 붉은 무늬 비단이 누대를 감싸고 있었다. 우리 군사가 겁을 내어 나아가려 하지 않았다. 공이 노를 빨리 젓게 하고 앞서 다가가 화포로 층루를 맞추었다. 그러자 적의 괴수는 언덕으로 올라가 도망쳤고, 공은 배 위에서 연달아 활을 쏘아 3명을 죽였다.

손기양은 당포해전에서 승기를 잡은 것이 경상우수영의 수군이며, 그 중심에 이운룡이 버티고 있었다고 말하였다. 이 대목에 대한 이식의 서술은 없다. 앞에서도 거듭 강조했듯, 이식은 이운룡의 〈비문〉에서조차 경상우수영의 전적을 깎아내리기에 여념이 없었다.

이 전투가 끝나고, 전라우수사 이억기가 휘하 수군을 이끌고 와서 연합함대에 합세하였다. 드디어 우리 수군의 몸집이 크게 불어났다. 손기양의 서술은 다음과 같다.

> A.-16 明日湖南右水使李億祺率師來會海上 兵勢益振
> 다음 날에는 호남우수사 이억기가 군사를 거느리고 와서 해상에서 만났다. 병력의 위세가 더욱 떨쳤다.

이식도 같은 취지로 짧게 기술하였다.

> B.-16 湖南右水使李億祺亦來會 兵勢稍振
> 호남우수사 이억기가 와서 모이자 군사들의 기세가 조금 나아졌다.

제1차 당항포해전의 위용

원균, 이순신 및 이억기의 삼군이 처음으로 치른 합동 전투는 1차 당항포해전이다. 선조 25년(1592) 6월 5일부터 6일까지 이틀간 벌어졌다. 손기양은 그 당시 왜적의 위풍당당한 모습을 다음과 같이 묘사했다.

> A.-17 六月初五日 三師進至鎭海洋 賊船處處簇擁 起層樓上作瓦屋者三艦 粉碧照耀 旗幟帆檣 極其焜晃 令人神慄
> 6월 초닷새 3군이 진해 바다에 이르자 적선이 곳곳에 모여 있었다. 그 중 3척은 우뚝 솟은 층루가 있었는데 기와를 이었다. 푸른색으로 단장해 빛이 났고, 기치와 돛대도 화려하기가 이루 말할 수 없었다. 보는 사람마다 신기하고 기가 죽을 정도였다.

이식도 손기양의 서술을 자신의 문체로 바꾸어 다음처럼 서술하였다.

> B.-17a 六月 擊鎭海賊 賊四面合圍 大酋坐瓦屋樓船 幡幢帆綷 絢彩照海 觀者眩惑
> 6월에 진해(鎭海, 정확히는 당항포)의 왜적을 공격하였다. 왜적이 사면을 에워싼 가운데 적의 대추(大酋, 큰 두목)가 기와집이 있는 누선(樓船)에 자리 잡고 있었다. 그 깃발과 돛대 등 화려한 장식들이 현란하게 바다를 비추어 보는 사람들이 현혹되었다.

적의 위세에 눌려 조선 수군이 멈칫하자 경상우수영의 이운룡과 우치적이 앞장서 전세를 뒤집기 시작했다. 손기양의 서술은 그러했다. 그러나 이순신은 조정에 보낸 〈장계〉에서 거북선을 앞세운 전라좌수영의 활약에 초점을 맞추었다. 하지만 지금 판단하면, 양쪽의 작전이 모두 주효한 것으로 보인다. 그 전투에 관해 손기양은 이운룡 등 경상우수영의 수군이 얼마나 영웅적으로 잘 싸웠는지를 다음과 같이 서술하였다.

> A.-18 公與禹致績督諸船俱進 終日力戰 夕賊氣挫欲遁去 我師以地字炮中其層樓 三艦皆碎之 賊衆蒼黃赴水死者甚衆 日將曛 諸船皆欲退 公急呼禹致績曰諸船雖退 吾等不可棄去 以鐵索綴賊船 以火砲焚之 賊汲水救不得 滿船嗷嗷 終夜有聲 溺死者過半 所獲賊物金銀兵仗 不可勝數 是戰也 公四被賊鎗 皆中甲上。故得無傷
>
> 공은 우치적과 함께 여러 배를 독려하여 함께 전진하였다. 종일 힘껏 싸우자 저녁 무렵에 적은 기세가 꺾여 달아나려고 했다. 우리 군사는 지(地)자 화포로 층루를 쏘아 누각이 있는 적선 3척을 모조리 부쉈다. 적의 무리는 놀라서 물에 빠져 죽은 자가 매우 많았다. 날이 어두워지자 우리 배들도 모두 물러가려 하였다. 그때 공은 급히 우치적을 불러 말하였다. "여러 배가 물러가더라도 우리는 적을 두고 갈 수 없다." 그러고는 쇠사슬로 적의 배를 묶고 화포를 쏘아 불태웠다. 적은 물을 뿌려 불을 끄려 하였으나 뜻대로 되지 않았다. 울부짖는 소리가 배 안에 가득하였다. 그 소리가 밤새 그치지 않았다. 물에 빠져 죽은 이가 반을 넘었고, 적의 물자와 금은 및 무기 등을 노획한 것이 헤아릴 수 없이 많았다. 이 싸움에서 공은 네 번이나 적의 창에 찔렸다. 그러나 다행히 모두 갑옷 위였기 때문에 상처를 입지는 않았다.

제1차 당항포해전의 수훈은 경상우수영 측이었다는 서술로 평가하면 충분하겠다. 이번에는 이식도 이운룡 등 경상우수영의 활약을 외면하지 못하였다. 그래서 다음과 같이 언급하였다.

> B-17b 公與致績 終日搏戰 破其樓船 賊衆蒼皇 溺水死者無算 日昏 士卒倦 公促戰益急 周鐵索挈賊船 至洋中覆之 賊大敗 到曉乃止
>
> 공이 우치적(禹致績)과 함께 하루 내내 육박전을 벌여 그 누선(樓船)을 격파하였다. 왜적들이 당황한 나머지 물에 빠져 죽는 자가 헤아릴 수도 없었다. 날이 저물자 사졸(士卒)이 피곤해 하였으나, 공이 더욱 급하게 독전(督戰)하였다. 쇠줄로 적선을 둘러싸고 끌어당겨 바다 한가운데로 나오자 엎어버렸다. 적을 크게 이긴 뒤에 새벽이 되자 작전을 중지하였다.

한산대첩과 경상우수영

그 다음에 언급한 것은 임진왜란 최대의 승리로 손꼽히는 한산대첩이었다. 일본 수군을 대표하는 와키자카의 주력 함대와의 결전이었다. 이 전투를 이순신은 7월 8일로 기록하였는데, 손기양은 7월 10일의 일이라며 다음과 같이 서술하였다.

A.-19 七月初十日。賊船百餘艘。欲踰見乃梁。兵勢尤張甚。我師望見皆有懼色。公議于李舜臣。乍接鋒佯退。引至外洋。公曰死生安危。在此一擧。舜臣曰敢不効死。但賊氣甚盛。觀執進退。公曰我決一死。先犯賊船。公可繼援。卽回船放火砲。中賊船。賊之先鋒少挫。於是湖師乘勝殊死戰。砲聲震天。烟焰蔽海。殺賊數萬人。其溺燒死者亦萬計。海水爲之盡赤。起事以後。是役爲最。

7월 초 10일에는 적선 100여 척이 견내량을 넘보았다. (적의) 무력이 매우 거세져 그것을 바라본 우리 군사들이 모두 두려워하였다. 공은 이순신과 상의하여, 건성으로 싸우다가 후퇴하는 체하며 바깥 바다로 끌어내기로 하였다. 공이 말하기를, "사생과 안위가 이 한 번의 거사에 달려 있습니다."

순신이 말하였다. "감히 죽음을 아끼리오. 그러나 적의 세력이 매우 강성하니 기회를 보아 나아가고 물러나자"라고 하였다. 공이 말하기를, "저는 이미 죽음을 결심하였습니다. 먼저 적진으로 쳐들어가겠습니다. 공이 계속하여 도와주시기 바랍니다."

그런 다음에 바로 배를 돌려 화포를 쏘았다. 적의 선봉이 무너지기 시작하였다. 그러자 호남 수군이 기세를 타고 죽음을 무릅쓴 채 치열하게 싸웠다. 포성이 하늘을 진동하고 연기와 불길이 바다를 뒤덮었다. 적의 주검이 수만 명을 헤아렸고 물에 빠져 죽은 자, 불에 타서 죽은 자가 만 명이었다. 바닷물이 붉어졌을 정도였다. 전쟁이 시작되고 이때가 가장 격렬하였다.

한산대첩은 조선수군이 적선을 넓은 바다로 끌어내, 화력을 집중적으로 퍼부어 대승을 거둔 싸움이었다. 우리 측에 대승을 안겨준 전략은 두 가지였다. 하나는 적을 넓은 바다로 유인한 것이오, 또 하나는 집중포화를 쏟아 부은 것이다. 손기양의 서술이 사실이라면 그 전술을 내놓은 것은 경상우수영 측이었다. 이 글에서는 승리의 주인공이 이운룡이라고 하였다.

그럴듯한 말로 들리지만 믿기 어려운 일이다. 경상우수영의 최고 지휘관은 원균이었지 이운룡이 아니었다. 위에 소개한 예화에서는 마치 이운룡이 원균을 따돌리고 경상우수사가 된 것처럼 행동하였다. 그럴 수가 있었을까? 억지스러운 주장이다. 경상우수영의 장수들이 작전 회의를 하였을 때, 이운룡이 그러한 전략을 원균에게 제시하였을 가능성은 없지 않지만, 마치 그가 전라좌수사 이순신과 단독으로 중요한 전략을 결정한 것처럼 서술하는 것은 이치에 맞지 않는다.

원균의 경상우수영이 한산대첩에서 결정적으로 중요한 이바지를 하였다는 기록은 여러 자료에 보인다. 특히 북인의 영수 이산해와 조선 후기의 역사가 한치윤은 한산대첩은 원균의 공이요, 이순신의 대승은 노량해전이라고 하였다. 그 점을 함부로 무시하면 역사가 왜곡된다. 그동안 사람들은 조선 수군이 거둔 모든 승리를 무조건 이순신 한 사람의 공적으로 돌리는데 너무나 익숙해져 있다. 반성이 필요한 대목이다. 그럼 이식은 이 문제를 과연 어떻게 기록했을까?

> B.-18 七月。賊數百艘。欲踰見乃梁。兵勢尤張。公謀於所部。接鋒佯退。引至外洋合擊之。砲火沸海。賊衆大殲。波濤爲赤。
> 7월에 적선 수백 척이 견내량(見乃梁)을 넘어오려 하였는데, 군세(軍勢)가 예전보다 훨씬 강성하였다. 공이 소속 부대와 계책을 정하고, 접전(接戰)하다가 거짓 패한 척하고 물러나 외양(外洋)으로 끌어내고 합격(合擊)하였다. 대포의 화염으로 바다가 끓어오르자 왜적이 섬멸되어, 파도가 붉은빛으로 변하였다.

이식이 말한 "소속 부대"란 경상우수영이다. 정확히 말해, 일본군을 "외양"으로 끌어내는 유인작전은 경상우수영이 결정해서 실천한 것이다. 이식은 경상우수영의 역할을 명시적으로 서술하지는 않았으나, 그런 뜻으로 읽는 것이 옳다. 요컨대, 이 작전은 원균이 내부 의논을 거쳐 세운 것이며, 이순신 및 이억기와도 합의를 거친 것으로 볼 수 있다.

안골포해전

이어진 전투는 7월 10일에 있었던 안골포해전이다. 이 전투는 일본 수군의 장수 구키(九鬼嘉隆)와 가토(加藤嘉明) 등이 이끄는 주력부대와의 전투였다. 손기양은 다음과 같이 기술하였다.

> A.-20 越六日又戰于安骨浦。破樓船三十餘艘。自是賊皆登陸遁去。無復揚舲于內洋。巨濟

以北稍得安靖。兩湖運路無壅。公之力爲多。
엿새 뒤 안골포에서 다시 적의 누선 30여 척을 깨뜨렸다. 그때부터 적은 모두 육지로 도망쳐 올라가고, 다시는 바다 안쪽에 배를 띄우지 못하였다. 거제 이북은 다소 안정되었고, 호남과 호서로 가는 길은 막히지 않았다. 공의 힘이 컸다.

한산대첩 이후 6일 뒤의 일이라고 하였으나, 이순신은 이틀 뒤인 7월 10일의 일이었다고 서술하였다. 안골포해전을 고비로 일본군의 해상 활동은 거의 사라졌다. 적선 30척을 격파하였다고 기술하였는데, 이것은 물론 조선 수군이 거둔 전공의 총합이 그러하다는 뜻으로 보아야 한다. 늘 그렇듯 전과는 실제보다 상당히 부풀려졌다.
이식도 〈비문〉에서 안골포해전의 의미를 서술하였다.

B.-19 又戰于安骨浦。破三十艘。自是賊不敢入內洋。兩湖運路無壅。
또 안골포(安骨浦)에서 전투를 벌여 적선 30척을 깨뜨렸다. 이때부터 왜적은 감히 내양(內洋)에 들어오지 못했다. 이에 양호(兩湖)의 운송로가 보장되었다.

해상 전투는 이로써 일단락이 났는데, 손기양은 다시 이운룡의 직속상관인 경상우수사 원균에 관하여 다음과 같이 비방하였다.

A.-21 是時元均每戰以公等爲前行。及戰捷。輒自收賊資首級。勘功啓聞。
그때 원균은 전투가 있을 때마다 공을 앞세웠고, 싸움에 이기면 자신은 적의 물자와 수급을 거두고 전공을 헤아려 〈장계〉를 올렸다.

원균의 탁월한 부장들 – 기효근, 이운룡 및 우치적

수사로서 원균은 선봉장을 세워야 하였고, 전투를 마치면 공적 보고서를 작성해야 한다. 중요한 사실은 원균이 매번 이운룡을 선봉장으로 내세웠다고 서술한 점이다. 그것이 정확한 사실이었다고 단언하기는 어려우나, 원균이 가장 믿을만한 장수는 이운룡을 포함하여 기효근과 우치적 등이었다. 이 전투에 관해 이식도 손기양과 거의 똑같이 서술하였다.

B.-21 專以公等置前列。及公等戰勝。輒來收其賊資。勘功啓聞。

(원균은) 오로지 공으로 선봉대로 삼았다. 공 등이 전승(戰勝)을 거두면 그때마다 전리품(戰利品)을 거두고 헤아려 전공(戰功)을 조정에 아뢰었다.

손기양은 이운룡과 우치적은 사이가 좋았으나 기효근과는 서로 어울리지 못하였다고 말하였다. 아마도 경상우수영의 여러 부장 가운데 기효근과 이운룡 및 우치적은 가장 치열한 경쟁 상대였던 것 같다. 그래서 손기양은 기효근에 관해 아래와 같이 악평하였다.

> A.-22a 南海縣令奇孝謹引船先走。公請論以軍法。均常右之。
> 남해현령 기효근은 배를 이끌고 먼저 도망갔기 때문에 공이 군법으로 다스려 줄 것을 (원균에게) 요청하였다. 그러나 원균은 항상 (기효근을) 두둔하였다.

이것은 이운룡의 관점을 그대로 반영한 것 같다. 사실과 일치한다고 믿기 어렵다. 기효근은 이운룡과 함께 원균의 부장으로 선무공신 3등에 뽑혔다. 정확히 말해, 그는 이운룡보다도 서열이 더 높았다. 공신을 선발할 때 조정에서는 수군 내부의 평판도 청취하였고, 수년 동안 조정에 올라온 각종 〈장계〉의 내용을 종합했다(《실록》 참조). 기효근이 사망한 다음에 시행한 평판도 조사에서 이운룡과 우치적의 인기가 기효근을 앞지른 것은 사실이었다. 그러나 〈장계〉의 내용을 종합하면 성적 순위가 달랐다. 공신도감과 선조는 기효근과 이운룡이 원균의 휘하에서 가장 탁월하였다고 평가하였다. 공신 심사에서 우치적은 안타깝게도 탈락하였다. 그러나 원균의 계보를 잇는 후계자는 이운룡과 우치적이다. 평소 그들 두 장수는 기효근에 대해 불만을 가졌던 것으로 보인다. 이순신이 쓴 《난중일기》에도 원균과 기효근에 대한 불만이 자주 나온다. 원균의 부하 중에서 이순신과 비교적 가깝게 지낸 사람은 이운룡과 우치적이었다. 끝까지 사이가 나빴던 사람은 기효근이다.

이식은 이순신과 같은 집안사람으로, 이순신을 적극적으로 변호하고 미화하였다. 그의 〈비문〉에는 심지어 다음과 같은 표현도 등장한다.

> B.-22 南海縣監奇孝謹。引船先走。專以酒肉啗均。均常佑之。
> 남해현감(南海縣監) 기효근은 배를 이끌고 먼저 도망쳤다. 그러나 오로지 주육(酒肉)을 가지고 원균에게 아첨하였으므로 원균이 늘 그를 감싸주었다.

기효근이 달아났다는 주장도 터무니가 없다. 그가 주둔한 남해는 경상우수영의 맨 서쪽에 있어 가장 안전한 곳이다. 사실 임진년 4월 말에 경상우수영이 무너졌다는 소식이 들리자 이순신은 남해에 있던 기효근의 수군 기지를 몽땅 불태워 없앴다. 당시 기효근은 상관 원균을 수행하여 곤양과 사천 바다에서 작전 중이었다. 그런데 그에게 물어보지도 않고 서둘러 불태워 버린 것이다. 그러고는 자신의 실책을 변호하려고 기효근 등이 달아나버려 기지가 텅 비어 있어 처리한 것이라고 보고하였다(《실록》 및 〈임진장초〉 참조). 그때 일은 이순신의 실수였는데, 한 번도 사과하지 않았다. 이 일로 기효근은 이순신에 대해서 감정이 좋지 않았.

손기양과 이식은 이순신의 실수를 알지 못하고, 기효근을 도망자로 간주하였다. 게다가 원균에게 뇌물을 써서 그가 없는 공적을 만들었다고 비난하였다. 그때 조정이 그렇게 어수룩하였다는 말인가. 수시로 어사가 내려와서 수영을 감찰하였고, 도원수와 체찰사도 군관을 보내 늘 감사하고 있었는데, 어찌 이런 일이 있었겠는가? 이와 같은데 손기양은 기효근과 원균을 한바탕 비방하고는 이운룡을 다음과 같이 두둔하였다.

      A-22b 公曾不以此介意。
        공은 일찍이 이 문제(기효근 건)로 개의하지 않았다.

바로 앞에서는 이운룡이 기효근의 도망을 문제 삼아 군법대로 처벌하자고 주장하였다. 그런데 위 서술은 "개의하지 않았다"라고 정반대로 표현했다. 이 대목을 이식은 어떻게 하였을까?

      B.-23 公皆不以介意。李舜臣由此惡均而賢公。
        공은 이런 일을 하나도 개의(介意)하지 않았다. 이순신이 그 때문에 원균을 싫어하고 공을 훌륭하게 여겼다.

여기서도 이식은 손기양보다 더 나갔다. 그는 이순신이 원균을 더욱더 미워하고 이운룡을 더욱더 높이 평가한 이유가 바로 기효근에 관한 원균의 편애 때문이었다고 서술했다. 여기서 우리가 알 수 있는 한 가지 사실이 있다. 이순신과 그의 지지자들이 가장 싫어한 장수가 기효근이다. 그러나 기효근은 이운룡보다 순위가 앞선 공신이다. 공신도감의 판단이 과연 편파적이고 불공정하였다는 것인지 의문이다.

부산포해전

다시 〈비문〉으로 돌아가면, 부산포해전에 관한 기술이 보인다. 이 해전은 임진년 9월 1일에 벌어진 전투였는데, 손기양은 아래와 같이 기록하였다.

> A.-23 八月進陣于加德洋。賊之自釜山往來洛江者。見我兵盛。皆捨舟據城不敢動。遂進至釜山洋。賊皆陸而不海。終無鬪志。
> 8월에 가덕 바다에 진을 쳤다. 적은 부산에서 낙동강을 오르내리며 우리 군사가 강성한 것을 보자 모두 배를 버리고 성에 숨어 움직이지 않았다. 드디어 부산 바다에 진출하게 되었다. 적은 모두 상륙하고 바다에 내려오지 못한 채 싸울 마음을 잃었다.

이순신은 이 해전이 9월 1일에 있었다고 주장하였다. 당시 우리 수군이 거둔 성과는 미미하였다. 접전이 성사되지 않았기 때문이다. 일본군은 점령한 경상도 해안과 여러 섬을 요새화하기 시작했기 때문에, 이후로는 우리 수군이 거제도 동쪽으로는 출입할 수가 없게 되었다.

부산포해전에 관한 이식의 서술은 다음과 같이 간명하였다.

> B.-24 秋。進陣加德浦。遂薄釜山賊。賊據寨不敢戰。
> 가을에 가덕포(加德浦)로 나아갔고 마침내 부산(釜山)의 왜적에게 육박해 들어갔으나, 적이 진영에 웅크리고는 감히 나와서 접전하려 하지 않았다.

계속 전투가 잦아져 경상우수영은 후일의 전투에 대비하기 위해 판옥선을 짓는 데 집중하였다. 결과적으로, 선조 26년 하반기가 되면 경상우수영이 보유한 판옥선의 수는 전라좌수영이나 전라우수영과 차이가 없었다. 손기양은 이에 대해 다음과 같이 간단히 적었다.

> A.-24 九月師還于昌善島。董造戰船。終歲無賊聲。
> 9월에는 창선도로 군사가 돌아가 전선을 정비하거나 새로 만들었다. 그해가 기울도록 적은 아무 소리도 없었다.

여기서 이식은 다시 침묵하였다. 그는 경상우수영이 군비를 근면하게 확장하였다는 사실을 숨긴 것이다. 이식은 지극히 편파적으로 서술한 것이다.

나. 선조 26년부터 수군은 활기를 잃어

선조 26년의 남해는 조용하였다. 우리 수군은 거제도 동쪽으로 뱃머리를 돌리기가 불가능해졌고, 일본군도 거제도 서쪽으로 나아갈 수가 없었다. 전선은 육지에서도 고착되었고, 바다에서도 다르지 않았다. 이때 이운룡은 무엇을 하고 있었을까. 손기양의 서술을 따라가 본다.

> A.-25　癸巳三月。公遘疾劇。三師諸將日來問疾。兩道軍人無不悶泣。其得士卒心如此。
> 계사년(선조 26년, 1593) 3월에 공은 격심한 병을 앓았다. 그러자 3사(師)의 모든 장수가 날마다 문병하였다. 양도의 군사들이 민망해하며 울지 않는 이가 없었다. 공이 사졸의 마음을 얻은 것이 이와 같았다.

청년 장수 이운룡은 심하게 앓아누웠는데, 병중에 그의 인기는 더욱 뚜렷이 드러났다고 한다. 그런데 이식은 이 대목에서도 다시 침묵하였다. 선조 26년(1593) 늦봄에 그의 벼슬이 바뀌었는데, 손기양은 다음과 같이 서술하였다.

> A.-26　四月爲熊川縣監。
> 4월에는 웅천현감이 되었다.

이식도 이운룡의 벼슬이 바뀐 사실을 적었다.

> B.-25a　明年。遷熊川縣監。
> 이듬해(1593년)에 웅천현감(熊川縣監)으로 자리를 옮겼다.

이운룡은 벼슬이 바뀌었어도 여전히 경상우수사 원균의 휘하에 머물렀다. 〈비문〉의 저자 손기양은 여기서 이운룡에 관한 미담을 소개한다. 이원익과 이순신 사이에 오고 간 대화 내용을 소개한 것이다.

> A.-27　九月體相李公元翼。巡到列陣。問于李統制舜臣曰諸將誰可代公者。舜臣曰其功其人。惟有李某可屬。體相卽召見而慰諭之。
> 9월에 도체찰사 이원익 공이 여러 진영을 순시하였는데, 통제사 이순신에게 물었다. "여러 장수 중에 공을 대신할 이가 누구요?" 그러자 순신

이 답하였다. "공훈이나 사람됨으로 말씀드리면 오직 이 아무개에게 맡길만합니다." 체찰사(이원익)이 곧 공을 불러보고 위로하였다.

이원익과의 만남 – 미담의 허구성

선조 26년 9월에 이원익이 한산도에 내려와 이순신을 만났다고 했다. 그때 이순신이 장차 통제사 자리를 맡길만한 인물이 바로 이운룡이라고 귀띔하였다는 것이다. 그럼 이식은 이 일화를 자신이 쓴 〈비문〉에서 어떻게 정리하였을까?

> B-25b 舜臣始爲水軍統制使。列其功於體府。且欲擧而自代。
> 이순신이 비로소 수군통제사(水軍統制使)가 되었는데, 그(이운룡)의 전공을 체부(體府, 체찰사 이원익)에 열거하였다. 또, 공을 천거하여 자신의 후임자로 삼으려고 하였다.

이식은 한 가지 이야기를 더 만들어 이순신이 이운룡의 공적을 체찰사에게 보고하였다고도 주장하였다. 이운룡의 처지에서는 무척 고무적인 내용이었다.

이런 대화는 실제로 있었던 것일까? 앞서 우리는 병조판서 유성룡이 이운룡을 변방의 장수로 뽑았다는 설화가 근거 없는 창작이란 사실을 밝힌 적이 있다. 이번에도 조사한 결과, 이원익-이순신-이운룡을 연결하는 미담이란 실체가 없는 완전한 허구라는 사실이 드러났다.

선조 26년 9월에 이원익은 평안도관찰사이었는데, 체찰사를 겸임한 적이 없었다 (《실록》, 선조 26년 9월 12일). 이원익은 평양에서 근무 중이었으니, 어떻게 남해의 수군을 순시할 수 있었겠는가? 이원익이 한산도를 순찰한 것은, 그보다 3년 뒤인 선조 29년 10월의 일이다.

더구나 이운룡의 공적을 조정에 보고하고 벼슬을 높이자고 거듭 주장한 것은 원균이었다. 왜란 초기부터 원균은 직속상관으로서 기효근, 이운룡, 우치적, 강덕룡 등의 공적을 끊임없이 보고하였다. 그래서 선조 28년(1595)에 그들의 벼슬이 올라갔다(《실록》 참조). 예나 지금이나 공적을 보고하는 것은 직속상관의 임무이다.

그런데도 손기양과 이식은 이순신의 노력으로 이운룡의 승진이 성사된 것처럼 없는 사실을 서술하였다. 원균의 공적 보고에 힘입어 이운룡은 당상관이 되었는데, 손기양과 이식은 다음과 같이 애매하게 기술하였다.

A.-28 乙未四月。陞通政。
을미년(선조 28년, 1595) 4월에 통정대부로 승진되었다.

B.-26 乙未。賞加通政階。
을미년에 상으로 통정의 품계를 받았다.

《실록》을 읽어본 사람은 누구나 알 것이다. 이순신과 원균이 서로 다투게 된 가장 큰 이유는 휘하 장수들의 공적을 앞세우는 과정에서 벌어진 일이었다. 원균은 이운룡과 우치적 등 여러 장수의 공을 제대로 평가받게 하려고 노력하다가 이순신과 심하게 대립하였다. 그러나 우리가 지금 읽고 있는 두 편의 〈비문〉은 어처구니없게도 이운룡의 승진을 이순신과 연결지었다. 나아가 "그(이운룡)의 전공을 체부(體府, 체찰사)에 열거하고, 또 공을 천거하여 자신의 후임자로 삼으려고 하였다."(이식의 〈비문〉)라고 주장하였다.

다. 한산도에서 밀려난 경상좌수사 이운룡

선조 28년(1595)이 되자 조선 수군에 한차례 회오리바람이 일어났다. 비변사의 대신들, 특히 유성룡과 그의 동지들은 원균을 수군에서 축출하기로 하였다. 그들은 통제사 이순신을 중심으로 수군 조직을 개편하였다. 원균과 그 부하들은 이순신에게 흡수되거나 관직을 내려놓아야 할 처지가 되었다. 이운룡의 신분에도 변화가 일어났다. 선조 29년(1596)의 일이었는데, 손기양은 그 점을 아래와 같이 기술하였다.

A.-29 丙申正月。除東萊縣令右道水陸使。啓留之。
병신년(선조 29년, 1596) 정월에 동래현령 겸 (경상)우도수륙사로 임명되었으나, (신하들이) 아뢰어 정지되었다.

동래는 아직 일본군 수중에 있는 지역으로 적진에 아주 가깝고 한산도에서는 멀리 떨어진 곳이다. 원균의 충실한 부하장수 이운룡을 내쫓으려는 것이었다. 그러나 이 계획은 약간 수정되어 다음과 같이 변경되었다.

A.-30 俄拜慶尙左水使。四月赴任于包伊浦。
얼마 뒤에 경상좌수사에 임명되어 4월에 포이포(경상도 기장현, 현 부산광역시 기장군)로 부임하였다.

외로운 경상좌수사

이운룡도 수사의 반열에 올랐다. 개인적으로는 대단한 성취를 이룬 셈이다. 그러나 경상좌수사는 고립된 위치에 있어 영향력이 없는 자리였다. 그런데도 이식은 이운룡의 수사 발령을 언급하며 다음과 같이 상세한 설명을 덧붙였다.

> B.-27　丙申。移拜左水使。屯鹽浦。招集陷賊民丁。大修戰艦。倭將淸政。遣卓姓副將致饋遺。且問譯者曰。聞一名將自右道移來。此其是耶。意甚憚之。
> 병신년(선조 29년, 1596)에 좌수사(左水使)로 (자리를) 옮겨 임명되었다. (공은) 염포(鹽浦)에 진영을 설치하고 왜적에게 항복한 백성을 불러 모아 안정시키고, 전함(戰艦)을 대대적으로 수리하였다. 그때 왜장(倭將) (가등)청정(淸政)이 탁성(卓姓)을 가진 부장(副將)을 파견하여 공에게 예물을 증정하였다. 또, 통역(譯者)에게 물었다. "명장(名將) 한 분이 우도(右道)에서 옮겨 왔다고 들었는데, 이분이 바로 그분인가?" 그는 마음속으로 (공을) 매우 두려워하였다.

이운룡은 유능한 장수였으므로, 경상좌수사로 자신의 직무에 충실하였을 것이다. 그러나 병력도 전함도 시설도 보잘것없는 상태였다. 게다가 가토 기요마사(가등청정)의 부장이 찾아와 칭찬을 늘어놓았다는 일화는 과연 사실일지 의문이다. 손기양의 〈비문〉에서는 그 이듬해(선조 30년, 1597, 정유년)에 이와 비슷한 문답이 있었다고 했다. 이미 위에서 알아본 것처럼 두 저자가 〈비문〉에서 소개한 일화는 어느 것 하나 신뢰할 만한 이야기가 없었다고 단언한다.

손기양은 〈비문〉의 주인공인 경상좌수사 이운룡이 처리한 일을 다음과 같이 기록하였다.

> A.-31　六月西生浦之賊撤去。進陣于鹽浦。引出附賊人民五百餘戶。用造戰船。
> 6월에 서생포의 적들이 철수하였다. 그러자 (공은 좌수영의) 진영을 염포로 옮겼다. 그리고 적에게 부역한 백성 500여 호를 데려다가 전선을 만들게 하였다.

선조 29년(1596) 6월에 왜적이 서생포에서 철수하였다고 했다. 그 틈에 이운룡은 경상좌수영을 염포로 옮기고 재건 작업에 착수하였다. 신속한 조치였다. 하지만 이식은 이처럼 중요한 대목을 〈비문〉에 한 글자도 기록하지 않았다. 여기서도 알 수 있듯, 이식이 이운룡의 〈비문〉을 쓴 것은 이운룡을 위해서라기보다 이순신을 높이고 원균을 폄훼하기 위한 것으로 보인다. 부수적으로는 이운룡의 후손들을 서인으로 포섭하려는 얄팍한 전략을 숨기고 있었다. 그에 비해 손기양의 〈비문〉은 맞고 틀리고를 떠나 서사가 풍부하다는 재미가 있다.

정유재란

선조 30년(1597) 일본군은 서생포에서 철수한 지 1년 만에 다시 돌아왔다. 명나라와 일본의 강화회담이 실패했기 때문이다. 이로써 정유재란이 시작되었다. 그 일을 손기양은 다음과 같이 기록하였다.

> A.-32　丁酉 五月。淸正再猘入西生浦。公卽遣人問訊。賊問譯者曰聞一名將自右海來此。此眞是耶。譯者答曰此其副也。淸正哂之。俄以元帥節制。移軍于包伊浦。
> 정유년 5월에 (가등)청정이 서생포로 미친 듯이 다시 쳐들어왔다. 공이 바로 사람을 보내 (청정에게) 물었다. 적이 통역에게 말하기를, "들건대 한 사람의 명장이 오른쪽 바다에서 왔다고 했다. 이분이 바로 그 명장이신가."라고 했다. 통역이 대답하기를, "이분은 그 부장이다."라고 했다. 청정이 미소 지었다. 그런데 갑자기 원수(권율)가 군영을 포이포로 옮기라고 지시하였다.

가토(가등청정)의 연락병과 이운룡 사이의 일화는 이미 언급한 것처럼 사실과 부합하지 않다. 이는 이운룡의 위대함을 과장하기 위해 만든 이야기라고 보아야 한다. 이어서 손기양은 이른바 '칠천량 사태'를 짧게 언급하였다.

> A.-33a　是年七月。閑山敗績。海師孤弱。
> 이해 7월에 한산에서 (수군이) 패배하였으므로 (공의) 수군이 고립되어 세력이 약해졌다.

사실에 부합하는 설명이다. 이 전투를 지금은 '칠천량해전'이라 말하는 것으로 창작한 서사에 불과하다. 이는 한마디로 한산도의 통제영이 무너진 것이었다. 당시에 일본군과 결전을 포기하고 달아난 경상우수사 배설이 통제영의 군기를 모두 불태운 어처구니없는 사건이었다(《실록》참조). 이운룡은 이 전투에는 참전하지 않은 것으로 보이는데, 한산도의 통제영이 무너지자 그 역시 타격을 입었다. 이 일에 관해 이식은 무슨 기록을 남겼을까.

> B.-28 丁酉夏。元均敗死。諸浦失守。賊遂入兩湖。
> 정유년(1597, 선조 30) 여름에 원균이 전투에 패해 죽고 여러 포구의 수비가 무너졌다. 드디어 적이 양호(兩湖)로 들어갔다.

여기서도 이식은 원균이 패전해 전라도와 충청도가 무너졌다고 기술해, 그 책임이 원균에게 있다는 것으로 〈비문〉을 썼다. 사실은 어떠했을까. 선조 29년(1596) 겨울부터 조정에서는 앞으로 일본군이 재침할 것이고, 이번에는 그들이 전라도와 충청도를 일차적인 타격 목표로 삼을 것이라고 예측하였다. 당시 조정에서는 나름대로 방어책을 세우기도 하였다. 문제는 우리 육군이 허약해 적의 침략을 막는 것이 불가능하였다는 점이다. 그래도 많은 준비를 하였기 때문에, 모두가 걱정한 것보다는 상당히 효율적으로 적의 침략에 대처하였다고 평가해도 좋다. 임진왜란 때보다 정유재란 때는 잘 대처했다고 볼 수 있다.

영천전투

일본군이 서쪽으로 진출하였을 때, 경상좌수사 이운룡은 어떤 임무를 하였을까? 손기양은 아래와 같이 서술하였다.

> A-33b 元帥令捨舟陸戰。公與權應銖戰于永川倉巖之野敗之。安康以北。得免清正之禍。
> 원수(권율)가 배를 버리고 육지로 올라가라고 명령하였다. 공은 권응수와 함께 영천의 창암 들판에서 싸워 왜적을 무찔렀다. 그러자 안강 이북이 (가등)청정의 화를 벗어났다.

권응수는 훗날 선무공신 제2등으로 책록된 인물이다. 그는 선조 26년(1593) 6월에 경상도 영천을 수복하는 데 공을 세웠다. 정유재란 때 이운룡은 권응수와 함께 영천에서 일본군을 무찔렀다. 이식 역시 이운룡의 영천전투를 높이 평가했다.

> B.-29 公承朝命。舍舟趨陸。戰于永川蒼巖之野。賊因此不得東。

공은 조정의 명령을 받들어 배를 버리고 육지로 올라갔다. 영천(永川) 창암(蒼巖) 들판에서 접전을 벌였는데, 이로 말미암아 적이 동쪽을 빼앗지 못하였다.

이식은 권응수의 이름을 빼고 마치 이운룡 혼자서 영천의 창암에서 대승을 거둔 것처럼 기술하였다. 이는 사실이 아니다. 영천전투가 끝나고 겨울이 오자 일본군은 울산 등지로 다시 모여 굳게 성을 지켰다. 그럼 경상좌수사 이운룡의 역할은 무엇이었을까?

A.-34 十二月 楊經理等壓淸正于蔚山。公自延日整舟師。進戰于大王巖。天兵退。公亦退駐于東洋。
12월에는 양(호) 경리 등이 울산에서 (가등)청정을 압박하였는데, 공은 연일에서 배와 군사를 정비해 대왕암으로 진격하였다. 명나라 군대가 물러나자 공도 물러나 동쪽 바다에 주둔하였다.

명나라 군대는 육지에서 왜군을 압박하였고, 이운룡은 바다에서 울산 외곽을 지켰다는 것이다. 이것은 임진왜란 초기에 경상도의 요충지와 중요한 거점인 진주성을 방어하기 위해 우리 육군과 원균의 수군이 벌인 작전과 비슷하였다. 김시민 등이 성안에서 적을 방비하는 사이 원균은 부하들을 거느리고 곤양과 사천 등지로 침투하는 왜적을 막았다. 그런데 손기양과 이식은 진주성 수비 작전에 관해서는 아무런 지식도 없이, 원균은 매번 달아나려고만 했다며 비난하였다. 똑같은 공격 또는 방어 작전이라도 이운룡이 하면 그것은 훌륭한 작전이요, 원균이 하면 비겁한 일이 된다는 것일까. 이러한 편파성은 이식이나 손기양이나 별로 다르지 않았다. 이식은 아래와 같이 서술했다.

B.-30 冬。天兵圍道山。公自大王巖進舟挾擊。天兵退。公亦退。
겨울에 중국 군대가 도산(道山)을 포위하자, 공은 대왕암(大王巖)에서 배를 인솔하고 나아와 협격(挾擊)하였다. 중국 군대가 퇴각하자 공도 물러났다.

침략전쟁의 마무리

선조 31년(1598) 가을, 일본군이 시작한 침략전쟁도 이제 막바지에 이르렀다. 이운룡은 전쟁이 끝날 조짐을 빨리 읽었다고 하는데, 손기양의 설명이다.

> A.-35 戊戌秋。唐將再到東京。公以邏船捕賊四生口。知秀吉之已死。
> 무술년(선조 31, 1598) 가을에 중국 장수가 다시 동경(경주)에 도착하였다. 공은 순라선을 보내 왜적 4명을 생포하였다. 그러므로 (풍신)수길이 이미 사망했음을 알았다.

이식의 서술도 위와 다르지 않았다.

> B.-31a 明年秋。天兵再擧。公捕賊生口。先知關伯已死。
> 이듬해(1598) 가을에 중국 군대가 다시 작전을 벌였다. 공은 왜적을 생포해 관백(關伯, 풍신수길)이 이미 죽었다는 사실을 알았다.

알다시피 그해 11월에 일본군은 조선에서 철수하였다. 그 과정에서 노량해전이 일어났고, 안타깝게도 통제사 이순신이 순국하였다. 당시 부산 방면에서 일어난 일에 관하여 손기양은 다음과 같이 서술하였다.

> A.-36 十一月。賊皆撤去。公追至釜山洋。尾擊賊船。日以數十計。遂入水營舊城。以息疲兵。
> 11월에 적이 모두 철수하였다. 공은 부산 바다까지 뒤쫓아 가면서 후방에서 적선을 부쉈다. 그 수가 날마다 열 척을 헤아렸다. (왜적이 철수하자) 드디어 수영의 옛 성터에 들어가 지친 군사를 쉬게 하였다.

이운룡은 물러가는 왜적의 후미를 쳐 큰 피해를 주었다는 것이다. 이어서 그는 동래의 수영을 복구하고 수년 동안 전쟁에 지친 병사들을 위로하였다고 했다. 드디어 평화가 온 것이었다. 그때 정황을 이식도 〈비문〉에 기술하였다.

> B.-31b 整兵追擊歸賊。回兵釜山。復舊水營。募民設屯。修築城池。軍食亦饒。
> (공은) 군대를 정비해 (일본으로) 돌아가는 왜적을 추격하였다. (공은) 군대를 돌려 부산(釜山)으로 가서 수영(水營)을 복구하고 백성을 모아 둔전(屯田)을 설치하였다. 성지(城池)도 수축하고 군량도 넉넉하게 비축하였다.

그런데 이식은 손기양보다 조금 더 구체적으로 서술하였다. 즉, 이운룡이 둔전을 설치했고, 군량도 넉넉해졌다고 했다. 그러나 이 설명도 사실과 일치하지 않는다. 일본군이 한겨울 11월에 퇴각하였는데 어찌 농사를 지을 수가 있었겠는가? 그해 겨울에 이운룡은 탄핵을 당해 수사 자리에서 물러났다는 점도 알아야 한다. 손기양은 그것을 기해년(선조 32년, 1599)의 일로 기록하였는데, 이식은 연대를 정확히 알지 못하고 착오를 일으켰다. 여하튼 이식의 설명은 다음과 같았다.

이덕형의 추천 – 거짓 미담

> B.-32 冬。被劾遞。體察使李德馨辟致幕下。每事咨決。稱爲南道主人。
> 겨울에 탄핵을 받고 (공은 경상좌수사) 자리에서 갈렸다. (그때) 체찰사(體察使) 이덕형(李德馨)이 막하(幕下)에 불러들여, 무슨 일이 있을 때마다 공에게 자문해 결정하였다. 그는 공을 '남도주인(南道主人)'이라고 일컬었다.

이덕형이라면 당대의 명인 가운데 한 사람인데, 체찰사가 되자 이운룡에게 군사 자문의 역할을 맡겼으며, 늘 칭찬을 아끼지 않았다고 하였다.

그러나 이식이 언급한 위의 예화도 조사한 결과 허구로 드러났다. 이덕형은 선조 31년 겨울에 명나라 사신의 접반사 일로 분주하였다. 그가 체찰사가 된 것은 그보다 3년 뒤인 선조 34년(1601년) 1월이었다(《실록》).

4. 이운룡, 신군부의 중심에 서다

임진왜란이 끝나고 조선의 군부는 새 국면을 맞았다. 대장으로 이름을 떨친 원균도, 이순신도, 그들의 용맹한 부장 기효근과 정운 등도 순국한 다음이었다. 그런데 아직 일본군의 재침 여부는 불투명하였다. 언제 그들이 다시 침략할지 큰 걱정이었다. 게다가 북쪽에 있는 여진족의 동향도 수상하였다. 조정에서는 만약의 사태에 대비해 군비를 증강하자는 신중론이 압도적이었다. 자연히 조선의 군부는 힘을 얻었는데, 원균 계열인 이운룡은 어떠한 역할을 맡았을까?

손기양과 이식은 17세기 조선에 일어난 새 기운을 감지하지 못한 채 이운룡의 이력을 한 줄씩 보태었다. 손기양은 다음과 같이 서술하였다.

A.-37 己亥重刱營舍。撫集散亡。募民設屯。軍食稍饒。
기해년(선조 32년, 1599)에 (공은 경상좌수영의) 병영을 다시 짓고, (전쟁 중) 흩어지고 도망간 백성을 모아 위로하였다. 백성을 모아 둔전을 설치해 군량도 제법 넉넉해졌다.

이운룡은 자신의 임무에 충실했다는 이야기이다. 이식도 비슷한 내용으로 서술했다.

B.-33 旋復左水使。益務征繕。營鎭益新。
얼마 안 지나서 좌수사(左水使)에 복직되었다. 이에 더욱 힘써 무비(武備)를 가다듬어 영진(營鎭)의 면모가 더욱 새로워졌다.

전후에도 이운룡은 여러 수사 중에서 별로 위세가 없는 경상좌수사였다. 그런데 해가 바뀌자 두어 가지 사건이 일어났고, 손기양은 〈비문〉에 다음과 같이 기록하였다.

A.-38 庚子八月風變。公先知海候。令屬鎭之有戰船者。促曳上陸。未幾諸浦舟船多敗壞。而公之所管獨完。九月唐將撤兵歸。公移駐釜山洋。築舊城。冬爲麾下將所誣遆職。
경자년(선조 33년, 1600) 8월에 태풍이 불었다. 공은 미리 바다 날씨를 예측하여 휘하 장수들에게 명령해 보유한 전선을 모두 육지로 끌어 올리게 하였다. 얼마지나지 않아 여러 포구의 배는 대부분 파괴되었으나, 공이 관리하는 지역만은 피해가 없었다. 9월에 명나라 군사가 돌아갔다. 공은 부산 바다로 진을 옮기고 옛 성을 다시 쌓았다. 그러나 겨울에 휘하 장수의 무고로 관직을 잃었다.

이운룡은 이미 10년 넘게 남해안에서 장수 노릇을 해왔다. 영리한 그는 변화무쌍한 바닷가의 날씨 변화를 정확히 읽었다. 그래서 그 당시 통제영을 비롯해 여러 수군 기지가 심각한 태풍 피해를 당했으나(《실록》 참조), 경상좌수영의 전선은 온전하였다. 하지만 그해 겨울에 부하의 고발로 수사 자리를 잃었다. 인사 관리에 큰 문제가 일어난 것이다. 당시에는 이순신의 직속 부하들이 약진하였기 때문에, 이운룡처럼 원균 계열의 장수들은 위축되었던 것이다.

〈비문〉의 저자 손기양은 이운룡이 이순신과 대단히 밀착된 관계인 것처럼 기술하였으나 그것은 사실이 아니었다. 이순신과 이운룡의 관계는 그저 개인적인 갈등이 없다는 정도였다. 당시 사람들은 이운룡을 원균의 사람으로 보았다. 선무공신을 책봉할 때도 그는 당연히 원균의 막하로서 대접을 받았다.

이덕형의 후원

원균의 상속자로 자타가 공인하는 이운룡이었다. 그는 수사 자리를 잃고 잠시 실직한 상태가 되었는데, 얼마 후에 다시 기회가 찾아왔다. 체찰사 이덕형과 가까워질 수 있게 된 것이다. 이식은 그때의 일을 몇 년 앞서 일어난 것처럼 잘못 서술하였다. 이번에는 손기양도 이운룡과 이덕형의 실제 만남을 기록으로 남겼다. 〈비문〉에서 그가 소개한 다른 예화는 모두 허구였으나, 이덕형과의 일화는 사실에 가까웠다고 판단된다. 손기양이 전하는 이야기는 다음과 같다.

> A.-39　辛丑漢陰李公德馨體察嶺南。以公諳熟海路。引爲幕將。咨決事務。因與周觀海上。悉詢傍海營壘及海賊往來之衝。我師遮遏之勢。稱公爲海門主人。盖器之也。俄而啓以爲左水使。公辭不獲。再受鉞。
>
> 신축년(선조 34, 1601)에 한음 이덕형이 영남을 순찰하였다. 공이 바닷길에 잘 알아서 인도하는 막하 장수가 되었다. 사무를 잘 처리하고 동행하여 해상을 두루 살폈다. 바다의 진영과 보루 및 해적이 왕래하는 요충지와 우리 군사들이 막고 끊는 방법을 잘 아는지라, 공을 가리켜 "해문(海門)의 주인"이라고 하였다. 마침내 (이덕형이 공을 경상)좌수사로 삼기를 아뢰니, 공은 사양하여 받아들이지 않았다. 그러나 (결국은) 두 번째로 그 직책에 임명되었다.

남인의 거물급 인사 이덕형과의 만남으로 이운룡은 재기의 기회를 얻었다. 그러나 그것은 경상좌수사에 지나지 않았다. 승진 또는 발탁이라고 보기도 어려운 재임용이었다.

이순신의 부하 유형과의 갈등

그해 조정에서는 공석인 삼도수군통제사의 충원을 둘러싸고 많은 논의가 진행되었다. 최종 후보는 두 사람으로 압축되었는데, 원균의 부장이었던 이운룡과 이순신의 부장 출신 유형이었다. 경력으로 보면 이운룡이 압도적으로 우세하였으나, 자리를 차지한 장수는 유형이었다.

이 인사에 결정권을 쥔 사람은 바로 이덕형이었는데, 선조 34년 11월에 이덕형은 이운룡의 통제사 선임을 반대하였다. 그는 유형을 통제사로 천거해 결국 관철시켰다 (《실록》, 선조 34년 11월 9일). 손기양은 〈비문〉에서 마치 이덕형이 이운룡의 능력을 최상급으로 평가한 것처럼 말하였으나, 사실은 그런 것이 아니었다. 이덕형은 이순신의 사람인 유형을 선택한 것이다.

안타깝게도 이운룡은 경상좌수사로 계속 근무하였다. 그는 해임되기 직전까지도 진영을 재건하는 데 매달렸다. 손기양은 다음과 같이 썼다.

> A.-40a 壬寅修繕釜山城。改作軍營及城上門樓。壁壘精彩一變。
> 임인년(선조 35, 1602)에 부산성을 수리하고, 군영과 성 위의 문루 및 벽과 보루를 고쳐 만들었다. 그 위용이 크게 달라졌다.

그런데 이운룡에게는 연로한 모친이 아직 생존하고 있었다. 손기양은 이운룡의 모친에게 노환이 깊었다고 했다.

> A-40b 九月母夫人病革。奔省于淸道。統制使柳珩劾以擅棄陣。
> 9월에 모친이 위급하여 급히 청도로 돌아가서 간호하였다. 그러자 통제사 유형이 진을 버렸다며 (이운룡을) 탄핵하였다.

여기서 보듯 이운룡의 귀가는 정치적으로 큰 문제를 일으켰다. 이운룡을 누르고 통제사로 선임된 유형은 평소 이운룡과 경쟁 관계였다. 신군부의 양대 계파, 즉 원균과 이순신을 계승하는 장수들이라서 그러하였다고 판단된다. 유형은 이운룡의 일시 귀가를 문제 삼아 그를 수군에서 영원히 축출할 뜻을 가졌는데, 이것은 원균 계열에 대한 숙청 작업이기도 하였다. 그런 사실을 눈치채지 못하였을 리가 없으나, 이식은 단지 이렇게만 적었다.

> B.-34a 未幾。聞母夫人疾革。亟往省之。統制使柳珩。劾其棄鎭。
> 곧이어 모부인(母夫人)의 병세(病勢)가 위독하다는 말을 듣고 급히 달려가 간호하였다. 그러자 통제사(統制使) 유형(柳珩)이 진(鎭)을 버리고 갔다며 탄핵하였다.

당시 조정에는 이운룡을 감싸줄 대신이 한 사람도 없어, 이운룡은 어려움을 겪었다. 다음은 손기양의 기록이다.

> A.-41 十月有拿命。十一月杖流于西生浦。及出獄。母夫人凶訃至。千里奔哭。旋往配所。人皆甚柳而寃公。
> 10월에 (공을) 나포하라는 명령이 내렸었다. 11월에 (공에게) 곤장을 때

린 다음에 서생포로 귀양보냈다. 출옥하자 모 부인의 부고가 이르렀다. (공은) 천리를 달려가 초상을 모시고 곧 유배지로 돌아갔다. 사람들이 모두 유(형, 통제사)가 너무 심하다며 공의 처지를 원통하게 여겼다.

병환 중인 어머니를 간호하기 위해 집으로 달려간 것을 문제 삼는 것은 군부의 세력 싸움이 얼마나 심했는지 알 수 있는 대목이다. 결국 이운룡은 수사 자리도 잃고, 일생일대의 곤욕을 치러야 했다. 이식도 이 사건을 간단히 기술하며 이운룡의 처지를 동정하였다.

> B-34b 被追究杖流西生浦。母夫人果不起。人皆冤之。尋放還終喪。
> (공은) 신문을 받고 서생포(西生浦)로 장류(杖流)되었다. 모친은 과연 다시 일어나지 못하셨다. 사람들이 모두 원통하게 여겼다. 얼마 안 있어 방환(放還)되어 (모친) 상을 마쳤다.

이식은 〈비문〉에서 모친상을 입은 뒤에 이운룡이 바로 유배에서 풀려났다고 서술하였다. 그럼 이운룡을 곤경에 빠뜨린 유형은 누구인가? 그는 뒤늦게 이순신의 막하에 들어갔으나 급성장한 장수였다. 유형은 이순신의 계보를 대표하며 신군부의 중심인물로 떠올랐다. 그 후손도 조선 후기 대표적인 군벌로 성장하였다. 그 반면에 이운룡의 후손은, 고향에서는 명문으로 인정받았으나 전국적인 군벌로 자라나지 못하였다.

유배에서 풀려난 이운룡은 고향에서 어머니의 장례를 치르고, 묘소를 돌보며 조용히 지냈다. 다음은 손기양의 서술이다.

> A.-42 癸卯二月。葬先妣于法貴山。先是麾下將金汝礪等上書訟冤。而憲府不報。
> 계묘년(선조 36년, 1603) 2월에 돌아가신 어머니를 법귀산에 장사지냈다. 그에 앞서 휘하 장수인 김여려 등이 글을 올려 억울함을 호소하였다. 그러나 사헌부에서 (임금님께) 올리지 않았다.

이운룡의 부장 중에도 충성스러운 장수가 있었다. 부장 김여려는 상관 이운룡이 벌을 받자 글을 올려 선처를 호소하였다. 하지만 그 소식은 선조에게 전달되지 못하였다. 김여려는 크게 출세하지는 못했다. 이운룡이 일찍 타계하는 바람에 뒤를 봐 줄 사람이 없었다.

이식은 〈비문〉에서 부장인 김여려의 미담을 빼고 극히 상투적으로 다음과 같이 기록하였다.

> A.-43 是年八月赦還。冬奉移先考塋。合窆于法貴山。
> 이해 8월에 사면되어 돌아오고, 겨울에 어머니의 묘소를 옮겨 법귀산에 합장하였다.

선무공신 제3등

이운룡이 모친상을 모시는 동안에 조정에서는 선무공신 책록을 선포하였다(선조 37년, 1604). 이미 말했듯, 선무 1등 공신인 원균의 부장 가운데 공훈이 많은 장수로 인정되어 이운룡은 3등 공신이 되었다고 했다. 상기(喪期)를 마치자 조정에서는 이운룡에게 후한 상을 주었다. 손기양은 그 일을 다음과 같이 기록하였다.

> A.-44 乙巳正月終制。二月赴朝。策勳封息城君。仍拜都捴府副捴管兼備邊司堂上左捕盜大將火器都監提調。時南北不靖。國家多事。公在備局。遙度賊情。條陳方略。多所裨益。時論韙之。
> 을사년(선조 38년, 1605) 정월에 탈상하고, 2월에 조정에 복귀하였다. 식성군으로 책훈되었고, 잠시 후에 도총부 부총관 겸 비변사 당상관이자 좌포도대장에 화기도감제조를 겸임하였다. 이때에는 남북(변경)이 불안하여 나라에 일이 많았다. 공이 비변사에 있으면서 멀리서 적정을 헤아리고 방략을 조목별로 개진하여 도움도 되고 이롭게 함이 많았다. 여론이 옳게 여겼다.

을사년에 이운룡은 조선 신군부의 실력자로 성장하였다. 유형이 이끄는 이순신 계열만큼 강력한 세력은 아니었어도, 이운룡이 상당한 영향력을 행사하는 인물이 된 것은 사실이다. 그 점에 주목해 이식도 다음과 같이 서술하였다.

> B.-34 乙巳。錄勳封君。賜賚如法。兼都摠府副摠管 , 捕盜大將 , 火器提調。加備邊司堂上。設施方略。多見採用。
> 을사년(1605, 선조 38)에 녹훈(錄勳)됨과 동시에 군(君)에 봉해졌다. 법대로 은상(恩賞)을 받았다. 겸직으로 도총부 부총관(都摠府副摠管), 포도대장(捕盜大將), 화기도감제조(火器都監提調)에 임명되었다. 비변사 당상(備邊司堂上)의 임무도 수행하였는데, 여러 가지 계책을 올려 여러 번 채택되었다.

선조 38년이야말로 이운룡의 인생에서 가장 빛나는 전성기였다. 즉 '화양연화(花樣年華)'였다. 7개월 동안 비변사 당상으로 활동하며 여러 대신을 직접 사귈 기회를 얻었다. 그는 정치군인으로 중앙 무대에 화려하게 등장하였다. 그의 상관인 원균과 이순신은 가문의 배경도 화려했고, 둘 다 한양 출신으로 인맥도 좋았다. 게다가 일선 지휘관으로 지낼 때도 조정의 인사들과 끊임없이 연락을 주고받으며 자신의 정치적 배경을 강화하였다. 그에 비하면 이운룡은 시골의 외로운 무관일 뿐이었다. 다행히 공신으로 뽑혀 한양에서 명사들과 어깨를 나란히 하게 되었으니, 큰 기회를 얻은 셈이었다. 비변사 당상으로 지낸 세월이 수개월에 지나지 않았지만, 그에게는 큰 벼슬이 기다리고 있었다. 손기양의 붓끝을 따라가 보자.

> A.-45 九月有統制之命。仗鉞三載。軍政畢擧。
> 9월에는 통제사로 임명되었다. 3년간 재임하며 군정을 제대로 처리하였다.

통제사로 발탁

드디어 이운룡도 삼도수군통제사가 되었다. 임기 3년 동안 이운룡은 조선 수군의 최고 사령관으로 군림하였다. 그런데 이식은 이운룡의 통제사 발령을 담담한 어조로 간단히 적어놓았다.

> B.-35a 俄出統制使。
> 잠시 후에 통제사(統制使)로 나갔다.

선무공신 3등으로 뽑힌 권준과 이순신(李純信)도 통제사가 되지는 못하였다. 기효근은 이미 순국하였기 때문에 제외하더라도, 이순신과 원균의 부장으로 공신에 책봉된 네 명의 장수 중에서 통제사가 된 사람은 이운룡뿐이다. 그러나 통제사 자리는 무거웠고, 오래 머무를 수도 없는 직책이었다. 손기양은 그 사정을 다음과 같이 정리하였다.

> A.-46 丁未六月。爲當塗所構罷。
> 정미년(선조 40년, 1607) 6월에 권력자의 모함으로 파면되었다.

"당도(當塗)"라 함은 "당로자"를 가리키므로 조정의 실권자를 말한다. 아무래도 이운룡은 대신들과의 관계를 매끄럽게 유지하지 못하였다. 그래서 임기를 다 채우지 못하고 갈렸다. 이식은 그 점을 다음과 같이 썼다.

> B-35b 秩未滿。被劾遞。
> 그런데 임기가 끝나기 전에 탄핵을 받고 자리가 바뀌었다.

수군통제사를 그만둔 다음에, 그는 새로운 임무를 맡았다. 이번에는 육군이 되어 함경도로 떠났다.

5. 이운룡의 말년

선조 40년 초겨울이었다. 비변사에서 이운룡을 함경도의 병마사로 보내자고 제안하였다. 당시에 육군은 함경도 병마사가 실세였으므로, 이운룡에 대한 조정의 대접이 소홀한 것은 아니었다. 손기양은 다음과 같이 서술하였다.

> A.-47 十月以北塵甚惡。用備局薦除咸鏡南兵使。時北方軍務多缺。戰備蕩然。公除去煩苛。悉從簡易。軍卒之持戰馬者減番。有膽力者聚作別隊。營軍之騎馬者。初不滿千。卽成四千。精銳步卒。亦五百餘。甲山城塹湮壞已久。公因舊鑿築。隍堞重新。又創北靑東南門樓。軍聲大振。非復曩日之凋瘵。
> 10월에 북쪽 형편이 매우 나빠졌다. 비변사가 공을 천거하여 함경 남병마사로 삼았다. 이때 북쪽 지방의 군정에는 결함이 많았다. 전쟁 대비가 제대로 되지 못한 상태였다. (부임하자) 공은 번거롭고 무거운 것을 모두 간편하고 쉽게 고쳤다. 군졸 중에 전마(戰馬)를 가진 이는 번(番)을 줄이고, 담력이 있는 이들을 모아 별(동)대를 만들었다. 그러자 군영에 속한 기마병이 (이운룡의 부임) 초기에는 1천 명도 안 되었으나, 곧 4천 명이나 되었다. 정예 보병도 500여 명을 넘었다. (또) 갑산의 성은 허물어진 지 오래되었는데, 공이 옛터를 파고 다시 쌓았다. 성 위에 평평한 길을 내는 등 수선을 마치자 (모습이) 새로워졌다. 그리고 북청의 동쪽과 남쪽 문루도 다시 지어 군대의 위용을 떨쳤다. (그것은) 옛날의 병들고 시든 모습을 복구한 정도가 아니었다.

이운룡의 장점은 일선 지휘관으로서 군비를 갖추고 전쟁에 대비하는 것이었다. 그는 군사를 어루만지고 훈련하는 데 익숙하였다. 한 시대를 대표한 명장이었다고 평가할 만하다. 함경도 병마사 이운룡의 업적을 이식은 다음과 같이 기술하였다.

> B.-36a 丁未。忽胡侵邊。起公咸鏡道兵馬使。始任陸軍大將。因俗撫馭。創別隊騎兵。修甲山城。邊情大安。秩滿。
>
> 정미년(1607, 선조 40)에 홀호(忽胡, 忽剌溫, 여진족의 부족)가 변방을 침입하였다. 그러자 (나라에서는) 공을 함경도 병마사로 삼았다. 처음으로 육군대장(陸軍大將)의 임무를 맡긴 것이다. 그러자 (공은) 현지의 풍속을 존중하며 백성을 어루만지고 제어하는 가운데 특별 부대와 기병대를 창설하였다. 또, 갑산의 성곽까지 수선하자 변방의 정세가 크게 평안해졌다. (거기서 공은) 임기를 마쳤다.

손기양이 〈비문〉에서 말한 "북쪽의 난"이란 홀라온 부족이 일으킨 난이었다. 이운룡은 그들과 큰 충돌 없이 지내면서도 만반의 준비 태세를 갖추었다. 그렇게 두어 해가 지나갔는데, 그 뒤의 일은 어떻게 되었을까. 손기양의 기록을 읽어보겠다.

> A.-48 己酉冬秩滿。卽拜忠淸水使。又被誣遞。
>
> 기유년(광해 원년, 1609) 겨울에 임기가 찼다. 즉시 충청수사에 임명되었으나 또 무고를 입어 다른 사람으로 바뀌었다.

파벌싸움은 계속되고

이운룡은 임기를 마치고 조정으로 복귀하였고, 이어서 충청수사로 발령이 났다. 충청수사는 한가한 자리였는데, 이운룡의 반대세력은 그러한 직책마저 허용하지 않았다. 경상좌수사 때도 그와 똑같은 문제가 있었다는 점을 기억하자. 이것은 수군 내의 이순신-원균 파벌의 치열한 투쟁이 그때까지 이어지고 있었다는 증거이다. 이에 대해 이식은 어떻게 서술하였을까?

> B.-36b 還拜忠淸水使。
>
> 조정으로 돌아오자 충청수사(忠淸水使)로 임명되었다.
>
> B.-37a 明年庚戌。又被劾遞還家。
>
> 그 이듬해 경술년(1610, 광해 2)에 또 탄핵을 받아 자리를 잃고 집으로 돌아갔다.

광해 원년 겨울에 충청수사가 되었으나, 그 이듬해에 탄핵당해 귀가하였다고 했다. 이것이 이운룡의 마지막 관직 생활이었다. 고향 청도로 돌아온 그는 중병에 걸렸는데, 손기양의 서술은 아래와 같았다.

    A.-49a 庚戌五月患癰癤。
        경술년(광해 2년, 1610) 5월에 종기를 앓았다.

지금은 웬만한 종기는 크게 문제 될 것이 없으나, 과거에는 종기로 죽는 사람이 많았다. 정조 임금도 종기로 목숨을 잃었을 정도였다. 이 문제를 이식은 또 이렇게 적었다.

    B-37b 病腫久不治
        종기를 앓았는데 오래도록 낫지 않았다.

5월부터 시작된 종기는 좀처럼 낫지 않았다. 마침내 운명의 시간이 찾아왔다. 손기양의 기술은 이러했다.

    A-49b 以七月初二日卒。享年纔四十九。
        7월 2일에 별세하셨으니 향년 겨우 49세였다.

이식도 이운룡의 최후를 위와 다르지 않게 표현하였다.

    B.-38 七月二日卒。壽四十九。
        7월 2일에 생을 마치니, 수(壽)는 49세였다.

조정에서는 2품 이상의 실직을 지낸 관리 또는 특별한 인물이 사망하면 으레 관직을 추증하고 많은 물품을 내려 상장례를 도왔다. 조선은 유교 국가라 이런 일을 무척 중요하게 여겼다. 손기양은 이운룡에게 어떠한 벼슬이 추증되었는지를 기록하였다.

    A.-50a 贈資憲大夫兵曹判書兼知義禁府事。
        증직으로 자헌대부 병조판서 겸 지의금부사를 제수하였다.

이식도 그 점을 빠트리지 않았다.

> B-1b 贈資憲大夫兵曹判書 兼知義禁府事
> 증직으로 자헌대부 병조판서 겸 지의금부사를 제수하였다.

아울러 손기양은 이운룡의 장례일과 장지를 기록하였다.

> A-50b 其年十月十四日。葬于法貴山某向之原。從先壠也。
> 그해 10월 14일에 법귀산 모처 언덕에 장사지내니 선영 아래였다.

이식은 이운룡의 장례에 관해 좀 더 격식을 갖추어 서술하였다.

> B.-39 訃聞。贈祭如例。十月十四日。禮葬。朝野咸惜其早終。
> 부음(訃音)이 들리자 (조정에서는) 관례에 따라 제사를 내려주었다. 10월 14일에 예장(禮葬)하였는데, 조야(朝野)가 모두 공이 일찍 돌아가신 것을 안타깝게 여겼다.

사실 이식은 〈비문〉의 첫 구절을 그 묘소의 위치를 기록하는 것으로 시작하였다. 손기양이 〈비문〉의 거의 마지막에 묘소를 기록한 것과 대조를 이룬다. 이것은 문체상의 차이일 뿐이다.

> B-1c 息城君李公諱雲龍之墓。在淸道郡法龜山先塋之下。
> 식성군 이공 운룡의 묘소는 (경상도) 청도군 법귀산 선영 아래 있다.

6. 이운룡은 어떠한 사람이었을까?

〈비문〉의 저자들은 이운룡의 한평생을 어떻게 평가하였을까? 손기양과 이식은 이운룡의 평생을 연도별로 기술하기도 하였으나, 다음과 같이 몇 개의 단락으로 나누어 요약하기도 하였다. 큰 틀에서 보면, 이운룡의 인간적 면모와 그가 이룩한 공훈과 업적에 관한 평가였다.

우선 이운룡의 일생에 관한 총평을 살펴보겠는데, 손기양의 글부터 읽겠다.

A.-51   公雖家世業武。而夙喜儒學。天姿和厚。恂恂謙退。曾不與羣帥較功爭能。隱然有大樹公之風。而及其莅變臨危。神采英毅。乘機決策。奮不顧身。

공의 가문은 비록 대대로 무과를 거쳤으나 (공은) 일찍부터 유학을 좋아하였다. 타고난 모습이 평화롭고 순후하며 공손하고 겸손하였다. 일찍이 여러 장수와 공을 다투거나 또 유능함을 다투지도 않았다. 그런데도 은연중에 큰 재목의 기풍이 있었다. 그리하여 난리가 일어나자 마음과 용모가 빼어나고 굳셌다. (공은) 기회를 살펴 계책을 결단하였고, 분연히 나서 자신의 몸을 돌보지 않았다. 맡은 일을 막힘 없이 잘 해냈다.

여기서 한 가지 인상적인 것은, 손기양이 이운룡에게서 '유장(儒將)'의 모습을 발견하였다는 점이다. 이제 이식의 총평을 살펴보겠다.

B.-52a   公幼失恃。能知執禮致哀。旣長。從師力學。甚得鄕譽。雖從武擧閑。時輒親書冊書翰如儒生。天資和厚。平居。恂恂然長者。及莅變臨節。神采峯穎。言論風發。決機定志。有死無貳。

공은 어린 나이에 어버이를 잃었으나, 예법대로 행하면서 거애(擧哀)를 극진히 하였다. 성장해서는 스승 밑에서 학업에 힘을 쏟아 향리의 칭찬이 많았다. 공이 비록 무과를 통해 벼슬길에 나서기는 하였지만, 틈 만나면 유생처럼 서책과 서한(書翰)을 가까이하였다. 공은 천품이 온화하고 후덕해 평소에도 공손하고 겸손한 장자(長者)와 같았다. 그러나 변란이 일어나 절조를 세워야 할 때가 되자 신채(神采, 정신과 풍채)가 비범하여 언론을 높이 떨치고 일어났다. 기회를 보아 뜻을 결정한 뒤에는 죽음만 있을 뿐 조금도 다른 생각이 없었다.

역시 이운룡에게서 선비의 모습과 향기를 발견하는 데 힘쓴 듯하였다. 그러나 위에서 우리가 읽은 〈비문〉을 보면, 이운룡은 선비라기보다 용맹스러운 선봉장 또는 돌격장의 모습이었다. 총평과는 거리가 있다. 이어서 손기양은 이운룡이 임진왜란 때 가장 크게 이바지한 점이 무엇인지를 서술하였다.

A-52   故能以一障之任。合從兩帥。出入強寇間。每戰輒勝。始元均與李舜臣搆大却。朝廷從而比之。終不能和解。獨公平心處兩間。無所左右。故二人皆重之。均初聽用公得不敗。及公移左。均遂敗。人以此益知公之功。不在兩帥下矣。

그래서 한 지역을 맡은 장수였으나 두 원수를 연합하게 하여 억센 왜적 사이를 들고 나며 싸울 때마다 모두 이겼다. 처음에 원균과 이순신 사이에 크게 틈이 벌어졌을 때, 조정에서 친하게 지내게 하려고 애를 썼으나 화해시키지 못하였다. 유독 공만은 두 사람 사이에서 공정한 마음가짐으로 처신하면서 누구의 편도 들지를 않았다. 그래서 두 장수가 모두 공을 중하게 여겼다. 원균이 당초에 공의 말을 채택하여 싸움에서 패하지 않았는데, 공이 좌수사(左水使)로 옮기고 나자 드디어 원균이 패배하였다. 이 때문에 사람들은 공의 공적이 두 장수보다 못하지 않음을 알게 되었다.

손기양은 이운룡의 가장 큰 공적이 수군 연합함대를 구성한 사실이라고 역설하였다. 이운룡이 상관인 원균을 움직여 이순신과 함께 연합함대를 편성해 일본군을 토벌하였다는 것이다. 연합함대가 결정적으로 큰 공을 세운 것은 물론 사실이었으나, 그것이 과연 이운룡의 공이었을까? 수긍하기 어려운 주장이다.

그럼 이제 이식은 다음과 같이 서술하였다.

> B.-52　能以一障之任。合從兩帥。出入強寇間。每戰輒勝。故兩帥皆重之。均之初不償師以聽公。而及公移左。均遂敗。論者益知公之功焉。
> 한 지역을 맡은 장수였으나 두 원수를 연합하게 하여 억센 왜적 사이를 들고 나며 싸울 때마다 모두 이겼다. 그래서 두 원수가 모두 (공을) 애지중지하였다. 원균이 처음에는 공의 말을 들었으므로 패하지 않았으나, 공이 좌도로 간 다음에는 드디어 패하였다. 평론가들은 공의 공훈을 더욱더 잘 알게 되었다고 평했다.

이 글에서도 보듯 이식도 손기양의 평가에 동의하였다. 하지만 원균과 이순신이 하나로 뭉쳐 연합함대를 구성한 공을 이운룡에게 돌리는 것은 무리한 일이라고 생각한다. 그것은 당사자인 두 명의 수사는 물론이고 조정 대신도 모두 바라는 바였으므로 자연히 이루어진 것이다.

험난한 일생

그런데 두 〈비문〉이 언급한 한 가지는 역사적 진실을 정확히 반영하였다. 즉, 이운룡의 처신이 적절하였다는 점이다. 원균도 이순신도 이운룡에 대해 시종일관 우호적이었다. 잘 살펴보면, 〈비문〉의 저자들이 주장한 것과는 달리 이운룡은 원균을 비방하거나 이순신에게 지나치게 경도되지도 않았다.

이운룡의 일생에도 얼룩진 구석이 있었다. 손기양은 그의 외로움과 괴로움을 다음과 같이 표현하였다.

> A.-53 惟其不伐其功。不媚權貴。孤起介立。困于譏讒。及至錄勳陞秩。反與奇孝謹等爲伍。可嘅也已。
> (공은) 자신의 공을 자랑하지도 않았고, 권세가와 귀족에게 아부하지도 않았다. 외롭게 홀로 서서 절개를 세웠다. (그래서) 비난을 당하고 참소를 입는 괴로움도 겪었다. 공신에 녹훈되고 벼슬이 올라갔다고는 하더라도, 도리어 기효근 등과 같은 등급이 되었으니 탄식할 일이다.

이운룡은 전형적인 시골 양반이었다. 그의 아버지와 할아버지가 무과에 장원 급제하였으나 높은 지위에 오르지 못하였다. 조정에는 이운룡을 특별히 잘 아는 사람도 없었고, 후원하는 이도 없었다. 손기양이 〈비문〉에서 이운룡의 정치적 배경을 과장하는 예화를 여럿 서술하였으나, 그것은 소망 사항에 지나지 않았다. 이운룡은 자신의 능력으로 세상의 인정을 받은 외로운 무사였으므로, 그의 일생은 험난하고 고단하였다.

손기양은 〈비문〉에서 이운룡이 선무공신 3등에 선발된 것을 심하게 불평하였다. 사리에 맞는 불평은 아니었다. 18명뿐인 선무공신으로 책봉된 것 자체가 형언하기 어려운 영예였다. 그런데도 불평이 쏟아진 것은 이운룡이 기효근과 지나치게 '쟁공(爭功)'하였다는 사실을 증명한다. 알다시피 이순신의 휘하에서도 권준(선무공신 3등)과 배흥립이 극심하게 대립하였다. 군사 조직의 특성상 이러한 다툼은 피할 수 없는 일이었다. 마치 원균과 이순신이 서로 극렬히 다툰 것이나 조금도 다름없는 일이다. 당시에 명나라 장수들도 서로 공 다툼이 심하였고, 일본군도 마찬가지였으며, 조선 육군 역시 그러했다. 우리들이 함부로 비난할 일은 아니다.

이운룡을 아끼는 마음은 이식도 가지고 있었다. 그는 다음과 같이 서술하였다.

> B-52c 惟其不伐功 不干進。孤起介立。以此或爲言官所困。而勳秩纔與孝謹等伍。有識恨焉。
> 자신의 공적을 자랑하지도 않고 높은 자리로 진출할 욕심도 내지 않았다. 외로운 처지에서 홀로 서서 절개를 세웠다. 그 때문에 언관(言官)에게 시달리기도 하였고, 훈작(勳爵)과 직질(職秩)이 겨우 (기)효근과 같은 등급이었다. 식자들이 이를 한스럽게 생각하였다.

결국에 손기양은 이운룡이 당대의 뛰어난 명장이었고, 그의 일생은 성공이었다고 결론을 내렸다.

> A.-54 雖然歷數壬丁名將。能以功名自終而令聞如公比者。殆不可多得。則豈非公忠厚退讓之報。有以致之耶。
> 그렇지만 임진년에서 정유년까지 명장으로 손꼽혔고, 공명으로 처음부터 끝까지 공과 비길만한 명성을 가진 이가 거의 없었다. 공의 충성스러움과 돈후함, 겸손함과 양보심의 결과가 아니면 어찌 이런 일이 가능할까 싶다.

한 마디로, 이운룡은 유교적 덕성을 한 몸에 온전히 갖추었기 때문에 장수로서도 크게 성공하였다는 평가였다. 참으로 선비다운 발상이었다. 이식은 혹시 다른 평가를 하였을까?

> B-52d 然由今日。歷數壬丁之際討倭名將。非不多。其能保功賞全終始。休有令聞。如公比者。僅一二數。則忠義信讓之報。可覩也。
> 오늘날에 보면 임진(壬辰)과 정유(丁酉)의 왜란에서 왜적을 토벌한 명장들이 적지 않지만, 공처럼 공상(功賞)을 보유하고 시종일관 온전하고도 아름다운 명성을 지니게 된 이는 겨우 한두 명이다. 그러므로 충의(忠義)와 신양(信讓)의 인물에게 보답이 있다는 것을 알 수 있다.

이식 또한 이운룡이 자신의 능력과 품행에 걸맞은 복을 누렸다고 평가하였다. 이제 〈비문〉의 거의 마지막 부분이다. 이운룡의 가족과 자손에 관한 설명이다. 먼저 손기양의 설명이다.

> A.-55a 公娶李春男女。乃廣陵著族。
> 공은 이춘남의 딸에게 장가들었는데, 곧 광릉(광주)의 이름난 집안이었다.

이운룡이 광주 이씨 이춘남의 따님과 결혼하였다는 것이다. 이식은 어떻게 서술하였을까.

> B.-48 公娶廣陵李春男女。生一男一女。
> 공은 광릉(광주) 이춘남의 따님과 결혼하여 1남 1녀를 두었다.

이식은 이운룡이 슬하에 아들과 딸을 한 명씩 두었다고 적었다. 다음은 자녀에 관한 설명이다. 먼저 손기양의 〈비문〉이다.

> A-55b 男儼有文學。曾中漢城解額。
> 아들 엄은 글을 잘하여 일찍이 한성부의 초시에 합격하였다.

아들 이엄은 유학을 힘써 공부한 선비로 한성부에서 "해액(解額)"하였다. 한성부에서 시행한 초시에 합격하였다는 말이다. 그는 상당한 실력을 갖춘 선비였다. 짐작하건대, 손기양의 〈비문〉은 이엄이 작성한 아버지 이운룡의 〈행장〉을 토대로 삼았을 것 같다. 조선 시대에는 자손이 지은 〈행장〉을 토대로 유명 인사가 〈비문〉을 쓰는 일이 많았기 때문이다.

한편 이식은 손기양보다 20년 뒤에 〈비문〉을 지었기 때문에, 아들 이엄에 관해서 새로운 정보를 추가하였다.

> B.-49 男儼。前平澤縣監。
> 아들 엄은 전직 평택현감이다.

이운룡의 아들은 충청도 평택현감을 지냈다고 서술하였다. 그의 배우자 즉 이운룡의 며느리는 누구였을까? 손기양의 〈비문〉부터 읽는다.

> A.-56 娶光州金氏。禮賓寺參奉德望之女也。
> 광주 김씨와 결혼하였는데, 예빈시 참봉 덕망의 딸이다.

며느리는 광주김씨로 예빈시 참봉을 지낸 김덕망의 딸이라고 하였다. 다음은 이식의 〈비문〉이다.

> B.-51 儼娶縣監金德望女。有女幼。
> (이)엄은 현감 김덕망의 딸과 결혼하여 어린 딸을 두었다.

이운룡의 사돈 김덕망은 벼슬이 참봉에서 현감으로 높아졌다. 그리고 아들 이엄 부부에게는 어린 딸이 생겼다.

위에서 이운룡은 슬하에 딸도 하나 있었다고 하였다. 그럼 사위는 누구였을까? 손기양의 서술이다.

> A.-57a 長女適朴瑋。生一男幼。
> 장녀는 박위와 결혼하여 어린 아들 하나를 두었다.

이운룡에게는 아들과 딸이 하나씩 있었다. 그런데 "장녀"라는 표현을 사용하였으므로, 아들 이엄보다 손위의 딸이었다는 뜻이다. 딸에게는 "어린 아들"이 있다고 했으므로, 친손녀가 태어나기 전에 이운룡에게는 이미 "외손자"가 있었다.
이식은 이운룡의 딸에 관해 어떻게 기록하였을까.

> B.-50 女適朴瑋。
> 따님은 박위에게 시집갔다.

이식은 사위의 이름만 겨우 기록하였다. 충실하게 쓰고자 하였으면, 그 사이에 장성하였을 이운룡의 외손자에 대해서도 쓸 말이 있었을 것이다.

7. 〈비문〉의 마무리

〈비문〉에는 글쓴이가 어떠한 인연으로 글을 쓰게 되었는지도 밝히는 것이 보통이다. 그리고 맨 끝에는 운문, 즉 시의 형식을 빌려 주인공의 삶을 짧게 평가하는 전통이 있었다. 손기양과 이식도 이런 전통을 따랐다.
손기양은 자신이 〈비문〉을 쓰게 된 동기를 다음과 같이 기술하였다.

> A.-58 <u>儼以某最爲公知。索以墓誌。公之德之勳。非某所敢揄揚。而事契旣重。累辭不獲命。謹次其大槩而係以銘。</u>
> (이운룡의 아들 이)엄이 아무개(손기양)가 공을 가장 잘 안다고 여겨 묘지를 써달라고 부탁하였다. 공의 덕과 공훈은 아무개(손기양)가 감히 감히 드러낼 수 없을 정도였다. 그 일이 막중함을 느껴 거듭 사양하였으나, 끝내 피하지는 못하였다. 이에 삼가 그 대강을 적어 명(銘)으로 삼는다.

이운룡의 아들 이엄이 선비 손기양에게 부친의 〈비문〉을 부탁하였다. 이엄은 손기양이 자신의 아버지를 가장 잘 알 것으로 확신하였다. 이운룡은 생전에 손기양을 몇 번쯤 만난 적이 있었던 것으로 짐작된다.

그러나 이식의 경우는 좀 달랐기에, 그는 이렇게 서술하였다.

> B.-2　後二十年。德水李植。採國論徵家牒。敍以銘之曰。
> (이운룡이 서거하고) 20년이 지난 뒤에 덕수 이식이 국가의 여론을 채집하고 그 집안의 문서를 살펴 이 글을 짓고 다음과 같이 명(銘)하노라.

이식은 조정의 큰 선비로서 양반사회의 여론을 널리 수집하고, 이운룡 집안의 가계 기록을 참고하였다고 말하였다.

이미 위에서 이운룡의 생애를 평가하였으나, 〈비문〉의 마지막 부분에서 글쓴이들은 주인공의 삶을 시적으로 요약하였다. 손기양은 시대를 거슬러 올라가 먼 조상 때부터 서술하였다.

> A.-59a　銘曰。瓢巖之神佐羅祖。中移載寧享茅土。尙書上將再振聲。世積厥德篤生英。
> (손기양은) 명(銘)하노라. 표암공은 신령하게 신라 임금을 도우셨네. 중시조는 재령으로 옮겨 식읍을 누리셨네. 상서공과 상장군이 다시 명성을 떨치셨네. 대대로 덕을 쌓아 영웅이 나셨도다.

그런 다음에 이운룡의 가까운 조상들이 무관이었다는 점을 서술하였다.

> A.-59b　四葉武烈到公發。徂茲海孼亂靡遏。人爭棄甲勢破竹。
> 4대째 무열을 이어 공이 꽃피웠네. (왜란에) 바다 도적이 어지럽히자 모두 막으셨네. 남들은 다투어 갑옷을 버렸고 적은 파죽지세였다네.

이어서 이운룡의 일생을 몇 개의 주제로 나누어 정리하였다.

> A-59c　公提一艦身許國。主帥將去以義激。簡書星馳請援師。倡所與同涕幾揮。層樓畫舫觸之碎。蔽海蠻帆焚又潰。見乃以西豁氛埃。兩湖之完業重恢。沮遏方張繄誰功。元李之勳出于公。凌煙遺像列英雄。鰲山三傑但文彩。誰似干城國以賴。勳名未艾遘嬰痾。有德無年吁柰何。
> 공은 배 한 척에 올라 나라에 몸 바치셨네. 주수(수사 원균)가 도망가려 하자 의로운 말로 격려하였고, 서한을 급히 보내 (이순신에게) 원

병을 청하였네. 창의하는 곳에 모여 눈물 흘린 장수 몇이던가. 그림처럼 화려한 적의 누선을 조각내고, 바다를 가득 덮은 오랑캐의 배를 불태우시다니! 견내량 서쪽을 잘라 티끌을 씻었구나. 호남과 호서를 온전히 지키고 넓히셨네. 막아내고 풀어냄이 그 누구의 공이시던가. 원(균), 이(순신) 두 수사의 공훈도 공에게서 비롯되었지. 능연각에 걸린 초상은 영웅의 모습일세. 오산의 세 영걸(즉 청도의 큰 인물)이 문체도 아름답다. 그 뉘라서 온 나라가 의지한 간성일까. 빛나는 명예 있으나 모진 병에 가실 줄이야. 덕은 크셨으나 수를 얻지 못하니 이 어찌된 일인가.

앞에서도 이미 거론한 것인데 손기양은 이운룡 덕분에 경상도와 전라도 수군이 연합함대를 이루게 되었다고 평가하였다. 한 걸음 더 나아가 손기양은 선무공신 제1등인 이순신과 원균의 공적도 이운룡에게서 비롯되었다고 주장하였다. 근거도 없는 데다 지나치게 과장된 평가였다. 〈비문〉은 주인공의 업적을 미화하는 특징이 있다고 하지만 너무 지나쳤다. 이식은 조금 다른 관점에서 이운룡의 삶을 다음과 같이 평가했다.

B.-53 銘曰。有驕豪以爲勇。有譎詐以爲智。公獨不然。累功以崇位。彼皆安其危。此獨名不愧。凡百虎臣。我銘是視

멋대로 호기 부리는 사람 용기가 있다고 말하고. 속임수 쓰는 사람 지혜롭다고 하지. 공은 홀로 그렇게 하지 않았네. 여러 번 공을 세워 높은 지위가 되었도다. 저들은 모두 위태한 시대에도 안일하였으나. 이분은 그 명성에 부끄럽지 않았네. 범처럼 용맹한 무신들이여. 나의 이 명을 잘 살피시라.

이운룡이 정직하고 성실하게 자신의 인생을 개척하여 마침내 높은 지위에 도달하였다는 점, 이식은 그 점을 강조하였다. 이러한 평가는 역사적 사실에 부합한다. 물론 이운룡은 후세의 무관들이 모범으로 삼을 만한 멋지고 훌륭한 한 평생을 살았다.

전체적으로 보아, 손기양과 이식의 〈비문〉은 한 가지 약점을 가지고 있다. 그들은 이운룡과 이순신의 밀접한 관계를 설정하여, 원균을 깎아내리는 데 매달린 듯한 느낌을 주었다. 그 과정에서 손기양은 이운룡이 남인의 영수 유성룡 및 이덕형과 특별한 관계였다고 주장하였으나, 사실이 아니었다. 또 한 가지 문제점을 추가하면, 이식은 왜란 때 원균이 이끈 경상우수영의 활약이 많았는데도 관련 사실을 모두 삭제해 역사적 사실을 고의로 은폐하였다.

한산대첩과 경상우수영

위와 같은 결함은 있으나, 두 사람의 〈비문〉을 통해 우리는 이운룡과 원균 등이 속한 경상우수영의 활약상을 구체적으로 확인할 수 있었다. 왜란 초기의 여러 전투에서 경상우수영은 병력의 규모는 작았으나 연합함대의 선봉으로서 조선군의 승리를 견인하였다. 특히 한산대첩에서는 일본군을 바깥 바다로 유인하는 데 결정적인 공을 세웠다. 이러한 사실을 뚜렷이 밝힌 점에서 손기양의 〈비문〉은 사료로서 독보적인 가치를 갖는다.

또, 두 편의 〈비문〉을 통해 우리는 왜란 때는 물론이고 그 후 10여 년 동안에 조선의 군부가 어떠한 변천을 겪었는지를 생생하게 알 수 있었다. 〈비문〉의 두 저자가 주장하는 것과는 달리, 이운룡은 원균의 계통을 잇는 신군부의 실력자로 잠시 영광을 누리기도 하였으나 결국은 수군에서 배제되는 시련을 겪었다. 이러한 사실을 확인하게 된 것도 큰 수확이라고 평가하고 싶다.

끝으로, 〈비문〉의 저자들이 후세에 끼친 나쁜 영향에 관해서도 한마디 기술하고 싶다. 두 학자는 원균을 무능하고 비겁한 장수라고 평가함으로써 후세의 문헌이 이를 답습하게 만들었다. 특히 문장가로 후세의 호평을 받은 이식의 글은 더욱더 큰 해악을 끼쳤다. 이식은 이 〈비문〉을 통해 이순신을 일방적으로 미화하고 원균에 대한 멸시와 증오심을 키웠다. 이처럼 편향적인 태도는 그가 편찬한 《선조수정실록》으로 이어졌다.

이식의 편파적인 역사 인식은 대물림되어 조선 후기에 출현한 여러 야사(野史)에 그대로 수용되었다. 그리하여 역사적 허구가 당파를 초월한 보편적인 담론으로 확대되었다. 남인의 계보를 이은 20세기 영남의 유학자 회봉(晦峰) 하겸진(河謙鎭, 1870~1946)도 예외가 아니었다. 하겸진은 이운룡의 〈신도비명 병서〉를 다시 썼는데, 거기서도 이식의 영향이 강하게 나타났다. 하겸진의 글은 이식이 쓴 〈비문〉과 거의 차이가 없는데, 다음과 같은 기술도 있다.

> "공(이운룡)의 족후손(族後孫) (이)현덕(鉉德)이 택당 이식 공이 찬술한 묘비명을 가지고 와서, 한마디 말을 해주기를 (나에게) 간곡히 청하였다."

후세는 대문장가 이식의 영향을 많이 받았다. 손기양의 〈비문〉에서 시작된 역사 왜곡 또는 조작은 이식에 이르러 매우 심각해졌는데, 그때부터 300년이 지나도록 바로 바로잡히기는커녕 확대 재생산되었다.

참고로, 위에서 검토한 이운룡의 〈비문〉들은 모두 《(국역) 식성군실기》(식성군유적보존회 편, 대전 회상사, 1991)에 실려 있다. 그러나 필자는 손기양의 문집과 이식의 문집에 실린 〈비문〉과 대조하였다. 두 학자가 저술한 〈비문〉은 우리말로 번역된 것이 있어 참고하였는데, 자세히 살펴보면 오역한 곳이 많았다. 번역본을 읽는 분은 필자의 번역과 일일이 대조해 보기를 부탁드린다.

8. 《난중일기》에서 만난 이운룡 – 그는 원균의 부장이었다

손기양과 이식은 〈비문〉을 쓰면서 이운룡이 이순신과 각별한 사이라고 여러 차례 주장하였다. 그렇게 말하면서도 그들 저자는 이운룡이 원균과 이순신 두 장수로부터 모두 사랑을 받았다고도 말하였다. 애매한 표현이 아닐 수 없다. 한 편으로는 이운룡이 처음부터 이순신과 가까웠다고 말하고, 다른 한편으로는 원균과도 사이가 멀어지지 않았다고 했으니 말이다. 진실은 과연 무엇일까.

그래서 이운룡과 원균 및 이순신의 관계를 정확히 파악하기 위해 《난중일기》를 분석하였다. 그 결과를 간단히 정리하면 아래와 같았다.

첫째, 《난중일기》에서 이운룡이 의미 있는 인물로 처음 등장하는 것은 선조 27년(1594) 4월이었다. 왜란이 발생하고 2년이 지난 시점이었다. 그동안에 이운룡은 원균의 막하에서 많은 공을 세웠으므로, 그때 한산도에서 시행한 무과시험에 감독관인 참시관(參試官)으로 뽑혔다. 경상우수영 출신의 장수로 참시관이 된 장수는 조응도와 고상안도 있었다. 아마 원균이 추천하였을 것인데, 《난중일기》는 다음과 같이 기록하였다.

> "4월 초6일 별시(別試, 비정기 과거시험)를 보는 장소를 정하였다. 시험관은 나(이순신)와 우수사(이억기) 및 충청수사(구사직)요, 참시관(시험감독관)은 장흥부사(황세득), 고성현령(조응도), 삼가현감(고상안), 웅천현감(이운룡)으로 삼아 시험을 감독하게 하였다."4

둘째, 참시관으로 이순신을 직접 만난 이후에 이운룡은 차츰 통제영을 자주 드나들었다. 선조 27년 5월, 7월 및 8월에 이순신을 찾아간 기록이 보인다. 그러나 이것

---

4 이순신, 《난중일기》, 갑오년(선조 27년, 1594) 4월 초6일.

은 특별한 일은 아니었다. 삼도의 장수는 누구나 가끔 통제사를 찾아가 안부를 여쭙는 것이 보통이었다. 《난중일기》에서 이운룡이 다녀간 기록은 다음과 같다.

"(갑오년) 5월 20일 웅천현감(이운룡)과 소비포권관(이영남)이 와서 봤다."[5]
"(갑오년) 7월 초3일 웅천현감 이운룡(李雲龍)이 휴가를 얻어 신고하고 미조항으로 돌아갔다."[6]
"(갑오년) 8월 그믐(30일) … 저물 무렵 충청우후(원유남), 웅천현감(이운룡), 거제현령(안위), 소비포권관(이영남)도 왔다. …"[7]

셋째, 원균이 수군을 떠난 선조 28년(1595, 을미년)부터 이운룡은 이순신과 거리를 좁히기 시작하였다. 이제 그는 통제사를 자주 찾아와, 측근들과 함께 활을 쏘며 친분을 쌓기 시작하였다. 관련 기록이 있다.

"(을미년) 3월 26일 저녁에 수사 배설(裵楔)과 이운룡(李雲龍), 안위가 와서 새 감사(監司)를 맞이할 일을 아뢰고, 사량(통영시 사량면)으로 갔다."[8]
"(을미년) 3월 29일 식사를 마친 뒤에 두 조방장과 이운룡(李雲龍), 조계종(趙繼宗)이 활 스무 세 순을 쏘았다."[9]
"(을미년) 4월 18일 우수사(이억기), 경상수사 배설(裵楔), 가리포첨사(이응표), 미조항첨사(성윤문), 웅천현감(이운룡), 사도첨사(김완), 경상우후 이의득(李義得), 발포만호(황정록) 등 삼도의 장수가 모두 모여 활을 쏘았다."[10]
"(을미년) 4월 22일 오후에 미조항첨사(성윤문), (웅천현감) 이운룡(李雲龍), 적량만호 고여우(高汝友), 영등포만호 조계종(趙繼宗)과 두 조방장이 같이 왔다. …"[11]
"(을미년) 10월 초6일 저녁에 웅천현감(이운룡)이 왔다. 그편에 명나라 사신(楊方亨)이 부산으로 들어갔다고 하는 말을 들었다."[12]
"(을미년) 10월 19일 이운룡(李雲龍)이 와서 봤다."[13]
"(을미년) 10월 29일 경상수사(권준), 웅천현감(이운룡), 천성보만호(윤홍년)도 왔다."[14]

---

5 이순신, 《난중일기》, 갑오년(선조 27년, 1594) 5월 20일.
6 이순신, 《난중일기》, 갑오년(선조 27년, 1594) 7월 초3일.
7 이순신, 《난중일기》, 갑오년(선조 27년, 1594) 8월 30일.
8 이순신, 《난중일기》, 을미년(선조 28년, 1595) 3월 26일.
9 이순신, 《난중일기》, 을미년(선조 28년, 1595) 3월 29일.
10 이순신, 《난중일기》, 을미년(선조 28년, 1595) 4월 18일.
11 이순신, 《난중일기》, 을미년(선조 28년, 1595) 4월 22일.
12 이순신, 《난중일기》, 을미년(선조 28년, 1595) 10월 초6일.
13 이순신, 《난중일기》, 을미년(선조 28년, 1595) 10월 19일.

"(병신년) 1월 초5일 저녁나절에 첨사 성윤문(成允文), 우후 이정충(李廷忠), 웅천현감 이운룡(李雲龍), 거제현령 안위(安衛), 안골포만호 우수(禹壽), 옥포만호 이담(李曇)이 왔다가 캄캄해진 뒤에 돌아갔다."15

넷째, 이순신과 이운룡의 관계가 새롭게 발전한 것은 선조 29년(1596, 병신) 이른 봄부터였다. 그때 원균은 충청병마사였다. 이운룡은 가야금을 잘 다루는 여인(손인갑의 애인)을 데리고 이순신을 찾아가기도 하고, 이순신과 만나서 조용히 이야기를 나누며 함께 잠도 잘 정도로 가까워졌다. 그 사이에 이운룡의 벼슬은 높아져 경상좌수사가 되었는데, 수사 중에는 가장 비중이 낮은 자리였다. 그 점은 이미 위에서 말한 바와 같다. 《난중일기》에서 관련 기록을 뽑아보면 아래와 같았다.

"(병신년) 2월 초5일 웅천현감(이운룡)이 손인갑(孫仁甲)의 애인을 데리고 왔다. 그래서 여러 장수와 함께 가야금 몇 곡조를 들었다."16
"(병신년) 3월 초4일 경상우수사가 있는 곳에 이르자 좌수사 이운룡(李雲龍)도 왔다. 조용히 이야기하고 그대로 자리도(佐里島, 현 진해시 웅천동) 바다에서 같이 잤다. 덧없이 땀이 흘렀다."17

요컨대, 이운룡과 이순신의 관계는 선조 27년부터 시작되었고, 원균이 육지로 떠나간 지 1년 뒤인 선조 29년에는 서로 친밀해졌다. 이운룡이 수군에서 활동하는 한 이는 불가피한 일이자 당연한 현상이기도 하였다. 그런데 〈비문〉을 작성한 손기양은, 이운룡과 이순신의 관계가 여러 해 동안에 서서히 발전한 사실을 완전히 도외시하였다. 마치 왜란이 일어났을 때부터 이운룡이 원균을 배제하고 이순신의 충직한 부하로 활동한 것처럼 기술했으니, 이는 역사적 사실과 동떨어진 허구였다.

끝으로 한 가지 강조할 점이 있다. 이운룡은 이순신과 가까워진 다음에도 원균을 험담하지 않았다는 사실이다. 이영남은 이순신을 볼 때마다 원균을 헐뜯곤 했으나, 이운룡은 결코 그런 비겁한 행동은 하지 않았다. 이운룡은 자긍심이 있고 품위가 있는 장수였다.

---

14 이순신, 《난중일기》, 을미년(선조 28년, 1595) 10월 29일.
15 이순신, 《난중일기》, 병신년(선조 29년, 1596) 1월 초5일.
16 이순신, 《난중일기》, 병신년(선조 29년, 1596) 2월 초5일.
17 이순신, 《난중일기》, 병신년(선조 29년, 1596) 3월 초4일.

제2절
원균과 강덕룡 – 역사적 텍스트의 변조

여러 문헌에서 거듭 확인되는 것이지만, 임진왜란 초기에 원균은 이순신에 버금가는 큰 공을 세웠다. 선조 때 명신 정탁(鄭琢)은 어전회의에서 이런 주장을 되풀이하였다. 선조에게 올린 〈헌의(獻議)〉에도 그 점이 명백히 나와 있고, 선조에게 바치려고 지었으나 제출하지 못한 또 다른 글 〈신구차(伸救箚)〉에도 원균의 공이 컸다고 거듭 주장하였다.

하지만 지금 누구나 쉽게 볼 수 있는 문헌에는 원균의 역할이 매우 부정적으로 평가되어 있다. 심지어 '원균 때문에 경상도가 망했다!'라는 주장도 있다. 임진왜란 때 영의정을 지낸 유성룡이 쓴 《징비록(懲毖錄)》이 가장 대표적인 예이고, 대신 이정형도 선조에게 비슷한 주장을 하였다.

왜란 때 원균의 역할에 대해서 예나 지금이나 평가가 엇갈린다. 견해의 차이가 크기 때문에, 균형점을 찾기가 어려워 보인다. 원균의 공적을 제대로 알기가 왜, 이렇게 어려운가? 그 원인은 복합적이어서, 간단하게 몇 마디로 설명할 수 있는 성격이 아니다.

원균 문제의 실마리를 찾기 위해 궁리하던 중 한 가지 흥미로운 기록에 주목하였다. 《선조실록》에서 발견한 것인데, 특히 선조 27년(1594) 이후 반복적으로 나타난다. 원균은 이순신이 자신의 공을 가로챘다는 비판을 멈추지 않았다는 사실이다.

만약에 원균의 항의와 비판이 사실과 다른 억지 주장이었다면, 그는 과연 무사하였을까? 그때 조정에는 영의정 유성룡을 비롯하여 이순신을 옹호하는 집권세력이 버티고 있었다. 또 국왕 선조와 여러 조정 대신이 이순신-원균 문제의 진실을 알고자 애쓰는 가운데, 원균과 이순신의 언행을 냉철하게 분석하고 있었다. 원균은 이순신의 잘못을 끊임없이 거론하였으나 이순신에 대한 무고죄로 처벌받은 적은 없었다. 이른바 "기망(欺罔) 장계(狀啓)", 즉 허위 보고서를 올렸다는 이유로 처벌받은 것은 다름 아닌 이순신이었다.

임진왜란 초기에 원균이 이끈 경상우수영이 거둔 승리는 우리가 짐작하는 것보다 훨씬 크고 많았다. 그와 달리 이순신이 조정에 올린 〈장계〉는 진실과는 거리가 먼 내용도 적지 않았다. 이것이 역사의 진실이다.

혹자는 다음처럼 반론을 제기할 수도 있겠다. '임진왜란 때 원균의 경상우수영은 전함도 거의 없었고, 군사력도 보잘 것 없었다. 이순신의 전라좌수영에 비하면 원균 휘하의 전투 병력은 1/6쯤이나 되었으면 다행이었다. 그런데 경상우수영이 도대체 무슨 수로 대단한 공을 세웠다는 말인가? 조선 수군은 처음부터 끝까지 이순신의 수군이었다!'

선조 25년 5월 초에 이순신과 원균이 연합함대를 구성해 처음 치른 전투는 옥포해전이었다. 이때의 전함 수를 비교하면, 이순신은 판옥선 24척쯤을 동원하였고, 원균은 겨우 4~10척쯤을 거느렸다. 그래서 연구자 중에는 경상우수영이 거둔 전과를 전체의 10~15%쯤으로 평가하기도 한다.

하지만 이것은 이순신의 보고서를 맹신한 결과이다. 공정한 평가는 물론 쉽지 않지만, 그때 조선 수군이 전투를 벌인 현장은 모두 경상우수영 관내였다. 연합함대의 물길을 안내하고, 일본군의 움직임을 시시각각으로 파악하고, 매번 선봉에서 과감히 적과 싸운 것은 경상우수영 측이었다. 그들의 공헌은 이순신의 보고서에 기재된 여러 가지 숫자 이상의 의미가 있다. 지금까지 우리는 그 점을 제대로 인식하지 못하였다. 오직 이순신의 〈장계〉에 의존하였기 때문에 경상우수영의 역할을 제대로 알지 못했다.

원균이 이끈 경상우수영의 역할을 올바로 평가하려면 어떻게 해야 할까? 제1장의 제1절을 다시 한번 읽어보기 바란다. 그것은 당시 옥포만호 이운룡의 활약이 어떠했는지를 검토한 글이다. 원균의 또 다른 부장들, 즉 기효근과 우치적 등의 충실한 전기 자료가 남아있었더라면, 경상우수영의 활약상을 우리는 입체적으로 파악할 수 있었을 것이다.

이미 서술하였듯, 왜란 초기 원균의 경상우수영은 대단히 빠른 속도로 성장하였다. 침략전쟁이 시작되고 2년쯤 지났을 때, 곧 선조 27년(1594)에 경상우수영의 전함(판옥선)은 40척 가량으로 늘어나 이순신의 전라좌수영이나 이억기의 전라우수영과 차이가 없었다. 누구도 주목하지 못한 큰 변화가 경상우수영에서 일어났던 것인데, 이것은 원균의 지휘 능력을 증명한다.

또 하나, 원균의 막하(幕下)에는 명장이 많았다. 기효근, 이운룡, 우치적, 김준계, 이광악, 원전 등이 그 대표적인 존재이다. 물론 이 밖에도 훌륭한 장수가 여러 명 더 있었다. 그 가운데 한 사람이 바로 제2절의 주인공인 강덕룡(姜德龍)이다.

1. 출발점 - 세 가지 탐구 주제

다음으로는 강덕룡과 그의 상관인 경상우수사 원균의 관계를 분석하려고 한다. 특히 여기서는 다음의 세 가지 사항에 초점을 맞출 것이다.

첫째, 강덕룡의 〈비문〉을 통해 왜란 초기 경상우수영이 펼친 군사 활동을 구체적으로 살펴볼 것이다. 이 부분이 오랫동안 베일에 가려 있었기 때문에 근거 없는 억측과 비난이 난무하였다. 왜란 초기 경상우수영이 어떠한 활동을 벌였는지를 구체적으로 연구하려면, 강덕룡의 비문을 자세히 분석해야 한다.

둘째, 강덕룡이라는 장수가 주장(主將)인 원균과 어떠한 사이였는지도 살펴보아야 한다. 이것은 원균이 유능한 장수를 휘하에 거느릴 만한 자격을 갖춘 주장(主將)이었는지 알아보려는 것이다.

셋째, 임진왜란이 끝나고 원균에 관한 악평이 매우 많아졌는데, 이를 두고 사필귀정(事必歸正)이라고 말하는 사람도 있다. 원균은 본래 무능하고 비열하였기 때문에 시간이 지날수록 그에 마땅한 세평이 저절로 형성되었다는 의견이다. 과연 그렇게 된 것일까? 강덕룡의 전기자료에 기록된 원균의 모습이 있다.

현존하는 강덕룡의 전기자료는 두 종류인데, 그 내용에 상당한 차이가 있다. 처음에 작성한 전기자료와 달리 후대에 개작한 전기는 원균을 바라보는 시각이 크게 달라진다. 강덕룡이라는 인물의 전기자료에 왜 이러한 변화가 일어났을까?

역사적 텍스트의 변조(變造)는 의미심장한 연구 주제로, 이 절의 핵심 주제이다. 누가, 언제, 어떻게, 그리고 왜, 역사적 텍스트를 왜곡하였을까? 역사의 진실을 탐구하는 데 꼭 필요한 흥미로운 문제이다. 《실록》과 같은 국가의 공적 기록에만 텍스트의 왜곡과 변조가 일어나는 것이 아니다. 앞에서 이미 살핀 것처럼 이운룡과 같이 뛰어난 장수의 전기자료에서도 역사 왜곡은 여러 가지 형태로 일어났다. 강덕룡의 전기자료 또한 마찬가지였다. 그러므로 우리는 강덕룡의 전기자료를 다각적으로 분석해, 원균에 관한 역사적 진실의 실마리를 찾아야 한다.

2. 왜란 초기 비장 강덕룡의 눈부신 활약 - 주장(主將)과 비장(裨將)의 신뢰

강덕룡은 그다지 이름난 장수가 아니다. 그러나 16~17세기 영남의 큰 선비 성여신(成汝信, 1546~1632)이 쓴 〈강덕룡〉〈비문〉이 남아있어, 그 행적을 비교적 상세히 알 수 있다. 〈비문〉의 저자 성여신은 경상도 진주의 선비로 왜란을 직접 경험한 인물이다. 게다가 그는 강덕룡과 동서(同壻)였다. 그런 점에서 성여신은 강덕룡 장군에 관해 가장 충실한 역사적 증언을 남겨놓았다. 성여신과 강덕룡 두 사람은 모두 남명(南冥) 조식(曺植, 1501~1572)의 문하에서 함께 수업하였다.

성여신이 기술한 〈비문〉(이하 〈비문〉으로 약칭)을 살펴보면 흥미로운 사실이 발견된다. 왜란이 일어나기 전부터 강덕룡은 원균과 밀접한 관계였다. 선조 25년(1592) 2월에 원균은 경상우수사에 임명되었는데, 무관 강덕룡은 전임 경상우수사 박현(朴玹)의 비장(裨將)이었다. 보통 비장은 주장이 바뀌면 그만두는 것이 보통이었으나, 강덕룡은 신임 수사 원균의 휘하에 그대로 머물렀다.[18] 왜, 그랬을까? 강덕룡은 이전부터 원균을 알고 지냈을 수도 있고, 원균의 명성을 듣고 호감을 느낀 것일 수도 있었다.

다른 기록에서는 왜란이 일어나자 "의병장 강덕룡"이 원균을 찾아가 도왔다고도 서술하였다. 하지만 이것은 사실이 아니다. 강덕룡의 일생을 가장 정확히 알았던 성여신의 〈비문〉이야말로 가장 믿을만한 서술이다. 왜란이 일어났을 때 강덕룡은 원균의 비장이었지, 의병장은 아니었다.

〈비문〉에는 왜란이 일어났을 때 경상도 수군이 처한 안타까운 사정이 여실히 기록되어 있다. 원균은 경상우수사의 임기를 막 시작한 데다 거느린 병력이 워낙 부족해, 수백 척이나 되는 일본군을 맞아 상대하기 불가능하였다.

한편 그의 전임자 박현은 《실록》을 비롯한 다양한 역사 기록에 한 번도 이름이 검색되지 않는다. 아마 원균이 경상우수사에 부임하기 직전에 사망한 것이 아닌가 추측된다.

지금까지 왜란에 관한 문헌에 수없이 기록된 한 가지 주장, 즉 비겁하고 무책임한 원균이 경상도 수군을 망쳤다는 이야기가 떠오른다. 경상좌도의 방어를 담당한 순찰사 김수의 〈장계〉에도 이런 내용이 있다(《실록》). 그때 경상우도의 방어를 맡은 김성일의 〈장계〉에도 비슷한 주장이 보인다(《실록》). 가장 결정적인 문헌은 영의정 유성룡이 왜란 뒤에 저술한 《징비록》일 것이다. '왜란이 일어나자 원균은 100척의 전함을 몽땅 물속에 집어넣고, 1만 명의 수군을 해산해 경상도를 망쳤다.'라고 했다. 이 구절은 조선 후기에 쓰인 각종 역사서에 단골로 등장한다.

---

18 성여신(成汝信), 《부사집(浮查集)》, 제4권, 〈장기현감 강공 묘지(長鬐縣監姜公墓誌)〉.

그러나 이것은 사실과는 거리가 먼 엉터리에 불과하다. 당시 원균의 막하에 있던 비장 강덕룡이 아는 한, 그토록 많은 전선과 병력이 경상우수영에 존재한 적이 없었다. 〈비문〉의 저자 성여신도 알고 있었다. 원균에게는 무기도 군사도 절대적으로 부족했다는 사실을 알고 있었다. 역사의 진실은, 진주 지역 사정에 밝은 강덕룡이 밤낮으로 군사를 모아 가까스로 경상우수영의 수군을 재편성하였다는 사실이다. 성여신은 그 점을 다음과 같이 기술하였다.

> "공(강덕룡)은 (우수사 원균에게) 계책을 올리고, 밤중에 사천, 고성, 곤양 등지를 돌아다니며 군사를 소집하여, (원균이 이순신과 합동작전을 벌일) 기일에 맞추어 (경상우수영 수군의) 대오를 갖추었다. … 공은 원균과 한마음으로 힘을 합쳐 방어태세를 온전히 갖추었다. (이후) 연거푸 12번을 싸워 그 전투에서 (경상우수영과 전라도 수군이) 모두 크게 이겼다. 이 때문에 원균이 (강덕룡 공을 더욱) 애지중지하였고, 〈장계〉를 올려 그 공적을 칭찬하였다. (나중에) 조정에서 (공에게) 정3품의 품계를 내려주었는데, 당시 사람들이 (공은 큰 데 상은 적다며) 원통하게 여겼다."[19]

원균에게 이른바 100척의 전함(판옥선)이 있을 수가 없었다. 그때 전투준비가 가장 잘된 이억기와 이순신의 전라 좌우 수영도 겨우 20척 안팎의 판옥선을 보유하였다. 게다가 원균이 해산하였다는 1만 명의 군사도 너무 과장되어 진실이 아니다. 선조 26년(1593)에 이순신이 이른바 삼도수군통제사가 되어 전라, 충청 및 경상도의 수군을 호령하였을 때 휘하 병력은 총 1만 명이었다. 당대의 원로대신 이산해가 선조에게 바친 〈차자〉에 따르면, 장부상의 숫자는 1만이었으나 운용할 수 있는 실제 병력은 5천 명 정도였다고 한다. 그런데 어떻게 왜란이 발생하였을 때 원균 한 사람에게 1만 명의 병사가 있었겠는가?

왜란이 일어났을 때 경상우수사 원균의 관내에는 기껏해야 19척의 판옥선이 등록되어 있었다.[20] 휘하 병력도 아마 2천~3천 명 정도가 병부에 기록되어 있었을 것이다. 하지만 원균이 실제로 운용할 수 있는 전함은 잘해야 10척쯤이고, 군사도 1천 명 내외였다.

이런 상황이었는데, 16만 명에 가까운 일본군이 연달아 부산포에 상륙하였다. 동래를 비롯해 부산 일대를 방어하던 경상좌수영이 곧바로 무너진 것은 당연한 일이다.

---

19 성여신, 《부사집(浮査集)》, 제4권, 〈장기현감 강공 묘지(長鬐縣監姜公墓誌)〉.
20 《실록》, 선조 36년(1603) 7월 26일.

원균의 관내도 침략전쟁이 시작된 지 3~4일 사이에 동쪽의 절반쯤이 적의 지배 아래 놓였다. 누구도 피할 수 없는 재앙이었다.

왜란 초기에 원균이 전투에 동원할 수 있는 전선과 병력은 우수영이 설치된 거제도의 서쪽 지역에 배치된 것이 거의 전부였다. 이처럼 영세한 규모의 수군을 거느린 상태로 원균은 일본군의 서진을 막아야 했다.

하지만 비장 강덕룡은 절박한 현실에 좌절하지 않았다. 다행인 것은 그가 현지 실정에 밝았으며 진주권에서 영향력 있는 사람을 많이 알고 있었다는 점이다. 강덕룡은 주로 세 개의 고을, 즉 사천과 고성 및 곤양 등지를 분주히 오가며 일본군과 싸울 군사를 끌어모았다. 이처럼 성실하고 유능한 비장이 있었기에, 원균은 단기간 내에 수군 병력을 어느 정도 충원할 수 있었다.

전쟁이 일어나고 2~3개월이 지나자 경상우수영은 처음보다 규모가 2배 이상 커졌다. 원균이 운용하는 판옥선 중에는 그동안 수리를 마친 7척이 포함되어 있었다. 이처럼 괄목할 만한 변화를 우리는 이순신의 《난중일기》에서 확인할 수 있다. 이후에도 경상우수영은 급성장을 거듭해, 이미 앞에서 강조했듯 선조 27년에는 전라좌도나 전라우도와 견주어 손색이 없게 되었다. 이는 40척가량의 판옥선에 5천 명쯤을 동원할 수 있게 되었다는 뜻이다. 이러한 성장의 토대를 만드는 데 가장 현저하게 이바지한 이가 바로 강덕룡이었다.

모병(募兵)에 이바지한 강덕룡을 원균은 애지중지하였다. 그들 두 장수는 처음부터 끝까지 좋은 관계를 유지하여, 강덕룡의 〈비문〉에는 그들이 "한마음으로" 적과 싸웠다고 하였다. "원균이 (강덕룡을) 애지중지하였고, 〈장계〉를 올려 그 공적을 칭찬하였다"라는 표현도 발견된다. 이처럼 원균과 강덕룡은 서로 신뢰가 두터웠다.

후세의 역사 기록에서도 원균이 휘하 장수 강덕룡과 함께 싸워 큰 공을 세운 점을 특기하였다. 18세기 중반에 편찬된 《여지도서(輿地図書)》의 〈진주〉 항목에는 다음과 같은 글귀가 있다.

> "강덕룡은 무과 급제자였다. 그는 임진왜란 때 원균의 막하 (장수)가 되어 (원균과) 함께 왜구와 맞서 12번 싸워 모두 크게 이겼다. 조정에서 특별히 3품 벼슬을 내려주었다. (姜德龍 武科 壬辰赴元均幕 與倭寇連戰十二皆大捷 朝廷特授三品職)"21

---

21 《여지도서(輿地圖書)》, 하(下), 慶尙道, 晉州, 〈人物〉.

성여신이 쓴 〈비문〉과도 일치하는 서술이지만 약간 문제점이 있는 기록이다. 강덕룡이 원균을 따라 12번의 전투에 나아갔고, 그때마다 대승을 거두었다고 하였다. 12번의 전투라면 원균이 이순신 및 이억기와 연합하여 3년 동안에 이룬 성과였다. 강덕룡은 과연 12번의 전투에 모두 참전하였을까?

강덕룡이 수군에 종사한 것은 왜란 초기의 수개월뿐이었다. 이 점은 〈비문〉에서 확인된다. 그가 12번의 전투에 참전하였다는 주장은 사실과 다른 이야기이다. 그러나 강덕룡이 주장 원균에게 충성스럽고 유능한 부장이었다는 점은 의문의 여지가 없다. 한 마디로, 강덕룡은 원균의 자랑스러운 막하(幕下)였고, 후세의 진주 사람들도 그렇게 확신하였다.

진주에는 강덕룡의 후손이 대대로 살았다. 그들은 물론이고 진주의 사림(士林)들도 왜란 때 강덕룡이 중요한 역할을 담당하였다는 점을 잊지 않았다. 19세기에 조정에서는 진주 지방 선비들의 건의를 받아들여 강덕룡에게 충신 정려(旌閭)를 내려주었다. 아울러 병조참의(정3품)라는 높은 벼슬까지도 추증하였다. 《승정원일기》에 다음과 같이 서술하였다.

> "작고한 영장(故營將) 강덕룡(姜德龍)을 병조참의로 추증하고. 관례대로 훈련원 도정을 겸하게 한다. 충절이 특별하여(卓異) (이 벼슬을) 추증하는 것이다."[22]

이상의 서술을 요약하면, 왜란 초기에 원균의 휘하에 강덕룡이란 비장이 있었고, 그는 위기에 빠진 나라를 구하려고 수군 병력을 보충하는 데 앞장서 큰 성과를 냈다. 또, 강덕룡은 왜란 초기의 전투에 참전해 공을 세우기도 하였으며, 원균은 그의 공적을 조정에 보고하였다. 그러한 사실이 후세에 전해져, 강덕룡은 '충신'으로 표창되었고 높은 벼슬에 추증되었다. 우리가 미처 몰랐던 일이지만, 원균에게는 강덕룡처럼 유능한 부하가 많았다는 것을 알 수 있다.

또 일반에 알려지지 않은 사실이 있다. 선조 30년(1597) 2월에 있었던 부산포해전에서 우수(禹壽)라는 장수가 위기를 뚫고 통제사 이순신의 목숨을 구한 사실이 있음이 밝혀졌다. 그 역시 본래 원균의 부장이었다. 그리고 김승룡, 김준계, 원전 등도 원균의 휘하에서 많은 공을 세웠다. 따라서 원균은 경상우수영의 전공이 다른 수군에 뒤지지 않는다고 확신하였던 것이다. 조정의 여러 대신이 보기에도 이와 같은 주장은

---

22 《승정원일기》, 철종 8년 윤 5월 16일.

믿을만하다고 여겼다.

    원균과 이순신은 저마다 유능한 장수를 많이 거느렸고, 그래서 왜란 당시 조선 수군은 양대 계파로 나뉘어 쟁공(爭功)하였다. 이것은 조정의 걱정거리가 되었고, 선조 27년(1594) 연말에 조정에서는 영의정 유성룡 등이 모종의 결단을 내리게 되었다. 그들은 선조의 재가를 얻어 원균을 수군에서 축출하고 말았다.

    그때 대신 윤두수와 정탁 등은 원균과 이순신 두 장수를 모두 기용하자고 주장하였는데, 특히 정탁은 다음과 같이 말했다. "원균은 사졸들이 따르므로 가장 쓸 만한 장수입니다."[23]

    또 정탁은 다음과 같이 경고하기도 하였다. "이 일 때문에(즉 이순신과의 갈등 때문에) 원균의 벼슬을 바꾸면 수군이 흩어질 염려가 큽니다."[24]

    정탁의 통찰이 과연 옳았다. 강덕룡 한 사람만 아니라 기효근과 이운룡, 우치적, 이광악 등 여러 장수는 우수사 원균을 따랐다. 생사를 넘나드는 전투를 통해 그들은 한 몸이 되었다. 조선 수군에서도 가장 용감하고 유능한 장수들이 원균과 이순신의 휘하에 있었고, 그들이 두 개의 파벌로 나뉘어져 있었던 것이다.

    이런 현실을 무시하고 갑자기 원균을 수군에서 육군으로 보내면 무슨 일이 제대로 되겠는가? 수군의 양대 세력이 대칭을 상실해, 내적으로 붕괴될 우려가 있었다. 정탁처럼 현명한 신하는 멀지 않은 장래에 수군이 약해질 것이란 것을 알았고, 그러한 염려는 기우(杞憂)가 아니었다.

    원균이 수군을 떠난 다음에 조선 수군은 일본군을 공격해 큰 승리를 거둔 적이 한 번이라도 있었던가? 통제사 이순신의 지도력은 날이 갈수록 흔들렸고 수군은 전투력이 약해졌다(《실록》). 설상가상으로 선조 29년(1596) 겨울이 되자 일본군의 재침략이 눈앞의 현실로 다가왔다. 당황한 조정에서는 통제사를 이순신에서 원균으로 갑자기 교체하였다. 선조 30년(1597) 2월에 원균이 삼도수군통제사에 발탁된 배경이 그것이다.

3. 역사를 왜곡한 강덕룡의 〈행장〉

    그런데 이른바 강덕룡의 〈행장〉(이하 〈행장〉으로 약칭)이란 또 한편의 전기 자료

---

23 《실록》, 선조 27년(1594) 11월 12일.
24 《실록》, 선조 27년(1594) 11월 12일.

가 있어 주목된다. 이 〈행장〉은 진주강씨 중앙종회 홈페이지에서도 읽을 수 있는데,[25] 본래 《매촌 강덕룡 실기(梅村 姜德龍 實記)》(진주, 임계정, 1979)에 수록된 글이다.

이 〈행장〉은 위에서 검토한 〈비문〉과는 성격이 다른 텍스트이다. 서로 일치하는 부분도 있으나, 크게 다른 내용도 적지 않게 발견된다. 문제의 단락에는 강덕룡이 주장 원균을 비판하고, 시종일관 의로운 이순신의 편에 섰다고 했다.

그런데 〈행장〉과 〈비문〉의 저자는 성여신 한 사람이라고 한다. 과연 그러한지 의문이 들지만, 문제의 텍스트를 자세히 검토하면 결국은 사실 여부를 판단할 수 있을 것이다.[26] 아래에서 필자는 두 개의 텍스트를 비교할 것이다. 서로 차이가 있는 글귀에는 밑줄(_)을 그어 표시하고, 정확한 이해를 돕기 위해 간단한 설명을 붙이겠다.

먼저 〈비문〉의 원문을 소개하고, 이어서 〈행장〉의 원문과 비교하겠다.

〈비문〉
壬辰夏. 倭寇卒至. 元均未及裝船. 水稍亦多闕. 計無所出. 公獻策. 星夜步行. 召募軍人於泗川, 固城, 昆陽等地. 及期整齊焉. 渡露梁時. 露梁萬戶載其妾先渡. 公心鄙之. 不與同舟. 未及半洋. 爲風濤所揑沒. 人曰. 公之不渡. 天也. 與元均同心戮力. 防禦備至. 連戰十二. 戰皆大捷. 以此元均愛而重之. 論功狀啓而朝廷(밑줄 친 34자는 〈행장〉과 완전히 다른 내용이다.) 給三品正. 時人寃之.

〈행장〉
壬辰夏, 倭寇卒至, 公赴元均軍(5자 추가) 時未及裝船, 戰具亦多闕, 元均計無所出, 公畫策, 星夜步行, 召募軍人於泗川 固城 昆陽等地, 及期整齊焉, 渡露梁時, 露梁萬戶載其妾先渡, 公心鄙之, 不與同舟, 未及半洋, 爲風濤所掩沒, 人曰 公之不渡, 天也, 全羅左水使李舜臣, 領諸將, 至唐浦, 與元均約, 與同事, 見公, 心甚器之, 且公慣識嶺南水路, 專任舟師之策, 公同心盡力, 防禦備至, 連戰十二, 戰皆大捷, 時元均與李舜臣, 搆成嫌隙, 公甚患之, 常以鎭定之道, 規戒之, 均終不改悔, 公憤發罵曰, 大駕播越, 賊勢鴟張, 當竭力報效, 豈可以小嫌而誤大事乎, 遂從事於李公閒山陣, 與鄭運李億祺等, 進戰於釜山, 破其船百餘艘, 又戰於安骨浦, 燒其船四十餘隻, 大將愛而重之, 論功啓聞朝廷, 只(줄 친 168자는 〈비문〉과 내용이 완전히 다름) 給三品正, 時人寃之.

---

25 2023년 7월 17일 오전 9시에 확인하였다. 강덕룡의 후손이 편찬한 《매촌강덕룡실기(梅村姜德龍實記)》(1979년)에 실린 글이다. 링크 주소는 다음과 같다.
http://www.jinjukang.org/im/technote/read.cgi?board=new_news&y_number=507
26 정확히 말해, 〈비문〉은 〈長鬐縣監姜公墓誌〉(성여신, 《부사집》, 제4권)이다. 그리고 강덕룡의 〈행장(行狀)〉도 성여신의 저술이라고 쓰여 있으나, 후술하는 바와 같이 그것은 역사적 진실이 아니다.

독자의 이해를 돕기 위해 〈비문〉과 〈행장〉을 번역하고, 서로 차이나는 부분에는 역시 밑줄(_)을 그어, 차이점을 드러나게 하였다.

〈비문〉
임진년 여름에 왜구가 갑자기 들이닥치자 (경상우수사) 원균이 미처 배를 무장하지 못했고, 수군도 많이 부족하여 (적을 물리칠) 계책이 나올 길이 없었다. 공이 (원균에게) 계책을 올리고, 밤중에 사천, 고성, 곤양 등지에 가서 군인을 소집하여 (이순신과 연합함대가 출범할) 기일에 맞추어 (대오를) 정렬하였다. (한 번은) 노량(露梁)을 건널 적에 노량만호가 그의 첩을 태우고 먼저 건너기에, 공이 마음속으로 비루하다 여겨 그와 함께 배를 타지 않았다. (그 배는) 바다를 반도 건너지 않아 풍랑에 침몰하고 말았다. 사람들이 말하기를 "공이 건너가지 않은 것은 하늘이 도운 것이다."라고 하였다. (왜란 초기에 공은) 원균과 한마음으로 힘을 합하여 방어 태세를 갖추고 연거푸 열두 번을 싸워 전투에서 모두 크게 이겼다. 이로 말미암아 원균이 (공을) 애지중지하였으며 장계를 올려 공적을 논하였다. (나중에) 조정에서 정3품의 품계를 내렸는데, 당시 사람들이 (공보다 상이 적어) 원통하게 여겼다.

〈행장〉
임진년 여름에 왜구가 갑자기 들이닥치자 공은 원균(元均)의 군영으로 달려갔다. 이때는 미처 배를 무장하지 못했고, 전구(戰具)도 많이 부족하여 원균에게서 계책이라고 나올 것이 없었다. 공이 계책을 마련하여 밤중에 도보로 사천, 고성, 곤양 등지에 가서 군인을 소집하여 (이순신과 연합함대를 편성할) 기일에 맞추어 (대오를) 정렬하였다. (언젠가) 노량(露梁)을 건널 적에 노량만호가 그의 첩을 태우고 먼저 건너기에, 공이 마음속으로 비루하다 여겨 그와 함께 배를 타지 않았다. (그런데 그 배가) 바다를 반도 건너지 않아 풍랑에 침몰하고 말았다. 사람들이 말하기를 "공이 건너가지 않은 것은 하늘이 도운 것이다."라고 하였다. (한편) 전라좌수사 이순신(李舜臣)이 제장(諸將)을 거느리고서 당포(唐浦)에 이르러 원균과 함께 약속을 정하고 같이 일을 도모할 때였다. (이순신은) 공을 보고 마음속으로 큰 그릇으로 여겼다. 더구나 공이 영남의 수로(水路)를 (모두) 꿰뚫고 있었으므로, 주사(舟師)의 계책을 오로지 맡겼다. (이에) 공이 한마음으로 힘을 다하니 방어 준비가 견고하여 (이순신이) 연달아 12번을 싸워 모두 대첩을 이루었다. 이 때 원균이 이순신과 더불어 혐극(嫌隙)을 만들었다. 그러자 공이 (이를) 매우 근심하여 항상 진정(鎭定)하는 도리로 바르게 경계하였다. 그런데도 균(均)이 끝내 회개하지 않자 공이 발분(發憤)하여 꾸짖었다. '대가(大駕, 선조가 탄 수레)는 파천하였고, 적세는 커져만 감으로 (우리는) 마땅히 힘을 다하여 나라의 은혜에 보답해야 한다. 그런데 어찌 조그만 혐극으로 대사를 그르칠 수 있단 말이오?' 마침내 이공(李公, 이순신)의 한산도 진중에 종사(從事)하여 정운(鄭運)·이억기(李億祺) 등과 더불어 부산(釜山)으로 나아가 싸워, (왜)적의 전선 100여 척을 부수었다. 또, 안골포(安骨浦)에서도 싸워 적의 전선 40여 척을 불태웠다. 그러자 대장(大將, 이순신)이 아끼고 소중하게 여겨 논공(論功)을 하여 조정에 계문(啓聞)하였다. 그리하여 조정에서 정3품의 품계를 내리니 당시 사람들이 (공보다 상이 적다고) 원통하게 여겼다.

이제는 〈비문〉과 〈행장〉의 차이를 명확히 분간하기 위해 두 텍스트를 소주제별로 나누어, 글의 저자가 저마다 강조한 것이 무엇인지를 정확히 알아보겠다. 먼저 〈비문〉부터 점검한다.

모병관 강덕룡
(가) "임진년 여름에 왜구가 갑자기 들이닥치자 (경상우수사) 원균이 미처 무장하지 못했고, 수군도 많이 부족하여 (적을 물리칠) 계책이 나올 수 없었다."

윗글에 다른 당대의 진실이 기록되어 있어 대단히 귀중한 텍스트라고 생각한다. 즉, 일본군이 쳐들어왔을 때 경상우수영에는 무기도 수군도 크게 부족하여 싸울 방법이 막연하였다. 비장 강덕룡이 맞닥뜨린 당시의 사정이 이러했다. 그의 동서 성여신(저자)은 이 점을 정확히 파악해 위와 같이 기록하였다.
이 글은 원균이 무책임하고도 비겁하게 경상우수영의 장비를 모두 없애고, 막강한 수군을 몽땅 해산하였다는 속설을 바로잡을 근거가 되기에 충분하다. 따라서 기록은 짧아도 의미심장한 역사 서술이다.

(나) "공이 (원균에게) 계책을 올리고, 밤중에 사천, 고성, 곤양 등지에 가서 군인을 소집하여 (이순신과 연합함대를 출범할) 기일에 맞추어 (대오를) 정렬하였다."

강덕룡처럼 현지 사정을 잘 아는 비장이 있어, 원균은 경상우수영을 재건할 수 있었다. 왜란 초기에 일본군이 바로 침략하지 못한 곳은 경상도의 서남쪽이었다. 사천, 고성 및 곤양이 이에 해당한다. 강덕룡으로 말하면, 대대로 진주에 세거(世居)한 명망가의 후손이었다. 그래서 그는 많은 병력을 끌어모을 수 있었다. 탁월한 모병관(募兵官)이었다. 강덕룡의 노력에 힘입어 원균은 경상우수영을 재건할 수 있었으니, 나라를 위해서도 다행한 일이었다.

> (다) "(한 번은) 노량(露梁)을 건널 적에 노량만호가 자신의 첩을 태우고 먼저 건너기에, 공이 마음속으로 비루하다 여겨 그와 함께 배를 타지 않았다. (그 배는) 바다를 반도 건너지 않아 풍랑에 침몰하고 말았다. 사람들이 말하기를, 공이 건너가지 않은 것은 하늘이 도운 것이라고 하였다."

여기서 말하는 '노량만호'가 누구인지는 알 수 없다. 남해 현에 근거지를 둔 어느 장수를 가리킨 것으로 짐작되는데, 사실 여부는 불투명하다. 남해는 경상우수영 소속이었으므로, 그쪽 바다에서 만호로 재임한 장수가 왜란 초기에 익사했다면 어딘가 그 사실이 기록되어 있을 법하다. 그러나 어디에서도 관련 기록을 찾지 못하였다. 아마도 이 설화는 강덕룡의 성품이 청백(淸白)하다는 점을 강조하는 데 뜻이 있을 뿐, 역사적 사실과는 거리가 없는 것으로 짐작된다.

원균의 사람

> (라) "(왜란 초기에 공은) 원균과 한마음으로 힘을 합하여 방어 태세를 갖추고 연거푸 열두 번을 싸워 전투에서 모두 크게 이겼다. 이로 말미암아 원균이 (공을) 애지중지하였으며 장계를 올려 공적을 논하였다."

강덕룡은 모병에 유능하였을 뿐만 아니라 장수로서도 뛰어났다는 서술이다. 주장 원균을 도와 12차례나 연달아 출전해 모두 이겼다고도 하였다. 12차례 참전했다는 주장은 사실과 다르다. 〈비문〉과 〈행장〉에서 저자는 강덕룡이 선조 25년(1592) 가을에 경상도 함창현감이 되었다고 하였다. 그러면 선조 26년(1593)부터는 해전에 참전하는 것이 근본적으로 불가능하다.

후세는 《난중일기》에 의존해 마치 경상우수영의 모든 장수가 이순신의 직계 부하였던 것으로 착각하였다. 그러나 그들은 사실 원균의 지휘를 받는 장수들이었다. 왜란 초기에는 통제사란 직책도 없었고, 전라좌우수사와 경상우수사는 제각기 독자적으로 지휘권을 행사하였다. 통제사 제도가 생긴 다음에도 모든 부대를 통제사가 마음대로 직접 지휘한 것은 아니었다. 통제사 이순신의 본직은 전라좌수사였고, 전라좌수영이 그의 직할부대였다.

여기서 강조하고 싶은 점은, 우수사 원균이 강덕룡을 "애지중지"하였다는 사실이다. 조정에 올린 〈장계〉에서도 원균은 강덕룡의 공적을 거론하며 표창하기를 건의하였다고 했다.

> (마) "(나중에) 조정에서 정3품의 품계를 내렸는데, 당시 사람들이 (공보다 상이 적어) 원통하게 여겼다."

마침내 강덕룡은 당상관이 되었다는 사실까지도 〈비문〉에서 언급하였는데, 그것으로는 상이 부족하다고 하였다. 그러나 정3품은 수사(水使) 벼슬에 해당하는 높은 품계였으므로 불평할 이유가 없는 일이다.

요컨대 〈비문〉을 읽어보면, 강덕룡은 원균의 총애를 받은 비장(裨將)이었다. 특히 왜란 초기에 큰 어려움에도 뜻을 조금도 굽히지 않고 주장을 도와 모병에 성공하였다는 서술이 우리의 관심을 끈다.

처음부터 '가짜 뉴스'

이제부터는 강덕룡의 〈행장〉을 읽어보겠다. 역시 소주제별로 문장을 나누어, 저자의 주장을 명확히 드러내겠다.

> (가) "임진년 여름에 왜구가 갑자기 들이닥치자 <u>공은 원균(元均)의 군영으로 달려갔다.</u> <u>이때는</u> 미처 배를 무장하지 못했고, <u>전구(戰具)도</u> 많이 부족하여 <u>원균에게서</u> 계책이라고 나올 것이 없었다."

〈행장〉은 그 내용이나 강조점이 처음부터 〈비문〉과는 다르다. 우선 강덕룡이 원균의 휘하로 들어간 시기를 왜적이 쳐들어온 다음이라고 하였다. 강덕룡은 본래 원균의 비장이 아니었으나, 나라를 위해서 그의 휘하로 찾아갔다는 이야기였다. 역사적 사실과는 완전히 다른 주장이다. 이미 위에서 살핀 대로 〈비문〉에서는 원균이 경상우수영의 수사로 부임하기 전부터 강덕룡이 우수영의 비장이었다는 점이 밝혀져 있다. 또, 〈행장〉의 저자는 "원균에게서 계책이 나올 것이 없었다"라고 적어, 경상우수사 원균의 무능함을 은근히 강조하였다.

> (나) "<u>공이 계책을 마련하여</u> 밤중에 도보로 사천, 고성, 곤양 등지에 가서 군인을 소집하여 (이순신과 연합함대를 편성할) 기일에 맞추어 (대오를) 정렬하

했다."

여기서도 강덕룡이 "계책을 마련하였다"라는 점이 거듭 강조되었다. 비장의 임무를 다하였다기보다는 무능한 수사 원균을 대신하여 부대를 지휘하였다는 식으로 〈행장〉을 고쳐 쓴 것이다.

> (다) "(언젠가) 노량(露梁)을 건널 적에 노량만호가 그의 첩을 태우고 먼저 건너기에, 공이 마음속으로 비루하다 여겨 그와 함께 배를 타지 않았다. (그런데 그 배가) 바다를 반도 건너지 않아 풍랑에 침몰하고 말았다. 사람들이 말하기를 "공이 건너가지 않은 것은 하늘이 도운 것이다."라고 하였다."

〈비문〉과 차이가 없는 부분이다. 강덕룡의 매서운 성품을 기린 대목인데, 대개 이런 예화는 역사적 사실과 무관하게 문학적으로 꾸미는 것이 조선 시대의 풍습이었다.

이순신의 막하라니!

> (라) "(한편) 전라좌수사 이순신(李舜臣)이 제장(諸將)을 거느리고서 당포(唐浦)에 이르러 원균과 함께 약속을 정하고 같이 일을 도모할 때였다. (이순신은) 공을 보고는 마음속으로 큰 그릇으로 여겼다. 더구나 공이 영남의 수로(水路)를 (모두) 꿰뚫고 있었으므로, 주사(舟師)의 계책을 오로지 (공에게) 맡겼다. (이에) 공이 한마음으로 힘을 다하니 방어 준비가 견고하여 (이순신이) 연달아 12번을 싸워 모두 대첩을 이루었다."

이 글은 〈비문〉과는 완전히 다른 내용이다. 이순신이 첫눈에 강덕룡의 재주를 알아보았다고 기술했다. 또, 전라좌수사 이순신의 지시를 받아 "주사의 계책"을 담당하였다고도 주장했다. 강덕룡은 실질적으로 이순신의 참모가 되어, 연합함대 전체의 참모장이 되었다는 뜻이다. 그가 참전해서 거둔 12번의 승리도 이순신과 함께 거둔 승전이라고 서술하였다. 이러한 주장은 모두 사실과 일치하지 않는다.

전라좌수사 이순신이 무슨 권리로 경상우수사 원균의 비장을 자기의 직속 부하로 삼는다는 것인가. 게다가 강덕룡보다 서열이 높은 장수도 많았고, 경상도 물길을 그보다 더 잘 아는 장수들도 있었다. 가령 원균의 휘하에서 활약한 옥포만호 이운룡과 기효근, 우치적 등이 그러하였다.

이런 점에서 〈행장〉의 서술은 역사적 진실이 아니라, 앞뒤가 바뀐 역사기록의 변조였다.

> (마) "이때 원균이 이순신과 더불어 혐극(嫌隙)을 만들었다. 그러자 공이 (이를) 매우 근심하여 항상 진정(鎭定)하는 도리로 바르게 경계하였다. 그런데도 균(均)이 끝내 회개하지 않자 공이 발분(發憤)하여 꾸짖었다. '대가(大駕, 선조가 탄 수레)는 파천하였고, 적세는 커져 가므로 (우리는) 마땅히 힘을 다하여 나라의 은혜에 보답해야 한다. 그런데 어찌 조그만 혐극으로 대사를 그르칠 수 있단 말이오?'"

〈행장〉의 저자는 원균의 비장인 강덕룡이 직속상관 원균 수사를 크게 꾸짖고 이순신을 옹호하였다고 말하였다. 그러나 왜란 초기에 이순신과 원균은 이미 양립하기 어려울 정도로 관계가 나빠져 있었던가? 이 역시 역사적 사실과는 어긋난 상황 설정이었다. 더욱이 그때 원균이 애지중지한 비장 강덕룡이 도리어 이순신을 편들어 상관을 욕하였다는 것은 상식적으로도 이해할 수 없다. 〈행장〉에서 사실관계가 이렇게까지 왜곡된 것은 참으로 안타까운 일이다.

> (바) "마침내 이공(李公, 이순신)의 한산도 진중에 종사(從事)하여 정운(鄭運) 및 이억기(李億祺) 등과 더불어 부산(釜山)으로 나아가 싸워, (왜)적의 전선 100여 척을 부수었다. 또, 안골포(安骨浦)에서도 싸워 적의 전선 40여 척을 불태웠다. 그러자 대장(大將, 이순신)이 아끼고 소중하게 여겨 논공(論功)을 하여 조정에 계문(啓聞)하였다. 마침내 조정에서 정3품의 품계를 내리니 당시 사람들이 (공보다 상이 적다고) 원통하게 여겼다."

이 대목에서 〈행장〉은 서사구조를 더욱더 극적으로 꾸몄다. 심지어 강덕룡이 원균의 휘하를 박차고 나가 이순신의 한산도 진중으로 옮겨갔다는 억지 주장까지 하였다. 그리고 나서 강덕룡은 안골포해전(선조 25년 7월 10일)과 부산포해전(선조 25년 9월 1일)에서 이순신의 부장으로 큰 공을 세웠다고 말하였다. 그때 세운 공으로 이순신이 〈장계〉를 올려 강덕용은 정3품으로 승진하였다고 서술하였으니, 〈비문〉과는 완전히 다른 새로운 내용이다. 〈행장〉의 진술은 과연 사실이었을까?

〈비문〉에서든 〈행장〉에서든 강덕룡은, 선조 25년 하반기에는 김성일의 천거로 함창현감이 되어 수군을 떠났다고 하였다. 한산도에 이순신의 통제영이 세워지기도 전이다. 왜란이 발생한 그해 가을부터 강덕룡은 육군으로 옮겼고, 때로 지방행정을 맡은 관리로도 근무하였다. 그가 수군에 머문 기간은 불과 수개월이었다. 그런데도 〈행장〉에서는 강덕룡이 원균을 버리고 이순신의 한산도 진영에 들어가 여러 해전에서 공을 세웠다고 주장하였다. 이순신과의 특수한 친분과 우호 관계를 기정사실로 만들기 위해 〈행장〉을 조작한 것이다.

요약정리

이쯤에서 사실관계를 간단히 정리해보면, 〈비문〉에서는 원균이 부장 강덕룡을 "애지중지"하였고, 원균 휘하에서 많은 공을 세워 상관 원균이 〈장계〉를 올려 강덕룡의 공을 보고하였다고 서술했다. 또, 그 덕분에 훗날 정3품 벼슬을 받았다고 기술하였다.

그러나 〈행장〉에서는 이야기가 완전히 달라졌다. 처음부터 강덕룡은 이순신과 마음이 잘 맞아 그의 참모장 역할을 하게 되었다고 기술했다. 더구나 무도한 원균을 꾸짖고 자신의 결단에 따라 경상우수영을 떠났고, 한산도의 이순신 통제사 진중으로 옮겨가 많은 전공을 쌓았다고 했다. 나중에 정3품으로 승진한 것도 이순신의 〈장계〉 덕분이었다고 서술하였다. 〈행장〉의 이런 주장은 터무니없는 허구이다.

만에 하나, 우리가 잘 모르는 특별한 사정이 있었을 수도 있다는 생각에 '강덕룡'이란 이름을 이순신의 《난중일기》에서 검색해 보았다. 그런데 그런 이름은 단 한 번도 보이지 않았다. 이순신이 조정에 올린 〈장계〉는 물론이요, 이순신의 문집 《이충무공전서》 어디에도 "강덕룡"이란 존재는 발견되지 않았다.

따라서 우리는 한 가지 결론을 내릴 수 있다. 이순신과 강덕룡은 특별한 사이가 아니고, 친분 자체도 없었다. 〈행장〉에 기술된 이순신과 강덕룡의 특별한 관계는 완벽한 거짓이었다. 강덕룡은 원균의 충성스러운 비장이었는데, 후세가 그 진실을 외면한 것이다.

4. 강덕룡의 〈행장〉을 조작한 사람은 누구일까?

놀랍게도 〈비문〉의 저자 성여신이 강덕룡의 〈행장〉도 지었다고 하는데, 과연 사실일까? 〈비문〉과 〈행장〉을 비교해보면, 일부만 서로 다르고 나머지는 거의 비슷하거나 서로 일치하였다. 그러나 위에서 필자가 분석한 것과 같이 질적인 면에서는 완전히 다른 텍스트였다. 특히 왜란 당시 수군의 활동에 초점을 맞추어 읽어보면 두 텍스트는 정반대되는 주장이다.

〈비문〉과 〈행장〉의 맨 끝부분에는 "임신년(壬申年, 인조 10년, 1632) 7월 그믐"에 성여신이 지었다고 적혀있다. 16~17세기 진주의 큰 선비 성여신이 과연 이 두 글의 저자였을까? 성여신이라는 이름난 선비가 두 개의 모순된 텍스트를 저술하였다는 말인가!

원균에 대한 성여신의 생각

우리는 그 진실을 알아낼 수 있을까. 이 문제를 해결하려면 저자 성여신이 원균이란 장수를 어떻게 평하였는지를 알아야 한다. 성여신의 문집 《부사집》을 참조할 필요가 있다. 다음의 세 곳에서 성여신은 원균에 관한 자신의 소견을 말하였다.

첫째, 이미 소개한 강덕룡의 〈비문〉이다. 정확하게는 〈장기현감 강공 묘지(長鬐縣監姜公墓誌)〉라는 제목의 글인데, 성여신은 원균과 강덕룡의 밀접한 관계를 긍정적으로 서술하였다. 강덕룡은 원균의 충직하고 유능한 부장이었고, 원균은 강덕룡의 승진을 위해 조정에 〈장계〉를 올렸다고 기술했다.

둘째, 《부사집》(제6권)에 나오는 〈종유제현록(從遊諸賢錄)〉이란 글이다. 성여신이 평생 사귄 어진 선비들의 전기를 간단히 기술한 것인데, 그 가운데에 "강 장기(姜長鬐, 장기현감이란 뜻)"라고 불린 강덕룡에 관한 설명이 나온다. 짧은 글이지만, 임진왜란 때 강덕룡이 어떠한 활약을 하였는지를 함축적으로 서술하였다.

> "(강덕룡은) 임진왜란 때 원균(元均)의 비장(裨將)이 되었다. 공은 온 힘을 다해 계책을 세워 싸울 때마다 반드시 크게 이겼다. 초유사 김학봉(金鶴峯, 김성일)이 그 명성을 듣고 〈장계〉를 올려 함창군수(咸昌郡守, 현감의 오류)에 제수되었다. 또, (경상도의) 방백(관찰사)이 천병방량사(天兵放糧使, 명나라 군대에 식량을 보급하는 관리)로 선발하자 공은 마음을 다해 직책을 수행하였다. (그때) 피란 중에 굶주린 사람들을 살린 일도 많았다."[27]

간단히 말해, 강덕룡은 원균의 비장으로 큰 공을 세워 이름이 났다고 하였다. 이순신의 부장이었다는 말은 보이지 않는다. 그 대신에 원균 휘하에서 명성을 떨친 덕분에 김성일의 눈에 띄어, 함창현감으로 발탁되었다고 했다. 그 후에 강덕룡은 명나라

---

27 성여신, 〈종유제현록〉, 《부사집》, 제6권.

군대의 식량을 조달하는 역할을 맡았는데, 새 임무에도 그는 성실히 임해 굶주린 백성을 많이 구원하였다고 하였다. 강덕룡은 여러 방면에 뛰어난 인물이었다.

위의 두 글에서 살펴본 것처럼 강덕룡은 원균의 비장으로 이순신과는 특별한 인연이 없었다. 만약 〈행장〉에서 서술한 것처럼 이순신 문제로 원균과 강덕룡의 사이에 불화가 있었다면 성여신이 어찌 그런 점을 몰랐겠는가? 강덕룡과 이순신의 사이가 〈행장〉의 서술처럼 밀접했더라면 성여신이 왜, 그 사실을 언급하지 않았을까?

셋째, 이것이 핵심적인 부분인데, 성여신은 원균을 이순신과 똑같이 존중하였다. 임진왜란이 끝나고 광해군 때 조정에서는 양전(量田) 사업을 추진하였다. 왜란 중에 토지대장이 불탔기 때문에 세금을 매기는 기준이 사라져 양전이 꼭 필요하였다. 그러나 성여신을 비롯한 진주 지방의 지주들은 양안(토지대장)을 서둘러 작성하지 말라고 연명으로 상소를 올렸다.

그 상소문을 성여신이 집필하였다. 《부사집》(제3권)에 실려 있는 〈양전할 때의 폐단을 진정하는 소(量田時陳弊疏)〉가 그것이다. 이 상소문에는 원균과 이순신의 업적이 언급되어 있다. 그 대목은 상소문을 이해하는 데 중요한 부분이다. 이것을 편의상 다음의 네 단락으로 나누어 간단히 설명하겠다.

> (가) "엎드려 생각하건대 영남은 국가의 근본이고, 수군은 국가의 울타리입니다. 국가는 영남이 없으면 그 근본을 견고히 할 수 없고, 수군이 없으면 그 울타리를 장엄하게 하기 어렵습니다. 이 울타리가 우리나라에 어찌 중요하고 위대하지 않겠습니까. 신 등은 멀리 지나간 시대의 일을 거론할 필요도 없이, 임진년(선조 25년, 1592)의 예를 들어 그 울타리를 견고하게 해야 한다는 점을 상세히 말씀드리려고 합니다."

영남이 국가의 근본이며 영남의 수군은 국가의 울타리라고 표현한 것이 인상적이다. 그런데 바로 그 시절에 영남 수군의 대명사가 원균이었다는 점을 기억할 필요가 있다.

> (나) "임진년 여름에 왜구가 몰래 도발하여 부산을 함락하고 동래를 격파하였습니다. 적이 진지를 점령하고 여러 고을로 몰려오자 주수(主帥, 경상우병사 조대곤)는 그 소문을 듣자마자 도망쳐 궤멸되었습니다. 우리 군사와 백성은 새처럼 숨고 쥐처럼 엎드렸는데, 불과 열흘쯤 지나자 한양과 평양이 이미 적에게 함락되었습니다."

성여신 등 영남의 유지는 왜란 초기의 혼란상을 똑똑히 기억하였다. 왜적이 물밀듯 쳐들어오자 병마사와 지방관들이 모두 도망쳤다. 제 자리에 남아 자신의 임무에 충실한 이는 거의 없었다.

> (다) "그 시절에 경상우수사 원균(元均)과 전라좌수사 이순신(李舜臣)이 마음으로 맹세하고 힘을 합쳐 연안의 백성들을 규합하여 바닷길을 차단하였습니다. 그들은 호남으로 향하는 왜선을 격파하여 왜구가 호남을 엿보지 못하게 하였습니다. 그렇게 하여 호남의 백성들을 모아 군졸로 삼을 수 있었고 호남의 창고 곡식을 가져다 군사를 먹일 수 있었습니다. 이에 의병도 모이고 흩어진 군졸도 다시 소집할 수 있었습니다."

왜란의 소용돌이에서 제 역할을 다한 것은 조선 수군뿐이었다고 했다. 그중에서도 특히 원균과 이순신이 "마음으로 맹세하고 힘을 합쳐" 나라를 지켰다는 사실이 중요하였다. 그 때문에 왜적이 호남을 노릴 수 없었다. 원균과 이순신의 연합함대가 없었더라면 나라는 그때 무너졌을지도 모른다는 뜻이다. 원균과 이순신의 연합함대가 방어에 성공하였기 때문에 호남이 안전하였고, 그래서 의병도 일어나고 군사도 충원되었다는 것으로 이것이 상소문의 요지였다. 요컨대 성여신은 상소문의 집필자로서 원균과 이순신의 조선 수군이 얼마나 중요한 존재인지를 사리에 맞게 서술하였다.

> (라) "명나라 군대도 이로 인해 설 자리가 생겼고, 여러 장수도 이에 힘입어 용병할 기회를 얻었습니다. 마침내 흉적(왜적)이 기를 펴지 못하게 만들었습니다. 그렇다면 국가의 회복은 실로 수군의 공이었고, 수군이 장엄하고 견고했던 것은 실로 변방의 백성에게 의지한 것입니다. 이러한 사실로, 국가는 통영(統營)을 세워 군사를 모으고 군량을 쌓아 변방의 위엄을 장엄하고 견고히 만들어 적의 마음에 두려움이 생기게 하였습니다."

수군이 울타리 역할을 제대로 하였기 때문에 우리나라는 장기전을 펼 수 있었는데, 수군이 제 역할을 한 것은 백성의 성원이 있어서였다고 했다. 그렇게 말하면서 성여신은 만약에 양전(量田) 사업을 갑자기 서두르면 백성이 국가를 원망하게 된다고 주장하였다. 이것은 백성의 힘으로 지탱되는 수군도 무너진다는 논리였다.

성여신은 백성을 보호한다는 명분을 내세워 양전을 반대하였다. 알다시피 왜란 때 양안이 모두 불에 타버리자 힘 있는 양반들은 남의 땅을 쉽게 빼앗아버렸다. 그때는 양안도 없이 주먹구구로 세금을 매겼으므로, 유력한 양반들은 세금을 하나도 내지 않았다. 양안이 없어지면서 그들은 큰 이익을 볼 수 있었다. 이런 점에서 성여신의 상소문은 백성을 빙자해 유력 양반의 이익을 옹호한 듯한 느낌을 준다.

그런데 지금 우리에게 중요한 사실은 따로 있다. 성여신 등 남해안의 양반들이 원균과 이순신이 지휘한 조선 수군의 역할을 높이 평가하였다는 점이다. 17세기 초반만 해도 양반은 원균과 이순신 모두를 공적이 많은 훌륭한 장수로 기억하였다.

성여신, 원균 비방할 이유 없어

따라서 성여신은 원균을 비하하는 글을 쓸 이유가 없었다. 그가 강덕룡의 〈행장〉에서 원균과 이순신의 갈등을 거론하고, 원균을 일방적으로 매도한 글을 썼을 리가 없다. 그렇다면 〈행장〉은 누군가 성여신이 쓴 〈비문〉을 개작한 것이다. 그 사람은 과연 누구였을까? 그리고 그런 일이 일어난 것은 언제쯤이었을까? 또 그들이 〈행장〉을 고쳐 쓴 목적은 무엇이었을까?

텍스트를 위조한 사람이 누구였는지부터 알아볼 필요가 있다. 그는 글쓴이를 성여신이라고 내세운 채 익명의 그늘 속으로 도망쳤는데, 그가 누구였는지를 우리는 과연 알 수 있을까? 잘 생각해 보면 한 가지 방법이 있다. 〈비문〉과 〈행장〉을 서로 비교해 거기에서 발견되는 미세한 차이를 찾아내는 것이다. 두 텍스트에 차이를 만든 사람이 바로 개작한 사람이다.

〈비문〉과 〈행장〉을 엄밀히 대조하면, 강덕룡의 선조에 관한 서술에서 미묘한 차이가 포착된다.

〈비문〉
公諱德龍. 字汝中. 姜其姓. 晉其鄕. 有諱民瞻. 於公爲始祖. 銀靑興祿大夫 賜紫金魚袋. 太僕卿. 上柱國. 諡殷烈. 麗顯宗朝. 副姜邯贊 伐契丹還. 御製一詩. 分賜兩將曰. 庚戌年間有虜塵. 干戈深入漢江濱. 當時不用姜公策. 擧國皆爲左袒人. 畫像祀于州司. 其後相繼昌顯. 至諱輔忠. 爲兵曹判書. 於公 八代祖也. 七代祖 諱用鯉. 順天府使. 六代祖 諱希呂. 光陽監務. 五代祖 諱就. 永登萬戶. 四代祖 諱持. 護軍 曾王父 諱世豪. 初以魚川察訪. 歷典義州. 判官 興陽, 祥原, 平山, 淮陽凡九邑. 而廉謹自守. 家無甔石. 人以淸白稱之.

〈행장〉
公諱德龍, 字汝中, 號梅村(3자 삽입), 姜其姓 晉其鄕, 有諱民瞻, 於公爲肇祖, 銀靑興祿大夫 賜金紫魚袋 太僕卿 上柱國 諡殷烈公, 麗朝顯宗朝, 副姜邯贊, 伐契丹還, 御製一詩, 分賜兩將曰, 庚戌年間有虜塵, 干戈深入漢江濱, 當時不用姜公策, 擧國皆爲

左衽人, 畫像祀于州祠, 其後相繼昌顯, 入本朝(3자 추가) 至諱輔忠, 爲兵曹判書, 於公, 八代祖也, 七代祖, 諱用鯉, 文科(2자 추가), 順天府使, 六代祖, 諱希呂, 太宗祖, 文科, 壯元(7자 추가) 光陽縣監, 五代祖, 諱就, 文宗朝, 果毅校尉 (7자 추가) 永登萬戶, 四代祖, 諱持, 上護軍, 曾王父, 諱世豪, 文科(2자 추가) 初以漁川察訪, 歷義州判官 興陽 祥原 平山 淮陽 等九邑 而廉謹自守, 家無甑石, 人以淸白稱之

이해를 돕기 위해 두 텍스트의 번역문을 싣는다. 세부 내용에 따라 단락을 나누고, 서로 차이가 나는 부분은 밑줄(_)을 그어 표시한다. 먼저 번역할 것은 〈비문〉이다.

(가) 공의 휘(諱)는 덕룡(德龍)이고, 자(字)는 여중(汝中), 성은 강(姜)씨로 진주(晋州)가 본관이다.
(나) 휘가 민첨(民瞻)이란 분이 있었으니 공에게는 시조가 되시며, 은청흥록대부(銀靑興祿大夫)로 금자어대(金紫魚袋)를 하사받았고, 태복경(太僕卿), 상주국(上柱國)을 지내고 시호는 은열(殷烈)이시다.
(다) 고려 현종조(顯宗朝)에 부원수(副元帥)로 강감찬(姜邯贊)을 도와, 거란을 정벌하고 돌아왔다. 임금께서 친히 시 한 수를 지어 두 장수에게 나누어 하사했다. 그 시에, '경술(1010) 연간에 오랑캐의 풍진(風塵)이 있어/ 창칼은 깊이 한강(漢江) 변까지 들어왔네./ 당시 강공(姜公)의 계책을 쓰지 않았더라면/ 온 나라가 모두 오랑캐가 되었으리.'라고 하였다. 초상을 그려 진주의 사당에서 제사를 받들었다. 그 후손들이 계속 대를 이어 번창하고 현달하였다.
(라) 휘가 보충(輔忠)인 분에 이르러 병조판서가 되셨으니 공에게는 8대조가 되신다.
(마) 7대조 휘가 용리(用鯉)인 분은 순천부사를 지냈으며,
(바) 6대조 휘가 희길(希吉)인 분은 광양현감을 지냈다.
(사) 5대조 휘가 취(就)인 분은 영등포만호(永登浦萬戶)를 지냈고,
(아) 4대조 휘가 지(持)인 분은 호군(護軍)을 지냈으며,
(자) 증조부 휘가 세호(世豪)인 분은 어천찰방(漁川察訪)으로 시작하여 의주, 흥양, 상원, 평산, 회양 등 모두 아홉 고을의 수령을 지내셨는데, 청렴하고 스스로 삼가 집안에는 단 한 섬의 저축도 없었다. 이에 사람들이 청백리(淸白吏)라고 일컬었다.

다음은 〈행장〉을 글의 순서대로 번역하고, 필요한 대목마다 약간의 설명을 붙인다.

(가) 공의 휘(諱)는 덕룡(德龍)이고, 자(字)는 여중(汝中), 호(號)는 매촌(梅村)으로

성은 강(姜)씨요, 진주(晉州)가 본관이다.
(나) 휘가 민첨(民瞻)이란 분이 있었으니 공에게는 조조(肇祖, 시조)가 되시며, 은청흥록대부(銀青興祿大夫)로 금자어대(金紫魚袋)를 하사받았고, 태복경(太僕卿), 상주국(上柱國)을 지내셨고, 시호는 은열(殷烈) 공이시다.
(다) 고려 현종조(顯宗朝)에 부원수(副元帥)로 강감찬(姜邯贊)을 도와 거란을 정벌하고 돌아오니, 임금께서 친히 시 한 수를 지어 두 장수에게 나누어 하사했다. 그 시에, '경술(현종 원년, 1010) 연간에 오랑캐의 풍진(風塵)이 있어 / 창칼은 깊이 한강(漢江) 변까지 들어왔네./ 당시 강공(姜公)의 계책을 쓰지 않았더라면/ 온 나라가 모두 오랑캐가 되었으리.'"라고 하였다. 초상을 그려 진주의 사당에서 제사를 받들었다. 그 후손들이 계속 이어져 번창하고 현달하였다.
(라) 본조에 들어와서는 휘가 보충(輔忠)인 분에 이르러 병조판서가 되셨으니 공에게는 8대조가 되신다.
(마) 7대조 휘가 용리(用鯉)인 분은 문과에 급제하여 순천부사를 지냈다.

그런데 확인한 결과 강용리는 문과에 급제한 사실이 없었다. 밑줄 친 부분은 조상을 미화하려는 후손의 과장된 서술이었다고 판단한다.

(바) 6대조 휘가 희길(希吉)인 분은 문과에 장원(壯元)하여 광양현감을 지냈다.

강희길 역시 문과에 급제하지 못했으므로, "문과 장원"이라는 기록도 지나친 과장이었다.

(사) 5대조 휘가 취(就)인 분은 문종조(文宗朝)에 과의교위(果毅校尉) 영등포만호(永登浦萬戶)를 지냈고,
(아) 4대조 휘가 지(持)인 분은 상호군(上護軍)을 지냈으며,
(자) 증조부 휘가 세호(世豪)인 분은 문과에 급제하여 처음에 어천찰방(漁川察訪)으로 시작하여 의주판관, 홍양, 상원, 평산, 회양 등 아홉 고을의 수령을 거쳤는데, 청렴하고 스스로 삼가 집안에는 단 한 섬의 저축도 없었기에 사람들이 청백리(清白吏)라고 일컬었다.

증조부 강세호 역시 문과에 급제하지 못하였는데, 후손이 과장한 것이다.

강덕룡 후손의 왜곡

두 텍스트를 비교 검토한 결과, 한 가지 사실이 명확히 드러났다. 〈행장〉은 강덕룡 장군의 조상들에 관하여 〈비문〉보다 자세한 정보를 제공하고 있다는 점이다. 그런데 한 가지 치명적인 문제가 있었다. 〈행장〉에서 문과 급제라고 명기한 강덕룡의 조상 가운데 실제로 문과에 급제한 이는 한 사람도 없었다는 사실이다.

〈행장〉을 변개(變改)한 이가 누구인지를 짐작할 수 있는 단서를 찾은 셈이다. 조상을 미화하는데 열성이었던 후손이 거짓된 텍스트를 생산한 것이다. 그럼 그는 어느 시대에 살았을까? 성여신과 함께 16~17세기에 생존하였다고 보기는 어렵다. 위에서 성여신의 〈상소문〉을 보았는데 그 당시 진주의 양반들은 원균과 이순신의 공훈을 똑같은 수준으로 높이 평가하였다. 따라서 〈행장〉에 보이는 원균 폄하는 발붙일 곳이 없었다. 《여지도서》라는 책이 나올 때까지도 감히 원균을 함부로 헐뜯는 사람은 진주 지방에 없었을 것이다. 그 책이 편찬된 것은, 영조 33년(1757)부터 영조 41년(1765) 사이이다.

따라서 〈행장〉이 조작된 것은 18세기 후반부터였다고 짐작할 수 있다. 특히 정조 19년(1795)에 왕명으로 이순신의 문집 《이충무공전서》가 간행된 이후였을 가능성이 커 보인다. 이때부터 이순신의 이름은 한층 빛났고, 원균에게는 온갖 불명예가 돌아갔다. 따라서 문제의 〈행장〉은 18세기 후반 이후에 강덕룡의 후손 중에 누군가가 조상의 업적을 미화하려고 생산한 것으로 보인다.

문제의 〈행장〉이 등장하였을 때는 원균의 명예가 땅에 떨어져 있었을 것이다. 이러한 시대 상황이 강덕룡의 후손들에게는 매우 부끄러울 수 있었을 것이다. 자랑스러운 그들의 선조 강덕룡이 하필이면 원균의 총애를 받았고, 그의 힘을 빌려 정3품이란 높은 벼슬까지 얻었다는 점이 후손들로서는 부끄러운 일이 되었다. 그래서 그들은 '세상이 이미 원균을 버렸다면, 우리도 그 대열에 합류하는 것이 옳다'라는 대세론을 따랐다고 판단할 수 있다. 비정하고 몰염치한 행동으로 가문의 명예를 위해서는 어쩔 수 없다는 판단이 작용한 것이 아니었을까.

갈암 이현일

여기서 한 가지 밝혀둘 점이 있다. 강덕룡의 〈행장〉이 역사적 사실을 크게 왜곡하기 훨씬 전에도 진실을 호도하는 불안한 조짐이 일어났다는 사실이다. 그것은 17세기 후반의 일이었다. 당시 경상도를 대표하는 큰 선비는 갈암(葛庵) 이현일(李玄逸)이었는데, 강덕룡의 후손이 그에게 조상의 비문을 부탁하였다. 결과적으로, 《갈암집 별집》(제4권)에 보듯이 이현일은 강덕룡의 〈묘표〉를 지어 주었다. 〈절충장군(折衝將軍) 첨지중추부사(僉知中樞府事) 강공(姜公, 강덕룡)의 묘표〉라는 글이 그것이다. 남인의 큰 선비 이현일이 강덕룡의 〈묘표(墓表)〉를 지은 것이 강씨 일가에는 큰 영광이 되었을 것이다.

〈묘표〉를 읽어보면 이미 위에서 확인한 것처럼 강덕룡은 경상우수사 원균의 막하에 속해 있었다. 이현일은 다음과 같이 기술하였다.

"갑신년(1584) 봄에 북변의 수(戍) 자리에서 돌아와 우수사 원균(元均)의 막하(幕下)에 예속되었다."

임진왜란이 일어나기 8년 전에 강덕룡은 함경도에서 돌아왔고, 원균이 수사로 부임하자 그 휘하에서 근무하게 되었다. 아마 함경도 시절부터 원균과 친분이 있었던 것으로 보인다.

〈묘표〉의 다음 구절에서 이현일은 왜란 초기의 상황을 좀 더 구체적으로 서술하였다.

"임진년(1592) 여름에 일본이 침략하자 원균이 병선(兵船)을 미처 수습하지 못해 당황하며 어찌할 바를 몰랐다. 그때 공(강덕룡)이 병선을 불러 모아 법대로 대오를 편성하여 적과 바다에서 만나 여러 차례 싸워 모두 이겼다."

왜적이 쳐들어왔을 때 경상우수사 원균은 당황하여 아무 조치도 취하지 못하고 쩔쩔맸다고 하였다. 다행히도 부장 강덕룡이 침착하게 부대를 운영하여 연전연승하였다고 하면서, 은연중에 이현일은 경상우수영의 실제 지휘관은 무능력한 원균이 아니고 유능하고 침착한 강덕룡이라는 느낌을 주었다. 강덕룡의 역할이 너무나 미화되었다.

이어서 이현일은, "원균이 그의(강덕룡) 공을 장계로 보고하자 조정에서 공(강덕룡)에게 3품의 품계를 내렸다."라고 썼다. 요컨대 이현일은 다음의 세 가지를 주장한 셈이다. 첫째, 무능한 지휘관 원균은 유능한 부하 강덕룡 덕분에 공을 세웠다. 둘째, 원균은 강덕룡의 공을 가로채지 않고 사실대로 조정에 보고하였다. 셋째, 조정에서는 유능한 장수 강덕룡에게 3품이라는 높은 벼슬을 상으로 주었다.

물론 강덕룡이 〈묘표〉의 주인공이기는 하나, 그는 원균의 "비장(裨將)" 신분이었다. 경상우수영을 지휘한 것은 원균이요, 강덕룡은 여러 부장 가운데 한 사람이었다. 하지만 이현일은 마치 강덕룡 혼자 모든 승리를 거둔 것처럼 기술하였다. 이현일은 사실관계를 왜곡한 것인데, 그렇게 된 데는 선배인 서애 유성룡의 《징비록(懲毖錄)》의 영향이 있었다고 생각한다.

《징비록》은 한 시대의 명저(名著)로 누구나 일컫는 소중한 책이지만, 당파적 시각으로 편향된 부분이 없지 않았다. 그 점은 뒤에 자세히 검토겠지만, 명재상 유성룡이 쓴 글이라도 옥석(玉石)은 가려서 읽어야 한다. 유성룡은 이순신의 시선으로 원균을 바라보았다. 그 결과 일종의 "확증편향"이 생긴 것이었다. 이현일 또한 유성룡의 눈으로 강덕룡의 역사를 바라보았기 때문에, 경상우수영이 거둔 전과를 원균에게서 빼앗아 강덕룡에게 넘긴 것이다. 우리는 역사적 진실이 사장(死藏)되는 과정을 이현일의 짤막한 글에서도 확인할 수 있다.

5. 진실을 찾아서

왜란 초기에 강덕룡은 경상우수사 원균의 유능한 비장이었다. 그는 무엇보다도 모병관으로 활약해 경상우수영을 재건하는 데 이바지하였다. 그 때문에 원균은 강덕룡을 매우 아껴 그가 승진할 수 있게 도와주었다. 이 점은 강덕룡의 동서로 당대의 큰 선비로 알려진 성여신의 〈비문〉에서 확인할 수 있다.

그러나 18세기 후반에 세상의 풍조가 바뀌었다. 원균이 함부로 폄훼되고 이순신이 찬양의 대상으로 떠오른 것이다. 그러자 강덕룡의 후손 가운데 누군가가 〈비문〉을 개작해 〈행장〉을 만들었다. 거짓으로 강덕룡의 전기를 근본적으로 바꾸어 놓았다. 〈행장〉 속의 원균은 무능하고 사악한 사람이었다. 강덕룡은 그러한 원균을 버리고 현명하고 유능한 이순신을 좇아 성공하였다고도 기술했다. 여론에 휩쓸린 한 사람이 역사의 진실을 배신하고 허위 사실을 유포하는 데 동참하고 말았다.

그럼 강덕룡의 〈행장〉만 후대의 정치적 이해관계에 따라 오염되었을까? 조사한 결과 그러한 예는 일일이 열거하기 어려울 정도로 많았다. 우리가 제1절에서 살핀 것처럼 원균이 아낀 부장 이운룡의 〈비문〉은 훨씬 더 심하게 왜곡되어 있었다. 이처럼 왜곡된 역사적 텍스트가 켜켜이 쌓이자 진실과는 거리가 먼 사회적 통념으로 형성되었다. 이순신은 절대 선, 원균은 절대 악이라는 이분법이 등장한 것이다. 후세는 그렇게 된 줄도 모르고 잘못된 통념을 역사적 진실이라고 철석같이 믿고 따른다.

감히 말하건대, 하나의 사회적 통념이 탄생하기까지는 여러 단계의 사전 징후가 있기 마련이다. 그 첫 번째는 역사적 텍스트를 조작하는 것이다. 그다음에는 그런 텍스트를 복제하고 유사한 기록을 무한히 생산한다. 그렇게 되어야 역사적 진실과 거리가 먼 통념이 형성될 수 있다.

역사 왜곡은 때론 아주 단순한 일에 그치기도 하고, 때론 매우 복잡한 이해관계에 따르기도 한다. 그럼 원균의 역사 문제는 언제 그리고 어떻게 일어난 것일까? 이 책의 제1부에서는 그 문제를 천착하는 셈인데, 제1장에서 명백히 드러난 점은 다음의 세 가지이다.

세 가지 진실

첫째, 강덕룡의 〈비문〉에서 확인한 것처럼 왜란이 처음 일어났을 때 경상우수사 원균에게는 적과 싸우기에 족한 병사도 없었고 판옥선 같은 전함도 별로 없었다. 원균은 유능한 비장 강덕룡의 도움으로 병력을 보충해 많은 전투를 승리로 이끌었다.

둘째, 이운룡의 전기에 관한 분석에서 확인된 사실로, 왜란 초기부터 경상우수영의 장수들이 큰 공을 세웠다는 점이다. 전함 수는 다른 수영에 비해 적었으나 그들은 시종일관 큰 공을 세웠다. 특히 한산대첩 때는 경상우수영이 적의 함대를 큰 바다로 끌어내는 데 성공하였다.

셋째, 원균과 그의 부하 장수들은 서로 사이가 좋았으나, 후대에 원균이 세상의 험담과 비방에 시달리게 되면서 관련된 서사가 달라졌다. 관련자의 후손이 역사를 왜곡하기도 하였는데, 그 점은 강덕룡의 〈행장〉에서 명확히 증명된 셈이다. 또, 이운룡의 전기자료에서 보듯 저자의 정치적 이해관계 때문에 역사적 사실이 왜곡되거나 변조되기도 하였다. 저자뿐만 아니라 후손의 정치적 이해관계가 역사의 진실을 파묻는 데 일조하였다.

제2장
약포 정탁의 〈신구차〉

　　약포(藥圃) 정탁(鄭琢, 1526~1605)은 선조 때의 명신이다. 그는 균형 잡힌 사고방식의 소유자로, 조정의 현안을 해결하는 데 꼭 필요한 의견을 제시하였다. 소속 당파로 보면 동인/남인이었고, 남인의 영수 유성룡과 가까운 사이였다. 그러나 당파의 이해관계에 매달리기보다는 문제를 합리적으로 풀기 위해 노력하였다. 왜란 때는 수군의 운영에 관해서도 깊은 관심을 가지고 원균과 이순신의 갈등을 풀기 위해 정탁은 깊이 고뇌할 때가 많았다. 아래에서는 정탁이 후세에 남긴 이른바 〈신구차(伸救箚)〉라는 한 편의 글을 중심으로, 원균의 진실을 찾아보기로 한다. 물론 이야기가 원균 한 사람에 국한된 것은 결코, 아닐 것이다. 이순신과 수군 그리고 조정의 구조와 성격에 이르기까지 우리의 문제의식은 확장된다.

제1절
〈신구차〉 다시 읽기 - 선조 30년 봄, 이순신 하옥 사건의 정치적 의미

선조 30년(1597) 정탁(鄭琢)은 72세의 노인이었다. 국정에 책임이 무거운 대신으로서 그는, 삼도수군통제사 이순신이 정치적 위기에 빠지자 누구보다 적극적으로 나섰다. 그때 선조는 이순신을 엄하게 국문(鞫問, 신문함)할 뿐만 아니라 대신들에게도 소회(所懷)를 말하라고 명령하였다. 정탁은 이순신의 잘못을 변명하는 글을 작성하여 〈헌의(獻議)〉하였다. 〈헌의〉란 대신이 특정한 사안에 관하여 글로 아뢰는 것을 말한다.

정탁은 〈헌의〉에서 이순신 하옥 사건이 일본군의 계략에서 비롯된 "무고(誣告)"일 수 있다는 점을 강조하는 한편, 이순신에게 잘못이 없지는 않으나 그동안의 전공(戰功)에 비추어 볼 때 사형을 당할 정도로 죄가 무겁지는 않다고 말하였다. 이순신의 특별한 지휘 능력을 고려해도 그러하였고, 우리나라에서도 유효한 명나라 법전의 관련 항목을 찾아보아도 이순신을 다시 전쟁터로 보내는 것이 옳다고 주장하였다. 선조는 정탁의 〈헌의〉를 읽은 다음에 이순신을 살려 보내기로 하였다.

정탁은 혹시라도 〈헌의〉가 소기의 성과를 얻지 못할 때를 염려한 끝에 〈차자(箚子)〉도 준비하였다. 그러나 선조는 이순신을 용서하기로 하였으므로 〈차자〉를 올릴 필요는 없었다. 그래도 정탁의 〈신구차(伸救箚)〉는 역사에 남아, 그의 문집인 《약포집》(제2권)의 〈이순신의 구원을 주장하는 차자(論救李舜臣箚)〉에 실렸고, 여러 경로로 세상에 널리 알려졌다.

참고로, 〈차자〉를 쓴 정탁(鄭琢, 1526~1605)은 선조 때 명신으로 벼슬이 우의정에 이르렀다. 그는 남명(南冥) 조식(曹植, 1501-1572)의 제자였으므로 '북인'이라고 볼 수도 있으나, 남인의 영수 유성룡과 매우 가까웠다. 그리고 문제의 〈차자〉는 그의 문집인 《약포집》에 실려 있다. 문집은 정탁의 5대손 정옥(鄭玉)이 영조의 명을 받아 1760년에 간행하였다. 그 뒤 그 후손인 정광익(鄭光翊) 등이 1818년에 재차 속집을 간행하였다. 본래의 문집은 7권이었고, 속집으로 4권이 더해졌는데. 현재 남아있는 것은 11권 6책(451판)의 목판본이다. 우리가 읽을 〈차자〉는 《약포집》의 제2권에 실려

있다.

〈차자〉에는 과연 무슨 내용이 담겨 있을까? 또, 그것은 〈헌의〉와는 어떤 점에서 차이가 있었을지 궁금하다. 편의상 단락을 나누고 번호를 매겨 정탁의 〈차자〉를 소개한다. 아울러, 그에 관한 소감도 간단히 적어둔다. 이 역시 원균의 진실에 다가서기 위해서 하는 일이다.

아래에서는 정탁의 문집에 실린 〈신구차〉의 내용을 분석할 것이다. 그런데 도대체 왜, 이 텍스트를 읽어야 하는가? 한 가지 중요한 이유가 있다. 선조 30년(1597) 3월에 한양에서 일어난 '이순신 하옥 사건'의 본질을 알기 위해서이다.

> 1. "삼가 생각하옵건대 이순신은 큰 죄를 범하여 법률상의 죄명이 매우 엄격합니다. 그런데도 성상(선조)께서 즉시 극형을 내리지 아니하시고 원초(元招, 첫 번째 심문)를 마친 뒤에 다시 끝까지 추문(推問, 심문조사)할 것을 허락하셨습니다. 이는 다만 옥사를 다스리는 체단(體段, 형식)이 떳떳할 뿐만 아니라 성상께서 인(仁)을 실천하려는 일념에서 나온 것으로, 끝까지 진상을 밝혀내어 혹시라도 (죄인을) 살릴 길이 있기를 바라고 계신다는 것이 아니겠습니까?"

여기서 보듯, 정탁은 선조가 이순신 하옥 사건을 신중하고 법도에 맞게 진행하기를 바랐다. 그러한 자신의 소망을 정탁은 우회적으로 표현한 것이다.

> 2. "우리 성상께서 살리기를 좋아하는 덕(好生之德)이 (크시므로) 죄를 지어 반드시 죽어야 할 처지에 놓인 사람(이순신)에까지 미쳤습니다. 신은 감격을 이길 수 없습니다. 그러나 돌이켜보옵건대 신은 일찍이 위관(委官, 심문관)에 임명되어 추국(推鞫, 국가 변란 등에 관한 사건의 심문)에서 죄수를 문초해본 적이 한두 번이 아니옵고, (경험에 비추어) 죄인들이란 대개 한 차례의 심문을 받으면 큰 상처가 나기도 하고, 간혹 재론할 만한 정상(情狀)이 있는데도 이미 (피의자의) 목숨이 끊어져 어찌할 길이 없기도 합니다. 신은 일찍이 이런 점을 항상 염려하였습니다. 이순신은 이미 한 번의 형신(刑訊, 고문을 동반한 심문)을 치렀습니다. 만약 형신을 또 하면 엄중한 추국이라 반드시 살아남는다고 보장하기 어렵습니다. 그러면 성상께서 살리기를 좋아하시는 본의를 손상하지나 않을지 걱정입니다."

자신의 경험에 비추어볼 때, 이순신에게 2차, 3차의 고문이 더해지면 사건의 내막이 밝혀지기도 전에 목숨을 잃게 될 수도 있다는 점을 정탁은 경고하였다. 선조의 선처를 호소한 것이다.

이순신과 원균, 둘 다 명장

3. "임진년(선조 25년, 1592) 당시에 왜선(倭船)이 바다를 뒤덮고 적세가 하늘을 찔렀습니다. 그 당시에 국토를 지켜야 할 신하 중에 성을 버린 이가 많았고, 지방에서 군사를 통솔하던 장수들도 온전히 보존한 이가 거의 없었으며, 조정의 명령은 사방 어디에도 미치지 못하였습니다. 그러한 시절에 이순신이 창도하여 수군(水軍)을 거느리고 원균(元均)과 함께 적의 흉봉(兇鋒)을 꺾었습니다. 그 덕분에 국내의 민심이 차츰 생기를 얻었고, 창의하는 사람들도 힘이 났으며, 적에게 빌붙은 자들도 마음을 돌렸습니다. 그들의 공로가 참 많았습니다. 그리하여 조정에서 (이를) 기특하게 여겨 높은 작위를 주고, (이순신에게) 통제사의 칭호를 하사하였습니다. 실로 마땅한 조치였습니다. 이순신은 대장(즉 통제사)이 되자 진격할 상황이 되면 (군대를 이끌고) 나아가 시기를 놓치지 않았고, 수군을 잘 운용하여 성세(聲勢)를 크게 진작시켰습니다. 어려움이 닥쳐도 피하지 않는 용기는 원균도 지녔는데, 끝까지 적을 물리친 공로는 이순신이 원균보다 적지 않았습니다."

인용문에서 정탁은 왜란 초기의 상황을 회상하였다. 누가 보아도 어렵기 짝이 없었던 그 시절이었다. 이순신과 원균의 공이 얼마나 컸던가를 정탁은 떠올렸다. 그러고는 이순신의 탁월한 공적을 힘주어 강조하였다. 정탁은 왜, 여기서 갑자기 원균에 관한 이야기를 꺼냈을까? 그의 글에는 아무런 보충 설명도 없고, 고작해야 이순신은 원균만큼이나 용기가 있다거나 아니면 원균보다 더 전공을 많이 세웠다는 사실을 재확인하였다. 하여튼 이 글에서 보듯, 용기와 공적이란 잣대를 가지고 보면 원균과 이순신 두 사람 모두 발군(拔群)의 명장이었다.

4. "이순신은 적을 방어하는 방법을 환히 잘 알고 있었기 때문에, 수하(手下)의 재주 있고 용감한 이들이 모두 즐거운 마음으로 쓰이기를 바랐다. 그래서 일찍이 군사를 잃은 적이 없었습니다. 위엄과 명성도 예나 지금이나 다름없습니다. 왜노(즉 왜적)들이 (우리) 수군을 가장 두려워한 것도 (그 이유가) 여기에 있지 않은가 합니다. 그가 변방을 진압하여 공로를 세운 것이 이와 같건마는 혹자는 이순신이 한 번 공로를 세운 뒤로 다시는 내세울 만한 공로가 거의 없다고 여기고 과소평가합니다."

정탁은 이순신의 장점을 강조하고, 근년에 뚜렷한 공적이 없다는 이유로 이순신을 평가절하한다면 잘못이라고 했다. 이러한 내용으로 미루어 볼 때 이순신 하옥 사건의 핵심은 수군 지휘권을 이순신에서 원균으로 교체하려는 시도였다는 점을 짐작할 수 있다.

> 5. "하오나 신은 그렇게 생각하지 않습니다. (지난) 4~5년 이래로 명나라 장수들은 화친을 주장하였고, 명나라 조정에서는 왜를 번국(藩國, 제후의 나라)으로 봉하려는 일도 있었습니다. 그로 말미암아 우리나라의 모든 장사(壯士, 장수)는 손을 쓸 수 없었습니다. 이순신이 다시 힘을 떨치지 못한 것은 그의 죄가 아닙니다. 그리고 최근에 왜노가 다시 쳐들어왔는데 그때 이순신이 주선(周旋, 잘 대처함)하지 못한 것은 정세가 바뀌어 살펴야 할 (모종의) 사정이 있었기 때문일 것입니다."

알다시피 선조 29년 하반기에 명나라와 일본의 평화협상은 최종적으로 결렬되었다. 그때까지 두 나라는 수년 동안이나 협상을 진행하였고, 그런 관계로 전투는 소강 상태에 빠져들었다. 그 사실을 되짚으며, 정탁은 선조 26년(1593) 이후 이순신에게 별다른 공적이 없었던 점을 이해하기를 당부하였다.

아울러 선조 30년 초에 왜적의 재침이 우려되는 가운데 상황이 급하게 돌아갔다는 점을 상기하였다. 그는 이순신이 조정이 잘 알지 못하는 모종의 사정 때문에 제대로 대처하지 못하였을 것이라고 두둔하였다. 당시에 이순신이 처한 사정을 정탁의 글보다 더 곡진하게 대변하기는 불가능했을 것 같다.

> 6. "(가) 오늘날 변방의 장수들이 한번 움직이려고 하면 반드시 조정의 명령을 기다려야 합니다. 지방의 군사를 장수가 마음대로 지휘할 수가 없습니다. (나) 왜노가 아직 바다를 건너오기 전에 조정에서 비밀리에 하교하였다고는 하지만 제때 제대로 전달되었는지도 알 수 없습니다. (다) 또, 그때 바다의 바람이 순풍이었는지 역풍이었는지도 모릅니다. 전함을 부리기에 마땅하였는지도 알 수가 없습니다. (라) 게다가 수군이 번을 나눌 수밖에 없는 부득이한 사정도 있는데, 그 점은 도체찰사(都體察使, 이원익)가 자신을 탄핵한 장계(狀啓)에 이미 분명히 기록되어 있습니다. (마) 수군이 위기를 당하였으나 힘을 쓸 수 없었던 것은 어쩔 수 없는 형편 때문이었습니다. 이 모든 책임을 이순신에게 물으면 안 될 것입니다."

정탁은 이순신이 선조 30년 초에 조정의 명령을 충실히 이행하지 못한 이유를 (가), (나), (다) 및 (라)의 네 가지로 설명하였다. 이어서 결론적으로, (마)에서 언급한 것처럼 수군이 전공을 세우지 못한 잘못을 이순신 한 사람에게 돌리지 말라고 주장하였다.

이순신의 잘못

7. "지난날 (이순신이) 장계에서 진술된 말 가운데 허망한 점이 있어 매우 괴이하고 놀랍습니다. 만약 이런 말이 아랫사람들의 과장된 보고에서 나온 것이라면, 그가 제대로 살피지 못하였을 수도 있었을 법합니다. 만약 그렇지 않다면 이순신이 정신병자가 아닌 다음에야 감히 왜, 이러한 잘못을 범했을지 신으로서는 전혀 이해할 수 없습니다."

이순신의 하옥은 그동안에 그가 저지른 여러 가지 죄를 종합적으로 조사하기 위해서였다. 그중에서도 타인(원균)의 공을 빼앗고, 타인(원균)을 모함하고, "기망 장계"(즉 자신의 군공을 허위로 부풀린 점)를 올린 사실이 문제였다. 여기서 '타인'이라고 한 것은 모두 원균에 해당하는 일이었다. 정탁은 바로 그 점을 의식해, 위와 같은 방법으로 이순신을 위해 변명하였다.

8. "난리가 일어난 초기에 군공(軍功)을 보고하는 장계에서 그(이순신)가 일일이 사실대로 보고하지 않고, 남(원균)의 공로를 욕심내어 자신의 공로로 삼은 것은, 너무 무망(誣妄, 정신없는)한 짓이었습니다. 이것으로 죄를 묻는다면 이순신이 무슨 변명을 할 수 있겠습니까? 그러나 완전한 덕을 지닌 사람이 아니라면 타인(원균)을 상대할 때 타인보다 위에 있고자 하는 마음을 품지 않는 이가 거의 없습니다. 그러므로 인순(因循, 관행을 따름)하고 구차(苟且)하게 굴다 보면 실수하지 않는 이가 없을 것입니다. 다만 위에 있는 분(선조)이 그 실수의 크고 작음을 살펴 처분에 경중을 둘 뿐입니다."

정탁은 이순신이 왜란 초기에 올린 군공 〈장계〉에서 타인(원균)의 공을 가로챈 사실이 있었다는 점을 인정하였다. 그러면서 그는 모든 장수가 그런 실수를 하기 쉬우므로 너그럽게 선처해 줄 것을 선조에게 부탁하였다.

선처를 부탁함

9. "무릇 장수는 군민(軍民)의 운명을 맡고 있어 국가의 안위에 관계된 사람입니다. 그 중요성이 이와 같아서 예부터 제왕은 군권을 (장수에게) 위임하여 은전과 신의를 특별히 보여 주었습니다. 만약에 큰 죄를 저지른 것이 아니라면 곡진하게 보호하고 완전하게 하여(즉, 체형을 가하지 않아) 임무를 다 하게 하였습니다. 그 뜻이 여기에 있었습니다. 인재란 나라의 이기(利器)이므로, 비록 통역관이나 주판을 놓는 (하찮은) 사람이라도 재주와 기예가 있다면, 모두 사랑하고 아껴야 옳습니다. 하물며 장수의 재질을 가진 이는 적을 막아내는 데 가장 중요하므로, 법을 적용할 때 어찌 너그럽게 용서하지 않을 수가 있겠습니까?"

정탁은 간절한 마음으로, 선조가 이순신의 죄를 용서해 주기를 빌었다. 그만큼 그 당시 이순신의 처지가 위태로웠던 것일까.

10. "이순신은 진실로 장수의 재질을 지녔고 재능은 수륙(水陸)을 겸비하여, 하지 못할 일이 없습니다. 이러한 사람은 쉽게 얻지 못하거니와 변방의 백성들이 촉망하는 바이고 적이 두렵게 여기는 대상입니다. 만일 죄명이 엄중하다고 하여 용서하지 않고, 또 공로와 죄상의 비중도 따지지 않고, 공로와 능력의 유무를 헤아리지 않은 채, 정상을 자세히 알아보지도 않은 채, 끝내 큰 벌을 내린다면 어떠하겠습니까. 공이 있는 자도 스스로 더는 권면할 수 없고, 능력이 있는 자도 스스로 더 힘쓰지 않을 것입니다. 그래서 비록 원균처럼 (이순신에게) 원망을 품은 사람이라도 스스로 편안할 수가 없을 것이고, 안팎의 인심도 모두 해이해질 것입니다. 이는 극히 염려스러운 정황이요, 오직 적에게만 행운이 됩니다. 이순신이란 한 사람의 사형은 아깝지 않으나, 국가에 관계되는 바가 무겁습니다. 어찌 거듭 염려하지 않을 수 있겠습니까?"

여기서도 거듭 드러난 것처럼 이순신과 원균의 갈등이 뼈에 사무칠 정도였다는 점을 조정에서는 누구나 알고 있었다. 특히 원균이 이순신에게 부당한 대접을 받아 깊은 원망을 품고 있었다는 사실을 모르는 사람은 없었다. 그런데 원균의 처지가 억울하다고 해도 이순신을 사형에 처하는 것을 바라기야 하겠느냐며, 이순신을 제발 사형에 처하지 말라고, 정탁은 애원하였다.

11. "옛날에 장수를 교체하지 않고 마침내 큰 공을 이루게 한 예도 있습니다.

진(秦)나라 목공(穆公)이 맹명(孟明)에게 한 일이 그러합니다. 비슷한 예가 한둘이 아닙니다. 하지만 신은 먼 옛날의 일을 인용하기보다 성상께서 최근에 하신 일로 아뢰겠습니다. 박명현(朴名賢)도 한때의 맹장(猛將)이었는데 국법에 저촉되는 행동을 저질렀습니다. 그러나 조정에서 특별히 그 죄를 용서하였고, 얼마 뒤에 충청도에 변란이 일어났습니다. 기축년(1589)보다 오히려 심한 변란이었으나, 박명현이 일거에 난을 평정하여 종묘에 공을 남겼습니다. 허물을 없애주고 공효를 책선(責善)한 (성상의) 뜻이 지극하였습니다."

정탁이 예로 든 박명현의 일은 다음과 같았다. 경기도 광주(廣州)와 이천(利川) 등에 도둑이 일어나자 박명현을 토포사(討捕使)로 삼아 적을 토벌하라고 명령하였다. 그러나 박명현은 현지로 가기는커녕 수원(水原)에 머물면서 마치 사태가 진정된 양 허위로 〈장계〉를 올렸다. 그러자 사헌부에서는 박명현의 잘못을 비판하였고, 선조는 박명현을 파직하였다. 《실록》에 수록되어 있다(선조 27년 9월 26일). 왜란이 일어나자 선조는 박명현을 용서하고 다시 기용하였는데, 마침 충청도 홍주에서 이몽학이 반란을 일으켰다. 박명현은 이 난을 평정하는 데 앞장서 나중에는 청난공신 제2등에 책봉되었다. 정탁은 박명현이 재기용되자 바로 공을 세운 전례에 비추어 이순신에게도 기회를 주자고 했다.

12.1 "지금 이순신의 죄는 사형에 해당하는 십악(十惡)을 거의 다 범하였습니다. 그의 죄명이 매우 엄중하다는 것은 진실로 성교(聖敎, 왕명)와 같습니다. 이순신도 공론이 지극히 엄중하고 상형(常刑, 정당한 형벌)도 두려운 일이라, 목숨을 보전할 가망이 없다는 것을 스스로 잘 알고 있습니다. 바라옵건대, 은혜로운 명령을 내려 특별히 그의 형벌을 줄여 주시고, 그가 공을 세워 은혜에 보답하게 하옵소서. 그는 성상의 은혜를 천지 부모의 은혜로 여겨, 목숨을 걸고 보답하려는 마음이 박명현에게 절대 뒤지지 않을 것입니다."

위에서 정탁이 거론한 십악이란 용서할 수 없는 열 가지 큰 죄였다. 모반(謀反), 모대역(謀大逆), 모반(謀叛), 악역(惡逆), 부도(不道), 대불경(大不敬), 불효(不孝), 불목(不睦), 불의(不義), 내란(內亂) 등이다. 선조 30년 봄에 조정에서는 이순신이 십악에 버금가는 죄를 지은 사람이라고 보았다. 정탁은 이순신의 범법 사실을 인정하면서도 선처가 있기를 거듭 소망하였다. 어떻게 해서든지 선조의 마음을 누그러뜨리려고 애쓴 점을 미루어 짐작할 수 있다.

> 12.2 "중흥을 이루어 그 초상을 기린각(麒麟閣)에 걸만한 우리 성조(聖朝)의 훈신이 오늘의 서미(胥靡, 죄수 이순신)에서 나타나지 않으리라고 누가 말하겠습니까? (그를 용서하시면) 성조에서 장수를 부리고 인재를 쓰는 도리, 공로를 의논하고 재능을 논의하는 은전, 사람이 허물을 고쳐 스스로 새로워지는 길을 허용하는 길이 한꺼번에 열릴 것입니다. 성조에서 난리를 평정하는 정책에 보탬이 되는 바가 클 것입니다."

제발 이순신을 사형에 처하지 말고 죄를 감면해 다시 공을 세울 기회를 달라고 정탁은 거듭 청원하였다.

> 13. "신은 삼가 의금부에서 수렴한 의론에 따라 고루한 견해를 진술하였습니다. 그러나 여러 의론에 합치되지 않을 뿐만 아니라 제 뜻을 다 전달하지도 못했습니다. 그러나 어리석은 신이 생각 끝에 내놓은 견해가 혹시라도 성상께 채택되었으면 하고 바라나이다. 감히 번거롭게 해드렸사오나 마다하지 마소서. 먼저 올렸던 말씀을 다시 거듭 올리오니, 추요(芻蕘, 못난 사람)의 말씀이오나 삼가 성상의 유지(諭旨, 명령, 여기서는 사면령)가 있기를 기다립니다. 만약 신의 어리석은 말씀이 나랏일에 천분의 일이라도 보탬이 된다면 신은 만 번 죽어도 괜찮습니다. 신은 지독한 감기에 걸려 이미 20일이 지났으나, 아직도 낫지 않아 직접 대궐에 나아가지 못하고 삼가 차자를 갖추어 올립니다. 성상께 경솔하게 처신해 매우 송구하옵니다. 부디 재결하여 주시기를 바랍니다."

지난 20일 동안 정탁은 조정에 나가지 못하고 집에 칩거하였다. 이 〈차자〉보다 먼저 올린 〈헌의〉도 자택에 머물며 사람을 보내 대신 올린 것이었다. 정탁은 이미 70대 노령이라 수시로 건강이 나빠질 수도 있었다. 그가 말하는 지난 20일이란 시간은 이순신이 하옥되어 심문을 받았던 기간이었다. 그 점을 고려하면 이순신 사건으로 정치적 위기를 맞이한 정탁과 유성룡 등은 출근을 중지하고 근신(謹身)한 것으로 보인다. 이순신에게 닥친 위기가 수군의 지휘권 교체 정도로 마무리된다면 그나마 다행이었겠지만, 유성룡 등 남인에 대한 숙청으로 확대될 가능성도 없지 않았다.

우리는 정탁의 〈신구차〉를 읽어보았는데, 연로한 대신의 간절한 마음이 지면에 가득하였다. 선조는 이미 왕위에 30년째 앉아 있었으므로 정치 현안을 처리하는 데 능숙하였다. 왕이 과연 어떠한 정치적 결단을 내릴 것인지를 정탁 등 남인의 영수들은 두려운 마음으로 주시하였을 것이다.

어려운 일을 많이 겪은 선조였기에, 왕은 정치적으로 무리한 결정을 하지 않고, 조정의 실권은 그대로 유성룡의 수중에 두었다. 이산해 등 북인의 목소리가 커지고 있었으나, 아직 정권교체를 단행할 시기는 아니라고 판단한 것이다. 당시에 선조와 대신들은 장차 수개월 이내에, 즉 선조 30년 가을까지는 일본군의 총공세가 시작될 것으로 내다보았다. 즉, 조선이 총체적 위기상황에 다시 빠져들고 있었다. 그러므로 선조는 '정권교체'라는 부담을 무릅쓰려고 하지 않았다.

당장에 필요한 사무는 '수군 지휘부의 교체'였다. 수동적이고 유약해 보이는 이순신에게서 지휘봉을 빼앗아, 훨씬 공격적이고 용맹스러운 원균을 중심으로 수군을 재편하는 것이다. 이러한 전환을 통해 조선군이 일본군과 싸움에서 유리한 고지를 점유할 수 있기를 모두 소망하였다.

이순신을 하옥한 이유

요컨대 이순신을 하옥한 것은 수군 지휘부의 교체를 순탄하게 하기 위한 것이었다. 그 당시에도 날카로운 정치 평론가라면 그와 같은 정치적 맥락을 짐작하였을 것이다.

수군 문제를 처리하면서 왕과 대신들은 백전노장 이순신을 도원수 및 도체찰사의 측근에 배치하였다. 사실상 이순신을 최고위 전략 고문으로 임명한 것이었다. 이순신을 '백의종군'으로 몰고 간 정치적 함의는 바로 그 점에 있었다.

달리 말해, 이 사건은 수군 지휘부를 이순신에서 원균으로 교체하기 위한 정치적 연극이었다. 일본군의 재침이 임박한 시점에 조정에서는 강력한 수군 지휘부를 원했고, 순식간에 수군 지휘부를 무난하게 교체하려고 일종의 단막극을 연출한 것이다. 〈신구차〉를 꼼꼼히 읽어보면 그와 같은 시대적 분위기를 피부로 느낄 수 있다.

원균을 새 통제사로 임명하고, 그 대신에 이순신을 도원수와 도체찰사의 비공식 참모로 임명해 원균을 압박하는 것, 이것이 수군을 운영하는 새로운 방식이었다. 이러한 인사를 시행한 다음에, 선조와 대신들은 홀가분한 마음으로 앞날의 승리를 기대하였을 것이다. 그러나 과연 그들이 기획한 새로운 수군 운영 시스템은 제대로 작동하였을까? 만약 그들이 세운 기발한 새 전략이 빗나가기라도 한다면 나라의 운명은 어떻게 될까? 그 문제는 제3부에서 살펴볼 것이다.

제2절
역사적 텍스트의 왜곡 - 정탁의 〈신구차〉

역사적 진실을 왜곡하는 데 흔히 사용하는 몇 가지 방법이 있다. 하나는 텍스트(text)의 왜곡이요, 다른 하나는 콘텍스트(con-text)의 왜곡이다. 끝으로, 아예 역사적 사실을 무시하고 새로운 텍스트를 조작하는 방법도 있다. 여러 해 동안 원균 문제를 살펴왔는데, 그 과정에서 지난 400년 동안에 위의 세 가지 방법이 이용된 사실을 거듭 확인하였다. 아래에서는 역사 왜곡의 실체를 조금 더 깊이 분석할 생각이다.

제1절에서 우리는 정탁의 문집 《약포집》에 실린 〈신구차〉를 보았다. 그런데 같은 성격을 가진 정탁의 또 다른 〈신구차〉가 《이충무공전서》에도 실려 있다. 두 개의 차자는 대체로 일치하지만 다른 부분도 적지 않다. 한쪽에는 언급된 내용이 다른 쪽에는 생략되어 있기도 하다. 그럼 도대체 누가, 왜, 무슨 목적으로, 어떤 내용을 생략하였을까? 이 텍스트의 본래 모습은 과연 어디에서 찾아볼 수 있을까하는 궁금증도 일어난다. 아래에서는 바로 이와 같은 문제들을 차분히 다루어 볼까 한다.

1. 〈차자〉의 원문 비교

정탁의 〈차자〉를 비교할 때 우선 주목할 텍스트는 《이충무공전서(李忠武公全書)》에 실려 있는 〈신구차(伸救箚)〉이다. 이 텍스트를 제1절에서 읽은 《약포집(藥圃集)》의 〈신구차〉와 꼼꼼히 대조하겠다. 문집에서는 차자의 제목을 〈논구이순신차(論救李舜臣箚, 이순신의 구명을 주장하는 차자)〉라고 하였다. 글의 목적을 염두에 둔다면 〈논구이순신차〉가 본래의 명칭과 부합할 것이다. 그렇지만 이 텍스트는 〈신구차〉란 제목으로 세상에 널리 알려져 있고, 그 뜻도 큰 차이가 없어서 여기서는 〈신구차〉라고 부르겠다.

이순신 장군의 문집으로 알려진 《이충무공전서》는 어떤 책인가? 이 책은 충무공 이순신(1545~1598)의 행적과 일화, 인품, 전언(傳言) 등을 망라한 것으로, 14권 8책(활자

본)이다. 정조의 명령으로 정조 19년(1795)에 실학자 유득공(柳得恭)이 편집한 것이다. 원집 8권과 부록 6권으로 구성되어 있으며, 그 안에 정탁의 〈신구차〉도 들어 있다.

처음 간행된 시기를 보면, 《약포집》(1760)이 《이충무공전서》(1795)보다는 한 세대가 더 오래된 것이다. 그러나 지금 우리 앞에 놓인 〈신구차〉 텍스트를 비교하는 일은 생각처럼 단순한 일이 아니다. 《이충무공전서》에 실린 〈신구차〉의 끝에는 숙종 때의 대학자 이여(李畲, 1645-1718)가 쓴 일종의 〈후기(後記)〉가 실려 있다. 이여는 《선조수정실록》의 편찬을 주도한 이식의 손자였으므로 이순신과 원균 문제에 관해 깊은 관심을 가졌다. 그가 정탁의 차자를 읽고 후기를 남긴 것은 "신묘년(숙종 37년, 1711)"이었다. 그때는 문집이 간행되기 약 50년 전이었다. 그러므로 《이충무공전서》에 실린 〈신구차〉가 《약포집》의 〈논구이순신차〉보다 오래된 글, 즉 원형에 가까운 텍스트이다.

따라서 우리는 〈신구차〉(A)를 기준으로 삼고 그보다 뒤에 간행된 〈논구이순신차〉(B)와의 차이점을 알아볼 것이다. 아래에서는 두 개의 〈차자〉를 편의상 여러 단락으로 나누어 일일이 비교하겠다. 서로 차이가 있는 부분은 원문에 밑줄을 긋고, 그 앞과 뒤에 *를 붙여둔다.

A. *〈伸救箚〉* - *右議政 鄭琢*
B. *〈論救李舜臣箚〉* *初收議入。啓。又具此箚未進。特命依議減死。議見下*

〈차자〉의 제목이 다르다는 사실은 이미 위에서 밝혔다. 《이충무공전서》에서는 저자 정탁의 이름을 쓰고, 이에 앞서 그가 지낸 최고 관직인 "우의정"을 기록했다. 그에 비해 《약포집》에서는 글의 유래를 다음과 같이 설명하였다.

"먼저 (왕이 대신들의) 의견을 대궐로 들일 때 (〈헌의〉를) 아뢰었다. 그리고서 이 〈차자〉를 썼으나 바치지는 아니하였다. (선조께서) 특명으로, 〈헌의〉에 따라 사형을 감하셨(기 때문이)다. 〈헌의〉는 이 글 아래에 두었다."

《약포집》의 설명을 통해 우리는 〈차자〉가 작성된 동기도 알 수 있고, 왜 선조에게 바칠 필요가 없어졌는지도 정확히 이해할 수 있었다. 세상에서는 이 차자를 중요한 문헌으로 평가해 오늘날까지 남게 되었으니, 다행한 일이다.

A. 伏以*李某*身犯 大罪。律名甚嚴。而聖明不卽加誅 原招之後。又許嚴推。非但按獄體段爲然。抑豈非聖上體仁一念。期於究得其實。冀有以或示可生之道也。我聖上好生之德。亦及於有罪必死之地。臣不勝感激之至。

B. 伏以。*李舜臣*身犯大罪。律名甚嚴。而聖明不卽加誅。元招之後。復許窮推。非但按獄體段爲然。抑豈非聖上體仁一念。期於究得其實。冀有以或示可生之道歟。我聖上好生之德。亦及於有罪必死之地。臣不勝感激之至。

여기서는 오직 한 가지 차이점만 발견된다. 본래는 "순신"이라고 이름을 직접 썼는데, 《이충무공전서》에서는 기휘(忌諱, 어른의 이름을 직접 언급하지 않음)의 풍습에 따라 "아무개(某)"라고 썼다. 이 글 전체에서 모두 그렇게 표기하였다. 아래에서는 다시 언급하지 않는다.

A. 臣嘗承乏命官。推鞫按囚。固非一再。凡罪人一次經訊。或多傷斃。其間雖或有可論之情。徑自隕命。已無所及。臣嘗竊憫焉。

B. *第念* 臣嘗承乏命官。推鞫按囚。固非一再。凡罪人一次經訊。或多傷斃。其間雖或有可論之情。而徑自殞命。已無所及。臣嘗竊憫焉。

문집에는 "제념(第念)"이란 두 글자가 더 있다. 그 뜻은 "곰곰 생각하니"라는 뜻으로, 생략하여도 무방하다.

A. 今*某* 旣經一次刑訊。若又加刑。則嚴鞫之下。難保其必生。恐或傷聖上好生之本意也。當壬辰倭艘蔽海。賊勢滔天之日。守土之臣。棄城者多。專閫之將。全師者少。朝廷命令。幾乎不及於四方。*某*倡率舟師。乃與元均。頓挫兇鋒。國內人心。稍有生意。倡義者增氣。附賊者回心。厥功鉅萬。朝廷嘉甚。至加崇秩。賜以統制使之號。非不宜也。

B. 今*舜臣* 旣經一次刑訊。若又加刑。則嚴鞫之下。難保其必生。恐或傷聖上好生之本意也。當壬辰倭艘蔽海。賊勢滔天之日。守土之臣。棄城者多。專閫之將。全師者少。朝廷命令。幾乎不及於四方。*舜臣*倡率舟師。乃與元均。頓挫兇鋒。國內人心。稍有生意。倡義者增氣。附賊者回心。厥功鉅萬。朝廷嘉甚。至加崇秩。賜以統制之號。非不宜也。

이 단락에서는 차이가 하나도 보이지 않는다. 두 차자는 근본적으로 같은 글이었다는 증거로 볼 수 있다.

〈신구차〉의 변조

그런데 다음 단락은 두 개의 〈신구차〉가 서로 엄청난 차이를 보인다. 우선 원문을 대조하면 다음과 같다.

> A. *當進兵討賊之初. 突戰先登之勇. 不及元均. 人或致疑. 是固然矣. 元均所領船隻. 適於其時. 謬承朝廷指揮. 多數燒沈. 不有*某*之全師. 則無以做出形勢. 克辦奇功矣.* *某*爲大將. 見可以進. 不失時機. 能擧舟師. 大振聲勢. 則臨亂不避之勇. 元均固有之. 而畢竟推陷之功.*某*亦不多讓於元均矣.*但於其時. 元均不無如許大功. 而朝廷恩典. 全及於某. 於元均則還以大損. 中外至今稱冤. 此則最可惜也 元均於舟師之事. 才有偏長. 天性忠實. 當事不避. 善於衝突. 兩將協心勠力. 則賊不難退. 臣每於榻前. 啓達此事. 朝廷以兩將不相能故. 不復用元均. 而獨留*某*以專舟師之事*

> B. *舜臣*爲大將. 見可而進. 不失時機. 能擧舟師. 大振聲勢. 則臨難不避之勇. 元均固有之. 而畢竟推陷之功.*舜臣*亦不讓於元均矣.

이 단락의 차이는 현저하였다. 《이충무공전서》에 실린 정탁의 차자 219자는 《약포집》에 실린 차자 49자보다 네 배 이상 길다. 앞에서도 설명하였듯 《이충무공전서》에 실린 차자는 1710년경에 수집된 것이며, 《약포집》은 그보다 50년가량 뒤에 편집한 것이다. 정옥은 5대조 정탁이 쓴 〈신구차〉를 편집하는 과정에서 상당히 많은 글귀를 지워버린 것이다. 도대체 그는 왜 원문을 대폭 '생략'한 것일까?

원균의 공적

문제가 되는 단락 전체를 다시 우리말로 옮기고, 두 〈차자〉에 공통된 글은 따로 [꺽쇠]로 묶어 표시한다. 아울러 그 내용을 정확히 이해하기 위해 소주제마다 번호를 매기고 다음과 같이 나눈다.

> (가) 군사를 이끌고 나가 적을 무찌르던 첫 무렵에 뛰쳐나가 앞장서는 용기로는 (순신이) 원균에게 미치지 못했으므로 사람들이 의심하기도 하였던 것입니다. (나) 그런데 원균이 거느린 배들은 마침 당시 조정의 그릇된 지휘를 받들어 많이 침몰하였습니다. (다) 그랬던 만큼 만일 이모(순신)의 온전한 군사가 없었더라면 장한 형세를 갖추어 공로를 세울 길이 없었을 것입니다. (라) [이모(순신)는 대장이라 나갈만함을 보고서야 비로소 시기를 잃지 않고

수군의 이름을 크게 떨쳤던 것입니다. 그러니 전쟁에 임하여 피하지 않은 용기는 원균이 가진 바였지만, 끝내 적세를 꺾어버린 공로로는 원균에게 양보할 것이 많지 않습니다.]

(마) 다만 그때 원균에게도 그만한 큰 공로가 없지 않았습니다. (바) 그러나 조정의 은전(恩典, 특전)은 온통 이모(순신)에게만 미쳤으니 참으로 애석한 일입니다.

(사) 원균은 수군을 다루는 재주에 탁월한 장점이 있고, 천성이 충실하며, 일에 달아나 피하지 않고, 마구 공격하기를 잘합니다. (아) 그러므로 두 장군이 힘을 합치기만 하면 적을 물리치기에 어렵지 않을 것이라고 신이 늘 어전에서 말씀을 올렸습니다.

(자) 그러나 조정에서는 두 장군이 서로 (성격이) 맞지 않기 때문에, 원균을 다시 쓰지 않고 오로지 이모(순신)만 머물러 두어 수군을 맡아보게 하였습니다.

(가)부터 (자)까지 9개의 소단락 가운데 8개는 온전히 원균 장군에 관한 서술이다. 원균의 용기와 불운, 그의 천성과 성취, 그리고 그가 억울하게 느끼는 점을 정탁이 그 나름으로 헤아려보았다. 그리고 오직 1개의 단락에서만, 정확히 말해 (라)에서만, 이순신과 원균의 능력에 차이가 거의 대등하다는 점을 강조하였다.

정탁이 인용문에서 원균에 관해 진술한 부분은 매우 충격적이다. 그는 기록하기를, 용기로 따지면 원균을 당해낼 사람은 없다고 했다(가). 또, 왜란 초기에 원균에게 전함이 별로 없었던 이유도 그 자신의 잘못이 아니라, 조정에서 잘못된 지시를 내렸기 때문이라고 하였다(나).

게다가 원균에게는 장수로서 많은 장점이 있었고 성품도 충실하였다(사). 하지만 조정에서는 이순신에게 모든 공을 돌렸고, 원균을 소외하였다(바). 그래서 정탁은 평소에도 원균과 이순신 두 장수를 함께 중용(重用)하자고 주장을 하였다(아). 하지만 안타깝게도 조정에서는 이순신 한 사람에게 수군을 전적으로 맡기고 말았다(자).

여기서 뚜렷이 알 수 있듯 정탁은 이순신 한 사람만 막무가내로 추켜세운 것이 아니다. 그는 이순신을 으뜸으로 여기면서도 그에 버금가는 명장으로 원균을 항상 존중하였다.

그래서 이 글을 가지고 정탁의 뜻을 헤아려 보는 것이 옳다. 정탁은 선조 30년 봄에 이순신 하옥 사건이 일어났을 때도 원균에게 수군을 맡기는 것이 나쁘지 않다는 평소의 지론을 거듭 강조하였다. 그는 이순신에게 지휘권을 계속 주어도 좋고, 아니면 원균에게 넘겨주어도 좋다는 견해였다.

왜곡 변조한 이유

하지만 정탁의 5대손 정옥은 이처럼 소중한 정보를 모두 삭제해버렸다. 왜 그랬을까? 정옥은 원균을 호평한 조상의 글을 그대로 후세에 전하고 싶지 않았던 모양이다. 그 사이에 세상 인심이 많이 변해 이순신은 나라를 구한 임진왜란 최고의 영웅이요, 원균은 수군을 망친 주범이자 간사하고 무능한 장수의 상징이 되어 버렸다. 이런 판국에 선조 때 명재상으로 평가되는 정탁이 이순신을 구원하는데 그치지 않고, 원균을 칭찬한 사실이 세상에 알려지면 어떻게 될까? 혹시라도 명재상 정탁의 명예에 오점이 되지나 않을까? 그런 염려가 없지 않았을 것이다.

그것은 쓸데없는 기우에 지나지 않았으나, 이 문제가 정옥에게는 큰 고민거리였다. 결국에 그가 〈차자〉의 상당 부분을 삭제함으로써 원균의 진실은 역사의 깊은 어둠 속에 파묻히고 말았다. 원균 불명예를 벗어나는데 소중한 증거를 잃어버리게 된 것이다.

세상일은 누구도 알 수 없는 방향으로 흘러간다. 하필 정탁의 그 소중한 〈신구차〉 원본이 다른 곳도 아닌 《충무공전서》에 실려 영원히 살아남은 것이 신의 한 수였다. 우리가 그 텍스트를 함께 읽을 수 있으니 말이다.

이어서 차자의 다음 대목을 비교하겠다.

A. *某*諳鍊備禦。手下才勇。咸樂爲用。未嘗喪師。威聲如舊。倭奴之最怕舟師者。未或不在於此。其有功於鎭壓邊陲。*大段*如此。或者以爲*某*一度建功之後。更無可記之功。以此少之。臣則竊以爲不然。四五年來。天將主和。皇朝東封之事又起。我國大小將土。不許措手於其間。*某*不復宣力者。非其罪也。近日倭奴之再擧入寇也。*某*之不及周旋者。其間情勢亦或有可論。

B. *舜臣*諳鍊備禦。手下才勇。咸樂爲用。未嘗喪師。威聲如舊。倭奴之最怕舟師者。未或不在於此。其有功於鎭壓邊陲 如此。或者以爲*舜臣*一度建功之後。更無可紀之勞。以此少之。臣則竊以爲不然。四五年來。天將主和。皇朝東封之事又起。我國大小將土。不許措手於其間。*舜臣*不復宣力者。非其罪也。近日倭奴之再擧入寇也。*舜臣*之不及周旋者。其間情勢。亦或有可論。

《이충무공전서》 본에는 "대단(大段, 대강)"이란 두 글자가 더 있다. 뜻으로 보면 아무런 차이도 없다. 아마 본래의 차자에 들어 있던 표현으로 짐작되는데, 문집을 편찬하는 과정에서 군더더기로 여겨 제외한 것 같다.

A. 蓋凡當今邊將之一番動作。必待朝廷之成命。無復有將軍專閫之事。倭奴未過海之前。朝廷祕密下敎。登時傳致與否。未可知也。海上風勢之順逆。舵之便否。亦未可知也。而舟師分番。不得已之事。昭載於都體察使自劾狀啓中。則舟師之臨急不得致力者。事勢亦然。似不可以此全歸於*某*也。往日馳啓之中。其所陳之事。涉於虛妄。極可怪駭。而此說如或得於下輩之誇張。則恐亦容有中間不察之理。不然。*某*亦非病風之人。敢爲如是。臣竊未解。若夫亂初軍功馳啓之中。不爲一一從實。貪人之功。以爲己功。委涉誣罔。以此而問罪。則*某*亦何辭焉。然而除非全德之人。則於物我相形之際。能無欲上人之心者蓋寡。因循苟且之間。鮮不做錯。特上之人。察其所犯之大小而有所輕重之耳。

B. 蓋凡當今邊將之一番動作。必待朝廷之成命。無復有專閫之事。倭奴未過海之前。朝廷祕密下敎。登時傳致與否。未可知也。海上風勢之順逆。舵運之便否。亦未可知。而舟師分番　不得已之事。昭載於都體察使自劾狀啓中。則舟師之臨急不得致力者。事勢亦然。似不可以此全責於*舜臣*也。往日馳啓中。其所陳之辭。涉於虛妄。極可怪駭。而此說如或得於下輩之誇張。則恐亦容有中間不察之理。不然。*舜臣*亦非病風之人。敢爲如是。臣竊未解。若夫亂初軍功馳啓之中。不爲一一從實。貪人之功。以爲己功。委涉誣妄。以此而問罪。則*舜臣*亦何辭焉。然而若非全德之人。則於物我相形之際。能無欲上人之心者蓋寡。因循苟且之間。鮮不做錯。特上之人。察其所犯之大小。而有所輕重之耳。

이 대목에도 큰 차이가 하나도 없다. 본래 두 개의 텍스트가 공통의 뿌리에서 나왔다는 점을 증명하는 구절이다.

A. 夫將臣者軍民之司命。國家安危之所係。其重如此。故古之帝王。委任閫寄。別示恩信。非有大何。則曲護而全安之。以盡其用。厥意有在。

B. 夫將臣者。軍民之司命。國家安危之所係。其重如此。故古之帝王。委任閫寄。別示恩信。非有大罪。則曲護而安全之。以盡其用。厥意有在。

여기서는 단 한 글자도 차이가 보이지 않는다.

A. 大抵人才國家之利器。雖至於譯官筭士之類。苟有才藝。則皆當愛惜。況如將臣之有才者。最關於敵愾禦侮之用。其可一任用法而不爲之饒貸耶　*某*實有將才。才兼水陸。無或不可。如此之人。未易可得。邊民之所屬望。敵人之所嚴憚。若以律名之甚嚴而不暇容貸。不問功罪之相準。不念功能之有無。不爲徐究其情勢。而終致大譴之地。則有功者無以自勸。有能者無以自勵。雖至挾憾如元均者。恐亦未能自安。中外人心。一*樣*解體。此實憂危之象。而徒爲敵人之幸。一*某*之死。固不足惜。於國家所關非輕。豈不重可爲之慮乎。古者。不遞將臣。終收大功。秦穆之於孟明者。固非一二。臣不暇遠引。只以聖上近日之事啓之。朴名賢亦一時之猛將也。嘗觸邦憲。朝廷特原其罪。未幾有湖右之變。變過已丑。而名賢一擧戡定。功在宗祊。其棄瑕責效之意至矣。

B. 大抵人才。國家之利器。雖至於譯官算士之類。苟有才藝。則皆當愛惜。況如將臣之有才者。最關於敵愾禦侮之用。其可一任用法。而不爲之饒貸也。*舜臣*實有將才。才兼水陸。無或不可。如此之人。未易多得。邊民之所屬望。敵人之所嚴憚。若以律名之甚嚴。而不暇容貸。不問功罪之相準。不念功能之有無。不爲徐究其情勢。而終致大譴。則有功者無以自勸。有能者無以自勵。雖至挾憾如元均者。恐亦不能自安。中外人心。一*幷*解體。此實憂虞之象。而徒爲敵人之幸。一*舜臣*之死。固不足惜。於國家所關非輕。豈不重可爲之慮乎。古者。不替將臣。終收大功。如秦穆之於孟明者。固非一二。臣不暇遠引。只以聖上近日之事啓之。朴名賢亦一時之猛將。嘗觸邦憲。朝廷特原其罪。未幾有湖右之變。變過已丑。而名賢一擧戡定。功在宗祊。其棄瑕責效之意至矣。

《이충무공전서》에서는 "일양(一樣)"이라고 기록한 것을 《약포집》에서는 "일병(一竝)"이라고 하였다. 모두 같은 뜻이다. 이것은 "똑같이"라는 의미이다.

정탁의 간절한 소망

A. 今*某*罪陷大辟。幾犯十惡。律名甚嚴。誠如聖教。*某*亦知公論之至嚴。常刑之可畏。無望自全。乞以恩命特減訊次。使之立功自效。其感戴聖恩。如天地父母。隕首圖報之志。必不居名賢之下。而我聖主中興圖閣之勳。臣安知不起於今日胥靡乎。然則聖主禦將用才之道。議功議能之典。許人改過自新之路。一擧而俱得。其有補於聖主撥亂之政。豈淺淺哉。

B. 今*舜臣*罪陷大辟。幾犯十惡。律名甚嚴。誠如聖教。*舜臣*亦知公論之至嚴。常刑之可畏。無望自全。乞以恩命特減訊次。使之立功自效。其感戴聖恩。如天池父母。殞首圖報之志。必不居名賢之下。而我聖朝中興圖閣之勳臣。安知不起於今日之胥靡哉。然則聖朝御將用才之道。議功議能之典。許人改過自新之路。一擧而俱得。其有補於聖朝撥亂之政。豈淺淺哉。*臣謹因禁府收議。嘗陳固陋。非但不合羣議辭亦不能達意。而愚臣一得。冀或聖擇。玆敢不辭煩瀆。更申前說。以備芻蕘。恭俟聖諭。如或臣之瞽言。少裨國事之千。一。則臣萬死猶幸。臣苦患感冒。已經二旬。尙此彌留。未得躬詣闕下。謹具箚以進。輕冒宸嚴。彌增隕越之至。取進止*

마지막 부분에서 상당한 차이가 있다. 《약포집》에는 이순신의 용서를 바라는 정탁의 마음이 더욱더 간절하고 절실하게 묘사되어 있는데, 《이충무공전서》에서는 이 부분을 생략하였다. 그러나 글의 취지와 주장에는 아무런 변화도 일어나지 않는다. "생략"을 통해서도 텍스트의 왜곡이 일어나지 않은 경우인데, 《이충무공전서》에서 생략한 부분을 따로 번역하면 다음과 같다.

> "신은 삼가 의금부에서 수렴한 의론을 따라서 일찍이 고루한 견해를 진술하였으나, 여러 의론에 합치되지 않았을 뿐만 아니라, 말 또한 뜻을 다 전달하지 못했습니다. 그러나 어리석은 신이 수많은 생각 끝에 올린 말씀이 혹시라도 성상께 채택되기를 바라옵니다. 감히 번거롭게 구는 것을 피하지 못하고, 다시 앞서의 말씀을 거듭 드립니다. 추요(芻蕘)의 말씀에 대비하고 삼가 성상의 유지(諭旨)가 내리기를 비옵니다. 만약 신의 어리석은 말씀(瞽言)이 나랏일에 천분의 일이라도 보탬이 있다면 신은 만 번 죽어도 좋습니다. 신은 지독한 감기에 걸려 이미 20일이 지났는데 아직도 이렇게 낫지 않아 직접 대궐에 나아가지 못하고 삼가 차자를 갖추어 올립니다. 성상께 경솔함을 범해 매우 송구스러우나 재결하여 주시기 바랍니다."

2. 텍스트 왜곡의 진면모

앞에서 지적하였듯, 《약포집》의 편찬자 정옥은 조상의 〈차자〉에서 중요한 한 글귀를 과감히 삭제하였다. 차자의 원문을 200자 이상을 삭제하고, 그다음 구절과 바로 이어 붙였으니 구성상 허술함이 없지 않았다.

이여의 왜곡

그런데 정탁의 텍스트를 더욱더 심하게 왜곡한 이는 숙종 때의 석학(碩學) 이여였다. 이여는 이 〈차자〉의 뒤에 〈후기〉를 지어 붙였다. 그 전문을 여러 단락으로 나누어 소개하고, 그에 관한 논평을 간단히 적어보겠다.

> (가) "이때 원균은 안에서 선동 비방하고 교활한 왜적들은 밖에서 모략함으로써 조정을 의혹케 하여 뭇사람이 떠들어 공(이순신)을 반드시 사지로 몰아넣으려고 하였다. 이 상소문(즉 정탁의 〈신구소〉)을 보면 공의 죄상이 자못 없는 것이 없이 기록되어 있으나, 이것은 모두 원균 때문이었다."

이여는 근거 없이 원균을 멋대로 모략하는 글을 썼다. 그는 이순신 하옥 사건의 주범은 단연코 원균이라고 명시하였다. 그의 글을 읽어보면 일본군과 원균의 목적은 다를 것이 없었다. 그들은 이순신을 제거하기 위해 공모한 범죄자들이라는 비현실적인 인식이었다. 어처구니없는 억지 주장인데 오늘날에도 그처럼 잘못 생각하는 사람들이 있다. 본래 역사적 사실과 그에 관한 해석은 별개의 것인데, 이여는 원균을 미워한 나머지 사실과 해석을 뒤섞어 하나로 만들었다. 텍스트의 왜곡이 이보다 심할 수는 없다.

> (나) "만일 그때 선조의 명철하고 거룩하심이 아니었더라면 과연 두우(杜郵, 섬서성 함양현의 지명)에서 죽은 백기(白起, 秦 나라의 명장)의 죽음을 (이순신도) 벗어나기 어렵지 않았겠는가. 원균은 처음에 패전한 장수로, 공에게 의지하여 적을 물리쳤다. 그러므로 원균의 공로는 모두 공의 공로였다."

정탁은 문제의 〈신구차〉에서 원균이 왜란 초기에 소수의 전함을 거느리고 싸우게 된 것도, 사실은 조정의 잘못된 지시를 따른 결과라고 설명하였다. 정탁은 원균의 용기와 재능과 성품에 관해서도 호평을 아끼지 않았다. 그 글을 읽고 나서도 이여는 끝내 엉뚱한 이야기만 되풀이했다. 선입견이 깊어지면, 역사적 사실조차 자기 생각에 맞게 왜곡되기 쉽다.

> (다) "공이 가고 원균이 대신하자 곧 그대로 패전하였고, 제 몸조차 적의 칼끝에 죽었다. 공의 공로는 더욱더 나타난 바라. 그러므로 공의 옳고 그름은 구태여 변명할 것조차 없이 명확하다."

원균의 순국을 모욕적으로 언급하며, 이여는 죽어 마땅하다는 식으로 해석하였다. 아전인수(我田引水)요, 견강부회(牽强附會)였다. 그럼 1980년에 광주학살 끝에 전두환이 집권한 것도 민주화가 틀린 일이라서 그렇게 되었다고, 전두환의 독재가 정의로웠기 때문이었다고 볼 것인가? 1894년에 동학농민혁명이 실패한 것도 동학 농민이 패륜을 저질러 실패한 것이겠는가? 역사적 사실을 왜곡하는 가장 유치한 방법이 바로 결과론적인 "강변"이다. 이여는 바로 그런 함정에 빠지고 말았다.

> (라) "세상이 말하기를, 공이 죽음에서 살아난 뒤에 공로가 클수록 용납되기 어려울 것을 스스로 알고, 마침내 싸움에 이르러 자기 몸을 버렸다고 한다. 공의 죽음은 본래부터 작정한 것이라고들 한다. 그때 경우와 처지로 보면

혹시 그 말에 근사한 점도 있다고 할 것이다. 어허, 슬픈 일이로다! 공이 돌아가신 뒤 1백 14년 되는 신묘년(1711년, 숙종 37년)에 이여는 쓰다."

이 역시 문학적 상상력으로는 허용될 수 있는 말이지만, 역사적 사실로 보면 성립될 수 없는 주장이다. 아무 근거도 없이 이순신이 마치 노량에서 죽음을 스스로 선택한 것처럼 말하는 것은 위험한 일이다. 이여는 한 시대의 존중을 받은 이름난 학자였으나, 이순신을 미화하는 일에 앞장서느라 원균을 폄훼하고 역사의 진실을 왜곡함이 도를 넘었다.

3. 역사적 진실 왜곡하는 방법은 다양

세상에는 사실과 해석을 적당히 뒤섞어 역사적 진실을 일부러 가리거나 왜곡하는 이가 있다. 또, 정탁의 후손인 정옥처럼 중요한 글귀를 일부러 '생략'함으로써 진실을 함부로 없애는 일도 있다. 그 밖에도 역사를 왜곡하는 방법은 여러 가지가 있는데, 여기서는 다음의 세 가지 방법을 간단히 소개하고자 한다.

첫째, 텍스트를 자의적으로 편집하는 것이다. 저자가 자신의 주장과 취향에 어긋난 문장을 제거하는 것, 또는 자신의 취지에 맞는 문장이나 구절, 단락, 아니면 표현만 가져다 텍스트를 새로 구성하는 것도 이에 해당한다. 비교적 흔한 수법이다. 그런 식으로 텍스트를 조작하면 누구라도 "성웅"이 되었다가 "간악하고 무능한 모리배"로 전락할 수가 있다.

둘째, 기존의 텍스트에 자신의 주장을 보태는 방법이다. 예컨대 제1장 제2절에서 만난 〈강덕룡 행장〉이 그러한 예에 해당한다. 강덕룡이란 장수는 경상우수사 원균이 신뢰하는 유능한 비장이었다. 성여신이 쓴 그의 〈비문〉에도 그런 사실이 구체적으로 기록되어 있다. 그러나 후대에 어떤 사람이 그 〈비문〉에 새 내용을 첨가해 완전히 다른 내용의 텍스트로 변조하였다. 결과적으로, 원균은 몹쓸 사람이 되었고, 강덕룡은 생전에 자신과 별로 접촉이 없었던 이순신의 심복으로 둔갑하였다.

셋째, 뜬소문을 가지고 역사적 사실인 것처럼 꾸미는 일도 적지 않다. 원균이 100척의 전함을 물속에 침몰시켰다는 주장, 그가 처음에는 많은 전투에서 패배하였다든가, 칠천량에서 모든 전함을 잃었고 군사가 수도 없이 전사하였다는 주장도 이에 해당한다. 문헌 비판에 능숙하지 못한 사람들은 엉터리 전기라든가 오류투성이의 기록을 무조건 믿고 따를 수 있다.

    우리는 이 책에서 역사 왜곡의 다양한 사례를 만나게 된다. 역사의 진실을 찾는 길은 멀고도 험하다. 구부러진 곳, 비탈진 곳이 곳곳에서 우리를 기다린다. 진실을 찾아내기가 쉽지 않으나, 인내심을 가지고 우리는 한 걸음씩 나아갈 것이다.

제3절
정탁은 세상과 자신을 속였을까?

《충무공전서》에 실린 정탁의 〈신구차〉를 읽고 혼란에 빠진 사람들이 있을 것이다. 이 글을 '페이스북'에 공개하였더니 다음과 같이 불평하는 사람들이 있었다.

'정탁과 같이 이름난 대신이 어쩌면 그렇게 원균의 장점을 칭찬하고, 심지어 이순신에게 원균의 공을 빼앗은 죄가 있다고까지 말하였는지 이해할 수 없다.'

'조선 후기에 정승 이여가 적절히 분석한 것처럼, 원균은 이순신을 극렬하게 모함하였다. 이순신이 절체절명의 위기에 빠진 것은 그 때문이며, 정탁은 원균의 거짓을 알고서도 적당히 둘러댔을 뿐이다.'

'본래 원균은 간사한 인물이라 이순신을 심하게 헐뜯었다. 그때 조정에는 원균의 편을 들고, 이순신을 죽이려는 서인과 북인이 많았다. 정탁은 어쩔 수 없이 전략적으로 조금 후퇴했다.'

'정탁의 후손 정옥이 《약포집》을 편찬할 때 괜히 그 대목을 생략하였겠는가. 선대로부터 들은 말이 있어서일 것이다.'

한 마디로, 〈신구차〉에서 정탁이 원균의 능력과 장기 및 성품에 관한 긍정적인 평가는 모두 거짓이었다는 말이다. 과연 그렇게 판단할 수 있을까? 정탁의 본심이 궁금하지 않을 수 없다. 정탁은 과연 원균과 이순신 그리고 조선 수군에 관하여 평소 어떤 견해를 가졌을까?

그의 진심을 헤아릴 수 있는 한 가지 방법이 있다. 《실록》을 자세히 살펴 정탁의 발언을 정밀하게 조사 분석하는 것이다. 그러면 그의 평소 견해를 가늠할 수 있겠다. 이런 작업이 따라야만 〈신구차〉에 등장한 문제의 발언이 정탁의 지론인지 아닌지를 가릴 수 있을 것이다. 미시사가에서 말하는 '범죄 수사학적'인 방법으로 역사적 컨텍스트를 진단하고, 그 바탕 위에서 〈신구차〉의 진정성을 판단할 기회라고 하겠다. 그럼 이제 《실록》 안으로 들어가 보자.

1. 《실록》 속으로

가. 수군에서 원균을 배제하려는 움직임이 있었을 때

선조 27년(1594) 11월 12일에 선조는 경연(經筵)에서 대신들과 함께 중요한 현안을 논의하였다. 이순신과 원균의 갈등을 어떻게 풀 것인가. 이것이 그날의 의제였다. 그날 이후 이 문제는 여러 차례 논의되었고, 한 달쯤 지나자 경상우수사 원균을 수군에서 배제하는 쪽으로 정리되었다. 수군 지휘권을 몽땅 이순신에게로 옮겨 주는 것이 마땅하다는 쪽으로 조정의 의견이 수렴된 것이다.

그때 좌찬성 정탁은 여러 대신의 뜻을 거스르면서 다음과 같은 의견을 제시했다. 그의 발언에 번호를 붙여 소개하면 다음과 같았다.

(가) "소신(정탁)이 남방에 가서 들은바, 왜적이 수군을 무서워한다고 합니다."

조정에서도 누구나 인정하는 사실을 정탁은 대전제로 삼았다. 조선 수군이 강하다는 사실은 적도 인정하므로, 수군의 지휘권을 안정시키는 것이 필요하다는 점을 말한 것이다. 누구나 동의할 수 있는, 논의의 옳은 출발점이었다.

(나) "원균은 사졸들이 따르므로 가장 쓸 만한 장수입니다."

상당수 대신이 문제로 거론한 것은 원균이 과연 훌륭한 장수 감이냐 하는 것이었다. 이 문제에 대하여 정탁은 자신의 현지 조사를 바탕으로 자신 있게 단언하였다. 원균에게는 충심으로 따르는 장교와 군사들이 많다는 사실이었다. 적어도 경상우수영 내부에서 원균의 지도력을 문제 삼는 장수는 찾아볼 수 없었다.

(다) "이순신도 비상한 장수인데, 그들이 서로 다투는 일이 매우 못마땅합니다. 지금 같은 때 어찌 감히 사적인 분노로 이렇게까지 다툴 수 있겠습니까."

이순신도 원균도 우리나라의 명장이었다. 그런데 두 장수가 사감(私感)을 드러내며 심하게 다투고 있어, 앞으로 큰일이라고 하였다. 이것이 바로 조정의 걱정거리였다. 원균은 공개적으로 이순신을 비난하였고, 이순신도 《난중일기》를 보면 반복적으로 원균을 비방하고 혐오하였다.

> (라) "(제 생각에는 조정에서 두 사람에게) 글을 내려 국가의 급무를 우선으로 삼으라고 실책하는 것이 옳습니다. 만일 (왕께서) 내린 글을 본다면 그들 또한 어찌 감격하고 뉘우치는 마음이 없겠습니까."

정탁은 이순신과 원균 두 사람 가운데 누가 옳은지를 따지는 일은 조정이 관심을 둘 일이 아니라고 보았다. 그가 생각하는 해결책은 단순명료하였다. 선조가 두 장수를 한편으로 꾸짖고, 다른 한편으로 격려하는 〈유지(諭旨)〉를 보내는 것이 올바른 처방이라고 했다. 적어도 두 장수가 노골적으로 대립하는 일만큼은 없게 하자는 생각이었다. 이것은 좋은 의견이었으나, 대신들이나 선조는 그 정도로 두 장수의 갈등을 풀 수 없다고 확신하였다. 그래서 그들은 이순신에게 지휘권을 맡기고, 원균은 수군에서 제외하기로 결정하였다.

> (마) "이 일로(즉 이순신과의 갈등 때문에) 원균의 벼슬을 갈아버리면 반드시 수군이 흩어지고 말 염려가 있습니다."

정탁은 원균의 장수들이 이순신 휘하에 온전히 흡수될 가능성이 없다고 판단하였다. 과연 그런 판단은 옳았다. 선조 25년 4월부터 선조 27년 11월까지 약 2년 반 동안 이순신의 직계세력과 원균의 직계는(직계세력은) '물과 불'이나 다름없는, 적대적인 관계가 되었다. 이 문제는 어느 한 편의 대장을 제거한다고 해도 풀 수가 없는 복잡한 문제였다. 그런데 조정에서는 사태를 너무 안이하게 인식하였다. 정탁의 판단이 옳았다고 본다.

원균과 이순신 진영의 알력과 갈등은 시간이 갈수록 더욱더 커졌다. 그리하여 선조 30년(1597) 봄에 원균이 삼도수군통제사가 된 다음에는 더욱더 심각한 양상을 보였다. 그해 7월에 원균과 이억기 등이 순국하는 사태가 벌어진 것은 우연한 일이 아니었다.

계파 갈등은 원균이 순국하고 이순신이 지휘권을 독점하게 되자 비로소 진정되었다. 원균을 충심으로 따르는 충성파는 수군에서 완전히 배제되었고, 나머지 장수들은 이순신의 휘하세력으로 흡수되었다. 그러다가 이듬해(1598년) 겨울에 이순신마저 순국하자 살아남은 휘하 장수들은 신군부의 주축이 되었다. 그때는 당연히 이순신의 직속 부하들에게 유리한 분위기가 조성되었다. 그들은 화려한 지휘관 경력을 쌓으며, 광해군과 인조 초까지 군부를 완전히 장악하였다. 그들은 원균의 그림자까지 털어내고 오직 이순신을 띄웠다. 이순신이 "성웅"으로 떠오른 데 비해 원균은 "무능하고 비굴한 패장"으로 전락하였다. 그 이면에는 그러한 사정이 있었다. 자세한 논의는 이 책의 제4부를 참고하길 바란다.

하여튼 선조 27년 연말이 되자 조정에서는 원균을 육군으로 쫓아내기로 하였다. 정탁의 견해를 무시한 것이었다. 그리고 나서 이순신은 단독으로 수군을 지휘할 권리를 손에 쥐었다.

나. 수군에서 이순신을 축출하려 했을 때

이순신이 남해의 최강자로 지위를 굳힌 지 2년이 지나자 조정의 분위기는 다시 급변하였다. 선조 29년(1596) 하반기에는 조정에서 은근히 기대하고 있던 명나라-일본의 평화협상이 파탄으로 끝났다. 일본의 재침략이 임박한 가운데 일촉즉발의 공포 분위기가 한반도를 휩감았다.

선조 29년 11월 7일, 선조는 수군의 지휘권 이동에 관하여 논의를 시작하였다. 왕은 비변사 유사 및 당상관들을 모이게 하고, 일본의 재침에 관한 여러 가지 대비책을 장시간 의논하였다.

그들이 보기에 지난 2년 동안 이순신의 수군은 이렇다 할 성과를 내지 못하고 있었다. 조선 수군 전력은 이전에 비해 크게 약화되어 있었다. 2년 전과는 달리 누구나 이순신의 무기력과 무능함을 비판하기 시작했다. 선조와 대신들은 수군을 이대로 내버려 둘 수 없다는 판단에 이르렀다. 그래서 그들은 원균에게 관심을 가졌다. 세상일은 이렇게 바뀌는 법이다. 시간의 흐름을 이겨내는 사물은 어디에도 존재하지 않아, 무상(無常)하다는 탄식이 나온다.

유성룡이 본 원균

이순신의 위기가 다가온 순간에 지금까지 그를 정치적으로 후견해온 영의정 유성룡은 자신의 처지를 밝혀야 했다. 그는 수군의 총아로 떠오른 원균에 관해 다음과 같이 논평하였다. 유성룡의 발언을 몇 개의 단락으로 나누어 그 의미를 살펴보자.

> (가) "원균은 제 한 몸을 잊고 용감히 싸웁니다. 이것이 그의 장점입니다."

유성룡은 물론이고 조정 대신들은 이점에 모두 수긍하였다. 원균은 용장이었고, 공이 무척 많은 장수였다. 오늘날 우리가 상상하는 비겁하고 무능한 장수와는 거리가 멀었다.

> (나) "그러나 지친 군졸을 어루만지는 것이라면 그가 감당할 수 없을 것입니다."

이러한 유성룡의 평가에 대해서도 당시에는 대다수가 동의하였다. 원균의 약점은 부드럽게 부하들을 감싸주고 위로하는 능력이 부족한 것이었다. 원균은 너무 거칠고 강해 그것이 도리어 지도력에 한계가 되었다는 평가였다.

> (다) "그러므로, 이 일(수군 지휘)을 맡을 만한 다른 사람이 있다면 (그 사람을) 등용해야 하겠습니다."

유성룡은 수군 전체를 원균에게 맡기지 말고 (만약 이순신을 통제사에서 해임한다면) 제3의 인물에게 수군을 맡기자고 건의한 셈이었다. 선조도 그런 의견에 부분적으로 동의하였다. 그래서 제3의 인물로 전라우수사 이억기를 잠시 떠올려 보기도 하였다. 그러나 조정의 중론은 이억기보다는 원균이 낫다는 쪽으로 기울었다. 그래서 이순신을 통제사에서 해임할 경우라면, 원균을 대안으로 삼자는 의견이 대세를 이루었다.

정탁의 독특한 견해

그날 유성룡의 의견을 조용히 청취한 다음에, 정탁은 다음과 같이 자신의 견해를 밝혔다.

> (가) "수전이 그(원균)의 장기입니다."

정탁 자신도 알고 있고, 이미 거듭된 〈장계〉를 통해 입증된 대로 원균은 경상우수사로서 빛나는 전공을 세운 최고의 장수였다.

(나) "이제 그의 단점을 버리고, 그 장점을 쓰는 것이 나을 때입니다."

원균의 지도력에 한계가 있다는 사실은 인정하지만 그러한 단점에 구애받지 말자는 것이었다. 정탁은 원균이 자신의 장점을 살려 일본군의 재침을 막게 하자는 의견을 제시하였다. 선조와 대다수 대신이 정탁의 견해에 찬성하였다.

그날 어전 회의에서 수군의 지휘권에 관해 여러 가지 논의가 나왔는데, 정탁은 자신의 평소 생각을 다음과 같이 요령 있게 정리하였다.

(다) "그들 (이순신과 원균 두 사람)이 공을 다투는 마음을 헤아려보면, 두 장수 모두 잘못한 것이 있습니다."

이순신과 원균의 쟁공(爭功)은 이해할 수 있는 면도 있었으나 지나쳤고, 어느 한쪽에게 전적으로 책임이 있는 사안도 아니라고 하였다. 정탁의 평가는 공정하고 객관적이었다.

(라) "그러나 이순신도 (중요성에 있어) 가볍지 않은 장수입니다."

그보다 2년 전에는 선조와 대신들이 오직 이순신 한 사람에게 큰 기대를 걸었다. 그런데 이제는 다시 원균 한 사람의 능력에만 매달리는 모습을 보였다. 정탁은 이런 식으로 문제를 풀 수 없다는 걸 알고 이순신을 수군에서 배제하지 말라고 경고하였다.

(마) "전하께서 하교하여 (그들을) 화해시키고 훗날의 공효(功效, 전과)를 당부하는 것이 좋겠습니다."

이 말에 정탁의 진심이 담겨 있다. 선조는 두 장수를 꾸짖으면서도 회유할 책임이 있다는 뜻이었다. 두 장수가 나란히 함대를 이끌고 바다를 호령해야 적의 침략을 제대로 막을 수 있다는 주장이었다. 이것이 바로 정탁의 변함없는 신념이었다. 수군의 운영 방법에 대해 정탁의 생각은 지난 2년 동안에도 전혀 변화가 없었다는 사실을 우리는 제대로 확인한 셈이다.

특히 이순신에 대한 정탁의 기대는 높았다. 선조 29년(1596) 11월 13일에 열린 어전 회의에서도 이 점은 명확히 드러났다. 모든 대신이 일본의 재침을 두려워할 때 정탁은 다음과 같이 주장하였다.

> "왜적은 우리 주사(舟師, 수군)를 매우 두려워합니다. 그러므로 이순신(李舜臣)에게 수군을 거느리고 그들을 공격하게 하십시오. 그러면 청적(淸賊, 가등청정)의 선봉(先鋒)을 격파할 수 있습니다. 적이 많아 (우리가) 수적으로는 열세이지만, 그들을 꺾어 이길 수 있습니다."

하지만 이것은 정탁의 희망 사항에 지나지 않았다. 일본군은 그사이에 수군의 전투력을 증강하였다. 그들은 자신들이 차지한 남해안 일대를 완전히 요새화하였고, 판옥선까지도 운용하였다. 그래서 조선 수군이 왜적을 상대하기가 전처럼 쉬운 일이 아니었다. 안타깝게도 조정 대신들은 그간 일본군의 변화를 제대로 인식하지 못하고 있었다.

게다가 겨울이 되면 조선 수군은 부대를 해산하여 대다수 병력을 집으로 돌려보냈다. 봄이 되어야 새로 병력을 소집해 부대를 재편하는 것이 관행이었다. 왜란 중에도 이런 식으로 수군을 운영하였다. 선조 30년(1597) 1월에 조정에서는 이순신에게 명하여 해상에서 가등청정을 공격하라고 주문하였으나, 그 시점에 조선 수군은 제대로 병력을 가동할 수 없는 실정이었다.

선조 30년(1597) 1월 27일, 선조는 다시 대신과 비변사 유사 당상관들을 불러 수군을 강화할 방안을 심층적으로 토론하였다. 그날의 모임은 이순신의 무능을 성토하는 난상토론이 되고 말았다. 지난 며칠 사이에 가토(가등청정)가 아무 저항 없이 바다를 건너 한반도 남단에 발을 붙였기 때문이다. 이제 대신들 가운데 누구도 감히 이순신을 변호하지 못할 상황이 되었다.

그사이 관직이 지중추부사로 바뀐 정탁(鄭琢)도, 다른 대신들과 한목소리가 되어, "이순신은 참으로 죄가 있습니다."라고 비난하였다. 그러면서도 그는 "(오늘날처럼) 위급할 때는 장수(통제사)를 바꿀 수 없습니다."라고 자신의 지론을 되풀이하였다. 그때도 정탁은 원균과 이순신 두 사람 가운데 누구도 수군에서 쫓아내면 안 된다고 확신하였다.

원균 대세론

그날 회의에서는 원균 대세론이 불꽃처럼 일어났다. 유성룡까지도 평소 자신의 주장을 꺾고 이순신의 결점을 비판하였다. 그는 다음과 같이 원균을 호평하였다.

"(원균이) 나라를 위하는 마음은 깊습니다. (청주에) 상당산성(上黨山城)을 쌓을 때도 원균은 토실(土室)을 만들어 놓고 몸소 성 쌓는 것을 감독하였다고 합니다."

논의가 그렇게 진행되자 선조는 단안을 내려, "(원균을) 수군의 선봉으로 삼고자 한다."라고 선언하였다. 그러자 윤두수가 신중론을 꺼냈다.

"이순신을 전라 충청통제사(全羅忠淸統制使)로 삼고, 원균을 경상통제사(慶尙統制使)로 삼으면 어떻겠습니까?"

어느 한 장수에게 수군을 전적으로 맡기기보다는 이른바 "투톱"체제를 설정하는 것이 좋겠다는 의견이었다. 이것은 정탁이 평소에 주장한 것이었는데, 윤두수도 그에 동조하였다.

오늘날 우리는 왜란 때 조정 대신들이 자기 당파의 이해관계에 사로잡혀 국정을 그르친 것이라고 확신하는 경향이 있다. 그러나 역사적 진실은 그렇게 단순하지 않았다. 대신들에게 당파적 이해관계라는 측면도 물론 중요했으나, 그들이 매사를 당쟁의 관점으로 바라본 것은 아니었다. 가령 정탁은 동인이었고 윤두수는 서인이었으나, 수군 운영에 관해서는 의견이 거의 일치하였다. 이 문제는 나중에 따로 검토할 주제이다.

합의점

그날의 논의에서 조정 대신들은 한 가지 합의점을 찾았다. 장차 수군의 지휘권을 누구에게 주든지 조정에서 그를 적절히 통제할 필요가 있다는 점이었다. 선조도 대신들도 모두 그런 생각이었다. 어떤 대신은 "어사(御史)"를 통해서 통제사를 지휘하자고 했다. 선조는 "원균을 좌도주사(左道舟師, 경상도통제사)에 임명하고, 또 다른 사람을 (그 상위에) 임명해 2인(우도주사 이순신과 좌도주사 원균)을 통제하는 것"이 좋겠다고 말하였다. 선조가 통제사 위에 별도의 "통제기관"을 설계하게 된 배경은 무엇일까? 왕은 이렇게 말하였다.

"비록 두 사람을 나누어 (좌우도) 통제사로 삼더라도, 반드시 (위에서) 조절하며 절제(節制)하는 사람이 있어야 한다. (만약) 원균이 앞장서 싸움에 나갔는데 이순신이 물러나 (원균을) 구원하지 않으면 일이 어렵게 될 것이다."

병조판서 이덕형도 원균과 이순신 두 장수가 "서로 제지하고 방해할 염려가 생길까 싶다"라고 우려를 표하였다. 그러면서 중국 명나라의 군사제도에 참고할 점이 있다고 하였다. 즉, 중국에서는 참장(參將)이 전쟁을 지휘할 때 독전(督戰, 전쟁 진행을 감시 감독함)하는 관리를 따로 둔다. 우리도 이와 같이 추진하자는 견해였다. 2인 체제를 주장한 윤두수는 종사관(從事官) 제도를 만들어, 통제사들을 독전하면 좋겠다는 의견을 제시하였다.

대신들이 대강의 합의점을 찾자 선조는 결론을 내렸다. "반드시 누군가에게 전권을 주어 (장수들의 대립과 갈등을) 조절하여야 한다." 그 말이 끝나자 유성룡은 한효순(韓孝順)에게 독전(督戰)을 맡기자고 하였다. 이어서 선조는, 독전을 맡은 관리는 지휘관(통제사)과 한곳에 머물지 못하게 한다는 방침을 세웠다. 그들이 함께 지내게 되면 서로 충돌이 일어날 것이라서 공간적인 분리가 필요하다는 의견이었다.

그날의 토의는 생산적이었다. 첫째, 일본의 재침을 눈앞에 두고 원균을 다시 바다로 나가게 결정하였다. 둘째, 가능하면 이순신과 원균을 좌우도 통제사로 임명하여 서로 협력하도록 할 생각이었다. 셋째, 조정에서는 두 장수를 통제 또는 감독할 '독전관'을 보내는데, 한효순이 후보로 떠올랐다. 넷째, 대신들은 통제사 이순신이란 카드를 버리고 원균 단독체제로 이행하자고 주장하였으나, 정탁과 윤두수, 유성룡 등이 "투톱"론을 강력히 제기하면서 '물갈이론'을 막은 것이었다.

물갈이

하지만 시간이 흐르자 '물갈이론'이 더욱 거세졌다. 그래서 이순신은 직위 해제되었고, 원균이 전라좌수사 겸 삼도수군통제사로서 수군의 지휘자로 떠올랐다. 통제사를 교체하는 과정에서 이순신은 한양으로 끌려와 과거에 저지른 여러 가지 죄를 심판받게 하였다. 이것은 사실 이순신을 죽이려고 꾸민 일이 아니라 통제사 교체 작업을 무리 없이 진행하려는 일종의 막간극이었다. 우리가 이 장에서 살핀 정탁의 〈신구차〉가 등장한 배경이 바로 그 사건이었다.

이제 논의를 간단히 정리하면 다음과 같다. 〈신구차〉에서 정탁은 원균의 장점과 공적, 그의 특성과 그간의 억울한 사정을 구체적으로 거론하였다. 〈신구차〉에서 정탁은 원균의 능력을 호평하면서도 이순신의 능력과 공적 또한 높이 기렸다. 정탁은 이순신에게 여러 가지 잘못이 있었던 것은 사실이지만, 그렇다고 하여 함부로 죽여서는 안 된다는 점을 역설하였다. 정탁의 이러한 주장은 평소 조정에서 그가 꺼낸 주장과 일치하는가, 아니면 서로 배치되는가? 위에서 우리가 자세히 따져 본 것처럼 양자는 완전히 일치하였다.

따라서 정탁의 후손 정옥이 〈신구차〉에서 원균에 관한 긍정적인 견해를 완전히 지워버린 것은 역사를 왜곡하는 결과를 낳았다고 볼 수 있다. 정옥의 시대에는 선비들이 이순신의 공을 미화하며 원균을 마구 헐뜯는 것이 사조를 이루었다. 시대 상황이 그와 같아 가문을 빛낸 명조(名祖) 정탁이 원균을 편들고 이순신의 잘못을 순순히 인정한 기록을 있는 그대로 세상에 내보이는 것이 정옥에게는 어려운 일이었다. 우리는 정옥의 깊은 고민을 이해해야 한다.

시대의 압박이 너무 강하였기 때문에 정옥은 그렇게 할 수밖에 없었다고 변명해도 괜찮다. 그래서 그는 득실을 치밀하게 계산한 끝에 정탁의 〈신구차〉의 일부를 과감히 '생략'하였다. 그 자체로서 보면 이것은 매우 작은 사건이었다. 그러나 결과적으로 이 사건이 역사에 미친 파장은 엄청난 것이었다. 원균은 자신을 정당하게 변호해 줄 중요한 텍스트를 잃어버리고 말았기 때문이다. 하지만 《이충무공전서》에 정탁의 〈신구차〉 원본이 남아있어, 우리는 정탁의 본의도 확인할 수 있었고 원균의 역사적 진실에 한 걸음 다가설 수도 있었다.

아마도 이 장의 서술은 연구 방법론이란 측면에서 의미 있는 시도였다. 숙종 때의 문신(文臣) 이여에게 감사드리는 마음이 크다. 겉으로 보면 이여는 〈신구차〉의 의미를 망각하고 원균을 비방한 것 같으나, 실제로는 〈신구차〉의 역사적 가치에 주목했던 것으로 보인다. 그가 〈신구차〉의 '원문'을 그대로 살려두었기 때문에 후세에 우리는 정탁이 바라본 원균의 긍정적인 측면을 정확히 알 수 있었다. 이여 덕분에 정탁의 진정성 있는 진술이 소멸의 위기를 넘길 수 있어 참으로 다행이다. 조그만 역사적 진실 하나가 이렇게 후세로 이어졌다. 진실은 침몰하지 않는다!

제3장
이순신의 《난중일기》

　이순신의 《난중일기》는 '국보 제76호'일 뿐만 아니라, '유네스코 세계기록유산'이기도 하다. 왜란을 연구하는 데 가장 중요한 1차 사료로 이용되고 있다. 우리는 그 일기를 바탕으로 원균의 진실에 한 걸음 더 다가설 수 있을 것이다.

《난중일기》라는 연구자료

　연구 자료로서 《난중일기》는 과연 어떤 특색을 가지고 있을까. 참으로 독특한 일면이 있다. 정유년(1597)의 《난중일기》는 두 종류가 존재한다는 점이다. 둘 다 이순신이 직접 쓴 것으로, 《난중일기》 제5책은 정유년 4월 1일부터 10월 28일까지의 일기이며, 제6책은 정유년 8월 5일부터 그 이듬해 무술년(1598) 1월 4일까지의 일기이다. 그러므로 정유년 8월 5일부터 10월 28일까지는 일기가 중복된다. 보통 일기란 한번 쓰면 그만이라고 생각하기 쉬우나, 이순신은 그렇게 하지 않았다. 먼저 쓴 일기를 수정 보완하기도 하고, 아예 다시 쓰기도 하였다.

　《난중일기》 제5책은 날짜를 표기한 간지(干支)가 당시의 달력과 맞지 않는다. 중복된 일기 내용을 대조해 보면, 제6책에 다시 쓴 일기가 제5책의 것보다 훨씬 상세하다. 제5책은 초본에 해당하고, 제6책은 이를 수정 보완한 개정본이라고 보아야겠다.[28]

　이런 구체적인 사례에서 증명된 것처럼 이순신은 일기를 한번 쓰고 그대로 보관하는 사람이 아니었다. 그는 자신의 일기를 필요할 때마다 꺼내 읽고 몇 번이고 수정 보완하였다. 그래서 《난중일기》는 그날그날의 일상을 기록한 것이자 시일이 상당히 흐른 다음에 해당 사건과 인물에 관해 자신의 수정된 관점을 반영한 것이기도 하다. 이런 점에서 《난중일기》는 1차 사료와는 거리가 있었다. 이것은 이순신이 훗날의 관점에서 고쳐 쓴 개인의 역사에 더욱더 가까웠다. 우리는 그 점을 깊이 유념해야 한다.

---

28 김경수, 〈이순신의 난중일기〉, 《한국사학사학보》, 제10집, 2004, 46쪽.

건천동 출신

《난중일기》를 읽기 전에 풀어야 할 한 가지 궁금증이 있다. 원균과 이순신의 개인적인 관계에 관한 질문이다. 어떤 사람은 이순신과 원균이 어린 시절부터 친분이 깊었다고 추측한다. 처음부터 그들은 무척 가까운 사이였다는 것인데, 그런 생각은 과연 사실이었을까?

두 사람이 한양의 건천동에서 어린 시절을 보낸 것은 명백한 사실이다. 원균은 중종 35년(1540)에 진위현에서 출생하였으나 청소년 시절을 건천동에서 보냈고, 이순신은 인종 원년(1545)에 건천동에서 태어나 그곳에서 자랐다. 이런 사실만 가지고 두 사람이 어릴 적에 형과 아우처럼 지낸 것이 틀림없다고 짐작하는 것은 위험한 일이다. 심지어 두 사람이 한양의 동학(東學, 4부학당의 하나)에서 배운 선후배 사이일 것이라고 주장을 하는 사람도 있다고 들었다. 그들은 과연 그렇게 가까운 사이였을까.

이런 추측이 전혀 불가능한 것은 아니지만, 지레짐작에 불과하다. 두 사람은 이처럼 가까운 사이가 아니었다. 그렇게 주장하는 데는 적어도 두 가지 이유가 있다. 첫째, 이순신이 남긴 많은 기록이 있으나, 그 어디에도 원균과 친했다고 말하거나 그 점을 암시하는 문장이 없다는 사실이다. 둘째, 두 사람은 어린 시절에 처지가 너무 달랐다는 점도 중요하다. 원균은 훈구파의 외손으로 유복하게 어린 시절을 보냈으나, 이순신은 사림파의 손자로 가난하고 외로운 처지에 놓여 있었다.

원균은 외가인 남원양씨 댁에서 자랐다고, 양씨 집안 후손들이 증언하였다. 그에 따르면, 원균은 양성지(梁誠之, 1415~1482)의 고택에서 출생하여 거기서 청소년기를 보냈다. 양성지라면 세조와 성종 때의 명신으로 훈구파에 속하는 인물이다. 본래 원균의 친가는 경기도 진위현(현 경기도 평택시 진위면)으로 탄탄한 사회경제적 기반이 있었기에, 원균은 한양과 진위를 오가며 두 곳을 고향으로 여겼다고 볼 수 있다.

이 또한 양성지의 후손이 증언한 바인데, 이순신의 생가는 골목 하나를 사이에 두고 양성지 고택과 이웃하였다. 이순신의 5대조 이변(李邊, 1391~1473, 대제학) 때부터 덕수이씨는 그곳에 세거하였다. 그러던 중에 이순신의 조부 이백록(李百祿)이 정암 조광조(趙光祖)를 따랐던 관계로 벼슬길에 나가지 못하였다. 가족의 생계가 어려워지자 이순신의 아버지 이정(李貞)은 처부 변수림(卞守琳, 초계변씨)을 따라 충청도 아산으로 이주하였다.

원균의 아버지 원준량(元俊良)은 처지가 완전히 달랐다. 그는 경기도 진위에서 한양으로 올라온 무관이었다. 원준량은 기량이 뛰어난 무관으로, 중앙과 지방의 요직을 두루 역임하였다. 《명종실록》에는 그의 행적을 비방하는 기사가 더러 실려 있다. 관련 내용을 자세히 살펴본 결과, 그것은 역사적 사실이 아니었다. 실록을 편찬한 사관들이 사적 감정을 토로한 악의적 해석에 지나지 않았다. 알다시피 선조 때 사림파가 《명종실록》을 편찬하였는데, 그들은 원준량을 훈구파의 일원으로 간주해 함부로 헐뜯은 것이다.

한마디로, 이순신은 세력을 잃은 사림파 가문의 후손으로, 청소년기에 집안이 아산으로 낙향하게 되었다. 반면, 원균은 유능한 무관인 원준량의 맏아들로 태어나, 부유한 외가에서 부족함 없이 성장했다. 두 집안이 가까이 지냈다는 흔적은 어디에서도 찾아볼 수 없다.

그렇지만 원-이 두 사람은 모두 건천동 출신이다. 그들의 고향 후배인 천재 문인 허균(許筠, 1569-1618)은 그 사실을 자랑스럽게 여겼다. 허균 또한 건천동에 대대로 살아온 양천허씨의 후손이었다. 허균의 문집 《성소부부고》(제24권)에는 〈성옹지소록(惺翁識小錄)〉(하편)이란 글이 있다. 이 문집에서 허균은 건천동(현 서울특별시 중구 인현동)이 배출한 뛰어난 인물에 관해 흥미로운 이야기를 풀어놓았다.

건천동의 자랑

허균의 설명에 따르면, 16세기 말 건천동에는 34집이 살았다. 이 마을에서는 조선 초기부터 많은 인재가 나왔는데, 대표적인 역사 인물로 세종 때의 김종서(金宗瑞)와 정인지(鄭麟趾)가 꼽혔다. 이어서 양성지(梁誠之)와 같은 명신도 여러 명 배출되었다. 허균은 자신과 동시대의 인물에 관해서 다음과 같이 서술하였다.

> "근세에는 류서애(柳西厓, 유성룡)와 (나의) 가형(家兄, 허성 許筬과 허봉 許篈) 및 덕풍군(德豊君) 이순신(李舜臣)과 원성군(原城君, 원릉군이 맞음) 원균(元均)이 같은 시대의 인물이었다."[29]

유성룡, 허성, 허봉, 이순신 그리고 원균의 이름을 잇달아 쓴 다음에, 허균은 그들의 업적을 다음과 같이 기술하였다.

> "서애(유성룡)는 국가를 중흥(中興)한 공이 있고, 원(균)과 이(순신) 두 장수는 나

---

[29] 허균(許筠), 《성소부부고(惺所覆瓿藁)》, 제24권, 〈성옹지소록(惺翁識小錄)〉(하편).

라를 구한 공이 있었다. 그러므로 이때 이르러 이 마을은 더욱 융성하였다."30

허균은 건천동이 전성기를 맞은 것이 바로 16세기 후반이라고 평하고, 가장 먼저 서애 유성룡이 정승으로서 왜란 때 나라를 중흥한 공이 있다고 칭찬하였다. 이어서 원균과 이순신 두 사람을 차례로 거론하고, 그들이 나라를 위기에서 구하였다고 평가하였다.

오늘날 많은 사람이 원균을 역적이나 간신배처럼 취급하지만, 건천동 출신으로 문명(文名)을 떨친 허균의 생각은 달랐다. 그는 원균과 이순신은 왜란 때 나라를 구한 영웅들이었다.

원균과 이순신은 모두 건천동 출신이었으나 왜란 당시에 그들의 사이는 멀어도 너무 멀었다. (제1절) 원-이 두 장수는 연합함대를 편성해 함께 적을 무찌르는 데 성공하였으나 갈등은 더욱 깊어졌다. (제2절) 공을 다투느라 자연히 그렇게 되었다고 말하지만, 두 장수를 이간질하는 사람들도 많았다. (제3절) 물론 그때도 두 장수는 함께 머리를 맞대고 작전을 계획하고 전투에도 동시에 참전했다. 하지만 전투가 진행된 상황이나 결과에 대해서는 서로 견해가 크게 엇갈렸다. (제4절)

요즘 우리는 《난중일기》나 이순신의 장계를 통해 조선 수군을 이해하지만, 그 기록만으로는 진실을 절반밖에 보지 못하는 셈이다. 원균을 비롯한 다른 장수들의 시각에서 왜란을 다시 분석 검토하는 작업이 꼭 필요하다. 이 장은 우리가 《난중일기》를 이용하면서도 거기에 구애되지 않는다는 점에서 의미가 있다.

---

30 허균(許筠), 《성소부부고(惺所覆瓿藁)》, 제24권, 〈성옹지소록(惺翁識小錄)〉(하편).

제1절
어렵게 성사된 원-이 연합군

선조 25년(1592) 4월 13일(양력 5월 23일)에 일본군은 침략을 개시하였다. 그때 원균과 이순신은 저마다 부하를 거느리고 조선의 남쪽 바다를 지키고 있었다. 전쟁 중에 그들은 서로 협력했다. 그러나 두 장수의 관계는 왜란 초기부터 서로 어긋나기 시작하였다.

1. 원균, 일본군의 침략을 이순신에게 알린 장수

일본군의 침략이 시작되고 이틀이 지난 4월 15일 오후 늦은 시간이었다. 이순신의 전라좌수영에는 두 통의 첩보가 도착했다. 그 일을 이순신은 《난중일기》에 다음과 같이 기록하였다.

> "저물녘 영남우수사(원균)의 통첩이 왔다. '왜선 90척쯤이 (쳐들어)와 부산 앞바다 절영도(영도)에 정박했다.'라고 하였다. 잇따라 수사(경상좌수사 박홍)의 공문도 왔다. '왜적 350여 척이 부산포 건너편에 이미 도착했다.'라고 하였다. 그래서 (나는) 곧장 (조정에) 장계를 올렸다. (전라)순찰사(이광), (전라)병마사(최원) 및 (전라)우수사(이억기)에게도 공문을 보냈다. 영남관찰사(김수)에게서도 공문이 왔는데, 똑같은 내용이었다."[31]

이순신에게 가장 먼저 적의 침략을 알린 이는 인접 지역인 경상우수영의 수사 원균이었다. 뒤이어 경상좌수사 박홍과 경상관찰사 김수도 똑같은 내용을 알려왔다. 그때 경상우병사 조대곤은 아무런 소식도 주지 않았다. 급보를 접한 이순신은 침략전쟁

---
31 이순신, 《난중일기》, 임진년(1592) 4월 15일.

이 일어났다는 소식을 조정에 알렸고, 전라도의 방어책임자 이광, 최원 및 이억기 등에게도 통지하였다.

그 이튿날에는 오직 원균만 다시 연락을 보내왔다. 경상좌수사 박홍은 이미 함대를 버리고 육지로 올라간 뒤였다. 어찌된 일인지 경상관찰사 김수는 다음 소식을 주지 못하였다. 원균이 보낸 두 번째 공문이 이순신의 진영에 도착한 것은 늦은 밤이었다.

"부산진이 이미 함락되었다."라는 슬픈 소식이었다. 이순신은 분하고 원통함을 이길 수 없었다고 《난중일기》에 기록하였다. 그는 원균이 보내온 비보를 즉시 조정에 전달하였고, 그밖에 필요한 여러 관청에도 두루 공문을 보냈다.[32]

그때까지 침묵하였던 영남우병사(조대곤)는 4월 17일에야 겨우 한 통의 소식을 보내왔다. "왜적이 부산을 함락시킨 뒤로 그곳에 주둔하면서 물러가지 않는다."라는 뻔한 내용이 적혀있었다.[33]

4월 18일에도 원균은 이순신에게 전황(戰況, 전쟁 상황)을 꼼꼼히 적어 통보했다. 그날 오후 두 시쯤이었다. 동래도 이미 적에게 함락되었고, 양산(조영규)과 울산(이언함)의 두 지방관은 조방장이 되어 동래성에 들어갔으나 모두 싸움에 졌다고 했다. 그리고 경상좌도병사(이각)와 경상좌수사(박홍)는 군사를 이끌고 동래성의 뒤편으로 접근하려 했으나, 성안에 들어가지도 못하고 물러났다는 소식이었다.[34]

여기서도 알 수 있듯이 원균은 침략전쟁이 시작되었을 때부터 시시각각으로 변하는 전황을 정확히 파악해, 사실대로 이웃 지역인 전라좌수영에 통보하였다. 사람들은 전쟁이 일어나자 원균은 부대를 해산하고 전함을 물속에 집어넣고 육지로 달아났다고 말하지만, 사실이 아니었다. 원균은 정보망을 총동원해 사태 파악에 전념하고 있었다.

그로부터 이틀이 지나자 참으로 민망한 연락이 왔다. 경상관찰사 김수가 공문에 기록하기를, "많은 적이 휘몰아 쳐들어와 도저히 막아낼 수 없다. 적이 승리하는 기세는 아무도 없는 빈 땅을 차지하는 것과 같다."라고 하였다.[35]

연합함대 구성

그러면서 김수는 한 가지 특별한 부탁을 하였는데, 전선(戰船)을 정비하고 경상도 해역으로 진출하여 원균을 도와주길 바란다고 하였다. 4월 20일의 일이었다. 김수는

---

32 이순신, 《난중일기》, 임진년(1592) 4월 16일.
33 이순신, 《난중일기》, 임진년(1592) 4월 17일.
34 이순신, 《난중일기》, 임진년(1592) 4월 18일.
35 이순신, 《난중일기》, 임진년(1592) 4월 20일.

이미 조정에도 같은 내용이 적힌 〈장계〉를 보냈다고 하였다.36 그 시점에서 경상우수사 원균은 김수의 명령에 따라 자신이 동원할 수 있는 모든 병력을 이끌고 바다로 나아가 적을 찾아 돌아다녔다. 왜란 초기 원균의 활동은 그러하였다. 그러나 바다는 넓고 병력은 부족했다. 그래서 김수는 이순신에게 증원군을 보내라고 요청한 것이다.37 한 마디로, 적이 부산을 침략한 지 7일째 되던 날에 경상관찰사 김수는 원균의 경상우수영 함대만으로는 적을 제대로 무찌를 수 없을 것이라 판단하고 이순신이 동쪽으로 이동해 연합함대를 편성하라고 공식적으로 요청하였다.

그러나 당시의 정황으로 미루어 볼 때, 김수보다 먼저 이순신에게 손을 내민 이는 단연코 원균이었다.38 원균은 전쟁이 일어나자 곧 이순신에게 협조를 요청하였다. 하지만 이순신의 확답을 받지 못해 마침내 상관인 관찰사 김수에게 협조 공문을 요청한 것으로 보인다. 사실 원균은 이순신뿐만 아니라 김수와도 날마다 연락을 주고받았다. 그는 어떻게 해서든지 이순신의 도움을 이끌어 내려고 노력하였다. 다른 한편으로 원균은 조정에도 〈장계〉를 올려 이순신에게 출전 명령을 내려달라고 부탁하였다. 자신의 힘만으로는 일본군의 침략을 막을 수 없다는 점이 명백하였다. 우리가 알다시피 바다를 건너온 적군은 그 수가 15만 8천 명을 헤아렸다. 때문에 원균은 이순신의 도움을 얻으려고 필사적인 노력을 기울인 것이다.

그로부터 4년이 지난 선조 29년(1596) 11월 7일, 어전 회의에서 승지 이덕열은 말하였다. 이순신은 원균이 15번을 거듭 요청한 뒤에야 비로소 출동하였다는 것이다.39 또, 우의정 이원익은 원균의 말을 인용해, "천 번 만 번을 부른 다음에야 (이순신은) 비로소 진군(進軍)하였다."라고 하였다.40 이순신의 호응은 원균이 보기에 늦어도 너무 늦었다. 이순신의 늑장 대응은 두 사람의 관계를 처음부터 꼬이게 했다.

한참을 미룬 끝에 이순신도 결국은 원균의 부름에 따랐다. 그 점에 관하여 대신

---

36 이순신, 《난중일기》, 임진년(1592) 4월 20일.
37 그런 사실은 역사적 기록에도 명백히 나타나 있고, 앞서 소개한 제장명의 논문에도 보인다. 즉, 겸 경상도관찰사 김수는 원균에게 '적선의 침범을 막기 위하여 전 수군을 거느리고 바다로 나가라'고 지시하였다. (이순신, 《이충무공전서(李忠武公全書)》, 2권, 〈장계 1(狀啓一)〉, "경상도로 도우러 나가는 장계(赴援慶尙道狀)") 이에 관해 제장명은 다음과 같이 분석하였다. "김수는 이순신에게도 경상도의 여러 진은 배들이 동원되어 없으니 경상우도에 변고가 생기거든 즉시 도와줄 것을 요청하는 장계를 올렸음을 통보하였다. 이렇게 볼 때 원균은 김수의 명령에 따라 휘하 각진에 전선 동원령을 내렸을 것으로 추정된다." (제장명, 〈이순신을 도운 경상우수영 충청수영 사람들〉, 2015년 이순신학술세미나, 61쪽)
38 실제로도 그해 4월 18일경에 원균은 조정에 보낸 〈장계〉에서, 이순신과 함께 합동작전을 펼치고 싶다는 뜻을 적었다. 이순신은 〈장계초본〉 가운데서 선조 25년 4월 27일에 그런 사실을 인지하였다.
39 《조선왕조실록》, 선조 29년 11월 7일.
40 《조선왕조실록》, 선조 29년 11월 7일.

이원익은 다음과 같이 해석하였다.

> "(이순신 자신은) 호남에 주둔하는데, 만약 적의 배가 자신의 관할구역으로 돌진해 오면 적의 세력이 (호남에) 충만해질까 봐 걱정하였던 것입니다. 그 때문에 (경상우수영이 무너지자) 어쩔 수 없이 (원균을 도우러) 간 것입니다."41

이러한 이원익의 분석은 합리적이었다. 출전을 미루다가 마음을 바꿔 경상도 바다로 달려간 이순신의 심중을 이원익보다 더 정확히 헤아린 이는 없었다. 이순신은 경상우수영이 함락된 다음, 자신의 처지가 위태로워지자 그때 비로소 뱃머리를 경상도로 향했다는 것이다.

출동 명령

이순신이 조정으로부터 출동 명령을 받은 시점은 언제였을까? 그 명령이 전라좌수영에 도착한 것은 경상우수영이 무너지기 전인 4월 26일이었다. 조정에서 해당 문서를 작성한 것은 4월 20일이었다. 그러므로 문서가 경상우수영과 한양을 오간 시일을 고려할 때, 원균이 이순신의 원병을 조정에 요청한 것은 전쟁 발생 직후인 4월 15일경으로 추정된다. 경상관찰사 김수가 4월 20일에 이순신의 출병을 부탁하기 5일쯤 전에 원균은 이미 조정에 이순신의 협력을 요청한 것이다.

선조 25년 4월 20일에 선조를 대신해, 좌부승지 민준이 이순신에게 다음과 같은 〈서장(書狀)〉을 보냈다.

> "물길을 따라 적선을 요격하여 적이 뒤를 걱정하게 만드는 것이 가장 좋은 방책이다. 그래서 경상도순변사 이일(李鎰)이 내려갈 때 이미 일렀다. 그러나 군사의 진퇴는 반드시 기회를 보아 시행하여야만 그르침이 없다. … 본도(전라도)에 이미 그런 뜻을 알렸으니, 그대는 경상도에 공문을 보내 서로 의논하고 기회를 보아 조치하라."42

이순신이 미처 다른 생각을 할 겨를도 주지 않고, 조정의 2차 명령이 바로 내려왔다. 4월 23일에 조정에서 발송한 〈서장〉이었다. 4월 27일 이순신에게 도착한 문서의

---

41 《실록》, 선조 29년(1596) 11월 7일.
42 이순신, 《이충무공전서》, 권1, 〈유서(諭書)〉, "물길을 따라 적선을 습격하라고 명령하는 유서(命從水路邀襲賊船諭書)".

작성자도 좌부승지 민준이었다. 그 글에는 원균의 합동작전 계획이 조금 더 구체적으로 설명되어 있었다.

> "경상도우수사 원균(元均)의 〈장계〉를 보았다. 그는 포구의 수군을 이끌고 바다로 나가 우리 군사의 위세를 과시하고 적선을 엄습한다고 하였다. 이것이야말로 가장 좋은 기회가 될 것이다. 그대(이순신)는 마땅히 그의 뒤를 따라 나가야 한다. 그대가 원균(元均)과 합세하여 적선을 쳐부순다면 우리가 (일부러) 적을 평정할 필요도 없다. 그래서 선전관을 급히 보내 명한다. 그대는 각 포구의 병선을 이끌고 급히 출전하여 좋은 기회를 놓치지 말라."[43]

이렇게 명령하였지만 조정의 명령에는 단호함이 부족하였다. 민준은 이순신의 재량권을 충분히 보장해 주려는 듯, 다음과 같은 조항을 덧붙였다.

> "그러나 (왕은) 천 리 밖에 있다. 혹시 뜻밖의 일이 있으면 그대의 판단을 따르라. 명령에 지나치게 구애되지 말라."[44]

바로 이 한 구절 때문에 이순신은 자신의 판단대로 출동을 늦추어도 아무 상관이 없었다. 원균의 처지에서 보면, 그렇지 않아도 여태껏 출동을 망설이고 있던 이순신을 독촉할 동력이 하나도 없는 허망한 문서였다.

이순신은 왜, 그처럼 출동을 망설였을까. 그는 매사를 심사숙고하는, 신중한 인물이었다. 경상도의 전황이 심각한데 자신이 아는 정보는 단편적이었고, 자신과 원균이 힘을 합쳐도 적을 제어하기는 어렵다고 그는 판단하였다. 이순신은 이 문제를 전라도 순찰사 이광과 상의해, 전라우수영까지 동시에 움직이려고 했다. 그런데 그것은 절차도 까다롭고 시간도 많이 필요하였다.

이순신의 〈장계〉를 살펴보면 4월 26일에 자신의 업무와 관련해서 아래와 같이 기록하였다.

> "나는 일개 주장(전라좌수사)으로, (원균의 요청을) 마음대로 처리하기 어렵다. 그래서 (전라도) 겸 관찰사 이광(李洸), 방어사 곽영(郭嶸), 병마절도사 최원(崔

---

43 이순신, 《이충무공전서》, 권1, 〈유서(諭書)〉, "원균과 합세하여 적을 치라고 명령하는 유서(命與元均合勢攻敵諭書)".
44 이순신, 《이충무공전서》, 권1, 〈유서(諭書)〉, "원균과 합세하여 적을 치라고 명령하는 유서(命與元均合勢攻敵諭書)".

遠) 등에게도 조정에서 분부한 사연을 자세히 알렸다."45

그리고 나서 그는 출동 준비를 본격적으로 시작하였다. 이어서 이순신은 경상도순변사 이일과 겸 관찰사 김수 및 우수사 원균(元均) 등에게 다음과 같은 공문을 보냈다.

"그 도(경상도)의 물길 사정을 알려주시고, 두 도(전라도와 경상도)의 수군이 어디에서 모일지 약속하는 내용이 필요합니다. 그리고 적선의 숫자와 그들이 현재 정박한 곳도 알려주십시오. 그 밖에도 대책을 수립하고, 그에 따른 여러 가지 기밀을 빠짐없이 기록해 조속히 회답해 주십시오."46

또, 자신이 거느린 관포(官浦, 관청과 포구)에도 공문을 보냈는데, "무기와 여러 가지 전쟁물자를 재차 철저히 정비하여 나의 명령을 기다리라."라고 하였다.47

이제 이순신도 더는 망설이지 않았다. 그 이튿날(4월 27일)에는 자신의 계획을 다음과 같이 기록하였다. (가, 나, 다 등은 필자가 임의로 매긴 것이다.)

(가) 앞뒤로 (늘어선) 적선이 500척 이상이라고 한다. 불가불 우리는 함대의 위세를 갖추어 (당장이라도) 엄습할 모양을 보여야 한다. 적이 겁내고 떨게 만들어야겠다.
(나) 그러나 수군(전라좌수영)에 속한 방답, 사도, 여도, 발포, 녹도 등 5개 진포(鎭浦)의 전선만 가지고는 세력이 외롭고 미약하다. 그러므로 수군이 편성된 여러 고을, 즉 순천, 광양, 낙안, 홍양, 보성 등 5개 고을의 수군도 법에 따라 동원해 다 함께 거느리고 가야겠다.
(다) 경상도로 출전할 때 가장 먼저 지나게 되는 해로가 본영 앞바다이다. 그래서 모두 이곳에 모이라고 급히 기별하였다. 출전 기일이 다급하지만, 수군의 여러 장수 중에서 보성과 녹도 등은 (여기까지 오는데) 3일이나 걸리는 먼 곳이다. 급히 명령하여 불러 모아도 그 지역의 수군이 쉽게 모일 수 없어, 그들은 기일을 못 지킬 것이다.
(라) 기타 여러 장수는 이달(4월) 29일에 본영 앞바다에 모이기로 거듭 약속한다.
(마) 이렇게 조치하고 경상도로 출병할 것이다. 다만 바람의 순역(順逆, 순풍과 역풍)을 미리 따져보아 만약 (그때가) 어려울 것 같으면 더 일찍 출전할 생각이다.

---

45 이순신, 《이충무공전서(李忠武公全書)》, 권 2, 〈장계 2(狀啓 二)〉, "경상도 도우러 가는 장계(赴援慶尙道狀)".
46 이순신, 《이충무공전서(李忠武公全書)》, 권 2, 〈장계 2(狀啓 二)〉, "경상도 도우러 가는 장계(赴援慶尙道狀)".
47 이순신, 《이충무공전서(李忠武公全書)》, 권 2, 〈장계 2(狀啓 二)〉, "경상도 도우러 가는 장계(赴援慶尙道狀)".

(바) 경상도순변사(이일), 겸 관찰사(김수), (경상도)우수사(원균) 등에게도 공문을 보내어 (이처럼) 약속하였음을 알렸다."48

철두철미한 이순신의 계획이었다. 윗글을 보면 이순신이 출정을 일부러 늦춘 것은 아니었다. 하지만 일이 꼬일 단서가 저절로 마련되었다. 이순신이 출정(出征)하기 직전에 하필 경상우수영이 일본군의 침략을 받아 무너져 버렸다. 그때 우수사 원균은 진주 외곽에서 바다를 방어하느라 여념이 없었다. 거제현령 김준민도 관찰사 김수의 명령을 받고 육지로 나간 사이였다. 그때 왜적이 쳐들어와 거제도가 힘없이 무너졌고, 이로써 수군 방어기지 하나가 초토화되었다.

이순신이 아직 출병하기도 전에 경상우수영이 무너지는 바람에, 이순신은 엄청난 부담을 떠안았다. 이제는 전라좌수영이 바다를 지키는 제1차 방어선이 되었다. 그는 자신이 구상한 원균과의 연합 작전이 과연 제대로 전개될 수 있을지 매우 걱정하였다. 이런 걱정은 경상우수영에 관한 오보가 상당한 역할을 하였다. 이순신은 〈장계〉에 다음과 같이 기록하였다.

"남해(현)에 속하는 평산포 등 네 개 진영의 진장(鎭將, 방어책임자)과 현령 등은 왜적의 얼굴도 보지 않고 먼저 도망하였습니다. 저는 다른 도의 군사라 그곳의 물길이 험한지 평탄한지도 알 수가 없고, 물길을 인도할 배도 없습니다. 또, 작전을 상의할 장수도 전혀 없습니다. 만일 경솔하게 행동하였다가는 실패가 있을 것입니다."49

이것은 선조 25년 4월 29일 오후에 이순신이 작성한 문서였다. 합동작전을 눈앞에 두고 이순신의 근심과 걱정이 어느 정도였는지를 충분히 짐작할 수 있다. 자신은 경상도의 지형지물도 모르는데 해로를 안내할 마땅한 장수도 없고, 함께 작전을 상의할 사람도 없다고 하였다. 이순신은 경상도 수군의 능력을 믿지 않았다. 이런 상태에서 합동작전이라니, 억지로 마시는 고배(苦杯, 쓴 술잔) 같은 것이었다.

그러나 원균의 관점에서 보면 이야기가 달라진다. 이순신이 출동을 20일이나 미루었기 때문에 생긴 낭패였다. 그토록 간절하게 도움을 요청하였는데도 이순신은 출전하지 않았다. 이순신으로서는 이유가 충분한 것이라고 변명할 테지만, 경상우수영이 보

---

48 이순신, 《이충무공전서(李忠武公全書)》, 권 2, 〈장계 2(狀啓 二)〉, "경상도 도우러 가는 장계(赴援慶尙道狀)".
49 이순신, 《이충무공전서(李忠武公全書)》, 권 2, 〈장계 2(狀啓 二)〉, "경상도 도우러 가는 장계(赴援慶尙道狀)".

기에는 말도 안 되는 핑계였다. 이순신의 늑장 대응은 두고두고 비판과 원망의 이유가 되었다. 이순신은 완벽한 승리를 거두기 위해 어쩔 수 없이 출동을 지연시켰다고 소명하였겠으나, 하루하루가 지옥 같았던 경상도 수군의 처지에서 보면 용서할 수 없는 처사였다.

이순신의 오해

더구나 이순신은 경상도 수군의 사정을 제대로 이해하지 못하였다. 그는 경상도의 수비를 맡았던 동료 장수를 맹렬히 비판하였다. 이순신은 동료들의 허망한 패배를 조금도 공감하지 못하였다. 그는 조정에 올린 〈장계〉에서 날카로운 언어로 경상도의 수군과 육군 장수들을 다음과 같이 꾸짖었다.

> (가) 어리석은 제 생각으로, 오늘날 적의 세력이 이렇게 왕성해져 우리를 업신여기게 된 것은 해전(海戰)에서 그들을 막지 못해 적이 마음껏 상륙하게 만든 때문입니다.
> (나) 경상도 연안 고을에는 깊은 도랑과 높은 성을 갖춰 믿음직한 곳이 많습니다. 그러나 성을 지키던 비겁한 군졸들은 (적이 쳐들어온다는) 소문만 듣고도 간담이 떨려 모두 도망갈 생각을 품었습니다. 그래서 적이 포위하기만 하면 반드시 함락되어 온전한 성이 하나도 없습니다.
> (다) 지난번 부산 및 동래 연안의 여러 (수군) 장수도 그렇습니다. 배를 잘 정비하여 바다에 가득 진을 치고 엄습할 위세를 보이면서 형편에 따라 전선을 병법대로 알맞게 진퇴하며 적이 육지에 기어오르지 못하게 막았어야 합니다. 그랬더라면 나라를 욕되게 한 환란이 어찌 이 지경이 되었겠습니까."50

여기서 비판의 초점은 경상좌도에 속하는 부산과 동래의 수군 장수들에게 맞춰져 있었다. 이미 앞에서 살핀 대로, 이순신은 적이 오기도 전에 허무하게 무너져 버린 경상도 각지의 육군과 수군을 절대로 용서하지 않았다. 〈장계〉에 드러난 이순신의 굳센 마음은 우리가 깊이 존경한다. 하지만 과연 그가 경상도를 지켰더라면 일본군은 초전에 대패하여 다시 일본으로 돌아갔을까.

전쟁이 그렇게 마음처럼 쉬운 일은 아니다. 그 자신은 왜, 정유년에 물밀듯 밀려오는 일본군의 행렬을 막지 못하였는가. 적은 군대로 그 많은 적선을 물리칠 수 없는

---

50 이순신, 《이충무공전서(李忠武公全書)》, 권 2, 〈장계 2(狀啓 二)〉, "경상도 도우러 가는 장계(赴援慶尙道狀)".

법이다. 또, 두 번째로 통제사가 되었을 때에 그는 왜, 경상 좌우도는 물론이고 전라 좌도까지 포기한 채 전라우도로 통제영을 옮겼는가. 선조의 명령 때문이라고 답할는지 몰라도, 이순신이 통제영을 전라우도로 옮기는 바람에 조선 수군은 많은 자산을 잃었다. 심지어 명량에서 대승을 거둔 뒤에도 이순신은 적의 재침을 피해 멀리 군산까지 올라갔다. 중과부적이라서 그 자신도 적을 피한 것이다.

이렇듯 이순신이 전쟁의 복잡 미묘함을 스스로 인정하게 되기까지는 상당한 세월이 흘러야 했다. 그는 조정에 올린 〈장계〉에서조차 경상도의 모든 장수를 함부로 비난하였다. 그래서 원균과 합동작전을 전개할 때에도 속으로는 상대를 무시하는 마음이 너무도 깊었다. 그런 마음을 상대인 원균은 알지 못하였을 것인가. 자신이 경멸하는 상대와 서로 좋은 관계를 길게 유지할 수는 없는 법이다. 불행히도 원-이 두 장수는 원망과 경멸에 사로잡힌 채 심적 고통을 겪었다.

가. '남해현 방화사건'과 이순신의 해명

선조 25년 4월 29일 오후 2시경이었다. 전라좌수영의 진무(鎭撫)이자 순천부 군관인 이언호(李彦浩)가 이순신에게 다음과 같이 보고하였다.

> "남해현 성안의 관청 건물과 여염집은 거의 비었습니다. 민가에서 밥 짓는 연기조차 별로 나지 않습니다. (관청) 창고의 문은 이미 열려서 곡물은 흩어진 상태이고, 무기고의 병기마저 모두 없어지고 텅 비어 있습니다.
> 마침 무기고의 행랑채에 한 사람이 있기에 그 이유를 물었습니다. 그가 대답하기를, 적의 세력이 급박해지자 온 성안의 사졸(士卒, 군관과 병사)이 소문만 듣고도 달아났다고 하였습니다. 현령과 첨사도 함께 도망쳐 그들이 간 곳은 알 수 없다고 말했습니다.
> 또, 그 사람이 들려준 이야기에 따르면, 성을 빠져나오다가 어떤 사람을 만났는데 쌀섬을 진 채 장전(長箭, 긴 화살)을 휴대하고 남문 밖으로 달려오던 중이었답니다. 그 사람이 장전 하나를 건네주었는데, 화살에는 '곡포(曲浦)'라고 새긴 글자가 뚜렷하였습니다. 그러므로 (현령 등이) 성을 비우고 달아났다는 말은 믿을만합니다."[51]

이순신은 부하 이언호의 보고를 곧이곧대로 믿었다. 그래서 자신의 또 다른 군관

---

51 이순신, 《이충무공전서(李忠武公全書)》, 권 2, 〈장계 2(狀啓 二)〉, "경상도 도우러가는 장계(赴援慶尙道狀)".

송한련(宋漢連)을 다시 남해현으로 보내며 아래와 같이 당부하였다.

"(이언호의) 말이 사실이라면, 적에게 군량을 쌓아 주는 격이다. 점차 (왜)적은 본도(전라좌도)에 침입하여 오래 머물며 물러가지 않을 것이다. 그러므로 너는 (남해현의) 창고와 무기고 등을 불태워 없애라."52

이순신은 송한련에게 그렇게 명령하고, 급히 남해현으로 가라고 했다. 사건을 지휘하며 이순신은 자신의 소회(所懷, 속마음)를 여러 말로 표현하였다. 그중에서도 이 사건을 이해하는 데 핵심적인 세 가지 사항을 그가 올린 〈장계〉에서 알아보겠다.

(가) "흉악한 (왜)적은 세력이 커지자 부대를 나눠서 도둑질을 일삼고 있습니다. 한 부대는 내륙으로 들어가 먼 곳까지 석권하고, 또 한 부대는 연안으로 달려가서 닥치는 대로 함락하고 있습니다. 그런데도 육지나 바다를 지키는 우리 장수 중에는 한 사람도 적을 막지 못하였고, 그래서 벌써 (온 나라가) 적의 소굴이 되었습니다."53

이순신은 다시금 경상도를 지키는 수군과 육군의 총체적 부실과 무책임을 질타하였다. 이어서 그는 남해현의 함락이 전라좌수영의 안위(安危, 안전과 위태함)를 좌우한다는 점을 다음과 같이 날카롭게 지적하였다.

(나) "바다의 진영으로 남은 것이라고는 오직 (경상)우수영과 남해(현)의 평산포 등 네 개의 진영뿐이었습니다. 그러나 이제는 우수영마저 함락되었다고 합니다. 또, 남해의 모든 섬도 벌써 무인지경이 되었습니다. 그런데 (경상)우수영이라면 제가 지키는 진영(전라좌수영)과 한 바다에 있고 서로 연달아 있습니다. 더구나 남해현은 북소리와 나팔 소리가 서로 들릴 정도로 가까워, 앉아 있는 사람의 모습도 똑똑히 보여 숫자를 셀 수 있을 정도입니다."54

남해현령이 성을 버리고 달아났다면, 이제 전라좌수영도 적의 침략을 받을 수밖에 없다는 판단이었다. 이어서 이순신은 자신이 지휘하는 전라좌수영이 얼마나 어려운 형

---

52 이순신, 《이충무공전서(李忠武公全書)》, 권 2, 〈장계 2(狀啓 二)〉, "경상도 도우러 가는 장계(赴援慶尙道狀)".
53 이순신, 《이충무공전서(李忠武公全書)》, 권 2, 〈장계 2(狀啓 二)〉, "경상도 도우러 가는 장계(赴援慶尙道狀)".
54 이순신, 《이충무공전서(李忠武公全書)》, 권 2, 〈장계 2(狀啓 二)〉, "경상도 도우러 가는 장계(赴援慶尙道狀)".

편인지를 솔직히 고백하였다. 선조 25년 4월 29일, 자신을 짓누르던 걱정을 그는 다음과 같이 서술하였다.

> (다) "(적이) 본도로 침범해 올 시기가 박두하였습니다. 일이 매우 한심하게 되었습니다. 더구나 지금은 본도(전라도)의 육지와 연안 각 고을과 변두리의 성(城)을 방어할 목적으로, 새로 뽑아놓은 조방군 등 정예 사졸이 모두 육지 전투에 동원된 상태입니다. 변두리에 남은 진보(鎭堡, 진지와 보루)에는 무기를 가진 사람조차 부족합니다. 저는 맨손을 쥔 수군을 거느리게 되었습니다만, 세력이 매우 약하여 달리 방어할 대책이 없습니다." 55

이순신은 자신이 거느리던 정예병사마저 육지 방어에 동원된 상태여서, 왜적의 본격적인 침략이 시작되면 어떻게 막을지 대책이 막막하다고 하였다. 이러한 처지는 원균이라고 다를 리가 조금도 없었지만, 이순신의 생각은 거기에 미치지 못하였다.

경상우수영에 관한 편견

이순신의 불만은 이처럼 위급한 때 남해현령이 멋대로 달아나 섬이 완전히 텅 비었다는 점이었다. 진무 이언호가 그처럼 보고하였기 때문에 이순신은 깊은 충격을 받았다. 그는 가만히 앉아 적에게 당할 수만은 없다는 심정으로 군관 송한련을 남해현으로 보냈다. 일본군이 들어오기 전에 현지의 군수물자를 모두 불태우라고 지시한 것이다.

그래도 한 가지 의문이 남는다. 왜, 이순신은 남해현령 기효근과 그 상관인 경상우수사 원균에게 아무런 통보도 하지 않았을까. 그때도 원균과는 날마다 공문을 주고받는 처지가 아니었던가. 이런 점 때문에 우리의 아쉬움은 더욱 커진다. '현령이 달아나고 없다'라는 이언호의 보고를 이순신이 제대로 점검하지도 않았다. 그럴 필요를 느끼지 못할 만큼 이순신은 이미 경상우수영을 깊이 불신하고 있었다는 뜻이다. 그는 연합함대를 편성하기도 전에 원균을 불신하였다. 원균 역시 아무리 불러도 오지 않는 이순신을 믿지 못하였다. 두 사람의 관계는 시작부터 불안하였다.

---

55 이순신, 《이충무공전서(李忠武公全書)》, 권 2, 〈장계 2(狀啓 二)〉, "경상도 도우러 가는 장계(赴援慶尙道狀)".

나. 대신 김수와 김성일 – '남해현 방화사건'에 대한 판단

경상도순찰사로 현지 방어에 가장 책임이 컸던 이는 김수였다. 그는 선조에게 올린 〈장계〉에서 '남해현 방화사건'의 본질을 다음과 같이 명료하게 정리하였다.

> "남해현의 섬들은 왜적의 침략을 직접 겪지 않았습니다. 그러나 그 군량과 무기를 전라좌수사(全羅左水使)가 (이 사실은 김성일의 서장 중에도 있다. 좌수사는 바로 이순신(李舜臣)이다. – 사관) (적이 쳐들어오기도 전에) 먼저 스스로 불태워 버려 이미 빈 성이 되었습니다."56

순찰사 김수가 기술한 대로 전라좌수사 이순신이 남해현에 비축된 군량과 무기를 모두 없앴다. 예부터 전쟁 중에 무기와 물자가 적의 수중에 들어갈 위험이 닥치면 차라리 스스로 없애는 것이 원칙이다. 하지만 이 사건의 장본인 이순신이 월권을 한 것은 아닌가 하는 의문이 사라지지 않는다. 그는 남해현령 기효근이나 경상우수사 원균과는 아무런 소통도 하지 않고 자기 마음대로 다른 수영의 전쟁 물자를 불태워 버렸다. 이러고서야 경상우수영과의 관계가 장차 어떻게 될 것인가.

경상우도순찰사 김성일은 이 사건에 관하여 조금 더 상세한 보고를 조정에 올렸다. 그 내용을 읽어보면, 이순신의 소명과는 미묘한 차이가 발견된다. 우선 사건의 발단에 관한 이해부터가 이순신의 주장과는 달랐다. 김성일은 다음과 같이 기록하였다.

> (가) "남해(南海, 남해현)는 호남(湖南)의 경계에 있으므로 왜적이 아직 출현하지 않았습니다. 근자에 현령 기효근(奇孝謹)은 전라좌수사(全羅左水使) 이순신(李舜臣)에게 통보하기를, '본현(本縣, 남해현)은 적진과 가깝습니다. 왜적이 만약 이곳을 탈취하면, 이곳에 군량이 많으므로 오래 주둔하면서 반드시 호남을 침범하려고 할 것이다.'라고 알렸다는 것입니다."57

앞에서 이순신은 송한련을 남해현으로 보내며, 적이 남해현을 차지하면 그곳을 거점으로 삼아서 장기간 전라도를 침략할 것이라는 우려를 털어놓았다. 그런데 알고 보니, 그 말은 남해현령 기효근이 미리 이순신에게 알려준 것이었다.

---

56 《실록》, 선조 25년(1592) 6월 28일.
57 《실록》, 선조 25년(1592) 6월 28일.

김성일의 정확한 판단

그보다 더 중요한 것은 김성일의 다음과 같은 분석이었다.

> (나) "그 말을 들었기 때문에, 현령(기효근)이 바다로 나간 사이에 (이순신이) 자신의 군관(軍官, 송한련)을 보내 창고를 다 불태웠습니다. 그러자 고을 백성도 흩어지고, 미조항(彌助項)과 평산포(平山浦)에 주둔하던 군사들도 모두 사라졌습니다."58

이순신은 섬이 텅 비었기 때문에 불을 질러 없앴다고 변명하였다. 그러나 김성일의 〈장계〉는 그와 반대되는 일이 일어났다고 기술하였다. 기효근이 바다로 출진한 사이에 이순신의 군관이 들어와서 물자를 불태웠고, 그 결과 백성도 군사도 다 흩어졌다고 하였다.

기효근은 과연 군사작전을 위해 남해현을 떠난 것이었을까, 또는 말없이 어디론가 도망친 것인가? 김성일의 〈장계〉를 조금 더 읽어보면 사건의 흐름이 분명히 드러난다.

> (다) "현령(기효근)이 관아로 되돌아왔더니, 오직 빈 성만 남아있었습니다. 그는 부득이 보리를 거두어 군량을 마련하고, 흩어진 군졸들을 모아 어렵게 성을 지키고 있습니다. 만약 왜적이 쳐들어오면 반드시 이곳부터 무너지고 흩어질 것입니다."59

김성일이 보기에 '남해현 방화사건'은 이순신이 저지른 잘못임이 명백하였다. 기효근은 성을 버리고 혼자 달아난 것이 아니라 상관인 원균을 따라 바다에서 작전을 수행하였다. 그가 작전을 마치고 남해현으로 돌아왔을 때 남은 것은 하나도 없었다. 기효근은 거느리고 있던 얼마 안 되는 군사를 이끌고, 보리를 베어 가까스로 식량을 마련하였다. 그는 달아난 것이 결코 아니었는데, 이순신은 부하가 하는 말만 믿고 경상우도의 수군 기지를 함부로 훼손하였다. 이 사건을 겪은 뒤에 원균과 기효근이 이순신을 더욱더 원망한 것은 이치에 맞는 행동이었다.

---

58 《실록》, 선조 25년(1592) 6월 28일.
59 《실록》, 선조 25년(1592) 6월 28일.

다. 경상우수영의 불만

《난중일기》를 읽어본 사람이면 누구나 다 알 듯, 원균과 기효근은 이순신에게 불편한 심정을 자주 토로하였다. 이순신은 그들이 자신에게 불만과 원망을 품었다는 사실을 때로는 우회적으로 기술하였고, 때로는 직접 언급하였다. 그들이 깊이 갈등하게 된 동기가 무엇인지, 이순신은 일기에 기록하지 않았다. 하지만 위에서 살핀 것처럼 이순신은 원균의 요청을 오랫동안 미루며 따르지 않았고, 게다가 '남해현 방화사건'을 일으켜 경상우수영에 깊은 충격을 주었다.

남해현에 비축된 전쟁물자를 아군이 "스스로 불태워 버려 빈 성"을 만든 사건은 경상우수영의 활동 기반을 송두리째 허물어 버린 이순신의 실책이었다. 이 사건으로 말미암아 이순신의 전라좌수영과 원균의 경상우수영은 서로 깊은 불신의 늪에 빠졌다고 해도 과언이 아니다.

이순신의 변명

이순신은 '남해현 방화사건'을 후회하지도 않았다. 《난중일기》에서 이순신은 "남해현 방화사건"의 부정적 의미를 간단하게 일축하였다. 그는 다음과 같이 기술하였다.

> "송한련(宋漢連)이 남해에서 돌아와 하는 말이 이러하였다. '남해현령(기효근), 미조항첨사(김승룡), 상주포, 곡포, 평산포만호(김축) 등이 하나같이 (왜적의) 소식을 듣고 벌써 달아나 버렸고, 전쟁물자도 흩어져 남은 것이 거의 없었습니다.' 놀랍고도 놀랄 일이다."[60]

송한련이 남해에 갔더니 남은 물자라고는 거의 없었다라고 서술했다. 죄책감이 없는 자기변명이었다. 그러나 이것은 사실과는 거리가 먼 주장이었다. 우리가 앞에서 읽은 김성일의 〈장계〉를 떠올리면 누구나 알 수 있듯, 이순신의 부하들이 남해현을 불태우는 바람에 남해현에 주둔한 기효근과 여러 장수가 심한 곤경에 빠졌었다.

원균에 대한 이순신의 멸시

연합함대가 구성된 직후, 즉 임진년(1592) 6월 초순에도 이순신은 원균을 멸시하

---

60 《난중일기》, 임진년(1592) 5월 2일.

는 마음을 담아 조정에 올린 〈장계〉에서 다음과 같이 상대를 조롱하였다.

> "새벽에 경상우수사 원균이 제게 말하기를 '어제 접전할 때, 짐짓 남겨둔 적선 두 척이 도망했는지를 알아볼 겸, 화살에 맞아 죽은 왜놈의 목을 베어오겠다'라고 했습니다. <u>원균은 처음에 패전한 뒤로 군사 없는 장수로서 작전을 지휘할 수 없어, 교전하는 곳마다 화살이나 철환에 맞은 왜놈을 찾아내어 머리 베는 일을 담당했습니다.</u> 그날 낮 여덟 시에 그곳을 들른 다음에 (원균이) 하는 말이, '왜적들은 육지를 통해 멀리 도망갔기 때문에 남겨두었던 배를 불태웠는데, 죽은 왜놈을 수색하여 목을 벤 것이 3급이며, 그 나머지는 숲이 무성하여 끝까지 탐색할 수가 없었다'라고 하였으므로 출항하였습니다."[61]

밑줄 친 글귀에서 보듯 이순신은 조정에 올린 〈장계〉에서조차 원균을 경멸하는 자신의 마음을 숨김없이 드러냈다. 원균은 전투에 져서 군사를 모두 상실하고 아무런 지휘권도 없는 처지라고 기술하였고, 자신과 같은 수사라도 원균이 맡은 일이란 부상한 적병을 찾아 그들의 목이나 자르는 일이라고 보고하였다.

이것은 사실과는 전혀 다른 주장이었다. 《난중일기》에서도 확인되듯 경상우수영에는 용장이 여러 명이 있었다. 이순신은 그들 장수를 휘하에 거느린 원균과 항상 작전을 함께 논의하였다. 그런데도 위와 같은 〈장계〉를 올려 원균을 사정 없이 깎아내렸다.

선조 29년에 이순신이 조정의 집중적인 비난을 받게 된 것은 우연이 아니었다. 당시에 정탁은 〈신구차〉를 지었는데, 거기에서 이순신이 원균의 공을 빼앗았다는 점을 인정하였다. 그것은 이미 우리가 살핀 바와 같다.(제1부 제2장)

---

61 이순신, 《이충무공전서(李忠武公全書)》, 권 2, 〈장계 일(狀啓 一)〉, "당포에서 왜병을 깨뜨리고 올리는 장계(唐浦破倭兵狀)".

제2절
《난중일기》에서 확인한 원균과 이순신의 갈등

《난중일기》에서 이순신은 원균을 120회 가량 언급하였다. 특히 두 사람의 갈등이 심했던 선조 26년(계사년, 1593)에는 원균에 관해 49회씩이나 기록하였고, 그 이듬해인 선조 27년(갑오년, 1594)에도 46회나 원균을 비난하였다. 이순신의 마음속에는 원균에 대한 미움이 가득했다. 그는 원균을 비굴하고 음험하고 치졸한 인간이라고 확신했다. 그래서 상대에 관한 증오와 혐오의 감정을 여과 없이 드러냈다. 그 가운데는 일방적인 폄하라고 볼 수 있는 것도 많았는데, 사실상 원균의 인격을 매도하였다고 보아도 무리가 아니다. 조정에 보낸 〈장계〉에서조차 원균을 거침없이 비방할 정도라서, 그의 개인 기록인 《난중일기》에서 원균을 어떻게 비방했을지 미루어 짐작할 수 있을 것이다.

부장들끼리도 갈등

선조 26년(1593)에는 원-이 갈등은 부하들 사이의 대립으로 확산되었다. 《난중일기》에 다음과 같은 기록이 있다.

> "… 이어서 진도(珍島)의 상선(上船, 진도군수가 탄 배)이 적에게 포위되어 구할 수 없을 지경이 되었다. 그러자 (전라좌수영의) 우후가 바로 들어가서 구원하였다. 경상좌위장과 우부장은 (이런 사태를) 보고도 못 본 척하며 끝까지 (등을) 돌린 채 구원하지 않았다. 그 어이없음은 이루 말할 수 없다. 참으로 통분하다. 이 일로 경상수사(원균)에게 따져 물었으나, 가히 한탄스럽다. 오늘의 통분함을 무슨 말로 다하랴. 모두 경상수사(원균) 때문이다."[62]

연합함대가 작전을 수행하던 중에 이순신의 부하인 진도군수가 위기에 빠졌다. 경

---
62 이순신, 《난중일기》, 계사년(1593) 2월 22일.

상좌위장과 경상우부장이 그 곁에 있었으나 구하지 않고 애써 외면하였다고 한다. 이순신은 일이 그렇게 된 것이 원균 탓이라며 크게 원망하였다. 우리는 사실관계를 정확히 알 수 없지만, 한 가지는 분명히 알 수 있다. 이순신 휘하의 진도군수와 원균의 두 부장이 매우 껄끄러운 사이였다는 점이다. 이런 내부 분열은 조선 수군의 운영에 심각한 장애를 초래하였다고 볼 수 있다.

원균에 관한 증오심

이순신은 원균을 극도로 증오해, 그를 만나기만 해도 속이 몹시 불편하였다. 《난중일기》에 다음과 같은 구절도 있다.

> "원 수사가 와서 만났는데, 그 음흉함은 말로 표현할 길이 없다."[63]

무엇이 음흉하다는 것인지 우리는 도무지 짐작할 수가 없다. 그러나 이순신은 원균을 만나보고 그런 판단을 하였더라는 이야기다. 이억기, 정걸 및 원균과 군사를 의논한 날에도 "원 수사의 주장에는 자주 모순이 생긴다. 한심한 일이다."[64]라며 원균이 한 모종의 발언을 끝끝내 삭이지 못하였다. 이처럼 이순신은 원균을 끝없이 미워하고 의심하고 비방하였다. 그 증거는 《난중일기》를 가득 메우고 있다고 해도 과언이 아니나, 하나만 더 예를 들어보겠다.

> "김해강 아래쪽에 있는 독사이항으로 향하였다. 그때 우부장(김득광)이 변고를 알려왔다. 그래서 여러 배가 돛을 올리고 급히 달려가 작은 섬을 에워쌌다. 경상수사(원균)의 군관이 탄 배와 가덕첨사(전응린)의 사후선(척후선) 등 2척이 섬을 들락날락하였는데 태도가 수상하였다. 그들을 밧줄로 묶어 원(균) 수사에게 보냈더니 수사가 크게 성을 냈다. 그 본래 뜻은 (원균이) 군관을 보내 고기 잡는 어부의 머리를 베어오는 데 있었기 때문이다."[65]

원균의 부하들이 작은 배 두 척으로 섬을 드나들며 정찰 활동을 한 것으로 보인다. 그러나 이순신은 그들이 원균의 지시에 따라 어부의 목을 벨 계획이었다고 단정

---

63 이순신, 《난중일기》, 계사년(1593) 2월 23일.
64 이순신, 《난중일기》, 계사년(1593) 8월 6일.
65 이순신, 《난중일기》, 계사년(1593) 2월 28일.

하였다. 이런 의심을 하기도 쉽지 않은 일이건만 이순신은 아예 그렇다고 확신하였다. 이러고도 두 사람의 관계가 어찌 파탄에 이르지 않을 수 있었겠는가.

원균은 일본군에 관한 첩보를 수집하는 데 많은 공을 들였다. 이 일은 이순신이 보기에는 하나같이 수상하고 음흉한 일이었다. 예를 들면 《난중일기》에는 다음과 같은 기록이 있다.

> "사도첨사가 복병을 나갔다가 포작(보자기) 10명을 사로잡았다. 그들은 왜인 복장으로 변장하였는데 하는 짓이 수상하였다고 한다. 자세히 추궁한 결과, 경상수사(원균)가 시킨 일이라고 하였다. 족장(발바닥을 때림) 10대를 때리고 놓아주었다."[66]

원균은 변장한 포작을 통해 적정을 염탐하려고 하였을 것이다. 그러나 이순신은 그들을 체포해 벌을 주었다. 이처럼 원균이 하는 일이면 무엇이든지 이순신은 비위가 상했다. 그래서 원균이 술에 취해 고성을 지르기만 해도, "속이고 망령됨이 말로 표현할 수 없다"라며 한탄하였다.[67] 원균이 조정에 올릴 〈장계〉 초본을 미리 보여 주어도, "그 고약함은 말할 길이 없다"라며 고개를 내저었다.[68] 〈장계〉에 적힌 것은 모두 허위사실이라고 비난한 것이다.

원-이는 사이가 나빠도 너무 나빴다. 그리하여 원균은 명나라 장수가 보내준 불화살 1,530개를 받고도 이순신과는 그 문제를 상의하지 않은 것 같다. 그러자 이순신은 《난중일기》에서 이런 원균을 몹시 비난하였다.[69] 그는 원균과 직접 관계되지 않는 일까지도 모두 원균을 비난하는 자료로 삼았다. 다음의 기록을 직접 보자.

> "남해(현령) 기효근이 배를 내 배 곁에 대었다. 그런데 그 배에 어린 색시를 태우고는 남이 알까 봐 두려워하니 가소롭다. 이처럼 나라가 위급한 때를 당하여서도 예쁜 색시를 (전함에) 태우다니 그 마음 씀씀이는 이루 형언할 길이 없다. 그러나 그 대장 원(균) 수사 또한 그러하니 어찌하랴."[70]

남해현령 기효근이라면 위에서도 말하였듯이 이순신과 악연이 있는 장수였다. 나

---

66 이순신, 《난중일기》, 계사년(1593) 7월 28일.
67 이순신, 《난중일기》, 계사년(1593) 5월 14일.
68 이순신, 《난중일기》, 계사년(1593) 5월 15일.
69 이순신, 《난중일기》, 계사년(1593) 5월 27일과 5월 30일.
70 이순신, 《난중일기》, 계사년(1593) 5월 30일.

중에 기효근은 선무공신 제3등에 책봉될 정도로 공훈이 많았다. 그러나 이순신은 누군가 전해 준 말을 그대로 믿었는지 몰라도, 기효근을 졸장부라고 비웃으며 일기장에 위와 같이 기록하였다. 그날 기효근이 정말 어린 여성을 전함에 태웠는지는 알 수 없다. 그런데 이순신은 기효근을 비난하는 데 그치지 않았고, 원균까지 거명하며 비방하였다. 그럼, 이순신은 원균이 젊은 색시를 전함에 태우고 돌아다닌 것을 목격이라도 했다는 것인가. 이 또한 이순신이 직접 확인한 것도 아니다.

사실상 공조가 불가능

상대에 대한 불신과 미움이 워낙 깊어서 이순신과 원균은 사소한 공조(共助)도 매우 어려웠다. 다음에 한 가지 예를 든다.

> "… 축시(새벽 2시)에 원(균) 수사의 공문이 왔다. '내일 새벽에 나가 (적을) 치자'고 하였다. 하지만 그의 시기(猜忌)와 흉모(凶謀)는 형언할 길이 없다. 이날 밤에는 아무런 대답도 하지 않았다."71

원균은 이순신에게 공문을 보내 그 이튿날인 선조 26년 6월 11일 새벽에 일본군을 공격하자고 하였다. 그러나 이순신은 원균을 미워하는 마음이 가득 차 있어 공동작전에 협력할 뜻을 보이지 않았다. 그러고는 그 다음날이 되어서야 비로소 답신을 보냈다.

> "아침에 적을 토벌할 일로 공문을 만들어 영남수사에게 보냈다. 그랬더니 술에 취해 인사불성이라고 하였다."72

이 구절만 읽으면 원균은 게으르고 무책임한 인물의 전형으로 오해할 수 있다. 그러나 원균의 관점에서 그 일을 보면 이야기가 완전히 달라진다. 6월 11일 새벽에 서로 힘을 합쳐 적을 공격하자고 하였는데, 이순신은 아무런 응답도 하지 않고 밤이 새도록 침묵하였다. 원균은 이순신의 무성의한 태도를 속으로 탓하며 답변을 기다리다 술을 마신 것으로 보인다. 그 다음 날 오전에야 이순신이 마지못해 응답해 왔다.

모든 일이 이런 식이었다. 그래서 어렵게 공조(共助)를 서로 약속한 다음에도 여전

---

71 이순신, 《난중일기》, 계사년(1593) 6월 10일.
72 이순신, 《난중일기》, 계사년(1593) 6월 11일.

히 충동하였다. 다음의 글을 보면 그 사정이 여지없이 드러난다.

> "(원균이) 복병을 동시에 보내자고 해놓고는 자신만 먼저 보냈다."[73]

윗글 역시 이순신의 판단만 중요한 것이 아니다. 원균에게는 얼마든지 다른 사정도 있을 법하다. 어렵게 합동작전을 계획하였으나 예상하지 못한 적의 움직임이 감지되었다. 그렇다면 이쪽이 서둘러 복병을 보내지 못할 이유가 없었다. 하지만 서로 불신이 깊으면 아무리 정당한 이유가 있어서 한 일이라도 상대편의 의심을 벗어나기 어렵다. 한마디로, 그들의 관계는 파탄지경이었다. 때로 이순신은 자신의 속마음을 다음과 같이 고백하였다. 불신감의 토로였다.

> "저녁에 경상수사(원균)의 군관 박치공(朴致公)이 찾아와 적선이 물러갔다고 전하였다. 그러나 원(균) 수사와 그 군관은 본래 헛소리를 잘한다. 믿을 수가 없다."[74]

불신이 이 정도로 컸다면 무슨 일이라 한들 탈이 나지 않을 수 있었을까 싶다. 이순신은 원균과 그 휘하 장수들이 하는 말은 하나도 믿지 않았다. 팥으로 죽을 쑨다고 하여도 믿지 못하였으니, 그들의 관계는 재앙 수준이었다. 다음을 보면 그대로 드러난다.

> "원(균) 수사가 와서 영등(永登)으로 가자고 독촉하였다. 그가 거느린 25척의 배는 모두 (다른 곳으로) 내보내고 겨우 7~8척을 가지고 이런 제안을 한다. 그가 마음을 쓰고 일을 처리하는 것은 모두 이런 식이다."[75]

원균은 이순신을 독촉하여 영등포에 주둔한 일본군을 공격하자고 하였다. 당시에 원균이 거느린 전함은 이미 25척으로 늘어나 있었다. 일 년 반을 거슬러 올라가면 왜란 초기인 5월 초에는 원균이 전투에 투입할 수 있는 판옥선은 4척밖에 없었다. 짧은 기간 동안 경상우수영은 군세(軍勢)가 비약적으로 성장하였다. 그런데 이번에는 무슨 사정이 있었는지 모르나 원균은 영등포전투에 7~8척만 투입하려고 하였다. 이순신은

---

73 이순신, 《난중일기》, 계사년(1593) 8월 26일.
74 이순신, 《난중일기》, 계사년(1593) 8월 7일.
75 이순신, 《난중일기》, 계사년(1593) 8월 30일.

이러한 결정이 내려진 배경을 의심하고 원균을 욕하였다. 원균은 나머지 전함을 다른 곳으로 보낸 이유를 이미 해명하였을 것인데, 이순신은 원균의 해명 따위는 조금도 믿지 못하겠다며 불평을 기록하였다.

때로 원균과 이순신은 함께 술잔을 기울이기도 했다. 그때조차도 이순신은 원균의 일거수일투족이 하나같이 눈에 거슬렸다. 그는 다음과 같이 일기장에 기록하였다.

> "원(균) 수사가 왔다. 얼마 뒤에 (이억기 전라)우수사, 정(걸 충청)수사도 모두 모였다. 흥양(배흥립)이 와서 막걸리를 대접했는데, 원 수사도 술을 먹겠다고 하였다. 조금 (나눠) 주었더니 잔뜩 취해 망발하였다. 우스웠다."[76]

함께 술을 마시는 자리에서 원균은 이순신에게 무슨 말을 하였을 것이다. 그런데 이순신은 그 말을 망발이라고 기록한 것이다. 원균은 과연 무슨 말을 하였을까. 이순신이 매사에 자신을 깔보고 비방하는 줄 알고 있었기 때문에, 자신을 업신여기지 말라고 하였을 것이다. 원균의 항의를 이순신은 자기 방식으로 곡해하며, 원균이 하는 모양이 "우스웠다"라고 기록한 것이다.

이순신의 진영에서 도망친 격군

세월이 흐를수록 두 장수는 사이가 더 멀어져갔다. 그래서 마침내 다음과 같은 사건이 발생하였다.

> "(포작이 내 진영에서) 탈영한 격군을 데리고 원균의 진영으로 달아났다. 그러자 (원균이) 그들을 숨겨주었고, 그들을 잡으러 쫓아간 금모포 군관을 원균이 포박하였다."[77]

원균과 이순신이 서로 적대적이어서, 군사들은 두 장수의 관계를 이용할 수 있었다. 군사 활동을 보조하는 어민이 "포작"인데, 그중 한 사람이 이순신 진영에서 탈영한 "격군(노 젓는 군사)"을 데리고 원균 진영으로 도망쳤다고 했다. 이순신의 군관이 그 소식을 듣고 뒤따라갔으나, 원균은 도리어 자신의 진영을 무단 침입한 그 군관을 체포하였다는 이야기다. 이쯤 되면 이순신과 원균의 휘하 장수와 병사들은 서로 적대

---

76 이순신, 《난중일기》, 계사년(1593) 8월 26일.
77 이순신, 《난중일기》, 갑오년(1594) 5월 13일.

적인 관계에 놓였다고 보아야 옳을 것이다.

조정에서는 두 장수의 불화를 걱정한 끝에, 드디어 도원수 권율을 통해 이 문제를 풀려고 하였다. 선조 27년(1594) 8월 중순에 권율은 사천으로 가서 이순신과 원균을 불러 타일렀다. 이 일을 이순신은 일기에 다음과 같이 기록하였다.

"원수(권율)가 정오에 (경상도) 사천(현)에 도착하였다. (거기서) 군관을 보냈는데, 만나서 이야기하자고 했다. 나는 곤양(현감)의 말을 빌려 타고 원수가 머무는 곳으로 갔다. 사천현감이 맞아주었는데, 교서에 숙배한 뒤에 공사 간의 예를 마쳤다. 그대로 (원수와) 함께 이야기하였더니 (나에 관한) 오해가 많이 풀리는 기색이었다. (이어서 권율이) 원균 수사를 몹시 책망하자 원 수사는 머리를 들지 못하였다. 우습다."78

위 기록으로 미루어 보면, 그날 회동에서 이순신은 권율과 뜻이 잘 맞았던 모양이다. 그러나 원균은 권율과 대화가 잘 풀리지 않아 크게 야단을 맞았다고 하였다.

그 이튿날에 권율은 어제의 불편하였던 회동을 마무리하려는 뜻에서 3인의 회식을 주선하였다. 그때 일을 이순신은 다음과 같이 서술하였다.

"식사를 한 뒤에 원수(권율)가 불렀다. 그래서 찾아가 함께 이야기했다. 또, 조촐한 술잔치도 벌였는데 (나는) 잔뜩 취해 (작별 인사를) 아뢰고 돌아왔다. 경상수사 원균은 취해서 일어나지도 못한 채 (자리에) 드러누워 (아침 회동에) 오지 않았다."79

이순신의 말에 따르면, 권율은 3인의 회식을 준비한 것이 틀림없었다. 그런데 원균은 8월 17일 밤에 마신 술을 이유로 회식에 참석하기를 거부한 것으로 짐작된다. 두 장수의 화해가 불발되었다는 뜻으로 읽어야 옳은 것 같다. 그러나 이순신은 그런 식으로 정리하지 않고, 원균이 "술에 취해서 (자리에서) 일어나지 못한 채 드러누워" 있었다며 비아냥하는 투로 기록하였다.

원균과 이순신 두 장수의 불편한 관계는 누구도 해결할 수 없는 난제였다. 조정에서 한산도의 통제영에 파견한 어사도 그 문제 때문에 원-이 두 장수를 만나서 대화를 나누었던 것 같다. 그 이야기를 이순신은 일기장에 다음과 같이 기술하였다.

---

78 이순신, 《난중일기》, 갑오년(1594) 8월 17일.
79 이순신, 《난중일기》, 갑오년(1594) 8월 18일.

"어사가 와서 조용히 이야기하면서 원(균) 수사가 속이고 무고하였다는 말을 많이 하였다. 참으로 해괴한 노릇이다."[80]

윗글을 읽으면 한양에서 한산도까지 내려온 어사가 이순신과 원균을 이간질한 것으로 보일 정도다. 그러나 그럴 리는 없는 일이었고, 어사는 이순신을 만나기 전에 원균을 접견하고 그의 고충을 미리 물었던 것 같다. 이어서 어사는 이순신을 만나, '상대(원균)는 그대(이순신)에게 이러저러한 불만이 있는 것 같다. 그대는 어찌 생각하는가.'라는 식으로 말하였을 것이다. 어사의 질문에 대해 이순신의 태도가 어떠하리라는 점은 우리가 예측할 수 있다. "참으로 해괴한 노릇이다"라는 그의 반응이 모든 것을 말해준다. 그 자신이 원균에게 잘못한 것은 하나도 없고, 모든 책임이 원균에게 있다고 대답하였다는 말이다.

원균을 충청도로

원-이 문제가 해결될 전망이 없자, 조정에서는 숙고 끝에 원균을 육지로 올려보내고 수군은 이순신에게 맡기기로 하였다. 선조 28년(1595) 2월 말에 경상우수사 원균은 충청도병마절도사가 되어 한산도를 떠났다. 그의 후임은 배설로 정해졌는데, 원균이 이임하는 장면을 이순신은 다음과 같이 서술하였다.

"원균이 포구에서 (올라와) 수사 배설(裵楔)과 교대하려고 여기(통제영)에 이르렀다. (통제사의) 교서에 숙배하라고 했더니 불평하는 기색이 역력하더라고 한다. 두세 번 타일러 억지로 하였다고 한다. 너무나도 무식한 것이 우습기도 하다."[81]

이 역시 이순신이 직접 목격한 일은 아니었다. 휘하의 군관을 통해서 들은 이야기였는데, 원균이 통제영에 비치된 삼도수군통제사의 교서에 절하기를 거부해 애를 먹었다고 하였다. 그는 마지막까지 통제사 이순신의 권위를 인정하지 않더라는 말이다. 그것이 사실인지 또는 지어낸 말인지 모르겠으나, 그 소식을 듣자 이순신은 분개하며 다시금 원균을 조롱하였다. "너무나도 무식한 것이 우습기도 하다."

이상에서 살핀 것처럼 이순신은 충청도로 떠나는 선배이자 동료인 원균에게 마지막까지도 박절하였다. 그러나 역사의 흐름이란, 누구 한 사람의 뜻대로 흘러가는 것이

---

80 이순신, 《난중일기》, 갑오년(1594) 10월 17일.
81 이순신, 《난중일기》, 을미년(1595) 2월 27일.

아니다. 원균을 떠나보내고 이순신은 홀로 수군을 호령하였으나, 그런 호시절도 2년에 불과하였다. 선조 30년(1597) 봄에 다시 역사적 소용돌이가 일어났다. 수군에서 쫓겨났다고 볼 수도 있는 원균, 그가 통제사가 되어 수군에 복귀하였다. 이순신은 일생일대의 위기를 맞아 '백의종군'하는 신세가 되었다. 설상가상으로, 모친까지 작고하여 이순신은 마음이 괴로웠다. 그때 신임 통제사 원균이 이순신에게 글을 보내 조문하였다. 마음이 꽁꽁 얼어붙은 이순신의 반응은 그때도 싸늘하였다. 그는 일기에 다음과 같이 서술하였다.

"음흉한 원균이 편지를 보내 조문하였다. 하지만 이는 (그의 뜻이 아니라) 원수(권율)의 명이었다."[82]

원균에 대한 이순신의 혐오감은 누구도 삭일 수가 없었다. 전쟁이 일어난 임진년(1592) 4월부터 원균이 순국한 정유년(1597) 7월까지 이순신의 조롱과 혐오는 날이 갈수록 도를 더해 갔다. 본래가 전쟁터에서 함께 싸우는 장수는 서로 사이가 좋지 못한 법이다. 생각하는 작전이 서로 다르고, 공훈을 세우더라도 자신의 몫이 상대방보다는 늘 더 크다고 믿기 때문에 서로 사이가 좋을 수 없었다. 그렇기는 하지만 원균과 이순신처럼 극단적으로 대립한 경우는 동서고금에 드물다. 일이 그렇게 된 것은 누구의 탓이었을까. 우리가 그 원인을 정확히 헤아릴 수는 없다. 그러므로 누구의 잘못이 더 컸다고 주장하는 것은 별 의미가 없는 일이다. 우리가 잘 모르는 여러 가지 원인이 복합적으로 작용했을 것이라고 추측된다.

---

82 이순신, 《난중일기》, 정유년(1597) 5월 8일.

제3절
원-이 갈등을 부추긴 사람들

원-이 갈등을 더욱 조장하는 사람들이 있었다. 이 역시 《난중일기》에서 단서를 찾을 수 있다. 가장 먼저 눈에 띄는 이가 소비포권관 이영남이었다. 다음은 선조 26년(1593) 3월 2일의 기록이다.

> "종일 비가 왔다. 배 봉창 밑에 앉았노라니 온갖 생각에 가슴이 치밀어 올라 회포가 어지럽다. 이영남, 이여념이 왔는데, 그들에게서 원(균) 수사의 비리(非理)를 들으니 한탄스럽다."[83]

이영남과 사량진만호 이여념이 이순신을 찾아와 직속상관 원균의 "비리"를 고발했다고 적었다. 원-이의 관계가 악화되자 바로 이와 같은 고자질이 성행하였다. 원균에게도 이순신의 부하 가운데 누군가 찾아와 상관을 헐뜯는 말을 하였을 가능성도 있다. 누구를 편들고 말고가 옳은지 그른지를 떠나, 상대 장수를 찾아가 자신의 상관을 헐뜯는 일 자체가 잘못된 일이다.

이영남의 이간질

그 뒤로도 이영남은 이순신을 찾아가 원균을 자주 비방하였다. 일례로 다음과 같은 기록이 있다.

> "(계사년) 5월 8일 … 당포에 이르자 이영남이 찾아와 수사 원균의 망령된 짓이 많다며 자세히 말하였다."[84]

---

83 이순신, 《난중일기》, 계사년(1593), 3월 2일.
84 이순신, 《난중일기》, 계사년(1593), 5월 8일.

이영남은 자신이 원균의 험담을 들려주면 이순신이 좋아한다고 믿었던 것일까. 그는 경상우수영에 속한 군관이었으나 일종의 첩자 같은 역할을 스스로 수행하였다.

이억기도 끼어들어

일이 이런 식으로 흘러가자 삼도의 수군절도사 중에도 원균과 이순신의 갈등에 끼어드는 이가 생겼다.

> "어두워질 무렵에 (전라)우수사 (이억기)가 (내) 배로 건너와서 말하기를, 원(균) 수사가 허망한 말을 하고 나에 관해 좋지 않은 말을 많이 하더라고 하였다. 모두 망령된 짓이다. (나와) 무슨 상관이 있으랴."[85]

이억기는 더는 원-이 두 장수 사이에서 중립을 지키지 않았다는 뜻이다. 그는 과연 이순신에게만 이런 말을 하였는지, 또는 원균을 찾아가서도 이순신이 원균을 비방한다는 이야기를 전하였는지는 우리가 알 수 없다. 하여튼 계사년 가을이 되자 수사들 사이에서도 편싸움이 시작될 조짐이 보였다.

그 후로도 원-이 갈등은 더욱 고조되었다. 드디어 선조 28년 초에는 조정에서 결정을 내려 원균이 수군을 떠나는 사태가 벌어졌다. 그러나 선조 30년(1597)에는 조정의 방침이 바뀌어 이순신이 통제사 자리를 잃었고, 원균이 그를 대신해 신임 통제사가 되었다. 그 후 이순신은 도원수 권율의 휘하에 머물며 비공식 참모 역할을 하였다.

한산도의 군관들

이순신이 수군에서 완전히 제거된 것은 아니었다. 이런 사실이 명확히 드러나자 한산도의 군관들은 원균을 비난하고 음해하였다. 그 소식은 속속 이순신에게 전해졌는데, 예를 모아보면 다음과 같다.

> "… 정사준(鄭思俊, 이순신의 군관, 조총 전문가)이 찾아와 원공(원균)의 망령된 짓을 많이 말하였다."[86]

---

85 이순신, 《난중일기》, 계사년(1593), 8월 2일.
86 이순신, 《난중일기》, 정유년(1597), 4월 27일.

"… 병사 이복남(李福男, 전라도병마절도사)이 아침 일찍 찾아와 원공의 일을 많이 이야기하였다."[87]

"진흥국(陳興國, 이순신의 군관)이 (전라)좌수영에서 찾아와 눈물을 뿌리며 원(균)의 일을 이야기하였다."[88]

"(오후) 늦게 충청우후 원유남(元裕男)이 한산에서 찾아와 원(균)의 못된 짓을 많이 전하고, 또 도(道)와 진(陣)에 속한 진중의 장졸이 모두 (원균을) 배반하고 있으므로 앞으로 일이 어찌 될지 알 수 없다고 하였다."[89]

"정원명(鄭元溟, 이순신의 군관)이 한산에서 돌아와서 흉측한 자(원균)의 못된 짓을 많이 전하였다. …"[90]

"(충청도) 서산군수 안괄(安适)도 한산에 와서 흉측한 자(원균)의 일을 많이 전하였다."[91]

"전 광양현감 김성(金惺)이 체찰사의 군관을 데리고 화살대를 구하러 순천에 갔다가 (나를 찾아)와서 만나보았다. 그가 소문을 많이 전하였는데, 그 소문이란 모두 흉측한 자(원균)의 일이었다. …"[92]

"늦게 출발하여 하동(河東)에 이르렀다. (하동)현감이 서로 만나보게 된 것을 반가워하고, 성 안의 별사(別舍)로 맞아들여 간절한 정을 베풀어 주었다. 그러고는 원(균)이 미친 짓을 많이 한다고 말했다."[93]

이순신이 한양으로 잡혀가자 많은 장수는 이순신의 몰락을 예감하였다. 그러나 그런 예측과 달리 이순신은 건재하였다. 그는 도원수 권율의 최측근에 포진하여 원균의 정책을 검토하고 비토할 수 있는 좋은 위치에 있었다. 이러한 사정을 알게 되자 이순신의 직계 부하들은 신이 났던 모양이다. 그들은 매일같이 원균에 관한 험담을 이순신에게 들려주었다. 일이 이렇게 돌아가자 원-이와 원래 무관하게 지내던 장수들까지

---

87 이순신, 《난중일기》, 정유년(1597), 4월 30일.
88 이순신, 《난중일기》, 정유년(1597), 5월 2일.
89 이순신, 《난중일기》, 정유년(1597), 5월 5일.
90 이순신, 《난중일기》, 정유년(1597), 5월 6일.
91 이순신, 《난중일기》, 정유년(1597), 5월 7일.
92 이순신, 《난중일기》, 정유년(1597), 5월 11일.
93 이순신, 《난중일기》, 정유년(1597), 5월 28일.

도 이순신을 찾아와서 원균을 헐뜯었다. 이제 원균을 비난하는 모든 소문이 이순신의 귀에 들어왔다.

희망 되찾은 이순신

비록 통제사의 자리는 잃었으나, 이순신은 수군의 일이 자신에게 유리하게 돌아가는 것을 확인하였다. 원균이 가져간 자신의 자리를 되찾을 날도 멀지 않았다는 점을, 이순신은 확신하였다. 그는 희망에 부푼 앞날을 내다보며 다음과 같이 일기장에 기술하였다.

"(원균) 휘하의 여러 장수가 다른 마음을 품은 사실, 그리고 통제사(원균)가 장수들과 더불어 의논하지 않는 상황으로 볼 때 일이 잘못된 것을 알 수 있다."[94]

이순신의 직계 부하들이 아직 수군에 많이 남아있었는데, 그들은 원균에게 협력하지 않았다. 통제사 원균은 그들을 도저히 설득할 수 없었다. 그래서 많은 일을 자신의 직계 부하만으로 처리할 수밖에 없었다. 이순신은 이런 상황이 마음에 들었던 모양이다. 그는 일이 이대로만 되면 얼마 지나지 않아 원균이 쓰러질 것이라고 전망을 하였다.

최악의 소문

이순신이 수집한 원균에 관한 최악의 소문도 있었다. 과거에 자신의 군관이었던 이경신이 들려준 소식이다. 《난중일기》에서 전문을 옮기면 다음과 같다.

"이경신(李敬信, 이순신의 군관, 전함 수리 전문)이 한산(도)에서 와서 원흉(元凶, 원균)의 일에 대해 많이 이야기하였다. 또, 그가 말하기를, '그(원균)가 데리고 온 서리(書吏)에게 육지로 가서 곡식을 구매해 오라고 내보내 놓고는 그의 아내를 겁탈하려고 하였다. 그 여자가 악을 쓰며 듣지 않고 밖으로 뛰쳐나가 고함을 질렀다'라고 하였다. … 원(균)이 온갖 계략을 써서 나를 모함하려 하니 이 역시 운수 탓인가. 그가 바치는 뇌물 짐이 한양으로 가는 길을 연달아 잇고 있는데도 날이 갈수록 나를 헐뜯고 있다고 하니, 그저 때를 잘못 만난 것이 한스러울 따름이다."[95]

---

94 이순신, 《난중일기》, 정유년(1597), 6월 17일.
95 이순신, 《난중일기》, 정유년(1597), 5월 8일.

이경신이 전해 준 소식에 따르면, 원균은 서리의 아내를 겁탈하려다가 실패하였다고 했다. 사실인지는 누구도 판단할 수 없으나, 극도로 추악한 소문이었다. 그런데 이순신은 마치 자신의 눈앞에서 벌어진 사실처럼 기록하였다. 또, 원균이 조정 대신들에게 다량의 뇌물을 보낸다고도 비난하였다. 이 또한 전해들은 소문에 불과하였다. 따지고 보면, 그 자신도 통제사로 재임할 때 한양의 여러 대신에게 편지도 보내고 여러 가지 귀한 선물도 보냈다. 하지만 자신이 보낸 것은 뇌물이 아니라 선물이고, 원균이 선물을 보내면 그것은 다 뇌물로 생각하였다. 이순신은 때를 잘못 만나서 매우 원통하다고 탄식하였다. 하지만 그가 처지를 바꿔 생각해 보았다면, 자신이 통제사로 있던 시절에 원균이 느낀 심정 또한 다르지 않을 것이다.

이순신의 복귀

정세는 이순신에게 유리하게 전개되었다. 정유년(1597) 늦여름이 되자 통제사 원균은 도원수 권율과 전략적 차이를 좁히지 못하고 극한적으로 대립하였다. 그러자 도원수는 이순신에게 도움을 청하였다. 우리는 그때의 복잡 미묘한 사태 변화를 《난중일기》에서 읽을 수 있다.

> "새벽닭이 세 번 울 때 문을 나서 원수의 진영에 도착하였다. 원수와 황 종사관이 (대청에) 나와 앉아 있었다. 원수가 내게 원균의 일을 말하였다. '통제사의 일은 그 흉측함을 다 말할 수가 없다. 안골포와 가덕의 적을 (육군이) 모조리 무찌른 뒤에 수군이 나아가 토벌해야 한다고 말한다. 그게 무슨 심보인가. (출정할 날짜를) 질질 끌면서 나가지 않으려는 생각에 불과하므로, 사천으로 가서 독촉하겠다.'"96

그때는 일본군이 부산과 그 주변에 가득하였다. 원균이 통제사에 부임하기 전과는 상황이 완전히 달라졌다. 이제는 우리 수군이 부산포를 마음 놓고 공격할 수 없게 되었다. 미리 안골포와 가덕도의 적을 제압하지 않으면 부산포 공격은 말도 안 되는 일이었다. 원균은 그것을 부산포 공격의 선결 조건으로 내세웠다. 이순신도 내심 그런 줄 알고 있었다. 그러나 그는 도원수에게 자신의 속마음을 말하지 않았다. 이순신이 원균을 지지할 리가 있었겠는가. 일이 그렇게 되자 도원수 권율은 자신의 판단대로

---

96 이순신, 《난중일기》, 정유년(1597), 6월 19일.

원균에게 부산포 공격을 강요하였다.

하루하루 날이 갈수록 이순신은 자신이 통제사에 복귀할 줄로 확신하였다. 그는 꿈속에서마저도 희망에 부풀어 있었다. 다음의 기록이다.

> "… 꿈에 원공(원균)과 만났다. 내가 원공의 윗자리에 앉아 밥상을 받았는데 원공이 기쁜 기색을 띠는 것 같았다. 무슨 징조인지 모르겠다. 박영남(朴永男, 원균의 군관)이 한산도로부터 왔는데, 그 주장(원균)의 실책과 과오를 (대신해서) 처벌을 받으려고 원수에게 붙들려 왔다고 하였다."[97]

박영남이 통제사 원균을 대신하여 원수부에서 곤장을 맞았다. 선조 30년 7월 7일의 일이다. 이른바 원균이 권율에게 매를 맞았다는 사건의 진상은 이것이 전부였다. 어찌 도원수가 통제사를 직접 때릴 수 있었겠는가. 군관 박영남이 통제사 원균 대신에 곤욕을 치른 것이다. 조선은 신분제 사회이기 때문에, 지체 높은 관리는 벌을 받더라도 부하 또는 하인이 대신 받는 것이 관례였다. 하지만 통제사 원균의 처지에서 보면 이 또한 형언하기 어려운 치욕이요, 모욕적인 사건이었다.

그 일이 있기 직전에 이순신은 이상한 꿈을 꾸었다고 했다. 꿈속에서는 이미 모든 것이 '백의종군' 이전으로 되돌아가 있었다. 이순신은 원균의 상관이었다. 여러 가지 정황으로 보아, 이순신은 원균의 낙마를 점쳤고 자신의 수군 복귀가 하루하루 다가오고 있다고 믿는 증표였다.

원균의 순국

그로부터 열하루가 지났을 때 드디어 큰 사건이 터졌다. 권율에게 등 떠밀려 부산포 공격을 나섰던 원균이 순국했다. 이순신의 《난중일기》에는 그 사건이 다음과 같이 기록되었다.

> "새벽에 이덕필(李德弼)과 변홍달(卞弘達)이 와서 나에게 다음과 같이 전하였다. '16일 새벽에 수군이 대패했습니다. 통제사 원균과 전라우수사 이억기와 충청수사 최호 및 여러 장수가 살해당했습니다.' 나는 통곡을 이기지 못했다."[98]

---

97 이순신, 《난중일기》, 정유년(1597), 7월 7일.
98 이순신, 《난중일기》, 정유년(1597), 7월 18일.

선조 30년 7월 16일 새벽에 원균과 이억기 및 최호가 한꺼번에 순국했다는 놀라운 소식이었다. 사건 발생 이틀 만에 이순신은 그 비극적 소식을 자신의 부하들에게서 직접 들었다. 비보를 전한 중군장 이덕필과 군관 변홍달은 이순신의 직계 부하들이다. 특히 변홍달은 외가 쪽 친척이었다. 수군이 대패했다는 말에 이순신은 깜짝 놀라 통곡하였다고 기록하였다. 두말할 나위 없이 통제사 원균의 시대는 막을 내렸다.

참으로 이상한 일도 있었다. 이순신이 원균 등이 순국한 사실을 알았으면서도 도원수 권율에게 보고하지 않은 모양이다. 정보력이 부족했던 권율은, 패전한 사건의 줄거리도 제대로 파악하지 못한 채 여러 날 동안 우왕좌왕하였다. 그 바람에 조선 수군은 완전히 붕괴되고 말았다. 나중에 서술하는 바와 같이 선조 30년 7월 16일에 조선 수군의 사상자는 많지 않았고, 전함도 절반 이상이 무사하였다. 그런데 누구도 나서서 전함과 장병을 관리하지 않았고 내버려 두었다. 며칠 지나지 않아 수군은 완전히 파탄이 나고 말았다.(이 책의 제4부에서 상세히 설명함)

제4절
이순신의 일기와 원균의 〈장계〉 - 같고도 다른 기록

《난중일기》는 얼마만큼 사실일까. 왜란을 연구하는 사람은 대개 《난중일기》를 중심으로 전쟁을 이야기한다. 그 결과, 일기의 주인공 이순신이 모든 작전을 홀로 지휘하고, 전과를 올린 것으로 설명한다. 만약에 《난중일기》의 성격을 정확히 이해하였다면 그렇게 함부로 주장하지는 못했을 것이다.

저자의 관심은 원균이 전투에서 어떠한 역할을 하였는지를 알아보는 것이다. 〈선조실록〉에는 원균이 조정에 보낸 〈장계〉도 없지 않다. 가령 장문포의 전투를 마치고 올린 장계가 〈선조실록〉에 실려 있다. 선조 27년(1594) 10월 8일의 기사이다. 원균의 〈장계〉를 읽다가 같은 사건이 이순신의 《난중일기》에는 어떻게 기록되어 있는지가 무척 궁금하였다. 두 기록을 자세히 비교하면, 두 장수가 공동으로 참전한 전투 기록에 같은 점과 차이점을 발견할 수 있을 것이기 때문이다.

《실록》의 해당 기사에는 다음과 같은 언급이 있다.

> "경상우수사 원균의 〈장계〉에, '9월 29일부터 10월 2일까지 장문포(場門浦)에 둔거(屯據)한 적세(賊勢)와 접전한 절차에 대해서는 이미 치계(馳啓, 급히 보고함)하였습니다.'라고 하였다."[99]

여기서 알 수 있듯 원균은 이미 한 차례 조정에 보고서를 보냈다. 그런데 《실록》에는 그가 언급한 〈장계〉가 보이지 않는다. 아래에서 우리가 함께 읽을 원균의 〈장계〉는 2차 보고서에 해당한다.

---

99 《실록》, 선조 27년(1594) 10월 8일.

1. 장문포해전의 시작(10월 1일) - 사도 2호선의 수난

이순신은 갑오년(1594) 10월 초하루의 《난중일기》에서 다음과 같이 기술하였다.

> "새벽에 출항하여 장문포에 이르렀다. 경상우수사(원균)와 전라우수사(이억기)는 장문포 앞바다에 머물렀다. 나는 충청수사 및 선봉의 여러 장수와 함께 곧장 영등포로 들어갔다. 흉악한 적들은 바닷가에 배를 대놓고는 한 놈도 나와서 항전하지 않았다. 해가 질 무렵 장문포 앞바다로 돌아왔다. 사도의 2호선이 육지에 배를 정박하려고 할 때 적의 작은 배가 곧장 파고 들어와 불을 놓았다. 불은 크게 번지지 않고 꺼졌으나 매우 분통하다. (전라)우수사의 군관 및 경상우수사의 군관의 실수는 간단히 꾸짖었으나, 사도의 군관에게는 그 죄를 무겁게 벌주었다. 밤 열 시경에 칠천량으로 돌아와 밤을 지냈다."100

10월 초하루부터 장문포를 공격하기 위해 연합 작전을 시작하였다고 했다. 이순신은 충청수사와 함께 선봉대를 인솔해 영등포로 진격하였으나 성과가 없었다고 하였다. 초저녁에 작은 피해가 있었다면서, 사도 제2호선이 적의 공격에 노출되어 하마터면 불타버릴 위기를 맞았다고 했다. 이순신은 별로 큰 피해가 없었다고 일기에 기록하였으나, 실은 엄청난 피해가 있었다. 이 사건으로 이순신은 나중에 엄청난 구설수에 오르게 된다.

이순신은 다른 수군 진영의 군관은 훈계만 하였으나, 직속 부하인 사도 군관은 단단히 처벌하였다고 적었다. 그날 이순신은 함대를 이끌고 칠천도로 물러나 정박했다. 원균은 그날의 전투를 〈장계〉를 통해 보고하였다고 하는데, 관련 기록은 전하지 않는다.

2. 장문포 2일차(10월 2일) - 선봉대는 경상우수영의 함대 30척

그 이튿날인 10월 2일에는 전투가 어떻게 벌어졌을까. 《난중일기》부터 읽어보겠다. 이순신은 아래와 같이 간단히 서술했다.

> "맑음. 선봉선 30척을 보내서 장문포의 적정을 살펴보고 돌아오게 했다."101

---

100 이순신, 《난중일기》, 갑오년(1594) 10월 1일.

이제 원균의 〈장계〉를 통해 그날에 있었던 작전을 자세히 알아볼 차례다. 놀랍게도, 이순신이 일기에서 언급한 "선봉선 30척"은 다름 아닌 원균의 부대였다. 원균은 아래와 같이 서술하였다.

> "2일 평명(平明, 해 뜰 무렵)에 다시 장문포로 진격하였습니다. 적의 수는 전보다 약간 많아 백여 명이었습니다. 필시 둔처(屯處, 진 치고 있음)한 왜병에게 (적의 수군이) 청원(請援, 구원 요청함)한 것이었습니다. 그들은 세 곳의 높은 봉우리에 모여 있었는데, 깃대를 어지럽게 세워놓고 무수히 총을 쏘아댔습니다. 우리 병사들은 강개(慷慨, 용감)하여 진퇴(進退)를 거듭하면서 종일토록 접전하였습니다. 그러다가 어둠을 틈타 조금 물러나 외질포(外叱浦, 칠천도 옥계)에 진을 쳤습니다."102

여기서 보듯 10월 2일의 전투에는 이순신이 빠졌다. 그 대신에 원균이 거느린 "30여 척"이 100여 명의 왜적과 종일 싸우다가 외질포로 물러났다. 돌이켜 보면 이순신과 원균이 처음 합동작전을 펴던 임진년(1592) 5월에는 불과 서너 척에 지나지 않았던 원균의 경상우수영 함대가 이미 30척의 거창한 함대로 변해있었다. 앞서 《난중일기》에서도 확인하였듯, 선조 26년(1593) 계사년(1593) 8월 30일에도 원균의 함대는 25척으로 확장되었다. 《난중일기》의 다른 곳에서는 원균이 보유한 전함이 30척으로 나와 있기도 하다. 그 숫자는 이순신의 함대와 별로 다르지 않다. 이처럼 왜란 초기에 경상우수영은 대단히 빠른 속도로 전투력을 증강하였다.

3. 전투 사흘째(10월 3일) - 원균의 수륙 합동작전 성사

다음날 전투상황은 어떠했을까. 먼저 이순신의 《난중일기》를 읽어보겠다.

> "맑음. 몸소 여러 장수를 거느리고 일찌감치 장문포로 가서 종일 싸움을 걸었다. 그러나 적의 무리가 두려워하고는 항전하지 않았다. 날이 저물어 칠천량으로 돌아와 밤을 지냈다."103

---

101 이순신, 《난중일기》, 갑오년(1594) 10월 2일.
102 《실록》, 선조 27년(1594) 10월 8일.
103 이순신, 《난중일기》, 갑오년(1594) 10월 3일.

이어서 원균의 〈장계〉에서 그날의 전투 활동을 확인해 보겠다. 매우 상세하게 설명하고 있다.

> "3일 진시(辰時, 아침 9시)에 주사(舟師, 수군)를 동원하여 적진이 있는 장문포의 강어귀에 줄지어 세워놓고, 선봉을 보내 성(城)에 육박하여 싸움을 걸었습니다. 적들은 아군의 시석(矢石, 화살과 돌)을 피하여 성안에 숨기도 하고, 혹은 성 밖에 땅을 파고 몸을 숨기기도 하였습니다. 그 수효는 알 수 없었습니다.
> 적이 총을 쏘고 대포도 쏘았는데 탄환의 크기가 주먹만 하였고, 3백여 보(步)나 멀리 날아왔습니다. 화력이 전날보다 갑절이나 우수했고, 설비(設備, 병장기)는 매우 흉험(兇險)하였습니다.
> 마침 적진 근처에 마초(馬草, 말먹이)가 수북하게 쌓여 있었으므로, 신은 정예병을 선발하여 수직(守直, 경비)하는 왜병을 활로 쏘아 쫓아내고 불을 질렀습니다. 그러자 불꽃이 밤새도록 하늘에 닿았습니다. …"104

원균 함대의 성과

이순신은 아무 성과도 없이 그날 하루를 보냈다고 하였는데, 원균의 부대는 달랐다. 적의 무리가 두려워하며 항전을 거부하였다는 이순신의 말도 원균이 기록한 사실과는 거리가 멀었다. 원균은 다음과 같이 애석해하기도 하였다.

> "문제는 저희가 육병(陸兵, 육군)이 아니라, 이미 육지에 올라가 있는 적을 주사(舟師, 수군)인 저희가 어떻게든 끌어낼 수 있는 방법이 없다는 점이었습니다. 매우 통분하였습니다."105

육군이 아닌 수군으로서는 작전에 한계가 있다고 기록하였다. 이어서 원균은 자신의 주장으로 수륙 합동작전을 기획한 것이라고 보고했다. 그 점은 다음과 같았다.

> "신(원균)은 다시 통제사 이순신, 육병장(陸兵將, 육군 장수) 곽재우, 충용장(忠勇將, 의병장) 김덕령과 상의하여 수륙(水陸) 합동 공격을 계획하였습니다. 아울러 지리에 밝은 거제 출신 사수(射手, 궁수) 15명을 뽑아 길 안내를 맡기고, 또 신이 거느린 각 선박에서 육전(陸戰, 육지 전투)을 할 만한 병사로 31명의 자원자를 뽑아 곽재우의 지휘를 받기로 단단히 약속하였습니다."106

---
104 《실록》, 선조 27년(1594) 10월 8일.
105 《실록》, 선조 27년(1594) 10월 8일.

육지에서 벌이는 전투였던 만큼 육군을 위주로 하되, 원 장군의 휘하 사졸 31명도 곽재우 장군의 지휘를 받기로 하였다고 했다. 그 결과는 어떠하였을까.

4. 전투 나흘째(10월 4일) - 곽재우 부대의 전투

이번에도 이순신의 《난중일기》부터 읽어보겠다.

> "맑음. 곽재우, 김덕령 등과 함께 약속하고서, 군사 수백 명을 뽑아 뭍에 내려, 산을 오르게 하고, 선봉을 먼저 장문포로 보내어 들락날락하면서 싸움을 걸게 했다.
> 저녁나절에 중군을 거느리고 나아가 수륙이 서로 호응하니, 적의 무리는 갈팡질팡하며 기세를 잃고 동서로 바삐 달아났다.
> 육군은 적이 칼을 휘두르는 것을 보고는 곧 배로 내려왔다.
> 돌아와 칠천량에 진을 쳤다. …"107

수륙 양측으로 우리 군사 수백 명이 선발되어 전투에 임하였다고 했다. 아군 선봉대가 장문포로 들어가서 공격을 하였더니 적이 달아났다고도 했고, 적병이 칼을 뽑자 우리 육군이 후퇴했다고도 썼다. 결과적으로, 큰 소득 없이 칠천량으로 돌아왔다고 했다.

원균 장군의 〈장계〉에는 그날의 전투가 어떻게 서술되어 있을까. 다시 《실록》을 읽어보겠다.

> "4일 묘시(아침 7~9시)에 여러 배를 타고 (아군이) 적진에 돌진하면서 명화 비전(明火飛箭)을 쏘기도 하고 혹은 현자와 승자총통(玄勝字銃筒)을 쏘면서 싸움을 걸었습니다. 저(원균)는 정예선(精銳船)을 영등(永登)에 있는 적의 소굴에 보내어 들락날락하면서 이쪽저쪽을 공격할 기세를 보이며, (적이) 서로 지원하는 길을 끊으라고 명하였습니다. 그러나 적들은 성문을 굳게 닫고 나오지 않아 섬멸할 길이 없었습니다. 분함을 견딜 수 없었습니다.
> 육병장 등은 도원수 권율(權慄)에게 돌아가 직접 형세를 보고한 다음에 후일을 기약하고 7일에 돌아갔습니다. 신은 주사(舟師)와 함께 그대로 외질포에 진을 쳤습니다."108

---

106 《실록》, 선조 27년(1594) 10월 8일.
107 이순신, 《난중일기》, 갑오년 10월 4일.

큰 틀에서 보면 이순신의 서술과 다름이 없으나, 묘사가 더욱더 구체적이고 작전의 주체가 사뭇 달랐다. 이순신은 자신이 혼자 지휘하며 싸운 것처럼 묘사하였으나 실제로는 그렇지 않았다. 그날의 전투에서 주력으로 활동한 육병장 곽재우의 육군은 원균의 전선을 타고 나갔다. 육군은 10월 7일에 본래의 위치로 복귀하였다고도 말하였다.

5. 전투 닷새째(10월 5일) - 〈장계〉도 쓰고 적정도 탐지해

10월 5일에는 무슨 일이 있었을까. 이순신은 이날 〈장계〉 작성에 매달렸다고 하였다. 《난중일기》를 살펴보자.

"종일 바람이 세게 불었다. 장계초고를 썼다."[109]

그날은 그랬다. 원균도 〈장계〉에서 "휴병(休兵, 싸움을 쉼)"하였다고 말했다. 그러나 원균은 하루종일 쉰 것이 아니었다. 다시 그의 〈장계〉를 읽어보겠다.

"5일 휴병할 때 신이 거느린 사후선(伺候船)에 장수를 정해 정심포곶(廷深浦串)으로 가서 적병의 동태를 살펴 급히 보고하라고 지시하였습니다."[110]

원균은 사후선이라고도 불리는 정탐선을 정심포곶으로 급파해 적정을 탐지하였다. 그 다음 날인 10월 6일에 다시 싸움을 계속하기 위해서였다.

6. 엿세째(10월 6일) - 원사웅, 이광악 및 이운룡 등의 전공

이순신은 《난중일기》에 다음과 같이 기록하였다.

---

108 《실록》, 선조 27년(1594) 10월 8일.
109 이순신, 《난중일기》, 갑오년 10월 5일.
110 《실록》, 선조 27년(1594) 10월 8일.

"맑음. 일찍 선봉대를 장문포에 있는 적의 소굴로 보냈다. 왜놈들이 패문(牌文)을 써서 땅에 꽂았는데, 그 내용은, '일본은 명나라와 화친을 의논할 것이니, 서로 싸울 것이 없다.'라고 하였다.
왜놈 한 명이 칠천도 산기슭에서 와서 투항하고자 하여, 곤양군수(원균 휘하의 장수 이광악)가 사로잡아 배에 싣고 왔다. 물어보니 영등포의 왜적이었다. 우리는 흉도로 진을 옮겼다."111

선봉대를 장문포에 투입하였으나 효과는 없었고, 칠천도에서 일본군 한 명이 귀순하였다. 영등포에 주둔하는 일본군이었는데, 원균 휘하의 곤양군수가 사로잡아 이첩하였다. 이제 원균에게 10월 6일은 어떤 날이었을까?

"6일 묘시에 사후장(伺候將) 원사웅(元士雄, 원균의 아들, 1575년생, 23세)과 조준표(曹俊彪) 등이 돌아와 보고하였습니다. '사후선 4척이 편대를 지어 거제의 오비질포(吾非叱浦)에 도착하여 적선 2척을 만났습니다. 깃발을 휘두르며 돌진해 들어가자 왜적의 반은 이미 육지에 내렸고 배를 지키던 적병도 우리 배가 돌진함을 바라보고 물속으로 뛰어들었습니다.
(사후선들이) 수문장 김희진(金希進) 등과 힘을 다해 집중사격을 가하자 부상한 왜병이 상당히 많았습니다. 배에서 내린 적병 30여 명이 총을 쏘면서 엄호하는 바람에 적의 수급(首級)을 베어오지는 못하였습니다.
적선 2척과 기타 그 함선에 실려 있던 잡물(雜物)은 모두 불태웠고, 막풍석(莫風席)·물통·낫·도끼·노(櫓) 등을 가져 왔습니다.'라고 하였습니다.
그래서 저는 불에 타고 남은 적선을 끌고 와 증거로 제시하라고 명령하였습니다."112

원사웅의 선전

척후를 맡은 장수 원사웅과 조준표가 4척의 배를 타고 거제도로 가서 상당한 전과(戰果, 전투의 성과)를 올렸다. 약간의 전리품도 가져왔다. 원사웅으로 말하면 원균의 하나뿐인 아들이다. 이순신은 바로 그 원사웅의 나이가 10여 살에 불과한데도 부당하게 상을 받았다고 조정에 보고해 문제가 일어나기도 하였다. 실제로는 스무 살이 넘었고 척후장으로서 역할을 익숙하게 잘 하였다. 이순신은 악의적으로 부풀린 소문만 믿고 원균을 모함한 꼴이 되었다.

---

111 이순신, 《난중일기》, 갑오년 10월 6일.
112 《실록》, 선조 27년(1594) 10월 8일.

원균은 원사웅과 조준표 등에게 승리를 입증하는 물적 증거를 확보해 오라며, 그들을 다시 거제도로 보냈다고 하였다. 과연 그들은 증거를 수집해 왔을까. 이순신의 《난중일기》에는 그에 관한 내용이 한 줄도 보이지 않는다. 그 대신에 다른 사실이 적혀있다.

> "맑음. 병사 선거이, 곽재우, 김덕령 등이 육지로 나갔다. 띠 풀 백여든세 동을 베었다."113

곽재우 등이 육지로 돌아갔다고 했다. 이 부분은 앞에서 살핀 원균의 〈장계〉에도 기록되어 있다. 이날 이순신은 전투가 없는 틈을 이용해 띠 풀을 넉넉히 마련하였다. 초겨울이라 지붕을 새로 이는 데 꼭 필요하였을 것이다. 그럼 원균의 부하들은 그 틈에 전승을 증명할만한 물증을 확보하였을까?

> "(원사웅 등이 10월) 7일에 돌아와서 보고하였다. '오비질포에 도착하였는데, 왜적 5~6명이 길을 잃고 바닷가에서 방황하고 있었습니다. 그러므로 뭍에 내려 활을 쏘면서 추격하자 적의 무리가 산골짜기로 흩어져 도망쳤습니다. 그중에 한 명이 다급하게 되자 칼을 풀고 항복하기에 사로잡아서 데리고 왔습니다.' 또, 앞서 말한 불에 타다 남은 2척의 적선도 끌고 왔습니다."114

원사웅 등은 적군 1명을 생포하였다. 《난중일기》에는 언급되지 않은 성과였다. 또, 원균의 부하들은 2척의 일본 전함을 나포하였다고도 하였다. 이 정도라면 원균이 조정에 승전을 알리는 〈장계〉를 올릴 이유가 충분히 갖춰진 셈이었다.

이광악과 이운룡의 전과

또 원균의 〈장계〉에는 원균의 휘하 장수들이 세운 또 다른 공적들도 기록되었다.

> "신의 중위장 곤양군수 이광악(李光岳)은 (10월) 6일에 군사를 보내, 왜적이 숨어있는 해변에 복병하였다가 그들이 출몰하는 것을 엿보아 재빠르게 배를 타고 돌진해 1명을 생포하였습니다."115

---

113 이순신, 《난중일기》, 갑오년 10월 7일.
114 《실록》, 선조 27년(1594) 10월 8일.
115 《실록》, 선조 27년(1594) 10월 8일.

원균은 곤양군수 이광악이 일본군 1명을 생포하였다고 기록하였는데, 이순신은 그 일본군을 귀순병이라고 기록하였다. 결국 이광악이 허위 보고를 올린 것으로 처리되었다.

그밖에도 원균의 부하 장수 이운룡도 군공을 세웠다. 그 점을 원균은 다음과 같이 보고했다.

> "선봉장으로 활약한 웅천현감 이운룡(李雲龍)은 적진에 달려 들어가 왜인이 쓴 작은 판(版)을 탈취해 왔습니다. 저는 그것을 통제사 이순신이 있는 곳으로 보냈습니다. 그리고 그(이운룡)에게는 한산으로 돌아가 진을 치고 정신을 가다듬어 (이후의) 사변에 대비하라고 명령하였습니다."116

선봉장 이운룡이 일본군에게서 뭔가 진귀한 금속판을 빼앗았다는 소식도 원균은 빠짐없이 기록하였다. 이운룡의 전기에는 원균이 그의 공을 가로챘다고 적혀있으나, 이 〈장계〉에서 보듯 원균은 휘하 장수들의 공적을 사실대로 조정에 보고하였다.

이상에서 보았듯, 선조 27년 10월 초순에 벌어진 장문포해전의 주역은 원균이 이끈 경상우수영의 장수들이었다. 《난중일기》에서는 그 점에 대해 전혀 알 수 없었는데, 〈장계〉를 통해 새롭게 드러난 사실이다. 또, 장문포에서 시행된 수륙 양면 작전도 원균이 주장해 성사된 것으로 판명되었다.

원균이 올린 〈장계〉가 많이 남아있었더라면 우리는 그때의 전투상황이며 전공을 보다 정확하고 상세하게 알 수 있었을 것이다. 원균의 〈장계〉가 대부분 사라지고 없어 안타깝다. 하지만 원균의 〈장계〉를 통해 우리가 이미 확인한 것처럼 이순신과 원균 및 이억기 등이 합동작전을 펼칠 때면 장수들은 저마다 전투의 주체가 되어 자신의 부하들을 거느리고 전공(戰功)을 착실히 쌓았다. 그것은 부정할 수 없는 명백한 사실이었으나, 《난중일기》로는 도저히 알 수 없는 부분이었다.

알다시피 《난중일기》는 이순신 개인의 일기이다. 따라서 그 일기장은 모든 것이 이순신이 주인공이 되어 자기중심으로 서술되기 마련이다. 문제는 오늘날 독자들이 이런 사실을 염두에 두지 못한 채 오직 《난중일기》의 내용을 절대적인 기준처럼 여기고, 조선 수군의 활동은 마치 이순신 한 사람의 작전으로만 파악한다는 점이다.

---

116 《실록》, 선조 27년(1594) 10월 8일.

7. 원균의 〈장계〉 - 그 신빙성에 관하여

이 글을 쓰면서 두 가지 의문을 가졌다. 첫째, 원균의 〈장계〉는 검증의 절차를 거쳤을까 하는 점이었다. 둘째, 원균이 쓴 〈장계〉는 통제사 이순신의 허락을 받지 않고 자신 마음대로 조정에 보낸 것인가 하는 것이다. 궁금증을 풀기 위해 《난중일기》를 꼼꼼히 살피다가 문제 해결에 도움이 되는 구절을 발견하였다.

> "맑음. 아침에 〈장계〉 초고를 수정하였다. 저녁나절에 (전라)우수사와 충청수사가 이곳으로 왔다. 경상도 원 수사(元均)는 적을 토벌한 일에 관하여 스스로 직접 장계를 올리겠다고 하기에 공문을 만들어 주었다. 비변사의 공문에 따르면, 원수(권율)가 쥐 가죽으로 만든 남바위(耳掩: 귀가리개)를 전라좌도에 열다섯 개, 전라우도에 열 개, 경상도에 열 개, 충청도에 다섯 개를 나누어 보냈다고 한다."[117]

원균은 우리가 위에서 살펴 본 〈장계〉를 한양으로 보내고 나흘이 지나자 또 한 통의 〈장계〉를 작성하였다. 그 또한 "적을 토벌한 일"에 관한 보고서였다. 그가 새로운 승전보를 작성하였다는 뜻이다. 《난중일기》에서 충분히 유추할 수 있듯, 원균은 통제사 휘하에 있었으므로 보고서에 해당하는 〈장계〉를 조정에 보낼 때마다 통제사에게 미리 보여 주고 허락을 받아야만 하였다.

따라서 원균의 〈장계〉는 일단 이순신의 검열을 거친 공문서였다. 자신이 마음대로 공적을 부풀려 함부로 기록한 것이 아니었다. 통제사에게 물증도 제시하고 기타 여러 방법으로 검증한 전과를 기록한 것이다.

한 가지 더 말하면, 위의 인용문에 보이는 남바위에 관한 기록도 상당히 흥미롭다. 그 기록을 살펴보면 각도의 수군이 어느 정도의 세력을 가졌는지도 대강 가늠할 수 있다. 조정에서는 통제사 이순신이 거느린 전라좌수영에 남바위를 15개나 주었다. 그리고 전라우도의 이억기 진영과 경상우도의 원균 측에게는 각기 10개씩을 나눠주었다. 끝으로, 충청도수사에게는 5개만 주었다.

이를 종합해 보면, 갑오년(1594) 하반기에 원균이 거느린 경상우도의 수군은 전라우도와 대등한 수준이었다. 이것은 충청도 수군보다 배가되는 수치이다. 전쟁이 시작되고 2년이 지나자 경상우도의 수군은 비약적으로 성장해 본래의 위상을 회복하였다.

---

117 이순신, 《난중일기》, 갑오년 10월 12일.

이순신도 더는 원균을 '군사도 없고 전함도 없다고' 함부로 폄하할 수 없게 되었다. 그런데도 이순신은 경상우수영을 자신의 전라좌수영과 대등하다고 여긴 것 같지는 않다. 그래서 원-이 갈등은 더더욱 증폭된 것이 아닐까 한다.

요약

이 장에서 분석한 바를 요약해 보며, 왜란이 일어났을 당시 처음부터 원균은 이순신에게 협력을 요청했다. 이순신은 그런 요구에 부응하지 못한 상태에서 원균의 관내인 남해현의 군사시설을 불태우는 실책을 저질렀다. 이로 말미암아 원-이 갈등이 커졌다. (제1절) 두 장수가 주축이 되어 수군은 연합함대를 편성했고, 이어서 많은 승리를 거두었다. 그러나 《난중일기》에서 알 수 있듯 원-이 갈등은 끝끝내 해결되지 못하였다. 원균은 이순신을 원망하는 마음을 풀지 못하였고, 이순신은 원균을 경멸하고 혐오하는 마음을 나날이 키우고 있었다. (제2절) 두 장수의 사이를 더욱더 악화시킨 사람도 적지 않았다는 사실도 중요하다. 특히 원균이 통제사로 임명된 다음에도 이순신이 건재하여 이순신의 직계 부하는 원균의 지휘를 완전히 거부하는 상황이었다. (제3절) 지금까지 우리들은 《난중일기》를 중심으로 임진왜란에 임한 조선 수군의 전반적인 사정을 맹목적으로 따르는 경향이 있다. 하지만 《실록》에 남아있는 원균의 〈장계〉를 꼼꼼히 살펴보면 당시의 전투 양상에 관해 새로운 인식에 도달할 수 있을 것이다. 《난중일기》는 귀중한 자료이지만, 지나치게 의존하는 것은 위험한 일이다. (제4절)

제4장
유성룡의 《징비록》

예나 지금이나 많은 사람이 《징비록》을 통해 원균에 관한 지식을 얻는다. 이 책은 원균 담론의 원천이라고 해도 과언이 아니다. 그런 점에서 우리는 《징비록》이 역사적 사실을 얼마나 충실히 전달하고 있는지 궁금증을 갖게 된다. 아울러 책의 저자 유성룡은 과연 어떠한 동기에서 이 책을 집필하였으며, 책의 영향력은 어느 정도인지도 분석할 필요가 있다. 그 밖에도 궁금한 점이 한둘이 아니다.

아래에서는 다섯 가지 과제를 해결하고자 한다. 첫째, 원균에 관해 《징비록》이 제공하는 정보는 무엇이며, 그것은 과연 신빙성이 있는 서사인지를 알아보겠다. (제1절)

둘째, 유성룡은 역사가가 아니라 문인이자 정치가이다. 그가 《징비록》이라는 당대 역사 또는 회고록을 집필하게 된 동기가 궁금하다. 그는 이 책을 통해 세상에 어떠한 메시지를 전달하고 싶었던 것일까. 그 점도 우리의 관심을 끄는 문제이다. (제2절)

셋째, 《징비록》은 과연 저자 유성룡의 소망을 이루어 주었을까. 이 책에 대한 후세의 반응이 어떠했는지도 알아봐야겠다. 그리고 이 책은 왜란을 일으킨 일본에도 전파되었을까. 그렇다면 그 영향력은 어느 정도였을지도 살펴봐야 할 것이다. (제3절)

넷째, 저자 유성룡에 관해 당대의 평가는 상반되었는데, 그를 존경하고 따랐던 사람들의 의견도 알아보고 싶다. 유성룡이 누구인지를 정확히 이해하려면 그의 장점 또는 그가 이룩한 업적을 가장 잘 아는 이들의 증언을 경청할 필요가 있다. (제4절)

끝으로, 왜란 때 가장 큰 공을 세운 것은 조선 수군이었고, 그 중심에는 유성룡의 동지인 이순신이 있었다. 이것이 《징비록》의 주장인데, 유성룡의 비판자들은 조선 수군에 관해 어떻게 평가하였을까. 이와 같은 문제까지도 깊이 검토할 때 우리는 비로소 《징비록》과 그 저자에 관해 종합적으로 판단을 할 수 있을 것이다. (제5절) 《징비록》은 과연 원균의 진실을 후세에 전하고 있는지를 차례로 하나씩 검토해야 한다.

제1절
《징비록》이 만든 비겁하고 치사한 원균 상(像)

《징비록》은 서애(西厓) 유성룡(柳成龍, 1542~1607)의 회고록이다.[118] 왜란 당시 그는 영의정으로서 줄곧 국정을 이끌었다. 피난길에 오른 선조를 보필한 공으로 호성공신(扈聖功臣) 제2등에 책록되었고, 뛰어난 학문과 충성을 기려 조정에서는 그에게 문충(文忠)이란 시호를 주었다. 사후에 고향인 안동의 병산서원(屛山書院) 등에 모셔지는 등 유성룡은 명신으로 손꼽히는 인물이다. 따라서 그가 쓴 《징비록》은 조선은 물론이고 일본에서도 지대한 영향력을 발휘하였다. 제3절에서 확인되듯 《징비록》은 일본에서 엄청난 반향을 일으켰다. 국내에서도 여러 학자가 이 책을 자주 인용하였다. 가령 《선조수정실록》에도 《징비록》이 그대로 인용된 예가 많았다.[119]

아래에서 우리가 검토할 사항은 다음의 두 가지이다. 하나는 《징비록》에는 원균이란 장수가 과연 어떠한 모습으로 기술되어 있는가 하는 것이요, 다른 하나는 유성룡의 서술을 우리가 얼마나 신뢰할 수 있는가 하는 문제이다.

1. 왜란 초기의 원균 - "겁쟁이"

왜란이 일어났을 때 경상우도순찰사는 김수(金睟, 1547~1615)였다. 그는 유성룡과 함께 퇴계 이황의 문하에서 공부한 문신이었는데, 왜란 초기에 제대로 대응하지 못했다는 비판을 받았다. 첫째, 난리가 일어나자 요충지인 진주를 버리고 산간지역인

---

118 유성룡이 서애(西厓)라는 호를 쓰게 된 이유를 그의 제자 정경세(鄭經世)는 다음과 같이 설명하였다. "(공이) 거처하는 곳은 산수(山水)가 매우 아름다웠다. 집의 서쪽에 천 길이나 되는 깎아지른 푸른 석벽(石壁)이 강에 임해 있었으므로 서애(西厓)라 자호(自號)하였다." 정경세(鄭經世), 〈(유성룡)행장(行狀)〉, 《국조인물고(國朝人物考)》, 제3권.
119 장준호, 《유성룡의 《징비록》 연구. 《징비록》에 대한 역사적, 정치사적 배경과 저술의 가치》, 카모마일북스, 2020, 9쪽.

거창으로 피신하였다고 한다. 지휘관이 숨어버린 꼴이다. 둘째, 김수는 여러 고을에 격문을 보내 피난을 지시하였다는 점이다. 군사를 모아도 적의 침략을 막기가 어려운데 피난 명령을 내렸으니, 경상우도는 텅 빌 수밖에 없었다. 이러한 평가는 대체로 유성룡의 《징비록》을 따른 것이다.

> "순찰사 김수는 처음에 진주성에 있다가 왜란의 소식을 듣고 말을 달려 동래성으로 향하던 도중에 적병이 가까이 왔다는 말을 들었다. 그는 더 앞으로 나아가지 못하고 말 머리를 돌려 경상우도로 돌아왔으나 어찌할 바를 알지 못했다. 생각한 것이 여러 고을에 격문을 보내 백성들에게 적을 피하라고 하는 일이 고작이었다. 이로 말미암아 도내는 모두 텅 비게 되어 더욱 어찌할 방도가 없었다."120

김수가 하는 일이 고작해야 피난을 지시하는 것이었다고 유성룡은 서술하였지만, 그것은 사실과 크게 어긋났다. 앞의 제3장에서 확인하였듯, 김수는 원균에게 전함을 이끌고 바다로 나가서 위세를 보이라고 지시하였다. 또, 조정에 〈장계〉를 올려 전라좌수사 이순신도 원균과 합세하도록 조치하였다. 그리고 연합함대가 구성되기 전에 원균에게 바다 쪽에서 진주성을 방어하게 하였다. 아울러 거제현령 등을 징발하여 진주성을 수호하고, 고성현을 되찾기에 힘썼다. 그런데 유성룡은 이와 같은 김수의 노력을 철저히 외면하고 왜란 초기에 피난 명령만 내렸다며 비방하였다.

왜란 초기에 적의 위세에 눌려 경상도가 힘없이 무너진 것은 사실이다. 유성룡은 이를 너무나도 원통하게 여긴 나머지 전쟁의 실상을 정확히 서술하기보다는 경상도에 배치된 모든 장수를 한 마디로 매도한 것 같다. 유성룡은 다음과 같이 기술하였다.

> "불행하게도 경상도의 바다와 육지를 책임진 장수들이 하나같이 겁쟁이였다. 바다를 담당하던 좌수사 박홍은 한 사람의 군사도 (적을 무찌르러) 내보내지 않았고, 우수사 원균은 비록 물길이 (부산까지는) 좀 멀었다 하더라도 거느리고 있는 배가 많았다. 또, 적병이 하루에 달려든 것도 아니었으므로 (만약 원균이) 군사를 모두 거느리고 앞으로 나아가 위세를 보이면서 버티고 행여 한 번만이라도 싸웠다면 (좋았을 것이다. 그랬으면) 적들은 마땅히 뒤를 염려하여 반드시 그토록 깊이 쳐들어오지는 못하였을 것이다. 하지만 우리 군사들은 적을 바라보기만 하다 곧 멀리 피하여 한 번도 적과 맞싸우지 않았다."121

---

120 유성룡, 《징비록》, 장윤철 역, 스타북스, 2020, 105~106쪽.

실제로 왜란 초기부터 원균은 얼마 안 되는 전함을 거느리고 바다에 나가 적과 싸웠다. 10척의 일본 배를 깨뜨리기도 하였고, 이어서 30척의 배를 무찌르기도 했다. 《실록》에도 나오고, 박동량의 〈기재사초〉 및 오희문의 《쇄미록》 등에도 나오는 사실이다. 그러나 유성룡은 그처럼 구체적인 사실을 외면한 채 사실과는 거리가 먼 예화를 잔뜩 기술하고, 원균을 "겁쟁이"로 만들었다. 안타까운 일이다.

원균이 100척을 물속에 집어넣었다?

유성룡은 《징비록》에서 원균을 무책임하고 비겁하며 나라에 해악이 되는 존재로 묘사하였다. 예컨대 유성룡은 다음과 같이 서술하였다.

> "처음에 바다를 건너 육지로 올라온 왜적을 본 원균은 왜적의 형세가 큰 데 놀라 감히 나가서 싸우지 못하고, 오히려 그 전선 100여 척과 화포 및 군기 등을 바닷속에 던져버렸다. 그런 다음 수하의 비장 이영남, 이운룡 등만 데리고 네 척의 배에 나누어 타고 달아나 곤양의 바다 어귀에 상륙해 왜적을 피하려고 했다. 이에 그 수하의 수군 만여 명이 다 무너져 버렸다.
> 이를 본 (그의) 비장 이영남이 간언하였다.
>
> '공은 임금의 명령을 받아 수군절도사에 올랐으면서 지금 군사를 버리고 육지로 피해간다면 뒷날 조정에서 죄를 물을 때 무슨 말로 해명하시겠습니까? 그보다는 전라도에 구원병을 청하여 왜적과 한번 싸워보고, 이기지 못하겠거든 그 연후에 도망하여도 늦지는 않을 것입니다.'
>
> 이 말을 들은 원균은 그것이 옳겠다고 여겨 이영남을 이순신에게 보내 구원병을 청하게 하였다. 이순신은 이를 거절했다.
>
> '각각 책임진 분계(지역의 경계)가 있으니, 조정의 명령이 아니면 어찌 함부로 경계를 넘어갈 수 있으리오?'"[122]

《징비록》의 위와 같은 서술은 역사적 사실과 어긋난 것이 대부분이다. 사실에 부합하는 것이라면 원균이 이순신에게 부하를 보내 합동작전을 요청하였다는 것뿐이다. 잘못된 이야기로 가득 차 있어 당황스러울 정도지만 가장 중요한 세 가지 반론만 간

---

[121] 유성룡, 《징비록》, 장윤철 역, 스타북스, 2020, 124~125쪽.
[122] 유성룡, 《징비록》, 장윤철 역, 스타북스, 2020, 179쪽.

단히 적는다.

첫째, 원균이 싸우지 못하고 달아났다는 것이 우선 거짓이오. 둘째, 전선 100척을 수장하고 만여 명의 수군을 해산했다는 것은 처음부터 어불성설이었다. 원균의 담당 지역 내에 전함을 다 합쳐도 20척이 못 되었을 터인데 어찌 100척에 1만 명의 병사를 언급하는지 이해할 수 없다. 셋째, 이영남에 관한 것인데, 그는 원균의 "비장(裨將)"이 아니라 소비포권관이었다. 그를 이순신에게 보낸 것은 사실로 보이나, 이순신과 연합함대를 편성하겠다는 의지는 원균의 생각이었다. 3장에서 서술한 것처럼 원균은 개전 당시부터 연합함대의 필요성을 느꼈고, 경상우도순찰사 김수도 같은 견해였다.

《징비록》의 사실과 다른 서술은 아래와 같이 이어졌다.

> "원균은 무릇 대여섯 차례나 이영남을 보내어 이순신을 청하였고, 그때마다 뱃머리에 앉아서 통곡하였다.
> 얼마 뒤에 이순신은 판옥선 40척을 거느리고 이억기와 함께 거제로 나와 원균의 군사와 합세하였다. 견내량에 나아가 왜적의 배와 마주치자 이순신은 말하였다.
>
> '이곳은 바다가 좁고 물이 얕아서 마음대로 돌아다니기 어려우니 거짓으로 물러가는 척하며 적을 유인하여, 넓은 바다로 나가 싸우는 것이 좋겠습니다.'
>
> 그러자 원균은 분함을 이기지 못하고 바로 앞으로 나가 싸우려고 덤볐다. 이순신은 다시 말하였다.
>
> '공은 병법을 모릅니다, 그려. 그렇게 하다가는 반드시 패하고 맙니다.'
>
> 이순신이 드디어 깃발을 흔들며 배들을 지휘해 물러나니 왜적들은 크게 기뻐하며 앞을 다투어 따라 나왔다. 이윽고 배가 너른 바다로 나온 순간 이순신이 북소리를 한 번 울리자 모든 배가 일제히 뱃머리를 돌리고 열을 지어 벌려 섰다. 적선과의 거리는 수십 보밖에 되지 않았다."[123]

위의 인용문에도 많은 거짓이 포함되어 있다. 중요한 세 가지 점만 지적하면 다음과 같다. 첫째, 연합함대를 편성할 당시 이순신은 20척쯤의 판옥선을 이끌고 왔으며, 전라우수사 이억기가 합세한 것은 2차 출동 때였다. 둘째, 견내량이 좁다며 일본군을 큰 바다로 유인한 것은 '한산대첩' 때의 일로, 바로 그 작전을 구상해 실천에 옮긴 것은

---

[123] 유성룡, 《징비록》, 장윤철 역, 스타북스, 2020, 180쪽.

원균이 지휘하는 경상우수영이었다. 앞의 제1장에서 살펴본 것처럼 이운룡은 자신이 그 작전을 제안했다고 주장하기도 하였다. 그 말을 믿기는 어려우나 경상우수영 측이 이 작전을 제안한 것은 사실로 보인다. 셋째, 이순신이 원균에게 병법도 모르는 장수라고 면박하였다는 것인데, 병법을 구사하는데 서로 차이가 날 수는 있다. 그렇다고 해서 이순신의 한때 발언을 악용해 원균을 무능한 장수로 몰아가는 것은 옳지 않다.

2. 수군의 공은 이순신의 것 - 미화가 지나쳐

유성룡의 이순신 사랑은 《징비록》에서 유감없이 발휘되었다. 가령 거북선에 관해서 그는 이렇게 주장하였다.

> "이보다 먼저 이순신은 거북선을 창조하였다. 이 배는 판자로 위를 덮어 그 모양이 마치 거북과 같았다. 싸우는 군사와 노 젓는 인부들은 배 안에 들어가 활동했으며, 사방에 화포를 싣고 이리저리 드나드는 모습이 베 짜는 북이 드나들 듯 마음대로였다."124

우리가 알다시피 거북선은 유래가 깊은 전함이지만, 이순신이 "창조"한 것이 아니었다. 그 배를 돌격선으로 이용한 것은 사실이나 시야가 넓지 못하다는 단점이 있었다. 거북선이 모든 전투에 참전하여 가장 큰 공을 세운 것도 아니었다.

이어서 유성룡이 강조한 것은 대포의 위력이었다. 그는 다음과 같이 극적으로 대포의 효과를 서술하였다.

> "이순신은 적선과 만나자 대포를 쏘아 이들을 공격했는데 여러 배가 일시에 합세하여 공격하니 연기와 불꽃이 하늘에 가득한 속에서 적선이 수없이 파괴되었다. 이때 적장이 탄 높이가 두어 길이나 되고 붉은 비단으로 둘러싸인 망대를 갖춘 누선도 우리 대포에 맞아 부서지고 배에 탔던 적들은 모두 물에 빠져 죽었다."125

윗글을 읽으면 마치 이순신의 함대만 대포를 쏘았고, 수군은 모두 이순신 한 사람

---
124 유성룡, 《징비록》, 장윤철 역, 스타북스, 2020, 180쪽.
125 유성룡, 《징비록》, 장윤철 역, 스타북스, 2020, 181쪽.

의 것 같은 인상을 받을 수 있다. 이 역시 지나친 비약이었다. 원균과 이억기는 물론이고 정걸, 선거이 및 최호가 수군절도사로서 피땀 흘려 싸웠다. 그들의 휘하에 포진한 수십 명의 장수가 목숨을 걸고 치열한 전투를 벌였으며, 이를 뒷받침하는 많은 병사와 격군의 노고를 기억해야 할 것이다. 조선 수군은 곧 이순신이라는 등식은 성립할 수 없다.

그러나 유성룡은 어린 시절 자신의 벗이기도 하였던 이순신을 영웅화하기에 바빴다. 심지어 《징비록》에는 다음과 같은 일화도 실려 있다.

> "어느 날 이순신이 싸움을 독려하다가 날아오는 총알이 그의 왼쪽 어깨를 맞혔다. 피가 발꿈치까지 흘러내렸으나 이순신은 아무 말도 아니하였다. 싸움이 끝난 뒤에야 비로소 칼로 살을 베고 총알을 꺼내었다. 두어 치(한 치=3.03센티미터)나 깊이 박혀 보는 사람들은 낯빛이 까맣게 질렸으나, 이순신은 말하고 웃는 모습이 태연하여 여느 때와 다름없었다."[126]

왜란 때 조선 수군의 승리는 눈부셨고, 그것은 어느 한 사람이 이룩한 업적은 아니다. 한산대첩과 같은 대승을 거둔 뒤에 조정에서는 여러 장수를 포상하였다. 그 사실을 서술할 때조차 유성룡은 《징비록》에서 다음과 같이 편향되게 기술하였다.

> "(한산대첩이라는) 첩보가 알려지자 조정에서는 크게 기뻐하여 임금께서는 이순신에게 일품 벼슬을 주려 하였으나 간언하는 사람이 너무 지나친 일이라고 반대하여 이순신은 정헌대부(정2품, 상계)로 승급시키고, 이억기와 원균은 가선대부(종2품, 하계)로 높였다."[127]

이순신의 교만

선조는 이순신을 1품으로 승진하려고 하였으나 일부 신하가 반대하여 정헌대부를 주는 데 그쳤다고 했다. 이처럼 서술하면서 유성룡은 아쉬움을 감추지 못하였다. 그러나 《실록》을 차분히 읽어보면, 유성룡은 어전에서 전혀 다른 주장을 한 적도 있었다. 그는 이순신의 벼슬을 너무 높여주는 바람에 교만하게 되었다면서 다음과 같이 비판하였다.

---

126 유성룡, 《징비록》, 장윤철 역, 스타북스, 2020, 181쪽.
127 유성룡, 《징비록》, 장윤철 역, 스타북스, 2020, 181쪽.

"임진년(1592)에 신(유성룡)이 차령(車嶺)에 있을 때 이순신이 정헌(正憲)이 되고 원균이 가선(嘉善)이 되었다는 말을 듣고는, 작상(爵賞)이 지나치다고 여겼습니다. 무장(武將)은 지기(志氣)가 교만해지면 쓸 수가 없게 됩니다."[128]

어전에서 한 말이 사실이라면 유성룡은 이순신과 원균 등이 한산대첩의 결과 지나치게 큰 상을 받았다고 말한 것이었다. 그러나 《징비록》에서는 완전히 다른 주장을 하였다.

그런데 유성룡이 이순신을 그토록 추켜세우는 이유는 무엇일까. 그 점을 유성룡은 《징비록》에서 다음과 같이 서술했다.

"적은 본래 수군과 육군이 합세하여 서쪽으로 내려오려고 했었다. 그런데 이순신과 싸움에 패하여 그 한쪽 팔이 끊어져 버렸다. 그래서 고니시 유키나가가 비록 평양성을 빼앗았다 할지라도 그 형세가 외로워서 감히 전진하지 못했다.
그로 인해 나라에서는 전라도와 충청도를 확보할 수 있었고 아울러 황해도와 평안도 연안 일대를 보전함으로써 군량을 조달하고 전령을 전할 수가 있었다. 그리하여 나라의 중흥을 도모하였다. 그리고 요동과 천진 등지도 적의 침해를 당하지 않은 까닭에 명나라 군사가 육로로 와서 왜적을 물리치게 되었으니, 이것이 다 이순신이 한 번 싸움에 승리한 공이었다. 아아, 이 어찌 하늘의 도움이 아니겠는가? 이 뒤로도 이순신은 삼도의 수군을 거느리고 한산도에 주둔하여 왜적이 서쪽으로 침범하려는 길을 막았다."[129]

조선 수군이 남해에서 연전연승한 덕분에 일본군이 감히 함대를 거느리고 남해와 서해를 거쳐 한양까지 올라오지 못하였다. 유성룡의 이러한 분석은 백번 옳다고 본다. 그는 조정의 최고위 관리로서 수군을 기특하게 여겼던 것인데, 문제는 그 모든 공을 오직 한 사람 이순신에게만 돌렸다는 점이다. 편애가 지나쳤다는 비판을 받아 마땅하다.

3. 원균은 배은망덕하고 음험해 – 통제사 자리 빼앗아

이순신에 대한 유성룡의 애정은 절대적이었다. 그래서 그는 이순신이 통제사의 지

---

128 《실록》, 선조 30년(1597) 1월 27일.
129 유성룡, 《징비록》, 장윤철 역, 스타북스, 2020, 182쪽.

위에서 해임된 것도 그 경쟁자였던 원균이 모략한 결과라고 단정하였다. 그는 《징비록》에 원-이의 갈등을 다음과 같이 기술하였다.

> "수군통제사 이순신을 옥에 가두었다. 이보다 먼저 원균은 이순신이 와서 자기를 구원해 준 일을 은덕으로 여겨 서로 사이가 매우 좋았다. 그러나 얼마 안 가서 공을 다투게 되면서 점차 어울리지 않게 되었다.
> 원균은 성품이 음험하고 간사하여 안팎의 인사들과 많이 접촉하면서 이순신을 모함하였다. '이순신이 애초에 우리를 구하러 오지 않았소. 그런 것을 내가 여러 차례 청해 부득이 왔으니, 적을 이긴 공은 내가 으뜸을 차지할 것이오.'"130

원균과 이순신 갈등에 관한 《징비록》의 서술은 지나치게 단편적이고 편향적이었다. 유성룡의 설명대로라면, 선조 30년(1597) 초반에 원균 한 사람이 조정을 쥐락펴락 농락하였더라는 이야기가 된다. 그러면 영의정 유성룡은 그때 무슨 역할을 하였던가. 그는 아무런 대책도 없이 원균이 원격 조정하는 허수아비인 대신과 선조의 어리석은 행동을 일깨우지 못하였더란 말인가. 그것은 말도 안 되는 변명이었다.

당파싸움 때문이라고?

한편으로 유성룡은 원균의 모략 때문에 일이 이렇게 되었다고 억지 주장을 하면서, 다른 한편으로는 당파싸움 때문이라고 핑계를 댔다. 그는 다음과 같이 말했다.

> "조정의 의논도 두 갈래로 나뉘어 있었다. 이순신을 추천한 사람이 나였기 때문에 나와 사이가 나쁜 사람들은 원균의 편을 강력히 들었다. 오직 우상 이원익만이 잘못을 밝히며 그들의 의견에 반대했다."131

이 부분도 역사적 사실과 크게 어긋난다. 당시에 조정의 실권을 쥔 것은 유성룡이 지휘하는 남인이었고, 그 반대파인 서인과 북인은 소수파였다. 남인이라고 해서 무조건 이순신을 지지하는 것도 아니었고, 서인과 북인이라고 해서 한결같이 원균을 밀지도 않았다. 통제사 자리가 이순신에서 원균으로 넘어간 데는 다른 이유가 있었다.

선조 29년(1596) 연말부터 일본군의 재침이 확실해졌다. 그런데 통제사 이순신이

---
130 유성룡, 《징비록》, 장윤철 역, 스타북스, 2020, 253쪽.
131 유성룡, 《징비록》, 장윤철 역, 스타북스, 2020, 253쪽.

일본군의 부산포 상륙을 저지하지 못하였고, 수군을 정상적으로 운영하는 일도 제대로 하지 못한다는 인상을 주었기 때문이다. 당파를 초월해 통제사 이순신이 대다수 대신들에게 신뢰를 잃었다고 해도 과언이 아니었다. 그래서 유성룡조차 이순신을 변호하는 데 한계가 있었다. 《실록》을 펼쳐보면 누구라도 확인할 수 있는 명명백백한 사실이다.

원균의 모함도, 당파싸움도 이순신-원균의 통제사 교체에 주된 원인이 아니었다. 그 사실을 유성룡은 알고 있었으나, 정직하게 말하지 않았다. 그러고는 슬슬 말꼬리를 바꾸어 음모론으로 향했다. 누구나 다 아는 요시라의 음모론인데, 《징비록》의 기록을 살펴보겠다.

> "이 무렵 왜적의 장수 고니시 유키나가는 자기의 부하 요시라를 경상우병사 김응서의 진에 왕래하게 하여 은근히 친분을 쌓고 있었다. 바야흐로 가토 기요마사가 다시 출정하려고 하자 요시라는 비밀히 김응서에게 말하였다.
>
> '우리 장수께서 말씀하시길, 이번 화의가 이루어지지 못한 까닭은 가토 기요마사의 잘못에 연유가 있으니 나도 그를 미워한다고 하였습니다. 그리고 며칠 뒤 가토 기요마사가 꼭 바다를 건너올 예정입니다. 조선에서는 수전에 능하니 바다 가운데서 맞아 친다면 틀림없이 섬멸시킬 수 있을 터인즉, 삼가 기회를 놓치지 마십시오.'"[132]

유성룡이 털어놓지 못한 사실이 하나 있다. 경상우병사 김응서의 정치적 후원자는 누구였던가. 김응서-요시라가 실무적인 정보 교류담당자라면 그들의 뒤에는 누가 있었을까. 요시라의 후원자는 고니시요, 김응서의 뒤에는 다름 아닌 유성룡이 있었다. 그러나 유성룡은 자신을 쏙 빼놓고, 마치 서인 윤근수가 김응서의 배경인 것처럼 호도하였다. 《징비록》을 계속해서 읽어본다.

> "김응서가 그 내용을 상주하니 조정에서는 이 말을 믿었다. 더욱이 해평군 윤근수는 좋아 날뛰면서 이런 기회를 잃어버려서는 안 된다고 하며 누차 임금에게 아뢰고, 연달아 이순신에게 전진할 것을 재촉하였다. 그러나 이순신은 왜적의 계략이 있는 것이 아닌가 의심하여 나아가지 않고 주저하기를 여러 날 하였다."[133]

---

132 유성룡, 《징비록》, 장윤철 역, 스타북스, 2020, 254쪽.
133 유성룡, 《징비록》, 장윤철 역, 스타북스, 2020, 254쪽.

요시라의 계략에 윤근수가 걸려들었고, 그것이 결국은 조정 전체를 뒤엎었다는 설명이다. 거듭 말하지만, 윤근수는 조정의 소수파였고, 대다수 대신은 유성룡이 이끄는 남인들이었다. 그들 남인이 이순신 문제에 공감하지 못했더라면 원-이 교체는 처음부터 불가능한 이야기였다. 《징비록》은 이제 이순신의 억울함을 호소하는 쪽으로 방향을 틀었다. 음모론으로 원-이 교체의 진실을 호도할 수 있을까.

> "그러자 요시라가 또다시 찾아왔다. '가토 기요마사가 이미 육지에 내렸는데, 조선에서는 어찌하여 그를 치지 않는단 말입니까?' 그는 한탄하며 애석해하는 표정을 보였다.
> 이 소식이 알려지자 조정에서는 모두 이순신의 잘못을 나무라기 시작했다. 대간에서는 그를 잡아 국문하자고 청하였고, 현풍에 사는 박성(朴惺)이라는 자는 시론에 영합하여 이순신을 목베어야 옳다는 상소문을 올렸다."134

당시 대간은 누구였던가. 사헌부의 대사헌은 김우옹(金宇顒), 집의는 기자헌(奇自獻), 장령은 이경함(李慶涵)과 유영순(柳永詢) 그리고 지평은 이철(李鐵) 등이었다.135 사간원은 대사간과 사간이 누구였는지는 알 수 없으나, 헌납은 남이신(南以信)이고, 정언은 이필형(李必亨)136과 홍경신(洪慶臣)137이었다.138

그들의 정치색을 살펴보면 대사헌 김우옹은 북인이지만 유성룡과 친분이 두터웠고, 유영순은 남인 김성일과 가까웠으나 유성룡과는 거리가 있는 문신이었다. 그리고 홍경신은 딱히 어느 당파에 국한된 인물은 아니었지만, 유성룡계 인사인 정탁과도 친분이 깊었다. 그 외에 기자헌, 남이신 및 이필형은 북인이었고, 이경함과 이철은 서인이었다. 그러므로 유성룡이 이순신을 처벌하자고 주장한 대간을 마치 반대당의 사람들처럼 묘사한 것은 사실의 왜곡이었다. 특정한 당파만 이순신의 행적을 문제 삼은 것이 아니었다. 원-이의 수군 사령탑 교체는 당시 조정의 여론을 제대로 반영한 것이라고 보아야 맞다.

> "하지만 임금은 소문이 모두 진실인지 의심하고, 성균관 사성 남이신을 파견하여 한산도로 내려가 사실을 조사해 오도록 했다. 남이신이 전라도에 들어서자

---

134 유성룡, 《징비록》, 장윤철 역, 스타북스, 2020, 254쪽.
135 《실록》, 선조 27년(1594) 10월 3일.
136 《실록》, 선조 29년(1596) 8월 4일.
137 《실록》, 선조 29년(1596) 12월 4일.
138 《실록》, 선조 29년(1596) 11월 16일.

군민들은 길을 막고 이순신이 원통하게 잡혔음을 호소했는데, 그 수효가 헤아릴 수없이 많았다. 그러나 남이신은 사실대로 보고하지 아니하였다.

'가토 기요마사가 섬에 7일 동안 머물러 있었습니다. 만약 우리 군사가 나가 싸웠더라면 가히 적장을 잡을 수 있었을 것인데, 이순신이 머뭇거리는 바람에 기회를 놓치고 말았습니다.'

이리하여 이순신은 옥에 갇히게 되었다."139

위의 기록에서 남이신을 성균관 사성이라고 기록한 것은 물론 착오였다. 그는 성균관 사성을 지낸 일이 없다. 또, 선조가 남이신을 한산도로 보냈다는 주장도 달리 입증할 길이 없는 한낱 뜬소문이었다. 《징비록》에는 이처럼 부정확한 기록이 적지 않다.

백의종군

이어서 유성룡은 이순신이 한양으로 붙잡혀 와서 곤욕을 치른 사정을 다음과 같이 서술하였다.

"임금께서는 대신에게 명하여 그 죄를 논의하게 하였다. 이때 판중추부사 정탁이 홀로 간하였다.

'이순신은 명장이오니 죽여서는 아니 됩니다. 군사상 기밀의 이해는 멀리서 헤아리기가 어려운 일이옵니다. 그가 싸우러 나아가지 않은 데에는 반드시 생각하는 바가 있었을 것이오니, 청하옵건대 너그럽게 용서하시어 뒷날에 대비하도록 하시옵소서.'"140

위에서 이미 정탁의 〈신구차〉를 분석하였기 때문에 길게 논의할 것은 없겠다. 정탁은 이순신과 원균 두 장수를 모두 수군 장수로 활용하는 것이 옳다고 보았는데, 그것은 그의 지론이었다. (제1부 제2장) 정탁의 〈신구차〉가 어떻게 왜곡되었는지는 앞에서 논의했으므로 재론하지 않겠다. 다만 그가 이순신의 과오를 인정했다는 점을 우리는 잊지 말아야 한다.

---

139 유성룡, 《징비록》, 장윤철 역, 스타북스, 2020, 255쪽.
140 유성룡, 《징비록》, 장윤철 역, 스타북스, 2020, 255쪽.

> "이순신은 옥에서 나와 (고향인) 아산을 지나는 길에 (모친의) 상복을 입고는 곧 권율의 막하로 가서 백의종군하니, 사람들이 그 소식을 듣고 애석하게 여겼다."[141]

이 대목에서도 유성룡은 이순신을 아끼는 자신의 마음을 적절히 표현하였다. 그런데 사실대로 말하면, 이순신은 가엾은 일개 군졸로 전락한 것이 아니다. 그는 도원수 권율, 도체찰사 이원익 그리고 영의정 유성룡의 비호를 받으며 실제로는 통제사 원균을 견제하는 역할을 하였다. 유성룡은 그 점을 모를 리가 없었는데도 이순신을 정치적 희생양으로 묘사하는 데 심혈을 기울인 것 같은 느낌을 준다. 이 또한 "영웅 이순신"을 부각하기 위한 유성룡의 서술 전략에서 나온 것이다.

4. 원균, 수군을 망친 죄인 – 순국할 때도 졸장(拙將)

마침내 선조 30년(1597) 7월 16일 새벽에 원균은 고성에서 순국하고 말았다. 그 일을 유성룡은 《징비록》에서 아래와 같이 기록하였다.

> "8월 초이렛날 한산도에서 수군이 무너져, 통제사 원균과 전라우수사 이억기가 사망하고 경상우수사 배설은 도망하여 죽음을 면하였다."[142]

우선 날짜부터 사실과 달랐다. 7월 16일에 있었던 사건을 유성룡은 "8월 7일"이라고 적었다. 또, 그 사건이 마치 "한산도"에서 일어난 것이 아닌가 하는 느낌을 주었는데, 역시 사실과는 거리가 멀었다. 게다가 충청수사 최호는 아예 순국한 사실조차 언급하지 않았다. 충실하지 못한 기록이다.

유성룡은 통제사 원균과 두 명의 수사가 순국한 사실을 애도하기보다는 모든 것을 원균 책임으로 몰아가기에 바빴다. 그는 몇 가지 일화를 열거하며 원균의 무능과 무책임을 강조하였다. 《징비록》 덕분에 후세가 역사적 사실로 믿게 된 그 일화들을 차례로 소개하겠다.

> "이에 앞서 한산도에 부임한 원균은 이순신이 정해 놓은 제도를 모두 변경하고,

---

141 유성룡, 《징비록》, 장윤철 역, 스타북스, 2020, 256쪽.
142 유성룡, 《징비록》, 장윤철 역, 스타북스, 2020, 257쪽.

이순신이 신임하던 장수와 군사를 또한 쫓아버렸으며, 이영남은 자기가 전날에 패하여 도망하였단 사실을 자세히 알고 있다고 해서 더욱 미워하였다. 그러니 군사들에게는 그를 원망하는 마음이 가득했다."143

통제사 원균이 본래의 제도를 어떻게 개편하였는지를 구체적으로 설명하고, 장단점을 분석하는 과정이 있었으면 좋았을 것이다. 그러나 유성룡은 그 모든 절차를 무시하고 원균이 좋은 제도를 망쳐놓았다는 주장만 되풀이하였다. 아마도 원균은 이순신 직계와의 화해가 어려워 자신의 직속 부하를 중심으로 사령부의 편제를 바꾸었을 것이다. 이런 서술은 하지 않고, 원균이 이순신 계열을 모두 쫓아냈다는 비방만 하였다. 이어서 그는 원균이 이영남을 멀리한 점을 꼬집며, 이영남이 "전날에 패하여 도망하였단 사실을 자세히 알고 있다고 해서 더욱 미워하였다."라고 기록하였다. 이영남으로 말하면, 우리가 앞에서 살핀 것처럼 원-이 사이를 줄곧 이간질한 사람이었다. 원균뿐만 아니라 누구라도 이영남 같은 사람을 어찌 중용할 수 있겠는가.

그런 다음에 유성룡은 신빙성이 없는 예화를 또 꺼냈다.

"이순신이 한산도에 있을 때 집 하나를 지어 운주당(運籌堂)이라 이름하고, 밤낮으로 그곳에서 지내며 여러 장수와 전쟁에 대한 일을 의논하였을 뿐만 아니라, 졸병이라도 군사에 관한 일이라면 언제든지 말하게 하여 군사적인 사정에 통하게 했다. 또, 전투할 때는 장수들을 모두 불러서 계교를 붓고 전략이 결정된 뒤에야 싸운 까닭으로 싸움에 패한 일이 없었다."144

유성룡은 이순신이 얼마나 합리적이고 지혜롭게 부대를 운영하였는지를 웅변한 다음에, 아래와 같이 원균을 비방하였다.

"그런데 원균은 자기의 첩을 데려다가 그 집(운주당)에서 살며 이중으로 울타리를 해서 안팎을 막아놓으니, 장수들도 그의 얼굴을 보기가 힘들었다."145

말도 안 되는 억지스러운 이야기였다. 한산도의 통제영은 원균의 사적 공간이 아니었고, 도원수와 도체찰사 등이 군관을 보내 모든 일을 감시하였다. 또, 이순신의 직

---

143 유성룡, 《징비록》, 장윤철 역, 스타북스, 2020, 257쪽.
144 유성룡, 《징비록》, 장윤철 역, 스타북스, 2020, 257쪽.
145 유성룡, 《징비록》, 장윤철 역, 스타북스, 2020, 257쪽.

계 부하들이 밤낮으로 원균을 밀착 감시하고 있었다. 정말 이런 일이 벌어졌다면 조정에서 원균을 가만히 놔둘 이유가 없었다.

그런데 유성룡은 그처럼 설득력이 없는 한낱 소문을 마치 실제로 일어난 일처럼 과장하며 다음과 같이 써놓았다.

> "그는 게다가 술 마시기를 좋아하여 날마다 술주정을 일삼았고, 형벌에 법도가 없었으므로 군중에서는 이렇게 수군거렸다. '왜적을 만나면 우리는 도망하는 수밖에 없네.'"146

> "장수들은 장수들대로 그를 비웃으며 두려워하지 않았으므로 위풍이나 호령이 지켜지지 않았다."147

이러한 일화는 《징비록》의 신빙성을 떨어뜨리는 것인데도 마치 야담(野談) 작가처럼 무책임한 서술을 마다하지 않았다. 평소 유성룡은 그처럼 가벼운 인물이 아니었다. 그런 그가 이런 야담을 함부로 실었다는 사실은 무엇을 의미할까. 유성룡은 이순신에게 원균의 험담을 반복해서 들었기 때문에 이순신과 한마음이 되어 원균을 경멸하고 조롱하였다는 증거일 것이다.

다음으로 유성룡은 원균이 마지막 전투를 벌이게 된 이유를 설명하였다. 이야기의 구조는 앞에 일어난 이순신의 통제사 해임 사건과 똑같았다. 고니시 유키나가-요시라-김응서를 연결하는 첩보망에서 나온 이야기라며 다음과 같이 설명하였다.

> "이럴 때 왜적이 다시 침범하였는데, 적장 고니시 유키나가는 또 요시라를 파견하여 김응서에게 거짓을 말하였다. '왜선이 아무 날에는 더 들어올 것이니 조선의 수군이 중간쯤에서 맞아 쳐부수면 좋을 것입니다.'"148

그렇게 이야기를 꺼낸 다음에 원균이 자기 스스로 파놓은 함정에 걸려들었다는 식으로 이야기를 다음과 같이 이어갔다.

> "도원수 권율은 그 말을 믿었고, 또 이순신이 머뭇거리다가 벌을 받은 일을 알

---

146 유성룡, 《징비록》, 장윤철 역, 스타북스, 2020, 257~258쪽.
147 유성룡, 《징비록》, 장윤철 역, 스타북스, 2020, 258쪽.
148 유성룡, 《징비록》, 장윤철 역, 스타북스, 2020, 258쪽.

앉으므로 원균에게 즉시 나아가 치라고 재촉하였다. 원균도 이순신이 나아가 싸우지 않았다고 비난한 터였으니, 그 형세가 어려운 줄 알면서도 거절할 도리가 없었다."149

그야말로 논리적으로 성립되기조차 어려운 이야기다. 어찌하여 일본군은 오직 한 가지 서사밖에 구상하지 못하였고, 조선의 지도층은 번번이 똑같은 거짓말에 속았다는 것일까. 유성룡이 이야기를 이처럼 구성한 것은, 원균은 이순신을 험지로 내몬 죄인이므로 똑같은 사기극에 걸려 죗값을 해야 한다는 단순한 응징론에서 비롯된 것이다.

만일 권율이 요시라의 그런 허무맹랑한 정보를 믿고 원균을 부산포로 내몰았다면, 그 곁에서 수군에 관한 일을 보좌하고 있었던 이순신은 왜 권율을 말리지 않았는가. 이런 질문을 유성룡은 자신에게 한 번도 던지지 않은 채 동화에서나 나올 법한 이야기를 늘어놓았다.

그러고는 원균의 마지막 출전을 다음과 같이 여러 단계로 나누어 서술했다.

"그(원균)가 전함을 거느리고 앞으로 진격하니 언덕 위에 있는 왜적의 병영에서는 우리 배를 굽어보며 동정을 살폈다."150

왜란이 일어나고 한 해쯤 지났을 때부터 이와 같은 애로사항이 있었다. 이것은 원균의 함대에만 국한된 어려움이 아니었다. 그러나 유성룡은 마치 그마저도 원균의 책임인 양 서술하였다.

"원균이 절영도에 이르니 바람이 불고 물결이 일어나면서 날은 저무는데 배를 머물러 정박할 곳이 없었다."151

그때 원균은 절영도에 함대를 데리고 간 일이 없었다. 부산포까지 진격했다가 고성으로 돌아온 것이다. 우리 함대가 정박할 곳이 없어서, 가덕도와 안골포의 일본군부터 소탕하자고 그는 주장하였다. 유성룡은 그처럼 합리적인 견해를 노골적으로 무시하고 이렇게 말도 안 되는 이야기를 늘어놓았다.

---

149 유성룡, 《징비록》, 장윤철 역, 스타북스, 2020, 258쪽.
150 유성룡, 《징비록》, 장윤철 역, 스타북스, 2020, 258쪽.
151 유성룡, 《징비록》, 장윤철 역, 스타북스, 2020, 258쪽.

"이때 왜적의 배가 바다 가운데 출몰하자 원균은 군사를 독려하여 앞으로 진격하였다. 군사들은 한산도에서부터 종일토록 노를 저어 오느라고 힘이 빠진 데다 굶주림과 목마름에 시달려 제대로 움직일 기운도 없었다. 배들은 풍랑에 가로세로 밀려 드나들기도 하고, 앞으로 나아갔다가는 곧 뒤로 밀려나기도 했다. 왜적은 우리 군사를 지치게 하려고 우리 배와 가까워졌다가 멀리 피하기를 반복하면서 싸우지는 않았다. 밤이 깊고 바람이 갈수록 드세져 우리 배들은 사방으로 표류하여 그 가는 방향도 알지 못하였다."152

만약 새벽에 한산도에서 부산포로 출항하였다면 그날로 돌아오기에도 힘든 여정이었다. 백전노장인 원균을 얼마나 과소평가하였으면, 이처럼 말도 안 되는 작전을 그가 전개했다고 주장하는가.

"원균은 간신히 남은 배를 수습하여 가덕도(부산과 거제도 사이에 있는 섬)에 다다랐다. 군사들은 목마름을 참지 못하고 다투어 배에서 내려 물을 마시느라 부산했다. 그런데 왜적이 섬에서 튀어나와 덮치므로 장병 400여 명을 잃었다."153

이 부분은 더욱더 허술한 이야기이다. 가덕도와 안골포는 적의 가장 중요한 요새였다. 그래서 원균이 이 두 곳을 먼저 정벌하자고 늘 주장하였다. 그런데 하필 부산포에서 가장 가까운 일본군 요새에 배를 댔다고 말한 것은 참으로 상식 이하의 이야기이다.

"원균은 겨우 벗어나 거제의 칠천도에 이르렀다. 권율은 고성에 있다가 원균이 아무런 성과를 거두지 못하였다고 해서 불러다 곤장을 치고, 다시 진격하라고 독촉하였다. 군중으로 돌아온 원균은 홧김에 술을 취하도록 마시고 누워버렸다. 여러 장수가 군사에 관한 일을 의논하려 하였으나 원균을 만나 볼 수가 없었다. 이날 밤중에 왜선이 습격하니 우리 군사는 크게 무너져 내렸다."154

이 부분은 더욱더 말이 안 되는 이야기였다. 세 가지 문제점이 있다. 첫째, 그때 권율이 고성에 있었다는 증거는 어디서도 찾을 수 없다. 《난중일기》를 보면 권율은

---

152 유성룡, 《징비록》, 장윤철 역, 스타북스, 2020, 258~259쪽.
153 유성룡, 《징비록》, 장윤철 역, 스타북스, 2020, 259쪽.
154 유성룡, 《징비록》, 장윤철 역, 스타북스, 2020, 259쪽.

초계현(현 경상남도 합천군 초계면 초계리 내동)에 머물고 있었다.

둘째, 유성룡이 설정하고 있는 원균의 진군 행로가 비현실적이다. 어떻게 하루 동안에 한산도-절영도-부산 앞바다-가덕도-칠천도에 이를 수 있는가. 이미 절영도에서 해가 저물었다고 하였는데, 이것이 과연 가능하기나 한가.

셋째, 원균의 함대가 칠천도에 들어온 시각이 언제였길래 권율이 그를 불러 곤장을 쳤다는 것일까. 유성룡이 설정한 여정이라면 당일 자정이라 해도 원균은 칠천도에 도착할 수가 없다. 도무지 어린아이라도 속아 넘어갈 수가 없는 이야기를 늘어놓은 셈이었다. 이러한 《징비록》의 서사를 사실로 믿고 베껴 쓰다시피 한 후대의 문헌도 많았으니, 기가 막힌 일이다.

유성룡은 원균의 최후를 다음과 같이 기록하였다.

> "원균은 바닷가에 이르러 배를 버리고 언덕으로 기어올라 달아나려 했으나, 몸집이 비둔하여 소나무 밑에 주저앉고 말았다. 좌우 사람들은 모조리 자취를 감추어 혼자였던 그는 왜적에게 죽임을 당하였다고도 하고, 도망쳐 죽임을 면하였다고도 하는데, 정확한 사실은 알 수가 없다."[155]

《실록》에는 선전관 김식이 목격한 원균의 최후 장면이 실려 있다. 그 이야기를 약간 변형하여, 유성룡은 원균의 마지막 모습을 비열하고 형편없는 인물로 조작하였다. 생전에 제아무리 그를 혐오하고 경멸했다고 하더라도 이렇게까지 한 나라의 통제사를 조롱해도 되는 것일까. 설마 일국의 영의정까지 지낸 문신 유성룡이 이처럼 치졸한 글을 직접 쓰지는 않았을 것이다.

최호는 어디 가고?

유성룡은 원균의 함대가 무너지던 날 이억기와 배설에게 어떠한 일이 벌어졌는지도 기술하였다. 그러나 앞서 말한 것처럼 충청수사 최호에 관해서는 단 한 마디도 서술하지 않았다. 짐작하건대 유성룡은 그날 전투에 최호가 참전한 사실조차 몰랐던 것 같다. 여하튼 그는 다음과 같이 기록하였다.

> "이억기는 배 위에서 바다로 뛰어들어 죽었다. 배설은 원균의 계교가 그르다고

---

155 유성룡, 《징비록》, 장윤철 역, 스타북스, 2020, 259~260쪽.

여러 번 간해 오던 터였다. '이러다가는 반드시 패할 것입니다.'"156

"이날도 배설은 이렇게 간하였다. '칠천도는 물이 얕고 협착해서 배를 부릴 곳이 못 되니 마땅히 다른 곳으로 진을 옮기는 것이 좋겠습니다.' 그러나 원균은 듣지 않았다. 그래서 배설은 자기가 거느리고 있는 배를 가만히 지키고 있다가 왜적이 침범해오자 항구를 벗어나 달아났기 때문에 그 군사들은 온전할 수 있었다."157

위의 글에서 유성룡이 큰 비중을 둔 것은 경상우수사 배설에 관해서였다. 배설의 입을 빌려, 유성룡은 칠천량에 배를 둔 것 자체가 원균의 무지에서 비롯되었다고 주장하였다. 그러나 이런 말은 오히려 자기 자신의 무지를 드러낸 꼴이 되었다. 앞에서 장문포 전투를 설명할 때도 나온 사실이지만, 그때도 원균과 이순신 등은 칠천량 또는 칠천도의 포구에 배를 정박하였다. 《난중일기》를 살펴보면 조선 수군은 칠천도 주변에 배를 정박했던 적이 여러 번 있었다. 대개는 그 이튿날 전투를 계속할 생각이 있었을 때 그렇게 하였다. 이런 사실을 알 리 없는 유성룡은 배설의 말이라고 둘러대면서 또다시 원균을 깎아내린 셈이다.

배설, 통제영 불태워

그다음은 도망자 배설이 과연 무슨 일을 하였는지를 적은 것이다.

"배설은 한산도로 돌아오자 불을 질러 병사(兵舍)와 양곡, 군기를 태워버리고 남아있던 백성과 함께 왜적을 피하였다."158

이런 일이 실제로 일어났는지 잘 모르겠으나, 배설이 한산도의 통제영을 불살라버렸다면 그야말로 엄청난 자해행위를 한 것이다. 《실록》에서도 확인되듯 원균이 부산포 공격에 동원한 것은 90척의 전함이었고, 나머지 90척은 기지에 남겨둔 상태였다. 더구나 원균이 순국할 당시에는 사실상 해전은 일어나지 않았고 퇴각 작전만 있었다. 대개의 수군 장수와 군사들은 안전하게 적을 피하였다. 원균, 이억기, 최호 등을 제외한 전사자는 거의 없었다. 배설은 생존한 최고급 지휘관으로서 군사와 장비를 수습할

---

156 유성룡, 《징비록》, 장윤철 역, 스타북스, 2020, 260쪽.
157 유성룡, 《징비록》, 장윤철 역, 스타북스, 2020, 260쪽.
158 유성룡, 《징비록》, 장윤철 역, 스타북스, 2020, 260쪽.

책임이 있었다. 그런데도 함부로 통제영에 불을 냈다면 천추에 씻지 못할 죄를 저지른 것이다. 이런 점을 전혀 알지 못한 유성룡은 이야기를 이렇게 함부로 기술하였다.

유성룡의 서사 전략

참으로 유성룡답게 그는 정유재란의 피해까지도 모두 원균 탓으로 돌렸다. 《징비록》에 다음과 같은 서술을 보면 그의 서사 전략이 고스란히 드러난다.

> "우리가 한산도에서 패하고 나자 왜적은 승세를 타고 서쪽을 향하여 쳐들어가 남해와 순천이 차례로 함락되었다. 적선이 두치에 이르러 육지로 올라와 남원을 포위하니 충청과 전라 지방은 일시에 진동하였다."[159]

역시 어불성설이다. 《실록》에서 확인되는 사실이지만 정유재란이 일어나기 훨씬 전부터 조정에서는 일본군이 전라도와 충청도를 노린다는 사실을 명확히 알고 있었다. 그때 나름으로는 준비도 착실히 하였다. 특히 남원성에는 명나라 장수를 배치하고, 산성도 보수하여 만반의 준비를 하였다. 그러나 조선과 명나라 연합군은 남원성도 전주성도 지켜내지 못했다. 그리고 다시 통제사가 된 이순신은 남아있던 수군 자원을 제대로 수습하지 못한 상태에서 전라우도로 퇴각해 버렸다. 조정의 명령에 따른 것이나, 원균이 순국한 뒤에 수군을 제대로 수습하지 못한 일은 잘못이다.

유성룡은 지혜와 덕망을 겸비한 정승으로서 사리를 냉정하게 따져 위기를 극복할 책임이 있었다. 그러나 《징비록》의 다음과 같은 글을 읽어보면, 남아있는 수군 자원을 수습하는데 주의를 기울이기보다는 원균 한 사람에게 모든 책임을 떠넘기려고 했던 것이 아닌가 의심이 든다.

> "한산도가 왜적에게 패하였다는 보고가 이르자, 조정과 민간이 모두 놀라며 어찌할 줄 몰랐다. 임금께서는 비변사의 신하들을 불러보시고 이에 대한 대책을 물으셨으나, 신하들은 황황하여 대답할 바를 알지 못하였다.
> 경림군 김명원과 병조판서 이항복이 조용히 아뢰었다. '이번의 패망은 원균의 죄입니다. 마땅히 이순신을 재기용하여 통제사로 임명하옵소서' 임금께서는 그 뜻을 따르셨다."[160]

---

159 유성룡, 《징비록》, 장윤철 역, 스타북스, 2020, 260쪽.
160 유성룡, 《징비록》, 장윤철 역, 스타북스, 2020, 263~264쪽.

《실록》에도 나오는 것이지만 선조는 원균에게 모든 책임을 돌리지 않았다. 왕은 억지 출전을 강요한 조정의 책임을 통감하였는데, 그 사실은 원균의 〈치제문〉이나 〈공신교서〉에도 명확히 기술되어 있다.

5. 조선 수군과 당쟁 – 지나친 과장은 금물

유성룡은 《징비록》에서 왜, 이다지도 터무니없이 원균을 비방한 것일까? 그도 그러했고 다른 이들이 원균을 깎아내린 것도 따지고 보면 당파(黨派) 싸움과 관계가 있었다. 알다시피 조선은 선비의 나라였으므로, 선비가 정치를 주도하였다. 그런 세월이 쌓이자 선비들 사이에서 이념 투쟁이 일어났다. 이것은 자연스러운 일이었다.

과거 중국의 역사에서도 당파싸움의 역사를 찾아볼 수 있다. 지식인이 국가를 경영한 근대 서구에서도 이념 투쟁은 피할 수 없었다. 현대 세계에서도 정치적 분열은 당연한 일로 되어 있다. 정치적 지향이 다른 사람들이 몇 개의 정파를 구성해 대립하는 것은 자연스러운 것이다. 당쟁이라고 해서 무조건 부정적으로 평가할 이유가 없다.

아는 대로 조선의 선비들은 16세기 후반 즉 선조 때 학맥(學脈)을 중심으로 정파(政派)가 나뉘었다. 보통 당파라고 부르기도 하는데, 처음에는 동인과 서인으로 파(派)가 나뉘었고, 얼마 뒤에는 동인이 다시 남인과 북인으로 분열되었다. 왜란 중의 집권층은 주로 남인이었으며, 그 중심에 유성룡이 있었다. 그 반대편은 윤근수가 이끄는 서인과 이산해를 중심으로 하는 북인이 있었다. 왜란이 일어나기 얼마 전 선조는 한때 서인을 가장 신임하기도 하였으나, 왜란이 일어날 무렵에는 유성룡을 비롯한 남인에게 권력을 몰아주었다. 그러다가 정유재란이 일어날 무렵부터는 북인을 신뢰하는 모습을 보였다.

그러나 선조 치하에서는 어느 한 당파가 조정을 온전히 장악하지는 못했다. 가령 남인 유성룡이 우세하더라도 서인과 북인도 어느 정도 세력을 보존하였다. 그들은 이해관계에 따라 서로 크게 대립하기도 했으나, 사안에 따라서는 한 당파 안에서도 의견이 엇갈렸다. 원균과 이순신을 대하는 태도도 역시 한마디로 말하기는 어려웠다.

큰 틀에서 보면, 이순신은 유성룡이 이끄는 남인의 지지를 받았고 원균은 북인과 서인의 지지를 받았다. 그런데 위에서 말했듯 왜란 때는 남인이 정국을 주도하였기 때문에 대체로 이순신에게 유리하고 원균에게는 불리하였다. 《난중일기》를 보면 이순신은 늘 조정의 일에 불만을 토로하였으나, 실은 선조의 조정은 주로 이순신을 후원하고 있었다. 특히 남인의 영수 유성룡은 한결같이 이순신을 강력히 뒷받침하였다.

당쟁 역할은 제한적

그러나 《실록》을 비롯한 각종 문헌을 자세히 분석해 보면, 선조 때의 당파싸움이 원균과 이순신의 갈등에 결정적인 역할을 했다고 보기는 어렵다. 원균과 이순신은 문신이 아니라 일선에서 국가를 위해 싸우는 무장이었다. 게다가 그들은 국정 현안을 놓고 대신들과 대립하지도 않았다. 따라서 조정 대신들은 원-이 두 장수를 사사건건 편들거나 이유 없이 비판한 적이 없었다. 원-이는 당파싸움의 파장 속에 휘말린 것도 사실이었으나, 당파싸움 때문에 갑자기 출세하거나 목숨을 잃을 만큼 위태로워진 적도 없었다. 남인의 최고위급 대신이었던 정탁이 원-이 두 장수를 모두 지지한 사실을 기억할 필요가 있다.(제3장)

으레 이순신은 남인의 지지만 받은 줄로 추측한다. 하지만 그는 북인 남이공 및 김우옹과도 가까웠으며, 서인 중에도 친지 또는 지지자가 여럿이었다.161 심희수(노수신 문인, 이연경의 외손, 서인 조헌의 벗)를 비롯하여, 윤자신과 윤우신 형제(서인 월사 이정구와 가까움), 심충겸(서인의 영수 심의겸의 아우) 등을 예로 들 수 있다.

그러나 철저히 원균을 멀리하고 이순신을 옹호한 남인도 있었다. 그가 바로 유성룡이다. 그는 이순신만 칭송하고 원균을 사사건건 트집 잡아 비방한 극단적인 인물이었다. 이와 대조적으로 서인 윤근수와 윤두수 형제 그리고 북인 이산해는 이순신을 한결같이 미워하고 원균만 편들지 않았다. 윤두수와 이산해의 문집에는 원균이란 이름조차 찾아보기 어렵다.

유성룡의 편애

요컨대 유성룡의 이순신 사랑은 도를 넘었다. 정확히 말해, 유성룡-이순신은 서로에게 거는 기대가 그만큼 컸고, 상대에 대한 신뢰와 애정도 우리의 상상을 초월한다.

《난중일기》를 읽어본 사람들은 알 것이다. 이순신은 유성룡의 안위를 항상 걱정하였고, 꿈속에서도 유성룡을 만나 대화를 나눌 정도로 심리적으로 밀착되어 있었다. 이

---

161 가령 장준호는 《유성룡의 '징비록' 연구. '징비록'에 대한 역사적, 정치사적 배경과 저술의 가치》(카모마일북스, 2020) 87쪽에서 이순신이 서인과는 거리가 있었다고 기술하였다.

순신은 꿈에 유성룡을 만나 자신의 억울한 심정을 털어놓았다는 식으로 일기를 썼다. 가령 선조 29년(1596년) 1월 12일과 같은 해 7월 30일의 일기에서 확인할 수 있다.

그들은 전쟁 중에도 많은 편지를 주고받았다. 그런 기회를 빌려 이순신이 원균에 대한 자신의 혐오감을 거듭 표현했을 것이란 점은 의심할 여지가 없다. 《난중일기》를 조사해 보면 이순신은 유성룡과 적어도 13차례나 서신을 주고받았다. 유성룡이 편지를 보내온 것이 9번이고, 이순신이 발신한 것은 4번이었다. 둘 사이에 편지가 자주 오간 것은 특히 선조 27년(1594)부터 선조 29년(1596)까지다. 이순신이 유성룡의 편지를 읽고 조정에 관한 소식을 들었을 것은 물론이고, 유성룡도 이순신에게 수군의 사정을 청취했다는 점은 충분히 짐작할 수 있다. 이순신은 원균에 관한 자신의 편견을 노골적으로 드러냈다. 유성룡은 이순신에게 보낸 편지에서 자신도 공감해 "분의(憤意)"를 많이 느꼈다고 적었다.162

유성룡은 원균과 개인적으로는 아무런 혐의가 없었다. 그런데도 마치 원수를 대하듯 그는 원균을 비방하였다. 《징비록(懲毖錄)》에서 유성룡이 원균을 얼마나 사정없이 깎아내리고 이순신을 칭찬하는 데 힘을 쏟았는지는 재론할 필요가 없겠다.

영의정 유성룡은 왜란 때 남해안을 순시해 원균을 직접 만난 적도 없었다. 이런 사실을 고려하면 실로 어안이 벙벙할 정도다. 그는 수군에 관한 모든 소식을 이순신에게 의존하였다. 유성룡은 비변사의 최고위 대신으로서 원균과 이억기 등의 〈장계〉를 낱낱이 검토할 기회가 있었지만, 그런 일에 자신의 귀중한 시간을 별로 사용하지는 않은 모양이다.

유성룡의 눈과 귀는 오직 이순신을 향해 열려 있었다. 그래서 《징비록》에는 이순신의 《난중일기(亂中日記)》만큼이나 일방적인 주장이 담기고 말았다. 심지어 자신이 영의정이었을 때 일어난 원균, 이억기 및 최호의 순국에 관해서도 정확하게 서술한 것이 거의 없었다. 그런데도 후세의 많은 사람은 유성룡의 《징비록》에 의존하여 조선 수군의 역사를 논한다.

여기에 한 가지 의문이 생긴다. 《징비록》에서 유성룡이 원균과 이순신을 극단적으로 대조시킨 것이 과연 사적인 친분으로 설명이 될까? 무엇보다도 유성룡이라는 문신은 큰 정치가였다. 그런 그가 많은 지면을 할애해 원균과 이순신의 문제를 영웅과 졸장이라는 흑백의 구도로 만들었다. 거기에는 모종의 정치적 의도가 숨어있었기 때문인

---

162 장준호, 《유성룡의 '징비록' 연구: '징비록'에 대한 역사적, 정치사적 배경과 저술의 가치》, 카모마일북스, 2020, 85쪽.

데, 아래에서는 이러한 문제를 깊이 분석하려고 한다.

제2절
《징비록》을 쓴 이유 – '주화오국(主和誤國)'이란 시비

1969년에 《징비록》은 국보 제132호로 지정되었다. 왜란 때 국난 극복에 앞장선 영의정 유성룡의 회고록이란 점에서 귀중한 자료라는 평가를 받았기 때문이다. 후세는 《징비록》을 통해 역사적 고난의 실체를 생생하게 체험할 수도 있고, 조선 사회를 무너뜨린 악습과 폐단이 무엇인지도 자세히 알 수 있다는 것이 정론이다. 그런 점에서 우리는 이 책이 지닌 역사적 의미를 높이 평가하는 것이 당연하다.

이러한 원론적인 의미 부여가 필요하다는 점에 동의한다. 하지만 이제는 조금 더 깊이 연구해, 《징비록》이란 저술이 등장한 역사적 배경에 관해서도 관심을 가져야 한다. 왜란 때 국가 원로가 유성룡 한 사람만은 아니었는데, 유독 그만이 장문의 회고록인 《징비록》을 쓰게 된 이유가 무엇인지를 검토하면 어떠할까 한다. 그래야만 왜, 유성룡이 원균을 끝없이 비하하고 이순신을 그지없이 찬미하였는가를 심층적으로 이해할 수 있다.

1. 《징비록》의 편찬과 간행

유성룡은 선조 31년(1598)에 조정을 떠나 고향인 안동으로 낙향했다. 그때부터 그는 《징비록》을 집필하기 시작한 것으로 보이는데, 6년이 지난 선조 37년(1604년)에 글을 마무리한 것으로 보인다. 그로부터 약 30년이 지난 인조 11년(1633)에 유성룡의 아들 유진(柳袗)이 아버지의 문집인 《서애집(西厓集)》을 간행할 때 《징비록》을 그 안에 포함시켰다. 그 후 14년이 지난 인조 25년(1647)에 《징비록》을 따로 간행하였다. 이것이 무려 16권 7책이었으므로 《징비록》은 거질의 회고록이었다고 하겠다.

이 책은 문서의 내용과 성격에 따라 다음과 같이 다섯 가지로 분류된다.

첫째, 제1권과 제2권은 총론(総論)에 해당한다.

둘째, 제3권부터 제5권까지는 《근포집》(芹曝集)이라고 불렸는데, 차자(箚子)와 계사(啓辭, 죄를 논의해 아뢴 글) 등 선조에게 올린 국정 현안에 관한 문서를 모은 것이다.

셋째, 제6권부터 제14권까지로 《진사록(辰巳錄)》이라고 하였다. 왜란이 일어난 임진년(1592)과 그 이듬해인 계사년(1593)에 올린 치계(馳啓)와 복명(復命)을 수록하였다. 왜란 초기의 사정을 보여 주는 문서들이다.

넷째, 제15권과 제16권으로 《군문등록(軍門謄錄)》이라고 하였다. 계초(啓草)와 문이(文移)를 수록한 것으로, 자신이 체찰사가 되어 경기, 황해, 평안, 함경도의 군사적인 업무를 총지휘하였을 때 작성한 문서를 모은 것이다.

다섯째, 책의 끝에 실린 글로 《녹후잡기》(錄後雜記)라고 하였다. 이것은 일반의 증보 편이라 할 수 있는 것으로, 앞의 네 가지 항목에 싣지 못한 글을 추가로 기록한 것이다.

일본에서 《징비록》이 간행된 것은 1695년이다. 그때는 2권짜리로 출판되었다. 야마토야 이베에(大和屋伊兵衛)가 훈독을 붙여 교토에서 출간하였다. 《징비록》이 출간되어 일본 사회에서 원균에 대한 평가가 나빠졌고, 이순신에 관한 칭송이 높아진 점은 이미 위에서 서술하였다. (제4장 제1절)

유성룡은 선조 37년(1604)에 16권 7책에 달하는 《징비록》의 편찬을 마쳤다는 것이 학자들의 판단이다. 그리고 그보다 3년이 지난 선조 40년(1607)에 2권짜리 《징비록》을 집필한 것으로 추측한다. 일본에 전파된 것은 바로 이 2권 본으로, 오늘날 우리가 즐겨 읽는 것이 바로 이것이다.[163]

이 2권 본 《징비록》은 16권 본과는 달리 유성룡이 작성한 각종 공문서를 모아놓은 것이 아니라, 왜란 시기에 관한 저자의 회고담과 평가를 서술한 것이다. 2권 본은 전형적인 회고록인 셈으로, 오늘날에도 많은 독자의 사랑을 받는다.

2. 〈난후잡록〉에서 《징비록》으로

《징비록》의 편찬 과정을 살펴보면, 그에 앞서 초고에 해당하는 글이 존재했다. 본래 《서애전서》에 실린 것으로 〈난후잡록(亂後雜錄)〉이란 제목의 회고록이다.[164] 〈난후

---

[163] 장준호, 《유성룡의 '징비록' 연구: '징비록'에 대한 역사적, 정치사적 배경과 저술의 가치》, 카모마일북스, 2020, 17쪽.

잡록〉은 1책의 분량으로 왜란 초기의 사정을 기술하였다. 글의 중심에는 이순신이 자리했다. 그 책에는 원균이 원병을 요청한 사실도 기록하였고, 이순신이 한산도 견내량에서 대승을 거둔 일도 자세히 기술하였다. 아울러 바로 그 한산대첩으로 일본이 목적했던 수륙 양면의 공격이 좌절되었다고 했다. 요컨대 일본과 계속해서 싸울 수 있었던 조건을 마련한 이는 이순신이라고 했다. 조선이 중흥하고, 중국의 요동과 천진이 보존된 것도 이순신 덕분이라고 하였다. 이순신이 한산도의 통제영에 머문 3년 동안 일본의 침략은 기세가 약해졌다는 것이다.165

조금 더 자세히 말해 〈난후잡록〉에서 우리는 유성룡이 나중에 완성한 《징비록》의 골간을 발견할 수 있다. 네 가지 예를 간단히 들어보겠다.

첫째, 원균 책임론이다. 유성룡은 다음과 같이 서술하였다. 충청병사 원균이 이순신을 모략했다. 이순신이 적을 두려워하며 머뭇거린다는 것이었다. 그러자 선조는 이순신을 체포하고 하옥했으며, 마침내 통제사를 원균으로 바꿨다. 잘못된 선택이었다. 원균을 기용한 결과 칠천량의 참패가 일어났고, 그가 대책 없이 무너지는 바람에 호남도 호서도 무너졌다는 것이다.166 우리에게는 너무도 익숙한, 그러나 허무맹랑한 서사였다.

둘째, 원균을 두둔한 선조를 노골적으로 비난하는 내용이다. 유성룡은 이른바 칠천량 사태 이후에 선조가 보인 반응을 다음과 같이 비꼬았다.

> "애초 원균이 해상에서 패전하였다는 소식이 이르렀을 때 상(선조)은 여전히 원균을 탓하지 않고 당나라 가서한(哥舒翰)과 송나라 양업(楊業)의 일을 인용하여 비변사를 나무랐다.
> 며칠 뒤 한산도의 패전 소식이 다시 이르자 조정과 민간이 모두 놀랐다. 상이 비변사의 여러 신료를 인견하고 이에 관해 물어보았는데, 용안이 너무 사나운지라 입시한 자들이 걱정스럽고 두려워 감히 대답하지 못했다.
> 오직 병조판서 이항복과 경림군 김명원만이 이는 원균의 죄이니 이순신을 통제사로 기용해야만 한다고 아뢰었다. 상은 조용히 말이 없으시더니 신료들이 물러나고 나서 통제사는 여러 신료의 의론에 따른다고 하교하였다."167

---

164 장준호, 《유성룡의 '징비록' 연구. '징비록'에 대한 역사적, 정치사적 배경과 저술의 가치》, 카모마일북스, 2020, 8쪽.
165 장준호, 《유성룡의 '징비록' 연구. '징비록'에 대한 역사적, 정치사적 배경과 저술의 가치》, 카모마일북스, 2020, 115쪽.
166 장준호, 《유성룡의 '징비록' 연구. '징비록'에 대한 역사적, 정치사적 배경과 저술의 가치》, 카모마일북스, 2020, 122쪽.
167 유성룡, 〈난후잡록(亂後雜錄)〉, 1책, 30b; 장준호, 《유성룡의 '징비록' 연구. '징비록'에 대한 역사적, 정치

셋째, 유성룡은 〈난후잡록〉에서 이순신의 수군 재건을 영웅적인 모습으로 그려냈다. 이른바 칠천량 사태로 초토화된 수군을 재건하였다는 것이다. 또, 명량에서 일본 장수 마다시를 목 베어, 그들의 북상을 막았다고 서술하였다. 아울러, 명나라 제독 유정은 순천에서 왜영(倭營)을 공격하였지만 실패했고, 이순신은 왜영을 돕기 위해 찾아온 일본군을 격파했다고 했다. 이것으로 임진왜란이 끝났다고 기록했다.168 하지만 왜란이 사실상 마무리된 것은 노량해전으로 유성룡의 기술과는 차이가 있다.

넷째, 민중은 이순신을 기렸으나 선조는 그들의 뜻을 꺾었다고 기술하였다. 선조에 대한 원망을 표현한 것이다. 조금 부연하면 그는 다음과 같이 서술하였다. 즉, 이순신이 전사하자 민중은 크게 슬퍼했고, 운구 과정에서도 특별한 애정을 표현하였다. 조정에서는 이순신의 벼슬을 높여 의정부 우의정에 추증하였다. 심지어 명나라 장수 형개(邢玠)는 바닷가에 이순신의 사당을 세워 그 넋을 기리자고 선조에게 건의하였다. 그러나 선조의 비협조로 끝내 실행되지 못했다.169

유성룡은 〈난후잡록〉에서 이순신을 중심에 두고 정유재란의 역사를 기술하였다.170 이러한 서술은 앞에서 살핀 것처럼 《징비록》에도 그대로 반영되었다.

물론 두 글 사이에 차이도 없지 않았다. 유성룡은 〈난후잡록〉에서는 오직 이순신에 관한 이야기에 주안점을 두었으나, 2권짜리 《징비록》에서는 몇 가지 다른 일화도 추가하였다. 평양성 전투를 비롯해 행주성 싸움과 한성의 여러 가지 상황도 묘사하였다. 이 밖에도, 《징비록》에는 명나라 군대가 침략전쟁의 방어에 이바지했다는 점을 강조한 대목도 있다.171

성호 이익의 호평

조선 후기의 실학자 성호 이익은 《징비록》을 읽은 소감을 쓴 글에서 유성룡이 왜란 때 공을 많이 세웠는데 그중에서도 가장 큰 공로는 명장 이순신을 천거한 것이라고 평가했다. 이익은 유성룡의 논지를 수용해 그때 우리가 나라를 잃지 않은 것은 이

사적 배경과 저술의 가치》, 카모마일북스, 2020, 122~123쪽.
168 장준호, 《유성룡의 '징비록' 연구. '징비록'에 대한 역사적, 정치사적 배경과 저술의 가치》, 카모마일북스, 123~124쪽.
169 유성룡, 〈난후잡록〉, 1책, 34a; 장준호, 《유성룡의 '징비록' 연구. '징비록'에 대한 역사적, 정치사적 배경과 저술의 가치》, 카모마일북스, 124쪽.
170 장준호, 〈징비록의 저술배경과 이순신-원균에 대한 서술〉, 《이순신연구논총》, 16, 2011, 103쪽; 장준호, 2020, 124쪽.
171 장준호, 《유성룡의 '징비록' 연구. '징비록'에 대한 역사적, 정치사적 배경과 저술의 가치》, 카모마일북스, 2020, 138쪽.

순신의 덕택이라고 하였다. 《징비록》의 영향은 당파를 초월하여 이긍익과 한치윤 등에게도 미쳤다. 그렇게 되자 이순신은 많은 이의 칭찬을 받게 되었다. 그 반면에 유성룡이 호되게 질책하고 비판한 인물 원균은 역사상 설 자리를 완전히 잃고 말았다. 이순신을 칭찬한 것은 미화된 점이 있지만, 그런 평가를 받아드릴 때는 부작용이 별로 생기지 않는다. 그러나 잘못된 근거를 가지고 원균을 일방적으로 비난하고, 이억기, 정걸, 최호 등 여러 장수의 업적을 깎아내린 것은 매우 유감스러운 일이다.

3. "주화오국(主和誤國)"이란 비판에 몰린 유성룡

왜란이 시작될 때부터 유성룡은 조정에서 막중한 권한을 행사하였다. 그는 전란을 수습하는데 동분서주하였고 그 공이 적지 않았다. 그러나 모든 일이 유성룡의 계획대로 이뤄진 것은 아니어서 책임을 추궁하는 목소리도 적지 않았다. 특히 정유재란으로 전쟁의 혼란이 더욱 가중되자 오랫동안 그를 전폭적으로 신임해 온 선조도 차츰 유성룡을 멀리하였다.

선조 30년 이후 조정에서 존재감을 보이기 시작한 것은 이산해를 비롯한 북인이었다. 그들은 왜란이 끝나자 유성룡을 주화오국(主和誤國), 즉 일본과 화친을 주장하며 나랏일을 그르쳤다는 이유로 공격하였다. 유성룡은 나날이 커지는 비판을 감당하지 못하고 조정에서 물러났다. 그는 북인들이 자신에게 전란의 책임을 묻고 "주화오국"의 죄인이라고 강하게 공격하자 심적으로도 큰 타격을 입었다.

과감한 지도력 결여

'주화오국'이란 치욕스러운 비판이 등장한 배경은 무엇일까. 유성룡은 난세의 재상이 되기에는 지나치게 유약(柔弱)하다는 불만이 조정에 만연하였고, 그래서 여러 대신이 그를 주화론자(主和論者)로 몰았던 것 같다. 유성룡을 비판하는 사람들은 다음과 같이 주장하였다.

> "성룡은 문학이 단아한 점은 있었으나 도량이 작고 식견이 얕았다. 그는 10년간 정승으로 지낼 때 오직 남의 비위 맞추기를 일삼고 사사로움에 이끌려 파당을 (조정에) 심었다. 자기와 뜻이 같으면 좋아하고 다르면 싫어하였으니, 정승으

로서 칭찬할 만한 업적이 아무것도 없었다."172

학식과 문예는 뛰어났으나 유성룡은 도량이 없고 포용력도 부족했다는 비판이다. 따지고 보면, 유성룡 한 사람만이 아니라 다수의 선비는 평생 이러한 약점을 가지고 살았을 것이다. 그러나 한 나라의 정승이라면 좀 달라야 했다. 그것이 그 사회의 요구였다.

그런데 유성룡이 "남의 비위 맞추기를 일삼고" 이렇다 할 "업적이 아무것도 없었다"라는 혹평은 도대체 무슨 뜻일까. 무려 10년 동안 정승 노릇을 하였으니 유성룡이 세운 공훈도 적지 않았을 터인데 이게 무슨 악평인가 싶다. 하지만 말의 뜻을 깊이 헤아려보면, 유성룡이 여론에 떠밀려 자기 나름의 큰 계획을 세워 밀어붙인 적이 없었다는 뜻으로 해석된다.

원균과 이순신을 대하는 그의 태도에도 똑같은 문제점이 있었다. 유성룡은 이순신의 편만 들었을 뿐 문제를 해결할 수 있는 획기적인 대책을 마련하지 못하였다. 심지어 선조 29년 말부터 수개월 동안에 조정에서 이순신이 심한 비판을 받았을 때도 적극적으로 나서지 못하고 뒷전에 머물렀다. 그의 연보를 읽어보면 유성룡이 시종일관 이순신을 힘써 변호한 것처럼 기술되어 있으나, 《실록》을 검토해 보면 그의 발언은 약했다. 사관이 적절히 평가한 것처럼, 유성룡은 과단성도 포용력도 부족한 편이었다. 항상 조정의 여론에 떠밀려 우왕좌왕하는 것 같은 인상을 주었다. 선조 40년(1607) 5월 13일에 그가 타계하자 〈졸기(卒記)〉를 작성한 사관(史官)도 그의 단점을 아래와 같이 지적하였다.

"(유성룡은) 규모(規模)가 조금 좁고 마음이 굳세지 못하여 이해가 눈앞에 닥치면 늘 흔들렸다. 그러므로 임금의 신임을 얻은 지 오래였으나 정직하게 간언했다는 말이 들리지 않았다. 그는 비록 정치 현안을 홀로 결정하였으나, 나빠진 (조선의) 풍습을 바로잡지 못하였다."173

선배인 조목의 절교 선언

알다시피 유성룡은 조목(趙穆) 및 김성일(金誠一)과 함께 퇴계(退溪) 이황(李滉)의 문하에서 공부하였다. 이 세 선비가 영남 선비들의 존경을 한 몸에 받았는데, 조목은

---

172 《실록》, 광해군일기, 광해 2년(1610) 3월 7일.
173 《실록》, 선조 40년(1607) 5월 13일.

벼슬에 나가지 않고 초야에 은거하며 자수(自修, 자신을 수련함)하였다. 그런데 그런 조목이 유성룡에게 편지를 보내 절교를 선언하였다. 유성룡의 정치적 판단에 수긍하지 못해서였다. 〈졸기〉를 쓴 사관은 그 일을 다음과 같이 짧게 서술하였다.

> "조목은 일찍이 (김)성일을 낮게 생각하고 (유)성룡을 못하게 여겼다. 만년에는 (유)성룡이 하는 일에 매우 분개하여 절교(絶交)하는 편지를 쓰기까지 하였다."[174]

사관들의 증언

《실록》을 자세히 검토해 보면 사관은 조목이 유성룡의 죄를 정면으로 비판한 사실을 여기저기 언급하였다. 그중 몇 가지만 소개하면 아래와 같다.

> "경인년(선조 23년, 1590)에 일본과 통신할 때 (유성룡은) 사신을 보내자고 건의해 조정을 욕되게 하였다. 그것으로도 마음이 족하지 못해 (왜란 중에) 또 왜적과 화친을 도모하여 국사를 그르쳤으니(원문은 主和誤國) 통탄할 일이다."[175]

유성룡의 처신을 긍정적인 측면에서 보면 어떻게 해서든지 전쟁만은 피하자는 뜻으로 해석된다. 그러나 상대가 이미 침략할 의도를 가졌음이 명백한데도 유성룡은 화친에만 마음을 쓰고 있다는 인상을 주었다. 그래서 조목이 심하게 비판하였다는 뜻이다.

> "일찍이 (조목은) 풍원부원군(豐原府院君) 유성룡(柳成龍)과 동문으로 사귀어 친하였다. 그런데 유성룡이 수상(首相, 영의정)이 되어 국사(國事)를 담당할 때 김덕령(金德齡)의 죽음을 구제하지 않았다는 말을 듣고 (조목은) 노여운 빛을 나타냈다."[176]

유성룡은 정승으로서 강단이 좀 부족하였던 것 같다. 선조 29년(1596)에 의병장 김덕령이 억울하게 죽었으나 그는 애써 구하지 않았다. 그때도 조목은 유성룡의 불분명한 처사를 못마땅하게 여겼다고 한다. 사관의 주장이 그러했다.

> "강화(講和)의 의논이 일어나게 되어서는 조목이 글을 보내어 꾸짖기를, '화의를

---

174 《실록》, 선조 40년(1607) 5월 13일.
175 《실록》, 선조 30년(1597) 10월 16일.
176 《실록》, 선조 37년(1604) 11월 12일.

주장하여 나라를 그르친다(主和誤國)'라는 넉 자로 지목하였다. 그러자 유성룡이 크게 노했다. 드디어 서로 절교하여 오늘에 이르렀다."177

선조 27년(1594)부터 명나라 측은 일본과 강화회담을 시작하였다. 그때 유성룡은 그 회담에 상당한 기대를 품었고, 김응서를 통해 고니시 유키나가의 부하 요시라와 자주 정보를 주고받았다. 유성룡은 자신이 그러한 행동을 했다는 점을 어디서도 수긍하지 않았으나, 그것은 누구나 다 아는 공공연한 사실이었다. 김응서-요시라 라인이 여러 해 동안 작동한 것은 유성룡이 그 배후에 있어서였다. 그래서 조목과 같은 식자들은 유성룡의 대일본 교섭에 관해 매우 비판적이었다. 사관은 조목이 유성룡을 호되게 질책한 사실을 다음과 같이 구체적으로 언급하기도 했다.

"전 정(正) 조목(趙穆)도 퇴계의 제자로서 학행이 그 문하에서 높았다. 일찍이 (유)성룡에게 편지를 보내 말하기를, '선생이 평소 배운 것이 단지 화친을 주장하여 국사를 그르치는[主和誤國] 네 글자뿐입니까? 나는 당신이 성현의 글을 알면서 여기에 이를 줄은 생각하지 못했습니다.'라고 비판하였다. 이에 성룡이 심히 유감을 품었다. 큰 절도(節度)가 이러하니 (유성룡의) 문장에 작은 기예가 있다 해도 취할 것이 있겠는가."178

이상에서 확인했듯, 당대에는 유성룡의 정치적 행보를 비판적으로 바라본 사관이 여럿이었다. 그들의 눈에 비친 영의정 유성룡이란 사람은 학예는 뛰어났을지언정 도량도 좁고, 기개도 없는 인물이었다.

조목의 유성룡 비판

월천(月川) 조목(趙穆, 1524~1606)의 관점에서 보면 유성룡은 비굴한 주화파(主和派)였다. 그의 생각에는 우리 국토를 함부로 짓밟은 침략군에게 평화를 구걸하는 일은 용서할 수 없는 치욕적 행위였다. 조목은 개인적으로 유성룡에게 편지를 보내, 명분도 실리도 없는 평화회담을 비판했을 뿐만 아니라 선조에게 상소문을 올려 강화를 반대하는 뜻을 명백히 밝혔다. 그의 제자 정온(鄭蘊)이 집필한 〈신도비명〉에 다음과 같은 구절이 있다.

---

177 《실록》, 선조 37년(1604) 11월 12일.
178 《실록》, 선조 30년(1597) 10월 16일.

"갑오년(1594, 선조27)에 (조목은) 군자감 주부에 제수되었으나 상소를 올려 사직하였다. … 또 (상소문에서) 이르기를, '강화(講和)의 말은 더욱 통분(痛憤)을 이길 수 없습니다. 어찌 왜적이 백만의 군사를 거느리고 와서 우리 백성들을 도륙하고 우리 종묘사직을 뒤엎고 우리 능침(陵寢)을 파헤치고 우리 영토에 가득하게 있으며 떠나지 않는데도 강화(講和)를 말할 수 있습니까? 옛사람 중에서 일려 일성(一旅一成)으로 중흥을 이룩한 임금이 있었는데, 지금 우리나라가 비록 이미 쇠잔하고 파괴되었다고 하여도 저 일려 일성(一旅一成)에 견주면 어찌 백 배(百倍)가 되지 아니하겠습니까? 삼가 원하옵건대 전하께서는 덕을 닦아 하늘을 감동하게 하고 인정(仁政)을 베풀어 백성들을 어루만져 오랑캐를 물리치는 근본으로 삼으십시오.'라고 하였다. 임금(선조)이 칭찬하는 비답(批答)을 내리고 한양에 머물며 벼슬을 하도록 하였다. 그러나 선생은 즉시 남쪽으로 돌아갔다. 임금이 (그를) 가상하게 여겨 찬탄하였다."179

조선의 국력이 일본과는 비할 수 없이 약하다 할지라도 수많은 전쟁 범죄를 저지른 적(일본)이 뻔뻔한 태도로 반성하지 않고 있는데, 그들과 바로 강화회담에 들어간다는 것은 있을 수 없다는 것이다. 반드시 적에게 일격을 가해 그 죄를 응징해야겠다는 의지, 이것이 바로 조목을 비롯한 많은 선비의 뜻이었다.

조목이 유성룡과 절교까지 하게 된 것은 정유재란이 일어나기 직전이었다. 〈월천선생연보〉를 살펴보면 정유년(선조 30, 1597) 1월 8일에 "서애(西厓) 유상국(柳相國, 유성룡)의 편지에 답장하였다. - 화의(和議)의 그릇됨을 논하였다."라고 기록되어 있다. 그 당시 조목은 74세의 고령이었고 유성룡은 56세였다. 그 일을 정온은 〈신도비명〉에 다음과 같이 기록하였다.

"(조목 선생은) 상국(相國) 서애(西厓) 유성룡(柳成龍)과 동문(同門)의 의리가 있었다. 그런데 서애가 영상(領相)으로 있으면서 화의(和議)를 주장하였다는 소문을 들었다. 이에 편지를 보내 이르기를, '상국은 평생 성현(聖賢)의 글을 읽고 얻은 바가 이 '강화오국(講和誤國)' 네 글자뿐입니까'라고 하였다. 그 글이 매우 준엄하였으니, 여기서 선생의 지업(志業)을 볼 수 있다."180

---

179 조목,《월천집》, 부록, 〈가선대부 공조참판 월천 조 선생의 신도비명 병서(幷序)〉[嘉善大夫工曹參判月川趙先生神道碑銘 幷序)〉. 글쓴이는 정온(鄭蘊)
180 조목,《월천집》, 부록, 〈가선대부 공조참판 월천 조 선생의 신도비명 병서(幷序)〉[嘉善大夫工曹參判月川趙先生神道碑銘 幷序)〉. 글쓴이는 정온(鄭蘊)

유성룡의 소명

조목이 자신의 정치적 행위를 비판하자 유성룡은 그것은 오해라고 변명하였다. 《서애선생문집》에 그가 조목에게 보낸 편지가 남아있다.

> "화친을 주장하여 나라를 그르쳤다(主和誤國)는 네 글자는 저 또한 스스로 반성해 보았지만 그런 일은 없었습니다. 계사-갑오년(1593~1594) 사이에 백성들이 서로 잡아먹으며, 국가의 형세가 심히 위태로워 하루도 보전하기가 어려웠고, 힘으로는 능히 적을 도모할 수 없었습니다. 저는 밖으로는 명나라의 기미(羈縻)의 계획을 좇아 적의 공세를 조금 완화하고, 안으로는 전쟁과 수비에 대응할 준비를 닦아서 서서히 뒷날을 도모하려고 스스로 계획을 세웠습니다."181

전적으로 오해라는 변명이었다. 뒷날을 도모하려고 계획을 세워 노력하고 있으니, 부디 '주화오국'이란 끔찍한 비판을 거두라는 해명이었다. 그러나 유성룡의 이러한 답장은 아무 소용이 없었다. 그런데 조목만 유성룡을 비판하고 나선 것은 아니었다. 유성룡이 보기에 자신에 대한 비방의 진원(震源)은 북인 이이첨이었다. 《서애선생연보》에 다음과 같은 대목이 있다.

> "정유년(선조 30, 1597)과 무술년(선조 31, 1598)에 이르러 이이첨(李爾瞻) 이외의 여러 간신은 (유성룡이) 화친을 주장했다 하여 선생(유성룡)을 공박하였다."182

유성룡 측은 '주화오국'설을 꺼낸 사람들이야말로 "간신"에 불과하다고 했다. 그러면 조목도 간신이었던가. 당시에 그런 주장으로 유성룡을 비판한 사람은 한둘이 아니었다. 그들 모두를 간신으로 몰수는 없는 일이다.

여론의 뭇매

선조 40년(1607) 5월 13일 자 《실록》에는 유성룡의 〈졸기〉가 있다. 그를 비판하는 자들은 유성룡의 됨됨이와 업적을 다음과 같이 평가하였다.

---

181 유성룡, 《서애선생문집》, 제10권, 〈사경(士敬) 조목(趙穆)에게 답함 – 정유년(1597, 선조30)〉.
182 유성룡, 《서애선생 연보》, 제2권, 신종황제(神宗皇帝) 만력(萬曆) 22년 갑오(1594). 선생 53세 4월.

"(유성룡은) 계획이 굳세지도 못하고 국시(國是)를 정하지도 못하였다. 그는 화의(和議)를 극력 주상하며 (적과) 통신(通信)하여 적에게 잘 보이기를 구하였다. 원수를 잊고 부끄러움을 참게 한 (그의) 죄가 천고(千古)에 한을 끼치게 하였다. 이로 말미암아 의사(義士)들이 분개하고 언자(言者, 언관)들이 비판하였다.
부제학 김우옹(金宇顒)이 (유성룡을) 신구(伸救)하는 상소 가운데서 '성룡은 얻기 어려운 인물입니다마는 재보(宰輔)의 기국(器局)이 부족하고 대신(大臣)의 풍력(風力, 위력)이 없다.'라고 하였는데, 이것이 정확한 논의이다."183

유성룡은 학자로서 식견도 있고 재주가 많았으나 단호함이 없고 지도력이 크게 부족하였다. 그래서 과감하게 적을 무찌를 계획을 수립하지 못한 채 고개를 숙이며 적에게 평화를 호소했다. 이것이야말로 곳곳에서 확인되는 일반적인 평가였다.

선조 31년(1598) 9월 28일에는 성균관 유생인 생원(生員) 이호신(李好信) 등이 장문의 상소를 올려 유성룡의 숙청을 요구하였다. 요점은 다음의 네 가지였다.

"(첫째) 우리나라가 왜적과는 한 하늘 아래에서 함께 살 수 없는 원수인데 화(和)란 한 글자로 국가의 큰일을 그르치고 있습니다. 송(宋)나라의 진회(秦檜, 여진족과 강화를 꾀한 신하)가 어찌 이보다 더하겠습니까.184
(둘째) 그는 자신의 의견과 다른 사람은 배척하고 자기의 의논에 빌붙는 자는 끌어들이니 정치를 논변(論辨)하고 사려(思慮)하는 대각(臺閣)의 직임(職任)은 모두 아첨하는 무리이고, 명나라 관원을 접반(接伴)하는 어사(御史)는 고루하고 편벽되지 않은 무리가 없습니다.
(셋째) 백성의 힘을 약탈하여 그 힘은 고갈되었고, 함부로 토목 공사를 일으켜 국가의 비용은 탕진되었으며, 청탁하는 무리가 문에 가득하여 뇌물을 공공연히 주고받습니다.185
(넷째) 조목(趙穆)과 정인홍(鄭仁弘) 같은 무리가 시골에서 은거하며 경륜(經綸)을 품은 채 세상에 나서지 못하는 것은 모두 이 간인(奸人)이 그들의 길을 막았기 때문입니다. …"186

간단히 정리해보면, 첫째 유성룡은 명분 없이 일본과 강화를 추진하였고, 둘째 인사 정책에 완전히 실패하였으며, 셋째 국가 기강을 무너뜨려 위아래가 모두 고통을

---

183 《실록》, 선조 40년(1607) 5월 13일.
184 《실록》, 선조 31년(1598) 9월 28일.
185 《실록》, 선조 31년(1598) 9월 28일.
186 《실록》, 선조 31년(1598) 9월 28일.

받게 했다고 보았다. 끝으로, 유성룡으로 말미암아 뜻있는 인사들이 조정에 나오지 못하게 되었다는 것이다. 성균관 유생들은 유성룡이란 인물을 한마디로 다음과 같이 규정하였다.

> "(유)성룡은 본래 올바르지 못한 인물로 교묘한 말과 아첨하는 얼굴을 가지고 온 세상을 크게 그르쳤습니다. 그리고 조정의 기강을 멋대로 무너뜨리고, 자신이 원하는 대로 (국정을) 농단하였습니다."[187]

선조의 변호

선조는 부분적으로는 여론의 비판을 수용하였으나, 그렇다고 함부로 유성룡을 폄하하지 않았다. 왕은 유성룡을 비호하며, "설사 유성룡이 화의를 주장하였다 한들 어찌 진회에 비할 수 있겠는가."[188]라고 변호하였다. 앞에서도 보았듯이 유성룡은 《징비록》에서 선조에 대한 불만을 여러 가지 방식으로 토로하였다. 그러나 선조는 자신이 깊이 신뢰하였던 유성룡을 함부로 깎아내리지 않았다. 왕은 다음과 같이 유성룡을 옹호하였다.

> "대개 그(유성룡)는 종묘사직이 장차 망할까 걱정하였다. 그런 판국에 중국 조정에서도 이미 (일본과) 화의를 허락하였기 때문에 임기응변책으로 그 일을 주장하였다.[189] … 아, 그 당시에 누구인들 그러하지 않았겠는가. 그런데 지금 와서는 서로가 빠져나가려고 하면서 '나는 그런 일이 없다. 나는 그런 일이 없다.'라고 한다면 모두가 우상(右相, 이항복)의 죄인이 될 것이다."[190]

윗글에서 선조는 세 가지 사항을 차례로 말하였다. 첫째, 나라는 큰 위기에 빠졌고 전쟁에 이길 전망이 없었으므로 중국도 일본과 강화를 서둘렀다는 점이다. 둘째, 그때 강화에 마음속으로 찬동한 것은 유성룡만이 아니라 왕을 포함해 모든 대신이 다 그러했다는 사실이다. 셋째, 오늘에 와서 강화론에 동의했다고 순순히 인정한 것은 이항복뿐이고, 나머지는 자신들을 속이고 있다는 비판이다. 요컨대 '주화오국'론으로 유성룡을 매도하는 것은 잘못이라는 반격이었다.

---

187 《실록》, 선조 31년(1598) 9월 28일.
188 《실록》, 선조 32년 기해(1599) 7월 4일.
189 《실록》, 선조 32년 기해(1599) 7월 4일.
190 《실록》, 선조 32년 기해(1599) 7월 4일.

신하들의 불복

그래도 신하들은 불복하였다. 그들이 그처럼 집요하게 유성룡을 공격하는 데는 다른 이유가 있었다. 신하들은 다음과 같이 주장하였다.

> "(유성룡은) 주화론(主和論)을 제창했으면서도 그 허물을 성혼(成渾)에게 돌리고 자신은 빠져나가려 하였습니다. 이는 '주화'라는 두 글자야말로 모든 죄 중에 으뜸이 되기 때문이었습니다. 중국의 심유경(沈惟敬)과 석성(石星)도 ('주화론'으로) 더없이 큰 주륙(誅戮)을 당했습니다. 하물며 우리나라의 경우는 어떠하겠습니까? 그런데도 (전하께서) 너그럽게 용서해 주신 덕택으로 (유성룡은) 목숨을 온전히 하였으니, 이것만으로도 이미 다행한 일인 것입니다."[191]

신하들은 두 가지 문제점을 적시하며 유성룡을 공격하였다. 하나는 그가 주화론자였으면서도 서인의 영수 성혼에게 책임을 돌리는 비열함이 문제라고 하였다. 또, 하나는 그가 중벌(重罰)을 받아야 함에도 아직 살아 있다는 점이었다. 알다시피 명나라에서는 강화를 주장하다가 실패한 석성과 심유경을 엄벌하였다.

조정 여론이 이처럼 들끓자 유성룡은 관직에서 물러나 고향으로 돌아갔다. 그는 자신에게 쏟아지는 비난이 사실무근이며, 공연한 생트집이라고 확신하였다. 그래서 자신의 억울함을 후세에 호소하려고 《징비록》이란 책을 지은 것이다. 그는 영의정으로서 온 힘을 기울여 쓰러져 가는 나라를 바로잡았고, 자신이 발굴하고 뒤를 봐준 이순신이란 명장이 수군을 지휘해 왜란을 승리로 이끌었다는 점, 유성룡은 그 점을 강조하고 싶었다. 유성룡이 말년을 《징비록》의 편찬에 바친 동기는 후세를 설득하기 위해서였다.

《징비록》의 한계

회고록이 대체로 그러하듯 《징비록》 역시 훌륭한 사료(史料)라고 보기 어렵다. 그 한계는 다음의 세 가지라고 생각한다. 첫째, 정치적으로 지나치게 편향적이다. 그는 남인의 영수로서 자신의 당파적 견해를 독자에게 강요한다. 자신과 적대적인 정파 특히 북인에 대해서는 사사건건 왜곡된 주장을 펼친다.

둘째, 자기변명으로 일관하였다. 겉으로는 조선 지배층의 반성을 촉구하였으나, 자

---

[191] 《실록》, 선조 32년 기해(1599) 11월 30일.

기의 잘못은 인정하지 않았다. 심지어 자신을 끝까지 신뢰하고 정치적으로 보호한 선조에 대해서도 충성스러운 신하의 모습을 찾기 어렵다.

셋째, 사실관계도 부정확하게 서술하였고, 당연히 거론할 법한 주제를 빠뜨린 것도 많다. 앞에서 우리는 원균 및 정유재란에 관한 《징비록》의 서술이 얼마나 부정확하고 왜곡되었는지를 확인하였다.

이처럼 《징비록》은 단점과 결함이 적지 않은 책이다. 그의 비판자였던 서인 윤근수는 이렇게 평하였다.

> "서애(유성룡)가 임진왜란 때 일을 기록한 것은 공평하지 못했다. 모든 좋은 계책은 모두 자기가 주도한 것이라고 하면서 다른 사람들의 공을 빼앗았다. 아주 옳지 못하다."192

그럼에도 후세는 유성룡의 《징비록》을 16세기의 명저(名著)로 손꼽는다. 우리는 유성룡이 국가의 최고 원로로서 왜란이라는 미증유의 시련을 벗어나기 위해 열과 성을 기울인 점은 두고두고 기려야 할 것이다. 그러나 온 세상이 칭찬하는 명재상이 쓴 글이라 하더라도 우리는 옥석(玉石)을 가려 취할 것과 버릴 것을 구별해야 한다.

---

192 윤근수(尹根壽), 《후광세첩(厚光世牒)》, 제3권, 〈문정공 사실(文靖公 事實)〉.

제3절
에도 시대의 역사 인식과 《징비록》 – "용장(勇將) 원균"의 수난

일본에서는 원균을 어떠한 장수라고 평가하였을까? 이런 궁금증을 가진 사람이 적지 않을 것이다. 저자도 역시 그 점을 궁금하게 여겨 나름대로 조사를 해보았다. 그 결과 확인된 바를 간단히 서술해볼까 한다.

왜란이 끝나자 일본에서는 참전한 장수들의 무용담을 기록한 책자가 쏟아져 나왔다. 예측 가능한 일이다. 그 가운데는 조선의 왕과 신하, 장수와 백성을 함부로 헐뜯고 비하한 것이 대부분이었다. 그러나 모든 책이 다 그런 내용으로 가득찬 것은 아니었다. 그들도 용감하게 싸우다 죽은 조선 장수나 끝까지 저항한 조선 백성에 관해서는 칭찬을 아끼지 않았다.

1. 호리 마사오키(堀正意)의 《조선정벌기(朝鮮征伐記)》

그럼 일본사람들의 눈에 비친 원균은 어떤 장수였을까? 17세기 후반 일본에서 유행한 《조선정벌기(朝鮮征伐記)》에 짧지만, 필자의 관심을 끄는 글이 있다. 그 내용을 단락별로 나누고 간단한 설명을 붙여 소개하겠다.[193]

(가) "조선 수군은 대장 원균이 수군을 통솔하였다."

에도 시기 일본에서는 조선 수군의 대장으로 원균과 이순신 두 장수를 알고 있었다. 정확히 말해, 이순신의 이름은 유성룡의 《징비록》이 일본에 소개된 다음부터 알게 되었다. 《징비록》이 조선에서 처음 간행되기는 인조 11년(1633)의 일이었다.[194] 그로

---

[193] 아래에서 필자가 인용하는 《조선정벌기(朝鮮征伐記)》의 내용은, 김준배가 저술한 《일본 문헌 속의 이순신 표상》(민속원, 2022년, 39~40쪽)에서도 확인할 수 있다.

부터 62년이 지난 1695년에 일본의 야마토야 이베에(大和屋伊兵衛)가 일본어 훈독을 달아 교토에서 간행하였다. 2권짜리 책자였다. 이로써 18세기부터 이순신의 이름이 일본의 식자층에 널리 알려졌다. 그런데 원균이란 이름은 그 이전에 이미 일본에서 유명하였다. 일본에서 조선 수군을 대표하는 장수도 원균을 첫손가락에 꼽는다. 우리가 생각하는 것보다 원균의 명성이 높았다.

(나) "한산도 앞 포구에서의 해전은 호각(互角, 엇비슷함)이었다고 한다."

이 구절은 한산대첩을 서술한 것으로 짐작할 수 있다. 한국에서는 세계해전사에 길이 남을 전투라며 한산대첩의 의미를 강조한다. 그것도 지혜롭고 용감한 이순신의 승리로 기억하기 일쑤다. 그러나 일본에서는 원균이 이끈 조선 수군과 일본 수군이 싸워 백중지세(伯仲之勢)였다, 즉 우열을 가릴 수 없을 만큼 팽팽한 전투였다고 기억하였다. 전쟁의 기억이란 이처럼 자의적이어서 저마다 자국이 이긴 싸움이라고 주장하고, 나아가 이를 과대평가하는 경향이 있다. 또, 상당히 크게 진 싸움조차 비긴 것으로 치부하기도 한다.

별 차이가 없는 싸움이었다고

그런데 《조선정벌기(朝鮮征伐記)》의 기록은 우리가 '칠천량해전'이라고 부르는 전투, 즉 선조 30년(1597) 7월 15~16일에 일어난 원균의 마지막 전투를 서술한 것으로 볼 수도 있다. 그때 칠천량에서 실제로 전투가 일어났는지는 함부로 말하기 어려운 점이 있다. 당대의 기록인 《실록》에서도 '한산에서 패하였다'라고 하는 구절이 보인다. 만약 이 구절을 원균의 마지막 전투라고 읽는다면, 7월 15일의 전투는 양군이 호각세로 우열을 가리기 어려웠다고 해석하는 것이 맞다.

(다) "그러나 일본의 전함이 구름과 안개처럼 뒤에 (따라붙어서) 앞다투어 도착하자 원균은 항전할 방법이 없어 경비 함정을 철수시켰다."

이 대목은 원균의 최후를 서술한 것이다. 당시 일본 함대는 증원군을 파견해 조선

---

194 유성룡의 아들 유진(柳袗)이 아버지의 문집인 《서애집(西厓集)》을 간행하면서 《징비록》을 거기에 포함시켰다. 그 후 인조 25년(1647)에 다시 독립된 책자로 간행하였다(16권 7책).

수군을 강하게 압박하였다. 그러자 원균은 퇴각 명령을 내렸다. 아군은 주로 고성 춘원포 방면에 상륙하였다는 기록이 있다. 한국에서는 선조 30년 7월 16일에 어마어마한 참패를 하였다고 인식하였다. 그러고는 패장 원균에게 온갖 오명을 다 뒤집어씌웠다.

그러나 칠천량 사태가 벌어졌을 때 일본 수군은 대승을 거두었다는 생각을 하지 못하였다. 그들은 원균이 이끄는 조선 수군이 무사히 철수한 것으로 보았다. 그랬기에, 17세기 일본에서 영향력이 컸던 《조선정벌기(朝鮮征伐記)》에서는 자신들의 승전을 자랑하지 않았다.

에도 시대 일본에서 나온 관련 서적 중에는 칠천량의 대승을 대대적으로 기술한 것도 있다. 그러나 그런 책들은 《징비록》의 영향을 받아 18세기 이후에 새로 저술된 것이다.

원균은 용맹한 장수

여기서 한 가지 강조할 점이 있다. 《조선정벌기》의 저자는 원균이 용맹스러운 장수라는 점을 구체적인 예를 들어가며 서술하였다는 사실이다. 예컨대 이즈모쿠니(出雲國)의 영주 구루시마 미치후사(来島 通総, 1561~1597)를 전사하게 만든 것도 원균이요, 와키사카 야스하루(脇坂安治, 1554~1626) 역시 원균과 싸우다 곤경에 빠졌다고 서술하였다.

자세히 조사해 보면 구루시마가 원균과의 전투에서 사망한 것은 아니었다. 그는 원균보다 약 3개월 뒤인 1597년 10월 26일에 전사했다. 이처럼 정확하지 못한 서술이 있기는 하지만 《조선정벌기》에서는 원균이란 장수를 조선 수군의 가장 탁월한 장수로 보았다. 그 책은 당시 일본 사회에서 널리 읽혔으므로, 영향력이 만만치 않았다고 하겠다.

《조선정벌기》가 간행된 것은 1661년이었는데, 편찬 작업은 이미 한 세대 전인 간에이(寬永, 1624~1645년) 시대에 완성된 것이다. 책을 쓴 저자는 호리 마사오키(堀正意, 1585~1643)로 오미노쿠니(近江國) 출신의 유학자였다. 호리는 히로시마 번(廣島藩)과 나고야 번(名古屋藩)에서 주로 활동했으며, 생전에 다수의 책을 저술하였다. 《조선정벌기》는 아직 왜란의 기억을 간직하고 있는 많은 일본인을 겨냥한 전쟁소설이었다. 일본에서 출간된 왜란에 관한 서적들은 하나같이 소설이었다. 출처와 근거가 명시된 역사책이라고 볼 수 있는 저술은 없었다.

수군의 주축은 원균

나중에 《조선정벌기(朝鮮征伐記)》는 한문으로 번역되었는데, 《도요토미 히데요시보(豊臣秀吉譜)》라고 책의 제목을 바꾸었다. 이 책을 계승한 것으로 《정한록(征韓錄)》이 있는데, 거기서도 이순신이란 장수의 모습은 뚜렷이 드러나지 않았다. 《정한록》에서도 조선 수군의 중심인물은 원균이었다.195

에도 시대의 문헌에서 이순신이란 존재가 처음으로 등장한 것은 17세기 후반이었다. 명나라의 영향이 컸다고 볼 수 있는데, 《양조평양록(兩朝平壤錄)》(1606)과 《무비지(武備志)》(1621)의 영향을 받은 것이다. 위에서 언급한 《조선정벌기》 역시 중국 문헌의 영향을 받았다고 볼 수 있다.196

반드시 알아야 할 사항이 하나 있다. 명나라 문헌 《양조평양록》에는 이순신의 이름 석 자도 정확히 나오지 않는다는 점이다. 그 책에는 조선의 장수 가운데 '이통제(李統制, 이순신)'가 있기는 하다. 그는 명나라의 수군 장수 등자룡(鄧子龍)을 구하려다 전사하는 것으로 되어있다. 명나라 수군이 주도한 노량해전에 조선 통제사 이순신이 보조적인 인물로 잠시 등장하였다가 사라지고 만다.197

2. 바바 노부노리(馬場信意)의 《조선태평기(朝鮮太平記)》

17세기 말에 유성룡의 《징비록(懲毖錄)》이 일본에 전해지자 일본 사회에서는 큰 변화가 일어났다. 일본인들은 왜란 당시에 조선을 이끈 유성룡이라는 거물이 직접 쓴 책자를 통하여 새로운 정보와 지식을 습득하였다. 그들은 자신들이 벌인 조선 침략전쟁의 실상을 더욱 소상히 알게 되었다고 느꼈고, 이전의 역사 인식을 대폭 수정하였다.

《징비록》의 영향력

알다시피 《징비록》에는 원균이 최악의 인물로 묘사되어 있다. 유성룡을 통해 새로운 정보를 얻은 일본인들은 지금까지 자신들이 원균에 관해 호평하였던 부분을 일단 유보하였다. 이후에는 그들도 원균에 관한 악담을 쏟아내기 시작하였다. 한 가지 예를

---

195 김준배, 《일본 문헌 속의 이순신 표상》, 민속원, 2022년, 39쪽.
196 김준배, 《일본 문헌 속의 이순신 표상》, 민속원, 2022년, 27~28쪽.
197 최관, 김시덕 공저, 《임진왜란 관련 작품 해제》, 도서출판 문, 2010, 117쪽.

들면, 1705년에 출간된 《조선태평기(朝鮮太平記)》가 그것이다. 이 책의 저자는 원균에 관한 평가를 할 때 긍정과 부정의 언사를 뒤섞었는데, 다음과 같은 식이었다.

"원균은 원래 겁이 많고 유약했으나, 일본에서는 용장(勇將)이라고 (잘못) 일컬었다."

이런 식의 평가는 《징비록》의 영향을 받은 것이 틀림없어 보인다. 원균을 일컬어, '겁이 많고 유약'하다고 서술한 것은 유성룡의 책에서 새로 얻은 지식이었다. 그런데 그런 주장이 일본에 널리 퍼져 있던 본래의 평가와는 달랐다. 그래서 《조선태평기》의 저자는 원균을 '용장'이라고도 기술하였다.

《조선태평기》는 모두 15책이나 되는 거작인데, 1705년(寬永 2年)에 간행되었다. 책의 저자는 바바 노부노리(馬場信意)로 교토(京都) 출신이었다. 이 책은 조선 침략전쟁의 주역 가운데 하나인 가토 기요마사(加藤淸正)의 행적을 중심으로 서술되었다.

바바는 전쟁소설(軍記物)을 많이 쓴 작가였다. 대표작으로는 《의경훈공기(義經勳功記)》와 《남조태평기(南朝太平記)》 등이 있는데, 모두 일본의 역사 속에서 소재를 얻은 전쟁소설이었다.

참고로, 《징비록》은 17세기 후반부터 일본의 상업소설에도 큰 영향을 주었다. 또, 일본인 학자들도 그 책을 읽고 인용하였다. 1687년에 유학자 가이바라 엣캔(貝原益軒)은 후쿠오카(福岡)의 다이묘인 구로다(黑田) 가문의 문서를 정리하여 《구로다가보(黑田家譜)》를 편찬하였는데, 거기서도 《징비록》을 인용하였다.

3. 《징비록》의 압도적인 영향력

18세기 조선에서는 물론이고 일본에서도 원균은 아주 볼품없는 졸장(拙將), 즉 못난 장수가 되고 말았다. 그 반면에 충무공 이순신은 일본 사무라이들의 "영웅"으로 부상하였다. 일본의 사무라이들은 이순신을 극찬하였다. 이렇게까지 일본 사회의 역사인식을 바꿔놓은 책이 바로 《징비록》이었다.

그 저자인 유성룡은 누구인가? 그는 왜란 당시 조선의 국정을 이끈 영의정이요, 전쟁에 관한 주요 사무를 처결한 비변사의 최고위 실세였다. 아울러 에도시대 일본 지식인들이 흠모해 마지않는 퇴계 이황의 고제(高弟)였다. 바로 그런 유성룡이 피를 토하는 심정으로, 우국(憂國)의 정을 담아 한자 한자 써 내려간 책이 바로 《징비록》이다.

유성룡이 어떤 이를 영웅이라 일컬었다면 그는 틀림없는 영웅일 것이오, 바보 취급을 하였다면 바보임이 분명하였다. 유성룡은 후세에 남긴 한 권의 책으로, "용장 원균"이란 전설을 조선의 적국인 일본까지 각인시켰다. 일이 이렇게 되는 데는 그리 긴 세월이 필요하지도 않았다.

여기서 주목할만한 책이었는데, 《조선군기대전(朝鮮軍記大全)》(1705)이다. 저자에 관해서는 정확히 알 수 없으나, 일본의 승려로 추정된다. 그는 책에서 일본이 조선을 침략한 사실을 부정적으로 평가하였다. 오랜 전쟁 때문에 일본의 평범한 백성들이 가난에 시달리게 되었다고 하니, 일리가 있는 관점이었다.

그런데 이 책에는 원균이 이순신을 모함해 통제사에서 쫓겨났다는 서사가 등장한다. 다음은 《조선군기대전》에서 인용한 것이다.

> "(이)순신이 (일본군에 대한 공격을) 지체하여 기회를 잃었다고 하여, 그 죄 하나로 결정하여 순신이 옥에 갇히게 되니, 이것을 애석해하지 않는 사람이 없었다."

이와 같은 논법은 유성룡의 《징비록》에서 배운 것이다. 또, 원균의 패전으로 끝났다는 칠천량해전에 대해서도 다음과 같은 식으로 기술하였다.

> "진실로 대장은 삼군의 사령관으로, 잘 싸우면 나라를 이루고, 잘못 싸우면 사람을 죽게 한다. 원균, 그 기량 없는 한 사람 때문에 (이)순신의 수하에서 (길러진) 그토록 용맹하고 공이 있던 장졸들이, 원균의 명령으로 한 번의 전투에서 공을 세우지도 못하고 패한 것이야말로 유감스러웠다."

이런 대목은 《징비록》을 그대로 베꼈다고 보아도 좋을 정도였다. 위의 인용문에서 보듯 이순신은 더는 일본인의 적군이 아니었다. 그는 이미 일본인들 사이에서도 군사적 영웅으로 평가받고 있었다.[198]

앞에서 우리가 열거한 《조선태평기》도 그렇거니와 《조선군기대전》같은 소설책은 모두 전쟁소설/군담류의 서적으로 상업적인 목적으로 출판한 것이다. 엄밀한 의미로

---

[198] 이순신이 일본 사회의 영웅으로 완전히 부상한 것은 조금 더 시간이 지난 다음이었다. 그에 관하여는 다음과 같은 김시덕의 논문이 참고된다. 김시덕, 〈임진왜란의 기억-19세기 전기에 일본에서 번각된 조-일 양국 임진왜란 문헌을 중심으로〉, 《동아시아의 전쟁 기억: 트라우마를 넘어서》, 문예원, 2013, 특히 29~30쪽을 참고할 것.

역사 서술은 아니었으나, 일본 사회 전반에 끼친 영향은 매우 큰 편이었다. 이러한 소설책의 저술에 유성룡의 《징비록》이 심대한 영향을 주었다는 점이 흥미롭다.

일본에 건너간 지 수십 년도 지나지 않아서 《징비록》이 왜란에 관한 일본인의 통념을 일정 부분 바꿔놓았다는 점이 놀랍기만 하다. 이제 일본인들까지도 유성룡의 주의와 주장을 따르게 된 셈이었다. 알다시피 17세기부터 일본에서는 상업출판이 산업으로 성장하였고, 독서층이 광범위하게 형성되어 동시대의 유럽에 견주어도 손색이 없을 정도였다. 그래서 조선에서 건너간 《징비록》도 위력을 발휘할 수 있었다. 그러다가 19세기 말이 되면 일본에 온 중국인 학자 양수경(楊守敬)이 《징비록》을 발견하고 청나라에 전하였다. 이것이 바로 《조선징비록》이다. 유성룡의 책자가 일본을 통해 중국으로도 전파된 사실이 신기하게 여겨진다.

《징비록》이 에도 시대 일본 사회에 미친 영향이 컸다는 점은 한일 양국의 문화 교류라는 측면에서 볼 때 고무적인 현상이다. 그러나 여기에 두 가지 문제가 엄연히 존재한다. 첫째, 일본은 조선 문헌의 영향을 받았으나 동시대의 조선은 일본의 책을 수입하였던가 하는 점이다. 즉 교류의 형평성에 관한 의문이 든다. 우리 쪽은 일본의 출판문화에 너무나도 무심하지 않았던가 하는 반성이 필요할 것이다.

둘째, 《징비록》의 서술이 과연 얼마나 공정하고 객관적인가 하는 문제이다. 이순신의 위대함을 강조한 것이 문제라기보다는 그를 찬미하는 과정에서 일어난 부작용이 염려된다는 뜻이다. 책의 저자인 유성룡이 만약에 원균을 지나치게 비방하였고 일방적으로 폄하했다면 이것은 정말 커다란 잘못이라 하지 않을 수 없다. 뒤늦은 감이 있으나, 우리는 이 글에서 《징비록》에 나타난 유성룡의 역사 인식에 관해서는 깊이 성찰할 기회를 따로 마련해야 할 것이다.

참고: 《조선정벌기(朝鮮征伐記)》는 아래 링크를 따라가면 그 전문을 읽을 수 있다. "원균"은 이 책에서 총 13번 검색된다.
https://dl.ndl.go.jp/pid/985953/1/99

제4절
제자 정경세의 유성룡 변호

왜란 때 선조가 가장 믿고 의지한 신하는 서애(西厓) 유성룡(柳成龍)이었다. 선조에게는 그 밖에도 총애하는 신하가 몇 명 더 있었다. 특히 오리(梧里) 이원익(李元翼)과 한음(漢陰) 이덕형(李德馨)은 유성룡 다음으로 선조의 신임이 두터웠다. 이 두 사람은 후세에도 호평을 받았다. 왜란이 후반기로 접어들었을 때 선조에게 관심을 받았다고 볼 수 있다. 만약 왜란이 일어나기 전부터 선조가 전적으로 신뢰한 대신을 손꼽는다면 그는 다름 아닌 유성룡이었다.

몇 가지 질문이 생긴다. 유성룡은 언제 어떻게 선조와 가까워졌을까. 왜란이 일어난 뒤에 대신으로서 그가 수행한 주요 임무는 무엇이었을까. 남인의 영수이기도 하였던 유성룡을 괴롭힌 정치적인 문제가 있었다면 그것은 무엇이었을까. 과연 유성룡은 당파싸움 속에서 마지막까지 권좌를 유지할 수 있었을까. 그가 가장 깊이 신뢰한 동료는 누구였고, 뒤를 이은 후계자가 있었다면 그는 누구였는가. 만약 그에게 정치적 타격을 준 반대파가 있었다면 그 지도자는 누구였을까. 끝으로, 임진왜란 때 영의정 유성룡이 처리한 많은 일이 있었는데, 그 공과(功過)는 어떻게 평가해야 할까.

이와 같은 질문에 대답하기란 쉬운 일이 아닐 것이다. 저자는 문제를 풀기 위해 적절한 해법을 궁리한 끝에, 우복(愚伏) 정경세(鄭經世)가 쓴 글을 주목하였다. 정경세는 유성룡이 아끼는 훌륭한 제자였는데, 스승인 유성룡 사후에 그 〈행장(行狀)〉을 지었다. 그것은 장문의 글이었으나, 많은 선비가 읽었다. 정조 때 왕명으로 편찬된 《국조인물고(國朝人物考)》(제3권, 상신(相臣))에도 그 글이 실려 있다.

정경세가 작성한 유성룡의 〈행장〉은 스승 유성룡의 정치적 포부와 성과를 긍정적으로 서술한 것으로, 극히 주관적인 글이다. 주관적이라는 한계는 있으나, 사실관계를 비교적 공정하고 합리적으로 서술하였다. 후대에 〈행장〉을 인정한 것은 바로 그 때문이었다고 생각한다. 바꾸어 말하면, 제자 정경세는 〈행장〉을 통해서 유성룡의 언행을 내부자의 시각에서 변명하고 어느 정도는 미화하였다. 그러므로 유성룡과 동지들의 주관적 관점을 이해하는데 더없이 좋은 자료가 된다.

1. 유성룡, 선조가 총애한 젊은 신하

알다시피 선조는 유성룡을 대단히 총애하였다. 왕이 그에게 주목하게 된 까닭이 궁금한데, 정경세의 글을 가만히 읽어보면 다음의 세 가지 이유가 있었다. 첫째, 유성룡은 대단한 수재로 학문이 깊은 것은 물론이고 인품이 뛰어났다는 점이다. 유성룡은 중종 37년(1542) 10월에 경상도 안동의 선비 집안에서 태어났는데, 4세에 이미 글을 읽을 줄 알았다. 6세에는 ≪대학(大學)≫을 배웠고, 8세에는 ≪맹자(孟子)≫를 읽을 정도로 뛰어났다. 당시에 조선 최고의 성리학자로 손꼽힌 이는 퇴계(退溪) 이황(李滉)이었고, 그는 고향인 안동의 도산(陶山)에서 제자들을 가르쳤다. 나이 어린 유성룡은 이황을 찾아가 배움을 청하였는데, 그때의 일을 정경세는 다음과 같이 기술하였다.

> "공(유성룡)은 관찰공(부친 유중영)의 명령으로 책 상자를 지고 (퇴계 이황을) 찾아뵈었다. 선생은 한 번 만나보고는 (유성룡을) 훌륭하게 여겨 배우는 사람들에게 말하기를, '이 사람은 하늘이 내었다.'라고 하였다."[199]

유성룡은 부지런히 공부해 23세가 되던 갑자년(甲子年, 1564년 명종 19년)에 생원과 진사 시험에 합격하였다. 그리고 2년 뒤에는 문과에 급제하였다(명조 21년, 1566). 얼마 후 명나라 황제 또는 황후의 생일을 축하하는 성절사(聖節使)의 서장관(書狀官)이 되어 중국에 다녀왔다.

선조가 즉위한 다음에는 홍문관의 관리로 뽑혀 선조 3년(1570)부터 경연(經筵)에 참석하였다. 왕이 경전을 공부하다가 의심나는 곳을 물을 때마다 유성룡의 답변은 "명백하면서 적절하고 그 분석이 정미(精微)하여, 당시 강관(講官) 가운데서 제일이라는 명성이 있었다."[200] 선조는 유성룡의 깊고 정밀한 학문에 감탄하여 요직에 등용하였다고 한다. 사가독서(賜假讀書)를 마친 뒤에 정언(正言), 이조좌랑(吏曹佐郎)을 지냈고, 선조 4년(1571)에는 병조좌랑을 거쳐, 그 이듬해에는 홍문관 수찬이 되었다. 선조 6년(1573)에는 다시 이조좌랑이 되었다. 이조와 병조의 전랑(銓郎, 정랑과 좌랑)은 그야

---
199 정경세, 〈(유성룡의) 행장〉, 《국조인물고(國朝人物考)》, 제3권.
200 정경세, 〈(유성룡의) 행장〉, 《국조인물고(國朝人物考)》, 제3권.

말로 관리 임명권을 쥔 요직이었다. 그 자리를 거친 사람만이 훗날 정승 또는 판서가 된다고 해도 과언이 아니었다. 그러다가 부친상으로 3년 동안 조정을 떠났다.

마침 선조가 유성룡의 학문에 얼마나 큰 기대를 걸었는지를 잘 보여주는 일화가 있다. 선조 17년(1584)에 유성룡이 조정을 떠나려 하자 선조는 극구 만류하며 직접 어필을 들어 수찰(手札) 십행(十行)을 써주었다. 그 가운데 다음과 같은 인상적인 한 구절이 있다.

> "경이 지난 10년 동안 경악(經幄, 경연)에 나와 덕이 한결같았으니 아무런 흠도 없었다. 의리로 보면 우리가 임금과 신하 사이지만, 마음으로 본다면 붕우(朋友)와도 같다. 그대의 학문을 보면 장구(章句)에나 매달리는 선비가 아니오, 그대의 재능으로 말하면 큰일을 얼마든지 감당할 만하다. 나만큼 경을 잘 아는 사람이 없을 것이다."201

둘째로 유성룡은 그저 단아하고 조용한 선비가 아니라, 명분과 이치를 따르는 선비였다는 점이다. 외압에 위축되지 않는 높은 기개와 절개가 그에게 있었다고 정경세는 주장하였다. 앞에서 본 세평과는 다른 이야기인데 정경세가 예로 든 것은 모두 유성룡이 40세 미만이던 시절에 국한되었다. 가령 부친상을 마치고 유성룡이 다시 조정에 섰을 때, 즉 선조 9년(1576)에 그의 직책이 헌납이었을 때의 일화가 있다. 유성룡의 동료가 임금의 외척이 저지른 비리를 고발하였다. 그러자 이조에서는 그 언관을 지방관으로 쫓아내려고 했다. 임금의 눈치를 살핀 비루한 처사였다. 그러자 유성룡이 이조를 향해 거세게 비판하였다.

> "언관(言官)이 한 번 입을 열어 외척을 비판하자 갑자기 내쫓으려 하면 언로는 막히고 외척이 횡포를 부리게 될 것이다."202

그러자 결국에는 왕명으로 이조 관리들이 모두 교체되었다. 이 사건으로 선조는 유성룡의 기개를 짐작하고 기쁘게 여겼다.

그와 비슷한 일은 그 이듬해에도 있었다. 선조 10년(1577) 겨울에 유성룡이 홍문관 응교(정4품)로 재임할 때 일이었다. 인성 대비(仁聖大妃, 인종비)가 승하하자 조정

---

201 정경세, 〈(유성룡의) 행장〉, 《국조인물고(國朝人物考)》, 제3권.
202 정경세, 〈(유성룡의) 행장〉, 《국조인물고(國朝人物考)》, 제3권.

에서는 선조 임금에게 기년상(期年喪, 1년 상)을 요청하였다. 그러나 유성룡은 그것이 잘못되었다고 주장하였다.

> "명묘(明廟, 명종)는 인묘(仁廟, 인종)의 계통을 이었으므로 부자(父子)의 도리가 있다. 그러므로 주상(主上, 선조)은 마땅히 (인종) 적손(嫡孫)으로, 아버지(명종)가 돌아가셨으니 조모(인종비)를 위하여 승중복(承重服)을 입는 예를 따르는 것이 옳다."

유성룡의 말을 듣고 선조는 이 문제를 다시 논의하라고 조정에 지시하였다. 그런데도 대신들은 여전히 기년상을 고집하였다. 드디어 성복(成服, 상복을 입음) 때가 되자 유성룡은 비상한 각오로 나왔다.

> "오늘 그 청을 관철하지 못하면 뒤에는 다시 고치기 어렵다. 그러므로 밤새워 (임금님에게) 따져서 아뢸 것이다. (허락하는) 명을 받지 못하면 절대로 물러가지 않겠노라고 하였다."[203]

드디어 첫닭이 울 무렵에 선조의 윤허가 내려졌다. 유성룡이 조정 대신과 예조의 관리들에게 완벽한 승리를 거둔 셈이었다. 이러한 사건이 있었기 때문에 선조는 유성룡을 갈수록 애지중지하였다. 선조 12년(1579)에는 홍문관 직제학(直提學)을 맡기더니, 곧 동부승지(同副承旨)로 승진하게 하였다. 이어서 이조참의(吏曹參議)에 잠깐 임명하였다가 바로 부제학(副提學, 정3품)으로 삼았다. 유성룡은 홍문관의 최고관리가 된 것인데, 그때 나이는 겨우 37세였다. 그때부터 유성룡은 조정의 높고 중요한 직책을 두루 지내며 국가 사무에 두루 능숙해졌다.

셋째, 유성룡은 외교 업무에도 두각을 나타냈다. 오래전부터 선조는 유성룡을 미래의 정승 감으로 점지하고, 여러 방면에서 경력을 쌓게 하였다. 선조 15년(1582)에는 그를 도승지(都承旨)로 임명하였는데, 곧 명나라에서 사신이 올 예정이었다. 왕은 유성룡이 외교 업무에도 숙달할 수 있는 기회를 만들어 준 것이다.

이윽고 명나라 사신이 도착하였다. 사신은 며칠 동안 유성룡의 거동과 주선하는 일을 자세히 살폈다. 그러고는 모든 것이 규범에 정확히 들어맞는다는 사실을 깨닫고 크게 탄복하였다. 사신이 어전에서 유성룡을 칭찬하자 선조는 기쁨을 감추지 못하고

---

203 정경세, 〈(유성룡의) 행장〉, 《국조인물고(國朝人物考)》, 제3권.

자신의 금포(錦袍, 비단옷)를 벗어 유성룡에게 하사하였다. 그리고는 곧 품계를 올려 대사헌(大司憲)에 제수하였다. 이상과 같은 설명에서도 보았듯, 선조는 일찍이 유성룡을 총애하여 그의 출세는 어느 신하보다 순탄하였다.

2. 당쟁의 격화

선조 초년부터 조정은 분열되었다. 선조 4년(1571)에 영의정 이준경은 당파싸움이 크게 번질 것을 우려하였다. 그로부터 4년이 지나자 당쟁이 수면 위로 드러났다. 선조 8년(1575)에 김효원과 심의겸의 불화를 계기로 이른바 '동인'과 '서인'의 대립이 노골화되었다. 다시 8년이 지나 선조 16년(1583)이 되자 이제 당파 간의 대립이란 조정의 몇몇 인사에 국한된 권력투쟁이 아니었다. 조정이 완전히 양분되어 관리는 누구든지 친소관계에 따라 동인 또는 서인에 편입되었다. 가령 원균은 서인, 이순신은 동인으로 나뉘었다는 뜻이다. 강경파와 온건파의 구별은 있어도, 당파에 속하지 않은 인사는 찾아보기 어렵게 되었다.

서인의 영수는 율곡(栗谷) 이이(李珥)와 우계(牛溪) 성혼(成渾)이었고, 동인의 영수는 다름 아닌 유성룡(柳成龍)이었다. 이이, 성혼, 유성룡 등은 저마다 사론(士論)이 갈리는 현상을 반대하였고, 깊은 우려 속에서 동지들과 함께 힘을 모아 상대 당파와 화평(和平)하게 지내며 조정을 진정하겠다는 뜻을 선포하였다. 그러나 그들의 주장대로 조정은 화합하지 못하였다. 정경세는 선조 16년경의 사정을 유성룡의 〈행장〉에서 다음과 같이 기술하였다.

> "이때 이르러 붕비(朋比, 붕당을 이루어 자기편을 두둔함)가 더욱 심해져 서로 다른 편은 배척하고 자기편은 두둔하였다. 공은 조정에 있는 것이 즐겁지 않았고 정경부인도 노병(老病)이었기 때문에, 근친(覲親)의 편의를 위해 시골로 물러났다."204

그러나 당쟁은 한 사람의 호불호로 시작되거나 끝나는 일이 아니었다. 성리학적 이념으로 무장한 조선 선비들은 저마다 학통에 따라, 또는 출신 지역과 혈연에 의해

---

204 정경세, 〈(유성룡의) 행장〉, 《국조인물고(國朝人物考)》, 제3권.

누구와는 서로 친하였고 다른 누구와는 불편하였다. 마치 성리학이 유행하던 중국의 남송 시대가 그러하였듯이 성리학이 조선 사회에 뿌리를 깊이 내릴수록 당파는 선비 사회를 더욱더 잘게 세분하였다. 날이 갈수록 그들의 대립 양상도 치열해졌다. 유성룡이 조정에 섰던 선조 시대가 이제 막 그 초입이었다. 국왕 선조도 유성룡과 이이 등의 선비들도 "당쟁의 시대"라고 하는 역사의 새로운 국면을 맞아 놀라고 당황스러웠다. 그러나 그들로서는 도무지 근본적인 해법을 발견할 수가 없었다.

선조 18년(1585)에 유성룡은 동인의 우두머리로서 서인들의 노골적인 비판에 직면하였다. 평안도 의주목사(義州牧使) 서익(徐益)이 상소하여, 정여립(鄭汝立)이 이이(李珥)에게 보낸 글을 인용하며 유성룡을 "거간(巨奸, 크게 간악한 인물)"[205]이라고 말한 사실을 공개하였다. 이런 사태에 선조는 매우 놀라 어찰(御札)을 내려 유성룡을 감싸고 위로하였다.

> "유성룡은 군자이다. 당대의 대현(大賢)이라 해도 옳다. 그 사람됨을 바라보면서 함께 말하노라면 자신도 모르는 사이에 심복(心服, 마음으로 따름)된다. 학식과 기상이 이와 같은 사람이 어찌 거간이 될 수가 있겠는가? 어떤 담대한 자가 감히 이런 말을 지껄인단 말인가?"[206]

선조의 두둔에도 불구하고 유성룡은 조정을 떠나 이후 3년 동안 고향에 머물렀다. 그리고는 선조 21년(1588) 겨울에 다시 조정에 복귀하였다. 그는 형조판서(刑曹判書)이자 대제학(大提學)으로 기용되어 조정의 중심이 되었다.

그 이듬해인 "기축년(己丑年)"에는 엄청난 사건이 일어났다. 선조 22년(1589) 겨울에 이른바 '정여립의 반란'이 조정에 고발되었다. 이 옥사로 많은 선비가 화를 입었다. 특히 동인의 일부였던 남명(南冥) 조식(曺植)의 제자들과 호남의 여러 선비가 직접적으로 큰 피해를 겪었다.

그때 선조는 유성룡을 더욱 아껴 이조판서(吏曹判書)에 임명하였다. 정여립 사건으로 궁지에 몰린 사람들은 유성룡의 도움을 바랐다. 또, 정여립 사건을 무리하게 확대한 서인의 영수 정철을 강력하게 처벌하기를 원하였다. 그러나 유성룡은 모든 문제를 온건하게 처리하는 경향이 있어, 강경파의 기대에 미치지 못했다. 강경파란 주로 조식의 제자들이었다. 그들은 유성룡 등 이황의 제자들에게 반기를 들고 독자적인 당파를

---

205 정경세, 〈(유성룡의) 행장〉, 《국조인물고(國朝人物考)》, 제3권.
206 정경세, 〈(유성룡의) 행장〉, 《국조인물고(國朝人物考)》, 제3권.

결성해 북인이 되었다. 결과적으로 유성룡 등은 이제 남인으로 불리게 되었다.

선조의 마음은 유성룡에게 기울었다. 선조 23년(1590)에 유성룡은 48세였지만, 우의정(右議政)으로 삼았다. 그는 중국에 가서 조선 왕조의 가계 기록을 바로잡는 데 공로를 세워 광국(光國) 공신이 되었고, 풍원부원군(豊原府院君)에 봉해지기도 하였다. 그 이듬해에 선조는 이조판서를 겸하라는 명령까지 내렸다. 그리고 곧 좌의정(左議政)으로 벼슬을 올렸다. 당파싸움 와중에도 세상은 이미 유성룡의 것이 되었다.

3. 임진왜란의 회오리

선조 25년 4월에 미증유의 일대 사건이 발생하였다. 임진왜란이 일어났다. 그에 앞서 일본에 파견한 통신사(通信使) 황윤길(黃允吉) 등이 돌아와, 일본의 실권자인 도요토미 히데요시가 침략전쟁을 일으킬 것이라고 보고하였다. 유성룡의 동료인 남인 김성일은 난리가 일어날 기미가 없다며 전혀 다른 보고서를 제출하였다.

여러 해 전부터 일본의 군사적 움직임은 심상치 않았다. 선조는 유성룡 등이 이끄는 비변사(備邊司)에 명하여 장차 기용할 장수감을 추천하라고 명하였다. 이에 유성룡은 권율(權慄)과 이순신(李舜臣)을 천거하였다. 두 사람은 당시에 별로 이름이 알려지지 않은 무명의 인물이었다. 하지만 왜란 때 큰 공을 세워 당대의 명장(名將)으로 불리게 된다.

유성룡은 조정에서 이미 채택한 "제승방략(制勝方略)"이란 분군법(分軍法)이 전쟁에 매우 불리한 제도란 점을 지적하고, 조선 초기에 시행한 "진관(鎭管)체제"를 다시 도입하자고 주장하였다. 그러나 시행에 불편함이 있다는 반론이 제기되어 시행하지 못하였다. 그가 만약 좀 더 과감하고 추진력이 강한 인물이었다면, 새롭고 효율적인 국가 방어체제를 도입할 수도 있었을 것이다.

제승방략은 치명적인 약점이 있었다. 유사시에 각 고을의 수령이 자기 지방의 군사를 이끌고 조정에서 지시한 방어지역으로 이동하여 다른 지방의 군사와 합류하는 방식이었다. 중종 때 일어난 삼포왜란 이후에 본격적으로 시행된 전법이다. 여러 지역의 군사력을 총집결하여 전투력이 배가되는 장점은 있었으나, 전투에서 한 번이라도 지고 나면 방어선이 한꺼번에 무너져 속수무책이 되는 약점이 있었다.

선조 16년(1583)에 여진족이 함경도 지방에서 소동을 일으킨 이래 선조는 국방력 강화에 힘을 쏟았다. 그러나 유성룡을 비롯한 조정 대신들은 국가의 제도를 전면적으로 혁신하지 못하였다. 그는 제도 개혁보다는 유능한 관리의 발굴에 초점을 두었다. 더구나 당파의 이익에 얽매여 그나마도 공정하게 이뤄졌다고 말하기 어렵다.

당시는 국가의 재정도 부족하고, 병력과 무기도 불충분한 상태가 계속되었다. 그런 상태에서 훈련도 안 된 조선의 군대가 어떻게 일본 통일 전쟁을 승리로 이끈 도요토미의 정병(精兵)을 맞아 제대로 싸울 수 있었겠는가.

당시 국정을 이끈다는 것은 참 어려운 일이었다. 국가재정도 부족하고, 병력과 무기도 불충분하였으며, 병사는 제대로 훈련도 안 된 상태였다. 너무도 허약한 당시의 상황에서 무슨 제도를 개혁한다고 해서 어떤 효과가 있을지 자신하기도 어려웠다. 그런 점에서 제도를 개혁해 봐야 무슨 소용일까 하는 생각이 들 수도 있다. 그러나 대대적인 개혁이란 바로 그런 비상시기에만 가능하다는 점을 우리는 똑똑히 기억해야 한다. 일찍이 송나라의 대학자 주희(朱熹)도 강조하였듯, 국가적 위기가 왔을 때라야 사회를 대대적으로 뜯어고칠 수 있다고 했다. 유성룡을 비판한 동시대의 선비들은, 이제 획기적 개혁이 아니면 총체적 난국을 돌파할 수 없다고 보았을 것이다.

4. 선조의 피난

왜란이 일어나자 선조는 유성룡에게 병조판서를 겸하게 하고 전쟁에 관한 사무를 총괄하라고 명하였다. 유성룡은 이일(李鎰)을 순변사(巡邊使)로 삼고 성우길(成佑吉)과 조경(趙儆)을 좌우방어사(左右防禦使)로 임명해, 세 갈래로 길을 나누어 내려가게 하였다. 그리고 변기(邊璣)와 유극량(劉克良)을 조방장(助防將)으로 삼아 각기 조령(鳥嶺)과 죽령(竹嶺)을 나누어 지키게 하였다. 또한, 신립(申砬)을 순변사로 임명해 이일을 지원케 하였다. 그러나 그들은 실패하였고, 적병은 거침없이 북상하였다.

선조와 그의 조정은 피난 행차를 시작하였다. 그때 이항복은 국경 지방인 의주로 가자고 주장하였다. "전국이 함몰(陷沒)되는 경우 중국에 가서 호소할 수 있을 듯합니다."[207]라는 것이 이유였다. 그러나 유성룡은 반대하였다. "대가가 한 발짝이라도 동토(東土)를 떠난다면 조선은 우리의 땅이 아닙니다."[208] 이것이 반대의 이유였다. 유성룡

---
207 정경세, 〈(유성룡의) 행장〉, 《국조인물고(國朝人物考)》, 제3권.
208 정경세, 〈(유성룡의) 행장〉, 《국조인물고(國朝人物考)》, 제3권.

은 자신의 주장을 조금 더 상세하게 펼쳤다.

"지금 동북(함경도)의 병력에 변동이 없고, 호남의 충의지사(忠義之士)들이 곧 봉기할 것입니다. 어찌 급하게 이런 일을 논의할 수 있습니까?"[209]

유성룡이 이렇게 설명하자 이항복은 자신의 잘못을 깨닫고 의주행을 포기하였다. 얼마 후에 어가(御駕, 임금의 수레)는 개성에 이르렀다. 대신들은 평양성을 굳게 지키며 그곳에 머물려고 하였으나, 왜적이 점점 가까이 다가오자 전의를 잃고 피난하기를 요청하였다. 유성룡은 평양에서 며칠 더 견디며 성을 지키자고 하였고, 그 주장에 서인의 영수인 좌의정 윤두수(尹斗壽)도 찬동하였다. 그러나 선조의 윤허를 받지 못하였다. 마침내 성을 버리고 떠날 수밖에 없었다. 어디로 갈지 몰라 망설이다가 결국은 의주를 향하였다. 이 사건만 보아도 당시에 국정의 최고권한을 가진 유성룡의 우유부단하고 근시안적인 면모가 그대로 드러난 느낌이다.

선조는 의주에 행재소를 두고 여차하면 압록강을 넘어 중국으로 망명할 채비를 갖추었다. 이 일을 두고 후세의 많은 사람들이 선조를 욕한다. 왕이 너무나 경솔하게 조국을 버리려고 했다는 지적이다. 일리가 있어 보이지만 사리로 보면 꼭 그렇게 얕잡아볼 것은 아니다. 여차하면 왕이 중국으로 망명할 기세였기 때문에 명나라 조정에서도 사태의 위급함을 잘 알게 되었다. 그들이 조선에 대한 원병 문제를 서둘러 처리한 데는 선조의 위협 아닌 위협이 상당한 역할을 하였다고 판단된다. 아마도 이항복과 선조는 그런 점을 염두에 두고 처음부터 의주행을 결심한 것으로 보인다.

그해 7월에 명나라 부총병(副摠兵) 조승훈(祖承訓)이 병사 5천을 이끌고 조선을 지원하러 왔다. 그는 평양을 치려다가 불리해지자 물러났다. 12월이 되자 유성룡은 평안도 도체찰사(平安道都體察使)에 임명되어 안주에 머물렀다. 때마침 명나라 제독(提督) 이여송(李如松)이 4만 명의 병사를 이끌고 왔다. 유성룡은 이여송을 만나, 자신의 소매에서 평양 지도를 꺼내 보이며 성의 상황과 군대가 진격할 길을 자세히 알려주었다. 과연 그 이듬해인 선조 26년(1593) 정월에 이 제독은 평양으로 진격하여 왜적을 무찔렀다.

곧이어 유성룡은 3도(충청, 전라, 경상) 도체찰사에 임명되었다. 그 사이에 이여송은 왜적에게 밀려 개성부(開城府)로 물러났다. 장차 이여송은 자신의 군대를 평양으로

---

209 정경세, 《(유성룡의) 행장》, 《국조인물고(國朝人物考)》, 제3권.

퇴각하고 조선 육군도 임진강 이북으로 물러나게 할 예정이라는 말이 있었다. 유성룡은 이여송의 퇴군을 반대하였으나, 소용이 없는 일이었다.

왜적이 경성을 점거한 지도 어느덧 2년째가 되었다. 백성들은 농사를 짓지 못하여 거의 굶어 죽게 되었다. 유성룡은 전(前) 군수(郡守) 남궁제(南宮悌)를 감진관(監賑官)으로 삼아 많은 백성을 구제하는 데 힘썼다. 마침 호남에서 모은 곡식이 수천 석이나 배로 운송되어, 이것으로 진휼한 백성이 많았다.

5. 이여송과의 불화

그 와중에 왜적이 주사장(舟師將) 김천일(金千鎰)에게 글을 보내, 화해하고 남쪽으로 돌아가기를 바랐다. 유성룡은 이 문제를 명나라 장수들과 상의하였다. 그러자 이여송은 유격 심유경(沈惟敬)을 왜적에게 보내 협상 조건을 제시하였다. 왜적이 사로잡은 왕자(王子)와 배신(陪臣)을 돌려보내고 부산(釜山)으로 퇴각하면 화친을 허락한다고 약속한 것이다. 유성룡은 공문을 보내 적을 공격하자고 극언하였다고 한다. 정경세의 〈행장〉에는 그렇게 서술되어 있으나, 믿기 어려운 서술이다.

이여송 제독은 유성룡의 견해에 공감한다고 회답하고는 다시 유격 진홍모(陳弘謨)를 적진(賊陣)으로 보냈다. 〈행장〉에 따르면, 이여송과 유성룡의 불협화음은 그 뒤로도 계속되었다고 한다. 이여송은 다시 유격 척금(戚金)과 전세정(錢世楨)을 보내 왜적과의 화친을 허용하는 것이 좋다고 말하였고, 유성룡은 초지일관하여 화친은 안 될 일이라며 다음과 같이 고집하였다고 한다.

> "우리의 형세는 비록 매우 위급하지만, 끝까지 화친을 받아들이지 않는다. 이것은 오로지 천하 대의(大義)를 위함이다. 차라리 죽을지언정 욕은 당하지 않을 것이다. 지금 종묘(宗廟)는 불타 재가 되었고 구롱(丘壟)은 발굴되었다. 이 나라 신민(臣民)들은 모두 부모의 원수가 있다. 원수를 잊고 원망을 풀고 적과 더불어 같이 사느니 차라리 적을 무찌르다가 노야(老爺, 이 제독을 가리킴)의 법도에 죽는 것이 낫다."[210]

아마 이런 글귀는 스승이 "주화오국"이란 죄명을 썼기 때문에 변호하려는 뜻에서

---

210 정경세, 〈(유성룡의) 행장〉, 《국조인물고(國朝人物考)》, 제3권.

제자 정경세가 지어냈을 가능성도 있다. 어찌 되었든 명나라와 왜적 사이에는 비밀 거래가 이루어져, 선조 26년 4월에 왜적은 아무 일도 없었다는 듯이 한양을 떠났다. 뒤이어 이여송이 명나라 군대를 거느리고 한양으로 들어갔다.

유성룡은 이여송을 만나 서둘러 왜적을 추격하기를 부탁하였다고 한다. 그러자 그는 "한강(漢江)에 배가 없으니 어쩌겠는가?"라며 부정적으로 응답하였다. 유성룡은 이미 이빈(李薲) 등에게 명령하여 80척의 배를 준비해 둔 상태였다. 이여송은 아우이자 영장(營將)인 이여백(李如栢)에게 만여 명의 군사를 주어 적을 뒤쫓으라고 하였다. 하지만 한강을 반쯤 건넜을 때 이여백은 갑자기 병이 났다고 핑계하고 돌아왔다. 명나라 군대는 왜군과 싸울 의지가 없었다.

각지의 왜적은 모두 무사히 퇴각하여 동래와 부산 사이에 소굴을 만들어 놓고 경상도 일대를 약탈하였다. 명나라 군대는 그들을 사면으로 에워싸고만 있었다. 더는 진격하는 일이 없이 지내다가 제독 이여송과 휘하 장수들은 차례로 군대를 거두어 명나라로 돌아갔다.

유성룡은 여러 차례 장계를 올려, "이 도적들이 나라의 한복판을 점거하고 있으나 중국 군대는 믿을 수가 없습니다. 지금은 아래위가 협력해 자강(自強)할 방법을 마련해야 합니다."211라고 주장하였다. 또, 말하기를, "적이 믿고 전승(全勝)을 거두는 것은 조총(鳥銃) 때문입니다. 우리나라도 밤낮으로 훈련하여 군사들이 모두 조총을 학습한다면 적의 장기(長技)를 우리도 갖게 될 것입니다."212라고 하여 조총의 보급을 역설하였다.

아울러 중국의 병법을 익히자고도 하였다. "절강(浙江)의 군대가 되돌아가기 전에 대포(大砲)·낭선(狼筅)·창검(槍劍)·기계(器械)를 일일이 모두 배워 한 사람이 열 사람을 가르치고 열 사람은 백 사람을 가르치며 백 사람은 천 사람을 가르친다면 수년 뒤에는 수만의 정병을 얻을 수 있으므로, 적이 다시 오더라도 방어할 수 있습니다."213 하였다. 유성룡은 한양의 건장한 청년을 뽑아 절강의 참장(浙江參將) 낙상지(駱尙志)에게 보내 화포(火砲)의 여러 기예를 익히게 하였다. 이점이야말로 유성룡이 임진왜란 중에 국가를 위해 가장 크게 이바지한 것이 아닐까 생각한다. 그러나 훈련된 병력의 규모는 작았다.

그해 9월에 유성룡은 왕의 부름을 받고 행재소로 돌아갔다. 한 달 뒤에 거가(車駕)

---

211 정경세, 《(유성룡의) 행장》, 《국조인물고(國朝人物考)》, 제3권.
212 정경세, 《(유성룡의) 행장》, 《국조인물고(國朝人物考)》, 제3권.
213 정경세, 《(유성룡의) 행장》, 《국조인물고(國朝人物考)》, 제3권.

를 호종하여 한양으로 돌아왔는데, 도성은 황폐하였고 관사(官司)는 담장만 남았다. 기근까지 겹치는 바람에 도둑이 벌떼처럼 일어났다. 도성은 고립되고 위태로웠으며 인심은 불안하였다.

훈련도감

유성룡은 훈련도감(訓鍊都監)을 설치하여 근본을 강화하자고 주청하였다. 선조는 그에게 훈련도감의 육성을 주관하게 하였다. 당속미(唐粟米, 중국 좁쌀) 1만 석을 밑천으로 수천 명의 병사를 길렀다. 모두 조총과 창도(槍刀)의 기예를 익혀 파총(把摠)이나 초관(哨官)으로 삼았다. 절강의 병법대로 번(番)을 나누어 근무하게 하고, 선조의 행차를 호위하게 하였다. 선조는 그를 영의정(領議政)에 임명하였다.

6. 명나라의 간섭과 내정의 불안

그때 명나라에서는 조선이 쇠약하여 다시는 회복하지 못할 것을 우려하였다. 급사중(給事中) 위학증(魏學曾)이 명나라 조정에 글을 올려, 조선을 분할(分割)하고 임금도 바꾸기를 건의하였다. 다행히도 병부(兵部)에서는 그러한 건의가 잘못되었다고 주장하였다. 병부상서(尙書) 석성(石星)은 명나라 조정을 설득하여 우선 사헌(司憲)을 보내 조선을 타이르는 동시에 나라의 형편을 잘 살피게 하였다.

조선 국왕 선조에게는 매우 충격적인 일이었다. 중국 황제가 보낸 칙서에는 이런 말이 있었다. "우리 조정이 속국(屬國, 조선)을 대하는 은의(恩義)는 여기서 그친다. 지금부터 왕은 (한양으로) 돌아가 자치(自治)하거라. 만약 또 다른 변이 일어나면, 짐(朕)은 왕(선조)을 위하여 아무것도 꾀할 수 없다."[214]

선조는 자신의 형편이 어렵게 된 것을 간파하고, 명나라 사신을 만나 당장에 선위(禪位)하겠다는 뜻을 밝혔다. 한밤중에 선조의 부름을 받고 대궐에 들어간 유성룡은 선조의 선위를 적극적으로 반대하였다.

이튿날 선조는 명나라 사신을 만나 세자에게 왕위를 전하려고 하니, 명나라 조정에 그 뜻을 아뢰어달라고 부탁하였다. 그러나 사신은 그처럼 중대한 일은 선조가 직

---

[214] 정경세, 《(유성룡의) 행장》,《국조인물고(國朝人物考)》, 제3권.

접 문서로 작성하여 명나라에 보내기를 바란다며 완곡히 거절하였다. 그러고는 유성룡을 칭찬하였다.

> "유성룡은 충성심이 특출하고 인의(仁義)가 독신(篤信)하여 중국의 장리(將吏)가 모두 좋아하고 있으니 왕께서는 현상(賢相)을 얻은 것입니다."215

유성룡은 한양에 와 있던 명나라 장수 척금 유격(戚金 遊擊)과도 매우 친하였다. 척금은 유성룡을 만나 지필(紙筆)로 문답하였는데, 서둘러 국왕의 전위(傳位)를 시행한다는 말이 있었다. 그만큼 선조의 위상이 불안하였다.

이에 유성룡은 백관을 거느리고 명나라 사신을 찾아가, 주상(선조)께서는 본래 도적을 불러들일 만큼 실수한 적도 없었고, 난리가 일어난 뒤에는 왜적을 물리치기 위해 매우 세밀하게 조치하였다는 점을 거듭 강조하였다. 그러자 사신은 그 말을 믿고 사실로 인정하였다. 선조의 정치적 위기를 유성룡이 구했다는 뜻이다.

정경세가 쓴 〈행장〉에 따르면, 광해군(光海君)이 세자(世子)로 있으면서 예성(譽聲, 아름다운 명성)이 있었으므로 많은 사람들이 왕의 자리를 바꾼다고 하여도 놀라워하지 않았다. 그런데도 유성룡은 홀로 성의를 다해 선조의 자리가 흔들리지 않게 보필하는 데 온 힘을 다했다고 한다. 훗날 광해군이 폭군으로 몰려 왕위를 빼앗긴 사실을 염두에 두고, 정경세는 스승 유성룡의 선견지명을 은근히 칭찬한 것이다. 아울러 임진왜란이 끝날 무렵 선조가 유성룡을 조정에서 내친 일을 간접적으로 비판한 것이다. 곰곰 생각해 보면, 일국의 영의정이 외세의 압력으로 국왕이 바뀌는 것을 그대로 방관할 수는 없는 일이다. 그런 점에서 그때 유성룡이 선조를 위해 한 언행은 특별한 일이었다고 보기 어렵고, 오히려 당연한 일이었다.

난리는 계속되었고 내정은 여전히 불안하였다. 선조 26년 12월에는 충청도에서 송유진(宋儒眞) 등이 무리를 모아 격문(檄文)을 돌리고 약탈을 일삼으려 북상하였다. 왜적은 남쪽에 웅크리고 있는데, 내란이 일어났다. 도성의 민심이 크게 동요하였으나 유성룡의 행동은 평소와 다름이 없었다. 선조가 그에게 궁중에 들어와 숙직하라고 명하자, "지금처럼 위태롭고 의심이 많은 시기에 갑자기 대신(유성룡)에게 궁중에 들어와 숙직하라 명하시면, 백성들의 마음을 더욱 놀라게 할까 걱정입니다."216라고 반대의 뜻을 밝혔다. 선조는 유성룡의 신변을 염려하여 대궐에 들어오라고 한 것이나, 유

---

215 정경세, 〈(유성룡의) 행장〉, 《국조인물고(國朝人物考)》, 제3권.
216 정경세, 〈(유성룡의) 행장〉, 《국조인물고(國朝人物考)》, 제3권.

성룡은 개의하지 않았다고 한다.

7. 일본과의 강화에 앞장선 꼴

선조 27년(1594)에 유성룡은 〈차자〉를 올려 시무(時務)를 논하였다. 나라의 근본을 강화하고, 지출을 줄여 식량을 비축하며, 군사를 선발하고 훈련하는 일에 관한 방책이었다. 그때 예상했던 어려움이 발생하였다. 여러 해가 지나도록 왜적이 물러가지 아니하자 중국에서는 왜적이 친교(親交)를 청하면 그 말을 들어주고 군대를 거두는 것이 국익에 도움이 된다고 보았다. 병조 상서 석성이 그런 논의를 주장하였고 과도관(科道官, 명나라의 감찰어사와 급사중)은 이를 반대하였다. 이 문제로 송응창 경략(宋經略)은 파직되었고, 시랑(侍郞) 고양겸(顧養謙)이 그 자리를 대신하였다. 그때부터 왜적과의 화친이 주요한 현안으로 떠올랐다. 결과적으로, 이 문제는 유성룡의 정치적 행로에 매우 큰 영향을 끼친 중요한 일이었다.

명나라 조정은 선조 27년 4월에 참장(參將) 호택(胡澤)을 보내 우리나라 대신(유성룡 등)들을 타일렀다. 일본을 설득해 명나라에 봉공(封貢, 벼슬을 봉하여 주고 조공하게 함)하게 하라는 것이었다. 우리 조정의 논의는 대신마다 의견이 제각각이어서 오래도록 결정이 나지 않았다. 유성룡은 일본에 봉공을 요청하는 것은 안 될 일이지만 적정(賊情, 왜적의 사정)을 자세히 조사하여 중국에 알리는 것이 좋겠다고 하였다. 그러면서 최종적으로는 중국의 방침에 순응하자고 말하였다.

호택(胡澤)은 우리나라에서 명나라에 올리는 〈주문(奏文)〉에 반드시 봉공을 요청하는 글을 쓰도록 강요하였다. 유성룡은 쓰기를, "위엄을 보여 그 완악함을 징계하고, 기계(奇計)로 얽어 화를 그치게 하소서. … 시기에 따라 정세를 살핌은 오직 성조(聖朝)에서 선택할 일입니다."217라고 하였다. 공이 글을 다 쓰자 호택은 그 말이 불쾌하다고 싫어하여 "계(計, 계책)" 자를 "관(款, 친분)" 자로 고쳐서 가져갔다.218 그래서 왜적과 기이한 친분, 즉 강화를 맺어 화를 멈추게 하라는 요청이 되었다. 이는 유성룡의 변명이었고, 결과적으로는 그가 호택의 요구에 굽힌 것이 엄연한 사실이었다.

훗날 유성룡은 이 문제로 여러 사람의 공격을 받았다. 앞에서 살핀 것처럼 조목과

---

217 정경세, 〈(유성룡의) 행장〉, 《국조인물고(國朝人物考)》, 제3권.
218 정경세, 〈(유성룡의) 행장〉, 《국조인물고(國朝人物考)》, 제3권.

이이첨 등 다수의 선비가 유성룡을 심하게 비판하였다. 정경세는 유성룡의 관점에서 다음과 같이 변호하였다.

> "그때 친교를 받아들이자는 논의는 중국에서 주도하고 있었으며, 우리나라는 (중국의) 명령을 받는 형세였다. 그러므로 어쩔 수 없는 일이었다. 그런데도 후일에 공(유성룡)을 공격하는 사람들은 (이 일을 가지고) 주화자(主和者)라고 지목하였다. 그 모함은 심한 것이었다."[219]

혹자는 정경세의 변호가 타당하다고 생각할 것이다. 칼자루는 중국이 쥐고 있었다는 설명은 어느 정도 사실이었다. 그러나 유성룡이 끝까지 강화를 반대하였더라면 달라질 수도 있었을 것이다. 중요한 사실은 그가 반대 의사를 고집한 것은 아니었다는 점이다. 일본과의 화친에 관한 그의 반대는 다분히 형식적인 것으로 보였고, 그런 점에서 유성룡을 '주화오국'이라고 비판한 조정 여론이 완전히 그릇된 것이라고 말하기 어렵다.

8. 불길한 징조

선조 28년(1595)이 되자 호남의 선비 나덕윤(羅德潤) 등이 상소하여 기축년(1589년)에 정여립 사건으로 억울하게 죽은 이들의 원통함을 씻어달라고 요청하였다. 그 사건에 연루된 선비들 가운데 생존자는 이미 사면의 특전을 받았으나, 죄명을 쓰고 죽은 정개청(鄭介淸)과 유몽정(柳夢井) 및 이황종(李黃鍾) 등은 아직 복권되지 못한 상태였다. 유성룡은 선조에게 건의하여 그들을 모두 용서하게 하였다. 이는 각지의 민심을 안정시키는데 상당한 도움이 되었다.

선조 28년 10월에 유성룡은 경기·황해·평안·함경 4도 도체찰사(都體察使)에 임명되었다. 그는 4도의 관찰사에게 글을 보내 군사를 훈련하게 하였다. 그 이듬해에는 〈연병규식(鍊兵規式)〉을 제정하여 훈련을 더욱더 체계적으로 할 수 있게 도왔다.

전란은 사실상 선조 26년부터 소강상태에 빠졌다. 대치 상태는 계속되었고, 승부수 같은 것은 없었다. 이렇다 할 전투도 벌어진 적이 거의 없었다. 답답하고 느슨한

---

[219] 정경세, 〈(유성룡의) 행장〉, 《국조인물고(國朝人物考)》, 제3권.

분위기가 끝없이 이어지는 가운데 명나라의 병부 상서 석성이 부하를 보내 왜장 고니시 유키나가 측과 사기성 강화 협상을 진행하고 있었다. 그런데 선조 29년(1596) 4월에 드디어 초대형 외교 군사적 사건이 벌어졌다. 왜적과의 사기성 강화 회담이 막바지에 이르러 파탄 날 징후가 보인 것이다.

명나라 조정에서는 이종성(李宗誠)과 양방형(楊方亨)을 책봉사(冊封使)로 파견하여 평수길(平秀吉, 도요토미 히데요시)을 일본(日本) 국왕(國王)으로 봉하려 하였다. 이런 일은 그 자체가 처음부터 도요토미 히데요시의 의지와 무관한 것이었다.

명나라 사신 이종성은 부산의 왜영(倭營)에서 일본으로 출항하기 직전에 혼자 적진을 빠져나와 도망쳤다. 이 소식이 알려지자 도성의 민심이 들끓었고, 그런지 수일이 지나자 다시 피란을 떠나는 사람들이 부지기수였다. 위로 재상과 대간(臺諫) 그리고 선조를 최측근에서 모시는 근시(近侍)들도 가족을 은밀히 도성 바깥으로 내보내는 사람이 많았다. 사람들은 곧 전쟁이 재발할 것으로 믿었다. 그 판단은 잘못된 것이 아니었다. 유성룡은 인심을 수습하기 위해 분주히 움직였으나 뜻대로 되지 않았다.

설상가상으로 그해 7월에는 충청도에서 이몽학(李夢鶴)이 난을 일으켜 연이어 두 고을을 함락시키고 그 지방의 거점인 홍주(洪州)를 포위했다. 다행히 목사(牧使) 홍가신(洪可臣)이 지략을 갖춘 관리여서 난리를 쉽게 평정하였다. 유성룡은 대신으로 옥사를 처결하였는데, 매사를 공정하고 원만하게 판단해 모두 감복하였다고 한다.

그 이듬해 정유년, 즉 선조 30년(1597) 초에 평행장(平行長, 고니시 유키나가)이 중간에 사람을 두고 김응서(金應瑞)를 움직였다. 침략의 원흉 가등청정(가토 기요마사)이 일본에서 출정하니 주사(舟師, 수군)로 바다에서 요격하면 사로잡을 수 있다는 정보가 조선 측에 전달되었다. 조정에서는 이순신에게 명령해 가토를 요격하라고 했는데, 효과는 없었다. 가토는 무사히 바다를 건너 경상도 해안으로 진출하였다. 이 문제로 조정이 크게 시끄러웠다. 정경세는 그 사건에 관해 다음과 같이 자세히 서술하였다.

> "통제사(統制使) 이순신(李舜臣)이 한산도(閑山島)에 주둔하면서 여러 번 왜병을 격파하였다. 그러자 행장이 이를 근심하여 허실을 엿보려고 하였다. 이순신은 (적이 준 정보가) 거짓임을 의심하였으나 조정에서는 (출전을) 독촉하였다. (그 때) 충청병사(忠淸兵使) 원균(元均)이 이순신의 공이 높은 것을 시기해 (이순신더러) 머뭇거린다고 상소하였다. 그러자 이순신은 어쩔 수 없이 군을 출동시켰으나 청정은 벌써 (경상도로) 되돌아온 뒤였다.
> 임금은 이순신이 군기(軍機)를 그르쳤다 하여 처벌하고 원균에게 대신하게 하려고 하였다. 그러자 공(유성룡)이 아뢰기를, '통제사는 이순신이 아니면 안 됩니

다. 지금 사태는 급한데 장수를 바꾸어 한산을 지킬 수 없게 한다면 호남을 보호할 수 없습니다.'라고 하였다.
임금이 화를 내며 비변사(備邊司)가 아부만 하고 정직하지 못하다고 하였다. 그러자 모두 두려워해서 감히 말하지 못하였다. 이런데도 공은 나라의 성패가 달렸다며 강력히 반대하였다.
임금은 그 의견을 받아들이지 않았고 이순신은 끝내 벌을 받았다. 그 후 원균은 과연 크게 패하여 공의 말대로 호남이 무너지고 말았다."[220]

이와 같은 서술이 《징비록》에도 그대로 나와 있으나, 앞에서 따져보았듯 사실과 다른 이야기가 진실과 뒤섞여 있다. 이순신은 원균의 모함에 걸려 통제사 자리를 잃은 것이 아니었다. 그리고 유성룡은 조정에서 끝까지 이순신을 변호하고 통제사의 교체를 한사코 반대한 것도 아니었다. 이것은 그가 여론에 떠밀려갔다고 해야 맞는 설명이다.

9. 유성룡의 내리막길

선조 31년(1598) 가을, 조정에서는 유성룡을 배척하는 분위기가 조성되었다. 정경세는 그 일을 다음과 같이 서술하였다.

"무술년(戊戌年, 선조 31년) 9월에 병부 주사(兵部主事) 정응태(丁應泰)가 20개 죄목(罪目)으로 경리(양호)를 핵주(劾奏)하니, 임금이 좌의정 이원익(李元翼)에게 〈주문(奏文)〉을 주어, (연경에) 가서 해명하게 하였다. 정응태가 그 소식을 듣고 크게 화를 내며, 우리가 (중국 조정을) 기만하려 든다며 아울러 탄핵하고, 왜(倭)와 (조선이) 통모(通謀)한다고 무고하였다.
임금(선조)이 분개해 시사(視事)하지 않고 피위(避位) 하려 하자 공이 백관을 거느리고 그럴 수 없는 일이라고 쟁론하였다. 대신을 (중국에) 보내 변무(辨誣) 하는 문제를 논의하던 중 이이첨(李爾瞻)은 당시 지평(持平)으로서 공을 탄핵하였다. 공이 (중국에 사신으로) 가기를 자청하지 않아, 대신으로서 나라를 생각하는 의리가 없다고 비난하였다.
윤흥(尹宖)·유숙(柳潚) 및 무뢰한 유생(儒生) 홍봉선(洪奉先)과 최희남(崔喜男) 등이 간사한 자의 사주를 받아 연이어 상소하여 힘을 다해 공격하였다. 그러나

---
[220] 정경세, 〈(유성룡의) 행장〉, 《국조인물고(國朝人物考)》, 제3권.

임금이 받아들이지 않았다. 이때 공이 여러 번 차자를 올려 스스로 탄핵하였는데 윤허받지 못하고, 곧 성 밖으로 나가 왕명을 기다리며 세 번 자자를 올렸다. 그래도 윤허받지 못하였다.
10월에 체직되어 부원군(府院君)에 봉해졌다. 언자(言者, 언관)가 계속 쟁론하여 11월에는 파직되어 (고향으로) 돌아갔다. … 12월에 공의 관작을 삭탈하였다."221

이상의 기록을 정리하면 다음과 같이 네 가지로 간추려진다. 첫째, 왜란이 끝나고 명나라의 관리 정응태와 명나라 장수 양호 사이에 분쟁이 일어났다. 그런데 조선이 그 틈바구니에 끼어들어 명나라 조정의 의심을 샀다.

둘째, 선조는 큰 곤경에 빠지게 되자 유성룡과 같은 정승이 중국에 찾아가서 해명하기를 바랐다. 그러나 유성룡을 그럴 뜻이 없었다.

셋째, 조정의 안팎에서 유성룡의 처사를 비난하자, 유성룡도 사직을 결심하였다. 그런데 그 일이 쉽게 처리되지 않았다.

넷째, 선조 31년 12월에 선조는 유성룡의 모든 관직을 빼앗았다. 유성룡은 사실상 죄인의 몸이 되었고, 정권은 반대파인 북인에게 넘어갔다.

10. 호성공신에 책봉해

그러나 선조는 유성룡을 곧 용서하였다. 선조 32년(1599) 6월에 유성룡에게 직첩을 돌려주라고 했는데, 삼사의 반대가 극심하여 성사되지 않았다.222 한 해가 지나 선조 33년(1600) 11월에 왕은 기어이 유성룡에게 직첩을 돌려주었고, 12월에는 다시 기용하겠다는 뜻을 밝혔다.223 유성룡에 대한 선조의 사랑은 참으로 깊어, 선조 35년(1602)에는 "염근(廉謹, 청렴하고 근신함)"한 신하 즉, 청백리로 이름을 올렸다. 선조 37년(1604) 7월에는 호성(扈聖)공신으로 책봉하였다(제2등). 그해 9월에는 충훈부(忠勳府)에서 화사(畵師)가 내려가서 초상화를 그리게 하였으나, 유성룡이 녹훈(錄勳)을 사양한다면서 한양으로 돌려보냈다.224 그 이듬해 정월에 공신들의 회맹이 있었다.225

---
221 정경세, 〈(유성룡의) 행장〉, 《국조인물고(國朝人物考)》, 제3권.
222 정경세, 〈(유성룡의) 행장〉, 《국조인물고(國朝人物考)》, 제3권.
223 정경세, 〈(유성룡의) 행장〉, 《국조인물고(國朝人物考)》, 제3권.
224 정경세, 〈(유성룡의) 행장〉, 《국조인물고(國朝人物考)》, 제3권.
225 정경세, 〈(유성룡의) 행장〉, 《국조인물고(國朝人物考)》, 제3권.

그로부터 3년 뒤인 선조 40년(1607) 5월 13일(정묘)에 유성룡은 타계하였다. 세상을 떠날 때가 되자 그는 당(堂)에 자리를 펴게 하고 북쪽을 향하여 바로 앉아 편한 마음으로 서거(逝去)하였다고 한다.226

제자 정경세는 유성룡의 능력과 성품을 아래와 같이 칭송하였다.

> "경제(經濟, 경세제민 經世濟民)하는 일에는 늘 뜻을 두어 (공은) 예악(禮樂)과 교화(敎化) 외에도 치병(治兵)과 이재(理財) 등의 사무를 자세히 연구하지 않은 것이 없었다. 재능은 족히 그러한 사무에 응할 수 있었고 학식은 족히 그 쓰임을 다 하였다.
> 더욱이 임금의 마음을 바르게 하는 것이 정치를 안정시키는 근본이라 여겨, 등대(登對)할 때마다 정백(精白)하고 한결같은 마음으로 성의(誠意)를 다해 의리(義理)를 개진하였다. 그 말이 자세하고 간절하여 선묘(宣廟, 선조)가 매우 소중히 여겼는데, (공을) 바라보면 공경하고 싶은 생각이 저절로 든다고 여러 번 탄복하였다."227

요점을 간추려 보면 다음의 두 가지이다. 하나는 유성룡의 학식과 재능이 여러 분야에 고루 미쳤다는 점이다. 그가 대단한 수재였다는 점은 틀림없는 사실이었다. 또 하나는 선조가 유성룡의 능력과 인품에 늘 감탄하였다는 사실이다. 그래서 선조는 그에게 10년 동안이나 정승 자리를 맡겼다. 마지막에는 여론을 의식해 조정에서 그를 내쫓았으나 서둘러 화해를 꾀한 것으로 여겨진다.

한마디로, 유성룡은 한결같이 선조의 총애를 받은 재사였으나 아쉬운 점도 있었다. 국가를 위해 큰 계획을 세우고 이를 줄기차게 밀어붙이는 힘이 그에게는 부족했다. 또 도량도 넓은 편이 아니라서 끝내 자신의 정치적 당파성을 탈피하지 못하였다.

---

226 정경세, 《(유성룡의) 행장》, 《국조인물고(國朝人物考)》, 제3권.
227 정경세, 《(유성룡의) 행장》, 《국조인물고(國朝人物考)》, 제3권.

제5절
이산해의 유성룡 비판

만일 왜란 때 명나라가 전쟁에 개입하지 않았더라면 어떻게 되었을까. 조선이 홀로 일본 침략군을 물리치기는 어려웠을 것이다. 그런 점에서 이른바 '재조지은(再造之恩)', 즉 '나라를 다시 일으켜준 은혜'라는 표현이 완전히 허무맹랑하다고 보기는 어렵다.

1. 병부상서 석성이 유공자

조선 후기 실학자 성호 이익은 그 표현에 관해서 다음과 같이 반론을 폈다.

> "지금 사람들은 입만 열면 임진년(선조 25, 1592)의 (난리에 명나라가 조선을) 재조(再造)한 은혜(恩)를 칭송한다. 그러나 이는 괜한 허명(虛名)일 뿐, 실심(實心)으로 하는 말은 아니다."[228]

명나라가 군대를 보내 도와준 덕분에 조선이 되살아났다고 많은 사람이 말하지만, 진심이 담긴 표현은 아니란 것이다. 그럼 왜란을 극복하는 데 명나라가 이바지한 점은 없었다는 뜻인가? 이익의 생각은 이랬다.

> "임진년에 명(明)나라 군사가 우리나라로 나오게 된 것은 그 공이 오로지 석성(石星) 한 사람에게 있었다. 그러므로 (나라를) 재조(再造)한 은공은 오직 석성 한 사람에게 해당한다."[229]

---
228 이익, 《성호사설》, 제23권, 〈석성(石星)〉.
229 이익, 《성호사설》, 제23권, 〈석성(石星)〉.

명나라가 군대를 보내준 덕분에 조선이 되살아난 것은 맞는 말이지만 그것은 파병에 힘써준 그 당시 명나라의 병부상서(조선의 병조판서에 해당) 석성의 공이라는 견해이다.

알다시피 왜란이 일어났을 때 조선은 즉각적으로 명나라에 파병을 요청하였다. 그러나 그에 반대하는 여론이 명나라 조정 안에 무성하였다. 그들의 반대를 무릅쓰고 관철한 이가 병부상서 석성이었다. 당시 명나라 대신들은 굳이 조선에 군대를 보내지 말고 사태를 좀 더 관망하자고 하였다. 이익은 다음과 같이 그때 사정을 분석했다.

> "중조(中朝, 명나라)에서는, '중국이 한 외번(外藩, 조선)을 위해 재력(財力)을 탕진할 수는 없다. 그렇다면 조선국을 두 개로 나누고, 적을 능히 막을 만한 사람을 골라 나라를 맡기는 것이 좋겠다.'라는 의논이 많았다. 중국의 이익을 고려해 보면 나쁜 계책은 아니었다."230

이러한 여론을 꺾고 석성은 조속한 파병을 관철하였다. 조선이 망하면 중국은 바로 일본의 침략을 받게 되므로, 그렇게 한가한 논의를 벌일 때가 아니라며 그는 명나라 조정을 설득했다. 이미 의주까지 피난한 선조가 왜적을 피해 압록강을 건너기만 하면, 그날로 조선은 망할 것이라는 우려에서 나온 견해였다.

선조가 의주라는 피난지를 선택한 것은 군사 외교적으로는 탁월한 선택이었다. 물론 이와 같은 선택은 왕 한 사람의 결정은 아니었다. 북인의 영수 이산해 등은 한양을 떠날 때부터 의주를 가장 훌륭한 피난지로 점쳤다.

2. 조선, 명나라 그리고 일본의 재정 파탄

임진왜란이 일어난 선조 25년부터 명나라는 허다한 인적 물적 자원을 조선에 쏟아부었다. 그들의 후원은 지루하고도 파괴적인 그 전쟁이 끝날 때까지 계속되었다. 그 비용과 인적 투자는 정확히 얼마쯤이었을까? 성호 이익은 여러 문헌에서 조사한 결과를 다음과 같이 요약하였다.

---

230 이익, 《성호사설》, 제23권, 〈석성(石星)〉.

"그 당시에 천자(天子, 명나라 황제)가 절(浙)·섬(陝)·호(湖)·천(川)·운(雲)·귀(貴)·면(緬) 등 (중국) 남북의 군사를 줄동시킨 것이 21만 명이 넘었다. 그리고 군량을 사들이는 데 쓰인 은(銀)만도 8백83만 냥이 넘었다. 이로 말미암아 중국의 남쪽 백성은 재력이 거의 탕진되었다. 이것(명나라 원군의 출동)이 어찌 우리나라의 신하 한두 명이 하소연해서 될 일이었겠는가?"231

앞뒤로 7년 동안 명나라에서 조선에 보낸 장정이 21만 명이오, 그 출신 지역으로 보면 절강성, 섬서성, 호남성, 사천성, 운남성, 귀주성 그리고 미얀마에 이르렀다. 주요한 전쟁물자인 대포와 총칼 및 화약에 든 비용 같은 것은 그만두더라도 군량을 마련하는데 소요된 은화가 8백만 냥도 넘었다. 결과적으로 명나라의 재정이 고갈될 지경이었다.

알다시피 임진왜란 이후 명나라는 북쪽에서 일어난 만주족의 도전을 이기지 못하고 멸망해 버렸다. 명나라는 임진왜란에 참전한 결과 만주족을 다스리지 못해 망국의 길에 빠져들었다고도 볼 수 있다.

임진왜란은 당사국인 조선을 비롯하여 후원자인 명나라 및 침략자인 일본에 이르기까지 막대한 인원과 비용을 소모한 일종의 블랙홀이었다. 일본의 경우를 간단히 살펴보면 임진년과 정유년에 2차례나 조선을 침략하느라 30만 명가량의 병력을 동원하였다. 7년간의 전쟁이 일본에 실질적 성과도 없이 끝나자 일본의 재정은 거의 파탄 상태였다. 많은 일본 농민이 굶주림에 시달렸다는 것은 누구나 아는 일이다.

조선의 형편은 세 나라 가운데서도 가장 끔찍하였다. 국토가 황폐해지고, 전국의 관청 건물과 문헌은 불타서 거의 다 없어지고, 숫자를 헤아릴 수 없이 많은 백성이 전쟁과 질병으로 죽고, 유이민이 되어 어디론가 떠나갔다. 왜적의 포로가 되어 이국땅으로 끌려간 사람도 부지기수였다. 만일 그때 명나라의 도움이 없었더라면 조선은 나라를 보존하기 어려웠을 것이다.

3. 실망스러운 전투 능력 – 원균, 이순신 그리고 진린은 예외

하지만 동시대인이 남긴 여러 기록을 종합해 보면, 명나라의 군사 위력은 인상적

---

231 이익, 《성호사설》, 제23권, 〈석성(石星)〉.

이지 못했다. 참전한 중국인들로서야 굳이 남의 나라를 위해서 목숨을 걸 이유도 없었을 것이다. 그런 점을 두루 고려하더라도 명나라 군대는 일본군의 적수가 되지 못해 그 많은 왜성 하나도 제대로 빼앗지 못하였다.

조선의 자구(自救) 능력은 기대 이하로 실망스럽기 짝이 없었다. 임진왜란 때 조정 대신이었던 북인의 영수 이산해는 왜란 직후 선조에게 올린 〈차자〉에서 이렇게 주장하였다.

> "아, 10만이나 되는 (명나라) 병사를 불러와서 무슨 일을 이루었으며, (비변사의 주장으로 여기저기에) 수십 개의 성을 쌓았으나, 과연 무슨 공을 세웠습니까?"232

선조 31년(1598) 겨울에 일본군이 물러간 직후에 쓴 글이었는데, 이산해의 눈에 비친 영의정 유성룡의 노력은 그리 대단하지 못했다고 여겼다. 이산해는 왜란 때 적을 물리친 공을 세운 장수가 극히 드물었다고 하면서 다음과 같이 서술하였다.

> "(많은 사람이) 거론하는 것(대승)은 원균(元均)이 (부산) 가덕(加德)과 한산(閑山)에서 승리한 것과 이순신(李舜臣)이 노량(露梁)에서 세운 대첩(大捷)입니다. 중국의 명장이 천토(天討)를 엄숙하게 실시하여 (한때) 군병의 위엄이 크게 치성하였습니다. 그러나 오히려 남원(南原)이 함락되고, 진주(晉州)가 무너지고, 도산(島山)에서 퇴각하는 사태가 서로 잇따랐습니다. 그중(명나라 군대 중)에는 유독 진 제독(陳提督, 진린)만이 수천 명의 군사를 이끌고 해상(海上)에서 적을 무찔러 죽였습니다."233

이산해는 조선 수군의 명장 원균과 이순신이 바다에서 거둔 승리가 볼만하였다고 기술하였다. 반면에 명나라 군대는 처음에만 평양성을 회복하는 등 위세가 높았으나, 시일이 갈수록 성과가 없었다고 혹평하였다. 그는 명나라 군대의 활동을 분석해 보아도 손꼽히는 장수는 역시 수군 제독 진린(陳璘)뿐이었다고 평가하였다.

과연 명나라 조정에서도 왜란에 참전한 많은 장수 가운데서 진린의 공적을 최고로 삼았다. 진린은 명나라로 돌아간 뒤에 조선에서 세운 공을 인정받아 호광총병(湖廣總兵)을 지냈다. 만력 27년(1599)에는 명나라 조정으로부터 큰 상을 받기도 하였는데, 훗날 명나라가 망하자 그의 후손들이 조선으로 망명하여 전라도 해남에 정착하였다(광

---

232 이산해, 《아계유고》, 제5권, 〈당시의 폐단을 아뢰는 차자〉.
233 이산해, 《아계유고》, 제5권, 〈당시의 폐단을 아뢰는 차자〉.

둥진씨).

4. 《징비록》과는 너무도 다른 평가

조선 선조 때 이름 높은 문신으로 영의정을 세 번이나 지낸 이산해가 왜란 당시 가장 훌륭한 장수로 이순신과 함께 원균을 손꼽은 사실에 대해 의아하게 여길지도 모르겠다. 동시대의 인물로 역시 영의정을 지낸 유성룡이 기회가 있을 때마다 원균을 비방한 것과는 너무나도 다른 평가였기 때문이다.

유성룡은 《징비록》과 그 밖의 여러 글에서 조선이 왜란의 위기를 벗어날 수 있었던 것은 순전히 이순신의 힘이라고 보았다. 그는 왜란에 관한 자신의 경험과 생각을 총정리한 책, 《징비록》에서 원균을 매우 부정적인 인물로 깎아내렸고, 조선 수군이 이룩한 모든 공을 이순신 한 사람에게 돌렸다.

그러나 우리는 이미 앞에서 《징비록》의 편찬 동기를 살펴보았고, 그 내용에 신빙성이 부족하다는 사실을 낱낱이 따져보았다. 그런데도 이산해의 주장, 즉 "원균(元均)이 (부산) 가덕(加德)과 한산(閑山)에서 승리한 것과 이순신(李舜臣)이 노량(露梁)에서 세운 대첩(大捷)"234이라는 말은 너무나 생소할 수 있다.

이산해는 선조에게 올린 공식 문서인 〈차자〉에서 이처럼 당당하게 자신의 견해를 개진하였다. "가덕과 한산에서 승리한 것"이라면 한산대첩을 비롯해 왜란 초기에 조선 수군이 거둔 주요한 승리를 거론한 것이다. 그리고 "노량에서 세운 대첩", 즉 이순신이 순국한 노량해전만이 이순신의 대표적인 전공이라고 말했다.

오늘날의 통념과는 너무도 달라 이산해의 논지를 수용하지 못할 이가 많을 줄 안다. 그런데 이산해는 세상일에 어두운 한낱 촌로(村老)가 아니다. 그는 오랫동안 국정 현안을 직접 다룬 재상이요, 국가의 최고 원로 가운데 한 사람이었다. 과연 이산해의 주장이 옳은지를 우리는 자세히 따져보아야 한다. (제2부)

---

234 이산해, 《아계유고》, 제5권, 〈당시의 폐단을 아뢰는 차자〉.

5. 조정의 수군 지원은 낙제점

7년에 걸친 왜란에서 "가성비"가 가장 컸던 조선의 부대는 수군이었다. 이산해는 이 점을 날카롭게 파고들었다.

> "지금 우리 주사(舟師)에 드는 비용을 여기(명나라 군대의 출동비나 조선의 산성 건축비)에 비하면 백 분의 일천 분의 일도 되지 않았습니다. 그런데도 효과로 보면 (우리 수군은) 튼튼하기가 금성탕지(金城湯池, 최고의 요새)와 같았습니다. (수군을 위해) 한 개의 보장(保障)을 한다면, 산성을 금방 쌓았다가 금방 폐지한 사실에 비추어 보든가, (십만 명의) 중국 군대가 왔다가 그냥 돌아간 점에 견주어 볼 때 그 차이가 만만(萬萬) 배 이상이었습니다."235

이산해는 왜란 중에 조정이 수군에 좀 더 과감하게 많은 투자를 하지 못한 사실을 아쉬워하였다. 영의정 유성룡이 이끌던 조정에서 자신은 소수파라 대세에 영향을 미치지 못한 과거를 안타까워하였다. 우리는 "명재상 유성룡"이 왜란의 위기를 가장 슬기롭게 극복했다고 칭찬한다. 유성룡이 훌륭한 재상이라는 평가가 사실에서 완전히 어긋나지는 않을 것이다. 그러나 실상을 정확히 알지 못하고 무조건 미화하면 역사를 왜곡하는 결과가 된다.

수군 전투력의 진실

《징비록》은 마치 유성룡이 온갖 힘을 대해 이순신의 수군을 양성한 것 같은 느낌을 준다. 그러나 이산해의 눈으로 보면 우리가 상상하지 못할 만큼 수군에 대한 지원이 부족하였다.

> "원균이 (선조 30년 2월 하순에 이순신을 대신해 통제사로) 부임하라는 명령을 받았을 때 (조선 수군의) 전함은 1백여 척이라고 하였습니다. 그런데 그중 적을 제어하는 데 쓸만한 전함은 60~70척이 될까 말까 하였습니다. 원균이 (왜적에게) 패배하고 나서 이순신이 흩어지거나 불에 타다 남은 나머지 배를 수습하고 보철(補綴, 보수)하자 겨우 30여 척이 되었습니다. 이밖에는 하나도 쓸모가 없었습니다. 오늘날 (조선의) 주사(舟師)는 과연 실상이 있다고 하겠습니까?"236

---

235 이산해, 《아계유고》, 제5권, 〈당시의 폐단을 아뢰는 차자〉.

흔히 말하기를, 이순신이 통제사였을 때 삼도의 판옥선이 120척이었다고 한다. 그러나 이산해의 평가에 따르면, 그중 쓸만한 것은 겨우 그 반밖에 되지 않았다는 것이다. 원균이 통제사가 되고는 판옥선을 많이 만들어 총수가 180척으로 늘어났다. 그러나 그가 순국한 뒤에는 급감하였다. 이순신이 다시 통제사가 되어 수습한 전함은 30여 척이었다고 했다. 이산해가 이 〈차자〉를 지어 선조에게 올린 시점은 노량해전도 끝난 다음으로, 임진왜란이 막을 내린 직후였다.

"오늘날 (조선의) 주사(舟師)는 과연 실상이 있다고 하겠습니까?"[237]

이산해가 던진 이 짤막한 질문 속에 왜란 당시의 집권층을 향한 비판이 숨겨져 있다. 왜란 때 조정을 제대로 이끌지 못한 유성룡과 그 동료들을 겨냥해 뼈아픈 비판의 화살을 쏜 셈이다.

6. 《징비록》을 넘어

요컨대 《징비록》은 조선 후기부터 국내외의 호평을 받은 책이었지만, 자세히 살펴보면 사실관계가 잘못 기술되어 있기도 하고 저자의 주관적인 평가가 사실 자체를 왜곡한 부분도 많다. 왜란 때 저자와 함께 조정에서 국정을 논의한 윤근수는 유성룡의 역사 서술이 편파적이고 자화자찬에 기울었다는 점을 지적하기도 하였다. 또, 대신 이산해는 영의정 유성룡이 과감하게 위기에 대처하지 못한 점을 비판하기도 하였다.

《징비록》을 무조건 수용하면 역사를 왜곡하게 될 것 같은 걱정이 든다. 지금까지 위에서 검토한 바를 간단히 정리하면 다음의 다섯 가지로 요약할 수 있겠다.

첫째, 원균에 관한 《징비록》의 서술은 신빙성이 거의 없다는 사실이다. 유성룡은 처음부터 원균-이순신의 진실을 서술하는 데 관심을 두지 않았던 것 같다. 그는 '영웅 이순신'의 신화를 창조하는 소재로 "악인 원균"의 모습을 만드는 데 심혈을 기울인 것으로 보인다. (제1절)

둘째, 유성룡이 《징비록》이란 일종의 회고록을 집필한 동기는 다분히 정치적인 것

---

236 이산해, 《아계유고》, 제5권, 〈당시의 폐단을 아뢰는 차자〉.
237 이산해, 《아계유고》, 제5권, 〈당시의 폐단을 아뢰는 차자〉.

이었다. 왜란 때 자신이 국가를 위기에서 구출하였다는 점, 그리고 그 과정에서 '영웅 이순신'을 발탁하고 끝까지 후원함으로써 큰 족적을 남기게 되었다는 점을 강조하는 데 집중했다. (제2절) 그와 같이 《징비록》을 편찬/저술한 결과, 독자가 이 책에서 기대할 만한 관련 분야의 지식과 정보가 많이 누락되었다. 가령 명나라 군대의 재정지출이나 병력 운용은 유성룡보다 잘 아는 이가 드물었을 터인데, 그가 후세에 남긴 기록은 매우 빈약하였다. 차라리 조선 후기의 실학자 성호 이익이 애써 분석한 자료가 참고할 만하다. 또 명나라의 장수 중에서 수군 제독 진린의 공이 크다고 하는 점이 중국 측 사료에는 많이 보이는데, 《징비록》에서는 거의 침묵하였다. 이 또한 진린의 능력을 저평가한 이순신의 영향 때문인 것 같다.

셋째, 《징비록》을 통해 유성룡이 얻고자 한 정치적 목적은 충분히 달성되었다. 이 책은 국내외를 막론하고 왜란 당시 조선의 속사정을 알려주는 탁월한 '교과서'로 자리 잡았다. 당시 조정에서 고관을 역임한 인사는 여럿이었으나 누구도 《징비록》에 견줄 만큼 내용이 풍부한 회고록을 남기지 않았기 때문에 《징비록》은 후세의 사랑을 받았다. (제3절)

넷째, 유성룡을 명신(名臣)이라고 존경하는 이들이 많았기 때문에, 그의 인품과 업적을 극찬하는 견해도 알아볼 필요가 있다. 제자 정경세(鄭經世)가 저술한 〈행장〉을 통해 유성룡이 역사에 남긴 발자취를 살펴보면, 그가 다재다능하고 국가를 위해 헌신한 학자라는 사실은 의문의 여지가 없다고 본다. 그러나 몇 가지 아쉬움 또는 단점 역시 거듭 확인되었다. (제4절)

다섯째, 유성룡의 비판자였던 이산해의 관점에서 왜란 당시의 현실을 바라보는 것도 유의미한 일이다. 유성룡은 조선 수군과 이순신을 동일시하면서 자신의 능력과 업적을 부각한 것이 엄연한 사실이었다. 그런데 막상 왜란 때 조선 수군의 장비와 전투력을 자세히 들여다보면 조정의 지원이 턱없이 부족하였다는 사실이 드러난다. (제5절)

유성룡이 이끈 당시의 조정은, 수군의 인적 물적 자원을 확충하고 새로운 무기와 전술을 개발하기에는 힘이 미치지 못하였다. 수군의 작전을 지나치게 통제하여, 그 독자성을 보호하고 유지하는 데도 소홀하였다. 결과적으로 수군의 난맥상을 드러나고 말았다. 그리고 그 책임을 원균 한 사람에게 전가한 모양새였다. 《징비록》의 전편에서 유성룡은 자신의 그러한 잘못을 반성한 적이 없었다. 오히려 이순신을 무턱대고 영웅화하고 원균을 악마처럼 비방함으로써 자신에게 쏟아질 비난을 모면하기에 급급하였으니, 안타까운 일이다.

제2부

역사적 진실의 재구성

제2부
역사적 진실의 재구성

元均眞實

왜란이 일어나기 3년 전부터 조정에서는 불길한 조짐을 느꼈다. 선조 22년(1589) 7월에 선조는 전라, 충청 및 경상도에 파견할 병마절도사와 수군절도사를 선택하는 일에 신중하였다. 일본의 침략에 대비하려는 것이었다. 선조 22년 7월 28일에 좌부승지 황우한(黃佑漢)은 비변사의 밀계(密啓)를 아뢰었다. 비변사의 대신과 당상관들이 모여 회의한 결과였는데, 병마사 또는 수사로 적합한 이는 누구인지를 토의한 것이었다. 그때 선조는 서득운을 전라병사로 임명하고, 이혼을 우수사로 보낼 생각이었다. 그리고 신할을 경상좌수사로 삼으려고 했다. 그리고 이경록(李慶祿)과 이순신(李舜臣) 등도 병사 또는 수사로 임용할 계획이었다.1 조정에서는 나름대로 왜란에 대비해 군사력을 강화할 의지를 갖고 있었다. 하지만 갑자기 군사력을 키우는 것은 쉬운 일이 아니었다.

해가 지나 선조 23년(1590)이 되자 새해 벽두부터 일본의 실권자 도요토미 히데요시는 침략 야욕을 노골적으로 드러냈다. 그해 1월 8일에 히데요시는 부하들을 모아놓고 다음과 같이 선포하였다.

"나는 대당(大唐, 중국)의 황제가 될 것이다. 두려워하는 것은 오직 하나, 명나라의 수군(水軍)이 강하기 때문에 중국 땅을 제대로 밟지 못하게 되지 않을까 하는 걱정이 있다."2

여기서 보듯, 히데요시는 처음부터 중국을 정복할 꿈을 가지고 있었다. 그는 명나라의 수군만 두려워하였을 뿐 조선 수군은 안중에도 없었다. 이것이 그의 패착이었.

다시 해가 바뀌었어도 히데요시의 야망은 줄어들지 않았다. 그의 침략 의지는 더욱더 뚜렷하였다. 선조 24년(1591)에 히데요시는 조선의 국서(國書)에 답신하면서 다

---
1 《실록》, 선조 22년(1589) 7월 28일.
2 한치윤, 해동역사 제61권, 왜적(倭賊)을 막은 데 대한 시말(始末) 1.

음과 같이 으름장을 놓았다.

> "나는 대명국(大明國)에 쳐들어가 중국 400여 주의 풍속을 우리나라(일본) 풍속으로 바꾸려고 한다. 천자(天子)의 도성을 차지하여 교화(敎化)를 무궁한 세월 동안 베풀 생각이다. 만약 귀국이 앞장서 명나라로 쳐들어간다면, 장래 희망이 있겠고, 오늘의 걱정은 사라질 것이다."3

히데요시의 공갈과 협박이 노골화되자 조선은 다가올 침략전쟁에 착실히 대비하지 않을 수 없었다. 원균과 이순신이 전라도와 경상도의 수군절도사에 거론된 배경도 바로 이것 때문이었다. 전쟁은 갑자기 일어났지만, 그 조짐은 여러 해 전부터 뚜렷하였다. 김성일이 일본에 사신으로 다녀와 전쟁은 일어나지 않을 거라고 보고했지만, 선조와 대신들이 그 말을 듣고 안심했을 리가 없다.

선조 24년 11월에 조선은 위급한 그 사정을 중국에 통보했다. 머지않아 일본이 침략할 것으로 확신했기 때문이다. 명나라는 또 그들 나름으로 히데요시의 침략 가능성을 점쳤다. 일본에 거주하는 중국인이 명나라 조정에 사태의 심각성을 알려온 터였다. 그러나 명나라는 일본군의 침략을 과소평가하였다. 조선에서 전면적인 침략전쟁이 일어나기보다는 조선의 연해(沿海) 지방을 일본군이 침략하는 정도일 것으로 예측했다.

그러나 일본의 침략 준비는 조선과 명나라의 예상을 훨씬 뛰어넘었다. 일본의 국력은 주변 국가에서 짐작한 것보다 훨씬 강했다. 히데요시는 삽시간에 조선을 점령하고, 여세를 몰아 명나라까지도 정복할 뜻이었다. 일본군은 부산에 상륙한 다음에 군기를 엄정하게 단속하였고, 전략적 요충인 부산 일대에 서둘러 일본식 성(왜성)을 쌓았다.

안타깝게도 조선은 일본군과 정면으로 싸울 만큼 강력한 육군을 양성하지 못하였다. 조선군은 적의 공격을 받자 추풍낙엽처럼 무너졌고, 한 가닥 희망이라고는 하루바삐 명나라가 대군을 파견해 일본군을 물리치는 것이었다. 선조는 서둘러 명나라에 원군을 청했고, 그것은 실제로 효과가 있었다. 명나라 군대는 일본군보다 우세하지는 못하였으나 적어도 그들의 침략을 저지할 정도의 실력은 있었다. 침략전쟁이 일어나고 2년 4개월이 지났을 무렵, 선조는 명나라에 대한 감사의 뜻을 다음과 같이 표현하였다.

> "지난해(선조 25) 적군이 변방 고을을 무너뜨리고 승승장구하며 치고 올라왔습니다. 불과 10여 일 만에 한양에 이르렀고, 팔도에 군사를 파견해 동시에 (우리

---

3 한치윤, 해동역사 제61권 / 본조(本朝)의 비어고(備禦考) 1/ 왜적(倭賊)을 막은 데 대한 시말(始末) 1.

를) 공격했습니다. 우리나라는 앞뒤가 서로를 구원하지 못하고 여지없이 무너지고 흩어졌습니다. 왜적의 흉계는 이 한 번의 전쟁으로 우리나라를 모두 집어삼키는 것이었습니다. 만약 천조(명나라)의 위령(威靈)이 멀리 미치어 (왜적을) 위협하지 못했더라면 우리나라가 어찌 오늘날까지 명맥을 보전할 수 있었겠으며, 왜적은 무엇이 두려워 후퇴하였겠습니까."4

육지에서 조선군이 일본군을 대적해 예봉을 꺾을 수는 없었다. 조선은 누란(累卵)의 위기에 빠져 있었다. 원균에 관한 역사적 진실을 기술하고자 한다. 이 작업은 원균이라는 한 장수의 진실에 다가서는 것이자 왜란에 관한 이해를 심화하는 한 가지 방법이다. 세 가지 기록을 바탕으로, 다음의 네 가지 과제를 수행할 것이다.

첫째, 가장 공신력이 높고 누구나 간편하게 이용할 수 있는 사료(史料)인 《실록》을 철저히 고찰하는 것이다. 《실록》에는 왜란에 관한 방대한 기술이 있다. 그중에서 다음의 몇 가지 주제에 초점을 맞출 것인데, 그 하나는 왜란이 발생한 직후에 원균은 무엇을 했는가 하는 질문이다. 또, 그와 이순신의 관계는 어디에 문제가 있었는지도 알아보겠다. 아울러 삼도수군통제사가 지휘하는 수군이 체제상 불안정했다는 문제도 분석의 대상이다. 끝으로, 왜란이 발생하고 5년이 지나자 일본군이 재침할 가능성이 다시 커졌는데, 그것은 왜 그렇게 되었는지도 탐구할 것이다.(제1장)

둘째, 원균의 전기자료에서 역사의 진실을 캐내는 작업도 필요하다. 17세기에 편찬한 〈원균행장〉에는 귀중한 역사적 진실이 숨어 있다. 저자는 대사헌 김간(金榦)인데, 그가 〈원균행장〉을 기술할 때는 원균이 조정에 올린 〈장계〉도 아직 남아 있었다. 선조가 원균에게 하사한 〈유서(諭書)〉도 여러 통이나 존재하였다. 〈원균행장〉은 지금은 사라지고 없는 1차 사료를 기록하고 있다는 점에서 매우 중요한 자료이다.(제2장)

셋째, 왜란 후에 왕명으로 작성한 원균의 〈선무 일등공신 교서〉에도 다른 문헌에서 발견할 수 없는 역사의 진실이 깃들어 있다. 알다시피 선무공신을 책봉하기에 앞서 조정은 수년간 공신도감(功臣都監)을 운영하였다. 도감에서는 전란 때 장수들이 세운 공훈을 엄밀히 평가하는 한편으로, 포상 후보자에 대한 군부의 여론도 함께 조사하였다. 공신의 책봉 과정에서 선조는 여러 관리와 깊이 있는 토론을 벌이며 평가를 최대한 공정하게 하고자 노력하였다. 교서의 작성에도 적잖은 노력을 하였는데, 특히 원균의 〈공신교서〉를 작성하는 데는 정성을 기울인 것으로 보인다. 결과적으로 원균의 공신 교서는 매우 매력적인 자료가 되었다.(제3장)

---

4 《실록》, 선조 27년(1594) 8월 20일.

넷째, 여러 자료를 검토 분석하면 왜란 중에 원균이 구사한 전략과 전술이 윤곽을 드러난다. 그는 과연 어떠한 방법으로 나라를 지키고 침략군을 응징하려 하였을까. 시세의 변화에 따라 원균이 실천에 옮긴 방략(方略)을 단계별로 정리하는 것도 의미 있는 일일 것이다.(제4장)

이상에서 설명한 일련의 작업을 통해 우리는 지금까지 잘 몰랐던 역사적 사실을 발견하게 될 것이며, 원균의 진실에 한 걸음 더 가까이 다가설 수 있을 것이다.

제1장
〈선조실록〉의 행간

　왜란은 다음 3개의 시기로 나누는 것이 일반적이다. 첫째는 선조 25년(1592) 일본군이 침략을 개시한 시기로 그 한 해에 전투가 가장 많았다. 둘째는 명나라와 일본이 강화(講和) 회담을 시작해 전쟁이 소강상태에 빠진 시기이다.(1593~1596년) 셋째는 강화회담이 실패로 돌아가 일본이 2차로 침입한 시기이다.(1597~1598년)[5]
　이러한 시대구분은 일리가 있다고 생각하나, 수군의 관점에서 보면 조금 다르게 나누는 것이 좋다. 수군의 활동을 중심으로 시대구분을 해보면 다음과 같다. 제1기는 수군의 연합함대가 활발하게 활동한 시기로, 선조 25년(1592)과 선조 26년(1593)까지이다. 그 시기에는 삼도 수군이 연합함대를 편성해 많은 전공을 세웠다.
　제2기는 수군의 활동이 위축되고 내적 위기가 팽배한 때이다. 선조 27년(1594)부터 선조 29년(1596)까지가 이에 해당한다. 이 시기에는 원균과 이순신의 갈등도 심해져 마침내 원균이 육군으로 이동하고 수군은 통제사 이순신이 단독으로 이끌었다. 그러나 조정의 기대와는 달리 수군의 활약이 여러모로 저조하였다.
　그리고 제3기는 정유재란이 일어난 선조 30년(1597)과 선조 31년(1598)으로 볼 수 있다. 이때는 원균이 이순신을 대신해 통제사의 임무를 맡았다. 내외의 시련과 위기가 도를 더해 파국을 맞았던 때이다. 그러나 우여곡절 끝에 침략자 히데요시의 죽음으로 침략전쟁도 막을 내렸다. 그리고 이 시기에 조선 수군의 대명사였던 원균과 이순신이 연이어 순국하였다. 그런데 이 글에서는 정유재란이 본격화되기 직전인 선조 30년 6월 초순까지만 다룰 것이며, 나머지는 제3부에서 집중적으로 분석할 예정이다.

---

5 〈신편 한국사〉, 제29권, "조선 중기의 외침과 그 대응"(국사편찬위원회, 2002)에서도 그와 같이 3개의 시기로 나누었다.

제1절
수군 연합함대의 수훈(제1기 1592~1593년)

조정에서는 수군이 일본군 함대를 기습 공격하여 후방을 교란하기를 바랐다. 침략군이 선발대를 싣고 온 함선은 대략 90여 척이어서 무리한 주문은 아니었다고 볼 수 있다. 그러나 남해와 한양의 거리가 멀어 명령 계통이 원활하게 작동하지 않았다. 게다가 일본군 후속 부대가 속속 도착하면서 그들의 함대는 잠깐 사이에 500여 척으로 늘어났다. 판옥선 19척이 전부였을 경상우수영의 전투력[6]으로는 그처럼 거대한 적 함대를 방어할 수 없었다. 조선 수군은 하루빨리 연합함대를 편성해야 옳았다. 원균은 전쟁이 시작되자마자 연합함대를 편성하려고 날마다 이순신에게 협조를 요청하였다.

개전 초기의 수군

적의 침략이 시작되고도 20일가량이나 전라좌수영의 이순신은 연합함대를 편성하자는 요구에 응하지 않았다. 그래서 원균의 경상우수영은 침략군을 상대로 외롭게 싸워야 했다. 처음에 원균은 적의 교통로를 끊으려고 애를 썼고, 그 과정에서 적선 10척을 무찔렀다. 왜군과의 함선 수가 현격히 달랐던 점을 고려할 때 대단한 성과였다.

그러나 중과부적(衆寡不敵)이라서 전술을 바꾸어, 우수영은 사천과 곤양 앞바다를 순시하며 바다 쪽에서 진주성을 방어하는 데 집중하였다. 그때 부장 강덕룡이 헌신적으로 원균을 도와 병력을 보충하였다.(제1부 제1장)

이순신이 함대를 거느리고 경상도 해역에 처음 나타난 것은 선조 25년 5월 초순이었다. 그해 5월 4일부터 5월 9일까지 닷새 동안 처음으로 합동작전이 시행되었다. 당시 경상우수영의 수군은 함대 규모가 지극히 작았다. 연합함대였지만 함께 출동한 판옥선은 총 28척에 불과했다. 그러나 함선 수는 적었어도 경상우수영은 지리에 밝았고, 원균 휘하에 용장이 대부분이었으므로 싸움마다 선봉을 맡았다. 그들은 연전연승

---

6 《실록》, 선조 36년(1603) 7월 26일.

하였으며, 옥포부터 합포, 적진포 등에서 42척의 적선을 격침하거나 불태웠다.7

연합함대가 두 번째로 출전한 것은 그해 5월 29일부터 6월 10일까지 총 11일 동안이었다. 본래 이순신은 6월 3일에 여수 해상에서 전라우수영(수사 이억기)과 만나서 경상도로 넘어갈 예정이었다. 그러나 이미 5월 27일에 일본 전함 10여 척이 사천과 곤양 해안을 위협했다. 그 지역이 무너지면 진주가 위급해지므로, 원균의 연락을 받기가 무섭게 이순신은 출전을 서둘렀다. 5월 29일부터 해상 전투가 재개되었고, 거북선도 처음으로 선을 보였다. 이어서 이억기의 전라우수영도 연합함대에 참가했다.

사천에서 수군 연합함대는 13척의 적선을 발견해, 우리 수군이 싸우기 유리한 지역으로 유인했다. 거북선으로 돌격하고 판옥선으로 맹공을 퍼부어, 가는 곳마다 승리를 거두었다. 당포에서는 21척의 적선을 파괴하였고, 당항포에서는 30척, 거제도의 율포에서는 7척을 격침하는 등 약 10일간에 걸쳐 총 72척을 무찔렀다.

일본군이 바다에서 연전연패하자 히데요시는 멀리 있는 명나라 수군이 문제가 아니라 조선 수군의 벽부터 넘어야 한다는 위기감을 느꼈다. 구키 요시다카(九鬼嘉隆)를 비롯해 가토 요시아키라(加藤嘉明)와 와키자카 야스하루(脇坂安治) 등도 연합함대를 편성해 조선 수군을 반드시 무찔러야 한다는 명령이 급하게 전달되었다.

수군은 다시 연합함대를 편성해 3차 출전을 시행했다. 선조 25년 7월 6일부터 12일까지 6일간의 전투가 그것이다. 함대의 규모는 좀 더 확장되어, 전라좌수영이 23척, 전라우수영이 24척 그리고 경상우수영이 7척으로 총 54척의 판옥선을 운용했다. 그에 맞선 일본 수군은 우리 수군보다 규모가 작았다. 크고 작은 함선을 모두 합쳐 총 73척이었다고 하니, 위협적인 수준이 아니었다.8

한 가지 특기할 일은 아군이 일본 함대를 넓은 바다로 유인해 섬멸하였다는 사실이다. 이른바 한산대첩이다. 당시에 적을 유인하는 계획은 경상우수영에서 나온 것으로 보인다.(제1부 제1장) 조선군은 학익진(鶴翼陣)을 펼치고 적을 대포로 공격해 59척을 격침하였다. 그런데 똑같은 해전이라도 조선군이 무찔렀다고 말한 적선의 숫자는 일정하지 않았다. 〈장계〉를 올린 장수마다 자신의 전공을 과장했기 때문에 차이가 났다.

한산대첩 이후 조선군은 안골포로 이동해 적선 40여 척을 발견하고 그중 30여 척을 무찔렀다. 그때까지 일본 수군은 연이어 싸움에 졌기 때문에, 이후 한동안은 해상에서 별다른 움직임을 보이지 않았다.

---

7 이순신, ≪이충무공전서(李忠武公全書)≫, 권 2, 장계(狀啓) 1, 〈옥포에서 왜병을 무찌른 장계(玉浦破倭兵狀)〉.
8 이순신, ≪이충무공전서(李忠武公全書)≫, 권 2, 장계(狀啓) 1, 〈견내량에서 왜병을 무찌른 장계(見乃梁破倭兵狀)〉.

전쟁의 장기화

당시 북쪽으로 멀리 평안도와 함경도까지 진출한 일본군 육군도 싸움을 중단하고 남하하였다. 그들은 양산과 김해 지역으로 모였다. 그때쯤 일본군은 단기일 내에 조선을 점령하겠다는 본래의 작전 계획을 대폭 수정하였다. 이로써 전쟁은 장기화할 조짐을 나타냈다.

조선군의 연합함대가 다시 움직인 것은 선조 25년(1592) 8월 25일이다. 판옥선 74척을 거느리고 일본군의 근거지 부산포로 진격했다. 조선군은 9월 2일까지 8일간 작전을 개시하였다. 당시 부산에는 약 470척의 일본군 선박이 있었는데, 그중 130척이 조선군의 공격으로 파괴되었다. 조선군 연합함대는 적의 심장부까지 진출해 승리를 거둔 것이다. 조선군의 활약으로 쓰시마와 부산을 잇는 적의 교통로가 한때 혼란에 빠졌다. 그런 점에서 의미심장한 성과였다.

조선군 연합함대는 가는 곳마다 승리했으므로, 적군을 제압하는 것은 오직 수군뿐이라는 말이 회자(膾炙)되었다. 조선 수군의 위력은 그 이듬해인 선조 26년(1593)까지 그대로 유지되었다. 그러나 일본군이 조선군 연합함대의 공격 앞에서 손을 놓고 지낸 것은 아니었다.

일본은 남해의 주요 섬을 모두 요새화하였다. 그들은 해안선을 따라 주요한 요새를 구축해, 우리 수군이 거제도 동쪽으로 나아가는 데 많은 장애를 주었다. 특히 전략적 요충지인 가덕도, 안골포 및 거제도 북단에 다수의 병력을 배치하고 조선군의 활동을 철저히 감시하였다.

남해 연안과 섬에 주둔한 적군을 제압하지 못한다면, 우리 수군은 일본군에게 큰 타격을 줄 수 있는 군사 행동을 할 수 없었다. 설상가상으로, 전라도로 넘어가는 초입에 있는 진주성이 적군에게 함락되었다.(선조 26년 6월 말) 일본군은 남해까지 내려온 명나라 군대가 철수하기를 기다렸다가 진주성을 집중 공격하여 뜻밖의 성과를 낸 것이다. 진주성을 차지하기가 무섭게 일본 수군도 종래의 태도를 바꾸어 공세를 폈다. 일본군은 수륙 합동작전으로 거제도를 차지해 진지로 만들었다. 그때 조선 수군은 육군의 지원을 받지 못하고 거제도를 적에게 빼앗겼다.

1. 우리 수군의 전투력

왜란 초기 경상우수영은 적의 침략에 바로 노출되어 애로를 겪었다. 부산과 김해 지역이 적군의 차지가 되어 원균의 수군은 본래의 전투력을 과시하지 못했다. 그런데도 연합함대가 편성되자 그 선봉으로 나서며 해전마다 용맹을 떨쳤다. 선조 25년 겨울, 나라에서는 경상우수영을 도울 특별한 방법을 찾았다. 충청도와 전라도가 돕게 한 것이다. 다음은 승정원에서 선조에게 아뢴 내용이다.

> "듣건대 경상우도(원균)는 선척이 적고 군사는 많으며, (경상)좌도(左道)는 수사(水使)도 없다고 합니다. 전함 등 여러 도구를 본도(경상도) 스스로 조치하기가 어려울 듯합니다.
> 그런데 호서(湖西)와 호남(湖南)은 물력(物力)이 그런대로 완전하므로, 올겨울에 병선(兵船)도 많이 만들고, 총통(銃筒)도 많이 주조하게 하소서. 사수(射手)와 격군(格軍)도 뽑아 적의 해로를 차단하여 상륙을 막는다면 이익도 되고 도움도 될 것입니다."[9]

선조의 특별한 명령으로 그해 겨울에 충청도와 전라도는 판옥선도 다수 제작하고 필요한 장비도 마련한 것 같다. 결과적으로 그 이듬해(1593) 8월경에 원균의 경상우수영은 병력과 장비 면에서 전라좌수영 또는 전라우수영과 거의 대등할 정도로 급성장하였다.

조선군은 나름대로 군비 확장에 매진하였으나 일본군의 전투력에 비해 절대적으로 열세였다. 선조 25년(1592) 11월 하순에 선조는 대신 김수에게 적의 규모가 어느 정도인지 물었다. 김수는 침략전쟁이 벌어졌을 당시에 경상우도순찰사로 원균의 직속상관이었다. 그는 적군의 형편과 그에 대항하는 경상도 백성의 민심을 다음과 같이 요약했다.

> "신의 추측으로 (적병은) 20여만 명쯤입니다. 그런데 본도(경상도)의 민심이 처음과 아주 달라져 적군을 무찌르고자 합니다. 지난날 적군에게 부역한 사람들은 모두 죽임을 당하였습니다."[10]

---

9 《실록》, 선조 25년(1592) 11월 5일.
10 《실록》, 선조 25년(1592) 11월 25일.

적군의 숫자가 실제로는 15만 8천여 명이었다고 하는데, 20여 만으로 평가한 것은 비교적 정확한 평가였다. 이후 시일이 흐르자 적이 지배하는 점령지가 동남해안 일부로 축소되었다. 이에 백성의 사기도 되살아나고, 부역자들에 대한 처단도 잇따랐다.

그 무렵 조선군의 총병력은 어느 정도였을까. 선조 26년(1593) 1월에 명나라에 보낸 조정의 문서를 보면, 전라도 순천부(順天府) 앞바다에 주둔하는 이순신의 전라좌수영 수군이 5천 명, 그리고 전라우수영의 이억기가 이끄는 수군이 1만 명, 각지에 있는 조비군(措備軍, 예비군)도 1만 명이라고 했다. 육군 병력까지 더하면 총 17만 2천 4백 명이라고 했다.11 원균의 수군은 이 통계에서 확인되지 않는다. 필자가 보기에 이 통계는 상당히 과장된 것으로, 조선군의 실제 병력은 그 절반쯤이었을 것이다.

반년쯤 지난 1593년 6월에 진주성이 적군에게 함락되었다. 그때부터 일본군은 수륙 합동작전을 구사하며 거제도를 차지하려고 덤벼들어 우리 수군은 한 차례 위기를 맞았다. 당시의 사정을 원균은 다음과 같이 보고하였다.

"왜선 6백여 척이 바다를 뒤덮고 오는데, 뒤따라오는 선척(船隻)도 끊이지 않습니다. 그들은 바로 호남을 침범할 계획이라고 합니다. 그러나 우리 삼도(三道)의 판옥선(板屋船)은 다 해야 1백 20여 척입니다. 게다가 본도(本道, 경상도)는 적에게 분탕질을 당하여 군량도 이미 떨어졌습니다. 사졸(士卒)들이 굶주려 계속 죽어갑니다. 장차 배를 운용할 방법이 없으니, 큰 걱정입니다."12

굶주린 것은 경상우수영만이 아니었다. 그보다 한 달 전에 영의정 유성룡도 이순신이 거느린 전라좌수영 수군의 처지를 다음과 같이 선조에게 보고한 바 있다.

"수군이 기역(饑疫)으로 많이 죽어 이순신이 손을 쓸 수 없습니다."13

굶주림과 전염병 때문에 수군이 많이 죽었으나, 수사인 이순신도 어찌할 도리가 없다고 하였다. 그날 유성룡은 수군의 현안을 보고했고, 선조는 다음과 같이 지시하였다.

"이순신의 명령을 수령들이 따르지 않고, 여러 장수가 서로 화합하지도 않아서

---

11 《실록》, 선조 26년(1593) 1월 11일.
12 《실록》, 선조 26년(1593) 7월 15일.
13 《실록》, 선조 27년(1593) 6월 18일.

걱정이다. 명망이 있는 문관을 종사관으로 삼아 내려 보내야 하지 않을까."14

그때 이순신은 한산도에 통제영을 설치하고 초대 삼도수군통제사가 되었다. 유성룡은 선조의 지시에 덧붙여, 부사(府使)를 역임한 정경달(丁景達)이 이순신의 종사관에 임명되어 현지로 내려갔다고 하였다.

조정이 수군을 지원하는 방법은 무엇이었을까. 위에서 살핀 것처럼 조정은 특명을 내려 한시적으로 수군을 돕거나 관내의 지방관들에게 지시하여 수사와 통제사의 명령에 잘 따르라고 권면하였다. 선조 26(1593)년 5월에 비변사가 선조에게 아뢴 보고서에는 수령(守令)이 수사(水使)를 직속상관으로 여기지 않아 군령(軍令)을 무시한다는 말이 있었다. 이는 작전 수행에 지장을 초래할 것이 분명하였으므로, 수사가 〈장계〉에서 거명한 "통훈(通訓, 정3품 상계) 이하의 수령들"을 치죄(治罪)하라고 건의하였다.15

하필 통훈대부 이하로 정한 이유는 무엇일까. 통훈대부 이상은 수사보다 품계가 높아 처음부터 문제가 되지 않았기 때문이다. 선조는 비변사의 건의를 수용하였다. 그러나 왕의 조치는 미온적이었고, 그것으로 수사와 통제사의 애로를 제대로 해결하기에는 미흡하였다. 근본적인 제도적 보완이 필요하였으나, 유성룡이 이끄는 조정은 그럴 만한 의지도 능력도 부족했다.

2. 수군의 전략과 전술

전쟁이 시작된 지 1년이 지나자 일본군은 낙동강 하류로 집결하였다. 그들은 주요 보급품을 바다 건너 본국에서 가져다 썼다. 명나라 경략(經略) 송응창(宋應昌)은 그 사실을 인지하고 선조에게 공문을 보내, 한 가지 군사 전략을 제안하였다.

> "국왕(선조)께서는 급히 명령을 내려, 수군(水軍)에게 밤낮으로 진군하여 양산(梁山), 동래(東萊), 부산(釜山)과 낙동강 하류로 출동해 (그곳에 있는) 왜선을 모두 불태우게 하십시오. 그런데 어찌 왜병이 왜선을 지키고 있지 않겠습니까. 그러므로 수군에게 지시하여 착오가 없게 하십시오."16

---

14 《실록》, 선조 27년(1593) 6월 18일.
15 《실록》, 선조 26(1593)년 5월 30일.
16 《실록》, 선조 26년(1593) 5월 1일.

송응창의 전술은 일리가 있었으나 현실적으로는 수행할 수 없는 작전이었다. 한산도에 주둔한 조선 수군이 낙동강 하류로 진출하려면 중간에 해안과 여러 섬을 차지하고 있던 일본군부터 제압해야 했다. 현실적으로 그것은 이룰 수 없는 과제였다.

남해안의 동쪽과 동해안의 남쪽은 이미 일본의 요새였다. 선조 26년 겨울에 조선의 대신이 중국에 발송한 〈진정서(陳情書)〉에는 조선군이 겪고 있는 그와 같은 애로사항이 낱낱이 기록되었다. 이 진정서에 공동으로 서명한 이는 원임(原任, 전임) 의정부 영의정 정철(鄭澈)과 영중추부사 심수경(沈守慶), 의정부 영의정 유성룡(柳成龍) 등이었다.

> "경상도에 적이 주둔한 곳은 울산(蔚山)의 서생포(西生浦)와 동래(東萊) 그리고 부산(釜山) 등입니다. 양산(梁山)의 상용당(上龍堂)과 하용당(下龍堂), 김해(金海)와 창원(昌原) 등도 그러하며 바다 안으로는 가덕(加德)과 천성(天城) 그리고 거제(巨濟)의 영등포(永登浦)와 장문포(場門浦) 등입니다."17

요컨대 서쪽으로 거제부터 동쪽으로 울산까지 모두 일본군의 요새였다. 그중에서도 조정에서 가장 우려한 것은 거제도에 주둔한 일본군이었다. 유성룡 등은 다음과 같이 설명하였다.

> "거제의 적은 전라도를 침범하기 쉽습니다. 그래서 삼도의 주사장(舟師將,수사)인 이순신(李舜臣), 원균(元均) 및 이억기(李億麒) 등에게 명령하여 수군 1만여 명을 거느리고 한산도(閑山島)에 머물게 하였고, 그들이 길을 차단하여 (왜군이) 서쪽으로 침범하는 길을 막고 있습니다."18

당시 우리 수군은 동쪽으로 진출해 부산을 공격한다든가 낙동강 하구에 주둔하는 일본군을 무찌를 처지가 아니었다. 거제도의 서남쪽에 있는 한산도를 지키면서 적이 서쪽에 있는 전라도로 나아가지 못하게 제어하는 것이 전부였다. 대단히 소극적인 전략이었다.

유성룡 등은 조선이 그렇게 수동적인 전략에 매달리는 이유를 다음과 같이 설명하였다.

---

17 《실록》, 선조 26년(1593) 윤11월 14일.
18 《실록》, 선조 26년(1593) 윤11월 14일.

"(군대의) 양식이 나오는 곳을 말씀드립니다. 그 모두를 전라도에 의지하여 장만하고 있습니다. … (그러나 전라도에서 한산도까지는) 길도 험하고 멉니다. 게다가 노동력이 쉽게 고갈되어 때로 군량이 모자랍니다."[19]

한마디로, 군사들에게 식량조차 제대로 지급하기 어렵다는 하소연이었다. 듣기에도 민망한 현실이었다. 영의정 유성룡은 그런 현실을 자신이 뜯어고칠 수 없다고 판단해, 현실에 안주하면서 현상 유지를 바랐다.

군부(軍府) 일각에는 정체 국면을 적극적으로 돌파하려는 장수들도 있었다. 그중 대표적인 장수가 원균이고, 도원수 권율도 비슷한 생각이었다. 국내의 모든 인적 물적 자원을 동원해 일본군과 결판을 내자는 것이 곧 그들의 견해였다. 원균과 권율 등은 그 당시에 이미 수륙 합동작전을 주장하였다.

선조는 비변사의 대신과 당상(堂上, 당상관)을 만나 수륙 합동작전의 가능성을 검토하였다. 선조 26년(1593) 12월 초순이었는데, 영의정 유성룡은 다음과 같은 이유로 수륙 합동작전을 반대하였다.

"(조선 육군의 최고 장수인) 고언백(高彦伯)의 군사는 1~2백 명뿐입니다. 박의장(朴毅長)의 군대도 용맹한 군대라고는 하나 60여 명에 지나지 않습니다. 그러므로 1백여 명쯤의 적이라면 우리가 추격할 수도 있겠으나, (큰 무리의 일본군을 상대로) 대거 출동하는 것은 할 수 없습니다."[20]

비참한 현실이었다. 남해안 일대에서 조선이 동원할 만한 육군이 고작 200명에 불과하였다니, 그런 사실 자체가 충격적이다. 이러한 현실을 근본적으로 타개하지 못한다면, 침략자 일본군을 조선이 자력으로 축출한다는 것은 망상에 지나지 않았다. 그러므로 수군 일각에서는 현실에 안주하지 말라는 적극적인 주장이 대두하였다. 원균은 현실 타개를 힘껏 주장하였는데, 영의정 유성룡의 정치적 동지인 이순신은 그에 반대하였다. 이러한 관점의 차이가 두 장수의 불화를 더욱 키웠다.(제2부 제4장)

---

19 《실록》, 선조 26년(1593) 윤11월 14일.
20 《실록》, 선조 26년(1593) 12월 4일.

3. 조선 수군의 승리

왜란이 일어났을 때 조선군은 더할 나위 없이 큰 혼란에 빠졌다. 선조 25년 6월 하순의 《실록》 기사에는 다음과 같은 서술이 보인다.

> "(경상)우도를 침범한 왜적의 한 패는 김해·창원·우병영(右兵營, 합포)·칠원(漆原) 등지를 약탈하여 소굴로 만들었습니다. 또 다른 패는 연해(沿海)의 여러 섬에 출몰합니다. 그러자 (섬의) 진보(鎭堡, 기지)를 지켜야 할 장수들이 왜적의 모습만 보면 겁을 먹고 앞다투어 도망쳤습니다. 그들은 육지로 나갔고, 그 바람에 바다의 군영이 모두 텅 비었습니다."[21]

전쟁 초기에 일본군이 육지와 바다 양면으로 서진(西進)하자 조선군의 육군과 수군은 서로 앞을 다투어 도망쳐 저절로 일본군의 차지가 되었다는 설명이다. 한편으로는 사실에 부합하는 것 같으나, 다른 한편으로는 심하게 왜곡된 기록이다.

위 인용문은 선조 25년 6월 말에 경상우도순찰사 김수의 〈장계〉에 나온다. 김해와 창원, 합포, 칠원 등이 일본군에게 점령되고 남해의 여러 섬도 일본군의 차지가 되었다며 깊이 한탄하는 내용이다. 그러나 이런 서술은 그해 6월 말의 현지 상황과는 도무지 어울리지 않는다. 아마 그해 4월 중순의 실정에는 어느 정도 부합하는 것 같은데, 그나마도 엄밀한 의미에서는 사실관계가 잘못된 서술이다.

왜란 발생 직후의 해상 전투

이미 제1부 제3장에서 검토했듯, 경상우수사 원균은 일본군의 침략이 시작되자마자 김수와 긴밀하게 연락을 주고받으며 상관인 김수의 지휘를 받았다. 또, 김수는 원균의 건의에 따라 이순신과 연합함대를 편성하는 일이 시급하다는 제안도 조정에 올렸다. 그런데 위 인용문을 읽어보면 마치 경상우수영의 장수들이 모두 육지로 도망쳤다는 이야기가 되고 만다.

당시 경상우도에는 초유사 김성일이 파견되어 있었다. 그 역시 왜란 초기에 경상도의 사정이 끔찍하다며 조정에 다음과 같은 〈장계〉를 올렸다.

---

21 《실록》, 선조 25년(1592) 6월 28일.

> "좌수사(左水使) 박홍(朴泓)은 화살 한 개도 쏘지 않고 먼저 성을 버렸고, 좌병사(左兵使) 이각(李珏)은 그 뒤를 이어 동래(東萊)로 도망쳤습니다. 우병사(右兵使) 조대곤(曺大坤)은 연로하고 겁이 많아 시종 물러나 움츠렸습니다. … 병사와 수사라면 한 도(道)의 주장(主將)인데, 하는 모양이 그와 같았습니다. 그러므로 휘하 장졸(將卒)이 어찌 도망하거나 흩어지지 않았겠습니까."[22]

김성일도 경상도의 지방관과 수사 및 병사가 제 역할을 하지 못한다고 보고하였다. 그들은 일본군이 출현하기도 전에 어디론가 숨어버렸다고 했다. 15만 8천 명의 일본군이 연달아 부산포에 상륙해 조선에 대한 전면적인 침략을 시작하자 다들 놀라서 정신을 차리지 못하였다는 것이다. 위 인용문을 그와 같은 일반적인 상황 설명으로 읽으면 사실에 부합한다. 그러나 그때 모든 장수가 그처럼 비겁하였다고 해석하면 심각한 사실 왜곡이 된다.

《선조수정실록》에는 그보다 더 사실을 심하게 왜곡한 기사가 있다. 이식이 쓴 〈이운룡〉의 묘비명을 그대로 옮겨 실은 것으로, 그 내용은 다음과 같다.

> "왜병들이 바다를 건너오자 경상우수사 원균(元均)은 대적할 수 없는 형세임을 알고 전함(戰艦)과 전구(戰具)를 모두 물에 침몰시키고 수군 1만여 명을 해산하였다. 그러고 나서 옥포만호(玉浦萬戶) 이운룡(李雲龍)과 영등포만호(永登浦萬戶) 우치적(禹致績)과 함께 남해현(南海縣) 앞에 머물다가 육지로 가서 적을 피하려고 하였다.
> 그때 운룡이 항거하여 말하였다. '사또가 나라의 중책을 맡았으니 의리상 관내에서 죽는 것이 마땅하다. 이곳은 바로 양호(兩湖)의 요충지로 이곳을 잃으면 양호(전라도와 충청도)가 위태롭다. 지금 우리 군사가 흩어지기는 하였으나 그래도 다시 모을 수 있으며 호남의 수군도 와서 구원하라고 요청할 수 있다.'
> 원균은 그 계책을 받아들여 율포만호(栗浦萬戶, 실제는 소비포권관) 이영남(李英男)을 순신에게 보내 (출전을) 청하였다."[23]

위 인용문은 사실과 하나도 일치하지 않는다. 그 점은 제1부의 제1장에서 이미 검토하였는데, 아마 어떤 독자는 다음과 같이 말하는지도 모른다.

---

22 순찰사 김수의 〈장계〉를 읽어보면, 경상우도병마사 조대곤이 성주의 왜적을 소탕하였다고 한다. 《조선왕조실록》, 선조 25년 6월 28일.
23 《실록 – 선조수정》, 선조 25년(1592) 5월 1일.

'임진왜란에 관한 기록을 살펴보면 이순신 장군의 승리를 칭찬한 것이 대부분이다. 원균 상군에 관한 기록은 서의 없고, 있너라도 부정적인 것이 내부분이다. 설사 그중 얼마쯤은 편파적인 기록이겠으나 대부분은 실상을 반영하는 것으로 봐야 한다.'

과연 《실록》을 검토해보면 왜란 초기에 원균이 패전한 적이 많았다는 서술이 여러 곳에 보인다. 그러나 그가 실패한 것은 조정의 책임이라고 말한 정탁의 주장도 〈신구차〉에 있다. 짐작하건대 원균은 몇 척에 불과한 휘하의 판옥선을 이끌고 수십 수백 척이나 되는 적선을 맞아 싸우다가 중과부적으로 곤경에 빠질 때가 적지 않았던 것 같다. 수전 경험이 없었던 원균이 처음부터 큰 승리를 거두기는 어려운 일이었을 것이다. 그러나 실전 경험이 쌓이자 그는 승리를 거두기 시작하였다.

선조 25년 4월에 원균이 적과 싸워 승리를 거두었다는 서술이 여러 곳에서 발견된다. 일례로, 전라도 장수에서 피난 중이었던 오희문(吳希文)이란 선비가 쓴 일기, 즉 《쇄미록(瑣尾錄)》에 다음과 같은 내용이 있다.

"또 들으니, 영남우수사 원균이 지난달에(1592년 4월) 적선 10여 척을 불태웠다고 한다."[24]

원균이 이순신과 연합함대를 편성하기도 전에 10척의 일본 전함을 격침하였다는 것이다. 이는 이순신의 〈장계〉에서도 확인된 사실이다.(제1부 제3장)

그밖에도 원균은 또 다른 전투에서 일본 전함 30척을 무찔렀다는 내용이 《실록》에 기록되어 있다. 선조 25년(1592) 5월 10일에 전라도에서 상경한 선전관 민종신(閔宗信)이 어전(御前) 회의에서 다음과 같이 보고하였다.

"원균(元均)이 바다에 나가 적선 30여 척을 격파했다고 합니다."[25]

선전관 민종신은 조정의 명을 받들어 남쪽으로 내려가 전황을 파악하고 돌아온 터였다. 그는 원균이 거둔 승리에 관하여 왕에게 상세히 설명하였을 것 같은데 《실록》에는 자세한 내용이 생략되고 말았다. 어떻든 간에 당시의 여행 경로를 고려할 때 4

---

24 오희문, 《쇄미록》, 1권, 사회평론사, 2018, 76쪽.
25 《실록》, 선조 25년(1592) 5월 10일.

월 20일경에 원균이 일본군과 싸워 대승을 거두었다는 말이었다. 그런데 후세는 이렇게 귀중한 전승 보고를 지나쳐버리고 말았다.

옥포해전의 진정한 승자는?

연합함대는 출범하자마자 옥포해전에서 승리를 거두었다. 선조 25년 5월 7일. 이순신이 남긴 기록에는 전라좌수영의 승리라고 되어있으므로, 세상 사람들도 모두 그렇게 믿는다. 그러나 《실록》을 자세히 분석해 보면 이야기가 달라진다. 모든 해전이 이순신의 승리라고 주장하는 《선조수정실록》에 뜻밖의 설명이 있다.

> "원균이 (이)운룡과 (우)치적을 선봉으로 정해 옥포에 이르렀다. 거기서 왜선 30척을 만나자 진격하여 대파하였다. 남은 적은 육지로 올라가 도망쳤다. 그러자 그들의 배를 모두 불태우고 돌아왔다. 그리고 다시 노량진(鷺梁津)에서 싸워 적선 13척을 불태우자 적은 모두 물에 빠져 죽었다."26

옥포해전에서 조선군이 "왜선 30척"을 쳐부순 것은 명백한 사실이다. 이어서 조선군 연합함대는 노량진에서도 13척의 적선을 불살랐다. 그때도 이운룡과 우치적 등 원균의 부하들이 승리를 이끌었는지는 단언하기는 어려우나, 그들이 적극적으로 참전하여 승리를 견인한 것은 틀림없었다. 연합함대의 주력은 이순신의 전라좌수영이었으므로, 그들의 도움이 없었더라면 연전연승을 거둘 수 없었다. 하지만 선척(船隻)은 소수였어도, 원균의 경상우수영이 해전마다 중요한 역할을 하였다는 사실을 부정할 수는 없다. 연합함대가 거둔 승리는 두 진영 모두의 것이요, 어느 한 편만의 것이 아니었다.

그런데 연합함대의 단합을 저해하는 치명적인 사건이 발생했다. 선조 25년(1592) 6월 1일의 《선조수정실록》에 다음과 같은 기록이 보인다.

> "처음에 원균(元均)은 이순신에게 군사를 청해 적을 물리치자 연명(聯名)으로 〈장계〉를 올리려고 하였다. 그러자 순신이 대답하기를, '천천히 합시다.'라고 하고는 밤에 홀로 전투에 관한 사실을 기록한 〈장계〉를 만들어 (조정에) 올렸다. 그 글에서 (이순신은) 원균이 군사를 잃어 의지할 곳이 없었다든가 적을 공격할 때 아무 공로도 없었다는 이야기를 자세히 서술하였다. (나중에) 원균이 (그 말을 전해) 듣고 대단히 유감스럽게 여겼다. 그 뒤에 (두 장수는) 각각 〈장계〉를

---

26 《실록-선조수정》, 선조 25년(1592) 5월 1일.

올려 자신의 공을 아뢰었다. 두 사람의 관계에 틈이 생긴 것은 여기서 비롯되었다."27

실제로 이순신이 올린 〈장계〉를 검토한 결과, 위 인용문에서 읽은 것과 같이 원균을 비하하는 내용이 포함되어 있었다. 이순신이 원균과의 약속을 어기고 단독으로 몰래 〈장계〉를 올린 것은 이미 확인된 사실이다.

이순신은 승전의 공을 모두 자신의 공으로 돌리며, 원균을 무능한 인물로 몰아세웠다. 그는 승리의 기쁨에 도취한 나머지 동료였던 원균을 배척하였다. 이는 조선 수군의 장래를 위협할 수 있는 중대한 실책이었다.

이순신은 지략도 있고 학식도 풍부했으며, 부하를 통솔하는 데도 탁월한 장수였다. 그러나 사선을 넘어 함께 싸운 동료에 대하여 그는 최소한의 예의조차 없었다. 그리고 그가 예의에 어긋난 행동을 한 것은 애써 부정하기 어렵다.

〈선조실록〉을 편찬한 사관은 왜란 초기에 이순신이 잘못한 점을 다음과 같이 날카롭게 꼬집었다. 장문의 글이지만 역사적 맥락을 이해하는 데 도움이 되므로 전문을 소개한다.

> "임진년에 이순신은 전라좌수사(全羅左水使)로서 전함을 거느리고 경상우수사(慶尙右水使) 원균(元均)과 함께 거제도(巨濟島) 앞바다(즉 옥포)에서 왜적과 싸워 크게 이겼다. 왜적의 배 50여 척을 포획하여 전란(戰亂) 이래 가장 큰 공을 세웠다. 그러나 그때 (싸울) 방법을 세우고 먼저 (일본군의 전함 위로) 올라간 것은 모두 원균 쪽에서 나왔다. 이순신은 (서쪽에서) 달려와 도움을 준 것뿐이다.
> 크게 승리한 뒤에 원균은 행조(行朝, 피난지의 조정)에 치보(馳報, 급보)하자고 말했다. 그러자 이순신은 다음과 같이 그를 속였다.
>
> '공(公)과 협력해 싸운다면 왜놈을 섬멸하는 것쯤은 아무 문제가 없습니다. 그런데 이처럼 작은 승리를 어찌 조정에 급히 보고할 필요가 있습니까. 나는 다른 도(道, 전라도)에서 급히 도우러 왔기 때문에 병장기를 제대로 갖추지 못했습니다. 우선 (그대가) 왜적에게서 노획한 것을 써야겠습니다.'
>
> 그러자 원균이 그 말을 따랐는데, 이순신은 부하에게 남몰래 지시하여 (원균이 적에게서) 노획한 병기와 (원균이 빼앗은) 왜적의 배에서 발견한 금병(金屛)과

---

27 《실록 - 선조수정》, 선조 25년(1592) 6월 1일.

금선(金扇) 등의 물건을 가져오게 하였다. 그러고는 행조에 급히 보내 자신의 전공을 과시하였다. 그러자 전공(戰功)이 모두 그에게로 돌아갔다.
행조(피난지의 조정)는 한창 궁지에 몰려 있었는데 마침 (이순신의) 급보를 받고 매우 기뻐하였다. 그리하여 결국은 이순신을 통제사에 임명하였고, 원균은 이순신의 지휘를 받게 하였다. 이로 말미암아 원균은 몹시 화가 났고, 드디어는 (이순신에게) 협력하지 않았다."[28]

사관의 이러한 설명이 사실과 정확히 일치하지는 않는다. 사관이 기술한 대로라면 이순신이 통제사에 임명된 것은 옥포해전 직후처럼 보이지만, 실은 그보다 일 년 이상 세월이 지나서였다. 그리고 위에서 말한 금부채 등도 옥포에서 노획한 물건이 아니다. 사관의 서술에는 잘못된 부분도 없지 않았다는 것인데, 큰 틀에서 보면 그의 주장이 사실과 부합되기도 하였다.

연합함대의 2차 출정

왜란 때 사관(史官)을 지낸 박동량(朴東亮, 1569~1635)이라는 문신이 있다. 그가 저술한 책으로 《기재사초(寄齋史草)》가 아직도 남아있다. 임진왜란 때 그는 선조를 수행하여 의주까지 피난하였다. 그가 작성한 사초로 "임진년(선조 25년, 1592)"에 관한 것이 있는데, 그중에는 원균이 조정에 보낸 〈장계〉 한 건이 실려 있다. 《실록》에는 이 〈장계〉가 언급되어 있지 않으나, 꽤 중요한 자료이다. 선조 25년 6월 초순에 원균이 올린 승전보로, 연합함대의 2차 출정에 관한 보고서였다.

"임진년(1592) 6월 21일 … 경상우도수사 원균(元均)이 군관 이충(李冲)을 보내 아뢰었다. '신(원균)이 전라 좌·우수사(全羅左右水使)인 이순신(李舜臣)·이억기(李億祺)와 더불어 거제(巨濟) 앞바다에서 적선 5백여 척을 격파하였습니다. 적의 목을 베어 수급(首級)을 많이 얻고 대승하였습니다.'"[29]

《실록》을 편찬하는 과정에서 이 기사가 빠지고 말아 유감이지만, 연합함대의 2차 출정(5월 29일~6월 10일)에서 총 500척의 일본 전함을 무찌르는 대승을 거두었다고 했다. 그 숫자는 부풀려진 것으로 보이나 대승을 거둔 것만은 사실이었다. 후세는 연

---

28 《실록》, 선조 36년(1603) 4월 21일.
29 박동량, 《기재사초》, 임진년(1592), 6월 21일.

합함대가 거둔 모든 승리를 마치 이순신이라는 한 장수의 몫으로 기억하고 있지만, 사실은 그렇지 않다. 모든 해전은 원균과 이순신 및 이억기가 함께한 연합함대의 승리였다.

당시 경상도에 거주하던 선비들은 연합함대의 승리를 무어라고 기술하였을지 궁금하다. 마침 함양 출신의 의병장 정경운(鄭慶雲, 1556-1610)이란 선비가 남긴 기록도 있다. 정경운은 남명 조식의 수제자인 내암(萊庵) 정인홍(鄭仁弘)의 제자였는데, 호를 고대(孤臺)라고 하였다. 그는 임진왜란 때의 경험을 기술한 책자인 《고대일록(孤臺日錄)》을 저술하였다. 임진년(1592) 4월 23일에 그는 다음과 같이 서술하였다.

> "(경상)우수사(右水使) 원균(元均)은 세상을 떠난 절도사(節度使) 준량(俊良)의 아들로 평소에도 담력과 지략이 있었다. 왜란이 일어나자 그는 처음부터 전함에 올라 적을 방어하기에 힘써 하루도 육지에 발을 디딘 적이 없었다. 원균은 전라좌수사(全羅左水使) 이순신(李舜臣, 우상 유성룡이 천거함)과 한마음이 되기를 약속하고 전력을 다해 적을 추격하고 격파했다. 적이 전라도를 넘보지 못하게 된 것은 양수사(兩水使, 원균과 이순신)의 공로였다."30

이것은 임진왜란을 어떻게 볼 것인가에 해당하는 일종의 총평이었다. 정경운은 고향인 남쪽의 전쟁 상황을 정확히 알고 있었다. 그의 평가는 주목할 만한 가치가 있다. 위 인용문에서 주목할 점은 다음의 세 가지 정보이다.

첫째, 절도사를 지낸 아버지 원준량으로부터 원균은 무장(武將)의 훌륭한 전통을 물려받았다는 점이다. 담력도, 지략도 있는 명장으로, "하루도 육지에 발을 디딘 적이 없는" 충량(忠亮)한 장수였다고 하였다.

둘째, 원균은 이순신과 합심해 적을 무찌르는 데 최선을 다했다고 했다. 앞에서 본 것처럼 원균의 처지에서는 이순신에 관한 사감(私感)이 없을 수 없었으나, 그래도 인내하면서 이순신과 함께 국가를 위해 헌신하였다는 평가이다.

끝으로, 원균과 이순신이 승리하였기 때문에 조선의 곡창인 전라도가 온전하였다는 사실이다. 만약 전라도가 적의 수중에 들어갔더라면 조선은 국가를 유지하지 못했을 것이다.

오늘날 정경운이 위와 같은 글을 남겼다는 사실을 아는 사람이 거의 없다. 매우 짤막한 기록이지만 왜란 당시의 사정을 제대로 이해하는데 길잡이가 된다.

---

30 정경운, 《고대일록(孤臺日錄)》, 임진년(1592) 4월 23일.

연합함대가 2차 출정을 마치자 전라우수사 이억기도 〈장계〉를 올려 자신의 공적을 조정에 보고하였다. 선조 25년 7월 초순이었는데, 이억기는 이순신 및 원균과 함께 적선 39척을 무찔렀다고 아뢰고 적의 수급(首級) 9개를 바쳤다. 비변사에서는 이억기의 공을 표창하자고 건의하였다.31 선조는 비변사의 견해를 수용하여 이억기의 〈장계〉를 가져온 이흥상(李興祥)에게 6품에 상당하는 관직을 내리고, 전공이 있다고 한 진무(鎭撫) 이근석(李根碩) 등에게도 순서대로 관직을 하사하였다.32 아울러 이흥상이 행재소에 가져온 일본군의 회갑(盔甲, 투구와 갑옷) 등을 명나라 장수에게 보였다.33

연합함대의 편성에는 빠졌으나, 경상좌수영도 큰 활약을 하였다. 선조 26년 7월 하순에 경상좌수사 이수일(李守一)이 조정에 〈장계〉를 올려 적선(賊船) 4척(隻)을 나포(拿捕)하였다는 기쁜 소식을 전했다. 선조는 매우 흐뭇해하며 다음과 같이 지시하였다.

"(경상)좌수영(左水營)이 이런 승첩(勝捷)을 올릴 것이라고는 짐작도 못하였다. 매우 아름다운 일이다. (이)수일을 가자(加資, 품계를 높임)하라. 그리고 계본(啓本, 장계)에서 언급한 군공(軍功)을 세운 이들도 서둘러 논상(論賞)하라. 특히 그 중 제1인은 당상(堂上)의 벼슬을 주어 모든 군사가 분발하게 하라."34

이상에서 검토한 것처럼 선조 25년 7월경에는 경상좌우도의 수군과 전라좌우도의 수군은 서로 앞다퉈 큰 공을 세웠다. 조선의 모든 수군은 역경에 굴하지 않고 기대 이상의 성과를 올렸다.

한산대첩

선비 오희문의 일기인 《쇄미록》에는 한산대첩에 관한 흥미로운 서술이 있다.

"(임진년 7월 26일) … 김산(현 경북 김천시)의 도훈도(都訓導)의 말에 따르면, … 우수사(원균)는 이달 8일에 전라좌우도의 수군과 함께 진격하여 적선 80여 척을 나포했다. 그때를 전후로 7백여 명의 수급을 베었다고도 한다. (7월) 10일에는 적선을 만나 80여 척을 나포했다고도 한다. 그때 전라도수군절도사(이순신, 이억기)가 217명의 수급을 베었다는데 물에 빠져 죽은 자, 불에 타 죽은

---

31 《실록》, 선조 25년(1592) 7월 9일.
32 《실록》, 선조 25년(1592) 7월 9일.
33 《실록》, 선조 25년(1592) 7월 9일.
34 《실록》, 선조 26년(1593) 7월 24일.

자, 여러 고을의 군민들이 쏜 화살을 맞아 죽은 자가 몇 천 명인지 모른다고 한다. 생포한 왜적 5명 가운데 나이도 젊고 거짓말을 하는 자는 즉시 참수하였고, 나이가 겨우 15~16세 된 사람은 하동현에 가두고 조정에 급히 보고했다고 한다."35

위에서 인용한 일기를 통해 우리는 몇 가지 사실을 알 수 있다. 그 당시에 경상도 김천에서 도씨(都氏) 성을 가진 훈도가 전라도 장수에 왔다. 그는 남해에서 벌어진 전투상황을 구체적으로 오희문에게 일러주었다. 도훈도는 경상도관찰사가 각지에 보낸 공문을 읽은 것으로 보인다.

그는 한산대첩의 주역을 이순신이 아니라 원균으로 보았다. 경상우수영이 전라좌우도의 수군과 함께 700명이나 되는 일본군의 목을 베었다고 했는데, 그중에서 이순신과 이억기가 참수한 일본군은 217명이라고 했다. 그렇다면 약 500개의 수급은 경상우수영이 얻은 셈인데, 과장된 것으로 보인다. 어쨌든 생포한 어린 일본군도 원균의 관내인 하동에 가두었다고 했으니, 한산대첩의 주역은 원균이었다는 설명이다.

후세는 이순신의 〈장계〉와 《난중일기》에 의존해 그가 이른바 "학익진(鶴翼陣)" 전법을 이용해 전설적인 승리를 이룩하였다고 말한다. 그러나 오희문의 《쇄미록》에서 확인한 것처럼 그 당시에도 한산대첩의 주인공을 원균으로 여기는 사람들이 있었다. 훗날 17~18세기를 대표하는 역사가 한치윤(韓致奫, 1665-1714)은 《해동역사(海東繹史)》에서 다음과 같이 기술하였다.

"만력 20년(1592, 선조25)에 왜병이 평양에 모여서 우선 조선을 석권(席捲)하고 중국을 침범하고자 하였다. 이에 소서행장(小西行長)이 별장(別將)을 나누어 보내 수군(水軍) 한 부대를 이끌고 서해(西海)를 거쳐 곧장 전라도로 쳐들어가려고 했다. 그러나 다행히도 수군 대장 원균이 군사를 통솔하여 한산도(閑山島) 앞바다에서 왜의 전함을 막았다. 그가 온 힘을 다해 공격하자, 왜병들이 배를 버리고 퇴각하였다. 이 때문에 왜적의 수군과 육군이 합세하지 못하여 감히 대대적으로 진격하지 못하였다."36

인용문에서 보듯, 한치윤은 한산도 앞바다에서 일본군을 격퇴한 공을 원균에게 돌렸다. 비슷한 예인데, 원균과 이순신의 행적을 잘 아는 당대의 원로대신 이산해는 다

---

35 오희문, 《쇄미록》, 1권, 160쪽.
36 한치윤, 《해동역사》, 제69권, 인물고(人物考) 3 본조(本朝), 〈원균(元均)〉

음과 같이 단언하였다.

"한산대첩은 원균 장군의 승리요, 노량해전은 이순신 장군의 대승이다."37

그럼 한산대첩에 관한 그 당시 조정의 판단은 어떠하였을까. 선조 25년 8월 하순에 열린 어전 회의에 관한 기록을 읽어보자. 관련된 내용이 길지만 모두 인용한다.

"비변사가 아뢰었다. '경상수사 원균이 승리를 알리는 계본(啓本)을 보내왔는데, 그것은 바로 얼마 전에 이순신이 한산도 등에서 승리한 것과 같은 시기의 일입니다. 전투에는 수종(首從)이 있고, 공에는 대소가 있는 것이므로, 차등은 있기 마련입니다. 그러나 이곳(행재소)에서는 확실히 알 수 없습니다. 적을 벤 것으로 대강을 논하면, (원균이나 이순신 모두) 힘을 다해 혈전했음을 의심할 수 없습니다.
공이 1등인 사람은 마땅히 별도로 포상해야 합니다. 첨사(僉使) 김승룡(金勝龍), 현령(縣令) 기효근(奇孝謹)은 특별히 당상(堂上)에 올리고, 현감(縣監) 김준계(金遵階)는 3품으로 승서(陞敍)하고, 주부(主簿) 원전(元㙉)은 5품으로 승서하고, 우치적(禹致績) 등 4인은 6품으로 승서하고, 이효가(李孝可) 등 13인은 공에 알맞은 관직을 제수하소서.
만호(萬戶) 한백록(韓百祿)은 이 싸움 이전부터도 공이 가장 많은데 탄환을 맞고서도 싸웠습니다. 싸움이 끝나고 바로 전사하였습니다. 아주 슬프고 애처로운 일입니다. 당상(堂上)으로 추증하소서.
〈장계〉를 가져온 박치공(朴致恭)은 3급(級)을 베고 왜적도 한 명을 사로잡았으니 6품으로 승서함이 어떠하겠습니까?'"38

비변사는 원균이 보낸 〈장계〉를 검토한 끝에, 한산대첩에서 공을 세운 여러 명의 휘하 장수를 포상하자고 제안했다. 선조는 이를 모두 수용하고, 원균에게도 가자(加資, 품계를 더함)하기를 제안하였다. 그러나 비변사는 선조의 제안을 다음과 같이 거부했다.

"원균은 이미 높은 가자를 받았습니다. 지금 이 전첩(戰捷, 한산도 대첩)의 공은 이순신이 으뜸이므로 원균에게는 가자할 필요가 없을 듯합니다."39

---

37 이산해(李山海), 《아계유고(鵝溪遺稿)》, 제5권.
38 《실록》, 선조 25년(1592) 8월 24일.
39 《실록》, 선조 25년(1592) 8월 24일.

여기서 보듯, 비변사에서는 원균과 이순신의 공이 비슷해 정확히 알기 어렵다고 말하면서도 결국에는 이순신의 판정승을 선언하였다. 한산대첩은 7월 초순에 있었으나, 8월 하순까지도 "수훈(首勳)"이 누구인지를 조정에서 논의할 정도였다. 그런데 나중에는 원균, 이순신 및 이억기의 공이 대등하다며 애초의 평가를 수정하였다. 그해 8월 하순에는 비변사가 원균의 "가자"를 반대했으나, 얼마 안 가서 원균과 이억기의 "가자"도 성사되었다.

> "원균(元均)과 이억기(李億祺)는 이순신(李舜臣)과 공이 똑같은 사람들이다. 품계를 높여 주고 글을 내려 아름다움을 포장하라."40

한산대첩에 관한 조정의 최종 평가는 원균과 이억기 및 이순신은 공이 똑같다("同功之人")는 것이었다. 이 글귀를 가리켜 선조가 지나치게 정무적으로 판단했다고 비판할는지 모르겠다. 그러나 한산대첩은 위 세 명의 수사가 목숨을 걸고 싸운 덕분이었다. 요컨대 한산대첩이 어느 한 장수의 공이었다고는 말하기 어려운데, 후세는 그런 사실을 잊어버린 채 무조건 이순신의 승리라고 주장한다.

한산대첩 직후에도 원균의 경상우수영은 활약을 거듭하였다. 그에 관해 오희문은 다음과 같이 기록하였다.

> "전 만호 이충이 경상우수영에 돌아갔다가 수군절도사 원균이 또 적선 24척을 불사르고 적병 7명의 수급을 베었다는 소식을 담은 서장을 은밀히 휴대한 채 이 고을을 지나갔다. 그를 우연히 만나자 내 근심이 풀렸다."41

그때 이충은 원균 장군이 전공을 아뢰는 〈장계(狀啓)〉를 가지고 행재소를 찾아가는 중이었다. 오희문은 그에게서 남쪽 바닷가의 실정을 자세히 듣고, 연이은 승전 소식에 "근심이 풀렸다"라고 일기에 서술했다. 그런데 《실록》에는 이충이 이순신의 〈장계〉를 가져왔다고 엉뚱하게 기록하였다.42

---

40 《실록》, 선조 25년(1592) 9월 1일.
41 오희문, 《쇄미록》, 임진년 8월 2일.
42 《실록》, 선조 25년 6월 21일 자에서는 이충을 이순신의 군관이라며 사실과 다르게 기록했다. 즉, "순신 등이 그의 군관(軍官) 이충(李沖)을 보내어 치계하고 수급(首級)을 바치도록 하니, 행조(行朝)에서는 상하가 뛸 듯이 기뻐하며 경하(慶賀)하지 않는 사람이 없었다."라고 했다. 이충은 과거에 만호를 지낸 사람으로서 선조 25년 여름에는 원균의 〈장계〉를 가지고 행재소를 오갔다.

일본군의 약진 - 거제도 함락

우리 수군이 승승장구만 한 것은 아니다. 선조 26년(1593) 여름에 일본군은 거제도를 빼앗아 갔다. 거제도가 함락된 것은 여러모로 뼈아픈 일이었다. 선조 26년(1593) 10월 중순에 유성룡 등 대신들은 다음과 같이 말하였다.

"거제는 남쪽 변방 바다 가운데 있으나 땅이 매우 넓고, 배 만드는 목재가 많이 나오는 곳입니다. 그래서 평소에는 경상우도의 병선(兵船)을 만드는 데 필요한 목재를 모두 이 섬에서 가져왔습니다."[43]

거제도는 목재가 풍부해 원균의 경상우수영은 그곳에서 마련한 목재로 판옥선을 만들었다고 했다. 그런데 이제 그 섬을 일본군이 차지했으니 타격이 컸다.

대신들은 거제도를 빼앗긴 사정을 다음과 같이 요약하였다.

"지난해(1592년)에 왜적이 거제를 침범하여 들어갔으나 그곳 유민(遺民)들이 힘을 다해 싸워 즉시 몰아냈습니다. 그런데 올해(1593년 6월)는 진주가 무너지자 적선(賊船)이 이 섬을 가득 채울 만큼 밀려 들어와 남아있는 사람을 모두 죽이고 성책(城柵)을 설치했습니다. 그런 다음에 영등포(永登浦)·지세포(知世浦)·옥포(玉浦) 등지를 점거하고 있습니다."[44]

선조 26년(1593) 6월 29일에 진주성이 함락되자 일본군은 여세를 몰아 수륙 합동작전으로 거제도를 점령했다는 말이다. 조선 수군이 강하다는 평이 있었으나 끝없이 밀려드는 적선을 다 물리칠 수는 없었다.

후세는 이순신의 수군이 싸움에 진 적이 없었다고 말하지만, 그것도 과장된 말이다. 우리 수군의 힘으로는 거제를 지킬 수도 없었고, 탈환할 수도 없었다. 그래서 조정 대신들은 거제도에 주둔한 일본군이 장차 서침(西侵)을 시도할까 봐 조바심을 냈다. 그들은 이렇게 말했다.

"이는 곧 복심(腹心)의 병입니다. 만일 (왜적이) 선척을 많이 만들고 틈을 타서 서쪽을 침범한다면 유독 전라도 연해만 우려스러운 것이 아닙니다. 서해안 일대

---

43 《실록》, 선조 26년(1593) 10월 16일.
44 《실록》, 선조 26년(1593) 10월 16일.

는 거기서 멀지 않은 거리입니다. 바다와 육지로 돌격해 오는 (적의) 기세를 어떻게 막을 수 있겠습니까!"[45]

선조 26년(1593) 7월부터 일본군은 거제도의 여러 수군 기지, 즉 옥포, 영등포, 지세포 등을 점거하였다. 우리 수군이 할 수 있는 일은 거제도의 남서 쪽에 있는 한산도에 진지를 구축해, 적이 거제도의 서쪽으로 진출하지 못하게 막는 정도였다. 그때부터는 거제도 동쪽으로 조선군의 전함을 이동하기가 사실상 불가능해졌다. 매우 답답한 상황이었다.

수군의 위기

거제도를 적에게 빼앗기자 수군에 대한 조정의 기대는 줄었고, 수군은 위기를 맞았다. 풍원부원군(豊原府院君) 유성룡은 수군이 놓인 상황을 다음과 같이 보고하였다.

> "충청수사(水使) 등은 무재나 지략이 서로 비슷하고 호령이 한결같지 못합니다. 원균의 군사 6백여 명과 이순신의 군사 1천여 명은 오랫동안 해상에 머무르고 있는 데다가 또 매우 굶주리고 있습니다. 하루아침에 (수군이) 무너진다면 적군이 바다와 육지로 한꺼번에 쳐들어 올 염려가 없지 않습니다."[46]

이 대목에서 유성룡은 사실을 있는 그대로 고백했다. 원균, 이순신 및 이억기 등 세 명의 수사는 무재(武才, 군사적 재능)도 비슷하고 지략도 엇비슷했다는 것이다. 유성룡은 《징비록》에서 이순신을 성웅으로 과장했고, 그래서 후세는 이순신을 군신(軍神)이라고 치켜세우지만, 그것은 사실이 아니다. 그 당시의 수사들은 능력이 서로 비등한 양장(良將)이었다.

그들이 거느린 수군도 숫자가 많지 않았다. 선조 26년 초겨울에 거제도 해역을 순시하며 적의 침략을 방어한 것은 주로 원균과 이순신 두 장수였는데, 그들이 지휘하는 수군은 총 1600명이었다. 이순신이 1천 명이오, 원균이 6백 명의 수군을 지휘하였다. 후세가 짐작하는 것과는 달리 두 진영의 군사력은 비등하였고, 그나마도 굶주린 병사가 많았다.

선조와 유성룡 등 조정 대신은 우리 수군을 경제적으로 보살펴야 할 의무가 있었

---

45 《실록》, 선조 26년(1593) 10월 16일.
46 《실록》, 선조 26년(1593) 10월 22일.

다. 그런데 그들은 그 역할을 제대로 수행하지 못했다. 최전선에서 국가를 지키는 1천 6백 명의 수군조차 먹여 살리지 못하였으니, 더 무슨 말이 필요한지 모르겠다.

이런 비참한 처지에서 수군이 무슨 전공을 세울 수 있었을까? 우리 수군은 기력이 없고 사기도 떨어져 도무지 아무런 전공도 세우지 못한 채 여러 달을 보냈다. 조정은 수군의 양식도 대지 못하면서도 수군의 태만을 힐책하며 성화를 냈다. 유성룡이 이끄는 비변사가 선조에게 다음과 같이 아뢰었다.

"도원수(都元帥, 권율)의 〈장계〉를 보았습니다. '적선 네댓 척이 출몰할 때는 쫓아가서 무찌를 수도 있는 법인데, 좌도(左道)와 우도(右道)의 수사(水使)가 서로 잊어버린 것처럼 버려둡니다. 통제사 이순신 이하 여러 수사를 모두 추고하고 벌주라고 (도원수에게) 명령하소서.'라고 했습니다."47

그러고는 자신들의 의견을 다음과 같이 덧붙였다.

"지난해(1592년) 싸움에서 승리했다고 아뢴 뒤로 다시는 적을 무찌른 일이 한 번도 없었습니다. 따라서 원수가 (수사들에게) 벌주기를 청하는 것은 어쩔 수 없는 일입니다. (권율이) 장계대로 (수사들을) 추고하여 칙려(飭勵) 하소서."48

밥도 먹여주지 못하면서 전공이 없다고 장수들에게 벌을 주자고 말한 도원수 권율도 한심하고, 그 말을 앵무새처럼 반복하는 유성룡 이하 비변사 당상관들도 무책임하였다. 선조는 그들의 건의를 그대로 받아들였으니, 더욱 우스운 일이었다.

---

47 《실록》, 선조 26년(1593) 윤11월 6일.
48 《실록》, 선조 26년(1593) 윤11월 6일.

제2절
조선 수군의 위축(제2기 1594~1596)

선조 27년(1594)이 되자 수군은 전력을 가다듬었다. 그 해에 연합함대는 두 번의 전투를 벌였는데, 한 번은 이겼고 한 번은 문제점만 드러낸 채 끝났다. 우리 수군이 거제도를 잃고 한산도에 주둔하게 되자 원균과 이순신의 갈등은 날로 고조되었다. 수군의 위기는 날로 깊어갔다.

1. 조선 수군, 현상 유지조차 어려워

우선 군사들을 먹일 식량이 부족하였다. 선조 27년(1594) 8월 하순에 어느 대신이 그 사정을 다음과 같이 말했다.

> "(전란 중에 우리나라는) 전라도 서쪽의 수십 고을만 다행히도 조금 온전했습니다. 그러자 이곳은 식량의 징발이 다른 곳보다 몇 배나 심했습니다. 안으로는 조정의 경비를 대고, 밖으로는 무기와 군량을 제공하였습니다. 그 장정들을 뽑아 군사를 만들고 노약자들은 식량을 운반하는 데 쉴 틈이 없게 하였습니다. 이제는 그 노동력이 탕진되어 한 치 한 푼의 여유도 없습니다."[49]

선조 25년에 왜란이 일어난 이후 벌써 삼 년째였다. 전라우도의 고을에서 인력과 물자를 총동원해 군사력도 보충하고 전쟁 경비도 조달하였다. 이제는 그 한계에 도달해 어찌할 수 없는 상황이 되고 말았다는 한탄이다.

그 와중에도 전라우도 백성은 남쪽 지방을 방어하는 수군과 육군을 모두 부양했다. 병조좌랑 김상준은 선조 27년(1594) 10월 중순 무렵 우리 수군이 2만여 명이라

---

[49] 《실록》, 선조 27년(1594) 8월 20일.

고 하였다.50 그러나 이것은 믿지 못할 숫자였다. 불과 1년 전에는 1천 6백 명이었다는 사실을 고려할 때 턱없이 과장된 것이다. 짐작하건대 수사들이 부족한 식량을 조금이라도 더 타내려고 병력 숫자를 함부로 부풀려 조정에 보고한 것 같다.

수군의 식량 사정은 여전히 최악이었다. 선조 28년(1595) 1월 하순에 영의정 유성룡은 한산도의 딱한 실정을 다음과 같이 선조에게 아뢰었다.

"며칠 전에 한산도(閑山島)에서 선전관이 올라와서 보고했습니다.

'주사(舟師)와 격군(格軍)은 양식이 떨어져 굶주려 죽었습니다. 백에 한두 명도 살아서 돌아온 자가 없습니다. 전년에도 수군이 (굶어) 죽어 백골이 바닷가에 무더기를 이루었습니다.'
매우 처참한 노릇입니다. 원수(元帥) 이하가 어찌할 수 있는 일이 없겠습니까마는 모두 마음을 쓰지 않습니다. 무고한 군졸은 호소할 곳도 없이 이 지경이 되었습니다."51

수군 백 명 가운데서 한두 명도 살아서 집으로 돌아온 자가 없었다는 표현은 지나친 말이다. 그렇지만 수군의 식량 사정이 이렇게 최악이었는데도, 영의정을 비롯한 조정 대신들은 사실상 아무런 조치도 취하지 않고 입으로만 걱정하였다. 유성룡은 자신의 무력감을 다음과 같이 표현하였다.

"백방으로 헤아려도 저로서는 좋은 방법을 얻지 못하겠습니다. 어찌할 바를 모르겠습니다."52

선조 28년에 조선 수군은 과연 얼마나 되었을까? 도원수 권율이 조정에 보고한 바가 가장 믿을만하였다.

"주사(舟師, 수군)의 문서를 엄밀히 조사한 장부를 상고했습니다. 큰 배와 작은 배가 합쳐서 84척이고, 사군(射軍)과 격군(格軍)을 합쳐 총 4천 1백 9명입니다. 그중에 병든 사람이 절반을 넘습니다."53

---

50 《실록》, 선조 27년(1594) 10월 15일.
51 《실록》, 선조 28년(1595) 1월 22일.
52 《실록》, 선조 28년(1595) 1월 22일.
53 《실록》, 선조 28년(1595) 2월 12일.

삼도의 수군은 판옥선과 작은 배를 합쳐서 84척에 지나지 않았고, 전투원과 비전투요원을 모두 합해도 4천 명 수준이었다. 그중에는 병으로 신음하는 병사가 과반수였다. 우리는 그때 수군은 판옥선만 120척을 보유했다고 믿고 있으나 현실은 형편없이 초라했다.

조선 수군의 장점은 판옥선을 보유한 것과 그 판옥선에 대포를 장착한 것이었다. 그와 같은 전력상의 이점은 끝까지 유지될 수 있었을까. 한 가닥 의문이 일어난다. 영의정 유성룡도 그 점을 깊이 염려했는데, 그는 조선 수군의 처지에 관하여 다음과 같이 말했다.

> "왜적은 오랫동안 재목이 풍부한 거제에 주둔하고 있습니다. 만일 그들이 우리나라의 배 만드는 법대로 판옥선(板屋船)을 많이 만들어 거기에 대포를 싣고 나온다면 우리가 대적하기 어려울 것입니다."[54]

전쟁이 장기화하면 아군과 적군은 상대방의 우수한 무기와 제도를 배우기 마련이다. 이기려면 그렇게 하지 않을 수 없다. 왜란 때 조선군은 일본군에게 조총을 빼앗아 대량 제작하였다. 《실록》을 보면, 선조 27년(1594) 봄에 원균은 적어도 70정 이상의 조총을 노획하여 조정에 보냈다. 다음은 이를 치하하는 선조의 발언이다.

> "경상우수사 원균이 그동안 여러 번에 걸쳐 병기(兵器)를 올렸다. 이번에 또 크고 작은 조총(鳥銃) 70여 자루를 보내왔다. 이것만 보아도 그의 전공(戰功)을 짐작할 수 있다. 매우 아름다운 일이므로, 그것을 가져온 원사웅(元士雄, 원균의 아들)에게 관직을 제수하라."[55]

조선과 마찬가지로 일본군도 판옥선과 대포를 우리 수군에게서 배우려고 혈안이 되었다. 한 점 의심할 여지가 없는 사실이다. 사람들이 아직도 잘 모르고 있지만, 일본군은 왜란 중에 조선인 기술자를 동원해 실제로 판옥선을 제작하였다. 판옥선 문제는 이 절의 끝부분에서 조금 더 상세히 다룰 것이다.

---

54 《실록》, 선조 28년(1595) 3월 18일.
55 《실록》, 선조 27년(1594) 4월 23일.

2. 호남과 영남에 의지한 조선 수군

수군이 약해져 조정의 고민이 깊어갔다. 선조 27년(1594) 8월 초순에 비변사는 수군에 관한 여러 가지 문제를 종합적으로 검토해 선조에게 다섯 가지로 요약 보고하였다.

첫째는 이미 말한 대로 수군의 병력 충원이 미흡하다는 사실이었다. 이것은 군량이 부족해서 그렇게 된 것이라고 진단하였는데, 다행히 이번 가을(1594년)에는 추수가 잘될 것으로 보여 병력 수급에 희망이 있다고 전망하였다.56

둘째는 그동안 수사들의 의욕이 저하되어 적과 싸울 뜻이 없는 것 같다며 몹시 성토하였다.57 그런데 이 문제는 수군의 병력이 제대로 충원되면 해결될 수 있었다.

셋째는 수군과 육군의 합동작전이야말로 가장 시급한 일이라고 하였다.58 합동작전은 전쟁 초기부터 그 중요성이 거론되었으나 한 번도 시행된 적이 없었다. 소강상태에 빠진 전선(戰線)에 활기를 불어넣으려면 꼭 필요한 것이 이런 작전이었다.

넷째는 지방 수령들의 비협조적인 태도였다. 수군이 줄어드는데도 지방관들은 겨울철에 집으로 돌아온 수군을 독려해 봄철에 다시 수영(水營)으로 들여보내지 않았다.59 이 또한 수군의 식량 사정이 최악이라 당장에 풀 수 없는 문제였다.

다섯째, 이상에서 거론한 여러 가지 문제를 해결하려면 도원수가 앞장서야 한다는 주장이었다. 도원수는 수군에 관한 폐단도 제거해야 하고, 수군을 장차 어떻게 운영할지도 고민하여 좋은 정책을 조정에 제안할 의무가 있다는 점을 강조하였다.60

선조는 비변사의 견해에 동의하고, 이어서 다음과 같이 지시하였다.

"모두 양남(兩南, 경상도와 전라도)의 감사에게 책임을 맡기는 것이 옳다."61

전라관찰사와 경상관찰사가 수군의 식량 문제와 병력 충원에 관해 책임감을 가지라는 것이었다. 며칠 뒤 선조는 경상도관찰사 홍이상(洪履祥)을 접견하고 그 문제를 깊이 있게 토론하였다. 그러나 뾰족한 해결책이 없었다.

---

56 《실록》, 선조 27년(1594) 8월 4일.
57 《실록》, 선조 27년(1594) 8월 4일.
58 《실록》, 선조 27년(1594) 8월 4일.
59 《실록》, 선조 27년(1594) 8월 4일.
60 《실록》, 선조 27년(1594) 8월 4일.
61 《실록》, 선조 27년(1594) 8월 4일.

그때 홍이상은 말하기를, "군량의 조달이 가장 어렵다고 알고 있습니다. 제가 아무리 여러 가지로 생각해 보아도 식량을 장만할 길이 없습니다."라고 하였다.62 난감한 일이었다.

그런 대답이 나오자 선조는 평소 주장을 되풀이할 수밖에 없었다.

> "수군은 예전 같지 못하고 잔병(殘病)이 너무 심하다. 병이 들지 않게 잘 단속하고, 격군(格軍)을 많이 보내줘야 한다. 본도(경상도)에 좌·우수사가 있는데 지와 같이 움츠리는 것은 옳지 못하다. 삼도의 병세(兵勢)를 합치고 기회를 잘 살펴 적을 공격하라. 모든 일을 착실히 시행하라."63

선조는 수군을 살리려면 획기적인 대책이 필요하다고 판단했다. 그래서 비변사에 지시하여 수군 병력을 충원할 대책을 마련하게 하였다. 선조 27년(1594) 8월 하순에 비변사는 세 가지 사항을 보고하였다.

첫째, 사회 현상에 대한 분석이었다. 왜란이 일어나고 경상도에서는 유이민이 대량으로 발생하였다. 적에게 포로가 된 사람도 적지 않았다. 그런데 그중에는 다시 고향으로 돌아온 사람도 수천 명이나 되었다. 그러한 인적 자원을 제대로 활용하는 것이 중요하다.64

둘째, 귀향한 경상도 백성이 남해안에서 생업에 종사하도록 수사들이 잘 보살펴 주어야 한다. 노약자는 농사를 지어 생계를 꾸리고, 장정은 격군(格軍)으로 징발하자는 뜻이다. 이 정책이 실효를 거둔다면 수군의 병력은 증강될 것이다.65

셋째, 위에 말한 방법을 도원수 및 수사 원균과 통제사 이순신에게 알려주고 실천에 힘쓰라고 했다.66 선조는 비변사가 제시한 방안을 도원수 등에게 전하며, 하루빨리 수군을 보강하라고 지시했다.

---

62 《실록》, 선조 27년(1594) 8월 15일.
63 《실록》, 선조 27년(1594) 8월 15일.
64 《실록》, 선조 27년(1594) 8월 23일.
65 《실록》, 선조 27년(1594) 8월 23일.
66 《실록》, 선조 27년(1594) 8월 23일.

3. 조선 수군의 기본 전략

《실록》을 자세히 검토하면 선조 27년과 선조 28년에 조정이 추구한 기본 전략이 드러난다. 그것은 다음과 같이 세 가지로 요약된다.

첫째, 일본군의 군량 보급로를 차단하는 것이다. 이것은 선조 27년(1594) 8월에 우리 조정이 명나라에 보낸 공문에서 언급한 전략이기도 하다. 일본은 해로를 이용해 본국에서 양식을 가져왔고, 증원 병력도 수송하였다. 그들은 부산포에서 대마도에 이르는 뱃길을 이용하였다.

따라서 조선 수군이 착실히 준비해서 거제도 앞바다로 나아가 적의 군량 보급로를 요격한다면 남해안에 주둔하는 일본군은 돌아갈 길이 끊어지고 마침내 궁지에 몰릴 것이다.67

우리 군의 약점은 수군을 넉넉하게 준비하지 못했다는 사실이다. 조선의 국력으로는 이 문제를 해결할 수가 없었다. 선조는 그 점을 안타깝게 여겼다.

둘째, 이 역시 선조가 명나라에 보낸 공문서에 보이는데, 조선이 택한 현실적 전략은 적군이 거제도의 서쪽으로 진출하지 못하게 막는 것이었다. 만약 일본군이 거제도를 출발해 뱃길 따라 전라도 남쪽으로 진출하면 큰 일이 난다.

그들이 서해로 빠져나오면 충청도, 경기도, 황해도 및 평안도를 침략할 염려가 컸다. 그래서 조정에서는 이순신 등 여러 수사가 단결하여 거제의 서남쪽에 있는 한산도(閑山島) 어구를 지키게 하였다.68 대단히 소극적인 방어책이었으나, 당장에는 그 이상의 어떠한 전략도 구사할 형편이 못되었다. 이것이 조선의 현실이었다.

셋째, 현실은 그처럼 제한적이었으나, 조정은 기회가 닿기만 하면 수륙 합동작전으로 일본군을 공격하려 했다. 이 전략은 투항한 일본군조차 언급할 정도로 누구나 공감하는 필수전략이었다.

선조 28년(1595) 4월 중순, 조선군에 항복한 일본군인 조사랑(助四郞), 노고여문(老古汝文) 등 11명에게 적의 사정을 탐문하였다.69 그들은 지난 3월에 전라 병영(全羅兵營)의 군관(軍官)에게 설득되어 항복을 결심했다고 자백했다.

그 군관은 매(鷹)를 가지고 고니시의 군영을 찾아와 일본도와 교환하였다. 전쟁 중

---

67 《실록》, 선조 27년(1594) 8월 20일.
68 《실록》, 선조 27년(1594) 8월 20일.
69 《실록》, 선조 28년(1595) 4월 19일.

에도 군관이 상대 진영을 찾아가 일종의 교역에 종사한 것이다.70 우리의 짐작과는 달리 왜란 중에 조선군과 일본군 사이에는 음성적인 거래가 끊이지 않았다. 서로 첩보도 수집하고 경제적 이익을 노린 비공식적 상업활동도 활발하였다.

일본군인 조사랑 등은 조선군에게 수륙(水陸)으로 합동작전을 펼쳐보라고 권유하였다.71 또, 수군을 절영도(絶影島) 외양(外洋)에 두루 배치하거나 여러 섬에 나누어 정박하여 일본군의 보급로를 끊으라고 주문했다. 아울러, 정예병사를 군사 요지에 매복했다가 위세를 떨치고 공격하면 승리를 거둘 것이라고 말하였다.72

요컨대 귀순한 일본군 병사조차 조선군이 구사하는 기본 전략을 모두 잘 알고 있었다. 적군이 우리의 전략을 넉넉히 짐작하는 상태에서 조선 수군은 과연 어떠한 결과를 낼 수 있었을지 의문이다.

4. 장문포 수륙 합동작전

수군이 고전하는 사이 도원수 권율과 수군 사이가 나빠졌다. 선조 26년(1593) 12월 1일, 도원수(都元帥) 권율(權慄)은 육전(陸戰)을 수전보다 중시했다.73 그 영향으로 조정은 바닷가의 수령까지도 한산도로 들어가 수군 노릇을 하지 못하게 막았다. 이런 조치는 수군의 생존에 위협을 가하는 것이었다. 그래서 수사 원균은 강권을 발동하여 경상도 진주 등 4~5개의 고을의 수령들을 수군에 강제로 편입시켰다.74

비변사는 이런 내용이 담긴 권율의 〈장계〉를 받고, 수군이 일을 잘못 처리하고 있다고 비난하였다. 진주 등 남쪽의 고을은 일본군의 서진을 방어할 요충지요, 지금 한창 적과 대진(對陣)하고 있는데, 모두 수군에 편성한 것은 승산(勝算)이 없는 처사라고 했다. 무릇 도원수라면 수군과 육군을 모두 관장하는 직위이므로 권율이 여러 가지 사정을 두루 고려하여 나라에 도움이 되는 방향으로 결정하게 힘을 실어주어야 한다고 했다.75

선조는 비변사의 제안을 따랐다. 이는 곧 수군의 약화를 의미하는 것이었다. 유성

---

70 《실록》, 선조 28년(1595) 4월 19일.
71 《실록》, 선조 28년(1595) 4월 19일.
72 《실록》, 선조 28년(1595) 4월 19일.
73 《실록》, 선조 26년(1593) 12월 1일.
74 《실록》, 선조 26년(1593) 12월 1일.
75 《실록》, 선조 26년(1593) 12월 1일.

룡은 《징비록》에서 자신이 항상 수군을 도운 것처럼 주장하였으나, 그것은 사실이 아니었다.

이런 일이 있고 10달쯤 지났을 때 거제도의 장문포를 탈환하기 위해 수륙 합동작전을 시행하였다. 장문포 작전의 총책임은 기획 단계부터 대신 윤근수에게 있었다고 간주하는 것이 대부분의 의견이었다. 하지만 알고 보면 애초에 수륙 합동작전에 무게를 실은 것은 유성룡이었다.

원균을 쫓아내려는 유성룡

선조 27년(1594) 8월 중순에 유성룡은 선조에게 다음과 같이 주장하였다.

"요즘처럼(8월 하순, 가을) 서북풍이 높아지면 적군이 (일본에서) 나오기 어렵습니다. 이런 때 많은 의병(疑兵, 가짜 병사)과 병선(兵船)을 보내 거제도의 적을 토벌하면 좋습니다. 마치 그들의 군량 보급로를 차단할 것처럼 위협하면 적은 두려워하며 꼼짝하지 못할 것입니다. 그러나 수군이 너무 약해서 이 작전을 시행할 수 없습니다. 여러 차례 원수(元帥, 권율)에게 공문을 보냈으나, 원수의 말도 (수군이) 따르지 않는다고 합니다."76

인용문에서 보듯, 애초에 수군은 수륙 합동작전에 호응하지 않았다. 그 작전을 기획한 것은 유성룡이었고, 윤근수와 권율 등이 동의한 것으로 보인다. 그 시점에서 유성룡은 평소 자신과는 생각이 다른 원균을 수군에서 몰아낼 계획을 품었으므로, 그는 선조에게 물었다.

"김응서를 경상우도수사로 옮기면 어떻겠습니까?"77

영의정 유성룡은 자신과 소통이 잘되는 경상도병마절도사 김응서를 원균의 후임으로 삼으려 했다. 일이 그렇게만 진행된다면 김응서도 이순신도 모두 자신의 사람들이라, 모든 일이 잘 진행될 거라 믿었다. 이윽고 장문포 수륙 합동작전이 끝나자 유성룡은 원균 교체론을 강력히 추진해 경상우수사를 배설로 교체하였다.

---

76 《실록》, 선조 26년(1593) 12월 1일.
77 《실록》, 선조 27년(1594) 8월 21일.

장문포를 고른 까닭

유성룡은 장문포 공격에 앞서 수군의 전투력을 증강하고자 했다. 수군이 강성해야 적의 후방을 압박할 수 있고, 그렇게 되면 적의 기세가 위축될 것이다. 불과 몇 달 전만 해도 유성룡은 육군을 더 보살폈으나, 이제는 태도를 바꾸어 수군을 후원하였다. 그는 다음과 같이 주장했다.

> "육지의 장수들이 수군 보기를 남의 일처럼 여기므로 수군이 매우 허술해졌습니다. 굶주림과 질병으로 사망해 수군은 거의 사라져 버렸습니다. 어사(御史)를 보내 육지의 군사를 (수군으로) 차출해야 합니다."78

비변사는 수군 정비를 서두른 다음에 거제도 장문포에 주둔한 일본군을 격파하겠다는 뜻을 밝혔다. 아무래도 육지에 주둔하고 있는 일본군은 성도 견고하고 군사도 많아 우리 육군으로는 도저히 처치할 방법이 없다고 했다.79 그나마 우리 군이 할 수 있는 작전이 있다면 수군이 적의 보급로를 차단해 일본군이 식량 위기에 시달리게 하는 것이었다. 그러나 거제에 적군이 주둔하고 있어 수군은 자유롭게 활동하지 못했다.

이제 최선의 방책이 있다면 일본군 주둔지 가운데서 비교적 방어력도 약하고 육지의 근거지와 연락도 잘 안 되는 곳을 골라 강타하는 것이었다. 이 모든 조건에 부합하는 곳이 바로 거제의 장문포라고 했다. 장문포의 적을 내쫓아야만 우리 수군이 견내량(見乃梁)을 지나 동쪽으로 가는 길이 열릴 것이다.80

작전이 성공하면 장문포의 일본군은 웅천으로 쫓겨나고, 이후에는 우리 수군이 동쪽으로 진출하는 길이 활짝 열릴 것이다. 그러면 삼도의 함대를 거제의 영등포 앞바다에 불러 모으고 연달아 적의 소굴을 공격할 수 있다. 이 작전이 성사되면 적은 거제도의 구릉을 떠나 바다를 방어하려고 모두 배를 탈 것이고, 그때 육군과 수군이 합동으로 적을 협공하자고 했다. 비변사에서는 이러한 작전 계획을 세워 장문포 수륙 합동작전을 추진하였다.81

마침 거제도에는 사냥을 잘하는 백성이 많았다. 그들을 모아 적진(賊陣)의 좌우에서 활을 쏘게 해 숲에서 나무하는 적을 모두 사살(射殺)하면 거제도를 점령한 적은 모

---

78 《실록》, 선조 27년(1594) 8월 21일.
79 《실록》, 선조 27년(1594) 9월 19일.
80 《실록》, 선조 27년(1594) 9월 19일.
81 《실록》, 선조 27년(1594) 9월 19일.

두 도주할 것으로 보았다. 비변사에서는 이처럼 작전을 구상하고, 거제도를 완전히 수복하기를 꿈꾸었다.82

작전 계획

비변사는 선전관을 보내 통제사 이순신에게도 작전 계획을 알리고자 했다.83 선조는 이런 계획이 마음에 들었던지 다음과 같이 대답하였다.

"매우 옳도다. 속히 거행하라."

대개 이런 계획으로 장문포 수륙 합동작전이 성사되었다. 우리는 이미 제1부 제3장에서 이 작전에 관해 이순신이 《난중일기》에 서술한 내용과 원균이 조정에 보고한 〈장계〉가 서로 큰 차이가 있다는 점을 지적하였다. 그런데 알고 보니, 합동작전을 처음에 계획한 이는 영의정 유성룡이요, 이를 좀 더 구체적으로 다듬은 것은 비변사였다. 그리고 현장에서 수륙 합동작전에 깊이 간여한 이는 원균이었다.

작전 계획을 구체적으로 마련한 비변사의 대신과 당상은 누구였을까? 선조 27년 6월 초순의 《실록》 기사를 살펴보면 그들의 이름이 드러난다. 영부사(領府事) 심수경, 해평부원군(海平府院君) 윤근수(尹根壽), 서천군(西川君) 정곤수(鄭崑壽), 우찬성 최황(崔滉), 호조판서 김명원(金命元), 이조판서 김응남(金應南), 형조판서 신점(申點), 대호군(大護軍) 조경(趙儆), 병조판서 심충겸(沈忠謙)이 바로 비변사의 주요 인물이다.84 이 중에서 군사 실무에 가장 밝은 이는 조경이었다. 그래서 조경을 중심으로 병조판서 심충겸 등이 작전을 함께 기획하였을 것이다.

실패한 이유

그러나 장문포 공격은 뜻대로 이뤄지지 못하였다. 선조 27년(1594) 10월 13일에 비변사는 이 작전이 실패한 사실을 인정하고, 다음과 같이 단계별로 패인을 분석하였다. 첫째, 영등포와 장문포에 주둔한 일본군은 책루(柵壘)를 굳게 지키면서도 해안을 철저히 수비하였다. 그들은 방어용 무기를 충분히 설치하고, 느긋한 자세로 조선군을

---

82 《실록》, 선조 27년(1594) 9월 19일.
83 《실록》, 선조 27년(1594) 9월 19일.
84 《실록》, 선조 27년(1594) 6월 3일.

기다리고 있었다. 우리 군은 이동하는 중에 이미 지쳐서 상대방을 제대로 공격하지 못하였다.[85]

둘째, 우리 군의 육군이 견내량을 건너 거제도에 상륙하려고 한 계획은 너무 위험하였다. 그렇게 했더라면 적은 남쪽 해안에 복병을 설치해 두었다가 우리 군이 배에서 반쯤 내렸을 때 미처 진형(陣形)도 갖추지 못한 우리 군사를 뒤에서 습격하였을 것이다. 그렇게까지 사태가 위급하지는 않았으나, 우리의 작전 계획은 위험천만한 것이었다.[86]

셋째, 그나마 다행인 것은 여러 장수가 이번 작전이 잘못된 줄 알고 공격을 중지하거나, 수군과 함께 행동한 점이었다. 그 덕분에 대패하지 않아, 불행 중 다행이었다.[87] 그 당시 육군을 가장 적극적으로 도운 것은 원균의 경상우수영이었는데, 제1부의 제3장에서 설명한 바 있다.

넷째, 이번 작전을 시행한 결과 명확히 확인된 사실이 있다. 거제도 북쪽의 영등포와 장문포는 일본군의 방비가 삼엄하므로, 우리 육군으로는 공격할 수 없다는 점이다. 우리 수군이 그 바다를 오가며 공격할 듯한 태세를 보이고, 그때 적군이 일본 전함을 구원하려고 바다로 나온다면 비로소 접전이 가능할 것이다. 현재로서는 적군이 우리 군대가 쳐들어올 줄 알고 굳게 주둔지를 수비하고 응전하지 않아, 어찌 할 수 없다.[88]

다섯째, 만일에 거제도의 적을 육지에서 공격하려면 한산도를 거치는 것이 좋겠다. 사사(射士) 중에서 섬의 길을 잘 아는 사람을 골라서, 적진의 사면에 있는 숲속에 매복시키고, 적이 우리 군의 수효를 모르게 해야 한다. 밤이 되면 그들의 책막(柵幕)을 기습하고, 낮에는 잠복해 있다가 나무하러 나온 적병을 저격하는 것이 좋다. 적이 오면 숨고, 적이 떠나가면 다시 모여 적이 불안을 느끼게 해야겠다. 그들의 사기가 떨어진 다음에 수군이 출동하여 위용을 과시하면서 공격할 듯한 태세를 보인다면 적이 거제도를 버리고 육지로 도망갈 수도 있겠다.[89]

여섯째, 이번 작전이 실패로 돌아간 이유는 다음의 세 가지로 정리할 수 있다. 첫째, 토벌 작전을 벌일 기일을 정해 적에게 통지함으로써 적군이 미리 준비할 수 있게

---

[85] 《실록》, 선조 27년(1594) 10월 13일.
[86] 《실록》, 선조 27년(1594) 10월 13일.
[87] 《실록》, 선조 27년(1594) 10월 13일.
[88] 《실록》, 선조 27년(1594) 10월 13일.
[89] 《실록》, 선조 27년(1594) 10월 13일.

한 것이 잘못이다. 둘째, 처음에 공격 개시일을 9월 27일로 잡았을 때 수군의 사정을 살피지 않아, 결과적으로 거사 기일을 몇 번이나 연기한 점이다. 셋째, 잘못된 정보를 가지고 계획을 세운 점이다. 적병이 조금밖에 되지 않는다는 정보를 얻자 그것이 사실인지 확인해 보지 않은 것은 큰 잘못이었다. 막상 적군의 진영에 도착해서 비로소 그 무리가 많은 줄 알게 되어 우리 군이 크게 당황하였다.90 게다가 적이 선박을 높은 곳으로 끌어다가 매어놓은 사실조차 몰랐다. 적정을 제대로 염탐하지 못해 우리 군사들의 사기가 저하되었다.91

비변사는 이러한 결과 분석은 원균이 경상도감사 홍이상(洪履祥)에게 보고한 〈첩보(牒報)〉를 주로 참고하였다. 우리 육군은 적을 무찌르기는커녕 우리 군의 약세를 심하게 노출하였고, 심지어 일본군에게 업신여김을 당했다. 처음으로 육군과 수군을 어렵게 수합(收合)하여 작전을 벌였으나, 아무 이익도 얻지 못하자 군사들의 사기가 땅에 떨어지고 말았다.92

엇갈린 보고서

작전에 참전한 여러 장수는 〈장계〉를 올려 경과보고를 하였는데, 서로 다른 내용이 많았다. 그중에는 허위로 보고한 것도 없지 않았다. 비변사에서는 장수들의 〈장계〉를 자세히 조사하자고 선조에게 건의할 정도였다.93

그 이튿날(10월 14일)이 되자 선조는 영의정 유성룡, 판중추부사 최흥원(崔興源), 판돈녕부사 정곤수(鄭崑壽), 우찬성 최황(崔滉), 좌참찬 한준(韓準), 호조판서 김수(金睟), 형조판서 신점(申點), 훈련원도정(訓鍊院都正) 조경(趙儆), 판결사 윤선각(尹先覺), 호조참판 성영(成泳), 동지중추부사 이사명(李思命), 부수찬 윤경립(尹敬立), 우승지 오억령(吳億齡), 주서 이덕온(李德溫), 가주서 이순민(李舜民), 검열 심열(沈悅)과 김신국(金藎國)을 모아놓고 장문포전투에 관해 평가회를 열었다.94 유성룡은 그나마 수전(水戰)이 있어서 대패는 하지 않았다고 말하고는 만약 육전(陸戰)이었다면 크게 패하였을 것이라고 결론을 내렸다.95

---

90 《실록》, 선조 27년(1594) 10월 13일.
91 《실록》, 선조 27년(1594) 10월 13일.
92 《실록》, 선조 27년(1594) 10월 13일.
93 《실록》, 선조 27년(1594) 10월 13일.
94 《실록》, 선조 27년(1594) 10월 14일.
95 《실록》, 선조 27년(1594) 10월 14일.

장문포전투의 파장은 길게 이어졌다. 선조 27년(1594) 11월 6일에 사간원은 도원수 권율에게 책임을 추궁하라고 요구했다. 작전 계획이 허술한 것도 문제였고, 장수들이 패배한 사실을 숨기고 거짓 〈장계〉를 올린 것도 용서할 수 없는 일이라고 했다.[96] 게다가 권율은 도원수라는 중책을 맡고 있는데도 전투가 개시되자 전쟁터로 나가 군사를 지휘하지 않고 전라도 지방으로 몸을 숨겼다고 했다. 또, 작전이 종결된 다음에 각 장수의 공죄(功罪)를 조사해 정확히 보고할 의무를 다하지 않았다고 비판하였다.[97]

이순신의 참패

사간원이 자체 조사한 바에 따르면, 이순신의 전라좌수영은 장문포해전에서 큰 피해를 보았다. 전라도의 전선(戰船) 한 척이 해사(海莎, 모래)에 걸려 적의 공격을 받았다. 그 배에 탄 1백 수십 명의 병사가 전원 살해당하였고, 배에 실은 군기(軍器)와 총포(銃砲) 등 모든 장비도 적에게 빼앗겼다. 그러나 이순신은 그 사실을 정확히 보고하지 않았다. 그래서 사간원은 순안 어사(巡按御史)를 파견해 모든 사실을 정확히 조사 보고하게 한 다음에 지휘관을 문책하라고 주장했다. 선조는 사간원의 요구를 수용하였다.[98] 정확히 말해, 그때 이순신의 휘하인 사도첨사의 판옥선이 수모를 당했다.

경상도관찰사 홍이상도 우리 군이 장문포에서 패전한 사실을 정확히 조사 보고하였다. 홍이상의 군관인 강효업(姜孝業)과 홍윤필(洪胤弼) 등도 포수(砲手)를 거느리고 육군과 합세하여 전투에 참전하였다.[99] 그들의 보고에 의하면, 적의 숫자는 별로 많지 않아 조선군이 훨씬 유리하였다.[100] 그런데도 우리 군은 적을 제압하지 못하였다.

홍이상은 사도의 판옥선이 적군에게 당한 사실도 보고하였다. 10월 1일 미시(13~15시)에 왜선(倭船) 3척이 나타나 사도(蛇渡, 고흥, 전라좌수영)의 병선(兵船)이 정박한 곳으로 접근해 배의 뒷부분에 불을 질렀다. 그러고는 병사 한 명을 살해하였다.[101]

그날 저녁에 적선(賊船)이 어둠을 뚫고 몰래 다가와서 우리 군 선박에 포를 쏘아댔다. 우리 군은 당황해서 어찌할 바를 몰랐는데, 그때 전라 주사(全羅舟師, 이순신의 수

---

96 《실록》, 선조 27년(1594) 11월 6일.
97 《실록》, 선조 27년(1594) 11월 6일.
98 《실록》, 선조 27년(1594) 11월 6일.
99 《실록》, 선조 27년(1594) 11월 19일.
100 《실록》, 선조 27년(1594) 11월 19일.
101 《실록》, 선조 27년(1594) 11월 19일.

군)의 사후선(伺候船) 3척이 실종되었다. 그 배에 탄 병사는 거의 다 죽었다. 적은 사도의 판옥선을 공격하여 전소(全燒)시켰다. 미처 도피하지 못한 병사는 모두 적에게 피살되었다.102 우리가 이미 확인한 바지만, 《난중일기》에는 이러한 사실이 하나도 언급되어 있지 않았다. 일기의 기록이란 이런 식이었다.

10월 3일에 통제사(統制使, 이순신)의 명령으로 군사 1백여 명을 모집해 장문포에 상륙해 위세를 과시하려고 하였으나, 적의 기병(騎兵)과 보병(步兵) 50여 명이 산을 넘어 돌진해왔다. 그러자 우리 군은 바로 후퇴해 배에 올랐다. 비록 전군이 패하지는 않았으나 많은 사상자가 있었다.103

허위 보고

이처럼 장문포에서 우리 수군과 육군은 여러모로 곤경을 겪었다. 그런데도 밤중에 사도첨사의 판옥선이 불탄 사건을 이순신은 단 한 줄도 보고하지 않았다. 우리 장수들은 우리가 입은 피해는 숨긴 채 적세(賊勢)가 대단하다고 과장하거나 전공(戰功)이 있다고 보고하였다.104 홍이상은 그런 사실을 조정에 모두 알렸다.

원균이 〈장계〉에서 부장인 이광악(李光岳)이 일본군 한 명을 생포했다고 보고한 것도 큰 문제가 되었다. 일본군이 투항한 것이 명백하였는데도 이광악이 돌진해서 생포했다고 기록하였다는 비판이었다.105

비변사는 홍이상의 〈장계〉를 읽고, 사태가 심각하다는 점을 절실히 깨달았다. 도원수 권율과 통제사 이순신에게 서면으로 죄를 묻고 앞으로 다시는 이런 일이 일어나지 못하게 별도의 조치가 필요하다고 했다. 조정에서는 순천(권율)과 한산도(이순신)에 선전관을 보내 그런 사실을 알렸다.

드디어 선조 27년(1594) 11월 23일에 사간원이 앞장서 권율과 이순신의 죄를 성토하고, 모든 책임을 윤두수에게 물어 파직하라고 건의하였다. 사간원의 조사결과에 따르면, 도원수 권율과 통제사 이순신은 "분군율(僨軍律, 군사를 패망시킨 죄)"을 범한 데다 허위 보고로 임금을 속인(欺罔) 죄가 성립되었다. 당장에 체포하여 한양까지 끌고 와서 정죄하는 것이 옳다고 했다. 그리고 체찰사 윤두수는 상관으로서 부하들을 관리하지 못해 국위를 손상시켰고, 장수들의 허위 보고를 여과 없이 조정에 전달한

---

102 《실록》, 선조 27년(1594) 11월 19일.
103 《실록》, 선조 27년(1594) 11월 19일.
104 《실록》, 선조 27년(1594) 11월 19일.
105 《실록》, 선조 27년(1594) 11월 19일.

죄가 있다. 파직하는 것이 마땅하다고 했다.106 선조는 권율, 이순신 및 윤두수의 죄를 알았으나 강력한 처벌을 하지 않았다. 전쟁 중인데다가 모두 지위가 높은 사람들이라 경솔하게 다룰 수 없었다.

일본군의 거제도 철수

그 뒤에 장문포는 어떻게 되었을까. 선조 28년(1595) 7월 하순에 일본과 명나라는 강화회담을 진행하고 있었고, 더불어 전쟁도 곧 막을 내릴 것으로 기대하였다. 중국인 관리 장만록(張萬祿)의 진술에 의하면, 일본군은 거제도의 영등포와 장문포에서 모두 철수하였다고 한다. 두 곳이 텅 비었는데, 불태우지는 않은 상태로 언제든지 적이 다시 주둔할 수 있는 시설이 남아있었다. 한편 거제의 소진포(所津浦)에는 시마즈 요시히로(島津義弘)가 그대로 주둔하고 있었다.107

그 후 3개월쯤 지나자 거제도의 일본군은 전원 철수하였다.(선조 28년 10월) 선조 28년(1595) 11월 2일에 훈련 주부(訓鍊主簿) 김경상(金景祥)이 올린 〈서계(書啓)〉를 보면, 영등포, 장문포 및 소진포에 있었던 일본군 주둔지는 모두 불에 탄 채로 텅 비어 있었다.108 우리 군이 결심만 하면 당장이라도 거제도를 회복할 수 있게 되었다.

5. 수군 지도부의 위기

전쟁이 장기화하는 가운데 일선 장수들은 서로 간에 불화하는 일이 많았다. 선조 27년(1594) 8월 하순에 유성룡은 문신 서성(徐渻)이 보낸 서신을 보고 놀랐다면서 선조에게 다음과 같이 아뢰었다.

> "김응서와 고언백은 서로 싫어하고, 박진(朴晉)과 김덕령(金德齡)도 화목하지 못하다고 합니다."109

유성룡이 거론한 4인은 모두 출중한 육군 장수였다. 그러나 함께 작전에 참전할

---

106 《실록》, 선조 27년(1594) 11월 19일.
107 《실록》, 선조 28년(1595) 7월 24일.
108 《실록》, 선조 28년(1595) 11월 2일.
109 《실록》, 선조 27년(1594) 8월 21일.

기회가 많을수록 서로 비난하고 불편하게 여기는 경향을 보였다. 수군이라고 다를 여지가 없었다. 선조 26년부터 이순신과 원균의 사이는 점점 갈라져 선조 27년 말에는 조정에서도 큰 걱정거리가 되었다. 평소 이순신과 가깝게 지내온 유성룡은 기회만 있으면 원균을 수군에서 쫓아낼 궁리를 하였다.

선조 27년 11월 12일의 경연

이날의 어전 회의 기록이 《실록》에 실려 있다. 이 기사를 통해 조정의 분위기를 알아보면 어떠할까? 경연(經筵)을 마치고 선조는 대신들과 함께 국정 전반을 논의하였는데, 논의에 참석한 대신은 좌찬성(左贊成) 정탁(鄭琢), 판돈녕부사 정곤수(鄭崐壽), 우의정 김응남(金應南) 그리고 호조판서 김수(金睟) 등이었다. 그들은 원균-이순신 두 장수의 갈등에 관해 각자의 견해를 밝혔다. 그 내용을 소개하고, 소견을 간단히 덧붙이겠다.

가장 먼저 이야기를 꺼낸 것은 호조판서 김수(金睟)였다. 임진왜란이 일어났을 때 김수는 경상우도순찰사로, 황망한 가운데 경상우도 일대의 사정을 목격하였다. 그 시절부터 김수는 원균과 이순신의 불편한 관계를 날카롭게 주시하였던 모양인데, 그는 다음과 같이 말하였다.

> "원균(元均)과 이순신(李舜臣)이 서로 다투는 일은 매우 염려됩니다. 원균이 잘못한 바가 없지는 않습니다. 하지만 그리 대단치도 않은 일이 점차 나빠져 이 지경이 되었으니, 매우 불행한 일입니다."[110]

김수는 두 장수의 관계가 잘못된 것은 무엇보다도 원균의 책임이라고 말하였다. 그렇게 주장하면서도 오늘날처럼 사태가 악화될 일은 아니었다고 평가했다. 그 말이 끝나자 선조는 원균이 잘못하였다는 사건의 내막이 궁금해졌다. 그래서 김수에게 물었다.

> "무슨 일 때문에 그렇게까지 되었는가?"[111]

김수는 선조의 물음에 바로 대답하였다.

---

110 《실록》, 선조 27년(1594) 11월 12일.
111 《실록》, 선조 27년(1594) 11월 12일.

> "원균이 10여 살 먹은 첩자(妾子)를 군공(軍功)에 참여시켜 상을 받게 했기 때문에, 이순신이 이것을 불쾌히 여긴 것입니다."112

김수의 이 말은 사실이 아니었다. 그가 화제로 삼은 원균의 "첩자"란 곧 원사웅을 가리킨다. 당시에 원사웅은 늠름한 청년으로 성장해 원균을 도와 실전에서도 혁혁한 공을 세웠다. 원균의 〈장계〉에도 그런 사실이 명백히 나타나며, 훗날 조정에서도 "10여 살" 운운한 것은 이순신의 잘못이었다는 점이 밝혀진다. 이순신은 잘못된 소문을 듣고 원균을 비난하였다. 원균과 이순신의 관계에서 이순신이 악성 소문을 사실로 착각한 것은 한둘이 아니었다.(제1부 제3장 참조)

선조는 이런 사소한 오해 말고도 두 장수 사이에 본질적인 문제가 존재할 것으로 짐작하였다. 그래서 다음과 같이 물었다.

> "내가 들으니, 고언백(高彦伯)과 김응서(金應瑞)는 좌차(坐次) 때문에 서로 다툰다고 한다. 그런데 이들 두 사람은 무슨 일 때문에 서로 다투는가?"113

전쟁터에서는 장수들끼리 협력하면서도 다툰다. 작전상의 차이점도 있고, 서열 문제도 있는 데다 각자 자신의 공훈을 더 높이려고 애쓰기 때문이다. 동서고금을 막론하고 피할 수 없는 일이다. 선조는 그런 사실을 알고 있었기 때문에, 원균-이순신 갈등을 구체적으로 알고자 하였다.

대신들의 원인 분석

우의정 김응남(金應南)이 선조의 물음에 구체적 대답을 하였다. 조정을 대표하는 정승으로서 그는 두 장수의 갈등 구조를 정확히 분석해, 국왕 선조에게 보고할 기회로 여긴 것이다.

> "전공(戰功) 다툼으로 이렇게 되었습니다. 처음에 수군이 승전했을 때 원균은 자신의 공이 많다고 여겼습니다. 이순신은 (왜적을) 공격하려고도 하지 않았으나, 선거이(宣居怡)가 힘써 거사를 주장하였습니다. 게다가 이순신의 공이 아주 큰

---

112 《실록》, 선조 27년(1594) 11월 12일.
113 《실록》, 선조 27년(1594) 11월 12일.

것도 아니었습니다. 그런데 조정에서 이순신을 원균의 윗자리에 올려놓았습니다. 그 때문에 원균이 불만을 품고 서로 협조하지 않는다고 합니다."[114]

오늘날 일반적으로 알려진 것과는 상당한 차이가 있는 인식이었다. 지금은 이순신의 《난중일기》와 그가 올린 〈장계〉만 가지고 판단해, 적을 물리친 모든 공을 이순신 한 사람에게 돌린다. 그러나 선조 27년 연말의 조정 분위기는 달랐다. 이순신이라는 한 장수의 공이 아니라 여러 장수가 서로 협력하고 격려해서 이룬 성과로 판단하였다. 이순신 한 사람의 공적을 지나치게 높이 평가하면 곤란한 일이었다. 그런 점에서 김응남은 원균의 불만을 어느 정도는 이해하였다고 볼 수 있다.

역시 나이든 대신으로 판돈녕부사를 맡은 정곤수(鄭崑壽)도 이순신을 너무 높이면 안 된다는 자신의 견해를 짧게 진술하였다.

"장수(이순신)가 만일 (경상도로) 가지 않으면 전라도는 필시 수습할 수 없게 될 것이라고 정운(鄭運)이 협박했습니다. 그 때문에 이순신은 부득이 (경상도로) 가서 적을 격파하였다고 합니다."[115]

이순신은 날마다 원균의 출전 요청을 받고도 20여 일을 미적거린 끝에 경상도로 떠났다. 이순신의 지각 출동에 관해서는 당대에도 여러 가지 억측과 짐작이 엇갈렸다. 그중 하나가 정곤수의 주장이었다. 대신 이원익 역시 이 문제를 진단하기를, 전라도가 위험에 빠지자 이순신은 할 수 없이 출동하였다고 보았다. 이순신에게 공적이 있다는 사실을 누가 부정하겠는가. 다만 그 모든 것을 그가 혼자 이룩했다는 식으로 인식하면 역사적 진실에서 멀어지고 만다.

선조는 대신들의 말을 듣고서도, 여러 장수 가운데 이순신의 공이 가장 크다는 점을 명확하게 강조하였다.

"순신이 왜적을 포획한 공은 가장 많다."[116]

《난중일기》를 읽어보면, 이순신은 마치 적의 목을 베는 데 아무 관심도 없었던 것처럼 서술하였다. 그러나 모든 부대는 각자의 전과를 올리는 데 힘을 쏟았고, 가장 중

---

114 《실록》, 선조 27년(1594) 11월 12일.
115 《실록》, 선조 27년(1594) 11월 12일.
116 《실록》, 선조 27년(1594) 11월 12일.

요한 것이 곧 적군의 목과 적군의 무기를 노획하는 것이었다. 이순신이 바친 일본군의 수급과 무기가 가장 많았다는 점을, 선조는 뚜렷이 기억하였다. 어느 신하도 선조의 이런 주장을 반박하지 못하였다.

이어서 정곤수는 원균-이순신 갈등의 심층적인 원인을 아래와 같이 분석하였다.

> "순신의 부하 중에는 당상관에 오른 자가 많습니다. 그런데 원균의 부하 중에 우치적(禹致績)이나 이운룡(李雲龍) 같은 이는 그 전공이 매우 크나, 받은 상은 도리어 다른 사람만 못합니다. 그 때문에 그들은 분하게 여깁니다."117

이순신의 휘하에는 당상관이 된 장수가 여러 있었다. 권준, 이순신(李純信), 배흥립, 정운 등이다. 원균이 '이순신의 다섯 아들'이라고 부른 장수들은 특히 많은 혜택을 받았다. 물론 원균 휘하에도 여러 명의 탁월한 부장이 존재하였다. 기효근, 이운룡, 우치적, 이광악, 원전, 강덕룡 등으로, 모두가 쟁쟁한 장수였다. 이런 사실을 우리는 기억할 필요가 있다. 임진왜란 초기부터 수군의 승리를 좌우한 것은 어느 한쪽이 아니었다는 사실을 알 수 있기 때문이다.

선조의 노력

선조는 원균-이순신 갈등에서 적절한 균형점을 발견하려고 노력했다. 그래서 그는 금세 자세를 바꾸어, 원균의 부하들에게도 승진할 기회를 주자고 제안하였다.

> "원균이 하는 일을 살펴보니, 매우 가상한 점이 있다. 저번에 남방에서 올라온 관리에게 내가 원균에 관해서 물었다. 그랬더니, '습증(濕症)에 걸린 몸으로, (원균은) 장기간 해상에 있었는데도 일을 싫어하는 마음이 없고 (전쟁에서) 죽기를 각오하였다.'라고 하더라. 그 뜻이 아름답다! 그의 부하 중에 공이 많았는데도 (아직) 상을 받지 못한 사람이 있다면, 보통 사람의 정리로 보아도 박대한 것 같다. (주장인 원균으로서) 반드시 불만이 있을 법하다. 처음에 어찌하여 그렇게 일을 처리했던가? 과연 (그들에게) 공이 많이 있다면 지금이라도 모두 상을 주어 그(원균) 마음을 위로하라."118

선조의 발언은 두 부분으로 나눌 수 있다. 첫째는 원균이 참으로 믿음직한 장수라

---

117 《실록》, 선조 27년(1594) 11월 12일.
118 《실록》, 선조 27년(1594) 11월 12일.

는 것이오, 둘째는 이제라도 그 휘하에 있는 쟁쟁한 장수들을 포상해서 더는 불만이 자라나지 못하게 하자는 것이었다. 때늦은 감은 있었으나 **필요한 조치였다.**

우의정 김응남은 선조의 결정에 찬성하며 다음과 같이 말을 보탰다.

"그(원균)에게 위로하는 뜻을 보이는 것이 옳습니다. 그런데 순신이 체직(통제사를 사직하고 다른 직책을 맡음)을 자원한다고 하는데 이 역시 부당합니다."[119]

김응남의 생각도 원균-이순신 갈등을 원만하게 해결하자는 것이었다. 소외된 원균 측은 벼슬을 주어 사기를 높이고, 이순신은 그대로 삼군통제사로 머물게 하여 그의 직속 부하로 수군의 주력을 만들자는 것이었다. 원균-이순신 두 장수 가운데 한 사람만으로는 우리 수군이 위용을 제대로 갖추기 어렵다는 탁견이었다.

유성룡 일파의 생각

하지만 조정 대신 중에 상당수는 다른 의견을 가지고 있었다. 그들은 주로 유성룡의 친위세력으로서 원균을 수군에서 내보내고, 이순신 계열이 독점하기를 소망했다. 선조는 그런 분위기를 잘 알고 있었던지 다음과 같이 예리한 질문을 던졌다.

"바깥 여론이 원균의 체직을 바라는가?"[120]

할 수만 있다면 원균-이순신 두 장수를 함께 수군으로 일하게 조치하고 싶다는 뜻이 담긴 질문이었다.

호조판서 김수도 선조와 같은 의견이었으므로, 다음과 같이 짧게 대답했다.

"별로 체직하자는 여론은 없습니다."[121]

그 당시 육군 장수들 사이에도 유사한 문제가 있어, 선조의 머릿속은 복잡하였다. 왕은 자신의 고충을 털어놓았다.

---

119 《실록》, 선조 27년(1594) 11월 12일.
120 《실록》, 선조 27년(1594) 11월 12일.
121 《실록》, 선조 27년(1594) 11월 12일.

"저번에 장계를 보았더니, '고언백(高彦伯)과 김응서(金應瑞)는 (대립이 심해) 그 사이가 물과 불의 징도가 아니다.'라고 하였다. 물과 불은 상극(相克)이다. 그러하면 전쟁터에 나가서도 서로 구원하지 않을 것은 물론이요, 반드시 서로 해치고 말 것이다. 그러나 이것은 문자(文字) 중에서 과장된 말에 지나지 않을 것이다. 그래도 역시 (우리는) 염려하지 않을 수 없다."[122]

과장된 말인 줄 알지만, 육군이나 수군이나 대표적인 장수들이 서로 심하게 대립하고 있어서 괴롭다는 뜻이었다. 우의정 김응남은 선조를 위로하고 싶었든지 아래와 같이 말했다.

"이것이야말로 문자 중에서도 과장된 표현입니다."[123]

임금님은 장수들의 갈등으로 걱정이 많으시지만, 지나치게 걱정하지는 마시라는 부탁이었다.

정탁의 균형 잡힌 견해

좌찬성 정탁(鄭琢)은 그 기회를 놓치지 않고, 원균-이순신 두 장수를 그대로 수군에 두어야 한다는 주장을 꺼냈다.

"소신(정탁)이 남방에 가서 들으니, 왜적이 수군을 무서워한다고 합니다. 원균은 사졸이 잘 따르니 가장 유능한 장수요, 이순신도 비상한 장수입니다. (저는) 그들이 다투는 현실이 매우 못마땅합니다. 이런 시국에 어찌 감히 사적인 분노로 이렇게까지 서로 다툴 수가 있습니까? (전하께서 두 사람에게) 글을 내려 국가의 급무에 우선하라고 질책하는 것이 옳겠습니다. 만일 (전하께서) 내리신 글을 읽어본다면, 그들도 어찌 감격하고 뉘우치는 마음이 없겠습니까? 이런 갈등 때문에 원균의 자리를 바꾼다면 수군이 흩어질 염려가 있습니다."[124]

정탁은 먼저 원균-이순신 갈등의 장본인인 두 장수를 비판하였고, 이어서 대응책을 제시하였다. 선조가 두 장수에게 친서를 보내 화해를 명령하라는 주문이었다. 끝으

---

122 《실록》, 선조 27년(1594) 11월 12일.
123 《실록》, 선조 27년(1594) 11월 12일.
124 《실록》, 선조 27년(1594) 11월 12일.

로, 원균을 수군에서 쫓아내면 그의 직속 부하들의 반발이 적지 않을 것이라며 정탁은 근심 어린 충언을 하였다. 이런 사실로 보아, 조정에는 경상우수사 원균을 해임하려는 운동이 상당히 강하게 일어나고 있었던 것 같다. 아울러, 이순신 계열이 지휘권을 독점하면 원균 측의 반발도 우려되는 상황이었다. 그 점도 정탁의 발언에는 배어 있었다.

그 시점까지도 우치적, 이운룡, 기효근 등 원균의 휘하세력은 주장(원균)에게 충실한 부하들이었다. 지금 우리들은 그들이 처음부터 이순신을 순순히 따르고 있던 것처럼 오해하는 경향이 있다. 그러나 그것은 역사적 사실과 어긋난다. 이처럼 역사의 진실이 묻혀버린 데는 문헌의 왜곡이 한몫하였다.(제1부 제1장 참조)

이상에서 살핀 바를 정리해보자. 선조 27년 11월 12일에 선조는 여러 명의 대신과 함께 원균-이순신의 갈등을 봉합하려고 장시간 의견을 교환하였다. 결과적으로, 원균의 직속 부하들에게 승진의 기회를 많이 주고, 원균-이순신 두 장수에게 국왕이 친서를 보내 화해를 꾀하면 좋겠다는 식으로 해결책이 제시되었다. 특히 대신 정탁은 원-이 갈등을 조속히 마무리하고, 두 장수가 함께 조선 수군을 지휘하게 하려고 노력하였다. 후세는 정탁이 이순신만 옹호한 사람으로 여기는 경향이 있으나 사실은 크게 달랐다. 자세한 것은 제1부의 제2장을 참고하기 바란다.

선조와 대신들의 노력에도 불구하고 원균-이순신 갈등은 해결될 전망이 보이지 않았다. 선조 27년(1594) 11월 말이 되자 비변사는 그 문제의 심각성을 진단하고 나름대로 해결책을 제안하였다.

> "이순신과 원균은 본래 사이가 좋지 않아 서로 헐뜯고 있습니다. 만일 법으로 다스린다면 마땅히 둘 다 벌을 주고 쫓아내야 할 것입니다. 그런데 이순신은 왜란 초기에 병선(兵船)을 모아 적의 진로를 차단하여 참괵(斬馘, 적의 머리)을 바친 공로가 많았습니다. 원균도 처음부터 이순신과 협력하여 적의 선봉을 꺾는 성과를 올렸으니, 이 두 사람의 충성과 공로는 모두 훌륭합니다.
> 위에서 특별히 잘 화합하고 진정할 수 있는 대책을 생각하시어, 선전관을 보내 친서를 전달하소서. 국가의 위급을 우선 돌보라고 권하면서 마치 한나라 광무(漢光武)가 가복(賈復)과 구순(寇恂)에게 하였듯(가복(賈復)과 구순(寇恂)은 서로 감정이 있었다. 그때 광무제(光武帝)가 말하기를, 천하가 아직 안정되지 못했는데 두 사람이 다투면 되겠느냐고 타일러 절친이 되었음.) 하신다면, 두 사람도 양심이 없지 않을 것입니다. 어찌 감격한 마음으로 성상의 명령을 공경히 받들어서 옛 태도를 버리고 새로운 각오를 하지 않겠습니까. 만약에 성상의 뜻을 받들지 않고 끝까지 깨닫지 못한 채 그전의 잘못을 영영 고집한다면, 그때는

자연 나라의 법으로 그들을 처리하소서."125

법대로 처리할 수는 없으므로, 공이 많은 두 장수가 화합하게 타일러보자는 견해였다. 대체로 이전에 경연에서 정탁 등이 주장한 것과 크게 다르지 않았다.

그러고 나서 비변사는 인사 정책도 문제를 푸는 방법이 될 수 있다고 제안하였다.

"혹자는 주장하기를, '두 사람은 틈이 벌어질 대로 벌어졌으니, 원균을 체차(遞差)하여 그들의 분쟁을 마무리해야 한다.'라고 합니다. …"126

선조는 뜻밖의 답변을 하였다.

"이순신을 대장으로서 하는 일이 잘못된 것 같다. 만약에 둘 중에서 한 사람을 체직해야 한다면 이순신을 체차하고, 원균을 통제사에 임명할 수 있다. 그러나 원균을 체차할 경우는 다른 사람을 차출해야 한다. 참작해서 시행하라."127

요컨대 이순신이 통제사를 그만두게 하자는 의견이었다. 그러나 선조는 며칠 뒤에 자신의 의견을 뒤집었다. 유성룡의 영향을 받은 것으로 보인다.

유성룡의 승리

드디어 선조 27년(1594) 12월이 되자 비변사는 원균의 체직을 주장하였다. 그 사이에 선조의 견해는 달라져 있었다. 선조는 이순신의 죄가 원균보다 더 심하다고 보았으며, 원균을 수군에서 내보낸다면 병마사로 삼는 것이 좋겠다고 하였다. 그러나 비변사에서는 그런 견해도 반대하고 있었다.128 유성룡은 이번 기회에 원균을 잠시라도 벼슬길에서 쫓아내고 싶었던 것 같다. 비변사에서는 다음과 같은 논리를 내세워 원균의 병마사 임명을 반대하였다.

"원균도 체직하고 싶지 않습니다. 그러나 이순신이 통제사가 되어 원균이 그 부장(副將)이 되었을 때 주장의 절제를 따르지 않았습니다. 이제 원균을 체직하여

---

125 《실록》, 선조 27년(1594) 11월 28일.
126 《실록》, 선조 27년(1594) 11월 28일.
127 《실록》, 선조 27년(1594) 11월 28일.
128 《실록》, 선조 27년(1594) 12월 1일.

병사(즉 병마절도사)로 승진해 한양에서 가까운 지방으로 이동하면 군대를 지휘하는 체통이 더욱 무너져 수습하고 정돈할 방법이 없어집니다. 그에 관한 논의가 일치되지 못하는 것은 바로 이 때문입니다."129

이처럼 한편으로는 원균의 병사 임명을 반대하고, 다른 한편으로는 타협책을 제시했다.

"이순신과 원균은 모두 무거운 군율을 범했습니다. 원균만 체직하는 것도 편중의 폐단이 없지 않습니다. 그러므로 과거에 아뢰었듯 (충청도수사) 선거이와 서로 직책을 맞바꾸는 것이 좋겠습니다."130

선조는 그렇게 하라고 지시했으나 그 명령은 흐지부지되었다. 유성룡 등 다수 대신이 원균을 수군에 절대로 남겨두지 않을 결심을 한 것으로 보인다.

원균을 육지로 보내라

정탁은 원균-이순신이 모두 수군에 남아서 국방에 충실하기를 바랐으나, 두 장수 가운데 한 사람에게 수군을 맡기자는 쪽으로 의견이 모였다. 마침내 원균은 충청병마절도사(약칭 충청병사)로 발령이 났다. 표면상 이순신의 한판승처럼 보였다. 그러나 이 결정으로 말미암아 이순신의 수군은 약해졌다. 원균의 직속 부하들이 순순히 이순신의 통제를 받아들일 리 없었다. 그로 인해 수군의 전투력에 상당한 결손이 나타났고, 그때부터 2년이 지나자 일본의 재침이 우려되는 가운데 통제사 이순신에 대한 조정의 비판이 거세졌다. 그리하여 이순신은 체포되어 한양으로 끌려갔고, 원균은 수군에 복귀해 통제사로 승진하였다.

《선조수정실록》은 원균이 충청병사로 임명된 점을 기록하고, 이어서 자의적인 해석을 장황하게 달아놓았다. 후대 사람들이 이 기록을 사실로 믿고 있어서 차례로 전문을 소개하고 소견을 간단히 적어둔다.

"균이 이순신의 차장(次將)이 된 점을 부끄럽게 여기고서 절제(節制)를 받지 않

---

129 《실록》, 선조 27년(1594) 12월 1일.
130 《실록》, 선조 27년(1594) 12월 1일.

으니 순신은 여러 차례 글을 올려 사면을 청하였다."131

이순신이 통제사를 그만두겠다고 한 것은 원균-이순신의 갈등이 최고조에 달했을 때 일이었다.

"조정에서는 여러 차례 도원수에게 명하여 공죄(功罪, 공과 죄)를 조사하였는데, 균은 더욱 거침없이 욕지거리를 내뱉으며 하는 말이 모두 추악하였다. 순신 또한 균이 공상(功狀, 공적)이 없다고 주장하는 가운데 실상과 다른 한 조목이 끼어 있었다. 그런데 조정에서는 대부분 원균을 편들어, 마침내 둘 다 탄핵을 당했다. 상이 다시 비변사에 명하여 조정하게 하였는데, 균은 체차(遞差)하여 육장(陸將)으로 삼고, 순신은 죄를 통감하며 공을 세우게 하였다."132

도원수가 조정의 명령으로 원균과 이순신의 문제를 해결하기 위해 여러 차례 노력하였다는 말은 사실과 다르다. 또 조정 대신들이 대부분 원균을 편들었다고 주장한 것도 실상과는 달랐다. 실상은 이미 우리가 위에서 살핀 것과 같았다. 이 사건의 결말은 이순신이 수군을 단독으로 지배하는 체제를 만든 것인데도,《선조수정실록》의 편찬자는 사실을 멋대로 왜곡하였다. 원균이 "육장"이 된 것은 본인의 뜻을 꺾은 일종의 형벌이었다.

"(원)균은 한양과 가까운 진(鎭, 청주)에 부임하여 총애받는 권신(權臣)과 결탁해 날마다 허황한 말로 순신을 헐뜯었다. 순신은 성품이 곧고 군세어 조정 안에서 대부분이 순신을 미워하였고 균을 칭찬하였다. 그러므로 명실(名實)이 도치되었다."133

이 대목은 왜곡의 극치였다고 할 수 있다. 그 시기에 선조의 총애를 받은 "권신"은 유성룡이요, 그와 가까운 동료와 추종자들이 조정을 이끌었다. 그런데 원균이 누구를 의지하였다는 말인가. 또, 대다수가 이순신을 미워하였다면 그 사람들은 도대체 누구였는가. 터무니없는 주장으로 원균을 비방하고, 이순신을 미화한 글이다.

---

131 《실록- 선조수정》, 선조 27년(1594) 12월 1일.
132 《실록- 선조수정》, 선조 27년(1594) 12월 1일.
133 《실록- 선조수정》, 선조 27년(1594) 12월 1일.

사간원의 반론

당초에 원균을 충청도병사로 임명하자 지각이 있는 일부 젊은 신하들이 그 조치를 반대하기는 하였다. 선조 27년(1594) 12월 중순에 사간원의 젊은 관리들이 다음과 같이 주장하였다.

> "해로를 차단하여 쳐들어오는 적을 막는 데는 주사(舟師, 수군)보다 좋은 것이 없습니다. 주사의 성쇠에 국가의 안위가 매여 있으니, 조정에서는 깊이 생각할 일입니다. 소홀히 다루어서는 안 될 것인데, 처음부터 (이순신과) 협력한 장사(將士)들을 거의 다 교체시켰습니다. (이로써 수군이) 허술해진 것은 이미 식자(識者)들의 걱정거리가 되었습니다."[134]

영의정 유성룡 등은 원균만 육지로 보낸 것이 아니었다. 12월의 정규 인사(大政)에서 원균의 직속 부하들 가운데 고분고분하지 않은 장수를 대거 육지로 쫓아낸 것이다. 사간원이 판단하기로, 이순신 체제를 공고히 한다는 미명으로 수군을 스스로 무너뜨릴 우려가 깊었다. 사간원에서는 이 사태를 좀 더 깊이 분석하였다.

> "경상수사 원균(元均)을 지금 육지로 옮겼으므로, (수군의) 군정은 해이해지고 형세가 쇠퇴하여 주사의 일이 형편없습니다. 후일의 걱정을 어떻게 말로 표현할 수 있겠습니까. 혹자는 말하기를, '원균과 이순신은 모두 한때의 명장이나 서로 화목하지 못하므로 그 형세가 양립하기가 어렵다.'라고 합니다. 그러나 이것은 너무도 얕은 생각입니다."[135]

두 장수가 양립할 수 없으므로 그중 한 사람인 이순신 중심으로 수군을 재편성하자는 주장이 비변사의 의견이었다. 사간원의 젊은 관리들은 유성룡을 비롯한 비변사 대신들의 안이한 판단이 잘못되었다고 공박한 것이다.

> "원균과 이순신은 공이 같은데도 상이 달랐습니다. 그 점을 원균은 불쾌하게 여겼고, (두 장수) 휘하의 장사들도 각자 좌지우지하면서 다투고 서로 (험한) 말을 주고받아 틈이 벌어졌습니다. 그리하여 결국은 (원-이가) 서로 부딪친 것입니다."[136]

---

134 《실록》, 선조 27년(1594) 12월 19일.
135 《실록》, 선조 27년(1594) 12월 19일.

필자는 사간원의 분석이 옳다고 본다. 첫째, 원-이 두 장수의 공은 엇비슷하였는데 한 사람만 통제사로 승진한 것이 화근이었다. 둘째, 두 장수의 휘하에는 용맹한 젊은 장수가 많았는데, 그들이 서로 심하게 편싸움을 벌였다. 셋째, 결과적으로 양편의 대립은 쉽게 해결하기 어려운 상태가 된 것이었다.

사간원은 자신들이 보기에 문제를 해결할 방법이 무엇인지 짧게 기술하였다.

> "만일 조정이 대의(大義)를 가지고 (두 장수를) 꾸짖어 각자 경계하고 두려워하는 마음을 가지게 한다면 저들도 선공후사(先公後私)의 의리를 알 것입니다. 그들도 거룩한 명령을 공경히 받들어 옛날의 (잘못된) 태도를 버리고, 어찌 새로운 각오를 하지 않겠습니까. 다시 격려하여 협력하라는 뜻을 담아 글을 보내시고, 호되게 꾸짖으시되 원균에게는 전과 같이 수사의 직을 맡기소서."137

이처럼 간절한 요구에도 불구하고 선조는 마음을 바꾸지 않았다. 왕은 유성룡을 비롯한 비변사 고위 관리들의 조언에 따라 이순신 중심의 수군 체제를 강화하기로 했다. 그리하여 통제사 이순신의 권력은 날로 강화되었다.

수군의 약화

이순신 체제는 얼마나 효과적이었을까. 조정의 기대와는 달리 수군은 갈수록 전투력이 약화되고, 마침내 현상 유지조차 어렵게 되었다. 선조 28년(1595) 하반기가 되자 수군이 면모를 일신하기는커녕 총체적 위기에 빠져 조정의 큰 걱정거리가 되었다. 한산도의 수군은 존재감을 완전히 상실하였다. 선조 28년 12월 말에 대신 김응남은 다음과 같이 보고했다.

> "(적의) 수로(水路)를 막는 것은 수군이 제일입니다. 그러나 한산도의 수군은 대부분이 죽어버렸습니다. 조군(漕軍, 조세를 운반하는 일꾼)을 수군으로 삼아, 전세(田稅)를 경창(京倉)에 바로 운송하면 이익이 있을 것 같습니다."138

이순신이 수군을 제대로 운영하지 못하고 있다. 이런 보고는 도체찰사 이원익에게서도 나왔다. 선조 29년(1596) 10월 초순에 선조는 도체찰사 이원익을 불러 깊이 있는 토론을 하였다. 《실록》의 해당 기사를 대화체로 바꾸면 아래와 같다.

---

136 《실록》, 선조 27년(1594) 12월 19일.
137 《실록》, 선조 27년(1594) 12월 19일.
138 《실록》, 선조 28년(1595) 12월 28일.

선　조: 연해(沿海) 지방은 어떠하던가?
이원익: 매우 당황하고 있었습니다. 어찌 이다지 당황하느냐고 물었더니 '수군(水軍)들이 모두 죽어버려 적세(賊勢)가 두려워서 그런다.'고 하였습니다.139

　　수군이 거의 다 죽고 말았다는 충격적인 소식이었다. 그들의 대화는 다음과 같이 이어졌다.

선　조: 수군이 많이 죽었다고 한 것은 굶어 죽었다는 말인가?
이원익: 지난해(선조 28년) 이후에 굶어 죽은 자는 없으나, 이전에 흉년 때 많이 죽었다고 하였습니다. 또, 해변에 거주하는 능로(能櫓, 격군)가 죽고 없습니다. 그 때문에 지금은 (전답) 8결(八結)마다 능로의 역(役)을 정하고 있었습니다.140

　　수군 병력을 보충하지 못하는 것이 큰 문제였다. 노를 저을 격군도 불충분해 강제로 8결에 1명의 격군을 배정하고 있었으나, 그 제도 역시 제대로 작동하지 않았다.

선　조: 배를 부릴 줄 모르는 사람도 뽑아서 보내던가?
이원익: 그러하였습니다.141

　　격군으로 수군에 충당된 인력 중에는 선원 경력이 하나도 없는 사람이 적지 않았다. 어찌 수군이 제 기능을 할 수 있었겠는지 의심스럽다.

선　조: 바닷가의 촌락(村落)은 모두 비어 있던가?
이원익: 그렇습니다. 평상시에는 요역(徭役)을 면제받은 사람도 있었는데, 지금은 양반까지도 모두 요역을 담당합니다. 경상도야 말할 것도 없으나, 적이 분탕질하지 않은 전라도 지방이라면 부자(富者) 중에는 소민(小民, 평민)이 하는 의무를 하지 않는 사람도 있었으나, 지금은 모두 요역을 부담하고 있습니다. 그래도 양반들은 꿋꿋하게 고향을 지킵니다. 하지만 소민은 모두 도망쳤습니다. 이유를 알아보니, 양반은 국가와 휴척(休戚)을 같이하려는 마음을 가지고 있기 때문입니다. 신은 마음속으로

---

139 《실록》, 선조 29년(1596) 10월 5일.
140 《실록》, 선조 29년(1596) 10월 5일.
141 《실록》, 선조 29년(1596) 10월 5일.

(양반들의 태도를) 귀하게 여겼습니다.142

남해안에 살던 평민들은 각종 부담을 피하려고 어디론가 이주했으나, 양반은 자신들의 고향을 지키며 묵묵히 요역을 바친다고 했다. 그들은 나라의 운명이 곧 자신들의 행복과 직결된다고 믿었으므로, 국난을 극복하는 데에 힘을 다하고 있다고 했다. 그런 양반들이 곳곳에 남아있어 그나마 다행이었으나, 이순신의 수군은 옛날의 강성한 모습을 유지하기는커녕 날로 위축되고 있었다.

때는 명나라와 일본의 강화회담이 파국을 맞은 시점이라, 수군의 재건이 가장 시급한 국정 현안으로 떠올랐다. 선조 29년(1596) 11월 초순에 선조는 경연에서 그 문제를 논의했다. 선조가 깊이 신뢰한 유성룡과 이덕형 등이 그 자리에 동석했다. 그날의 대화에서 남이공이 가장 인상적인 발언을 하였다.

"지금은 (수군에) 군사가 없는 것이 걱정이요, 배가 부족한 것은 걱정이 아닙니다. 바닷가에 사는 공천(公賤, 공노비)과 사천(私賤, 사노비)을 수군에 모두 충당하소서. 국가를 살리는 데 도움이 될 것입니다."143

남이공의 직언은 사실이 그랬다. 전함이야 목재가 충분하므로 얼마든지 새로 만들 수 있으나 그 배를 부릴 격군도 없고, 승선할 병사도 없는 것이 실상이었다. 선조 28년부터 유성룡(영의정)-권율(도원수)-이순신(통제사) 등은 수군을 강화하려고 나름대로는 최선을 다했으나, 그 결과는 볼품이 없었다. 이것이 큰 문제였다.

6. 경상우수사 원균의 통제사 부임

조정에서는 통제사 경질론이 등장했다. 선조 29년 겨울의 일이었다. 정확히 말해, 그해 10월 말부터 조정의 분위기가 바뀌기 시작하였다. 명나라와 일본의 강화회담이 파탄을 맞자 일본이 조선을 다시 침략할 가능성이 커졌다. 그 다음 달인 11월이 되자 조선 조정은 대책 마련에 총력을 기울였다. 만약 일본군이 또다시 대규모 병력을 보내 우리 국토를 짓밟으려고 한다면 과연 어떠한 전략과 전술로 대응할 것인가? 이 문

---
142 《실록》, 선조 29년(1596) 10월 5일.
143 《실록》, 선조 29년(1596) 11월 7일.

제는 초미(焦眉)의 관심사가 되었다.

선조 29년 11월 7일 비변사 확대회의

마침내 선조 29년 11월 7일에 비변사 확대회의가 열렸다. 여러 당파를 망라해 조정의 주요 인사가 모두 참석한 국가 비상대책회의였다. 회의에 참석한 신하들의 명단은 다음과 같다.

원로대신 이산해(李山海)를 비롯하여 현직 영의정 유성룡(柳成龍), 서인의 영수로 원로대신 윤두수(尹斗壽), 현직 고위 관리인 김응남(金應南), 정탁(鄭琢), 이원익(李元翼), 김명원(金命元), 김수(金睟), 이덕형(李德馨), 유영경(柳永慶) 및 승지 이덕열(李德悅) 등이었다.144

수적으로 보면 유성룡을 추종하는 남인이 참석자의 대부분이었다. 그러나 북인 이산해와 유영경, 서인 윤두수와 그 사위 이덕형 등도 회의에 나왔다. 일부 대신은 충청병마사 원균을 다시 수군으로 기용하자는 의견을 조심스럽게 꺼냈다. 국가비상대책위원회에서 원균의 거취를 본격적으로 논의한 것은 의미심장한 일이었다. 회의에서 나온 발언을 주제별로 정리하면 다음과 같았다.

선　조: 원균은 어떠한 사람인가?
유성룡: 예로부터 육장(陸將)은 수전을 잘못하고, 수전하는 자는 육전을 잘못했습니다. 원균이 제 몸을 잊고 용감히 싸우는 것은 그의 장점이나, 지친 군졸을 어루만지는 것이라면 감당할 수 없습니다. 그의 직무를 맡을 수 있는 다른 사람이 있다면 (수군으로) 임용해야겠습니다.
정　탁: 수전이 그의 장기입니다. 이제 그 단점을 버리고 장점을 쓰는 것이 나을 것입니다.145

본래 원균을 수군에서 배제한 것은 유성룡이었다. 그런데 이제는 원균의 재기용론을 완강하게 반대하지는 않았다.

선　조: 선거이(宣居怡)는 병이 있는가?
이산해: 중풍을 앓은 지 오래되어 일을 시킬 수 없습니다.146

---

144 《실록》, 선조 29년(1596) 11월 7일.
145 《실록》, 선조 29년(1596) 11월 7일.
146 《실록》, 선조 29년(1596) 11월 7일.

선조는 원균의 직책인 충청병사 자리를 선거이에게 줄 생각을 하였다. 그러나 그의 병세가 깊어 불가능하다는 의견이 제기되었다.

> 유성룡: 원균이 힘껏 싸운 것은 사람들이 모두 아는 바입니다. 그러나 한번 수전을 벌인 뒤로 착오를 일으켜, 영남의 수군 중에 (그를) 원망하고 배반하는 자가 많습니다. 따라서 원균에게 (큰 자리를) 맡길 수 없는 것은 분명합니다. 더구나 이순신과 원균의 사이가 나쁜 것도 조정에서 잘 아는 바입니다. 소신 생각으로는, 수륙의 차이가 있더라도 함께 협동해야 합니다. 두 사람이 모여 의논하게 하였으나 원균은 발끈하여 노기(怒氣)가 있었습니다.
> 선 조: 이순신도 그러하던가?
> 이원익: 이순신은 자기를 변명하는 말이 별로 없었으나, 원균은 기색이 늘 발끈하였습니다. 예전의 장수 중에도 공을 다툰 자는 있었으나, 원균은 참으로 심하였습니다. 소신이 (조정에) 올라온 뒤에 들으니, 원균이 이순신에 대하여 분하다는 말을 매우 많이 하였다고 합니다. 이순신은 한산도에서 옮길 수 없고, 옮기게 되면 일마다 다 틀어질 것입니다. 전하께서 하교(下敎)하시어 (원균은) 그대로 병사(兵使)로 있게 하는 편이 좋습니다.
> 조정에서 여러 가지로 하유(下諭)하여도 뜻을 움직일 수 없었습니다. 소신도 이런 위급한 때는 서로 마음을 합쳐 함께 (나라를) 구해야 한다고 말하였으나, 원균은 노기를 풀지 않습니다. 이것은 어렵지 않겠습니까.
> 선 조: 난처한 일이다.147

유성룡과 이원익은 이순신을 옹호하는 것으로 정평이 있는 신하들이었다. 그들은 원균-이순신의 불화를 언급하며, 원균이 화를 풀지 못하고 있다는 점을 강조하였다. 두 장수가 수군을 함께 이끄는 것은 불가능하다는 견해였다.

> 윤두수: 원균은 소신의 친족인데, 신은 오랫동안 그 사람을 만나지 못하였습니다. 대개 이순신이 후배인데도 지위가 원균의 위에 있어 발끈하여 노여움을 품었을 것입니다. 조정에서 헤아려서 처리해야 할 것입니다.
> 선 조: 과거에 내가 들으니, 군사를 처음에 요청한 것은 원균이었다. 그런데 조정에서는 원균이 이순신만 못하다고 생각하여 원균이 이렇게 화를 낸다고 한다. 또 들으니, 적을 사로잡을 때 원균이 선봉(先鋒)이었다고 한다.

---

147 《실록》, 선조 29년(1596) 11월 7일.

유성룡: 원균은 가선(嘉善)이 되었을 뿐인데 이순신은 정헌(正憲)이 되었습니다. 바로 이 때문에 원균이 분노한 것입니다.
선 조: 들으니, 군사를 요청하여 바다에서 싸웠을 때 원균에게 공이 많았고, 이순신은 따라간 것이라고 한다. 또 들으니, 이순신이 원균보다 왜인을 많이 잡은 것은 사실이나, 그 공을 이룬 것이 실은 원균에게서 비롯하였다고 한다.148

선조와 윤두수 및 유성룡은 원균-이순신 갈등의 원인을 공 다툼에서 찾고 있었다.

이원익: 소신이 말하기를, 원균의 공은 이순신보다 나을 수 없다고 조용히 말하였습니다. 그러자 원균이 대답하기를 '이순신은 물러나 있고 구원하지도 않다가 천 번 만 번을 불러서야 비로소 진군(進軍)하였다.'라고 하였습니다. 원균은 적에게 침범을 당한 지역에 머물면서 오직 대적하기를 바랐습니다. 그러나 이순신이 원균과 함께 나아가 싸우지 못한 것은, 그 형세가 그러하였습니다.
이덕열: 이순신은 열다섯 번 부르기를 기다린 뒤에 비로소 나아가 적의 배 60척을 격파하자 맨 먼저 쳐들어간 것을 자기 공으로 보고하였습니다.
이원익: 적의 배가 자기가 있는 곳으로 돌진해 오면 적이 (호남에) 충만할 우려가 있었기 때문에 어쩔 수 없이 나중에 간 것입니다. 그러나 원균은 당초에 많이 패배하였습니다. 이순신이 따라가서 옆에 있었고, 그가 손수 적을 잡지는 않았더라도 관하(管下, 휘하 장수)가 잡은 것이 많았습니다. 참급(斬級)의 수를 헤아린다면, 원균보다 많습니다.149

이원익과 이덕열도 두 장수의 공 다툼에 관한 자신들의 소견을 밝혔다. 이원익은 유성룡과 마찬가지로 이순신의 공이 크다는 점을 강조했다. 그들은 원균이 왜란 초기에 적과 싸워서 많이 졌다는 점을 언급하였는데, 위에서 살핀 것처럼 그런 주장에는 구체적인 근거가 없었다. 이미 앞에서 살핀 것처럼 정탁은 〈신구차〉에서 왜란 초기에 조정의 잘못된 지시 때문에 원균은 곤경에 빠졌다고 해석했다.(제1부 제2장)

정 탁: 그들이 공을 다투는 마음을 보면, 두 장수가 모두 잘못한 것이 있다는 점은 분명합니다. 하지만 이순신도 가볍지 않은 장수입니다. 전하께서 교서를 내리셔서 화해하고 뒷날에 공을 세우라고 당부하는 것이 어떠

---

148 《실록》, 선조 29년(1596) 11월 7일.
149 《실록》, 선조 29년(1596) 11월 7일.

하겠습니까?

이원익: 원균은 당초에 많이 패하였습니다. 그러나 이순신은 패하지 않고 공이 있었습니다. 그들이 다투는 시초가 여기에서 일어났습니다.150

여기서 주목할 점은 역시 정탁의 의견이었다. 두 장수에게 모두 잘못이 있으니 잘 타이르고, 앞으로 함께 협력해 공을 세우게 하라는 요청이었다. 정탁의 지론이 대단히 합리적이었다고 여긴다.

그날 회의에서 명시적으로 결정된 사항은 아무것도 없었다. 그러나 원균의 수군 복귀가 국가 비상회의의 주제로 부상하였다는 사실이 의미하는 바가 컸다. 원균이 수군으로 돌아가는 것은 시간문제라는 뜻이었다.

해평부원군 윤근수의 방어책

그로부터 이틀 뒤인 선조 29년 11월 9일에 서인의 영수 윤근수가 원균 중용론을 꺼냈다. 얼마 전부터 그는 원균을 경상우수사로 재기용하자는 주장을 반복하고 있었다. 윤근수의 발언을 몇 개의 단락으로 정리한다.

> "듣건대 적은 (우리) 주사(수군)를 특히 심하게 두려워하여 피하고 감히 접근하지 못하나, 우리 육군은 어린아이처럼 생각한다 합니다."151

다 아는 것처럼 조선의 육군은 제대로 훈련되지 못해 일본군을 상대할 수 없었다. 그래서 조정에서는 수군을 중시할 수밖에 없었다.

윤근수의 제안

윤근수는 수군 장수로서 원균의 독보적인 가치를 다음과 같이 네 가지 측면에서 설파했다.

첫째, 원균은 우직하다고 말해도 좋을 정도로 용맹스러워 죽음을 피하지 않는 장수이며 해전에서 많은 공을 세웠다. 둘째, 계속해서 충청병사로 일하게 한다면 그의 장점을 살리지 못하는 것이다. 셋째, 일본군의 재침이 임박하였는데, 해상에서 침입을

---

150 《실록》, 선조 29년(1596) 11월 7일.
151 《실록》, 선조 29년(1596) 11월 9일.

차단하는 것이 최선이다. 넷째, 원균에게 수군을 맡기면 해상 격퇴도 가능할 것이요, 그에게 육군을 맡기는 것보다는 효과가 클 것이다.152 한마디로, 적의 재침에 앞서 원균을 수군에 복귀시키라는 요청이었다.

유성룡과 이원익은 원균의 수군 복귀를 반대하였고, 그 이유로 원균-이순신의 불화를 전면에 내세웠다. 그러나 윤근수는 생각이 달랐다.

"통제사란 직임은 한때의 필요에서 생긴 것입니다. 그대로 둘 수도 있고 없앨 수도 있습니다. 이순신이 가진 통제사라는 직책을 낮출 수도 있고, 원균을 경상도 통제사로 삼아 이순신과 명위(名位)가 대등하게 할 수도 있습니다. 신축성 있게 임의로 처리한다고 해서 안 될 것이 없습니다. 대개 원균의 자급(資級)이 본래는 이순신과 같았기 때문입니다."153

윤근수의 유연한 태도도 조정이 수용할 만하였다. 그는 일본군이 거제도를 텅 비운 지금이야말로 우리 수군이 장문포에 진주할 시점이라고 보았다. 수군이 거제도를 회복해야 부산포와 쓰시마를 연결하는 수로(水路)를 제압할 수 있기 때문이었다. 명나라 책사(冊使)가 귀국한 뒤에는 그 수로를 차단해 일본군의 침략을 근원적으로 막자는 의견이었다. 만약에 우리 수군이 전쟁을 두려워해 막지 못하면 군법으로 처리하자고 했다.154 실로 과감한 전략이었다.

내친김에 윤근수는 경상좌수영의 운영에 관해 획기적인 제안을 하였다. 그 요점을 간추리면 다음의 네 가지였다. 첫째, 경상좌도의 개운포(開雲浦) 이북에서는 판옥선(板屋船)을 운용하는 데에 익숙하지 않다는 점이다. 둘째, 경상좌수영을 장기(長鬐)로 옮긴 뒤에는 경상우수영과 단절되어 도움이 되지 않는다는 사실이었다. 셋째, 앞으로 명나라 책사가 돌아온 뒤에는 경상좌수영을 경상우수영으로 옮겨 연합함대의 일원으로 삼자고 하였다. 넷째, 당장 처리할 급무는 경상좌수영에 판옥선을 많이 만드는 것이 아니라, 격군의 수를 채우는 것이라고 했다.155

선조 29년 11월에 조정에서는 서인 윤근수와 북인 이산해의 목소리가 높아졌다. 왜 그렇게 되었을까. 지난 수년 동안에 조정을 지배한 것은 남인 유성룡이었다. 그는 일본과의 강화를 지지하며 김응서를 통해 요시라와 끊임없이 소통을 꾀했다. 요시라의

---

152 《실록》, 선조 29년(1596) 11월 9일.
153 《실록》, 선조 29년(1596) 11월 7일.
154 《실록》, 선조 29년(1596) 11월 9일.
155 《실록》, 선조 29년(1596) 11월 9일.

배후에는 고니시 유키나가가 버티고 있었다. 그들은 양국의 무력 충돌을 되도록 회피하며 전쟁이 끝나기를 바랐다. 그러나 일본과의 강화는 그해 10월에 파탄으로 끝났다. 히데요시는 조선의 남부지방을 실질적으로 지배하기를 바랐다. 그밖에도 그는 명나라의 실질적인 양보를 얻으려고 했던 것인데, 모든 것이 수포가 되었다. 이런 마당이라 선조는 조정 안에 유성룡을 대체할 새로운 세력을 키우기 시작하였다.

남인 중에서도 유성룡과 정치적 의견이 다른 대신으로 김수와 같은 인물이 있었다. 서인을 대표하는 윤근수 및 북인의 영수 이산해는 유성룡과는 달리 무력으로 일본군을 격퇴하자는 의견을 갖고 있었다. 과거에 선조는 그들의 주장이 비현실적이라고 여겨 멀리했으나, 일본의 재침이 눈앞의 현실로 다가온 이상 윤근수와 이산해 등의 주장을 뿌리치기 어려웠다. 선조는 그들을 비변사에 끌어들여 조정 분위기를 일신하고자 하였다.

부산포 왜영 방화사건

한창 전운이 짙어갈 때 통제사 이순신이 중요한 〈서장〉을 올렸다. 선조 29년12월 27일에 발송한 것이다. 그 요점을 다음의 여덟 가지로 요약해 본다.

첫째, 이순신은 평소 적의 정세를 정탐하는 데 노력을 기울였다고 한다.156 원균과 이억기 등도 마찬가지였을 것이다.

둘째, 이순신의 부하인 거제현령 안위(安衛), 군관 김난서(金蘭瑞) 및 군관 신명학(辛鳴鶴) 등은 박의검(朴義儉)과 함께 부산포 왜영을 파괴할 계획을 세웠다.157

셋째, 지난 12월 12일에 그들이 왜영에 불을 질러 큰 성과가 있었다. 적의 가옥 1천여 호, 화약 창고 2개, 군기(軍器)와 잡물 창고 및 군량 2만 6천여 섬을 저장한 창고가 불에 탔다. 일본 배 20여 척도 전소되었고, 일본인 24명이 사망하였다.158

넷째, 가장 공이 큰 군관은 김난서로 그는 자원하여 통신사(通信使)의 군관(軍官)에 뽑혀 일본을 왕래한 경력이 있었다.159

다섯째, 안위(安衛)의 공도 컸다. 그는 여러 군관을 거느리고 적진에 침투해 이번 방화사건을 성공으로 이끌었다. 일본군 34명을 불태워 죽이는 등 큰 공을 세웠다.160

---

156 《실록》, 선조 30년(1597) 1월 1일.
157 《실록》, 선조 30년(1597) 1월 1일.
158 《실록》, 선조 30년(1597) 1월 1일.
159 《실록》, 선조 30년(1597) 1월 1일.
160 《실록》, 선조 30년(1597) 1월 1일.

여섯째, 경상 수영의 도훈도(都訓導)인 김득(金得)도 그날 부산에 있었는데, 안위 등이 성공한 것을 보고 12월 12일에 왜영의 서북쪽에서 방화사건을 일으켜 적의 가옥 1천여 호, 군기(軍器)와 잡물 창고, 화포(火砲) 및 기구(器具)의 창고 그리고 군량 창고를 불태웠다.161

일곱째, 김득의 추가 방화사건으로 일본군의 사기가 크게 떨어졌다.162

여덟째, 안위, 김난서, 신명학 등이 세운 공적을 잘 살펴서 상을 주고 격려하는 것이 옳다.163

그런데 이순신의 〈서장〉이 조정에 도착한 직후 이조좌랑 김신국은 전혀 다른 보고를 올렸다. 왜영이 방화사건으로 피해를 본 것은 사실이나, 공을 세운 사람이 따로 있다는 주장이었다. 도체찰사 이원익의 휘하에 있는 군관 정희현(鄭希玄)이 한 일이라고 했다. 정희현은 일찍이 조방장(助防將)으로 밀양 등지에서 활동하여 적진을 드나드는 사람들 가운데 심복이 많았다고 했다. 이번에 왜영을 불태운 것은, 도체찰사 이원익이 정희현에게 지시하여 성사한 것이라고 했다.164

특히 정희현의 심복 중에는 부산에 사는 수군(水軍) 허수석(許守石)이 있었다. 그는 적진을 마음대로 출입하고 있는데, 그의 동생이 부산 왜영과 가까운 곳에 살고 있다고 했다. 이번 사건은 정희현이 밀양으로 가서 허수석과 모의한 것으로, 돌아온 다음에 이원익에게 보고하였다고 했다. 방화를 저지른 뒤에 허수석은 정희현에게 보고했다. 그래서 이원익은 허수석이 이번 방화사건의 수훈자라는 점을 분명히 알게 되었다.165

이순신이 언급한 군관은 화물을 운반하는 사무로 부산에 도착했는데 그때 마침 왜영이 불에 탔다. 그러자 그는 이순신에게 거짓으로 보고하여 자기의 공으로 삼았다.166 요컨대 이순신은 사실관계를 제대로 알지도 못한 채 〈서장〉을 올렸다는 이야기이다.

방화사건의 주역인 허수석은 작상(爵賞, 벼슬을 상으로 받음)을 바라고 있으나, 이번에 벼슬을 주면 사건이 일본 측에 누설될 염려가 있었다. 그래서 이번에는 은냥(銀兩)을 주어 포상하는 것이 좋겠다고 했다.167

---

161 《실록》, 선조 30년(1597) 1월 1일.
162 《실록》, 선조 30년(1597) 1월 1일.
163 《실록》, 선조 30년(1597) 1월 1일.
164 《실록》, 선조 30년(1597) 1월 2일.
165 《실록》, 선조 30년(1597) 1월 2일.
166 《실록》, 선조 30년(1597) 1월 2일.
167 《실록》, 선조 30년(1597) 1월 2일.

이조좌랑 김신국은 위와 같이 방화사건의 진실을 조정에 보고하고, 끝으로 다음과 같이 덧붙였다.

> "만일 조정에서 위와 같은 곡절을 모르고, 이순신이 〈장계〉에서 말한 사람들에게 벼슬을 상으로 주면 허수석은 시기하는 마음을 일으키게 될 것입니다. 적들이 그런 이야기를 들으면 수비를 더욱 엄하게 할 것입니다. 그렇게 되면 앞으로 우리가 도모하는 일은 시행되지 못할 것입니다. 그래서 이원익은 신에게 지시하여 아뢰게 하였습니다. 또, 이번에 서로 비밀리에 의논한 일은 이원익의 〈장계〉에 이미 나왔기 때문에 글로 보고하지 않습니다."168

우연인지 몰라도 이원익과 이순신은 거의 같은 시점에 부산포의 왜영에 불을 지를 계획을 세운 모양이었다. 그런데 만약 이조좌랑 김신국의 보고서가 사실에 부합한다면 이순신의 보고서는 허위가 된다. 이순신은 조정을 속인 것일까.

이 사건이 일어나고 6개월쯤 지난 다음에 비변사에서는 후속 보고서를 선조에게 제출하였다.

> "올봄에 정희현(鄭希玄)은 적에게 부역하는 사람들과 함께 (왜영에) 불을 지르기로 서로 약속했으나 계획을 시행하지 못했습니다. 그것은 사세가 불편했기 때문일 것입니다."169

비변사의 최종적인 판단은 이조좌랑 김신국의 〈장계〉가 잘못되었다는 것이다. 선조 29년 12월에 부산포 왜영을 불태운 화재사건은 이순신의 부하들이 주동한 것이 사실이라는 이야기였다. 문제의 방화사건은 일본군의 재침이 시작되기 직전에 조선 측의 첩보 수집 또는 파괴 활동이 얼마나 치열하였는지를 보여 준다. 그 당시 일선 지휘관들은 누구라도 촉각을 곤두세우며 적정(賊情)을 정확히 파악하기에 심혈을 기울였을 것이다.

---

168 《실록》, 선조 30년(1597) 1월 2일.
169 《실록》, 선조 30년(1597) 6월 20일.

7. 일본군도 판옥선 보유해

우리는 조선 수군의 우세함을 말할 때면 늘 판옥선을 떠올린다. '그것은 조선의 남해안에 최적화된 전함이었고, 우리만 그런 배를 가지고 있었다. 그래서 일본군을 쉽게 무찔렀다.' 학창시절에 우리는 그렇게 역사를 배웠다. 과연 사실이었을까.

전라도 함평현감 최정립(崔挺立) 같은 사람은 누군가에게 판옥선을 팔아치우기도 하였다. 선조 29년(1596) 5월에 사헌부에서 아뢰기를, 최정립이 전함(戰艦)을 사사로이 팔아치우고 그 대금을 횡령했다고 했다. 그러고는 백성에게 다시 새 배를 만들게 하였다고 한다. 사헌부는 최정립을 파직하는 것이 옳다고 주장했고, 선조는 그 말을 따랐다.170 최정립은 누구에게 전함을 매각하였을까? 그 전함을 산 사람은 다시 일본군에게 팔지 않았을까. 의문이 꼬리를 문다.

부패 관리 최정립은 현감 벼슬을 잃고 살수 초관(殺手哨官)이 되었다. 그는 본래 무관이었다. 최정립은 군사를 거느리고 남쪽으로 가서 전투에 참전하게 되었으나, 두 번씩이나 도망쳤다. 그런 사실이 전라감사의 〈장계〉에 분명히 기록되었다. 사헌부 관리들은 "이보다 더 통분한 일이 없다."라며 법대로 최정립을 처단하라고 선조에게 고발했다.171 마침내 선조 30년(1596) 10월 22일에 초관(哨官) 최정립은 한양으로 끌려와 모화관 앞에서 참수되었다.172

일본군은 최정립처럼 부패한 관리에게 거액을 주고 몰래 판옥선을 구매하였을 수도 있다. 또, 그들은 판옥선을 만드는 조선 기술자를 유혹하기도 했을 법하다.

황신의 충격적인 보고

선조 28년(1595) 12월에 사섬시정(司贍寺正) 황신(黃愼)은 자신이 입수한 적군에 관한 최신 정보를 급히 보고하였다. 그 가운데는 다음과 같이 놀라운 내용이 포함되어 있었다.

> "신이 … 양산(梁山)의 품관(品官) 최기(崔沂)를 장사꾼으로 꾸며 두모포(豆毛浦)·서생포(西生浦)·임랑포(林浪浦) 등지에 가서 왜영의 형편을 탐지하게 하였습니다.

---
170 《실록》, 선조 29년(1596) 5월 13일.
171 《실록》, 선조 30년(1597) 10월 9일.
172 《실록》, 선조 30년(1597) 10월 22일.

… 바다 어귀에는 왜선이 많이 정박하고 있었는데, 우리나라의 대형 판옥선(板屋船) 2척도 그 가운데 있었습니다."173

이미 선조 28년부터 일본군은 판옥선을 보유하였다. 그들이 얼마나 많은 판옥선을 거느렸는지는 모르겠지만 다수의 조선 전함을 확보한 것은 사실이었다. 우리가 그들의 조총을 많이 소지한 것이나 마찬가지 현상이었다. 그때부터 해전에서 조선 수군의 기술적 우위는 차츰 무너져 간 것이다. 이후 조정에서는 판옥선 제작 기술이 일본군에게 넘어가는 것을 막으려고 백방으로 노력하였다.

하감동이란 선박 기술자

선조 30년(1597) 2월 말에 도체찰사 이원익이 올린 〈서장〉에는 경상좌수사 이운룡이 문제의 선박 기술자를 체포했다고 보고했다.

> "(가등)청정이 서생포에 주둔할 때 적에게 부역한 해척(海尺, 고기잡이하는 천민) 하감동(河甘同)이란 자가 있었습니다. 그자가 우리나라 판옥선의 제작법으로 배 한 척을 만들어 (일본군이) 사용하게 하였다고 합니다. 그래서 하감동을 잡아서 심문하였더니, … 적에게 투항(投降)하여 우리나라 배 만드는 법대로 배 한 척을 만들어 바쳤다고 하였습니다."174

판옥선의 제작법을 일본군에게 그대로 노출한 부역자 한 명이 체포되었다고 했다. 그는 아마 사형을 받았을 것이다. 그러나 끝까지 정체가 드러나지 않은 선박 기술자도 다수였을 것이라 짐작한다. 결국 판옥선마저 적과 공유하게 되었으니, 수군의 장래는 어두웠다.

황신의 거짓말

선조는 그 점을 매우 걱정하였다. 그러나 위에 언급한 사섬시정(正) 황신은 진실을 말하기보다는 선조를 안심시키기에 힘썼다. 선조 29년(1596) 12월 하순에 선조는 일본에서 돌아온 황신을 불러 다음과 같은 대화를 나눴다.

---

173 《실록》, 선조 28년(1595) 12월 3일.
174 《실록》, 선조 30년(1597) 3월 24일.

선　조: 왜적이 우리나라의 기계(무기) 가운데서 선제(船制), 대포, 궁시(弓矢) 등을 모두 배웠다고 하던가?

황　신: 궁시를 가져간 것은 사실입니다. 그러나 불화살을 쓰는 것과 활을 늦추거나 당기는 요령은 얻기 어려워 궁시 사용에 노력을 기울이지 않습니다. 배는 왜인들도 일찍부터 익혀온 것인데, 가볍고 빠른 것이 좋은 줄은 알아도 완전하고 두꺼운 것이 믿음직하다는 점은 모릅니다. 그들은 우리의 선제(船制)를 배울 줄 모릅니다. (그들의 배에는) 대포는 없고 항상 조총만 쏘고 있었습니다.175

황신의 이러한 진술은 잠시나마 선조를 안심시켰을 것이다. 그러나 사실과는 거리가 멀었다. 아군이든 적군이든 효율적인 무기와 제도가 있다면 그것을 서둘러 배우지 않을 리가 없다. 이런 점을 황신이 모를 리가 없었다. 품관 최기를 적진에 몰래 파견해 정보를 수집했고, 그 결과 적이 우리의 대형 판옥선을 2척이나 보유하고 있다는 사실을 보고한 사람도 바로 그였다.

---

175 《실록》, 선조 29년(1596) 12월 21일.

제3절
정유재란의 회오리(제3기 1597년 상반기)

이 장에서 우리는 일본군의 재침이 일어나기 직전의 상황을 점검할 것이다. 그때 조정에서는 통제사를 이순신에서 원균으로 교체하였다. 원균은 막중한 임무를 맡고 여러 전투에서 승리하였고, 적의 침입을 막기 위해 판옥선을 최대한 많이 건조하였다. 그런데 도원수와 이견이 많아 불화가 잦았다.

1. 빈약한 전투자원

선조 30년(1597) 1월에 조정은 적이 다시 쳐들어오는 것은 시간문제라고 보았다. 선조는 그사이에 수군이 얼마나 병력을 증강하였는지 궁금해 하였다. 대신의 대답은 아래와 같았다.

> "한산도 (통제영의) 수군은 배가 50~60척이며, 지금 양호(경기도와 충청도) 지방에서 제작하고 있는 선박이 얼마나 되는지는 잘 모르겠습니다."[176]

크고 작은 배를 합쳐 겨우 60척 미만이었다는 보고였다. 과연 그 정도의 함대로 적과 싸울 수 있을까. 왜란이 일어날 당시보다 오히려 선척이 줄어든 것 같았다. 이순신의 수군에 대한 조정의 불신은 증폭되었다.

수군만 그런 상황이 아니었다. 선조 30년(1597) 5월에 명나라의 총병(摠兵) 양원(楊元)은 남원성을 수비하려고 내려갈 예정이었다. 그는 한양을 떠나기에 앞서 호남(湖南)의 군사력을 조사했다. 총 1천 5백 명에 불과했고, 그나마도 유명무실해 양원은 기

---
176 《실록》, 선조 30년(1597) 1월 24일.

겁하였다.177 그때 양원이 선조에게 말했다.

"한산도의 수군은 겨우 1만 명이오, 전쟁터에 나온 지 오래되어 그중 쓸 만한 군사는 겨우 5천 명 정도라고 합니다. 적군이 만일 수로(水路)를 택하여 한 부대는 한강을 따라 곧바로 들어오고, 다른 부대는 임진강을 따라 곧바로 (내륙으로) 들어온다면 이는 큰 걱정입니다. 이렇게 되면 어쩌시렵니까?"178

양원이 말한 것처럼 일본군이 먼바다를 돌아서 그런 방식으로 침략해 왔더라면 우리 군은 속수무책이었을 것이다. 뜻밖의 질문에 선조는 할 말을 잃고 다음과 같이 응답했다.

"(황제께) 수병(水兵)을 주청(奏請)하여 (우리나라와) 협력해서 방비하면 좋겠습니다. 대인께서 만일 다시 자청(咨請)해 주신다면 매우 다행이겠소이다."179

자력으로 우리가 국토를 방어할 수 없으니, 수군도 좀 빌려달라는 부탁이었다. 그러자 양원이 이렇게 말했다.

"수병이 이처럼 긴요하므로, 손 군문(孫軍門)이 이미 군사 만여 명을 선발해 두고 있습니다. 또, 한산도의 병사들은 전쟁터에 나온 지 이미 오래여서 극도로 피폐해 있다고 보아야 할 것입니다. 더욱 단속하여 힘껏 지켜야 합니다."180

명나라에서는 조선의 빈약한 재정과 조정의 무력함을 잘 알고 있었다. 그래서 그들은 이미 수군도 파병할 준비를 하고 있었다는 소식이었다. 선조와 유성룡이 이끄는 우리 조정은 기껏해야 현상 유지만 하고 있었다. 마지막으로 양원은 뼈 있는 한마디로 선조의 가슴을 아프게 했다.

"중국은 귀국 때문에 남북의 재백(財帛, 재물)이 바닥나고, 백성들이 피폐하게 되었습니다."181

---

177 《실록》, 선조 30년(1597) 5월 13일.
178 《실록》, 선조 30년(1597) 5월 13일.
179 《실록》, 선조 30년(1597) 5월 13일.
180 《실록》, 선조 30년(1597) 5월 13일.
181 《실록》, 선조 30년(1597) 5월 13일.

참으로 부끄러운 현실이었다. 군비를 마련하려면 백성을 고무하고 폐단을 바로잡아야 한다는 점을, 과연 조선의 군주와 대신들이 몰랐다고 할 수 있을까? 몰라서 못한 것이 아니라, 감히 그렇게 강한 정책을 시행할 만한 포부와 기개가 부족했다. 그러나 이미 발등에 불이 떨어졌으므로, 조정에서도 수군의 전쟁 수행능력을 향상하기 위해 최소한의 노력을 기울이게 되었다.

선조 30년(1597) 6월 10일에 도체찰사 이원익이 다음과 같이 아뢰었다.

> "수군을 이용하여야만 일이 혹시라도 성공할 수 있을 것입니다. 그래서 새로 배 37척을 건조하고 있습니다. 다른 한편으로, 격군(格軍)을 충원하는 문제는 제석산성(帝錫山城)에 와서 부역하기로 예정된 군사 5천 명 중에서 얼마라도 덜어서 (수군으로) 들여보냈습니다."182

이원익이라면 광해군 때 대동법을 시행할 때도 앞장선 재상이다. 왜란 때 조정에 나온 대신 중에서 가장 훌륭한 신하였다. 진즉에 이런 사람에게 나라를 개혁할 사명을 맡기지 않은 것이 선조의 가장 큰 실책이었다.

선조 30년 6월 중순에 우리나라의 군사력은 수군이 5천 명이오, 육군은 1만 2천 6백 명이었다. 중국 장수에게 조정에서 보고한 군사력이 그 정도였다. 정확히 말해, 원균이 거느린 수군이 4천 5백 명이었고, 이운룡이 거느린 수군이 5백 명이라고 했다. 아마 이억기 등이 지휘하는 수군은 원균의 몫에 포함된 것으로 보인다.183 이것도 과연 제대로 된 숫자인지 확언하기 어렵다. 조정에서도 "남변(南邊, 남쪽의 일선)"에서 올라온 통계를 믿지 못했다. 그전부터도 통계 숫자가 틀린 경우가 많았기 때문이다.184 하여간 이 숫자가 옳다면 장차 5천 명의 수군을 가지고 15만가량의 적병이 바다를 건널 때 요격해야 한다는 등, 너무도 무리한 작전을 펼쳐야 했다.

2. 수군통제사의 교체

조정의 뒷받침이 부족한 탓으로 수군의 상태는 워낙 열악했다. 그러나 조정에서는

---

182 《실록》, 선조 30년(1597) 6월 10일.
183 《실록》, 선조 30년(1597) 6월 15일.
184 《실록》, 선조 30년(1597) 6월 26일.

그 책임을 통제사 이순신에게 전가하는 분위기였다. 선조 30년(1597)이 되자 연초부터 통제사를 교체하자는 주장이 격렬해졌다. 그해 1월 23일과 27일에는 선조가 참석한 가운데 비변사의 확대회의가 개최되었다. 회의에 참석한 대신은 다음과 같았다.

영돈녕부사 이산해(李山海)를 필두로, 영의정 유성룡(柳成龍), 판중추부사 윤두수(尹斗壽), 의정부 좌의정 김응남(金應南), 지중추부사 정탁(鄭琢), 경림군(慶林君) 김명원(金命元), 호조판서 김수(金睟), 병조판서 이덕형(李德馨), 병조참판 유영경(柳永慶), 이조참판 이정형(李廷馨) 그리고 상호군 노직(盧稷)이었다.185

선조 30년 1월 23일의 어전 회의

회의를 소집한 것은 선조였다. 그날 회의에서 나온 주요 인사들의 발언을 소개하면 아래와 같다.

> 이산해: 이제라도 수군을 적극적으로 관리해야 (앞날을) 기약할 수 있습니다. 신은 지난번에 호서(湖西)에 있었는데, 그때 마침 원균을 만났습니다. 원균이 말하기를, 왜적을 무서워할 일이 아니라고 하였습니다. 신은 그 말을 듣고 처음에는 망령된 말이라고 생각하였습니다. 그러나 지금은 그가 수군을 믿고 그런 말을 한 사실을 깨달았습니다. 최근에 김신국(金藎國)이 (김신국은 군기 선유관(軍機宣諭官)으로 이원익(李元翼)에게 갔다가 한양으로 돌아옴 - 사관) 돌아왔습니다. 그래서 신이 물었더니, 김신국도 도체찰사 (이원익) 역시 수군을 믿고 있다고 말하였습니다.186

다시 전쟁이 일어나더라도 우리나라는 수군에 의지해 나라를 지킬 수 있다는 발언이었다. 이산해와 이원익 등은 수군을 중심으로 방어체제를 마련하자는 의견이었다.

> 선 조: 왜추(倭酋)(소서행장(小西行長)을 말함. 그가 김응서(金應瑞)에게 청정(淸正)을 없앨 계책을 일러주었으나, 유성룡(柳成龍) 등이 적의 말을 경솔히 듣다가 그들의 계책에 빠질 우려가 있다며 경솔히 움직이지 못하게 했음 - 사관)가 손바닥을 보듯이 알려주었는데 우리는 해내지 못했다. 우리나라야말로 정말 천하에 용렬한 나라이다. 지금 〈장계〉를 읽어보면 행장이 조선이 하는 일은 매번 이렇다고 조롱까지 하였다. 우리나

---
185 《실록》, 선조 30년(1597) 1월 27일.
186 《실록》, 선조 30년(1597) 1월 23일.

라는 행장보다 훨씬 못하다. 한산도(閑山島)의 장수는 편안히 누워 어떻게 해야 할 줄 몰랐다.(한산도의 장수는 통제사 이순신(李舜臣) - 사관)187

선조는 고니시 유키나가(小西行長)가 김응서를 통해 알려준 정보를 유성룡과 이순신이 무시한 사실에 분노했다. 가토 기요마사(加藤淸正)를 제거할 좋은 기회를 놓쳤다고 생각한 것이다. 그날 선조의 발언을 통해 왕이 통제사를 교체할 뜻을 가졌다는 점을 명확히 알 수 있다.

> 윤두수: 이순신은 왜구를 두려워해서 그런 것이 아니라, 나가서 싸우기에 싫증이 난 것입니다. 임진년에 정운(鄭運)이 전사할 때도 절영도(絶影島)에서 전함을 운행하다가 적이 쏜 대포에 죽었습니다.188

윤두수는 이순신이 본래 소극적인 장수라는 점을 강조했다. 그 휘하에는 정운이란 맹장이 있었으나 선조 25년에 부산포해전 때 전사했음을 상기하였다.

> 이산해: 이순신은 정운과 원균이 곁에 없어서 그렇게 (두 손 놓고) 지내는 것입니다.189

정운과 원균은 항상 적극적으로 싸우기를 주장하였다. 그러나 그들이 곁에 없으므로 이순신은 전투에 나가기를 망설인다는 것이 이산해의 분석이었다.

> 김응남: 정운은 이순신이 나가 싸우지 않아 참(斬, 목 벰)하려고까지 하였습니다. 그러자 이순신이 두려워 마지못해 억지로 싸웠습니다. 그가 해전에서 이긴 것은 정운이 격려해서 된 일이었습니다. 정언신(鄭彦信)은 항상 정운의 사람됨을 칭찬했습니다.190

대신 중에는 정운의 용맹함을 칭찬하는 이가 많았다. 그 덕분에 이순신이 초전에 많은 승리를 거뒀다는 평가였다.

---

187 《실록》, 선조 30년(1597) 1월 23일.
188 《실록》, 선조 30년(1597) 1월 23일.
189 《실록》, 선조 30년(1597) 1월 23일.
190 《실록》, 선조 30년(1597) 1월 23일.

선　조: 이번에 이순신에게 바란 것이 어찌 (가등)청정의 목을 베라는 것이었겠는가. 함대로 시위하여 해상을 순회하라는 것뿐이었다. 그런데도 끝내 아무 일을 하지 않았다. 참으로 한스럽다. 지금 도체찰사의 〈장계〉를 읽었는데 지금은 시위할 약속이 되었다고 한다.191

뒤늦게 이제 와서 이순신이 해상 시위 작전을 한다고는 하지만 선조로서는 괘씸한 마음을 털어내기 어렵다는 말이었다. 통제사 이순신을 용서하기 어렵다는 뜻이었다.

선　조: (한참 차탄(嗟歎)하고 길게 한숨지으며 말하기를) 우리나라는 이제 끝났다. 어떻게 해야 하는가, 어떻게 해야 하는가.192

선조 28년에 이순신 중심으로 수군을 재편할 때 선조는 이순신에게 거는 기대가 컸다. 그러나 그로부터 2년이 지난 시점에서 평가해 보니, 성과는 없었고 후회막급이었다는 말이다. 이순신도 수군을 제대로 통솔하지 못한 죄가 없다고 할 수 없지만, 선조와 유성룡이 나라를 개혁하여 군비를 확장하지 못한 잘못은 더 컸다. 하지만 자기반성은 없고, 이제는 모든 책임을 이순신 한 사람에게 떠넘기고 있다.

이산해: 인심을 북돋우고 수군을 정돈하여 장래를 도모하여야 합니다. 이것이 오늘날의 급선무입니다.193

이산해의 짧막한 발언이 그날 회의의 결과였다. 선조와 대신들은 통제사 이순신이 수군을 잘못 운영하였다는 결론에 이르렀다. 그들은 이제 원균을 중심으로 수군을 재편하자는 합의에 도달했다. 이런 분위기는 누구도 뒤집을 수 없었다. 그동안 이순신의 후원자로 자처해온 유성룡은 기를 펴지 못하고 이순신을 비판하고 나섰다. 그리하여 원균은 조선 수군의 샛별로 떠올랐다.

원균의 포부

그때 원균은 전라병사로 임명된 지 얼마 되지 않았다. 원균은 조정의 분위기가 바뀌자 선조에게 〈서장(書狀)〉을 올려 자신의 포부를 밝혔다. 그는 수군이 앞장서 왜적

---

191 《실록》, 선조 30년(1597) 1월 23일.
192 《실록》, 선조 30년(1597) 1월 23일.
193 《실록》, 선조 30년(1597) 1월 23일.

을 격퇴해야 한다며 맹렬하게 싸울 의지를 천명했다. 그 〈서장〉을 둘러싸고 후세는 여러 말을 한다. 혹자는 원균이 통제사 벼슬을 얻기 위해 설득력이 없는 계획을 늘어놓았다고 비판한다. 또, 훗날 원균은 통제사가 된 다음에 〈서장〉에 기록한 대로 실천하지 못해 조정이 실망했다는 것이다. 일견 그럴듯한 주장이지만, 보기에 따라서는 지나친 표현이다. 그 점은 아래(3. 전략과 전술)에서 상세히 분석할 예정이다.

문제의 〈서장〉은 원균을 후원하는 중앙의 정치 세력이 원균에게 주문한 것으로 보인다. 먼저 원균이 〈서장〉을 보내 조정을 뒤흔든 것이 아니라, 조정의 논의에 부응하라는 부탁을 받고 올린 것으로 짐작된다. 그럼 원균에게 〈서장〉을 주문한 대신은 누구였을까? 영돈녕부사 이산해가 가장 유력한 인사로 떠오른다. 또는 원균의 먼 일가였던 윤근수였을 수도 있다. 그들의 요청에 원균이 부응한 것으로 판단된다. 이순신이 고도로 정치화된 군인이었던 것과 마찬가지로 원균 역시 정치에 깊숙이 관여한 인물이었다. 예나 지금이나 최고급 지휘관은 정치와 무관할 수 없다.

마침내 선조 30년 1월 27일에 원균은 다시 수군으로 복귀하였다. 《실록》에 다음과 같은 기사가 있다.

> "이복남(李福男)을 전라도병마수군절도사(병마절도사의 오류 -백승종)로, 원균(元均)을 경상우도수군절도사로, 조수준(趙守準)을 병조좌랑으로, 이수일(李守一)을 나주목사로, 이유함(李惟諴)을 형조좌랑으로 삼았다."[194]

일본군의 재침이 우려되는 긴박한 상황이었다. 원균의 재임용은 일사천리로 진행되었고, 그 이튿날 선조는 승지 유영순을 통해 다음과 같은 〈유서(諭書, 명령서)〉를 발급하였다.

> "우리나라가 믿는 바는 오직 수군뿐이다. 그런데 통제사 이순신(李舜臣)은 나라의 중한 임무를 맡고서도 제멋대로 (나를) 기망(欺罔, 속임)하였다. 그는 적을 토벌하지 않아 (가등)청정이 평안히 바다를 건너올 수 있었다. (당장 이순신을) 잡아다 조사하고 벌도 주어야 하겠지만, 지금은 적과 진을 맞대고 있다. 그러므로 우선 (이순신이) 공을 세우게 해야겠다.
> 평소에도 나는 경(원균)이 충성스럽고 용맹함을 알고 있다. 이제 경을 경상우도수군절도사 겸 경상도통제사로 삼노라. 경은 자신을 더욱더 채찍질하여 나라를 위해 힘을 다하라. 이순신과는 서로 합심하여 과거의 유감을 깨끗이 씻어버리

---

[194] 《실록》, 선조 30년(1597) 1월 27일.

고, 해적(왜적)을 모두 섬멸하라. 나라를 구해 이름을 역사에 남기고, 훈공도 종정(鍾鼎, 역사)에 새기도록 하라. 경은 (임무를) 공경스럽게 다하라."195

이 명령을 내릴 때 선조는 조선의 수군을 원균의 휘하에 모아줄 결심을 굳히고 있었던 것 같다. 그러면서도 표면상으로는 자신의 속마음을 드러내지 않은 채 이순신과 잘 협력하여 공을 세우라고 당부하였다. 그때 원균은 한양에 올라가 임금의 은혜에 사은(謝恩)할 시간도 없이 서둘러 임지로 향하였다. 그는 신임 전라도병마사 이복남이 한양에서 내려오기를 기다려, 그와 임무를 교대하고 경상도로 말을 달렸다. 원균이 경상우수영에 도착한 것은 선조 30년 2월 상순이었다.

정치적 후속 조치

선조 30년 1월 23일의 어전 회의 때부터 선조는 심중에 새롭게 결심한 바가 있었다. 전라, 충청 및 경상도의 수군을 모두 원균에게 맡기는 것이었다. 그렇게 하려면 이순신을 통제사에서 해임해야 한다. 그 문제를 자연스럽게 처리하려면 이순신을 일단 한양으로 압송해 그동안의 잘못을 수사하는 절차를 밟아야 했다. 이순신은 곧 통제사에서 해임되어 신분이 죄인으로 바뀔 차례였다.

혹자는 선조가 이순신을 질투하고 미워한 나머지 죽이려 했다고 말한다. 하지만 그것은 터무니없는 주장이다. 비록 솜방망이 처벌을 하더라도 수년간 통제사라고 하는 중요한 직책에 있던 사람을 내쫓으려면 모종의 처벌이 필요했다. 그 점을 모를 선조가 아니었다.

선조 30년(1597) 2월 초순에 선조의 마음을 헤아린 사헌부가 다음과 같이 아뢰었다.

"통제사 이순신은 막대한 국가의 은혜를 받았습니다. 차례를 뛰어넘어 관직이 이미 최고에 이르렀습니다. 그러나 힘을 다해 공을 세워 (은혜에) 보답할 생각은 하지 않고, 바다의 군사를 거느리고 지낸 지가 이미 5년이나 되었습니다."196

이순신이 직무를 유기했다는 비판이다. 통제사가 된 이후 이렇다 할 공적이 하나도 없어서 이제 해임할 때가 되었다는 말이었다.

---

195 《실록》, 선조 30년(1597) 1월 28일.
196 《실록》, 선조 30년(1597) 2월 4일.

"군사는 지치고 일은 늦어지는데 (그는) 방비하는 모든 책임을 조치한 적이 없고 한갓 남의 공로를 빼앗으려고 기망(欺罔)하여 장계를 올렸습니다. 또, 갑자기 적선이 바다에 가득히 쳐들어 왔는데도 오히려 한 지역이라도 지켰다거나 적의 선봉대를 한 명이나마 무찔렀다는 말은 듣지 못하였습니다. 뒤늦게 전선(戰船)을 동원하여 직로(直路)로 나오기는 했으나, 적의 거리낌 없는 활동에 압도되어 도모할 계책을 하지 못했습니다. 그는 적을 토벌하지 않고 놓아두었으며, 은혜를 저버리고 나라를 배반한 죄가 큽니다. 잡아 오게 명령하여 법률대로 죄를 정하소서."197

이순신에 대한 탄핵이 본격적으로 시작된 것이다. 선조는 "천천히 결정하겠다"라고 답하였으나, 내심 사헌부의 탄핵 상소를 환영하였다.

권준과 배흥립의 내분

한양에서 이순신 탄핵이 시작될 조짐이 보이자 그와 때를 같이 하여 그의 직속 부하들이 내부적으로 분열하는 모습을 드러냈다. 이순신의 최측근으로는 권준과 배흥립이 손꼽히는데 그들은 서로 사이가 좋지 않았다. 사간원은 그 점을 잘 알고 있었는데, 이순신이 흔들리자 신임 경상우수사 배흥립의 자리가 먼저 흔들렸다. 이번에는 사간원이 그 일에 앞장섰다.

"경상우수사 배흥립(裵興立)은 과거에 수령으로 있었을 때 탐욕을 함부로 부리고 백성의 고혈을 짜서 많은 완상물을 만들어 (높은) 사람들을 즐겁게 하는 자료로 삼았습니다. 또, 관고(官庫)의 물건을 공공연히 자기 집으로 가져감으로써 호남의 크고 부유한 고을을 하루아침에 탕패(蕩敗)하게 하였습니다. 그래서 (전라)도의 모든 사람이 더럽게 여겨 욕하지 않는 이가 없습니다. 곤수(閫帥, 수사)는 중요한 직위이므로, 이러한 사람을 임명하여 군졸에게 해독을 끼치는 것은 불가합니다. 파직을 명하소서."198

원균이 전라좌수사 겸 삼도수군통제사에 임명되자 조정에서는 배흥립을 신임 경상우수사로 임명한 것 같다. 그러나 배흥립이 누구인가? 원균이 가장 싫어한 이순신의 심복이었다. 통제사 원균의 처지를 생각할 때 배흥립을 임명하는 것은 적절한 인사가

---
197 《실록》, 선조 30년(1597) 2월 4일.
198 《실록》, 선조 30년(1597) 2월 7일.

아니었다. 마침 배흥립은 선조 29년에 전라도 장흥부사를 지낼 때 부패 혐의로 쫓겨난 적이 있었다. 사간원은 그 일을 구실로 삼아 배흥립을 쫓아내기로 하였다.

그러자 선조는 배흥립을 "체직(자리바꿈)"하는 것이 옳다고 동감을 표하였다. 이순신의 오른팔이 수군에서 배제된다는 뜻이다. 배흥립이 수군에서 쫓겨난 배경에는 그의 경쟁자인 권준이 있었다. 사간원은 권준-배흥립의 갈등을 이용해 이순신 직속 부하를 수군에서 쫓아내고, 원균의 일인 지배 체제를 강화하려는 움직임을 보였다. 선조와의 교감 속에서 일어난 일이었다.

획기적인 조치

선조는 〈비망기(備忘記, 간단한 메모)〉로 승지 김홍미(金弘微)에게 전교하였다.

> "부득이 통제사는 교체해야하고, 경상우수사도 바꿔야겠다. 권준(權俊)은 배흥립(裵興立)을 논박하였기 때문에 안정되지 않아 반드시 일을 그르치겠다. 아무쪼록 수사를 시키기에 합당한 인물을 속히 아뢰라. 지나간 일은 그만두고 지금은 국사에 전력해야 한다. 지금이라도 조치하면 잘 될 수 있을 것이다."[199]

권준과 배흥립 등 이순신의 직계를 제외하고, 다른 사람들 가운데서 수사에 마땅한 인물을 고르라고 했다. 선조는 이제 통제사를 원균으로 바꾸는 일은 아주 당연한 것으로 간주하였다.

> "경상좌도는 주사(수군)가 매우 미약하다. 상도(上道, 중부 이북)의 여러 연해안 고을에 명령하여 전선을 제작하고, 격군(格軍)도 충당하라. 특히 황해도는 솜씨 좋은 목수를 통해 판옥선이나 거북선을 많이 제작하라. 이러한 일은 모두 신속히 조치해야 한다. (대신들이) 의논하여 아뢰라."[200]

이처럼 선조는 수군에 대한 전폭적인 지원을 다짐하였다. 그동안 유성룡은 모든 일을 어렵게만 보고 획기적인 대책을 내놓지 못하였다. 그러나 이산해와 윤근수가 조정 일에 깊이 간여하게 되자 조정은 활기를 띠기 시작했다. 이제는 황해도가 수군을 재건하는 데 중요한 역할을 맡았다.

---

199 《실록》, 선조 30년(1597) 2월 7일.
200 《실록》, 선조 30년(1597) 2월 7일.

이처럼 획기적인 대책을 내놓기 하루 전에 즉, 선조 30년 2월 6일에 선조는 승지 김홍미에게 다음과 같이 은밀한 명령을 내렸다.

> "(통제사) 이순신을 압송하라. 선전관에게 표신(標信)과 밀부(密符)를 주어 그를 압송하라. 우선 원균과 (통제사 임무를) 교대한 뒤에 (압송)하도록 일러라. 그러나 만약에 이순신이 군사를 거느리고 적과 대치하는 상황이라면, (즉각적인) 압송은 온당치 못하다. 전투가 끝나기를 기다려 압송하라는 점도 알려준 다음에 (선전관을 한산도로) 보내라."[201]

이 기사로 미루어 볼 때 선조 30년 2월 6일 이전에 선조는 원균을 전라좌도 수군절도사 겸 삼도통제사로 발령한 것이 틀림없다. 이순신을 압송하러 내려가는 선전관 외에 또 다른 선전관이 2월 5일경에 원균의 통제사 임명을 알리기 위해 한양을 떠났을 것이다. 원균을 후원하는 윤근수 또는 이산해가 조정의 변화를 미리 통지하였을 가능성도 있다. 경상우수영에 도착한 직후부터 원균은 멀지 않은 장래에 자신이 삼도수군통제사가 될 것을 알고 있었을 것이다.

그와 마찬가지로 유성룡 측도 급히 사람을 보내 통제사 이순신에게 철저한 신변 정리를 주문하였을 것이다. 한양으로 압송될 것이나, 아마 큰 문제는 없을 것이라고 안심하게 하면서도 행여라도 정치적으로 문제를 유발할 수 있는 서신 등은 미리 정리하라고 주문했을 것이다. 원균과 이순신이 신구 통제사 교대를 마친 것은 선조 30년 2월 23일경으로 짐작할 수 있다.

조정에서는 배흥립을 대신하여 배설을 경상우수사로 정했다. 배설은 유성룡이 신임하는 장수였다. 그는 원균이 충청병사로 나갈 때 경상우수사가 되었으나 얼마 뒤에는 선산부사로 직책이 바뀌었다. 배설은 도체찰사 이원익의 명령을 받들어 경상도 성주에서 '공산 산성'을 쌓았다.[202] 그는 본래 원균 계열도 아니고, 이순신 계열도 아니었다. 그의 중립성을 감안해 유성룡이 신임 경상우수사로 추천한 것 같다.

3. 수군의 전략과 전술

---

201 《실록》, 선조 30년(1597) 2월 6일.
202 《실록》, 선조 29년(1596) 11월 17일.

선조 30년 1월 하순에 원균은 조정에 〈서장〉을 올려 큰 관심을 끌었다. 이 글로 원균은 삼도수군통제사의 자리를 얻었다고 하는 사람도 있고, 결국은 이 〈서장〉으로 원균의 발목이 잡혔다고 비판하는 이도 있다. 혹자는 원균이 충청병사로 나간 이후 수군에서 멀어져 현장감이 없는 주장을 했다고도 한다. 그런 비평들은 과연 사리에 맞는 것일까?

문제의 〈서장〉을 차근차근 읽어보겠다. 먼저 원균은 왜란 때에 수군이 어떤 역할을 하였는지부터 간단히 정리하였다.

"임진년 초에 육지에서는 적이 기세를 떨쳤습니다. 순월(旬月) 사이에 그들은 평양까지 침입했던 것입니다. 그러나 해상의 적은 해가 지나도록 전투에 져서 남해의 서쪽으로 나아가지 못하였습니다. 우리나라의 위무(威武)는 오로지 수군에 달려 있습니다."203

원균 자신을 포함해 여러 수군 장수가 힘써 싸운 결과 일본군의 서진(西進)은 불가능했다는 분석이었다. 이것은 사실에 합당한 주장이었다. 육지는 북쪽의 함경도까지 왜군의 말발굽에 짓밟혔으나, 조선 수군의 선전(善戰)에 힘입어 서남해는 안전하였다. 그럼 앞으로는 어떻게 하자는 것이었을까. 원균의 제안을 경청하겠다.

"신의 어리석은 생각에는 수백 명의 수군을 파견해 (거제도의) 영등포 앞으로 보내 몰래 가덕도(加德島)의 뒤편에 주둔시키는 것입니다. 그들이 경선(輕船)을 타고 삼삼오오 짝을 지어 절영도(絶影島) 밖까지 진출해 위세를 떨치게 합니다. 수군 1백여 명 또는 2백 명이 대해(大海)에서 무력시위를 벌이면 됩니다. (가등)청정은 평소 수전(水戰)이 (자신들에게) 불리한 사실을 알고 겁을 먹고 있습니다. 그러므로 (기가 죽어) 군사를 거두어 돌아갈 것입니다."204

돌이켜보면 선조 28년(1595) 겨울부터 왜적은 평화회담이 성사될 것으로 믿고 대대적으로 철수했다. 조선에 남은 왜병의 수가 현저히 줄었다. 수군이 가덕도 뒤편에 주둔하며 소규모 편대를 절영도 바깥으로 보내 무력시위를 계속하면 적을 위협하는 데 효과가 있을 것이라고 주장하였다. 조선 수군이 우위를 인정받고 있으므로, 상당한 효과가 있을 것이라는 전망이다. 우리 군에게 절대적으로 유리한 국면이 조성될 수

---

203 《실록》, 선조 30년(1597) 1월 22일.
204 《실록》, 선조 30년(1597) 1월 22일.

있다는 판단이었다. 원균이 〈서장〉을 올린 선조 30년 연초만 해도 현실성이 없지 않은 전략이었다.

거시적인 관점에서 보면 조선은 육군이 취약하였다. 그러므로 수군이 앞장서 일본군의 상륙을 막는 것이 상책이었다. 이것은 조정 대신들도 소망하였던 것인데, 원균은 그 점을 다음과 같이 정리하였다.

> "원하건대 조정에서 수군에 명령해, 바다 밖에서 (적선을) 공격해 적이 상륙하지 못하게 하십시오. 그러면 근심이 사라질 것입니다. 이것은 신이 (적을 깔보고) 쉽게 여겨서 하는 말씀이 아니라, 전에 바다를 지킨 적이 있어서 잘 아는 일입니다. 때문에 지금 잠자코 있을 수 없어, 감히 우러러 아뢰옵니다."[205]

조정의 입장에서는 매우 마음에 드는 전술이었다. 일본군이 상륙하지 못하게 막을 수 있다면, 과연 무슨 큰 걱정이 있겠는가? 수년째 한산도에 웅크리고 있기만 하였다는 호된 비판이 통제사 이순신에게 쏟아질 때였다. 이순신의 무기력함을 생각할 때 원균이 꺼내놓은 해상 전투 전략은 상상만 해도 여간 기쁜 것이 아니었다.

하지만 〈서장〉 하나로 이순신이 수군에서 쫓겨나고, 원균이 통제사로 재기한 것은 아니다. 그러나 〈서장〉에 나타난 원균의 박력과 담대함은 당시 조정이 간절히 원하는 조선 수군의 바람직한 모습이었다.

선조 30년 2월 하순에 원균은 삼도수군통제사가 되었다. 〈서장〉을 올린 지 한 달이 조금 더 지난 뒤였다. 그때는 전황(戰況)이 아주 달라져, 가토 기요마사(가등청정)를 비롯한 일본군 대부대는 이미 대규모 선단을 이용해 다시 남해안 일대를 점령해버렸다. 적군의 진지는 긴밀하게 연결되어, 우리 수군은 섣불리 움직일 수 없는 딱한 형편이 되어버렸다. 조선 수군의 상대적 우위도 이제는 옛말이 되었다. 과거에 원균이 〈서장〉에서 건의한 전략은 쓸 수가 없게 된 것이다.

아무리 훌륭한 전략이나 전술이라도 시효가 있다. 〈서장〉에서 원균이 제안한 바는 선조 29년 말이나 선조 30년 초에는 유효하였다. 그러나 그 시절에 우리 조정은 행여 일본군을 공연히 자극하여 범의 꼬리를 밟는 격이 되지나 않을까 걱정하였다. 조정의 딜레마는 한편으로 적을 무찌르고자 하면서도 다른 한편으로는 혹시라도 실패할까 염려해 과감한 전략을 구사하지 못하게 막는 데 있었다. 원균은 〈서장〉에서 말한 여러 작전을 수행하려면 안골포와 가덕도의 일본군을 먼저 소탕하자고 했다. 그렇게

---

205 《실록》, 선조 30년(1597) 1월 22일.

하려면 수륙 합동작전이 꼭 필요하였다. 그러나 조정에서는 허락을 미루어 끝끝내 육군의 지원을 받지 못한 채 세월만 허비하였다.

부산포해전의 결산

신임 삼도수군통제사 원균은 업무 파악에 여념이 없었다. 그는 전임자 이순신이 물려준 전함과 병력, 무기 등을 확인하고 새로운 전략을 구상하기에 바쁜 나날을 보냈다. 그때 원균은 한 가지 불편한 임무도 수행하지 않을 수 없었다. 이순신이 통제사 임기 말에 시행한 부산포 공격에 관해 실사(實査) 보고서를 작성하는 일이었다.

원균의 〈장계〉는 선조 30년(1597) 3월 20일의 《실록》에 나와 있다. 그 〈장계〉를 읽고 어떤 이는 원균을 심하게 욕한다. 전임자 이순신의 흉과 허물을 들춰냈다는 비판이다. 그러나 사리를 따져보면, 감히 원균이 자신의 마음대로 이순신이 수행한 작전을 조사했을 리가 없다. 조정에서 이순신의 죄상을 정확히 알아보는 과정에서 원균에게 진상조사를 명령하였을 것이다.

"(지난 2월에 우리 수군은) 부산포(釜山浦) 앞바다에서 진퇴(進退)하며 병위(兵威)를 과시하고, 가덕도(加德島) 등지에서 접전(接戰)한 절차는 전 통제사 이순신(李舜臣)이 이미 치계(馳啓) 하였습니다. 그때의 일을 (저는 조정의 지시대로) 자세히 조사하였습니다."[206]

이순신이 지난 2월에 지휘한 부산포해전에 관한 보고서를 쓰게 된 경위는 그러했다.

이순신을 구한 안골포만호 우수

이어서 원균은 자신이 조사한 결과를 다음과 같이 차례로 서술하였다.

"본영(本營, 통제영) 도훈도(都訓導) 김안세(金安世)의 공초(供招)에, '전 통제사(이순신)가 부산포 앞바다로 진출해 나갔다 물러났다 하면서 위세를 과시할 때였습니다. 통제사(이순신)가 탄 배가 적진(賊陣) 가까이 갔는데, 조수(潮水)가 빠져 수심이 얕아졌습니다. 배 밑창이 땅에 닿아 적에게 배를 빼앗길 찰나가 되었습니다. 그때 (통제사의) 배 위에서 전졸(戰卒)들이 큰 소리로 구원을 요청하였습니다. 안골포만호(安骨浦萬戶) 우수(禹壽)가 노를 빨리 저어 달려갔습니다.

---
206 《실록》, 선조 30년(1597) 3월 20일.

(그가) 이순신(李舜臣)을 등에 업어 어렵게 우수의 배로 옮겼고, 이순신이 지휘하던 배는 (우수의 안골포 전선의) 선미(船尾)에 연결하여 간신히 안골포로 끌고 왔습니다.'라는 진술이 있었습니다."207

이순신은 자신의 〈장계〉에서 그런 사실을 숨겼다. 그런데 사실은 엄청난 위기의 순간이 있었고, 그때 안골포만호 우수가 이순신을 구원하였다는 것이다.

"그때 부산의 거사(擧事)에서 우리나라 군졸들은 (전투에서 패배해) 바다에 시신이 가득하였습니다. (부산포) 작전은 왜적의 비웃음만 샀을 뿐 이득이 없었으니, 매우 통분합니다. 이런 실수를 저지른 제장(諸將)을 조정에서 처치하소서."208

이순신은 〈장계〉에서 우리 군의 승리를 주장하였으나 실제는 그와 반대였다. 원균은 패전의 책임을 물어야 한다고 목소리를 높였다.

"특히 나주판관(羅州判官) 어운급(魚雲級)은 대루(對壘, 보루를 쌓아 적과 대적함)한 날에 불을 조심하지 않아, 기계(器械)와 군량이 한꺼번에 불탔습니다. 적진의 코앞에서 참담한 화를 자초하여 적이 밤새도록 구경하며 좋아하고 깔깔 웃도록 만들었습니다. 더욱 통분합니다. 어운급의 죄상을 조정에서 처치하소서."209

나주판관 어운급의 패전이 가장 가슴 아픈 일이라며, 원균은 이제라도 서둘러 어운급을 처벌하라고 촉구했다. 원균이 조사한 결과는 이순신이 조정에 올린 보고서와는 정말 딴판이었다. 부산포해전은 그야말로 완벽한 패배였다. 그 싸움에서 통제사 이순신은 하마터면 적군에게 포로가 될 뻔하였다. 안골포만호 우수가 적시에 그를 구출하지 못했더라면 끔찍한 일이 발생했을 것이다. 게다가 문제의 전투에서 우리 군의 사상자가 많았다. 조정에서는 그런 줄도 모르고 있었다. 특히 나주판관 어운급의 배에서는 대형 화재가 발생해 큰 웃음거리가 되었다. 하지만 이순신은 그런 사실을 하나도 보고하지 않았다.

선조는 원균의 〈장계〉를 읽고 비변사에 보냈다. 비변사에서는 부산포해전이 실패로 끝났다고 결론지었다. 그들은 안골포와 가덕도 두 곳에서도 이순신의 수군이 패전

---

207 《실록》, 선조 30년(1597) 3월 20일.
208 《실록》, 선조 30년(1597) 3월 20일.
209 《실록》, 선조 30년(1597) 3월 20일.

(敗戰)한 사실을 정확히 조사해 관련자를 문책하기로 하였다. 아울러 문제의 나주판관도 압송해 벌하기로 하였다.

지휘체계의 결함

안골포와 가덕도라면 예전부터 원균이 깊이 우려한 적군의 요새였다. 이 두 곳을 소탕하지 못하면 어떤 장수라도 마음 놓고 부산포에 주둔한 일본군을 쳐부술 수 없었다. 그래서 통제사 원균은 안골포와 가덕도의 적군을 깨끗이 소탕하려고 힘썼다. 그는 대규모 육군 부대를 파견해 달라고 조정에 거듭 청원하였다. 그러나 나약한 조정 대신들은 그처럼 간절하고 중요한 요구에 한 번도 부응하지 못하였다.

그런데 선조 30년 2월에 이순신이 전개한 부산포해전은 이순신이 경상 우병사 김응서와 함께 벌인 수륙 합동작전이었다. 우리 군대는 지휘 체계상으로 여러 가지 약점이 있었다. 그 하나는 조금만 규모가 큰 작전은 일선 지휘관이 스스로 결정하지 못하고, 도원수와 도체찰사 및 비변사의 허락을 얻어야 한다는 점이었다. 작전 계획이 여러 기관의 허가를 받으려면 시간이 너무 오래 걸렸고, 적군에게 노출되는 일이 허다했다. 또 하나는 관련 기관이 서로 협력하지 못했다는 점이다. 사소한 이유를 앞세워 사사건건 작전의 시행을 반대하는 못된 습관이 만연하였다. 이순신이든 원균이든 마음먹은 대로 작전을 펼 수 없는 상황이었다. 왕과 대신들은 늘 전투 작전을 방해해 놓고는 일선 사령관이 게으르고 겁이 많아 적을 무찌르지 못했다며 추궁하였다.

원균의 승전 - 기문포해전

통제사 원균은 취임 직후에 적과 싸워 몇 차례 승리를 거두었다. 사소한 것은 여기서 굳이 말할 필요도 없으나, 우리가 잘 모르고 있었던 대승도 있었다. 선조 30년(1597) 6월 18일의 《실록》에 흥미로운 기록이 보인다. 고니시 유키나가가 명나라의 유격장(遊擊將) 심유경(沈惟敬)에게 보낸 글이다.

> "조선의 거제도 번선(番船, 함선)이 (일본군의) 대선(大船) 5척을 탈취하고 2백여 명을 죽이는 사건이 일어났습니다. 그래서 우리 제진(諸陣)의 장수들이 서장(書狀)을 자세히 갖춰 우리나라 왕에게 보고하였습니다."[210]

---

210 《실록》, 선조 30년(1597) 6월 18일.

어찌된 일인지 모르나 우리 측에는 이처럼 중대한 사건이 기록되어 있지 않다. 일본 측의 거센 항의로 미루어, 원균이 일본의 대형 전함 5척을 나포하고, 200명의 적군을 살해했다는 것은 의심의 여지가 없다.

> "우리나라(즉, 일본) 왕이 크게 노하여 말하였습니다. '천조(명나라)의 처분대로 하고 싶어도 조선이 천조 황제의 명을 듣지 않고 작은 이익을 탐하여 대사(大事)를 실패하게 했다. 기필코 죽은 병사들을 위해 복수를 하고, 천조의 처분을 공손히 받들겠다.' 그래서 지금 우리는 군사를 증강하고 군량을 운반하면서 조선과 자웅을 겨룰 뜻이 있습니다."211

일본은 군사적 복수를 다짐하며 재침을 벼른다고 했다. 저들은 조선 수군에 대패한 사건을 빌미로 자신들이 곧 침략전쟁을 일으키겠다고 선언한 셈이다. 일본군이 대패한 날이 위 문서에 명시되어 있지 않으나, 그것이 정유년 초반에 일어난 사건이란 점은 의심할 여지가 없다. 그렇다면 문제의 사건은 그해 3월 9일의 기문포해전으로 볼 수밖에 없다. 그 해전에 관해서는 나중에 상세히 설명하겠다.(제3부 제1장 참조)

원균의 수륙 합동작전

통제사 원균은 일본군을 상대로 결전을 벌이고자 했다. 선조 30년(1597) 4월 하순에 그의 제안을 둘러싸고 조정에서 논란이 일어났다. 원균은 〈장계〉에서 다음의 두 가지를 강조했다.

첫째, 안골포와 가덕도는 적의 중요한 요새지만 그곳에 주둔하는 적은 고립되어 있다. 그래서 육군을 동원해 몰아내자는 것이다.212

둘째, 재침이 염려되는 지금 우리나라는 30만의 정병(精兵)을 마련해 앞으로 4~5월 안에 수륙 합동작전을 벌여 승부를 결정짓자고 하였다.213

가만히 앉아서 적에게 당하지 말고, 적극적이고 능동적으로 작전을 펼쳐 일본군을 소탕하자는 요구였다. 여기서 보듯 원균은 소극적이고 수동적인 인물이 아니었다.

그러나 비변사 대신들은 모두 소극적이고 나약한 인물들이었다. 그들은 원균의 결연한 의지에 동의하지 못하고, 빠져나갈 구실만 찾고 있었다. 실패가 두려운 나머지

---

211 《실록》, 선조 30년(1597) 6월 18일.
212 《실록》, 선조 30년(1597) 4월 22일.
213 《실록》, 선조 30년(1597) 4월 22일.

항상 우왕좌왕하며 시간만 질질 끌던 악습이 다시 도졌다고 하겠다.

> "신들도 오늘날의 형세로 보아 오래 버티기는 어려울 것을 염려하고 있습니다. 그러나 적은 험조(險阻)한 곳에 둔거(屯據)하고 있으면서 둔전에서 식량을 가져다 먹는 주인과도 같습니다. 그들은 편히 쉬며 손님(아군)을 기다리면서 우리가 지치기를 기다리는 형세입니다. 우리나라는 수륙의 군병이 날로 피곤하여 마침내 저절로 무너지는 형세가 될까 두렵습니다."214

겁이 나서 선제공격은 차마 하지 못하겠다는 것이 비변사의 말장난이었다. 그러고는 다음과 같이 보탰다.

> "진실로 좋은 기회가 있으면 한 번 승부를 결단하는 일을 그만둘 수 없겠습니다. 그러나 저들(일본군)에게는 좋은 기회가 있고 우리에게는 쓸만한 기회가 없다면 어떠하겠습니까. 그 형세는 저절로 수수방관하고 앉아 기회를 놓치는 데에 이르고 말 것입니다. 오늘날의 일이 바로 그렇습니다. 힘으로 적을 제압할 수 있다면 마땅히 기회를 잘 보아 이로운 형세를 취하여야 합니다. 그것은 마치 급히 우레가 치면 미처 귀도 막지 못하는 것과 같습니다. 어찌 천 리 밖에서 싸움을 청할 것이 있겠습니까."215

아무래도 비변사는 원균의 두 가지 주장 가운데 어느 것도 찬성하기 어렵다는 말이었다.

> "안골포는 지세가 육지와 이어져 있어 육군이 진격할 수도 있습니다. 그러나 가덕도는 바다에 있으므로 수군이 아니면 전진할 수가 없습니다. 〈장계〉의 뜻은 상량(商量, 생각)이 부족한 듯합니다."216

비변사 특유의 트집 잡기였다. 한 번이라도 제대로 싸움을 해볼 생각은 하지 않고 사소한 이유를 찾아내어 일선 지휘관의 제안을 근본적으로 부정하는 것이 그들의 낡은 관행이었다.

---

214 《실록》, 선조 30년(1597) 4월 22일.
215 《실록》, 선조 30년(1597) 4월 22일.
216 《실록》, 선조 30년(1597) 4월 22일.

"그리고 30만의 정병은 4~5개월 안으로 소집하기가 쉽지 않습니다. 다만 제때 적을 섬멸해야 하고, 지연하면 안 된다는 뜻은 참으로 원균이 아뢴 바와 같습니다."217

비겁한 문신들에게 획기적인 제안을 한들 무슨 소용이 있겠는가? 일본군이 재침하면 전국이 다시 전쟁의 쓰라린 상처를 안게 될 터인데 30만이든 40만이든 병력을 소집하여 막을 생각은 하지 않고 어렵다는 말만 하였다. 이쯤에서 비변사는 결정의 책임을 미루고, 도체찰사와 도원수에게 떠넘기는 것이 상책이라고 판단했다. 그들은 다음과 같이 비겁한 제안을 꺼냈다.

"이 일은 도체찰사와 도원수가 형세의 편부를 자세히 참작하고 사기(事機)의 득실을 잘 요리하여 좋을 대로 처치할 일입니다. 멀리 조정에서 통제할 수가 없습니다. 이런 내용을 담아서 속히 도체찰사와 도원수에게 밀유(密諭, 비밀리에 통지함)하여 다시 사세를 살펴 치계(馳啓)하게 하소서. 그리고 가능한지를 살펴 (군대를) 진격하여 사기(事機)를 놓치는 일이 없도록 하라고 하소서."218

이처럼 말도 안 되는 제안으로 만족할 것이었다면, 비변사는 왜, 일선 사령관에게 작전권을 주지 않고 시시콜콜 간섭하고 통제하였는가. 그러나 이런 폐습이 조선의 관행이었고, 그래서 우리는 적군의 허를 찌르며 크게 공격할 기회를 한 번도 얻지 못하였다. 선조의 대응은 더욱 가관이었다.

"내 생각에는 안 될 일이다. 그러나 시험해 보라고 타이르는 것도 괜찮겠다."219

선조는 가부간에 적극적인 의지가 없었다. 안될 테지만 해보는 것도 좋겠다는 무책임한 태도가 그의 특징이었다. 그럼 도체찰사와 도원수는 무슨 생각을 하였을까. 그들이 소망한 것은 결전이 아니었다. 그것보다는 편대를 나누어 적군의 해로를 위협해 보급에 혼란을 빠뜨리는 것이 최선이라는 생각이었다. 선조 30년(1597) 6월 10일에 도체찰사 이원익이 다음과 같이 아뢰었다.

---

217 《실록》, 선조 30년(1597) 4월 22일.
218 《실록》, 선조 30년(1597) 4월 22일.
219 《실록》, 선조 30년(1597) 4월 22일.

"신이 종사관(從事官) 남이공(南以恭)을 한산도(閑山島)로 급히 보내, 신구(新舊)의 전선(戰船)을 모두 합쳐 절반은 한산도(閑山島) 등에 머물게 하고, 나머지 반은 운도(雲島) 등 해양에 출몰하게 하였습니다. 오랫동안 (아군이) 정박(停泊)할 곳이 없다고 하지만, 번갈아 교대로 끊임없이 (바다를) 왕래하면 형세로 보아 (적선과) 서로 만나게 될 것이 틀림없습니다."[220]

그러나 그런 작전을 반복하면 우리 수군은 곧 지치고, 적군은 조선군의 동태를 면밀하게 파악해 허를 찌르게 된다. 이원익은 그 점을 상상도 하지 못했다. 그는 백성을 아끼고 잘 돌보는 훌륭한 정치가였으나, 군사 문제는 잘 몰랐다. 수군의 능력과 한계를 모르는 전형적인 문신인데도, 이처럼 함부로 훈수를 두고 있었다. 그는 아래와 같이 어처구니없는 제안도 하였다.

"안골포 등에 왜적이 있지만, 본진(한산도)의 전함으로 배후(背後)를 도모할 계책을 세울 수 있습니다. 또, 바다를 건너오는 적이 있더라도 해양의 (우리 군) 선박으로 즉시 처치할 수 있습니다. 저는 남이공에게 통제사 원균 등 각 진의 장수와 상세하게 의논하여 시행하라고 지시하였습니다. 다만 우리나라는 일마다 기회를 잃어 왔기에 마음속으로 우려가 됩니다."[221]

안골포와 가덕도 등의 일본군을 무찌르지 못한 채 적의 배후인 부산포를 공격하면 이순신의 부산포 패전이 되풀이될 것이요. 불과 수십 척의 함대로 종일 노를 저어 쓰시마와 부산포를 연결하는 적의 수송로를 어떻게 차단할 것인가. 그런 일은 적의 대군이 아직 부산포에 들어오기 전에나 가능한 일이다.

선조 30년 3월 이후로는 불가능한 일이었으나, 이원익은 자신의 제안이 얼마나 무모한지를 조금도 모르고 있었다. 그때 비변사는 이원익보다도 무지하였던지 아래와 같이 주장했다.

"해로(海路)를 차단하는 일은 전부터 힘써 왔으나, 그 계책이 아직 한 번도 효과를 거두지 못하였습니다. 매우 개탄스럽습니다. 다시 지휘하고 (수군과) 약속하여 나아갈 때를 보아 나아감으로써 기회를 잃지 말라는 명령을 전달하는 것이 어떻겠습니까?"[222]

---

220 《실록》, 선조 30년(1597) 6월 10일.
221 《실록》, 선조 30년(1597) 6월 10일.
222 《실록》, 선조 30년(1597) 6월 10일.

통제사를 원균으로 교체한 다음에도 선조와 대신들은 통제사의 견해를 존중하기는 커녕 이래라저래라 하는 명령만 남발하였다.

그런데 조정 일각에서는 원균이 주장한 것처럼 일본군과 결전이 불가피하다는 주장도 일어났다. 선조 30년(1597) 6월에 성균관 대사성(大司成) 김우옹(金宇顒)이 그와 같은 견해를 제시하였다.

> "적이 미친 듯 날뛸 것은 결단코 의심할 게 없습니다. 중국군이 도착하더라도 한 번 결사전(決死戰)을 하지 않으면 양향(糧餉)이 이미 다 떨어진 다음에는 다시 어떻게 해볼 수가 없습니다."[223]

김우옹의 주장이 곧 원균의 주장이었다. 그러나 앞에서 살핀 것처럼 조정 대신들은 그처럼 과감한 방안에 찬성할 수 없었다. 그들의 생리에 조금도 맞지 않는 일이었기 때문이다. 대신들은 명나라의 경리(經理) 양호(楊鎬)에게 물어보자는 말로 일단 책임을 벗어났다.[224] 미약한 조선의 육군을 대대적으로 강화할 의지는 처음부터 없었고, 명나라 육군의 힘을 빌리려는 것이 전부였다. 하지만 그 역시 불가능하다는 것이 조정의 결론이었다.

> "호조판서 김수(金晬)의 〈장계〉를 보면, '.. 도원수 권율(權慄)이 성책(成冊)한 숫자를 보면 쌀 3만 3백 16석, 콩 2만5천9백43석'이 있다고 하였습니다. (경상)좌우도를 더해도 그 정도밖에 안 된다면 턱없이 부족합니다. 우리나라 각 진영에서 군량으로 가져다 쓰는 곡식이 이외에 또 있는지 모르겠습니다. 만약 이 숫자에서 매월 각 진영으로 수운(輸運, 곡식 수송)한다면, 이 모두를 중국군의 양식으로 삼을 수도 없으니 매우 염려됩니다."[225]

명나라가 일본군의 재침에 맞서 군대를 보내온다 해도 그들을 경상도로 내려보내 수륙 합동작전을 벌이려면 식량이 필요했다. 조정에서는 그것도 할 수 없는 일이라고 했다. 준비된 식량이 겨우 5만 5천여 석에 지나지 않았다. 이쯤에서 우리는 진지한 질문을 던지게 된다. 과연 선조와 유성룡은 싸워서 일본군을 쫓아낼 생각이 조금이라도 있었던 것일까?

---

223 《실록》, 선조 30년(1597) 6월 22일.
224 《실록》, 선조 30년(1597) 6월 22일.
225 《실록》, 선조 30년(1597) 6월 24일.

만약 적이 대공세를 펼치면 어떠한 결과가 나올지는 불을 보듯 뻔했다. 선조는 전투가 벌어지기도 전에 우선 왕비를 피난시키려 했다. 선조 30년(1597) 6월 23일에 선조의 그러한 피난 계획을 대신들이 만류하였다. 그러나 선조는 대신들을 비웃으며 다음과 같이 대답하였다.

> "내 뜻은 전에 이미 경들에게 일렀다. 나도 충분히 생각하고 결정한 일이다. 붓이나 주무르는 무리가 어찌 모두 지혜가 높은 사람들이겠는가. 처음에는 왕자들만 피난시키려고 하였는데 지금 의논이 이러하고 장차의 일은 더욱 어렵겠기에, 내전(內殿, 왕비)도 함께 피난하게 하려고 한다."226

선조의 말에도 옳은 점이 있었다. 대신들은 기껏해야 "붓이나 주무르는 무리"였다. 전쟁이 발생한 지 5년째가 되었으나 그들에게서는 한 가지도 쓸만한 전략이 나오지 못했다. 아무리 시간이 흘러도 우리나라 군대는 자국을 방어할 만큼 튼튼해지지 않았다. 선조는 대신들에게 깊은 배신감과 실망을 느끼고 있었다.

군사 문제를 총괄하는 비변사가 있었고, 그들이 곧 조정 대신이었다. 하지만 한 번도 시원한 대책을 마련하지 못하였다. 원균이 주장하는 수륙 합동작전이 그들에게는 너무도 위험천만한 일이었다. 대신들의 기본입장은 다음과 같았다.

> "안으로는 중국 군사로 형세를 이루게 하고, 밖으로는 수군으로 바닷길을 견제하는 것입니다. 그와 동시에 험고(險固)한 요새지를 굳게 지키고 복병(伏兵)을 배치함으로써 주인(主人)의 처지에서 객(客)을 맞는 계책을 먼저 정하면 그래도 지탱할 수 있는 형세가 될 것입니다."227

육지는 중국군에게 맡기고, 우리 수군은 바다에서 적의 해로를 차단한다. 아울러 몇몇 요새지 즉 산성에 소수 병력을 배치하여 적의 길목을 지킨다는 정도였다. 특히 수군에 관해서는 다음과 같은 견해가 압도적이었다.

> "강상(江上)에 모인 수군 병력은, 〈장계(狀啓)〉에 의하면 벌써 2만여 명이나 됩니다. 병력은 그것으로 충분합니다. 부대를 나눠 교대로 부산 앞바다를 왕래하면 됩니다. 적이 겁을 먹고 감히 발동하지 못하게 하는 것이 한 가지 계책입니다."228

---

226 《실록》, 선조 30년(1597) 6월 23일.
227 《실록》, 선조 30년(1597) 6월 14일.

수군에 관한 통계는 고무줄처럼 제멋대로였다. 선조 30년 6월 15일의 《실록》 기사에 따르면 수군은 기껏해야 5천 명이었다. 그런데 하루 전날 비변사의 보고에는 2만 명이라고 하였다. 만약 5천 명의 수군밖에 없었다면, 교대로 부산포를 왕래해서 무슨 소득이 있겠는가.

그런 견해를 듣고서 선조는 다음과 같이 대답했다.

> "수군을 (조로) 나누어 (부산포를) 왕래하게 하라는 말도 생소하다. … 중국 군사가 만일 (일본군과 싸워) 지탱하지 못하면 반드시 난병(亂兵, 지는 전쟁)이 될 것이니, 모든 것을 깊이 생각하지 않아서는 안 된다."229

여기서 보듯, 선조는 수군을 여러 부대로 나눠 부산포를 오가며 무력 시위하자는 대신들의 견해에 동의하지 않았다. 왕은 중국군이 일본군을 방어해야지, 그 외에는 우리가 살아날 방법이 없다고 확신하였다. 패배감에 젖은 가엾은 왕이었다.

정유재란의 시나리오

일본군의 침략이 임박하였다는 소식이 조정에 도착한 것은 선조 30년(1597) 6월 14일이다. 도원수 권율(權慄)이 보낸 〈비밀 장계〉가 그것이었다. 고니시 유키나가가 요시라를 통해 김응서(金應瑞)에게 준 글인데, 그것이 유성룡을 거쳐 선조에게 전달되었다. 조선과 일본을 연결하는 비선(祕線)은 이런 식으로 작동했다.

다음은 도요토미 히데요시가 여러 장수에게 지시했다는 것인데, 그 내용을 세 가지로 나누어 소개한다.

첫째, '조선이 말을 듣지 않는 것은 전라도와 충청도가 아직 온전하기 때문이다. 너희는 올해 8월 1일에 곧장 전라도 등지로 쳐들어가 곡식을 베어 군량을 대고 산성을 격파하라. 가능하면 두 도에 주둔하고 이어 제주도를 치라. 만약 불리하면 경상도 고성(固城)에서 서생포(西生浦)에 이르기까지 성을 쌓고 조선이 강화를 애걸할 때까지 머물러라.'230

훗날 일본군은 8월에 전라도와 충청도로 쳐들어갔다. 여러 번 승리를 거두었으나 그들은 두 지역에 거점을 만들지 못하고, 고성에서 서생포까지 왜성을 쌓는 데 만족

---

228 《실록》, 선조 30년(1597) 6월 14일.
229 《실록》, 선조 30년(1597) 6월 14일.
230 《실록》, 선조 30년(1597) 6월 14일.

해야 했다. 조선의 육군과 의병이 명나라 군대와 함께 결사 항전해 큰 성과를 거두었다고 평가된다.

둘째, '조선이 강화를 애걸하지 않으면 수시로 침략하여 기필코 강화를 하게 만들라.'231 이 대목은 히데요시의 명령이라기보다 조선과 되도록 서둘러 종전 조약을 맺고 무역을 통해 큰 이익을 보려는 고니시 유키나가의 속셈이 드러난 부분이다.

셋째, '중국 군사가 나왔다고 해도 어찌 나아가 그들과 싸우지 못하겠는가.'232 일본에서는 명나라 군대의 동향을 알고 있었으나, 크게 괘념하지 않았다는 이야기이다.

이어서 고니시 측은 일본군의 작전 계획을 김응서에게 알려주었다. 그 요점을 몇 가지로 정리해본다.

첫째, '올해 6월 그믐께나 7월 초에 일본군이 한꺼번에 바다를 건널 것이라고 하였다. 지금 조선에 주둔 중인 일본군은 3만 명이고, 새로 나오는 병력은 15만으로 합계 18만이라고 했다. 그중 3~4만 명은 진영에 머물고 나머지는 침공 작전에 투입된다고 했다.'233 나중에 알게 되듯 이런 정보, 특히 15만 병력의 해상 수송에 관한 정보로 위기감을 조성해, 통제사 원균을 죽음의 위기로 몰아넣었다.

둘째, '이번 거사에서 일본군은 곧장 전라도를 침범할 예정이다. 전라병사(兵使)에게 알려 청야(淸野, 곡식을 벰)하라.'234 그들이 알려준 대로, 그리고 누구나 예측한 대로 일본군은 그해 8월에 전라도를 공격하였다.

셋째, '이번에는 일본군이 산성을 공략할 것이다. 많은 이득을 보고 나면 일본군은 그대로 전라도에 머물 것이다. 그렇다하더라도 올해 10월 그믐이면 경상도 연해(沿海)의 본진으로 돌아올 예정이다.'235 실제로 일본군은 전라도 남원산성(1597년 8월 13일 ~ 16일)을 침략하였고, 여러 산성을 빼앗았다. 그러나 전라도와 충청도에 오래 주둔하지는 못했다. 그만큼 우리 군의 저항이 강했다는 뜻으로 볼 수 있는데, 그들은 그해 겨울을 경상도에 마련한 요새에서 보낼 계획이기도 하였다.

넷째, '일본 장수들이 걱정하는 것은 군량이다. 양식을 댈 길이 없으면 10여 일이 못 되어 다시 물러갈 것이다.'236 이 말은 어김없는 사실이었다. 일본군은 싸움에 많이 이겼으나 전라도와 충청도에서 모두 철수하였다.

---

231 《실록》, 선조 30년(1597) 6월 14일.
232 《실록》, 선조 30년(1597) 6월 14일.
233 《실록》, 선조 30년(1597) 6월 14일.
234 《실록》, 선조 30년(1597) 6월 14일.
235 《실록》, 선조 30년(1597) 6월 14일.
236 《실록》, 선조 30년(1597) 6월 14일.

다섯째, '나(고니시)와 죽도(竹島)의 일본군은 올해 7월 이전에는 전투를 벌이지 않겠다.'[237] 그러니 우선은 자기들을 공격하지 말라는 요청이었다. 여기에 고니시의 본뜻이 담겨 있었다.

여섯째, '안골포와 가덕도의 일본군은 가토 기요마사와 한통속이다. 멀지 않아 안골포에 주둔하는 일본군이 밤을 틈타 함안(咸安)·진주(晉州)·진해(鎭海)·고성(固城)에서 도발할 것이다.'[238] 고니시는 자신과 가토는 서로 견해가 다르다며 차별성을 강조했다.

일곱째, '반드시 비밀을 지키라.'[239] 자신이 조선에 군사 기밀을 누설한 사실이 일본 조정에 들어가지 않게 보안을 유지하라는 부탁이었다.

이 지점에서 한 가지 의문이 생긴다. 고니시와 요시라는 조선 측에 일방적으로 자신들의 비밀첩보를 제공하였을까. 《실록》을 보면 김응서는 그들에게 아무런 정보도 주지 않은 채 항상 호통만 친 것으로 되어있으나, 그것이 과연 사실일까. 상식적으로 이해할 수 없는 이야기이다. 서로 비밀 정보를 주고받았다고 보아야 맞다.

그럼 어떠한 정보가 일본 측에 제공되었을까. 조선과 명나라 군대의 동향 그리고 조정의 움직임에 관해 적지 않은 비밀이 요시라를 통해 고니시에게 전달되었을 것이다. 그 낌새를 서인과 북인도 눈치 챘던 것 같다. 그래서 그들은 왜란이 끝날 무렵 유성룡에게 '주화오국'이라는 죄명을 씌우고 노골적으로 비판하였던 것이다. 이처럼 무거운 혐의가 제기되자 유성룡은 무척 억울해하였다. 과연 역사의 진실은 무엇인가?

---

[237] 《실록》, 선조 30년(1597) 6월 14일.
[238] 《실록》, 선조 30년(1597) 6월 14일.
[239] 《실록》, 선조 30년(1597) 6월 14일.

제2장
김간의 〈원균행장〉

　모든 일에는 기미가 있는 법이다. 왜란도 전조(前兆)가 있었으니, 선조 19년(1586)에 대마도주(對馬島主)인 소 요시토시(宗義智)가 조선에 조총(鳥銃)을 보냈다.240 '우리에게는 이러한 신무기가 있다'라는 시위가 아니고 무엇이었겠는가.

　임진년(1592)과 정유년(1597)의 두 차례 왜란이 일어나 동아시아 삼국에 큰 피해를 주었다. 인명 피해만 해도 우선 조선에서 죽은 일본군이 5만 명이었다. 일본 측은 그 대다수가 전사자가 아니라 질병, 굶주림 그리고 추위로 죽었다고 애써 태연한 척하지만 5만 명이 어디 적은 숫자인가. 그리고 일본 본토의 농민들은 침략전쟁이 길어지자 군량과 전쟁물자를 대느라 기진맥진하였다.

　조선과 명나라에서도 인적 물적 피해가 막대하였다. 줄잡아 수십만 명의 군사가 희생되었다. 특히 조선에서는 이 전쟁으로 말미암아 전체 인구의 20퍼센트가 줄었다고도 한다. 아마 과장된 숫자일 테지만, 조선 백성의 피해가 가장 컸다는 점은 의심할 여지가 없다. 또, 일본군의 포로가 되어 강제로 끌려간 조선인도 많아, 2만에서 10만 명으로 추산된다. 그들의 상당수는 다시 중국과 동남아시아 및 유럽의 노예시장으로 팔려나갔다. 이 참담한 전쟁의 피해 앞에 후세 사람들은 넋을 빼앗길 지경이다.

　그나마 한 가지 다행인 것은 우리의 피해가 더 커지지 않도록 전쟁터에서 목숨을 바쳐 싸운 용감한 백성이 있었다는 사실이다. 그때 원균은 가장 공을 많이 세운 장수 가운데 하나였다.

　왜란 후 원균의 전기를 처음으로 쓴 이는 이선(李選, 1632년~1692)이었다. 호를 지호(芝湖) 또는 소백산인(小白山人)이라고도 하였는데, 그는 우의정 이후원(李厚源)의 아들이다. 이선의 어머니는 김반(金槃)의 딸이요, 17세기 최고의 유학자인 사계(沙溪) 김장생(金長生)의 손녀였다. 이선은 사계 김장생과 그 아들 신독재(慎獨齋) 김집(金集)

---
240 한치윤, 《해동역사》, 제61권, 본조(本朝)의 비어고(備禦考) 1, 〈왜적(倭賊)을 막은 데 대한 시말(始末) 1〉.

의 수제자인 송시열(宋時烈)의 문인이었다.

17세기의 대학자 이선은 현종 5년(1664)에 문과에 급제하였고, 이후 여러 벼슬을 거쳐 숙종 1년(1675)때에는 형조참의가 되었다. 그 뒤에 그는 정치적으로 많은 우여곡절을 겪었는데, 그 와중에서도 개성유수, 예조참판 및 이조참판 등 높은 벼슬을 지냈다. 바로 그 이선이 저술한 글 가운데 〈원균전(元均傳)〉이 있었는데, 안타깝게도 그 글은 후세에 전하지 않는다.

그 뒤로 수십 년이 지나 문신 김간(金榦, 1646~1732)이 원균의 〈행장〉을 다시 편찬하였다. 그는 영조 2년(1726)에 대사헌을 지낸 고위 관리로 앞서 언급한 이선과 마찬가지로 노론계열의 학자였다. 그 역시 송시열(宋時烈)의 제자였다. 박세채(朴世采)의 문하에서도 성리학을 연구하였는데, 김간이 저술한 〈원균행장〉은 참고한 자료가 매우 풍부하였고, 주인공의 일생을 공정하게 기술한 것으로 정평이 있다.

오늘날에는 김간의 〈원균행장〉을 모르는 사람이 많다. 그래서 오래전에 다른 분이 번역한 글을 손질하고 해설을 붙였다. 이 〈행장〉의 원래 제목은 〈통제사(統制使) 원균(元均) 증(贈) 좌찬성(左贊成, 종1품) 공(公) 행장(行狀, 일대기)〉이라고 하였는데, 영조 25년(1749)에 간행된 《원주원씨족보(原州元氏族譜)》(초간본)에 그 원문이 실려 있다.

김간이 〈원균행장〉을 짓게 된 경위는 다음과 같다. 즉, 원씨 문중은 그 무렵에 원균의 묘를 개장(改葬)하고 부인 파평윤씨와 나란히 쌍분(雙墳)을 만들었다. 묘소 이장을 계기로 원씨들은 김간에게 〈행장〉을 부탁했는데, 김간은 다음과 같이 말하였다.

> "… 끝까지 (〈원균행장〉을) 사양할 수 없어, 감히 성교(聖敎, 임금의 교명)와 선배들이 쓴 여러 가지 증빙 문헌을 참고하여 대략 점철(點綴, 이음)하였다. 장차 언론을 세우는 군자들이 살펴보기를 바라는 바이다."[241]

인용문에도 보듯 김간은 〈교서〉를 비롯하여 여러 문서를 첨삭하여 〈원균행장〉을 편집하였다. 그러므로 후세가 원균의 생애를 이해하는 데 꼭 필요한 글이라 생각되어 아래에 〈원균행장〉 전문을 소개할 것이다. 당연히 몇 군데는 오류도 있고 부연 설명이 필요한 곳도 있어, 간단한 주석을 붙였다.(제1절)

〈원균행장〉에서 우리는 《실록》에 누락된 선조의 〈유서〉 몇 통을 발견할 수 있었는데, 그에 관해서는 별도로 설명을 하겠다. 또, 원균의 생애를 이해하는 데 도움이 되

---

[241] 김간, 〈원균행장〉.

는 원씨 문중의 몇 가지 고문서, 구체적으로는 대소과(大小科) 〈방목(榜目, 합격자 명부)〉도 소개하겠다. 아울러 원균의 부하 장수들에 관한 지리지(地理志), 즉 읍지(邑誌)의 기록이며, 왜란의 실상을 서술한 동시대인들의 문집 기사도 소개하려고 한다.(제2절)

제1절
김간의 〈원균행장〉에 관한 주석

〈원균행장〉에는 본래 소제목이 없으나 독자의 편의를 위해 소제목을 달았다. 김간은 원균의 조상이 어떠한 분인가를 설명하는 것으로 이야기를 시작한다.

원균 장군의 선조

〈행장〉의 첫머리에는 원균의 선조가 등장한다. 멀리 고려 태조 때 병부령(兵部令)을 지낸 원극유(元克猷)를 언급하고, 이어서 원균의 고조부부터 부모에 이르기까지 매우 간략하게 서술하였다.

> "공의 휘(諱, 이름)는 균(均)이요, 자는 평중(平仲), 성은 원(元)씨이다. 가문이 원주에서 나왔는데, 고려 태조 때 삼한벽상공신(三韓壁上功臣, 고려의 재통일에 공이 많은 신하에게 준 공신 칭호, 940년에 제정되었을 것으로 추측)이자 병부령(兵部令, 태조가 즉위한 918년에 설립한 병부의 우두머리, 현 국방부 장관)을 지낸 휘 극유(克猷)는 공의 비조(鼻祖)이다.
> (원균의) 고조(高祖) 휘 몽(蒙)은 증(贈) 군자감정(軍資監正, 정3품)이요, 증조(曾祖) 휘 숙정(淑貞)은 증 병조참의(兵曹參議, 정3품)요, 조(祖) 휘 임(任)은 증 호조참판(戶曹參判, 종2품)이다.
> 고(考, 돌아가신 아버지) 휘 준량(俊良)은 증 영의정(領議政, 정1품)에 평원부원군(平原府院君)으로 경상좌병사(慶尙左兵使, 종2품)를 지냈고, 어머님은 증 정경부인(貞敬夫人, 정1품)으로 남원양씨(南原梁氏)인데 휘 희증(希曾)의 따님이다."242

고려 태조를 도와 후삼국을 통일한 원극유는 삼한벽상공신이었다. 그리고 원균의 부친 원준량도 경상좌병사를 지낸 출중한 무관이었다. 원씨의 선조 가운데는 문신(文臣)으로 역사에 이름을 남긴 인물이 매우 많았다. 그러나 〈원균행장〉에서는 선대(先代)

---
242 김간, 〈원균행장〉.

를 비교적 간단히 소개하였는데, 그것은 아마 원균의 업적이 많았기 때문일 것이다. 원균의 외가 역시 조선 초기에 명신 양성지(梁誠之)를 비롯하여 출중한 인물이 많았으나 자세히 언급할 겨를이 없었다. 요컨대 글쓴이 김간은 원균이 당당한 사대부 가문의 후예라는 사실을 간단명료하게 서술하였다.

왜란 이전의 원균

원균이 출생할 때부터 임진왜란이 일어나기 전까지 약 50년의 행적을 김간은 4개 항목으로 간결하게 정리하였다. 차례로 알아보면 아래와 같다.

> "공은 가경 경자년(중종 35년, 1540) 정월 5일에 태어났는데, 어려서부터 민첩하고 힘이 셌다."[243]

원균의 출생지는 한양의 건천동이었다고도 하고, 여좌동(현 평택시 도일동)에서 태어났다는 말도 있다. 그러나 외가 남원양씨가 건천동에 세거하였으므로, 외가(양씨 집안)에서 태어났다는 설이 더 유력하다고 보는 이도 있다. 그러나 필자는 후손들의 증언에 따라 진위현 출생으로 보았다. 원균은 무과에 응시할 때 거주지를 서울(京)이라 기록하였고, 아우 원연은 진사시험을 볼 때 진위라고 표시하였다. 이런 점에서 원균과 그 형제들은 건천동 사람이기도 하고, 진위 여좌동 출신이기도 하다.

> "(공은) 무과에 급제하여 선전관(宣傳官, 정3품부터 9품까지 다양)을 거쳐 조산만호(종4품)가 되었다."[244]

무과에 급제하였다고 해서 누구나 무관으로 높은 벼슬에 오르는 것은 아니었다. 무과 출신 중에서도 선전관을 거친 사람들만 출세했다고 보아도 과언이 아니다. 원균은 부친이 병마절도사(종2품)를 역임한 유명한 무관의 자제였으므로, 다른 이들보다는 상당히 유리한 여건이었다.

16세기에도 여진족이 우리나라의 북쪽에 있는 함경도를 자주 침략하였다. 그래서 용감하고 유능한 무관들은 함경도에서 경력을 많이 쌓았다. 그들은 대체로 조산만호를

---

243 김간, 〈원균행장〉.
244 김간, 〈원균행장〉.

거쳐 요직으로 올라갔는데, 원균도 예외가 아니었다.

> "그때 변방의 오랑캐를 토벌한 공을 세워 (공은) 부령부사(함경도 부령도호부부사, 종3품)에 초배(超拜, 특진)되었다."245

원균은 여진족과 싸워 공을 많이 세웠고, 그 공으로 부령도호부사에 특진하였다. 부령은 15세기 중엽부터 독립적인 군사행정 단위였는데, 조선의 명장은 대체로 그 벼슬을 거쳤다.

> "얼마 뒤 종성(종성도호부)으로 옮겼는데, (공은) 병사(함경도병마절도사, 종2품) 이일(李鎰, 1538~1601)을 도와 시전부락(時錢部落, 두만강 건너편의 여진 거주지역)을 격파하였다."246

얼마 후 원균이 다시 여진족을 무찔렀다는 기록이다. 선조 21년(1588)에 그는 이일의 휘하에서 부장으로 참전하였다. 우리 군은 두만강을 건너 여진족의 근거지인 시전부락(時錢部落)을 소탕했다. 여진족의 가옥 200여 동(棟)을 불살랐고, 여진족 380여 명의 목을 베는 등 큰 승리를 거두었는데, 이 작전이 성공해 이일의 명성은 더욱 높아졌다. 그때 원균은 계원장(繼援將, 군량과 軍械를 수송, 조달하고 격문 작성을 담당)으로 활약하였다.

이 전투가 벌어지기 얼마 전에 이일은 부하 군관 이순신의 잘못을 질책하고 큰 벌을 주려고 했다. 그러나 조정의 유성룡이 이순신을 비호하여 '백의종군', 즉 대기 발령에 그쳤다.

이상의 서술을 요약하면, 원균은 20대 청년 시절에 무과에 급제한 이후 주로 함경도에서 여진족을 무찔러 공을 세웠다는 것이다. 그러는 사이에 그는 이미 50대에 접어들었다.

임진년

임진년(선조 25년, 1592)은 우리 역사의 변곡점이었다. 왜란이 일어나기 직전부터 전쟁 초기에 이르기까지 〈원균행장〉은 다음의 여섯 가지를 차례로 언급하였다.

---

245 김간, 〈원균행장〉.
246 김간, 〈원균행장〉.

"임진년이 되자 (공은) 경상우수사(정3품)에 임명되었다. 그해 4월에 왜적 평수길(平秀吉, 도요토미 히데요시)이 국력을 기울여 우리나라에 쳐들어왔다. 부산과 동래가 차례로 함락되었는데, 그때 공의 휘하에는 겨우 4척의 전함(船)이 있었다."247

원균이 정확히 언제 경상우도수군절도사에 임명되었는지는 아무도 모른다. 어떤 기록에는 임진년 초라고 하였고, 다른 기록에는 그해 2월이라고 서술했다. 보통 조정에서는 12월 말 또는 1월에 대대적으로 정기 인사발령을 냈다. 그러면 2월 또는 3월에 대개 임지에 도착한다. 그렇다면 원균은 전쟁이 일어나기 불과 한두 달 전에 거제도에 있는 경상우수영에 부임하였다는 뜻이다.

경상우수영에 도착하자마자 원균은 관내를 순회하며 무기와 군사들의 기강을 점검하기에 바빴을 것이다. 그로서는 본격적으로 전쟁을 준비할 시간이 부족했고, 지역의 특징을 상세히 파악하기에도 시간이 모자랐다.

《실록》을 분석한 결과, 왜란 시기에 경상우수영은 통상 19척의 판옥선을 보유하였다는 점을 확인하였다.248 거제 본영에 1~2척, 그리고 관할지 중에서도 재정 형편이 좋거나 주요 거점으로 평가되는 곳마다 대략 1척씩 배치했을 것이다.

그런데 문제는 왜란이 일어나자마자 경상도 전역이 동요했다는 점이다. 상당수 관리는 상관에게 아무런 보고도 하지도 않은 채 임지를 이탈했다. 경상우수영은 부산포와 지리상 매우 가까웠으므로, 겁에 질린 관리들이 도주했을 것은 당연하다. 이런 사정을 고려하면, 왜란 발생 직후 원균이 동원할 수 있었던 판옥선은 10척 내외였을 것이다.

원균은 수적으로 압도적인 적군과 거의 날마다 전투를 벌여야 했다. 그렇기 때문에 한 달도 되지 않아 6~7척은 부분적으로 파손되었을 것이 뻔하였다. 따라서 선조 25년 5월 초순에 이순신과 연합함대를 편성하였을 때 원균이 작전에 투입할 수 있는 판옥선은 4척에 지나지 않았다. 얼마 후 2차 연합함대가 편성되자 원균은 파손된 판옥선의 수리를 마쳐 7~10척의 판옥선을 지휘했을 것으로 보인다.

사람들은 이런 사정도 모르고 엉뚱한 주장에 현혹되어 있다. 원균이 적을 겁내어 100척의 전함을 물속에 빠뜨리고 달아났다는 식의 터무니없는 '가짜 뉴스'가 아직도 널리 퍼져 있다. 이미 자세히 살핀 것처럼 임진년 4월 하순에 원균은 휘하 장수들과

---

247 김간, 〈원균행장〉.
248 《실록》, 선조 36년(1603) 7월 26일.

함께 진주로 들어가는 바다를 굳게 지켰다.(제1부 제1장 및 제2부 제1장 참조) 이런 사실과 관련하여 김간은 다음과 같이 기록했다.

> "(공은) 세력이 고단하여 적을 대적하기 어려움을 알고, 우후(虞候, 정4품) 우응진(禹應辰)을 (본진에) 머물게 하여 본진을 지키게 하였다."249

장수가 전선을 이끌고 바다로 나갈 때는 "유진장(留陣將)" 또는 "가장(假將)"을 두었다. 진영을 완전히 비우면 적의 침략에 고스란히 노출되기 때문이다. 원균은 수군을 거느리고 바다로 나가면서 본영을 참모장에 해당하는 우후 우응진에게 맡긴 것이다.

> "옥포만호 이운룡(李雲龍)과 영등포만호 우치적(禹致績) 그리고 남해현감 기효근(奇孝謹) 등을 거느리고 (공은 거제에서) 물러나 곤양의 바다 입구를 지켰다."250

처음부터 그랬던 것은 아니다. 최초 단계에서는 동원 가능한 모든 판옥선을 이끌고 적의 동태를 살피기도 하고 적의 함대를 찾아다니며 싸웠다. 그것이 바로 경상우도순찰사 김수의 지시이기도 했다. 그러나 적군은 수가 많고 우리 수군은 규모가 작아서 승리하기 어려운 싸움이 날마다 계속되었다.

그런 와중에도 원균은 40여 척의 적선을 물리치는 등 놀라운 성과를 냈다. 얼마 후에 원균은 순찰사 김수와 협의하여 곤양 바다를 수비하는 쪽으로 전략을 바꾸었다. 곤양은 지금의 경상남도 사천시에 속하는데, 왜적이 진주를 공격할 때 반드시 통과해야 하는 통로였다. 그래서 원균은 옥포만호, 영등포만호 및 남해현감을 거느리고 바다 쪽에서 진주성을 보호하였다.

진주는 남해안의 가장 중요한 거점이자 물산이 풍부한 곳이다. 진주가 무너지면 남해안이 온통 위기에 빠질 수밖에 없어, 조선군은 그 방어에 총력을 기울였다. 원균이 진주 바닷가에 머물 때 비장 강덕룡은 진주 일대에서 수군을 모집하였다.(제1부 제1장)

그 당시 원균은 날마다 부하를 보내 전라좌수사 이순신에게 연합함대를 편성하자고 독촉하였다. 김간은 다음과 같이 기록했다.

---

249 김간, 〈원균행장〉.
250 김간, 〈원균행장〉.

> "(공은) 비장 이영남(李英男)을 보내어 전라좌수사 이순신(李舜臣)을 찾아가 만나게 하였다. 그와 힘을 합쳐 함께 적을 막자고 부탁하였는데, 순신은 지키는 곳이 서로 다른 계한(界限, 경계)이 있다는 이유로 거절하였다."251

몇 척에 불과한 경상우수영의 판옥선으로 수백 척의 적군을 상대하기는 불가능하였다. 그래서 원균은 침략전쟁이 일어나자마자 이순신에게 연합함대의 편성을 제의했다. 소비포권관(종9품) 이영남이 이순신을 찾아간 것은 그 때문이었다. 연합함대에 관해서는 경상우도순찰사 김수도 원균과 같은 의견이었다.

그러나 이순신은 서로 방어지역이 다르다면서 전세가 불리한 경상도 지역으로 출전하기를 거절하였다. 한참 뒤에 조정에서 명령을 내려 함께 싸우라고 한 다음에도 이순신은 한동안 움직이지 않았다.

> "(이영남이 이순신에게) 가고 오기를 거듭하여 대여섯 번이 되었을 때, 드디어 광양현감 어영담(魚泳潭)과 순천부사 권준(權俊)이 급히 순신을 찾아가 힘써 바다를 평정할 계책을 도왔다. 그러자 순신이 비로소 (출전을) 하락하였다."252

미루고 미루다가 이순신이 연합함대 편성에 동의했다는 서술이다. 그 결정을 내리는 데는 이순신의 막하인 어영담과 권준의 진언(進言, 제언)이 중요한 역할을 하였다고, 김간은 기술했다. 그러나 《실록》에서는 녹도만호 정운이 결정적인 역할을 하였다고도 했다. 아마도 이순신 휘하 여러 장수가 연합함대의 편성에 찬성한 것 같다.

이순신이 출진을 미루는 20여 일 동안에 원균은 거제 본영을 지키기가 힘에 겨웠다. 하필 연합함대가 출범하기 직전에 경상우수영은 일본군의 침략으로 무너졌다. 그 소식에 놀란 이순신은 부하를 파견해 원균의 관할인 남해현의 군수물자를 모두 불태워버렸다. 이로써 원균과 이순신의 사이에는 불신이 생겼다.

그런데 이순신과 연합함대를 편성하기 전에도 원균이 이끈 경상우수영은 전과(戰果)를 올렸다. 아무도 짐작하지 못한 성과였다.

> "순신이 아직 오지 않았을 때 공이 이미 적과 여러 차례 싸워 적선 10여 척을 불태우고 왜적을 사로잡았다. 그러자 군사들의 기세가 조금 올랐다."253

---

251 김간, 〈원균행장〉.
252 김간, 〈원균행장〉.
253 김간, 〈원균행장〉.

적과 싸우기에는 여건이 절대적으로 불리하였다. 그러나 원균과 그의 용감한 부하 장수들은 교전(交戰)에 나서 적선 10여 척을 불살랐다. 적군을 생포해 조정에 바치기도 하였다고 한다. 승전보를 조정에 알린 이는 원균의 아우 원전이었다는데, 다른 기록에서는 원균이 30척의 적선을 추가로 격침하였다고 했다.(제2부 제1장) 요컨대 극도로 불리한 상황이었으나 원균은 공을 세웠고, 그 결과 부하들의 사기도 높아졌다.

삼수사 즉, 원균, 이순신 및 이억기의 연합 작전

김간의 〈행장〉에는 임진년(1592) 5월에 원균이 이순신과 이억기 두 장수와 함께 활약한 모습이 기술되어 있다. 처음에는 원균과 이순신의 연합함대였는데, 얼마 후에 이억기까지 합류했다. 원균의 경상우수영은 연합함대의 선봉대로서 적군을 무찌르는 데 늘 앞장섰다.

> "(임진년) 5월 6일이 되자 (이)순신이 전함 24척을 거느리고, 우수사 이억기(李億祺)와 함께 와서 거제 바다에서 만났다."254

김간은 이순신이 이억기와 함께 왔다고 기술하였는데, 그것은 착오였다. 이억기는 선조 25년 6월 5일에 있었던 당항포해전부터 참전했다. 이억기의 전라우수영은 전라좌수영보다 규모가 약간 컸으며, 그가 거느린 판옥선도 20여 척이었다.

김간은 연합함대의 첫 전투인 옥포해전에 관해 다음과 같이 서술했다.

> "(5월) 7일 새벽에 삼도의 수군이 일제히 옥포 앞바다로 나아가자 적선이 대열을 잃고 의둔(蟻屯, 개미가 뭉친 모양) 같았다. 공(원균 장군)은 북을 치며 진격해 그중 견고한 배를 들이받았다."255

인용문에서 "삼도의 수군"이라고 쓴 것은 착오였으나, 하여튼 옥포해전의 선봉은 원균이 지휘하는 경상우수영이었다. 그들이 처음부터 기세를 높여 적을 강하게 압박하였다.

> "순신 등이 한꺼번에 용감하게 공격에 나서자 그 기세에 눌려 (적이) 무너졌다.

---

254 김간, 〈원균행장〉.
255 김간, 〈원균행장〉.

드디어 불태운 적선이 100여 척이었고, 불에 타고 물에 빠져 죽은 적병은 헤아릴 수없이 많았다."256

옥포해전의 승리는 눈부셨다는 이야기다. "100여 척"을 불태웠다고 하지만 기록마다 숫자는 달랐다. 여기서 중요한 사실은 원균과 이순신의 연합함대가 대승을 거두었다는 점이다. 사람들은 마치 이순신이 단독으로 승리를 거두었고, 경상우수영은 장식품이나 다름없었던 것처럼 잘못 알고 있다.(제1부 제1장)

김간은 옥포해전에서 선봉장 원균이 특별한 전리품을 거두었다고 서술하였다. 그 내용은 아래와 같다.

"원균(의 경상우수영)이 사로잡은 적선 중에는 금으로 된 둥근 부채 한 자루가 있었다. 부채의 복판에 적혀있기를, '6월 8일 수길(秀吉)'이라 하였다. 그 오른편에는, '우시축전수(羽柴 筑前守, 히데요시의 한때 이름)'라고 다섯 글자가 있었다."257

첫 번째 연합 작전에서 원균의 함대는 금부채를 노획하였다고 했다.258 그것은 사실 옥포해전이 아니라 뒤이어 전개된 당포해전 때 일이었다. 금부채에 쓰인 이름은 모두 침략자 도요토미 히데요시였다. 그 점을 정확히 알지 못하고, 김간은 다음과 같이 부언하였다.

"수길(히데요시가)이 축전수(축전의 지방관)에게 준 물건일 것이다. 그날 목이 잘린 적장이 곧 축전수인 것 같다."259

김간의 기록은 크게 빗나간 억측이 있었지만, 그를 탓할 일이 아니다. 즉 〈원균행장〉에서 그가 강조한 것은 다음과 같은 것이다.

"공은 돌격을 잘하여 적은 군사로 다수의 적을 이겼으므로, 향하는 곳마다 대적할 사람이 없더라."260

---

256 김간, 〈원균행장〉.
257 김간, 〈원균행장〉.
258 원균의 경상우수영 군사가 왜장의 금부채를 노획한 것은 그해 6월 2일에 있었던 당포해전의 일이었다. 노획한 장수는 우치적이라고 한다.
259 김간, 〈원균행장〉.

원균의 장점은 망설이거나 주저하지 않고 적을 공격한다는 사실이다. 그러나 이순신은 《난중일기》와 〈장계〉에서 원균을 비루한 사람으로 만들어 놓았다. 원균은 부릴 군사도 없이 바다에 둥둥 떠다니는 일본군의 시신이나 건져 목을 자르는 하찮은 인물이라고 기록했다. 후세를 미혹하는 거짓말이었다.

이순신은 원균을 극도로 경멸하고 혐오하여 《난중일기》에 수십 번이나 그런 기록을 남겼다. 하지만 그것은 이순신의 주관적인 생각일 뿐, 역사적 사실을 그대로 반영한 것은 아니다.(제1부 제3장)

초전의 승리를 거두고도 조선의 수군 연합함대는 해산하였다. 행재소(行在所, 전쟁 때 왕의 피난지)가 이미 한양을 떠났다는 소식이 들려왔기 때문인데, 그 점을 김간은 아래와 같이 언급하였다.

> "(5월) 팔일에 대가(大駕, 임금의 수레)가 한양을 떠났다는 소식이 들리자 (공은) 여러 장수를 거느리고 서쪽을 향하여 통곡하였다. 온 군중이 슬퍼하더라."261

연합함대를 출범하기에 앞서 원균이 상당한 공을 세웠다는 점은 이미 말한 바와 같다. 그는 조정에 승전보를 바쳤는데, 〈원균행장〉은 다음과 같이 기록했다.

> "공이 앞서 아우 전을 보내어 왜군 포로를 행조(行朝, 피난 중인 조정)에 바쳤다."262

포로까지 압송해 자신이 승리한 것은 어김없는 사실이라는 점을 입증했다. 그런 뒤 옥포 등지에서 연달아 큰 승리를 거두었다. 그런데 이순신은 원균과의 약속을 어기고 혼자 서둘러 옥포해전의 승리를 조정에 보고했다.(제2부 제1장) 그 사실이 알려지자 원균도 뒤늦게나마 장계를 올렸다고 한다.

> "이제 순신 등이 첩보(捷報, 승전보)를 올렸다. 상(선조)이 크게 기뻐하여 공에게 특히 가선(嘉善大夫, 종2품)이란 품계를 주고, (아우 원)전에게는 선전관의 벼슬을 주었으며, 〈유지(諭旨, 임금의 특별 명령)〉를 내려 칭찬을 하였다."263

---

260 김간, 〈원균행장〉.
261 김간, 〈원균행장〉.
262 김간, 〈원균행장〉.
263 김간, 〈원균행장〉.

김간은 이순신이 단독으로 〈장계〉를 올려 파문을 일으켰다는 점을 언급하지 않았다. 그는 연합함대의 연전연승이 조정에 알려지자 최종적으로 이순신도, 이억기도, 원균도 모두 벼슬이 높아졌다는 점만 간단히 서술했다. 그리고 임진년 8~9월의 일을 마치 그해 5월에 일어난 것처럼 앞당겨 기록했다.

"(임진년 5월) 21일에 왜선이 당포(현 경남 통영시 산양읍 삼덕리)에서 나오자 우리 군사(원균의 경상우수영)가 바다 입구에서 맞서 싸웠다. 그러자 모든 섬에 있던 왜적이 사면에서 일제히 쏟아져 나왔다. 그때 순신 등은 본진에 돌아가고 없어, 공은 육지에 올라 그날을 피하였다."264

연합함대가 해산한 뒤에도 원균은 일본군과 계속 전투하였는데 홀로 싸우기에는 적군이 너무 많았다. 그래서 그는 이순신에게 연합함대의 재출동을 요구하였다.

"다시 사람을 보내어 순신에게 출정을 요청하고는 배를 노량으로 옮겼다. 얼마 지나지 않아 순신이 또 수군을 이끌고 왔으므로, 그와 함께 곤양의 경계에서 적을 무찌르고, 사천 앞바다까지 쫓아가며 계속 싸워 모두 이겼다."265

다시 원균과 이순신은 힘을 합쳐 침략군을 격퇴하였다. 진주 앞바다인 곤양과 사천에서 적을 쫓아 연전연승하였다는 점이 인상적이다. 이처럼 두 장수의 연합함대는 조선 수군에게 잇따른 승리를 선사했고, 적은 조선의 수군을 이기지 못하면 서진(西進)이 영영 불가능하다는 것을 알게 되었다.

임진년 유월에도 승승장구

연합함대의 활약은 계속되었다. 김간은 선조 25년 6월의 전황을 다음과 같이 기록하였다.

"(임진년) 6월에 당포에 이르렀다. 적선이 해안에 나누어 정박해 있었는데 그중에 큰 배 한 척은 삼층 다락이 있고 밖으로 붉은 장막이 드리웠다. 그 안에 한 장수가 금관과 비단옷을 입고 부하들을 지휘하였다. 여러 장수가 노를 재촉하여

---

264 김간, 〈원균행장〉.
265 김간, 〈원균행장〉.

곧장 공격할 때 순천부사 권준이 아래에서 올려보며 쏘았다. 이에 화살이 바로 맞아 금관 쓴 사가 활시위 소리와 함께 거꾸러졌다. 남은 왜적은 놀라 흩어지고, 서로 앞을 다퉈 물에 빠져 죽더라."266

순천부사 권준은 이순신의 부장으로 활약이 컸다. 그뿐만 아니라 다른 여러 장수도 많은 성과를 올렸다. 권준이 활을 쏘아 적장을 거꾸러뜨렸다는 이야기는 이순신 장군의 《난중일기》에도 보인다. 그날의 전투상황을 김간은 다음과 같이 서술했다.

"조금 있다가 적선 40여 척이 뒤로 다가와 (우리 군을) 엄습하였다. 우리 군사는 노의 방향을 돌려 (험지에서 벗어났고) 힘껏 싸워 사시(오전 9-11시)로부터 저물녘까지 전투했다. 밤이 되자 적군이 도망가더라."267

아침부터 저녁까지 종일 전투가 계속되었다는 설명이다. 그런데 인용문은 앞에서 이미 설명한 금부채 노획에 관계되는 사건이다. 하지만 김간이 두 개의 예화로 나누는 잘못을 범했다. 당포해전 이후 원균과 이순신 및 이억기가 공동으로 이끄는 연합함대는 연달아 큰 승리를 거두었다.

"이날(임진 유월) 전라우수사 이억기가 다시 왔다. 이보다 먼저 여러 장수가 항상 적은 군사로 깊이 쳐들어가게 되어 걱정하였는데, 이제 억기가 오자 그것을 보고 모두 기운이 갑절이나 더하였다. 동쪽 바다까지 쫓아가며 북을 올리고 싸워 적장 5명이 함께 탄 배를 노획하였다. 율포와 가덕도해전에서도 모두 온전히 승리하였더라."268

인용문에서 "이억기가 다시 왔다"라고 한 것은 틀린 말이고, 그때 이억기는 처음 참전한 것이다. 인용문에서 거론한 율포와 가덕도 외에 당항포에서도 우리 군이 승리하였다.

김간은 임진년 4월부터 6월까지 석 달 동안에 원균의 경상우수영이 거둔 업적을 아래와 같이 요약하였다.

---

266 김간, 〈원균행장〉.
267 김간, 〈원균행장〉.
268 김간, 〈원균행장〉.

> "공이 전후에(임진 4월부터 6월까지) 나포한 적선이 55척이요, 목을 벤 것이 1백 3명이었다."[269]

적선 55척을 나포하고, 왜군 103명의 목을 베어 조정에 바쳤다고 했는데, 이것은 여러 문서를 통해 김간이 확인한 것으로 보인다. 그즈음에 선조가 원균의 〈장계〉를 읽고 다음과 같이 〈유서〉를 내렸다. 이순신과 이억기에게도 별도의 〈유서〉가 내려갔을 것이다.

> "이런 일을 들으시고, 임금은 글을 내려 포창하고 유시하셨다. 그 말씀의 대강을 보면 아래와 같다.
>
> '오직 경은 나라에 간담을 허락한 이요, 세간에 드문 영웅호걸이다. 몽동(艨艟, 병선)을 한수(漢水)에서 다스리자 공손씨(公孫氏)가 오독(吳督)의 위풍을 두려워하였고, 주즙(舟楫, 배)을 형강에서 부림으로써 갈호(羯胡)가 사웅(士雄)의 의기를 꺾었도다. (그들이) 북채를 잡자 사졸이 날뛰었고, 강물에 맹세하자 해와 달이 빛을 잃었다.
> (경이) 당항포에서 수십 차례 결전하자 적의 (잘린) 목이 강을 막았고, 한산도에서 배 70여 척을 불태우자 고래가 머리를 바쳤도다.
> (나라가) 위태함을 당하자 (영웅이) 기이한 꾀를 냈다는 것은 이야기로만 전해 들었으나, 적은 수의 군사로 큰 적을 치는 일을 내가 오늘에야 보았도다. (경은) 높기가 천 길이나 되는 철벽이오, 엄숙한 한 줄기 장성이다.
> 주(周) 나라가 중흥할 때는 윤길보(尹吉甫)가 정벌을 단행하였고, 당나라가 재건된 것은 실로 곽자의(郭子儀)의 진충(盡忠)에 힘입었다.'"[270]

인용문에서 선조는 원균의 공적을 기리며 중국 고사에 등장하는 여러 영웅과 견주었다. 가장 주목되는 것은, 원균이 당항포와 한산도에서 대승을 거두었다고 강조한 점이다. 선조는 당항포해전(제1차)에서도 원균이 대승을 거두었다고 칭찬하였다. 또, 한산도에서는 70여 척의 적선을 불살랐다고 명시하기도 했다. 이른바 한산대첩에서 원균의 경상우수영이 얼마나 중요한 역할을 하였는지 미루어 짐작할 수 있다. 이 〈유서〉는 글의 내용으로 보아, 한산대첩을 서술한 다음으로 옮겨야 한다.

이어서 김간은 임진년 7월 6일의 "노량전투", 즉 한산대첩을 비롯하여 안골포에서

---

269 김간, 〈원균행장〉.
270 김간, 〈원균행장〉.

거둔 승리도 기록하였다. 이처럼 삼도 수군의 연합함대는 가는 곳마다 싸워 이겼다.

> "(임진년) 7월 6일에 공이 순신 등과 함께 또 노량에 모여 적선 63척을 불태웠다. 이어서 안골포 앞바다에서 적선 40여 척을 만나자 우리 군사가 번갈아 가며 공격해 (목을) 베고 (적에게) 빼앗은 것이 더욱 많았다(안골포해전). 그러자 적이 견디지 못하여 거제와 부산으로 도망쳐 들어가고, 다시는 나오지 못하더라."271

원균이 그 무렵 조정에 올린 〈장계〉는 모두 네 통이었다고 한다. 현존하지 않는 〈장계〉인데, 김간은 다음과 같이 서술하였다.

> "(임진년 칠월) 이달 23일에 조서(詔書, 詔勅)가 내렸으니, 다음과 같았다. '경이 4차례 올린 군공 〈장계〉를 읽고, 그중에 공이 특별한 자에게 우선 상을 주어서 내가 기뻐하는 뜻을 보이려고 하지만, 본래의 직책에 있는 사람을 만일에 지금 승진하게 되면 (벼슬을) 갈고 (직책을) 바꾸기가 불편할 것이다. 아직은 예전의 직책대로 있게 하라. 다만 그 품계만 올려주었다가 훗날 (새 직책에) 등용하라. 〈소록(작은 문서)〉에 기록한 내용, 즉 왜적에게서 빼앗은 물건은 경이 그것을 빼앗은 사람들에게 나누어주어 뒷사람을 권면하라.'"272

선조는 원균 휘하의 여러 장수를 진급시키고 전투에서 노획한 물건도 그들에게 나눠주라고 하였다. 그 당시 원균의 부장 가운데는 이운룡, 우치적, 이광악, 기효근, 원전 등 훌륭한 장수가 많았는데, 기효근, 이운룡 및 이광악은 훗날 선무 제3등 공신에 책봉되었다. 이순신의 부하 중에도 물론 뛰어난 장수가 있었으나, 용장(勇將)은 원균 휘하에 더 많았던 것 같다. 그래서 그들은 연합함대에서 선봉장을 맡았고 두각을 나타냈다.

남해를 장악한 조선 수군

이후 일본은 한산도 서쪽으로 진출하기가 불가능하다는 판단을 하였다. 그러나 그들이 한산도 동쪽을 요새화하는 바람에 우리 군도 적의 본영인 부산포까지 밀고 들어갈 수 없게 되었다.

---

271 김간, 〈원균행장〉.
272 김간, 〈원균행장〉.

그해 9월 조정에서는 장수들의 노고를 위로하는 뜻에서 원균과 이억기의 자급(資級, 품계)을 높였다. 김간은 아래와 같이 기술했다.

"(임진년) 9월에 자헌(資憲大夫, 정2품)에 진급하여 중추부사를 겸직하게 하시고 또 조서를 내려 표창하셨더라."273

그 말에 덧붙여 김간은 당시의 군사적 형편을 다음과 같이 분석하였다.

"처음에 적은 수륙 두 길로 나누어 멀리 서토(西土, 서쪽 지역)로 달려가 평양에서 만나고, 이어서 상국(上國, 명나라)을 침범할 계획을 세웠다. 그리고 나서 적장 평행장(고니시 유키나가)이 글을 보내 위협하기를, '일본 주사(수군) 십여 만이 해로로 또 나올 테니 알지 못하겠구나. 대왕(선조임금)의 용어(龍馭, 행차)가 어디로 갈 것인가'라고 조롱하였다.
그러나 이제 공과 (이)순신이 해로를 막아 적이 단 한 명도 지나가지 못하게 되었다. 그러자 행장은 평양에 오래 머물러 있기는 하였으나, 감히 서토를 다시는 침범하지 못하였다.
그 뒤에도 국가(조정)는 양서(평안도와 황해도)를 보전하여 마침내 광복의 공을 이루었다. 이것은 오직 이러한 사정(원균과 이순신 및 이억기 등의 방어 전략이 성공함)에 따른 것이다."274

참으로 탁월한 분석이다. 조선 수군은 많은 어려움에도 불구하고, 적이 서쪽으로 진출하지 못하게 막았다. 일본군은 당초에 계획한 수륙 합동작전을 펴보지 못하였고, 보급 물자와 증원 병력을 배에 태워 한양 또는 평양까지 운반하지도 못했다. 그리고 부상병마저 수송하지 못하였다. 더 중요한 사실은, 우리 군이 전쟁물자를 조달한 전라도와 충청도를 적이 함부로 넘볼 수 없었다는 사실이다.

그런 점에서 원균을 비롯한 조선 수군의 방어 작전은 전술적으로 귀중한 성과를 냈다고 하겠다. 조정에서도 그 점을 충분히 이해하였다. 하지만 전쟁이 교착 상태에 빠지고 전쟁물자도 결핍되자 수군 내부에 혼란과 갈등이 일어났다. 원균과 이순신은 서로 의견 충돌이 잦아졌고, 휘하의 여러 장수 사이에서도 공 다툼이 치열해졌다.

이런 현상은 조선 수군만의 병폐가 아니었다. 중국 명나라 군대도, 일본군대도 똑

---

273 김간, 〈원균행장〉.
274 김간, 〈원균행장〉.

같은 어려움을 겪었다. 내부의 권력투쟁은 인간사회 어디에나 존재하는 보편적인 현상이다. 그런데도 우리는 원균과 이순신 사이에서만 그러한 갈등이 있었던 것처럼 오해할 때가 많다. 또, 그 갈등과 대립을 원균 한 사람 때문이라고 억단하는 이도 있는데, 말도 안 되는 억지이다.

원균 장군, 병마사가 되어 수군을 떠나다

선조 26년(1593)과 선조 27년(1594)에 전선이 점차 고착되어 중요한 전투는 거의 일어나지 않았다. 그런 가운데 조정에서는 동인의 영수 유성룡이 영의정으로서 정권을 강화하였다. 유성룡은 조용하고 차분하며 학식이 뛰어난 선비였으나, 획기적인 개혁을 추진하지 못한 채 현상 유지에 비중을 두었다. 유성룡에 대한 선조의 신임이 두터워, 수군에서도 그의 후원을 받은 이순신의 입지가 더욱 강화되었다. 그 결과 이순신의 미움을 받은 원균은 수군에서 밀려나 육군으로 쫓겨났다. 그 부하들도 상당수가 육군으로 전출되었다. 선조 28년(1595)의 일이었다.

〈원균행장〉에는 이처럼 중요한 정치적 변동에 관해 일체 함구(緘口)하고, 원균의 신상에 일어난 변동만을 간략히 적었다.

> "을미년(선조 28년, 1595) 겨울에 (공을) 충청병사에 임명하고, 병신년(선조 29년, 1596) 가을에는 전라병사로 전출하였다."275

원균이 전라도병사에 임명되었을 때 정국은 다시 소용돌이쳤다. 선조 26년부터 명나라는 일본과 강화회담을 추진하였으나, 결국 아무런 결실도 내지 못하였다. 조선에서는 실권자 유성룡이 강화에 찬성하여 이순신도 그에 부응이라도 하듯이 일본군과 이렇다 할 전투를 벌이지 않았다.

선조 29년(1596) 늦가을에 강화회담이 최종 결렬되자 선조는 주전파(主戰派)인 북인의 영수 이산해를 편들기 시작했다. 이와 때를 같이 하여 선조는 원균을 중용하였다. 선조는 원균에게 따뜻한 위로의 말과 함께 내구마(內廐馬, 대궐에서 기르던 말)를 선사하였다. 그 사실을 김간은 다음과 같이 기술하였다.

> "사은(謝恩, 신하가 조정을 떠나며 작별함)하는 날에 상(선조 임금)이 다음과 같

---

275 김간, 〈원균행장〉.

이 하교하셨다.

'경이 국가를 위하여 진력하니 충용(忠勇, 충성과 용맹)한 정성은 고금에 견주어 보아도 (선례가) 드물도다. 내가 일찍부터 이를 아름답게 여겼으나 아직 갚지 못하였도다. 이제 멀리 떠나게 되어 전송할 생각이었는데, 마침 심기가 좋지 않아 뜻대로 하지 못하노라. 내구(內廐, 대궐 마구간)의 양마(良馬, 좋은 말) 한 필을 내려 나의 뜻을 표하니 경은 받으라.'276

선조는 원균이 직접 사용할 전마(戰馬) 외에도 전라도 병영에서 종자로 사용할 말도 한 필 주었다. 그만하면 대단한 총애를 보인 것이다.

요시라의 잔꾀

명나라와 일본 사이에 강화회담이 깨진 이유는 몇 가지가 있는데, 조선의 처지로 보면 가장 중요한 문제는 할지론(割地論)이었다. 전라도, 충청도 및 경상도를 일본이 전리품으로 챙기려 했다. 이것은 도저히 묵과할 수 없는 요구였으므로, 선조 29년 10월에 강화회담은 실패로 끝났다.

그 이듬해(선조 30년, 1597) 일본은 다시 조선을 침략하였다. 10만 명도 넘는 일본군이 다시 쏟아져 들어올 기세였는데, 강화회담의 주요 인물인 고니시 유키나가는 "반간계(反間計)"를 꾸며 조선을 또 다시 혼란에 빠뜨렸다. 고니시는 부하 요시라를 이용해 김응서와 권율 및 유성룡으로 이어지는 조선의 강화파를 이용하였다. 김간은 당시 사정을 다음과 같이 기술하였다.

"(선조 28년의 일이었다. 그간에) 왜병이 여러 차례 수전에서 패하자 (소서)행장이 근심하였다. 그는 요시라를 보내 경상우병사 김응서에게 왕래하게 하였는데, 거짓으로 정성을 들이는 척하였다. 그러다가 정유년(선조 30년)에 (가등)청정이 다시 나올 때가 되자 (요)시라가 몰래 (김)응서를 찾아와 아래와 같이 말하였다.

'두 나라의 화의가 성립되지 못한 것은 전적으로 청정 때문이다, 행장이 그를 심히 미워하고 있는데, 이제 청정이 홀로 배를 타고 바다를 건너게 되었다, 만일 바다 가운데서 방어한다면 그를 사로잡을 수도 있다. 삼가 기회를 놓치지 말라.'

---

276 김간, 〈원균행장〉.

> 응서가 그 일을 아뢰자 조정에서는 (그 말을 믿고) 위유사 황신(黃愼)을 통제사 순신에게 보내 몰래 통보하였다."[277]

명나라와 강화회담을 할 때 일본군은 3만 명만 조선에 남겨두고 나머지는 모두 본국으로 물러갔다. 그런데 정유년에 다시 조선으로 쳐들어오기 시작했다. 일본군 우두머리로 가장 악명이 높았던 이는 가토 기요마사(가등청정)였다. 그는 본래 고니시와 성향이 달라 사이가 좋지 않았다. 그 점을 떠벌리며 고니시는 요시라를 통해 조선의 조정을 혼란에 빠뜨리고 장차 조선 수군을 전멸시킬 흉계를 꾸몄다.

그러나 조정은 요시라가 준 거짓 정보를 믿고 이순신에게 출동 명령을 내렸는데, 이순신은 쉽게 응하지 않았다.

> "순신은 적에게 작전이 있는 줄 짐작하고 여러 날 동안 의심하며 (출동을) 늦췄다. 조정에서는 순신이 머뭇거리고 나아가지 않아 군기를 무너뜨렸다고 하여, 마침내 그를 조정으로 잡아 갔다. 그해(1597) 2월에는 공에게 그 임무를 대행하라고 명하였다."[278]

조정이 이순신을 불신하고 미덥지 않게 생각한 것은 하루아침에 생긴 일이 아니었다. 조정의 전폭적인 신뢰로 이순신은 원균을 수군에서 몰아냈고, 자신의 권한을 극대화하였다. 그러나 그 후 2년 동안 조선 수군의 전투력은 도리어 위축되었다. 그래서 조정에서는 선조 29년 겨울부터 원균으로 통제사를 교체하자는 의견이 대두되었다. 그런데 마침 이순신이 조정의 명령을 어겼으니, 문제가 심각해졌다. 선조는 이 기회에 이순신에게 적당한 벌을 주어, 통제사의 전격 교체라는 '사건'을 무난하게 완수할 듯이었다.(제2부 제1장)

조정은 아직 유성룡이 이끌고 있었으나, 그의 영향력은 많이 감소되었다. 더구나 유성룡은 성품이 무척 온건해 자신이 신임하는 이순신을 끝까지 변호하지도 못했다. 그래서 유성룡 등의 소극적인 반대를 무릅쓰고, 선조는 원균을 제2대 삼도수군통제사로 임명했다.

통제사 원균은 부임하자마자 적에 관한 정보를 열심히 수집 분석하여 수군을 운영할 새 전략을 세웠다. 하지만 뜻을 이루기에는 너무나 큰 제약이 있었다. 유성룡 일파

---

277 김간, 〈원균행장〉.
278 김간, 〈원균행장〉.

가 그를 철저히 감시 통제하였다. 도원수 권율, 도체찰사 이원익 그리고 비변사의 유성룡은 한 무리가 되어 원균의 작전 계획을 사사건건 반대했다.

설상가상으로 '백의종군'한 이순신이 도원수의 비공식 자문역으로 수군 문제에 개입하였다. 원균은 손발이 묶인 통제사나 다름없었는데, 그 사정을 김간은 다음과 같이 담담하게 기술하였다.

> "공은 적이 꾀로 우리를 속이는 것을 더듬어 살피고, 부산 바다에 들어가 싸우지 못하겠다는 뜻을 거듭 진술하였다. 그러나 조정에서는 들어주지 아니하였다. 다시 《(장)계》를 올려 말하기를, '마지못해 진군하려면 (최소한) 안골포에 진을 친 적을 먼저 치소서. 육군을 움직여 그들을 몰아낸 뒤라야 (부산포에) 들어가 싸울 수 있겠습니다.'라고 보고하였다. 조정에서는 또 (이 말도) 듣지 않았고, 체상(체찰사) 이원익이 종사관 남이공을 보내어 싸움을 재촉하였더라."[279]

인용문에서 말하는 "조정"은 곧 유성룡이 지휘하는 비변사요, "체상"은 조정에서 남부지방으로 내려 보낸 도체찰사 이원익이다. 이원익과 유성룡은 선조의 신망이 두터운 문신으로 공정하고 유능한 관리라는 호평이 있었다. 그러나 그들은 수군의 일을 속속들이 알지 못했다. 그러면서도 지위가 원균보다 훨씬 높았던 데다가 선조의 결정을 좌우할 만큼 영향력이 컸다.

그리하여 원균은 일생일대의 위기에 빠졌다. 당시에 원균을 실제로 지휘 감독한 이는 도원수 권율이었는데, 그는 이순신과 사이좋게 지내며 나날이 원균을 궁지로 몰아넣었다. 그때도 문제를 악화한 것은 요시라와 고니시, 그리고 김응서, 권율, 유성룡을 잇는 비선이었다. (제2부 제1장) 김간은 김응서 라인을 도외시하고 다음과 같이 짧게 정리하였다.

> "칠월 초에 (소서)행장이 또 요시라를 보내 응서를 속여 말하였다.
>
> '왜선이 이제 막 연락하고 바다를 건너온다. 그들이 방비하지 못할 때 기회를 보아 주사(수군)로 습격하면 (조선군이) 승리를 얻으리라.'
>
> 도원수 권율이 그 말을 믿고 더욱 급히 싸움을 독촉하였다."[280]

---

279 김간, 〈원균행장〉.
280 김간, 〈원균행장〉.

상식적으로 판단하면 말도 안 되는 일이었다. 요시라의 거짓 정보를 믿고, 바다를 건너오는 왜군을 무찔러야 한다는 조정의 명령이라니. 상식적으로 이해가 안 되는 일이었다. 그러나 요시라는 이순신을 이미 그런 방법으로 제거했으며, 당사자 이순신이 권율의 휘하에 있는데도 이런 엉터리 작전을 써서 조정을 다시 혼란에 빠뜨렸다.

원균은 부산포 진군을 결사적으로 반대하였으나 지휘권을 가진 도원수 권율의 명령은 추상같았다. 애초 김응서가 옳게 판단하였더라면 요시라의 음모 따위는 조정에 전해지지도 않았을 것이다. 김응서는 권율과 유성룡의 지원 아래 적과 만나 내부 정보를 빼냈다고 하는데, 가소로운 일이었다. 하여간 김응서 등은 일본군에게 이용만 당하고 정작 우리 군에게 유익한 정보를 하나도 가져오지 못했다.

그러나 조정의 명령도, 체찰사의 지시도, 도원수의 불호령도 하나의 방향으로만 흘러갔다. 원균은 부산포로 나가 싸울 수밖에 없었다.

> "공이 드디어 웅천 앞바다에 이르러 적을 만나 싸워 크게 이겼다."[281]

원균은 군사를 거느리고 웅천으로 진출하여 적을 크게 무찔렀다. 여기까지는 좋았으나, 그다음은 정말 위험한 일이었다.

억지 출병

이른바 '칠천량해전'이 원균의 운명을 기다렸다. 그에 관해서는 여러 가지 기록이 있으나 하나같이 단편적이고 분절적이며 왜곡이 심하였다. 〈원균행장〉에서는 그 서두를 다음과 같이 시작하였다.

> "이어서 (공이) 다시 (싸우러) 나갈 계획을 세웠다. 그때 적병이 다시 움직여 군세가 심히 성하였다. 공이 그 승세를 알았으므로, 군사를 일단 물리고 구원병을 청하여 다시 나아갈 계획을 세웠다."[282]

누구에게 어떤 구원병을 요청하였을까. 한치윤의 《해동역사》를 보면 중국의 명나라 군대와 수륙 합동작전을 추진하였다고 하였다. 그런데 김응서가 그 정보를 일본군

---

281 김간, 〈원균행장〉.
282 김간, 〈원균행장〉.

에게 누설해 실제로는 아무 작전도 시행되지 못하였다고 서술하였다. 한치윤의 주장에 무게를 두지만, 여기서는 일단 김간의 서술을 따라간다.

"그러나 권율은 공이 머뭇거리느라 기회를 잃었다고 판단하고, 원문(轅門, 관청)에 잡아들여 곤장을 때렸다. 공은 일이 성사될 수 없음을 알았으나, 원수부에서 자신이 벌을 받아 할 수 없이 주사(수군)를 거느리고 부산 바다로 곧 달려갔다."283

도원수 권율은 원균을 벌하였고, 이어서 강력한 지시를 내렸다고 한다. 《난중일기》에는 원균의 군관이 대신 매를 맞은 것으로 되어있는데, 어쨌거나 원균은 상부의 명령을 더는 거부하지 못하였다. 그는 어쩔 수 없이 출병하였는데, 그 후 원균이 어떻게 되었는지를 〈원균행장〉은 다음과 같이 서술했다.

"적이 약하게 보여 유인하는지라. 우리 군사가 기세를 타고 나아가 압박하며 날랜 기운으로 급히 적을 추격했다. 적의 지경에 깊이 들어간 것을 깨닫지 못하였다. 뱃사람이 이미 물 고개를 넘었다고 알리자, 공이 놀라서 급히 배를 돌려 퇴군하였다."284

적의 유인책에 속아 원균이 수로를 잃고 방황하였다고 했으나, 이것은 사실이 아니다. 위의 인용문은 원균이 출동하기 여러 날 전에 일어난 사건이며, 정확히 말해 전라우수영의 이억기 부대에서 일어난 사고였다. 이순신의 《난중일기》에서 확인할 수 있다. 이에 대해 김간도 알고 있었던 모양으로, 다음과 같이 기술했다.

"전라수사(이억기)의 배가 이미 물결에 떠밀려 동해로 가버린지라. 적이 우리 군사가 기세를 잃은 것을 보고 신구 병선을 다 출동하여 나는 듯 어지럽게 쫓았다. 또, 몰래 가벼운 배를 보내어 영등포(거제도 북부)에 복병하고 있다가 우리 군사가 영등포로 물러나 앞다퉈 배에서 내려 나무와 풀을 취하는 것을 보자 갑자기 방포 일성이 나더니 적병이 사방에서 나타나 장검을 휘둘러 좌우로 어지럽게 찍었다."285

---

283 김간, 〈원균행장〉.
284 김간, 〈원균행장〉.
285 김간, 〈원균행장〉.

이 대목도 사실과 무관한 이야기이다. 두 가지 이유가 있는데, 하나는 이억기가 수령을 넘은 사건은 원균이 출동하기 여러 날 전에 일어난 불상사였으므로, 이야기를 하나로 연결하면 안 된다.

또 하나는, 원균이 가덕도와 안골포 및 영등포 등에 일본군이 주둔한 사실을 잘 알고 있었다는 점이다. 원균이 하필 적이 주둔한 곳에서 나무를 한다는 것이 말이 되는가. 더구나 한산도에서 아침에 출발하였다면 부산포를 거쳐 거제도에 도착하였을 때는 과연 몇 시였겠는가. 하물며 7월(양력 8월)에 녹음이 우거진 숲에서 풀과 나무를 베어 어떻게 밥을 지을 수 있는가.

하나같이 사실에 부합하지 않는 억지스러운 이야기였다. 김간은 그런 줄도 모르고 항간에 퍼져 있는 소문을 얼기설기 하나로 엮었으니, 안타까운 일이다.

> "우리 군사가 항구를 벗어나 달아나 온라도(칠천도, 거제시 북쪽 하청면 소재)에 이르렀다. 해가 이미 넘어가 바다와 하늘이 어두워지고 쫓아오는 적은 바다를 덮었다. 군사들의 마음이 더욱 위태하였는데, 공이 여러 장수를 모아 의론하여 말하기를, 오늘의 계책은 오직 일심으로 싸우다가 순국할 따름이라고 하였다."[286]

이 역시 실제와는 상당히 다른 서술이다. 《실록》에 따르면, 우리 수군이 정박한 곳은 온라도, 즉 칠천도 부근 해역이 아니라 고성의 춘원포였다.[287] 그런데 여기서는 대강의 문제점만 지적하고, 상세한 이야기는 제3부에서 계속하기로 한다.

원균 장군의 순국

선조 30년(1597) 7월 15일 밤에 우리 수군에게 무슨 일이 일어났는지를 김간은 다음과 같이 서술하였다.

> "그날 밤에 적이 가만히 소초선(小哨船, 순찰하는 작은 배)을 보내 우리 배들 사이로 뚫고 들어오게 하였고, 또, 병선(전함)으로 몰래 바깥을 포위하였는데 우리 군중이 알지 못하였더라."[288]

---

286 김간, 〈원균행장〉.
287 《실록》, 선조 34년(1601) 1월 17일.
288 김간, 〈원균행장〉.

이 역시 과거에 이순신이 왜적에게 당한 사건을 그대로 가져다 덧붙인 것이다. 이순신의 휘하인 사도첨사 김완이 피해당한 사건은 제2부 제1장에서 설명하였다.

"하늘이 밝아오자 우리 배에서 불이 났다. 공(원균)이 급히 북과 바라를 쳐서 변고를 알렸다. 문득 적선이 사면에서 충돌하며 탄환이 비 오듯 쏟아졌고 고함이 하늘을 진동하여 그 기세가 산을 무너뜨리고 바다를 휘감는 듯하여 (우리가) 대적할 수 없었다. 그때 경상우수사 배설이 먼저 닻을 거두어 달아나자 우리 군사가 드디어 무너졌다."[289]

아마도 이 대목은 어느 정도 사실에 부합하는 것 같다. 최후까지 싸우기로 장수들이 맹세하였으나 경상우수사 배설은 자신의 함대(판옥선 12척)를 거느리고 곧장 퇴각하였다. 그래서 "우리 군사가 드디어 무너졌다"라고 하였다. 이후 우리 군은 제대로 싸울 처지가 되지 못해 포위망을 뚫고 퇴로를 찾기에 급급하였다. 엄밀한 의미에서 1백 척의 전함과 1만 명의 군사가 수장된 '칠천량해전' 같은 사건은 일어나지 않았다. 장수들은 저마다 자신의 부대를 이끌고 무사히 탈출하였다. 《실록》에는 그때 부산포 공격에 참전한 전함이 전체 180척 가운데 절반인 90척이었다고 기록했다.[290]

아직도 사람들은 칠천량에서 우리 수군이 모두 바닷물에 빠져 죽은 것처럼 여기는 경향이 있다. 이것은 사실과 거리가 먼 이야기이다. 대개는 고성에서 가까운 섬과 육지로 배를 몰고 가서 장수와 병사들이 목숨을 보전하였다. 당시에 목숨을 잃은 군사는 통제사 원균 장군, 전라우수사 이억기 장군 그리고 충청수사 최호 장군 정도가 있었다. 최고급 지휘관과 그들의 몇몇 측근이 목숨을 잃었다.

이순신의 심복들은 모두 살아남았고, 원균과 이억기의 부장들도 대부분 목숨을 잃지 않았다. 그들은 이후에 벌어진 명량해전과 노량해전에서 승리를 거두었다. 하지만 김간은 그런 사실을 몰랐다. 거짓된 정보가 만연한 시대에 어찌 그 혼자서 역사의 진실을 알 수 있었겠는가. 잘 모르는 것이 오히려 당연한 일이었다. 김간은 원균의 최후를 다음과 같이 요약 정리하였다.

"공은 배를 버리고 (춘원포의) 언덕에 올랐다. 적이 추격해와 머리를 베어가더라. 때는 정유년 칠월 십육일이요, (공의) 나이 58세였다. 왜적이 물러간 뒤에

---

[289] 김간, 〈원균행장〉.
[290] 《실록》, 선조 34년(1601) 1월 17일.

> 시신을 거두어 (고향) 진위의 여좌동에 장사하였다. 조정에서는 제사와 부의를 예법에 맞게 하였다."291

예부터 장수는 전쟁터에서 최후를 맞는 것이 가장 큰 영광이었다. 20대 청년 시절부터 무관으로 입신하여 50세가 넘을 때까지 원균은 함경도 변경에서 여진족을 무찔렀다. 임진왜란이 박두하자 조정의 명령으로 경상우도의 해변을 지키는 수사가 되어 왜적의 서진(西進)을 막아 나라에 큰 공을 세웠다. 이후 원균은 부침을 겪으면서도 나라를 지키려는 굳센 의지로 평생을 일관하였다. 그러다가 마침내 비변사와 도원수의 무리한 출전 요구를 거부하지 못하고 이름 없는 언덕에서 조용히 쓰러지고 말았다.

임진왜란이 끝나고 조정에서는 공신도감을 만들어 여러 장수의 공을 철저하게 따져 공신을 책봉하였다. 원균이 가장 혁혁한 공신의 한 사람이 되리라는 점은 쉽게 짐작할 수 있었다. 그러나 그의 최후에 관한 평가가 엇갈려 약간의 논란은 있었다. 오늘날 많은 사람은 원균은 아예 공신 감도 되지 못한다는 생각을 하지만, 당시에는 그를 공신으로 책봉하는데 누구도 이의를 제기하지 못했다. 김간은 다음과 같이 서술하였다.

> "계묘년(선조 36년, 1603) 유월에 선무공신을 녹훈할 때 이덕형과 이항복 등이 《(서)계》를 올려 아래와 같이 말하였다.
>
> '원균이 처음에는 군사도 없는 장수로 해상에서 벌어진 큰 전투에 참전하였고, 나중에는 주사(수군)를 패망한 과실이 있어 이순신이나 권율과는 병렬하기 어려우니, 내려서 2등에 기록하는 것이 옳습니다.'"292

이덕형과 이항복은 원균이 선무 제2등 공신이 적합하다고 주장했다는 것이다. 그러나 결국에 그 일이 어떻게 마감되었는지를 김간은 다음과 같이 기록하였다.

> "갑진년(선조 37년, 1604) 4월에 (선조는 공에게) 효충장의 적의협력 선무공신이란 호를 주고, 숭록대부 의정부 좌찬성 겸 판의금부사 원릉군으로 증직하였다. 그 이듬해인 을사년(1605년, 선조 38) 정월 십팔일에 예부(정)랑 유성을 보내 가묘에 제사를 내려주었다."293

---

291 김간, 〈원균행장〉.
292 김간, 〈원균행장〉.
293 김간, 〈원균행장〉.

이상에서 본 것처럼 원균의 공훈에 관해서 선조의 조정은 세밀한 논의와 토론 끝에 명확한 결론을 내렸다. 그는 선무 제1등인 효충장의 적의협력 공신에 선정되어, 그에 합당한 포상과 은전(恩典, 특전)을 받았다. 나라에서는 드넓은 경작지를 내려주었고, 노비도 여러 명 하사했다. 그의 부모, 조부모 및 증조부모는 벼슬이 높아졌고, 형제와 조카 및 사위까지도 혜택을 입었다. 또, 사당을 지어 제사가 영원히 끊이지 않게 하였다. 그야말로 장수로서는 최고의 영예였고, 청사(靑史)에 아름다운 이름을 새겼다.

학사 이선의 원균 행장

대사헌 김간은 〈원균행장〉을 마치기에 앞서 과거에 한림학사(翰林學士) 이선(李選)이 원균의 전기를 서술한 사실이 있다면서 다음과 같이 기술했다.

> "훗날에 학사 이선이 공을 위하여 전기를 지었다. (그는) 공에 관한 사실을 처음부터 끝까지 매우 상세하게 기록하여 행적을 환히 드러나게 하였다."[294]

김간은 이선의 글을 직접 참고한 것으로 보이는데, 이선이 쓴 〈원균전〉은 현재 그 소재를 알 수 없다. 하지만 거기에 무슨 내용이 포함되어 있었는지는 대강 알 수 있어 다행이다. 김간은 다음과 같이 말했다.

> "그 대략에 말하기를, 균이 거느린바 주사(수군)는 (처음에) 그 수가 매우 적고 그 세력이 매우 약하였다. 그래서 (이)순신에게 진군을 요청하였던 것이지만, 순신이 오기도 전에 이미 (원균은) 적선을 불태우고 깨뜨렸다. 이로 말미암아 (조정에서 그의) 품계를 올려주게 되었다고 했다."[295]

이미 우리가 앞에서 살펴본 것처럼 왜란 초기에 원균은 악조건임에도 굴복하지 않고 일본군과 싸워 공을 세웠다는 점이 여실하였다. 그 뒤에 원균이 세운 공훈을 이선은 다음과 같이 서술하였다. 김간의 말이 다음과 같이 이어진다.

> "순신과 합세한 뒤에도 (공은) 반드시 스스로 선봉이 되어 전선에 나아가 (적선과) 부딪쳤다. (공은) 싸움에 나가기만 하면 모두 이겼다. (마지막에) 패전할 때

---

294 김간, 〈원균행장〉.
295 김간, 〈원균행장〉.

조차 오히려 적선 십 척을 깨뜨렸다. 그러므로 공이 탁월하여 한 시대를 대표하는 무신(武臣)이 되기에 충분하였다."296

원균은 이순신과 함께 연합함대를 편성하였다. 우리가 이미 아는 사실이다. 그때는 선봉장으로 공을 많이 세웠고, 정유재란 때 운명하기 직전에도 웅천 앞바다에서 적선을 무찌르는 등 한 시대를 주름잡은 명장이었다는 점이 이선의 글에 나온다고 했다.

이선은 사람들이 원균을 함부로 헐뜯고 배척하는 사실을 안타까워했다. 다음은 김간이 인용한 이선의 주장이다.

"그러나 후세에는 순신을 위하여 문자를 희롱하는 사람들이 편벽되어 균을 여지없이 공박한다. 균은 순신에 비하면 성패의 자취가 조금 다르기는 하다. 그러나 나랏일을 하다가 죽은 절개는 서로 차이가 없었는데, 어찌 사람을 누르고 칭찬하는데 이같이 차이가 심한 것인가."297

이선은 세태가 그와 같이 편향적으로 된 까닭을 깊이 분석하지는 않았다. 그는 이순신을 국가적 영웅으로 부각하는 과정에서 일어난 불필요한 부작용쯤으로 이해하였던 것이 아닌가 싶다. 〈원균전〉에 관한 김간의 설명이 조금 더 이어진다.

"이처럼 서술하고, (이선은) 그 아래에 여러 조목을 나누어 일일이 따지고 설명하여 흠결이 없을 정도로 설명하였다."298

이선은 원균의 행적을 여러 항목으로 나누어 세밀하게 검토하였다고 했는데, 훗날 어디선가 이선의 〈원균전〉이 발견되길 바란다.

이어서 김간은 자신의 스승 우암 송시열이 원균에 관해 어떠한 견해를 가졌는지 친절하게 설명하였다.

우암 송시열의 평가

김간은 우암 송시열이 처음에는 원균에 관해 잘못된 정보를 가지고 있었다면서, 그 이유를 다음과 같이 말하였다.

---

296 김간, 〈원균행장〉.
297 김간, 〈원균행장〉.
298 김간, 〈원균행장〉.

"우제(우암 송시열) 선생이 말씀하셨다. 숭정 기해년(1659년, 현종 즉위) 봄, 조정에서 충무공 이순신의 비석을 노량의 사묘(祠廟)에 세울 때 나에게 글씨를 부탁하였다. 그 글 가운데는 통제사 원균이 싸움에 패하자 달아나다가 죽었다는 구절이 있었다. 택당 이식이 지은 (이순신의) 시장(諡狀, 시호를 내려주는 글)에 서였다."299

택당 이식이 쓴 이순신의 〈신도비〉에는 원균이 적에게 쫓겨 "달아나다가 죽은" 비겁한 장수라고 묘사하였다. 이후에 그러한 서술은 식자층의 상식으로 통하였고, 원균의 명성에 큰 누가 되었다.

그로부터 20여 년이 지난 뒤에 송시열은 생각을 고치게 되었다고 한다. 원균의 증손인 원순격이 〈공신록권〉과 〈교지〉 및 사제문을 가지고 송시열을 찾아갔기 때문이었다. 김간은 그 일을 다음과 같이 서술했다.

"그 뒤 을축년(숙종 11년, 1685) 오월에 통제사의 증손 (원)순격이 통제사의 〈녹훈(錄勳) 교지(敎旨)〉와 〈사제문(賜祭文)〉을 가지고 찾아와서 나에게 보였다. (이순신의) 시장에 기록한 것과는 크게 내용이 달라서, 나는 말하기를, '택당(이식)은 세상에서 훌륭한 사관이라고 일컫는 분이다. 그가 언론을 세움에는 반드시 살핌이 있었을 것인데, 〈교서〉와 〈제문〉은 모두 왕의 말씀이다. 그 당시에 대언(代言, 대신 글을 쓴 관리)하는 신하들이 어찌 감히 털끝만큼인들 허장(虛張, 과장)하였으랴. 그 자손으로서 원통하다고 말하는 것이 마땅하다.'라고 말하였노라."300

이식은 자기 나름으로 자료를 읽었고, 양심에 비추어 글을 썼을 것이다. 그러나 송시열의 판단은 달랐다. 그는 원균의 증손이 보여 준 여러 종류의 공적 문서를 보고 나자 생각이 달라졌다. 원균의 행적이 일반에 매우 잘못 알려져 있다는 확신을 하였다는 말이다.

이처럼 원균 문제의 심각성을 두루 알게 되어, 김간은 원균의 억울함이 꼭 해결되어야겠다고 느꼈다. 그가 〈행장〉을 지은 동기는 바로 그 점에 있었다.

---

299 김간, 〈원균행장〉.
300 김간, 〈원균행장〉.

원균의 억울함 꼭 해결되기를

김간은 〈원균행장〉을 마치면서 주인공의 업적을 다시 한번 요약하였다. 우선 왜란 이전과 왜란 초기에 원균이 세운 공적을 그는 다음과 같이 평가했다.

> "슬프다. 공은 충박직질(忠朴直質)한 자질(오성 이항복과 한음 이덕형이 공을 칭찬하던 말 - 백승종)을 가지고, 국가를 위하여 진중(陣中)에서 죽겠다는 뜻을 품었다. 처음에 오랑캐를 이기고 고을을 맡을 때부터 그 명성이 조야에 드날렸다. 해구(海寇, 일본군)의 침입을 당해 모든 진(陣)이 무너지는 날이 되었으나, (공은) 분발하여 자신의 몸을 돌보지 않고 장사들을 격려하였다. 순신과 동심으로 육력(戮力, 결전)하기를 요청하였고, 흉도를 모두 박멸하고 바다의 기세를 바로잡기를 굳게 다짐하였다. (공이) 불태우고 빼앗고 붙잡고 벤 공은 순신에게 사양할 바가 없었다."301

한마디로, 원균의 공훈은 이순신과 견주어 차이가 별로 없었다는 평가였다. 이어서 김간은 이른바 '칠천량 사태'를 언급하고 조정의 책임론을 강조하였다. 그와 동시에 선조의 지혜와 따뜻한 배려를 빠뜨리지 않았다. 〈원균행장〉의 글귀를 그대로 적는다.

> "정유재란이 일어나자 조정은 왜적에게 속았고, 드디어는 공이 싸움에 패하고 목숨을 잃게 만들었다. 그러고도 사후에 훼방하는 말이 또 어지러워, 공의 깊은 전략이 완전히 파묻혀 (세상에) 나타나지 못할 뻔하였다. 그러나 우리 선조 대왕께서 그 원통한 정상을 깊이 살피시고, 연달아 내려주신 글이 정녕(丁寧, 친절)하였는데, 〈녹훈 교서〉는 더욱 뜻이 명백하였다. 심지어 (중국의) 가서한과 양무적의 일까지 거론하여 비교하셨으니, 훌륭하도다 왕의 말씀이여! 영원무궁토록 공변된 안목을 가지셨다. 만일 공의 영혼이 이를 아신다면 지하에서 반드시 흐느껴 우실 것이다."302

선조는 생전에 원균을 직접 만난 적이 없었다. 혹자는 선조가 이순신의 인기와 공적을 시샘한 나머지 원균의 공을 부풀렸다고 말한다. 아무 근거도 없는 황당한 주장이다.

용기 있는 왕은 아니었으나 선조는 지혜가 있는 인물이었다. 그는 조정의 다양한

---

301 김간, 〈원균행장〉.
302 김간, 〈원균행장〉.

견해를 자세히 살폈고, 정치적으로 균형감도 없지 않았다. 원균에 대한 선조의 호평은 사실에 근거한 정당한 판단이었다.

마지막으로, 김간은 원균에 관한 올바른 평가가 필요하다는 점을 힘주어 강조했다.

> "이(선) 학사가 지은 전기와 우재 (송시열) 선생의 말씀도 그 당시에 사람들이 신뢰하는 바요, 후세에도 고징(考徵, 증거)이 될 만하다. 옛적에 장순(張巡)과 허원(許遠)이 수양(睢陽)을 함께 지키다가 성이 함락될 때 함께 순국하였다(당나라 후기에 안록산의 반란이 일어났을 때 이야기). 그러나 그때도 장순을 편드는 사람들이 허원을 깎는 말을 하였다. 그러자 한문공(韓文公, 韓愈)이 그(허원)를 위하여 전기를 짓고 후서(後序)도 지어 잘못된 사실을 밝혔다. 그런 뒤에야 시비가 비로소 정해졌다."303

김간은 자신이 쓴 〈원균행장〉을 포함하여 이선과 송시열 등의 평가가 있으니, 후세는 편견에 흐르지 않기를 기대하였다. 그는 다시금 다음과 같이 말했다.

> "공이 훼방을 당함은 실상 허원과 같다. 우재 선생(송시열)과 여러 사람의 말씀이 (한유의) 〈후서〉보다 더욱 광채가 있으므로, 공에 관한 훼방이 장차 그치게 될 것이다. 더구나 성조(선조)께서 드러내고 칭찬하여 주신 점은 허원도 얻지 못한 바였다. 슬프다! 공에게 다시는 털끝만큼이라도 유감이 없기를 바란다."304

웬만하면 그렇게 되었을 법도 하다. 그러나 이순신을 성웅(聖雄)으로 추모하는 분위기는 날이 갈수록 팽배했고, 그럴 때마다 《난중일기》에 파렴치하고 비굴한 인물로 기록된 원균의 명예는 한없이 추락하였다. 이 문제는 제4부에서 입체적으로 재검토하겠다.

부인 파평윤씨

부인 파평윤씨는 원균이 순국한 뒤에 45년이나 더 살았다. 향년은 96세였으니, 참으로 이례적인 일이었다. 나라에서는 공신의 배우자인 윤씨 부인에게 보호와 부양의 손길을 베풀었다. 김간은 다음과 같이 기술했다.

---

303 김간, 〈원균행장〉.
304 김간, 〈원균행장〉.

"부인 파평윤씨는 진사로 참판에 추증된 (윤)언성의 따님이다. 선묘(선조) 때는 국고를 덜어 공양하도록 하였는데, 광해군 때는 폐지하였다. 그러나 인조가 반정(反正)하자 다시 명령을 내려 (부인에게) 급료를 주었다. 가정 정미년(1547년, 명종 2년)에 태어나 숭정 임오년(1642년, 인조 20)에 돌아가시니 구십 육세라."305

원균의 묘는 현재와는 다른 장소에 모셔져 있었다. 나중에 원균의 묘를 개장하여 부부의 묘소를 쌍분(雙墳, 나란히 쓴 두 무덤)으로 만들었는데, 그때 원씨 문중은 김간에게 〈원균행장〉의 집필을 부탁하였다. 김간은 자신이 여러 문헌을 참고하여 글을 짓게 된 사연을 다음과 같이 적었다.

"이제 공의 묘를 개장하고, 부인을 부장(附葬)하게 되었다. 이를 계기로 (원씨문중의) 사람이 찾아와서 공의 행장을 지어달라고 청하였다. 그러나 간(榦, 한으로도 읽음)은 여러 차례 적당한 사람이 아니라며 사양하였는데, 끝까지 사양할 수는 없었다. 감히 성교(聖敎, 임금의 교명)와 선배들이 쓴 증빙하는 문헌을 참고하여 대략 점철(點綴, 이음)하였다. 장차 언론을 세우는 군자들이 살펴보기를 바라는 바이다. 사헌부 대사헌 김간은 짓노라."306

인용문에서 보듯, 김간은 여러 가지 자료를 두루 참고해 〈원균행장〉을 편찬하였다. 공사(公私)의 문서를 바탕으로 쓴 신빙성이 높은 글이었다. 위에서 자세히 살핀 것처럼 몇 군데 사소한 오류는 없지 않으나, 전체적으로는 무척 유익한 전기이다. 원균의 진실이 궁금한 사람은 〈원균행장〉만 읽어보아도 대강의 줄거리를 파악할 수 있겠다.

---

305 김간, 〈원균행장〉.
306 김간, 〈원균행장〉.

제2절
원균과 임진왜란의 심층적 이해

이 절에서는 다음의 네 가지 사항을 검토하려고 한다. 첫째, 〈원균행장〉에는 세상에 알려지지 않은 〈유서〉가 마치 보물처럼 숨겨져 있다는 사실이다. 그 역사적 의미를 캐는 작업이 꼭 필요하다. 둘째, 원균과 그 가족의 과거급제 사실을 전해주는 〈방목(榜目)〉도 주목할 가치가 있다. 방목에 기재된 여러 가지 사실을 통해 우리는 그들의 삶에 한 발짝 더 가까이 다가설 수 있다. 셋째, 《읍지》에 실린 원균의 부장들을 만나는 작업이다. 그들의 업적을 정확히 알면 원균 함대의 활약상이 저절로 드러난다. 넷째, 임진왜란과 정유재란 때 명나라의 역할에 관해서도 더 깊은 통찰이 있어야겠다. 시대 상황에 대한 인식이 명료할수록, 우리는 원균의 진실을 입체적으로 바라볼 수 있기 때문이다.

1. 선조의 〈유서(諭書)〉

〈원균행장〉에서 필자는 3통의 〈유서〉에 주목했다. 그중에는 다른 문헌에서는 발견할 수 없는 귀한 글도 있고, 《실록》에 나오지만 의미심장한 것이라 그 의미를 되새겨 볼 이유가 충분한 것도 있다. 시대순으로 하나씩 읽어보겠다. 짐작하다시피 〈유서〉는 특별한 일이 있을 때 국왕이 대신에게 보내는 공식 서한이다.

선조 25년 7월 23일의 〈유서〉

〈유서〉의 내용을 다시 살펴보면 다음과 같다.

"경이 네 차례 올린 군공 〈장계〉를 읽고, 그중에 특이한 자에게 우선 상을 주어서 내가 기뻐하는 뜻을 보이려고 하지만 본래의 직책에 있는 사람을 만일에

> 지금 승진하게 되면 (벼슬을) 갈고 (직책을) 바꾸기 불편할 것이다. 아직은 예전의 직책대로 있게 하라. 다만 그 품계만 올려주었다가 훗날 (새 직책에) 등용하라. 〈소록(작은 문서)〉에 기록한 것, 즉 왜적의 물건은 경이 그것을 빼앗은 사람들에게 나누어주어 뒷사람을 권면하라."307

이 〈유서〉에서 우리가 알 수 있는 점은 다음의 네 가지이다. 첫째, 원균이 수군 연합함대와 함께 참전하여 임진년 7월 중순까지 조정에 올린 전공 〈장계〉가 네 통이었다는 사실이다. 〈공신 교서〉에서도 확인되듯 전투가 많았을 때 원균은 7~8일에 한 통씩 〈장계〉를 올렸다.

둘째, 이 〈유서〉는 한산대첩을 전후하여 원균의 함대가 거둔 승리를 축하하며 여러 장수를 포상한 것이다. 기효근, 이운룡, 우치적, 원전, 이광악, 강덕룡 등 여러 부하가 경상우수사 원균의 〈장계〉 덕분에 포상을 받았다. 혹자는 이운룡이나 우치적 등이 이순신의 지휘를 받았고, 그의 〈장계〉로 말미암아 승진한 것으로 착각하고 있다. 그러나 경상우수영의 장수는 모두 원균의 지휘를 받았고, 《실록》에도 나와 있듯이 그의 휘하 장수와 병사들은 지휘관인 원균을 전적으로 믿고 따랐다.

셋째, 원균 휘하의 장수들은 품계만 올려주고, 당분간은 현재의 직책을 유지하게 하였다. 이순신과 이억기 쪽도 사정은 마찬가지였을 것으로 보인다. 그들이 다른 곳으로 이동하면 전력에 차질이 생길 것이라서 그렇게 조치했다.

넷째, 일본군에게 노획한 물건도 적지 않았는데, 선조는 그 목록인 〈소록〉만 읽었다. 왕은 노획한 물건을 공이 있는 군사들에게 나눠주라고 지시하였다.

한 마디로, 원균은 선조 25년 7월 중순까지 공을 많이 세웠고, 전투마다 부하들의 전공을 꼼꼼히 기록하여 조정에 보고했다. 선조는 그런 〈장계〉를 읽고 원균의 공을 치하하고, 유공자들의 품계를 높여주기도 하였고 노획한 물건을 나눠 갖게 하였다.

선조 25년 9월의 〈유서〉

〈원균행장〉에는 선조 25년 9월에도 〈조서(詔書)〉, 즉 〈유서〉를 내려주었다며 다음과 같이 기록하였다.

> "9월에 자헌에 진급하여 중추부사를 겸직하게 하시고 또 조서를 내려 표창하셨

---
307 김간, 〈원균행장〉.

더라."308

《실록》을 살펴보면 이에 해당하는 글이 있다. 즉, "(승)정원에 전교하였다. '원균(元均)과 이억기(李億祺)는 이순신(李舜臣)과 공이 똑같은 사람들이다. 품계를 높이고 글을 내려 아름다움을 포장하라.'"309라고 하였다. 한산대첩 때 3명의 수사가 세운 공은 똑같다고 결론짓고, 원균과 이억기의 승품(陞品)을 지시한 것이다.

그때 선조가 원균에게 내린 〈유서〉의 내용은 어떠했을까. 주목한 것은 〈원균행장〉에서 선조 25년 7월에 내린 〈유서〉라고 표시된 글이다. 이것은 그 내용으로 미루어 볼 때 그해 9월 1일에 발송한 〈유서〉로 보아야 맞다. 먼저 〈유서〉의 내용을 소개한다.

"오직 경은 나라에 간담을 허락한 이요, 세간에 드문 영웅호걸이다. 몽동(艨艟, 병선)을 한수(漢水)에서 다스리자 공손씨(公孫氏)가 오독(吳督)의 위풍을 두려워하였고, 주즙(舟楫, 배)을 형강에서 부림으로써 갈호(羯胡)가 사웅(士雄)의 의기를 꺾었도다. (그들이) 북채를 잡자 사졸이 날뛰었고, 강물에 맹세하자 해와 달이 빛을 잃었다.
(경이) 당항포에서 수십 차례 결전하자 적의 (잘린) 목이 강을 막았고, 한산도에서 배 70여 척을 불태우자 고래가 머리를 바쳤도다.
(나라가) 위태함을 당하자 (영웅이) 기이한 꾀를 냈다는 것은 이야기로만 전해 들었으나, 적은 수의 군사로 큰 적을 치는 일을 내가 오늘에야 보았도다. (경은) 높기가 천 길이나 되는 철벽이오, 엄숙한 한 줄기 장성이다.
주(周) 나라가 중흥할 때는 윤길보(尹吉甫)가 정벌을 단행하였고, 당나라가 재건된 것은 실로 곽자의(郭子儀)의 진충(盡忠)에 힘입었다."310

인용문에서 우리는 선조의 뜻을 네 가지 점에서 확인할 수 있다. 첫째, 선조는 원균을 최고의 충신이요, 특히 수군을 대표하는 명장이라고 확신하였다. 〈유서〉의 첫 단락에서 보는 바와 같이 뛰어난 중국 고대의 영웅호걸이자 역사에 등장하는 이름난 수군 장수와 그를 동급의 장수로 평가했다.

둘째, 선조 25년 7월까지 원균이 세운 가장 큰 업적을 두 가지로 손꼽았다. 하나는 당항포에서 세운 전공이요(제1차 당항포해전), 또 하나는 한산대첩이었다. 이 〈유서〉를 통해 우리는 그동안 전혀 몰랐던 중요한 사실을 깨닫게 되었다.

---

308 김간, 〈원균행장〉.
309 《실록》, 선조 25년(1592) 9월 1일.
310 김간, 〈원균행장〉.

일찍이 이산해는 말하기를, 원균은 가덕도와 한산에서 대승을 거두었고, 이순신은 노량에서 공을 많이 세웠다고 했다. 그런데 선조는 원균이 당항포해전, 즉 제1차 당항포해전에서 대승하였다며 크게 칭찬하였다. 이운룡의 전기에도 당항포에서 경상우수영의 이운룡과 우치적의 활약이 대단하였다고 기술되어 있다. 당포해전과 제1차 당항포해전에서 경상우수영의 활약은 눈부신 것이었다.

셋째, 원균의 경상우수영은 병력의 규모는 작아도 그 전공(戰功)은 어느 함대와도 비할 수 없었다는 사실이다. 〈유서〉의 셋째 단락에서 선조는 그 점을 한 점 의혹 없이 명확히 밝혔다.

넷째, 이순신과 이억기에게도 해당하는 것이겠지만, 조정에서는 원균처럼 탁월한 수사가 국가를 위기에서 구했다고 믿었다. 선조 25년 8월 말에는 모두 그렇게 확신했다고 본다.

이상에서 본 두 통의 〈유서〉를 통해, 왜란 초기에 원균의 경상우수영에 대한 조정의 호평을 확인했고, 수군에 대한 신뢰와 기대 역시 대단하였음을 알게 되었다.

선조 29년 가을 – 전라병사 임명에 즈음한 〈유서〉

선조 28년에 원균은 일단 수군을 떠나게 되었다. 그는 충청병사를 거쳐 선조 29년 8월에는 더 요직인 전라병사로 전임되었다. 그 무렵부터 원균에 대한 조정의 기대는 한층 높아졌다. 그가 전라도에 부임할 때 선조는 각별한 애정을 담아 〈유서〉를 내려주었다. 이 글은 〈원균행장〉에도 나오고, 《실록》에도 보인다. 선조 29년 8월 11일자의 일이다. 짤막하지만 의미심장한 글로 여겨져 아래에 다시 싣는다.

> "경이 국가를 위하여 진력함에 충용(忠勇, 충성과 용맹)한 정성은 고금에 견주어 보아도 (선례가) 드물도다. 내가 일찍부터 이를 아름답게 여겼으나 아직 갚지 못하였도다.
> 이제 멀리 떠나게 되어 전송할 생각이었는데, 마침 심기가 좋지 않아 뜻대로 하지 못하노라.
> 내구(內廐, 대궐 마구간)의 양마(良馬, 좋은 말) 한 필을 내려 나의 뜻을 표하니 경은 받으라."311

인용문은 세 가지 점에서 우리의 관심을 끈다. 첫째, 선조는 원균이 고금에 드문

---

311 김간, 〈원균행장〉; 《실록》, 선조 29년(1596) 8월 11일.

충신이요, 용감한 장수라고 평가했다는 점이다. 그러면서 여태까지 적절한 대접을 하지 못해 미안하다고 했다. 은연중에 원균을 수군에서 배제한 일에 관해서 사과하는 뜻을 담았다.

둘째, 선조는 원균을 한 번도 만나보지 못했다. 이번에는 꼭 만나려고 했으나, 몸이 불편해서 성사되지 않았다며 미안한 마음을 표했다.

셋째, 원균을 아끼는 마음을 표시하려고 선조는 대궐에서 기르던 말 한 필을 하사한다고 했다. 왕이 탈 말을 준 셈이니, 그 은혜가 원균의 뼈에 사무쳤을 것이다. 원균은 국가에 충성을 다해 이런 은혜를 갚으리라 다짐을 몇 번이고 되풀이한 것으로 짐작한다.

훗날 그는 고성 춘원포에서 외롭게 순국하였는데, 선조가 하사한 그 명마는 주인의 소지품을 가지고 며칠을 홀로 걸어 진위에 있는 원균의 자택으로 돌아왔다고 한다. 주인을 잃은 말이 여러 날 동안 슬피 울다가 숨졌다는 전설이 있다. '애마총' 및 '울음 밭'에 관한 전설이 그것이다.

이런 전설이 역사적 사실과 정확히 일치하는지는 중요치 않다. 그보다 더 중요한 것은 원균과 그 후손들이 선조가 하사한 명마의 의미를 얼마나 가슴 깊이 새겼는가 하는 점이다. 원주원씨 일문은 기필코 국은(國恩)에 보답하리라는 굳은 맹세를 했을 것이다.

왜란이 끝났을 때 원균의 형제와 조카 등 가까운 친족 중에는 무려 13명이 선무원종공신 또는 청난원종공신에 책봉되었다. 알다시피 "원종공신"은 정공신(正功臣)과는 지위가 다르고, 정공신의 자제와 조카 및 사위에게 거의 주어지는 공신호(功臣號)이기도 했다. 하지만 원균의 형제와 아들 및 조카들은 하나같이 왜란에 직접 참전해 공을 세운 인물들이다. 그런 점에서 여느 원종공신과는 구별된다. 선조는 원균의 "충성스럽고 용맹함"을 극찬하였는데, 실은 그의 집안에 모두 해당한다고 볼 수 있다. 원주원씨 일문의 나라 사랑은 일시적 정조(情調, 기분)에서 비롯된 것이 아니라, 고려 충신 양촌(陽村) 원선(元宣)에서 비롯된 유서 깊은 전통이었다.

2. 원균 집안의 〈방목〉

부친 원준량의 무과 중시 방목(명종 1년, 1546)

원균 집안이 무관을 배출하게 된 역사는 그 부친인 절도사 원준량에서 시작되었다. 현존하는 〈방목〉 중에 〈가정 25년 병오년 10월 무과중시 방목〉이란 것이 있다. 때는 명종 1년(1546)이요, "중시(重試)"란 이미 과거에 급제한 적이 있는 당하관(정3품 통훈대부 이하)을 대상으로 하는 과거시험이다.

그 시험에 합격할 당시 원준량은 한양(한성)에 거주하였으며, 그는 훈련원습독관(종6품~종9품의 임시 관직)으로 재임하였다. 그의 양친 부모는 모두 생존하고 있었는데, 부친 원임은 연로한 상태로 실제 벼슬은 없고 "효력부위"(정9품)라는 품계만 가졌다. 원준량의 형은 원수량이요, 원준량의 아우는 원국량이 있었다. 이는 〈방목〉에 기록된 내용이다.

원준량의 형제와 사촌은 경기도 진위현 여좌동 또는 여동(현 경기도 평택시 도일동)에 세거하였다. 그런데 관직에 나간 원준량 등은 한양에 거주했다. 그들이 한양의 건천동에 살았다는 점은 허균이 남긴 기록에서 이미 확인하였다.

영조 때 간행된 원주원씨 초간보(初刊譜)에 따르면, 원준량의 배위는 남원양씨로 그 아버지는 선비 양희증이요, 조부는 현감 양윤, 증조부는 군수 양수였다. 그리고 부인의 고조부는 앞에서 말한 것처럼 15세기의 명신 양성지였다. 족보에는 양씨부인의 졸년(사망 연도)이 기록되어 있지 않으나, 큰아들 원균과 둘째 아들 진사 원연의 방목을 대조해 보면 확인할 수 있다. 부인은 두 아들이 과거에 급제한 명종 22년(1567)에 작고하였다. 양씨부인은 한양의 건천동에 있는 자택에서 별세하였을 것인데, 묘소는 경기도 양성현 원당 신재(현 경기도 평택시 도일동)에 있으며, 부군 원준량과 함께 "쌍분"으로 되어있다.

원균의 무과 방목 명종 22년(1567, 정묘)

그해 11월에 원균은 무과에 급제하였다. 거주지는 한양이요, "충순위"에 소속된 무사였다. 당년 28세(1540, 경자생)의 청년이었다. 부모님은 모두 생존하였는데, 부친 원준량은 "절충장군(정3품) 행 용양위부호군 겸 오위장"의 지위에 있었다.

원균은 원준량의 장남으로 아래로 원연, 원손, 원전 및 원지라는 네 명의 아우가 있었다. 셋째 아우 원전의 이름은 글씨가 잘 보이지 않으나, 족보에서 확인하였다. 그런데 족보에서는 원손이란 아우 대신에 원용(元墉)이란 이름이 기록되어 있다. 원손은 훗날 원용으로 개명(改名)한 것으로 보인다.

원균의 가장 출중한 점은 무엇이었을까. 젊은 시절부터 그는 용맹스러운 돌격장이었다. 〈원균행장〉에서 김간은 다음과 같이 서술하였다. "공은 돌격을 잘하여 적은 수의 군사로 다수의 적을 깨뜨렸다. 그래서 가는 곳마다 대적할 만한 이가 없었다."312 이처럼 원균은 용맹하였으나, 이순신의 《난중일기》를 비롯한 허다한 기록에서 그를 비겁하고 도망만 치는 장수처럼 묘사하였다. 그러나 거짓이 어떻게 역사의 진실을 이길 수 있겠는가.

원균 장군의 묘소

항간에는 현재 경기도 평택시 도일동에 있는 원균의 묘소를 "가묘(假墓)", 즉 빈 무덤이라고 말하는 이가 있다. 그런데 〈원균행장〉에는 다음과 같은 기록이 있다.

> "공이 배를 버리고 (고성 춘원포의) 언덕에 오르자 적이 추격해와 머리를 베어 가더라. 그때는 정유년(1597년) 7월 16일이요, 나이는 58세였다. 왜적이 물러간 뒤에 시신을 거두어 (고향인) 진위(현) 여좌동에 장사하였다. 조정에서는 제사와 부의를 예법에 알맞게 하였다."313

인용문에 적힌 대로 "왜적이 물러간 뒤에 시신을 거두어 (고향인) 진위(현) 여좌동에 장사하였다."라는 것이 역사의 진실이다. 가족들은 원균의 시신을 고향으로 운구해 영구한 안식을 누리게 하였다. 그러다가 인조 때 원균의 묘소를 개장하게 되었고, 이를 계기로 부인의 묘소와 나란히 "쌍분(雙墳, 나란히 쓴 두 무덤)"으로 바뀌었다. 〈원균행장〉에서 "이제 공의 묘를 개장하고, 부인을 부장(附葬)하였다."314라고 서술했다.

숙종 13년(1687, 정묘)에 예조에서 작성한 《상장등록(喪葬謄錄)》이란 국가의 공문서에 따르면, 원균과 파평윤씨의 묘를 조성할 때 국가에서 비용 일체를 부담하였다고 기록하였다. 그 가운데 다음과 같은 표현이 있다.

> "훈신(勳臣, 공신)의 묘를 이장할 때는 본부에 규칙이 있으므로, 사유를 갖추어 아뢰면 장례에 필요한 제수를 지원받을 수 있다는 규정이 있습니다. (勳臣遷葬之時 自本府例 有具由啓稟 葬需助給之規)"315

---

312 김간, 〈원균행장〉.
313 김간, 〈원균행장〉.
314 김간, 〈원균행장〉.
315 예조(禮曹), 《상장등록(喪葬謄錄)》, 숙종 13년(1687, 정묘).

이어서 그렇게 비용을 집행한 사례를 소개하였는데, 예컨대 인조 때 공신 이귀와 선무공신 원균의 이장 비용을 국가에서 모두 지급하였다며 다음과 같이 서술했다.

"인조 때 정사공신 연평부원군 이귀와 선무공신 원릉군 원균의 천장(移葬) 때 관가에서 장사에 필요한 비용을 모두 지급하였습니다. (仁祖 朝靖社功臣 延平府院君李貴 宣武功臣 原陵君元均 遷葬時竝官庇葬需)"316

이상에서 살핀 것처럼 현재 도일동의 원균 및 파평윤씨의 묘소는 인조 때 국비로 개장한 것으로, 부부의 유해를 안장한 것이 명백하다.

아우 원연의 〈진사방목〉

원균이 무과에 급제한 해에 문무 양과와 함께 시행한 사마시(司馬試, 생원 진사시험)에 아우 원연(元埏)이 합격하였다. 그는 여좌동의 원씨 일문에서 나온 두 번째 생원진사 합격자였다. 첫 번째 합격자는 원균과 원연 등의 숙부 원국량(元國良)으로 그는 생원이었다. 이제 그 조카 원연이 선비 집안의 아름다운 전통을 이은 것이다.

명종 22년(1567)에 작성된 원연의 〈방목〉을 형인 원균의 것과 비교해보았는데, 가족 사항이 약간 다르게 기재되어 있다. 방목의 작성 시기가 약간 달랐기 때문에 다음과 같은 세 가지 차이가 나타난 것이다.

첫째, 진사 원연의 거주지는 "한양(京)"과 "진위" 두 곳으로 적혀있다. 한편 부친 원준량과 형 원균의 거주지는 "한양"으로 표기되었는데, 숙부인 생원 원국량은 "진위"로 기록되어 있었다.

둘째, 부친 원준량의 직함은 "절충장군 행 의흥위 부호군 겸 오위장"이라고 기재했다. 원균의 방목에는 "용양위부호군"이라고 하였는데 "의흥위"로 바뀌었다. 의흥위와 용양위는 모두 중앙에 설치된 "5위" 가운데 하나였다.

셋째, 원연의 〈방목〉에는 "엄시하(嚴侍下)"라고 기록함으로써 모친이 작고하고 부친만 생존한다고 밝혔다. 원균의 〈방목〉에서 "구경하(具慶下)"라고 기록해 양친이 모두 생존한 것으로 기술한 것과 차이가 있다. 그러므로 우리는 원연의 〈방목〉이 간행된 해에 모친상을 당했다는 점을 알 수 있다. 원균의 〈방목〉보다 진사 원연 공의 〈방목〉이 몇 달 늦게 작성되었다는 사실을 고려하면 조금도 이상한 일이 아니다.

---

316 예조(禮曹), 《상장등록(喪葬謄錄)》, 숙종 13년(1687, 정묘).

원준량의 대에 이르러 여좌동 원씨 가문은 중흥기를 맞이하였다. 경기도 북부인 송산(松山, 현 경기도 의정부시)에서 진위로 옮긴 지 서너 세대가 지나는 동안에 진사가 2명(원몽량과 원연) 나왔고, 생원도 1명(원국량)이 나왔다. 또, 무과 합격자도 2명이 나왔다. 그러나 이것으로 끝은 아니었다. 원균의 막내아우 원지도 무과를 준비하고 있었고, 원연의 아들 원사립 등 장차 여러 명이 무과에 합격해 가문의 명예를 떨쳤다.

원연은 문무를 겸비한 선비로 왜란이 일어났을 때 고향 진위에서 의병을 일으켰다. 그는 부친이 생전에 일러준 천혜의 지세(地勢)를 이용해 왜적을 대파하였고, 그 공으로 경기도 적성현감을 제수받았다. 순조 때는 충신 정려와 함께 이조참의라는 높은 벼슬에 추증되었다. 그 아들 원사립(元士立)은 무과에 급제해 왜란 때 큰 공을 세우고 진주목사까지 지냈다. 효성 또한 대단하여 순조 때 효자 정려를 받았는데, 세상에서는 원연의 충신문과 원사립의 효자문을 일컬어 "양세충효"라고 일컬었다. 원사립은 일찍이 그의 숙부 고성현령 원전(元㙉)에게 입양되어 가문을 빛냈다. 왜란 중에 원전은 맏형 원균을 충실히 보좌했으며, 선조의 인정을 받은 충신이었다.

아우 원지의 〈무과 중시 방목〉

원균의 막내아우는 원지(元墀)이다. 그가 언제 무과에 급제하였는지는 모르나, 선조 9년(1576)에 시행한 무과 중시에 당당히 합격하였다. 중시에 합격하였을 당시 원지도 한양에 거주했다. 그 사이에 부친 원준량의 벼슬이 낮아져 절충장군으로 용양위 부사과(종6품)로 근무하였다. 관리의 일생은 부침이 심해 오르락내리락을 거듭하는 것이 일반적인 일이었으므로 놀랄 일은 아니다.

원지는 중시에 합격할 당시 훈련원봉사(종8품)였다. "권지(權知)"라는 표현으로 미루어 볼 때 임시직이었으며, 무과에 급제한 지 별로 오래되지 않았을 것으로 추측된다. 부친 원준량은 이미 배우자를 잃은 상태여서 방목에는 "엄시하"라고 기록하였다. 원지의 형 네 명의 이름도 차례로 〈방목〉에 명시되어 있는데, 그것은 우리가 아는 역사적 사실과 일치하였다.

원지 또한 왜란에 참전해 여러 곳에서 공을 세웠고, 나중에는 삭주도호부사라는 높은 벼슬을 지냈다. 그 또한 선무원종공신에 봉해졌다.

안방준의 거짓말

조선 후기에 안방준(安邦俊)이라는 이름난 선비가 있다. 그의 저술《은봉전서(隱峰

全書)》에는 원균의 비겁하고 못난 행실이 기록되어 있다. 안방준은 자신의 숙부 안중홍은 처가 쪽으로 원균과 친척이라고 주장했다. 그러고는 삼도수군통제사에 임명된 다음에 원균이 전라도 보성에 있는 안중홍의 집으로 찾아온 적이 있었다고 회상하며, 그때 일을 손에 잡힐 듯이 상세히 기술하였다. 글은 길지만 이런 기록 때문에 원균에 관한 세평이 나빠졌기에 아래에 그대로 옮긴다.

> "나의 중부(仲父) 동암공(東巖公, 安重洪)의 처가 원씨의 친족이기 때문에, 원균은 통제사로 부임하던 날 중부를 찾아왔다. 그러고는, '내가 이 직함을 영화롭게 여기는 것이 아니라 오직 이순신에 대한 치욕을 씻게 된 것이 통쾌합니다.'라고 하였다.
> 중부는, '영감이 능히 성심을 다하여 적을 무찔러 그 공로가 이순신보다 뛰어나야만 치욕을 씻었다고 할 수 있지 그저 이순신의 직함을 대신하는 것으로 통쾌하게 여겨서야 어찌 부끄러움을 씻었다고 할 수 있겠소.'라고 하였다.
> 그러자 원균은 다시 '내가 적을 만나 싸우게 될 때 거리가 멀면 편전(片箭)을 사용하고 가까우면 장전(長箭)을 쓰고, 맞서 싸우는 때는 칼과 기름칠한 곤봉을 쓰면 이기지 못할 것이 없소.'라고 하였다. 이에 중부는 웃으면서, '대장으로서 칼과 곤봉을 쓰게까지 해서야 될 말인가?'라고 대답했다.
> 원균이 떠난 뒤에 중부가 나에게, '원균의 사람됨을 보니 큰일을 하기는 글렀다. 조괄(趙括)과 기겁(騎劫)도 필시 이와 같지는 않을 것이다.'라고 하고는 한참이나 탄식하였다. 남쪽의 사람들은 지금도 그 일을 말하면 팔뚝을 걷고 분통해하지 않은 이가 없다."317

위에 소개한 안방준의 〈원균론〉은 세상에 널리 퍼져 있다. 이 글을 읽은 사람마다 원균의 무식함과 비루함에 기겁하였다고 한다. 안방준은 자신의 숙부 안중홍에게 들은 이야기라며 마치 사실 그대로 기록한 것처럼 둘러댔다.

그러나 이 이야기는 완벽한 허구였다. 원균은 안중홍의 부인 원주원씨와 아무런 혈연관계가 아니다. "친족"이라며 보성에 사는 안씨 집안을 원균이 방문하였다는 것은 어불성설(語不成說)이다.

안중홍의 처는 원천상(元天祥)의 딸로, 중종 27년(1532)에 태어났다. 그 조부는 원언보(元彦輔)요, 증조부는 원익(元翊) 그리고 고조부는 원치(元菑)이다. 그들은 원균의 족보에 이름조차 보이지 않는다. 알고 보면 원천상 일가는 이른바 원주 원씨 가문에

---

317 안방준(安邦俊), 《은봉전서(隱峯全書)》, 권8, 기사(記事), 〈백사론임진제장사변(白沙論壬辰諸將士辨)〉.

서 시중공계요, 원균은 원성백계이다. 2024년 현재까지도 그들은 족보를 따로 만드는 사이이다. 그런데 원균이 안중홍을 친족이라서 한산도에서 멀리 떨어진 보성까지 방문하였다는 것은 거짓이다. 안방준이 원균을 헐뜯기 위해 지어낸 이야기일 뿐이다. 이런 줄도 모르고 조선 후기부터 사람들이 이런 '가짜 뉴스'에 속았다. 안방준의 거짓말을 진짜 이야기로 믿는 이가 아직도 적지 않다.

3. 《읍지》에서 찾은 원균과 그 부하 장수들

조선 후기에는 고을마다 《읍지(邑誌)》라고 하는 인문지리 서적이 있었다. 그런 문헌에는 해당 지역이 길러낸 역사적 인물을 소개하는 항목이 있다. 전국의 《읍지》를 조사해 원균의 부장에 관한 기록을 모았는데, 가장 주목할 것은 선무 제3등 공신인 기효근(奇孝謹)에 관한 전기이다. 그다음은 안골포에서 순국한 안홍국(安弘國)에 관한 기록이다. 아래에서는 일단 두 장수에 관한 기록을 번역하고 원문도 부기(付記)한다. 이어서 관련 기록에서 확인되는 흥미로운 점과 특색을 언급하겠다.

개백군 기효근

"기효근은 정무공 (기)처의 5대손으로 문학에 뛰어나고 필법도 기묘했다. 기묘년(선조 12년, 1579)에 무과에 급제해 비별랑이 되었다. 조정에서는 무비(武備)가 취약함을 우려해 문신과 무신을 불문하고 쓸만한 인재를 뽑아 어사로 임명하였다. 선조는 (공이) 굳세고 의로운 줄 아시고 특별히 전라도 어사에 임명하였다.

임진년(선조 25년, 1592)에 왜란이 일어났을 때 (공은) 남해현령으로 재임하였다. 당시 왜구가 사방에 가득하고 수군과 육군으로 동시에 진출하였다. 본도(경상도)가 방어에 실패하면 적에게 임금을 넘겨주게 되므로, 방어할 전략을 마련하였다.

(공은) 대장 원균의 선봉이 되어 사천해전에서 힘껏 싸워 적의 목을 벤 것이 매우 많았다. 또, 웅포해전에서도 자신의 몸을 잊고 가장 먼저 적군의 함선에 올라가 두 장수의 목을 베었다.

최후에는 세 번 하늘을 우러러 고함지르고 물에 투신하여 생을 마감하였다. (공은) 개백군에 책봉되었다. (奇孝謹 貞武公處五代孫 文學有餘筆法亦妙 己卯登第 備

別郎 朝家憂武備之疏略 不拘文武 極擇御史 宣廟知有剛毅 特除全羅御史 壬辰亂守南浦(海의 오류- 백승종) 時倭寇充斥 水陸幷進 本道失禦則 是以賊遺君也 預備防禦之策 爲大將元均之先鋒 力戰泗川 斬獲甚多 又於熊浦之戰 忘身力戰先登賊船 斬二將 三呼蒼天 投水而死 以功封皆伯君)"[318]

이 기록에서 주목한 것은 다음의 네 가지 사실이다. 첫째, 기효근은 문무에 통달한 유능한 관리였다. 그는 왜란이 일어나기 전에 "전라도 어사"에 선발될 만큼 조정의 큰 기대를 모았다.

둘째, 임진년에 왜란이 일어났을 때 기효근은 남해현령으로 경상도의 수군이 무너지지 않도록 최선을 다했다. 〈원균행장〉에서도 보았듯 기효근은 수사 원균을 수행하여 곤양 앞바다를 지켰다.

셋째, 기효근은 사천해전 때 원균의 선봉장으로 활약하였다. 그는 적을 많이 무찔렀고, 적군의 목을 많이 베었다.

넷째, 그는 웅포해전에서도 선봉대로 잘 싸웠다. 적의 전함에 가장 먼저 뛰어 올라가 2명의 장수를 죽였다. 그런데 안타깝게도 마지막에는 투신자살하였다. 이처럼 공이 많았으므로 그는 선무 3등 공신이 되었고 개백군에 책봉되었다. 《실록》과 《난중일기》에서 확인되듯 기효근은 원균의 오른팔과도 같은 장수였다.

정충사(旌忠祠)의 안홍국

다음은 안홍국에 관한 읍지의 기록이다. 그 내용을 네 개의 단락으로 나누어 번역하면 다음과 같다.

> "정충사는 (보성의) 동문 밖 1리에 있으며 안홍국을 제사 지낸다. (공은) 용인 출신이다.
> 정유재란 때 본군(보성군)의 군수로 주사(수군)를 거느리고 통제사 원균의 진영에 나아가 중군장이 되었다.
> (공은 안타깝게도) 안골포에서 순절하였다. 인조 때 병조참판에 추증되었고, 효종 때는 벼슬을 더 높여 좌찬성으로 삼았고 사당을 세웠다. 숙종 16년(경오년, 1690)에 사액하였으나 지금은 (사당이) 없어졌다. (旌忠祠 在郡城東門外一里 享安弘國 龍仁人 丁酉倭變 以本郡郡守 率舟師赴統制使元均陣 爲中軍將 殉節于安骨浦

---

[318] 《장성군 읍지(長城郡邑誌)》, 1권, 규(奎) 청구번호 10782.

仁廟朝 贈兵曹參判 顯廟朝加 贈左贊成 建祠 肅廟庚午 賜額今無)319

인용문에서 우리의 관심을 끄는 것은 다음의 세 가지 사실이다. 첫째, 전라도 보성군에는 정충사(旌忠祠)라는 사당이 있어, 경기도 용인 출신인 군수 안홍국의 혼을 위로하였다.

둘째, 그는 정유재란 때 통제사 원균의 막하에서 중군장으로 활동하였다. 매우 유능한 장수였고, 원균의 신임이 두터웠음을 알 수 있다.

셋째, 불행히도 안홍국은 안골포에서 순국하였다. 사후에 높은 벼슬도 추증되고 사당이 세워져 사액(賜額)까지 받았으나 흥선대원군 때 훼철되었다.

위에서 살핀 두 개의 읍지 기사를 통해 우리는 기효근과 안홍국에 관해 흥미로운 사실을 확인하였다. 원균의 부장 기효근은 사천해전과 웅포해전에서 대단한 전과를 올렸다. 또 다른 부장 안홍국은 안골포해전에서 순국했는데, 그 이후 조정의 대대적인 포상을 두 차례나 받았다.

4. 왜란에 관한 심층적 이해

왜란이 일어났을 때 조선은 명나라에 구원병을 요청했다. 당시에 명나라 조정에서는 여러 가지 의견이 분분하였으나, 병부상서 석성이 대규모 병력을 조선에 파견하지 않으면 명나라에 불리하다는 의견을 내고 이를 관철하였다. 그는 일본이 조선의 남부 지방을 떼어달라고 요구했을 때도 단호히 거절하였다. 그 덕분에 조선은 일본군의 침략에서 벗어날 수 있었다고 볼 수 있다.

명나라 군대는 일본군을 완전히 제압할 정도는 아니었으나, 전쟁을 장기화함으로써 조선이 최악의 상태에서 벗어날 수 있었다. 조선을 지키는 데는 무엇보다도 수군의 활약이 가장 컸으나, 만약 명나라 군대가 우리를 돕지 않았더라면 국가를 유지하기는 더욱 어려웠을 것이다.

---

319 《보성군읍지(寶城郡邑誌)》, 1권, 규(奎) 청구번호 10806.

임진년(선조 25년, 1592)에 명나라가 원군을 보낸 사실

임진년(1592, 선조25) 4월 30일에 선조는 피난길에 올랐다. 그해 5월 3일에는 일본군이 한양을 점령했는데, 그때 선조는 평양에 머물고 있었다. 6월이 되자 일본군이 대동강에 이르자, 조정은 영변으로 떠났다가 다시 박천으로 이동했다. 얼마 후에는 평양이 일본군에 함락되었다. 놀란 선조는 의주로 피난하고는 명나라에 특사를 보내 원병을 파견해달라고 요청하였다. 왕은 중국 본토로 피난하겠다면서 허가를 구했다.320

그때 명나라 병부상서(兵部尙書) 석성(石星)이 적극적으로 나서 조선을 구원하고자 했다. 그리하여 그해 7월에는 요동총병(遼東摠兵) 조승훈(祖承訓)이 평양으로 와서 일본군을 공격했다. 마침 큰비가 내리자 그 틈을 이용해 칠성문(七星門)을 공격하였는데, 일본군이 성안에서 쏜살같이 뛰쳐나오며 조총을 난사하였다.321

평양전투에서 사유격(史游擊)은 적탄에 맞아 전사하였고, 부하와 말도 많이 죽었다. 조승훈은 겨우 몸을 피해 군사를 거두어 북으로 달아났다. 이로써 일본군은 기세가 더욱 높아졌다. 그들은 우리 군에게 보낸 편지에서 양(羊) 떼가 호랑이 한 마리를 공격하는 것과 같다는 말까지 하였다. 양이란 명나라 군사를 비유한 것이며, 호랑이는 자기들을 일컬은 것이다. 왜적은 당장 서쪽으로 군사를 보내 의주로 쳐들어가겠다는 등 큰소리를 쳤다. 그러자 인심이 몹시 흉흉하였다.322

이상의 설명처럼 명나라는 전쟁이 발발한 지 3개월 만에 신속하게 원병을 보내왔다. 그러나 명나라 장수 조승훈의 패전에서 보듯, 그들은 일본군과 싸워 이기지 못했다.

왜란에 관한 명나라 조정의 견해

왜란이 일어나자 명나라 조정에서는 조선을 과연 어떻게 할 것인지 논의했는데, 세 가지 의견이 팽팽했다. 첫째, 압록강을 방어하면서 전쟁의 추이를 관망하자는 의견이 있었다. 둘째, 오랑캐들끼리의 전쟁이니 굳이 중국이 끼어들 필요가 없다고 했다. 압록강을 지키되, 정예병사를 뽑아 무위(武威)를 과시하면 그만이라는 의견이었다.323

---

320 유성룡(柳成龍), 《서애선생문집》, 제16권, 잡저(雜著), 〈임진년(1592, 선조25) 이후 청병(請兵)한 사실을 기록함〉.
321 유성룡(柳成龍), 《서애선생문집》, 제16권, 잡저(雜著), 〈임진년(1592, 선조25) 이후 청병(請兵)한 사실을 기록함〉.
322 유성룡(柳成龍), 《서애선생문집》, 제16권, 잡저(雜著), 〈임진년(1592, 선조25) 이후 청병(請兵)한 사실을 기록함〉.
323 유성룡(柳成龍), 《서애선생문집》, 제16권, 잡저(雜著), 〈잡기(雜記)〉.

셋째, 병부상서 석성(石星)은 이견(異見)을 내어, 조선을 바로 구원하지 않으면 큰일이라고 했다. 군기(軍器)와 화약(火藥) 등을 제공해 조선이 적군을 막을 수 있게 돕자고 주장하였다.324

석성은 과연 어떤 사람이었을까. 파주목사를 지낸 허징(許徵)이 선조 24년(1591)에 사신의 일원으로 연경(燕京)에서 석성을 만난 적이 있었다. 그의 서술에 따르면, 석성은 신장이 8~9척이요, 용모가 매우 뛰어났다. 덕의 기운이 넘쳤고 눈빛이 반짝였는데, 조선의 딱한 사정을 들을 때마다 눈물을 흘렸다. 만약에 석성이 중국 조정에 없었더라면 조선의 운명은 매우 위태로웠을 것이다. 그 덕분에 조선은 살아났으나, 석성은 결국에 왜란 때문에 목숨을 잃고 말았으니 애석한 일이다.325

석성의 초상화

석성은 제 명대로 살지 못했다. 그가 신임한 심유경(沈惟敬)이 조선에 와서 일본과 강화회담을 진행하였는데 명나라 조정을 속여가며 무리하게 일을 추진하였다. 그러다가 회담이 실패하여, 명나라는 심유경을 처형하였다. 황제는 석성에게도 책임을 물어 선조 32년(1599)에 처형하였다.

그가 목숨을 잃자 석성의 후손은 조선으로 귀화하였다. 석성의 유언을 따를 것이다. 선조는 석성의 덕을 기억하며 그 후손들에게 전답을 주고 황해도 해주에 살게 하였다. 해주석씨(海州石氏)가 바로 그들이다.

석성의 후손 중에 석태로(石泰魯)라는 선비가 있어, 집안의 가승(家乘)을 새로 편찬하였다. 그는 석성의 초상화를 세상에 공개하였는데, 철종 때 일이다. 그 초상화가 과연 진품인지 사람들이 의심하였다. 혹자는 석성의 초상화를 가져다가 평양의 무열사(武烈祠)에 보관된 석성의 초상화와 비교하려고도 하였다.326

그러나 그 초상화가 진품인지 아닌지는 중요한 일이 아니었을 것이다. 석성의 후손은 물론이고 조선의 식자층은 석성이 왜란 때 나라를 구해주었으므로, 그에게 감사하는 마음을 깊이 간직하였다.

---

324 유성룡, 《서애선생문집》, 제16권, 잡저(雜著), 〈잡기(雜記)〉.
325 유성룡, 《서애선생문집》, 제16권, 잡저(雜著), 〈잡기(雜記)〉.
326 박규수(朴珪壽), 《환재집(瓛齋集)》, 제9권, 서독(書牘), 〈여러 벗에게 주어 석 상서의 화상에 대해 논하다(與知舊諸公 論石尙書畫像)〉.

조선의 분할론

이른바 〈할지론(割地論)〉이 등장한 것은 선조 26년(1593) 하반기였다. 명나라와 일본이 강화회담을 진행할 때 일본 측은 조선의 남부지방을 전리품으로 요구하였다. 당시 명나라 조정에서는 조선의 국력이 너무 쇠약하여 다시는 중흥하지 못할 것이라는 견해가 압도적이었다. 명나라 관리 급사중(給事中), 위학증(魏學曾)이 황제에게 아뢴 글 가운데 '분할역치(分割易置)'라는 표현이 포함된 것은 그 때문이었다.[327] 이 말의 뜻은 조선의 영토를 일본에 나눠주고(分割), 조선의 왕 선조도 갈아치워야 한다는 것(易置)이었다. 그러나 병부상서 석성(石星)은 이런 주장으로는 문제를 해결하지 못한다고 주장하였다.[328]

석성은 역사를 통찰하는 눈이 있었던 것 같다. 조선의 영토를 일본에 떼어주면 그들이 결국은 조선을 점령할 것이고, 그 후에는 중국 본토를 공략할 것이다. 석성은 그렇게 확신하여 조선 땅을 나눠주는 것에 반대했다. 아울러, 명나라가 왜란에 적극적으로 개입하는 편이 자국의 이익이라고 판단하였다.

조선 땅을 떼어 일본에 주자는 견해가 명나라 관리에게서 나왔다는 사실이 놀랍다. 자기 나라를 제힘으로 지키지 못하면 강대국은 언제라도 이런 주장을 꺼내는 법이다. 긴 역사적 흐름에서 보면 우리나라가 남한과 북한으로 분할되고 만 것도 비슷한 현상이었다.

그런데 왜란 때는 온갖 어려움 속에서도 끝까지 나라를 위해 헌신한 우리 수군이 있었다. 또, 무기는 빈약했어도 끝까지 목숨 걸고 싸운 용감한 의병장들이 많이 있어서 나라의 명맥을 가까스로 유지한 것이다. 후세는 그처럼 처참한 역사를 똑똑히 기억해야 한다. 우리가 원균의 진실을 알아야 하는 이유도 이 점에 있다.

이 장에서는 〈원균행장〉을 중심으로 역사의 진실을 찾기 위해 노력했다. 그 결과, 여러 가지 사실이 새롭게 드러났는데, 그중 가장 중요한 것은 무엇일까. 〈원균행장〉에는 지금껏 아무도 몰랐던 선조의 〈유서〉가 숨어 있었다는 점이다. 그것을 통해 원균이 왜란 초기에 군사의 수는 적어도 눈부신 공을 세웠다는 사실이 확인되었다. 특히 당포해전, 제1차 당항포해전과 한산대첩에서 경상우수영의 활약이 컸다. 그리고 여러 《읍지》에서 알게 된 것이지만, 기효근은 사천해전과 웅포해전에서 대단한 업적을 쌓았다. 앞에서 이미 확인한 사실이지만 이운룡과 우치적은 옥포해전, 당포해전

---

327 유성룡, 〈서애선생 연보〉, 제1권, 연보(年譜), 〈만력(萬曆) 21년 계사(선조 26년, 1593)〉.
328 유성룡, 〈서애선생 연보〉, 제1권, 연보(年譜), 〈만력(萬曆) 21년 계사(선조 26년, 1593)〉.

및 제1차 당항포해전에서 승리를 이끌었다. 그리고 한산대첩에는 이 모든 장수가 이름을 떨쳤다.

　사람들은 왜란 때 조선 수군의 위업을 찬양하면서도 그것이 어느 한 장수의 위대한 업적이 아니라, 여러 장수가 함께 이룬 공동의 승리라는 사실을 모르고 있는 것 같다. 참으로 아쉬운 느낌이 든다.

제3장
〈원균 선무공신교서〉의 이해

임진년과 정유년의 왜란에 공을 세운 사람은 많았다. 예컨대 선무(宣武) 원종공신(原從功臣)으로 책봉된 사람이 9천 60명을 헤아렸다. 그러나 공신 중의 공신이라 할 정공신(正功臣)은 18명에 지나지 않는다.

정공신과 원종공신의 대우에도 큰 차이가 있었다. 원종공신에게는 별도로 사당을 세워주고, 노비와 전답을 지급하는 등의 특전은 없었다. 하지만 정공신에게는 대대로 사당 제사를 누리는 이른바 "불천위(不遷位)"의 특권이 부여되었다. 만약에 공신의 묘를 이장하면, 그 비용도 국가에서 감당하였다. 앞에서도 말했듯 원균의 현재 묘소도 인조 때 이장한 것인데, 석물을 포함해 모든 비용을 국가가 지급하였다.(제2부 제1장)

정공신 중에서도 가장 영예로운 것은 물론 일등공신이다. 왜란이 끝나자 조정에서는 공신도감(功臣都監)이라는 관청을 임시로 마련하고 공적 조사 및 심사를 철저히 했다. 그들은 왜란 당시의 전공을 정확히 분석하고, 군부(軍部)의 여론을 조사했으며, 그에 더하여 선조와 대신들이 거듭 논의하여 공신의 숫자와 등급을 정하였다. 요컨대 공신 책봉은 한두 사람의 의지로 정해진 것이 아니라, 체계적이고 합리적인 절차를 거쳐 확정된 것이다.

오늘날에는 원균이 선무공신에 포함되었다는 사실에 분노하는 이가 적지 않다. 더구나 그가 이순신과 나란히 '일등공신'에 책록된 것을 혐오하는 여론도 있다. 그러나 냉정히 돌이켜 볼 일이다. 선무공신은 420여 년 전에 확정된 것이며, 그것도 합리적인 절차를 밟은 것이다.

1992년 4월 20일에 대한민국 정부는 〈원균 선무공신교서〉를 "보물"로 지정하였다. 아래에서 그 〈교서〉의 전문을 번역 소개하고, 약간의 설명을 덧붙이려고 한다.(제1절) 이어서 원균의 교서와 이순신이 받은 공신교서는 어떤 점에서 같고 어떤 점에서 다른지도 검토할 것이다. 알다시피 2008년 6월 27일에 정부는 〈이순신 선무공신교서〉도 보물로 지정했다. 두 장수의 교서를 비교해보면 두 장수를 바라보는 조정의 시각을 정확히 이해할 수 있겠다.(제2절) 끝으로, 우리는 선무공신이 선정된 절차라든가, 공신도감의 운영 전반에 관해서도 깊이 분석할 것이다. 선무공신의 선정 과정이 과연 공정하였는지를 판단하기 위해서다.(제3절)

제1절
원균을 "선무 일등공신 제3인"으로 책록하는 교서

〈원균 선무공신교서〉는 한문으로 쓰여 있다. 아래에서 임의로 단락을 나누어 교서를 번역하고 주석을 달아둔다.

교서의 제목

> "자헌대부 지중추부사 증 효충 장의 적의 협력 선무공신 숭록대부 의정부 좌찬성 겸 판의금부사 원릉군 원균에게 내리는 교서"[329]

원균이 얻은 최종 품계는 자헌대부(정2품, 하계)요, 벼슬은 지중추부사였다. 〈교서〉에서는 먼저 그 사실을 기록하였다. 이어서 추증한 공신호와 품계 및 관직을 나란히 적었다. 그리고 원릉군(原陵君)에 봉군(封君)한 사실까지도 모두 기록하였다.

"효충 장의 적의 협력"이란 여덟 글자는 선무공신에 공통된 호칭이었다. 국가에 크게 이바지하였다는 의미이다. 원균에게 추증한 품계는 자헌대부보다 정확히 3단계 위인 종1품 숭록대부였다. 벼슬 역시 그에 상응하는 의정부 좌찬성을 추증하였다. 좌찬성은 의금부 판사를 겸직하는 법이라 그 역시 겸직으로 추증하였다.

역사를 모르는 시민들은 일등공신 3명 가운데서 원균만 종1품 숭록대부라는 점에 주목해 그 까닭을 지레짐작하는 일이 있다. 사람들은 원균의 공이 작아서 숭록대부에 그쳤다는 억측을 하기도 한다. 완전히 빗나간 짐작이다. 이순신과 권율은 생전에 원균보다 품계가 높았기 때문에 정1품으로 추증되었다.

참고로, 원균의 부친 원준량도 생전의 벼슬이 높았으므로, 3단계를 높여 정1품 보국숭록대부에 영의정으로 높아졌다. 정공신과 그의 부모, 조부모 및 증조부모 또한 3

---

[329] 〈원균 선무공신교서〉. 이 교서는 경기도 용인시 상갈동 경기도박물관에서 소장하고 있다.

단계씩 관계(官階)와 관직을 추증하는 것이 포상 규칙이었다. 이러한 규정대로 공신의 조상이 포상의 특전을 입었다.

공신 책봉의 의미

"왕이 이르기를 (나라가) 위태할 때 용맹을 세움은 용감한 신하가 임금의 한을 삭이려는 충성의 표현이오, 벼슬을 내려주고 그 공훈을 난지(鸞紙, 특별한 용지)에 기록함은 (임금이 신하의) 노고에 보답하는 떳떳한 방식이다."330

표현은 조금 달라도 이순신의 〈공신 교서〉에도 비슷한 취지의 문구가 있다. 공신은 곧 충신이요, 공신 책봉은 충신에 대한 임금의 보답이란 뜻이다.

선조의 애도

"깊이 슬퍼하며 (경의 공을) 포상하고 (경의 충성을 다른 사람들에게도) 권장하노라."331

공신 책봉이 시행될 때 원균은 이미 순국하였다. 따라서 선조는 애통한 마음으로 공신 책봉을 거행한다는 뜻을 기록하였다.

원균의 공훈에 관한 총론

"경으로 말하면 농우(隴右, 무사가 많이 나온 중국의 감숙성 서쪽)의 인재요, 서산(西山)의 장망(將望, 명장의 재목)이었노라.
이경기(李輕騎, 중국의 명장)의 힘센 팔은 다수의 무리를 능히 제압하였고, 반정원(班定遠, 동한(東漢)의 명장인 반초(班超))의 호두(虎頭, 머리 생김이 호랑이 같아서 생긴 말)는 만 리 먼 땅의 고기를 먹었느니라. 뱀 머리 모양의 창을 쓸 때 그 모습은 웅장하였고, 표범과 같은 지략에는 기이함이 많았도다.
경의 밝은 분별력은 집극(執戟, 창을 들고 성문을 지킴)의 별과도 같았고, 경의 뛰어난 명성은 분부(分符, 부절을 받고 내려간 임지 곧 경상우수영 등지)한 땅에 무성하였도다. 경이 자수(紫綬, 인끈)를 변방에 드리우자 초목도 경의 이름을 알았고, 경이 푸른 갑옷을 남쪽 언덕에 걸자 호리(狐狸, 여우와 이리 즉 왜적과

---

330 〈원균 선무공신교서〉.
331 〈원균 선무공신교서〉.

오랑캐)도 자취를 감추었도다."332

전반부에서는 중국의 여러 고사(故事)를 인용하여, 원균이 역사 속의 충신 및 영웅호걸과 조금도 다르지 않았다는 점을 강조하였다. 이어서 후반부에서는 원균이 경상우수사로 그리고 나중에는 삼도수군통제사로 위엄이 있었다는 점을 기록하였다. 만고 역사에 비추어도 존재 의미가 뚜렷한 명장이란 점을 글로 밝힌 것이다.

왜란의 발생

"일천 가지 비운(否運, 불행한 운수)과 106의 재년(災年)을 만났던지라. 바닷물이 출렁이자 고래 떼(왜적의 비유)가 술렁거렸도다. 세상을 어지럽게 만드는 속된 인간들(즉 왜적)이 감히 대방(大邦, 중국)을 원수로 삼았고, 큰 산돼지와 긴 뱀처럼 사악한 무리가 상국(上國, 중국)을 거듭 침략할 것을 꾀하였도다."333

여러 가지 문학적 표현을 동원해 왜란을 일으킨 일본의 잘못을 비판하였다. 명나라를 정벌하겠다고 나선 그들의 무모함을 나무라는 형식으로, 일본군의 침략을 꾸짖었다.

나라를 구한 두 장수

"궁벽한 땅이라 바깥소식에 어두웠노라. 사나운 도적들이 난리를 꾀하자 당나라 조정은 서쪽으로 피란하였고, 진(晉)나라의 문물도 남쪽으로 건너갔노라. 내가 의지한 바는 경과 이순신이 서로 의기를 합하고 규모를 크게 함이었다. 경들이 바다를 덮은 과선(戈船, 전함)을 다스리니 창응(蒼鷹, 사나운 매)과 적작(赤雀, 봉황)이라. 구름과 같이 늘어선 전함을 바다에 펼치자 철통같은 장막이었도다."334

선조는 내외의 침략으로 부득이 도읍을 옮겨야 했던 중국 당나라와 진나라의 고통스러운 역사를 떠올렸다. 이어서 왕은 왜란 때 조정이 겪은 고난을 기억하였다. 이처럼 나라가 절체절명의 위기에 빠졌을 때 국가가 의지한 것은 누구였을까. 선조는 원균과 이순신이 함께 이끄는 수군뿐이었다고 솔직히 털어놓았다. 이억기도 최호도 물론 훌륭한 장수였으나, 조선 수군의 대명사는 이순신과 원균, 원균과 이순신 둘뿐이었다.

---

332 〈원균 선무공신교서〉.
333 〈원균 선무공신교서〉.
334 〈원균 선무공신교서〉.

그들의 공에 힘입어 조선의 바다는 철옹성으로 변하였다며, 선조는 못내 고마워했다.

한 달에도 세 번이나 승전보를 전해

"본영을 절도의 요지(즉 한산도)에 정하였고, 진마다 '상산(商山)의 수비'(철통같은 수비)를 갖추었도다. 장료(張遼, 〈삼국지〉의 영웅)가 유수(濡須, 지명)를 지키듯 형세가 삼엄하였고, 주유(周瑜, 적벽대전에서 위나라를 대파함)가 거느린 적벽의 군사보다 강성하였도다. 경이 한창 적을 무찌를 때는 하루에도 10여 개의 진을 쳐부쉈노라. (왜적과 한창) 전투를 벌일 때는 한 달에도 3번이나 승리의 장계를 올렸도다."335

선조는 원균의 공훈을 구체적으로 기술하였다. 《삼국지》에 나오는 주유의 적벽대전만큼이나 인상적이고 훌륭한 승리를 연달아 기록했다며 칭찬하였다. 적군을 몰아칠 때는 하루에도 10여 개의 진을 무너뜨렸고, 한 달에도 3번씩이나 승리의 소식을 보내왔다고 말하였다. 이것은 과장이 아니었다.

《실록》에 전하는 원균의 〈장계〉는 몇 개밖에 되지 않는다. 그러나 공신도감에서 선무공신을 심사할 때는 그가 조정에 보낸 모든 문서가 온전히 갖추어져 있었다. 현재 남아있는 것은 이순신의 〈장계〉뿐인데, 우리가 만약 한 달에도 세 번씩이나 올린 원균의 〈장계〉를 볼 수 있다면, 왜란 때 수군의 실상을 제대로 알 수 있을 것이다. 앞에서는 〈원균행장〉에 담긴 〈유서〉를 새로 발굴하여 그 의미를 조명하였다. (제2부 제2장) 거기서도 분명히 드러난 사실이지만, 당시 조정에서 알고 있던 원균의 모습은 이순신에 필적하는 명장이었다.

원균의 위업

"(경이) 전후로 왜선을 격파한 것이 130척에 이르렀고, 적의 목을 벤 것은 수백 명이었노라. 바닷물에 빠뜨려 죽인 적은 그 수를 헤아릴 수 없을 정도였으며, 적의 장졸 가운데 (경이) 목을 벤 것만 하여도 237개였노라. 경의 전공을 하뢰(下瀨, 수군)에 새기나니, (경의) 명성은 복파(伏波, 한나라의 장군, 변란의 평정을 뜻함)보다 빛나도다. 우리 군대의 명성이 경으로 말미암아 더욱 높아졌고, 군기와 사기 또한 한층 드높아졌도다."336

---

335 〈원균 선무공신교서〉.
336 〈원균 선무공신교서〉.

공신도감에서 원균의 〈장계〉를 종합적으로 평가한 결과는 놀라웠다. 부하들과 함께 쳐부순 일본군함이 130여 척이오, 목을 베어 올린 것만도 237개였다. 《실록》에서 확인한 것이지만, 어느 날 하루에 원균이 조정에 바친 크고 작은 조총은 70정이나 되었다.

선조와 공신도감은 이른바 칠천량 사태로 수군이 타격을 입은 점을 참작하더라도, 원균이 부하들을 이끌고 여러 전투에서 세운 공적이 대단히 탁월하였다는 점에 생각이 일치하였다.

오늘날에는 원균이 명장이라는 사실을 부인하기에 급급한 사람이 많다. 왜 이렇게 되었을까. 이순신에 대한 존경과 숭모의 마음이 지나쳐, 그와 경쟁 관계에 있던 원균을 혐오하고 근원적으로 부정하기에 이른 것일까. '가짜 뉴스'에 속은 것일까. 안타깝고도 어리석은 일이다.

조선의 저력

> "당가(唐家, 당나라 또는 중국)에는 이러한(즉 복파 장군 같은) 보장(保障)이 있었으니, 황제의 금성탕지(金城湯池, 철옹성)를 (다시) 논의할 이유가 있으랴. (왜)적의 모습은 아동(阿童, 목동)이 수룡(水龍, 물속의 용)을 두려워하는 듯하였고, (우리) 나라의 힘은 맹사(猛士, 용사)와 산호(山虎, 산 호랑이)가 숨어 있는 것과 같았노라."337

따지고 보면 당나라를 비롯한 중국의 역대왕조가 위기를 벗어나 중흥한 것도 충신들의 희생 덕분이었다. 조선이 겪은 왜란도 마찬가지였다. 원균과 이순신 등 용맹스러운 수군이 있어, 일본군은 목동이 물을 두려워하듯 하였다. 그때 우리나라는 원균 같은 호랑이가 산속에 숨어 침략자를 공격하는 듯한 기세였다고, 선조는 회상하였다. 물론 과장된 표현이라고 할 수 있으나, 그만큼 원균과 수군의 공이 컸다는 뜻이다.

왜란이 끝나자 선조는 수군의 공훈을 특별히 높이 평가해, 일본군을 물리친 것은 수군과 명나라 군대의 힘이었다고 평가하였다. 《실록》에서 확인되는 바이다. 육군과 의병도 곳곳에서 공을 세운 것이 사실이었으나, 수군처럼 결정적으로 일본군을 타격한 적은 거의 없었다.

---

337 〈원균 선무공신교서〉.

충성심을 기림

"아, 당시에 경이 백번 싸운 용력(勇力)은 오늘날 나라가 중흥하는 기틀이 되었노라. 울분에 젖은 경의 반평생은, 임금이 모욕을 당하면 신하란 죽음으로 갚는다는 그것뿐이었노라. 눈물에 젖은 일념이었으니, 위급한 때를 다하여 힘이 모자람을 얼마나 한탄하였으리오."338

선조는 원균의 충성심을 높이 기리며, 그 덕분에 나라를 중흥하게 되었다고 확신하였다. 〈이순신 선무공신교서〉에서도 바로 그 점이 거듭 강조되었다. 왜란은 나라가 죽고 사는 존망의 기로였다는 것이 선조와 공신도감의 절박한 인식이었다. 그래서 일본군이 본국으로 물러간 뒤에도 선조는 경계심을 늦추지 않았으며, 만약의 사태에 대비하였다.

포상의 결심

"(원균) 장군은 죽었어도 산 것과 다름없노라. 비록 그 공훈은 끝을 보지 못하였으나, 사훈(司勳, 주나라 때의 상훈 담당관)과 장상(掌賞, 포상을 담당하는 관리)은 몸이 죽어도 오히려 포상하는 법이라."339

알다시피 원균은 선조 30년(1597) 7월 16일에 고성에서 외롭게 순국하였다. 선조는 당시에 원균을 구원하지 못한 죄로 여러 장수를 처벌하였다. 심지어 경상우수사 배설은 그 죄로 목이 잘렸다. 나중에 공신의 순위를 정할 때도 선조는 이른바 칠천량에서 수군이 무너진 원인을 명확히 밝혔다.

불행한 사태의 일차적인 책임은, 통제사 원균과 수사들의 반대에도 아랑곳하지 않고 전투를 무조건 강요한 조정에 있다고 했다. 원균은 선무 일등공신이 되기에 부족함이 없다는 견해였다. 모두 《실록》에서 확인되는 점이다.

선무 일등공신

"이에 책훈을 베풀어 선무 일등공신으로 삼고, (생전의 품계보다) 3계급을 올려 작위를 내려주노라. 경의 부모와 처자에게도 또한 (생전의 품계에) 3계급을 더하

---

338 〈원균 선무공신교서〉.
339 〈원균 선무공신교서〉.

여 주고, 경에게 만약 아들이 없다면, 조카나 사위를 그 대신으로 2계급을 올려주노라. (경의) 공훈은 적장(嫡長)이 대대로 물려받아 녹봉을 받게 하여 영원무궁토록 도울지니라. 또, 노비 13구와 전답 150결, 은자 10량, 옷감 1단과 내구마(內廄馬, 대궐의 좋은 말) 한 필도 하사하노라. 도착하거든 잘 받을지어다."340

상훈의 구체적인 내용은 위와 같았다. 다시 되풀이할 필요는 없을 것이다. 전답과 노비와 말 등이었다. 똑같은 일등공신이라도 서열이 더 높은 이순신과 권율은 원균보다 약간 더 많은 토지와 노비 등을 받았다.

그리고 벼슬을 높여주는 것이나, 자손에게 세습하는 방식은 모든 일등공신에게 똑같은 법을 적용하였다.

관련법규

"(경의) 인수(印綬, 벼슬을 상징함)는 한나라 때의 법식을 따르고, 문관(門關, 사당)은 주(周)나라 법에 따라 시행하노라. (경에게) 총질(寵秩, 특별히 내려주는 벼슬)을 추가하여 충용(忠勇)하던 마돈(馬敦, 중국의 명장)보다 더욱 빛나게 할 것이오, 구훈(舊勳)을 추록하여 양찬(陽瓚, 절개가 뛰어났던 중국의 명사)에 비할 바 없게 하리라."341

중국 고대의 법전에 따라 원균에게 공신에 어울리는 상전을 베푼다고 명시하였다. 이것은 모든 정공신에 공통된 규정이었다. 포상의 영예를 장중하고 정성스럽게 표현한 것이다.

마치는 말

"이제 (공신의) 명수(名數)를 더하여 (경들 모두, 즉) 존망(存亡, 산 자와 죽은 자)을 위로하노라. 태산이 닳고 하수가 마를지언정 (공신들이 충성을) 맹세할 때 (모두가) '윗줄에 있지는 않으나'(일등공신은 아니라도) 기린각(麒麟閣, 공신들의 초상을 모신 사당)에 (경들의) 이름을 쓸 때는 싸움에 함께 나간 영웅의 기개와 모습을 떠올릴 것이라."342

---

340 〈원균 선무공신교서〉.
341 〈원균 선무공신교서〉.
342 〈원균 선무공신교서〉.

선무공신은 일등부터 삼등까지로 나뉘었고, 똑같은 등수라도 이름이 놓인 위치에 따라 위상에 차이가 있었다. 하지만 그들 모두는 정공신이요, 어깨를 나란히 하여 전쟁터로 함께 나간 영웅들이다. 그중에는 이미 고인이 된 원균과 이순신 같은 인물도 있었고, 아직 살아서 국방의 책임을 다하는 지휘관들도 여럿 있었다. 선조는 그들 모두의 초상을 그려오게 하여 조선의 법과 전통대로 기린각에 영구 보관하라고 지시하였다.

고별인사

"(경들의) 혼백이여, 영(靈)이 있거든 추가로 내리는 이 포장을 받을지어다. 이에 (왕은) 교시하며 마땅히 (경들이) 다 알 줄로 믿노라."[343]

이처럼 장엄한 어투로 공신의 영혼을 위로하였다.

선무공신의 위차(位次) 및 명단

"1등 이순신, 권율, 원균"[344]

세 명 가운데 삼도수군통제사가 원균과 이순신으로 두 명이며, 권율은 행주산성에서 대승을 거둔 공으로 일등공신이 되었다.

"2등 신점, 권응수, 김시민, 이연암, 이억기"[345]

이등공신 다섯 명 가운데 앞의 네 명은 육군 장수요, 이억기만 전라우수사였다.

"3등 정기원, 권협, 유사원, 고언백, 이광악, 조경, 권준, 이순신, 기효근, 이운룡"[346]

삼등공신은 모두 열 명이다. 그중 이광악은 원균의 부하로 김시민과 함께 진주성 방어에 공이 컸으므로 공신이 되었다. 조경은 권율을 도와 행주산성에서 승리한 공으로 책봉되었고, 권준과 이순신(李純信)은 이순신의 부하로 공이 많아서 삼등공신이 되었다.

---

343 〈원균 선무공신교서〉.
344 〈원균 선무공신교서〉.
345 〈원균 선무공신교서〉.
346 〈원균 선무공신교서〉.

그리고 기효근과 이운룡은 원균의 휘하에서 큰 공을 세워 이 명단에 포함되었다.

이밖에도 이순신의 부하 배흥립, 원균의 부하 우치적 등이 유력한 후보였으나, 그들은 최종심사에서 탈락되었다. 그 사유를 별도로 언급하지는 않았으나, 두 사람은 통제사 원균을 구출하지 못한 죄가 있었다. 아마 그 점 때문에 공신 책록에서 배제된 것이 아닐까 짐작한다.

교서의 반포 연월

"만력 32년(1604) 10월"[347]

선무공신을 최종적으로 선정해 반포한 것은 선조 37년(1604) 10월이었다. 임진왜란이 끝난 지도 어언 6년이 지난 다음이었다. 그때까지도 원균의 부하나 이순신의 부하는 대부분 생존하였으며, 그들은 고급 지휘관으로 승승장구하였다. 그 일부는 광해군 때까지도 일선에서 활동하였다.

---

347 〈원균 선무공신교서〉.

제2절
이순신의 공신교서와 비교

〈이순신 선무공신교서〉의 맨 앞에도 〈원균 선무공신교서〉처럼 긴 공신 칭호가 나오며, 교서의 마지막에는 여러 등급의 공신 명단이 나온다. 아래에서는 그처럼 의례적인 글은 모두 생략하고, 〈이순신 선무공신공신교서〉의 본문에 주목한다. 그 교서는 《이충무공전서》의 상권에도 실려 있으며, 일찍이 노산 이은상이 우리말로 번역하였다. 그 번역본을 재검토해본 결과 여러 군데 손질이 필요하였다.

아래에서 필자는 〈이순신 선무공신교서〉를 소주제로 나누어 하나씩 소개하고, 독자의 이해를 돕기 위해 해설도 덧붙인다. 위에서 읽은 〈원균 선무공신교서〉를 염두에 두고 비교하는 것은 더욱 흥미로운 일이다.

교서의 시작

"왕은 다음과 같이 이르노라."[348]

〈이순신 선무공신교서〉가 본격적으로 서술된다는 알림이다.

교서의 서문

"충신이 나라를 편안히 함은 적을 무찔러 임금께 갚는 것이오, 거룩한 임금이 공로를 권장함은 덕을 밝혀 훈공에 보답하는 것뿐이다. 그러므로 (충신의 죽음을) 슬퍼하고 표창하는 일을 극진히 하며, 의사열사를 드높이고 장려하는 바이다. 이에 성대한 예식을 베풀어 나라를 일으킨 (충신 이순신의) 큰 공로를 표창하노라."[349]

---

[348] 〈이순신 선무공신교서〉. 이 교서는 충청남도 아산시 현충사길 48번지에 있는 현충사에서 소장하고 있다.
[349] 〈이순신 선무공신교서〉.

인용문은 교서의 서문에 해당한다. 똑같은 일등공신이라도 사람마다 공적은 차이가 있고, 그에 따라 교서의 격식과 내용에도 약간의 차이를 두었다. 왜란에 공을 세운 "선무공신"은 1등부터 3등까지 모두 18명이었는데, 그중 1등 공신은 이순신, 권율 및 원균 세 명이다. 그들의 순위는 앞에 적은 이름순이었다. 이순신은 일등공신 중에서도 제1인이었다. 그러므로 앞에서 살핀 〈원균 선무공신교서〉와 비교하면, 〈이순신 선무공신교서〉는 시작부터 달랐다. 이순신의 교서는 더욱 장엄한 서문으로 서두를 장식했다.

주인공의 미화

"(과인이) 옛일을 두루 살피고 지나간 역사를 자세히 보았더니, 큰 난리가 일어나 백성이 살육당할 때면 반드시 뛰어난 인물이 나타나서 고난의 운명 속에서 백성을 구해 편안하게 하였노라."350

여기서 선조는 백성을 강조했다. 조선은 "민본"을 추구하는 나라였으므로 여기서도 백성의 안위에 중심을 두고, 조정의 이념적 지향을 천명한 것으로 보인다. 아울러 교서의 주인공 이순신이 역사 속 위인과 동격임을 시사하였다고 볼 수 있다.

위인의 자격

"(역사 속 위인은) 그 재주로 말하면 문학과 무예를 겸하였고, 식견은 세상의 변화를 통찰하였으며, 그 지혜는 만 사람의 능력을 한꺼번에 지녔고, 용맹으로 말하면 삼군의 힘을 가지고 사직을 보호할 만하였노라. (그는) 망할 뻔한 나라의 운명을 평안히 하고, 악독한 무리를 무찌르고 소탕하여 일어나는 적의 형세를 꺾는 것이, 그 옛날 주(周)나라가 다시 살아날 때 방숙(方叔)과 소호(召虎)의 정성에 힘입은 것 같고, 또 당나라 왕실이 다시 일어날 때 이광필(李光弼)과 곽자의(郭子儀)의 협력에 의지함과 같았노라."351

〈이순신 선무공신교서〉는 이순신이 역사적 위인이라는 전제 아래 유교적 관점에서 최고의 위인은 어떤 사람인지를 정의하였다. 그는 문무의 재주를 겸하고, 나라를 위기에서 구한 위인이라고 하였다. 그러고는 중국 고대의 위인 네 명을 예로 들어 이순신도 그들과 동급의 인물이라는 주장을 펼쳐 서사 구도를 예감할 수 있게 복선을 깔았다.

이 교서를 지을 때 조정에서는 조선이 한낱 이름 없는 작은 나라가 아니요, 유교

---

350 〈이순신 선무공신교서〉.
351 〈이순신 선무공신교서〉.

문명의 정통성을 계승한 소중한 나라라는 자의식 또는 자존감을 가졌다는 점도 흥미롭다. 〈원균 선무공신교서〉에서는 주인공이 뛰어난 장수라는 데 초점을 맞추었고, 불세출의 위인이라는 관점에서 접근하였다.

이순신에 대한 찬미

"어찌 과거에만 이처럼 아름다운 인물이 있었겠는가. 하늘이 우리나라에 재앙을 내려, 과인은 하찮은 고난도 견디지 못하고 종묘사직이 피비린내에 젖음을 분하게 여겼다. 하지만 (힘이 부족해) 얼굴을 들 수 없었고, 온 나라가 온통 살육을 당해도 슬퍼하며 걱정할 뿐이었다. 그때 그 누가 감히 나서 군사를 마련해 위급한 곳으로 달려가리오. 기꺼이 제 한 몸을 바쳐 충절에 죽을 이가 (어디에도) 없었노라. 강개하여 돛대를 두들기며 맹세하고 충성을 쏟은 조적(祖逖)의 의분을 누가 다시 가졌으리오. 감격하여 뱃전에 오르면서 눈물을 뿌리던 온교(溫嶠)의 맹세에 누가 힘을 입겠는가."352

위에서 선조는 임진왜란 초기의 당혹감과 처절한 심정을 솔직히 표현하였다. 물론 이글은 당대 제일의 선비가 왕을 대신해 쓴 것이지만, 선조의 뜻이 담겨 있다고 믿어도 좋다. 고대의 "광개토대왕비"나 "진흥왕순수비"에 광개토대왕이나 장수왕 또는 진흥왕의 마음이 반영된 것과 똑같다.

수군의 전술적 가치

"적의 함대가 호남으로 직행할 때 홀로 수군이 나타나 바닷길을 가로막았도다. 그때 만일 거듭된 경의 승첩이 없었다면, 남방에는 독한 병이 퍼졌을 것이라. 또, 만약에 적의 흉계가 이뤄졌더라면 그 화가 서쪽(중국)에 이르지 않았겠는가."353

나라의 위기, 백성의 위기를 건진 이가 이순신이라는 평가였다. 그가 수군을 지휘해 남쪽 바다를 철통같이 방어하였기에 전라도와 충청도를 보전할 수 있었고, 나아가 중국은 일본군의 침략을 면할 수 있었다. 교서에서 "독한 병"이라고 말한 것은 일본군의 침략을 말한다.

---

352 〈이순신 선무공신교서〉.
353 〈이순신 선무공신교서〉.

명나라가 조선에 군대를 파병해 일본군과 싸운 것은, 대동강 이북의 조선만이라도 반드시 지켜내야 자국이 안전하다고 믿어서였다. 이러한 계산은 오늘의 중국도 아마 다르지 않은 것 같다.

특별한 포상의 약속

"(경은) 국경을 보전하여 국운을 회복하는 큰 업적을 이루었고, 도망한 군사를 끌어모아 또다시 쳐들어오는 적의 칼끝을 꺾었도다. 어찌 군사상으로만 이름을 떨쳤다고 하겠는가. 경의 공훈은 국운을 회복하는데 으뜸이었노라. (경의) 뛰어난 기개를 생각하여 (과인은 오늘) 남다른 은전(恩典)을 경에게 베풀고자 하노라."354

이순신의 공은 군사적 승리에 그치는 것이 아니라, 국운을 회복한 점이라고 명시했다. 국가를 중흥한 가장 빼어난 공신이므로 그에 합당한 포상을 약속한다고 했다.

이순신의 지략과 용기

"경의 빛나는 용맹은 먼 옛날에 명장이 많이 나온 산서(山西)에서 타고난 것이라. 경의 기이한 병법은 옛날 황석공(黃石公)이 장량(張良)에게 병서를 전해주었다는 제북(濟北)에서 전해 받은 것과 같노라. 경의 가슴 속에는 변화무쌍한 재주가 가득하고, 경의 지략은 귀신의 경지에 이르렀노라. 손으로 구름과 바람을 마음대로 바꾸니, 그 기운이 하늘을 뒤덮고 땅을 흔들었노라."355

이순신의 용맹과 병법 그리고 지략은 고대 중국의 역사에 등장하는 탁월한 인물들과 겨룰만하다는 것이었다. 이와 유사한 표현은 〈원균 선무공신교서〉에서도 읽은 바 있다. 여기서도 보듯, 조선의 왕과 신하들은 중국의 역사와 문명을 이질적인 것으로 보지 않았고, 그것이 곧 '우리의 역사요, 우리의 문명'이나 다름없었다.

백의종군은 잘못한 결정

"일찍이 어린 시절에 한나라의 정원후(定遠侯)처럼 붓을 내던지니, 경에게 남은 일은 춘추시대의 양숙(養叔)마냥 백 걸음 밖에서 능히 버들잎을 (활로) 쏘아 맞

---

354 〈이순신 선무공신교서〉.
355 〈이순신 선무공신교서〉.

히는 일이었노라. 마침내 인재를 무예의 방략으로 선발할 때 멀리 변방에서 능력을 나타냈노라. 경의 위엄은 오랑캐의 진중에까지 떨쳤다. 그들의 괴수를 사로잡아 변방을 평안하게 만들었고, 가을에 둔전에 곡식이 익었을 때는 녹둔도를 지키며 오랑캐를 물리쳤노라. 그런데도 평복으로 종군하라는 잘못된 벌이 내렸으나, 경은 복종하였노라. 그 후 조정에서 특전을 내리었도다."356

여기서부터는 이순신의 일대기이다. 이순신이 무인의 길을 선택하고, 무과에 급제해 함경도에서 장교로 두각을 나타낸 일이며, 일시 '백의종군'하였다가 다시 임용된 사실을 차례로 서술하였다. 주목할 점은, 이순신의 첫 번째 '백의종군'에 대하여 그것이 "잘못된 벌"이라고 명시하여 그릇된 결정이었다고 판정하였다. 은근히 조정의 잘못을 실토한 셈이다.

전라좌수사에 임명할 때까지

"정읍현감이 되었을 때는 행정으로 탁월한 능력을 드러냈고, 진도에서는 벼슬이 바뀌는 바람에 임명된 직책을 실행해 보지도 못하였노라. 드디어 남쪽 섬의 수군첨사에서 갑자기 (전라)좌도수군절도사가 되었노라."357

함경도를 떠나 이순신은 전라도의 정읍현감에 임명되었다. 현감으로서 훌륭한 성적을 내고는 영의정 유성룡의 추천으로 품계를 6단계나 뛰어넘어 전라좌수사로 발탁되었다.

당시 조정에서는 왜적이 곧 전라좌도로 쳐들어올 것으로 내다보고 준비를 서둘렀다. 본래 그 자리에 임명된 이는 원균이었으나, 언관(言官)이 사소한 이유를 내세우며 반대하는 바람에 기용되지 못하였다. 그는 전쟁이 임박하였을 때 경상우수사에 임명되었다. 전라좌수사에는 이순신이 지명되었는데, 그야말로 두 장수의 일생을 바꾼 운명적인 전환점이었다.

이순신의 전쟁 준비

"옛날의 신기한 여러 선박의 제도를 참고하여 거북선을 만들고, 수군으로서 노 저을 사람을 모으고 무사들도 엄격하게 선발하였도다. (경은) 항상 늠름하여 언

---

356 〈이순신 선무공신교서〉.
357 〈이순신 선무공신교서〉.

제나 큰 적을 상대하는 장수와도 같았고, (경의) 우뚝함은 만리장성을 의지하는 것과 같았다."358

조정의 적극적인 후원 아래 이순신은 전라좌도에서 전쟁 준비에 박차를 가하였다. 만약 조정의 뒷받침이 없었더라면 감히 일선 지휘관이 마음대로 군비를 확장하고 군사훈련을 강화할 수는 없었다. 위에서는 그때의 형편을 극히 미화된 언어를 동원하여 서술하였다.

업적에 관한 총론

"극악한 도적이 (쳐들어와) 마치 곰이 짐승을 잡아먹듯이 할 때 (경은) 바다에 자리 잡고 마치 돼지처럼 처 받으며 공격해오는 적을 막아냈도다."359

왜란이 일어났을 때 이순신의 역할을 짧게 요약하면 위와 같았다. 일본군은 마치 산돼지나 큰 곰이 먹이를 찾아 들판과 산중을 멋대로 헤집고 다니는 것과 같았다고 했다. 그러면서 이순신이란 영웅이 있어 그 침략을 막을 수 있었다고 평가했다. 조선 수군의 공적은 여러 장수가 연합함대를 편성해 이룬 것이었으나, 여기서는 그것이 마치 이순신 한 사람의 공인 것처럼 과장하였다.

통제사의 역할

"전라우수사도 땀을 흘리게 하고 경상수사도 서둘러 달리게 하여, 튼튼한 돛대로 물귀신 양후(陽侯)를 두들겼노라. 무예를 빛내고 휘날리는 깃발로 바다 귀신 천오(天吳)에게 격문을 보내어 적의 칼날을 꺾었도다."360

왜란 초기에 이순신은 '삼도수군통제사'가 되었다. 그와 함께 큰 공을 세운 장수로는 원균과 이억기가 있었다. 여기서 이억기를 먼저 거명한 것이 그가 전라우도의 수사였다는 점을 고려한 것이기도 하고, 원균과 이순신의 사이가 나빴기 때문이기도 할 것이다. 어쨌거나 〈이순신 선무공신교서〉에서도 선조는 원균과 이억기라는 이름을 빠뜨리지 않았다.

---

358 〈이순신 선무공신교서〉.
359 〈이순신 선무공신교서〉.
360 〈이순신 선무공신교서〉.

이순신의 대업

"어찌 적과 더불어 살리오. 원하건대 (이 나라의) 신하로서 죽음이 있을 뿐이라 하였다지. 옥포에서 이름이 떨치자 하늘도 요망한 기운을 걷어 주시도다. 노량에서 모조리 적을 무찌르자 바닷물도 핏빛으로 변하였도다."[361]

이순신이 해전에서 거둔 승리 가운데 가장 빛나는 것은 옥포해전과 노량해전이라고 주장한 점이 인상적이다. 옥포해전은 연합함대가 최초로 거둔 승리였고, 노량해전은 조선에서 철수하는 적과 싸운 사실상의 마지막 해전이었다.

앞에서도 검토하였듯, 옥포해전의 진정한 영웅은 이운룡과 우치적 등 원균의 부장들이었다. 후세는 이식 등이 쓴 몇 편의 잘못된 글 때문에 사람들은 그들이 마치 이순신의 직속 부하였던 것으로 착각하고 있다.

이운룡과 우치적 등의 상훈을 둘러싸고, 원균과 이순신의 사이가 급속히 나빠졌다는 사실을 우리는 똑똑히 기억한다. 당시에 조정은 이순신의 〈장계〉에 의존해 그의 부장만 고속으로 승진시켰다. 그런 문제로 말미암아 이순신과 원균이 극도로 대립하였고, 두 장수의 부하들도 관계가 소원해졌다.

부상한 이순신

"날아온 적탄에 어깨가 뚫려도 얼굴빛이 변하지 않았고, 대포 불에 몸이 그을려도 눈 한번 깜짝 아니하였노라. 드디어 만 척의 왜적을 무찔러 그들이 좀먹지 못하게 다 막았고, 삼한의 자손들을 되살려냈노라. 뉘라서 경의 큰 공로와 어깨를 견주리오."[362]

〈이순신 선무공신교서〉에는 주인공의 미담을 소개하고, 이어서 그의 공적이 얼마나 대단하였는지 강조하였다.

수군이 승리의 주역

"비록 명나라 군사가 토벌에 나서 오랑캐를 소탕하였다고 말하더라도, 그 적들은 도망가지 않았다. 실지로는 대장인 경의 전함 때문에 떨고 놀랐지 않았던

---

361 〈이순신 선무공신교서〉.
362 〈이순신 선무공신교서〉.

가."363

'무적 조선 수군'이란 명예는 하루아침에 만들어진 것이 아니었다. 그것은 누구 한 사람의 공적도 아니다. 이런 점에서 위의 기술은 과장된 것이었다. 그래도 일본군이 끝내 경계심을 늦추지 못한 것은 바로 조선 수군의 전투력이었다. 따라서 여러 해 동안 삼도수군통제사를 역임한 이순신에게 그 영예가 돌아가는 것은 당연한 일이라고 볼 수 있다.

이순신과 화해

"(경에게) 통제사의 권한을 맡기자 방비를 튼튼히 하여 군대의 위엄이 멀리까지 떨쳤다. 이역에서도 그 이름이 떨쳤으나, (경을 하옥하라는) 조정의 명령은 그야말로 '어려움을 알면 물러난다'라는 옛 병법도 모른 채 염라국 지옥에 (경의) 원한이 서리게 하였도다. 마침내 배가 물을 잃은 것 같은 신세가 되었으니, 진실로 조정이 정책을 잘못하여 생긴 일이었다. 나는 충신인 경을 보기가 부끄럽노라."364

이 대목에서 선조는 솔직하고 대담하게 자신의 잘못된 판단과 정책을 순순히 인정하고, 이순신에게 용서를 구하였다. 이순신을 하옥하고 다시 '백의종군'시킨 것은 병법을 몰랐던 조정의 실책이라고 고백하였다. 앞에서 우리는 〈원균 선무공신교서〉를 읽을 적에 이른바 '칠천량 사태'를 두고도, 선조는 그것이 조정의 잘못이었다고 선언한 것을 보았다. 선조와 조정의 진솔한 고백을 후세는 소중하게 받아들여야 할 것이다.

명량대첩

"서둘러 장수의 권한을 되돌려주자 경은 충성과 의분으로 더욱 힘써 회령포로 달려갔다. 불타고 남은 배를 끌어모으고 남은 군사를 거두어, 겨우 13척의 전함으로 앞바다에 진을 쳤다. 그런데도 100만 명의 뜬 귀신이 갑자기 바다 물결을 피로 물들였도다."365

어려운 여건에도 불구하고, 이순신이 명량대첩을 거둔 사실을 높이 평가한 부분이

---

363 〈이순신 선무공신교서〉.
364 〈이순신 선무공신교서〉.
365 〈이순신 선무공신교서〉.

다. 전쟁의 기세로 보면 우리 수군에게 매우 불리하였으나, 대승을 거두었기 때문에 이처럼 극찬하였다.

신출귀몰한 전략

"(경은 우리 수군의) 행군을 독촉하고, 명나라 장수들을 도왔노라. 그들을 앞장서 인도할 때 방패를 세워 적탄을 피하자 명나라 장수 진린(陳璘)은 그 솜씨에 감탄하였도다. 또, 갑옷에 진흙을 발라 포화를 무릅쓰자 명나라 장수 계금(季金)도 그 신기한 지혜에 무릎을 쳤도다."366

〈이순신 선무공신교서〉는 이제 중국 장수들이 이순신을 칭찬한 미담을 적었다. 그의 지략과 임기응변이 명나라 장수들도 놀라게 하였다는 점을 강조하였다. 요컨대 이순신은 고금(古今)의 유교 문명을 통틀어 최상급 명장이라고 칭찬한 것이다. 조선의 위대함을 증명한 장수라고 추켜세운 셈이다.

깊은 애도

"옛날에 마원(馬援)이 오랑캐를 무찌르고 동쪽 국경에 구리기둥을 세워 요사한 기운을 물리친 것처럼 경도 그러할 줄로, 과인은 믿고 기다렸노라. 그러나 어찌 알았으랴, 경 영혼이 하늘로 돌아가고 문득 별이 배 위로 떨어질 줄을. 경을 통곡하는 과인의 눈물은 저승에까지 사무칠 것이오, 경을 슬퍼하는 마음으로 과인은 항상 그리워하고 몸져누우리라."367

이순신이 노량해전에서 순국하자 선조는 깊은 충격에 빠졌다고 했다. 마치 사랑하는 임을 여읜 사람처럼 한없는 그리움과 회한 섞인 사모의 정을 이 글에 담았다. 실제로 왕의 심정이 그러하였는지는 알 수 없으나, 유교 문명에서는 충신에 대한 칭찬을 이처럼 과장된 문장으로 표현하였다.

이순신에 대한 포상

"정승으로 벼슬을 높여 경의 영혼을 위로하며, 사당을 짓고 향불을 피워 극진히 보답하고자 한다. (선무공신을) 책정하는 오늘에 경을 표창하는 글을 내리노라. 종묘의 제기에도 이름을 새겨 모든 사람의 위에 올려 드높이노라. 채색으로 초

---

366 〈이순신 선무공신교서〉.
367 〈이순신 선무공신교서〉.

상도 그려 여러 신하 중에서도 가장 먼저 경의 공로를 기록하겠노라."368

끝으로, 선무공신 제1등 제1인 이순신을 어떻게 포상할지를 밝혔다. 벼슬도 추증하고, 사당도 짓고, 초상화도 그리게 하는 등의 여러 가지 조치를 하겠다고 다짐하였다. 이러한 대접은 모든 공신에게 해당하는 공통사항이었다. 그런데 이순신에게는 더더욱 소홀함이 없도록 하겠다는 의지를 밝힌 것이다.

상전(賞典)의 다짐

"삼경의 띠 풀을 베어 (선무공신) 일등을 모시는 제사상에 올리고, 은혜로운 조칙과 거룩한 표창도 하며 노비와 전답을 내려주고, 공신에게 주는 신표와 문서로 은혜가 대대로 미치게 하노라. 만대 후까지도 대대로 전하여 (한 획도) 고치지 말며, 다가올 백 대에 맹세하여 (한 줄도) 잊지 말지어다."369

〈원균 선무공신교서〉에는 상훈의 내용이 더욱더 구체적으로 서술되어 있다. 노비는 몇 명이나 줄 것인지, 전답은 얼마나 지급하고, 말이며 은(銀)과 비단은 또 얼마나 내려줄지도 꼼꼼히 적었다. 그러나 〈이순신 선무공신교서〉에서는 그런 내용을 생략하고 상징적인 언어로 뭉뚱그려 표현하였다. 물론 이순신의 후손에게도 노비와 토지 등 여러 가지 품목을 넉넉히 지급하였다는 점은 의문의 여지가 없다.

오늘날 이순신은 조선 수군의 대명사이자 애국심의 상징이다. 시민들은 이순신을 국가적 자존심의 근원으로 여기기도 한다. 이순신에 대한 극도의 미화는 우리가 위에서 살핀 〈이순신 선무공신교서〉에서 시작된 것이라고 보아도 좋을 것이다.

사람들의 지레짐작과는 달리 선조는 공신교서에서 감사와 존경의 마음을 진솔하게 서술하였다. 마치 이순신의 전기를 요약해서 서술하듯, 시기마다 그 능력과 업적을 일일이 소개하고 극찬을 아끼지 않았다.

교서에서 선조는 지난 수천 년 동안 중국의 역사를 수놓은 역사적 인물을 언급하고, 이순신을 그들과 동격(同格)으로 끌어올렸다. 〈이순신 선무공신교서〉에는 이순신의 일생이 곧 문명국가 조선의 자존심을 상징하게 되었다. 그때부터 이순신은 실존적 존재로서가 아니라 정치적, 이념적으로 한껏 미화된 성인(聖人)의 지위를 얻었다. 〈원균 선무공신교서〉는 글의 주인공인 원균을 탁월한 명장으로 묘사하는 데 그쳤으나, 〈이순신 선무

---

368 〈이순신 선무공신교서〉.
369 〈이순신 선무공신교서〉.

공신교서)는 주인공 이순신의 삶을 신화(神話)로 만들었다. 이것이야말로 성웅(聖雄) 탄생의 전주곡이 아니면 무엇이겠는가? 무엇이든지 지나치면 화(禍)를 낳는다.

제3절
선무공신의 선정

왜란이 끝나고 공신도감이 구성되어 여러 장수에 대한 업적평가가 시작되었다. 도감에서 걸러낸 후보자들을 둘러싸고 열띤 토론도 여러 번 거듭되었다. 아래에서는 공신이 어떻게 선정되었는지 그 과정을 간단히 알아보려고 한다. 주목할 점은, 왕이나 어느 한 사람의 대신이 공신 책봉을 일방적으로 결정한 것이 아니라는 사실이다.

예컨대 선조는 애초 공신 수를 4명 정도로 제한하려고 하였다. 왕은 왜란을 총평하여, "우리나라의 장사(將士, 장수)들이 왜적을 막는 것은 양(羊)을 몰아 호랑이와 싸우는 것과 같았다."370라고 주장하였다. 매우 힘든 싸움이었다는 뜻이다. 이어서 선조는 수훈을 세운 장수들을 다음과 같이 거론했다.

> "이순신과 원균의 해상전이 수공(首功)이고, 그 이외에는 권율의 행주 싸움과 권응수의 영천 수복이 조금 사람들의 뜻에 찼다. 그 나머지는 듣지 못하였다. 간혹 그 가운데에 잘하였다고 하는 자도 겨우 한 성을 지킨 것에 불과하였다."371

선조가 판단하기로, 이순신, 원균, 권율 및 권응수 4명이 선무공신 감이요, 나머지는 이야기할 가치도 없다는 것이었다.

하지만 선조 37년(1604)에 최종적으로 확정된 선무공신은 총 18명이었다. 공신도감과 대신 및 선조가 토론을 거듭하며 의견 절충을 하였다는 뜻이다. 18명 중에는 위에서 선조가 언급한 4명에 더해 그들의 부장이 5명이나 포함되었다(합계 9명). 요컨대 선무공신의 대다수는 처음에 선조가 고려 대상으로 삼지도 않았던 장수들이다. 여기서 확인되듯 선조는 공신도감과 대신들의 요구를 받아들여 크게 양보했다.

---

370 《실록》, 선조 36년(1603) 2월 12일.
371 《실록》, 선조 36년(1603) 2월 12일.

선무공신의 선정 과정

어떤 사람들은 선무공신을 선정하는 과정에 문제가 많았다고 비판한다. 특히 원균 장군이 선무 일등공신으로 뽑힌 점을 못마땅하게 여긴다. 심지어는 모든 신하가 반대하였으나 무능한 선조가 고집을 부려 원균이 일등공신이 되었다고 비판하는 사람도 있다. 이것은 과연 맞는 말일까.

《실록》을 통해서 선무공신이 어떻게 정해졌는지를 알아보겠다. 선조 36년(1603) 2월 12일에 공신도감은 선조에게 다음과 같이 보고했다.

> "정왜(征倭, 왜적 토벌)의 공(功)에 관하여 이제 (초안을) 마련했습니다. 신들은 모두 진중(陣中)에서 직접 눈으로 (현장을 지켜) 본 사람들이 아니므로, 그 당시에 올라온 장계와 (군부에서) 들려오는 소문을 모아 그중 이름이 드러난 사람들을 뽑았습니다."[372]

왜란이 끝난 지 이미 5년이 지났을 때였다. 일본이 침략전쟁을 시작한 선조 25년(1592)부터 계산하면 10년도 더 지났다. 왜란 때의 조정 대신 중에는 상당수가 이미 사망하였기 때문에 그들의 의견은 참고할 수 없었다. 공신도감은 왜란 당시에 장수들이 조정에 올린 〈장계〉를 토대로 공적을 심사하는 한편, "소문" 즉 육군과 수군의 여론을 광범위하게 참작해 공신 후보를 선정하였다. 즉 문서와 여론을 망라하여 종합적으로 평가하였다.

공신도감의 견해 - 선조 36년 2월

공신도감에서는 여러 명의 후보를 올렸다. 아래에서는 공신도감이 올린 보고 내용을 순서대로 하나씩 소개하겠다. 우선 이원익을 첫 번째 공신 후보로 제안하고 그 이유를 다음과 같이 설명했다. '가나다' 등의 순번은 원문에 없으나, 이해를 돕기 위해 임의로 붙였다.

> "(가) 임진년에 순안(順安)에 진을 치고 적로(賊路)를 차단하여 행조(行朝)의 성원(聲援)이 되었고,
> (나) 중국군을 향도(嚮導, 길잡이)하였고,

---

372 《실록》, 선조 36년(1603) 2월 12일.

(다) 토병(土兵, 우리 군사)을 모아서 (부대의) 모양을 이룰 수 있게 한 것이 순찰사 이원익의 공입니다. 전에 신들이 왜적을 물리치는 데 (이원익에게) 구관(句管, 사무를 담당함)한 공이 있었다고 아뢴 것은 이 때문입니다."[373]

이러한 세 가지 이유로, 공신도감은 이원익을 첫 번째 공신 후보로 추천하였다. 이어서 공신도감은 또 다른 세 명의 후보자를 거론하였습니다.

"이순신과 원균이 바다에서의 승전한 일, 그리고 권율의 행주에서 승전한 것도 전교(傳敎, 임금의 명령)대로 마련하였습니다."[374]

이순신, 원균 및 권율을 공신 후보로 삼는 데 동의한다는 뜻이었다. 그들은 "전교"를 따라 선정했다고 말했다. 선조는 처음부터 그들을 공신 후보로 거론하였고, 신하들도 이론의 여지가 없다고 말한 것이다.

이어서 공신도감은 다음의 11명을 공신 후보로 제시하였다. 후보의 이름과 공적의 내용 또는 사유는 《실록》에 나와 있다. 그것을 먼저 소개하고 약간의 설명을 추가한다.

"(가) 이억기(李億祺)는 전라 (우)수사로서 처음 한 곳에는 참전하지 않았으나, 그 후로는 처음부터 끝까지 참여하였습니다."[375]

전라우수사 이억기는 옥포해전에 참전하지 않았으나 그 외에는 모두 참전하여 공이 크다고 평했다.

"(나) 권응수(權應銖)는 영천(永川)에 있는 적을 공격하여 좌도(左道)를 보전시켰고,"[376]

권응수는 경상도 영천에서 승리한 장수인데, 육군으로서는 매우 드문 승전이었다.

"(다) 김시민(金時敏)은 진주(晉州)를 지키면서 성을 보전하고 적의 명장을 죽여

---

373 《실록》, 선조 36년(1603) 2월 12일.
374 《실록》, 선조 36년(1603) 2월 12일.
375 《실록》, 선조 36년(1603) 2월 12일.
376 《실록》, 선조 36년(1603) 2월 12일.

왜국에까지 소문이 났습니다."377

김시민은 진주성 1차 방어전에서 대승을 거두었으나, 안타깝게도 순국하고 말았다.

"(라) 이정암(李廷馣)은 연안성(延安城)을 지킴으로써 강화(江華)에 통행하는 데 지장이 없게 하였습니다."378

이정암은 황해도 연암에서 일본군을 무찔러, 그들이 강화도로 진출하지 못하게 막았다. 공신도감은 이상 네 명의 전공을 소개하고 다음과 같이 결론을 내렸다.

"이들은 모두 현저하게 세상에 알려진 사람들입니다."379

〈장계〉를 보든 여론으로 보든 이상에서 언급한 네 명을 이원익, 이순신, 원균 및 권율과 더불어 공신으로 삼으면 좋겠다는 뜻이었다. 일단 그렇게 주장하기는 하였으나 공신도감이 무게를 둔 것은 김시민, 이순신 및 원균이었다. 그들은 다음과 같이 기술하였기 때문이다.

"(마) 진주성을 지킬 때 이광악(李光岳)은 곤양군수(昆陽郡守)로서 성중(城中)에 들어갔습니다. 처음에는 성을 지키는 군대를 지휘하다가 (김)시민이 전사한 뒤에는 힘껏 싸워 적을 물리쳤습니다."380

곤양은 경상우수사의 관내였고, 그 때문에 이광악은 원균의 부하였다. 그런데 왜란 초기에 진주성이 위태해지자 그는 진주목사 김시민을 구원하기 위해 성안으로 들어갔다. 얼마 후에 김시민이 전사하자 수비군을 총지휘하여 진주성의 1차 방어전을 승리로 이끌었다. 이후에는 원균을 도와 여러 차례 해전에서 승리를 거두었다.

이어서 공신도감은 수군의 업적을 다음과 같이 재조명하였다.

"이순신과 원균의 해상전(海上戰)에 관해서입니다. 이순신은 (바) 권준(權浚) (사)

---

377 《실록》, 선조 36년(1603) 2월 12일.
378 《실록》, 선조 36년(1603) 2월 12일.
379 《실록》, 선조 36년(1603) 2월 12일.
380 《실록》, 선조 36년(1603) 2월 12일.

이순신(李純信) (아) 안위(安衛) (자) 배흥립(裵興立)의 공이 크다고 보고하였습니다. 노, 원균은 (자) 이운룡(李雲龍) (카) 우치적(禹致積)의 공이 다른 사람보다 많다고 하였습니다."381

공신도감은 원균과 이순신이 과거에 올린 모든 〈장계〉를 분석하여 6명의 장수를 공신 후보로 손꼽았다. 이순신은 4명의 장수(바~자)를 호평하였고, 원균은 2명(차, 카)의 공적을 자주 거론하였다고 했다.

이어서 공신도감은 선조에게 다음의 네 가지 질문을 던졌다. 하나씩 살펴보겠다.

"(1) 이순신과 원균은 이미 수공(首功, 1등 공신)에 참여하였으므로, 그들의 편장(褊將)에 관한 논공(論功)을 어떻게 해야 합니까?"382

이순신과 원균의 부하로 위에서 말한 6명 가운데 몇 명을 공신으로 뽑아야 적절한지 지침을 제공해달라는 요청이었다.

또, 권율 역시 1등 공신이므로, 그의 편장을 공신의 반열에 올리는 것은 어떠한지도 아래와 같이 질의하였다.

"(2) 권율의 행주대첩에서는 조경(趙儆)이 중위장(中衛將)으로서 협력하고 지휘하였습니다. 이런 편비(褊裨, 부장)는 어떻게 처리해야 합니까?"383

의사를 뚜렷이 밝힌 것은 아니지만, 공신도감은 권율의 부장인 조경도 공신 후보가 될 법하다는 견해를 간접적으로 표현하였다.

이어서 공신도감은 두 가지 질문을 조심스럽게 꺼냈다. 하나는 전공은 뛰어나지 않았으나 명성이 높았던 육군 장수에 관한 대접이요, 다른 하나는 대단한 전적을 세우지는 못하였을망정 의병장들도 적절히 대우할 필요가 있다는 의견이었다. 공신도감의 발언을 소개한다.

"(3) 김응서(金應瑞)와 고언백(高彦伯) 등은 대진(對陣)하여 승전한 공은 없습니다. 그러나 여러 해 동안 싸움을 한 공이 있는데 이들 역시 어떻게 해야

---

381 《실록》, 선조 36년(1603) 2월 12일.
382 《실록》, 선조 36년(1603) 2월 12일.
383 《실록》, 선조 36년(1603) 2월 12일.

합니까?"384

김응서와 고언백은 왜란 때 이름난 장수였는데 서로 사이가 나빴다. 그들은 여러 곳을 누비고 다녔으나 성과는 별로 없었다. 육군의 사기를 높이기 위해 공신으로 삼는 것이 바람직하다는 견해로 읽힌다.

전국 각지에서 일어난 의병들도 마찬가지였다. 주목할 만한 전공을 세우지 못했다고 하여 외면하면 사기가 떨어질 것이므로, 공신도감은 이를 우려하였다.

"의병도 큰 공은 세우지는 못하였으나 그 가운데서도 먼저 의병을 일으켜 한쪽 지역을 보전한 사람은 반드시 상을 주어야 합니다. 경상우도가 보전된 것은 실로 곽재우(郭再祐)의 힘입니다. 이 사람을 어떻게 대우해야 합니까?"385

의병장을 대표하는 인물로 곽재우를 제일로 손꼽았다는 점이 흥미롭다. 이와 함께 공신도감은 되도록 선무공신의 숫자를 대폭 늘리는 것이 좋겠다는 취지를 다음과 같이 밝혔다.

"녹훈(錄勳)을 준비할 때 호종(扈從, 왕을 따라 의주까지 간 신하)에 대해서는 두텁게 대접하였으나, (전쟁에서 공을 세운) 이들에게는 너무 소략하였습니다. 그래서 사람들이 실망하였습니다. (장수들의) 공로에 보답하는 뜻도 있고, 후세 사람들을 권장하는 점에서 보아도 미안한 일이라 생각되어 감히 여쭈옵니다."386

선조의 반응

이러한 공신도감의 의견을 청취한 다음에 선조는 자신의 생각을 정리하여 서면으로 통보했다. 그 내용은 이 글의 맨 앞에서 소개한 것과 같았는데, 하나씩 차례대로 다시 살핀다.

"(가) 우리나라의 장사(將士, 장수와 사졸)들이 왜적을 막는 것은 양(羊) 떼를 몰아서 호랑이와 싸우는 것과 같았다."387

---

384 《실록》, 선조 36년(1603) 2월 12일.
385 《실록》, 선조 36년(1603) 2월 12일.
386 《실록》, 선조 36년(1603) 2월 12일.
387 《실록》, 선조 36년(1603) 2월 12일.

왜란을 몸소 겪은 선조의 총평이었다. 우리 병사는 양 떼처럼 약하였고, 적병은 호랑이와 같았더라는 한탄이었다. 이러한 선조의 평가가 너무나 가혹하다고 느낄지도 모르겠다. 그러나 당시의 전황을 서술한 여러 기록을 읽어보면 선조의 평가를 나무라기도 어렵다. 피차 병력의 강약은 너무나도 대조적이었다.

잘 싸운 우리 장수도 없지 않았으므로, 선조는 그 점을 다음과 같이 강조하였다.

> "(나) 이순신과 원균의 해상전이 수공(首功)이고, 그밖에는 권율의 행주 싸움과 권응수의 영천 수복이 조금 사람들의 뜻에 찬다고 하겠다. 그 나머지 승전보는 내가 듣지 못하였다. 간혹 잘 싸웠다는 이가 있더라도 그것은 겨우 한 개의 성을 지킨 것에 지나지 않았다."388

후세가 듣기에는 자존심도 상하고 마음도 괴로운 이야기이다. 그러나 일리가 있는 진단이었다. 왜란 때 대승을 거둔 우리 측 장수가 있다면, 그것은 선조가 언급한 네 명이었다. 선조의 솔직한 평가를 우리는 경청해야 한다.

하지만 선조는 산전수전 다 겪은 노련한 정치가였다. 그는 공신을 조금 더 폭넓게 선정하고 싶었다. 민심을 위로하고 북돋우려면 포상자의 외연을 확대하는 것이 필요한 일이었다. 그래서 선조는 다음과 같이 말하였다.

> "논공(論功)은 조정의 의논을 따르겠다. 부탁하건대 지극히 공평하게 집행하여 지나치거나 함부로 하지는 말라. 또, 여러 해 동안 싸운 공을 평가하기로 들면 김응서와 고언백 두 장수에 그치지는 않을 것이다. 그 점도 참작해서 시행하라."389

김응서와 고언백 외에도 처음부터 끝까지 여러 전투에 참전한 장수를 몇 명 더 공신으로 추가하라는 지시로 볼 수 있다. 전공이 실제로 많은 장수라면 이순신과 원균, 권율과 권응수 정도였지만 민심을 위로하기 위해 폭넓게 공신을 뽑으라고 주문한 것이다.

사관의 평가

선조와 공신도감이 주고받은 이야기를 기록한 다음에 《실록》의 사관(史官, 역사를

---

388 《실록》, 선조 36년(1603) 2월 12일.
389 《실록》, 선조 36년(1603) 2월 12일.

기록하는 관리)은 자신의 견해를 진술하였다. 먼저 호성공신(扈聖功臣)의 선정을 비판하였고, 이어서 선무공신에 관해서도 논평하였다.

> "(가) 공로에 보답하는 것은 국가의 막중한 행사이다. 막중한 행사인데도 사람들에게 가볍게 (포상을) 시행하였으니, 어찌 애석한 일이 아니겠는가. 호종(扈從)한 신하를 공신으로 책봉하는 것은 옳지 않다. 육지(陸贄, 당나라의 학자)가 일찍이 말한 바였다. 만약 육지가 공로에 보답하는 방도를 조금이라도 아는 사람이라고 한다면, 당시에 (선조를 의주까지) 호종한 신하들은 부끄럽지 않겠는가. 더구나 요리사라든가 말고삐나 잡던 천한 사람까지 모두 익운(공신)의 반열에 참여시켜 이름이 맹부(盟府, 공신 회맹의 기록)에 오른 사람이 35인이나 되었다. 어찌 후세의 비난을 면할 수 있겠는가."390

선조가 의주까지 피난할 때 따라간 신하 중에서 호성공신을 뽑았다. 최종적으로 그 숫자는 80명이나 되었다. 사관의 견해로는, 호종공신이란 것 자체가 무의미하다는 것이다. 이러한 주장은 당나라의 학자 육지의 글에 근거한 것이다. 하지만 필자는 호성공신을 책봉한 것이 잘못이라고 생각되지 않는다. 선조를 따라간 문신이 극히 적었고, 나라가 매우 위태할 때였으므로 선조와 함께 생사를 같이한 신하들을 포상하는 것이 무슨 잘못일까.

여하튼 사관은 선무공신의 책봉에 대하여도 큰 불만을 품었으므로, 다음과 같이 비판하였다.

> "(나) 정왜(征倭, 왜적을 무지름)의 공에 관해서이다. 비록 중국 장사(將士)들의 공이라고는 하나, 아군도 적과 싸워 승전한 공이 없지 않았다. 그런데도 호종한 신하는 공신에 많이 참여시킨 데 비해 싸움에 나아간 우리 장사들은 박하게 대접하였다. 공에 보답하는 방도를 잃었다고 하겠다."391

옳은 말이라고 생각한다. 선무공신을 겨우 18명만 뽑은 것은 지나쳤다. 전란에 목숨을 바친 장수와 병사가 얼마나 많았던가. 선무공신은 100명쯤 책봉했더라도 오히려 부족하였을 것이다.

---

390 《실록》, 선조 36년(1603) 2월 12일.
391 《실록》, 선조 36년(1603) 2월 12일.

그 점을 일단 제쳐두더라도 왜란 중에 우리 군이 거둔 승리 가운데서 가장 빛나는 것이 무엇이었느냐고 묻는다면, 선조와 공신도감의 대답은 일치하였다. 첫째 해전(水戰)에서 거둔 승리이다. 그리고 육군이 거둔 승리 중에서는 행주대첩과 영천 방어 전투가 으뜸이었다. 수군 대장 이순신과 원균이 "수공(首功, 으뜸가는 공적)"이요, 육군의 권율과 권응수가 거둔 승리도 그에 버금간다고 하겠다.

공신도감의 재론 – 선조 36년 3월

선조 36년(1603) 3월 4일에 공신도감은 김응서(金應瑞)와 고언백(高彦伯)을 공신 후보자로 추가했다.392 아울러 김시민과 박진(朴晉)도 후보에 포함했다.393 이어서 정기룡(鄭起龍), 한명련(韓明璉), 이수일(李守一), 김태허(金太虛), 김응함(金應緘) 및 이시언(李時彦)도 수전(水戰) 및 육전(陸戰)에 다수 참전한 공을 고려하자고 제안하였다.394

선조의 응답

많은 후보자 가운데서 선조는 김시민과 고언백 두 장수를 선택하였다. 김시민의 공은 두말할 나위 없이 진주성을 지킨 것이었고, 고언백은 왕릉을 보호한 공을 인정했다.395 그 외에는 공이 없다면서 모두 물리쳤다. 그런 반면에 이순신과 원균의 편비(偏裨, 부장)는 모두 조사하여 알맞게 조치하라고 했다.396

공신도감에 대한 선조의 비판

다시 선조 36년(1603) 4월 하순에 공신도감과 군공청(軍功廳)에서 의견을 제시하자 왕은 〈비망기(備忘記)〉를 승정원에 내려 도감에 대한 불만을 표시하였다.397

첫 번째 문제는 이순신(李舜臣)의 아들과 조카 등에게 무려 18자급(資級, 18등급에 해당하는 벼슬)을 대가(代加, 대신에 더함)하자고 공신도감이 건의한 것이었다. 선조는 깜짝 놀랐다. 자신은 황제가 아니라 왕에 불과한데, 어찌 18자급이나 되는 상을 함부로 줄 수 있느냐고 했다.398

---

392 《실록》, 선조 36년(1603) 3월 4일.
393 《실록》, 선조 36년(1603) 3월 4일.
394 《실록》, 선조 36년(1603) 3월 4일.
395 《실록》, 선조 36년(1603) 3월 4일.
396 《실록》, 선조 36년(1603) 3월 4일.
397 《실록》, 선조 36년(1603) 4월 21일.

두 번째 문제는 공훈을 평가할 때 아무개는 적의 수급(首級) 몇을 베고, 적을 몇을 죽였다는 식의 보고였다. 선조는 그런 기록은 근거가 불충분하다고 했다. 가령 전투가 한창 벌어졌을 때 어떻게 누구는 몇 명을 사살하였는지를 알 수 있느냐는 반론이었다. 게다가 그동안의 〈장계〉를 곧이곧대로 믿으면 조선에 파병된 일본군은 다 죽고 한 명도 없어야 한다고 했다.399 선조는 자신의 경험을 바탕으로, 장수들의 전공 보고를 곧이곧대로 믿지 않았다.400

사관의 평 - 이순신과 원균

선조 36년 4월 21일 자 《실록》의 해당 기사 끝에는 사관의 견해가 기록되어 있다. 이순신과 원균의 관계를 시대순으로 간단히 정리한 것이다. 내용이 길지만, 원균의 진실을 밝히는 데 참고가 되므로 여기에 적어둔다. 주제별로 묶어 "가나다"라는 일련번호를 부여했다.

> "(가) 임진년에 이순신이 전라좌수사(全羅左水使)로서 전함을 거느리고 경상우수사(慶尙右水使) 원균(元均)과 함께 거제도(巨濟島) 앞바다에서 왜적과 싸워 크게 쳐부수고 왜적의 배 50여 척을 포획하여 전란(戰亂) 이래 제일의 공을 세웠다(옥포해전). 그러나 그때 계책을 마련하여 먼저 올라갔던 것은 모두 원균의 솜씨에서 나온 것이고, 이순신은 다만 달려와서 구원했을 뿐이다."401

옥포해전에 관한 서술이다. 〈이순신 선무공신교서〉에서는 옥포해전을 이순신이 거둔 가장 큰 승리의 하나로 손꼽았다. 그런데 사관의 설명에 따르면, 작전 계획을 세운 이는 원균이었다. 또, 이운룡의 전기 등을 보면 이운룡과 우치적 등 원균의 부장들이 가장 큰 공을 세운 전투이기도 하였다.

> "(나) 크게 승전한 뒤에 원균이 행조(行朝)에 치보(馳報)하려고 하자, 이순신이 속이기를 '공(公)과 협력하여 일을 한다면 왜놈들은 섬멸하고 말고 할 것

---

398 《실록》, 선조 36년(1603) 4월 21일.
399 《실록》, 선조 36년(1603) 4월 21일.
400 〈원균 선무공신교서〉에는 원균이 무찌른 일본군함의 수와 그가 바친 일본군의 머릿수가 기록되어 있다. 이는 틀림 없이 검증된 숫자라고 보았기 때문일 것이다.
401 《실록》, 선조 36년(1603) 4월 21일.

도 못 되는데 이러한 소소한 승전을 어찌 조정에 치계(馳啓)할 필요가 있 겠는가. 내가 다른 도(道)에서 급작스럽게 구원하러 왔기에 병기를 갖추지 못했으니, 왜적에게서 노획한 것을 써야 하겠다.'라고 하니, 원균이 그대로 따랐다."402

이순신이 옥포해전의 승리를 자신의 몫으로 빼앗아 간 일을 기록했다. 짐작하건대 그는 꾀가 많았고, 누구보다도 자신의 몫을 챙기는 데 밝은 사람이었던 것 같다. 문제는 이런 속임수가 과연 연합함대의 장래에 장차 어떤 영향을 주게 될지를 고려하지 않았다는 점이다.

"(다) 그러고는 이순신은 비밀히 사람을 시켜 노획한 병기와 왜적의 배에 실려 있던 금병(金屛)·금선(金扇) 등의 물건을 가지고 가 행조에 치계하도록 하여 과시하였으므로 전공(戰功)이 모두 그 자신에게 돌아가게 되었다."403

과연 이순신은 자신을 깊이 신뢰한 원균을 완전히 속이고야 말았다. 그런데 금병과 금선 등은 당포해전에서 우치적이 노획한 것이므로, 사관의 설명한 옥포해전에는 해당하지 않는다.

"(라) 그때 행조는 한창 위급한 때였으므로 치보를 받고 크게 기뻐하여 이순신을 통제사로 제수하고 원균은 이순신의 지휘를 받게 하니, 원균이 이 때문에 크게 화가 나 드디어 서로 협조하지 않았다."404

이런 일화가 사실과 정확히 일치하는지 단정하기 어려우나, 일화에 담긴 함의는 충분히 이해할 수 있다. 이순신은 원균과 협력 관계를 악용하여 자신의 이득을 너무도 영악하게 챙겼다는 혐의를 거두기 어렵다.

"(마) 그 뒤 정유재란(丁酉再亂) 때는 원균이 통제사가 되었다. 그때 왜적의 기세를 대적할 수 없음을 알고 한산도(閑山島)로 물러나 지키고만 있고 싸우지 않으려고 하였다. 그러자 조정에서 매우 급하게 싸움을 독려하여 원수(元帥)를 시켜 장벌(杖罰)하였다. 이에 원균이 마지못하여 싸우다가 패전하

---

402 《실록》, 선조 36년(1603) 4월 21일.
403 《실록》, 선조 36년(1603) 4월 21일. 금선, 즉 금부채에 관한 설명은 김간의 〈원균행장〉에도 나온다.
404 《실록》, 선조 36년(1603) 4월 21일.

여 죽었다."405

원균의 비극적인 최후를 간단히 기술하였다. 그러면서 그가 억지로 싸움에 나갔다는 점을 크게 부각하였다. 사관은 그의 억울한 처지를 매우 동정한 것이다.

"(바) 이순신이 다시 그를 대신하였다. 제독(提督) 진린(陳璘)을 따라가 순천(順天) 앞바다에서 왜적을 쳐 크게 승전을 거두게 되었을 때 그는 왜적의 탄환을 맞아 배 안에서 죽었다. 이순신은 재질과 기운이 누구보다 뛰어나서 중국 사람들도 명장이라 일컬었다."406

이순신은 지략이 뛰어난 장수로 중국 사람들까지도 명장이라고 불렀다는 점이 인상적이다. 사관의 말을 종합하면, 이순신과 원균은 조선 수군을 대표하는 거물이었음이 틀림없는데, 이순신의 지나친 잔꾀 때문에 서로 의가 상했다는 것이다. 당대의 여론을 반영한 평가라고 추측된다.

공신도감의 제안 - 선조 36년 4월 28일

선조 36년(1603) 4월 28일에 공신도감은 공신 후보자 건으로 다시 선조에게 상의하였다. 그 당시 도감의 당상(堂上, 당상관)은 다음의 5명이었다. 이항복(李恒福)을 필두로, 이호민(李好閔), 황진(黃璡), 홍가신(洪可臣) 및 박명현(朴名賢)이었다.407 앞에서 인용한 공신도감 측의 의견이란 곧 이들 5명의 견해였다. 이후에도 그 점은 마찬가지다.

공신도감은 총 26명의 후보자를 선발했다. 이원익(李元翼), 이순신(李舜臣), 권율(權慄), 원균(元均), 권응수(權應銖), 김시민(金時敏), 이정암(李廷馣), 곽재우(郭再祐), 이억기(李億祺), 권준(權俊), 이순신(李純信), 이운룡(李雲龍), 우치적(禹致績), 배흥립(裵興立), 박진(朴晉), 고언백(高彦伯), 김응서(金應瑞), 이광악(李光岳), 조경(趙儆), 정기룡(鄭起龍), 한명련(韓明璉), 안위(安衛), 이수일(李守一), 김태허(金太虛), 김응함(金應緘) 및 이시언(李時言) 등이었다.408

---

405 《실록》, 선조 36년(1603) 4월 21일.
406 《실록》, 선조 36년(1603) 4월 21일.
407 《실록》, 선조 36년(1603) 4월 28일.
408 《실록》, 선조 36년(1603) 4월 28일.

이러한 후보자를 놓고 선조와 공신도감은 한 차례 토론을 벌였고, 그런 다음에 몇 가지 시안이 마련되었다.

첫째, 진주성 방어 건으로 김시민과 이광악 두 사람을 선정하였고, 연안(延安)성 방어도 이정암 외에 한 명을 추가하겠다고 했다.409

둘째, 수군에 관하여 공신도감은 여러 가지 의견을 제시했다. 순서대로 적어보면, 우선 이순신과 원균의 부장에 관해서다. 권준, 이순신(李純信) 및 배흥립은 이순신의 부장으로 공신 후보자가 될 만하고, 원균의 부장으로는 이운룡과 우치적이 적격이라고 했다.410

공신도감에서 지난날의 〈장계(狀啓)〉를 검토한 결과도 보고했다. 즉, 이순신은 권준과 이순신(李純信)을 항상 첫손가락에 꼽은 데 비해, 원균은 때로 이운룡과 우치적의 이름보다 먼저 거론한 인물이 있다고 한다.411 그 장수가 바로 기효근임을 짐작할 수 있었다.

또, 공신도감은 수군의 후보자들을 정할 때 주사(舟師, 수군)의 여론을 참작하였다고 보고했다. 도감 측의 견해로는, 원균과 이순신은 서로 공을 다투느라 사이가 매우 나빠졌고, 특히 이운룡과 우치적 등의 은상(恩賞, 포상) 문제로 양측이 더욱더 심하게 대립하였다고 분석했다.412 그런데도 이식 등은 마치 이운룡이 처음부터 이순신을 따른 부하라도 되는 것처럼 서술하였으니, 세상을 속여도 그렇게까지 심하게 할 수 있는지 모르겠다.

이어서 공신도감은 공론에 따라 이운룡과 우치적을 일단 공신 후보로 넣었으나, 그 두 사람은 공신에서 제외하는 것이 좋겠다는 의견을 내놓았다.413 한편 이순신은 권준과 이순신(李純信) 두 사람 외에 정운(鄭運)도 수훈자로 보고했다고 한다. 하지만 공신 후보가 너무 많아 정운을 배제하였으므로, 일부에서 후보자로 거론하는 배흥립도 삭제하는 것이 옳다고 하였다.414

전라우수사(全羅右水使) 이억기는 전투에 많이 참전해 녹공 대상이지만, 안위는 왜란 초기에 일곱 번의 전투에 참전하지 못했으므로 후보자가 될 수 없다고 판단했다.415

---

409 《실록》, 선조 36년(1603) 4월 28일.
410 《실록》, 선조 36년(1603) 4월 28일.
411 《실록》, 선조 36년(1603) 4월 28일.
412 《실록》, 선조 36년(1603) 4월 28일.
413 《실록》, 선조 36년(1603) 4월 28일.
414 《실록》, 선조 36년(1603) 4월 28일.

셋째, 공신도감은 육장(陸將)들에 관해서도 의견을 제출했다. 우선 고언백(高彦伯)을 후보자로 삼으면 그와 비등한 사람이 많으므로 누구를 넣고 누구를 뺄지 모르겠다고 하였다.416 그 대안으로, 공신도감은 과거에도 거론한 육장(陸將) 중에서 일부를 선발해 공신 후보로 추가하자고 제안하였다.417

선조의 처분

선조는 공신도감의 제안을 수용하면서 잡음이 생기지 않도록 공평하고 올바르게 선발하라고 당부했다.418 또, 왕이 공신 수를 지나치게 제한한다는 비판에 대해, 실지로 공이 있는 사람이라면 어찌 공신으로 뽑지 않겠는가 반문했다.419

원균은 일등공신이 맞다!

선조 36년(1603) 6월에 한차례 소동이 일어났다. 공신도감에서 원균을 제2등 공신으로 낮추자고 하였다. 하지만 선조는 〈비망기〉를 내려 이의를 제기하였다. 왕은 네 가지 이유로 원균을 일등공신으로 삼자고 했다.

첫째, 왜란이 발생했을 때 원균이 이순신(李舜臣)에게 출전을 요청해서 전투에 나간 것이지, 이순신이 자진해서 싸우러 간 것이 아니라는 점이다.420

둘째, 적과 싸울 때 원균은 죽기를 무릅쓰고 항상 선봉이 되어 먼저 적선에 올라가 용맹을 떨쳤다는 점이다.421

셋째, 원균이 승전하고 노획한 공은 이순신과 똑같으나, 그가 노획한 적괴(賊魁)와 누선(樓船)을 도리어 이순신이 빼앗아 간 적이 있다는 사실을 잊으면 안 된다고 했다.422

넷째, 원균이 통제사가 되었을 때 여러 차례 〈장계〉를 올려, 부산(釜山) 앞바다에 쳐들어가 적을 토벌할 수는 없다고 아뢰었다. 그러나 비변사가 독촉하고 원수가 윽박

---

415 《실록》, 선조 36년(1603) 4월 28일.
416 《실록》, 선조 36년(1603) 4월 28일.
417 《실록》, 선조 36년(1603) 4월 28일.
418 《실록》, 선조 36년(1603) 4월 28일.
419 《실록》, 선조 36년(1603) 4월 28일.
420 《실록》, 선조 36년(1603) 6월 26일.
421 《실록》, 선조 36년(1603) 6월 26일.
422 《실록》, 선조 36년(1603) 6월 26일. 당포해전 때 원균이 노획한 금부채를 이순신이 자신의 공으로 삼은 것을 말한다.

질러, 원균은 패전할 줄 알면서도 어쩔 수 없이 진(鎭)을 떠나 적과 싸우다가 순국하였다. 이로 보건대 원균은 용기만 삼군에서 으뜸이 아니라 지혜도 또한 지극했다고 했다.[423]

이에 덧붙여 선조는, 한 번의 패전으로 명장을 업신여기는 것은 부당하다고 했다. 왕은 그 점을 아래와 같이 논변하였다.

> "당(唐)나라 때 가서한(哥舒翰)이 가슴을 치면서 동관(潼關)을 나섰다가 마침내 적에게 패전하였고, 송(宋)나라 때 양무적(楊無敵)이 반미(潘美)의 위협 때문에 눈물을 흘리며 싸우러 나갔다가 적에게 섬멸되었다. 이것이 어찌 이 경우(즉 원균)와 다르겠는가. 고금(古今)의 인물을 성공과 실패만 가지고 논평할 수 없는 법이다."[424]

중국 역사 속의 장수 가서한과 양무적을 예로 들어, 선조는 한 번의 승패를 가지고 명장의 일생을 함부로 평하지 말라고 경고하였다. 실로 의미심장한 훈계였다.

> "과인은 원균이 지혜와 용기를 갖춘 사람이라고 여겨 왔다. 그런데 애석하게도 그의 운명이 시기와 어긋나서 공도 이루지 못하고 일도 실패하여 역량이 밝혀지지 못하였다."[425]

선조는 원균이 억울하게 최후를 맞은 사실을 기억하며 슬퍼했다. 이어서 영의정 이덕형에게 다음과 같이 경고하였다.

> "전번에 영상이 남쪽에 내려갈 때 잠시 원균을 민망하게 여기는 뜻을 가졌었다. 영상이 그 일을 기억하고 있는지 모르겠다. 오늘날 공로를 논하는 마당에 (경이 원균을) 도리어 2등에 두었으니 어찌 원통하지 않은가. 원균은 지하에서도 눈을 감지 못할 것이다."[426]

여기서 선조가 언급한 '전번의 일'이란 무엇일까. 이 일에 앞서 이덕형은 남도 지방을 순찰하고 선조에게 보고하기를, 이른바 칠천량해전 같은 것은 없었다는 점을 말

---

423 《실록》, 선조 36년(1603) 6월 26일.
424 《실록》, 선조 36년(1603) 6월 26일.
425 《실록》, 선조 36년(1603) 6월 26일.
426 《실록》, 선조 36년(1603) 6월 26일.

하였다. 부산포로 출전한 함대는 90척이었고, 그때 군사는 거의 없었으며, 사람들은 원균과 이억기 등이 순국하였다고 말한다고 했다. 왕은 그때 일을 회상하며, 원균을 푸대접하지 말라고 지시했다. 이덕형은 이 말을 듣고 과연 어떤 생각을 했을까.

또한 선조는 공신도감이 배홍립을 공신 후보에서 제외한 것을 문제 삼았고, 정운까지 공신 명단에서 삭제한 것을 비판하였다. 정운은 이순신이 여러 장수와 출병을 의논할 때 적극적으로 찬성하였으며, 적을 토벌하는 데에도 많은 공을 세웠다. 게다가 끝까지 싸우다가 순국하였다. 그런 점을 일일이 언급하며, 선조는 정운을 공신으로 삼아야 한다고 말했다.427

공신도감의 수긍

그들은 원균을 이등공신으로 삼자고 했던 이유로 두 가지를 들었다. 첫째, 원균은 왜란이 일어났을 때 군사가 없는 장수였다는 점이고, 둘째, 마지막에는 주사(舟師, 수군)를 패전한 과실이 있다고 했다.428 그러나 이제 선조의 가르침을 받들어, 방침을 바꿔 일등공신에 포함하겠다고 수긍했다.429 그리고 정운도 공신 명단에 넣겠다고 다짐했다.430

그 일에 관해 사관은 다음과 같이 평했다. "원균은 (처음에) 주함(舟艦)을 침몰시키고 군사를 해산시킨 죄가 매우 컸다."431 이것은 터무니없는 주장이었다. 앞에서 논의한 것이라 재론하지 않는다. (제1부 제1장, 제2부 제1장 참조)

공신도감, 김응함을 삭제하자고 주장 – 선조 36년 8월

이후에도 공신도감과 선조 사이에는 많은 논란이 있었다. 왕명이라도 공신도감이 늘 곧이곧대로 수용되지는 않았다. 그 반대 의론도 물론 성립하였다. 선조 36년(1603) 8월 중순에 공신도감은 김응함(金應緘)의 자격 조건을 재론하였다.

그는 대동찰방(大同察訪)으로 순안진(順安陣)에 근무하다가 공을 세워 당상관으로 승진했다. 나중에는 이순신(李舜臣)의 중군(中軍)이 되어 "노량대전(露梁大戰)"에 참전하였다. 하지만 특별한 공은 없었다. 그래서 이순신의 부장 안위(安衛)가 해전에 여러 차

---
427 《실록》, 선조 36년(1603) 6월 26일.
428 《실록》, 선조 36년(1603) 6월 26일.
429 《실록》, 선조 36년(1603) 6월 26일.
430 《실록》, 선조 36년(1603) 6월 26일.
431 《실록》, 선조 36년(1603) 6월 26일.

례 참전하지 못한 점 때문에 공신 명단에서 삭제된 것과 마찬가지로 김응함 역시 삭제하자고 했다.432

선조의 분노

공신도감과 선조는 세부사항을 둘러싸고 갈등이 심했다. 왕은 분통을 터뜨리며, 선조 36년(1603) 8월 중순에 〈비망기〉로 다음과 같이 선언하였다.

> "정왜(征倭) 공신은 이순신, 원균, 권율(權慄)이 일등이 되어야 마땅하다. 그밖에는 모두 명단에서 삭제하라. 고언백(高彦伯)은 적을 토벌하고 능(陵)을 수호하였으므로 공이 상당하다. 그런데 신하들이 어찌 감히 삭제하자고 말하는가. 그 이름을 그대로 두어라. 이 점을 도감(都監)에 말하라."433

설왕설래가 거듭되자 선조는 이순신, 원균, 권율 및 고언백 4명만 "정왜" 공신으로 삼으라고 지시하였다.

대신들의 반대와 새로운 제안

공신 책봉이 파행을 맞자 전임과 현임 대신이 확대회의를 열고 선조의 견해를 반박하였다. 선조 37년(1604) 6월 6일에 대궐의 빈청(賓廳, 회의실)에 모인 원훈(元勳, 전임 대신)과 현임 대신(大臣)이 합동으로 아뢰었다.

첫째, 공신을 이순신(李舜臣), 권율(權慄), 원균(元均) 및 고언백(高彦伯)으로 축소하는 것을 반대한다고 했다.434 그들은 6명의 장수를 추가해야 한다며, 그 공적을 다음과 같이 열거했다.

> "(1) 권응수(權應銖)는 영천(永川) 수복(收復)의 공이 있었고, (2) 수전에서의 이억기(李億祺)와 (3) 행주(幸州)의 조경(趙儆)은 승첩(勝捷)의 공이 있었습니다. (4) 진주(晋州)성의 김시민(金時敏)과 (5) 이광악(李光岳), 그리고 (6) 연안(延安)의 이정암(李廷馣)은 성을 온전히 지킨 공이 있었습니다. 그런데 모두 삭제당하면 훗날 무장(武將)이 해이해질까 염려스럽습니다."435

---

432 《실록》, 선조 36년(1603) 8월 17일.
433 《실록》, 선조 36년(1603) 8월 17일.
434 《실록 – 선조수정》, 선조 37년(1604) 6월 6일.
435 《실록 – 선조수정》, 선조 37년(1604) 6월 6일.

이어서 전임 및 현임 대신들은 두 가지 제안을 했다. 첫째, 처음에 공신 책봉을 논의할 적에는 숫자가 많아 4등급으로 나누었으나, 이제 숫자가 많이 줄었으므로 3등급으로 정하자고 했다. 둘째, 명나라에 군량(軍糧)을 요청하러 갔던 사신들도 공신으로 뽑자고 했다. 선조는 그런 요구를 수용하겠다고 약속했다.436

그때까지 공신도감에서는 "호종(扈從)" 공신과 "정왜(征倭)" 공신이란 명칭을 임시로 사용하였다. 그러나 나중에는 "호성(扈聖)"과 "선무(宣武)"로 고쳤다.437

공신 책봉이 난항을 겪은 데는 다른 이유도 있었다. 사안이 워낙 중요하였으므로, 선조와 공신도감뿐만 아니라 전직과 현직 대신들도 수시로 의견을 개진하였다. 게다가 언관(言官)까지도 일일이 간섭했다. 사공이 많으면 배가 산으로 간다는 속담도 있듯이, 너무 많은 사람이 공신 선정에 간여했다. 결과적으로 공신 선정에 관한 의론을 시작한 지 4년이 되도록 아무런 결정도 내리지 못하였다.438 이에 전직과 현직 대신이 나서 한목소리로 선조를 설득하려 했다.

공신 수를 겨우 네 명으로 줄이면 전진(戰陣)에 종사하며 근로(勤勞)하던 사람들은 실망할 것이라고 했다. 무사(武士)들의 마음을 위로하려면 공신 수를 확대하라는 것이었다.439

그러한 주장은 선조 37년(1604) 6월 19일에도 반복되었다. 큰 공로가 있으면 맹부(盟府)에 이름을 기록하고 나라에서 철권(鐵券)을 주는 것은, 공로에 대해 상을 주는 것뿐만 아니라 후세 사람들을 권면하는 것이라는 점을, 대신들은 재차 강조하였다.440 그러면서 그들은 다음과 같이 제안하였다.

> "이순신·권율·원균을 1등에 넣는 것에 대해서는 이제 다시 의논할 것이 없습니다. 그 외에 정기원(鄭期遠), 권협(權悏), 유사원(柳思瑗), 고언백(高彦伯)은 3등에 들어갔는데 … 그렇게 하면 2등에는 녹훈할 사람이 없습니다. 그러나 처음에 3등으로 정해진 사람들을 2등으로 올리는 것은 자못 온당하지 못합니다. 어떻게 조처해야 할지 감히 여쭙니다."441

선조는 대신들이 사정을 두루 참작해서 결정하라고 부탁하면서, 3등 공신으로 거

---

436 《실록 – 선조수정》, 선조 37년(1604) 6월 6일.
437 《실록 – 선조수정》, 선조 37년(1604) 6월 6일.
438 《실록》, 선조 37년(1604) 6월 19일.
439 《실록》, 선조 37년(1604) 6월 19일.
440 《실록》, 선조 37년(1604) 6월 19일.
441 《실록》, 선조 37년(1604) 6월 19일.

론되었던 이들을 2등으로 올려도 무방하다는 의견을 내놓았다.442

원균과 이순신의 부장들

그리하여 선무공신을 선정하는 작업은 진척되었다. 그러나 새로운 문제가 또 발견되었다. 선조 37년(1604) 6월 21일에 대신들은 다음과 같이 아뢰었다.

"이번에 이순신과 원균의 관하(管下) 장사들은 모두 (공신 명단에서) 삭제되었고 유독 조경과 이광악만 취하는 것은 온당하지 못합니다. 이 두 사람은 녹훈하지 않아도 되겠습니다만 오직 성상께서 결단하시기에 달렸습니다."443

신하들은 권율과 함께 일등공신인 원균 및 이순신의 부장들을 공신에 포함하기를 요청한 것이다. 이에 대해 선조는 다음과 같이 지시했다.

"조경(趙儆)은 권율의 휘하(麾下)로서 녹훈되었다. 이순신과 원균 두 대장의 휘하에서도 몇 사람을 뽑아서 녹훈하라. 그렇게 하면 균등하게 될 것이니라."444

그리고 육장(陸將) 가운데는 이시언(李時言)을 공신으로 추가하라고 명령했다.445 그는 왜란이 시작될 때부터 마지막까지 참전하였고, 평양에 주둔한 일본군이 철수할 때 사살한 공도 있고, 도산(島山)의 전투에서도 공이 있었다고 왕은 회상했다.446

공신 책봉이 막바지에 이르자 공신도감은 오히려 논의에서 배제되었다. 그 대신에 신구 대신들이 선조와 이견을 조율하였다. 선조 37년(1604) 1월 21일에 대신들은 이순신(李舜臣)과 원균(元均) 두 대장의 부장으로 공신 명단에 들어갈 장수를 논의했다.447

우선 권준(權俊)과 이순신(李純信)은 이순신의 부장이고, 이운룡(李雲龍)과 우치적(禹致績)은 원균의 부장이었다. 문제는 그들 4인의 전공(戰功)을 가릴 때 우열을 가리는 것이 어려웠다.

---

442 《실록》, 선조 37년(1604) 6월 19일.
443 《실록》, 선조 37년(1604) 6월 21일.
444 《실록》, 선조 37년(1604) 6월 21일.
445 《실록》, 선조 37년(1604) 6월 21일.
446 《실록》, 선조 37년(1604) 6월 21일.
447 《선조》, 선조 37년(1604) 1월 21일.

"신들은 정확한 소견도 없고 또한 의거할 문적(文籍)도 없습니다. 만일 (네 명) 모두 (공신 명단에) 수록(收錄)한다면 숫자가 너무 많을 듯하고, (누군가를) 취사(取捨)하려면 공로가 같아 경중을 분간하기가 어렵습니다."448

대신들은 권준과 이운룡 등의 순위를 어떻게 정할지 몰라 고뇌에 빠졌다. 그리고 그들 네 사람 모두를 공신으로 정할지에 대해서도 확신이 서지 않았다. 그들은 선조가 공신으로 삼으라고 명령한 이시언(李時彦)에 관해서도 이론이 있었다.

"유독 이 사람을 많은 삭제 대상자 속에서 고른다면, 뒷말하는 사람들이 분개할 것인데 어떻게 조처해야 하겠습니까?"449

선조의 답변은 명쾌했다. 왕은 원균과 이순신이 세운 공이 권율보다도 우월하다면서 권율의 휘하인 조경을 녹훈하는 마당에 원균과 이순신의 부장을 빠뜨리는 것은 말도 안 된다고 반박했다. 되도록 지금 거론된 5인을 모두 녹훈하라고 했다.450 그리고 육장(陸將)은 이시언과 박진(朴晉) 등의 공이 크다며, 대신들이 상의해서 정하라고 명령했다.451

선무공신의 명칭

이후에 5개월 동안 누구를 어떻게 포상할지 논란이 이어졌다. 마침내 선조 37년 6월 25일에 선무공신 18명 전원의 이름과 등급이 확정되었다. 선무공신(宣武功臣) 1등은 이순신(李舜臣), 권율(權慄) 및 원균(元均) 세 대장으로 하고, 효충장의적의협력선무공신(效忠仗義迪毅協力宣武功臣)이라고 불렀다.452

2등은 신점(申點), 권응수(權應銖), 김시민(金時敏), 이정암(李廷馣), 및 이억기(李億祺)로서 효충장의협력선무공신(效忠仗義協力宣武功臣)이라 정하였다.453

끝으로, 3등은 정기원(鄭期遠), 권협(權悏), 유사원(柳思瑗), 고언백(高彦伯), 이광악(李光岳), 조경(趙儆), 권준(權俊), 이순신(李純信), 기효근(奇孝謹), 이운룡(李雲龍)이었다.

---

448 《실록》, 선조 37년(1604) 1월 21일.
449 《실록》, 선조 37년(1604) 1월 21일.
450 《실록》, 선조 37년(1604) 1월 21일.
451 《실록》, 선조 37년(1604) 1월 21일.
452 《실록》, 선조 37년(1604) 6월 25일.
453 《실록》, 선조 37년(1604) 6월 25일.

그들은 효충장의선무공신(效忠仗義宣武功臣)이라 불렀다. 각각 관작을 내리고 군(君)으로 봉했는데 모두 18인이었다.454

선조는 원균의 공이 권율보다 크다고 하였으나, 최종 결과를 보면 권율보다 아래로 밀렸다. 여기에는 대신들의 의견이 반영된 것으로 보인다. 또, 선조가 적극적으로 밀었던 이시언과 박진 등은 끝내 탈락되었다. 그밖에도 원균의 부장 가운데서 처음부터 후보로 거론되었던 우치적이 배제되고, 대신에 기효근이 들어갔다. 그는 본래 이운룡보다 공이 높은 것으로 평가되었다는 사실이 흥미롭다.

《실록》를 편찬한 사관은 선무공신을 책봉한 일은 옳았다고 말하면서도 그 숫자가 너무 많다며 비판하였는데, 그 견해는 다음과 같았다.

> "이순신, 원균, 권율은 (왜란 때) 혈전(血戰)한 공이 있었다. 그리고 당시 삼공(三公, 삼정승)은 조금이나마 대책을 결단한 일이 있었다. 그래서 부득이하였다면 그들 몇 명만 녹훈했어야 옳다."455

요컨대, 사관의 뜻대로 일이 진행되었더라면 이순신, 원균, 권율, 유성룡, 이원익 등이 선무공신으로 제격이었다는 것이다. 그러나 앞에서도 말했듯, 18명이란 선무공신 숫자는 많은 수가 아니었다. 적어도 수십 명쯤은 되었어야, 여러 장수와 의병장 및 승장(僧將)도 골고루 공신에 포함되었을 것이다.

오랜 논의 끝에 우리는 다음의 세 가지로 결론을 내릴 수 있다. 첫째, 원균이 이순신 및 권율과 함께 선무공신의 핵심이라는 점은, 선조와 조정 대신 및 《실록》을 편찬한 사관들 모두가 공감하는 일이었다.

둘째, 선무공신을 책봉하는 과정은 4년 넘게 이어졌고, 논의에 참여한 이들도 다양하였다. 공신도감을 이끈 5명의 당상관, 언관들 그리고 전임과 현임 대신들도 저마다 목소리를 냈다. 그들 가운데 한두 사람은 원균이 왜란 초기에 군사를 해산하고 전함을 수장했다는 식의 엉터리 주장을 하였고, 칠천량해전에서 우리 수군에게 큰 패배를 안겨주었다고 우겼다. 그러나 그런 견해는 소수 의견일 뿐이었다.

셋째, 최종적으로 선무공신을 선정한 것은 선조와 대신들이었다. 그들 모두의 동의로 원균은 선무공신 제1등이 되었고, 부하 장수 중에도 두 명이 선무공신 제3등에 선정되었다. 오랜 논의 끝에 기효근과 이운룡이 공신의 반열에 올랐는데, 그 결정은 선

---

454 《실록》, 선조 37년(1604) 6월 25일.
455 《실록》, 선조 37년(1604) 6월 25일.

조의 일방적인 명령 때문이 아니었다. 이상에서 상세히 살핀 것처럼 많은 토론과 숙의를 거친 엄숙한 결정이었다.

    오늘날 사람들은 선무공신이 어떠한 과정을 거쳐 결정되었는지 모르는 채 원균에 관해 함부로 험담을 늘어놓는다. 역사를 너무 가볍게 여긴다면 세상이 천박해질 위험이 있다.

제4장
원균의 전략과 전술

원균에 관해 부정적인 통념이 널리 퍼져 있다. 좋은 장수가 아니라는 것인데, 사람들은 그를 가리켜 비겁하다고 말하며, 전투가 벌어지면 도망만 쳤다고 비난하기도 한다. 심지어 원균은 뚱뚱해서 걷지도 못할 정도였다는 비아냥도 있다. 그는 부하들에게 가혹하였고, 이순신과의 관계에서 보았듯 비굴하고 교활하다는 비판도 있다.

위에 열거한 것은 과연 역사적 사실에 부합하는가? 대사헌 김간이 편찬한 〈원균행장〉을 읽어보면 원균은 체구가 크고 행동이 민첩한 무관이었다.(제2부 제2장) 그리고 〈원균 선무공신교서〉에 따르면, 원균은 용감하고 지략도 뛰어났다. 중국 역사에 등장하는 이름난 장수들과 동등하다고 했다.(제2부 제3장) 아울러 《실록》에서 읽은 바로, 대신들의 중론을 모아보면 원균의 장기는 수전 즉 해전이었다. 원균은 적과 싸울 때 항상 선봉에 섰다고 했다. 전투에 나가면 지나칠 정도로 부하들에게 힘껏 싸우라고 주문하였기 때문에 "미친 원 수사"라고 불릴 정도였다. 대신 정탁 같은 이는, 군사들이 원균을 믿고 따른다고 말하였다.(제2부 제1장) 사람들이 원균에 관해 가지고 있는 부정적인 통념은 근거가 없는 헛소문이다.

원균은 용감하고 병법에 능통한 장수였다. 만일 우리가 한 사람의 장수를 제대로 이해하려면 그의 전술과 전략에 관해서도 정확히 알아야 한다. 앞에서 연구한 바로는, 원균은 적과 아군의 상황 변화에 따라 신축성 있게 함대를 운영하였다. 그가 가장 큰 어려움을 겪은 시기는 왜란이 시작되고 나서 처음 한 달이었다. 즉 선조 25년 4월에 원균은 소수의 병력으로 대군을 맞아 싸울 때였다. 그때 그는 과연 어떻게 위기를 벗어났을지, 그때 그가 구사한 전술은 무엇이었는지도 궁금하다. 아래 제1절에서 이런 문제를 다루게 될 것이다.

이어서 원균이 다른 수사들과 연합함대를 편성해 일본군과 교전하던 시기도 우리의 관심거리이다. 그때는 과연 어떠한 전술과 전략을 추구하였는지도 깊이 분석하면 좋겠다. 알다시피 바로 그 시기에 원균과 이순신의 갈등이 커졌는데, 그 문제 역시 두 장수의 전략적 판단이 다른 데서 촉발하였다. 선조 25년 5월부터 약 1년간 원균은 과연 어떠한 방법으로 적을 상대하였는지도 조사해야겠다. 우리가 제2절에서 다루게 될 연합함대 전성기의 전술은 원균의 참모습을 보여 줄 것이다.

끝으로, 통제사 시절의 주요한 전술이 무엇이었는지도 궁금증을 불러일으킨다. 이 장의 제3절에서 우리는 그 문제를 취급할 것이다. 원균이 수군에 복귀하기 직전인 선조 30년(1597) 1월부터 그가 순국한 그해 7월까지의 이야기이다.

지금까지 원균에 관한 책이 여러 권 간행되었으나, 그의 전술 및 전략에 관해 주목한 서술은 읽어보지 못한 것 같다. 그런 점에서 우리는 지금 미개척의 영역에 발을 내딛는 것이다. 속담에도 있듯 첫술에 배가 부를 수는 없다. 여러모로 부족한 점이 많은 논의겠지만, 여러분의 격려와 진솔한 조언을 통해 개선될 수 있을 것으로 믿는다.

제1절
왜란의 개시와 원균의 대응

선조 25년 4월에 일본 침략군이 물밀듯 부산포로 밀려왔다. 15만 8천 명도 넘는 적군이 불과 한두 달 사이에 현해탄을 건너왔다. 고작해야 10척 가량의 판옥선을 가지고 그 대군을 물리친다는 것은 누구도 할 수 없는 일이다. 원균은 경상우도순찰사 김수와 긴밀하게 연락하며 나름대로 방어책을 만들어 실천에 옮겼다.

간추리면 다음의 세 가지였다. 하나는 일본 수군의 서쪽 진출을 막는 것이요. 또 하나는 경상우도의 거점인 진주를 보호하는 것이다. 끝으로, 우리 수군의 수적 열세를 만회하기 위해 인근 지역인 전라좌수영과 함께 연합함대를 편성하는 것이다. 아래에서는 그와 같은 세 가지 전략 전술에 관해 하나씩 설명하겠다.

1. 일본군의 서진 차단

전쟁이 일어나자 원균의 경상우수영은 최일선에서 적과 충돌하였다. 부산포를 방어할 경상좌수영은 적세에 눌려 바로 해체되었기 때문에 적군의 압박이 경상우수영에 미치는 것은 시간문제였다. 적이 침략을 시작한 것은 4월 13일이요, 이틀이 지난 4월 15일이 되자 그들의 침략이 사상 최대 규모라는 사실이 드러났다.

전쟁 발생 이후 원균은 전 지역의 병력과 군사자원을 총동원해 경계 태세에 들어갔다. 그는 시시각각으로 변하는 적의 침략 현황을 정확히 기록하고 조정을 비롯해 이웃한 전라좌수영에 통보했다. 이순신의 〈장계〉와 《난중일기》에서도 확인된 사실이다. 속설에는 원균이 적을 한 번 바라보기도 전에 도주했다고 하지만, 그것은 사실과 전혀 달랐다. 그는 적의 일거수일투족을 가장 근거리에서 날카롭게 주시했다.

하지만 경상도에 주둔한 장수들은 대부분 내륙 깊숙이 숨어버렸다. 원균의 부하 중에서도 적의 기세에 눌려 근무지를 무단이탈한 사람이 있었다. 부산에 인접한 가덕도의 첨사(加德僉使) 전응린(田應麟)이 대표적인 예였다. 고성현령(固城縣令) 김현(金絢) 역시 적군이 날마다 수백 척의 배를 타고 부산포로 들어오는 모습을 보고 말없이 도주했다.

원균은 휘하에 남은 용맹한 몇몇 장수를 독려하여 10척 정도의 판옥선 함대를 편성했다. 그들은 경상우도의 동쪽 바다를 철저히 감시하는 한편, 눈에 띄는 대로 적선을 무차별 공격했다. 당시에 경상우도순찰사 김수는 적선의 항해를 저지하라고 원균에게 명했는데, 그것은 무리한 지시였다. 중과부적(衆寡不敵)이라는 말도 있지만, 적선은 수백을 헤아리는데 경상우수영은 잘해야 10척쯤이었다. 이런 작은 함대를 거느리고 무슨 효과를 낼 수 있었겠는가.

그래서인지 《실록》에 보면, 여러 대신은 임진년 4월의 상황을 회상하며, 처음엔 원균이 자주 패전했다고 언급했다. 후세는 이런 회고담을 마구 부풀려 원균이 처음에 1만 명의 수군을 해산하고 100척의 전함을 물속에 집어넣었다는 등의 낭설을 만들기도 하였다. 그러나 정탁처럼 조정의 잘못된 명령 때문에 원균이 패배했다는 진술도 있다.(〈신구차〉 참조)

하지만 전쟁 초기에 원균의 함대는 고난을 겪으며 실전 경험을 착실히 쌓은 것으로 보인다. 《실록》을 자세히 읽어보면, 원균이 겪은 초전의 어려움에 관해서 그것은 조정의 실수였다는 설명이 여러 번 나온다. 정확한 평가였다고 판단된다. 전세는 우리 군에게 너무나도 불리하였다.

그런 와중에도 원균의 경상우수영은 10척의 적선을 파괴하는 놀라운 성과를 냈다. 혹자는 그에 대해서도 원균이 무찌른 것은 수송선에 불과했을 것이라고 인색하게 평가하지만, 전쟁 중에 오로지 수송에만 종사하는 선박이 어디 있었겠는가. 적선을 10척이나 무찔렀다는 사실을 과소평가할 이유는 어디에도 없다.

전쟁이 일어나고 처음 10여 일 동안에 원균의 함대는 많이 지쳐 있었다. 날마다 먼 바다로 출동해 기회가 되는 대로 적선을 마구 공격하다 보니, 우리 군에게도 피해가 없을 리는 만무했다. 그 사이 경상우수영 전함 가운데 7척이 부분적으로 파손되었다.

원균은 자신이 지휘하는 판옥선을 단 한 척도 함부로 포기하지 않았다. 그는 이 배들을 적군의 눈에 띄지 않는 장소에 숨겨두었다. 틈이 나는 대로 고쳐서 다시 사용할 계획이었다. 선조 25년 5월 초순에 처음으로 연합함대가 편성되었을 때 원균이 동원한 전함이 4척쯤이었으나, 오월 하순에 제2차 연합함대가 출동할 때는 수리가 끝난 7척의 판옥선도 전투에 투입하였다. 이 점은 이순신의 《난중일기》에 기록되어 있다.

초기 전투에서 7척이나 되는 원균의 판옥선이 부분적으로 파손된 것은 왜 그랬을까? 우리 수군은 아군의 판옥선이 일본의 전함보다 견고하다는 사실을 알고 있었으므로, 선체를 충돌함으로써 적선을 격침하는 방법을 선호하였기 때문이다. 나날이 강도 높은 충돌이 거듭되다 보니, 우리의 판옥선도 부분 파손을 면하기 어려웠다. 필자는 그렇게 해석한다.

경상우수영의 함대는 수적 열세에도 불구하고 맹렬한 기세로 바다를 누비며 적선과 전투를 벌였다. 그래서 적선의 서쪽 진출은 예상했던 것보다 무척 어려운 일이 되고 말았다. 하지만 워낙 수적인 우열의 차이가 컸으므로, 우리 군은 그런 작전을 끝끝내 고집할 수 없었다.

2. 진주 앞바다의 방어

적군은 부산포에 거대한 진지를 구축하고, 곧이어 한양을 향해 파죽지세로 진군하였다. 선발대가 부산에 도착하고 불과 며칠 만에 그들은 이미 경상도를 점령하였다. 선조 25년 4월 25일에 순변사 이일은 상주에서 처참하게 무너졌다.

그러자 일본군은 수륙 합동작전을 펴며 본격적으로 서진을 시작했다. 원균은 이런 상황을 정확히 파악하고, 일본군의 다음 목표는 경상우도의 지역 거점인 진주성이 될 것으로 내다보았다. 이것은 전략적으로 옳은 판단이었다.

원균은 진주의 앞바다에 해당하는 곤양을 방어하는 데 중점을 두었다. 앞에서도 읽은 〈원균행장〉에서 글쓴이 김간은 다음과 같이 서술하였다.

> "(공은) 옥포만호 이운룡(李雲龍), 영등포만호 우치적(禹致績), 남해현감 기효근(奇孝謹) 등을 거느리고 (연안으로) 물러나, 곤양의 바다 입구를 지키셨다."[456]

곤양은 현재의 경상남도 사천시이다. 일본군이 바다를 통해 진주를 공격할 때 반드시 지나야 할 길목이다. 이 점을 간파한 원균은 휘하의 명장인 옥포만호, 영등포만호 및 남해현감 등을 대동하여 바다 쪽에서 진주성을 보호하였다.

그 과정에서 원균의 경상우수영 함대는 적선을 30척이나 파괴하였다. 《실록》에 나오는 사실이다. 선전관 민종신이 어전에서 선조에게 보고한 승리였다.[457] 《실록》은 원

---
456 김간, 〈원균 행장〉

균이 언제 어디에서 이렇게 대승을 거두었는지 밝히지 않았으나, 민종신이 보고한 시점으로 미루어, 원균이 곤양 해역에서 얻은 성과였다고 추정된다.

예나 지금이나 진주는 남해안의 거점도시이자 물산이 매우 풍부한 곳이다. 진주가 적에게 함락되면 남해안은 엄청난 위기에 빠질 수밖에 없다. 그런 점에서 원균이 휘하의 여러 용장을 거느리고 곤양 앞바다를 지킨 것은 탁월한 전략이었다. 이미 김해를 무너뜨린 적군이 진주를 다음 목표로 삼으리란 점은 예측 가능한 일이었다.

경상우도순찰사 김수도 진주 방어의 중요성을 잘 알고 있었다. 그래서 그와도 공감대가 형성된 것은 두말할 필요가 없다. 그러나 김수는 군사적으로 재능이 없는 관리였다. 진주의 전략적 중요성에 더더욱 주목한 이는 경상도 초유사(招諭使) 김성일이었다. 왜란 초기에 그가 조정에 올린 〈장계〉에는 다음과 같은 대목이 있다.

> "신(김성일)이 보건대 진주는 남쪽 지방의 거진(巨鎭)으로, 양도(兩道, 전라 경상도)의 요충지에 위치합니다. 이곳을 지키지 못한다면 이 근방에 아직 보전된 여러 고을도 흙더미가 무너지듯 쓰러져 조석(朝夕)을 보존할 수 없습니다. 그뿐만 아니라 적이 (이곳을 거쳐) 반드시 호남으로 쳐들어갈 것입니다."458

임진왜란 초기부터 진주성을 지키는 문제는 조선군에게 대단히 어려운 과제로 인식되었다. 처음에 진주의 정병(精兵)들은 순찰사 김수와 진주에 주둔한 병사 조대곤의 휘하에 있었다. 그러나 그들은 모두 산속으로 숨어버렸다. 진주성을 지키는 데 나선 군사는 1천여 명뿐이었다. 아병(牙兵, 경상감영의 군사) 가운데 활을 쏠 줄 아는 사람이 겨우 60~70명밖에 되지 않았다. 그래서 김성일은 진주에 체류하며 방어책을 고심하였다.459

김성일은 진주성을 지키려고 군사를 끌어모았다. 선조 25년 4월에 경상도의 육군으로 밀양부사 박진(朴晉)과 (경상)우병사 김성일(金誠一)이 용감하게 적과 싸웠다는 기록이 있다. 그들은 진주(晉州)에서 일본군을 맞아 싸웠는데, 김성일의 아장(牙將) 이종인(李宗仁)이 백마 탄 적의 두목을 쏘아 죽이자 일본군이 조금 후퇴하였다.460

나중에 김성일은 임지를 멋대로 이탈한 장수들을 불러모았다. 그중에는 앞에서 언급한 가덕첨사 전응린과 고성현령 김현도 포함되어 있었다. 전응린은 의병장 곽재우와

---

457 《실록》, 선조 25년(1592) 5월 10일.
458 《실록》, 선조 25년(1592) 6월 28일.
459 《실록》, 선조 25년(1592) 6월 28일.
460 《실록》, 선조 25년(1592) 4월 13일.

함께 정암진(鼎巖津)을 지켰고, 김현은 진주의 수성장(守城將)으로서 권관(權管) 주대청(朱大淸)과 함께 진주성을 방어하였다.461

이상의 설명대로 김성일이 진주성을 지키려고 애쓸 때 경상우수사 원균은 핵심 부하들을 거느리고 곤양에서 바다를 지켰다. 이처럼 중요한 사실을 우리는 잘 모르고 있었다.462

진주성을 지키려고 필사적으로 노력한 원균과 김성일의 군사적 판단은 옳았다. 그들이 애써 노력한 덕분에 일본군은 거제도 서쪽으로 나아가지 못하였다. 이순신이 지휘한 전라좌수영이 적의 침략에 노출되지 않은 것도 그 덕분이었다.

당시에 김성일과 원균은 백성을 징집해 일본군과 맞서 싸우고 있었으나, 그것은 무척 어려운 일이었다. 김성일의 〈장계〉에는 왜란 초기의 어려운 실정이 진솔하게 묘사되어 있다. 그중 한 대목을 인용해 본다.

"근래에 부역(賦役)이 번거롭고 무거워 백성들이 편히 살 수 없었습니다. 게다가 형벌마저 매우 가혹하였습니다. 그러므로 군졸이나 백성은 (나라를) 원망하는 마음이 뱃속에 가득하였습니다. 그런데도 그 마음을 호소할 길이 없어 그들의 마음이 나라를 떠난 지가 벌써 오래였습니다."463

설상가상으로 왜란 초기에는 일본이 살기 좋은 나라라는 헛소문까지 퍼졌다. 일본 백성은 정수(征戍, 먼 곳에 가서 변경을 지킴)하는 일도 없고, 요역(徭役, 노동력 징발)도 없다는 소문이 들리자 우리 백성은 일본을 부러워하게 되었다. 그러자 일본군은 달콤한 말로 우리 백성을 회유(誨誘)하였다. 김성일은 절망적인 심정으로 다음과 같이 기술하였다.

"어리석은 백성이 모두 왜적의 말을 믿어, 항복하면 반드시 살고 싸우면 반드시 죽는 줄로 생각합니다."464

---

461 《실록》, 선조 25년(1592) 6월 28일.
462 원균 등이 곤양에 머문 바에 관해서 필자와는 전혀 다른 견해도 있다. 원균이 곤양으로 간 것을 두고 일단은 "도망이라는 표현은 정당하다"라며, 이순신의 수영과 인접한 사천(곤양)으로 후퇴함으로써 시간을 벌어 수군을 재건하려는 '작전상의 후퇴'였다는 것이다.(김인호, 《원균평전. 타는 바다》, 평택문화원, 2014, 96쪽) 그러나 아무리 그렇다 해도 "위수 지역을 벗어나지 않았다는 점과 지속적인 수군 재건에 노력한 점은 부정할 수 없다"라고 하였다.(김인호, 위의 책, 97쪽) 원균의 행적이 비겁한 퇴각과는 거리가 있다는 뜻이다.
463 《실록》, 선조 25년(1592) 6월 28일.
464 《실록》, 선조 25년(1592) 6월 28일.

이런 백성을 설득해 목숨을 내놓고 나라를 위해 싸우게 만드는 일이 쉬울 턱이 없었다. 진주에 주둔한 김성일은 다음과 같이 한탄하였다.

> "바닷가의 무지한 백성은 모두 (왜인처럼) 머리도 깎고 의복도 (저들 식으로) 바꾸어 입습니다. 그러고는 왜적을 따라다니며 여러 곳에서 도적질을 합니다. 실상 왜적은 몇 명도 안 되고, 그 무리의 절반 이상이 (나라를) 배반한 백성들입니다."465

나라를 지켜야 할 지휘관도 달아나고, 관리들도 숲속으로 숨었다. 일본군에게 목숨을 맡긴 조선의 백성은 상당수가 이미 나라를 배신하고 일본사람으로 행세하며 노략질로 생계를 유지하였다. 이런 판국에 무슨 싸움이 제대로 될 수 있었을까. 조선은 그야말로 총체적 난국을 맞이하였다.

바로 그 시절에 경상우수사 원균과 그 부장인 기효근, 이운룡, 우치적, 원전 등은 진주로 들어가는 좁은 길목에서 왜적을 상대로 날마다 사투(死鬪)를 벌였다. 그들은 하루빨리 전라좌수사 이순신 일행이 경상도 바다로 건너오기를 애타게 기원하였다. 원균의 비장 강덕룡은 자신의 고향인 진주 일대를 누비고 돌아다니며 수군을 모집하기에 여념이 없었다.(제1부 제1장)

3. 연합함대의 편성

원균은 일본의 대공세가 윤곽을 뚜렷이 드러내자 전라좌수영의 수사 이순신에게 연합함대의 편성을 요청하였다. 4월 15일경이었다. 원균은 조정에도 같은 내용을 담은 〈장계〉를 보내 자신이 원하는 대로 연합함대를 편성하게 해달라고 호소하였다.

선조는 그 사실을 정확히 기억하였다. 나중에 원균을 선무공신으로 책봉하는 논의에서 왕은 이순신이 자발적으로 경상도 해역에 간 것이 아니라, 원균이 불러서 갔다는 점을 정확히 떠올렸다.(제2부 제3장) 아래에서는 선조 25년 5월에 이순신이 원균과 함께 연합함대를 편성한 사정을 간단히 기술하겠다.

---

465 《실록》, 선조 25년(1592) 6월 28일.

원균의 성실한 통지

일본군 선발대가 부산에 상륙한 것은 선조 25년 4월 13일 오후였다. 그로부터 이틀이 지난 4월 15일(양력 5월 25일) 오후 늦게 전라좌수영에 두 통의 긴급한 첩보가 도착했다. 이순신은 《난중일기》에 다음과 같이 기록하였다.

> "저물녘 영남우수사(원균)의 〈통첩〉이 왔다. '왜선 90척쯤이 (쳐들어)와서 부산 앞바다 절영도(영도)에 정박했다.'라고 하였다. 잇따라 수사(경상좌수사 박홍)의 공문도 왔다. '왜적 350여 척이 부산포 건너편에 이미 도착했다.'라고 하였다. 그래서 즉시로 (조정에) 〈장계〉를 올렸다. (전라)순찰사(이광), (전라)병마사(최원) 및 (전라)우수사(이억기)에게도 공문을 보냈다. 영남관찰사(김수)에게서도 공문이 왔는데, 같은 내용이었다."466

누구보다 먼저 일본군의 침략을 알려온 이는 경상우수사 원균이었다. 원균은 바다에서 벌어지고 있는 일을 누구보다 철저히 관찰했다. 뒤이어 경상좌수사 박홍과 경상관찰사 김수도 같은 내용을 알려왔다. 경상우병사 조대곤은 아직 아무런 소식도 주지 않았다. 이순신은 일본군의 침략을 조정에 알렸고, 전라도의 방어책임자인 이광, 최원 및 이억기 등에게도 통지하였다.

그 이튿날에는 오직 원균 한 사람만이 이순신에게 연락을 보내왔다. 경상좌수사 박홍은 이미 육지로 피신한 뒤였다. 경상관찰사 김수도 소식을 주지 않았다. 그날 깊은 밤에 원균의 공문이 이순신의 진영에 도착했다. "부산진이 이미 함락되었다."라는 슬픈 소식이었다. 이순신은 원균의 소식을 즉시 조정에 전달하였고, 그밖에 필요한 것으로 보이는 여러 곳에도 두루 공문을 보냈다.467

그동안 아무 소식도 없었던 영남우병사(조대곤)는 4월 17일에야 겨우 한 통의 공문을 보내왔다. "왜적이 부산을 함락시킨 뒤로 그곳에 주둔하면서 물러가지 않는다."라는 빤한 내용이었다.468

4월 18일에도 원균은 이순신에게 전황(戰況, 전쟁 상황)을 꼼꼼히 적어 통보해왔다. 오후 두 시쯤에 그 문서가 도착했는데, 동래도 이미 적에게 함락되었다고 했다. 양산(조영규)과 울산(이언함)의 두 지방관이 조방장으로 동래성에 들어갔으나 모두 싸

---

466 《난중일기》, 임진년(1592) 4월 15일.
467 《난중일기》, 임진년(1592) 4월 16일.
468 《난중일기》, 임진년(1592) 4월 17일.

움에 지고 말았다고 했으며, 경상좌도병사(이각)와 경상좌수사(박홍)는 군사를 이끌고 동래성의 뒤편으로 접근하다가 들어가지도 못한 채 물러났다는 내용이었다.469

연합함대 편성을 제의

다시 이틀이 지나자 더더욱 절망적인 소식이 들려왔다. 경상관찰사 김수가 공문을 보내, "많은 적이 휘몰아 쳐들어오니 도저히 막아낼 수가 없다. 적의 승리한 기세는 마치 아무도 없는 빈 땅을 차지하는 것과 같다."라고 하였다(4월 20일).

그날 공문에서 김수는 한 가지 특별한 부탁을 꺼냈다. 이순신에게 전선(戰船)을 정비하여 경상도 해역으로 진출하여 원균을 도와주길 바란다고 하였다. 그는 자신이 이미 조정에 그런 내용이 담긴 〈장계〉를 보냈다고도 하였다.470

당시에 경상우수사 원균은 출동 가능한 모든 병력을 이끌고 바다로 출진해 적을 찾아서 돌아다녔다. 김수의 명령에 따른 것이었는데, 전함이 수적으로 부족했다. 그래서 이순신에게 증원군의 파병을 요청한 것이다.471 요컨대 적이 부산을 침략한 지 7일 만에 경상관찰사 김수가 이순신과 원균의 연합 작전을 공식적으로 요청한 것이다.

그러나 이순신에게 가장 먼저 연합함대 건을 제안한 이는 원균이었다.472 하지만 이순신의 확답이 없었다. 그래서 원균은 순찰사 김수에게 협조를 요청한 것이다. 원균은 순찰사 김수와 계속하여 연락을 주고받으면서 어떻게 해서든지 이순신의 협력을 얻기 위해 노력했다. 원균은 김수를 통해서도 이순신에게 연합함대의 출전을 요청하였고, 다른 한편으로는 조정에 〈장계〉를 올려 이순신의 출전을 종용하였다. 자신의 힘만으로는 일본군의 서진을 막을 수 없다고 판단했기 때문이다.

선조 29년(1596) 11월 7일 어전 회의에서 승지 이덕열은 말하기를, 이순신은 원균이 15번이나 거듭해서 요청한 뒤에야 비로소 출동하였다고 했다.473 또, 우의정 이

---

469 《난중일기》, 임진년(1592) 4월 18일.
470 《난중일기》, 임진년(1592) 4월 20일.
471 그런 사실은 역사적 기록에도 명백히 나타나 있고, 앞서 소개한 제장명의 논문에도 보인다. 즉, 겸 경상도 관찰사 김수는 원균에게 '적선의 침범을 막기 위하여 전 수군을 거느리고 바다로 나가라'고 지시하였다. (이순신, 《이충무공전서(李忠武公全書)》, 2권, 〈장계 1(狀啓一)〉, "경상도로 도우러 나가는 장계(赴援慶尙道狀)") 이에 관해 제장명은 다음과 같이 분석하였다. "김수는 이순신에게도 경상도의 여러 진은 배들이 동원되어 없으니 경상우도에 변고가 생기거든 즉시 도움을 요청하는 장계를 올렸음을 통보하였다. 이렇게 볼 때 원균은 김수의 명령에 따라 휘하 여러 진에 전선 동원령을 내렸을 것으로 추정된다." (제장명, 〈이순신을 도운 경상우수영·충청수영 사람들〉, 2015년 이순신학술세미나, 61쪽)
472 실제로도 그해 4월 18일경에 원균은 조정에 보낸 〈장계〉에서, 이순신과 함께 합동작전을 펼치고 싶다는 뜻을 적었다. 이순신은 〈장계초본〉 가운데서 선조 25년 4월 27일에 그런 사실을 인지하였다.
473 《실록》, 선조 29년(1596) 11월 7일.

원익은 원균의 말을 인용해, "천 번 만 번을 부른 다음에야 비로소 진군(進軍)하였다."라고 말하였다.474 결국에 이순신도 원균의 요청에 따랐는데, 그 점에 관하여 이원익은 다음과 같이 해석하였다.

> "(이순신 자신은) 호남에 주둔하고 있는데 만약 적의 배들이 자신이 있는 곳으로 돌진해 오면 적의 세력이 충만해질 걱정이 들었기 때문에, 어쩔 수 없이 (원균을 도우러) 간 것입니다."475

이러한 이원익의 분석은 일리가 있는 것이었다.

조정에 보낸 원균의 〈장계〉 - 선조 25년 4월 18일경

적이 침략하자 원균은 곧 해상 정찰을 강화하였고, 작전 계획을 세워 꾸준히 활동하였다. 임진년(1592) 4월 27일에 이순신이 작성한 〈장계〉를 읽어보아도 그런 사실을 제대로 확인할 수 있다. 이순신은 4월 23일에 좌부승지가 선조를 대신해 작성한 서장(書狀, 공문)을 4월 27일 새벽에 받았다. 선전관 조명이 직접 가져온 것인데, 그 가운데는 원균의 활동에 관하여 다음과 같은 언급이 있었다.

> "왜적은 이미 부산과 동래를 함락하고 이제 밀양까지 들어왔다고 한다. 방금 경상도우수사 원균의 장계를 읽었는데, 그는 각 포구의 수군을 이끌고 바다로 나가서 군사의 위세를 뽐내며 적의 배를 엄습할 것이라고 하였다."476

그 시절에는 〈장계〉를 조정에 전달하는 데 적어도 4~5일이 걸렸다. 조정에 원균이 자신의 활동 계획을 보고한 것은 4월 18~19일쯤이었다는 계산이다. 왜군이 쳐들어온 지 4~5일 뒤에 작성한 보고서였다는 뜻이다. 적이 부산진을 함락한 4월 16일이고, 4월 18일에는 동래성까지 잃은 상태였다. 이 점은 원균이 이순신에게 보낸 공문에도 명시된 사실이다. 원균은 아군이 동래를 빼앗긴 직후에 조정에 〈장계〉를 올려 자신의 군사 작전을 설명하였고, 이순신과도 협력할 수 있게 조치해달라고 호소하였다. 이에 선조는 다음과 같이 지시하였다.

---

474 《실록》, 선조 29년(1596) 11월 7일.
475 《실록》, 선조 29년(1596) 11월 7일.
476 이순신, 《《이충무공전서(李忠武公全書)》, 권 1, 〈유서(諭書)〉, "원균과 함께 적을 치라고 명하는 유서(命与元均合勢功敵諭書)".

"이것은 절호의 기회이므로, (그대도) 반드시 그(원균)의 뒤를 따라 나가야 한다. 그대가 원균과 힘을 합쳐서 적의 배를 쳐부순다면 적을 평정하기가 쉬울 것이다. 그래서 선전관(조명)을 급히 보내어 그대에게 알리노라. 그대는 각 포구의 병선을 거느리고 급히 출전하여 이 기회를 놓치지 말라. 그러나 천 리 바깥의 일이라서 혹시 뜻밖의 사정이 있을지도 모르겠다. 아무쪼록 그대가 판단해서 처리하라. 명령에 무조건 좌우되지는 말라."477

선조를 비롯한 조정 대신들은 이순신에게 원균을 응원하라는 식의 일방적인 명령을 내리지는 않았다. 이순신의 재량권을 충분히 보장하는 선에서 지시 아닌 지시를 한 것이다. 그래서 이순신은 즉각적으로 출동하는 대신에, 심적 여유를 가지고 사태를 관망하며 경상도 방면으로의 진출을 늦추었다.

그런데 우리는 뜻밖의 주장을 맞닥뜨리기도 한다. 원균의 해상 활동이 사실은 부하들의 공로라는 진술이다. 원균의 부하였던 이영남과 이운룡의 전기를 읽어보면, 원균은 도망치려 했으나 자신들이 못 가게 말렸다는 주장이 있다.

먼저 전쟁 초기에 하급 장교인 소비포권관(종9품) 이영남(李英男)이 우수사(정3품) 원균을 힐난하였다는 주장이 눈에 띈다. 백호(白湖) 윤휴(尹鑴, 1617~1680)가 편찬한 글에 나온다. 원균이 육지에 내려 도망치려 할 때 이영남이 다음과 같이 타일렀다고 한다.

"공(원균)은 왕명을 받고 수군절도사가 되었는데, 적이 바다를 건너온 이때 1만여 명의 수군을 다 흩어 보내고, 전함 100여 척을 바닷속에 가라앉혀 버리고는 적을 보고도 싸우지 않아 이 지경에 이르렀습니다. 후세의 책망에 대하여 어떻게 스스로 해명하겠습니까. 그러니 이웃 도(이순신)에 원병을 청하여 적과 한번 싸우는 것이 가장 나은 방법이요, 싸워서 이기지 못하면 그때 다른 계책을 써도 늦지 않을 것입니다."478

그러자 원균이 비로소 자신의 잘못을 뉘우치고 이영남을 이순신에게 보내 함께 싸우기를 요청하였다는 것이다.

또 다른 기록에서는 비겁한 장수 원균에게 잘못을 깨닫게 한 것은, 이영남이 아니라 이운룡이란 장수였다고 한다. 이운룡이 사망한 지 20년이 지난 뒤에 당대의 이름

---

477 이순신, 《이충무공전서(李忠武公全書)》, 권 2, 〈장계 2(狀啓 二)〉, "경상도 도우러가는 장계(赴援慶尙道狀)".
478 윤휴(尹鑴), 《백호전서(白湖全書)》, 제23권, 〈통제사 이충무공 유사(統制使李忠武公遺事)〉.

난 학자 이식(李植)이 "국론(國論)을 모으고 가첩(家牒, 이운룡 집안의 문서)을 자세히 살펴서 작성하였다"라며 이운룡의 공을 강조하는 전기를 지었다.

그에 따르면, 왜적이 쳐들어왔을 때 원균이 배를 버리고 달아나려고 하였다. 그러자 옥포만호(玉浦万戶, 종4품)였던 이운룡이 아래와 같이 꾸짖었다고 한다.

> "사군(使君, 원균)은 국가로부터 중한 임무를 부여받았으니, 의리로 볼 때 자신의 관할 지역을 사수(死守)해야 마땅하다. 이곳은 양호(兩湖 호남과 호서, 즉 전라도와 충청도)의 요충(要衝)에 해당하므로 여기가 무너지면 양호도 저절로 무너진다. 비록 지금은 우리 군대가 피폐해졌으나, 병력을 끌어모으면 지킬 수 있다. 또, 호남의 수군(水軍)도 온전하게 남아있으므로, 군대를 정돈한 다음에 견내량(見乃梁)을 차단하여 적이 거제(巨濟)를 통해서 서쪽으로 나가지 못하게 하시라. 남방의 사태를 안정할 가능성이 아직 남아있는데, 공은 지금 이곳을 포기하고 어디로 가려는가."479

이런 주장으로 이운룡은 원균을 설득하였고, 이순신과 평소에 잘 알고 지내던 이영남(李英男)을 전령으로 추천하였다는 설명이다. 위의 글을 쓴 이식은 《선조수정실록》의 편찬을 주도하였던 이로, 자신이 집필한 이운룡의 묘비문을 《선조수정실록》에도 모조리 옮겨 실었다. 그 바람에, 실록을 요약한 《국조보감》(제31권, 선조 25년 4월)에도 똑같은 내용이 실렸다. 훗날 선비들은 이식의 명망을 믿고 그 글을 주저 없이 인용하였다.

그러나 인용문에 보이는 에피소드는 역사적 사실과는 거리가 먼 이야기였다. 원균에게는 처음부터 싸울 의지가 있었고, 함께 싸울 몇 명의 장수도 있었다. 이운룡과 우치적 및 기효근 등이 바로 그런 장수들이었다. (제1부 제1장 및 제2부 제1장 참조)

경상우수영의 몰락

이순신이 연합함대 편성을 주저하고 있었을 때 원균에게 비운이 닥쳤다. 왜란 직후에 원균은 휘하의 모든 병력을 이끌고 바다로 나가 날마다 적을 탐색하고 그들과 싸웠다. 그것은 상관인 김수의 명령을 충실히 따른 것이었다. 임진년(1592) 4월 중순에 이순신이 조정에 올린 〈장계〉에 다음과 같은 구절이 분명히 포함되어 있다.

---

479 이식, 《택당선생집(澤堂先生集)》, 제10권, 〈식성군 이공 묘비명(息城君李公墓碑銘) 병서(幷序)〉.

> "겸 경상도관찰사 김수는 원균에게 '적선의 침범을 막기 위하여 전 수군을 거느리고 바다로 나가라'고 지시하였다고 합니다."480

그랬으므로 거제도 오아포에 있던 원균의 경상우수영은 텅 빈 상태나 다름없었다. 결과적으로 일본군이 경상우수영을 공격했을 때 그들과 맞서 싸울 병력이 본영에는 없었다. 이순신의 〈장계 초본〉을 자세히 살펴보면 그 사정을 알 수가 있다. 선조 25년 4월 29일 정오에 경상우수사 원균(元均)이 보낸 공문에는 다음과 같은 내용이 있었다.

> "그 사이 적의 세력이 더욱 강성해졌다. 적은 수가 많고 우리는 적어 그들과 싸워 이기지 못하고 본영(경상우수영)도 이미 함락되었다."

그해 4월 13일에 일본군의 침략이 시작되었고, 그로부터 이틀쯤 뒤에는 전세가 적에게 유리하다는 점이 노골적으로 드러났다. 그때부터, 즉 4월 15일부터 원균은 이순신과의 합동작전을 원하였다. 그러나 일이 쉽게 결정되지 않았으므로, 경상우수영 측은 온갖 어려움을 홀로 견디며 꿋꿋하게 버텼다. 그 와중에 순찰사 김수의 명령으로 거제현령 김준민이 출륙(出陸, 육지로 진출)하였다. 김준민은 명장이었고, 그가 거제를 지키는 한 적군도 쉽게 어찌지는 못했을 것이다.

김수는 진주성 방어를 위해 김준민을 육지로 불러냈고, 마침 그 시점에 일본군이 거제도로 쳐들어왔다. 원균은 곤양 어귀로 나가 있었던 데다가 김준민마저도 섬을 비웠으니, 누가 거제도를 지킬 수 있었겠는가. 이 사건을 계기로 이순신은 경상도로 출병(出兵, 파병)을 더는 미룰 수 없게 되었다.

어이없게도 원균은 임진년 4월 말에 우수영을 잃었다. 아마도 이런 사고 때문에 조정 대신들은 초기에 원균이 적에게 많이 또는 크게 패배하였다는 나쁜 인상을 받은 것 같다. 이것은 물론 결과론적 해석이고, 실제는 그때도 원균의 전공(戰功)은 이미 적지 않았다. 이것은 이미 앞에서 설명한 바와 같다.

그와는 별도로, 그해 4월 중순에 일본군은 이미 김해까지 모두 점령한 상태였다. 이순신이 〈장계〉에서 인용한 원균의 통보 내용은 아래와 같았다.

---

480 이순신, 《이충무공전서(李忠武公全書)》, 권 2, 〈장계 1(狀啓 一)〉, "경상도 도우러 가는 장계(赴援慶尙道狀)".

> "적선 500여 척이 부산·김해·양산·명지도 등지에 정박하였습니다. 저들은 마음 내키는 대로 상륙하여 바닷가의 고을과 포구, 병영 및 수영을 거의 다 점령하였습니다. 우리 측은 봉화(烽火)도 끊어졌으니 매우 통분할 일입니다. (저는) 본도(경상우도)의 수군을 뽑아서 적선을 추격해 10척을 쳐부수었습니다."481

적선 5백 척이 남해안 곳곳에 정박하였으나, 원균은 휘하의 판옥선을 지휘하며 적에게 싸움을 걸어 10척을 불태우는 데 성공하였다.

이와 같이 용맹한 원균이었기에, 본영을 잃었다하더라도 그의 전투 의지는 꺾이지 않았다. 그는 계속해서 이순신에게 공문을 보내고 또 보내어 연합함대의 출범을 제안하였다.

> "귀도(전라좌도)의 군사와 전선을 남김없이 뽑아 당포 앞바다로 급히 나와야 하겠소."482

이순신의 주저

선조 25년 4월 중순부터 원균의 출병(出兵) 요청이 날마다 거듭되었으나 이순신은 동조하지 않았다. 후대에 남겨진 그의 〈어록〉에 다음과 같은 일절이 있다.

> "각자에게는 책임을 맡은 경계가 있다. 조정의 명령이 없다면 어떻게 마음대로 경계를 넘어갈 수 있겠는가?(各有分界 非朝廷之命 豈宜擅自越境)"

조정에서 출동 명령이 내려온다면 몰라도 그전에는 군사를 움직일 수 없다는 말이다. 적을 막을 수 있는 데까지는 경상우수영(원균)이 혼자서 막아보라는 차가운 회답이었다.

압도적인 적의 위력을 생각할 때 원균은 어떻게 해서든지 이순신의 마음을 움직이려고 하였다. 원균은 경상도순찰사 김수 등과 협의하는 한편, 조정에도 〈장계〉를 보내 이순신의 출동을 종용(慫慂)하였다. 전쟁 초기에 김성일이 경상도 현지에서 올린 〈장계〉에는 이러한 사정이 있다.

---

481 이순신, 《이충무공전서(李忠武公全書)》, 권 2, 〈장계 2(狀啓 二)〉, "경상도 도우러 가는 장계(赴援慶尙道狀)".
482 이순신, 《이충무공전서(李忠武公全書)》, 권 2, 〈장계 2(狀啓 二)〉, "경상도 도우러 가는 장계(赴援慶尙道狀)".

"들으니, 수사(원균)는 선전관 원전(元㙉, 훗날의 고성현령)이 (조정에서 받은) 명령에 따라 전라도수사(이순신)와 거듭 약속하여 적선을 쳐부수려고 합니다."483

인용문에 보이는 "선전관 원전"은 원균의 아우이다. 그는 남해에서 거둔 원균의 승전보를 조정에 알리기 위해 파견된 원균의 부하이기도 하였다. 조정에 올라간 원전은 이순신과 연합함대를 편성하는 것이 얼마나 중요한지를 자세히 설명하고 드디어 허락을 얻었던 것으로 보인다. 원균은 자신이 깊이 신뢰하는 아우를 통해 조정을 움직인 것이다.

그러면 이순신에게 조정의 명령이 처음 내려온 것은 언제였을까. 그 명령이 전라좌수영에 도착한 것은 4월 26일이요, 조정에서 출동을 명령한 것은 그달 20일이었다. 문서가 오간 시간을 염두에 둘 때, 원균이 연합함대의 필요성을 주장한 것은 전쟁이 발생하고 이틀쯤 지났을 때로 보인다. 선조 25년 4월 20일에 좌부승지(민준)가 작성한 서장에 다음과 같은 구절이 있다.

"물길을 따라 적선을 요격하여 적이 후방을 걱정하게 만드는 것이 가장 좋은 방책이다. 그래서 경상도순변사 이일(李鎰)이 내려갈 때 이미 일렀다. 그러나 군사의 진퇴는 반드시 기회를 보아 시행하여야만 그르침이 없다. … 본도(전라도)에 이미 그런 뜻을 알렸으니, 그대는 경상도에 공문을 보내 서로 의논하고 기회를 보아 조치하라."484

그러나 이순신은 오랫동안 망설였다. 선조 25년 4월 26일에 이순신이 쓴 글에는 자신이 결정을 미루고 있는 이유를 아래와 같이 기술하였다.

"나는 일개 주장(전라좌수사)으로, (원균의 요청을) 마음대로 처리하기가 어렵다. 그래서 겸 관찰사 이광(李洸), 방어사 곽영(郭嶸), 병마절도사 최원(崔遠) 등에게도 조정에서 분부한 사연을 자세히 알렸다."485

그러고는 출동 준비를 시작하였다. 이순신은 경상도순변사 이일과 겸 관찰사 김수 및 우수사 원균(元均) 등에게 다음과 같은 공문을 보냈다.

---

483 《실록》, 선조 25년(1592) 6월 28일.
484 이순신, 《이충무공전서(李忠武公全書)》, 권1, 〈유서(諭書)〉, "물길을 따라 적선을 습격하라고 명령하는 유서(命從水路邀襲賊船諭書)".
485 이순신, 《이충무공전서(李忠武公全書)》, 권2, 〈장계 2(狀啓 二)〉, "경상도 도우러 가는 장계(赴援慶尙道狀)".

"그 도(경상도)의 물길 사정을 알려주시고, 두 도(전라도와 경상도)의 수군이 어디에서 모일지를 약속하는 내용도 필요합니다. 그리고 적선의 숫자와 그들이 현재 정박한 곳도 알려주십시오. 그 밖에도 대책을 수립하고 그에 따른 여러 가지 기밀을 하나도 빠뜨리지 말고 조속히 회답해 주십시오."[486]

또, 이순신은 자신이 지휘하는 관포(官浦, 고을과 포구)에 공문을 보내, "무기와 여러 가지 전쟁물자를 재차 철저히 정비하여 나의 명령을 기다리라."라고 하였다.[487] 이순신도 더는 망설이지 않았다. 그 이튿날(4월 27일)에는 자신의 계획을 다음과 같이 기록하였다.

"앞뒤로 (늘어선) 적선이 500척 이상이라고 한다. 불가불 우리가 함대의 위세를 갖추어 (당장이라도) 엄습할 모습을 보여야 한다. 적이 겁내고 떨게 만들어야겠다.
그러나 수군(전라좌수영)에 속한 방답, 사도, 여도, 발포, 녹도 등 5개 진포(鎭浦)의 전선만 가지고는 세력이 외롭고 미약하다. 따라서 수군이 편성된 여러 고을, 즉 순천, 광양, 낙안, 흥양, 보성 등 5개 고을의 수군도 법에 따라 동원해서 함께 거느리고 가야겠다.
경상도로 출전할 때 가장 먼저 지나게 되는 해로가 본영 앞바다이므로 모두 이곳에 모이라고 급히 기별하였다. 하지만 출전 기일이 급하더라도 수군의 여러 장수 중에는 보성과 녹도 등은 (여기까지 오는데) 3일이나 걸리는 먼 곳이다. 급히 명령하여 불러 모아도 그곳 수군이 쉽게 모일 수 없기 때문에 기일을 지키지 못 할 것이다.
기타 여러 장수는 이달(4월) 29일에 본영 앞바다에 모이기로 거듭 약속하였다. 이렇게 조치한 다음에 경상도로 출병할 것이다. 다만 바람의 순역(順逆, 순풍과 역풍)을 미리 따져보아서 만약 (그때가) 어려울 것 같으면 좀 더 일찍 출전할 생각이다.
경상도순변사(이일), 겸 관찰사(김수), (경상도)우수사(원균) 등에게도 공문을 보내어 (이와 같이) 약속할 것을 알렸다."[488]

---

486 이순신, 《이충무공전서(李忠武公全書)》, 권 2, 〈장계 2(狀啓 二)〉, "경상도 도우러 가는 장계(赴援慶尙道狀)".
487 이순신, 《이충무공전서(李忠武公全書)》, 권 2, 〈장계 2(狀啓 二)〉, "경상도 도우러 가는 장계(赴援慶尙道狀)".
488 이순신, 《이충무공전서(李忠武公全書)》, 권 2, 〈장계 2(狀啓 二)〉, "경상도 도우러 가는 장계(赴援慶尙道狀)".

그러나 공교롭게도 이순신이 출정(出征)하기 직전에 경상우수영이 일본군의 침략을 받아 무너져 버렸다. 앞에서 말한 것처럼 경상우수사 원균은 진주 외곽을 해양에서 방어하느라 출전한 상태였고, 거제현령 김준민은 관찰사 김수의 명령에 따라 육지로 나간 사이에 일본군이 쳐들어온 것이다. 거제도가 힘없이 무너지고, 그 섬에 있던 수군 방어기지들이 초토화되었다.

출병을 눈앞에 두고 있는데, 경상우수영이 와르르 무너진 것이다. 그 일로 이순신은 엄청난 부담을 떠안게 되었다. 이제는 전라좌수영이 조선의 바다를 지키는 제1차 방어선이 된 셈이다. 그래서 이순신은 원균과의 연합함대를 편성하는 일이 제대로 될 수 있을지 크게 걱정하였다.

> "남해(현)에 속하는 평산포 등 네 개 진영의 진장(鎭將, 방어 책임자)과 현령 등은 왜적의 얼굴도 보지 않고 먼저 도망쳤다. 나는 타도의 군사라서 그곳의 물길이 험한지 평탄한지도 알 수가 없고, 물길을 인도할 배도 없다. 또, 작전을 상의할 장수도 전혀 없다. 경솔하게 행동하였다가는 천만뜻밖의 실패가 있을 것이다."489

이것은 선조 25년 4월 29일 오후에 이순신이 자기 생각을 기록한 것이다. 이순신의 근심과 걱정이 얼마나 컸는지를 넉넉히 짐작할 수 있다. 그 자신은 경상도의 지형과 기타 사정을 하나도 모르는데 해로를 안내할 마땅한 장수도 없고, 함께 작전을 상의할 사람도 없다고 걱정하였다. 그때 이미 이순신은 경상도 수군을 믿지 못했다. 이러한 불신 속에서 연합함대를 편성한다니, 억지로 마시는 고배(苦杯, 쓴 술잔) 같은 것이었다.

생각을 달리하면, 이는 이순신이 20일가량 출진을 미루었기 때문에 생긴 일이다. 날마다 원균이 출전을 요청했으나, 이순신은 미루고 또 미루었다. 그 일은 두고두고 원균이 이순신을 비판하고 원망하는 이유가 되었을 것이다. 이순신은 완벽한 승리를 위해 어쩔 수 없이 지연하였노라고 변명하겠지만, 하루가 지옥 같았던 경상도 수군의 입장에서 보면 이해할 수 없는 것이 바로 이순신의 주저함이었다.

불행하게도 이순신은 경상도의 방어를 맡은 동료 장수들을 처음부터 경멸하였다. 역지사지(易地思之)라는 옛 표현도 있으나, 이순신은 동료들의 허망한 패배를 공감하지 못

---

489 이순신, 《이충무공전서(李忠武公全書)》, 권 2, 〈장계 2(狀啓 二)〉, "경상도 도우러 가는 장계(赴援慶尙道狀)".

하였다. 그는 다음과 같이 날카로운 언어로 경상도의 수군과 육군 장수들을 꾸짖었다.

> "내 어리석은 생각으로, 오늘날 적의 세력이 이렇게 왕성해져 우리를 업신여기게 된 것은 해전(海戰)으로 그들을 막지 못해 적이 마음껏 상륙하게 만든 때문이다.
> 경상도 연안 고을에는 깊은 도랑과 높은 성을 갖춰 믿음직한 곳이 많다. 그러나 성을 지키던 비겁한 군졸들은 (적이 쳐들어온다는) 소문만 듣고도 간담이 떨려 모두 도망갈 생각을 품었다. 그래서 적이 포위하기만 하면 반드시 함락되어 온전한 성이 하나도 없다.
> 지난번 부산 및 동래 연안의 여러 (수군) 장수도 그렇다. 배를 잘 정비하여 바다에 가득 진을 치고 엄습할 위세를 보이면서 형편에 따라 전선을 병법대로 알맞게 진퇴하고 적이 육지에 기어오르지 못하게 막았어야 한다. 그랬더라면 나라를 욕되게 한 환란이 어찌 이 지경이 되었겠는가."[490]

비판의 초점은 경상좌도의 수군이었다. 그들은 적이 부산과 동래에 상륙하지 못하게 막지 못했다. 이순신의 굳센 마음이야 우리가 존경하는 바지만, 과연 그가 경상좌도를 지켰더라면 초전에 일본군을 격퇴할 수 있었을까.

전쟁이 마음처럼 그렇게 쉬운 일이라면 얼마나 좋으랴. 선조 30년 7월에 이른바 칠천량 사태가 일어나 통제사 원균과 전라우수사 이억기 등이 순국하였다. 그때 우리 수군에게는 상당한 자원이 아직 남아있었으나, 이순신은 그 모든 자원을 포기하고 전라우도로 후퇴하였다. 사정이 불리하면 누구라도 멋지게 대응할 수가 없다. 그러나 선조 25년 4월만 해도 이순신은 그런 점을 이해하지 못했다.

뜻밖의 불상사

장차 연합함대의 조직과 편성은 어떻게 할 것인가. 이순신의 〈장계〉 초본 또는 〈비망록〉을 보면, 선조 25년 4월 29일에 그는 연합함대를 다음과 같이 세 개의 부대로 나누었다. 첫째는 이순신이 직접 지휘할 직할부대였다.

> "(전라좌수영) 소속 수군으로, 중위장은 방답첨사 이순신(李純信)으로 정하고, 좌부장에는 낙안군수 신호(申浩)를, 전(前) 부장에는 흥양현감 배흥립(裵興立)을 세

---
490 이순신, 《이충무공전서(李忠武公全書)》, 권 2, 〈장계 2(狀啓 二)〉, "경상도 도우러 가는 장계(赴援慶尙道狀)".

운다. 중(中) 부장에는 광양현감 어영담(魚泳潭)을 임명하고, (남아서 진을 지킬) 유군장(遊軍将, 유격대)에는 발포 가장(仮将, 임시 장수)인 영(營, 좌수영) 군관이자 훈련원봉사인 나대용(羅大用)을 임명한다. 우부장에는 보성군수 김득광(金得光)을 명하고, 후부장에는 녹도만호 정운(鄭運)을, 좌척후장에는 여도권관 김인영(金仁英)이요, 우척후장에는 사도첨사 김완(金浣)을 임명한다. 한후장에는 영군관으로 급제자인 최대성(崔大晟)을 명하고, 참퇴장에는 영군관 급제 배응록(裵応禄)을, 그리고 돌격장에 영군관 이언량(李彦良) 등을 모두 배치하였다. 그리고는 거듭 약속을 하였다."491

여기서 보듯, 본대(本隊)를 전, 후, 좌, 우, 중의 5개로 나누었다. 그와 별도로 척후대를 두는데, 좌우와 후방으로 3분하였다. 그 밖에 돌격장을 따로 두었다.

이어서 원균이 지휘하는 경상우수영의 수군에 관해서는 다음과 같이 명시하였다.

"선봉장은 우수사 원균(元均)과 약속할 때 그 도(경상도)의 장수를 임명하기로 하였다."492

경상도가 적의 침략에 노출된 지 두 달쯤 지나자 원균의 경상우수영은 수적으로 열악한 형편이었다. (온전한 판옥선 4척, 부서진 판옥선 7척). 그러나 그들은 실전 경험도 많았고, 해전이 벌어질 경상도 수역(水域)을 가장 잘 알고 있었다. 게다가 그곳의 방어책임이 본래 그들의 몫이었으므로, 이후에 벌어질 전투에서도 가장 어려운 과제를 맡게 될 것이었다.

끝으로, 이순신은 좌수영의 여러 진지에 남아서 시설을 보호하고, 여차하면 증원군으로 출동해야 할 후방부대를 다음과 같이 정하였다.

"본영은 우후 이몽구(李夢亀)를 유진장(留陣將)으로 삼는다. 방답, 사도, 여도, 녹도, 발포 등의 5개 포구에는 담력과 지략이 있는 이를 가장(仮将, 임시 장수)으로 임명하여 엄중히 훈계한 다음에 내보냈다."493

이순신은 선조 25년 4월 30일에 출정식을 할 작정이었다. 그는 이렇게 기록하였

---

491 이순신, 《이충무공전서(李忠武公全書)》, 권 2, 〈장계 2(狀啓 二)〉, "경상도 도우러 가는 장계(赴援慶尙道狀)".
492 이순신, 《이충무공전서(李忠武公全書)》, 권 2, 〈장계 2(狀啓 二)〉, "경상도 도우러 가는 장계(赴援慶尙道狀)".
493 이순신, 《이충무공전서(李忠武公全書)》, 권 2, 〈장계 2(狀啓 二)〉, "경상도 도우러 가는 장계(赴援慶尙道狀)".

다. "나는 여러 장수를 거느리고 4월 30일 새벽 네 시에 출전할 예정이다."494 그때는 경상도 수군과의 조율도 이미 끝났다. "경상우도 남해현 미조항과 상주포, 곡포, 평산포 등 네 개 진영이 이미 여러 차례 (본영에) 들어왔다. 그 현령, 첨사, 만호 등에게 당일에 군사와 병선을 정비하여 길 중간까지 나와서 대기하라는 내용으로 새벽에 공문을 만들어 사람을 급히 보냈다."495 이순신은 경상우수영의 여러 장수와도 소통하고 있었다.

그런데 하필이면 출정을 하루 앞둔 4월 29일에 거제도에 있던 경상우수영이 적에게 함락되었다. 남해현의 여러 장수도 적군의 침략에 놀라 어디론가 달아났다는 오보까지 들려왔다. 당황한 이순신은 부하들을 보내어 남해현에 있던 군사기지를 파괴하는 등의 조치를 단행하였다. 유감스럽게도 잘못된 결정이었다. 그 일로 경상우수영과 큰 갈등이 조성되었을 것은 당연한 일이었다. (제2부 제1장) 양측의 연합함대 출범은 일단 없었던 일이 되었다.

연합함대의 출범

그러나 며칠의 냉각기를 가진 다음에 원균과 이순신의 부대는 연합함대의 출범을 보았다. 여기에는 원균의 경상우수영 측의 인내가 중요한 역할을 하였을 것으로 보인다. 두 장수는 거제도 앞쪽의 나루에서 만났다. 그들이 처음으로 적을 토벌한 것은 선조 25년 5월 4일이었다. 이순신은 《난중일기》에 다음과 같이 적었다.

> "맑다. 먼동이 틀 때 출항했다. 곧바로 미조항(남해군 미조면 미조리) 앞바다에 도착해 서로 다시 한번 (작전을) 약속했다. 우척후, 우부장, 중부장, 후부장 등은 오른편에서 개이도(현 전남 여천군 화정면 개도)로 들어가면서 (적을) 찾아서 공격하기로 하였고, 나머지 장수들이 탄 전함은 다함께 (남해의) 평산포, 곡포, 상주포 및 미조항을 통과하였다."496

이순신은 함대를 둘로 나누어 일부는 전라도 해역을 뒤져 적군을 격멸하기로 하였고, 다른 부대는 남해로 직접 나아가 경상도 수군과 합세할 예정이었다. 그런데 유감

---

494 이순신, 《이충무공전서(李忠武公全書)》, 권 2, 〈장계 2(狀啓 二)〉, "경상도 도우러 가는 장계(赴援慶尚道狀)".
495 이순신, 《이충무공전서(李忠武公全書)》, 권 2, 〈장계 2(狀啓 二)〉, "경상도 도우러 가는 장계(赴援慶尚道狀)".
496 이순신, 《난중일기》, 임진년(1597), 5월 4일.

스럽게도 《난중일기》는 그날부터 그해 5월 28일까지 23일 동안은 아무런 기록도 남기지 않았다. 그래서 그때 남쪽 바다에서 무슨 일이 일어났는지를 알아보려면 《실록》을 보아야 한다. 《실록》에는 그해 5월 초순의 일을 다음과 같이 정리하였다.

> "5월 6일에 이순신은 전선(戰船) 80척을 거느리고 마침내 옥포(玉浦) 앞바다로 진출하였다. (그곳에는) 적선(賊船) 30여 척이 사면에 휘장을 두르고 기다란 장대를 세워 홍기(紅旗)·백기(白旗)들을 현란하게 달았다. 나머지 왜적은 육지로 올라가 마을마다 집을 불태우고 백성을 위협해 재물을 강탈하였다. 그러던 왜적이 우리 수군(水軍)을 발견하자 재빨리 노(櫓)를 저어 진지(陣地)를 벗어났다. 아군(我軍)과 그들이 바다 한가운데서 만났는데, 아군이 적선 26척을 불태웠다."[497]

한 마디로, 우리 연합함대가 옥포해전에서 대승을 거두었다는 뜻이다. 그런데 "전선 80척"은 아무래도 오해의 소지가 있는 것 같다. 그보다 며칠 전에 이순신은 《난중일기》에서 자신이 거느린 전선은 기껏해야 "30척"이라고 한탄하였다. 그러면 80척이라고 말한 것은 "전선"인 판옥선 외에 협선(挾船)과 척후선까지 모두 합친 숫자이다. 어쨌든 우리 군은 옥포해전에서 "적선 26척"을 불태우는 승리를 거두었다. 《선조수정실록》에서는 이 합동작전을 이순신의 승리로 기록하였다. "전라수군절도사 이순신(李舜臣)이 경상도에 지원하러 가서 거제(巨濟) 앞 나루에서 왜병을 격파하였다."[498] 그러나 우리가 앞에서 보았듯, 옥포해전의 견인차는 경상우수영이었다. 특히 원균의 부장인 우치적과 이운룡 등이 결정적인 공을 세웠다.

그런데 안타깝게도 우리 군은 승리의 행진을 이어나가지 못하고 갑자기 헤어졌다. 《실록》은 그 이유를 다음과 같이 기록하였다.

> "이튿날 다시 대전(大戰)을 펼치기로 약속하였는데, 대가(大駕, 임금의 행렬)가 서쪽으로 피난하였다는 소식이 들렸다. 그러자 여러 장수가 오지 않았다. 그래서 (일부 군사만) 모여서 통곡하고 나서, (5월) 9일에는 제각기 본진(本鎭)으로 돌아갔다."[499]

한양이 왜적의 수중에 넘어갔고, 그에 앞서 선조와 대신들이 북쪽으로 피난을 떠

---

497 《조선왕조실록》, 선조 25년(1592) 6월 21일.
498 《실록-선조 수정실록》, 선조 25년(1592) 5월 1일.
499 《실록》, 선조 25년(1592) 6월 21일.

났다. 뒤늦게 이런 소식이 들려와 우리 군의 사기가 크게 꺾였다. 서전을 승리로 장식한 다음이었으나, 원균과 이순신은 일단 군사를 물려 병사들의 마음을 진정시켜야 했다. 연합함대의 제1차 출정은 불과 사나흘이었으나, 매우 성공적이었다. 곧이어 제2차 출정 그리고 제3차 출정이 이어질 전망이었다. 진즉에 이순신이 원균의 요청을 따랐더라면 얼마나 좋았을까. 그랬더라면 거제도에 있던 경상우수영이나 남해현의 군사시설이 잿더미로 변하지도 않았을 것이고 원균과 이순신의 사이도 좋았을 것이 아닌가 하는 아쉬움이 있다.

제2절
연합함대 전성기 원균의 전략

원균은 전투 여건이 변화할 때마다 그에 따라 전술과 전략을 탄력적으로 변화시켰다. 연합함대가 처음으로 편성되고 제2차 출정을 할 때부터는 적군의 전투력이 우리 군보다 열세라는 점을 인식하고 선제공격을 퍼부었다. 또 지형지물에 따라 전투 조건의 우열이 달라지는 점을 고려해 우리 군이 이길 수 있는 조건을 만들기도 했다. 이후 일본 수군은 자신들의 열세를 인정하고 거제도부터 부산포에 이르기까지 철통같은 방어망을 구축하였다. 그러자 원균은 전략을 완전히 바꿔, 수륙 합동작전으로 우리 군의 진격 루트를 열었다.

1. 선제공격으로 기선 제압

원균은 적진에 부하들을 파견해 적의 형편을 탐지하고, 그들의 활동을 정확히 파악하는데 많은 공을 들였다. 그 결과 원균의 아우 원전은 비변사의 당상관들 앞에서 적정을 분석하고, 우리 군의 대응전략에 관해 설명하기도 하였다.500

원균의 경상우수영은 정탐 활동에도 유능했고, 경상도 연안의 지리에도 가장 밝았다. 아울러 선조 25년 4월에 실전 경험을 많이 쌓았으므로, 연합함대가 출정할 때마다 선봉대의 역할을 도맡았다. 연합함대의 첫 번째 전투인 옥포해전에서 이운룡과 우치적 등이 큰 공을 세운 것은 물론이요, 사천해전과 그 뒤에 벌어진 여러 전투에서는 기효근이 가장 중요한 역할을 하였다. 조정에서 원균의 공적을 논평한 글을 보면 특히 한산대첩과 당항포해전(제1차 및 제2차)에서도 대대적인 승리를 거둔 것이 틀림없었다. 선조는 원균의 공을 기리며, 적은 숫자를 가지고도 큰 성과를 거두었다고 탄복

---
500 《실록》, 선조 26년(1593) 5월 21일.

하였다. 이미 앞에서 우리가 살펴본 바이다.(제2부 제3장)

물론 원균의 경상우수영이 그처럼 훌륭한 업적을 낼 수 있었던 것은 믿음직한 장수가 많았기 때문이다. 전라좌수영의 이순신과 전라우수영의 이억기가 함께 전투에 참여하였기에 부대의 위용이 갖춰졌다. 그들이 측면에서 돕지 않았더라면 원균과 그 부장들이 아무리 용감하고 슬기롭다 해도 홀로 승리를 거둘 수는 없는 일이었다. 그 점은 이순신과 이억기의 처지에서 보아도 마찬가지였다. 원균의 경상우수영이 수로를 안내하고 용감하게 선봉에 나섰기 때문에 그들도 수월하게 공을 세울 수 있었다.

전체적으로 보면 선제공격에 가장 뛰어난 것은 원균의 함대요, 든든하게 그 뒤를 잘 받쳐준 것은 이순신의 함대, 항상 그림자처럼 따라다니며 도움이 필요한 곳마다 원균과 이순신 함대의 빈자리를 채운 것은 이억기의 함대였다. 그런 점에서 조선 수군의 연합함대는 삼박자가 잘 맞았다고 하겠다.

원균을 "돌격"의 명수라고 칭찬한 대신들도 많았기에, 우리는 흔히 그를 맹장(猛將)이라고만 생각하기 쉽다. 하지만 지금도 그를 일컬어 비겁하다느니, 병법을 몰랐다느니 하는 식의 비방이 널리 퍼져 있기는 하다. 이런 주장은 근거도 없이 헐뜯는 말이기 때문에, 길게 반박할 필요조차 없다. 주목할 점은 원균이 정탐에 밝았다는 사실이다.

유성룡의 《서애선생문집》에는 그해 4월 15일에 경상우도수군절도사 원균(元均)이 비변사에 보낸 〈장계〉가 기록되어 있다. 원균의 정보 수집 능력을 잘 보여준다.

"(선조 27년) 3월 5일에 (저는) 본도의 병선을 정리하여 통제사 이순신(李舜臣)과 함께 고성현에 이르러 정세를 정탐하였습니다. 그때 홀연히 명나라 군사 두 사람이 작은 배를 타고 나오는데 우리나라의 젊은 남자 한 사람도 끼어 있었습니다. 그에게 (연유를) 물으니, '저는 본시 경상도 상주 사람 정희순(丁希順)입니다. 날짜는 잊었으나, 적에게 잡혀가 웅천현(熊川縣)의 적진에서 사환 노릇을 했습니다. 이달에는 적들이 멀리 있는 우리 병선을 바라보기만 해도 두려워하며 겁을 먹고, 도사(都使) 담종인(譚宗仁)에게 접전을 금지한다는 방문(牌)을 써달라고 간청하였습니다. 그래서 제가 방문(榜文, 포고문)을 전하는 군관을 따라 (명나라 진영에 가서) 방문을 싣고 나왔습니다.'라고 하였습니다.

그리고 또 말하기를, '며칠 전에 여러 적이 말하는 것을 들었는데, 명나라 사신이 나오면 우리는 마땅히 군사를 거두어 바다를 건너갈 것이다. 만일 오지 않는다면 군사를 대폭 증원하여 수륙으로 함께 노략질하겠다.'라고 하였습니다."[501]

---

501 유성룡, 《서애선생문집》, 제3권, 주문(奏文), 〈적(賊)의 정세를 진술하는 주문 – 갑오년(1594, 선조27) 6

위의 인용문에서 우리는 세 가지 중요한 사실을 알 수 있다. 첫째, 원균은 일본군과 명나라 군대의 동향을 철저히 조사 분석하였다는 점이다. 그는 우리나라 백성의 동향뿐만 아니라 작전지역 내에서 움직이는 명나라 및 일본의 군사 활동을 낱낱이 파악하였다.

둘째, 원균이 조사한 정희순이란 상주 사람은 일본군에 부역(附逆)한 백성이었다. 때로는 이런 사람들이 명나라 진영을 드나들며 온갖 수단 방법을 써서 일본군의 요구사항을 관철시켰다.

셋째, 정희순이 원균에게 자백한 바에 따르면, 일본은 명나라 관리 도종인을 매수하여 조선 수군에게 '교전금지(交戰禁止)'라는 명령을 내린 것으로 보인다. 정희순이 준 또 하나의 정보는, 만약에 명나라와 일본 간의 평화조약이 무산되면 일본군이 재침할 거라는 소식이었다. 나중에 이 정보는 사실로 입증되었다.

이처럼 원균은 시간과 장소를 가리지 않고 전쟁 수행에 관한 모든 정보를 입수하는데 성의를 다했다. 워낙에 그가 정탐 활동에 열을 올린 까닭에, 이순신은 원균과 그의 부하를 오해할 때도 많았다.

《난중일기》에는 원균의 부하들이 수상한 짓을 한다고 비난한 내용이 여러 곳에서 확인된다. 심지어 왜인 복장으로 변장한 원균의 부하들이 사후선(정탐선)을 타고 크고 작은 섬을 드나들었다는 기록도 있다. 원균은 어느 날 갑자기 이순신에게 함께 싸우러 가지고 제안하기도 했는데 그때마다 이순신은 원균을 이상한 사람이라고 비웃었다. 《난중일기》에는 이런 내용이 적지 않았다. 원균은 항상 적에 관해 많은 정보를 수집했고, 그 결과에 따라 신축성 있게 작전을 변경하였던 것으로 보인다. 그런 원균은 이순신은 늘 의심하는 시선으로 바라보았으니, 여간 불행한 일이 아니었다.

2. 다양한 전략 구사 - 승리의 조건

애써 수집한 여러 가지 정보와 전문 지식을 토대로 원균은 다양한 전술을 펼쳤다. 그중 대표적인 예가 바로 한산대첩이다. 좁은 바다에서 다수의 적을 상대할 것이 아니라 넓은 바다로 유인해 집중포화를 퍼붓는 방법이었다. 역사에서는 학익진(鶴翼陣) 곧 학이 날개를 편 모양의 진법이라고 하거니와 쌍학진(雙鶴陣)이라고 해서 두 개의

월);《실록》, 선조 27년(1594) 10월 10일.

학익진을 썼다고 한다.

오늘날 사람들은 《난중일기》만 믿고 이 모든 작전이 이순신의 머리에서 나왔다고 믿는다. 하지만 역사는 우리에게 다른 가능성을 보여 준다. 이운룡의 전기자료에 의하면, 적을 바깥 바다로 끌어내자는 제안을 한 사람은 곧 이운룡이었다고 한다. 다른 기록을 보면, 모든 작전 계획은 원균이 내놓았는데 이순신이 공을 독차지하였다고 하였다.

한산대첩에 관해 《실록》은 어떻게 평가했을까. 처음에는 이순신의 〈장계〉를 믿은 나머지 누구보다도 이순신의 몫이 가장 큰 것 같다고 했다. 그런데 두어 달이 지나자 이순신의 공은 원균이나 이억기의 공과 똑같다고 평이 바뀌었다. 선무공신을 책봉할 때는 다시 평가가 달라져 원균의 역할이 컸다고 재평가했다.

《실록》에서만 원균의 공을 높게 본 것이 아니었다. 한치윤의 《해동역사》도 원균의 가장 큰 공은 한산대첩이라고 기록했다. 원균의 〈선무공신교서〉에서도 특별히 당포해전과 한산대첩을 원균의 빼어난 공적이라고 기록하였다. 심지어 이순신의 〈선무공신교서〉에서도 이순신의 가장 뛰어난 공은 옥포해전과 노량해전이라고만 서술하였다. 더구나 선조 때 명신 이산해는 서술하기를, 원균은 가덕해전과 한산대첩에서 큰 공을 세웠고 이순신은 노량해전에서 대승하였다고 말했다. 앞에서 살핀 것처럼 한산대첩은 조선 수군 모두의 전승이었다고 하면서도, 특히 원균이 이바지한 바가 컸다고 기록한 문헌이 많다. 이런 사실을 우리는 마음 깊이 새겨야한다.(제2부 제2장과 제3장)

3. 수륙 합동작전의 주창

왜란이 발생하고 일 년이 조금 더 지나서 일본군의 전술에 큰 변화가 왔다. 그들은 웅포와 사천에서 부산을 거쳐 울산과 서생포에 이르는 남해안 일대에 견고한 왜성을 쌓았다. 가덕도와 안골포, 거제도 등에도 요새를 만들어 우리 수군이 거제도 동쪽으로 출입하기가 대단히 어려워졌다.

원균은 그러한 상황 변화를 직시하고 돌파구를 마련하고자 애썼다. 그래서 나온 것이 바로 수륙 합동작전이었다. 선조 26년(1593) 6월 3일에 원균이 조정에 올린 〈장계〉가 우리의 관심을 끈다.

> "신은 지금 호남의 주사(舟師, 이순신과 이억기)와 더불어 이미 바다로 나왔습니다. 웅천과 창원의 왜적은 아직도 그대로 웅거하고 있고, 웅포의 왜적은 차츰 늘

어나 전보다 배나 많아졌습니다. 그들은 험지를 점거한 채 바깥으로 나오지 않습니다. 또, 김해와 양산의 두 강에 정박한 적들은 서로 번갈아 출입하면서 마치 순치(脣齒)처럼 서로 의지하고 부산으로 드나드는 통로를 장악하고 있습니다.

이러한 적의 소굴을 내버려 둔 채 그대로 부산으로 쳐들어가면, 앞뒤의 적이 안팎으로 협공할 것이니 실로 위험합니다. 지금의 계책으로는, 육군으로 곧장 웅천의 적을 쳐서 바다로 몰아내면 (우리) 주사가 서로 통할 수 있습니다. 이제 웅포를 먼저 공격하고, 차차로 김해와 양산을 공격하여 이리저리 적을 섬멸하여 부산으로 가는 길을 통하게 하는 것이 가장 좋습니다.

그러나 (믿을만한) 육군이 없어 달리 섬멸할 계책이 없습니다. 그래서 명나라 구원병이 오기를 고대합니다. 그러나 명나라 장수는, 우리 주사(수군)가 먼저 부산의 적선(賊船)을 불사르고 난 다음에 뒤에서 재빨리 공격하겠다고 하였습니다. 이처럼 (작전에) 차이가 있으니 어떻게 해야 할지 실로 낭패입니다.

대체로 주사는 지난봄부터 수개월 동안 모두 해상에 주둔하며, 백방으로 진퇴를 되풀이하였습니다. 그러나 영영 적을 유인할 수 없었습니다. 이미 경험한 일입니다. 신의 얕은 계책으로는, 육군을 급히 진격하게 하여 수륙으로 공격해야 한다고 생각합니다."502

인용문에서 읽은 바를 간단히 정리하겠다. 첫째, 웅포부터 부산포에 이르기까지 일본군의 요새가 늘어서 있었다. 그들의 압박을 받으면서 우리 수군이 부산포로 쳐들어갈 수는 없다는 점이었다.

둘째, 최우선의 과제는 웅포의 일본군을 육군이 공격해 바다로 쫓아내는 것이다. 그렇게 되면 수군이 그들을 처치할 수 있다고 했다. 그러한 방법으로 차츰 부산포까지 드나드는 통로를 개척하는 것이 최상이라고 했다.

셋째, 명나라 육군과 이야기를 해본 결과, 그들은 우리 수군이 먼저 부산포의 적을 섬멸한 다음에야 웅포의 일본군을 때려잡겠다고 한다. 원균과는 선후가 다른 작전 개념이라 양측의 합동작전은 성사되기 어렵다.

넷째, 미약하지만 우리 육군을 잘 통제하여 위에서 언급한 수륙 합동작전을 펼 수밖에 없다고 했다.

과연 그 이듬해인 선조 27년(1594) 10월에 수륙 합동작전이 가까스로 시행되어 거제도의 장문포를 공격하였다. 그때 우리 육군은 정규군이 아니라 곽재우 등이 거느린 소수의 의병만 참전하였다. 그 결과는 앞에서도 이미 설명한 것처럼 참담한 졸전

502 《실록》, 선조 26년(1593) 6월 3일.

이었다.(제2부 제1장)

조정에서는 영의정 유성룡이 중국에서 여러 가지 신무기를 도입해 육군을 양성하기에 힘썼다. 훈련도감도 운영하고, 백방으로 노력한 것처럼 보였으나, 그 효과는 미미했다. 왜란이 끝날 때까지도 우리는 믿음직스러운 육군을 양성하지 못했다. 과감한 투자와 제도 개혁이 필요했지만 차일피일 소극적으로 대응한 결과가 아니었을까 한다.

제3절
통제사 시절의 전략과 전술

선조 30년 2월 하순에 원균은 삼도수군통제사가 되었다. 일본군의 재침이 눈앞의 일이 되었을 때라 상황이 매우 위급하였다. 원균은 적의 재침을 막으려면 절영도(부산 영도)에 수군을 주둔하는 것이 편리하다고 보았다. 부산포와 쓰시마를 잇는 일본군의 운송로를 끊어야만 적이 부산포에 상륙하는 것을 방어할 수 있다는 것이었다. 또, 그런 효과가 없다 해도 적의 보급선을 혼란에 빠뜨리는 방법으로도 절영도 주둔은 중요한 전략이라고 했다. 하지만 조정 대신들의 반대로 이 작전은 무산되었다.

그 다음으로, 원균은 앞에서도 말한 바 있는 수륙 합동작전에 무게를 두었다. 한편으로 그는 조선 수군과 명나라 육군이 합동작전을 펼쳐 적군에게 치명타를 때리려고 하였는데, 이 작전은 김응서가 정보를 누설하는 바람에 흐지부지되었다고 한다.

그러자 원균은 수륙 합동작전의 규모를 대폭 줄여, 최소한 안골포든지 가덕도에 있는 일본군이라도 소탕하자고 제안했다. 이것은 우리 육군과의 소규모 합동작전이었던 셈이다. 그러나 이 또한 대신들의 반대로 빛을 보지 못했다.

보기에 원균에게는 탁월한 지략이 있었다. 문제는 매사에 지나치게 소극적인 대신들이 조정의 결정권을 쥐고 있었다는 점이다. 항상 조정에서는 토론만 무성한 끝에 하나도 시행되지 못했다. 이것이 조선의 가장 큰 문제였다. 실무도 모르고 현장 경험도 없는 문신들이 물샐틈없이 완벽한 작전만 요구하다가 결국은 아무런 진척도 없이 매사를 탁상공론으로 마치고 말았다. 오늘날에는 사정이 얼마나 달라졌는지 모르겠다.

1. 부산포-쓰시마 운송로 위협

선조 30년(1597) 1월 하순의 일이다. 원균은 아직 수군에 복귀하지 못한 채 전라도병마절도사로 재직하고 있었다. 그때 일본도 재침을 준비하고 있었다. 부산포로 밀려들어 오기 전이었다. 당시 조선에 남은 일본군은 2만~3만 명에 지나지 않아 원균은 다음과 같은 전략을 구상하였다.

> "수백 명의 수군을 영등포(永登浦) 앞으로 나가게 하여 가덕도(加德島) 뒤에 몰래 주둔하게 합니다. 그들이 경선(輕船)을 타고 삼삼오오 짝을 지어 절영도(絶影島) 밖으로 나가 무력시위를 벌이는 것입니다. 이와는 별도로 수군 1백여 명이나 2백 명씩을 대해(大海)로 내보내 아군의 위세를 떨치면 좋겠습니다."[503]

가덕도라면 부산포 근처의 요새였다. 왜란 초기부터 일본군이 주둔하면서 조선군이 부산포로 들어가는 길을 위협하였다. 선조 30년 1월만 해도 일본군의 세력이 크지 않았기 때문에, 우리 군이 가덕도를 근거지로 삼아 부산 앞바다를 들락날락하면서 정찰 활동을 강화하면 일본군을 위협할 수 있을 것이다.

그와는 별도로 쓰시마에서 부산으로 들어오는 먼바다에 대한 순찰과 정찰 활동도 강화하자고 했다. 그러면 일본군이 부산까지 함부로 밀고 들어오지 못할 것이라고 했다. 그 역시 좋은 방법이었다.

그러나 당시 통제사는 이순신이었고, 그는 이런 방법을 좋아하지 않았다. 두 달쯤 뒤에 원균이 통제사가 되었는데, 그때는 이미 수만 명의 일본군이 부산으로 들어온 뒤였다. 그들은 과거에 설치했던 요새를 다시 점거하고 우리 수군의 통행을 위협하였다. 신임 통제사 원균은 자신이 간절하게 원했던 위의 두 가지 작전을 펼 수 없는 상태가 되었다. 아무리 좋은 전술과 전략이라도 특정한 조건 아래서만 유효하다. 선조 30년 3월 이후에는 새로운 전략을 마련해야 했다.

2. 절영도의 수군 기지화

통제사 원균은 달라진 외부 환경에 적응하였다. 자신이 통제사로 임명되기 전에 적군은 이미 수만 명씩이나 부산포와 울산, 창원, 웅천 등지로 들어와 주둔했다. 적선(賊船) 2백 척이 경상좌도와 경상우도에 분산되어 정박할 때 이순신의 수군은 그중 하나도 변변히 막아내지 못하였다.[504] 참으로 안타까운 일이었다.

---

503 《실록》, 선조 30년(1597) 1월 22일.
504 《실록》, 선조 30년(1597) 3월 12일.

신임 통제사 원균에게는 대단히 부담스러운 상황 변화였다. 궁리 끝에 원균은 묘수를 찾았다. 마침 절영도(絶影島, 부산 영도)에는 일본군이 주둔하지 않고 있었으므로, 그곳을 수군 기지로 만들자고 하였다.505 적군이 우리나라로 들어올 때는 반드시 절영도 앞을 거치게 되므로, 원균은 그곳에 수군을 전진 배치하여 적군의 상륙을 막으려고 했다. 참신하고 대담한 계획이었다.

　조정은 이러한 원균의 계획을 승인하였을까. 선조가 대신 김명원과 토론한 내용을 살펴보자.

　　　선　조: "절영도는 (왜적의 본거지인) 부산과 가깝다. 주사(舟師, 수군)가 주둔하였다가 양면(兩面, 부산과 일본)에서 적의 공격을 받게 되면 어찌하겠는가?"
　　　김명원: "… 적선은 바람을 등지고 나오는데, 우리는 바람을 거슬러 적과 싸워야 합니다. 아무리 만전(萬全)의 형세를 갖추더라도 (거기서) 적을 막기는 어려울 것입니다."506

　선조와 대신 김명원의 견해가 하나로 일치되었다. 그들은 두어 마디 토론 끝에 통제사 원균의 새로운 전략을 간단히 무시했다. 만약 우리 수군이 절영도를 점거하였더라면 시시각각으로 적의 동태를 정확하게 관찰할 수 있었고, 쓰시마에서 부산포에 이르는 그들의 왕래를 정확히 관측하여 아군이 바라는 대로 성공적인 작전을 펼칠 수도 있었을 것이다. 그러나 선조와 김명원은 탁상공론 끝에 간단히 부정한 것이다.

3. 수륙 합동작전

　통제사 원균은 과거에도 그러했듯 명나라 육군과 협력하여 수륙 합동작전으로 일본군을 압박하고자 했다. 그가 수륙 합동작전을 선호한 것은 오래된 일이었다. 선조 26년(1593) 6월 초에 올린 〈장계〉에서도 명나라 육군과의 합동작전을 거론하였다. 선조 27년(1594) 10월에는 거제도 장문포에서 수륙 합동작전을 시행하기도 했는데, 2년이 지난 선조 29년(1596) 11월 15일에도 수륙 합동작전을 조정에 건의하였다. 그

---

505 《실록》, 선조 30년(1597) 3월 12일.
506 《실록》, 선조 30년(1597) 3월 12일.

후 원균은 수군을 떠나 충청도병사와 전라도병사를 차례로 지냈다.

그러다가 선조 30년(1597) 2월 8일에 원균은 수군에 다시 복귀하였다. "좌도(경상) 통제사 겸 경상우수사"로 발령이 난 것이다. 다시 한 달이 지난 선조 30년 2월 하순에는 이순신을 대신해 "우도(전라-충청)통제사 겸 전라좌수사"에 임명되었다. 경상우수사 자리는 훗날 문제를 일으킨 배설에게 돌아갔다. 한편 이순신은 통제사에서 물러난 다음에 한양으로 압송되어 한 차례 곤경을 치른 다음 3월 중에는 도원수부(도원수 권율)의 비공식 수군 자문역이 되었다.

신임 통제사 원균은 지론인 수륙 합동작전을 다시 꺼냈다. 이순신이 아직 통제사로 있던 선조 30년 1월부터 일본군은 바다를 건너오기 시작했다. 악명 높은 가토 기요마사(加籐淸正)를 비롯해 이른바 "일본군 16진(陣)"이 조만간 바다를 건너 모두 부산으로 들어올 기세였다. 고니시 유키나가(小西行長)가 김응서를 통해 조정에 알려온 대로 진행된다면 그해 7~8월에 일본군은 전라도와 충청도를 침공할 것이고, 10월에는 다시 울산을 비롯한 경상도의 왜성으로 복귀할 예정이었다. 이런 정보는 모두 적진에서 흘러나온 말이라서 곧이곧대로 믿을 수는 없었으나, 조정에는 일촉즉발의 긴장감이 흘렀다.

일본의 재침이 예고된 상태에서 수군의 최고 지휘부를 교체한 것은, 불가피한 면도 있었으나 매우 위험한 일이었다. 이순신은 원균을 충청도병사로 몰아내고 3년간이나 통제사 자리를 유지했지만 뚜렷한 공적을 내지도 못하고 그가 거느린 수군도 사실상 무너졌다. 이런 판국에 왜적의 재침이 확실시되자 조정에서는 이순신을 통제사 자리에서 끌어내리고 용맹스럽고 지혜로운 원균을 후임으로 삼았다.

그러나 적의 침략을 눈앞에 두고 뒤늦게 통제사를 바꾸었으니, 신임 통제사가 단기간 내에 지휘권을 확립하고 새로운 전략으로 수군을 재건하기란 또 얼마나 어려운 과제였겠는가. 원균은 심혈을 기울여 새 전략을 짰다. 선조 30년(1597) 4월 22일의 《실록》에는 그의 혁신적인 방안이 나와 있다. 원균은 야심적인 제안을 꺼냈던 것인데, 그야말로 조정에 던진 승부수였다.

회심의 결전

"우리나라에서 (노력만 하면) 30만의 정병(精兵)을 얻을 수 있습니다. 앞으로 4~5개월 안에 수륙으로 대거 출동하여 승부를 결단하여야 합니다."[507]

---

507 《실록》, 선조 30년(1597) 4월 22일.

혹자는 원균이 이런 주장을 하였다는 이유만으로 그를 어리석은 사람이라고 비방한다. 도대체 조선에서 어떻게 30만 명의 정병이 나올 수 있느냐는 것이다. 원균을 꾸짖는 사람들은 다음과 같이 말한다.

> '임진왜란 당시에 조선의 총병력은 과연 얼마였는가. 율곡 이이는 10만 양병설을 주장하였으나, 그것조차도 현실적으로 불가능한 나라가 아니었던가.'

한마디로, 원균은 무모한 장수라는 것이다. 그러나 흥분하기에 앞서 우리가 돌이켜 볼 점이 있다. 대략 세 가지인데, 첫째 원균은 충청도와 전라도의 병마절도사를 지낸 인물이다. 병력의 충원에 관하여 가장 현실적인 판단을 할 수 있는 장수였다. 그런 그가 꺼낸 주장을 함부로 무시하는 것이야말로 위험하다.

둘째, 우리나라에 쳐들어온 일본군은 대략 15만 명이고, 그 가운데 전투병은 7~8만쯤이었다. 그들을 물리치려면 우리 측 병력이 3배수는 되어야 했을 것이다. 그 정도의 병력을 동원하지 못한다면 우리에게 승산은 없었다. 적을 제압하지 못하면 임진년(1592)과 똑같은 상황이 재연될 것이다.

끝으로, 원균의 '30만 정병'에 관하여 당시에 비변사도 그 숫자를 문제로 삼은 적은 없었다. 그 당시 우리나라의 실제 인구는 1천만 명쯤이었을 것이다. 조선왕조의 통계를 보면 2~3백만 명쯤으로 나와 있다고 하여도 실제 숫자는 그보다 서너 배가 많았다. 국가가 절체절명의 비상시기를 맞았는데 고작 30만 명의 군사도 동원하지 못하는 나라라면 존재 가치가 있는지 모르겠다.

문제는 유성룡을 비롯한 비변사의 미온적인 태도였다. 그들은 원균의 〈장계〉를 읽고 자신들의 반대 의견을 제시하였다. 그들의 무기력함은 다음과 같은 언사에 잘 나타나 있다.

> "신들도 오늘날의 형세가 오래 버티기는 어려울 것을 염려하고 있습니다. 적은 험조(險阻)한 곳에 둔거(屯據)하면서 둔전에서 운량(運糧, 양식을 운반)하여 주인이 손님을 기다리듯 편히 쉬면서 우리가 힘들어지기를 기다리는 형세입니다. 그러므로 우리나라의 수륙 군병은 날로 더 피곤하여져 마침내는 저절로 무너지는 형세가 될까 두렵습니다."[508]

---

508 《실록》, 선조 30년(1597) 4월 22일.

비변사 대신들은 자포자기하는 심정으로 모든 것을 포기한 무기력한 태도를 여과 없이 노출하였다. 일본군은 우리나라 땅에서 마치 주인처럼 편히 쉬면서 침략에 유리한 시간을 노리고 있다고 했다. 그들의 공격이 시작될 때까지 기다리다 보면 아마 우리 군대는 저절로 무너질 것으로 전망하였다. 대신들은 원균의 주장에 일리가 없지는 않으나, 우리가 싸워서 이길 기회는 없을 것이라고 했다. 한 마디로, 비변사는 원균의 제안을 수용하지 못하겠다는 뜻이었다.

> "30만의 정병은 4~5월 내에 소집하기가 쉽지 않습니다. 하지만 제때 적을 섬멸해야 하고 (공격 시기를) 지연하면 곤란하다는 뜻만은, 원균이 아뢴 바와 같습니다."[509]

대신들도 적이 공격을 제대로 준비하기 전에 우리 쪽에서 먼저 선공을 하여야 한다는 점을 알고는 있었다. 그러나 그들은 30만 명의 군사가 아니라 10만 명, 아니 단 5만 명의 병력이라도 동원해 적을 제압할 생각은 끝끝내 못하였다. 그들이 의지하는 것은 명나라 군대밖에 없었다.

원균이 올린 〈장계〉에 관해 최종 결정권을 가진 것은 선조였다. 아마도 원균의 본심은 선조가 이제라도 굳은 결의로 일본군과 싸울 마음을 갖기를 촉구하려는 것이었으리라 짐작한다. 그러나 선조에게는 그런 제안 자체가 너무나도 모험적이었다. '날마다 나랏일을 걱정하다가 앉아서 편히 망하는 편이 낫지, 공연히 큰일을 벌일 필요는 없다'라는 식의 사고방식이 선조에게는 익숙하고도 편안하였다.

어디 선조뿐이었겠는가. 이 세상의 모든 유약한 지도자들에게 공통되는 일이다. 그런 측면에서 보면, 원균은 너무도 과감하고 씩씩한 장수였다는 생각이 든다. 그는 조선의 사회적 풍토에 어울리지 않게 용감한 장수였다.

사명대사와 원균

세상에는 이따금 비슷한 생각을 하는 사람들이 있다. 원균과 비슷한 소망을 가진 이가 그때도 있었다. 이름하여 유정(惟政) 즉 사명대사(四溟大師)였다. 바로 같은 해 4월이었다. 비변사가 원균의 제안을 선조에게 아뢰기 9일 전인 선조 30년(1597) 4월 13일에 유정 스님은 일본의 침략목적을 밝히고 왜적을 토벌할 방법을 제안하였다. 사

---

509 《실록》, 선조 30년(1597) 4월 22일.

명대사는 국운이 위태로운 것을 가만히 두고 볼 수 없어, 자신이 산중의 스님임에도 상소문을 올린 것이다.

선조 30년(1597) 4월 현재 왜적은 경상도 일대에 병력을 증강하며 세력을 키우고 있었다. 멀지 않아서 그들이 엄청난 사건을 벌일 것은 누구나 짐작할 수 있었다. 대사는 왜적이 아직도 중국 침략의 야망을 버리지 못한 것으로 판단하였다. 왜적들의 기고만장한 태도를 보며 사명대사는 깊은 걱정에 빠졌다. 스님이기 전에 그도 한 사람의 조선 사람이기 때문이었다. 더구나 사명대사는 불교국가인 일본과의 강화교섭에 간여했고, 승병장으로 전쟁에 참여하기도 했기 때문에 견문이 넓고, 국가를 위하는 마음이 남달랐다.

그 시절에도 많은 사람은 설마 전쟁이 다시 일어나겠느냐며 태평하였다. 그러나 대사가 판단하기에는 5월 이후에 많은 적이 다시 쳐들어올 전망이었다. 그래서 대사는 다음과 같이 제안하였다.

> "신의 어리석은 생각으로는 오늘날의 형세가 싸워도 위태롭고 싸우지 않아도 위태로우니, 싸우지 않아 위태롭기보다는 성을 등지고 한 번 싸워서 성패를 결판 짓는 편이 더 낫겠습니다. 더구나 현재의 적병은 그 수가 1만여 명에 지나지 않고 또 나이 젊고 정예한 자를 보면 모두가 우리나라의 사람이었습니다. 신이 출입하는 것을 보고는 희비(喜悲)의 표정이 얼굴에 나타나는가 하면, 더러는 우리나라 사투리로 신을 부르며 '나는 서울 아무 방(坊)에 있었고 나는 아무 도(道) 아무 고을에 있었는데 적의 위협을 받고서 이곳에 왔다.'라고 하였으니, 적이 우리나라의 백성을 기반으로 하여 성세(聲勢, 명성과 위세)를 삼고 있다는 것을 여기에서 알 수 있습니다."510

이 지점에서 사명대사의 판단은 원균과 정확히 일치하였다. 적이 공격 준비를 마치기 전에 우리 군이 먼저 기습하자는 것이었다. 더욱이 그해 4월 초까지도 적병의 수는 생각보다 많지 않았다. 대사는 겨우 "1만 명"이라고 하였으나 실제는 이미 수만 명이었다. 그런데 놀랍게도 일본군의 상당수는 조선 사람들이었다고 한다. 왜적에게 포로가 되어 붙잡혀 갔거나, 또는 다양한 다른 이유로 일본군이 된 사람들이라는 것이었다. 우리가 미처 몰랐던 점이다.

사명대사는 우리 군이 군사를 널리 동원할 방법을 다음과 같이 구체적으로 제시하

---

510 《실록》, 선조 30년(1597) 4월 13일.

였다.

> "우리나라 중외의 사변 전과 사변 후의 출신 무사(出身武士)로서 활을 쏘는 정병(精兵) 및 서울 훈련도감의 포수(砲手)를 남김없이 조발(調發)한다면 그 수가 틀림없이 4~5만을 밑돌지 않을 것이니, 군병이 적을 걱정은 없습니다."511

사명대사가 어림짐작할 때 우리나라가 급히 동원할 수 있는 정예병사는 최소 4~5만 명쯤은 된다고 하였다. 그만하면 일단 일본군과 한번 겨룰만하다는 이야기였다.

만약 조정에서 일본군과의 혈전을 결정한다면, 사명대사는 승병(僧兵)을 모아 함께 싸우겠다고 다짐하였다. 절간에도 이처럼 충성스럽고 용맹한 이가 있는데 나라에서는 도대체 무슨 걱정을 한다는 것일까. 그러나 세상을 지배하는 이른바 선비들이란 겁도 많고 지략도 없는 이가 대부분이었다. 안타까운 일이었다. 사명대사는 나약한 조선의 지배층을 다음과 같이 질타했다.

> "그러나 조야(朝野)의 높고 낮은 관리는 그럭저럭 구차스럽게 아무 대책없이 날을 보내면서 강화의 일이 행여 이루어지기만을 바라고 있습니다. 한 번이라도 변보(邊報, 변방 소식)가 격한 소식을 담고 있으면 허둥지둥하면서 미처 피해가 닥치기 전에 달아나지 못할까 두려워합니다. 그러나 변보가 다급하지 않으면 마음을 놓은 채 아무 걱정도 하지 않으니, 신은 실로 마음 아프고 절박합니다."512

그야말로 총체적인 무능과 나약함에 빠진 조선 사회라는 것인데, 이것이 사명대사의 통렬한 현실 비판이었다.

대사는 늦어도 그해 가을까지는 일본의 재침략이 노골화된다고 확신하였다. 그래서 하루바삐 정병으로 부대를 편성하여 왜적에게 선제공격으로 큰 타격을 안기자는 것이었다. 4~5월 중에 병력을 총동원하여 결전을 치르자는 원균의 주장과 다를 바가 조금도 없었다.

끝으로, 사명대사는 다음과 같이 선조에게 부탁했다.

> "삼가 바라건대, 전하께서는 오늘날의 형세를 깊이 살피시어 혁연히 분발하여 속히 윤음(綸音, 담화문)을 내리시고, 또 체찰사(體察使)·원수(元帥)·통제사(統制

---

511 《실록》, 선조 30년(1597) 4월 13일.
512 《실록》, 선조 30년(1597) 4월 13일.

使) 등 여러 신하들에게 하유(下諭, 지시)하여 각기 필사의 뜻을 가다듬어 한 번의 진격으로 자웅을 결정짓게 하신다면 종묘사직의 다행이며 국가의 다행이겠습니다."513

사명대사는 자신의 제안을 선조가 수락하기를 바랐다. 백성들에게 위기 상황을 천명하는 〈윤음〉도 선포하고, 국방에 관한 중요한 문제인 만큼 최고위 지휘관들에게 명령하여 결전을 준비하라는 요구였다. 그러나 대사의 요구에 왕은 침묵하였다. 대담하고 용기 있는 제안에 응답하지 못한 선조도 마음이 편하지만은 않았을 것이다.

불발로 끝난 대사의 야심 찬 상소문에 관해 사관(史官)은 어떤 생각을 가졌을까? 그는 다음과 같이 기록하였다.

"난리를 겪은 이래 묘당(廟堂, 조정)의 여러 신하가 한결같이 위축되어 더러는 강화의 의논을 빌어 기미책(羈縻策)을 꾀하고 더러는 훈련을 핑계하여 뒷날 도모하자고 하는 등 구차스럽게 그럭저럭하는 사이에 6년이 벌써 지났다. 그런데 한 사람도 의리에 따라 진취(進取)하려는 계획을 바친 자가 없었다."514

선비 사회의 나약함을 사관은 비판한 것이다. 사명대사 유정처럼 진취적인 의견을 내놓은 이가 없다고 나무란 것이다. 그러나 잘 살펴보면 원균 같은 통제사도 있지 않았는가. 사관은 자신을 비롯한 기득권층을 비판하며 사명대사를 다음과 같이 호평했다.

"유정의 상소는 말이 조리가 있고 의리가 발라서 당시의 병통을 적중시켰으니 육식자(肉食者, 세속인, 특히 지배층)들이 어찌 부끄러움이 없었겠는가. 이 때문에 특별히 기록한 것이다. 이는 그가 스님이라고 해서 그(의 훌륭한) 말까지도 저버리지는 않겠다는 뜻이다."515

사관이 사명대사의 의기(義氣)를 인정한 것은 그나마 다행이었다. 그러나 사명대사의 과감한 제안만 아름답게 여기고 실제로는 조정에서 아무도 찬성하지 않았으니, 그게 무슨 소용인가. 선비 사회의 병폐가 여기서도 고스란히 드러났다. 사명대사는 차라리 통제사 원균과 함께 일을 도모하는 것이 좋았을 것 같다는 안타까움이 생긴다.

---

513 《실록》, 선조 30년(1597) 4월 13일.
514 《실록》, 선조 30년(1597) 4월 13일.
515 《실록》, 선조 30년(1597) 4월 13일.

역사가 한치윤의 한탄 - 김응서의 책임

조선 후기의 대표적인 역사가 한치윤(韓致奫, 1765~1814)에 따르면, 원균은 실제로도 명나라 육군과의 합동작전을 추구하였다.

> "조선 수영(水營)의 장관(將官, 통제사)인 원균(元均)이 한산도(閑山島)에 있으면서 몰래 거병을 모의하였는데, 중국 군사와 만나 부산에 있는 왜적의 소굴을 치기로 약속하였다."516

조선은 보병이든 기병이든 육군이 상대적으로 약했다. 그런 사정을 고려해 통제사 원균은 명나라 장수와 남몰래 상의하여 부산포로 쳐들어갈 작전을 세웠다고 했다. 하지만 그 작전은 성사되지 못하였다.

그럼 어디에 문제가 있었을까. 한치윤은 그 점을 다음과 같이 설명하였다.

> "김응서(金應瑞)가 의령(宜寧)에 (주둔하고) 있으면서 육로(陸路)에서 허세를 부리다가, 원균이 중국 군사와 함께 (왜적의) 소굴을 정벌하기로 약속한 날짜를 (왜장) 소서행장(小西行長, 고니시 유키나가)에게 누설하였다."517

알다시피 김응서는 도원수 권율과 영의정 유성룡의 지시를 받아 일본군 장수 고니시의 부하인 요시라와 자주 만나고 있었다. 우리 측 사료를 보면 김응서가 요시라를 통해 일방적으로 정보를 수집한 것으로 기록되어 있다. 이치상으로 보아 그것은 무리한 이야기였다. 정보란 서로 주고받는 호혜성을 토대로 교류되는 것이 아닌가. 김응서가 우리의 고급 정보를 요시라에게 주었을 것이라는 합리적인 의심이 든다. 그런데 위 인용문을 읽어보면, 아니나 다를까 김응서가 요시라에게 조선과 명나라의 합동작전에 관한 기밀을 누설하였다고 했다.

지금도 관련 분야의 연구자들은 한치윤이 중국 측 기록을 무조건 신뢰해, 김응서를 공연히 의심한다면서 그를 두둔한다. 그러나 나의 판단은 다르다. 한치윤이 기술한 대로 김응서가 문제를 일으키는 바람에, 모처럼 원균이 성사시킨 조명(朝明) 양국의 합동작전이 불발했을 것이다. 중국 측 사료를 깊이 검토한 한치윤의 주장을 함부로 무시하는 것은 잘못이다. 앞으로, 중국에서 이와 관련된 자료가 나오기를 기대한다.

---
516 한치윤, 《해동역사》, 63권, 〈정유재란〉.
517 한치윤, 《해동역사》, 63권, 〈정유재란〉.

안골포와 가덕도의 적이라도 공격하자!

선조 30년(1597) 4월 13일의 《실록》에 중요한 기사가 있다. 그날 조정에서는 통제사 원균의 수륙 합동작전을 둘러싸고 회의가 열렸다. 원균은 부산포의 일본군을 물리치기에 앞서 가덕도와 안골포에 주둔한 적부터 격멸하자고 했다. 이산해는 원균의 주장에 무게를 싣는 발언을 하였다.

> "(이)산해가 아뢰기를, 중국 조정에서는 원망을 불러일으킬까 두려워서 서로 싸우지 말라고 경계하였으나 안골포(安骨浦)의 적은 급히 물리쳐야 합니다. 수신(帥臣, 원균)도 칠 수 있다고 하였습니다."518

선조는 그 주장에 호기심을 느끼며, 우리 군의 능력으로 과연 안골포의 일본군을 소탕할 수 있을지 궁금하게 여겼다. 그러자 대신 윤두수가 원균과 그 아우 원전의 발언을 인용하며 안골포 공략은 필수적인 조치라고 찬동하였다.519

원전은 원균의 승전보를 가지고 자주 조정에 찾아온 장수였다. 그는 대신들에게 남쪽의 전세를 정밀하게 제공해 신뢰를 얻었다. 선조도 그를 일컬어, 참으로 "장사"요 "믿음직하다"라고 말할 정도였다. 원균이 통제사가 된 다음에 선조는 회의 석상에서 "원전은 지금 어디 있느냐?"라고 물으며 그에게 좋은 벼슬을 내려주고 싶다는 뜻을 표현한 적도 있었다. 그 덕분에 원전은 고성현령으로 임용되었다. 그 사실을 알고 있던 윤두수는 조정의 원로대신이자 원균 형제와는 먼 친척이었다. 그는 원전 등이 안골포에 대한 공격을 의욕적으로 추진하고 있다고 말하였다.

선조는 지도를 가지고 안골포의 지형을 조사한 바가 있었다. 왕은 수륙 합동작전을 쓰는 것이 좋겠다는 뜻을 넌지시 보였다. 그러자 영리한 대신 이항복이 선조의 말에 다음과 같이 대답하였다.

> "그렇습니다! 만약 이 포(浦, 안골포)와 가덕도(加德島)에 (왜)적이 없다면, 우리나라의 병선(兵船)이 (부산포를) 왕래하는 데 장애를 없앨 수 있습니다."520

이야말로 통제사 원균이 소망하는 해결책이었다. 당시 우리 군에게는 유일무이한

---

518 《실록》, 선조 30년(1597) 4월 13일.
519 《실록》, 선조 30년(1597) 4월 13일.
520 《실록》, 선조 30년(1597) 4월 13일.

현실적 방책이기도 하였다. 날로 세력이 커가는 안골포와 가덕도의 적군을 진압하지 못한다면, 부산포의 일본군 본영을 공격할 수 없다. 또, 바다를 건너오는 일본군을 중간에서 격퇴하기도 불가능하다. 바다 사정을 조금이라도 아는 사람이라면 누구나 동의할 일이다.

문제는 그 작전에 동원할 만한 육군이 있느냐 하는 것이다. 남쪽의 육군을 통제할 권한은 도원수 권율과 체찰사 이원익이 가지고 있었다. 대신 이산해는 그 점을 염두에 두고 다음과 같이 말하였다.

> "체찰사(體察使, 이원익)와 도원수(都元帥, 권율)에게 (육군의 출동에 관해) 상의한다면 그곳의 형세를 (제대로) 알 수 있을 것입니다."521

여기서 모든 것이 무너지고 말았다. 권율과 이원익은 육군의 출병을 결사적으로 반대하였다. 그런 작전에 동원할 육군은 수적으로 충분하지 않고, 설사 숫자가 채워지더라도 조선 육군의 전투력을 신뢰할 수 없다는 견해였다.

권율과 이원익은 온갖 핑계를 다 끌어다가 원균이 그토록 원하던 수륙 합동작전을 물거품이 되게 만들었다. 그들은 '무적의 조선 수군'이란 가짜 마술에 걸려 있었던 것일까. 권율 등은 아무 대책도 없이 조선 수군을 드넓은 바다로 내몰았다.

안골포만이라도 먼저 공격하자는 통제사 원균의 주장은 실로 간절하였다. 선조 30년(1597) 6월 11일에 그가 조정에 올린 보고는 다음과 같았다.

> "신이 (지난해) 11월 15일에 우선 안골포(安骨浦, 현 창원시 진해구 웅동동)를 공격하겠다는 계책을 세워서 아뢰었습니다. 그러나 조정의 명령을 기다리는 사이에 (약속한) 기일이 지나가 버렸습니다. 앉아서 기회를 잃고 말았으니, 매우 안타깝습니다."522

우선 안골포부터 수륙 합동작전으로 제압하는 것이 원균의 목적이었다. 그가 말한 약속이란 아마도 명나라 육군과의 약속이었던 모양이다. 그런데 조정의 허락이 나오지 않아, 손을 한번 써보지도 못하고 합동작전은 물거품이 되었다고 했다. 우리의 막연한 짐작과는 달리 그 시절의 통제사는 대규모 부대를 마음대로 움직일 권한이 없었다.

---

521 《실록》, 선조 30년(1597) 4월 13일.
522 《실록》, 선조 30년(1597) 6월 11일.

조정의 허가가 있어야 작전을 펼 수 있었다. 그런데 조정에서는 이리저리 검토만 하다가 결국은 아무런 답도 주지 못하였다. 본 건은 위에서 한치윤이 말한 수륙 합동작전과는 다른 사안이다.

4. 원균의 비극

이상에서 살핀 것처럼 통제사 원균에게는 두 가지 계획이 있었다. 그 하나는 절영도(絕影島, 부산광역시)에 진을 치고 조선으로 들어오는 일본군을 감시하고 위압하는 것이다. 또 다른 방안은 수륙 합동작전으로 일본군을 격퇴하는 것이다. 30만 정병을 선발해 적을 강타하거나, 명나라 육군과 대규모 연합 작전을 전개하는 것이 최선으로 여겨졌다. 만약 그것이 불가능하다면 소규모의 육군을 동원해 안골포와 가덕도의 일본군을 소탕하자고 했다.

선조 29년 겨울부터 조정에서는 원균에게 큰 기대를 걸었다. 그렇다면 적어도 한두 해쯤은 그의 전략과 전술을 조정에서 전폭적으로 지지했어야 옳지 않았을까. 조정은 원균의 전임자인 통제사 이순신을 3년 이상(1593~1597) 전폭적으로 신뢰하였다. 그와 마찬가지로 원균에게도 아낌없는 지지와 후원이 따랐어야 했다. 그러나 조정은 겨우 한두 달도 원균의 전략을 믿고 성원하지 않았으니, 이러고도 어떻게 전쟁에서 승리할 수 있었겠는가?

기왕에 원균에게 삼도수군의 지휘를 맡겼으면, 그와 매우 불편한 관계에 있던 이순신은 육군으로 보냈어야 맞다. 그러나 그를 도원수부의 수군 자문역에 앉혀놓고, 원균이 계획하는 전략과 전술을 일일이 간섭할 수 있는 권리를 이순신에게 준 셈이었다. 그러지 않아도 원균이 지휘하는 한산도의 수군 중에는 이순신의 직계 부하들이 많아 신임 통제사의 명령을 따르지 않고 불화를 일으켰다. 그런데 이순신이 수군을 떠나지 않고 도원수부에 앉아서 통제사를 내려다보는 위치에 있었으니, 원균의 지휘권은 어떻게 되었겠는가?

조정은 원균을 통제사로 삼고서도 이순신의 능력이 아까워 육군으로 보내지 못했다. 그렇게 하려면 왜, 그에게서 지휘봉을 빼앗은 것인가? 영의정 유성룡이 이순신을 지나칠 정도로 깊이 신뢰하였고, 그 때문에 유약한 선조는 이순신을 수군에서 제거하지 못하였다. 역사를 살펴보면, '게으르거나 유약한' 정치적 타협은 큰일을 망치는 직접적인 원인이 될 때가 많다.

　게다가 삼도수군통제사를 교체한 시점이 늦어도 너무 늦었다. 원균을 통제사로 쓸 마음이 있었다면 늦어도 선조 29년(1596) 여름에는 교체를 단행했어야 했다. 적군과 싸우기에 앞서 적어도 수개월 동안은 신임 통제사가 자신의 지휘권을 강화할 시간을 가졌어야 했다. 그러나 선조 30년 2월 하순에 통제사를 바꾸고, 불과 서너 달 만에 그에게 국운을 건 한판 싸움에 나서라고 강요한 것이다. 이렇게 하고도 이길 수가 있는가. 조선의 수군 전체를 총괄하는 일이 어찌 하루아침에 쉽게 될 일이었겠는가?

　위에서 언급한 세 가지 원인, 즉 신임 통제사를 전폭적으로 지원하지 않았고, 경쟁자인 이순신을 도원수부에 배치한 점, 그리고 통제사 교체시기가 때를 잃은 점이 결국은 원균에게는 굴레가 되었다. 그리하여 원균은 선조 30년(1597) 7월 중순에 "칠천량 사태"로 순국하였다. 세상에서 "칠천량해전"이라고 말하는 바로 그 사건이다.

　원균의 최후에 관해서는 여러 가지 주장이 난무한다. 그러나 정확히 밝혀진 것은 하나도 없다. 새롭게 연구 분석해야 할 점이 한둘이 아니다. 그에 관해서는 이 책의 제3부에서 집중적으로 논의할 예정이다.

제3부

원균의 최후

제3부
원균의 최후

선조 30년(1597) 3월에 원균은 삼도수군통제사가 되었다. 그러나 그해 7월 16일에 비참한 모습으로 순국하였다. 돌이켜보면 원균의 생애는 한 편의 드라마와도 같았는데, 그 끝은 비극적 종말이었다. 왜, 이런 일이 일어났을까.

강화회담의 파국

선조 26년(1593)에 명나라와 일본은 강화회담을 시작했다. 3년이 넘게 지루한 회담이 이어졌는데, 선조 29년(1596) 9월에 결국 파탄이 났다. 처음에는 협상이 잘 진행될 것으로 판단하여, 선조 27년에 명나라 군대는 조선에서 사실상 철수하였다. 일본군도 조선에서 철수하기 시작해 선조 29년에는 남아있는 병력이 얼마 되지 않았다.

선조 26년 6월, 협상 초기에 도요토미 히데요시는 다음의 네 가지 사항을 강력히 요구했다.

1. 경상, 전라, 충청 및 경기도를 내놓아라.
2. 명나라 공주를 일본 왕실에 시집보내라.
3. 조선 왕자를 인질로 삼겠다.
4. 명나라와 일본의 공무역을 제도적으로 보장하라.

명나라의 병부상서 석성(石星)은 일본과 강화를 하는 것이 유리하다고 판단했으나, 일본의 요구를 받아들이지는 않았다. 그는 선조 27년(1594) 8월부터 나름대로 협상의 조건을 굳혔다. 히데요시를 일본 국왕으로 책봉한다며 우호적인 분위기를 조성했으나, 일본이 요구하는 네 가지 사항을 모두 배척하였다. 심지어 일본군은 부산에서 전원 철수하고, 앞으로 조선을 다시는 침략하지 않겠다고 약속하라는 요구 조건을 내놓았다.

강화회담에 나선 석성의 심복 심유경과 히데요시의 부하 고니시 유키나가(小西行長)는 접점을 찾지 못하고 세월만 보냈다. 그들은 각각 본국 정부를 속이며, 자국이

원하는 대로 협상이 진행되고 있다는 허위 보고를 올렸다. 그런데 고니시는 히데요시의 최측근과 상의하였다는 견해도 있다.

가짜 협상의 결과, 선조 29년(1596) 9월에 명나라는 책봉사(册封使)를 일본에 보냈다. 그 사신은 히데요시를 만나 회견을 하게 되었고, 그제야 히데요시는 그동안 자신이 보고받은 것과 달리 명나라 측이 실질적으로 아무런 양보도 하지 않았다는 사실을 알게 되었다. 히데요시는 분통을 터뜨렸고, 강화교섭은 끝장나고 말았다.

전쟁 재발에 대한 걱정

협상이 끝장났다는 소식은 곧 조선에도 알려졌다. 조정에서는 도체찰사 이원익을 남쪽으로 보내 "청야(淸野, 들판의 곡식을 깨끗이 치움)"로 일본군의 재침에 대비하였다. 이는 김응서가 권율을 통해 전한 요시라의 첩보에 따른 것이다. 다른 한편으로 조정은 명나라에 사신을 보내 병력 지원을 요청했다.

특히 선조 29년 11월 23일에는 일본에 갔던 통신사 일행이 귀국해, 현황을 보고했다. 그에 따르면 일본 내에서는 다시 전쟁을 일으키자는 의견이 팽배해 있었고, 재침의 전략과 목표 및 방법도 마련되어 있는 것 같다고 했다. 그러던 차에 가토 기요마사(가등청정)가 장차 조선을 부하들에게 나눠주기로 했다는 소문까지 들려왔다. 이번 전쟁에서 조선 땅을 점령하는 대로 부하들에게 분봉(分封)할 것이라는 이야기였다.

조선은 가토를 무찌르는 것이 최상의 방법이라고 여겼다. 그가 바다를 건너 조선으로 들어올 때 조선 수군이 해상에서 가토를 없애는 것보다 나은 방법은 없어 보였다. 그래서 통제사 이순신에게 비상한 토벌 작전을 지시하였다. 그것은 선조 29년 12월의 일이었다.

하지만 이순신은 조정의 지시를 적극적으로 따르지 않았다. 그렇게 하기에는 조선 수군이 너무도 미약하였다. 전함도 별로 없고, 병력도 부족한 데다 만성적인 식량 부족으로 수군은 위기에 빠져 있었다. 그래서 가토는 우리 군의 저항 없이 부산에 다시 상륙하였다.

원균의 부활

조정에서는 삼도수군통제사를 이순신에서 원균으로 교체하였다. 이순신의 수군에게 더는 기대할 것이 없다는 판단에서였다. 선조 26년(1593)부터 선조 29년 2월까지 이순신은 줄곧 통제사의 자리를 지켜왔다. 그중에서도 선조 28년부터는 경쟁자인 원균을 육지로 올려보내고 조선 수군에서 명실상부한 제1인자로 군림하였다. 하지만 이 기간 동안 아무런 성과도 내지 못하였다. 이제 문책의 시간이 찾아온 것이다. 통제사 자리가 원균으로 넘어간 것은, 무엇보다도 이순신에 대한 문책성 인사였다.

그런데 아직도 많은 사람은 다른 생각을 한다. 그들은 이순신의 제거가 일본의 간교한 술책 때문이었다고 주장한다. 일본이 첩자 요시라(要時羅)를 조정에 침투시켜 이순신을 함정에 빠뜨렸고, 결국 어리석은 원균을 통제사로 임명하게 만들었다는 것이다. 그 결과, 선조 30년 7월 15일과 16일에 벌어진 거제 칠천량해전에서 단 한 번의 전투로 조선 수군이 전멸당했다고 한다. 수군이 무너지자 일본군은 수륙 양면으로 전라도를 강타하여 큰 전과를 올렸다는 평가도 있다. 이처럼 이러한 주장은 지금까지 우리 사회에 광범위하게 퍼져 있다.

그에 더해 일각에서는 아직도 원균 음모설도 꺼낸다. 무능하고, 비겁하고, 음흉한 원균이 조정을 속여 이순신을 음해하였다는 것이다. 원균의 뻔뻔한 거짓말에 선조가 속아 넘어가 나라의 보배인 이순신을 순식간에 제거하였다고 한다. 그야말로 정말 대꾸할 가치도 없는 거짓말이다.

이순신이 통제사 자리를 잃은 것은 원균의 모함에 따른 것이 아니라 직무상의 문책이었다. 문제는 통제사의 교체 시기가 너무 미뤄졌다는 점이다. 기왕에 통제사를 바꾸려 했다면 좀 더 일찍 인사를 단행했어야 한다. 적의 침략을 눈앞에 두고 갑자기 최고 지휘자를 바꾼 것은 잘못이었다.

세 가지 과제

원균의 최후를 논할 때 우리는 다음의 세 가지 질문에 대답하여야 한다. 첫째, 수군통제사의 권한은 어느 정도였는지를 정확히 알아야 한다. 왜란 당시에 조선의 군작전권은 심각하게 제한되어 있었다. 삼도수군통제사라 할지라도 그의 재량권은 거의 없었다. 통제사는 소신껏 작전권을 행사할 수 없었으며, 도원수와 도체찰사 그리고 비변사 등이 시시콜콜 통제사의 일거수일투족을 간섭하고 제약했다. 원균이든 이순신이든 이러한 지배 구조 아래에서는 아무런 전공도 세울 수 없었다.(제1장)

둘째, 통제사 원균은 어떠한 성향을 가진 장수였는지도 궁금하다. 알고 보면 그는 누구보다 의욕적인 지휘관이었다. 원균은 항상 군비를 확장하는 데 대단히 열심이었다. 판옥선의 수를 최대한으로 늘리고, 허용된 범위 안에서 통제영의 직할부대를 강화하려고 힘썼다. 자기 나름으로는 이순신의 직계 세력까지도 포용하기 위해 노력을 쏟

았다.(제2장)

　셋째, 그러나 원균은 안타깝게도 순국하고 말았다. 왜, 그런 일이 일어났는지도 의문투성이다. 선조 30년 7월 16일에 이른바 '칠천량해전'이란 사건이 벌어졌다고 하는데 누구도 그 사건에 관해 정확히 알지 못하고 있다. 후대 사람들은 칠천량에 관한 여러 가지 "전설"과 원균에 관한 악담의 구렁텅이에 빠진 느낌이다. 이제라도 우리는 칠천량의 진실을 재발견하기 위해 진지한 사건 분석을 해야 한다.(제3장)

제1장
층층시하의 삼도수군통제사

　선조 29년경부터 조정에는 매파와 비둘기파의 대립이 노골적으로 나타났다. 영의정 유성룡(남인)은 비둘기파를 대표하는 인물이었다. 그와 대조적으로 전직 영의정 이산해(북인)는 매파를 이끌었는데, 원균과 이순신의 대립도 조정을 지배하던 두 당파의 갈등과 관련이 있었다. 비둘기파는 이순신을 후원하였고, 매파는 원균을 신임하였다. 매파는 왜란이라는 국가적 수모를 극복하려면 비상한 공격이 필요하다고 보았다. 그러나 비둘기파는 우리의 국력이 부족한 점을 고려해, 수비를 강화하며 시간을 벌이자고 했다.

　중국과 일본에도 그 나름으로 매파와 비둘기파가 있었는데, 강화협상을 진행한 쪽은 당연히 비둘기파였다. 중국의 병부상서 석성, 조선의 영의정 유성룡 그리고 일본의 고니시 유키나가는 비둘기파의 최정점이었다. 그 아래에 중국은 심유경, 조선은 김응서, 그리고 일본은 요시라가 활동하였다. 강화회담이 진행되는 동안에는 그들의 발언권이 강했다.

　그러나 이미 설명한 것처럼 선조 29년 초겨울이 되면 조정의 상황은 크게 달라진다. 비둘기파는 힘을 잃었고, 매파가 차츰 목소리를 키우기 시작했다. 이런 분위기 속에서 유성룡의 측근인 이순신도 밀려났다. 반면에 조선의 매파들이 원균을 적극적으로 후원해 신임 통제사가 되었다.

　그러나 정권이 누구의 손에 있던지 바뀌지 않는 것이 조정의 제도였다. 심층적인 의미에서 본 권력 구조 자체였다. 원균은 여러 기구와 인물로부터 간섭과 제약을 받았다. 그의 활동을 누구보다 앞장서 후원해야 마땅한 기구들이 그를 옥죄는 수갑과 멍에가 되었다. 첫째는 비변사요, 둘째는 도체찰사, 셋째는 도원수였다. 이러한 구조적 장애물에 더해 전임 통제사 이순신, 일본의 첩자 요시라, 그리고 그와 밀접한 경상우병사 김응서가 원균의 앞길을 가로막았다.

　원균은 첩첩한 권력의 산에 갇혀 있었다. 따지고 보면, 전임자 이순신 역시 이러한 장애물 때문에 제대로 뜻을 펴지 못하였다. 구조적 병폐 앞에서는 제아무리 뛰어난 장수라도 좌절할 수밖에 없다.

1. 비변사의 간섭

삼도수군통제사를 원균으로 바꾼 것은 비변사였다. 선조 30년 1월에 좌의정 김응남이 비변사 당상으로서 다음과 같이 주장했다.

"수군으로서 원균 같은 사람이 없으니, 이제는 (그를) 버릴 수가 없습니다."[1]

그날은 항상 이순신의 후견인을 자처하던 영의정 유성룡도 말을 바꿨다. 그는 오랫동안 비변사를 이끌어온 주역으로, 그의 한마디는 남들의 천 마디보다 무거웠다.

"(원균이) 나라를 위하는 마음이 깊습니다. (청주의) 상당산성(上黨山城)을 쌓을 때, 원균은 토실(土室)을 만들어 놓고 몸소 성 쌓는 것을 감독하였다고 합니다."[2]

유성룡은 자신의 문집이나 《징비록》에서 한사코 이순신의 통제사 해직을 반대하고 원균의 등용을 끝끝내 반대하였노라고 주장했다. 그것은 물론 거짓말이었다. 유성룡이 원균을 인용문처럼 몹시 찬양하여, 선조는 다음과 같은 결론을 내렸다.

"(원균을) 수군의 선봉으로 삼고자 한다."[3]

이로써 원균의 수군 복귀가 이뤄졌고, 사실상 그 자리에서 이미 통제사의 교체도 합의된 것이나 다름없었다. 여기서 강조하고 싶은 것은 한 가지 사실, 즉 비변사에서 왕과 대신들이 합의하면 군사에 관한 기왕의 모든 결정을 간단히 뒤집을 수 있었다는 점이다.

---

1 《실록》, 선조 30년(1597) 1월 27일.
2 《실록》, 선조 30년(1597) 1월 27일.
3 《실록》, 선조 30년(1597) 1월 27일.

비변사의 논의

비변사는 총참모부의 역할을 하였다. 그런데 그 자리에는 일선 사령관은 참석하지 못했다. 왕과 비변사 대신들은 대체로 군사에 관한 전문 지식도 없었고, 일선 상황을 자세히 알지도 못하였다. 그런 그들이 일선 사령관의 의견을 묻지도 않고 일방적으로 중요 결정을 함부로 내렸으니, 문제가 심각하였다.

비변사는 국방에 관한 중대 사안이 있을 때 어떠한 방식으로 일 처리를 했을까. 한 가지 예를 들어보겠는데, 그것은 왕의 질의 또는 명령에서 시작되었다.

선조 29년(1596) 12월 5일에 선조는 한 장의 〈비망기〉를 승정원에 주었다. 거기에는 다음의 여섯 가지 사항이 적혀있었는데, 다음과 같이 정리하였다.

1. 가토 기요마사가 내년(선조 30년) 1~2월에 조선으로 출전한다는 요시라의 첩보가 있다. 통제사(이순신)에게 정탐꾼을 놓아 살피게 하고, 왜인에게 뇌물을 주어 그가 바다를 건너오는 날짜를 알아보는 것이 좋겠다. 가토가 바다를 건널 때 해상에서 요격하는 것이 상책이라고 본다.[4]
2. 자객을 이용해 가토를 제거하는 것도 좋다. '이러한 방법은 왕(王)이 할 일은 아니다.'라고 반대하는 사람도 있으나, 오늘날의 사정을 보면 무엇이든지 해야겠다.[5]
3. 전쟁이 다시 벌어지면 군량이 문제이다. 우선 중국 측에 요청해 남포(籃布)와 목화(木花) 등을 한양으로 가져다가 여러 도에서 쌀을 매입하여 이 문제를 풀기 바란다.[6]
4. 일본군이 내년(선조 30년, 1597) 봄에 출전하지 못할 것이라는 예측도 있다. 그런 내용을 〈조보(朝報)〉에 실어 민심을 안정시키고 싶다.[7]
5. 우리 측 협상창구인 김응서와 일본 측 창구인 고니시 유키나가의 유대관계를 강화하자. 가토를 없애는 데 그것이 도움이 될 수 있다.[8]
6. 일본군 장수들은 모두 명나라의 벼슬을 하사받았으나, 가토는 빠졌다고 한다. 명나라 측에 부탁해 그에게도 벼슬을 주자.[9]

---

[4] 《실록》, 선조 29년(1596) 12월 5일.
[5] 《실록》, 선조 29년(1596) 12월 5일.
[6] 《실록》, 선조 29년(1596) 12월 5일.
[7] 《실록》, 선조 29년(1596) 12월 5일.
[8] 《실록》, 선조 29년(1596) 12월 5일.
[9] 《실록》, 선조 29년(1596) 12월 5일.

이처럼 선조가 의제를 설정하면, 비변사는 그에 관해 자신들의 의견을 제시하는 것이 보통이었다. 만약에 의논이 분분하거나 중요한 문제라 한 번에 대뜸 결정하기 어려우면 다시 회의해 결정하였다.

위에서 살핀 여섯 가지 문제에 관해 비변사가 어떠한 답변을 하였는지 《실록》에는 해당 기록이 없어 정확히 알 수 없다. 다만 한 가지는 틀림없는데, 수군이든 육군이든 일선 사령관의 견해는 묻지도 않았다는 점이다.

때로 비변사가 의제를 설정하여 선조에게 보고하는 방식으로 논의를 시작하기도 했다. 선조 29년(1596) 12월에 일본에서 돌아온 통신사 황신이 비변사에 보고하기를, 그 이듬해 봄부터 일본군이 재침할 우려가 있다고 하였다. 그 때문에 비변사는 선조에게 다음과 같이 건의하였다. 장황한 어귀를 모두 제거하고 요약하면 아래와 같다.

1. 일본군이 쳐들어온다면 먼저 전라도와 제주도를 침범하고, 또 주사(舟師)를 공격할 것이라고 합니다. 도체찰사·도원수·경상, 전라의 순찰사·통제사 및 제주목사에게 그 점을 비밀리에 다시 알리고, 변란에 대비하소서.10
2. 일본군의 계책은 세 가지일 것입니다. 첫째는 경주를 비롯해 서생포(西生浦)·부산·안골(安骨)·죽도(竹島)·거제(巨濟)·가덕(加德) 등에 주둔하면서 둔전(屯田)을 경작하고 시장을 열어 식량을 확보하고 끝에 가서는 영남을 잠식하는 것입니다. 둘째는 우선 호남을 침범하는 것입니다. 셋째는 임진년(선조 25년)처럼 조선 깊숙이 들어와 거침없이 몰아치는 것입니다. 비변사가 예상하기에 가장 우려되는 부분은 경상도의 잠식입니다.11 그런데 비변사의 이러한 예측은 보기 좋게 빗나갔다.
3. 우리의 대책은 두 가지입니다. 첫째는 방어에 유리한 지형을 골라 성루(城壘)를 쌓고 중무장한 군대를 주둔하는 것입니다. 둘째는 수군을 동원해 일본군을 해상에서 요격하는 것입니다. 이 두 가지 방법도 효과를 거두지 못했다.
4. 우리 수군에 대한 일본군의 대책은 다음과 같다고 합니다. 어두운 밤에 몰래 조선 수군에 다가가서 불시에 공세를 펴는데, 조선의 큰 배 한 척에 일본의 작은 배 5~6척 또는 7~8척이 한꺼번에 공격하면 성공할 수 있다는 것입니다. 전일 거제(巨濟, 장문포)에서 접전할 때 우리나라 수군이 밤중에 바다 한가운데서 진을 치고 있을 때 캄캄한 어둠 속에서 적이 작은 배로 다가와 침범하는 바람에 거의 패전할 뻔하였습니다. (선조 27년 10월, 장문포해전에서 이순신의 휘하가 당한 사건) 이러한 정보를 통제사에게 다시 알려주는 것이 좋겠습니다.'12

10 《실록》, 선조 29년(1596) 12월 23일.
11 《실록》, 선조 29년(1596) 12월 23일.

비변사의 보고서를 읽고, 선조는 아뢴 대로 시행하라고 했다. 위 인용문에서 비변사가 언급한 우리 수군의 불상사란 이순신 휘하의 사도첨사 김완의 함선이 겪은 피해였다. 흔히 이순신은 싸워 진 적이 없었다고 주장하지만, 사실은 그렇지 않았다. 장문포해전도 실패했고 선조 30년 2월에 치른 부산포해전도 실패로 끝났다.

인용문을 읽으며 느낀 점은 두 가지이다. 첫째, 비변사의 예측은 보기 좋게 빗나갔다는 점이다. 그들은 일본군이 다시 쳐들어와도 제일 염려스러운 점은 경상도의 잠식이라고 했다. 그래서 산성을 쌓는 일에 주로 매달렸으나, 부질없는 일이었다.

알다시피 일본군이 쌓은 이른바 '왜성'은 튼튼하였고, 구조적으로도 단순하지 않았다. 그래서 난공불락이라고 할 만하였다. 그들은 전국시대를 거치며 성 뺏기 식의 전투를 수없이 치렀기 때문에, 성을 공격하는 법도 뛰어났고 집요한 공격에 견딜 수 있는 성을 축조하는 기술도 터득했다.

우리는 그와 딴판이었다. 고대부터 산성에 의지해 적군의 침략을 막았으나, 성을 짓는 기술이 혁신적으로 발전하지는 못했다. 고려 때까지만 해도 멀리 중국에서 쳐들어온 적들은 변변한 공성용 무기가 없었다. 교통이 발전하지도 못하였고, 화약 무기도 없던 시절이었다. 그러나 왜란을 일으킨 일본군은 거란족이나 여진족 또는 고대 수나라와 당나라의 병사와는 달랐다. 그런데도 여전히 낡은 수성법에 의존하였으니, 무슨 효과가 있었겠는가.

둘째, 비변사는 장기간 전쟁을 치르는 사이에 일본 수군에 어떠한 변화가 일어났는지도 제대로 모르고 있었다. 그들도 이미 판옥선을 보유하였다는 점은 앞에서도 말하였다. 일본 수군의 화력도 크게 나아졌다는 사실에 눈을 감고 있었다. 그러므로 비변사가 마련한 대비책이란 기껏해야 야간 경계를 강화하라는 정도였으니, 한심한 일이다.

비변사의 오판

적의 침략을 앞두고 비변사는 결정적인 오판을 했다. 우리 군의 전력을 과대평가한 것으로, 선조 30년(1597) 5월 12일에 비변사는 다음과 같이 아뢰었다. 아래는 비변사의 견해를 필자가 간단히 정리한 것이다.

> '이미 한산도(閑山島)에 도착한 배로 말하면 우리 군의 전함은 1백 34척이고, 곧 도착할 배는 5~6척입니다. 앞으로 20일 사이에 건조가 끝날 배는 48척입니다.[13]

---

12 《실록》, 선조 29년(1596) 12월 23일.

모두 계산하면 1백 80여 척이나 되는데 하나같이 판옥 대선(板屋大船)입니다. 그 밖에도 병선(兵船)으로 전투에 함께할 수 있는 배가 또 많이 있습니다.14'

수군 사상 가장 대규모의 부대를 만들었다는 이야기였다. 그보다 불과 몇 달 전에는 수군이 다 죽고 없으며, 전함도 부실하다고 했었다. 그런데 수군이 대소 선박을 합쳐 200~300척으로 늘어났다. 그것이 과연 누구 덕분이었겠는가.

전임 통제사 이순신도 노력을 아끼지 않았을 테지만, 가장 공이 큰 이는 신임 통제사 원균이었다. 원균은 악조건 속에서도 부지런히 판옥선을 지어 수군의 전투력을 크게 확장했다.

그러나 이것은 도리어 화근이 되었다. 도원수 권율은 수군의 전함 수가 늘어난 것을 지나치게 믿었고, 그리하여 비변사와 함께 통제사 원균에게 무리한 요구를 마다하지 않았다. 그들은 조선 수군 내에 늙고 병든 군사가 적지 않았고, 판옥선 또한 숫자상으로는 많았으나 실전에 투입할 수 없는 배가 거의 절반을 차지했다. 일선 사령관의 말을 무시하고, 전황을 멋대로 판단한 결과는 마침내 비극으로 귀결되었다.

비변사는 원균의 대부대를 가지고 장차 무엇을 할 생각이었는가. 그들은 다음과 같이 말했다.

"본래 주사를 끌어 모은 뜻이 있습니다. (적의) 바닷길을 중도에 끊어 적들이 후환을 걱정하게 하는 것입니다. 그렇게 되기만 하면 육지에 있는 적의 소굴이 아무리 견고하더라도 동요하지 않을 수 없을 것입니다. 이것이 지금으로서는 가장 훌륭한 계책입니다."15

알고 보면 이러한 주장은 본래 도원수 권율에게서 나왔다. 비변사는 도원수의 논리에 설득되었고, 이후에는 권율의 대변인 노릇을 하였다. 통제사 원균은 권율과는 작전 계획이 달랐으나, 상부의 명령을 거부할 수 없었다. 아예 비변사는 원균의 작전 계획을 언급하고는 다음과 같이 거세게 비판했다.

"어떤 사람(즉, 통제사 원균)은 '적병이 현재 안골포(安骨浦)와 가덕도(加德島)에 주둔하고 있으니 우리나라의 수군이 그곳을 지나 부산 앞바다를 가로막기는 어

---

13 《실록》, 선조 30년(1597) 5월 12일.
14 《실록》, 선조 30년(1597) 5월 12일.
15 《실록》, 선조 30년(1597) 5월 12일.

렵다.'라고 합니다. 형세가 참으로 그렇기는 합니다. … (그러나 권율의 주장대로) 근래에 우리 주사의 출입이 거제(巨濟) 등지의 적들을 수포(搜捕)하는 것에 불과하고 부산 앞바다는 왕래하지 못하고 있어, 군량을 실은 적선들이 연이어 왕래하며 꺼리는 바가 없습니다. 매우 잘못된 것이라는 (권율의) 말이 매우 옳습니다."16

비변사는 통제사 원균의 현황 분석이 옳다고 하면서도 그의 주장을 세밀하게 검토하지 않았다. 그 대신에 도원수 권율의 의견을 지지하며 원균의 작전 계획을 근본적으로 거부했다.

비변사의 판단에 큰 착오가 있었다. 당시에 조선 수군은 부산 앞바다까지 자유롭게 왕래할 수가 없는 상황이었다. 거제도와 안골포 및 가덕도 그리고 죽도까지 적에게 몽땅 내준 형편이라 후방의 안전을 확보할 수 없었다.

비변사는 선조의 재가를 얻어 원균을 궁지로 내몰았다. 다음과 같다.

"이제 주사(舟師)와 선척 및 격군(格軍)이 대강 모였습니다. 통제사 원균에게 명하여 형세를 잘 살피게 하시고, 가능하면 거제도와 옥포 등지에 병력을 주둔시키소서. 부산과 대마도를 잇는 바닷길을 살펴 그 길을 끊는 계책을 세워야 합니다. 가령 대규모 접전을 하지 못하더라도 함대를 3등분해서 절영도(絶影島) 앞바다를 번갈아 오가게 하소서. 뒤따라온 배가 이어가고 앞에 있던 배가 되돌아가는 방식으로 주사의 왕래가 끊이지 않게 하소서. 그러면 부산과 서생포(西生浦)에 주둔하는 왜적들은 모두 군량미의 수송이 끊길까 걱정할 것입니다. 그리고 뒤이어 나오는 적선들도 두려워하고 주저하여 함부로 건너오지 못합니다. 그들이 마음대로 횡행하지 못하게 되면 적의 형세는 선두와 후미가 단절되는 식이라, 우리가 (승리를) 도모할 수 있습니다."17

그야말로 탁상공론의 전형이었다. 우리 수군이 셋으로 함대를 나누어 한산도에서 절영도를 잇는 항로를 부지런히 오가면 된다고 했다. 문제는 크게 세 가지였다. 첫째, 당시의 전함은 모두 인력으로 움직였다. 우리의 불쌍한 격군은 쉬지도 못하고 도대체 얼마나 긴 시간을 힘겹게 노만 저으라는 것인가. 두어 차례만 절영도를 항해하고 나면 모든 격군이 쓰러져 누울 형편이었다.

둘째, 후방 경계를 제대로 하지 못하는 형편이었다. 먼 항로를 오가는데 취사는

---

16 《실록》, 선조 30년(1597) 5월 12일.
17 《실록》, 선조 30년(1597) 5월 12일.

어떻게 하며 저녁에는 어디에서 정박할 것인가. 애초 원균이 절영도에 진주하겠다고 말한 데는 뜻이 있었던 것인데, 그것을 갖은 이유로 방해하고는 이제 와서 수군더러 어디서 밤을 안전하게 보내란 것인가. 날씨가 나쁠 때도 많은데 아군의 피난처는 하나라도 있기나 한가.

셋째, 그런 점에서 안골포와 가덕도만이라도 아군이 확보해야 했다. 그런데 비변사는 여러 가지 구구한 이유를 들어 육군을 절대로 동원하지 못한다고 못을 박았다. 수군과는 진지하게 협의도 하지 않고, 무조건 상부의 명령이니까 들으라는 식으로 윽박지르면 장차 어떻게 될 것인가.

비변사는 원균의 과거에 주장한 수륙 합동작전을 원천적으로 부정하며 아래와 같이 주장했다.

"요즘 말하는 자 중에 혹자는(즉, 원균) 곧바로 적의 소굴을 공격하려고 합니다. 그러나 이것은 바로 견고한 곳을 공격하는 것이니, 병가(兵家)에서 꺼리는 바입니다. 반드시 우리의 장점을 이용하여 적의 허점을 공격한 다음에야 승리의 공을 거둘 수 있습니다."[18]

비변사는 명나라 군대와 함께 또는 30만 정병을 일으켜 수군과 육군이 부산으로 쳐들어가자고 했던 대규모 작전을 원천적으로 부정하였다. 군사를 크게 일으킬 자신이 없었기 때문이다.

그런데 그때만 해도 선조는 올바른 판단을 하고 있었기 때문에 다음과 같이 답변했다.

"계사(啓辭)는 지당하나, 나의 견해는 그렇지 않다."[19]

선조는 비변사의 주장에 빈틈이 있다고 보았다. 그나마 조정에서 군사 문제를 가장 합리적으로 판단하는 이가 선조였다. 당시에 선조는 유성룡이 지휘하는 비변사를 곧이곧대로 따르지 않았다. 선조는 체찰사 이원익의 판단이 비변사보다는 나을 것이라는 기대를 걸고 있었다. 그러나 그 또한 오산이었다. 민생 문제는 이원익이 잘 알았으나 군사에 관해서는 평범한 인물이었다.

---

18 《실록》, 선조 30년(1597) 5월 12일.
19 《실록》, 선조 30년(1597) 5월 12일.

비변사와 통제사의 갈등

통제사 원균은 여러 달 동안 비변사와 갈등을 빚었다. 그 결과 막다른 골목으로 내몰렸다. 선조 30년(1597) 6월 26일에 비변사가 선조에게 아뢴 내용을 보면 그때의 사정을 정확히 알 수 있다. 유성룡을 비롯한 비변사 측의 주장을 간추리면 다음과 같다.

> 1. 체찰사는 대신(大臣)이고 도원수는 주장(主將)입니다. 하지만 그들이 절제(節制)할 권한을 주사(舟師)에게 행하지 못하고 있으니 매우 놀랍습니다. 명령을 따르지 않으면 거기에 알맞게 법규대로 적용해야 할 것이요, 그저 고지식하게 몇 마디 이해하지 못할 말만 조정에 알리고 그만둘 일이 아닙니다.[20]

통제사 원균이 도원수 권율과 체찰사 이원익의 말을 듣지 않으니, 강력히 처벌해야 한다는 뜻이었다. 이러한 비변사의 주장에 힘입어 권율이 원균을 불러 곤장을 때리고 명령을 강제집행하는 사태가 일어났다.

> 2. 요즘 남풍(南風)이 (날마다) 불어와서 (왜적의) 함선이 연속적으로 들어와 정박합니다.[21]

남풍에 힘입어 일본군이 대거 부산 쪽으로 진출하였다는 말이다. 이에 앞서 고니시 유키나가는 요시라를 통해 일본군이 그 해 6월과 7월에 많이 건너올 예정이라고 하였다. 일본군은 계획대로 바다를 건너온 것이다.

> 3. 우리 수군이 바다에 오래 머물러 있다가 오는 적을 낱낱이 막지는 못하더라도 함대를 네 개의 부대로 나누어 작전을 펴야 합니다. 배설(裵楔)은 경상우도의 배로 일개 부대를 만들고, 이억기(李億祺)는 전라우도의 배로 일개 부대를, 최호(崔湖)는 충청도의 배로 일개 부대를, 그리고 원균(元均)은 그가 거느린 선박으로 일개 부대를 편성해야 합니다. 한산도를 굳게 지키는 한편, 각 부대가 교대로 해상에 나가서 적의 활동을 관측해야 합니다.[22]

이게 바로 도원수 권율의 지론이었는데, 이제는 비변사의 입을 통해 되풀이되었다.

---

20 《실록》, 선조 30년(1597) 6월 26일.
21 《실록》, 선조 30년(1597) 6월 26일.
22 《실록》, 선조 30년(1597) 6월 26일.

경상우수영의 배설, 전라우수영의 이억기, 충청수영의 최호 그리고 전라좌수영이 별도의 함대를 편성하라고 했다. 이렇게 되면 충청수영은 3척에 불과하므로 함대라고 할 것도 없었다.

하여튼 이상의 4개 부대가 교대로 절영도까지 나아가 무력시위를 벌이고 들락날락하라는 것이었다. 이렇게 하면 기껏해야 3척(충청수영) 또는 30~40척(전라좌우수영, 경상우수영)의 판옥선 함대로 수백 척의 일본 함대를 제압할 수 있을까. 오가는 길이 위험하다는 설명은 앞에서도 했다. 우리 군 함대가 중간에 정박할 곳도 없는데, 어떻게 하라는 말인가?

장차 이런 작전을 펼친다면 오래 가지 않아 우리 함대는 모두 피로에 지치고 풍랑에 저절로 약해진 선박은 자꾸 늘어날 것이다. 과연 무슨 승산이 있다고 이러는 것일까?

혹자는 이와 같은 작전이야말로 본래 원균이 주장하였다며 도리어 공격한다. 그러나 원균이 그런 주장을 편 것은 선조 30년 1월 후반으로, 그때는 가덕도 뒤쪽을 우리가 차지할 수 있었고, 절영도 역시 주둔지를 만들 수 있었다. 거제도에도 아직 적들이 돌아오지 않았었다.

하지만 선조 30년 6월 하순에는 모든 상황이 완전히 달라져 있었다. 상황 변화는 고려하지 않고, 무조건 '원균, 네가 꺼낸 말이니까 그대로 해라!'라고 요구할 수 있는 일은 아니었다.

군사전략을 모르는 비변사 대신들은 헛된 꿈을 꾸었다. 부산에서 거제도 북부까지 이미 수만 명의 일본군이 진을 친 상태요, 많은 첩자와 정탐선을 운영하고 있었다. 그런데 어설픈 속임수로 과연 며칠이나 일본군을 속일 수 있다는 것일까. 비변사와 도원수 등의 계략이 겨우 이렇게 얄팍한 수준이었다. 만약 그들의 말을 따른다면 조선 수군이 망할 날이 가까워졌다고 하겠다.

그런 말끝에 유성룡을 비롯한 비변사 대신들은 다음과 같이 기염을 토했다.

> 4. 어찌하여 (선조 30년 6월 9일에) 조응도(趙凝道)가 (작전을) 잘못해 실패한 것에 놀란 나머지 지나치게 위축되어, 깊숙이 한산도와 거제도 해상에 숨어 지내면서 선박 한 척도 내보내지 못하고 우리 군이 나약함을 엿보게 한다는 말입니까.[23]

그때 통제사 원균 등은 조응도 사건의 영향으로 출전에 더욱 신중해졌다. 그런데 도

---

23 《실록》, 선조 30년(1597) 6월 26일.

원수와 비변사는 그 점까지도 공격의 밑천으로 삼았다. 당시에 수군의 어려운 사정을 누구보다 잘 아는 이순신은, 도원수 권율의 비공식 참모로서 그의 편을 들고 있었다.

> 5. 대강 이런 뜻으로 다시 체찰사와 도원수 등에게 타일러 군법(軍法)을 엄하게 집행하여 큰일을 이루게 하소서.24

체찰사 이원익과 도원수 권율은 통제사 원균에게 군법을 엄히 적용하라는 것이었다. 원균이 수군을 이끌고 바다로 나가야만 한다는 것, 이것이 유성룡이 지휘하는 비변사의 공식 입장이었다. 그러자 선조는 비변사가 아뢴 대로 거행하라고 답변하였다.

선조의 동조로 도원수 권율은 통제사를 군법으로 다스릴 수 있게 되었다. 권율은 비변사의 지시를 받은 지 불과 수일 뒤에 통제사 원균의 부관을 붙잡아다 곤장을 때렸다.25

'어서 바다로 나가 왜적에게 겁을 주라. 그들의 본영인 부산포를 공격하라!'

삼도수군통제사의 전략은 모두 폐기하고, 수군의 실제를 알지 못하는 도원수가 자신이 시키는 대로 하라고 강요하였다. 상하 간에 소통이 원활하지 못해 이처럼 비극적인 결과를 낳았다. 불행 중 다행인 점, 두 가지가 있다. 하나는, 일이 벌어지고 난 다음에 선조가 조정의 실책을 순순히 인정한 것이다. 또 하나는, 이른바 칠천량 사태는 그 피해 규모가 처음에 알려진 것보다 매우 적었다는 사실이다.

비변사 당상관들

이런 불상사가 일어났을 때 비변사에는 누가 앉아있었는지를 알아보자. 선조 30년 6월 2일을 기준으로 할 때, 비변사에 참여한 대신과 유사 당상(備邊司有司堂上)은 다음과 같다.

영의정 유성룡(柳成龍, 남인), 판부사(判府事) 윤두수(尹斗壽, 서인), 좌의정 김응남(金應南, 북인), 병조판서 이항복(李恒福, 도원수 권율의 사위, 서인이지만 남인에 가까움), 병조참판 유영경(柳永慶, 북인), 행 대호군(行大護軍) 노직(盧稷, 남인).26

---

24 《실록》, 선조 30년(1597) 6월 26일.
25 이순신, 《난중일기》, 선조 30년(1597) 7월 11일.
26 《실록》, 선조 30년(1597) 6월 2일.

모두 6명이었는데, 유성룡과 한 편은 이항복과 노직이었다. 반대편인 이산해의 세력은 김응남과 유영경이었다. 윤두수는 서인으로 유성룡과도 협력하는 편이었으나, 이산해와 더불어 원균을 후원하는 편이었다.

사람들은 윤두수(尹斗壽, 1533~1601)와 그 친아우 윤근수(尹根壽, 1537~1616)가 원균의 친척으로 매사에 원균을 두둔하였다고 생각한다. 여기서 우리가 점검할 문제는 두 가지다. 첫째, 원균과 윤씨 형제는 어떻게 해서 친척인가 하는 문제이다. 둘째, 윤두수 형제는 항상 원균을 감싸주었는가 하는 것도 궁금한 문제이다.

《해평윤씨족보》를 조사한 결과 윤두수 형제의 숙부 윤회(尹恢)가 원균과의 연결고리라는 점을 발견했다. 윤회의 부인은 원주원씨요, 정확히 말해 원창령(元昌齡)의 딸이었다. 《원주원씨족보》(초간보)에서 원창령을 찾아보면 그는 원준량의 7촌 당숙이었다. 원준량은 원균의 부친이다.

요컨대 원준량과 윤두수의 숙모는 8촌 남매였으므로, 원균과 윤두수 형제는 촌수가 멀기는 해도 형제간이었다. 윤두수와 윤근수는 원균보다 나이가 많아서, 형이었다. 그런데 촌수로 계산하면 윤두수 형제와 원균은 12촌이다. 그들은 성씨도 다르고 또 윤두수 형제가 원씨의 외손도 아니기 때문에, 정말 먼 인척이었다. 요즘 같으면 완전히 남남이지만, 16세기 조선 양반사회에서는 그래도 친족이었다.

이제 두 번째 질문에 답할 순서인데, 한마디로 윤두수 형제는 매사에 원균을 감쌌다고 주장하기 어렵다. 가령 위에서 살핀 것처럼 통제사 원균은 비변사와 대립하였는데, 그 당시 비변사 대신 중에는 유성룡 쪽이 세 사람, 이산해 쪽이 세 사람이었다. 그러나 그들은 모두 원균에게 불리한 결론을 도출했다. 비변사 내에서 윤두수가 원균을 특별히 후원한 흔적은 없었다. 윤두수는 비변사라는 조직의 입장에서 원균의 주장을 비판적으로 평가했다.

2. 경상도 도체찰사

도체찰사 이원익은 대신으로 선조의 신임이 매우 두터웠다. 그는 남쪽 지방에 파견되어 군사업무를 총괄하였는데, 도원수 권율과 마찬가지로 영의정 유성룡과 매우 가까운 사이였다. 이원익은 이순신과도 상당히 친밀하였기 때문에, 통제사 원균에게는 대단히 껄끄러운 상관이었다.

비변사의 후원을 배경 삼아 도체찰사 이원익은 원균을 강도 높게 압박하였다. 선조 30년 6월에 그는 원균에게 명하여 부산포로 나가도록 종용하였다. 이원익이 그때 사정을 조정에 보고한 〈장계〉를 간추려 보면 다음과 같다.

> 신구의 전선(戰船) 가운데 절반은 한산도(閑山島)에 남게 하고, 나머지 반은 운도(雲島, 현 부산시 다대포 몰운도) 등 바다에 나가도록 하였습니다. 우리 군이 오래 정박(停泊)할 곳이 없기는 하나, 번갈아 교대로 끊임없이 왕래하다 보면 반드시 적군과 만나게 될 것입니다. 안골포(安骨浦) 등에 왜적이 있지만 본진(한산도)에 둔 선박으로 배후(背後)를 도모할 수도 있습니다. 또, 바다를 건너오는 적이 있으면 바다로 출동한 함대로서 즉시 처치할 수 있습니다. 이런 전략으로 통제사(統制使) 원균(元均) 등 여러 장수와 자세히 의논하고 시행하라고 종사관인 남이공을 보냈습니다.27

얼핏 보면 좋은 계획처럼 보인다. 이것이 바로 도체찰사 이원익과 도원수 권율의 지론이었다. 그대로 시행하면 조선 수군은 얼마 지나지 않아 완전히 지쳐버릴 것이다. 우리 군의 동선도 적에게 노출되는 것이 당연하였다. 일본은 전함의 수도 우리보다 몇 배나 많아, 우리 군이 바다에서 적을 쉽게 제압하지 못할 것도 뻔했다.

지난 여러 해 동안 이순신이 조선 수군의 능력을 과장되게 선전한 결과, 이원익이나 권율 같은 이들은 수군의 능력을 과대평가하였다. 바로 이러한 과신(過信)에서 재앙의 씨앗이 자라났다. 그러나 그것은 나중 일이었다.

안골포와 가덕해전

선조 30년(1597) 6월 18일에 통제사 원균은 안골포와 가덕도에서 큰 전공을 세웠다. 도체찰사 이원익의 종사관 남이공(南以恭)은 통제사의 전함을 타고, 전황을 정확히 관찰하였다. 그는 그해 6월 19일 술시(戌時, 19~21시)에 〈장계〉를 써서 상관인 이원익에게 보냈다. 그 내용을 요약해본다.

> 선조 30년 6월 18일에 한산도를 떠나 저물녘에는 거제도 북쪽의 장문포(場門浦)에 들어가 숙박했습니다. 그 이튿날(6월 19일) 일찍이 통제사 원균의 전함을 타고 이동해, 학익진(鶴翼陣)을 만들어 안골포(安骨浦)의 적을 쳤습니다. 적도(賊

---
27 《실록》, 선조 30년(1597) 6월 10일.

徒)는 줄지어 해안에 잠복하기도 하고, 또는 바위틈에 무기를 설치하였습니다.28
우리 장수들이 경예(輕銳, 가볍게 무장한 정병)한 군사를 거느리고 북을 울리며 전진하자 적도 배를 타고 나와 싸움이 붙었습니다. 포탄과 화살이 비오듯 쏟아졌으나 한 발도 물러나지 않았습니다.29
마침내 적선에 올라 많은 병사를 살상하였습니다. 적들은 버티지 못하고 간신히 해안으로 도망쳤고, 적선 2척을 빼앗았습니다.30

안골포에서 일본군을 습격해 상당한 승리를 거두었다는 보고였다. 그 다음은 가덕도 싸움에 관해서였다.

> 그때 안골포의 적들이 가덕도로 와서 도왔습니다. 적은 소굴로 들어갔고, 우리는 급히 노를 저어 추격하였습니다. 우리 군이 거의 모든 적선을 사로잡자 적은 배를 버리고 작은 섬으로 숨었습니다.31
> 여러 장수가 포위하고 총과 대포를 난사해 적의 배를 빼앗았고, 이어서 섬 안을 수색했습니다. 핏자국만 보일 뿐 종적은 찾을 수 없었습니다. 그러다가 우리가 철수할 때 안골포의 적들이 배를 타고 다시 역습해 왔습니다. 우리 군은 뱃머리를 돌려 다시 접전하였습니다.32
> 적들은 조금도 두려워하지 않았으며 혹은 우리 군 전함의 꼬리를 에워싸기도 하고, 좌우를 협공하면서 탄환을 마구 쏘아댔습니다. 아군도 방패(防牌)에 의지하며 화살을 마구 쏘아 점차 적을 바깥으로 유인하였는데 날이 저물어 돌아왔습니다.33
> 이 전투에서 평산만호(平山萬戶) 김축(金軸)은 눈 아래 탄환을 맞아 즉시 제거했습니다. 병사들 가운데 중상을 입은 사람은 없었는데, 보성군수 안홍국(安弘國)이 이마에 철환(鐵丸)을 맞아 뇌(腦)를 관통하여 즉사하였으니, 매우 참혹합니다.34

보성군수 안홍국은 통제사 원균의 중군장이었다. 용감무쌍한 안홍국을 잃고 원균은 크게 상심하였을 것이다. 안골포와 가덕도의 적은 쉽게 제압할 수 있는 상대가 아니었다. 그래서 원균은 육군을 투입하자고 누누이 주장했으나, 번번이 도원수와 도체

---

28 《실록》, 선조 30년(1597) 6월 29일.
29 《실록》, 선조 30년(1597) 6월 29일.
30 《실록》, 선조 30년(1597) 6월 29일.
31 《실록》, 선조 30년(1597) 6월 29일.
32 《실록》, 선조 30년(1597) 6월 29일.
33 《실록》, 선조 30년(1597) 6월 29일.
34 《실록》, 선조 30년(1597) 6월 29일.

찰사 및 비변사에 밀려 억지 싸움에 나선 것이다. 조선 수군은 최선을 다해 싸워 승리를 거두었으나, 안타깝게도 중군장 안홍국을 잃고 말았다.

그래도 거기까지는 무난한 편이었다. 그로부터 한 달이 지나기도 전에 이른바 칠천량 사태를 맞이하였다. 일선 지휘관의 의지를 함부로 무시한 채 무리한 작전을 강요한 것은, 참으로 어리석은 일이었다.

원균은 안홍국이 억울하게 전사하기 오래전에 비변사에 〈장계〉를 올려 제발 육군을 동원해 안골포와 가덕도의 적을 소탕해달라고 요청했다. 그러나 비변사는 그의 뜻을 따르지 않았다. 도원수 권율이 맹렬히 반대했기 때문이다.

선조 30년(1597) 5월 8일에 권율은 비밀 장계(祕密狀啓) 한 통을 조정에 올렸다. 그 내용은 안골포(安骨浦)와 가덕도(加德島)에 육군을 보내 싸우지 말라는 것이었다.35

그런 다음 약 한 달쯤 뒤에 도체찰사 이원익과 힘을 합쳐 비변사를 설득하는 데 성공했다. 권율은 원균의 판단이 잘못되었다고 확신하고, 이원익과 함께 원균을 종용하여 안골포와 가덕도를 수군이 단독으로 공격하게 했다. 종사관 남이공의 〈장계〉에서 보았듯 원균의 부하들은 최선을 다해 싸웠다. 그러나 두 곳의 적을 소탕하기에는 역부족이었다. 일이 그쯤 되었으면, 도원수 권율과 도체찰사 이원익은 자신들이 수군의 실정을 너무나 몰랐다는 사실을 겸허히 인정하고, 통제사 원균에게 재량권을 인정해 주었어야 했다. 그러나 그들은 자신들의 생각대로 아군에게 불리한 싸움을 계속해서 원균에게 강요하였다.

이쯤에서 우리는 부산포 등 바닷가에 얼마나 많은 적군이 있었는지를 살펴보는 것이 좋겠다. 다음은 선조 30년 하반기의 상황을 기록한 것이다.

일본군 총수		20,390명
부산포성(釜山浦城):	고바야카와 히데아키(小早川秀秋, 大将)	10,000명
	오타 가즈요시(太田一吉)	390명
안골포성(安骨浦城):	우에다 히데토(立花宗茂)	5,000명
가덕성(加德城):	다치바나 나오츠쿠(高橋直次)	500명
	츠쿠시 히로카토(筑紫広門)	500명
죽도성(竹島城):	고바야카와 히데카네(小早川秀包)	1,000명
서생포성(西生浦城):	아사노 요시나가(浅野幸長)	3,000명

---

35 《실록》, 선조 30년(1597) 5월 8일.

위 표에서 보듯 안골포에는 무려 5천 명의 일본군이 주둔하였다. 그리고 가덕도에는 1천 명이 성을 지키고 있었다. 통제사 원균이 가덕도를 공격할 때 안골포에서 응원군이 파견된 것은 당연한 일이었다. 애초 수군만 가지고 안골포와 가덕도의 일본군 6천 명을 무찌른다는 것은 어림없는 계획이었다. 이처럼 무리한 계획을 강행한 도원수 권율과 도체찰사 이원익은 도대체 전쟁이 무엇인지조차 알지 못했다.

원균에 대한 권율의 강압

선조 30년(1597) 6월 28일에 도원수 권율은 〈장계〉를 올려, 자신이 통제사 원균을 얼마나 압박하였는지 스스로 밝혔다.

> "통제사 원균은 매번 육로에서 먼저 안골포(安骨浦) 등의 적을 치라고 미루고, 바다로 나가 군사작전을 펼쳐 들어오는 적을 막을 생각이 없습니다. 이에 신은 분한 마음을 참을 수가 없습니다. 그래서 혹은 전령(傳令)을 보내 호되게 나무랐고 세 번씩이나 도체찰사(이원익)에게 군관을 보내 하소연하였습니다."[36]

권율은 원균과 자신의 견해 차이를 인정하지 않았다. 그가 보기에 원균은 틀렸고, 자신은 옳았다. 그래서 여러 차례 채근하였다고 밝혔다. 권율은 도체찰사 이원익에게 군관을 보내 공동으로 원균을 압박할 궁리까지 하였다. 안골포와 가덕도에 대한 수군의 공격은 그렇게 하여 성사된 것이었다. 그 점을 권율은 다음과 같이 기술했다.

> "그리하여 남이공(南以恭)이 체찰(이원익)의 명을 받들어 한산도(閑山島)에 들어가서 독촉하였습니다. 그제야 (원균은) 어쩔 수 없이 (6월) 18일에 비로소 전선에 출진하였습니다. 크고 작은 배 1백여 척이 가덕도 앞바다를 향한 것은 남이공의 힘이었습니다. 어찌 그것이 원균의 마음이었겠습니까."[37]

일정 부분 그것은 사실이었다. 도원수와 도체찰사의 강압을 이기지 못해 통제사 원균은 내키지 않는 싸움을 벌인 것이다. 그래도 일단 전투가 시작되자 최선을 다해 싸웠다. 그러나 과연 수군만으로 6천 명에 달하는 일본군을 상대로 완벽한 승리를 거둘 수 있었을까? 이런 어려움이 있었는데도 권율은 자신의 실책을 인정하지 않고, 원

---

36 《실록》, 선조 30년(1597) 6월 28일.
37 《실록》, 선조 30년(1597) 6월 28일.

균을 깎는 데 열중했다.

원균이 거느린 수군은 중군장 안홍국을 잃으면서까지 필사적으로 싸웠다. 권율은 자기 나름으로 적지 않은 성과가 나왔다고 생각하고, 원균을 더 심하게 독촉할 궁리를 하였다. 그는 〈장계〉의 마지막에 다음과 같이 서술했다.

"신은 우선 사천(泗川)에 머물면서 해상에서 오는 (승리의) 소식을 기다리겠습니다."38

평소 전라도 순천에 머물던 권율이었으나, 경상도 사천으로 거처를 옮겨서 통제사를 압박하기로 한 것이다.

3. 이순신의 역할

선조 30년 4월부터 이순신은 '백의종군' 상태였다. 그는 그해 4월 27일부터 도원수 권율의 가까이에 머물며 수군에 관한 일을 비공식적으로 자문했다. 사실상 통제사 원균을 감시하고 통제하는 역할을 한 것이다. 우리가 막연히 생각하는 불쌍한 이순신만은 아니었다. 그는 도원수뿐만 아니라 도체찰사와 친하게 지냈고, 그러면서 원균에 관한 온갖 험담을 수집하였다. 원균에게는 너무도 불편하고 불리한 상황이었다. 자신을 반대하는 세 사람이 비변사의 유성룡과 호흡을 같이하면서 하루하루 직무를 간섭하고, 자신의 의지에 반대되는 쪽으로 몰아가는 형편이었다.

융숭한 대접 받으며, 원균에 관한 악소문 수집해

이순신은 경쟁자 원균에 관해 나쁜 소문을 수집하는 취미가 있었다. 《난중일기》에서 선조 30년 4월 하순부터 5월 하순까지 한 달만 조사해 보아도 분명히 알 수 있는 사실이다. 날짜 순서에 따라 이순신이 수집한 험담과 악소문을 정리해 보겠다.

"4월 27일 … 원수(권율)는 내가 온 것을 알고, 군관 권승경(權承慶)을 보내어 조문하고, 또 안부도 묻는데, 그 위로하는 말이 못내 간곡하다. … 정사준(鄭思

---

38 《실록》, 선조 30년(1597) 6월 28일.

竣)도 찾아와서 원균(元均)이 망녕되고 전도되었다며 많은 말을 했다."39

이날 이순신은 순천에 도착해 부하 정사준의 집에 여장을 풀었다. 소식을 들은 도원수 권율은 군관 권승경을 보내 간곡하게 그를 위로하였다. 이순신과 권율은 이처럼 살가웠다. 바로 그날 저녁에 집주인 정사준이 부대에서 돌아와 원균에 대해 험담을 하였다.

"4월 28일 아침에 원수가 또 군관 권승경을 보내 문안하고 말하기를, '상중에 몸이 피곤할 것이다. 기운이 회복되는 대로 (원수부로) 나오라'고 전했다. 또 말하기를, '통제사(이순신)와 친한 군관이 있다고 들었다. 편지와 공문을 보내어 (한산도에서) 나오게 하여 데리고 가서 돌보라.'고 하는 편지와 공문을 만들어 왔다."40

도원수 권율은 이순신의 편의를 돌봐주었는데, 말하자면 이순신에게 부관을 붙여 준 것이다. 그리고 여전히 그를 "통제사"라고 불렀다.

"4월 30일 … 병마사 이복남(李福男)이 아침밥을 먹기도 전에 찾아와서 원균(元均)에 대한 일을 많이 말했다. (전라)감사도 원수에게 찾아왔다며 군관을 보내 편지로 안부를 물었다."41

전라병사 이복남도 아침부터 찾아와 원균에 관한 불평을 했다. 그날 전라감사도 군관을 보내 이순신에게 안부를 전했다. '백의종군'은 말뿐이었고, 이순신은 주요 인사들로부터 환대를 받았다.

"5월 2일 … 원수(권율)는 보성으로 가고, 병마사(이복남)는 본영으로 갔다. … 순천부사(우치적)가 찾아와서 만났다. 진흥국(陳興國)이 좌수영에서 나와 눈물을 뚝뚝 흘리면서 원균(元均)의 일을 말했다."42

본래 원균의 부하였던 우치적은 이순신과 기맥을 통하고 있었다. 이순신의 부하

---

39 이순신, 《난중일기》, 정유년(1597) 4월 27일.
40 이순신, 《난중일기》, 정유년(1597) 4월 28일.
41 이순신, 《난중일기》, 정유년(1597) 4월 30일.
42 이순신, 《난중일기》, 정유년(1597) 5월 2일.

진흥국이 좌수영에서 찾아와 원균을 심하게 비방했다.

"5월 5일 … 저녁나절에 충청(수사의) 우후 원유남(元裕男)이 한산도에서 원균(元均)이 못된 짓을 많이 한다고 전하고, 또 진중의 장병들이 군무를 이탈하여 반역하므로 장차 일이 어찌 될지 헤아릴 수 없다고 한다."[43]

충청수사의 보좌관에 해당하는 우후 원유남도 원균에 관해 나쁜 이야기를 잔뜩 들려주었다. 수군 내부에서 원균의 지도력이 매우 약하다고 전했다. 사실 여부는 알 수 없으나, 이순신 직계의 반항이 그만큼 크다는 것으로 해석된다.

"5월 6일 … 저녁에 정원명(鄭元溟)이 한산도에서 돌아와 흉물(원균)이 하는 짓에 관해 많은 이야기를 했다. … (전라)우수사(이억기)가 편지를 보내 (모친상을) 조문했다."[44]

이순신의 부하 정원명도 한산도에서 돌아와 원균에 관해 한참 험담을 하였다. 그날 전라우도의 이억기 수사가 편지를 보내 이순신의 모친상을 조문하였다.

"5월 7일 … 서산군수 안괄(安适)도 한산도에서 왔는데, 음흉한 자(원균)의 일을 많이 이야기했다."[45]

한산도에서 나온 충청도 수군 장수 안괄(서산군수)도 원균을 욕했다고 한다.

"5월 8일 … 음흉한 원(元, 원균)이 편지를 보내 조문한다. 원수의 명령에 따른 것이다. 이경신(李敬信)이 한산도에서 나와 원균(元均)의 흉악한 일을 많이 전했다. 또 자신이 데리고 온 서리에게 곡식을 구매하라고 명령해 육지로 내보내고는 그 아내(서리의 아내)를 사통하려고 했다고 한다. 그러나 기를 써도 따라주지 않고 밖으로 뛰쳐나가 고래고래 소리쳤다고 했다. 원(元)이란 자는 온갖 꾀로써 나를 모함하니 이 또한 운수로다. 그가 말에 실어 보내는 짐이 한양길에 잇닿았다. 그렇게 해서 나를 헐뜯는 것이 날이 갈수록 심하니, 그저 때를 못 맞난 것을 한탄할 뿐이다."[46]

---

43 이순신, 《난중일기》, 정유년(1597) 5월 5일.
44 이순신, 《난중일기》, 정유년(1597) 5월 6일.
45 이순신, 《난중일기》, 정유년(1597) 5월 7일.

원균에 대한 이순신의 증오심이 여과 없이 표출된 일기이다. 첫째, 원균이 편지로 자신의 모친상을 조문해도, 이순신은 곧이곧대로 받아들이지 않았다. 도원수 권율이 시킨 일이라고 단정하였다.

둘째, 한산도에서 나온 군관 이경신이 악소문을 전해주자 이순신은 대뜸 그것을 사실로 인정하였다. 원균이 서리의 아내를 겁탈하려다가 실패했다는 소식이었다. 누군가 꾸며낸 낭설일 수 있는데 이순신은 조금도 의심하지 않았다.

셋째, 원균이 조정의 대감들에게 바치는 뇌물이 길에 잇따랐다는 소문도 이순신은 사실로 여겼다. 그뿐만 아니라, 원균이 뇌물을 써 자신을 모함한다고 믿었다. 이 역시 근거 없는 피해의식의 발현이었다.

> "5월 11일 … 전 광양현감 김성(金惺)이 체찰사의 군관이 되었다. 화살대를 구하러 순천에 왔다가 만나게 되었다. 소문을 많이 전하는데, 소문이란 것은 모두 흉물에 관한 일이었다."47

그날도 부하 김성을 만나서 원균에 관한 악담을 실컷 들었다. 이순신이 탁월한 장수라는 점은 누구나 인정하는 것이지만, 경쟁상대인 원균에 대해서는 너무나 지나쳤다. 다음의 일기를 보면 누구나 알 것이다.

> "5월 12일 … 신홍수(申弘壽)가 와서 만났는데, 원 영감(원균)의 점을 쳐보았다. 첫 괘는 수뢰둔(상괘 坎, 하괘 震: 널리 형통하나 기운은 최악으로 험난함)이었는데, 그것이 변해 천풍구(상괘 乾, 하괘 巽: 여자가 지나치게 거센 괘이므로 흉사를 만날 확률이 열에 아홉)가 되었다. 이러한 변화는 본체를 무너뜨리는 것이라 크게 흉하다."48

이순신은 원균의 점괘를 물었고, 그것이 흉하다는 말을 듣고 난중일기에 그대로 적었다. 자신의 의견을 따로 덧붙이지는 않았으나, 그 마음 씀씀이가 어떠했는가 짐작할 수 있다. 그는 죽도록 원균을 미워하였고, 그럴수록 원균을 통제하는 상관들, 즉 도원수 권율이나 도체찰사 이원익과는 좋은 관계를 유지하려고 노력하였다.

---

46 이순신, 《난중일기》, 정유년(1597) 5월 8일.
47 이순신, 《난중일기》, 정유년(1597) 5월 11일.
48 이순신, 《난중일기》, 정유년(1597) 5월 12일.

"5월 20일 … 체찰사(이원익)가 내가 머물고 있다는 소식을 듣고, 먼저 공생(貢生)을 보내왔고 이어서 군관 이지각(李知覺)을 보내왔다. 조금 있다가는 또 군관을 보내어 조문하였다. '일찍이 상을 당했다는 소식을 듣지 못하였고, 이제야 비로소 소식을 듣고 놀라 애도합니다.' 그런 다음 저녁에 만날 수 있는지를 물었다. '마땅히 저녁에 찾아뵙겠습니다.'라고 나는 답장했다.
어두울 무렵에 찾아가서 뵈었더니 체찰사는 소복을 입고 접대하였다. 조용히 일을 의논하자 체찰사가 개탄해 마지않았다. 밤이 깊도록 이야기하는 중에 일찍이 임금의 분부가 있었는데 미안하다는 말이 많이 있었다고 하며 그 뜻을 알지 못하겠다고 하였다. 흉물(원균)이 하는 짓이란 몹시 그럴듯하게 속이는 것인데, 하늘이 이를 살피지 못하니 나랏일을 어찌하랴! …"49

인용문에서 읽은 것처럼 이원익은 이순신을 알뜰하게 보살폈다. 이원익이나 권율, 이순신 등은 모두 유성룡의 측근이었으므로, 서로 말이 잘 통했다. 하룻밤을 꼬박 지내며 이순신은 이원익과 많은 이야기를 나눈 것으로 보인다. 그때 이순신의 마음속에는 한 가지 목표가 있었던 것으로 보인다. '흉물인 원균'을 어떻게든 망하게 해야 나랏일이 제대로 된다는 생각이었다. 참으로 그의 미움은 집요하였다.

"5월 23일 … 아침에 정사룡(鄭士龍)과 이사순(李士順)이 찾아와서 만났다. 원공의 일을 많이 전했다. 저녁나절에 동지 배흥립(裵興立)이 한산도로 돌아갔다. 체찰사가 사람을 보내어 불렀으므로 뵙고 조용히 의논하는데, 시국의 그릇된 일에 대해 많이 분개하며, 다만 죽을 날을 기다린다고 했다. 내일 초계로 간다고 하면서 체찰사가 영수증을 주셨다. 이대백(李大伯)이 모은 쌀 두 섬을 가져다 성 밖에 사는 (집)주인 장세휘(張世輝)의 집으로 보냈다."50

여기서도 보듯 이순신은 도체찰사 이원익과 깊이 교감하였다. 그들은 유성룡에게 점차 불리해지는 시국을 걱정하였다. 그 걱정을 공유하는 이들이 곧 이원익과 권율이었다. 그들의 눈총을 받는 원균의 일은 과연 어찌 될 것인가. 그날도 이순신의 주위에는 원균을 증오하는 사람들이 모여들고 있었다. 정사룡, 이사순 및 배흥립이었는데, 그들은 수많은 이순신의 부하 가운데 일부였다.

"5월 24일 … 아침에 광양의 고응명(高應明)의 아들 고언선(高彦善)이 와서 봤

---

49 이순신, 《난중일기》, 정유년(1597) 5월 20일.
50 이순신, 《난중일기》, 정유년(1597) 5월 23일.

다. 한산도의 일을 많이 전하였다. 체찰사가 군관 이지각(李知覺)을 보내어 안부를 묻고, 경상우도의 연해안 지도를 그리고 싶으나 그릴 수 없으니, 본 대로 지도를 그려 보내주면 고맙겠다고 한다. 그래서 나는 거절할 수가 없어서 지도를 대강 그려서 보냈다."51

날이면 날마다 이순신의 《난중일기》는 통제사 원균에 대한 불만과 저항, 비방과 혐오로 가득하였다. 이순신의 주위에는 원균에 관한 온갖 악담과 소문을 수집하고 재생산하는 사람들이 많았다. 그런 사람들이 한산도에서 통제사를 모시는 군관들이었으니, 수군의 장래는 위태로웠다.

더구나 도체찰사 이원익은 이순신과 기맥을 통하면서 경상우도 바닷가의 지도까지 그려달라고 부탁하였다. 그 지도는 과연 어디에 쓸 예정이었을까. 이원익은 이순신이 그려준 지도와 설명을 바탕으로 한 가지 큰일을 해냈다. 그것은 다름 아니라 원균의 작전 계획을 완전히 망가뜨리는 일이었다.

알다시피 원균은 안골포와 가덕도에 주둔하는 적을 먼저 소탕하자고 했다. 그렇게 하려면 육군이 먼저 출동해야 했다. 하지만 유성룡, 이원익, 권율 등은 원균의 작전을 무조건 저지하고자 했고, 그 배후에 이순신이 있었다. 선조 30년 5월 24일에 이순신이 이원익에게 제공한 작전 지식은 한양의 비변사에 전해져, 선조 30년 6월 11일에 원균의 작전을 거부하는 데 결정적인 자료로 쓰였다. 그날 비변사는 선조에게 다음과 같이 〈회계(回啓)〉하였다.

"원균의 뜻은, 육군이 먼저 안골포와 가덕도의 적을 공격해야 한다는 것입니다. 그러나 도원수와 체찰사의 뜻은 그렇지 않아, 수군을 나누어 다대포 등지를 왕래하게 하고 바다에서 적을 만나면 요격하려는 계획입니다. 이는 대사(大事)입니다. 여러 장수의 전술을 하나로 통일하여 처리해야 합니다. 서로 전술이 달라서 기회를 잃으면 안 됩니다. 신들도 지도(地圖)로 형세를 살피고, 해변의 형세를 자세히 아는 사람의 말을 참조하였습니다. 그 결과, 안골포는 김해(金海)의 죽도(竹島)와 매우 가깝고 지형이 바다 가운데로 뻗어 나와 있으므로, 우리 군사가 육로로 공격하면 적이 뒤에서 엄습할 염려가 있습니다. 따라서 도원수가 진공(進攻)을 어렵게 여기는 것은 반드시 일리가 있어 보입니다.

대체로 군중(軍中)의 일을 제어하는 권한은 체찰사와 도원수에게 있는 것이요, 여러 장수는 뜻을 아뢴 다음에 지휘를 받아 나가든 물러가든 하는 것이 마땅합

---

51 이순신, 《난중일기》, 정유년(1597) 5월 24일.

니다. 그런데도 요즘 남쪽의 (원균 같은) 장수들이 조정에 아뢰어 결정해 달라고 요구하는 일이 다반사입니다. 체통을 유지하려는 뜻이 도무지 없습니다. 이러한 말씀을 도체찰사와 도원수에게 모두 지시하는 것이 좋겠습니다."52

비변사는 원균의 주장을 완전히 꺾고, 앞으로는 도체찰사와 도원수가 원균을 철저히 통제하게 하자고 했다. 그러자 선조는 대신들의 견해대로 하자며 수락하였다. 그때부터 원균은 권율과 이원익이 시키는 대로 모든 작전을 시행하지 않을 수 없게 되었다.

이러한 조치의 이면에 이순신이 숨어 있었다. 비변사에서 선조에게 올린 〈회계〉에는 다음과 같은 한 구절이 있었다는 점을 우리는 알아야 한다.

"신들도 지도(地圖)로 형세를 살피고, 해변의 형세를 자세히 아는 사람의 말을 참조하였습니다."53

비변사에서 말한 지도란 선조 30년 5월 24일에 도체찰사 이원익이 이순신에게 부탁한 것이었다. 그리고 지도에 관한 설명이란 그달 5월 20일부터 5월 24일까지 이순신이 이원익과 나눈 긴 대화 속에 들어 있었다. 그들이 시국을 논의하며 한숨을 쉬고 눈물을 흘리면서, '흉물'이라는 원균을 성토한 것은 같은 생각의 성과물인 것이다.

"5월 28일 … 저녁나절에 길을 떠나 하동에 이르니, 하동현감(신진)이 서로 만나보는 것을 기뻐하며 성안 별채로 맞아들여 매우 간곡한 정을 베푼다. 또 원(원균)의 하는 짓이 참으로 미친 짓이라고 말했다. 날이 저물도록 이야기했다. …"54

이순신이 도원수나 도체찰사와 가깝다는 사실을 모르는 관리는 아마 경상우도를 통틀어 한 사람도 없었을 것이요, 그가 원균을 극도로 혐오한다는 점도 모두에게 알려진 사실이었던 것 같다. 그래서 누구라도 이순신을 만나면 안부 인사처럼 원균을 흉보았다. 그날도 이순신은 하동현감을 만나 시간 가는 줄 모르고 원균에 관한 험담을 주고받았다.

이순신이 도원수 및 도체찰사와 가깝게 지내면서 수군에 관한 자문 역할을 한다는

---

52 《실록》, 선조 30년(1597) 6월 11일.
53 《실록》, 선조 30년(1597) 6월 11일.
54 이순신, 《난중일기》, 정유년(1597) 5월 28일.

사실을 원균은 알고 있었을까. 설사 그런 사실을 알았더라도 원균이 조치할 수 있는 것은 없었을 것이다.

혹자는 이렇게 말할 수도 있겠다. 이순신과 같이 공정하고 유능한 장수가 권율과 이원익을 도왔으니, 수군의 장래가 빛날 터인데 무엇이 걱정이랴. 그리고 이순신이 그들 최고위층의 자문역을 하였다는 증거가 별로 없다며 의문을 제기할지도 모른다. 그런 의혹을 덜어내기 위해 《난중일기》 한 구절을 더 읽어보겠다.

> "6월 17일 … 아침 식사를 하고 원수(권율)에게 갔다. 원수는 원균이 정직하지 못하다는 말을 많이 했다. 또 비변사에서 내려온 공문을 보여 주었다. 원균이 〈장계〉를 올려 수군과 육군이 함께 나가 (육군이) 먼저 안골포의 적을 무찌른 연후라야 수군은 부산 등지로 진군하겠다고 하였다. 그러므로 안골포의 적을 (육군이) 먼저 칠 수 없겠는가 하는 것이었다. 그런데 원수가 올린 〈장계〉에는, '통제사 원(元, 원균)이라는 사람은 전진할 생각은 하지 않고 안골포를 먼저 쳐야 한다고만 한다.'라고 쓰여 있었다. 수군의 여러 장수가 대개는 다른 마음을 품고 있는 데다가 원(元)이라는 사람은 (한산도) 안으로 들어간 뒤에는 나가지 않는다. 절대로 여러 장수와 대책을 합의하지 못할 것이고, 결국은 일을 망가뜨릴 것이 뻔하다고 하였다.
> 원수에게 부탁해 이희남(李喜男)과 변존서(卞存緖) 및 윤선각(尹先覺) 등에게 공문을 보내서 (내게) 오도록 독촉했다. (집으로) 돌아올 때 (도원수의) 종사관 황여일(黃汝一)이 머무는 곳으로 가서 한 시간이 넘게 앉아서 이야기하였다. 그리고는 임시로 사는 집에 돌아왔다. 곧바로 이희남(李喜男)의 종을 의령산성으로 내보내고, 청도에도 파발로 (변존서에게) 공문을 보냈다. …"55

위 인용문에서 확인한 것처럼 도원수 권율은 비변사에서 내려온 공문을 이순신에게 모두 보이고, 원균에 대한 불만을 토로하였다. 이순신은 도원수의 힘을 빌려 자신의 친척이자 심복인 이희남과 변존서를 의령과 청도에서 자신의 곁으로 불러들였다. 또, 그는 도원수의 비서에 해당하는 종사관 황여일과도 교분을 두터이 쌓았다. '백의종군'이라고는 하지만 이순신은 자유롭게 고위층과 교류하며 원균을 더욱더 고립시키고 장차 파멸에 이르게 할 작업을 날마다 강도 높게 추진하였다.

이순신을 도원수에게 내려보낸 것은, 과연 조선 수군에게 얼마나 도움이 되었을까. 신임 통제사 원균과 도원수, 도체찰사 및 비변사의 관계는 이순신이란 존재로 인해

---

55 이순신, 《난중일기》, 정유년(1597) 6월 17일.

전보다 효율적이고 합리적으로 바뀌었는가, 아니면 더욱 혼란에 빠졌는가.

4. 요시라의 공작

일본인 첩자 요시라를 알 것이다. 그는 조선군의 최고급 지휘관들을 멋대로 농락하였다. 특히 경상우병사 김응서와 도원수 권율 그리고 비변사의 유성룡이 요시라의 주된 공작 대상이었다. 요시라의 능란한 비밀공작은 여러 가지 목적을 가지고 있었는데, 그중 하나는 일본군이 가장 두렵고 성가시게 여기는 조선 수군을 무너뜨리는 것이었다. 따라서 삼도수군통제사인 원균은 요시라의 활동으로 부정적인 영향을 많이 받았다. 아래에서는 이러한 사실을 간단히 정리할 생각이다.

선조 30년(1597) 6월 14일에 경상우병사 김응서는 첩자 요시라가 제공한 정보를 비변사에 보고했다. 두 사람이 만난 것은 그해 6월 7일이었다. 요시라의 말에 따르면, 당시 경상도에 주둔하는 일본군은 3만 명이오, 이어서 나올 병력은 15만이라고 했다. 그중 3~4만 명은 장차 왜성에 머물 것이고, 나머지는 조선 깊숙이 침공하는 작전을 벌인다고 했다. 그러다가 겨울이 깊어지면 10월 말에 다시 경상도의 왜성으로 귀환한다고 했다.[56]

장차 벌어질 정유재란의 대략을 설명한 것이다. 이런 정보와 함께 요시라는 조선 수군이 바다로 나가 싸움을 걸어야 한다고 요구했다.[57] 앞에서 살핀 것처럼 권율과 이원익이 원균을 압박해 수군의 출동을 집요하게 요구한 것은 사실 요시라의 뜻과 같았다. 요시라는 다음과 같이 말했다.

"(정유년) 6~7월 사이에 (일본군) 대병이 바다를 건너, 먼저 경상도와 전라도 등을 공격할 것이다. 그런 다음에 다시 연해(沿海)에 주둔하다가 제주도를 빼앗으려고 한다. 그때가 되면 (조선, 일본 및 중국) 세 나라의 백성이 칼날 아래 모두 죽게 될 것이 분명하다."[58]

위와 같이 침략전쟁의 방향을 알려준 다음에, 이 모든 책임은 조선이 일본과 강화

---

56 《실록》, 선조 30년(1597) 6월 14일.
57 《실록》, 선조 30년(1597) 6월 14일.
58 《실록》, 선조 30년(1597) 6월 14일.

회담을 제대로 하지 않은 데 있다고 하였다. 그러고 일본이 장차 침략전쟁을 어떤 방법으로 펼칠지를 히데요시가 장기적인 관점에서 다음과 같이 명령했다고 전했다.

> "경상·전라·제주 등지를 침략하라. 그 다음에는 의령과 경주 등지로 군사를 퇴각해 주둔하라. 그때 조선의 흩어진 군사와 유민(遺民)을 불러 모아 아군에 편입하고, 농사를 많이 지어 군량을 축적하라. 내년과 내명년에 해마다 차츰 거점을 더 빼앗으면 조선은 장차 일본 땅이 될 것이다. 그래서 너희들의 처자도 (조선으로) 내보내라고 이미 명령하였다."59

요시라는 히데요시의 입을 빌려 조선 침략이 장기화될 전망이라고 했다. 그는 특히 경상도 일대를 조금씩 조금씩 차지해 결국은 일본의 영토로 만들 것이라며 겁을 주었다. 히데요시가 정말 그런 계획이었는지는 모르겠으나, 비변사에서는 그 말을 사실로 믿었다.

전쟁 중에 첩자를 이용해 적국의 동정을 파악하는 것은 무척 중요한 일이다. 더욱 더 필요한 것은 쓸만한 정보와 거짓 정보를 구별하는 일이다. 그런데 당시에 요시라와 긴밀하게 연결되어 있던 김응서, 권율, 유성룡 등은 정보의 가치를 제대로 판별하지 못했다. 그 반면에 일본은 요시라 한 사람을 통해 조선 조정을 쥐락펴락하였다. 짐작하건대 그는 자국이 원하는 조선의 깊숙한 사정도 마음껏 뽑아냈을 것이다.

끝으로, "(일본의 대규모) 군대가 이달 중으로 바다를 건너올 것"60이라는 말을 덧붙여, 조선 조정을 흔들어 놓았다. 이런 정보를 곧이곧대로 믿고 비변사와 도체찰사와 그리고 도원수는 원균을 닦달하여 바다로 나가게 하였다. 참으로 한심한 일이었다.

유성룡의 조정이 요시라에게 엮여 농락당한 것은 선조 27년(1594) 11월부터였다. 그때 고니시 유키나가가 경상우병사 김응서에게 요시라를 보내 강화를 요청했다. 그 소식은 권율을 통해 비변사로 전해졌고, 조정에서는 다시 역순으로 응답하였다.61

요시라는 우리 조정을 완전히 농락하였다. 강화회담에 말려들게 한 것과 통제사 이순신을 역경에 처하게 꾸민 것도 요시라의 역할이었다.62 나중에는 위에서 본 것처럼 권율, 이원익, 유성룡 등을 움직여 원균을 궁지로 내몰았다. 그런데도 조정에서는 요시라와 관련된 인사를 처벌하지 못하고 도리어 우대하였다. 요시라와 김응서 등은

---

59 《실록》, 선조 30년(1597) 6월 14일.
60 《실록》, 선조 30년(1597) 6월 14일.
61 조경남(趙慶男), 《난중잡록(亂中雜錄)》, 갑오년(선조 27, 1594) 11월.
62 조경남(趙慶男), 《난중잡록(亂中雜錄)》, 정유년(선조 30, 1597) 5월.

나라에 큰 해를 끼친 장본인이었다.

하지만 요시라에게도 비극적 종말이 찾아온다. 선조 31년(1598) 4월에 고니시는 요시라를 다시 전라도 임실(任實)로 보내 중국 장수에게 화친하기를 요청하였다. 그러자 명나라 측에서 그를 옥에 가두었다가 북경으로 보내어 목을 베었다.63 뒤늦은 일이었으나, 그나마 다행이었다.

〈선조실록〉을 편찬한 사관은, 요시라에게 현혹되어 국정을 그르친 김응서를 먼저 논죄한 뒤, 도원수 권율의 잘못에 대해서도 다음과 같이 질책하였다.

> "도원수 권율은 전곤(專閫, 도원수)의 책임을 맡고서 수적(讐賊)을 토멸하지도 못하고, 또 의기(義氣)를 고무하지도 못했다. 그는 도리어 왜노(倭奴, 요시라)의 교활한 말을 믿고 김응서를 왕래하게 하였다. 심지어는 '왜인이 비록 반측(변덕스러움)하나 전혀 믿기 어렵다고만 핑계할 수 없다.'라고까지 주장하고, 버젓이 〈장계〉를 급히 올렸다. 그러고는 스스로 좋은 전략을 얻은 것처럼 굴었다. 이 또한 어리석은 일이었다."64

이중간첩 요시라가 준 정보만 가지고 조정은 적의 형세를 함부로 판단하고, 그것을 토대로 막중한 수군이 나아가고 물러설 때를 정하였다. 어찌 이처럼 한심한 일이 일어날 수 있는가 싶을 정도였다. 요시라의 간교한 꾀에 넘어간 조정 대신은 한두 명이 아니었다.

통제사 원균이 하필 도원수 등의 강압에 밀려 선조 30년 7월 15일에 부산포로 진군하게 된 것도 사실은 요시라의 책동에 의한 것이었다. 적이 우리의 공격 날짜와 장소를 잡아주고, 우리는 순순히 그 뜻대로 움직였다는 말이다. 선조 30년 5월 12일에 요시라는 김응서를 통해 다음과 같이 말했다.

> "새로 (조선에) 파견될 (일본) 군사 15만이 (올해) 6월 초순에 나오면, 혹은 진영에 머물고 혹은 뒤를 이어 진격할 것이다. 선봉대가 오는 (6월) 1일에 출발하기로 하였으나, 장수들의 의견은 병기와 장비가 준비되지 못하였으니 갑자기 출발할 수 없다고 했다. 그래서 7월 보름으로 결정했다."65

---

63 이긍익(李肯翊), 《연려실기술(燃藜室記述)》, 제17권, 선조조 고사본말(宣朝朝故事本末), 〈수륙으로 동정하여 왜적이 철환(撤還)하다〉.
64 《실록》, 선조 27년(1594) 11월 18일.
65 《실록》, 선조 30년(1597) 5월 18일.

선조 30년 7월 15일에 일본군 대부대가 다시 출정할 것이니, 우리 수군이 총출동하여 일본군을 섬멸하라는 주문이었다. 조선 조정은 이런 무책임한 거짓말을 믿고, 통제사 원균을 강요하여 여러 차례 출전하도록 했으니, 해괴한 일이다.

정유재란이 일단락된 선조 31년(1598) 6월 초순에 요시라는 7명의 부하를 데리고 한양에 나타났다. 이때는 선조도 그동안 조정이 요시라에게 휘둘린 사실을 알아차렸다. 선조는 명나라 장수에게 연락해 부디 요시라의 속임수에 넘어가지 말라고 당부했다.

선조 31년 9월에 선조는 비변사의 건의에 따라 명나라에 부탁해 요시라를 부디 중국의 요동 땅으로 압송하기를 간절히 부탁했다.66 그래서 그는 중국으로 끌려가 처형되었다. 사실 요시라는 사신의 자격으로 왔으나, 그동안 많은 문제를 일으켰기 때문에 중국 장수가 체포한 것이다.67 일본은 이런 줄 짐작하면서도 요시라의 송환을 우리 측에 거듭 요구하였다.

5. 김응서의 죄

조금 의외로 생각하겠지만, 경상우도병마사 김응서도 통제사 원균을 통제하고 간섭하였다. 앞에서 서술한 일본 간첩 요시라 및 고니시 유키나가와 친하게 지내면서 김응서는 일본의 첩자 역할을 하였다고 볼 수 있다. 선조 30년 3월 초순에 거제도 기문포해전과 그에 관한 처리 과정을 자세히 알게 되면, 김응서의 본모습을 확인할 수 있다. 이제 김응서가 어떠한 역할을 하였는지 구체적으로 살펴보겠다.

기문포해전 - 선조 30년 3월 9일

이 사건은 선조 30년(1597) 3월 19일에 도원수 권율이 보낸 〈서장〉에 기록되어 있다. 본래 권율은 전라우수사 이억기의 급보를 통해 문제의 사건을 보고받았다.

그해 3월 8일에 일본의 대선, 중선 및 소선 3척이 거제도의 기문포(器問浦)에 정박(定泊)하고 섬에 상륙(上陸)하였다.68 보고를 받은 통제사 원균은 즉시 수군을 거느리고 한산도를 떠나 밤새 노를 저어 3월 9일 새벽 기문포에 도착하였다.69

---

66 《실록》, 선조 31년(1598) 9월 17일.
67 《실록》, 선조 34년(1601) 7월 1일.
68 《실록》, 선조 30년(1597) 3월 24일.

일본 선박 3척이 해안에 정박해 있었는데, 일본군은 모두 상륙한 상태였다. 산기슭에서 그들이 밥 짓는 연기가 피어올랐다. 언덕 위에는 일본군 3~4명이 칼을 번뜩이며 경계를 서고 있었다.70

통제사 원균은 항복한 일본인 남여문(南汝文) 등을 보내 그들을 회유(誨誘)하였다. 그 결과, 섬에 숨어 있던 일본군 20여 명이 나왔다. 남여문이 일본군 장수와 조용히 대화를 나누자, 주위에 숨어 있던 일본군이 모두 나온 것이다. 80여 명쯤이었는데, 우리 수군의 성대한 위용(威容)을 보고 겁이 나서 구차하게 목숨을 구걸하였다.71

이에 안골포만호 우수(禹壽)와 고성현령 조응도(趙凝道), 거제현령 안위(安衛) 등이 출동해 그들의 항복을 받았다. 그러자 일본군 장수가 부하 7명을 거느리고 통제사 원균의 배 위로 올라왔다. 통제사는 일본 장수에게 술을 주고, 배를 타고 떠나도 좋다고 허락하였다.72

일본군은 목숨을 건진 것에 기뻐하며 거듭해서 절하고 머리를 조아리며, 연신 감사의 말을 전하였다. 이어서 자기네 배가 있는 곳으로 내려가 두 배에 나누어 타고 바다로 나아갔다.73

그들이 돛을 달려는 순간에 통제사가 먼저 지자총통(地字銃筒)을 쏘고 지휘기(持揮旗)를 흔들며 공격 나팔을 급히 불었다. 그러자 여러 전함이 앞다투어 적을 공격하였다. 그중에서 고성현령 조응도(趙凝道)가 탄 전함은 우리 군의 다른 전함보다 속도가 빨라 가장 먼저 적선에 달라붙어 공격하였다.74

그러자 일본군 20여 명이 조응도의 배로 올라와 육박전이 벌어졌다. 조응도와 사부(射夫) 및 격군(格軍)이 적의 칼날에 다쳤다. 일부는 바다로 뛰어들어 헤엄쳐 나오기도 하였고, 일부는 다른 전함에 구제되었다. 조응도는 적의 칼을 맞고 바닷물로 뛰어들었는데 안골포만호 우수(禹壽)가 건졌다. 그러나 잠시 뒤에 숨을 거두고 말았다.75

일본군은 조응도의 배, 즉 고성현의 전함을 빼앗아 북쪽으로 달아났다. 우리 군이 그 배를 포위하여 지자와 현자총통을 쏘아댔다. 그러자 함선 좌우의 방패(防牌)가 떨어졌다. 우리 군이 화살을 마구 쏘아대자 일본군은 어찌할 줄 몰랐다.76

---

69 《실록》, 선조 30년(1597) 3월 24일.
70 《실록》, 선조 30년(1597) 3월 24일.
71 《실록》, 선조 30년(1597) 3월 24일.
72 《실록》, 선조 30년(1597) 3월 24일.
73 《실록》, 선조 30년(1597) 3월 24일.
74 《실록》, 선조 30년(1597) 3월 24일.
75 《실록》, 선조 30년(1597) 3월 24일.
76 《실록》, 선조 30년(1597) 3월 24일.

우리 군은 총반격에 나섰고, 전라우수사 이억기는 임치첨사(臨淄僉使) 홍견(洪堅), 흥덕현감(興德縣監) 이용제(李容濟)와 더불어 당화전(唐火箭)과 송거(松炬) 등으로 적선을 불태웠다.77

일본군은 모두 배에서 뛰어내려 육지를 향해 헤엄쳤다. 우리 군은 그들을 사살하고 시체를 건져 목을 벴다. 총 18급(級)이었다. 사살 여부를 점검하고 통제사 원균에게 보냈다.78

선조는 권율의 〈서계〉를 비변사에 보내, 이억기와 휘하 장수들에 대한 포상 방법을 물었다. 비변사의 답변은 다음과 같았다.

> "통제사가 군공(軍功)을 마감하여 〈장계〉하기를 기다린 다음에, 적의 목을 벤 사람들을 포상하고, 조응도를 비롯한 순국 장병에 대해서도 통제사의 자세한 보고를 받은 뒤에 법에 따라 위로하는 것이 마땅합니다. 그런 내용을 통제사에게 공문으로 알리는 것이 좋겠습니다."79

당연히 선조는 비변사의 권고를 따랐다.

김응서의 〈서장〉

경상우병사 김응서도 기문포해전에 관한 소식을 들었다. 그는 일본통이었으므로, 그 문제에 관해 당사자인 일본군이 어떠한 생각을 하고 있는지를 자세히 알게 되었다. 선조 30년 3월 22일에 김응서는 〈서장〉을 올려 기문포 해전을 조정에 보고했다.

그해 3월 19일에 김해의 죽도에 주둔한 일본장수 풍무수(豊茂守)가 부하 3명을 보내 김응서에게 기문포해전을 설명하였다.80 《실록》의 해당 기사를 자세히 살펴보면 "김해의 죽도"에 주둔한 장수임을 알 수 있다. 김응서가 풍무수라고 말한 장수의 실제 이름은 고바야카와 히데카네(小早川秀包)였다. 정유재란 시기 죽도에는 대략 1천 명의 일본군이 주둔했는데, 일본군의 주장은 다음과 같았다.

> "우리 부대의 왜(倭) 32명이 중선(中船) 한 척을 타고 나무를 베러 거제도 옥포

---

77 《실록》, 선조 30년(1597) 3월 24일.
78 《실록》, 선조 30년(1597) 3월 24일.
79 《실록》, 선조 30년(1597) 3월 24일.
80 《실록》, 선조 30년(1597) 3월 25일.

(玉浦)에 정박하였다. 그런데 조선 주사(舟師, 수군)가 은밀히 유인하여 다 죽였으므로, 한 사람도 생환하지 못했다."[81]

앞에서 설명했듯 기문포해전은 우리 수군이 일본군의 대선, 중선 및 소선을 무찌른 전투였다. 그중 중선에 탄 일본군은 곧 김해의 죽도에 주둔하던 일본군이었음이 확인되었다.

죽도의 일본군은 기문포해전의 전개 과정을 조사하였다고 한다. 그들은 사건의 중심에 경상우병사 김응서가 있다고 하였다는데, 이는 물론 거짓이었다. 수군과 김응서가 무슨 관련이 있었겠는가. 김응서가 조선 조정에 일본군의 처지를 대변하는 통로였기 때문에, 그런 핑계를 댄 것이다. 일본군은 김응서를 통해 은근히 조정을 협박하였는데, 그 언사가 다음과 같았다.

"나도 즉시 바닷가로 군대를 보내 (조선) 백성을 공격해 분한 마음을 설욕하고 싶다. 그러나 병사(김응서)에게 알리지 않고 경솔하게 군대를 출동시키면 나 역시 신용을 잃게 되므로, 사람을 보내 먼저 알리는 것이다."[82]

여기서 우리는 두 가지 사실을 알 수 있다. 첫째, 죽도의 일본군 장수는 이미 오래전부터 김응서와 친밀한 사이였다는 점이다. 둘째, 그는 김응서를 통해 조선 조정을 움직여 통제사 원균의 활동을 제약하였다는 것이다.

김응서는 여러 핑계로 둘러대며 자신이 정정당당한 조선의 장수인 것처럼 꾸며댔으나, 따지고 보면 일본군의 협력자였다. 그는 죽도에서 온 일본군에게 다음과 같이 말했다.

"(조선) 주사(舟師)의 복병(伏兵)이 거제도에 장기간 체재(滯在)하며 안팎으로 순찰하고 있다. 그래서 (아군과 일본군이) 서로 부딪히면 소장(小將, 하급 장수)들은 (일본군의 정체를 잘 모르고) 아군을 해치는 일본군인지를 제대로 분별하지 못하고 격살(擊殺)한다."[83]

김응서는 문제의 기문포해전을 두고, 조선 수군이 판단 착오로 일으킨 불필요한

---

81 《실록》, 선조 30년(1597) 3월 25일.
82 《실록》, 선조 30년(1597) 3월 25일.
83 《실록》, 선조 30년(1597) 3월 25일.

충돌이었다고 넌지시 사과하였다는 뜻이다. 조선의 장수로서 어찌 이럴 수가 있는가. 이러한 사과 발언에 이어 김응서는 일본군이 바라는 답변을 다음과 같이 해주었다.

> "어찌 작은 일을 가지고 우리가 혐의를 두고 함부로 사사로이 싸울 것인가. 이 일은 중국이 처분할 것이다. 우리 두 나라의 병장(兵將)들은 군사를 거느리고 중국의 명령을 기다리기만 하면 된다."84

그때는 전쟁 중이었고, 이미 명나라와 일본의 강화조약이 파기되었는데도 불구하고 김응서는 조선군과 일본군이 사사로이 싸우는 것은 잘못이라고 주장하였다. 일본이 재침을 서두르고 있는 마당인데도, 김응서는 서로 전투하는 것은 불가하다는 비굴한 태도였다.

심지어 그는 일본군이 거제도를 드나드는 것도 용납해야 한다고 주장했다. 이는 일본군이 다시 거제도를 점령하기 위해 준비 작업인 것이다. 통제사 원균은 바로 그 점을 경계하여 거제도에 대한 순찰을 강화한 것인데, 우리 군 내부에는 김응서와 같은 암적 요소가 많았다. 김응서는 요시라의 말을 인용하며 일본군의 편의를 봐줘야 한다고 조정을 설득하려 들었다.

> "과거에는 일본의 제진(諸陣)에서 마구 (조선의) 내지(內地)로 들어가 거리낌 없이 횡행하였다. 그래서 고니시 유키나가가 여러 장수를 타일러 (그렇게 하지 않기로) 약속하였다. … 거제현 외곽을 출입하는 것은, 일본인들이 땔감이 꼭 필요해서 그러는 것이므로 출입하지 않을 수가 없다. 이를 금지하지 말라고 소인(小人, 요시라)을 보내 알리도록 하였다."85

땔감의 채취를 핑계로 일본군이 수시로 거제도를 드나들겠다는 뜻이다. 조선군의 관점에서는 용납할 수 없는 침략행위였기 때문에, 통제사 원균은 기문포에 들어온 일본인을 전멸해, 기선을 제압하였다. 그러자 교활한 요시라는 김응서를 찾아와 다음과 같이 하소연하였다.

> "여러 왜장이 모여 논의하기를, 일이 이 지경이 된 것은 모두 요시라가 한 짓이라고 하며 소인을 죽이려고 하였습니다."86

---

84 《실록》, 선조 30년(1597) 3월 25일.
85 《실록》, 선조 30년(1597) 3월 25일.

요컨대 요시라는 앞으로도 기문포해전 같은 일이 발생하면 자신이 죽을 지경이므로 김응서가 알아서 막으라고 부탁한 것이다.[87]

앞에서 일본군은 거제도에서 땔감을 채취할 뿐이라고 하였으나, 그것은 사실과 거리가 멀었다. 기문포해전 때만 해도 그들은 선박을 만들 목재를 베러 온 것이었다. 그들 중 15명, 즉 작은 배에 탄 병사들은 고니시 휘하였고, 중선에 탑승한 32명은 죽도에서 온 병사들이었다.[88] 대선(大船)에는 해전에 대비해 일본 수군이 탑승했을 것이 분명하다.

요시라의 설명에 따르면, 처음에 조선 수군에 항복한 것은 고니시 휘하의 15명이었다고 한다. 그들은 조선군과의 상호 불가침을 약속한 〈공문(公文)〉을 가지고 거제도에 왔다고 해명하였다고 한다.[89] 요시라의 말에 따르면, 그때까지도 이른바 그런 〈공문〉을 조선 수군에게 제시하면 무사하였다고 한다. 놀랍게도 〈공문〉의 작성자는 요시라였다.

"조선국 첨지중추부사(朝鮮國僉知中樞府事) 요시라(要時羅)의 하인이 재목(材木)을 벨 일로 옥포(玉浦) 경내(境內)로 들어가니 금하지 말라고 글을 쓰고 서명(署名)하여 보냈다."[90]

그동안 일본군들은 감히 이런 엉터리 〈공문〉으로 위기를 모면할 수가 있었다. 선조 30년 2월, 즉 이순신이 통제사로 있을 때에는 이런 〈공문〉이 효과를 발휘했다고 한다. 그러나 신임 통제사 원균이 그따위 〈공문〉을 인정하지 않았다. 요시라는 김응서에게 다음과 같이 항의하였다.

"(원균의) 조선 병선(兵船)은 이 〈통문(通文)〉을 무시하고 그들 일본군을 유인하여 모두 죽였다. 또, 죽도(竹島, 김해)의 왜병 32명을 조선 주사가 선상(船上)으로 초대하여 술까지 접대하며 거짓으로 후대(厚待)하였다. 왜인들이 전혀 낌새를 느끼지 못하고 안심하고 배를 타고 돌아올 때 조선의 제선(諸船)이 불시에 포를 쏘아 죽도의 왜를 다 죽였다. 이것이 무슨 도리인가."[91]

---

86 《실록》, 선조 30년(1597) 3월 25일.
87 《실록》, 선조 30년(1597) 3월 25일.
88 《실록》, 선조 30년(1597) 3월 25일.
89 《실록》, 선조 30년(1597) 3월 25일.
90 《실록》, 선조 30년(1597) 3월 25일.
91 《실록》, 선조 30년(1597) 3월 25일.

이것이 무슨 항의할 일인가 싶으나, 김응서는 요시라의 주장에 수긍하였다. 그는 요시라의 다음과 같은 궤변을 인용하며, 은연중 그의 말에 동의하였다.

> "나무를 베러 다니는 영쇄(零碎)한 한두 척의 왜선(倭船)을 잡는 것이 승패(勝敗)에 중요한 것은 아니다. 그런데도 조선의 장수들은 공(功)을 탐하여 매양 이런 일을 일으키니 매우 괴이하다."92

이 말은 억지 주장이었다. 말을 바꾸면, 만약에 조선 수군의 전함 한두 척이 물고기를 잡겠다고 부산포, 안골포, 죽도를 드나들면 일본군은 그대로 놔두었겠는가. 그들은 한편으로 우리 군의 동정을 정탐하고, 다른 한편으로 배를 만들어 조선 수군과 싸울 준비를 하였다. 이런 사실을 알면서도 모른 척하라는 말이 과연 무슨 의미인가? 이러한 요설 끝에 요시라는 생색을 내기도 하였다. 들어볼수록 가관이다.

> "지난해(선조 29년) 거제에서 (일본군이) 철병(撤兵)할 때 다른 왜장(倭將)들은, 군대를 모두 철수하는 것은 불가하다며 일진(一陣)을 남겨두고 조선 주사의 소식을 염탐하자고 하였다. 그러나 고니시 유키나가는 군대를 남겨두거나 철수하는 것은 별로 중요한 일이 아니라고 주장하고는 군대를 몽땅 (거제도에서) 철수하였다."93

거제도에서 일본군이 완전히 철수한 것은 선조 29년(1596)이었고, 한 해가 지나지도 않아 그들은 다시 거제도를 점령하려고 준비 중이었다. 그런데도 요시라는 마치 고니시 유키나가의 은덕으로 조선이 거제도를 되찾은 것처럼 떠들었다. 김응서는 그런 말을 조금도 여과하지 않고 조정에 보고하면서 통제사 원균이 기문포에서 벌인 해전이 큰 과실인 것처럼 떠들었다. 요시라는 김응서를 통해 자신들의 요구가 조선 조정에 전달되리란 점을 잘 알고 있었다. 그는 다시 한번 조선 측을 다음과 같이 협박하였다.

> "죽도·안골포·가덕도의 왜장들이 이번 (기문포의) 일로 말미암아 군대를 일으켜 연해 지방을 쳐들어가서 (조선) 백성을 살략(殺掠)하려고 했다. 고니시가 간신히 그들을 말리고 나를 (당신에게) 보냈다."94

---

92 《실록》, 선조 30년(1597) 3월 25일.
93 《실록》, 선조 30년(1597) 3월 25일.

그러면서 김응서에게 고니시와 야나가와 시게노부(柳川調信, 平調信)의 서한 두 통을 도체찰사(都體察使道, 이원익)에게 전해달라고 부탁하였다.95 김응서, 권율 그리고 이원익이야말로 일본군과 서신을 주고받으면서 우호를 증진하였던 사람들이다. 그들은 일본군에 관한 정보를 수집한다고 이런 일을 하였으나, 도리어 일본군에게 이용당하기만 하였지, 우리 측에 도움이 된 것은 하나도 없었다.

이상에서 보았듯 이 김응서는 알게 모르게 요시라의 앞잡이 역할을 한 것이다.

기문포해전의 포상

선조 30년 3월 25일에 선조는 〈비망기〉를 내려 기문포해전에 공을 세운 여러 장수를 포상하려는 뜻을 밝혔다. 《실록》에는 보이지 않으나, 그 사이에 원균은 〈장계〉를 올려 그 전투에 관해 자세히 보고했을 것이다. 선조의 지시는 다음과 같았다.

> "통제사 원균이 임명을 받자마자 곧 무용(武勇)을 떨쳐 적선 3척을 포획(捕獲)하고 수급(首級) 47급을 바쳤으니 매우 아름다운 일이다. 원균과 공이 있는 장수들을 즉시 논상(論賞)하라. 그리고 관원을 보내 수군에게 잔치를 베풀어 장사(將士)들을 격려하면 좋을 테니, 그에 관해 (비변사가) 아뢰기 바란다. 그리고 적의 목과 (통제사의) 〈장계〉를 가지고 온 사람도 공을 참작하라는 뜻을 비변사에 전하라."96

그러나 비변사는 이미 김응서의 〈장계〉를 통해 기문포해전을 시시하게 생각하는 분위기였다. 그들은 원균이 조정에 바친 적의 목이 나무를 베러 온 일본군이라면 전투에서 죽인 것과는 차이가 있다고 주장하였다. 그러나 장수들을 독려하여 힘써 싸우고 적의 목을 벤 공은 부정할 수 없다고 하였다. 마지못해 선조의 뜻을 따르기로 한 것이다.97

대신들은 기문포해전의 가치를 깎아내렸다. 가령 중앙에서 관리를 보내 수군에게 잔치를 베풀라는 선조의 명령에 대해서도 그럴 필요가 없고, 남부지방에 내려가 있는 대신 한효순(韓孝純)을 보내 회식을 하면 충분하다고 했다.98 그들은 원균이 나무하러

---

94 《실록》, 선조 30년(1597) 3월 25일.
95 《실록》, 선조 30년(1597) 3월 25일.
96 《실록》, 선조 30년(1597) 3월 25일.
97 《실록》, 선조 30년(1597) 3월 25일.
98 《실록》, 선조 30년(1597) 3월 25일.

나온 일본인을 죽인 것이 장차 적을 자극하여 또 다른 피해로 이어질까 봐 걱정하는 기색이었다. 그야말로 요시라의 협박을 그대로 수용한 김응서와 다름없는 태도였다.

선조는 대신들의 태도에 약간 실망하였다. 그러나 대신들의 뜻을 함부로 꺾을 수도 없는 처지라 한발 물러나 다음과 같이 지시하였다.

> "나무를 베러 다니는 왜가 없지는 않을 테지만 그들도 적군이다. 분군기(分軍記)를 보면, 분명코 나무를 베러 다니는 왜가 아니었다. 보통 왜가 아닌 듯하다. 상을 주는 일이며 잔치를 베푸는 일도 경들이 아뢴 대로 하라. 원균에게는 품계를 높이거나 은냥(銀兩)을 상으로 주어야 마땅하지만 노획한 병기(兵器)를 조사하는 것은 깊은 뜻이 있는 것 같다. 그가 병기를 바치면 참작하여 상을 시행하는 것이 좋겠다. (원균의 〈장계〉를 가져온 병사의) 벼슬을 높이고, 직역에서 면제하는 일은 경들이 아뢴 대로 거행하라."99

고니시 유키나가의 항의

그다음 달에는 실로 어이없는 일이 벌어졌다. 선조 30년(1597) 4월 19일에 고니시 유키나가는 통제사 원균에게 〈서계(書契)〉를 보내 기문포해전에 관해 거세게 항의하였다. 《실록》에 보면, "조선 번선 대장(朝鮮番船大將, 즉 통제사 원균) 막하(幕下)에 올린다"100라고 하였으니, 이 서한은 원균에게 가는 것이 틀림없었다. 고니시의 서한을 읽어보면 기문포에서 문제를 일으킨 일본군의 정체가 더욱 뚜렷이 드러나기도 하고, 김응서가 이 사건의 배후에서 어떠한 역할을 하였는지도 명백히 드러난다. 고니시는 편지의 서두에서 다음과 같이 말하였다.

> "전일 김 절도사(金節度使, 김응서)와 굳게 (상호 침략하지 않기로) 약속을 정하였으므로, 김해진(金海陣, 죽도)의 배와 안골포진(安骨浦陣)의 배, 그리고 우리 진중 오도(五島)의 배가 거제도(巨濟島)에서 재목을 베었습니다. 그런데 조선의 번선(番船, 수군)이 잘잘못을 불문하고 사람을 죽이고 배를 빼앗아 갔습니다. 이것이 무슨 도리입니까? 이는 반드시 (강화회담이라는) 큰일에 하자가 될 것입니다."101

---

99 《실록》, 선조 30년(1597) 3월 25일.
100 《실록》, 선조 30년(1597) 3월 25일.
101 《실록》, 선조 30년(1597) 3월 25일.

고니시의 서한에 따르면, 일의 발단은 김응서가 마련한 것이었다. 그는 일본군과 협약을 맺어 불가침을 약속하였다. 또 하나, 이 서한에서 알 수 있는 것은 기문포해전에 참전한 일본의 대선은 안골포 소속이었다. 그리고 문제의 일본군은 나무꾼이 아니라 "재목"을 구하려고 거제도에 들어온 것이다. 요컨대 그들은 배를 만들고 있었다. 여하튼 고니시는 원균의 공격으로 일본군이 상당한 손실을 보았기 때문에 앞으로는 이런 불상사가 발생하지 않도록 다방면으로 원균을 압박하였다.

"이 때문에 일본의 제진(諸陣)이 분노하여 이를 갈고, 수륙 양면으로 전투를 벌여 원수를 갚고 수치를 씻으려고 하였습니다. 그것을 내가 심력을 다하여 막고, 여러 장수를 타이르기를, '바라건대 억누르고 참아라. 한 번은 시비(是非)를 물어본 뒤에 (명나라) 왕조(王朝)의 석 노야(石老爺, 병부상서 석성)에게 〈명문(明文)〉으로 통보하고, 또 조선 국왕에게도 〈명문〉으로 통보하리라. 그런 다음에 수륙으로 전투를 벌여 원수도 갚고 수치도 씻는 것이 옳다.'고 하였습니다."102

위와 같이 고니시는 자신이 평화를 위해 노력하고 있다고 강변하였다. 그러면서 만약 원균이 또 이런 일을 벌이면 반드시 복수하겠다고 협박하였다.

"제장이 답하기를, '그렇다면 그대의 말을 따르겠습니다. 그러나 칼끝에 요행히 살아남은 사람들이 산속으로 도망쳐 들어갔고, 그러므로 거제도에서 (그들을) 수탐(搜探)하는 것이 서로 의혹과 불신을 푸는 일입니다.'라고 하였습니다. 그래서 내가 이번에 특별히 요(시라) 첨지(要愈知)에게 상세히 글을 작성하여 족하(足下)에게 (아군의 거제도 수색 및 구출 작전을) 알리게 하였습니다. 그런데 어찌하여 약속을 어기고 신임을 잃음이 이처럼 심하십니까? 작은 이득을 위해 큰 일을 그르치면 이는 조선에 대한 불충이요, 일본에 불신을 사는 것입니다. 불충과 불신이 어찌 하늘과 땅 사이에 용납될 수 있겠습니까?"103

윗글에서 우리는 두 가지 사실을 알 수 있다. 첫째, 기문포해전 때 일본군 상당수는 거제도에 숨어 미처 배를 타지 못했다. 고니시 등은 그들을 거제도를 뒤져 데려오려고 했다. 둘째, 고니시는 원균의 동의를 얻어 이러한 수색 및 구출 작전을 벌일 생각이었다. 그는 부하 요시라에게 명하여 원균의 협조를 구했으나 실패했다. 그래서 고니시는 자신이 직접 서한을 작성해 원균에게 부탁하게 되었다. 그의 마지막 부탁은

---

102 《실록》, 선조 30년(1597) 3월 25일.
103 《실록》, 선조 30년(1597) 3월 25일.

다음과 같았다.

> "일의 시비를 명백히 기술하여 자세히 회신하여 주시기 바랍니다. 살피시기 바랍니다. 정유(丁酉) 4월 9일 풍신행장(豊臣行長)."

통제사 원균은 고니시의 행태를 괘씸하게 여겨 아무런 답장도 하지 않았다. 그는 자신에게 온 그 편지를 조정에 보냈다. 아울러 편지를 가져온 고니시의 부하 11명을 모두 억류했다.

선조는 원균의 보고를 받고 이 문제를 어떻게 해결하면 좋을지 비변사에 물었다. 비변사 대신들의 답변은 다음과 같았다.

> "편지를 가져온 왜적 11명은 죽여도 유익할 것이 없으니, 타이르고 놓아주셔도 안 될 일이 없습니다. 그러나 이처럼 연이어 (서신이) 오간다면 (적의) 간계(奸計)를 헤아릴 수가 없으니, 변고에 더 철저히 대비하여야 합니다. 이와 관련해 요시라의 (일본) 수군이 머무는 곳에는 아무런 접대도 하지 말라고 (통제사에게) 이미 지시하였습니다."[104]

모처럼 비변사의 처사가 중심을 잡은 것 같다. 고니시가 요시라를 보내 감히 우리 수군에 관해 간섭하는 것은 있을 수 없는 일이었다. 이와는 별도로 비변사는 김응서의 잘못을 처벌하는 문제에 관해 선조에게 다음과 같이 건의했다.

> "김응서가 고니시 유키나가에게 거제도의 벌목을 사사로이 허락한 일에 관해서입니다. 이미 도체찰사에게 지시하여 추문(推問, 조사)하여 사실을 급히 보고하라고 하였습니다. 그 보고를 기다려서 (김응서의 처벌 수위를) 정하는 것이 좋겠습니다."[105]

요컨대 김응서를 처벌하지 말고, 도체찰사가 조사를 마친 다음에 천천히 하자고 했다. 김응서는 권율, 이원익 그리고 유성룡에게 수족이나 다름없는 존재였다. 그의 잘못에 관한 조사라야 형식적인 질의응답에 불과할 것이 빤했다. 과연 그 일로 김응서는 아무런 처벌도 받지 않았다. 이러고서도 우리는 과연 일본과 싸워 이길 수가 있

---

[104] 《실록》, 선조 30년(1597) 3월 25일.
[105] 《실록》, 선조 30년(1597) 3월 25일.

었을까.

이순신도 원균도 김응서 때문에 몰락해

"만일 쓸개가 있다면 (김응서는) 자결이라도 해야 옳다(若有心膽 則必自處矣)."106

선조 28년(1595) 7월 7일에 이순신이 《난중일기》에 쓴 구절이다. 이때 이순신은 선조가 경상우병사 김응서에게 내린 〈유지(諭旨)〉를 읽고 한탄하였다. 그날의 《난중일기》에는 전후 사정이 기록되어 있다.

그날 일기에서 이순신은, "경상우병사(김응서)에게 내리는 임금님의 분부가 왔다."라고 기록하고 나서, 그 〈유지〉를 그대로 옮겨 적었다. 선조는 김응서의 잘못을 비판했는데, 요점은 다음의 두 가지였다.107

첫째, 선조는 〈유서〉를 통해 김응서(1564~1624)의 죄상을 다음과 같이 구체적으로 지적하였다.

"경(김응서)은 적과 마주 보고 진을 친 일선 장수인데도 조정의 명령을 따르지 않고, 멋대로 적과 만나 감히 도리에 어긋난('패역') 말을 하였다. 또, 사사로이 (적과) 편지를 여러 번이나 주고받으며, 적의 기세를 높이고 적에게 아첨하였다. 그뿐만 아니라, 적과 강화를 맺는다는 소문까지 퍼지게 하여, 그 소식이 명나라까지 전해졌다. (과인을) 부끄럽게 만들고 장래의 폐단을 열었는데도 아무런 거리낌이 없었다."108

김응서는 선조와도 상의하지 않은 채, 감히 일본군과 강화협정을 맺으려고 했다는 구설수에 올랐다. 그 소문은 명나라 조정에까지 전해져, 선조가 정치적으로 깊은 곤경에 빠졌다.

과연 김응서는 유성룡의 조정과 아무 협의도 하지 않은 채, 단독으로 일본군과 휴전협상을 시작하였던 것일까. 그것은 믿기 어려운 일이다. 그의 배후에는 유성룡과 이원익을 비롯한 조정 대신들이 있었다.

---

106 이순신, 《난중일기》, 을미년(1595), 7월 7일.
107 이순신, 《난중일기》, 을미년(1595), 7월 7일.
108 이순신, 《난중일기》, 을미년(1595), 7월 7일.

선조가 〈유서〉를 보내 김응서를 비판하기 두 달쯤 전에, 정확히 말해 선조 28년 (1595) 5월 25일의 《난중일기》를 읽어보면 단서가 잡힌다. 일기에는 김응서가 무슨 활동을 하고 있었는지가 기록되어 있다. 그날의 일기에서 이순신은 김응서가 대간의 비판을 받고 있다는 소문을 경상수사 배설이 들려주었다고 기록했다.109 같은 일로 원수 권율도 대간의 공격을 받고 있었다. 대간은 왜, 그 두 사람을 호되게 비판하였을까.

배설이 한산도의 통제영을 다녀가고 이틀이 지났을 때, 즉 5월 27일에 이순신은 그 이유를 분명히 알 수 있었다. 이순신의 〈장계〉를 가지고 한양에 올라갔던 정철(丁哲)이 한산도로 돌아왔는데, 그는 조정이 보낸 회답을 가져왔다. 그 가운데 다음과 같은 한 구절이 있었다.

> "김응서가 일본과 강화를 맺는 일에 관하여 함부로 말한 것이 죄가 되었다."110

조정 대신 가운데 실권자가 김응서에게 협상을 지시하였으므로, 그는 일본과 전쟁을 마무리할 계획을 추진하였단 뜻이다. 김응서가 한 번도 아니고 거듭해서 일본군과 접촉했다면 거기에는 특별한 정치적 배경이 있었을 것이다. 유성룡과 이원익이 장본인이었다.

훗날 택당 이식은 〈통제사(統制使) 증 좌의정 이공(李公, 이순신)의 시장〉에서 김응서가 일본군과 왕래하게 된 동기를 다음과 같이 설명하였다.

> "조정에서는 포로가 된 왕자(임해군)를 데려올 목적으로, 경상(우)병사 김응서에게 명하여 적진을 왕복하며 일을 의논하게 하였다."111

알다시피 광해군의 형 임해군은 여러 가지 문제가 있었다. 왜란 초기에 그는 아우 순화군과 함께 함경도로 내려가 병력을 동원하라는 선조의 명을 받았다. 그들은 함경도로 갔으나 관리와 백성을 위로하기는커녕 심하게 괴롭혀 악명을 떨쳤다. 그러자 성난 함경도 백성들, 즉 국경인(鞠景仁)과 국세필(鞠世弼) 등이 그들 두 왕자를 체포하여 일본장수인 가토 기요마사(加藤淸正)에게 바쳤다. 선조 25년(1592) 9월의 일이었다.

문제 많은 두 왕자를 구출하기 위해서 조정은 여러모로 힘을 썼다. 마침내 김응서

---
109 이순신, 《난중일기》, 을미년(1595), 5월 25일.
110 이순신, 《난중일기》, 을미년(1595), 5월 27일.
111 이식, 《택당선생 별집》, 제10권, 〈통제사(統制使) 증 좌의정 이공(李公, 이순신)의 시장〉.

에게 지시하여 일본군과 접촉하게까지 하였다. 김응서의 노력으로 임해군 등은 풀려났다. 하지만 한 번 시작된 김응서와 일본군의 거래는 쉽게 끝나지 않았다. 김응서와 고니시 유키나가는 조선과 일본 양국의 비밀교섭창구로서 역할을 하였다. 이런 일은 나라를 위해 필요한 점도 있어 보였으나, 결과적으로는 매우 위험한 일이 되었다.

이어서 이순신이 《난중일기》에 옮겨 적은 선조의 〈유서〉를 더 읽어보겠다. 왕은 김응서를 꾸짖으며, 명나라와 더는 외교적 문제가 발생하지 않도록 처신에 유의할 것을 촉구하였다. 선조는 다음과 같이 타일렀다.

> "생각하면 (경을) 군율로 다스려서 안 될 이유가 없다. 그러나 과인은 도리어 (그대를) 관대히 용서하였다. (그리고) 돈독한 말로 타이르며 (스스로) 경계하도록 나무랐다. 그런데도 경은 오히려 고집을 부리고, 스스로 죄악의 구렁텅이에 빠져들었다. 해괴하다. 그 까닭을 과인이 도무지 이해할 수 없어 이제 비변사 낭청(郎廳, 실무 관리)인 김용을 보내 우선 구두로 과인의 뜻을 알린다. 경은 마음을 고치고 정신을 가다듬어 후회할 일을 저지르지 마라."112

전쟁 중에 적과 내통하면 사형이다. 이것은 만고불변의 법률이다. 그러나 선조는 김응서를 처벌하지 못하였다. 왕자 두 사람의 목숨을 구하였는데 함부로 죽일 수 있겠는가. 또, 달리 생각해 보면 김응서야말로 조선이 일본군과 접촉할 수 있는 유일한 창구나 다름없었다. 그를 급히 처단하면 정치 외교적으로 큰 손해라는 것이 아마 선조와 대신들의 판단이었던 것 같다.

김응서를 꾸짖는 선조의 〈유서〉를 읽은 다음에, 이순신은 다음과 같이 자신의 느낌을 적었다.

> "이 글을 읽고 나는 놀랍고 죄송스러워 마음을 가눌 길이 없다. 김응서는 도대체 어떠한 인간이란 말인가. 스스로 회개하여 (과거의 죄과를 만회하려고 그가) 힘쓴다는 소식을 듣지 못하였다. 만약 쓸개가 있는 사람이라면 자살이라도 해야 마땅하다."113

신하로서 적과 내통하였다는 혐의를 받고 이토록 심한 질책을 당했다면 도저히 살아야 할 이유가 없다. 차라리 죽어 마땅하다. 그때 이순신의 생각은 그러하였다. 그러

---

112 이순신, 《난중일기》, 을미년(1595) 7월 7일.
113 이순신, 《난중일기》, 을미년(1595) 7월 7일.

나 겨우 2년도 지나지 않아서 이순신 역시 불충(不忠)하다는 죄명으로 체포되어 엄한 취조를 받게 된다. 그 사건도 김응서와 깊은 관련이 있다.

이순신이 궁지에 내몰린 이유는 여러 가지였는데, 그중 하나는 김응서가 요시라로부터 얻은 정보 때문이었다. 요시라는 김응서를 만나 대화를 주고받을 때 한복으로 갈아입고 자신은 조선인이 되기를 원한다고 너스레를 떨었던 사람이다. 그는 고니시 유키나가의 부하로, 고니시의 경쟁자인 가토 기요마사가 아무 날에 바다를 건너 부산포에 다시 진입한다는 정보를 김응서에게 주었다. 김응서는 다시 그것을 조선 조정에 전달했고, 조정은 적군이 준 첩보를 그대로 믿고 이순신에게 가토를 해상에서 요격하라고 지시하였다. 이순신은 그 명령을 순순히 따르지 않아 곤경에 빠졌다. 그 이야기는 너무나도 유명하므로 여기서 다시 소개할 필요는 없겠다.

이순신을 대신해 원균이 통제사가 된 다음에도 그와 비슷한 일이 다시 반복되었다. 일본군이 아무 날에 바다를 건너올 때 조선 수군이 바다에서 요격하라. 요시라는 이런 주문을 김응서에게 했고, 그는 다시 조정에 그 정보를 제공했다. 조정은 통제사 원균에게 출전을 강요하였고, 결국 그는 순국에 이르게 되었다. 세상에 이처럼 어리석을 수 있었는가. 한 번도 아니고 두 번씩이나 똑같은 속임수에 넘어가 두 명의 통제사를 위기에 빠뜨렸으니, 김응서는 도무지 변명할 여지가 없어 보인다.

앞에서도 언급하였듯, 한치윤은 《해동역사》에서 기술하기를, 통제사 원균이 중국군대와 함께 수륙 양면 작전을 펼치기로 약속했으나, 김응서가 그 정보를 일본 측에 누설하는 바람에 실패했다고 한다. 오늘날 연구자들은 한치윤이 그렇게 주장한 것은 사실무근이라고 판단한다. 그러나 한 가지 점은 아무래도 부정하기 어려울 것이다. 요시라는 김응서에게 일본군이 조선에서 펼칠 침투 작전을 미리 알려주었다. 거짓 정보가 대부분이었으나, 조정에서는 김응서의 보고를 곧이곧대로 믿었다. 그에 동조한 대신은 영의정 유성룡을 필두로 도체찰사 이원익과 도원수 권율 등이었다. 그들은 어리석게도 자신들이 후원하던 이순신을 위기로 내몰았을 뿐만 아니라, 통제사 원균을 강압하여 무리한 부산포 공격을 감행하게 하여 끝내 죽게 하였다.

요컨대 김응서가 요시라의 책동에 휘말렸기 때문에, 조선 수군은 번번이 엄청난 위기를 맞았다고 해도 과언이 아니다. 첩자를 조심해야 한다. 내부 깊숙이 파고든 적의 첩자를 걸러내지 못하면 나라도 망하고 그 어떤 조직이라도 망할 수밖에 없다. 김응서 자신은 조국을 위해 위험을 무릅쓰고 적과 내통했다고 변명하겠지만, 현명하지 못한 그의 처신으로 조선 수군이 망가졌다. 깊이 경계할 일이다.

기문포해전에 관한 특보

앞서 소개한 선조 30년(1597) 6월 18일의 《실록》 기사가 기문포해전의 실체를 더욱 명료하게 드러낸다는 점을 특기하고 싶다. 문제의 글은 고니시 유키나가가 명나라의 유격장(遊擊將) 심유경(沈惟敬)에게 보낸 것으로 다음과 같은 내용이다.

> "조선의 거제도 번선(番船, 함선)이 (일본군의) 대선(大船) 5척을 탈취하고 2백여 명을 죽이는 사건이 일어났습니다. 그래서 우리 제진(諸陣)의 장수들이 서장(書狀)을 자세히 갖춰 우리나라 왕에게 보고하였습니다."114

원균의 조선 수군이 일본군의 대형 전함 5척을 나포하고, 200명의 일본군을 몰살했다는 것이다. 앞의 기록에서는 적선 3척으로 기록되어 있으나 여기서는 5척이라고 했다. 사망자의 수도 앞서 살핀 것보다 훨씬 많다고 했다. 이만한 승리를 어디서 보겠는가 싶을 정도다. 고니시는 자국의 피해를 다소 과장하였을 수도 있다. 어쨌든 위와 같은 항의 끝에, 고니시는 다음과 같이 명나라를 협박하였다.

> "우리나라, 즉 일본의 왕이 크게 노하여 말하였다. '천조(명나라)의 처분대로 하고 싶어도 조선이 천조 황제의 명을 듣지 않고 작은 이익을 탐하여 대사(大事)를 실패하게 했다. 기필코 죽은 이들을 위해 복수를 하고, 천조의 처분을 공손히 받들겠다.' 그래서 지금 우리는 군사를 증강하고 군량을 운반하면서 조선과 자웅을 겨룰 뜻이 있습니다."115

일본은 조선 수군의 압승을 구실로 정유년에 벌일 침략전쟁을 정당화하였다. 요컨대 기문포해전은 일본 측에 큰 충격을 안겨준 조선군의 쾌거였다. 이런데도 이처럼 소중한 기록이 그동안 제대로 조명받지 못한 것 같아 안타까운 생각이 든다.

---

114 《실록》, 선조 30년(1597) 6월 18일.
115 《실록》, 선조 30년(1597) 6월 18일.

제2장
통제사 원균의 군비 확장

　조선 수군은 부산포와 쓰시마를 연결하는 일본군의 보급로를 심각하게 위협한 적이 있었다. 정유재란 초기 원균이 통제사로 있을 때의 일이다. 이미 선조 29년(1596) 9월에 명나라와 일본의 강화회담이 완전히 깨졌고, 그래서 일본군의 재침이 초읽기로 다가왔다. 통제사 원균도 온 힘을 기울여 일본군의 보급로를 차단하려고 애썼다.
　적군의 보급로 차단 작전이 가능했던 이유는 무엇일까. 당시에는 일본군이 거제도에 주둔하지 않아서였다. 고니시 유키나가도 시인하였듯, 선조 29년(1596) 상반기에 일본군은 거제도를 완전히 떠났다. 그들은 명나라와 추진하고 있던 강화회담이 성공할 것으로 판단하였기 때문이다.
　만약에 통제사 이순신이 이런 기회를 제대로 이용했더라면 큰 성과를 얻었을 것이다. 그러나 그는 거제도를 활용하지 못했다. 우리가 모르는 모종의 정치적인 이유가 있었는지 모르겠다. 앞 장에서 살펴본 것처럼 조정의 비둘기파에 해당하는 유성룡, 이원익, 권율 그리고 김응서는 일본군과 호흡을 맞추고 있었다. 그들은 적과의 무력 충돌을 회피하였다. 어리석은 일이었다. 하물며 이순신도 그들과 정치적으로 깊이 연결되어 있었다. 그래서 그때는 조선 수군 역시 일본군과 맞대결을 하지 않으려고 했다.
　하지만 통제사 원균은 매파에 속하는 장수였다. 그는 안골포, 가덕도 및 죽도 등에 여전히 많은 적군이 주둔하고 있다는 사실이 몹시 거슬렸다. 그래서 그들을 쫓아내려고 백방으로 노력하였다. 그러나 조정의 정치적 후원이 부족해 뜻대로 되지 않았다. 그래도 원균은 기회가 있을 때마다 일본군에게 싸움을 걸었다.
　선조 30년 2월 초순에 통제사로 부임한 직후부터 그해 7월까지 다섯 달이라는 짧은 기간에도 원균은 여러 차례 적을 공격하였다. 이 기간에 적은 이미 선조 30년 1월부터 조선 땅으로 밀려오기 시작했다. 그들은 거제도에 다시 발을 붙이려고 호시탐탐 기회를 노리기도 했다. 원균은 가만히 앉아 구경만 할 수가 없다고 판단해, 기문포 등지에서 일본군을 유인해 소탕작전을 벌였다.(제3부 제1장 참조)

하지만 한 가지 큰 문제가 있었다. 원균은 도원수 권율과 도체찰사 이원익 등 윗선과 사이가 지나치게 나빴다. 적을 대하는 태도가 달라도 너무 달라서였다. 권율 등은 상관으로서 일선 수군을 신뢰하고 돕기보다는 그들을 괴롭히는 역할을 하였다. 결과적으로 원균은 상부의 무리한 요구를 거역하지 못하고, 자신이 원하지 않는 막다른 골목으로 내몰렸다. 선조 30년 7월에 이른바 칠천량 사태가 일어난 것은 내부 갈등의 결과였다.

그 사건 직후에도 조선 수군에게 재기의 기회는 있었다. 만약 도원수 권율과 경상우수사 배설이 책임감 있게 수군을 재조직하려고 했더라면 큰 문제가 없었을 것이다. 그러나 그들은 놀라 당황해하기만 하였지, 아무런 대응 조치도 하지 않았다. 조선 수군은 마치 한 번의 싸움으로 모든 것을 잃고 만 꼴이 되었는데, 일차적으로 그것은 권율과 배설의 책임이다.

이런데도 우리는 칠천량 사태의 본질을 알지 못한 채 통제사 원균을 원망해왔다. 편견을 버리고 역사 기록을 깊이 음미하면 우리 앞에는 전혀 다른 역사가 보일 것이다. 이 장에서는 통제사 원균이 군비를 강화하기 위해 어떠한 노력을 기울였으며, 그 결과가 어떻게 되었는지 차분히 검토하겠다. 아래에서 우리는 다음의 세 가지 문제를 다룰 것이다.

첫째, 원균이 얼마나 많은 판옥선을 지었는지를 알아보겠다. 알다시피 판옥선은 조선 수군의 주력함이었으므로 그것을 많이 건조하는 것은 수군의 전투력을 키우는 데 결정적으로 중요했다.(제1절)

둘째, 수군의 제도 개편에 관해서도 조사할 것이다. 수군의 효율적 운영을 위해 원균은 과연 어떠한 조치를 하였을까. 그 점에 관해서도 잘 헤아려 보아야 한다.(제2절)

셋째, 원균이 통제사가 되었을 때 우리 수군은 내부적으로 심한 갈등을 겪었다. 이순신의 직계 세력은 신임 통제사의 권위에 저항했다. 원균은 과연 그들을 어떻게 포용하였을까. 그 점도 우리의 큰 관심거리이다.(제3절)

제1절
판옥선의 건조(建造)

원균이 통제사로 부임하기 전에 조선 수군은 몇 척의 판옥선을 보유했을까. 선조 30년(1597) 1월 24일에 선조는 우리 수군은 얼마나 많은 전함을 확보했는지 물었다. 그러자 신하들이 대답하였다.

> "한산도 수군의 배는 50~60척이며, 지금 양호(충청, 전라도) 지방에서 만들고 있는 선박은 몇 척이나 되는지 모르겠습니다."116

선조 27년(1594) 이래 우리 수군이 운용하는 판옥선 총수는 120척쯤이었다. 전라 좌우도 및 경상우도가 각기 40척쯤을 거느리고 있었다. 그러나 한두 해가 지났을 때는 전함의 절반쯤은 사실상 사용하지 못할 정도로 낡았다. 과연 위 인용문에서 보았듯, 한산도 수군, 즉 한산도에 주둔한 전라 좌우도 및 경상우도의 수군 함대가 50~60척쯤이라고 했다.

선조 29년 겨울부터 조정에서는 일본군의 재침을 기정사실로 받아들였다. 그에 따라 판옥선을 많이 만들어야 한다는 목소리가 일어났다. 충청도와 전라도에서도 판옥선을 만들고 있었으나, 한산도의 통제영에서 주도적으로 제작하였다. 선조 30년(1597) 2월 25일에 대신 노직은 선조에게 다음과 같이 아뢰었다.

> "이순신이 한산도에서 지금 병선 40여 척을 건조(建造)하고 있으나, 아직 완성하지 못했다고 합니다."117

통제사 이순신은 40여 척의 판옥선을 짓고 있었다. 그렇다면 본래 가지고 있던

---
116 《실록》, 선조 30년(1597) 1월 24일.
117 《실록》, 선조 30년(1597) 2월 25일.

50~60척에 40척을 더해 곧 90~100척이 될 모양이었다. 그런데 그때도 실제로 운용이 가능한 판옥선은 60척 미만이었다.118 여기까지가 이순신의 몫이었다. 그해 3월 초부터는 원균이 명실상부한 삼도수군통제사로 부임하였기 때문이다.

원균, 두 달 만에 판옥선 수를 배로 늘려

원균은 판옥선 수를 늘리고, 수군 병력을 충원하는 데 전력을 기울였다. 그가 부임하고 두 달쯤 지나자 수군의 전력은 눈부시게 향상되었다. 이순신은 겨우 90~100척의 판옥선을 갖추는 데 그쳤으나 통제사 원균은 성난 파도같이 일을 급하게 추진하였다.

선조 30년(1597) 5월 12일에 비변사에서는 도원수 권율이 올린 〈장계〉를 근거로 다음과 같이 보고했다.

> "주사(舟師, 수군) 중에 지금 한산도(閑山島)에 도착한 배는 1백 34척입니다. 이미 출발하였으나 아직 도착하지 못한 배는 5~6척입니다. 그밖에 건조 중인 선박으로 앞으로 20일쯤 뒤에 건조가 완료될 것이 48척입니다. 모두 합치면 1백 80여 척이 됩니다. 이 배들은 모두 판옥 대선(板屋大船)입니다."119

이순신은 100척의 판옥선을 확보한 데 그쳤으나, 원균은 두 달 사이에 80여 척의 판옥선을 더 지었다. 그사이에 조선 수군은 거의 두 배로 몸집이 불어났다. 본격적으로 전쟁이 벌어질 것이라 조정에서도 힘을 실어준 것은 두말할 나위도 없었다. 하지만 신임 통제사의 의욕과 지도력이 크게 작용한 결과였다. 원균은 그런 장수였다.

일찍이 선조 28년(1595) 봄에 충청병사가 되었을 때도 이러했다. 원균은 조정의 명령으로 청주에 상당산성을 쌓았는데, 성안의 움막에 기거하며 공사를 감독하여 조기에 공사를 마쳤다. 한여름에 큰비가 내리는 바람에 성이 일부 붕괴되기는 하였으나 그것을 가지고 부실공사라고 흠을 잡는 것은 억지이다. 폭우가 쏟아지면 아무리 잘 쌓은 산성이라도 부분적으로 파손되는 것은 피할 수 없다. 중요한 사실은 원균이 국가의 일에 남다른 성의를 가지고 있었다는 점이다.

원균에 대해 늘 부정적으로 평가하였던 영의정 유성룡조차 상당산성을 축조할 때

---

118 이산해, 《아계유고》, 제5권, 〈당시의 폐단을 아뢰는 차자〉.
119 《실록》, 선조 30년(1597) 5월 12일.

원균이 보인 열성을 다음과 같이 호평하였다.

> "(원균이) 나라를 위하는 마음이 깊습니다. 상당산성(上黨山城)을 쌓을 때, 원균은 토실(土室)을 만들어 놓고 몸소 성 쌓는 것을 감독하였다고 합니다."[120]

유성룡이 말했듯 원균은 나라를 위하는 마음이 깊었고, 정성을 다해 자신의 임무를 수행하였다. 불과 두 달 만에 80여 척의 판옥선을 만들어낸 것도 바로 이러한 성품에서 비롯된 것이다.

그런데 180척의 판옥선으로 우리는 만족하지 못하였다. 선조 30년(1597) 6월 10일에 도체찰사 이원익이 조정에 보고한 내용 중에 다음과 같은 구절이 있다.

> "반드시 수군을 이용하여야만 일이 혹시라도 성공할 수 있다고 봅니다. 그래서 새로 배 37척을 건조하고 있습니다. 그리고 격군(格軍)을 충원하는 문제는 제석산성(帝錫山城)에 부방(赴防)이 예정된 군사 5천 명 중에서 우선 (일부를) 덜고 그중에서 뽑아 (수군에) 들여보냈습니다."[121]

180여 척의 판옥선에 더하여 새로 37척을 만든다고 하였다. 아울러 수천 명의 병사를 격군에 충당하기로 했다. 배가 완성되는 데는 시간이 걸릴 테지만 병력을 충원하는 것은 며칠이면 충분한 일이었다.

돌이켜 보면, 선조 25년(1592) 4월에 왜란이 일어났을 때 경상우수사 원균은 동원할 수 있는 판옥선이 고작해야 10척 정도였다. 그래서 이루 말로 설명할 수 없이 큰 고생을 했다. 그때부터 그는 판옥선을 늘리는 데 주력하였다. 그리하여 선조 27년(1594)에는 판옥선 수를 40척쯤으로 끌어올려, 전라좌우도와 같은 수준으로 부대 규모를 키웠다. 그런데 이제 통제사가 되어 전날보다 근무 여건이 훨씬 유리하였기 때문에, 겨우 두 달 만에 우리 수군의 함선 수를 전임 통제사 이순신의 임기 말보다 두 배로 늘렸다.

왜란 때 조선 수군의 함대 규모

왜란 초기 조선 수군의 전투력은 어느 정도였을까. 선조 25년 5월 6일에 원균과 이순

---
120 《실록》, 선조 30년(1597) 1월 27일.
121 《실록》, 선조 30년(1597) 6월 10일.

신의 연합함대가 옥포해전을 벌였을 때 "이순신은 전선(戰船) 80척을 거느렸다."122라고 《실록》에 기록되어 있다. 여기서 말한 80척이란 크고 작은 배를 모두 합친 전선이다.

한 달가량 지난 그해 6월 5일에는 연합함대가 당항포(唐項浦, 현 경남 고성군 회화면 당항리)해전을 벌였는데, 그때 "전라우수사(全羅右水使) 이억기(李億祺)가 전선 25척을 거느리고 와서 합치자 여러 장수의 기운이 크게 고무되었다."123라고 하였다. 25척은 이억기가 지휘하는 전라우수영의 판옥선을 가리킨다. 당시에 이순신도 이억기와 똑같은 규모의 수군을 거느렸다. 그러면 전라좌우도의 판옥선은 대략 50척, 경상우수영의 원균은 10척쯤이었을 것이다. 이보다 한 달 전에 치른 옥포해전 때 경상우수영은 4척의 판옥선을 출동시켰다. 여기서도 확인되듯 원균의 함대는 급성장하였다. (제1차 당항포해전)

선조 27년(1594) 2월 25일에 이순신은 조정에 올린 〈장계〉에서 지난 2년 동안 조선 수군의 형편을 다음과 같이 서술하였다.

> "임진년(선조 25년)에 적세가 매우 날카롭던 무렵, 영남의 여러 성이 연달아 무너지고 바닷가에는 사람 사는 그림자가 뚝 끊어졌습니다. 그때 고성, 사천, 하동 및 남해는 호남에 잇닿은 지방인데, 이곳에 무려 200여 척의 적선이 연속해서 쳐들어왔습니다."124

왜란 초기 원균은 200여 척이나 되는 적선을 상대로 고군분투하였다. 이순신과 연합함대를 구성한 뒤에도 조선군은 여전히 수적으로 열세였다.

> "그때 우리 수군은 30척 미만의 전선을 보유했으나, 용감하게 돌진하여 (왜적을) 쳐서 무찌르고 하나도 도망쳐 돌아가지 못하게 하여 그들의 날카롭고 민첩한 기세를 꺾었습니다."125

이순신과 원균의 함대는 다 해야 30척도 안 되는 판옥선으로 적과 맞서 싸웠다. 그래도 승리는 우리의 것이었다고 회상했다. 이어서 이억기가 합세하였고, 각 부대가 판옥선을 더 마련하여 수군의 규모가 조금 더 확장되었다. 이순신은 다음과 같이 설

---

122 《실록》, 선조 25년(1592) 6월 21일.
123 《실록》, 선조 25년(1592) 6월 21일.
124 《실록》, 선조 27년(1594) 2월 25일.
125 《실록》, 선조 27년(1594) 2월 25일.

명하였다.

> "그 뒤로 (우리 측) 전선이 조금씩 더 마련되어 전라좌우도는 모두 합쳐서 80 척이 되었습니다. 매번 우리 삼도의 수사 및 여러 장수가 함께 적을 섬멸할 계획을 세우고 죽음으로 맹세하고 물길을 가로막았습니다. 적이 전라도를 침범하지 못하게 막은 지 3년이 되었습니다."[126]

인용문에서 읽은 것처럼 우리 수군은 경쟁적으로 군비를 확장하여, 전라좌도와 우도는 제각기 판옥선 40척을 보유하게 되어, 총 80척을 헤아리는 대함대를 이루게 되었다.

또는 그 시점에 경상우도의 수군은 어느 정도로 성장하였을까. 앞에서 읽은 이순신의 〈장계〉가 올라가기 약 8개월쯤 전에 경상우도수사(慶尙右道水使) 원균(元均)이 보고한 내용과 비교해보자. 그때 그는 다음과 같이 말하였다.

> "왜선(倭船) 6백여 척이 바다를 뒤덮고 (건너)오는데 뒤따라오는 선척(船隻)도 끊이지 않습니다. 이들은 곧바로 호남(湖南)을 침범할 계획입니다. 그런데 (우리) 삼도(三道)의 판옥선(板屋船)은 1백 20여 척이 있을 뿐입니다."[127]

일본군은 600척이나 되는 크고 작은 배를 총동원해 호남으로 쳐들어갈 기세였다. 그 당시 조선군의 판옥선은 120여 척이라고 했다. 즉, 전라도, 경상도 및 충청도 수군의 전력을 총집계한 것이다. 앞에서 보았듯, 전라좌우도가 각기 40척이었다. 충청도는 겨우 3척에 불과하였고 경상우도의 판옥선 수는 40척으로 짐작된다. 전쟁이 일어나고 1년 3개월 뒤에 원균은 이순신이나 이억기와 똑같은 규모로 확장된 수군을 운영하였다. 원균은 단기간에 전투력을 키우는 특별한 재능이 있었다. 사람들이 잘 몰랐던 사실이다.

명나라 수군의 파병

명나라 총병(摠兵) 양호(楊鎬)는 조선 수군의 병력이 너무 부족하다며 크게 걱정하였다. 선조 30년(1597) 5월 13일에 선조는 양호를 접견하고 다시 전쟁이 시작되면 어떠한 전략·전술을 채택할지 논의했다. 그 자리에서 양호는 다음과 같이 말하였다.

---

126 《실록》, 선조 27년(1594) 2월 25일.
127 《실록》, 선조 26년(1593) 7월 16일.

"한산도의 수군은 겨우 1만 명입니다. 그나마 전장에 나설 수 있는 병력은 오래전부터 복무한 군사들 가운데 겨우 5천 명 정도에 불과하다고 합니다. 적군이 만일 수로(水路)를 따라 한편으로는 한강을 따라 (한양으로) 곧장 쳐들어오고, 다른 한편으로는 임진강을 따라 침입한다면 매우 걱정스럽습니다. 이렇게 되면 어떻게 하시렵니까?"[128]

조선 수군의 병력이 부족하다는 점을 명나라가 염려하였다는 사실을 알 수 있다. 그들은 수군도 조선에 파병하여 충청도 북부와 한강 어귀를 방어할 계획이었다. 여기서 보듯 당시 조선 수군은 외형상으로는 1만 명의 병력을 자랑하였으나, 실제로 전투에 투입할 수 있는 자원은 그 절반쯤이었다. 물론 원균이 그 정도 병력으로 만족할 리는 없었다. 전함을 180여 척이나 확보하였으므로, 가용 병력도 2만 명 수준으로 늘리라는 점은 의문의 여지가 없었다. 명나라 총병 양호는 그런 사실을 알 턱이 없었기에 위와 같이 근심하였다.

우리 수군 병력이 빠른 속도로 증가하였으나, 조정에서는 명나라 측에 그런 사실을 제대로 알리지 않았다. 가령 선조 30년(1597) 6월 15일에 명나라의 총병 오유충(吳惟忠)에게 우리 군의 부대 현황을 보고할 때도 낡은 통계를 그대로 제시했다.

"수군은 우도통제사(右道統制使) 원균이 거느린 군사가 모두 4천 5백 명, (경상) 좌도수사(左道水使) 이운룡이 거느린 군사가 5백 명이다."[129]

이미 명나라는 1만 명 이상의 수군을 파병하기로 하였다. 조선 수군이 대규모로 성장한 사실을 알면 그들의 파병이 취소될 염려가 있었을 것이다. 그래서 가능하면 숫자를 줄이고자 하였다. 조선 수군은 5천 명이 전부라고 중국 측에 통보한 배경이 그러했다. 당시에 삼도수군통제사 원균이 거느린 병력은 그보다 서너 배가 많은 1만 5천에서 2만 명쯤이었다.

평상시 수영의 부대 규모

왜란 때는 전라좌우도 및 경상우도의 수영(水營)은 규모가 거의 똑같았다. 그러나 평시에는 전라우수영이 가장 컸다. 그 다음은 경상우수영이고, 전라좌수영은 규모가

---

128 《실록》, 선조 30년(1597) 5월 13일.
129 《실록》, 선조 30년(1597) 6월 15일.

가장 작았다. 경상좌수영은 더욱 작아서 언급할 나위도 없다.

임진왜란이 끝난 지 5년이 지났을 때였다. 선조 36년(1603) 7월에 경상우수사로서 통제사를 겸직한 이경준은, 자신의 "진중에 있는 전선(戰船)은 원수(元數, 본래의 숫자)가 19척"130이라고 기술하였다. 본래 숫자가 그렇다고 쓴 것으로 보아, 왜란이 일어났을 때도 잘해야 19척의 판옥선이 있었다는 뜻이다. 그런데 여러 장수가 수사 원균에게 보고도 하지 않고 도망쳤다. 그래서 그가 동원할 수 있는 판옥선은 10척 가량이 전부였다. 그중에서도 이미 낡고 부서진 것이 여러 척 포함되었을 것이다.

현재 조선 전기 때의 각 수영의 판옥선의 원수를 제대로 알 수는 없다. 그러나 조선 후기에는 어떠했는지 정확한 기록이 남아있다. 순조 8년(1808)에 서영보(徐榮輔)와 심상규(沈象奎) 등이 왕명으로 편찬한 《만기요람(萬機要覽)》에 각 수영이 운용하는 판옥선의 원수가 적혀있다. 최소 3척에서 최대 29척으로 수영마다 규모가 달랐다. 규모가 제일 큰 전라우수영은 29척이요, 경상우수영은 24척, 전라좌수영은 14척, 그리고 경상좌수영은 9척이었다. 충청도 수영은 겨우 3척에 불과하였다. 총 79척이었다.

그러나 평상시와 달리 왜란 때는 그 숫자가 120척으로 늘어났고, 강화회담이 열리고 전쟁이 소강상태에 빠지자 다시 50~60척으로 줄기도 했다. 이것이 바로 통제사 이순신 때의 일이었다. 그런데 침략 위기가 다시 고조되자 이순신은 90~100척으로 늘였다. 그리고 통제사 원균은 단기간에 다시 180척으로 끌어올려, 조선 수군은 사상 최고의 규모를 자랑하기에 이르렀다. 원균은 "고속성장"을 추구하는 박력과 강단이 있는 지휘관이었다. 그는 군사 장비를 확장하고, 병력을 충원하는 데 탁월한 능력이 있었다.

---

130 《실록》, 선조 36년(1603) 7월 26일.

제2절
제도의 개편 – 통제영 직할부대의 강화

통제사 원균에 관한 공사(公私)의 기록을 보면 한숨이 나올 정도이다. 그 중 대표적인 것은, 17세기의 대학자 윤휴(尹鑴)가 저술한 〈통제사 이충무공 유사(統制使李忠武公遺事)〉라고 여겨진다. 문제의 글에서 윤휴는 통제사 원균의 언행을 다음과 같이 규탄하였다.

"원균은 (한산도의) 통제영에 부임하자마자 모든 일을 (이)순신이 하던 것과 반대로 하였다. (첫째,) 그는 장사(將士) 중에 순신이 썼던 사람은 모두 내쫓았다. 특히 자기의 비장 이영남(李英男)은 일찍이 (이)순신의 군대와 합세할 것을 건의하였던 데다가 그 일을 익히 알고 있다는 이유로, 배척하여 군사(軍事)에 참여시키지 않았다. (둘째,) 그리고는 술을 즐기고 형벌을 남용하여 온 군중(軍中, 부대)이 해체(解體)되었다."[131]

인용문에 따르면, 원균은 전임 통제사 이순신이 정비한 규칙과 제도를 뒤엎고 엉망으로 만들었다는 것이다. 특히 유능하고 진실한 장수를 모두 미워하였다고 했다. 게다가 주색을 탐하였고, 주정을 부리면서 부하들을 함부로 때리고 벌주어 수군은 무너지기 직전이었다고 고발하였다.

많은 사람이 윤휴의 글에 보이는 원균의 비행을 사실이라고 믿는 것 같다. 이와 같이 멋대로 군대의 규칙을 무너뜨리고 자격이 미달한 지휘관이 삼도수군통제사였다니, 과연 말이 되는 일이었을까. 그때는 이미 가토 기요마사 등이 군사를 거느리고 다시 국내에 주둔하고 있었다. 그런데 통제사가 위에 기록한 것처럼 막된 언행을 하였다는 것이 과연 사실일까. 그럴 리가 없다고 보는데, 그 이유는 다음의 세 가지이다.

첫째, 한산도에는 항상 원균을 감시하는 매서운 눈길이 있었다. 도원수 권율과 도

---

[131] 윤휴(尹鑴), 《백호전서(白湖全書)》, 제23권, 〈통제사 이충무공 유사(統制使李忠武公遺事)〉.

체찰사 이원익은 각기 두어 명씩의 군관을 통제영에 두고 통제영의 사무를 모두 감시하고 통제하였다. 원균이 도리에 어긋난 행위를 일삼았다면 그의 비행은 당장이라도 조정에 보고되어 벌을 받았을 것이다.

둘째, 전임 통제사 이순신이 일본군의 침략에 효율적으로 대응하지 못하였다는 이유로 한양까지 끌려가 곤욕을 치른 역사가 있다. 그런데도 신임 통제사가 전투에 대비하기는커녕 주색잡기로 여러 달 동안 놀고만 지낸다면 그는 과연 무사하였을까.

셋째, 길게 설명할 필요도 없겠지만, 통제사 원균은 술에 취해 주정을 부릴 시간이 없었다. 그는 통제사가 되자마자 두어 달 만에 역사상 최대 규모의 조선 수군을 건설하였다. 그리고 기문포해전으로 적을 제압하고 정보망을 총동원해 적의 동태를 감시하는 등 군무(軍務)에 바빴다. 연달아 비변사에 〈장계〉를 올려 안골포와 가덕도의 왜성을 공격하자고 건의하였고, 30~40만 명의 육군을 선발해 결전을 치르자고도 주장했다. 원균에게는 한가하게 놀 시간이 조금도 없었다.

직할부대의 강화

여기서 우리는 한 가지 질문을 피할 수 없다. 통제사 원균은 전임자인 이순신이 전성기에 거느린 120척보다 60척이나 많은 판옥선을 보유했다. 그 많은 배를 어느 장수에게 맡겼을까? 위에서 인용한 윤휴의 글에 그 답이 있다고 생각한다. "원균은 (한산도의) 통제영에 부임하자마자 모든 일을 (이)순신이 하던 것과 반대로 하였다."[132] 그럼 무엇을 어떻게 했다는 말일까. 다시 윤휴의 글에서 답을 찾아본다.

> "(원)균이 한산도에 (통제사로 부임하기에) 이르자 모든 일을 (이)순신의 규칙과 반대로 하여, 부서의 장리(將吏)들을 모조리 바꾸어버렸다."[133]

윤휴는 원균의 무능과 무질서한 부대 운영을 고발하는 의미로 이 글을 썼다. 그러나 우리가 부정적인 감정을 내려놓고 윗글을 다시 읽으면, 신임 통제사는 부임하자 곧 지휘부의 장수와 아전(吏)을 전원 교체하였다는 말이 된다.

그것을 우리는 조금 더 적극적으로 해석할 수도 있다. 즉, 판옥선이 수적으로 많이 늘어나고 부대가 증편되었다. 그때 원균은 지휘부를 전례 없이 강화하였으며, 특히

---

132 윤휴(尹鑴), 《백호전서(白湖全書)》, 제23권, 〈통제사 이충무공 유사(統制使李忠武公遺事)〉.
133 윤휴, 《백호전서》, 제23권, 〈제장전(諸將傳)〉.

조직개편을 단행하였다는 말이다. 원균의 직할부대의 몸집을 키웠고, 그 과정에서 이순신의 직속 부하들이 소외감을 느꼈다는 뜻이다. 이것은 지휘부의 일사불란한 운영을 위해서 필요한 조치였다고 볼 수 있다.

윤휴는 말하기를, "장사(將士) 중에서 순신이 썼던 사람은 모두 내쫓았다."134라고도 하였다. 이런 말에서 알 수 있듯, 신임 통제사 원균으로서는 당연한 인사였다. 이순신의 심복들은 그것을 문제 삼았지만 매우 정상적인 조치이다.

윤휴는 원균이 고집불통이고 제멋대로여서 "여러 장수는 그의 얼굴을 보기도 어려웠다."135라고 비난했다. 또 "여러 장수가 사적으로는 서로 조롱하고 비웃으며 조금도 원균을 두려워하지 않았다."136라고 하였다. 그러나 이런 식의 표현도 이순신의 심복 부하들이 보기에 그러했을 뿐이다.

통제사 원균은 이순신의 그늘에서 벗어나 자신을 중심으로 새로운 지휘체계를 마련한 것이었다. 그런 일이 후세의 호된 비판을 받아 마땅한 일이었는가, 아니면 어느 정도는 누구라도 인정하는 자연스러운 일이었겠는가. 오늘날에도 지휘관 또는 최고경영자가 바뀌면 핵심부서는 완전히 바뀐다. '인적 쇄신' 또는 '물갈이'라는 표현을 모를 사람은 없을 것이다. 신임 통제사 원균은 물갈이를 한 것이다. 이것을 가지고 지나치게 호들갑을 떨며 비방할 필요는 없다.

부질없는 인신공격

그 밖에도 통제사 원균이 술을 마시고 주정을 하였다든가, 이순신이 만든 운주당(運籌堂)이라는 회의실을 폐쇄하고 기생을 데리고 놀았다든가, 아니면 부하를 함부로 처벌하였다든가, 하는 식의 비난은 일일이 설명할 필요도 없이 사소한 이야기다. 이런 일화는 원균의 도덕성에 흠집을 내기 위해 지나치게 과장하였거나 아예 없었던 일을 멋대로 날조한 것이다.

선조 30년 2월에 그는 수군에 복귀하여 불과 서너 달 만에 80척의 판옥선을 새로 지었다. 이순신의 전성기보다도 60척이 더 늘어났으니, 함장만 해도 60명은 새로 임명되었다. 원균에게 새로 직책을 부여받은 군관, 서리 및 일반병사는 그 숫자가 수천 명이나 되었다.

---

134 윤휴, 《백호전서》, 제23권, 〈통제사 이충무공 유사(統制使李忠武公遺事)〉.
135 윤휴, 《백호전서》, 제23권, 〈제장전(諸將傳)〉.
136 윤휴, 《백호전서》, 제23권, 〈제장전(諸將傳)〉.

그런데 통제사가 술에 젖어 시간을 함부로 보내고, 기생 놀음에 시간을 축냈다는 비난의 실체는 과연 무엇인가. 더구나 죄 없는 병사를 마구 두들겨 팼다고 하는데, 이것은 빈말이요, 전형적인 '가짜 뉴스'라고 볼 수밖에 없다.

이미 우리가 앞에서 확인한 것처럼 원균이야말로 부지런하고 의욕이 넘치는 지휘관이었다. 그가 너무도 빠른 속도로 군비 증강에 박차를 가했기 때문에 아마 휘하의 여러 장수는 밤잠을 설치기 일쑤였을 것으로 짐작한다.

원균이 순국한 다음에 이순신이 후임 통제사로 다시 등장하였다. 그 때문에 수군은 다시 이순신의 차지가 되었고, 원균을 이해하고 두둔하는 사람은 급속히 사라져갔다. 그런데 이순신마저도 선조 31년(1598) 겨울에 순국하고 말았다. 그래도 이순신의 직계 부하들이 수군을 장악하고 있었기에, 원균에 대한 악평은 여전했다.

선조는 당시에 사회 일각에서 원균을 근거 없이 비방하고 헐뜯는 풍조가 있다는 사실을 안타깝게 여겨 다음과 같이 말하였다.

> "원균(元均)이 전투에서 패배한 후로 사람들이 그를 헐뜯고 있다. 그러나 나는 원균 같은 사람은 용감하고 슬기로운 사람이라고 생각한다. 우리나라에서는 누가 한 가지 일을 잘하면 모두가 칭찬하고, 한 가지 일에 실패하면 모두가 비난한다. 그러나 원래 영웅은 성패를 가지고 논할 수 없다."[137]

선조는 원균을 영웅이라고 믿었다. 용감하고 슬기로운 장수라는 확신을 한 것인데 마지막에 한 싸움에서 이기지 못했다는 이유로 온갖 모욕을 당하고 있어 마음이 불편하다고 했다.

> "원균을 과인이 만나지는 못했다. 그러나 임진년에 이순신과 마음을 함께하여 적을 무찌를 때마다 전투가 벌어지면 반드시 앞장을 섰다. 그가 용감히 싸운 사실을 알 수 있다."[138]

원균이 용감하다는 점은 이미 증명된 사실이라고 했다. 특히 경상우수영의 함대를 이끌고 그가 늘 선봉에서 싸웠다는 점을, 선조는 기억했다.

---

[137] 《실록》, 선조 34년(1601) 1월 17일.
[138] 《실록》, 선조 34년(1601) 1월 17일.

"한산(閑山, 이른바 칠천량)해전에서 패전한 것을 가지고 사람들이 앞다투어 그에게 허물을 돌리고 있다. 그러나 그것이 그의 잘못은 아니었다. 조정에서 그에게 빨리 (부산포로) 들어가라고 재촉했기 때문에 벌어진 일이다."139

마지막 전투를 우리는 "칠천량해전"이라고 부르지만, 선조와 동시대인들은 "한산"에서 싸운 것으로 보았다. 어쨌든 그 역시 통제사 원균의 반대를 함부로 무시하고, 권율-이원익-유성룡이 강요한 결과였다. 원균은 전투의 불리함을 내다본 슬기로운 장수였다는 것이 선조의 판단이었다. 사람들은 선조를 너무도 미워하는 나머지 그의 정당한 발언까지도 무시하는 경향이 있어 유감스럽다.

오늘날 한국사회에서는 이순신을 숭배하는 흐름이 무척 강해, 그의 경쟁자였던 원균을 무조건 비판하는 풍조가 있다. 심지어 원균을 편들었다는 이유로 선조까지 매도하는 사람도 많다.

그러나 역사 기록은 자세히 따져 읽고 냉정하게 헤아려야 한다. 그래야만 과거에 몰랐던 사실을 깨닫는 맛이 있을 것이다. "원래 영웅은 성패를 가지고 논할 수 없다."라는 선조의 주장은 의미심장하다. 한 사람의 됨됨이와 포부를 헤아려 그가 영웅인지 졸장부(拙丈夫)인지를 가늠하는 것이 맞다. 선조가 틀린 말을 한 것이 아니다.

왜란이 시작되었을 때 처음부터 목숨 걸고 앞장서 일본군을 공격하던 장수가 있었다. 그의 전략적인 판단으로는 부산포까지 나아가 적에게 싸움을 거는 것은 무모하다고 판단하였다. 그러나 조정의 엄한 명령이 내렸기 때문에 결국에는 그대로 순국(殉國)하기에 이르렀다. 이처럼 충직한 장수를 어찌하여 우리는 옹졸한 장수(拙將)라고 헐뜯고, 그가 한 일은 사사건건 무조건 잘못되었다고 우기는가. 심지어 원균이 통제영의 전투력을 강화하려고 단행한 직할부대의 강화와 그에 관한 인사 명령까지 비웃는 것은 너무 지나쳤다.

---

139 《실록》, 선조 34년(1601) 1월 17일.

제3절
이순신 직계 세력의 포용

16~17세기에는 윤휴와 유성룡 등이 이순신을 편들며 원균을 마구 깎아내렸다. 그들의 서술은 원균이 이순신의 부하를 단 한 사람도 포용하지 못한 것 같은 인상을 준다. 또, 그들의 주장대로라면 원균의 부하들마저도 모두 등을 돌린 것처럼 보인다. 물론 이순신의 심복 가운데는 끝까지 원균을 음해한 장수와 군관들이 있었다.

조방장 김완

속설과 달리 이순신의 부하라고 모두 원균에게 등을 돌리지는 않았다. 원균도 삼도수군통제사로 부임한 이상, 한 사람이라도 자신의 편으로 만들고자 노력할 것은 당연한 일이었다. 가령 사도첨사 김완은 이순신의 신임이 두터운 장수였는데, 원균이 그를 조방장(助防將)으로 기용했다. 조방장은 주장(主將) 원균을 최측근에서 돕는 그야말로 중요한 보직이다.

선조 30년 8월 5일에 도체찰사 이원익(李元翼)은 다음과 같은 내용으로 조정에 급보를 올렸다.

> "중론을 참고해 보니, (7월 16일의 전투에서) 힘을 다하여 싸우다가 바다 한가운데에서 전사한 자는 조방장 김완(金浣) 한 사람뿐이었습니다."[140]

나중에 확인된 사실이지만, 그때 김완도 전사하지는 않았다. 그는 일본군의 포로가 되었고, 일본에 끌려가서 많은 고생을 한 끝에 고국으로 다시 돌아왔다. 붙들려 간 지 2년 만이었는데, 일본에서 포로 생활을 할 때도 조선을 배신한 적이 없었다고 한다.

김완은 왜란 초기에 공을 많이 세운 장수였다. 특히 선조 25년(1592) 8월에 당항

---
140 《실록》, 선조 30년(1597) 8월 5일.

포(唐項浦)해전에 공을 세워 당상관으로 승진하였다. 당시의 포상 기록을 읽어보면 이순신의 부하 중에서도 서열이 높은 편이었다.

> "전라수사 이순신을 자헌(資憲)으로 올리고, 흥양현감(興陽縣監) 배흥립(裵興立)·광양현감(光陽縣監) 어영담(魚泳潭)을 통정(通政)으로 올리고, 녹도만호(鹿島萬戶) 정운(鄭運)·사량첨사(蛇梁僉使) 김완(金浣)을 절충(折衝)으로 올린다. 낙안군수(樂安郡守) 신호(申浩)를 겸 내자시 정(兼內資寺正)으로, 보성군수(寶城郡守) 김득광(金得光)을 겸 내섬시정(兼內贍寺正)으로, 우후(虞候) 이몽구(李夢龜), 전첨사 이응화(李應華) 등을 훈련원첨정(訓鍊院僉正)으로, 이기남(李奇男)을 훈련원판관(訓鍊院判官), 김인영(金仁英) 등 3인을 훈련원주부(訓鍊院主簿)로 삼고, 변존서(卞存緒) 등 14인을 부장(部將)으로 서용한다."[141]

인용문에서 보듯 사량첨사 김완은 당항포해전의 결과 절충장군(정3품 당상관)으로 승진하였는데, 이순신의 부장 중에서 훈공 서열이 제4위였다.

조방장 배흥립

왜란 초기부터 이순신의 부하 중에서 제1인자로 손꼽힌 장수는 흥양현감 배흥립이었다. 그 역시 당항포해전 때도 가장 큰 공을 세워 통정대부(정3품 당상관)가 되었다. 위의 인용문에서 확인되는 사실이다.

통제사 원균은 배흥립(裵興立)까지도 자신의 조방장으로 삼았으니, 파격적인 인사였다. 그가 원균의 조방장이었다는 사실은 선조 30년 7월 28일의 《실록》 기사에서 확인할 수 있다. 그해 7월 16일에 발생한 아군의 피해를 보고한 글에 다음과 같이 나와 있다.

> "전라우수사(이억기)·충청수사(최호)·조방장 배흥립과 안세희(安世熙, 전 영흥부사), 가리포첨사(加里浦僉使, 현 전라남도 신안군 흑산면) 이응표(李應彪), 함평현감(咸平縣監) 손경지(孫景祉), 별장(別將) 유해(柳海) 등은 피살되었거나 익사하였습니다. 그 밖에도 사망한 사람이 부지기수였습니다."[142]

사망자가 많았다는 보고는 나중에 거짓으로 판명되었다. 위에 이름이 기록된 장수

---

141 《실록》, 선조 25년(1592) 8월 16일.
142 《실록》, 선조 30년(1597) 7월 28일.

가운데 실제로 전사한 이는 전라우수사 이억기와 충청수사 최호뿐이었다. 그 외에는 털끝 하나 다치지 않았다. 도원수 권율과 도체찰사 이원익은 도대체 누구의 말을 듣고, 이런 엉터리 보고서를 올린 것일까. 그야 어찌 되었든 위 인용문에서 전사자라고 기록한 배흥립은 통제사 원균의 또 다른 조방장이었다.

원균과 배흥립의 관계를 잘 알고 보면 기가 막힌다. 과거에 원균이 경상우수사로 재임하던 시절에 그는 이른바 "이순신의 다섯 아들"을 극도로 미워하였다. "다섯 아들"은 이순신의 최측근으로 권준, 배흥립 및 김득광 등이었다.[143] 나중에는 그들끼리도 사이가 나빠져, 특히 권준과 배흥립은 서로 원수처럼 지냈다.

그런데 통제사 원균은 배흥립의 능력을 높이 평가해 조방장으로 삼아, 자신의 곁에 머물게 했다. 그때도 배흥립은 이순신과 특별한 관계를 유지하였다. 선조 30년 5월의 《난중일기》를 읽어보면, 배흥립은 한산도에서 잠시 휴가를 얻어 이순신을 찾아왔다. 그러고는 하룻밤 하룻낮을 이순신과 함께 정답게 보내고 다시 한산도의 통제영으로 되돌아갔다. 다음은 그 사실을 알려주는 《난중일기》의 기록이다.

> "배흥립(裵興立) 영감도 온다는 개인적인 편지가 도착했다. 그동안의 정회를 풀 수 있겠다. 다행이다. 혼자 앉았으니 비통하여 견디기가 너무 어렵다. 어두울 무렵 배흥립(裵興立) 동지와 이 구례현감 이원춘(李元春)이 찾아와서 만났다."[144]

위 일기에서 보듯, 이순신과 배흥립은 단순히 옛 상관과 부하의 관계가 아니었다. 이순신은 그를 무척 만나고자 했는데, 그와의 재회는 정회를 푸는 시간이었다. 이순신에게는 여러모로 "다행"한 느낌이 드는 소중한 시간이었다. 둘은 밤새 많은 이야기를 주고받았을 터인데, 다음 날이 되어서도 쉽게 헤어지지 못했다.

> "저녁나절에 동지 배흥립(배흥립)이 한산도로 돌아갔다."[145]

그다음 날인 선조 30년 5월 23일 해가 질 때쯤에야 배흥립은 한산도의 통제영으로 되돌아갔다. 그런데 배흥립은 당시의 상관인 원균을 비방하는 말은 하나도 꺼내지 않은 것 같다. 이순신은 누군가 찾아와서 원균을 비방하는 말을 늘어놓기만 하면 내

---

143 《실록》, 선조 30년(1597) 1월 27일.
144 이순신, 《난중일기》, 정유년(1597) 5월 22일.
145 이순신, 《난중일기》, 정유년(1597) 5월 23일.

심 반기며 일기에 기록하는 습관이 있었다. 하지만 배흥립이 원균을 깎아내렸다는 기록은 《난중일기》에 보이지 않는다. 배흥립은 인격이 훌륭한 무사였던 것 같다.

개인적으로 보아도 배흥립은 이순신과 가까운 사이였다. 이순신의 부하 중에 변존서라는 군관이 있었는데, 이순신의 외사촌 아우였다. 공교롭게도 변존서의 처이모부는 배인범이란 사람으로, 그 아들이 바로 배흥립이다. 요컨대 변존서의 아내는 배흥립과 이종 남매간이었다. 또, 배흥립은 이순신과 이름이 똑같은 부하 이순신(李純信)과도 사돈이었다. 그런 점에서 원균이 배흥립을 자신의 곁에 둔 것은 매우 현명한 일이었다.

그 외에 원균은 전라우수사 이억기 및 충청수사 최호와 인간적으로 아무 문제가 없었다. 경상우수사 배설과도 좋은 사이였다. 따라서 그는 신임 통제사로서 전라우수영, 경상우수영 및 충청수영과는 별다른 애로를 느끼지 않았다.

한 가지 문제가 있다면 그것은 이순신의 부하들이 즐비한 전라좌수영이었다는 점이다. 그 안에는 여전히 이순신의 복귀를 기다리는 장수와 군관이 적지 않았다. 하지만 원균은 배흥립과 김완 등 여러 장수에게 호의를 베풀며 친분을 강화하느라 애를 많이 썼다. 그때 만약 이순신이 도원수의 측근에 없었거나 좀 더 시간이 더 흘러갔더라면, 원균의 지도력은 훨씬 공고해졌을 것이다.

이상에서 우리는 세 가지 문제를 살펴보았다. 첫째, 신임 통제사 원균이 불과 서너 달 동안에 판옥선의 숫자를 거의 두 배나 늘린 사실에 놀라움을 금하기 어려울 지경이다. 둘째, 조선 후기에는 무턱대고 그를 비방하는 기록이 많았으나 사실관계를 정확히 조사해 보면, 원균은 자신의 직할부대를 강화하려고 힘쓴 점도 여실하다. 셋째, 우리는 원균이 이순신의 직계 세력과 대립했을 것으로만 짐작하기 쉬우나, 원균은 어려운 여건에도 꺾이지 않고 이순신의 핵심 측근을 여럿 포용하였다. 조방장 배흥립과 김완이 바로 그 대표적인 인사였다.

한 가지 덧붙이면, 통제사 원균이 군비를 확장하고 병력을 충원하는 데 뛰어났다는 점은 비변사도 인정하였다. 노량해전이 끝난 직후에 비변사는 선조에게 다음과 같이 보고했다.

> "적을 방어하려면 무엇보다도 주사(수군)가 가장 시급합니다. 원균은 (마지막 싸움에서) 패하기 전부터 주사가 강성하지 못한 것을 우려하였습니다. 주사가 패전하고서 이순신이 남은 것을 수습하고, 기계와 전함을 대강 구비하였습니다. 그러나 원균이 (통제사로) 재임할 때만큼은 못하였습니다."146

제3장
'칠천량해전'이란 전설

선조 30년 7월 16일, 조정의 무리한 지시 때문에 수군통제사 원균과 전라우수사 이억기 등이 순국했다. 경상우수사는 무사했고 여러 장수와 병사들도 큰 탈이 없었으나, 사후처리에 나선 장수가 없었다. 그래서 우리 수군은 저절로 무너졌다.

일본군은 호기를 얻었다고 판단해 연일 쓰시마를 출발해 부산포로 밀고 들어왔다. 그러자 도체찰사 이원익은 크게 당황해, 조정에 다음과 같이 급히 보고했다.

> "왜적의 선박이 이미 바다를 건넜는데 그 수가 매우 많습니다. 그들을 방어하려면 군사가 많을수록 좋습니다마는 현재 영남에 비축한 식량은 수량이 적습니다. 만약 중국의 군사가 기회를 타고 진출해오면 아군의 식량이 모자랄 지경입니다. 군사란 수가 많더라도 정예하지 못하면 쓸모가 없으니, 약간의 정병을 (경상도로) 보내소서. (경상도)순찰사와 논의하여 무슨 수를 쓰든지 그들의 군량이 떨어지지 않도록 하겠습니다."147

인용문에서 우리는 세 가지 사실을 알 수 있다. 첫째, 일본군이 대거 출병해 정유재란이 본격적으로 시작되었다는 사실이다. 둘째, 중국군이 일본군과 싸우려고 곧 남하할 예정이다. 셋째, 경상도에 비축된 식량은 부족하다. 만약에 조선 수군이 건재하였더라면 일본군이 마음 놓고 한꺼번에 바다를 건너오지 못했을 텐데, 조정은 통제사 원균의 전술을 무시한 채 자멸을 자초하였으니, 장차 이 일을 어떻게 수습할 셈이었단 말인가?

선조는 도체찰사 이원익의 〈장계〉를 읽고, 비변사에게 적절한 대응 방법을 고안하라고 지시했다. 이에 비변사는 다음과 같이 답하였다.

---

146 《실록》, 선조 31년(1598) 12월 2일.
147 《실록》, 선조 30년(1597) 6월 10일.

"적병이 이미 바다를 건너왔으니 매우 위급합니다. 각처에 주둔한 (우리) 군사의 수가 매우 적어 (경상)도를 방어할 일이 극히 염려스럽습니다. 병조에 명령하시어, 무과 급제자 중에서 정예하고 용감한 자를 뽑아 급히 (경상도로) 파견하는 것이 좋습니다."[148]

이원익은 우리 군의 숫자가 적어도 무방할 것이라고 했으나, 비변사의 의견은 달랐다. 하루빨리 증원군을 경상도로 보내자고 했다. 이미 선조 29년 겨울부터 일본의 재침은 예고되었다. 그런데도 비변사와 도체찰사 등은 적의 침략에 본격적으로 대비하지 못했다. 경상도와 전라도 등에 몇 군데 산성을 쌓았고, 통제사 원균이 수군을 증강하는 데 약간 뒷받침을 한 것이 전부였다.

엄밀히 말해, 조정이 수군을 도운 것도 아니었다. 비변사, 도체찰사 및 도원수는 수군과 불필요한 논쟁을 벌이며 수군의 사기만 떨어뜨렸다.

이 장에서 우리는 다음의 세 가지 문제를 집중적으로 검토할 것이다. 첫째, 선조 30년 6월부터 갑자기 왜, 조정에서는 부산포 공격론을 들고 나왔는가를 알아보겠다. 그 문제 때문에 도원수, 도체찰사 및 비변사는 통제사와 여러 수사와 큰 갈등을 빚었고, 그 결과 이른바 '칠천량 사태'라는 비극이 일어났다는 점이 중요하다.(제1절)

둘째, 많은 사람이 '칠천량해전'이라고 부르기도 하는 '칠천량 사태'의 성격을 정확히 알아야겠다. 현존하는 공문서와 사적 기록에는 이 사건에 관한 서사(敍事)가 혼란스러워 사건의 실체를 종잡기 어렵다. 여러 문헌을 분석해 보면, 실제로 일어난 사실을 그대로 기록한 문헌은 없었다. 현존하는 기록은 여러 가지 소문을 가지고 창작한 일종의 전쟁 문학이었다.(제2절)

셋째, 그럼 '칠천량 사태'의 진실은 무엇이란 말인가. 우리는 이 문제를 풀기 위해 《실록》과 《난중일기》 등 여러 문헌을 정밀하게 분석해야 할 것이다.(제3절)

---

148 《실록》, 선조 30년(1597) 6월 10일.

제1절
위험천만한 부산포 공격론

선조 30년(1597) 6월에 조정에는 일본의 재침략이 임박하였다는 위기감이 팽배하였다. 일본군 장수 고니시 유카나가와 그 부하 요시라가 경상우병사 김응서와 도원수 권율을 통해 조정에 알린 침략전쟁의 시나리오가 위기감을 키웠다. 조정 대신들은 새삼 요란을 떨며 이제라도 부산포에 주둔한 일본군을 선제공격하는 것이 마땅하다는 의견을 쏟아냈다.

그 선두에는 대신 김응남이 있었다. 선조 30년(1597) 6월 1일에 비변사는 김응남의 견해를 인용하며 부산포 진격을 역설했다. 본래 김응남은 다음과 같이 주장하였다.

> "안으로는 중국 군사로 성세(聲勢, 명성과 위세)를 떨치고, 밖으로는 적병의 성쇠(盛衰)를 살펴야 합니다. 그러다가 (적의) 증원군이 (부산포에) 모이기 전에 기회를 보아 공격해야 합니다. (우리가) 성취할 기회를 얻어 기공(奇功)을 거두는 것은 장관(將官)들이 어떻게 임기응변하고 어떠한 책략을 정하느냐에 달려 있습니다."149

기회를 보아 부산포에서 일대 결전을 벌이자는 패기 넘친 주장이었다. 비변사는 김응남의 제안에 호응해 선조에게 결단을 촉구하였다. 선조는 다음과 같이 응답하였다.

> "이 일(선제공격)이 해볼 만하기는 하다. 그러나 중국 장수에게 물어보지 않으면 반드시 후회하게 될 것이다. 다시 의논하여 아뢰라."150

선조는 조선군이 독자적으로 그런 작전을 시행하기는 어렵다고 판단했다. 명나라 군대의 호응이 있으면 모를까, 함부로 일을 추진하다가 도리어 위기에 빠질 수 있다

---
149 《실록》, 선조 30년(1597) 6월 1일.
150 《실록》, 선조 30년(1597) 6월 1일.

는 경고였다.

조정 대신들은 이번에는 해볼 만하다고 믿었다. 그것도 육군의 지원이 전혀 없는 상태에서 우리 수군만 가지고 부산포의 적군을 제압할 수 있다고 보았다. 그해 3월부터 통제사 원균이 수군의 전투력을 부쩍 키워놓았기 때문에, 우리 수군만으로도 그 정도는 할 수 있다는 소박한 생각이었다. 과거에는 소극적이기만 하던 비변사가 이제는 선제공격으로 나가자는 전략으로 급히 선회할 줄을 누가 알았겠는가.

하지만 수군 지휘부, 즉 통제사 원균과 수사 이억기 및 최호 등은 비변사의 부산포 진군론을 반대했다. 비변사에서 꿈꾸는 선제공격이 성공을 거두려면 적어도 우리 수군의 퇴로가 보장되어야 했다. 그러나 그것은 현실적으로 풀기 어려운 과제였다.

도체찰사와 도원수 – 요시라의 흉계에 넘어가

도체찰사(都體察使)를 겸직한 우의정 이원익(李元翼)의 부산포 진군론의 출발점이었다. 선조 30년(1597) 6월 10일에 그는 〈장계〉를 올려, 일본군이 대규모로 바다를 건너오기 전에, "한 번 군사들을 총집결해 결전해보고 싶습니다."151라고 말하였다. 그런 다음에, 자신은 이 문제를 이미 도원수(都元帥) 권율(權慄)과 상의하였다고 하였다.

"군사(육군)를 내어 책(柵, 일본군 성과 요새)을 공격하는 일은 결코 할 수 없습니다."152

우리가 할 수 있는 일이란 수군을 통해 적을 공격하는 것이 최선이라고 했다. 이 주장은 사실 이원익의 가슴에서 나온 것이 아니었다. 알고 보면, 요시라가 경상우병사 김응서를 선동한 말 가운데서 나온 것이다.(제3부 제1장 참조) 이원익은 다음과 같이 힘주어 말하였다.

"쳐들어오는 적을 막아 섬멸하는 것은 오직 수군(水軍)만 할 수 있습니다. 그런데 수군은 근래에 한 번도 해양(海洋)에 나아가지 않습니다. 아무리 사세가 그렇게 되었다고는 하지만 매우 염려됩니다. … (그래서) 신이 종사관(從事官) 남이공(南以恭)을 한산도(閑山島)로 보내, 신구(新舊)의 전선(戰船)을 모두 합쳐 그 절반은 한산도(閑山島) 등에 머물게 하고 나머지 반은 운도(雲島) 등 해양에 드

---

151 《실록》, 선조 30년(1597) 6월 10일.
152 《실록》, 선조 30년(1597) 6월 10일.

나들게 하였습니다."153

왜란 초기부터 조정은 언제나 그런 식으로 일본군에게 우리 군의 위세를 과시하며 그들의 침략을 막으려고 하였다. 그러나 과거에 이순신도 통제사 시절에 그 전략에 동의하지 않았다. 뚜렷한 공격 목표도 정하지 않고 막대한 장비와 병력을 동원해 멀고 먼 바닷길을 부질없이 오간다면 어떻게 되겠는가. 우리 군사는 나날이 피로해지고, 귀한 장비며 전함은 풍랑에 저절로 부서질 것이다.

그때 만약 일본 수군이 틈을 보아 허를 찔러 급습하면 어떻게 그들을 막을 것인가. 대신들은 수군의 애로를 헤아리지 못하고, 이처럼 부질없는 꾀를 생각해 냈다.

수군 지휘부의 반대

그 이튿날인 선조 30년(1597) 6월 11일에 삼도수군통제사로 전라좌도수군절도사를 겸하고 있던 원균이 이원익의 주장을 반박하는 〈장계〉를 보내왔다. 원균은 당시 정세가 얼마나 위태한지를 다음과 같이 조리 있게 분석하였다.

> "과거에는 적이 거제와 웅천 등을 점거하고 있었으나 서로 거리는 조금 떨어져 있었습니다. (그때 우리) 주사(舟師, 수군)가 장생포와 다대포를 출입하려고 하면 그들은 (중국과) 화친하였다고 핑계하고 (우리를) 철병(撤兵)시키겠다며 야단이었습니다."154

과거에는 조선 수군이 부산 방면으로 나아가려면 물리적으로 불가능한 일이 아니었다. 그때는 일본군의 말을 듣고 우리 수군의 앞길을 가로막는 명나라 군대가 문제였다. 그럼 선조 30년 6월에는 사정이 또 어떻게 달라졌을까. 원균은 다음과 같이 진술하였다.

> "그러나 지금은 거제에 주둔하던 적군이 안골포로 들어가 점거하였고, 김해에 주둔하던 적은 죽도(竹島)로 들어가 섬을 차지한 채 (우리 수군의) 길목을 막고 있습니다. 그들이 정치(鼎峙, 솥처럼 버티고 섬)하여 서로 성세(聲勢)를 의지하며 우리의 뱃길을 막습니다."155

---

153 《실록》, 선조 30년(1597) 6월 10일.
154 《실록》, 선조 30년(1597) 6월 11일.
155 《실록》, 선조 30년(1597) 6월 11일.

그동안 비변사는 원균의 제안을 물리치며 수륙 합동작전을 극구 말렸다. 그 틈에 적군은 안골포와 죽도 등을 몽땅 차지하고 철저히 요새화하였다. 결과적으로 우리 수군은 장생포와 다대포를 출입하기가 대단히 어렵다는 진단이었다. 우리 수군이 부산포를 공격하기란 사실상 불가능하다는 뜻이다. 원균은 아래와 같이 단언했다.

> "부산 앞바다로 나아가 적의 무리를 차단하거나 공격할 방도는 없습니다. 설사 (아군의) 대부대가 그곳에 도착하더라도, 함대를 정박할 장소가 없습니다. (더구나 우리 함대가 부산포에서) 물러날 때 (후방에서) 적의 공격을 당할 우려가 큽니다. 병가(兵家)의 승산(勝算)이 하나도 없습니다."[156]

부산까지 진군하기도 어려울 뿐만 아니라, 회항(回航)은 더더욱 불안하다는 분석이었다. 이처럼 승산이 없는 부산포 공격을 조정에서 요구하는 것은 근본적으로 잘못된 전략이라는 진단이었다.

통제사 원균이 떠올린 대안은 무엇이었을까. 수륙병진(水陸竝進)이 유일한 돌파구라고 하였는데, 다음은 원균의 주장이다.

> "신(원균)의 계책으로는, 반드시 수륙(水陸)으로 함께 공격하여 안골포의 적을 없애야 합니다. 그런 다음에야 적을 저지할 방법이 생깁니다. … 조정에서도 그 방법을 모색하지 않는 것은 아니겠으나, 신이 변방에 있으면서 적진을 헤아려 보건대 오늘날에 이보다 나은 계책이 없습니다."[157]

수군 지휘부의 완패

선조는 원균의 〈장계〉를 읽고, 비변사에 보내 의견을 물었다. 그들은 다음과 같이 자신들의 뜻을 알려왔다.

> "원균은 반드시 육군이 먼저 안골포와 가덕도의 적을 공격해야 한다고 주장합니다. 그러나 도원수와 체찰사의 견해는 그렇지 않습니다. 수군을 몇으로 나누어 다대포 등지를 왕래하게 하고 (기회를 보아) 해양에서 적을 요격하라는 것입니다. … 신들도 지도(地圖)를 살피며 형세를 검토하였고, 해변의 지세를 자세히 아는 사람(즉 이순신 - 백승종)의 말도 참조하였습니다. 그 결과, 안골포는 김해

---

156 《실록》, 선조 30년(1597) 6월 11일.
157 《실록》, 선조 30년(1597) 6월 11일.

의 죽도와 매우 가깝고 지형이 바다 가운데로 뻗어 나왔으므로, 우리 군사가 육로를 따라가서 공격하면 후방에서 적이 엄습할 염려가 있습니다. 도원수가 (육군의) 진공(進攻)을 곤란하게 여기는 데 그것은 믿을만한 소견이 있어서입니다.

어쨌든 군중(軍中)의 일을 제어하는 권한은 체찰사와 도원수에게 있습니다. … 그런데 요즘은 (원균 같은) 남쪽 장수들이 조정에 (직접) 아뢰어 (사안을) 결정해 달라고 부탁하는 일이 많습니다. (이러고서야 체찰사와 도원수가) 체통을 유지하기 어렵습니다. 그 점을 도체찰사와 도원수에게 모두 알려 (원균을) 타이르는 것이 어떻겠습니까?"158

비변사는 도체찰사 이원익과 도원수 권율의 손을 들어주었다. 그들은 통제사 원균과 조선 수군이 감히 도원수와 도체찰사의 지시를 거부하고, 걸핏하면 조정에 〈장계〉를 올려 상관의 지시에 반대하는 것은 악습이라고 비판했다.

선조는 비변사의 견해를 수용하였고, 이에 따라 조정의 방침은 확고해졌다. 원균에게는 수륙병진(水陸竝進) 주장을 철회하고, 도원수와 도체찰사의 지시에 순순히 따르라는 명령이 내려졌다.

앞으로 어떠한 일이 벌어질지 명확해졌다. 도원수와 도체찰사는 원균에게 부산포를 공격하라는 명령을 내릴 것이다. 역대 최고 수준의 전력을 갖춘 수군을 총동원하여 적을 무찌르라는 출전 명령 말이다. 그러면 원균이 지휘하는 조선 수군은 기댈 곳도 물러설 곳도 없이 죽음을 향해 진군할 수밖에 없다.

그때 이순신은 도원수 및 도체찰사와 가깝게 지냈다. 만약에 그가 원균의 견해가 옳다고 상관들에게 말했더라면 비극적인 일은 방지될 수 있었을 것이다. 그러나 이순신은 그렇게 하지 않았다.(제3부 제2장)

두 통의 중요 문서

비변사가 도원수와 도체찰사의 견해를 전폭적으로 지지하고 하루가 지났을 때 선조 앞으로 두 통의 중요 문서가 올라왔다. 그중 하나는 명나라 주둔군 사령관 양호(楊鎬)와 이원익이 주고받은 담화를 기록한 비밀 서한이었다.

"총병(양호)이 경솔하게 싸움을 벌이지 말라고 하였다."159

---

158 《실록》, 선조 30년(1597) 6월 11일.
159 《실록》, 선조 30년(1597) 6월 12일.

중국군은 조선군의 부산포 공격을 반대한다는 뜻이었다. 그러나 이 서한은 조정을 움직이지 못했다. 또 한 통의 편지는 사태의 긴급함을 알리는 내용이었는데 발신자는 경상좌도 방어사 권응수(權應銖)였다.

"평조신(平調信, 실제 이름은 야나가와 시게노부 柳川調信)이 (이미 조선으로) 나왔다고 합니다. 정성(正成, 일본장수로 실명은 테라자와 마사시게 寺澤正成)은 안질(眼疾)에 걸려 아직 일본에 남아있다고 합니다. 그리고 올해 가을 추수 무렵에는 (일본군이) 분명히 동병(動兵, 전쟁을 일으킴)할 것이라고 합니다."160

선제공격론의 부상

추수까지 겨우 두 달쯤 시간적 여유가 있었다. 급보를 받은 뒤로부터 조정에서는 신중론이 아예 자취를 감추었다. 부산포 선제공격론은 더욱더 무성해졌다. 그 분위기를 정확히 반영한 것이 바로 선조 30년(1597) 6월 22일에 대사성(大司成) 김우옹(金宇顒)의 일본군과의 결전론이었다.161 그런 전술은 본래 원균이 소원하던 바였다. 30~40만 대군으로 적진을 돌파해, 적군이 배를 타고 바다로 몰려나오면 우리 수군이 그들을 처치하는 식이었다. 그동안 조정은 그 전략에 강하게 반대하여 결국 아무런 성과도 얻지 못했다. 그래서 원균은 명나라 군대와 함께 결전을 수행하려고도 했다. 하지만 그 역시 조정의 허가를 기다리며 시일만 끌다가 기회를 놓쳤다.(제2부 제4장)

하지만 비변사가 일본군과의 결전을 뒤늦게나마 주장하기 시작했다. 그들은 명나라의 전폭적인 지원을 계산에 넣었으나, 장차 명나라의 증원군이 경상도로 출동하면 식량은 과연 넉넉한지도 문제였다. 그런데 그것은 염려하지 않아도 된다는 소식이 들려왔다. 경상도에는 명나라 군대를 부양할 만큼 많은 식량이 확보되었다는 것인데, 호조판서 김수(金睟)의 보고는 다음과 같았다.

즉, 그동안에 도원수 권율이 비축한 쌀이 3만5천3백6 석(石), 콩이 5만9천7백43 석이며, 그와 별도로 안동(安東)에 저장된 쌀과 콩이 총 7천 석이라고 하였다. 이 정도면 명나라 군대를 주둔시킬 만하다고 하였다.162 마침 중국에서 증원 병력이 나오고 있었던 만큼, 조정에서는 때를 놓칠 이유가 없다고 보았다.

---

160 《실록》, 선조 30년(1597) 6월 12일.
161 《실록》, 선조 30년(1597) 6월 22일.
162 《실록》, 선조 30년(1597) 6월 22일.

수군의 역할

조정은 명나라 군대가 경상도 남부에 주둔한 일본군을 쉽게 물리칠 수 있는 환경을 조성하고자 했다. 그들이 보기에 부산포의 일본군 기지를 무력화하는 것이 최우선이었다. 대강 그런 전략적 구도를 머릿속으로 그리며, 비변사와 도체찰사 및 도원수는 통제사 원균에게 부산포에 대한 선제공격을 주문한 것이다.

제2절
이른바 '칠천량해전'은 전쟁문학의 산물

'칠천량해전'[163]이라는 사건을 다룬 문헌은 풍부하다. 관련 기록을 찾아 상호 비교했는데 문헌이 방대한 것도 놀랍지만, 사건에 관한 묘사도 일관되지 않은 데다 허다한 모순이 내재해 안타까움을 금하기 어려웠다. 상식 차원에서 보아도, 사실과 거리가 멀어 보이는 서사가 대부분이다.

이른바 칠천량 사태에 관한 서술은 문제투성이라는 말인데, 특히 단 한 번의 패전으로 원균이 조선 수군을 망쳤다는 비난은 심각한 역사 왜곡이다. 원균 때문에 정유재란이 일어났다고 주장하는 사람도 많다. 이 역시 칠천량 사태를 다룬 여러 문헌의 영향이다.

칠천량에 관한 왜곡은 영의정 유성룡이 《징비록》을 저술한 데서 비롯되었다고 보아도 과언이 아니다. 왜란 때 유성룡은 비변사의 사무를 총괄하는 높은 위치에 있었다. 그런 그가 회고록의 일종인 《징비록》을 통해 왜란의 실상을 알린다고 천명하였으니, 후세가 그 책의 영향을 받는 것은 당연하다. 문제는 유성룡이 사실과 다른 기록을 생산했고, 그것이 칠천량 사태의 진실처럼 알려졌다는 것이다. 이미 앞에서 살핀 대로 《징비록》이 묘사한 그 해전은 역사적 사실이 아니라 허구의 사건으로 점철된 것이다. (제1부 제4장)

사태의 심각성 때문에 거듭 강조하지 않을 수 없는데, 《징비록》은 칠천량 사태가 일어난 날짜부터 틀리게 기록했다. 또, 원균이 부산포로 출격할 때 삼도의 전함 200여 척을 동원했다는 등 기본적인 사실관계도 확인하지 않고 마음대로 기술했다. 그뿐 아니라, 도저히 하루에 움직일 수 없는 먼 거리를 원균 함대가 이리저리 쫓겨 다닌 것으로 기술했다. 과연 유성룡은 당시의 바다 사정을 얼마나 알고 있었는지 의심하지 않을 수가 없다. 그 외에도 원균이 평소 가장 걱정하였던 가덕도에 함대를 정박했다

---

163 아래에서는 '칠천량 사태'라고 표기한다.

고 하는 식으로, 소설 같은 이야기를 삽입했다.

결정적인 잘못은, 유성룡도 당연히 알고 있던 중요한 사실 즉 칠천량 사태로 순국한 이는 통제사 원균과 전라우수사 이억기 등 최고 지휘관 서너 명이 전부라는 사실도 완전히 외면하였다. 유성룡은 칠천량에서 우리 수군이 전멸했다고 서술함으로써 그 사건을 조선 수군의 재앙으로 부풀렸다. 그러고는 통제사 원균에게 모든 책임이 있다고 억지 주장을 펼쳤다.

유성룡은 왜, 칠천량 사태를 사실과 완전히 다르게 기술했을까. 그것은 단순한 실수나 기억의 착오였을까. 그럴 리가 없다. 유성룡으로 말하면 당대 제일의 석학이요, 노련한 정치가였다. 그는 자신의 정치적 목적을 이루기 위해 칠천량 사태를 일부러 왜곡하였다. 그렇게 볼 수밖에 없다. 자신이 혐오하는 원균을 역사의 죄인으로 만들어 놓고, 자신을 믿고 따르던 이순신을 한층 더 빛나게 할 목적이었다. 이렇게 해야만 '주화오국(主和誤國, 적과 화친을 주장하며 나랏일을 그르침)'이란 오명에 빠진 자신을 역사의 늪에서 구출할 수 있다고 믿었던 것일까.

요컨대 칠천량 사태에 관해 여러 가지 기록이 남아있으나 그 대부분은 단편적이고, 글 쓰는 사람의 정치적 관점에 따라 심하게 왜곡되었다는 점이 문제이다. 아래에서는 다음의 네 가지 예를 검토함으로써, 칠천량 사태에 관한 각종 문헌이 일종의 전쟁문학이라는 사실을 밝히려고 한다.

첫째, 통제사 원균을 죽음으로 내몬 장본인의 한 사람인 도체찰사 이원익의 전기자료를 검토하겠다. 그는 칠천량 사태를 무어라고 서술하였는지를 살펴볼 이유는 충분하다. 이원익은 도체찰사로서 사건 발생에 막중한 책임감을 느껴야 할 위치에 있었다. 그래서 그의 전기자료를 검토하는 것이다.

둘째, 칠천량 사태의 또 다른 장본인 도원수 권율이 그 사태 직후 조정에 올린 보고서를 분석하겠다. 그것이 이 사건을 재조명하는 데 중요한 역할을 할 것이다. 권율은 과연 어떠한 시각에서 칠천량 사태를 인식하고 있었을지 밝히겠다.

셋째, 조선 후기에 가장 많은 문헌을 섭렵한 역사가는 이긍익이었기 때문에, 그의 서술에 나타난 칠천량 사태를 조사하겠다. 그는 역사를 단편적으로 기술한 한 사람의 작가가 아니요, 기사본말체(紀事本末體)라는 형식을 빌려 사건을 처음부터 끝까지 체계적으로 서술한 역사가였다. 이긍익보다 역사적 사건을 요령있게 파악한 사람은 거의 없었다고 할 수 있다. 그런 그조차 《징비록》의 그늘에서 벗어나지 못하였으니, 거기서도 사안의 심각성을 충분히 짐작할 수 있다.

1. 도체찰사 이원익의 〈행장〉

칠천량 사태가 일어났을 때 도체찰사(都體察使)로 수군을 통제한 것은 우의정 이원익(李元翼)이었다. 그는 한 시대를 대표하는 명신으로 이름이 높았고, 선조의 신임도 각별했다. 앞에서 살핀 것처럼 이원익은 수군의 부산포 공격을 주장하며, 원균을 강도 높게 압박하였다. 그런데 그의 문집에는 칠천량 사태에 관하여 자신의 견해를 밝힌 글이 보이지 않는다.

다만 이원익의 〈행장(行狀, 전기)〉에는 칠천량 사태를 언급한 내용이 있다. 글쓴이는 17세기 후반에 예문관대제학까지 지낸 권유(權愈, 1633~1704)라는 큰 선비이다. 아래에 원문을 제시하고 직접 번역하겠다.

> (丁酉年) … 七月。賊大衆渡海。欲知我虛實。復遣卒給金應瑞曰。告汝 倭船渡來日。爾國猶可迎擊取之。元均信其言。領舟師 至漆川島。賊夜襲擊之。均敗死。賊乘勝西攻。陷南原。楊元棄城走。將士多死[164]

인용문을 번역하면 다음과 같다.

> "(정유년) … 7월. 왜적의 무리가 바다를 건너왔다. 그들이 우리의 허점과 장점을 알아볼 생각으로, 다시 졸개를 보내 (우리 장수) 김응서를 속여 말하였다. '그대에게 일본의 배가 건너오는 날짜를 알려주겠다. 그러면 그대의 나라 수군이 (우리 배와) 싸워 이길 수 있을 것이다.' 원균은 그 말을 믿고, 수군을 이끌고 칠천도로 갔다. 적이 밤중에 습격하자 원균이 싸움에 져서 죽었다. (그때) 적은 승세를 타고 서쪽으로 침략하여 남원을 함락시켰다. 그러자 (명나라 장수) 양원이 (남원) 성을 버리고 달아났다. 당시에 (남원에서) 장수와 병사가 많이 죽었다."[165]

위 인용문을 조금 깊이 분석하면, 핵심은 김응서가 전해준 일본군의 이동에 관한 정보를 그대로 믿고, 원균이 칠천도로 출전하였다는 것이다. 이 구절이 문자 그대로 믿으면 큰 오류에 빠진다. 인용문에는 다음과 같은 세 가지 문제가 숨어 있다.

첫째, 고니시의 "졸개" 요시라의 감언이설에 속아 넘어간 사람은 원균이 아니었다.

---

164 이원익(李元翼), 〈행장(行狀)〉, 《오리선생속집(梧里先生續集)》, 부록(附錄), 제2권.
165 이원익(李元翼), 〈행장(行狀)〉, 《오리선생속집(梧里先生續集)》, 부록(附錄), 제2권.

적의 거짓말에 속아 일을 망가뜨린 사람은 김응서, 권율, 이원익 그리고 유성룡 등이었다. 그들이 적의 꼬임에 빠져 일본군이 대규모로 쳐들어오니까 수군은 부산으로 출동하고, 또 절영도까지 순찰하라고 강요했다.

원균과 여러 수사는 그런 정보를 하나도 믿지 않았고, 가덕도와 안골포 등지의 적부터 소탕하자고 주장하였다. 그런데도 수군에게 끊임없이 출동을 강요한 것은 곧 권율과 이원익 및 유성룡 등이었다.

둘째, 인용문을 깊이 분석하면, 일본군 장수 고니시 유키나가가 부하인 요시라를 통해 일본군이 칠천도에 접근할 시간을 알려주었다는 뜻이 된다. 통제사 원균은 그 정보에 따라 칠천도에서 적이 오기를 기다렸는데, 밤중에 적군의 기습을 받아 크게 패하였다는 것이다.

그것도 사리에 맞지 않는 이야기이다. 쓰시마를 출발한 일본군이 칠천도 해역에 나타날 리가 없었다. 그때 원균 등은 부산포까지 나아갔다가 되돌아온 것이지 칠천도에서 적을 기다리고 있었던 적이 없다. 〈행장〉은 사실과 무관한 거짓 이야기를 한 것이다.

선조는 이원익을 굳게 믿었고, 그는 실력이 뛰어난 문신이었다. 그는 광해군 때 경기도에 대동법을 시행한 인물이기도 하다. 선조 때부터 정승으로 선조의 최측근이었는데, "평시에는 원균을 기용하지 마시고, 전쟁이 벌어지면 등용하십시오!"라고 조언한 것으로 유명하였다.

《실록》에서 선조 30년(1597) 6월과 7월의 기사를 읽어보면, 이원익이 도원수 권율과 함께 원균을 궁지로 내몰았다. '어서 부산포로 나아가지 않고 왜, 한산도에서 꾸물거리느냐?'라고 심하게 다그친 이가 바로 이원익과 권율이었다.

그런데 이원익의 전기 〈행장〉에는 적반하장(賊反荷杖, 도둑이 매를 드는 격)이라고 할 수밖에 없는 서사 구도가 등장한다. '어리석게도 원균은 일본 측에서 흘러나온 거짓 정보에 단단히 속아 칠천도에서 적을 기다리다가, 밤중에 적의 기습을 받아서 죽었다'라는 식이다.

셋째, 이원익의 〈행장〉에서는 원균이 졌기 때문에 정유재란이 일어났다고 했다. 그가 일본의 거짓 정보에 속아 결국은 쓰러졌기 때문에, 일본군이 서쪽으로 진격하여 단숨에 남원성을 무너뜨렸다고 했다. 명나라와 조선 육군의 대패마저도 원균의 책임으로 돌리는 견해이다.

그렇다면 실제 상황은 어땠는가? 조정은 이미 일본군이 전라도를 목표로 삼고 있다는 사실을 일찍이 파악하고 있었다. 이에 따라 나름대로 철저한 방어 태세를 유지하고 있었다. 원균 때문에 전라도가 뚫린 것이 아니다. 적이 전라도와 충청도를 공격하리라는 점은 누구나 예측한 사실이었다.

선조 30년 7월 16일에 원균은 순국하였는데, 그때 일본군이 전라도로 곧장 쳐들어간 것도 아니다. 그들은 8월에 접어든 다음에 전라도를 침공했다. 우리 군은 적의 침략을 예상했고, 애써 대비하였음에도 불구하고 무너졌다. 그런데도 마치 그 패배를 원균의 책임인 것처럼 과장하는 것은 잘못이다.

세상사에 관한 많은 글이 실은 정치적으로 오염되어 있다. 이원익의 〈행장〉이란 실례에서 보듯, 우리가 조심해 살피지 않으면 글쓴이의 교묘한 술책에 속아 넘어가기 마련이다. 글쓴이 권유는 이원익의 정치적 잘못을 희석하기 위해 칠천량 사태에 관한 새로운 서사를 창안해, 패배의 책임을 원균에게 떠넘겼다. 권유는 남인을 대표하는 문인으로 선배 이원익을 감싸기에 여념이 없었다. 한심한 일이었다.

2. 도원수 권율의 황당한 보고

선조 30년(1597) 7월 15일과 16일에 조선 수군은 초유의 사태를 맞았다. 삼도수군통제사 원균을 비롯해 수군의 최고 지휘부가 한꺼번에 순국하였다. 원균과 휘하의 수사들은 정확한 사실 판단에 따라 일본군의 본영이 있는 부산포를 함부로 공격할 수 없다는 점을 여러 차례 명확히 밝혔다.

그러나 도원수 권율과 도체찰사 이원익 및 영의정 유성룡 등은 수군의 이의 제기를 항명(抗命)으로 간주했다. 이의가 있더라도 조정에 직접 〈장계〉를 보내지 말고 도원수와 도체찰사의 명령을 순순히 따르라고 압박하였다. 끝까지 통제사 원균이 말을 듣지 않자 그의 군관을 도원수 군영으로 불러다 곤장을 때렸다. 이른바 '대장(代杖)', 즉 통제사 원균 대신에 군관이 매를 맞은 것이다.

통제사와 수사들은 하는 수 없이 부산포 공격에 나섰다. 그들은 한산도-칠천도-옥포를 거쳐 부산포로 간 것으로 추정된다. 옥포에서 부산포를 향해 출발한 것은 선조 30년 7월 15일로 보인다. 그날은 날씨가 좋지 않아 흐리고 간간이 비가 내렸다. 그 이튿날도 그 다음 날도 역시 날씨가 그처럼 불순했다. 이순신의 《난중일기》에 그 무렵 날씨가 자세히 기록되어 있다.[166]

---

[166] 이순신, 《난중일기》, 정유년(1597), 7월 15일~17일. 7월 19일과 20일, 23일, 24일, 26일~29일도 비가

더구나 적은 아군의 공격 루트를 이미 잘 알고 있었다. 게다가 김응서와 요시라를 잇는 첩보 라인이 가동하고 있었다. 적은 우리의 동정을 미리부터 알고 기다렸을 가능성이 없지 않았다. 이 또한 지금까지 우리가 간과한 부분이다.

이런 악조건에서 우리 군의 작전이 무슨 소득을 가져올 수 있었겠는가. 원균이 이미 〈장계〉에서 경고한 바와 같이 우리로서는 "후고(後顧)" 즉 퇴로를 염려해야 하는 사태가 일어났다. 며칠 뒤에 우리 수군이 궁지에 빠졌다는 소식이 도원수부에 전해졌다.

이에 권율은 통제사 원균의 행방을 찾는 데 집중하였다. 나중에 확인된 것처럼 그 해 7월 16일에 원균은 고성의 춘원포에서 순국하였다.[167] 그 사실은 이틀이 지난 7월 18일에 한산도에 주둔하던 한 군관을 통해 이순신에게 보고되었다.

원균과 함께 싸우다 육지로 올라온 장수나 군관들은 수가 무척 많았다. 하지만 그중 누구도 권율에게 원균의 행방을 알리지 않았다. 이후 여러 날 동안 권율은 홀로 전전긍긍하였는데, 그러고 보면 도원수의 정보 수집 능력은 참으로 허술하였다.

권율이 수군을 관리하는 방법은 두 가지였다. 한편으로 자신의 측근에 머무는 이순신을 통해 수군에 관한 여러 가지 정보를 얻기도 하고, 결정이 필요한 현안에 대해 상의하였다. 다른 한편으로, 권율은 휘하 군관을 한산도에 파견해 한산도의 통제영을 감시하고 통제하였다. 그와 동시에 한두 명의 군관은 통제사의 전함에 승선하게 해 전투 상황을 관찰하고 보고하게 하였다.

원균이 순국하고 닷새가 지난 7월 21일에야 비로소 권율은 그에 관련된 정보를 얻었다. 한산도에서 군관 최영길(崔永吉)이 돌아왔기 때문이다. 권율은 그 소식을 선조에게 급히 보고했는데, 권율의 〈서장〉은 그로부터 다시 닷새가 지난 선조 30년(1597) 7월 26일 대궐에 도착하였다.

원균은 살아 있었다?

〈서장〉에서 최영길은 한산도에서 도원수부로 올라오면서 수집한 '가짜 뉴스'를 주로 언급하였다. 그 요점은, 통제사 원균이 아직 살아 있으며, 진주로 가는 길에 어떤 사람을 만나 다음과 같이 이야기했다는 것이다.

"(첫째,) 사량(蛇梁, 통영시 사량면)에 도착한 대선(大船)은 18척이다. 그밖에 전

많이 내렸다. 아군이든 적군이든 해상에서 작전을 벌이기에는 기상이 대단히 나빴다.
167 《실록》, 선조 34년(1601) 1월 17일.

라선(全羅船, 전라 좌우도의 전함) 20척이 본도(전라도)에 흩어져 있다. (둘째,) 한산도에 남겨진 군사와 남녀 백성 및 군기(軍器) 그리고 여러 곳에서 들어온 잡선(雜船)을 하나도 남김없이 창선도(昌善島, 남해군 창선면)에 모아놓았다. (셋째,) 군량 1만여 석은 한꺼번에 운반할 수 없으므로 꺼내어 불태웠다. (넷째,) 도망하거나 싸움에 진 전함은 모두 육지 가까운 곳에 정박하였기 때문에, 격군(格軍) 가운데 사망자는 많지 않다."168

권율이 미처 사실관계를 확인하지 못한 엉터리 정보였다. 원균이 살아서 진주로 갔다고 했는데 거짓말이었다. 그 이듬해 겨울에 이순신이 노량에서 순국한 다음에도 그가 살아 있다는 헛소문이 퍼진 적이 있었다.

도원수 권율은 최영길이 가져온 정보를 정확히 확인하지도 않은 채, 조정에 보고해 선조와 대신들을 큰 혼란에 빠뜨렸다. 그때 권율은 부하들을 파견해 사태의 진상을 신속하고 정확하게 파악했어야 옳다. 그러나 그는 도원수부에서 한 발짝도 나아가지 않고 앉아서 발만 구른 셈이었다.

소문대로라면 사량포구에 판옥선 18척이 무사히 귀환하였고, 전라도의 여러 포구에도 20척의 판옥선이 있다고 했다. 당시에 원균은 전라좌수사였는데, 38척의 전함을 쓸 수 있게 조치하였다는 이야기이다. 하지만 7월 16일에 이미 전사한 통제사 원균이 어찌 그런 말을 하였겠는가. 이치에 맞지 않은 사항일 뿐이었는데도, 이처럼 믿지 못할 정보를 권율은 조정에 보고하기에 급급하였다.

만약 소문처럼 원균이 한산도에 귀환해 이러저러한 조치를 마련하였다면, 최영길은 자신이 목격한 한산도의 정황이라도 상세히 보고했어야 옳다. 그러나 한산도에 관한 보고는 단 한 줄도 보이지 않는다. 과연 최영길은 한산도에서 올라온 것이 맞는지도 의심스럽다. 하지만 권율은 제반 사정을 헤아려 보지 않은 채 길가에서 최영길이 들었다는 소문만으로 장황하게 보고서를 작성했다.

만약 한산도에 장수가 들어와 군대와 백성을 피난시키고 배와 무기도 창선도에 숨겨놓았다면, 그렇게 할 수 있는 사람은 경상우수사 배설뿐이다. 그런 점으로 보아 소문에 등장하는 장수는 원균이 아니라 배설이 아니었을까 하는 생각이 들기도 한다.

원균이 했다는 마지막 한 마디는 실제 상황을 어느 정도 반영한 것도 같다. 대규모 전투가 벌어진 것이 아니었으므로, 조선 수군은 적의 포위망을 뚫고 후퇴작전을 벌인 거였다. 그러므로 격군이든 전투병이든 우리 군의 사상자는 별로 없었다는 그 말은 사

---

168 《실록》, 선조 30년(1597) 7월 26일.

실과 일치했다.

〈서장〉의 끝부분에서 권율은 최영길을 곧 한양으로 올려보내겠다고 다짐했다. 아마 최영길은 한양으로 올라가 자세한 조사를 받았을 것도 같은데, 《실록》에는 관련 기사가 하나도 없다. 그때 조정은 별도로 진상조사에 착수했고, 며칠 뒤 선조와 대신들은 권율의 〈서장〉을 신뢰할 수 없다고 결론지은 것이 아닌가 한다.

문제의 〈서장〉에서 권율은 다음과 같이 요청했다.

> "이순신(李舜臣)이 흩어져 도망한 배를 수습할 수 있게 그를 사량으로 들여보내소서."169

이순신은 그럼 사량에서 18척의 판옥 대선을 발견하였을까? 우선 이순신은 그곳으로 달려가 판옥선이 있는지를 알아보지도 않았다.

그런 일보다 훨씬 중요한 점은, 〈서장〉을 통해 권율이 이순신을 다시 통제사로 임명하자는 뜻을 넌지시 보였다는 사실이다. 그때 조정은 다른 선택의 가능성을 염두에 두지 않았기에, 이순신의 복귀는 기정사실이 되었다.

다시 정리해 말하면, 1597년 7월 중순에 통제사 원균이 동원할 수 있는 판옥선은 180척쯤이었고, 그것은 대체로 한산도에 집결해 있었다. 그중에서 원균이 부산포로 출동할 때 데려간 것은 90척이었다. 훗날 이덕형이 조사한 결과가 이를 증명한다.170 따라서 칠천량 사태에서 조선 수군이 전멸했다고 하는 통념은 사실과 거리가 멀다.

두 번째 〈장계〉도 오류투성이

권율은 또 한 통의 〈장계〉를 한양으로 발송했다. 이른바 칠천량 사태가 발생하고 대엿새가 지났을 때였다. 이 〈장계〉는 신출신(新出身, 최근 무과에 급제한 사람) 정사헌(鄭思憲)과 이맹(李孟) 등이 진주목사(晉州牧使) 나정언(羅廷彦)에게 급히 보고한 사항을 그대로 조정에 전한 것이다. 정사헌과 이맹은 통제사 원균을 따라 함께 출전한 군관으로 짐작되는데, 그들의 보고는 다음과 같았다.

> "(첫째,) 통제사(원균)는 견내량(見乃梁)에서 하선(下船)하였는데 수를 헤아릴 수

---

169 《실록》, 선조 30년(1597) 7월 26일.
170 《실록》, 선조 34년(1601) 1월 17일.

도 없이 많은 적군이 추격하여, 해를 입은 것이 분명합니다. (둘째,) 전라우수사(이억기)와 충청수사(최호), 조방장(助防將) 배흥립(裵興立), 안세희(安世熙, 전 부사), 가리포첨사(加里浦僉使) 이응표(李應彪), 함평현감(咸平縣監) 손경지(孫景祉), 별장(別將) 유해(柳海) 등은 혹 피살되거나 익사하였습니다. 그 밖에도 사망자가 헤아릴 수 없이 많았습니다. (셋째,) 경상우수사(배설), 옥포(玉浦)·영등(永登)·안골(安骨)의 만호(萬戶) 및 기타 선박 7척이 한산도로 향하는 것을 멀리서 보았습니다. (넷째,) 별장급 이상에 해당하는 여러 장수가 이처럼 많이 전사하였으니 대단히 참혹한 일입니다."171

〈장계〉의 내용 가운데는 나중에 사실로 확인된 부분은 거의 없었고, 대부분은 허위 보고였다. 실제 상황과 일치하는 것은 겨우 두 가지였다. 하나는 통제사 원균과 전라우수사 이억기 및 충청수사 최호가 순국했다는 점이요, 또 하나는 경상우수사 배설이 생존하였다는 점이다. 그밖에는 모두 실제와는 다른 이야기뿐이다.

원균은 고성 춘원포에 상륙하였는데도 견내량이라고 기록했다.172 한산도로 향했다고 하는 배설의 함대만도 12척이었는데 7척이라고 했다. 이런 것은 그다지 큰 문제가 아니었으나, 권율이 전사했다고 보고한 장수들이 단 한 명의 예외도 없이 모두 생존하였다는 것은 참으로 중대한 오류였다. 그들이 모두 사망한 줄로 착각했기 때문에 도원수와 도체찰사 등은 수군을 수습할 엄두를 내지 못하였다. 만약 처음부터 칠천량 사태로 인한 인명 손실이 미미했다는 사실을 알았더라면, 조선 수군이 삽시간에 붕괴했을 리가 없다.

도원수 권율의 정보 수집 능력은 대강 이 정도였다. 한 가지 아쉬운 일은 이순신의 태도였다. 그는 날이면 날마다 옛 부하들의 보고를 받았기에, 사태의 진실을 권율보다 더 잘 알고 있었다. 이순신은 날마다 도원수와도 연락을 주고받았는데도 자신이 파악한 정보를 제대로 공유하지 않았다. 신기한 노릇이다.

이원익은 어떠했나

도체찰사(都體察使) 이원익은 권율의 〈장계〉를 받고 다음과 같이 회송문(回送文)을 보냈다.

---

171 《실록》, 선조 30년(1597) 7월 28일.
172 《실록》, 선조 34년(1601) 1월 17일.

"배흥립 등의 생존 여부를 조속히 조사하라. 만약 생존자가 있으면 전라좌우도의 수사와 충청수영의 가장(假將)으로 자정(差定, 임명)해 (서둘러) 부임하게 하라."173

그때 배흥립도 당연히 살아 있었다. 이원익은 생존자를 파악해 한시바삐 수군 조직을 복구하라고 도원수 권율에게 지시했는데, 마땅한 일이었다. 권율은 누구보다 앞장서 진상조사를 시행하고, 마땅히 후속 조치를 하는 것이 옳았다. 그러나 그는 헛소문에 매달려 있었다. 그해 7월 18일에 이순신이 먼저 나서 "내가 직접 해안 지방으로 찾아가 듣고 본 뒤 대책을 세우겠다."174라고 하자 그에 호응했을 뿐이다.

도원수 권율은 여러모로 무능한 상관이었다. 그는 진상 파악도 못 하였을 뿐만 아니라, "가장(假將, 임시 지휘관)"을 임명하라는 이원익의 지시를 받고도 속수무책이었다. 권율은 다음과 같이 무기력하게 반응하였다.

"(신급제) 정사헌이 보고한 것과 같다면, 가장으로 정해 파견할 사람이 없습니다. 양남(兩南, 충청도와 전라도)에는 지금 한산직(閑散職, 한직과 전임 관리)에 있는 사람 중에도 골라서 보낼 사람이 없습니다. 사태가 이처럼 시급한데도 적절하게 처치할 방도를 세울 수 없으니 매우 걱정스럽습니다. 조정에서 시급히 조치하소서."175

권율은 지금 자신이 할 수 있는 일은 아무것도 없다고 실토한 셈이다. 도원수쯤 되었으면 비상시에 임용할 장수와 군관의 명부를 미리 만들어 두었어야 했다. 그러나 권율은 모든 책임을 조정에 미루었으니, 이런 사람을 굳이 현지에 보내 도원수 자리를 맡길 필요가 있었을까?

이상에서 살핀 것처럼 '칠천량 사태'가 일어나고 5~6일이 지난 다음까지도 사태 수습에 가장 큰 책임이 있는 도원수는 무슨 일이 일어났는지도 몰랐다. 그는 오류투성이인 〈장계〉를 두 번이나 조정에 올렸다. 권율은 사실인지 아닌지도 따져보지 않은 채 정체불명의 소문을 조정에 잇따라 보내놓고는, 현지에서 자신이 마땅히 할 일은 하나도 조치하지 않았다.

나중에 조정의 진상조사가 끝나자마자 언관(言官)은 사태의 책임을 권율에게 물었

---

173 《실록》, 선조 30년(1597) 7월 28일.
174 이순신, 《난중일기》, 정유년 7월 18일.
175 《실록》, 선조 30년(1597) 7월 28일.

다. 그들은 권율의 잘못을 지적하고 강력한 처벌을 다음과 같이 요구하였다.

사헌부, 권율을 탄핵하다.

도원수 권율은 칠천량 사태를 일으킨 장본인이고, 사후 수습도 제대로 하지 못했다. 그런 점은 당대에도 알려진 사실이다. 선조 30년 10월 중순부터 11월 초순까지 사헌부 관리들은 여러 차례 권율을 탄핵하였다. 예컨대 선조 30년 10월 13일에 사헌부는 권율의 잘못을 다음과 같이 지적했다.

> "한산도 주사(수군)의 패배에 대해서입니다. 주장(主將, 원균 등)을 구원하지 않은 죄로, 각 배를 거느린 장수들을 도체찰사가 경중을 나누어 형법에 따라 처단하도록 하였습니다. 대간(사헌부와 사간원)이 이를 아뢰어 윤허 받은 지가 벌써 몇 달이 지났습니다. 그 사이에 도체찰사 이원익은 병으로 (한양으로) 올라왔습니다. 하지만 도원수는 그대로 현지에 남아있는데도 체찰사의 분부를 받은 지 오래되었으나 처리 결과를 아뢰지 않았습니다. 임금의 명령을 팽개친 것입니다. 도리에 어긋남이 이보다 심할 수가 없습니다. 도원수 권율을 추고(문서상으로 심문함)하소서."176

위 인용문에서 보듯, 칠천량 사태가 일어나고 얼마 안 되어 사태의 진상이 드러났다. 통제사와 두 명의 수사가 순국하였는데, 그들을 구원해야 마땅한 장수들이 무책임하게 도주하였다. 군법에 따라 그들 장수를 처벌하는 문제는 기강을 바로잡기 위해 꼭 필요한 일이었다. 현지 사정상 도원수 권율이 그 일을 맡게 되었는데도, 차일피일하며 처벌을 미루었다.

아마 권율의 처지에서 보면, 처리하기 곤란한 점이 있었을 것이다. 근원을 따지고 보면, 자신의 불합리한 출동 명령 때문에 빚어진 일이었기에, 부하 장수들을 처벌하기가 미안했을 수도 있다. 만약 그렇다면 자신이 도원수를 사직하고 벌받기를 자청했어야 옳다. 그런데 권율은 자신을 채찍질하지도 않았고, 죄가 있는 장수들을 벌하지도 않았다. 그래서 사헌부가 문제를 제기한 것이다.

그래도 권율은 무응답으로 일관했다. 사헌부는 그해 11월 4일과 6일에도 상소를 올려 권율을 탄핵하였다. 이번에는 권율 자신이야말로 칠천량 사태의 원인 제공자란 점이 여론의 도마에 올랐다. 사헌부의 주장을 옮기면 논점은 다음과 같이 세 가지로

---

176 《실록》, 선조 30년(1597) 10월 13일.

나뉜다. 그중 첫째는 다음과 같다.

> "도원수(都元帥) 권율(權慄)은 장령(將領, 도원수)의 명을 받았으면 밤낮으로 적개심을 돋울 것을 생각하여야 합니다. 그러나 오랫동안 적과 대치할 때 한 가지의 대응책도 세우지 못하였습니다. 지난날 주사(舟師)의 싸움은, 비록 조정의 명령이 있었다 하더라도 원수가 힘을 헤아리고 시기를 보아 대항하기 어려울 것 같으면 그 상황을 급히 보고해 후회가 없도록 했어야 옳습니다. 하지만 그러한 계획이 없이 경솔한 생각과 부질없는 행동으로 원균(元均)에게 엄한 곤장을 쳐서 독촉했습니다. 그 바람에 6년 동안 경영하여 어렵게 마련한 주사를 단번에 여지없이 무너뜨리고, 많은 산책(山柵)들을 한 곳도 지키지 못하도록 만들었습니다. 마침내 적이 호남으로 들어가 군민(軍民)이 뿔뿔이 흩어졌습니다. 남원(南原)이 함락되자 전라도는 거의 모두 적의 수중에 들어갔고, 호서의 각 고을도 유린당하여 적의 창칼이 거쳐 간 곳은 해골이 들판에 즐비하였습니다. 지난 임진년보다 더 참혹하였으며, 경기의 고을까지 적이 바짝 쳐들어와 도성을 지키지 못할까 두려웠습니다. 그는 망국의 원수(元帥)입니다."[177]

원균이 반대할 일을 반대했는데도 함부로 강압하여 수군이 무너지는 결과를 가져왔다고 했다. 일단 수군이 전력을 상실하자, 적군은 다시 서울을 넘볼 만큼 기세를 올렸다. 이에 권율의 책임을 지적하며, 그야말로 나라를 망칠 원수라 일컬었다. 강력히 처벌하자는 것이었다.

이어서 사헌부는 권율의 두 번째 죄상을 다음과 같이 서술했다.

> "그의 죄상은 형법대로 처벌하여도 부족합니다. 더구나 자신이 먼저 대피하여 영남에서 한양으로 도망쳐 왔습니다. 그러고는 강탄(江灘)을 지킬려고 한다며 핑계를 대고 버젓이 〈장계〉를 올렸습니다. 이것이 과연 원수가 외방의 책임을 맡은 체모이겠습니까. 인심의 울분이 이처럼 극도에 달하였는데, (권)율은 장차 무슨 면목으로 다시 하늘의 해를 보며 장병들을 호령하겠습니까."[178]

무책임하고 비겁하다는 비판이었다. 정유재란이 일어나자 권율은 전라도와 충청도 등지에서 적과 싸우기는커녕 경상도를 거쳐 한양으로 올라왔다. 결과적으로, 그에 관한 조정의 여론이 대단히 험악했다.

---

177 《실록》, 선조 30년(1597) 11월 6일.
178 《실록》, 선조 30년(1597) 11월 6일.

권율도 그런 점을 명심하고 다시 남하하였는데 그때의 처신도 결함이 많았다고 했다. 사헌부는 다음과 같이 비판했다.

"재차 명령을 받아 남쪽으로 내려가던 날에도 적이 노리는 위험한 곳으로 향하지 않고 영남의 산속 절간으로 깊숙이 들어가서 평시처럼 무사태평하게 밤낮 술에 빠져 지냈습니다. 여론이 들끓는다는 소문을 듣고는 자신의 죄를 은폐하고자 호남 지방으로 가서 적이 물러간 곳만 맴돌며 노닐었습니다. 여태 아무런 계획도 세우지 못하고 한가로이 여기저기를 오가며 여전히 시일을 허송하고 있습니다. 그가 어찌 힘을 다하여 적을 토벌하고 장수를 제대로 통제하기를 바랄 수 있겠습니까."179

적이 없는 곳만 찾아 사실상 피난을 다니고 있다는 지적이었다. 그래서 사헌부는 권율을 도원수에서 해임하고, 당장이라도 다른 장수를 골라 신임 도원수로 삼자고 주장했다.

"조정이 그의 대임(代任)을 찾기 어렵다고 여겨, 그가 옳지 못함을 알고도 여태 바꾸지 않고 있습니다. 그러나 조정 신하 중에서 찾아본다면 어찌 권율보다 나은 적임자가 없겠습니까. 권율을 속히 붙잡아다 형법대로 죄를 정하라고 명령하소서. 아울러 비변사에 지시해 그 후임을 속히 뽑아 내려보내소서."180

이처럼 간곡한 요청에 대해 선조는 다음과 같이 간단명료하게 답하였다.

"(권율이) 주사(舟師)를 독촉한 것은 행여 성공할 수 있을까 싶어서였다. 그가 한양으로 올라온 것은 실로 (과인의) 소명(召命) 때문이었다. 술에 빠졌다는 것은 꼭 그러한지를 모르겠다. 몸을 떨치고 일어나는 것은 참으로 생각하기 어려운 일이다. 전쟁에 임하여 장수를 바꾸는 일은 옛사람이 경계한 바이다. 더구나 생쥐로 고양이를 바꾼다면 평범한 사람들도 비난하는 법이다. 거센 적이 머리를 내놓는 것도 시간문제이니, 아직 그를 책려(策勵)하여 중국 군사와 협동하여 큰 공을 거두기를 기다려 보는 것도 아니 될 일은 아니다."181

요컨대 권율을 처벌하지 못하겠다는 뜻이었다. 선조는 사사건건 권율을 두둔하고 감쌌다. 선조가 권율을 특별히 총애하였기 때문에 그런 것은 아니었다. 왜란 중에 많

---

179 《실록》, 선조 30년(1597) 11월 6일.
180 《실록》, 선조 30년(1597) 11월 6일.
181 《실록》, 선조 30년(1597) 11월 6일.

은 대신이 허다한 착오를 일으켰어도 그 가운데 누구 한 사람 중벌을 받은 이가 없었다. 그렇기 때문에 갑자기 도원수 권율만 유별나게 처벌하기가 어려웠다. 더구나 권율은 정승인 유성룡이나 이원익과도 뜻이 잘 맞는 사이였다. 그의 사위가 이항복이라는 사실도 누구나 알고 있었다. 사헌부는 몇 차례나 상소를 올려 권율을 비판했으나, 굳이 그를 처벌할 의도는 없었던 것으로 추측된다. 가엾고도 안타까운 것은 권율의 강압으로 사지에 몰린 몇몇 장수들이었다.

3. 《연려실기술》의 '칠천량 사태'

이긍익은 여러 자료를 바탕으로 '칠천량 사태'를 기술했다. 조선 후기에는 그것이 곧 정설이나 다름없었다. 이긍익은 사태가 발생한 동기를 다음과 같이 서술했다.

> "고니시 유키나가(행장)가 또 요시라를 보내 응서를 속이기를, '왜선이 아무 날에 더 많이 들어오게 되어있는데, 조선 수군이 그들을 맞아 공격할 수 있을 것이오.'라고 하였다. 응서가 그 말을 믿고 원수(권율)에게 보고하여, 원균에게 진군할 것을 재촉하였다."[182]

이 부분은 사실에 부합하는 것으로 보인다. 우선 고니시와 요시라를 잇는 일본군의 첩보 라인이 김응서와 권율로 연결되는 조선의 소식통에게 일본군의 부산포 입성에 관한 정보를 주었다. 권율은 첩보를 도체찰사 이원익과 영의정 유성룡 등과 공유하고, 원균에게 출동 명령을 내린 것이다.

> "원균이 함대를 모두 거느리고 전진하다가 적군을 보고 물러나 가덕도(加德島)에 배를 대고 있는데 적군이 덮쳐 치니 크게 패하여 칠천도(漆川島)까지 쫓겨왔다. 권율이 격문으로 원균을 불러 곤장을 쳐서 다시 진군하기를 독촉하였다."[183]

위 인용문에는 세 가지 오류가 있다. 가덕도는 웅천(熊川)에 있고 칠천도는 거제에

---
182 이긍익, 《연려실기술》, 제17권, 선조조 고사본말(宣朝朝故事本末), 〈정유년에 왜구가 두 번째 나오다 - 정유년 3월〉.
183 이긍익, 《연려실기술》, 제17권, 선조조 고사본말(宣朝朝故事本末), 〈정유년에 왜구가 두 번째 나오다 - 정유년 3월〉.

있는데, 첫째 오류는 원균이 함대를 모두 거느리고 갔다는 주장이다. 훗날 확인된 것처럼 원균이 이끈 함선은 우리 수군의 절반에 해당하는 90척이었다.184 둘째, 원균이 가덕도에 배를 댔다는 주장도 믿을 수 없다. 가덕도와 안골포는 적의 요새가 있어 원균이 가장 염려한 곳으로, 그곳에 우리 군이 머물 이유는 없었다. 셋째, 위 인용문대로 함대가 움직였다면 칠천도에 귀항했을 때는 이미 늦은 밤이었다. 그런데 어찌 권율이 원균을 불러 곤장을 칠 수가 있겠는가. 《난중일기》에서도 확인되듯 그 당시 권율은 합천 율곡면에 있는 원수부에 머물렀다. 따라서 위 인용문은 사실과 전혀 맞지 않는 설명이다.

"원균이 군중에 돌아와서 술을 마시고 취하여 누워있는데 한밤중에 왜적이 습격하니 군사가 무너지고 원균은 달아나다 죽었다."185

이 또한 맞지 않는 설명이다. "군중"이라면 어디를 말하는가. 위 인용문으로 보면 칠천도가 될 수밖에 없는데, 술을 마시고 취해서 쓰러져 있었다는 것부터가 어불성설이다. 작전이 아직 계속되는 중인데 어찌 이런 일이 있었겠는가. 나중에 밝혀진 대로 원균이 배를 정박한 곳은 칠천도가 아니라 춘원포였다.186

전체 이야기

이긍익은 '칠천량 사태'를 상세히 설명하기 위해 선조 30년 6월부터 조선 수군의 동정을 서술하였다. 먼저 그는 안골포해전부터 설명하였다.

"(6월) 6일에 수군의 여러 장수가 한산에서 바다로 내려가서 적군과 교전하였는데 보성(寶城)군수 안홍국(安弘國)이 패하여 죽었다."187

보성군수 안홍국이 전사한 것은 사실이다. 날짜는 6월 6일이 아니라 그달 19일이었다.188 이미 앞에서 상세히 살펴본 것처럼 원균은 당시에 큰 전과를 거두었다. 이긍

---

184 《실록》, 선조 34년(1601) 1월 17일.
185 이긍익, 《연려실기술》, 제17권, 선조조 고사본말(宣朝朝故事本末), 〈정유년에 왜구가 두 번째 나오다 – 정유년 3월〉.
186 《실록》, 선조 34년(1601) 1월 17일.
187 이긍익, 《연려실기술》, 제17권, 선조조 고사본말(宣朝朝故事本末), 〈정유년에 왜구가 두 번째 나오다 – 정유년 3월〉.

익은 그 점을 모두 생략한 채 안홍국이 순국한 사실만을 기록했다. 더구나 "패하여 죽었다"라는 구절은 사실과 전혀 달랐다. 원균이 지휘한 우리 수군은 큰 전공을 세웠다. 안홍국은 다른 함선들보다 훨씬 빠른 속도로 적을 추격하다가 역습을 당한 것이다.

"적군의 배가 그달 초순부터 잇달아 건너왔다. 원균이 여러 장수에게 나아가 염탐하게 하였다. 수군의 여러 장수가 웅천 앞바다의 적군과 만나 싸웠다. 우수사 배설(裵楔)이 선봉이 되어 적선 십여 척을 격파하고 군량 2백여 섬을 빼앗았다. 그런데도 적의 형세가 더욱 성하였으므로 군사를 물리고 구원병을 청하였다."189

위 인용문은 《실록》을 비롯한 다른 문서에서 확인되지 않는다. 짐작하건대 위 인용문 역시 그해 6월 19일에 있었던 안골포해전 때의 일인 것 같다. 그러나 그때 적의 형세가 왕성해 구원병을 요청하였다는 서술은 사실로 믿기 어렵다. 그때 누가 우리 수군에게 도움을 줄 수 있었겠는가.

온라도, 즉 칠천도

"권율이 곤양(昆陽)에 도착하여, 원균이 적군을 두려워하여 바다에 나아가지 않고 머뭇거리기만 한다고 하자 그의 전경을 불러 곤장을 치면서, '국가에서 너를 높은 벼슬로 대우하는 것이 한갓 편안하게 부귀만을 누리게 해서인가.'라고 하였다."190

위 서술은 아마 선조 30년 7월 14일쯤으로 상황 설정을 한 것 같다. 역시 사실과 다른 이야기이다. 권율은 합천의 도원수부에 있었고, 원균의 군관이 대신 곤장을 맞은 것은 그해 7월 7일이었다. 군관 박영남이 주장(主將, 원균)의 잘못 때문에 대신 처벌을 받으러 한산도에서 원수부로 들어왔다는 내용이 《난중일기》에서 확인된다.191 따라서 이긍익이 다음과 같이 서술한 것은 허구이다.

"그날 밤에 원균은 분한 마음을 품고 물러나 한산에 이르러 남아서 지키고 있

---

188 《실록》, 선조 30년(1597) 6월 29일.
189 이긍익, 《연려실기술》, 제17권, 선조조 고사본말(宣朝朝故事本末), 〈정유년에 왜구가 두 번째 나오다 - 정유년 3월〉.
190 이긍익, 《연려실기술》, 제17권, 선조조 고사본말(宣朝朝故事本末), 〈정유년에 왜구가 두 번째 나오다 - 정유년 3월〉.
191 이순신, 《난중일기》, 정유년(1597) 7월 7일.

> 는 군사들까지 쓸다시피 다 거느리고서 급히 부산으로 갔는데 적선 천여 척이 또 나왔다."192

이는 또 한 번의 허구적인 스토리텔링이다. 7월 15일 새벽에 원균이 홧김에 모든 함선을 이끌고 부산포로 갔다는 것은 말도 안 되는 억지이다. 어떻게 한산도에서 부산까지 직행할 수 있겠는가. 만약 그렇게 하였다면 부산에 도착했을 때 이미 적어도 이틀이 지났을 것이다. 시간적으로도 계산이 맞지 않고, 모든 함대를 거느리고 달려갔다는 것도 사실과 어긋난다.

허구적인 서사 – 이억기 함대의 표류 사건

> "원균이 노 젓는 군사를 독촉하여 배를 전진시키자 적군은 파도에 흩어져 지탱하지 못하는 듯하였다. 그래서 원균이 기세를 타고 전진하여 그칠 줄을 몰랐다. 뱃사람들이 모두, '물마루(水宗 부산과 대마도 사이에 있는 지점으로 물결이 가장 센 곳)를 벌써 지났고 대마도에 가까워 배를 부리기가 불편하니 우리는 살 길이 없다.'라고 하였다."193

인용문은 우리 함대가 절영도 방면으로 진출하였다는 설명이다. 그런데 이어지는 사건 설명을 들어보면 7월 15일에 원균이 부산포에 진출했을 때가 아니다. 우선 이어지는 이긍익의 설명을 들어보겠다.

> "원균이 듣고 급히 노를 돌리라고 명령하였다. 그러나 배가 역류하는 물길을 넘어선 까닭에 노를 저어도 소용이 없었다. 전라우수사(이억기)가 거느린 배 일곱 척이 먼저 동쪽으로 표류하여 흘렀다."194

절영도에서 물마루를 넘어갔더라는 서사는 사실 원균과는 직접적인 관계가 없는 별도의 사건이었다. 물마루를 넘고, 함선 일부가 표류한 사건은 전라우수사 이억기의 함대가 당한 불의의 사고였다.

---

192 이긍익, 《연려실기술》, 제17권, 선조조 고사본말(宣朝朝故事本末), 〈정유년에 왜구가 두 번째 나오다 – 정유년 3월〉.
193 이긍익, 《연려실기술》, 제17권, 선조조 고사본말(宣朝朝故事本末), 〈정유년에 왜구가 두 번째 나오다 – 정유년 3월〉.
194 이긍익, 《연려실기술》, 제17권, 선조조 고사본말(宣朝朝故事本末), 〈정유년에 왜구가 두 번째 나오다 – 정유년 3월〉.

《난중일기》를 보면, 이억기의 함대는 그해 7월 4일부터 다음과 같이 작전을 펼쳤다. 그들은 7월 4일에 한산도를 출발해 7월 5일에 칠천량에 정박했다. 그 이튿날 옥포에 들어갔다가 7월 7일에는 다대포에 이르렀다. 이어서 절영도로 향했다가 1,000척의 일본군 함대를 발견하고 싸움을 걸었다. 그러다가 7척의 아군 전함이 서생포로 표류했다. 요행히 살아 돌아온 격군 가운데 사노(私奴) 세남(世男)이 이순신을 만나서 보고한 내용이 이러했다.[195] 이 사건을 끌어다가 마치 원균이 잘못해서 저지른 어이없는 참사라고 서술하면 곤란하다. 그것은 이억기의 전라우수영 측이 7월 7일에 겪은 불상사였다. 따라서 다음과 같이 이야기를 꾸미는 것은 사실관계가 완전히 뒤틀린 것이다.

터무니없는 가덕도 영등포 패전 설화

"원균이 모든 배를 독촉하여 급히 물러나게 하고, 밤낮으로 노를 저어서 겨우 가덕도(加德島)에 도달하였다. 적군은 우리 군사가 형세를 잃었음을 알고는 곧 신구(新舊) 전선을 내어 엉클어져 쫓아왔다."[196]

우선 그때 원균은 절영도로 진출하지도 않았다. 그럴 겨를이 없었다. 거기다가 원균이 평소에 가덕도와 안골포 및 죽도의 왜성을 얼마나 깊이 경계하였는데, 하필 가덕도에 배를 댔다고 하는가. 터무니없는 주장이다.

"우리 군사는 영등포로 물러났는데 군사들은 땔나무와 물을 다투어 구하였다. 그 전날 밤에 적군이 작은 배를 내어 육지를 타고 내려와 복병을 시켰던 터라, 복병이 사방에서 일어나고 포성이 바다에 진동하였다."[197]

이것도 역시 사실과는 무관한 이야기이다. 때는 음력 7월 15일(8월 15일경)인데 여름 숲에서 땔감을 구할 이유가 무엇인가. 불과 하루 동안의 출정이었는데 마실 물이나 밥을 지을 연료가 부족할 턱이 없다. 게다가 영등포는 본래 적진이 있던 곳으로, 원균이 항상 경계하는 지역이다. 또, 그날은 비가 내리는 궂은 날이었다. 비에 젖은 숲에서 여름철에 땔감을 구한다는 것은 말이 되지 않는다.

---

195 이순신, 《난중일기》, 정유년(1597) 7월 16일.
196 이긍익, 《연려실기술》, 제17권, 선조조 고사본말(宣朝朝故事本末), 〈정유년에 왜구가 두 번째 나오다 – 정유년 3월〉.
197 이긍익, 《연려실기술》, 제17권, 선조조 고사본말(宣朝朝故事本末), 〈정유년에 왜구가 두 번째 나오다 – 정유년 3월〉.

그날 밤 칠천도에 정박했을 리 없어

"원균 등은 창황하여 어찌할 바를 모르고 급히 배를 저어서 온라도(溫羅島, 칠천도)로 물러났으나 적군이 크게 몰려왔다. 날이 이미 저물어서 하늘과 물이 어둡고 처참하기까지 하였다."[198]

그때 원균의 함대가 칠천도에 정박했다는 주장도 사실이 아닐 것이다. 우리 수군이 도착한 곳은 고성의 춘원포가 맞다. 굳이 칠천도를 언급한다면, 7월 14일쯤에 출항한 곳이었으리라 짐작한다. 위에서 보았듯 그해 7월 5일에 이억기의 전라우수영 함대도 칠천량(칠천도)에서 정박한 다음에 동쪽으로 진출하였다.

"원균이 밤에 여러 장수를 모아서 의논하기를, '적의 형세가 이에 이르렀으니 하늘이 우리를 돕지 않는 것이다. 오늘의 일은 한결같은 마음으로 나라를 위하여 목숨을 바칠 뿐이다.'라고 하였다. 그러자 배설이, '용맹할 때는 용맹하고 겁을 낼 때는 겁내는 것이 병가(兵家)의 요긴한 전력이오. 부산 바다에서 세력을 잃었고, 영등포에서 패전하여 흉적이 벌써 가까이 왔는데, 우리 형세는 외롭고 약하기만 하오. 용맹은 부릴 수 없고 겁내는 것만이 쓰일 수 있소.'라고 하였다.
그러자 원균이 성을 내며, '죽고야 말 것이니 너는 여러 말 말아라.'라고 하였다. 배설은 자기 배에 돌아와 휘하의 여러 장수와 함께 비밀히 의논하고 군사를 물리기로 하였다."[199]

이런 이야기를 주고받았다는 것도 서술된 대로 믿기 어렵다. 원균이 그다음 날에 일본군과 죽음을 무릅쓰고 결전을 각오하였다는 말은 사실일 수 있다. 그러나 그 자리에서 배설이 퇴각하자고 주장했다는 것이라든지, 그에 앞서 영등포에서 패전했다는 등의 설명은 사실과 동떨어진 설명으로 보인다.

장문포해전 때 이순신이 당한 일

"한밤중에 적군이 몰래 비거도(鼻居舠, 작은 배)를 보내 우리 전함 사이를 가만히 뚫고 들어와 형세를 살피고, 또 전선 5~6척으로 우리 배 주위를 살며시 돌아다니게 하였으나 (우리) 장수나 군사들이 모두 몰랐다."[200]

---

198 이긍익, 《연려실기술》, 제17권, 선조조 고사본말(宣朝朝故事本末), 〈정유년에 왜구가 두 번째 나오다 - 정유년 3월〉.
199 이긍익, 《연려실기술》, 제17권, 선조조 고사본말(宣朝朝故事本末), 〈정유년에 왜구가 두 번째 나오다 - 정유년 3월〉.

이 부분 역시 원균과는 아무 관계도 없는 일화를 삽입한 것이다. 과거에 이순신의 함대가 흉도(현 경남 거제시 사등면 오량리 고개도)에 정박할 때 일본군에게 당한 이야기를 떠올리는 일화다. 선조 27년 10월 초에 벌어진 장문포해전 때 이순신 휘하에 사도첨사의 판옥선이 비거도의 침공으로 완전히 불에 타버렸다.201 마치 그때 어처구니없이 당한 패전이 그대로 재현된 것처럼 이긍익은 다음과 같이 묘사했다.

> "7월 16일, 날이 밝자 복병선(伏兵船)에 먼저 불이 붙어 파괴되었다. 그러자 원균이 몹시 놀라 은밀히 북을 치고 바라를 울리며 불화살을 쏘아 변을 알렸다. 그때 갑자기 각각 우리 배의 옆에서 적선이 뚫고 들어와 철환이 쾅쾅 떨어지자 군졸들이 낯빛이 변하였다. 원균이 비로소 적의 습격을 깨닫고 쫓아가 잡으려 하였으나 잡지 못하였다.
> 여러 군사를 독촉하여 닻을 내리고 접전하도록 하였으나, 형세가 산이 무너지는 듯하였다. 배설은 바라보기만 하다가 퇴각하려 하자 원균이 군관을 시켜 잡아오게 하였다. 배설이 항거하다가 싸움이 한창일 때 휘하의 배 12척을 거느리고 달아나 버렸다.
> 원균도 힘을 지탱할 수 없어 여러 장수와 함께 닻을 올리고 흩어져 배를 버리고 육지로 올라갔다. 적군이 쫓아와 마구 죽이자 원균 등이 다 죽었다. 여러 장수와 군인 가운데 죽은 사람이 이루 헤아릴 수 없을 정도였다."202

　　위 인용문에서 역사적 사실로 인정할 수 있는 것은 다음의 세 가지뿐이다. 첫째, 원균이 순국하였다는 점이다. 수사 이억기와 최호도 그날 순국했다. 그들 지휘관은 처음부터 패전하기보다는 죽기를 각오하였다. 둘째, 경상우수사 배설이 휘하 군사를 데리고 달아나는 바람에 더는 적과 겨룰 수 없게 되었다는 점이다. 셋째, 그날 우리 군은 한편으로는 적과 싸우며 다른 한편으로 퇴로를 찾기에 바빴다는 사실이다. 우리에게 유리한 전투가 아니었다는 서술은 맞는 말이다.

　　그러나 여러 장수와 군사들이 다 죽었다는 식의 기술은 사실과 어긋난다. 우리 군이 밀리기는 했으나 대체로 무사히 퇴각했다. 그러므로 적군은 대승을 거두었다는 확신도 하지 못한 상황에서 종료되었다.

---

200 이긍익, 《연려실기술》, 제17권, 선조조 고사본말(宣朝朝故事本末), 〈정유년에 왜구가 두 번째 나오다 - 정유년 3월〉.
201 《실록》, 선조 27년(1594) 11월 22일.
202 이긍익, 《연려실기술》, 제17권, 선조조 고사본말(宣朝朝故事本末), 〈정유년에 왜구가 두 번째 나오다 - 정유년 3월〉.

중대한 문제는 우리 군이 뿔뿔이 흩어진 군사와 전함을 사후에 제대로 수습하지 못한 점이다. 통제사 원균이 전사했고, 전라우수영의 이억기 수사도 그와 똑같은 운명이 되고 말았다. 그 때문에 우리 군이 지나치게 당황한 것이 문제였다.

책임의 소재

이른바 칠천량 사태 이후 누군가 우리 수군을 재조직해야 했다. 그 책임은 일차적으로 이 전투에서 살아남은 장수들의 몫이었다. 경상우수사 배설과 조방장 배흥립에게 직접적인 책임이 있다. 배설과 배흥립 등은 바로 한산도 본영으로 가서 남은 전함과 군기(軍器)를 정돈하고, 흩어진 군사를 모아야 했다. 그러나 그들은 그렇게 하지 않았다.

그 다음으로는 상부에서 수군을 지휘한 도원수 권율의 책임이 무거웠으며, 도체찰사 이원익도 사태 수습의 책무가 없지 않았다. 그러나 그들은 진상 파악조차 제대로 하지 않은 채, 조정에 허위 보고서만 올렸다. 이 점은 이미 앞에서 자세히 살핀 바와 같다.

그나마 수군을 재정비하는 일에 나선 이는 이순신이었다. 하지만 그것도 여의치 못하였던 모양이다. 결국 조선의 수군은 어이없게도 무너졌다. 당연히 한산도에 남아 있어야 할 우리 수군의 자산(資産)마저도 수습하지 않았다. 배설이 그 모두를 불태우고 달아났다고 하는데, 사실 여부는 자세히 알 수 없다.

이긍익이 내린 결론

그는 통제사 원균의 최후를 다음과 같이 비극적으로 묘사하였다.

> "원균이 본래 살이 쪄서 하루에 술 한 말과 생선 다섯 묶음을 먹었으므로 배가 무거워 걸으면서 싸우는 것을 잘하지 못하였다. 나무 밑에 앉아 쉬다가 적에게 살해당하였다."[203]

인용문은 《실록》에 나오는 선전관 김식의 구두 보고를 각색한 것이다.[204] 김간이 지은 〈원균행장〉을 읽어보면 그는 본래 몸집이 크고 행동이 날쌨다. 나이가 들어 조금 동작이 둔해졌을 수는 있었다고 본다. 그래도 너무 지나치게 과장된 표현이라고

---

[203] 이긍익, 《연려실기술》, 제17권, 선조조 고사본말(宣朝朝故事本末), 〈정유년에 왜구가 두 번째 나오다 - 정유년 3월〉.
[204] 《실록》, 선조 30년(1597) 7월 22일.

생각한다. 술 한 말에 생선 다섯 묶음을 먹었다는 서술 역시 지나친 것인데, 본래는 그가 체구도 유난히 크고 힘이 센 장사였다는 뜻에서 지어낸 말이었을 것이다. 이어서 이긍익은 조선군의 피해를 다음과 같이 요약했다.

> "이억기(李億祺)와 최호(崔湖) 등은 물에 빠져 죽고, 전선 백여 척도 모두 함몰되었다."[205]

위에서 전선 100여 척이 함몰되었다고 쓴 것도 역사적 사실과는 거리가 멀다. 《징비록》을 비롯한 당대의 기록이 상상에 치우쳐 허위 사실을 습관처럼 열거했고, 이긍익도 그 영향에서 벗어나지 못하였다.

다음으로, 경상우수사 배설의 거취를 다음과 같이 기술하였다.

> "배설은 전선을 거느리고 달아났으므로 그 군사들만은 온전하였다. 그는 한산도에 돌아와, 피난 가고 남은 백성으로 섬에 거주하는 자는 적군을 피해 떠나가도록 하였고, 불을 놓아 막사·양곡·군기 등을 모두 태웠다. 이에 순신이 모아서 몇 해 동안 쓸 수 있었던 양곡과 병기가 모두 재로 변했다."[206]

이미 앞에서 우리가 살핀 것과 같은 소문이라 글자 그대로 다 믿을 수는 없으나, 배설이 한산도에 돌아와 불을 지른 것은 아마 사실일 것이다. 그 시점에서 배설이 해야 할 일은 함선과 병기 등을 서둘러 파괴할 일이 아니었다. 그는 수사로서 흩어진 수군을 한데 모으고 장비와 함대를 모아 재건 사업에 앞장섰어야 옳았다. 만약에 배설이 도원수 권율 등과 협력해 수군을 재건하였더라면 역사에 아름다운 이름을 남겼을 테지만, 그는 잘못된 방향으로 치달았다. 처음에는 원균과 힘을 합쳐 싸웠어야 옳았고, 일단 도주한 다음에는 수군의 재건에 몸을 바쳤어야 한다. 하지만 두 가지 모두 피하기만 하였으니, 어찌 살아남아 용서받기를 바랄 수 있었겠는가.

'칠천량 사태'의 여파

이긍익은 사태의 여파를 다음과 같이 서술하였다.

---

[205] 이긍익, 《연려실기술》, 제17권, 선조조 고사본말(宣朝朝故事本末), 〈정유년에 왜구가 두 번째 나오다 – 정유년 3월〉.
[206] 이긍익, 《연려실기술》, 제17권, 선조조 고사본말(宣朝朝故事本末), 〈정유년에 왜구가 두 번째 나오다 – 정유년 3월〉.

"적군이 이긴 기세로 서쪽으로 향하니 남해(南海)와 순천(順天)이 차례로 함락되었다. 두치진(豆恥津)에 이르러 뭍으로 내려와 길게 휩쓸아치자, 전라도와 충청도가 크게 진동하였다."[207]

그러나 일본군이 전라도를 공격한 것은 '칠천량 사태'가 끝나고 보름도 더 지난 다음이었다. 살아남은 수군 장수가 대부분이었으므로, 제대로 수습하였더라면 잇따른 봉변은 없었을 것이다. 그것이 한 가지 안타까운 점이고, 다른 한편으로 일본군의 전라도 및 충청도 침략은 이미 예고된 일이었기 때문에 그 피해를 수군의 몰락에 전가하는 것 역시 사리에 맞지 않는 것이라 하겠다.

한편, 이긍익은 이순신의 앞일을 다음과 같이 짧게 기술했다.

"권율이 이순신에게 진주에 가서 흩어진 군사를 수습하게 하였다. 얼마 뒤 그는 다시 (통제사로) 기용되었다."[208]

사실에 가까웠지만 엄밀히 말해 틀린 서술이다. 권율이 이순신을 보내 수습하려 한 것이 아니라, 이순신이 그렇게 하기를 자청하였다. 그런데 그 역시 상황을 정확히 판단하지 못하였다. 그는 단시일 내에 전함을 제대로 수습하지 못하였고, 흩어진 병사를 모으는 것도 사실상 포기하였다. 이순신은 아예 경상우도와 전라좌도를 떠나, 멀리 전라우도로 옮아가 거기에다 새 수군 기지를 건설하기로 하였다. 이순신 역시 '칠천량 사태'의 진실을 옳게 파악하지 못한 것 같아 아쉽다.

---

[207] 이긍익, 《연려실기술》, 제17권, 선조조 고사본말(宣朝朝故事本末), 〈정유년에 왜구가 두 번째 나오다 - 정유년 3월〉.
[208] 이긍익, 《연려실기술》, 제17권, 선조조 고사본말(宣朝朝故事本末), 〈정유년에 왜구가 두 번째 나오다 - 정유년 3월〉.

제3절
칠천량의 진실은 무엇일까

아래에서는 두 가지 방법을 통해 '칠천량 사태'의 진실을 탐구하려고 한다. 첫째는 《실록》의 관련 기사를 재검토하는 작업이다. 둘째는 이순신의 《난중일기》를 바탕으로 당시에 무슨 일이 일어났는지를 살펴보려고 한다. 아무쪼록 이 글을 통해 우리가 사태의 실체를 정확히 인식하게 되기를 바란다.

1. 《실록》이 일러주는 역사의 진실

《실록》을 살펴보면, 거기에도 서로 엇갈린 기술이 적지 않다. 주목한 것은 두 가지 기록인데, 우선 '칠천량 사태'가 어떤 경로를 밟아서 일어났는지를 조사하는 것이다. 선조 30년(1597) 6월 28일(정해)에 도원수 권율은 〈장계〉에서 자신은 원균의 전술 개념을 반대하고 있으며, 마침내 자신의 의지를 관철하게 되었다는 식으로 조정에 보고하였다.

> "통제사 원균(元均)은 늘 주장하기를, 육로를 통해서 먼저 안골포(安骨浦) 등지의 왜적을 쳐야 한다고 하였습니다. (이렇게 자신의 책임을 육군에) 미루면서 그는 바다로 나아가, 쳐들어오는 적을 막을 생각이 없었습니다. 그래서 신(권율)은 분한 마음을 이기지 못하였습니다.
> 때로는 전령(傳令)을 보내 그를 나무랐고, 때로는 (그가 보낸 문서와 사람을) 되돌려보내고 호되게 나무랐습니다. 또, 세 번이나 도체찰사(이원익)에게 군관을 보내어 (도움을) 요청하기도 하였습니다.
> 결국은 남이공(南以恭, 체찰사의 부하)이 체찰사의 명을 받들어 한산도(閑山島)에 들어가서 (원균을) 독촉하였습니다.
> 그제야 (원균은) 더는 (출전을) 미루지 못하고 (6월) 18일에 처음으로 전선을

이끌고 나갔습니다. 크고 작은 (우리) 배 1백여 척이 가덕도(加德島) 앞바다로 향했습니다. 이것은 남이공의 힘으로, 원균이 결심한 것이라고 할 수 없습니다. 이런 방식으로 (수군이) 계속 번갈아 (함대마다) 교대해서 뒤따라 나간 부대가 (부산포 방면으로) 나아가면 앞서 출발한 부대가 되돌아오면 됩니다. 그러면 적들이 (우리 수군을) 의심하고 두려워하여 감히 바다를 건너지 못할 것입니다. 혹시 저들이 돛을 올리더라도 파두(波頭, 파도와 풍랑)에 부서질 것이요, 진을 치고 있는 적의 형세는 고단해지고 양식도 떨어져 진퇴가 궁색해질 것으로 봅니다.

그러한 때(우리 측에 유리한 시기)가 되면, 중국군의 힘을 빌려 (우리가) 뜻을 정해 (적진으로 깊숙이) 진격하면 어찌 이기지 못할 리 있겠습니까.

신은 우선 사천(泗川, 경상남도 사천)에 머물면서 해상의 소식을 기다리겠습니다."209

위 인용문을 통해 우리는 '칠천량 사태'의 기원은 선조 30년 6월 18일이라는 사실을 알 수 있다. 권율의 〈장계〉에 명확히 기록된 것처럼 원균은 이제 더는 수륙 합동작전을 고집할 수 없게 되었다. 도원수 권율과 도체찰사 이원익의 명령에 따라 원균은 수군을 이끌고 남해로 나아갔다. 이억기와 배설 등도 제각기 자신의 부대를 이끌고 순서대로 나아가 적이 침투할 곳을 순찰하고 경비하였다. 우리 수군의 출동작전은 약 한 달간 교대로 계속되었다. 시간이 갈수록 우리 군은 지쳤고, 우리 군의 전력과 우리 군의 활동 양상이 적에게 완전히 노출되었다.

일이 그렇게 되고 말 것을 우려했기 때문에 우리 수군의 최고 지휘부는 권율 등이 제시한 작전을 반대했다. 따지고 보면 그 작전이란 것은 권율의 머리에서 나온 것도 아니었다. 실은 적군인 고니시 유키나가와 요시라가 세운 작전이었다. 적이 준 정보와 활동 지침대로 우리 군을 움직이게 하였으니, 언젠가 크게 사단이 일어날 것은 뻔했다.

최초 보고부터 엉터리

조정이 '칠천량 사태'에 대한 최초 보고를 받은 시점은 선조 30년(1597) 7월 22일이었다. 선조는 조정이 한산도에 파견한 선전관 김식(金軾)이 올린 〈서계(書啓)〉를 읽고 대신과 비변사 당상을 불러모았다. 영의정 유성룡(柳成龍), 행 판중추부사 윤두수(尹斗壽), 우의정 김응남(金應南), 행 지중추부사 정탁(鄭琢), 행 형조판서 김명원(金命

---

209 《실록》, 선조 30년(1597) 6월 28일.

元), 병조판서 이항복(李恒福), 병조참판 유영경(柳永慶), 행 상호군 노직(盧稷), 좌승지 정광적(鄭光績), 주서 박승업(朴承業), 가주서 이성(李惺), 검열 임수정(任守正), 이필영(李必榮)이 그들이었다. 선조는 김식의 보고가 사실을 충실히 반영한 것으로 판단한 나머지 다음과 같이 말했다.

> "주사(舟師)는 전군이 대패하였다. 이제는 어찌할 도리가 없다. 대신이 (명나라) 도독과 안찰(按察)의 아문(衙門, 관청)에 가서 이 소식을 알려야겠다."210

대신들은 당황해 말을 잊었다. 그때 선조는 대책을 내놓지 못하는 대신들을 질책하며, 각도에 남은 전함을 수습하여 속히 방비해야 한다고 목소리를 높였다.

유성룡의 사태 파악

그러자 영의정 유성룡은 자신이 선전관 김식에게 수집한 정보를 토대로 사태의 진상을 다음과 같이 요약했다.

> "(아군이) 한산에 거의 이르러 칠천도(七川島)에 도달했을 때가 밤 2경(21~23시)이었습니다. 그때 왜적이 어둠을 이용하여 잠입하였다가 갑자기 포를 쏘아 우리 전선 4척을 불태웠습니다. 너무도 창졸간이라 (아군은) 추격하여 포획하지 못하였습니다. 다음날 날이 밝았을 때는 적선이 사면으로 포위하여 아군은 부득이 고성으로 향하였습니다. 그러나 육지에 내려보니 왜적이 먼저 상륙하여 이미 진을 치고 있었답니다. 그래서 우리 군사는 미처 손쓸 사이도 없이 모두 죽었다고 합니다."211

인용문에서 우리가 취할 점은 두 가지이다. 첫째, 7월 15일 한밤중에 적군의 야습이 있었으나 큰 사건은 아니었다는 것이고, 7월 16일 새벽에 적이 우리 군을 사방에서 에워쌌기 때문에 철수 작전을 하였다는 점이다. 둘째, 우리 군은 뿔뿔이 흩어져 고성(춘원포) 등지에 상륙했는데, 그때 통제사 원균이 순국했다는 점이다. 그밖에 칠천도에 도달했다든가 고성에 적이 진을 치고 있었다든가 하는 점은 사실에 가깝기는 해도 확언하기는 어렵다. 선전관 김식은 조정에서 파견한 군관으로 현지 물정에 밝지 못했기 때문

---

210 《실록》, 선조 30년(1597) 7월 22일.
211 《실록》, 선조 30년(1597) 7월 22일.

이다.

선조 - 전술적 실패를 인정해

한편 그날 회의에서 선조는 다음과 같은 발언도 했다.

"적의 수가 매우 많았으니, 당초에 (아군이) 풍파에 휩쓸려 죽었다는 설은 헛소리였다."212

선전관 김식이 올라오기 전에 조정에는 불길한 소문이 퍼졌던 것으로 보인다. 이는 그해 7월 초순에 이억기 함대의 일부가 서생포로 표류한 것을 가리키는 것이었다. 조정에서는 그들의 표류 사실을 그때까지도 모르고 있었기 때문이다. 선조는 또 이런 말도 했다.

"원균이 일찍이 절영도(絶影島) 앞바다에는 나가기 어렵다고 하더니, 이제 과연 이 지경에 이르렀다."213

선조는 앞서 원균이 여러 차례에 걸쳐 도원수 권율의 공격 전술에 대해 부정적인 견해를 밝힌 점을 기억하였다. 조정에서 도체찰사와 도원수를 통해 강제로 수군을 부산포 방면으로 진군하게 한 것에 대해, 선조는 후회하는 기색이 명백하였다. 심지어 왕은 도체찰사 이원익의 종사관인 남이공의 말을 다음과 같이 인용하며 권율을 원망하였다.

"원균은 처음부터 (부산포로) 가려고 하지 않았다. 남이공의 말에, 배설도 '비록 군법에 따라 나 홀로 죽임을 당할지언정 군졸들을 어떻게 사지에 들여보내겠는가.'라고 했다고 한다. 대체로 모든 일은 사세를 살펴보고 시행하되 요충지는 고수해야 옳다. 이번 일은 도원수가 원균을 독촉했기 때문에 이런 패배가 일어난 것이다."214

원균뿐만 아니라 경상우수사 배설도 본래 권율의 지시에 불응하였더라는 후일담이

---

212 《실록》, 선조 30년(1597) 7월 22일.
213 《실록》, 선조 30년(1597) 7월 22일.
214 《실록》, 선조 30년(1597) 7월 22일.

었다.

수습책에 관한 논의

우리 수군이 패배했다는 소식은 모두에게 큰 충격이었다. 선조는 적의 전함이 전보다 대단히 커졌다는 사실에 깊은 우려를 표했다. 아울러, 그들이 이제는 전함에 대포와 화전(火箭)도 배에 싣고 왔을까 걱정했다.

그러면서 선조는 수습책을 고심했다. 한편으로 통제사를 새로 차출해 수군을 재조직하는 것이요, 다른 한편으로 명나라에 이를 보고해 사태의 심각성을 환기하자고 했다.215

병조판서 이항복은, 우리 군이 칠천량이라는 비좁은 지역에 정박하였다가 갑자기 적선을 만나 궁지에 몰렸다고 하므로 전군(全軍)이 전사했음이 분명하다고 보았는데, 완전히 그릇된 진단이었다.

영의정 유성룡은 거기서 한발 더 나아가 한산도를 적군이 이미 점령했을 것으로 확신하였다. 이 역시 잘못된 추측이었다. 적군은 한산도에 주둔한 적이 없었다. 한산도는 적의 동태를 살피려는 조선군에게는 유용한 기지였으나, 서쪽으로 진출하려는 적군에게는 별로 쓸모가 없었다.

선조는 명나라 군대가 일본군의 침략을 효율적으로 막아내기는 불가능하다고 진단했다. 특히 3천 명의 군사를 거느린 양원이 어떻게 남원을 지킬 수 있느냐고 한탄하였다. 장차 명나라가 군대를 많이 보내오면 서로(西路), 즉 평안도와 황해도는 보존할 수 있겠으나, 하삼도(下三道, 남부지방)는 수습하기 어려울 것으로 내다보았다.216 그러자 유성룡은 남아있는 전함으로 강화(江華) 등지를 수비하는 것이 옳다고 했다.

회의를 시작하고 한참 시간이 흐르자 선조는 앞서 자신이 말한 바를 부분적으로 수정했다. 즉 중국 장수들은 우리 수군을 믿는다고 입버릇처럼 말해왔는데 지금 이처럼 패전하였다는 소식을 알게 되면 조선을 버리고 떠나갈 염려가 있다는 것이었다.217 그래서 조정은 '칠천량 사태'를 비밀로 하였다. 이어서 선조는 수군의 재조직에 관해 다음과 같이 언명했다.

---

215 《실록》, 선조 30년(1597) 7월 22일.
216 《실록》, 선조 30년(1597) 7월 22일.
217 《실록》, 선조 30년(1597) 7월 22일.

> "한산은 왜적과 가까운 거리에 있으므로 외로운 군사로 지킬 수 없을 것이다. 조금 후퇴하여 전라우도를 지키게 하는 것이 좋을 것이다."218

이쯤에서 우리는 이순신이 왜, '칠천량 사태' 직후에 전라우도까지 후퇴하였는지 그 정치적 배경을 짐작할 수 있다. 그러나 후퇴를 결정하기에 앞서 사태의 진면모를 알았더라면 수군이 그렇게 멀리까지 물러날 필요는 없었다. 진상조사가 무엇보다 중요하다는 점을 거듭 실감한다.

진상조사를 벌인 결과

선조 30년(1597) 7월 27일에 조정은 '칠천량 사태'의 진상 규명에 나섰다. 사간원이 그 일을 주도했다. 그들은 다음과 같이 건의했다.

> "주사(舟師)가 패전하고 이미 10여 일이 지났으나, 해양에 관한 사정을 알아볼 길이 없어 막연합니다. 당초에 패전한 곡절은 물론이고 장수와 군졸의 생사, 배와 기계의 유무, 그리고 한산도에 있는 군량과 사민(士民)의 처치, 삼도(三道) 주사를 얼마나 수습하였는지에 대하여 자세히 알려지지 않고 있습니다. 그뿐만 아니라 뿔뿔이 흩어진 군졸을 재편성하지 않아, 군사 형편이 매우 빈약합니다. 그러므로 모두 의구심을 품고 있습니다. 이를 선유(宣諭)하는 일이 매우 시급합니다. 시종신(侍從臣), 즉 승지 가운데 한 사람을 시급히 달려가게 하여, 한편으로 변방의 사정을 염탐하고 다른 한편으로는 군졸들의 마음을 위로해 주소서."219

선조는 사간원이 건의한 바를 수용하였다. 즉, 조정에서는 '칠천량 사태'의 진실을 조사하는 동시에 민심을 수습하기 위해 유능한 문관을 현지에 파견하였다. 그 결과 선조 30년 8월 초에는 사태의 전모가 어느 정도 드러났다.

요컨대 우려와는 달리 큰 피해가 없었다는 점이 알려졌다. 그와 때를 같이해서 도체찰사 이원익(李元翼)은 다음과 같이 대폭 수정한 피해 보고서를 올렸다.

> "중론을 참고한 결과 힘껏 싸우다 바다 한가운데서 전사한 이는 조방장 김완(金浣)뿐이었습니다."220

---

218 《실록》, 선조 30년(1597) 7월 22일.
219 《실록》, 선조 30년(1597) 7월 27일.
220 《실록》, 선조 30년(1597) 8월 5일.

알고 보니 피해 규모는 정말 작았다. 최고 지휘부가 희생된 것 외에는 조방장 김완이 전사한 것이 전부였다. 이렇게 싱거울 수가 있는가.

억지 출동 – 예고된 재난

명확한 사실이 백일하에 드러났다. 《실록》을 자세히 검토하면 누구나 알 수 있는 데, '칠천량 사태'는 처음부터 예고된 재난이었다. 사후에 거듭 확인된 것으로, 이미 그해 6월에 도원수 권율이 급히 보고한 내용 가운데 다음과 같은 글귀가 있다.

> "통제사 원균이 (저 권율에게) 치보(馳報, 급히 보고함)한 내용에는 다음과 같은 사항이 있었습니다. '수군을 몇 개의 부대로 나누어 번갈아 오가게 하는 안건으로 삼도수사(三道水使)와 함께 회의하였습니다. 그러자 수사들이 말하기를, 그러면 반드시 패전할 터인데, 그런 날이 있을 줄 분명히 알고서야 어찌 부산과 절영도를 왕래할 수 있는가. 장수가 밖에 있을 때는 임금의 명령도 받지 않는다고 하였다는 말이 있었습니다. 그러면서 어리석고 용렬한 통제사(원균)로서는 어떻게 처치할 수가 없다.'라고 하였습니다."221

부산포와 절영도를 오가며 적을 방비하라는 도원수 권율의 명령에 순순히 따르는 수사는 아무도 없었다는 증언이다. 적군이 요새를 점거한 마당에 우리 군이 자신의 허점을 그대로 노출하고, 퇴로가 위험한 작전을 한두 번도 아니고 연달아 계속한다는 것은 누가 보아도 잘못된 작전이었다.

그러나 권율은 그런 항의를 수용하기는커녕 다음과 같이 분개하였다.

> "이는 곧 여러 장수가 임금의 명령을 듣지 않겠다는 뜻입니다. 이와 같은 일은 결코 용서하기 어려우니 조정에서 결단을 내리소서."222

권율은 통제사 원균 이하 여러 수사를 반역죄인으로 몰았다. 그해 6월에 선조는 권율의 〈장계〉를 읽고 역시 통분한 마음으로 〈비망기〉를 내려, 승정원에 다음과 같이 지시했다.

---

221 《실록》, 선조 30년(1597) 7월 25일.
222 《실록》, 선조 30년(1597) 7월 25일.

"(권율의) 이 서장을 사책(史冊)에 상세히 기록해 두라."223

장차 전쟁이 끝나고 나면, 선조는 원균 이하 여러 장수를 명령불복죄로 처벌할 결심이었다. 그러나 결국은 수사들의 염려가 현실이 되고 말았다. 선조는 크게 뉘우쳤다. 자신이 명민하지 못해 권율과 이원익, 그리고 유성룡 등의 잘못을 알아채지 못했다는 깊은 후회가 그를 슬프게 만들었다.

'칠천량 사태'의 진실

선조 30년(1597) 10월 말이 되자 이른바 '칠천량 사태'의 허무함이 드러났다. 적과 싸워 죽거나 다친 피해자는 별로 없었다. 아니, 그보다도 근원적인 문제는 도원수와 도체찰사 등이 적진의 상황을 오판한 사실이 확인되었다. 더구나 그들은 사태가 일어난 후에도 진상조사를 하지 않았다. 그런데 이제 조정의 노력으로 사태의 진상이 어느 정도 파악되었다.

이에 사헌부는 그 책임을 물어 도원수 권율을 공박했다.(제3부 제1장 참조) 권율을 비판한 사헌부의 대신은 대사헌 이헌국(李憲國, 서인)이요, 집의는 이병(李覮, 대북파) 그리고 지평은 성이문(成以文, 소북)이었다.224 대체로 영의정 유성룡과는 당파가 다른 문신들이었다. 사헌부의 지당한 비판 앞에 선조는 할 말을 잃었다.

"도원수에 관한 일은 (사헌부가) 논한 바가 너무 지나치다. 지금 한창 왜적과 대치하고 있는데 어찌 이럴 수가 있겠는가."225

전쟁 중이라 도원수 권율에게 막중한 책임을 묻기는 어렵다는 식의 어정쩡한 답변이었다. 그렇게 말은 했으나, 사헌부의 상소를 계기로 선조는 다시 한번 중요한 사실을 깨달았다. 그동안 조정이 잘못된 판단을 근거로, 통제사 원균에게 무리한 작전을 명령하였다는 점이 명명백백하였다. 선조는 그 점을 오랫동안 기억하였다.

전쟁이 끝나고 3년이 지난 선조 34년(1601) 1월 17일 아침에 선조는 겸 사도도체찰사(兼四道都體察使) 이덕형(李德馨)과 부사(副使) 한준겸(韓浚謙)을 불러 놓고, 다음과 같이 말했다.

---

223 《실록》, 선조 30년(1597) 7월 25일.
224 《실록》, 선조 30년(1597) 10월 30일.
225 《실록》, 선조 30년(1597) 10월 30일.

"원균이 (마지막) 싸움에 진 뒤로 사람들이 그를 헐뜯는다. 그러나 과인 생각에는 원균 같은 이는 용감하고도 슬기로운 사람이었다. 우리나라에서는 누가 한 가지 일만 잘하면 모두 칭찬하고, 한 가지 일만 실패하여도 모두 비난한다. 그러나 원래 영웅(英雄)이란 성패(成敗)를 가지고 이러쿵저러쿵 논할 수 없는 법이다."226

연개소문이 마지막까지 승리를 구가한 것도 아니고, 나폴레옹이나 한니발도 역시 마찬가지였다. 영웅의 일생을 평가할 때 한두 번의 승리 또는 실패를 가지고 판단할 일은 아니다. 선조는 그와 같은 역사의 보편적 평가 기준을 잘 알고 있었다. 그는 원균에 관한 자신의 평가를 다음과 같이 정리했다.

"원균을 과인이 직접 만나지는 못했다. 하지만 임진년(1592)에 그는 이순신(李舜臣)과 마음을 합쳐 적을 무찌를 때 싸움마다 반드시 앞장섰다. 그가 용감히 싸운 것은 우리가 다 알고 있다. 한산(閑山) 싸움(이른바 '칠천량 사태')에서 그가 패전한 것을 문제 삼아 그에게 허물을 돌리지만, 그것이 어찌 그의 잘못이었는가. 바로 말해, 조정에서 그를 재촉해 하루빨리 (부산포로) 들어가라고 했기 때문에 벌어진 일이었다."227

두말할 나위조차 없는 일이었다. 더구나 김응서와 권율 라인은 끊임없이 요시라 및 고니시 유키나가와 첩보를 교환하고 있었으니, 우리 군의 활동은 이미 적들에게 완전히 노출된 상황이었다. 그러나 선조는 거기까지 생각하지는 못했다. 왕은 다음과 같이 부연했다.

"그(원균)가 올린 서장(書狀)을 살펴보면, 안골포(安骨浦)가 (우리 수군) 앞에 버티고 있어 바로 들어갈 형세가 아니라고 하였다. 그러므로 육군에게 명하여 우선 (안골포의) 적을 몰아낸 다음에 적진으로 들어가야 한다고 주장하였다. 그런데도 도원수(都元帥, 권율)가 그를 붙잡아 곤장을 쳤다. 그리하여 그는 반드시 패할 줄 알면서도 (부산포로) 들어가지 않을 수 없었다. 이것이 과연 그가 스스로 패한 것이었던가?"228

---

226 《실록》, 선조 34년(1601) 1월 17일.
227 《실록》, 선조 34년(1601) 1월 17일.
228 《실록》, 선조 34년(1601) 1월 17일.

권율은 요시라의 말을 믿고 무리하게 우리 수군을 압박하였다. 도체찰사와 비변사도 적의 농간에 속아 넘어갔으니, 참으로 애석한 일이었다. 그때 우리 수군 지휘부의 저항은 실로 끈질겼으나, 위에서 압박하였기 때문에 어쩔 도리가 없었다. 선조는 그 점을 다음과 같이 요약했다.

"나중에 과인이 들어보니, 이억기(李億祺)와 최호(崔湖) 등은 조정에서 빨리 적진으로 들어가라고 재촉한다는 말을 듣고 서로 이렇게 말하였다고 한다. '(상부의) 명령을 어기면 우리 세 사람(원균, 이억기 및 최호)은 죽을 것이고, (명령대로 부산포와 절영도에) 들어가면 나라를 욕되게 함이 클 것이다.' 이러하였으니 그들은 전쟁에 패배한 죄와는 거리가 멀다고 본다. 과인이 그 점을 평소에 매우 온당치 않다고 생각했기 때문에 이렇게 언명하는 바이다."[229]

선조는 진심으로 조정의 잘못을 뉘우치며 원균과 이억기, 최호를 죽음으로 내몬 옛일을 반성하였다. 왕의 후회 섞인 발언이 끝나자 대신 이덕형은 다음과 같이 대답하였다.

"신이 지난해(선조 33년, 1600)에 남방을 왕래하며 그곳 사람들의 말을 들어보았는데, 대개는 그들(통제사와 두 명의 수사)이 모두 나라를 위해 죽은 사람이라고 하였습니다."[230]

왜란이 끝나고 두 해가 지났을 때 남해안의 인심이 그러했다. 통제사 원균과 수사 이억기 및 수사 최호는 나라를 위해 순국한 장수였다는 것이 세평이었다.

통제사 원균의 무거운 짐

이렇게 말한 끝에 정승까지 지낸 이덕형은 원균의 특징을 다음과 같이 평했다.

"그(원균)는 전에 경상우수사(慶尙右水使)로 있을 때 전투에 임할 때마다 사람들이 달려가지 않으면 칼로 내리쳤습니다. 그래서 모두가 원균 수사(元均水使)는 미련하다고 말했습니다. 그러나 그는 전투에 임해서 (그와 같이) 강직했던 것입니다."[231]

---

229 《실록》, 선조 34년(1601) 1월 17일.
230 《실록》, 선조 34년(1601) 1월 17일.
231 《실록》, 선조 34년(1601) 1월 17일.

오늘날에는 많은 사람이 원균이라면 비겁하고 음험하며 지혜가 부족한 바보로 취급한다. 그러나 동시대인은 그렇게 생각하지 않았다. 그들은 원균이야말로 미련하다고 말할 정도로 강직하고 용맹스러운 장수라고 확신하였다. 그래서 원균을 통제사로 삼았으나, 그로서는 단기간에 해결하기 어려운 숙제가 있었다. 그 점을 이덕형은 아래와 같이 분석했다.

> "그런 이유로, 이순신을 (한양으로) 잡아 온 다음에는 그를 (통제사로) 임명하여 보냈던 것입니다. 하지만 주변의 여러 장수가 모두 이순신의 막하(幕下)였으므로 (원균과는) 서로 의논하지 않아 원균이 고립되었습니다."[232]

앞에서 살핀 것처럼 원균은 배흥립과 김완 등 이순신의 직속 부하를 포용하기에 노력하였으나 외부에서 보기에는 그것으로 충분하지 못했다. 수군 내부에는 원균을 따르지 않는 장수와 군관들이 너무 많았다. 그들은 이순신의 재기를 믿고 원균에게 저항하였다. 부체찰사 한효순은 그 점을 염려했다고 한다. 이덕형은 다음과 같이 증언하였다.

> "그래서 한효순(韓孝純)이 체찰사(體察使, 이원익)에게 보고하여 인사 이동하려고 했습니다. 하지만 미처 그렇게 하지 못한 상태에서 원균이 패전하였습니다."[233]

가부간에 조정은 인사를 단행했어야 한다. 이순신의 직계 세력을 제거하든가 아니면 원균을 수군에서 몰아내야 할 상황이었다. 말은 쉬우나 실제로는 대단히 어려운 일이었다. 우리 수군은 통제사 원균 중심의 조직을 만들기도 전에 적의 대대적인 공격을 받은 셈이었다. 여기에 '칠천량 사태'의 또 다른 진실이 숨어 있었다.

'칠천량 사태'의 진면모

이덕형은 과거에 병조판서를 지냈고, 선조 33년에는 왕명으로 남부지방을 시찰하며 민심을 두루 탐지하였다. 그 덕분에 이덕형은 '칠천량 사태'에 관해서도 사실상 최종적 판단을 내릴 수 있었다. 그는 사태의 전모를 다음과 같이 요령 있게 정리했다.

---

232 《실록》, 선조 34년(1601) 1월 17일.
233 《실록》, 선조 34년(1601) 1월 17일.

> "(원균을 헐뜯는) 여러 장수의 말은 믿을 수 없습니다. 그러나 격군(格軍, 노를 젓는 병사)의 말은 믿을 수 있습니다. (원균이) 부산(釜山)에 진격하여 적을 공격할 때 우리나라 수군 90척은 곧바로 적을 행해 쳐들어갔고, 그때 이루 헤아릴 수 없이 많은 적선이 바다를 가득 메웠습니다."234

이덕형은 원균과 함께 부산포로 진격했던 격군들을 만나 사태의 전개 과정을 파악했다. 그에 따르면 선조 30년 7월 15일에 부산포로 진출한 조선군 함대는 모두 90척이었다.235 언제 어디서 조선군이 출발하였는지는 서술하지 않았으나, 당시의 항해 여건으로 보면 다음과 그 일정은 같았을 것이다. 7월 13일에 한산도 본진을 떠나 칠천도 해역에서 1박하고, 7월 14일에 거제도 북단의 옥포까지 진출하여 또 하루를 지냈다고 본다. 그리고 이튿날인 7월 15일 새벽에 출발하여 그날 정오가 조금 지난 시간에 부산 앞바다에 도착할 수 있었을 것이다.

그런데 적군은 미리 정보를 알고 있었던지 수백 척이 조선군을 맞아 싸울 준비를 마친 상태였다. 우리 군은 승산이 없는 싸움을 벌이기보다는 후퇴하는 쪽으로 방향을 잡았다. 이어지는 이덕형의 보고는 다음과 같았다.

> "우리나라 수군은 수가 적어서 도저히 당해낼 수 없었습니다. 그리하여 한산을 향해 후퇴하였습니다. 격군들이 밤낮없이 노를 저어 춘원포(春原浦, 경남 고성군)에 닿았다고 합니다."236

이것이 그날의 진실이다. 부산포까지 갔으나 전투준비를 마친 적군을 상대하기 어려워 한산도를 향해 물러난 것이다. 하지만 한나절 만에 부산포에서 한산도까지 간다는 것은 불가능한 일이었다. 그날은 비까지 내렸다. 최대한 속도를 내더라도 7월 15일 저녁에 우리 군이 도착할 수 있는 것은 거제도 북쪽 어딘가였다. 그래서 우리 군은 고성현 춘원면의 큰 포구에 정박하였다.

그럼 그다음에는 무슨 일이 일어났을까? 이덕형에 증언한 격군의 말은 아래와 같았다.

> "적군이 밤을 틈타 정면으로 공격해 왔습니다. 그러자 아군은 힘이 지친 데다가 갑자기 당하는 변고라 제대로 싸우지 못하고 물이 마르듯이 서둘러 도망쳤다고

---

234 《실록》, 선조 34년(1601) 1월 17일.
235 《실록》, 선조 34년(1601) 1월 17일.
236 《실록》, 선조 34년(1601) 1월 17일.

합니다. 한 명의 전사자도 없었다고 합니다."237

그야말로 싱거운 퇴각이었다. 우리 수군은 춘원포에서 하룻밤을 묵으려 했으나, 적군은 우리 함대를 추격해와 밤중인데도 싸움을 걸어왔다. 중과부적이었으므로, 우리가 그들을 감당하기는 벅찼다. 그래서 우리 군 함대는 뿔뿔이 흩어졌는데 다행히 희생은 거의 없었다고 했다. 한 명의 전사자도 없었다는 표현은 물론 통상적인 과장법이다. 통제사를 비롯해 최고위 지휘관들이 끝까지 저항하다가 숨을 거둔 것은 엄연한 사실이다. 이것은 그 밖에는 이렇다 할 인명피해가 없었다는 뜻이다.

그런데도 사건 직후에 마치 대참패를 당한 것처럼 과장한 허위 보고가 잇따랐다. 그 바람에 조정에서는 경상도는 물론이고 전라좌도까지 허무하게 포기해 버렸다. 이후에 이순신은 조정의 명에 따라 전라우도에 새로운 수군 기지를 건설하였다고 볼 수 있다.

패전한 장수들에 대한 처벌

이른바 '칠천량 사태'는 도원수와 도체찰사와 비변사의 공포심이 빚어낸 허구적 사건이다. 그들이 무리한 공격 작전을 주문해 결과적으로 통제사 원균과 수사 이억기 및 최호라는 세 명의 명장이 희생되었다. 하지만 우리 수군에 큰 희생이 발생하지는 않았다. 그런데도 호들갑을 떨기만하고 수군을 재편성하는 작업에 착수하지 않아, 결과적으로 우리 군이 저절로 큰 타격을 입었다. 돌이켜보면 우스꽝스러운 일이었다.

선조 30년(1597) 8월 5일에 도체찰사 이원익(李元翼)은 자신이 앞서 조정에 보낸 피해 보고가 사실과 달랐다는 점을 순순히 인정하였다. 그는 태안군수 이광영(李光英)이 진술한 내용을 그대로 믿은 것이 잘못이라고 인정하고, 이제 도원수 권율(權慄)에게 명령하여 사실을 확인하여 보고하겠다고 다시 다짐하였다.238

그러면서 이원익은 분궤(奔潰), 즉 싸움에 지고 달아난 장수를 군법대로 처벌하자고 주장했다. 우선 원균(元均)은 주장(主將)이었기에, 군대를 망가뜨린 군율로 처단하자고 했다.239 사실상 원균과 조선 수군을 죽을 곳으로 보낸 주범 가운데 한 사람이 이원익 자신이었는데 자신의 착오를 뉘우치지 않고 도리어 원균에게 사형을 시행하자고

---

237 《실록》, 선조 34년(1601) 1월 17일.
238 《실록》, 선조 30년(1597) 8월 5일.
239 《실록》, 선조 30년(1597) 8월 5일.

했다. 이원익은 이 보고서를 올린 선조 30년 7월 하순까지도 원균이 어디엔가 살아 있는 줄로 확신하였다. 도체찰사이면서도 그는 정보에 매우 어두웠다.

이어서 이원익은 경상우수사 배설(裴楔)과 원균의 조방장인 배흥립(裴興立) 두 장수도 처벌하자고 했다. 아울러, 전투에 참전한 여러 수령과 하급 장수들도 등급을 나눠 처벌하되, 가장 먼저 도망한 자들에 대해서는 군법으로 처리하는 것이 옳다고 했다. 그러면서 그런 사항은 이미 도원수 권율과 의논해 결정했다고 덧붙였다.[240]

이원익의 보고서를 받은 비변사는 패전한 장수에게 벌을 주자는 의견에 동의하면서도, 특히 다른 장수보다 먼저 도망을 선동한 자들을 중벌하자고 했다.[241] 선조는 신하들이 아뢴 바에 찬성하였으나, 원균(元均)에 대해서는 다른 의견을 가지고 있었다. "균이 마음속으로 복종하지 않을 듯하니, 헤아려 처리하라."[242]고 하였다. 그를 억지로 떠밀어 전쟁터로 내몰았으므로, 만약 원균을 사형에 처한다면 그가 승복하지 않을 것이라고 보았다.

그러자 비변사에서도 선조의 뜻에 부응해, "잘못한 죄를 오로지 원균에게만 물을 수는 없을 듯합니다. 우선 원균이 나타나기를 기다려서 다시 의논하여 처리하면 어떻겠습니까?"[243]라고 수정하였다.

주장 구원하지 않은 부장의 처벌

선조 30년(1597) 8월 18일이 되자 장수들에 대한 처벌 방침이 더욱 구체적으로 마련되었다. 사헌부에서는 다음과 같이 건의하였다.

> "지난번 한산(閑山) 싸움 때 여러 장수 중에 어떤 자는 주사(수군) 전부를 이끌고 도망해 버렸고, 어떤 자는 해안으로 올라가 도망해 버리고, 주장(主將, 통제사와 이억기 및 최호 2명의 수사)을 구원하지 않았습니다. 그런데 한 달이 지나도록 군법으로 다스려 군중을 경계하지 않고 있습니다."[244]

여기서 말한 "한산 싸움"이란 오늘날 사람들이 "칠천량해전"이라고 부르는 사건이다. 그때 전사한 통제사 이하 3명의 장수는 당연히 어떠한 책임도 물을 수 없었고,

---

240 《실록》, 선조 30년(1597) 8월 5일.
241 《실록》, 선조 30년(1597) 8월 5일.
242 《실록》, 선조 30년(1597) 8월 5일.
243 《실록》, 선조 30년(1597) 8월 5일.
244 《실록》, 선조 30년(1597) 8월 18일.

그 장수들을 죽음에 이르게 한 부하들을 처벌하자는 것이다. 사헌부는 처벌 방침을 다음과 같이 구체적으로 제안하였다.

> "주사(수군)의 각선(各船)을 거느렸던 장수들 가운데 주장(원균과 2명의 수사)을 구원하지 않은 자는, 공을 세운 자를 제외하고 모두 도체찰사에게 명해 군법에 따라 참형을 시행함으로써 군정(軍政)을 엄숙하게 하소서."245

선조는 사헌부의 처벌 방침에 동의했다. 주장인 통제사와 수사들을 구원하지 않고 달아난 장수들을 무더기로 처벌하기로 했다. 하지만 사형을 집행한 것은 아니고, 상당한 중벌을 내렸다. 선조에게는 그 명단이 즉각 보고되었다.

실제로 장수들에 대한 처벌이 집행되었다. 선조 30년(1597) 10월 12일에 병조에서 이응표(李應彪)를 경상우수사(慶尙右水使)에 제수하자 선조가 반대 의사를 노골적으로 밝혔다.

> "(칠천량 사태 때) 주사(수군)로 (싸움에) 나간 사람들은 모두 패배한 장수들이다. 그(이응표)는 주장(主將, 이억기)을 구원하지 않은 책임을 져야 한다."246

이응표는 전라우수사 이억기의 부장으로 그와 함께 생사를 맹세했으나 약속을 지키지 못했다. 선조는 이응표의 진급을 가로막았다. 《실록》을 자세히 살펴보면 손경지(孫景祉)와 우치적(禹致績) 등도 주장을 구원하지 못한 죄로 의금부의 탄핵을 받았다는 사실을 알 수 있다. 선조 31년(1598) 9월 19일에 의금부는 두 장수가 '칠천량 사태' 이후에 약간의 공을 세웠으나 아직 죄를 감면하기는 이르다는 의견을 제시했다.247 군공청(軍功廳)이 아뢴 바에 따르면, 손경지는 일본군 1명을 참수하고 5명을 죽였다. 우치적도 일본군 3명을 참수하고 1명을 사로잡았다.248 선조는 의금부의 견해에 동감을 표하며 다음과 같이 명령했다.

> "손경지와 우치적은 한산도에서 패전한 장수이므로 참수해야 할지도 아직 논정(論定)하지 못하였다. 그런데 하물며 그들의 군공(軍功)을 논한단 말인가."249

---

245 《실록》, 선조 30년(1597) 8월 18일.
246 《실록》, 선조 30년(1597) 10월 12일.
247 《실록》, 선조 30년(1597) 9월 19일.
248 《실록》, 선조 30년(1597) 9월 19일.

우치적은 순천부사로 자신의 주장인 통제사 원균과 함께 고성의 춘원포에 상륙했는데 주장의 목숨을 구하지 못했다.250 그 때문에 패전 후에 심한 견책을 받았다. 그리고 손경지는 함평현감으로 전라우수사 이억기의 부장이었다. 그 역시 앞에서 본 이응표와 마찬가지로 이억기를 살리지 못한 죄로 처벌을 받은 것이다.

당시에 조정에서 가장 미움을 받은 이는 경상우수사 배설(裵楔)이었다. 조정 여론은 배설이 휘하의 전함을 거느리고 일시에 달아난 바람에 우리 군의 전투 대열이 무너진 것으로 보았다. 사실에 부합하는 추정이었다. 우여곡절 끝에 배설은 결국 사형을 받았다. 선조 32년(1599) 3월 6일의 일이다.《실록》에는 그의 죽음을 다음과 같이 기록했다.

> "전직 수사(水使) 배설(裵楔)이 복주(伏誅)되었다. 그 아비 배덕룡(裵德龍)과 아들 배상충(裵尙忠) 등은 모두 풀어주었다. 배설은 지난 정유년(1597) 7월 한산(閑山)의 전투에서 패전한 수범(首犯)이었다. 그런데 외딴 지방으로 도망쳤으므로 조정이 찾아내지 못했다. 하지만 최근에 도원수 권율이 (경상도) 선산(善山)에서 그를 체포해 차꼬를 채워 한양으로 보내왔다. 이에 그 목을 베었다."251

오늘날 우리가 '칠천량해전'이라고 부르는 사건을 실록에서는 줄곧 '한산전투'라고 불렀다. 엄밀히 따진다면 그 사건은 '춘원포 사태'라고 부르는 것이 가장 합당하다. 다만 많은 사람이 이미 '칠천량해전'이라고 부르는 현실을 고려해 이 책에서는 일단 '칠천량 사태'라고 기록하였다.

배설은 선조 30년 7월 16일 새벽에 가장 먼저 대오를 이탈해 우리 군이 전의를 상실하게 하였고, 마침내는 통제사와 두 명의 수사가 순국하는 사태를 초래하였다. 그 뒤에도 그는 수군을 재결집해 적과 싸우기는커녕 일신의 안녕을 위해 육지로 달아나 버렸다. 이런 점에서 뒤늦게나마 배설을 체포해 사형에 처한 것은 합당한 일이었다.

선조의 다짐

선조 34년 1월 17일에 선조는 체찰사 이덕형으로부터 이른바 '칠천량 사태'에 관한 경과보고를 듣고, 한 가지 결심을 새롭게 하였다. 통제사와 2명의 수사를 죽게 하

---

249 《실록》, 선조 30년(1597) 9월 19일.
250 《실록》, 선조 30년(1597) 7월 22일.
251 《실록》, 선조 32년(1599) 3월 6일.

고 달아난 장수들, 그들을 쉽게 용서해서는 아니 된다는 다짐이었다. 이에 선조는 다음과 같이 지시했다.

> "원균은 (마지막) 싸움에 패하여 이미 죽었다. (장수를 죽게 만든) 그 휘하를 (지금에 와서) 비록 다 죽이지는 못할지라도, 사실을 밝혀 군율대로 처리함이 마땅하다. 지금 원균의 후배(後人)로 이미 고관대작(高官大爵)이 된 이가 많은데도 그 싸움에 패배한 죄를 원균 한 사람에게만 돌린다면 원균의 본심은 후세에 밝혀지지 못할 것이다. 구천(황천)에 있는 그의 넋도 어찌 자기 죄를 승복하며 억울하게 여기지 않을까."252

사태의 진면모를 알고 보면 원균은 너무도 억울하다는 것이 선조의 최종적인 판단이었다. 그래서 통제사 원균이 적군에게 희생되게 만든 장수들을 반드시 엄벌하겠다고 선언했다. 그와 똑같은 이치로 이억기와 최호를 구출하지 않은 장수들에 대해서도 중벌을 주기로 했다.

과연 선조는 자신의 공언(公言)을 제대로 지킬 수 있었을까. 아마 대단히 어려운 일이었을 것이다. 선조 34년 현재 수군의 지휘부를 장악한 장수 중에는 원균과 함께 춘원포에 정박한 이들이 절반가량이었을 텐데, 그들을 수군에서 쫓아낸다면 우리 군의 전투력은 장차 어떻게 될 것인가. 왕이라지만 선조가 그들 장수의 운명을 마음대로 좌지우지할 수 없다는 것은 누구나 쉽게 짐작할 수 있다.

선무공신 책봉

이상에서 살핀 것과 같은 전사(前史)가 있었기 때문에, 조정에서 선무공신을 책봉할 때 원균은 당연히 1등 공신으로 뽑았다. 그는 왜란에 많은 공을 세웠으나 마지막에는 억울하게 죽고 말았으니, 주요 공신으로 손꼽히는 것은 지당한 일이다.

알다시피 선조 37년(1604) 6월 25일에 조정에서는 세 종류의 공신(功臣)을 책봉하였다. 우선 한양을 떠나 의주까지 고난을 참고 견디며 선조와 피난길을 함께 한 이들은 호성공신(扈聖功臣)이 되었다. 그리고 왜적을 무찌르는 데 혁혁한 공을 세운 장수들은 선무공신(宣武功臣)으로 봉해졌다. 아울러, 왜란 중에 일어난 반란사건, 즉 이몽학(李夢鶴)의 난을 진압한 신하들은 청난공신(淸難功臣)으로 선발되었다.

---
252 《실록》, 선조 34년(1601) 1월 17일.

공신 책봉이 끝나자 신하들 가운데는 불만을 표하는 이가 많았다. 특히 호성공신과 선무공신이 수적으로 너무 많았다는 지적이 많았다. 《실록》을 편찬한 사관은 선무공신 책봉에 관해 다음과 같이 평했다.

> "이순신, 원균 및 권율은 혈전(血戰)한 공이 있었다. 그리고 그 당시 삼공(三公, 삼정승)은 조금이나마 대책을 결단한 공이 있었다. (만약 공신 책봉이) 부득이하였다면 이들 몇 사람만 녹훈했어야 옳았다."[253]

사관은 선무공신을 18명이나 뽑은 사실을 비판하며, 이순신과 원균 및 권율을 비롯하여 유성룡과 이원익 등 5~6인을 책봉했으면 좋았을 것이라고 했다. 여기서도 거듭 확인되듯 당시 여론은, 왜란 때 활약한 최고의 장수라면 이순신, 원균 및 권율을 손꼽았다. 후세가 하필 원균 한 사람을 심하게 헐뜯고 비방할 줄은 당대의 사관들도 짐작하지 못했을 것이다.

2. 이순신의 눈

이제 시선을 옮겨, 그해(선조 30년) 여름에 '백의종군'한 신분으로 도원수부의 주변에 머물며 수군의 동정을 세밀하게 관찰한 이순신의 《난중일기》에서 '칠천량 사태'의 모습을 더듬어볼까 한다.

그때 이순신은 '백의종군', 즉 보직이 해임된 상태로 도체찰사 이원익과 도원수 권율과 가깝게 지냈다. 이순신은 자신의 직계 부하들을 통해 신임 통제사 원균에 관한 여러 가지 소식을 수집하기도 하였다. 심지어 원균의 장래가 궁금했던 나머지 점쟁이에게 점을 치기도 하였다. 그만큼 그는 원균을 증오하였다.

이순신과 권율의 소통

선조 30년 6월 17일(병자)의 《난중일기》에는 도원수 권율이 이순신에게 자문을 요구한 사실이 적혀 있다. 그때 권율은 통제사 원균의 작전 개념을 부정하고, 수군에게 부산포 또는 절영도 진격을 주문하고 있었다. 권율은 이순신의 동의를 구해, 자신

---

[253] 《실록》, 선조 37년(1604) 6월 25일.

의 견해가 옳다는 점을 조정에 알리고자 했다. 《난중일기》에는 다음과 같이 기록되어 있다.

> "아침밥을 먹은 뒤 (내가) 원수(권율)에게로 갔다. (원수 권율은) 원균(元均)에게는 정직하지 못한 일이 많다고 말했다. 또, (권율은) 비변사에서 내려온 공문을 보였다. 거기에는 원균(元均)이 〈장계〉를 올려 수군과 육군이 함께 나가서 안골포의 왜적을 무찌른 다음이라야 (조선) 수군이 부산 등지로 진군하겠다고 주장하므로, 안골포의 적을 먼저 치면 안 되겠는지를 묻는 내용이 있었다. (권율은) 또 원수(권율)가 올린 〈장계〉도 나에게 보였다. 그 가운데는, '통제사 원(元, 원균)이라는 사람은 전진할 생각은 하지 않고 오직 안골포부터 먼저 공격해야 한다.'라고 주장하였다고 적혀있었다. (권율의 생각에는) 수군의 여러 장수가 대체로 (원균과) 다른 마음을 품고 있으며, 원(元, 원균)이라는 사람은 안으로 (한산도에) 들어가 도무지 (바다로) 나가지 않으려 한다는 것이었다. 그(원균)는 여러 장수와 함께 (왜적을 무찌를) 상의하지도 않고, 일을 망쳐버릴 것이 뻔하다고 말하였다."[254]

인용문에서 우리는 다음의 세 가지 사실을 알 수 있다. 첫째, 도원수 권율은 통제사 원균을 조금도 신뢰하지 않았다는 점이다. 그는 그러한 사실을 이순신에게 알려 이순신과 공조할 뜻을 밝힌 셈이었다. 둘째, 권율은 부산포/절영도 진출이 우선이라는 자신의 견해가 옳다고 고집했다. 권율은 이순신이 자신의 의견에 동의하기를 은근히 주문하였다고 볼 수 있다. 셋째, 《난중일기》에서 이순신은 자신이 권율에게 한 말은 하나도 적지 않았다. 그러나 문맥으로 미루어 보면, 권율의 전략을 적극적으로 비판하거나 부정했을 리가 없다. 그들은 서로 공감대를 형성하며 원균을 성토했을 것으로 짐작된다. 두 사람이 한 목소리로 원균을 비판했다는 점은 그 이튿날 이순신의 일기를 보아도 충분히 알 수 있다.

그 이튿날인 선조 30년 6월 19일(무인)에도 이순신은 새벽닭이 울자 도원수 진중으로 권율을 찾아갔다. 그때 권율은 심지어 다음과 같이 말하였다.

> "내(권율)가 (경상도) 사천으로 가서 (전라우도, 경상우도 및 충청도의) 3명의 수사에게 (부대를 이끌고 바다로 나가라고) 독촉하겠다. 칠천량 사태(원균)는 부대를 지휘할 것도 없다."[255]

---

254 이순신, 《난중일기》, 정유년(1597) 6월 18일.
255 이순신, 《난중일기》, 정유년(1597) 6월 19일.

실제로 권율이 조정에 올린 〈장계〉를 확인해 보면, "신은 우선 사천(泗川, 경상남도 사천)에 머물면서 해상의 소식을 기다리겠습니다."256라고 하였다. 권율은 당분간 사천에 머물면서 자신이 직접 경상우도(배설)와 전라우도(이억기) 및 충청수사(최호)를 진두지휘하겠다는 의지를 내보였다. 이순신은 과연 권율의 말을 묵묵히 듣고만 있었을까. 《난중일기》에는 자신의 발언을 기록하지 않았지만, 최소한 소극적으로 지지를 표하였거나 적어도 동감했으리란 점은 이론의 여지가 없다.

그날 권율은 조정에서 내려온 〈유지(諭旨, 임금이 내린 글)〉를 이순신에게 내보였다. 거기에는, "안골포의 적은 가벼이 들어가서 칠 것이 못 된다."257라고 분명히 기록되어 있었다. 앞에서도 살핀 것처럼 당시에 조정은 원균의 의지를 꺾고 권율과 이원익의 손을 들어주었다. 자연히 권율은 더욱 의기양양해졌던 것인데, 그 배경에는 이순신의 동조 또는 협력이 작용하였다.

일본군의 재침에 관한 정보

선조 30년 6월 중순에는 적의 대규모 공습(攻襲)에 관한 두려움이 날로 높아졌다. 이순신은 도원수부에 가까운 초계현(현 경상남도 합천군 초계면)에 머물며 일본군의 동정에 관한 정보도 수집하였다. 그는 명나라 사람 섭위(葉威)에게서 다음과 같은 소문을 들었다.

> "명나라 사람으로 주언룡이란 이가 있다. 그가 일본에 포로 생활을 하다가 이제야 풀려났다. 그(주언룡)가 전하는 말에 따르면, 적병 10만 명이 벌써 사자마(沙自麻)나 대마도에 도착했다고 한다. 장차 왜장 고니시 유키나가는 (경상도) 의령을 거쳐 곧장 전라도를 침범할 것이고, 가토 기요마사는 경주와 대구 등지를 거쳐서 안동으로 쳐들어갈 것이다."258

일본군의 재침략이 눈앞의 현실로 다가오고 있었다. 권율은 조정의 정치적 후원도 든든해진 데다가 곁에 이순신을 참모로 두게 되어 자신감이 한층 높아졌다. 그는 이제 통제사 원균의 전략 따위는 무조건 무시하고, 조선 수군을 날마다 바다로 내몰았다.

조선 수군은 부대를 나누어 날마다 부산포와 절영도 방향으로 배를 띄웠다. 거기

---

256 《실록》, 선조 30년(1597) 6월 28일.
257 이순신, 《난중일기》, 정유년(1597) 6월 19일.
258 이순신, 《난중일기》, 정유년(1597) 6월 18일.

서 구체적으로 무슨 성과가 나왔을까. 거의 날마다 이순신은 원수 권율의 진중을 드나들며 서로 호흡을 맞추고 있었던 것이 분명하였다. 그들 두 사람은 하루하루 통제사 원균에 대한 비판과 압박의 강도를 높이고 있었다.

선조 30년 6월 25일에도 식전부터 권율이 종사관 황여일(黃汝一)을 이순신에게 보냈다. 그날도 그들은 해전에 관해 이야기를 나눴다. 그날 저녁때가 되자 황여일이 다시 찾아왔다. 그만큼 그들은 서로 가까웠다.

안골포와 가덕해전

그날 이순신의 사내종(奴) 경(京)이 한산도의 통제영에서 돌아왔는데, 이순신은 옛 부하인 안홍국의 전사 소식을 들었다. 《난중일기》에는 다음과 같이 기록되었다.

> "보성군수 안홍국(安弘國)이 적탄에 맞아 죽었다고 한다. 놀라워 슬픔을 이길 수 없다. 놀랍고도 애석하다. 나는 놀라고 탄식했다. 한 놈의 적도 잡지 못하고 두 명의 장수를 잃었다니, 통탄하고 한탄스럽다."259

이순신의 서술에 따르면 통제사 원균은 장수 두 명만 죽였다고 하였다. 《실록》을 살펴보았다. 경상도 도체찰사(慶尙道都體察使) 이원익(李元翼)이 조정에 보낸 〈장계〉가 있는데, 이는 이원익의 종사관인 남이공(南以恭)이 6월 19일 술시(戌時, 19~21시)에 마감한 보고서를 토대로 한 것이다. 그 내용은 다음과 같다.

> "(선조 30년 6월) 18일 한산도에서 수군이 배를 출발하여 저물녘에는 장문포(場門浦)에 들어가서 잤습니다. 이튿날(6월 19일) 일찍이 (저 남이공은) 통제사 원균(元均)과 함께 같은 배를 타고 대(隊)를 편성해 학익진(鶴翼陣)을 만들고 안골포(安骨浦)에 있는 적의 소굴로 직진하였습니다. 그러자 적도(賊徒)들이 다 줄지어 늘어섰습니다. 혹은 해안에 잠복하기도 하였고 혹은 암석 사이에 기계(대포 등)를 설치하기도 하였습니다.
> 우리 측 장수들('諸將')이 경예(輕銳, 가볍게 무장한 날랜)한 군사를 거느리고 북을 치면서 전진했습니다. 이에 적도 배를 타고 싸움을 걸어와 서로 싸움이 붙었습니다. 포탄과 화살이 함께 쏟아져 해안이 진동하였으나 군사들은 (용기를 내어) 조금도 물러나지 않았습니다. 마침내 아군이 적선에 육박하여 적을 많이 살상하였습니다. 그러자 적은 버티지 못하고 간신히 해안으로 도망하였습니다.

---

259 이순신, 《난중일기》, 정유년(1597), 6월 25일.

우리는 그들이 타고 온 배 2척을 빼앗았습니다.

우리는 또 가덕도(加德島)로 향했습니다. 가덕도의 적은 이미 안골포에서 원군을 보내왔기 때문에 그 적들이 배를 타고 (가덕도에 설치한 그들의) 소굴로 들어갔습니다. 우리 수군이 급히 배를 몰아서 추격하였습니다. 거의 모든 적선을 포착(捕捉, 붙잡고 빼앗음)하기에 이르렀습니다.

적들은 자기들의 배를 버리고 작은 섬으로 숨어 들어갔습니다. 우리 편 장수들이 적을 포위하고 난사하였습니다. 그들의 빈 배를 빼앗고, 이어서 섬 안으로 들어가 적의 자취를 탐색하였는데 혈점(血點, 핏자국)만 땅에 가득할 뿐 종적을 찾을 수 없었습니다.

수군이 작전을 종료하고 돌아오려고 할 때 안골포의 적도가 또다시 배를 타고 역습해 왔습니다. 이에 아군은 다시 방향을 돌려 접전하였습니다. 적들은 알몸을 드러낸 채 (뱃전에) 서 조금도 두려워하지 않았습니다. 혹은 우리 배의 꼬리를 둘러싸기도 하였고, 우리 배의 좌우를 협공하면서 탄환을 비 오듯 쏘아댔습니다. 아군은 방패(防牌)에 의지하여 화살을 다발로 쏘아가며 적을 조금씩 유인하였으나, 날이 저물어 군사를 물려서 돌아왔습니다.

평산만호(平山萬戶) 김축(金軸)은 눈 아래에 탄환을 맞아서 즉시 뽑아냈습니다. 그 밖의 하졸(下卒, 병사)은 한 사람도 중상을 입지 않았습니다. 그러나 보성군수(寶城郡守) 안홍국(安弘國)이 이마에 철환(鐵丸)을 맞았는데, 뇌(腦)를 관통하여 그 자리에서 죽었습니다. 매우 참혹하였습니다. 현재 저는 배를 타고 있으므로 소상하게 아뢰지 못하고 현재 상황을 급히 알립니다."260

이순신은 《난중일기》에서 원균이 대패했다고 기록하였으나, 현장에 있었던 이원익의 종사관 남이공은 그와는 정반대로 보았다. 우리 군이 많은 전공을 세웠다고 기술하였다. 또, 이순신은 그날 두 명의 장수를 잃었다고 서술하였으나, 그 역시 부정확한 것이었다.

이원익은 안골포와 가덕도의 전황을 조정에 알리면서 자신의 지론을 다음과 같이 요약하였다.

"요즘 중적(衆賊, 일본군)이 대마도에 많이 모여 있습니다. 그들이 바다를 건너는 것은, 6~7월에 동남풍(東南風)이 부는 때 집중될 것입니다. 그때를 이용하여 우리 수군이 해로(海路)를 왕래하면서 혹시 적과 서로 마주치면 잡아 죽이고, 혹은 저들이 우리의 힘을 두려워해서 의심하고 꺼려 출전하지 못하게 하면 이익이 될 것입니다."261

---

260 《실록》, 선조 30년(1597) 6월 29일.

결론적으로, 이원익은 6월 18일과 19일의 승리는 자신의 계책이 성공을 거둔 것이라는 점을 은근히 과시하였다.

사실 원균은 통제사로 부임한 직후만 해도 전함을 이끌고 한동안 남해를 누볐다. 그러나 얼마 후에 그는 작전을 변경하였다. 당시에 남해의 상황은 하루가 다르게 달라져 일본군의 요새로 변모하였다. 주요한 섬마다 일본군이 구축한 포대와 성채가 버티고 있어 부산 방면으로 함부로 드나드는 것은 위험천만한 일이 되었다. 조정에서는 그런 변화를 아무리 설명해 주어도 이해하지 못했다. 권율과 이원익이 전혀 다른 전술을 고집하기 때문이었다. 그들은 수군을 몇 개의 부대로 나누어 잇따라 바다를 순시하라고 주문하였다. 이것은 수군 지휘관들의 견해와는 달랐다. 그러나 조정의 압력을 견디지 못해 선조 30년 6월 중순부터 우리 수군은 부산 방면으로 날마다 출항하는 수밖에 없었다.

전라우수사 이억기 함대의 표류 사건

이순신은 수군이 무슨 활동을 벌이고 있는지를 《난중일기》에 꼬박꼬박 기록하였다. 하지만 원균을 너무도 증오하였기 때문에, 그는 우리 수군의 승전보를 한 줄도 기록하지 않았다. 그 대신에 수군이 얼마나 큰 어려움을 겪고 있는지는 상세히 기록하였다. 다음은 정유년(1597) 7월 초순에 이억기의 전라우수영 함대에 관한 이순신의 서술이다.

> "저녁에 영암군 송진면에 사는 어느 개인의 종(私奴) 세남(世男)이 서생포(西生浦, 울산 서생포)에서 알몸으로 찾아왔다. 연유를 내가 물었더니, (지난) 7월 초 4일에 전 병마사의 우후(李瞱)가 탄 배의 격군이 되었다고 했다. 초 5일에는 칠천도에 도착해서 정박하였고, 6일에는 옥포에 들어갔다가 7일에는 날이 밝기 전에 말곶을 거쳐 다대포에 이르렀다고 한다.
> 거기에는 왜선 여덟 척이 정박하고 있었다. 우리 수군의 여러 배가 곧장 돌격할 태세였다. 그러자 왜놈들은 몽땅 뭍으로 올라가고 빈 배만 걸려 있었다. 우리 수군이 그 배들을 모두 끌어내어 불태웠다.
> 그 길로 아군은 부산 절영도 바깥 바다로 향하여 나아갔다. 마침 적선 1천여 척이 대마도에서 건너오는 중이었다. 서로 맞서 싸우려고 하였는데 왜선이 흩어져 달아났다. 그래서 끝까지 섬멸할 수는 없었다.

---

261 《실록》, 선조 30년(1597) 6월 29일.

그런데 세남(世男)이 탄 배와 또 다른 여섯 척의 배는 방향을 제대로 가누지 못하고 표류하였다. 드디어 서생포 앞바다에 이르렀다. 상륙을 시도하다가 모두 (적에게) 살육되었다. 요행히 세남(世男)은 혼자 숲속으로 기어서 들어갔다. 간신히 목숨을 건져 여기까지 왔다고 말했다."262

여기서 우리는 전라우수영 함대의 진로가 어떠하였는지 정확히 알 수 있다. 선조 30년 7월 4일부터 7월 7일까지 그들이 상당한 전과를 올렸다는 점도 명백하다. 특히 다대포에서 우리 군은 여러 척의 왜선을 불사르는 등 성과가 있었다. 이야기를 전한 세남이 탔던 함선을 비롯해 총 7척은 불행히 표류하고 말았다. 그러나 이순신은 우리 군이 올린 전과에 대해서는 거의 무관심하였다.

알고 보면, 이것보다 이틀 전에 《난중일기》에는 전라우수영 소속 전함의 서생포 표류 사건이 기록되어 있다. 그날 오전 열 시쯤에 황여일(黃汝一, 권율의 종사관)이 정인서(鄭仁恕)를 이순신에게 보냈다. 정인서는 편지 한 장을 가지고 왔는데, 일본군에게 부역한 김해 출신 김억(金億)이 쓴 것이었다. 편지의 내용은 다음과 같다.

"(선조 30년 7월) 7일에 왜선 500여 척이 부산에서 (바다로) 나왔다. (이틀 지난 7월) 9일에는 왜선 1천척이 합세하여 우리 수군과 절영도(부산시 영도구 영도) 앞바다에서 싸웠다. 그때 우리 전함 5척이 표류하여 두모포(豆毛浦, 부산 두호)에 닿았고, 또 일곱 척은 간 곳이 없었다."263

이순신은 그 편지를 읽고 바로 종사관 황여일을 찾아갔다. 황여일은 군사를 점호하는 중이었는데, 두 사람은 장차 이 사태를 어찌할지 상의하였다고 한다.264

잘 헤아려 보면, 김억의 편지는 세남의 증언과 부합한다. 김억이 "간 곳을 모른다"라고 말한 7척의 전함은 세남 등이 탄 배였다. 그들은 일본군이 진을 친 울산의 서생포로 흘러갔다. 이순신은 우리 전함이 난파된 것은 수군의 전력에 큰 변화가 생겼기 때문이라고 보았다. 그는 다음과 같이 참담한 심정으로 깊이 통탄하였다.

"듣고 보니 참으로 놀라운 일이다. 우리나라에서 미더운 것은 오직 수군뿐인데, 수군마저 이처럼 희망이 없게 되었다. 거듭 생각할수록 분하여 간담이 찢어지는

---

262 이순신, 《난중일기》, 정유년(1597) 7월 16일.
263 이순신, 《난중일기》, 정유년(1597) 7월 14일.
264 이순신, 《난중일기》, 정유년(1597) 7월 14일.

것만 같다. (세남이 탄 전함의) 선장(함장) 이엽(李曄)이 왜적에게 잡혀갔다고 하니, 더더욱 원통하다."265

유성룡이 쓴 글에는 이엽이 경상우수영의 우후(虞候)라고 하였다.266 그리고 강항(姜沆)은 이엽이 본래 전라좌병영의 우후였다고 서술했다.267 그러나 이엽은 사실 전라우수영의 장수였다. 위에서 언급한 사노 세남이 전라도 영암 사람이라는 점이 중요하다. 두말할 나위 없이 세남은 영암 고을을 관장하는 전라우수영 소속의 격군이었다.

통제사 복귀를 확신 – 불안한 마음도

선조 30년 6월에 이순신은 사실상 도원수 권율의 자문역이었다. 그때부터 그는 권율은 물론이고 도체찰사 이원익과도 더욱 가까워졌다. 게다가 이순신은 조정의 실력자인 영의정 유성룡의 변함없는 정치적 후원을 받고 있었다. 그런데 유성룡부터 권율에 이르기까지 조선의 실력자들은 통제사 원균을 눈엣가시처럼 여기고 있었다. 그해 7월 7일에는 원균의 군관 박영남이 원균 대신에 도원수부로 불려와 곤장을 맞기까지 하였다.268

아마 그들은 멀지 않은 장래에 이순신을 다시 통제사로 복직시키려고 하였던 것 같다. 부체찰사 한효순이 적당한 기회를 얻어 조정에 통제사의 교체를 요구하기로 일종의 각본까지 마련한 상태였다. 나중에 이덕형은 선조 앞에서 다음과 같이 말하였다.

"(부체찰사) 한효순(韓孝純)이 체찰사(體察使, 이원익)에게 보고하여 인사를 하려고 했습니다. 그러나 미처 그렇게 하지 못한 상태에서 원균이 패전한 것입니다."269

요컨대 원균은 이순신과의 정치적 싸움에서 다시 지고 말았다. 이와 같은 사태 변화를 지켜보면서 이순신의 가슴속에는 곧 자신의 재기가 가능하리라는 신념이 강해졌다. 원균의 군관이 도원수부에 불려가 매를 맞던 날, 그는 꿈에서조차 자신의 재기를 다음과 같이 확신하였다.

---

265 이순신, 《난중일기》, 정유년(1597) 7월 16일.
266 유성룡, 〈이엽의 유사(遺事)〉; 《국조인물고》, 권55, 〈왜난시 입절인(倭難時立節人) – 피구인부(被拘人附)〉.
267 강항(姜沆), 《간양록(看羊錄)》, 적중 봉소(賊中封疏), 〈난리를 겪은 사적(涉亂事迹)〉.
268 이순신, 《난중일기》, 정유년(1597) 7월 7일.
269 《실록》, 선조 34년(1601) 1월 17일.

"오늘은 칠석날이다. … 꿈에 원균(元均)과 같이 모였다. 내가 원균의 윗자리에 앉아 음식상을 받았다. 그러자 원균에게 기쁜 빛이 있어 보였다. 무슨 징조인지 알 수 없다."270

꿈속에서 이순신은 이미 현장에 복귀한 최고 지휘관이었다. 그는 다시 원균의 상관이 되었고, 이번에는 원균도 그 변화를 기쁘게 받아들였다고 했다. 그 꿈은 이순신의 소망과 확신이 결국은 그의 심리적 불안을 이겨낸 것이라고 해석해도 좋을 것이다. 이제 이순신이 보기에, 원균의 몰락은 초읽기에 들어갔다고나 할까. 도원수(권율)와 도체찰사(이원익)와 비변사(유성룡)가 혼연일체가 되어 이순신을 다시 통제사로 삼으려 하는데, 원균이 앞으로 버티면 며칠이나 버틸 것인가.

이순신은 자신의 재기를 꿈꾸면서도, 행여 그사이에 조선 수군에 무슨 변고가 일어날지도 몰라 못내 불안하였다. 자신의 재기를 위해 도원수 등의 부산포 진출 전략을 반대하지 않았으나, 사실 그것은 무리한 일이었다. 선조 30년 2월, 부산포에서 이순신은 목숨을 잃을 뻔했다. 그때 우수(禹壽)가 자신을 구출해주지 않았더라면 이미 죽은 목숨이었을 것이다.271 그러므로 이순신은 한편으로 원균의 몰락을 기뻐하면서도, 다른 한편으로는 몹시 불안하였다. 그래서였는지 그해 7월 14일에는 다음과 같은 꿈을 꾸었다.

"새벽꿈에 나는 체찰사(이원익)와 함께 어느 곳에 이르렀다. 시신들이 쫙 깔려있었다. 더러는 내가 (그 시신을) 밟기도 하였고, 더러는 목을 베라고 명령했다."272

이순신이 이런 꿈을 꾸고 있었을 때 원균은 어디서 무엇을 하고 있었을까. 그는 도원수 권율의 강요를 이기지 못해, 여러 수사를 거느리고 부산포로 직접 쳐들어가게 되었다. 그 가운데는 이미 절영도에서 여러 척의 전함을 잃은 이억기의 전라우수영, 그리고 전투에 나가기를 꺼리는 경상우수영(배설)의 전함도 10여 척이나 포함되어 있었다. 이번 조선 수군의 출동 규모는 모두 합쳐 90척쯤이었다.273

우리 수군은 권율 등의 강요로 지난 6월부터 벌써 한 달가량 쉴새없이 부산포와 절영도 등지를 부지런히 오갔다. 7월에 들어서는 앞에서도 언급한 것처럼 우리 군의

---

270 이순신, 《난중일기》, 정유년(1597) 7월 7일.
271 《실록》, 선조 30년(1597) 3월 20일.
272 이순신, 《난중일기》, 정유년(1597) 7월 14일.
273 《실록》, 선조 34년(1601) 1월 17일.

안홍국 같은 명장이 전사하였고, 전라우수영의 전함이 다수 표류하였다. 우리 군의 피로는 과도한 수준이었고, 사기도 좋지 않았다. 이런 판국에 통제사 원균이 억지로 출정한 것이었다. 과연 조선 수군은 소기의 성과를 거두고 무사히 귀환할 수 있었을까.

통제사 원균의 전사

선조 30년 7월 15일에 통제사 원균은 부산포를 향해 떠났다. 아마도 그는 이틀 전인 7월 13일에 한산도를 출항해 그날로 칠천도까지 올라와 일박하고, 7월 14일 새벽에 칠천도를 출발했을 것이다. 그러고는 옥포에 도착하여 다시 하룻밤을 보냈을 것으로 짐작한다. 7월 15일 새벽에 옥포를 떠나 그날 오후에 부산포에 도착했을 것으로 보인다. 하필이면 그날의 《난중일기》에는 다음과 같이 불길한 소식이 기록되었다.

> "늦게서야 중군 이덕필(李德弼)이 찾아왔다. … 그는 우리 수군 20여 척이 적에게 패배했다는 소식을 전했다. 참으로 분통이 터진다. 한스럽기 짝이 없는 것은, 왜적을 막아낼 방책이 없다는 점이다."274

일기에는 시간과 장소가 정확히 밝혀져 있지 않다. 누구의 함대가 당했는지는 정확히 알 수 없으나, 부산포와 절영도를 끊임없이 오가고 있던 우리 함대가 타격을 입었다는 소식이었다. 일본군에게는 얼마나 큰 타격을 주었는지는 기록하지 않았으나, 이것은 이미 여러 날 전에 우리 군, 즉 이억기가 지휘하는 전라우수영의 전함 가운데 상당수가 표류한 사건이었다.275

이순신은 우리 군의 전투 상황을 정확히 알고 싶었다. 7월 16일 아침나절에 그는 손응남(孫應男)을 이덕필에게 보내 수군에 관한 소식을 자세히 알아보게 했다. 그 결과는 다음과 같았다.

> "'(경상)좌병사(성윤문 成允文)의 긴급한 〈장계〉로 미루어 보아 불리한 일이 많은 것 같다고 (이덕필이) 말하였습니다. 그러나 자세히 알려주지는 않았습니다.' 탄식할 일이다."276

---

274 이순신, 《난중일기》, 정유년(1597) 7월 15일.
275 이순신, 《난중일기》, 정유년(1597) 7월 14일.
276 이순신, 《난중일기》, 정유년(1597) 7월 16일.

경상좌병사 성윤문이 무슨 내용을 알려왔는지는 알 수 없으나, 우리 군에게 불리한 상황이 발생한 것은 틀림없어 보였다. 그때쯤 전라우수영의 표류 사건에 관한 보고가 올라왔다고 짐작한다.

그런데 그해 7월 16일 아침에는 통제사 원균과 수사 이억기 및 최호가 순국하였다. 그 소식이 이순신에게 알려진 것은 사건이 발생한 지 이틀이 지나서였다. 《난중일기》에 다음과 같이 서술되어 있다.

"새벽에 이덕필(李德弼)과 변홍달(卞弘達)이 전해준 사실은 다음과 같다. (지난 7월) 16일 새벽에 (적이) 우리 수군에 몰래 다가와 기습하였다. 통제사 원균과 전라우수사 이억기 및 충청수사(최호) 그리고 여러 장수와 많은 사람이 해를 입었다(즉, 순국했다는 뜻). 우리 수군이 대패했다. (이 소식을) 듣고 (나는 터져 나오는) 울음을 참을 수 없었다."277

이미 《실록》에서도 확인하였듯, 선조 30년 7월 22일에 영의정 유성룡은 원균이 새벽에 적의 기습으로 전사하였다고 보고하였다.278 추측하건대 이순신은 이덕필 등에게서 수집한 정보를 유성룡에게 급히 알린 것으로 보인다. 도원수와 도체찰사도 이덕필 등에게서 같은 내용의 보고를 받았을 것이다. 그러나 권율은 원균이 전사했다는 소식을 애써 믿지 않으려고 했다.

지난 6월부터 한 달 동안 그는 수군을 강압해 부산포와 절영도 진출을 강요하였다. 그리고 그 결과는 참으로 처참하였다. 사건의 장본인이었던 도원수 권율의 심정은 어떠하였을까. 그가 자신의 잘못을 후회한 흔적은 어디에도 없다. 권율에게는 이순신이란 장수가 곁에 있었고, 그것으로 그는 안심하였다.

노량에서 장수들을 다시 만나

선조 30년 7월 18일 오전에 도원수 권율은 이순신을 방문했다. 이순신의 거처에서 두 사람은 다음과 같이 의미심장한 대화를 주고받았다.

"(비보를 듣고) 조금 지나자 원수(권율)가 나를 찾아왔다. '일이 이 지경이 된 이상 어쩔 도리가 없다.'라고 (도원수는) 말하고는 오전 열 시가 되도록 마음을

---

277 이순신, 《난중일기》, 정유년(1597) 7월 18일.
278 《실록》, 선조 30년(1597) 7월 22일.

가라앉히지 못했다. 나는 (도원수에게) 제안하기를, '제가 직접 해안으로 나가 (관련 소식을) 보고 듣고 난 다음에 어찌할지 결정하는 것이 어떻습니까?' 물었다. 그러자 원수가 매우 기뻐하였다."279

권율과 이순신은 이미 마음이 잘 통하는 사이였다. 이제부터는 수군에 관한 모든 일은 다시 이순신이 처리하기로 한 셈이었다. 그는 이제 재기할 기회를 얻었고, 즉각 사후 수습에 나서기로 하였다. 이순신은 9명의 군관을 대동하여 초계를 떠나 해안으로 내려갔다.

그들 군관의 이름은 다음과 같다. 송대립(宋大立), 유황(柳滉), 윤선각(尹先覺), 방응원(方應元), 현응진(玄應辰), 임영립(林英立), 이원룡(李元龍), 이희남(李喜男) 및 홍우공(洪禹功)280

통제사 원균 등이 순국한 지 사흘째 되던 날에 이순신은 사실상 통제사 자리에 복귀하였다. 그러나 이순신은 서둘러 고성 땅이나 한산도로 들어가지 않았다. 그는 군관들을 통해 정보를 수집하고 그해 7월 21일 아침이 되자 경상도 삼가현(현 경상남도 합천군 삼가면)을 출발하였다. 그날 오후에 이순신은 노량(현 경상남도 남해와 하동 사이)에 도착하였다. 지난 7월 18일부터 그날까지 군관들을 통해 생존한 여러 장수에게 노량으로 집합하라고 미리 연락한 것으로 보인다. 이순신은 장수들을 다시 만난 광경을 다음과 같이 서술했다.

"거제현령 안위(安衛), 영등포만호 조계종(趙繼宗) 등 10여 명(장수)이 찾아와 통곡하였다. (적군을) 피해 육지로 올라온 군사(수군)와 백성들도 울부짖었다. 경상수사(배설)는 도망가고 나타나지 않았다. (그의) 우후 이의득(李義得)이 와서 인사를 여쭈었다."281

모든 것은 원균 책임이라고

노량에서 이순신은 패전한 정황을 여러 장수에게 물었다. 그러자 장수들은 울며 다음과 같이 대답하였다.

---

279 이순신, 《난중일기》, 정유년(1597) 7월 18일.
280 이순신, 《난중일기》, 정유년(1597), 7월 18일.
281 이순신, 《난중일기》, 정유년(1597), 7월 21일.

"대장 원균이 적을 보자 먼저 뭍으로 달아났고, 여러 장수도 힘껏 육지로 가버렸습니다. 그래서 이 지경이 되었습니다."[282]

그러나 사실은 어떠했던가. 그렇게 대답한 그 장수들이야말로 실은 "힘껏 육지로 가버렸다"라는 바로 문제의 사람들이었다. 하지만 그들에게도 핑계는 없지 않았다. '내가 먼저 달아난 것'이 아니라 대장 원균이 먼저 줄행랑을 놓았다는 식의 구구한 변명이었다.

모두가 구차하게 살아남았으나 대장 원균은 죽고 없었다. 더구나 지금 그들 앞에는 원균을 누구보다 혐오하는 이순신이 서 있지 않은가. 패전의 모든 책임은 원균이 지고 가야 한다는 계산이 장수들의 머리를 지배하였다. 그들은 한목소리로 원균의 비겁함을 성토하였다. 이순신은 그들이 열거한 원균의 "잘못은 입으로는 차마 형용할 수가 없었다"[283]라고 기록했다. 그 사람들은 죽은 원균의 "살점이라도 씹어 먹고 싶다고들 하였다."[284]라고 이순신은 자신의 일기에 기록하였다.

그날 밤에 이순신은 거제현령 안위(安衛)의 배를 타고 함께 많은 이야기를 나누었다. "새벽 세시(四更)가 될 때까지도 눈을 붙이지 못했고, 그래서 눈병이 났다."[285]라고 하였다. 그 이튿날이 되자 아침 일찍 도망친 경상수사 배설도 이순신을 찾아왔다. 배설은 "원균이 패망한 일을 여러 말로 설명했다."[286]라고 했다.

배설이든 안위든 여러 장수는 원균과 이순신이 서로를 극도로 혐오한 사실을 너무도 잘 알았다. 그런데 한 사람은 이미 죽었고 다른 한 사람은 살아 있었다. 장수들이 누구를 편들고 누구를 헐뜯을지는 누구라도 짐작할 수 있는 일이다. 죽은 원균에게는 온갖 불명예가 돌아갔다. 이순신의 날이 다시 밝아오고 있는 마당이라 다들 거리낌이 없었다.

다시 삼도수군통제사에

선조 30년 8월 3일에 조정의 명령서가 이순신에게 전달되었다. 7월 하순에 한양에서 보낸 것이었는데, 이순신을 다시 삼도수군통제사로 임명한다는 것이었다. 이순신은 《난중일기》에 그날의 일을 담담한 필치로 다음과 같이 적었다.

---

282 이순신, 《난중일기》, 정유년(1597), 7월 21일.
283 이순신, 《난중일기》, 정유년(1597), 7월 21일.
284 이순신, 《난중일기》, 정유년(1597), 7월 21일.
285 이순신, 《난중일기》, 정유년(1597), 7월 21일.
286 이순신, 《난중일기》, 정유년(1597), 7월 22일.

"이른 아침에 뜻밖에도 선전관 양호(梁護)가 〈교유(敎諭, 임금의 명령서)〉를 가지고 왔다. 곧 (나를 전라좌도수군절도사에) 겸하여 삼도수군통제사에 임명한다는 것이었다. 나는 숙배(肅拜, 왕에게 절함)를 올리고, (〈교유〉를) 받들었다는 글을 써 조정에 올렸다. 그리고 곧 길을 떠나 두치(豆恥, 섬진강)를 향해 갔다."287

원균은 수군의 함대를 총동원해 부산포로 쳐들어간 것도 아니었고, 90척을 이끌었을 뿐이다.288 그가 순국한 다음에 배설이든 권율이든 진상 파악에 힘쓰고 남은 전함을 수습하였더라면 수군이 무너질 리 없었다. 그러나 그들은 그런 노력을 하지 않았다. 이순신 역시 무기와 전함을 수습하는 데 힘쓰기보다는 장수를 다시 모으는 데 집중했다. 인적 자원이 가장 소중하다고 판단했기 때문일 것이다.

그러자 한 가지 신기한 일이 일어났다. 전에 들은 소문이 사실이라면 죽고 없어야 마땅한 우리 수군의 장수와 군관들이 앞다투어 이순신의 앞에 나타났다. 권율이나 이원익이 전사했다고 보고한 장수들이 모두 멀쩡하게 살아 있었다. 우리는 그 점을 분명히 기억해야 한다. 그 장수들은 싸움에서 죽거나 다친 적이 없다. 이순신은 그들을 모아 수군을 재건해 역사적 영웅으로 자리매김하였다.

요컨대 한 사람의 영웅은 고성의 춘원포에서 쓸쓸하게 죽음을 맞았고, 또 한 사람의 영웅은 눈부신 조명을 받으며 화려하게 부활하였다.

사람들은 아직도 '칠천량 사태'로, 선조 30년 7월 16일에 우리 수군이 전멸한 줄로 잘못 알고 있다. 칠천량을 '다크 투어'의 명승지라고 부르는 것은 허망한 노릇이다.

엄밀한 의미로, '칠천량해전' 또는 '칠천량 사태'에 관한 우리의 통념은 잘못된 것이다. 그때 장수들은 저마다 자신의 부대를 이끌고 적의 포위망을 벗어나는 데 여념이 없었다. 그들은 우리 군의 전세가 너무 불리하였으므로 퇴각하는 수밖에 없다고 판단했다.

통제사 원균은 적과의 결전을 원했으나 경상우수사 배설이 휘하 부대를 이끌고 대오를 이탈하는 바람에, 조선 수군은 싸울 뜻을 잃고 저마다 살길을 개척하기에 바빴다. 그때 전사한 이는 통제사 원균과 전라우수사 이억기 및 충청수사 최호 정도였다. 그들의 최측근을 지키던 병사들도 간혹 목숨을 잃거나 부상했을 것으로 보이나 정확한 사실은 알 수 없다.

예부터 장수는 전쟁터에서 최후를 맞는 것이 가장 큰 영광이었다. 원균은 20대 청

---

287 이순신, 《난중일기》, 정유년(1597), 7월 22일.
288 《실록》, 선조 34년(1601) 1월 17일.

년으로 무과에 급제한 이래 50세가 넘을 때까지 주로 함경도에서 여진족과 대결하였다. 그는 장수로서 탁월한 능력을 인정받아, 임진왜란이 발발하기 직전에 경상우수영을 지휘하게 되었다. 원균은 이순신 및 이억기 등과 함께 일본군의 서진(西進)을 막아 조선이 다시 일어날 기틀을 마련하였다. 마지막에는 삼도수군통제사로서 막중한 임무를 부여받았는데, 비변사와 도체찰사 및 도원수와 뜻이 맞지 않았다. 결국은 그들의 강요를 이기지 못해 불리한 싸움에 나갔다가 목숨을 잃고 말았다. 그런데 하필 후임자가 이순신이라서 살아남은 부하 장수들에게 헐뜯기고 조롱당하는 신세가 되었다. 서럽고 안타까운 일이다.

남겨진 판옥선은

선조 30년 7월 중순에 우리 수군은 총 180척의 판옥선을 보유하였다. 그중에서 90척쯤은 그해 7월 15일에 원균이 부산포로 진격할 때 거느리고 갔다.[289] 그 가운데 적의 공격으로 파괴된 전함은 별로 많지 않았다. 우리 군은 7월 16일 오전에 한편으로 적과 싸우면서 다른 한편으로 퇴각 작전을 벌였으므로 90척 가운데서도 대부분은 우리 군의 수중에 있었다.[290] 거기에 더해 한산도 등에 두고 간 전함이 90척이었다는 점을 고려하면 조선 수군의 판옥선은 대체로 무사하였다는 결론에 이르게 된다.

그러나 문제는 통제사 원균 등이 전사한 다음에 일어났다. 우리 군은 스스로 전함을 불태우기도 하였고, 도무지 뒷수습에 힘쓰지 않았다. 그 책임은 일차적으로 각 전함의 지휘관에게 있으나, 수사로서 생존한 배설에게 무거운 책임이 있다. 아울러 앞에서 말한 것처럼 도원수 권율과 도체찰사 이원익에게도 적지 않은 책임이 있다. 또, 수군을 수습하기에 나선 이순신에게도 아쉬운 점이 없지 않다.

뜻밖에 불행한 사태가 일어났을 때 가장 힘써야 할 일은 진상 파악이다. 만약 사태가 벌어진 직후 권율 등이 진상 파악에 힘썼더라면 우리 군은 전라우도까지 후퇴할 필요가 없었다. 아울러 그동안 비축한 여러 장비며 전함도 다시 거두어 긴요하게 사용할 여지가 충분하였다.

하지만 그해 7월 18일 이후 도원수 등은 진실을 알아내는 데 힘쓰기보다는 사태를 왜곡하고 원균에게 책임을 전가하는 데 매달렸다. 그들은 패전에 관한 책임을 모면하기에 급급하였다. 그 결과, 우리는 수군의 귀중한 자산을 점검하고 지키는 데 완

---

289 《실록》, 선조 34년(1601) 1월 17일.
290 《실록》, 선조 34년(1601) 1월 17일.

전히 실패하였다. 그동안 애써 마련한 전함과 무기를 함부로 버린 것이나 다름없었다. 그것은 백성의 피와 땀과 같은 것이요, 목숨이나 다름없었는데 함부로 포기해 버렸다. 그렇다고는 해도 이산해가 증언하였듯 이순신은 곧 30척의 판옥선을 수습할 수 있었다.[291]

---

[291] 이산해, 《아계유고》, 제5권, 〈당시의 폐단을 아뢰는 차자〉.

제4부

사라진 원균의 유산

제4부
사라진 원균의 유산

元均
眞實

　왜란이 일어나기 3년 전부터 선조는 일본이 크게 군사를 일으켜 침략해올 가능성을 점쳤다. 선조 22년(1589) 8월 1일이었다. 그날 석강(夕講)에서 선조는 을묘왜변(1555) 때 왜적의 규모가 어느 정도였는지를 물었다. 대신 변협(邊協)이 대답하기를, "70척의 선박에 약 6천 명의 군사였습니다."라고 하였다.[1] 변협은 을묘왜변의 최대 공로자였고, 무신이지만 경서(經書)에도 밝아 공조판서까지 지낸 인물이다.

　선조는 계속해서 물었다. "(왜적) 수만 명이 (다시) 쳐들어올 기세는 보이지 않는가?" 그러자 우리의 기대와는 달리 변협은 사태를 매우 낙관한 듯 다음과 같이 대답하였다.

> "왜선(倭船)은 별로 크지 아니하여 중국 배에 미치지 못합니다. 기껏해야 한 척에 1백 명밖에 타지 못합니다. 1백 척이면 1만 명이니, 1만 명 이상은 나오기 어려울 듯합니다."[2]

　일본군이 조선을 침략하더라도 병력의 최대 규모는 1만 명이라는 계산이었다. 그야말로 완전한 오판이었다. 전략에 밝은 이는 도리어 선조였다고 볼 수 있다. 왕은 적이 혹시라도 서남해안의 한쪽 귀퉁이를 차지한 뒤에 계원전(繼援戰), 즉 근거지를 정한 뒤에 줄기차게 공격하는 작전을 펼 가능성은 없는지 따져 물었다. 알다시피 임진왜란과 정유재란은 선조가 염려한 그대로 진행되었다. 적은 부산과 울산 및 남해안을 차지하고 끊임없이 우리 군을 위협하였다.

　그런데 그때 변협은 무어라고 대답했던가. "주객(主客)이 같지 않으니 (감히 적군이) 그러할 수 없을 것입니다."[3] 오판의 연속이었다. 이른바 당대 최고의 군사 전문가

---

1 《실록》, 선조 22년(1589) 8월 1일.
2 《실록》, 선조 22년(1589) 8월 1일.
3 《실록》, 선조 22년(1589) 8월 1일.

변협이 선조의 지혜에 못 미쳤다.

그런데 문신 유대진(兪大進)은 선조의 염려가 옳다면서 《동국통감(東國通鑑)》을 인용하였다. 조선 초기에 왜구가 심지어 평안도와 함경도까지 쳐들어온 사실을 그는 상세히 언급하였다.4 그러자 변협은 다음과 같이 반론을 폈다.

"그때는 왜인이 우리나라의 해로(海路)를 잘 알고 있었으므로 그러하였습니다. 하지만 지금은 해로를 알지 못하기 때문에 충청도까지 쳐들어오지 못할 것입니다."5

16세기 일본은 조선의 지리에 어두웠다. 이것이 변협의 판단이었으나, 선조는 전혀 다른 의견이었다. 왕은 다음과 같이 반박했다.

"그렇지 않다. 우리나라의 사정을 저들이 잘 알고 있다. 만약 우리나라가 전라도(의 방어)에 주력하는 줄 알아채고 다른 도(道)로 쳐들어오면 어찌할 것인가?"6

그 무렵 조정에서는 장차 일본의 침입이 있을 것으로 예측하고, 전라도의 수군을 양성하는 데 심혈을 기울였다. 결과적으로, 임진왜란이 일어났을 때 전라좌수영(이순신)과 전라우수영(이억기)은 준비를 상당 부분 마친 상태였다. 특히 조정 대신들은 적이 전라좌수영 쪽으로 침공할 것으로 짐작했다. 그러나 선조는 "다른 도" 즉, 경상도 방면으로 쳐들어올 가능성을 염두에 두고 있었다.

대신 변협은 적이 경상도로 침입한다면 "소적(小賊)이라면 천성(天城)과 가덕(加德)이 염려됩니다."라고 말하며 "대적(大賊)이야 어느 곳엔들 들어오지 못하겠습니까."라고 덧붙였다.7 마지못해 대군의 침략 가능성도 애써 부정하지 않았다고 하겠다.

그러나 이미 앞에서 살핀 것처럼 변협은 침략군의 병력 규모를 1만 명 이내로 내다보았다. 그러므로 그는 적이 경상도로 쳐들어온다면 천성과 가덕도를 지키는 경상우수영이 퇴치할 수 있을 것으로 낙관하였다. 하필 변협만 그렇게 짐작한 것이 아니라 다들 그와 비슷한 생각을 하였다. 한마디로, 우리 조정에서는 적군의 의도를 꿰뚫어 보지 못했다.

임진년(1592) 4월에 일본군은 조정의 예상을 뒤엎었다. 16만 명에 가까운 일본군

---

4 《실록》, 선조 22년(1589) 8월 1일.
5 《실록》, 선조 22년(1589) 8월 1일.
6 《실록》, 선조 22년(1589) 8월 1일.
7 《실록》, 선조 22년(1589) 8월 1일.

이 부산으로 밀려들자 조선은 곧 아수라장이 되었다. 그때 나라를 위기에서 건진 것은 수군이었다. 선조 31년(1598) 말에 일본군이 물러가자 정승 이산해는 〈차자(箚子)〉를 올려 임진왜란과 정유재란의 역사를 다음과 같이 정리했다.

> "(왜란을 겪은 뒤) 지금 사람들이 칭찬하고 있는 것은 원균(元均)이 가덕(加德)과 한산(閑山)에서 승리한 것과 이순신(李舜臣)이 노량(露梁)에서 세운 대첩(大捷)입니다. 중국의 명장이 천토(天討, 정벌사업)를 엄숙하게 시행하여 군병의 위엄이 크게 떨쳤으나, 오히려 남원(南原)이 함락되고 진주(晉州)가 무너지고 도산(島山)에서 퇴각하는 등 (흉흉한) 일이 앞뒤로 이어졌습니다. 그중에 유독 진 제독(陳提督, 진린)만이 수천 명의 군사를 이끌고 해상(海上)에서 적을 무찔러 죽였습니다."[8]

왜란을 겪은 다음에 사람들이 기억하는 조선군의 승리란 모두 수군이 거둔 것이었다는 점이 중요하다. 당대의 인사들은 원균이 주도한 가덕해전과 한산해전, 이순신이 이끈 노량해전이 유난히 빛났다고 하였다. 이순신의 〈선무공신교서〉에는 옥포해전과 노량해전의 전공을 특별히 강조했다. 또, 명나라의 여러 장수 중에서도 유독 수군 제독인 진린만 전공을 세웠다고 호평했다. 오늘날에는 이산해의 주장에 수긍하지 못하는 역사가들도 없지 않겠으나, 왜란을 겪은 조정 대신의 평가는 그러했다. 즉, 막강한 수군이 아니었으면 일본군을 물리칠 수 없었다는 것이다.

제4부의 저변을 흐르는 문제의식은 위 인용문에 닿아 있다. 왜란 때 수군의 역할은 막대하였고, 그래서 후세는 남해안 격전지마다 수군의 승리를 기념하는 기념비를 세웠다. 명장의 넋을 기리는 사당도 한둘이 아니다. 그런데 왜, 수군 명장 원균을 위한 기념물은 그곳에 단 한 개도 없을까? 우리는 이러한 질문에 대답해야 한다. 그러려면 통시적인 관점에서 원균과 그의 부장들이 어떠한 역할을 하였는지를 살펴야겠다.

먼저 왜란 당시 조선 수군이 어느 정도의 전력을 보유하였는지를 확인해야 한다. 특히 7년이나 일본군의 침략전쟁이 계속되는 동안에 원균의 수군은 과연 어떠한 변천을 겪었는지를 알아보겠다.(제1장)

또, 적이 물러간 다음에는 조선 수군의 지휘부가 어떻게 재편되었는지도 검토할 필요가 있다. 신군부가 등장할 때 원균의 부장들은 과연 어떠한 기회를 얻었는지도 살펴볼 것이다.(제2장) 끝으로, 수군 명장 원균이 수군의 역사에서 망각되는 과정을 다각적으로 조명하는 작업이 필요하겠다.(제3장)

---

8 이산해(李山海), 《아계유고(鵝溪遺稿)》, 제5권, 차류(箚類), 〈시폐를 진달하는 차자(陳弊箚)〉.

제1장
조선 수군의 위엄

알다시피 왜란이 일어났을 때 조선 수군은 공적을 많이 세웠다. 그 가운데서도 원균과 그 부하들은 적지 않은 공훈을 세웠다. 우리는 그 점을 정리할 필요를 느낀다.(제1절) 그리고 원균의 휘하에서 유난히 공이 많은 장수는 누구였는지도 구체적으로 조사해야겠다.(제2절) 끝으로, 왜란이 끝나고 난 뒤에 조선 수군의 사정은 어떠했는지도 분석할 것이다. 왜란 중에 높아진 수군의 위상이 이후에는 과연 어떻게 변모했는지 궁금하기 때문이다.(제3절)

제1절
수군의 공적

수군의 공이 컸다는 사실을 요령 있게 평가한 사람은 18~19세기의 역사가 한치윤이 떠오른다. 그는 《해동역사》에서 다음과 같이 서술했다.

> "당시에 조선 팔도의 태반이 약탈당하였으나, 다행히도 왜적의 수군은 육군과 합세하지 못하였다. (그때) 만약 전라도를 잃었다면 조선은 전부 일본의 차지가 되었을 것이다."9

그럼 일본군이 수륙 합동작전을 하지 못하게 만든 것은 누구였을까. 바로 조선 수군이었다. 우리 수군이 일본 수군을 제압했기 때문에, 적은 합동작전을 펴지 못하였다.

조정의 오산(誤算)

조선 수군이 본래부터 막강했던 것은 아니다. 왜란이 일어나기 전에 조정의 방침으로 전라좌우도의 수군은 어느 정도 전쟁에 나갈 준비가 되어 있었다. 하지만 소규모 적군이 쳐들어올 때만을 대비한 것에 불과했다. 이산해는 조정의 오판에 관해 다음과 같이 비판하였다.

> "임진년(1592) 이전에 전함(戰艦)을 성대하게 마련하고 수졸(水卒)을 크게 일으켜 바닷길을 가로막아 왜적들이 육지에 내리지 못하게 막고, 내치에 힘써 스스로 강인하게 하는 방법에 최선을 다하였더라면, 광적(狂賊, 일본군)이 초래한 재앙이 어찌 그와 같이 참혹한 지경이 되었겠습니까."10

---

9 한치윤(韓致奫), 《해동역사(海東繹史)》 제61권, 본조(本朝)의 비어고(備禦考) 1, 〈왜적(倭賊)을 막은 데 대한 시말(始末) 1〉.
10 이산해(李山海), 《아계유고(鵝溪遺稿)》, 제5권, 차류(箚類), 〈시폐를 진달하는 차자(陳弊箚)〉.

참으로 적절한 지적이었다고 생각한다. 전체적으로 보아, 당시에는 적군의 대규모 침략을 염두에 두지 않았다. 선조는 대규모 침공 가능성을 염려하였는데 대신들이 안이한 태도로 무시해 버렸다. 이산해는 그 대신들이 얼마나 어리석었는지를 아래와 같이 폭로하였다.

> "그 당시에 진언(進言)하는 자가 말하기를, '왜노(倭奴)는 배를 다루는 데에 장점이 있습니다. 그러므로 그들이 육지에 내리는 것을 노려 공격하는 것이 좋습니다.'라고 주장하였습니다. 이는 서생(書生)의 억견(臆見)에 불과한 것으로, 이해(利害)와 득실(得失)을 경험하지 않은 상태에서 도대체 무엇을 가지고 알 수 있었겠습니까."11

일본군이 배를 잘 부리므로 바다에서는 싸우지 말고, 그들이 상륙하게 내버려 둔 다음에 육지에서 섬멸하자. 이런 주장을 펼치는 문신이 조정을 이끌었다는 비판이었다. 아마 대신의 상당수는 이처럼 잘못된 의견을 따랐던 모양이다. 하지만 이런 주장을 편 대신이 누구였는지 여기서 굳이 거명할 필요는 없을 것 같다.

한산해전

역사가 한치윤은 참으로 박학다식한 선비였다. 그는 조선 수군이 거둔 가장 의미 있는 승리로 한산해전을 거론하였는데, 그 내용을 소개하면 다음과 같다.

> "다행히도 대장 원균(元均)이 수군을 통솔하여 한산도(閑山島) 앞바다에서 왜적의 전함을 막고 온 힘을 다해 공격하자, 왜적은 배를 버리고 달아났다. 이에 비로소 왜적의 수군과 육군이 합세하지 못하여 감히 대대적으로 진격하지 못하였다."12

오늘날에는 이순신의 한산대첩으로 다들 말하지만 〈선조실록〉에 의하면 원균, 이순신 및 이억기의 공적이 서로 비등한 해전이었다. 당대의 원로대신 이산해와 조선 후기의 역사가 한치윤은 한목소리로 원균이 거둔 대첩이라고 평가하였다. 필자가 중요하게 여기는 점은, 한산대첩이 왜란의 역사에서 일대 전환점이었고, 승리의 주역은 한 사람의 장수가 아니었다는 사실이다. 보는 관점에 따라 승리의 주역은 이순신일 수도,

---

11 이산해(李山海), 《아계유고(鵝溪遺稿)》, 제5권, 차류(箚類), 〈시폐를 진달하는 차자(陳弊箚)〉.
12 한치윤(韓致奫), 《해동역사(海東繹史)》 제61권, 본조(本朝)의 비어고(備禦考) 1, 〈왜적(倭賊)을 막은 데 대한 시말(始末) 1〉.

원균일 수도 있다.

한치윤은 일본 수군의 약점을 잘 알고 있었다. 그는 다음과 같이 설명하였다.

> "왜병은 본디 수전(水戰)에는 익숙하지 않았다. 전선(戰船)이 비록 많기는 하였으나 뾰족하고 작으며 무르고 얇아, 우리 측의 평평한 배와 충돌하면 당해내지 못하였다."13

이어서 한치윤은 일본 수군이 왜, 해상전투에 취약한지를 아래와 같이 날카롭게 분석하였다.

> "왜적은 몸을 잽싸게 움직이기를 잘하고 칼과 총을 쓰기를 편하게 여겼다. 그러나 일단 배에 오른 상태에서 풍랑이 일어나 배가 출렁이면 몸을 잽싸게 움직일 수도 없고, 칼과 총이 서로 호응할 수도 없었다."14

적군의 이러한 약점을 파고들어 조선군이 어떠한 작전을 펼쳤는지도 한치윤은 정확히 포착하였다. 그의 설명은 아래와 같다.

> "그때 우리 군사들이 장창(長槍), 대노(大弩), 대포(大砲)를 가지고 공격하면 형세상 (적군은) 지탱할 수 없었다. 그러므로 왜적은 조선의 주사(舟師)를 만나면 피하기만 하면서 공격하지 못하였다. 그러므로 왜적을 막는 데는 먼저 수군을 써야 한다. 이것이 이른바 바다 밖에서 막는다고 하는 것이다."15

그럼 우리 수군이 가장 왕성한 전투력을 가졌을 때는 언제였을까. 원균이 통제사로 재임하던 선조 30년(1597) 봄과 여름철이었다. 《실록》을 읽어보면, 왜란이 끝났을 때 비변사는 다음과 같이 보고했다.

> "적을 방어하려면 무엇보다도 주사(舟師, 수군)가 가장 시급합니다. 원균(元均)이 패하기 전부터도 (우리는) 주사가 강성하지 못한 것을 걱정하였습니다. 주사가

---

13 한치윤(韓致奫), 《해동역사(海東繹史)》 제61권, 본조(本朝)의 비어고(備禦考) 1, 〈왜적(倭賊)을 막은 데 대한 시말(始末) 1〉.
14 한치윤(韓致奫), 《해동역사(海東繹史)》 제61권, 본조(本朝)의 비어고(備禦考) 1, 〈왜적(倭賊)을 막은 데 대한 시말(始末) 1〉.
15 한치윤(韓致奫), 《해동역사(海東繹史)》 제61권, 본조(本朝)의 비어고(備禦考) 1, 〈왜적(倭賊)을 막은 데 대한 시말(始末) 1〉.

패전한 뒤에 이순신이 남은 것을 수습하여 기계와 선척 그리고 전함을 대강 갖추었다고 하지만, 이는 원균이 (통제사로) 있었을 때보다 못합니다."[16]

인용문에서도 확인되듯 우리 수군의 규모와 장비는 만족스러울 때가 없었다. 그래도 원균이 통제사로 있었을 때가 가장 훌륭했다. 판옥선만 해도 180척 이상 확보했기 때문이다. 우리 수군이 이만큼 강했던 시기는 그때가 전무후무하다.

수군의 약사

조선 후기에 편찬한 《만기요람(萬機要覽)》(군정편(軍政編) 4)을 자세히 살펴보면 수군의 역사가 간략하게 서술되어 있다. 그다지 긴 내용이 아니므로 아래에 전문을 번역하고 몇 개의 단락으로 나누었다. 우선 총설에 해당하는 부분은 다음과 같다.

"우리나라는 삼면이 바다로 둘러싸여 신라와 고려 때도 왜구가 여러 차례 침범하였다. 그런데 바닷가에 사는 우리 백성은 바다에 익숙하여 배를 잘 부린다. 그래서 역대에는 주사(수군)을 이용하여 승리를 거둔 적이 많았다. (我國三面環海 羅·麗以來 屢被海寇 沿海之民 生長習水 善於使舟 歷代用舟師 多取勝)"[17]

일본보다 우리 백성이 도리어 배를 잘 부렸고, 그래서 방어가 쉬웠다는 설명이다. 《만기요람》의 편자는 신라와 고려 때의 우리 측 수군에 관해서 다음과 같이 짤막하게 서술했다.

"신라 때는 '백선장군(百船將軍)'이란 칭호가 있었다. 이어서 고려 때는 '전함도감(戰艦都監)'이란 명칭도 보인다. 우리가 주사(수군)의 제도를 처음으로 제정한 것은 고려 말에 이르러서였다. (羅有百船將軍之號 麗有戰艦都監之名 舟師定制 至麗末而始備)"[18]

즉, 신라 때와 고려 때도 수군을 운용해 상당한 효과가 있었다고 했다. 그런데 수군에 관한 제도가 처음으로 정비된 것은 고려 말이라고 했다. 그럼 조선 시대에는 수군의 역사가 또 어떻게 전개되었을까. 그 역사적 변천은 비교적 상세하게 서술되어

---
16 《실록》, 선조 31년(1598) 12월 2일.
17 《만기요람(萬機要覽)》, 군정편(軍政編) 4, 주사(舟師), 총례(總例), 연혁(沿革), 〈주사(舟師)〉.
18 《만기요람(萬機要覽)》, 군정편(軍政編) 4, 주사(舟師), 총례(總例), 연혁(沿革), 〈주사(舟師)〉.

있어, 편의상 다음의 세 단락으로 나누어 보았다.

"조선에 들어와서는 태조 정축년(태조 6년, 1397) (태조가) 용산강(즉 한강)에 나가서 병선을 시찰하였다. 세종 기해년(세종 원년, 1419)에는 이종무 등에게 명령하여 (하)삼도에서 병선 200여 척을 만들었다. 그러고는 주사 1만 7천여 명을 보내 대마도를 토벌하였는데 (우리 군사가) 크게 이기고 돌아왔다. (本朝太祖丁丑 幸龍山江 觀兵船 世宗己亥 命李從茂等 發三南兵船二百餘艘 舟師一萬七千餘人 討對馬島 大獲而還)"19

인용문에서 비중있는 설명은 "대마도 정벌"이다. 그것은 태종이 직접 기획하였다. 당시에 세종은 군사를 지휘할 권리도, 관리에 대한 인사권도 행사하지 못하였다. 모든 권한은 상왕(上王, 태종)의 수중에 있었다.

그 다음으로 수군이 발전한 것은 세조 때였다. 세조는 문무에 통달한 신숙주라는 명신을 통해 수군을 대대적으로 혁신하였다. 그 점을 《만기요람》은 다음과 같이 기술하였다.

"세조 을유년(세조 11년, 1465)에 처음으로 병조선(병선과 조운선)을 두고, 신숙주를 전함사 제조로 삼았다. 그는 당나라, 일본 및 유구의 선박에 관한 제도를 조사하고 이를 절충하여 우리 식 배를 만들었다. 일컬어 병조선(兵漕船)이라고 했다. 크기에 따라 대선과 중선 및 소선으로 나누고, 저마다 사용에 편리하게 하였다. 대선은 갑판의 위층을 꾸며 전투 시에 공격할 수 있게 하고, 위층을 제거하면 조운선으로 사용하였다. 배는 하나지만 쓸모는 두 가지였다. 또, 섬마다 배의 규모가 일정하지 않은 사실에 착안해 (뱃전에) 차오르는 물의 높고 낮은 차이를 없애고, 배의 폭이 넓고 좁은 차이도 없앴다. (신숙주는) 여러 포구에 (본보기가 되는 배를) 나누어 보냈다. (어디서나) 선함을 지을 때 차이를 없애고 표준화하였다. 여러 도의 조운선이 양화도에 도착하면 (신)숙주가 좌우의 함대로 나누어 수전을 연습하게 하였다. 그러고는 배를 부리는 데 혹시라도 불편한지를 직접 살폈다. (世祖乙酉 始置兵漕船 以申叔舟爲典艦司提調 博觀唐·倭·琉球等國船體 折衷爲船 謂之兵漕船 分作大·中·小 以便於用 而大船 施上粧用於戰攻 去上粧用於漕運 一船而有兩用 又慮諸島船體不一定 去水高下 船腹闊狹 分送諸浦 所造船艦不比而同 諸道漕船到楊花渡 叔舟請分左·右隊 爲水戰之形 以觀行船便否, 親臨觀之)"20

윗글에서 보듯 신숙주의 역할이 눈부셨다. 세조는 그에게 권한을 위임해 우리나라

---

19 《만기요람(萬機要覽)》, 군정편(軍政編) 4, 주사(舟師), 총례(總例), 연혁(沿革), 〈주사(舟師)〉.
20 《만기요람(萬機要覽)》, 군정편(軍政編) 4, 주사(舟師), 총례(總例), 연혁(沿革), 〈주사(舟師)〉.

의 선박 제도를 혁신했다. 그 덕분에 외국의 다양한 선박과 우리 고유의 배 만드는 기술을 종합하여 비약적인 발전이 일어났다. 신숙주의 헌신적인 노력으로, 15세기 조선에는 선박의 표준화가 이뤄졌다. 그렇게 해서 만든 선박이 평시에는 조운선으로 사용되었고, 일단 유사시에는 병선(兵船)으로 전환하였다.

수군이 더욱 체계적으로 발전하기는 임진왜란 때부터였다. 《만기요람》에서는 도(道)의 경계를 초월한 연합 수군의 탄생과 발전에 관해 다음과 같이 서술했다.

> "선조 계사년(선조 26년, 1593)에 이순신으로 삼도 즉 경상, 전라 및 충청도의 통제사로 삼았다. 통제영을 고성에 두고 영남, 호남 및 호서의 수군을 통제하였다. 인조 계유년(인조 11년, 1633)에는 경기, 충청, 황해의 삼도를 관리하는 통어영을 교동에 설치하였다. 그밖에 관서와 관북은 감사가 수군절도사를 겸직하였다. (宣祖癸巳 以李舜臣爲三道 慶尙全羅忠淸 統制使 置統制營于固城 此爲嶺南·湖南·湖西舟師之所統也 仁祖癸酉 置三道京畿, 忠淸, 黃海. 統禦營于喬桐, 此爲畿甸·海西·湖西舟師之所統也 關西·關北, 監司皆兼水軍節度使)"[21]

선조 때는 남해안과 서해남부 지방을 방어하기 위해서 통제영을 두었고, 인조 때는 서해 중부 지방을 관리하는 통어영을 추가로 신설했다. 그밖에 평안도와 함경도는 관찰사가 수군절도사를 겸직하도록 했다. 이로써 전국을 다섯 개의 광역방어망으로 개편하였다. 예외는 강원도였는데, 적이 그쪽으로 쳐들어올 가능성이 없다고 판단해 따로 수군을 설치하지 않았다.

수군의 자랑 판옥선

판옥선(板屋船)은 조선의 주요 전함(戰艦)이다. 이는 소나무로 만든 튼튼한 배였고, 대포까지 설치된 군함이었다. 임진왜란 때 조선 수군에게 승리를 안겨준 전함이다. 따지고 보면 조선 명종 때부터 조선 말까지 우리 수군의 주된 함선이다. 아래에서는 판옥선에 관한 궁금증을 여섯 가지 측면에서 풀어본다.

첫째, 판옥선에 승선하는 격군(格軍)의 숫자이다. 노를 젓는 군사를 격군이라고 불렀는데 1척에 100명꼴이었다. 선조 35년(1602) 12월 29일의 《실록》에 아래와 같은 내용이 보인다.

---

21 《만기요람(萬機要覽)》, 군정편(軍政編) 4, 주사(舟師), 총례(總例), 연혁(沿革), 〈주사(舟師)〉.

"(이)덕형이 아뢰었다. 주사(수군)에 배가 80척이 있다고 하면, 격군(格軍)은 배 1척에 100명씩이므로 한 번에 (수군에) 동원되는 (격군의) 숫자가 8천 명이나 됩니다. 이를 (여러 고을에서) 뽑아서 쓰면 백성의 힘이 고갈될 것입니다. 그러므로 (해안가에 국한해) 토병(土兵)을 모집하고 훈련하는 것이 나은 방법입니다."22

이덕형은 우리 수군의 규모를 판옥선 80척을 보유한 군대로 인식했다. 그러면 총 8,000명의 격군이 필요한데, 그 수를 채우기도 어렵다고 했다. 왜란 중에는 실제로 격군이 많이 부족해 판옥선 한 척에 100명의 격군을 싣지 못할 때가 많았다.

둘째, 전투병을 포함한 판옥선의 탑승 인원도 궁금할 것이다. 정상적인 경우라면 140명쯤이었다. 비전투요원인 격군과 전투원 및 지휘관까지 모두 합쳐 그런 숫자가 나온다. 선조 30년(1597) 3월 18일의 《실록》에 경상감사 이용순(李用淳)의 〈장계〉를 보면, 경상도 고성(固城)에 진을 친 어느 장수의 〈치보(馳報, 긴급 보고)〉에 다음과 같은 설명이 있다.

"본현(本縣, 고성현)의 판옥선(板屋船)에 사수(射手)·격군(格軍) 등 하솔(下率, 부하) 1백 40여 명을 싣고 (고성)현령이 직접 거느린 채 바다로 나아갔습니다. 3월 9일 조라포(助羅浦) 경계인 고다포(古多浦)에서 왜적과 접전할 때 이 전선(戰船)은 패전해 (지휘관인) 현령이 전사하였습니다. 그래서 그의 시체를 싣고 그날로 배가 돌아왔습니다."23

여기서 보듯 고성의 전함에는 1백 40여 명이 승선하였다. 불행히도 지휘관인 고성현령 조응도(趙凝道)는 순국하였다.24 위 기록에 언급한 숫자를 모든 판옥선에 일률적으로 적용하기는 어렵지만, 그때그때 형편에 따라 승선 인원은 수십 명이 줄어들 수도 있었다.

셋째, 임진왜란 때 조선 수군이 보유한 판옥선은 모두 몇 척이나 되었을까? 전라, 충청 및 경상도의 수군이 거느린 판옥선은 대체로 120척쯤이었다. 전라좌수영(이순신)과 전라우수영(이억기) 및 경상우수영(원균)이 각기 40척 정도의 판옥선을 운용하였다. 충청도 수군은 3~4척을 보유한 데 불과하였다. 그런데 이 숫자도 가변적이었고, 120척이 있더라도 실제로 운용할 수 있는 배는 80척에 그친다는 보고도 있었다.

---

22 《실록》, 선조 35년(1602) 12월 29일.
23 《실록》, 선조 30년(1597) 3월 18일.
24 《실록》, 선조 30년(1597) 3월 24일.

넷째, 그럼 우리 수군의 병력은 어느 정도였을까? 선조 30년(1597) 5월 13일에 명나라 장수 양원이 다음과 같이 말하였다.

> "한산도의 (조선) 수군은 겨우 1만 명입니다. 하지만 전쟁터에 나온 지 오래되어, 쓸 만한 군사는 겨우 5천 명 정도라고 합니다."[25]

총병력은 1만이라고 하나, 전투에 투입할 병력은 그 절반쯤이라고 하였다. 아마 사실에 부합하는 진술이라고 여겨진다.

다섯째, 조선 수군이 최대 규모를 자랑한 것은 언제였을까. 그것은 선조 30년(1597) 여름이었다. 원균이 통제사로 재임할 때로 그의 휘하에는 180척의 판옥선이 있었고, 수군도 2만 명의 위용을 자랑하였다. 그렇게 많은 판옥선이 있었다니 믿지 못할 이들도 적지 않을 듯하다. 그러나 선조 30년(1597) 5월 12일에 비변사가 아뢴 바는 다음과 같았다.

> "주사(舟師) 중에 지금 한산도(閑山島)에 도착한 배는 1백 34척이오, 이미 (진지를) 출발하였으나 아직 도착하지 못한 배는 5~6척입니다. (그와 별도로 현재) 만드는 중인데 (앞으로) 20일 정도면 완성될 배가 48척이라고 합니다. 모두 계산하면 1백 80여 척인데, 이것은 판옥 대선(板屋大船)입니다. 이 밖에도 병선(兵船)으로 (수)군의 형세를 도울 만한 배의 숫자가 반드시 많이 또 있을 것입니다."[26]

판옥 대선만 하여도 180척이었다. 이순신이 통제사로 있었을 때보다 무려 80척이 더 증가했다. 그 중에는 이순신이 짓기 시작한 배도 없지 않았을 터인데, 원균이 추가로 제작한 판옥선이 훨씬 많았다는 사실이 인상적이다. 일본군의 재침이 우려되는 상황이어서, 조정에서도 수군의 전투력 증강에 협력을 아끼지 않았을 것으로 추정된다.

우리 수군이 보유한 판옥선의 수는 극단적으로 변화를 겪었다. 이른바 "칠천량 사태"(선조 30년 7월 16일)를 겪은 뒤에 아무도 병선을 수습하지 않아 조선군의 판옥선은 10여 척으로 줄기도 하였다. 그랬다가 판옥선의 수가 다시 늘어나 노량해전을 치를 때는 60척쯤이 되었다. 왜란이 끝난 선조 35년(1602)에는 70척이 되어 평시의 정상 수준을 회복하였다. 선조 35년(1602) 12월 29일에 대신 유영경의 다음과 같은 발

---

25 《실록》, 선조 30년(1597) 5월 13일.
26 《실록》, 선조 30년(1597) 5월 12일.

언에서 확인할 수 있다.

"행여라도 뜻밖의 변고가 생긴다면 (지금 우리가 보유한) 70척의 배와 주사(舟師, 수군)로 큰 적을 당해낼 수 있겠습니까?"27

조선 후기에도 판옥선의 숫자는 대략 70~80척에 머물렀다. 《만기요람》(군정편4)에는 원수(元數)가 79척으로 고정되었다. 각도의 크고 작은 함선을 모두 헤아리면 전라우도, 경상우도, 전라좌도, 경상좌도, 충청도 순으로 보유 선박 수에 차이를 보였다. 전국의 각종 선박을 모두 합치면 총 4백 62척이오, 수군 병력은 2만 5천 명이었다. 하지만 그것은 장부에 기록된 숫자이고, 유사시에 출동할 수 있는 실제 병력은 얼마나 되었을지 의문이다.

《만기요람》에 나오는 각 지역의 전선(戰船)과 병력 숫자를 적어본다. 여기서 "전선"이라고 한 것은 물론 판옥선이다.

전라우수영: 전선 29척, 거북선 5척, 병선 33척, 방선 13척, 사후선 65척, 왜선(倭船) 2척, (합계 147척) 장졸 합하여 7,443명
경상우수영: 전선 24척, 거북선 12척, 병선 36척, 사후선 70척. (합계 142척) 장졸(將卒) 합하여 8,638명
전라좌수영: 전선 14척, 거북선 1척, 병선 14척, 방선 1척, 사후선 30척, 왜선 1척. (합계 61척) 장졸 합하여 3,615명
경상좌수영: 전선 9척, 거북선 2척, 병선 10척, 사후선 22척. (합계 33척) 장졸이 합계 2,696명
충청 수영: 전선 3척, 거북선 4척, 방선 20척, 병선 18척, 사후선 34척. (합계 79척) 장졸 합하여 3,914명28

여섯째, 임진왜란 때 일본군은 판옥선 때문에 수난을 당했는데, 그렇다면 그들도 판옥선을 모방하지 않았을까? 정유재란이 일어나기 직전에 선조는 과연 그 문제를 몹시 걱정하였다. 신하들은 그럴 리가 없다고 대답하였으나, 그것은 완전히 잘못된 말이었다. 정유재란 이전에 경상수사 이운룡이 적발한 것처럼 조선의 선박기술자 중에는 판옥선을 만들어 일본군에 바친 사람도 있었다. 공식적으로는 조선 측이 그 사실을

---

27 《실록》, 선조 35년(1602) 12월 29일.
28 《만기요람(萬機要覽)》, 군정편(軍政篇) 4, 〈수사(水師)〉.

확인하지 않았으나, 여러 해상전투에서 일본군은 다수의 판옥선을 동원해 전투를 벌인 것으로 짐작된다.

왜란 직후에 경섬(慶暹)이 저술한 《해사록(海槎錄)》을 보아도, 일본은 "판옥선"을 보유하였다. 가령 정미년(1607) 4월 3일의 일기에서 경섬은 다음과 같이 기술하였다.

> "해 뜰 무렵에 배를 띄워 비중주(備中州) 앞바다를 지나 1백 리쯤 가서 하진(下津, 지명)에 이르렀다. … 산봉우리에 성을 새로 쌓아 기각(掎角)의 요새를 설치하였는데, 여염이 매우 번성하고 배도 많이 묶여 있었다. 그중에 판옥선(板屋船)도 한 척 보였다. 우리나라 전선(戰船)과 그 제도가 똑같았다."[29]

곰곰 생각하면 당연한 일이다. 왜란을 겪으며 조선 사람들은 조총을 수용해 널리 사용했다. 새로운 무기와 병법에 관해서라면 일본인들도 관심이 적지 않았을 것이다. 그들이 왜, 판옥선과 화포의 제도를 배우지 않았겠는가? 그들도 차츰 무장을 강화해 우리와 비등하게 되어 원균과 이억기 및 최호가 고전하는 사태가 일어난 것이다. 전쟁이 오래 계속되면 누구를 막론하고 상대방의 장점을 배우기 마련이다. 이것이 고금의 진리이다.

격군의 관리

조선 수군은 사시사철 항상 같은 규모로 일정한 병력을 유지하였을까. 선조는 이런 의문을 가진 적이 있었다. 선조와 유성룡 및 김수가 주고받은 대화에서 관련 사항을 발췌하면 아래와 같다.

> "그(이순신)가 이미 통제사가 되었으므로 수군을 모아야 하는데 어째서 정돈하지 않고 있느냐고 선조가 물었다. 유성룡이 대답하기를, '겨울이면 격군(格軍)을 풀어준다고 합니다.'라고 하였다. 잇따라 김수가 말하기를, '으레 10월이면 격군을 풀어주는 것이 이미 규례가 되었기 때문에 아직 정돈하지 못하고 있습니다.'라고 하였다."[30]

여기서도 보듯, 해마다 10월이면 수군은 사실상 해체되었다. 핵심 요원만 기지에

---

[29] 경섬(慶暹), 《해사록(海槎錄)》, 정미년(1607) 4월 3일.
[30] 《실록》, 선조 30년(1597) 1월 27일.

남겨놓고 대다수 병사는 집으로 돌려보냈다. 겨울에는 기상 및 기후 조건이 나빠 아군이나 적군이나 바다에서 싸울 수 없었다. 수군이 다시 기지개를 켜는 것은 봄이었다.

그런데 봄철에 병력을 소집할 때는 항상 큰 소동이 일어났다. 부대로 복귀하지 않고 달아난 병사가 많았다. 그래서 매년마다 부대를 재편성하기 위해 큰 어려움을 겪었다. 이 점을 윤두수는 다음과 같이 보고했다.

"신이 남원(南原)에 있을 때 이순신이 군관을 남원에 보내어 군사를 모집하다가 그곳 병방(兵房)을 참(斬)하기까지 하였습니다. 이로 인해 백성들이 소란하고 곡성(哭聲)이 하늘에까지 사무쳤습니다. 군관을 불러 이유를 물어보았더니, 백성들의 멀고 가까운 친척까지 몽땅 붙잡아 갔기 때문이라고 대답하였습니다. 이로 보건대, 군사를 모을 즈음에 상서롭지 못한 일이 많았습니다."31

군에 복귀하지 않고 도망간 병사가 있으면 친척을 대신 데려갔다. 만약에 병력을 충원하는데 고을의 아전들이 협력하지 않으면 책임이 있는 아전의 목을 잘랐다. 그만큼이나 부대를 재편성하는 일이 어려웠다. 위 인용문에는 이순신이 가혹하게 굴었다고 하였는데, 사정은 어느 부대나 비슷하였을 것이다.

일본군, 조선 수군을 겁내

조경남(趙慶男)이 저술한 《난중잡록 2(亂中雜錄二)》에는 선조 25년(1592) 하반기의 전황이 요령 있게 기술되어 있다. 그해 8월 4일 자에는 김성일의 〈장계〉를 그대로 인용하였는데, 그 내용이 의미심장하다.

"(경상우)수사(水使) 원균(元均)은 (거제도의) 본진(本鎭)을 잃은 뒤 전선(戰船) 네 척밖에 없었습니다. 그러나 전라좌우도의 수군을 불러와 세 번이나 해전을 벌여 모두 크게 이겼습니다. 수백 명의 머리를 베고 적선 백여 척을 부수었습니다. 불에 타서 죽거나 물에 빠져 죽은 자가 헤아릴 수 없이 많았습니다."32

원균은 초반의 어려움에도 굴하지 않고 전라좌우수영과 협력해 승승장구하였다는 기술이다. 그 결과가 매우 눈부셔, 김성일은 다음과 같이 결론지었다.

---

31 《실록》, 선조 30년(1597) 1월 27일.
32 조경남(趙慶男), 《난중잡록 2(亂中雜錄二)》, 임진년 하 만력 20년, 선조 25년(1592년), 〈8월 4일〉.

"적이 몹시 겁내어, 호남으로 가겠다고 큰소리는 쳤으나 결국은 움직이지 못합니다. 바다를 건너려는 자도 반드시 산에 올라가 망을 보고, 서쪽 바다에 배가 없음을 확인한 다음에 떠납니다. (전쟁이란) 변고가 생긴 뒤로 전공(戰功)은 양도(兩道, 전라도와 경상도)의 수사가 제일입니다."33

이 글에서 보듯 선조 25년 하반기가 되면 일본 수군은 아군의 눈치를 보는 처지가 되었다. 경상남도 바다에서 전라도와 경상도의 수군이 연합 작전을 펼쳐 적의 기세를 완전히 꺾어놓았기 때문이다. 이것은 어느 한 장수의 공이 아니라 세 명의 수사가 공동으로 이룩한 결과였다. 경상우수사 원균의 간절한 요청에 따라 이순신과 이억기가 합세하였다는 사실이 중요하다.

왜란 초기에 도망한 관리와 장수들

그러나 조선군의 사정도 한결같지 않았다. 선조 25년 4월에 왜란이 처음 일어났을 때는 겁에 질려 멀리 달아난 관리와 장수가 많았다. 앞에서 변협이 짐작한 것처럼 대개는 일본군이 쳐들어오더라도 1만 명 이내일 것으로 보았는데 그런 예상을 뒤엎고 16만 명에 육박하는 적군이 밀물처럼 몰려왔기 때문이다. 적군의 숫자가 너무 많아, 부산 근처의 수비를 맡은 여러 장수며 지방관들은 도저히 싸울 수가 없는 형편이었다.

선조 25년(1592) 6월 말에 경상우도 초유사 김성일이 조정에 보고한 바에 따르면, 경상우수영 관내의 진해현감과 고성현령은 왜적 40여 명이 상륙하자마자 바로 도망쳤다.34 역시 경상우수영 소속인 가덕첨사(加德僉使)도 도주했다. 또 경상우수영 소속으로 보이는 권관(權管) 주대청(朱大淸)도 달아났다.35 그러나 그들은 머지않아 다시 전선으로 되돌아왔다. 그들은 싸울 의사가 조금도 없었다기보다는 형세가 너무 불리해서 잠시 도피한 것이다.

역시 경상우수영에 속한 웅천현감 허일(許鎰)은 일본군이 침범하기도 전에 도주하였는데 다시 나타나지 않았다.36 허일은 똑같은 죄를 범한 성주 판관 고현(高晛)과 함께 잡히는 대로 사형에 처하기로 하였다.37 도망한 것은 아니었으나, 김해부사(金海府使) 서예원(徐禮元)은 거듭 패전한 죄로 '백의종군(白衣從軍, 보직해제)'의 벌을 받고 전

---
33 조경남(趙慶男), 《난중잡록 2(亂中雜錄二)》, 임진년 하 만력 20년, 선조 25년(1592년), 〈8월 4일〉.
34 《실록》, 선조 25년(1592) 6월 28일.
35 《실록》, 선조 25년(1592) 6월 28일.
36 《실록》, 선조 25년(1592) 6월 28일.
37 《실록》, 선조 25년(1592) 6월 29일.

쟁터로 끌려 나갔다.38 김해 역시 경상우수영에 속한 지역이다.

요컨대 경상우수영을 구성하는 여러 고을과 진(鎭), 구체적으로 말하면 진해, 고성, 가덕, 웅천, 김해 등지의 장수와 지방관이 대거 도주하였다. 이로 말미암아 원균은 전쟁 초기에 큰 애로를 겪었다.

선조 26년(1593) 10월의 수군 현황

음력 10월이 되면 수군은 정상적인 해상 활동을 하지 못한다. 앞에서 이미 말했듯 대개는 부대를 떠나 집으로 돌아간다. 그러나 선조 26년(1593) 10월 22일의 기록을 보면 그때까지도 수군의 상당수는 전투태세를 유지했다.

"왜적들이 이처럼 (각지에) 주둔하고 있으니 아군은 어떻게 해야 하겠는가?"

선조가 이렇게 묻자 풍원부원군(豊原府院君) 유성룡(柳成龍)이 남해의 사정을 다음과 같이 보고했다.

"원균(元均)의 군사 6백여 명과 이순신의 군사 1천여 명이 오랫동안 바다 위에 머무르고 있습니다. 그들은 또 매우 굶주리고 있습니다. 그들이 하루아침에 무너진다면 적군이 바다와 육지로 한꺼번에 몰려올 염려가 없지 않습니다. 백방으로 생각해 보아도 달리 방어할 계책이 없습니다. 반드시 중국군과 합세해야 하는데 군량이 모자라서 민망하고 염려됩니다."39

왜란이 시작되고 1년 반쯤 지난 시점이었다. 초반의 불리한 여건을 대체로 극복하고, 원균은 이순신이나 이억기와 비슷한 병력 규모를 유지하였다. 선조 26년 10월 당시 원균과 이순신의 전투력은 3대 5쯤이었다. 유성룡의 진술에 따르면 그러했다.

알다시피 유성룡은 이순신의 정치적 후원자요, 원균을 비방한 문제의 책 《징비록》을 저술한 사람이다. 그런 유성룡조차 원균이 600명, 이순신이 1천 명의 수군을 거느리고 날마다 바다 위에서 작전을 벌이고 있다고 보고했다.

그 무렵 일본군의 배치 현황을 조사해 보면, 우리 수군의 작전지역에서만도 가덕(加德, 현 부산시 강서구 천가동)을 비롯해 천성(天城, 현 부산시 강서구 천성동)과 거

---

38 《실록》, 선조 25년(1592) 6월 29일.
39 《실록》, 선조 26년(1593) 10월 22일.

제(巨濟)의 영등포(永登浦, 현 경상남도 거제시 둔덕면)와 장문포(場門浦, 현 거제시 장목면 장목항) 등에 주둔하였다.40 요컨대 거제도의 동쪽으로는 해안을 따라 부산에 이르기까지 일본군의 요새가 잇따랐다. 적의 서쪽 진출을 막아야 하는 조선 수군은 하루도 마음 편히 지낼 수 없었다.

수군의 둔전 경영

왜란 중 조선 수군의 병력 규모는 생각보다 규모가 작았다. 위에서도 살펴보았듯, 선조 26년 겨울에는 고작 1천 6백 명의 수군이 해상에서 작전 중이었다. 상식적으로 보아, 당시 한산도에도 그와 같은 수의 병력이 교대 병력으로 머물러 있었을 것이다. 겨울이 되자 전라우수사 이억기는 군사를 거느리고 본거지로 물러간 것으로 보인다. 그 시점에 한산도에는 대략 3천 2백 명의 수군이 주둔했다는 계산이다.

그런데 그 정도의 군사도 제대로 먹이지 못하였다. 선조 26년(1593) 12월 30일에 비변사는 그런 고충을 다음과 같이 털어놓았다.

> "지금의 형세는 곳곳에 양곡이 고갈되었는데 병란은 끝나지 않고 있습니다. 백방으로 생각해 보아도 구제할 방법이 없습니다."41

군량 부족이 심각한 현안이었다. 한 가지 해결책이 있다면 부대마다 둔전을 경영하도록 하는 것이었다. 비변사는 그 필요성을 다음과 같이 보고했다.

> "지난번 전라수사(全羅水使) 이순신(李舜臣)이 해도(海島)에 둔전 설치하기를 청했는데 이는 매우 원대한 생각입니다. 가령 소득이 적더라도 내지(內地)에서 운송해 가는 폐단을 다소 줄일 수 있습니다."42

이에 앞서 이순신이 섬에 둔전을 마련할 테니 부디 허락해달라고 조정에 요청하였다. 비변사는 그때 일을 떠올리며 원균에게도 둔전 경영을 권유하자면서, 다음과 같이 구체적인 방안을 제시하였다.

---

40 《실록》, 선조 26년(1593) 윤11월 14일.
41 《실록》, 선조 26년(1593) 12월 30일.
42 《실록》, 선조 26년(1593) 12월 30일.

"경상도 진주의 흥선도(興善島, 창선도와 같음, 현 경상남도 남해군 창선면)에 있는 목장(牧場)은 토지가 비옥하여 기장이 잘 된다고 합니다. 지금 수군과 제장(諸將)이 한산도(閑山島)에 주둔하면서 그 앞을 가로막고 있습니다. 올해에 조처하여 목자와 유민들이 김해와 거제 등에서 귀순해온 사람들을 데리고 그곳에 가서 살게 하면 어떠하겠습니까. 그들에게 남해, 곤양 및 진주 등에서 거둔 올해의 관적(官糴)을 덜어서 종자용 곡식을 주고 힘써 경작하게 하소서. 그러면 장차 수확하여 군량에 충족시킬 수도 있고, 거처를 잃은 백성도 살아갈 수 있는 터전이 생길 것입니다."43

마침 원균의 군관(軍官)인 사헌부 감찰 박치공(朴致恭)이 한산도로 내려가기 직전이었다. 비변사는 박치공을 통해서 원균과 경상도관찰사 한효순(韓孝純)에게 둔전 경영에 관한 지시 사항을 전달하고자 했다. 또, 이 기회에 흥선도의 목장에서 기르는 마필(馬匹)의 수효도 정확히 파악하고, 그중 건장한 말은 싸움터로 보내고 암말과 망아지는 섬에서 기르자고 건의했다.44 선조는 비변사의 요청을 받아들였다.

이상에서 살핀 것처럼 원균과 이순신은 각기 둔전을 경영하고, 목장에서 말도 키워 육군이 전투에 사용할 수 있게 준비하였다. 한편으로 그들은 일본 수군과 싸우며 다른 한편으로는 경제 활동에도 적지 않은 노력을 기울였다. 위에서는 미처 언급하지 못하였으나, 전라우수영의 이억기도 아마 비슷한 활동을 하였을 것이다.

원균과 이순신에 대한 호평

수군의 공적을 거론하면 단연코 원균과 이순신의 공이 으뜸이었다. 당시에 경상도 출신 의병장인 정경운(鄭慶雲)은 《고대일록(孤臺日錄)》에서 원균과 이순신의 공적을 기리며 두 장수를 호평하였는데, 그 글의 첫 대목은 다음과 같다.

"(경상)우수사(右水使) 원균(元均)은 작고한 절도사(節度使) 준량(俊良)의 아들이다. 평소 담력과 지략이 있었는데, 변란이 발발한 초기부터 전함에 올라 적을 방어하느라 하루도 육지에 발을 내린 적이 없었다."45

원균은 배짱이 크고 지략이 출중하다고 했다. 아울러 왜란이 일어나자 그때부터

---

43 《실록》, 선조 26년(1593) 12월 30일.
44 《실록》, 선조 26년(1593) 12월 30일.
45 정경운, 《고대일록(孤臺日錄)》, 임진년(1592) 4월 23일.

항상 전함에 올라 적의 침략을 방어하기에 여념이 없다고 했다. 그런 설명에 이어 정경운은 다음과 같이 원균과 이순신을 동시에 칭찬하였다.

> "전라좌수사(全羅左水使) 이순신(李舜臣)은 우상(右相) 유성룡(柳成龍)이 천거하였는데, (원균은) 그와 한마음이 되기를 약속하였다. 그러고는 전력을 다해 적을 추격해 격파했다. 적들이 더는 전라도를 넘보지 못하게 된 것은 양수사(兩水使)의 공로이다."46

인용문에서 확인하였듯, 왜란 때 경상도에서 의병장으로 활동한 정경운이 보기에도 원균과 이순신 두 사람은 나라를 지킨 소중한 장수였다. 이러한 견해는 경상도 진주의 선비 성여신(成汝信)이 쓴 〈상소문〉에서도 발견된다. 그는 원균과 이순신의 공적을 다음과 같이 서술하였다.

> "(임진년 여름에) 경상우수사 원균과 전라좌수사 이순신이 마음으로 맹세하고 힘을 합쳐 연안의 백성을 규합하여 바닷길을 차단하고 호남으로 향하는 왜선을 격파하였습니다. 이에 왜구가 호남을 엿보지 못하게 되었습니다. 그렇게 한 다음이라야 호남의 백성을 모아 군졸로 삼을 수 있었습니다. 또, 호남의 창고에서 곡식을 가져다 군사들을 먹일 수 있게 되자 의병도 모으고 흩어진 군졸도 소집할 수 있었습니다."47

성여신이 지적한 것처럼 원균과 이순신이 "마음으로 맹세하고 힘을 합쳐" 적군을 무찔렀다. 결과적으로 호남이 안전해졌고, 그 지방의 곡식을 영남으로 가져다가 의병도 모으고 수군도 재건할 수 있었다.

그러나 시간이 흐를수록 원균과 이순신은 사이가 벌어졌다. 알다시피 나중에는 서로 양립하지 못할 지경이 되었다. 선조 28년(1595) 초에 조정에서는 원균을 충청병마사로 내보내고 이순신에게 수군을 맡겼다. 하지만 그 뒤로 조선 수군은 강해지기는커녕 도리어 크게 약해졌다. 선조 29년(1596) 연말이 되자 일본군의 재침이 우려되는 가운데 조정에서는 원균의 수군 복귀를 진지하게 검토했다. 마침내는 통제사를 이순신에서 원균으로 바꾸었다. 이것은 이미 앞에서 살핀 것과 같다.(제3부 제1장)

---

46 정경운,《고대일록(孤臺日錄)》, 임진년(1592) 4월 23일.
47 성여신(成汝信),《부사집(浮查集)》, 제3권, 소(疏),〈양전할 때의 폐단을 진정하는 소(量田時陳弊疏)〉.

원균의 장단점

선조 30년(1597) 1월 말에 선조는 조정 대신들과 함께 원균과 이순신의 문제를 다각적으로 고찰하였다. 신하들 가운데서 원균의 성품과 능력을 가장 부정적으로 바라본 이는 대신 이정형(李廷馨)이었다. 가령 그는 원균의 성품이 어떠한지를 다음과 같이 평가했다.

> "원균은 사변이 일어난 처음에는 강개(慷慨)하여 공을 세웠는데, 군졸을 돌보지 않아 인심을 잃었습니다."[48]

선조는 그의 주장에 놀라며 "(원균의) 성품이 그처럼 포악한가?"라고 되물었다. 그러자 이정형은 더더욱 놀라운 주장을 꺼냈다.

> "경상도가 판탕(板蕩, 무너짐)된 것은 모두 원균에게서 말미암은 것입니다."[49]

이정형의 이러한 주장은 누가 보아도 지나치게 편파적이었다. 그렇게 판단한 선조는 말을 돌려, "우상(右相, 이원익)이 (남쪽으로) 내려갈 때 원균은 적과 싸울 때나 쓸 만한 사람이라 하였으니, 여기에서 (그 성품을) 짐작할 수 있다."[50]고 하였다.

원균은 용감하나 평시에 백성과 군사의 마음을 잘 어루만지지 못한다는 뜻이다. 그러나 지금은 상황이 위급하므로 원균을 수군에 복귀시키지 않으면 곤란하다는 것은 대신 김응남의 주장이었다.[51]

선조는 원균 대신에 전라우수사 이억기(李億祺)를 통제사로 삼을 뜻을 잠시 내비쳤다. 하지만 천만뜻밖에도 이정형이 다음과 같이 주장하였다.

> "(이억기는) 원균만 못합니다."[52]

원균의 성격을 탐탁하게 여기지 않은 이정형의 눈으로 보아도, 이순신이 아니면 원균이 대안이란 뜻이었다. 그러자 선조는 원균이 고집불통이라고 불만을 표시하며 다

---

48 《실록》, 선조 30년(1597) 1월 27일.
49 《실록》, 선조 30년(1597) 1월 27일.
50 《실록》, 선조 30년(1597) 1월 27일.
51 《실록》, 선조 30년(1597) 1월 27일.
52 《실록》, 선조 30년(1597) 1월 27일.

음과 같이 안타까워했다.

> "원균은 자기 소견대로만 하고 고칠 줄 모른다. 체찰사(이원익)가 논리적으로 개유(開諭)하려 해도 고치지 않는다고 한다."[53]

바로 그때 유성룡이 대화에 끼어들며 원균의 장점을 언급하였다. 즉, "대개 (원균이) 나라를 위하는 데는 성심이 있습니다. (청주에) 상당산성(上黨山城)을 쌓을 때도 움막을 만들고 거기서 잠을 자면서까지 공사를 감독해 (성을) 완성하였습니다."[54]

알다시피 유성룡은 사사건건 원균을 비방하고 혐오하는 정승이었으나, 그 또한 원균의 장점을 정확히 알고 있었다. 그러자 원균의 정치적 후원자인 이산해는 도리어 한발 물러서며 다시금 원균의 약점을 떠올렸다.

> "상당산성을 수축할 때 (원균이) 위력으로 공사를 감독했기 때문에 원망하는 사람이 많았습니다."[55]

임무 수행에 적극적이기는 하지만 원균에게는 불도저와 같은 성격이 아무래도 마음에 걸린다는 말이었다. 그때도 원균의 약점을 다시 거론한 이는 이정형이었는데, 그는 다음과 같이 말했다.

> "상당산성을 쌓는 공사는 완성되었으나 비에 도로 무너지고 말았습니다."[56]

의욕적으로 추진한 사업이기는 하지만 원균의 공사는 결국 허사로 돌아갔다는 지적이다. 그러나 여름철 폭우라면 아무리 견고하게 성을 쌓았더라도 얼마든지 무너질 수 있다.

요컨대 원균의 장점은 타의 추종을 허락하지 않는 강력한 추진력에 있었다. 전투에 나가든지 공사를 하든지 그는 자신의 임무에 투철하였다. 그러나 너무 열심히 목표에만 매달리느라 아랫사람의 어려운 처지를 파악하지 못하는 약점이 있었다. 선조와

---

[53] 《실록》, 선조 30년(1597) 1월 27일.
[54] 《실록》, 선조 30년(1597) 1월 27일.
[55] 《실록》, 선조 30년(1597) 1월 27일.
[56] 《실록》, 선조 30년(1597) 1월 27일.

대신들은 그 점을 정확히 인지하고 있었으나, 일본군의 재침이 염려되었기 때문에 그에게 수군을 지휘하도록 했다.

이순신과 원균의 대립 – 국정 현안

오늘날 많은 사람들은 선조와 대신들이 통제사 이순신을 해임하고 원균을 다음 통제사로 삼은 조치를 잘못이라고 주장한다. 하지만 본래 선조와 대신들은 원균과 이순신이 서로 협력하여 수군을 함께 지휘하기를 바랐었다. 그런데 두 장수가 극한적으로 대립하였기 때문에, 둘 중 한 사람은 수군을 떠날 수밖에 없게 되었다. 통제사를 원균으로 바꾸기 전에 선조는 자신의 고충을 다음과 같이 토로했다.

> "체찰사(이원익)가 이순신과 원균에게 분부라도 하는 일이 있으면, 비록 온당하지 못하더라도 이순신은 그런대로 면종(面從)을 한다. 그러나 원균은 노기를 띠며 청종(聽從, 따름)하지 않는다고 한다. 이는 그가 자신의 공(功)을 (이순신에게) 빼앗겨서인가? 원균을 좌도주사(左道舟師, 좌통제사)에 임명하고, (이순신은 우통제사로 둔 채) 또 다른 사람이 그 둘을 진압하게 하는 것이 어떻겠는가?"[57]

선조는 두 장수 중에 한 사람도 버리지 않으려고 하였다. 그러나 대신들이 그런 조치가 소용없는 일이라고 했다. 다음은 이정형, 김수 및 이덕열의 진술이다.

> 이정형: "이순신과 원균은 서로 용납하지 못할 형세입니다."[58]
> 김　수: "원균은 늘 이순신이 공을 빼앗아 갔다고 신에게 말하였습니다."[59]
> 이덕열: "이순신이 원균의 공을 빼앗아 권준(權俊)의 것으로 삼았고, 원균과 상의도 하지 않고 먼저 〈장계〉를 썼습니다. 그때 왜선에서 여인(女人)을 얻어 사실을 탐지하고는 곧장 〈장계〉를 올렸다고 합니다."[60]

여기서 길게 다시 설명할 필요는 없을 것이다. 간단히 말해, 이순신이 원균과의 처음 약속을 어기고 옥포해전의 전과를 서둘러 혼자 보고한 것이 첫 번째 문제였다. 둘째는 선조 25년 6월 2일의 당포해전에서 권준이 세웠다는 전공이 알고 보면 경상

---

57 《실록》, 선조 30년(1597) 1월 27일.
58 《실록》, 선조 30년(1597) 1월 27일.
59 《실록》, 선조 30년(1597) 1월 27일.
60 《실록》, 선조 30년(1597) 1월 27일.

우수영의 몫이었다.

당포해전 때의 상황을 선조도 자세히 기억하였다. 그는 다음과 같이 말했다.

> "그때 왜장(倭將)이 3층 누선(樓船)에 앉아 관(冠)을 쓴 채 바둑을 두고 있었다. 그런데 그 배가 매우 허술하였기 때문에 우리 배와 부딪히자 즉시 부서졌다고 한다. 왜선이 지금도 그곳에 있다고 하므로, (경상우수영 측이) 전선(戰船)을 나포했다는 말이 반드시 허언은 아닐 것으로 본다."61

선조는 이순신이 조정을 속였다는 점을 알고 있었으나, 이순신을 일방적으로 비난하지는 않았다.

이순신의 처리

여러 가지 이유로 대신들은 통제사 이순신을 해임하라고 선조에게 요청하였다. 원균에게 통제사를 맡기는 것이 나라를 위해 좋은 일이라고 그들은 믿었다. 그때도 선조는 되도록 두 장수를 함께 등용하려고 궁리했다. 신하들은 저마다 이순신을 배척하거나 또는 두둔하였는데, 그 광경을 간단히 소개하면 다음과 같다. 꽤나 복잡다단했던 것 같다.

김 수: "(부산포의 왜영을) 불태운 일에 관해서입니다. 이순신이 처음에 안위(安衛)와 밀약하였는데 다른 사람이 먼저 불사르자, 이순신은 도리어 자기의 공로로 삼았습니다. 그러나 그 일은 자세히 알 수 없습니다."62

이정형: "변방의 일은 멀리서 헤아릴 수가 없으므로, 서서히 처리해야 합니다."63

김 수: "(부산포 왜영 문제가) 이것이 사실이라면 (이순신을) 용서할 수 없습니다."64

유성룡: "그 사람(이순신)의 죄가 그렇게 크기는 하나, 지금은 책려(策勵)해야 합니다."65

윤두수: "이순신과 원균을 모두 통제사(統制使)로 삼아 서로 힘을 합치게 해야 합니다."66

---

61 《실록》, 선조 30년(1597) 1월 27일.
62 《실록》, 선조 30년(1597) 1월 27일.
63 《실록》, 선조 30년(1597) 1월 27일.
64 《실록》, 선조 30년(1597) 1월 27일.
65 《실록》, 선조 30년(1597) 1월 27일.
66 《실록》, 선조 30년(1597) 1월 27일.

위와 같이 구구한 주장을 청취한 끝에 선조는 다음과 같이 자신의 지론을 되풀이하였다.

"비록 (원균과 이순신) 두 사람을 (지역을) 나누어 통제사로 삼더라도 반드시 조절하여 절제(節制)하는 사람이 있어야 한다. 원균이 앞장서 싸움에 나가는데 이순신이 물러나 도우려 하지 않는다면 일이 어려워질 것이다."[67]

김응남: "그렇게 한다면(즉 돕지 않는다면) 이순신을 중죄에 처해야 합니다."[68]
선 조: "옛날 (중국에) 이현충(李顯忠)의 일도 있었노라. 반드시 문관(文官)이 두 사람을 조절하여 (두 장수가 조정을) 꺼리는 바가 있게 해야 한다."[69]

선조는 원균과 이순신의 불화를 안타깝게 여기며 남송(南宋)의 장군 이현충(李顯忠)과 소굉연(邵宏淵)의 불행한 역사를 떠올렸다. 두 장수는 송나라를 대표하는 명장이었는데, 이현충은 여러 차례 공을 세워 '중흥명장(中興名將)'이라는 이름을 얻었다. 금(金)나라의 군대를 쳐부수고 과거에 송나라가 빼앗긴 하남(河南)을 거의 수복할 정도였다. 그러나 소굉연이 시기하고 방해하는 바람에 실패하였다.《송사(宋史)》, 367권) 중국의 그러한 역사를 참고하여, 조정에서는 원균과 이순신을 모두 기용하면서도 위에서 그들을 통제하는 문신을 두어야 한다는 것이 선조의 방침이었다. 그러나 긴 논의 끝에 조정에서는 원균을 신임 통제사로 삼기로 했다. 그리고 이순신은 '백의종군'의 형식을 빌려 도원수 권율의 비공식 참모로 보냈다.

원균 – 실전에 강한 맹장

백호 윤휴는 17세기의 큰 선비로 이순신을 옹호하고 원균에 관해서는 매우 비판적이었다. 그런 윤휴조차도 임진왜란 때 원균의 공을 함부로 깎아내리지 않았다. 윤휴는 다음과 같이 서술했다.

"(임진년) 5월에 (아군은) 적을 옥포에서 만나 패배시켰다. 그로부터 (이)순신은 싸울 때마다 적을 패배시켰다. (원)균도 군중에 머물지 않은 적이 없었으므로, 조정에서 공훈을 상주고 벼슬을 올려줄 때 (원)균 또한 (이)순신과 함께 승진했다."[70]

---

67 《실록》, 선조 30년(1597) 1월 27일.
68 《실록》, 선조 30년(1597) 1월 27일.
69 《실록》, 선조 30년(1597) 1월 27일.

이원익 역시 원균을 상당히 비판적인 시각에서 바라보았는데, 그 또한 원균의 장단점을 선조 앞에서 다음과 같이 논평하였다.

> "전투에 임할 때는 평상시와 다릅니다. 원균 같은 사람은 성질이 매우 거세어 상사(上司, 상급 관청)와 문이(文移, 문서를 주고받음)하거나 절제(節制, 통제를 받음)하는 때는 반드시 서로 다툽니다만 전투에 임해서는 제법 기용할 만하다고 합니다."[71]

워낙 자기주장이 강하고, 자신감이 넘치는 장수여서 평시에는 원균을 통제하기 어렵다는 말이었다. 그러나 전투에 임해서는 용감하므로 기용하는 것이 바람직하다는 견해였다.

이원익은, "원균은 전공(戰功)이 있어서 인정하는 것이지 그렇지 않다면 결단코 기용해서는 안 되는 인물입니다."[72]라고도 했다. 이를 부연 설명하여, "원균에게는 (평시에) 군사를 미리 주어서는 안 되고, 전투에 임해 군사를 주어 돌격전을 하게 해야 합니다. 평상시에는 군사를 거느리게 하면 반드시 원망하고 배반하는 자들이 많을 것입니다."[73]라고도 했다. 한 마디로, 원균은 전투에 나가면 공을 세우는 장수이지만 군사를 위로하는 능력이 부족하다는 평가였다.

김순명(金順命)도 이원익과 같은 생각이어서, 다음과 같이 말했다.

> "충청도(忠淸道)의 인심이 대부분 (충청병사 원균을) 불편하게 여긴다고 합니다."[74]

선조는 옛일을 회상하며 왜란이 일어나기 9년 전에 이미 원균의 명성을 들었다고 말하며, 다음과 같이 평가했다.

> "원균에 대해서는 계미년(선조 16년, 1583)부터 익히 들어왔다. 나라를 위하는 일에 매우 정성스럽고 또 죽음을 두려워하지 않는다고 한다."[75]

---

70 윤휴(尹鑴), 《백호전서(白湖全書)》, 제23권, 사실(事實), 제장전(諸將傳), 〈원균(元均)〉.
71 《실록》, 선조 29년(1596) 10월 21일.
72 《실록》, 선조 29년(1596) 10월 21일.
73 《실록》, 선조 29년(1596) 10월 21일.
74 《실록》, 선조 29년(1596) 10월 21일.
75 《실록》, 선조 29년(1596) 10월 21일.

선조가 말한 계미년이란 '니탕개의 난'을 가리킨다. 그해 1월부터 8월까지 3만여 명의 여진족이 함경도의 북부를 침입하였다. 명종 때 일어난 삼포왜란과 함께 임진왜란 이전에 발생한 가장 큰 전란이었다. 그때 원균은 용맹을 떨쳤고, 선조는 오랜 세월이 지난 지금까지도 그 사실을 뚜렷이 기억했다.

신하들이 원균의 성품이 거세다든가 거칠다고 비판할 때 선조는 "(원균은) 마음이 순박하고 고집이 세기 때문이다."[76]라며 이해심을 표했다. 한편 충청병사 시절 원균이 탐관오리라고 하는 언관(言官)의 비판이 있었다. 그러나 선조는 동의하지 않았고, 신하들에게 다음과 같이 물었다.

"원균은 지극히 청렴한데 (언관들이) 탐오하다고 비판하는 까닭이 무엇인가?"[77]

이 물음에 답한 이는 김수, 이원익 및 조인득이었다. 차례로 알아보면 아래와 같다.

김수(金睟): "전에 (원균이) 조산만호(造山萬戶, 현 함경북도 선봉군 조산리)로 있었을 때 어사(御史) 성낙(成洛)이 〈장계〉를 올려 그 업적을 포장(褒奬)하였습니다."[78]

성낙은 선조 10년 2월에 어명으로 평안도에 파견되었다[79]. 그가 조산보를 시찰한 시점은 정확히 언제인지 몰라도 대강 그해 2월로 보인다. 성낙은 원균이 만호로서 근무성적이 뛰어나다고 보고하였다.

이원익: "원균이 어찌 지극히 청렴하기까지야 하겠습니까."[80]

원균이 비교적 청렴할 수는 있어도 "지극히 청렴하다"라고 단정하기 어렵다는 것이 이원익의 판단이었다. 그러나 조인득은 원균의 언행을 아래와 같이 매우 긍정적으로 평했다.

---

76 《실록》, 선조 29년(1596) 10월 21일.
77 《실록》, 선조 29년(1596) 10월 21일.
78 《실록》, 선조 29년(1596) 10월 21일.
79 《실록》, 선조 10년(1577) 2월 26일.
80 《실록》, 선조 29년(1596) 10월 21일.

조인득(趙仁得): "소신이 일찍이 종성(鍾城)에서 그를 보았습니다. 비록 만군(萬軍)이 앞에 있다 하더라도 횡돌(橫突)하려는 의지가 있고, 행군(行軍, 군사를 부림)도 매우 박실(朴實, 소박하고 성실함)하였습니다. 탐탁(貪濁)한 것 같지 않았습니다."[81]

선조 21년(1588) 7월 5일에 조인득은 어사로서 함경도에 파견되었다. 그때 원균을 본 조인득의 소감은 이처럼 긍정적이었다.

여러 신하의 의견을 청취한 끝에 선조가 내린 결론은 다음과 같았다.

"그런 장수는 많이 얻을 수 없다."[82]

즉, 원균은 소중한 인재라는 결론이었다. 그러자 원균을 다소 비판적으로 바라보았던 이덕형마저도, "원균은 전공이 있어서 인정하는 것"[83]이라고 한발 물러섰다. 요컨대 원균은 실전에 강한 장수였다는 조정의 일치된 견해가 있었다.

원균의 특별한 공훈

수군 장수로 원균이 세운 특별한 공적은 무엇일까. 한치윤의 《해동역사》에서 그 답을 찾을 수 있다. 한치윤은 우선 선조 25년의 전황이 우리에게 얼마나 불리했는지를 서술했다. 즉, 일본군이 평양에 집결하여 조선을 정복하는 것은 물론이고 중국까지 침범할 의지를 공공연히 밝혔고, 그때 고니시 유키나가(小西行長)는 부하에게 명하여 수군(水軍)을 이끌고 서해를 거쳐 곧장 전라도로 쳐들어가려고 하였다.[84] 하지만 그때 우리 수군이 원균을 중심으로 결속해 한산 바다에서 대승을 거두었다. 이로써 "왜병은 배를 버리고 달아나 퇴각하였다. 그리하여 왜적의 수군과 육군은 합세하지 못하고 감히 대대적으로 진격하지 못하였다."[85]라고 서술했다. 앞에서도 언급한 것처럼 한치윤은 한산대첩의 공을 원균에게 돌렸다.

한산대첩의 공훈은 원균에게 있었는가, 또는 이순신이나 이억기에게 있었는가. 후세는 그 공을 모두 이순신에게 돌리지만 그렇게 간단한 문제는 아니다. 앞에서도 말

---

81 《실록》, 선조 29년(1596) 10월 21일.
82 《실록》, 선조 29년(1596) 10월 21일.
83 《실록》, 선조 29년(1596) 10월 21일.
84 한치윤(韓致奫), 《해동역사(海東繹史)》 제69권, 인물고(人物考) 3, 본조(本朝), 〈원균(元均)〉.
85 한치윤(韓致奫), 《해동역사(海東繹史)》 제69권, 인물고(人物考) 3, 본조(本朝), 〈원균(元均)〉.

하였지만, 당시의 원로대신 이산해는 조선 수군의 3대 승리로 가덕해전과 한산대첩 및 노량해전을 손꼽고, 앞의 두 해전은 원균의 공이라고 평했다. 오직 노량해전만 이순신의 몫으로 거론하였다. 이런 사실을 우리는 함부로 무시하지 말아야한다.

당포해전 - 가덕해전으로도 불림

위에서 우리는 몇 차례 가덕해전을 언급하였다. 정유년(1597) 6월에 안골포와 가덕도에서 해전이 있었는데 그때 일로만 짐작하기 쉬우나, 그와 전혀 다른 해전도 가덕해전이라 불렸다. 왜란 당시 사관의 한 사람인 박동량의 《기재사초 하(寄齋史草下)》가 눈길을 끈다. 박동량은 선조 25년 5월과 6월 초순에 벌어진 일련의 해전을 설명하면서, "삼도(三道)의 해군(舟師)이 가덕도(加德島) 앞바다까지 왜적을 추격하여 크게 이기다."[86] 라고 제목을 달았다. 그런 다음에 그해 6월 2일에 있었던 당포해전에 관하여 상세히 서술하였다. 그 내용을 소개하면 다음과 같다.

"그 이튿날(임진년 5월 7일, 실은 6월 2일이 맞다- 백승종), 왜적의 배들이 율포(栗浦)에서 떠나 일본으로 향하는 것을 삼도의 해군이 가덕도 앞바다까지 쫓아갔는데, 적병은 우리 배들이 돌진하는 것을 보자 배를 돌려 우리 배들을 맞아 싸웠다. 소라 소리가 한 번 울리자 총통(銃筒)을 일제히 발사하였고 화살과 돌이 뒤섞여 쏟아지며, 장작불(薪火)을 요란하게 던지니 함성이 바다를 진동시키고 연기와 불길은 하늘에 가득 찼다. 왜적의 배가 부서진 것이 1백여 척이고, 불에 타고 물에 빠지고 하여 죽은 자가 무수하였으며, 수백 급의 목을 거두었다.

그 가운데 큰 배가 한 척 있었는데, 층루(層樓)가 마련되어 있고 그 높이는 3~4장(丈)가량으로 10여 명이 앉을 만하였으며, 바깥쪽에는 붉은 깁 휘장이 드리워져 있고 안에는 금은으로 장식된 병자(屛子)가 있어 생김새가 퍽 견고하여 쳐부수기 어렵게 만들어진 것으로, 이는 바로 왜적의 주장(主將)이 탔던 배였다. 그 배 안에서 금색의 둥근 부채 한 자루를 얻었는데, 한쪽 면의 중앙엔 '6월 8일에 수길이 서명함(六月八日秀吉着署)'이라고 씌어 있었으며, 그 오른편에는 '우시 축전수(羽柴筑前守)'의 5자가, 왼편에는 '타정류류수전(鼉井流流守殿)'의 6자가 씌어 있었다. 이것은 아마도 (풍신)수길이 축전수에게 표신으로 준 물건일 것이고, 그 배에서 참수한 왜장(倭將)은 바로 축전수였을 것이다. 원균의 전함은 비록 그 수가 적었다고 하지만 돌격을 잘했다."[87]

---

86 박동량(朴東亮), 《기재사초 하(寄齋史草下)》, 임진일록 3(壬辰日錄三) 선조 25년(1592), 만력 20년 7월부터 8월까지, 〈임진년 5월 20일〉.
87 박동량(朴東亮), 《기재사초 하(寄齋史草下)》, 임진일록 3(壬辰日錄三) 선조 25년(1592), 만력 20년 7월부터

앞에서도 설명한 것처럼 우리 수군이 빼앗은 부채에 적힌 이름은 도요토미 히데요시의 이명(異名)이었다. 이런 까닭을 몰랐기에 당시에는 억측이 무성하였다. 전투가 벌어진 날짜는 5월 7일이 아니라 6월 2일이었다. 장소 또한 가덕도가 아니라 당포였다. 이순신은 그날 해전의 공을 자신의 부장 권준에게 돌렸다. 그 때문에 이후의 여러 문서에는 모두 그처럼 기술되어 있다.

그러나 원균 측의 주장은 달랐다. 경상우수영이 세운 공을 이순신이 가로챈 것이라고 공공연히 말하였던 것인데, 앞에서 언급하였듯 실록에도 그와 같은 기록이 있다. 이산해와 한치윤도 박동량과 마찬가지로 원균 측의 주장을 사실로 믿었다. 선조 역시 원균의 함대가 당포해전 때 적선을 나포한 것으로 확신하였다.[88] 그런데 위 인용문에서 가장 중요한 것은 마지막 구절에 적힌 내용이다. 즉, 원균의 경상우수영은 수적으로 열세였으나 해전에서 대단한 공을 세웠다는 것이다.

사필귀정 - 조경남의 공정한 평가

그러나 선조 30년(1597) 7월 16일에 통제사 원균이 전사하였다. 더더욱 불행한 것은 그의 사후에 비판과 조롱이 쏟아졌다는 점이다. 그의 경쟁자 이순신은 다시 통제사의 지위에 올랐고, 평소 원균과 사이가 좋지 않았던 권율, 이원익 그리고 유성룡 등이 건재하였다. 그래서 원균에 관한 부정적인 평가가 쏟아진 것은 당연한 일이었다.

하지만 당시의 역사를 공정하게 기술하고자 애쓴 사람들도 없지 않았다. 조경남이 바로 그 대표적인 인물이었다. 《난중잡록》에는 다음과 같은 서술이 있다.

> "원균이 비록 패하여 죽었으나 불충하고 불의한 무리는 아닐 것이다. 그런데도 그 뒤에 기롱하는 이가 심히 많았고, (역대의 충신을 기록한) '달천(達川)의 기록'에는 (그 이름을) 빼고 넣지 않았다. 그 기록에 나오는 사람들은 과연 모두 충의를 다한 인사들이며, 원균이 그들의 만 분의 1도 따라갈 수 없는 사람인지 나는 모르겠다. 어찌 (역사상의 충신을) 취하고 버리는 것이 그리도 공정하지 못한가. 그 당시에 장수로서 원균보다 뛰어난 자가 몇 명이나 있었던가."[89]

위에서 말한 '달천의 기록'이란 17세기에 윤계선(尹繼善)이 저술한 《달천몽유록(達

8월까지, 〈임진년 5월 20일〉.
88 《실록》, 선조 30년(1597) 1월 27일.
89 조경남(趙慶男), 《난중잡록 3(亂中雜錄 三)》, 정유년(丁酉年) 칠월(七月).

川夢遊錄)》을 말한다. 이 책은 한문 소설로 주인공 파담자(波潭子)가 충청도 암행어사가 되어 각지를 둘러보다 충주에 이르렀다. 그는 달천에서 잠이 들었는데 꿈속에서 임진왜란 때 전사한 여러 장수를 만났다고 한다. 이 책의 마지막에는 꿈속에 등장하는 인물의 성명과 관직을 기록하였다. 저자가 이 책을 쓴 목적은 영웅들의 충성과 절개를 기리는 한편, 패전을 반성하는 데 있었다. 조경남은 윤계선이 충신 원균을 기리기는커녕 그를 조롱한 사실에 분개하였다.

조경남은 조정에서 선무공신을 뽑을 때 원균을 빠뜨리지 않은 점을 다행으로 여겼다. 혹자는 그가 무조건 원균을 편들었다며 불쾌해할지 모르나, 그런 것은 아니었다. 조경남처럼 균형 잡힌 역사가는 후세의 모범이 될 만한데, 그는 다음과 같이 서술하였다.

> "그 뒤에 (왜란 때의) 공적을 평가해 원균도 선무원훈(宣武元勳)의 반열에 참여하게 되었으니, 아! 왕법이 공정한 사실을 알 수 있다. 만약 원균을 불충하다고 하면서 적에게 죽은 사실을 이유로 벌을 준다면 (적의 진군을) 관망만 하다가 퇴각하고 달아나 제 목숨만 구한 (많은) 사람들에게는 장차 무슨 벌을 주어야 할 것인가."90

원균을 발탁한 대신들

선조는 원균을 직접 만난 적이 한 번도 없었다. 하지만 "계미년(선조 16)"부터는 그의 명성을 알았다고 했다. 그해에 일어난 '니탕개의 난' 때부터 원균의 활약이 줄곧 컸기 때문이다. 훗날 함경도에 어사로 파견되었던 조인득도 원균의 성품과 활약상을 오랫동안 기억하였다.

조정에는 원균이 무과에 급제한 직후부터 그의 능력에 주목해 후원을 아끼지 않았던 문신들이 있었다. 윤휴는 그 점을 다음과 같이 기술했다.

> "원균(元均)은 한양(漢陽) 사람이다. … 그가 무과에 급제하자 해평군(海平君) 윤근수(尹根壽)와 영의정 이산해(李山海)가 그를 천거하고 발탁하였다. 그러다가 왜란의 기미가 보이자 그를 특별히 경상우도수군절도사에 제수하도록 하였다."91

---

90 조경남(趙慶男),《난중잡록 3(亂中雜錄 三)》, 정유년(丁酉年) 칠월(七月).
91 윤휴(尹鑴),《백호전서(白湖全書)》, 제23권, 사실(事實), 제장전(諸將傳),〈원균(元均)〉.

인용문에서 알 수 있듯 초급장교 시절부터 윤근수와 이산해의 각별한 정치적 후원이 있었다. 조정의 문신이 유능한 무신을 눈여겨보았다가 음양으로 보살펴 주는 일이 허다했다. 가령 이순신은 젊어서부터 유성룡의 도움으로 몇 차례 위기를 넘기고 주요 보직을 맡았다. 문제는 유성룡이 남인의 영수였던데 비해 윤근수는 서인의 주축이요 이산해는 북인의 영수였다. 이러한 정치적 차이로 인해 원균과 이순신의 갈등은 나중에 더욱 복잡한 문제가 되었다.

원균의 또 다른 정치적 우군으로 김홍미(金弘微, 1557~1604)가 있었다. 그는 조식(曺植)과 유성룡(柳成龍)의 문인으로 이른바 북인이었는데, 선조 30년(1597) 승정원 동부승지로 있을 때 통제사 이순신을 탄핵하고 원균을 신임 통제사로 결정하는 데 이바지하였다.

그밖에 이름난 문인 허균도 원균을 호평했다. 그는 어린 시절에 원균과 이순신이 함께 살았던 한양의 건천동 출신으로, 선배인 두 장수를 흠모했다. 허균은 원균이 전사하였을 때 마침 중국에 사신으로 갔다. 허균은 사행 길에서 〈본국 수군통제사 원균(元均) 및 수사 이억기(李億麒)와 최호(崔湖)가 패전하여 죽었다는 소식을 듣고서〉라는 시를 지어 다음과 같이 애도했다.

> 듣건대 동쪽 나라 왜적이/ 하뢰(한나라 장군, 조선 수군)의 군사를 몰래 요격해
> 병선은 갑자기 침몰하고/ 도호부에는 전사한 시신뿐이라네
> 한나라 장수가 월나라를 능히 정벌할 수 있는데/ 주나라가 기산에 도읍할까 두렵네
> 밤중에 앉아서 눈물 뿌리는데/ 근심하는 내 마음 그 누가 알리

> 傳通抹桑寇 潛邀下瀨師 戈舡俄淪水 都護摠輿屍 漢將能誅粵 周居恐邑岐 中宵坐垂涕 憂憤有誰知[92]

광해군의 명령

광해군 역시 원균의 충성스러운 행적을 끝내 잊지 않았다. 광해군 7년(1615)에 왕명으로 《동국신속삼강행실도(東國新續三綱行實圖)》가 편찬되었다. 왕은 그 내용을 살펴보고, 임진왜란과 정유재란 때 순국한 여러 명의 충신이 빠진 사실을 발견하였다. 곧 보완조치를 하라고 명령하였는데, 당시에 사관이 쓴 《응천일록 1(凝川日錄一)》에 있다.

---

92 허균(許筠), 《성소부부고(惺所覆瓿藁)》 제1권, 〈정유조천록(丁酉朝天錄)〉.

"을묘년" 즉, 광해군 7년 10월 19일의 기록에는 광해군이 승정원에 내린 〈비망기〉가 다음과 같이 소개되었다.

> "김천일(金千鎰)은 충신 항목에 수록되었는데, 이대원(李大元), 이순신(李舜臣), 원균(元均), 이억기(李億祺), 이복남(李福男), 임현(任鉉) 등은 나랏일로 죽은 사람들인데도, 어찌하여 수록하지 않았는가? 상세히 의논하여 정탈(定奪, 아뢰고 결재를 받음)하라고 (동국신속삼강행실도의) 찬집청에 전하라."[93]

인용문에서 보듯 광해군은 신하들이 빠뜨린 여러 충신의 이름을 일일이 거명하며, 보완작업을 지시하였다. 나중에 편찬된 《동국신속삼강행실도》를 살펴보면 이대원과 이복남, 임현 및 이순신은 충신으로 기록되었다. 그러나 원균과 이억기는 빠졌다. 조정의 여론이 광해군과는 상당한 차이를 보였다는 점을 미루어 짐작할 수 있다.

---

93 《응천일록 1(凝川日錄一)》, 광해군 기유년(1609, 광해군 1) 12월부터 광해군 병진년(1616, 광해군 8) 12월까지, 을묘년(1615, 광해군 7), 10월.

제2절
공훈이 빛나는 장수들 – 원균의 부장들

원균 휘하에는 훌륭한 장수가 여럿이 있다. 그중 기효근, 이운룡, 이광악 등 셋은 선무공신 제3등에 뽑혔다. 정공신(正功臣)에는 선발되지 못하였으나 우치적, 원전, 조응도, 안홍국, 강덕룡 등도 쟁쟁한 장수였다. 아래에서는 그들의 업적을 간단히 서술한다.

기효근(奇孝謹)

기효근은 문무에 능통한 인재였다. 선조 12년(1579)에 그는 무과에 급제했고, 얼마 후 전라도어사로 발탁되었다.94 선조 23년(1590)에는 남해현령(南海縣令)에 임명되어 전함과 각종 무기를 성심껏 갖추었다. 왜란이 일어나자 원균의 휘하에서 부장으로 참전해 여러 해전에서 큰 공을 세웠다.

특히 경상우수영의 선봉으로 사천전투에서 적의 목을 매우 많이 벴다.95 또, 웅포해전 때는 가장 먼저 적군의 배에 올라가 일본군 장수 두 명을 단죄하였다.96 그런데 정유재란 때는 병이 심해 남해현령을 사직하고 고향으로 돌아가게 되었다. 안타깝게도 도중에 적병을 만나 싸우다 어머니와 함께 바다에 몸을 던져 세상을 영결하였다.97

훗날 선무공신을 뽑을 때 공신도감은 기효근이야말로 원균의 부장 가운데 제1인자라고 판단했다. 선조는 그에게 공신호를 하사하고 개백군(皆伯君)에 책봉하였다.98

이운룡

이운룡의 업적은 이미 앞에서 상세히 서술하였다.(제1부 제1장 참조) 그는 여러

---

94 《장성군 읍지(長城郡邑誌)》, 1권, 규(奎) 청구번호 10782.
95 《장성군 읍지(長城郡邑誌)》, 1권, 규(奎) 청구번호 10782.
96 《장성군 읍지(長城郡邑誌)》, 1권, 규(奎) 청구번호 10782.
97 《장성군 읍지(長城郡邑誌)》, 1권, 규(奎) 청구번호 10782.
98 《장성군 읍지(長城郡邑誌)》, 1권, 규(奎) 청구번호 10782.

해전에서 두각을 나타냈는데, 특히 선조 25년 5월 7일에 거제도 동쪽의 옥포양(玉浦洋)에서 우리 군이 적선을 맞아 싸울 때 큰 공을 세웠다. 이운룡은 그 싸움에서 선봉장이었다. 그때 우리 군은 전선 50여 척을 불태우는 등 대단한 전과를 거두었다고 한다. 이운룡의 전기자료에 보이는 전공 기록이 이순신의 〈장계〉와는 상당한 차이를 보이지만, 그가 여러 전투에서 큰 공을 세운 것은 의심할 여지가 없다.

사천, 진해, 한산 앞바다, 안골포 및 부산 등 여러 해전에서 이운룡은 잇달아 공을 세웠는데, 한산대첩 때 적을 넓은 바다로 끌어낸 전략을 제시한 이가 다름 아닌 이운룡이었다는 기록이 있다. 사천해전에서도 이운룡은 원균의 또 다른 부장 우치적과 함께 적장을 생포하고 적군의 무기를 다수 노획하였다고 한다. 요컨대, 이운룡은 우리 수군이 남해의 제해권을 장악하는 데에 크게 이바지했다.

선조 27년(1594) 10월의 장문포해전 때도 이운룡은 공을 세웠다. 경상우수사 원균이 올린 〈장계〉를 보면, "웅천현감 이운룡은 선봉장으로 적진에 달려들어가 왜인이 소지한 작은 판(版)을 탈취해 왔습니다."99라고 했다. 이처럼 많은 공을 쌓은 끝에 선조 29년(1596)에는 경상좌수사로 승진하였다. 원균의 여러 부장 가운데서 진급이 가장 빨랐다.

왜란이 끝나고 선무공신을 책봉할 때 이운룡은 원균 휘하의 두 번째 탁월한 장수로 인정받아, 제3등 공신에 선발되었으며 식성군(息城君)에 책봉되었다.

이광악

왜란이 일어났을 당시에 그는 곤양군수로 원균의 직속 부하였다. 그런데 진주성을 방어하는 것이 무엇보다 중요한 일이었기에, 경상우도 초유사 김성일에게 배속되어 그 중위장(中衛將)으로서 일본군과 격전을 벌였다.100 그해 12월에는 진주목사(晉州牧使) 김시민(金時敏)의 휘하에서 판관(判官) 성수경(成守慶) 등과 함께 진주성을 수호하였다.

이광악은 날랜 군사 수백 명을 거느리고 진주목사 김시민과 함께 굳게 성을 지켰다. 그러다가 성이 거의 무너질 지경이 되자 김시민은 우선 수문(水門)을 열어 노약자(老弱者)를 먼저 내보내자고 하였다. 그러나 이광악은 그러한 견해에 반대하며, '그렇게 하시면 군사들의 마음이 변해 성을 끝까지 수호할 수 없습니다.'라고 큰소리로 항변하였다. 이광악은 말 탄 적장을 직접 활로 쏘아 우리 군의 사기를 북돋우기도 했다.101

---

99 《실록》, 선조 27년(1594) 10월 8일.
100 《실록》, 선조 25년(1592) 6월 28일.

김성일의 〈장계〉에 따르면, 이후 진주목사 김시민이 적군이 쏜 조총에 맞자 이광악이 임시로 지휘권을 행사했다. 그는 끝끝내 적과 싸워 진주성을 방어하였다.102 (제1차 진주성전투)

그 이듬해 우리 군은 진주성을 적에게 빼앗기고 말았는데, 이광악은 다시 경상우수영으로 돌아와 원균의 부장으로서 모든 전투에서 두각을 나타냈다. 선조 27년(1594) 10월 초에 있었던 장문포해전에도 참가해 공을 세웠다.103 장문포에서 이광악은 적군을 생포했다는 보고를 올렸는데, 그에 관해서 시비가 많았다.104

이광악은 전후로 100여 차례나 전투에 나갔다. 거의 늘 선봉장이 되어 적군의 예봉을 꺾었다고 한다. 특히 그는 활을 잘 쏘았는데, 쏘았다 하면 3~4명의 적군을 맞혔다. 여러 관직을 역임하였고, 나중에 선무공신을 선발할 때가 되자 김시민과 함께 진주성을 성공적으로 방어한 공적으로 선무공신 제3등에 선발되었다. 광남군(廣南君)에 책봉되기도 했다.

우치적

왜란 초기인 선조 25년 4월에 경상우수사 원균이 10여 척의 적선을 쳐부술 때 우치적의 공이 컸다. 그해 5월 초순에 드디어 경상우수영과 전라좌수영은 연합함대를 편성하였다. 그때부터 우치적은 옥포만호 이운룡 등과 함께 선봉장으로서 연합함대의 승리를 이끌었다.

특히 옥포해전을 시작으로 적진포해전과 합포해전에서도 두각을 나타냈다. 당포해전 때는 가장 먼저 적선에 뛰어올라 적을 죽이고 그들이 탄 함선도 나포하였다. 우치적은 경상우수사 원균의 돌격전법을 구사해 적선을 소탕하고, 포로로 붙들린 우리 백성을 여러 차례 구하였다.

이처럼 공이 많아, 선조 29년(1596)에는 드디어 순천부사로 승진하였다. 그 이듬해 원균이 이끈 마지막 전투에서는 같은 배에 타고 있었다.

선무공신을 책봉할 때 그는 원균의 우수한 막료로 평가되어 공신 후보로 거론되었다. 그러나 기효근과 이운룡에게 순위가 밀려 정공신의 영예를 누리지는 못하였다.

---

101 《실록》, 선조 25년(1592) 12월 5일.
102 《실록》, 선조 26년(1593) 1월 22일.
103 《실록》, 선조 27년(1594) 10월 8일.
104 《실록》, 선조 27년(1594) 11월 19일.

원전

원전은 통제사 원균의 동생이다. 왜란 때 시종일관 원균을 측근에서 보필하며 함께 전선을 지켰다. 그는 용모가 뛰어났고 학식과 언변도 출중하였다. 원균이 조정에 올리는 주요한 〈장계〉를 소지한 채 원전(元㙉)은 칠천량 사태 먼 길을 여러 번 왕복하였다. 선조는 원전의 능력을 깊이 신뢰한 나머지 비변사 당상관들에게 명하여 남해의 전황을 원전에게 물으라고 하였다.

원전은 해전에도 여러 차례 참전하여 공을 많이 세웠다. 선조 30년에는 고성현령으로 발탁되었으나, 그해 7월에 원균이 전사하자 벼슬을 그만두고 귀향했다. 사후에 선무원종공신 제1등에 책봉되었다.105

조응도

선조 때 무과에 급제한 이후 여러 벼슬을 역임하였는데 뜻밖에도 왜란이 일어났다. 왜란 초기에 일본군이 진주성을 포위하자 조응도는 진주목사 김시민을 보좌하며 성을 지켰다. 특히 진주 복병장(伏兵將) 권유경(權惟敬)과 함께 그는 500명의 병력을 지휘해 진주성의 남문을 철통같이 수비하였다.

조응도는 전략이 탁월해, 자신의 부하들에게 횃불을 들고 남강(南江) 밖으로 나가 고갯마루에서 큰소리로 노래를 부르게 하였다. 그러고는 성안에서도 백성들이 북을 두들기고 노래를 크게 불러 서로 응답하도록 지시하였다. 그러자 일본군은 조선군의 위세가 두려워 감히 성을 공격하지 못하였다고 한다. 요컨대 조응도는 지략이 풍부하고 임기응변에 능하였다.

선조 30년 3월 초순에 조응도는 고성현령으로 원균을 따라 거제도의 기문포해전(器門浦海戰)에 참전하였다. 여느 때처럼 용감히 싸우며 전과를 많이 올렸으나, 운이 없었던지 불의에 적탄에 맞아 전사하였다.106 조라포(助羅浦) 경계인 고다포(古多浦)에서였다.107

전사할 당시에 조응도가 지휘한 판옥선은 우리 군의 다른 전함들보다 훨씬 앞쪽에서 홀로 적선을 상대하였다. 그때 궁지에 몰린 왜적 20여 명이 조응도가 탄 배 위로 올라와 육박전이 벌어졌다. 불운하게도 조응도는 적의 적탄에 맞아 바다로 뛰어들었

---

105 원전의 업적은 필자의 책, 《고성현령 원전과 진주목사 원사립》(논형, 2025)을 참고할 것.
106 《실록》, 선조 30년(1597) 3월 18일.
107 《실록》, 선조 30년(1597) 3월 18일.

다. 안골포만호 우수(禹壽)가 다가가서 조응도를 건졌으나 얼마 후에 숨을 거두고 말았다.108

조정에서는 오보로 말미암아 기문포해전을 패전으로 간주하는 경향도 있었다. 후세는 잘못된 기록을 곧이곧대로 믿는 경향이 있으나, 이 책에서 재검토한 바에 따르면 그 전투는 일본군 200명을 몰살한 압승이었다. 고니시 유키나가는 그 전투로 일본군이 엄청난 타격을 입었다고 실토하였다.(제3부 제1장 참조) 만약에 조응도가 전사하지 않았더라면 우리 조정도 기문포해전의 의미를 제대로 알았을 것이다. 이후 왜란이 끝나자 조정은 조응도의 충성심을 높이 평가해 병조참의를 추증하였다.

안홍국

선조 때 무과에 급제한 안홍국은 왜란 중 전라도 보성군수에 임명되었다. 처음에는 이순신의 막하가 되었는데, 누구나 그의 능력을 인정했다. 그 후 통제사가 원균으로 바뀌자 요직인 중군장에 임명되었다. 원균도 안홍국의 무재(武才)를 몹시 아꼈다는 뜻이다.

선조 30년 6월에 원균이 가덕도와 안골포의 일본군을 소탕할 때 안홍국도 크게 이바지하였다. 우리 군은 많은 전과를 거두었지만, 그 전투에서 안홍국은 전사하고 말았다.109 그때 가덕도와 안골포에서 연전연승을 거두었으나, 오직 수군만으로 일본의 육군을 상대하였기 때문에 한계가 있었다.(제3부 제1장)

인조 때 안홍국의 충성심을 기려 병조참판에 추증하였다. 그리고 효종 때는 벼슬을 더 높여 좌찬성으로 삼았으며 사당까지 세웠다.110

강덕룡

왜란이 일어났을 때 강덕룡은 원균의 비장이었다. 이미 앞에서도 서술한 것처럼 침략전쟁이 시작되자 원균 휘하의 여러 장수와 지방관은 달아나기에 바빴다. 예상한 것보다 10배도 넘는 대군이 쳐들어왔기 때문이다. 그래서 원균은 전함도 거의 없는 상태로 일본군을 맞아 싸워야 했다.

그때 강덕룡의 역할이 컸다. 그는 자신의 고향인 진주와 인근 지역에서 모병 활동

---

108 《실록》, 선조 30년(1597) 3월 24일.
109 《실록》, 선조 30년(1597) 6월 29일.
110 《보성군읍지(寶城郡邑誌)》, 1권, 규(奎) 청구번호 10806.

에 앞장섰다. 그의 활약에 힘입어 원균은 서둘러 경상우수영을 재건하였다. 왜란 초기에 강덕룡이 경상우수사 원균을 도운 공적은 이루 말할 수 없이 컸다. 그런데 후대의 전기자료에서는 마치 부하 강덕룡이 수사 원균을 지휘한 것처럼 사실관계를 왜곡하기도 했다.(제1부 제1장)

한 가지 틀림없는 사실은 그 시절에 강덕룡은 모병관으로서 대단히 중요한 역할을 하였고, 또 원균을 도와 여러 차례 해전에서도 탁월한 기량을 발휘하였다는 점이다.111 원균은 강덕룡의 공훈을 〈장계〉에 기록해 조정에 보고하였고, 조정에서는 그에 부응해 강덕룡에게 3품의 벼슬을 주었다.112

진주성에서 순국한 원균의 장수들

선조 26년(1593) 여름에 조선군은 진주성을 잃었다. 그해 8월 7일에 진주성에서 순국한 장수들에 대한 포상이 시행되었다. 그 가운데 원균의 부하들도 포함되어 있었다. 《실록》에서 관련 기사를 발췌하면 다음과 같다.

> "거제현령(巨濟縣令) 김준민을 형조판서 겸 지의금부사(刑曹判書兼知義禁府事)로 추증하고, 훈련원정 겸 사천현감(訓鍊院正兼泗川縣監) 장윤(張潤)을 형조참판 겸 동지의금부사(刑曹參判兼同知義禁府事)로 추증한다."113

거제현령 김준민과 사천현감 장윤의 죽음으로 원균은 깊은 충격을 받았다. 특히 김준민은 명장으로 손꼽히는 인물이라서, 원균도 큰 기대를 걸고 있었다. 그런데 진주성 방어가 중요한 현안으로 떠올라 순찰사 김수가 원균의 반대에도 불구하고 그를 진주로 데려갔다. 만약에 김준민이 거제도에 남을 수 있었었더라면 왜란 초기에 경상우수영은 적에게 함락되지 않았을 것이다. 원균은 김준민이 진주로 떠나간 일을 오랫동안 잊지 못하고 김수의 조치를 원망하였다. 사천현감 장윤도 충의(忠義)로운 장수였기에, 진주성에서 전사하지 않았더라면 원균에게 큰 힘이 되었을 것이다.

---

111 이현일(李玄逸), 《갈암집(葛庵集)》, 별집 제4권, 〈절충장군(折衝將軍) 첨지중추부사(僉知中樞府事) 강공(姜公, 강덕룡)의 묘표〉.
112 이현일(李玄逸), 《갈암집(葛庵集)》, 별집 제4권, 〈절충장군(折衝將軍) 첨지중추부사(僉知中樞府事) 강공(姜公, 강덕룡)의 묘표〉.
113 《실록》, 선조 26년(1593) 8월 7일.

군관 김경욱과 권관 이찬종

경상우수사 원균은 수천 명의 군사를 거느렸고, 휘하의 군관도 적은 수가 아니었는데, 후세는 그들의 이름을 기억하지 못한다. 하지만 그들 무명의 전사야말로 우리 군에게 승리를 가져다준 진정한 영웅들이었다. 오늘날 우리가 이름을 정확히 알 수 있는 용감무쌍한 하급지휘관 또는 군관은 한두 명뿐이다. 아래에서는 그들에 관한 이야기를 잠깐 꺼내려고 한다.

선조 25년(1592) 8월 7일에 비변사가 아뢴 바에 따르면, 경상우수영 소속 가덕첨사의 군관(軍官) 김경욱(金景郁)이 "적을 무찌르다가 전사"하였다고 한다.114 김경욱은 왜란 초부터 여러 전투에 참전하여 전공(戰功)을 세웠기 때문에 정말 안타까운 순국이었다.

그 이듬해인 선조 26년(1593) 1월 하순에도 용사의 이름이 《실록》에 보인다. 초유사 김성일은 진주성 제1차 전투를 결산하는 〈장계〉를 올리면서 한 사람의 용사를 조정에 천거하였던 것인데, 그 내용은 다음과 같다.

> "율포권관 이찬종(李纘宗)입니다. 그는 적군이 본 고을(진주)을 포위하려 할 때 사람들이 모두 말하기를 '성에 들어가면 틀림없이 죽는다.'라고 하는 소리를 들었습니다. 그 때문에 우후(虞候)를 지낸 이협(李浹)은 성문까지 왔다가 그대로 도망쳤습니다. 그러나 그(이찬종)는 홀로 안으로 들어가 (다른 장수와) 함께 남문을 지켰습니다. 난리에 (소집) 명령을 받고 나온 뜻이 매우 가상합니다. 게다 그 재주와 국량이 보통 사람보다 뛰어나므로 (나라가) 위급할 때 쓸만합니다."115

여러 문헌을 살펴보았으나 이찬종이 그 이후 어떠한 역할을 하였는지는 알 수 없었다. 왜란이 끝날 때까지도 그는 아마 낮은 자리에 머문 채 성심껏 싸웠을 것이다. 생각하면 역사에는 이찬종처럼 뚜렷한 자취를 남기지 못한 채 묵묵히 자신의 자리에서 최선을 다해 조국을 지킨 용사들이 많았다.

우리는 행적이 뚜렷이 드러난 소수의 장수를 중심으로 역사를 서술하고 있지만, 실은 이찬종이나 김경욱 같은 군사야말로 가장 소중한 존재였다. 위기에 빠진 나라를 구한 참된 영웅은 그들이다. 어느 나라든지 무명용사를 기리는 충혼탑을 세우는데, 그것은 우연한 일도 아니고 의례적인 기념물로 간주해서도 안 된다.

---

114 《실록》, 선조 25년(1592) 8월 7일.
115 《실록》, 선조 26년(1593) 1월 22일.

제3절
왜란 직후의 수군

사실상 왜란은 선조 31년(1598) 겨울에 끝났다. 하지만 그 당시 사람들은 노량해전을 끝으로 일본이 재침할 가능성이 사라졌다고 단정하지 못했다. 그래서 조정은 수군의 전투력을 높은 수준으로 끌어올리기 위해 부심(腐心)하였다.

그러나 조선의 군사력은 충분하지 못하였다. 선조 33년(1600) 6월 15일에 사도도체찰사(四道都體察使) 겸 도원수(都元帥)인 의정부 좌의정(議政府左議政) 이항복(李恒福)이 남쪽 지방을 순시하고 한양으로 올라왔다. 선조는 이항복을 별전(別殿)에서 만났는데, 선조의 첫마디는 다음과 같았다.

"경은 주사(舟師, 수군)를 보았는가?"

선조는 다른 무엇보다도 수군의 형편이 가장 궁금하였다. 그에 관한 이항복의 대답은 아래와 같았다.

"신이 전에 이순신이 (통제사로) 있을 적에 (수군을 둘러) 보았습니다. 그때 배의 숫자는 많았어도 병사가 부족하였습니다. (특히) 격군(格軍)을 제 숫자대로 채운 배가 거의 없었습니다. 그런데 지금은 (전함을) 나누어 배치한 것도 일정한 수효가 있고, 격군도 숫자를 제법 갖추었습니다. 잘 정제되어 있습니다. 그러나 (수군 병력의) 원수(元數, 본래 숫자)가 얼마 되지 않아 걱정입니다."[116]

전란을 겪은 뒤에 상하가 힘써 수군을 정비하고자 노력을 많이 했다는 것을 짐작할 수 있다. 다만 본래부터 정해진 숫자가 많지 않았다. 만약에 적이 대규모 병력을 앞세워 다시 쳐들어온다면 방어가 쉽지 않아 보였다. 위 인용문에서는 부수적인 사항

---
[116] 《실록》, 선조 33년(1600) 6월 15일.

으로 취급되고 있으나, 이순신이 통제사로 재임하던 시절에는 격군이 크게 부족해 전함을 운영하기가 어려웠다는 사실도 부정할 수 없다.

서로 연락이 안 되는 폐단

이항복이 순시한 결과 조선 수군에게는 또 다른 약점이 있었다. 일선 부대끼리 서로 연락이 안 되고 있다는 점이었다. 그는 아래와 같이 말했다.

> "양남(兩南, 전라도와 경상도)의 해안은 거리가 매우 멉니다. (동쪽 끝의) 동래부터 (서쪽 끝인) 해남까지 거의 1천여 리입니다. 그런데 (두 지점) 사이에 여러 진소(陣所, 진지)가 개의 어금니처럼 서로 엇물려 있습니다. 그러므로 부산, 경도(鯨島, 전라좌수영 앞) 및 고금도가 서로 아득하여 접속되지 않습니다. 적이 (어디로) 쳐들어왔는지도 알 수 없는 처지입니다."117

선조는 오랫동안 전란을 치르는 사이에 남쪽 해안의 지리에도 능통하게 되었다. 이항복의 보고를 듣자마자 그는 다음과 같이 지시했다.

> "(침략에) 대비하지 않는 곳도 없게 하고, (진지를) 배치하지 않는 곳도 없게 하라. 부산에서 진도(珍島), 비인(庇仁), 남포(藍浦)에 이르기까지 대부분 지역은 적이 쳐들어올 만한 곳이다. 따라서 요충지(要害處)를 선택하여 낱낱이 방어하라. 또, 대마도는 부산과 매우 가까워 밤사이에 바다를 건너 몰래 (부산을) 습격한다는 소문이 전부터 있었다. 이것은 (적이 우리에게) 공갈하는 말이기는 하지만, 대마도는 한나절 뱃길에 불과하다고 한다. 순풍(順風)을 타고 (적이) 기습하는 것이 어찌 어렵겠는가?"118

이상과 같은 선조의 분석은 잘못된 점이 없다. 그러나 한 가지 문제는 그렇게 넓은 공간을 물샐틈없이 방어하려면 얼마나 많은 병력과 군사자원이 필요하겠는가. 당시의 미약한 재정으로는 감당할 수 없는 일이었다.

---

117 《실록》, 선조 33년(1600) 6월 15일.
118 《실록》, 선조 33년(1600) 6월 15일.

오래 승선하면 병들기 마련

선조와 이항복의 문답에서 우리는 한 가지 중요한 상식을 배운다. 장기간 수군으로 복무하면 건강이 나빠진다는 사실이다. 다음은 이항복의 진술이다.

"대개 바닷가에 오래 머물면 반드시 상독(傷毒)이 생기기 마련입니다. 신이 경도(鯨島)와 노량(露梁) 등지에 며칠 동안 머물렀습니다. (날마다) 바다 안개가 자욱하여 지척을 분별할 수 없었고, 옷이 다 젖었습니다. (이러한 환경에) 익숙해지지 못하면 반드시 병을 얻습니다."[119]

알다시피 원균과 이순신을 비롯해 여러 장수와 병사는 수년 동안 해안에 머물렀다. 그들은 날마다 배를 타고 지냈다고 해도 과언이 아니다. 그렇게 힘들게 세월을 보냈으니, 그들의 건강 상태는 과연 정상적이었을까. 당시에는 임무를 교대할 병력이 거의 없었으므로, 장수든지 병사든지 이루 말할 수 없이 고생하였다고 단언해도 좋겠다.

호남 백성의 과중한 부담

전란이 7년 동안 계속되는 바람에 군사비 지출도 막대했다. 그런데 거의 모든 비용을 부담한 것은 전라도 백성들이었다. 선조도 그 점을 알고 있었다. 그래서 그는 사실을 확인하는 차원에서 이항복에게 다음과 같이 물었다.

"호남만 백성의 요역(徭役)이 갑절인가?"[120]

그러자 이항복은 명료하고도 깊이가 있는 답변을 하였는데, 소개하면 다음과 같다.

"하삼도(下三道, 충청, 전라 및 경상도)는 (왜란이 일어나기 전) 평시에도 부담이 많았습니다. 그런데 임진년 난리에 전라도만 무사했던 까닭에, 서로(西路, 경기도와 황해도)의 모든 요역(徭役)이 전라도에 몽땅 부과되었습니다. 게다가 세가대족(世家大族, 이름난 양반)이 이 지방에 많아, 군량미 등을 거둘 때면 그들이 온 힘을 기울였습니다. 그런데 정유년 이후 변란(왜란)이 끝난 다음에도 (전라도에 대한) 차역(差役, 노역)이 여전합니다. 그래서 (전라도의) 재물과 노동력은 고

---

119 《실록》, 선조 33년(1600) 6월 15일.
120 《실록》, 선조 33년(1600) 6월 15일.

갈되고 말았습니다."121

전라도의 이름난 양반은 나라를 위하는 마음에서 기꺼이 군사비 지출을 마다하지 않았다는 점이 인상적이다. 그런데 전쟁이 끝난 뒤에도 전라도 백성에게 추가로 가해진 여러 가지 경제적 부담이 사라지지 않아, 그곳 백성이 신음하고 있다는 것이다.

선조는 문제의 심각성을 깨달았으나, 자신의 재위 기간 동안에 이 문제를 하나도 해결하지 못하였다. 광해군 역시 마찬가지였다. 그러다 17세기 후반에 잠곡 김육이 나타나 문제를 풀었다. 그는 〈유소(遺疏)〉까지 올려, 호남 백성의 억울함을 덜어주려고 무진 애를 썼다. 즉, 김육은 충청도에 이어 호남에서도 대동법을 시행함으로써 백성의 과중한 조세 부담을 덜어주려고 하였다.

각지의 백성이 골고루 재정적 부담을 나눌 때라야 군사력도 높은 수준을 유지할 수 있다. 선조와 광해군은 그 문제를 제대로 해결하지 못한 채 조선 수군을 키우려고 하였다. 그렇기 때문에 그들은 소기의 성과를 얻지 못하였다.

경상도와 전라도의 문화적 차이

선조는 전란이 재발할 수 있다고 염려했다. 그래서 그는 남쪽 지방에서 무인을 양성하는 데 힘쓰고 있는지 궁금하게 여겼다. 이항복은 그 문제에 관해 다음과 같이 설명하였다.

> "전라도에는 (무예를 닦은) 훌륭한 인재가 많습니다. 그러나 경상도에서는 전혀 무예를 단련하는 사람이 없습니다. 또 우리나라에는 (병사들이 싸움에 타고 나갈) 말(馬)도 없습니다. 무예는 반드시 말을 탄 뒤라야 무사의 용맹을 시험해 볼 수 있습니다. 그런데 하루아침에 모두 (전마를) 준비하기는 어려운 형편입니다. 이것이 진실로 우려됩니다."122

각 지방의 이러한 문화적 차이는 선조도 이미 알고 있었다. 국방을 튼튼히 하려면 적절한 정책을 세워 이런 문제도 해결했어야 한다. 하지만 조선의 왕들은 그런 변화를 꾀하지 않았다. 사실상 그들은 자주국방을 포기한 상태였다.

선조는 무예를 업신여기는 일부 지역의 사회적 분위기를 불만으로 여기며, 그들이

---

121 《실록》, 선조 33년(1600) 6월 15일.
122 《실록》, 선조 33년(1600) 6월 15일.

성리학 공부는 열심히 하는지를 물었다. 유교 경전이라도 열심히 학습하고 있는지가 궁금했다. 그에 관한 이항복의 답변은 아래와 같이 부정적이었다.

"남방의 폐습입니다만, (정치적) 논의(論議)는 좋아해도 (경전을 공부하는) 학업에는 힘쓰지 아니합니다."[123]

한마디로, 당쟁에 관심을 가진 선비는 많아도, 경전의 심오한 의미를 차분히 학습하고 궁구하는 이는 거의 없다는 것이었다. 조금 과장된 대답일는지는 몰라도 완전히 틀린 말은 아니었다. 알다시피 16세기 후반에 조선에서는 당쟁이 격화되었다. 그 와중에 경상도와 전라도의 선비들이 당쟁에 깊숙이 개입하여 저마다 상당한 희생을 치렀다.

이상의 논의를 요약하자면, 일본군의 침략으로 나라는 위기에 빠졌으나 군사력을 길러 적을 토벌하는 데 나서는 인재는 드물었다는 말이 된다. 그 대신에 정치적 논쟁에 끼어들어 작은 권력이나마 얻고자 애쓰는 이들은 어디에나 넘쳐났던 모양이다. 이항복의 눈에 비친 조선 사회는 암울하였다.

적이 다시 쳐들어오면

선조는 일본군이 다시 쳐들어오면 어떻게 방어할 수 있을지를 크게 걱정하였다. "흉적이 (다시) 온다면 어떻게 방어하겠는가?"[124] 이에 이항복은 솔직하게 대답하였다. "만약 소규모로 온다면 방어할 수 있겠으나, 대규모로 온다면 어렵습니다."[125]

오늘날에는 전혀 다른 눈으로 16세기의 조선을 바라보는 사람들이 많다. 그때 지도층이 준비를 전혀 하지 않았기 때문에 일본군에게 속수무책으로 당했으나, 조금만 더 성의를 가지고 국방력을 강화하는 데 힘썼더라면 얼마든지 적을 물리칠 수 있었다는 견해이다.

그러나 왜란을 직접 겪은 선조와 이항복의 견해는 비관적이었다. 선조는 실토하기를, "왜적은 천하에 대적하기 어려운 적이다. 임진왜란 때 천하의 모든 힘을 동원하였지만 어디 감당하겠던가?"[126]라고 하였다. 이어서 선조는 아군과 적군의 형세를 다음

---

123 《실록》, 선조 33년(1600) 6월 15일.
124 《실록》, 선조 33년(1600) 6월 15일.
125 《실록》, 선조 33년(1600) 6월 15일.
126 《실록》, 선조 33년(1600) 6월 15일.

과 같이 비교하였다.

> "그(일본) 백성들은 (위에서) 명령이 내리면 곧 군사가 된다. 우리는 (그렇지 않다. 하지만) 우리가 할 일을 할 것이요, 적의 움직임에 대해서는 (구구하게) 논의할 필요가 없다. 하지만 일이 돌아가는 형편으로 본다면, 그들이 이것(철수한 것)으로 (장차 침략행위를) 그칠 것이라고 단언하기가 어렵다. 내년에 (적이) 나올지는 알 수 없으나, 어찌 끝끝내 (침략에) 결말(結末)이 없겠는가?"127

'당장에 적이 쳐들어오지는 않을 것이다. 하지만 일본인들의 소행으로 미루어 언젠가는 다시 침략을 감행할 것이다.' 이것이 선조의 판단이었다. 그러나 이항복은 일본의 사정을 좀 더 깊이 분석하고 다음과 같이 진단했다.

> "지난날 (왜적은) 많은 군사를 동원하여 우리나라에 쳐들어왔고, 사망자도 많이 냈습니다. 이제 수길(秀吉, 히데요시)도 죽었고, 일본의 재물과 인력도 많이 고갈되었습니다. 그러므로 (침략을) 스스로 중지하거나 아니면 내부에 틈이 생겨 스스로 (앞길을) 도모하기에도 겨를이 없을 것입니다. 따라서 당장에 군대를 일으키지는 못할 것입니다. 그러나 대마도의 왜적만큼은 노략질을 계속할 것이므로, 남쪽 변경은 반드시 시끄러울 것입니다."128

이러한 이항복의 분석은 탁견이었다. 그는 사리를 따져 당장에 대규모 전란이 재발하지 않을 거라 예상하면서도 대마도의 왜구가 준동하는 현상이 한동안 이어질 것으로 보았다. 그래서 이항복은 왜구의 침략에 대비하자고 주장하였다.

문제는 평시 우리 수군의 규모가 지나치게 영세하다는 것이었다. 왜란이 일어나기 전이나 그 뒤나 제도상으로 큰 변화가 조금도 없었다. 이항복은 그 점을 깊이 염려하며 다음과 같이 말했다.

> "백에 하나도 믿을 것이 없습니다. (수군의) 배는 (판옥선) 80척에 지나지 않고 육군은 겨우 6천 명입니다. 그런데 경상도는 육전(陸戰)을 벌일 계획이 전혀 없습니다."129

---

127 《실록》, 선조 33년(1600) 6월 15일.
128 《실록》, 선조 33년(1600) 6월 15일.
129 《실록》, 선조 33년(1600) 6월 15일.

그는 또 다음과 같이 분석하였다. "적이 해안에 오르지 못하게 막는 일도 꼭 된다고 할 수 없습니다. 만약 적이 대규모로 쳐들어온다면 (아군과) 접전(接戰)하는 한편 병력을 나누어 해안으로 상륙할 것입니다."130

겨우 80척의 전선(戰船)을 믿고 당시의 육군 장수들은 전쟁에 사용할 기계를 조금도 준비하지 않았다. 선조는 그런 상황을 보고받자 화가 치밀었다.131 그러나 문제는 장수들이 게으르다거나 무능해서 생긴 것만이 아니었다. 그들이 재무장을 서두르기에는 재정이 부족했다. 군비를 증강하는 일은 고사하고, 얼마 안 되는 휘하의 군사들에게 지급할 군량도 없었다.132 이런 구조적 문제를 외면한다면, 다른 논의를 꺼내는 것 자체가 사치에 지나지 않았다. 하지만 선조도 이항복도 부족한 나라의 재정을 근본적으로 해결할 의지가 부족했다.

그때도 뜻있는 지방관들은 국방력을 키우려고 충총(銃銃, 대포)과 염초(焰硝, 화약) 등을 마련하고자 했으나 역부족이었다. 또 창과 칼을 쓰는 "살수(殺手)"를 양성하고 싶어도 이런 무예를 제대로 배운 사람을 구할 수 없었다.133 임진왜란과 정유재란으로 모진 고생을 하였으나, 전쟁이 끝난 다음에도 조선의 국방력은 별로 향상되지 못하였다. 그것은 나라에서 장기적인 계획을 세우고 재정적으로나 정책적으로 뒷받침을 든든히 해야만 될 일이었다.

이산해의 대안

선조 31년(1598) 겨울에 원로대신 이산해가 수군을 양성하는 방안을 다각적으로 제시했다. 그는 〈차자〉를 통해 조선이 당면한 현실을 날카롭게 분석하고 앞으로 처리할 과제를 깊이 있게 논의하였다. 그러나 조정은 그의 제안을 제대로 수용하지 않아 큰 아쉬움을 남겼다. 아래에서는 이산해의 〈차자〉를 중심으로 그의 주장을 항목별로 소개할 예정이다.

- 이산해의 문제의식

주사(舟師), 즉 수군은 우리나라의 장점이므로 잘 살려야 한다는 것이 이산해의 주

---

130 《실록》, 선조 33년(1600) 6월 15일.
131 《실록》, 선조 33년(1600) 6월 15일.
132 《실록》, 선조 33년(1600) 6월 15일.
133 《실록》, 선조 33년(1600) 6월 15일.

장이었다. 그러나 당시에는 판옥선도 만들지 않고, 수졸(水卒, 수군)도 더 뽑지 않았으며, 양장(良將)도 기르지 않았다. 수전(水戰) 연습도 하지 않은 채 세월만 보내고 있었다.134

그러므로 이산해는 영남과 호남의 수군에 관한 일체의 업무를 담당하는 두 개의 영(營)을 설치하자고 건의했다. 그들이 군병(軍兵), 주즙(舟楫, 선박), 궤향(餽餉, 군량), 기계(器械) 등 군무를 모두 맡아보게 하자는 것이었다. 그리고 만약에 영남(嶺南)의 재정이 부족하면 영동(嶺東)의 것으로 보충하고, 호남(湖南)의 재정이 부족하면 호서(湖西)의 것으로 메우자고 주장했다.

- 네 가지 현안 : 전선, 수졸(水卒), 군량 및 장사(將士)

이산해는 수군 문제를 네 가지 측면에서 개선하고자 했다. 그 첫째는 전선(판옥선)을 새로 짓는 문제였다. 판옥선은 적이 함부로 오를 수도 없는데다가 선체가 견고하고 많은 수의 병사가 승선할 수 있어 훌륭한 전함이었다. 그러나 한 척의 판옥선을 만들려면 마치 커다란 집 한 채를 짓는 것과 비등한 노력이 요구되었다.

그래도 다행인 것은 선재(船材)와 선판(船板) 등의 재료를 남쪽 바다의 섬에서 비교적 쉽게 구할 수 있었다. 이산해는 선장(船匠, 선박기술자)을 정해 열 명씩 조를 짜고, 선박의 제작 기간을 미리 정하면 장차 조선군의 전함이 수적으로 부족할 염려가 없다고 보았다.135

왜란이 끝났을 때 조선의 판옥선은 1백 척도 되지 않았다. 그나마도 격군을 제대로 갖추지 못해 정상적인 운항이 불가능하였다.136 장차 위에서 말하였듯, 경상도와 전라도에 수군 사무를 담당하는 관청을 설치해 저마다 수백 척의 배를 만들게 하자고 했다. 그리고 그 배를 삼등분하여 3분의 2는 판옥선으로 운용하고, 나머지는 중선(中船)으로 쓰자는 제안이었다. 물론 중선도 전함이라, 무기를 갖추어 일단 유사시에는 전투에 투입하자는 의견이었다. 하지만 평시에는 식량을 운송하는 배로 이용하자고 했다.137

또, 판옥선만 만들지 말고 돌격선 몽충(艨衝)과 오아(五牙) 등도 부지런히 제작하여 아군의 공격력을 키우고, 쾌속선인 금시(金翅)와 유선(油船)도 넉넉히 마련해 적을 추적하는 데 사용하면 금상첨화라는 것이 이산해의 생각이었다.138

---

134 이산해(李山海), 《아계유고(鵝溪遺稿)》, 제5권, 차류(箚類), 〈시폐를 진달하는 차자(陳弊箚)〉.
135 이산해(李山海), 《아계유고(鵝溪遺稿)》, 제5권, 차류(箚類), 〈시폐를 진달하는 차자(陳弊箚)〉.
136 이산해(李山海), 《아계유고(鵝溪遺稿)》, 제5권, 차류(箚類), 〈시폐를 진달하는 차자(陳弊箚)〉.
137 이산해(李山海), 《아계유고(鵝溪遺稿)》, 제5권, 차류(箚類), 〈시폐를 진달하는 차자(陳弊箚)〉.

다음으로 이산해는 "수졸(水卒)", 즉 수군을 충당하는 문제도 따져보았다. 당시에 수군은 근무 조건이 가장 혹독하였으므로 백성이 모두 피하였다. 그러나 억지로 무자격자를 수군에 배정하면 그 또한 여러 가지 폐단을 낳기 마련이었다.139 그와 같은 현실을 고려해, 이산해는 별도의 선발 규정을 만들어, 바닷가 고을에서 병사를 뽑기도 하고 내륙 지방에서도 그 일부를 선발하는 것이 좋겠다고 말했다. 그 신분이 공사천(公私賤, 공사의 노비)이든 또는 다른 부역에 동원되는 평민이든지 모두 상관이 없다고 보았다. 15세부터 50세 이하의 튼튼한 남성을 수군으로 뽑아, 각자의 능력에 따라 전투원인 수군으로 삼든가 또는 노를 젓는 격군으로 삼자고 했다.

때때로 그들의 재능을 시험하여 상도 주고, 함경도의 토병(土兵, 토착 병사)과 훈련도감의 포수(砲手) 또는 대궐을 지키는 금군(禁軍)과 마찬가지로 늠료(廩料, 월급)를 넉넉하게 주자는 것이 이산해의 제안이었다. 수군과 그 가족의 생계를 보장하고 잡다한 부역은 감면해 줌으로써 용감하고 패기있는 청년이 수군에 응모하도록 유인하자는 견해였다.140

수군은 다른 직종에 비해 무척 위험한 편이었다. 하지만 그들에게 월급을 많이 준다면 응모자는 당연히 많을 것이라고 이산해는 확신했다. 왜란을 겪은 터라, 많은 백성이 가난에 시달리고 있었다. 그러므로 수군을 양성하는 규칙을 잘 만들기만 하면 수군이 융성해지기를 기약할 수도 있었다.141

그 밖에도 이산해는 왜란 중에 항상 조정의 걱정거리였던 군량(軍糧)의 문제를 어떻게 해결할지도 고심하였다. 그가 염두에 둔 것은 둔전(屯田)의 시행이었다. 중국 역사에서도 선례를 찾아볼 수 있듯 적이 쳐들어오면 병사들이 무기를 들고 싸우나 평시에는 그들도 농기구를 손에 잡아야 한다는 주장이었다.142

더구나 조선의 남해안은 토지가 비옥하여 둔전을 경작하기에 안성맞춤이었다. 이산해는 어느 부대의 수군이 5천 명 정도라고 하면 그중 4천5백 명은 배를 타도록 하고, 나머지 5백 명은 농군(農軍)으로 삼아 둔전을 경작하면 해결할 것으로 내다보았다. 이산해의 셈법에 따르면, 5백 명의 농군을 잘 활용하면 연간 4~5백 석의 전답을 경작할 수 있었다. 그러면 병사들이 밥을 지을 1만 개의 솥을 걸 수 있다고 계산했

---

138 이산해(李山海), 《아계유고(鵝溪遺稿)》, 제5권, 차류(箚類), 〈시폐를 진달하는 차자(陳弊箚)〉.
139 이산해(李山海), 《아계유고(鵝溪遺稿)》, 제5권, 차류(箚類), 〈시폐를 진달하는 차자(陳弊箚)〉.
140 이산해(李山海), 《아계유고(鵝溪遺稿)》, 제5권, 차류(箚類), 〈시폐를 진달하는 차자(陳弊箚)〉.
141 이산해(李山海), 《아계유고(鵝溪遺稿)》, 제5권, 차류(箚類), 〈시폐를 진달하는 차자(陳弊箚)〉.
142 이산해(李山海), 《아계유고(鵝溪遺稿)》, 제5권, 차류(箚類), 〈시폐를 진달하는 차자(陳弊箚)〉.

다. 그 밖에도 수군의 유휴 노동력을 이용해 어염(魚鹽, 물고기와 소금)까지 경영한다면 군량의 부족을 얼마든지 해결할 수 있다고 했다.

수군의 군량을 조달하는 데는 전문가가 필요하였다. 이산해는 이런 업무를 전담할 인재를 뽑자고 제안하였다. 즉 고을마다 유능한 선비를 한 명씩 뽑아 "유사(有司)"로 삼고 그에게 수군의 음식과 장비를 책임지게 하자는 의견이었다. 마치 왜란 당시에 의병(義兵)의 '유사'가 그런 임무를 맡았던 것처럼 그렇게 부대를 운영한다면 장차 우리 수군에게 큰 도움이 되리라 믿었다.143

끝으로, "장사(將士)", 즉 지휘관을 선발하는 방식에 대해서도 이산해는 여러 가지 방안을 제시했다. 명장(名將)을 선발하여 경상도와 전라도 각 수영의 좌우 통제사로 임명하고, 그들의 휘하에 둘 문관(文官)을 약간 명씩 뽑아 군량도 관리하고 병력관리도 담당하게 하자고 제안했다.144

그리고 통제사 휘하에는 각기 오사(五司, 5개의 부대)를 두고, 각각의 사(司)는 초(哨)를 거느리고, 초는 다시 기(旗)를 통솔하고, 기가 다시 대(隊)를 지휘하도록 위계질서를 편성하자고 했다. 이는 중국의 병서 《기효신서(紀效新書)》를 본받은 것이었다.

그 밖에도 두 명의 통제사는 5일에 한 번씩 자기 부대의 전투연습을 시행하고, 10일마다 두 영이 연합하여 전술을 익히도록 법으로 정하자고 제안했다.145 또, 통제사가 어떤 방법으로 군사를 훈련하고 상벌을 주는 것이 좋을지도 이산해는 상세히 언급하였다. 그에 더하여 조정에서 통제사를 감독하고 격려하는 제도까지도 마련하였다.

이산해는 이상에 소개한 여러 제안은 현실성이 조금도 없는 탁상공론이 아니라 수전(水戰)에 노련한 여러 장수가 모두 소망하는 바라고 주장했다.146 평소에 이산해가 원균과 가깝게 지냈다는 점을 우리는 알고 있다. 그런 사실을 고려할 때 이산해의 수군 개혁안에는 원균의 뜻이 반영되어 있었다고 짐작할 수 있다.

또 다른 〈차자〉에서 이산해는, 훌륭한 장수를 얻기가 어렵다고 많은 사람이 불평하지만, 그것은 인재가 없어서라기보다는 사람을 알아보는 눈이 없어서 그런 것이라고 했다. 지휘관이 됨직한 그릇을 갖춘 인물인지를 정확히 평가하는 것이 필요하다는 의견이었다.

이상에서 하나씩 차례로 검토한 것처럼 이산해는 판옥선을 더 많이 짓고, 모두가

---

143 이산해(李山海), 《아계유고(鵝溪遺稿)》, 제5권, 차류(箚類), 〈시폐를 진달하는 차자(陳弊箚)〉.
144 이산해(李山海), 《아계유고(鵝溪遺稿)》, 제5권, 차류(箚類), 〈시폐를 진달하는 차자(陳弊箚)〉.
145 이산해(李山海), 《아계유고(鵝溪遺稿)》, 제5권, 차류(箚類), 〈시폐를 진달하는 차자(陳弊箚)〉.
146 이산해(李山海), 《아계유고(鵝溪遺稿)》, 제5권, 차류(箚類), 〈시폐를 진달하는 차자(陳弊箚)〉.

회피하는 수군을 충실하게 만들 복안도 제시하였다. 그리고 둔전 경영을 통해 군량을 넉넉히 장만할 방법도 제시하였고, 하급지휘관부터 통제사에 이르기까지 각급 지휘관을 양성하고 선발할 계획도 세웠다. 이것이 총체적인 수군 개혁안이었다.

그러나 유감스럽게도 이산해의 제안을 조정에서는 받아들이지 않았다. 왜란이 끝난 뒤에 조선 수군을 강화하자는 논의는 조정 안팎에서 무성했으나, 실제로 좋은 대책을 마련하고 그것을 실천에 옮기려는 의지는 찾아보기 어려웠다. 조선이란 나라는 너무나도 가난했다. 게다가 17세기 조선의 왕과 대신들에게는 나라를 혁신할 성의가 별로 없었던 것이 아닌가 생각한다.

요약

임진왜란 때 10만을 헤아리는 명나라 군사가 조선에 파견되었으나 정작 그들은 많은 공을 세우지는 못했다. 또, 비변사가 앞장서 전국 여러 곳에 성을 쌓았다고는 하지만 적군의 침략을 막는 데는 별다른 효과도 없었다. 7년 동안의 왜란 중에 가장 현저한 공훈을 세운 이는 수군뿐이었다.

원로대신 이산해는 많은 사람이 거론하는 대승은 원균이 부산의 가덕(加德)과 한산에서 승리한 것과 이순신이 노량에서 세운 대첩(大捷)이라고 말했다. 아울러 명나라의 수군 제독 진린이 거둔 승리도 잊을 수 없다고 했다. 또한 명나라 조정에서도 왜란에 참전한 자기네 장수들 가운데 진린의 공적을 최고로 인정하였다. 그 덕분에 진린은 호광총병(湖廣總兵)을 지냈고, 만력 27년(1599)에 큰 상을 받았다. 나중에 명나라가 망하자 진린의 후손은 우리나라로 망명하여 전라도 해남에 정착하였다(광동진씨).

혹자는 이산해가 원균을 이순신과 더불어 왜란 당시의 최고 명장으로 손꼽은 점에 불만을 표시할지도 모른다. 이산해와는 달리 동시대의 인물인 유성룡은 조선이 위기에서 벗어날 수 있었던 것은 오직 이순신 한 사람의 힘이라고 했다. 유성룡은 임진왜란에 관한 경험담을 정리한 책, 《징비록》에서 원균을 매우 하찮은 인물로 깎아내렸다. 후세는 유성룡의 말만 믿고 원균을 비방하기 일쑤다.

그러나 조정 대신 이산해가 원균의 공을 호평한 것은 사석(私席, 사사로운 자리)에서의 담화가 아니다. 그는 선조에게 올린 공식 문서 〈차자〉에서 세상의 여론이 그와 같다고 당당히 주장하였다. 오늘날의 통념과는 너무나도 다른 평가이다. 수긍하지 못할 사람이 많을 테지만 이산해로 말하자면 세상일에 어두운 시골 노인이 아니었다. 그는 오랫동안 국정 현안을 일선에서 다뤄온 재상이자 국가의 일급 원로였다. 그의 발언을 함부로 무시할 일은 아니다.

요컨대 수군은 일본군의 침략으로부터 조선을 구한 군대였다. 요즘 말로 가장 가성비가 높은 부대였다. 이산해는 그 점을 다음과 같이 적절하게 요약하였다.

> "지금 우리나라 주사(舟師, 수군)에 드는 비용을 그것(즉, 명나라 군대의 출동비나 조선의 산성 건축비)에 비하면 백천 분의 일도 되지 않았습니다. 그러나 효과를 가지고 보면 (우리 수군은) 튼튼하기가 금성탕지(金城湯池, 철옹성)와 같았습니다. (수군을 위해) 한 개의 보장(保障)을 만든 것은, 산성을 금방 쌓았다가 금방 허물어버린 것에 견주거나, (십만 명의) 중국군대가 왔다가 그냥 돌아간 점에 비추어 볼 때 그 차이가 만만(萬萬, 일억)배가 되고 남습니다."147

왜란 때 조선의 수군은 그 존재 자체가 소중하기 이를 데 없었다. 그런 수군을 이끈 원균과 이순신 및 이억기 등은 모두 명장이라고 보아도 손색이 없었다. 또, 그들의 휘하에는 훌륭한 장수가 많았다. 위에서 우리는 원균의 부장들에 초점을 두고 조선 수군의 위용을 기술하였다.

하지만 왜란이 끝난 지 얼마 되지 않았는데도 수군의 모습은 다시 초라해졌다. 수군의 규모도 전쟁 당시보다 줄어들었고, 장비도 보잘 것 없었다. 이산해와 같은 원로대신이 획기적인 개선책을 제시하였으나, 그것은 메아리도 없이 허공에 사라지고 말았다. 참으로 안타까운 일이다.

---

147 이산해(李山海), 《아계유고(鵝溪遺稿)》, 제5권, 차류(箚類), 〈시폐를 진달하는 차자(陳弊箚)〉.

제2장
17세기 전반 신군부의 변화 – 삼도수군통제사

왜란이 끝나고 남해 연안에서는 이순신을 추모하는 열기가 높았다. 그와는 대조적으로 원균에 대한 기억은 망각의 늪에 빠진 듯했다. 이러한 현상은 수군을 누가 장악했는가 하는 점과 깊은 관계가 있었다. 17세기 초반에 삼도수군통제사로 임용된 이는 과연 누구였을까. 이순신의 부하 또는 원균의 부하 아니면 제3의 세력이었을까. 시대가 흐름에 따라 수군 수뇌부에 일어난 세력 교체를 검토하는 것은 의미 있는 일이다.

왜란 후에 남해안 일대에서는 이순신을 추모하는 사당이 잇따라 건립되었다. 연대순으로 간단히 적어보면, 선조 34년(1601)에 대신 이항복이 조정에 건의해 통제사 이시언이 여수에 충민사(사적 제381호)를 창건한 것이 시발점이었다. 그보다 5년이 지나 선조 39년(1606)이 되자 통제사 이운룡이 선조의 명령으로 통영에 충렬사(사적 제236호)를 세웠다. 그로부터 다시 20여 년이 지난 다음에는 남해의 유림이 발의하여 충렬사(사적 제233호)를 지었으니, 인조 10년(1632)의 일이었다. 그 뒤로도 이순신 사당이 곳곳에 들어섰다.

이순신의 사당을 세우자고 발의한 것은 왕이나 조정 대신 또는 지방 유림들이었다. 그런데 사당을 직접 건립하고 관리하는 주체는 통제사 또는 현지의 수군 장수가 대부분이었다. 이치상 당연한 일이었는데, 그들 수군 장수는 약속이나 한 듯이 이순신을 중심으로 수군의 명예를 드높이고자 하였다.

쌍충사

이순신은 자신의 생전에 부장으로 활약한 정운을 고흥의 쌍충사(雙忠祠)에 합사(合祀)하였다. 전라남도 고흥군 도양읍 봉암리에 있는 이 사당은 현재 전라남도 기념물로 지정되어 있다(1990년 2월 24일에 지정). 이 사당은 왜란이 일어나기 5년 전에 녹도만호 이대원(李大源)이 일본군과 싸우다 전사했으므로, 그의 충혼을 기리려고 만든 사당이다.

이대원은 선조 16년(1583)에 무과에 급제하고 불과 3년 뒤에 녹도만호로 발탁된 명장이었다. 선조 20년(1587)에 일본군이 남해안에 침입하자 그는 적장을 사로잡고 서전을 승리로 이끌었다. 곧이어 일본군이 다시 흥양(고흥)에 침입하자 손죽도(巽竹島)에서 싸우다가 안타깝게도 적에게 사로잡히고 말았다. 그러나 이대원은 끝끝내 항복을 거부하여 적에게 살해되었다. 그의 고향 양성(현 경기도 서평택)에는 충신정문(忠臣旌門)이 세워졌고, 선조의 명령으로 고흥에 사당을 지었다.

전라좌수사 이순신은 바로 그 사당에 녹도만호 정운을 합사하였다. 정운은 선조 24년(1591)에 유성룡의 천거로 녹도만호가 되었고, 왜란이 일어나자 옥포해전과 한산해전에서 선봉장으로 활약하였다. 그러나 부산포해전 때 몰운대에서 전사했다. 이순신은 그의 넋을 위로하기 위해 고흥의 이대원 사당에 정운을 합사하였는데, 이 사당은 숙종 8년(1682)에 임조와 서봉영 등 호남 유림의 상소로 인해 쌍충사라는 사액(賜額)을 받았다.(숙종 9년, 1683)

고흥 쌍충사의 예에서 보듯, 사당을 세워 전사한 장수를 기념하는 것은 살아남은 장수들의 몫이었다. 그렇다면 원균이 생전에 남해안 곳곳을 누비며 많은 공을 세웠다는 사실을 고려할 때 그를 위한 추도의 공간을 마련할 권리와 책임은 후임 통제사와 수사들의 몫이었다고 하겠다.

그런데 아래에 서술하는 것처럼 왜란 직후에는 원균이나 이순신과는 직접 인연이 없는 장수들이 삼도수군통제사로 선택되는 경향이 있었다. 아마 양대 계파의 갈등을 해결하는 방법이었을 것이다.(제1절)

세월이 흘러 계파 간의 대립이 어느 정도 희석되자 통제사 자리는 이순신의 후예들에게 넘어갔다. 또한 원균의 부장 중에도 삼도수군통제사에 임명된 사람들도 있었다. 그러나 그들은 이순신과의 인연을 강조하며 그의 사람으로 자처했다. 그리하여 조선 수군은 모두 이순신 한 사람의 후계자가 된 것이다.(제2절)

이후 광해군의 집권 후반기에는 원균이나 이순신의 계통이 아닌 다양한 여러 계통의 장수가 삼도수군통제사에 지명되었다. 그들 역시 이순신의 전통을 묵묵히 계승하였다.(제3절)

이어서 인조가 반정(反正)을 일으켜 집권하자 수군 지휘부에도 변화가 찾아왔다. 왕의 친위세력이 삼도수군통제사의 지위를 거의 독점하였는데, 그들 역시 수군의 관례를 따라 이순신을 대선배로 모셨다. 이로써 수군의 역사에서 원균은 사실상 잊혀졌다.(제4절)

제1절
양대 계파가 아닌 통제사들

왜란 직후에도 수군 내부에서는 원균과 이순신의 세력이 서로 갈등하였다. 선조 30년 7월에 원균이 전사하고, 곧 이순신이 수군을 이끌었으나 그도 선조 31년 겨울에 전사하였다. 백 명을 헤아리는 판옥선 함장들은 원균 또는 이순신을 따르던 사람들이었다. 그중에 이순신의 부하가 더 많았으나 원균의 직속 부하도 적지 않았다. 그래서 선조와 조정 대신들은 양대 세력이 더는 갈등하지 않게 봉합하는 데 힘썼다. 한 가지 방법은 수군 지휘부를 이끌 삼도수군통제사를 육군 출신으로 임명하는 것이었다. 육장(陸將) 이시언, 이경준 및 이기빈이 잇따라 수군통제사로 등용된 배경이다.

1. 정승 이산해가 천거한 이시언 통제사

전후에 내외 정세가 점차 안정을 되찾자 조정에서는 수군을 이끌 새로운 장수를 물색하였다. 선조 32년(1599) 11월 25일에 이시언(李時言)이 통제사로 임명되었다.148 그는 무과에 급제하고, 이산해의 천거로 선조 22년(1589)에 오위사용(五衛司勇)에 등용되었다. 이후 승승장구하여 선조 25년에는 상호군(上護軍)까지 올랐다.

임진왜란 때 이시언은 정기룡(鄭起龍)과 권응수(權應洙) 등 여러 의병장과 합세하였는데, 그들은 명나라의 군사들과 연합하여 경주성(慶州城)을 탈환하였다. 그 공으로 이시언은 가선대부(嘉善大夫)에 가자(加資)되었으며, 선조 27년(1594)에는 전라도병마절도사로 발탁되었다. 선조 29년(1596)에 충청도에서 이몽학(李夢鶴)의 난이 일어나자 이를 진압하는 데도 이바지하였다.

이어서 그는 경상우도수군절도사와 지중추부사 등을 역임하였는데, 왜란이 끝나자

---

148 《실록》, 선조 32년(1599) 11월 25일.

삼도수군통제사로 기용되었다. 그는 부임하자마자 왜란이 일어나기 전에 이순신이 전라좌수영의 본영으로 사용하던 곳에 진남관(鎭南館, 국보 제324호)을 지었다. 전후 복구사업에 착수한 것이다.

그 뒤 수군을 떠나 선조 38년(1605)에는 함경도순변사에 임명되어 북쪽 변방을 지켰다. 광해군 2년(1610)에는 공조판서에 올랐으며, 8년 뒤에는 전흥부원군(全興府院君)에 책봉되었다. 그러나 인조 2년(1624)에 이괄(李适)이 반란을 일으키자 그에 연좌되어 영의정을 지낸 기자헌(奇自獻) 등 35명의 북인과 더불어 참수(斬首)되었다. 북인의 정치적 후원으로 출세하였으나 대북파가 몰락하자 동반 추락한 것이다.

충민사 건립

삼도수군통제사 시절에 이시언은 여수에 이순신의 사당인 충민사(麗水 忠愍祠)를 지어, 이순신을 수군의 영웅으로 만드는 데 일조하였다. 충민사는 전라남도 여수시에 있는데, 이순신을 비롯하여 이억기와 안홍국의 위패를 모시고 있다. 사적 제381호로 지정된 문화유산이다.(1993년 6월 1일 지정)

선조 34년(1601)에 영의정 오성부원군 이항복이 선조에게 상언(上言)하여 충민사를 건립하라는 왕명이 내려졌고, 통제사 이시언이 바로 건축에 착수하였다. 충민사는 이순신을 기념하는 가장 오래된 사당으로, 충청남도 아산시에 있는 현충사보다 무려 105년 이나 앞서 완성된 것이다.

충민사는 이순신과 원균 및 이억기를 함께 추도하는 것이 바람직하다. 그러나 사당의 건립을 청원한 정승 이항복은 원균과 사이가 나빴던 권율의 사위였다. 만약 통제사 이시언이 원균의 직속 부하였다면 원균이 합사될 가능성이 컸을 것이다. 하지만 원균이나 이순신과 직접 인연이 없었던 이시언이었으므로, 굳이 원균의 배향을 위해 나서지 않은 것 같다.

석천사

충민사의 곁에는 석천사(石泉寺)라는 암자도 있다. 이순신을 보좌한 승장(僧將), 즉 스님 출신 의병장인 옥형(玉洞)과 자운(慈雲)이 창건하였다. 충민사가 건립되자 두 스님은 충무공 이순신의 명복을 빌며 이 암자를 세웠다고 한다. 특히 옥형은 이순신의 죽음을 자신이 막지 못했다는 자책감 때문에 죽는 날까지 그 암자 바깥으로 나오지 않았다는 전설이 있다. 암자 이름을 석천이라고 한 것은 충민사 뒤편에 바위가 있고,

그 아래 맑은 샘이 있기 때문이다.

요컨대 조정 대신과 수군통제사가 힘을 합쳐 왜란 때 순국한 이순신의 사당을 짓자 그와 인연이 깊었던 스님이 암자를 지어 원찰(願刹)을 세운 셈이다. 전쟁이 끝나자 이런 방식으로 명장을 추모하는 공간이 조성되었다.

2. 선조 호종한 통제사 이경준

선조 34년에는 이경준(李慶濬)이 통제사 자리를 이었다.149 그는 선조가 의주로 피난할 당시에 평안도 곽산군수로 재직하였는데, 왕을 의주까지 호종하였다. 그 공으로 이경준은 황해도병마사에 제수되었다.

선조 28년(1595)에는 공주목사에 임명되었으나 임무를 소홀히 했다는 비난 때문에 만포첨사로 자리가 바뀌었다. 그 뒤 평안도에서 일본군의 침략이 거세지자 평안도병마사가 되어 적을 무찔렀다. 이어 전라도 남원과 무주에서도 일본군과 싸워 여러 차례 공을 세웠다.

이경준은 부친 이증(李增)이 위독해지자 잠시 조정에서 물러났고 얼마 후 부친상을 당했으나, 선조는 그를 기복(起復, 상중인데도 왕의 명령으로 벼슬함)했다. 대신들은 이경준의 기용(起用)을 반대하였으나, 선조는 그들의 의견을 꺾고 이경준을 삼군수군통제사로 임명하였다. 대단한 총애였다.

통제사를 그만둔 다음에는 경기도 수원부사가 되었는데, 도내에서 치적(治績)이 으뜸이었다. 선조 39년(1606)에는 평안도병마사에 임용되었으며, 광해군이 즉위하자 충청도병마사를 거쳐 삼도수군통제사를 다시 지냈다. 그의 최종 관직은 동지중추부사였다.

3. 육군 출신 통제사 이기빈(李箕賓)

선조 40년(1607) 4월에 이기빈(李箕賓)이 삼도수군통제사 겸 경상도수군절도사가 되었다.150 그 역시 원균이나 이순신과는 아무 관계가 없었다. 왜란이 일어났을 때 이

---

149 《실록》, 선조 35년(1602) 12월 29일.
150 《실록》, 선조 40년(1607) 4월 8일.

기빈은 경기도 광주목사(廣州牧使)였다. 적군이 물밀듯 쳐들어오자 그는 근무지를 떠나 다른 곳으로 피난하였다. 그 일로 탄핵을 받았으나, 곧 다시 등용되어 경상도 진주목사(晉州牧使), 평안도강계부사(江界府使)를 거쳐 평안도병마사를 지냈다. 또, 경기도 이천부사(利川府使)를 지내고, 전라도병마사를 지낸 다음에 공조참판을 역임하고, 경기도 수원부사와 경상도수군절도사 등을 거쳤다.

이기빈은 가난한 백성을 보살피는 데 마음을 썼다. 평안도병마사였을 때는 극심한 흉년이 들어 백성이 국경을 넘어 중국 사람들과 상거래를 하였다. 조정은 그런 백성을 위력으로 통제하려고 하였으나, 이기빈은 백성의 마음을 어루만지는 선처를 해야 한다고 주장하였다.

군사전략에도 밝아 선조 36년(1603)에는 비변사의 당상관으로서 남한산성의 형세를 자세히 살피고 지도를 그렸다. 이어서 경기도 죽주산성(竹州山城)의 형세도 정밀하게 살펴 조정에 보고하였다. 조정에서는 다재다능한 이기빈을 깊이 신임하여 방어사(防禦使)로 삼기도 하였고 삼도수군통제사에 임명하기도 했다.

그 후 광해군 3년(1611)에는 제주목사로 부임하였는데, 왜적을 체포해 그 공로로 상(賞)을 받았다. 알고 보니 그들은 왜적이 아니라 남경(南京)과 안남(安南)의 상인이라는 의혹이 제기되어, 이기빈은 함경도 북청으로 유배되었다.

하지만 그에게는 풍부한 군사 경험이 있었으므로, 광해군 11년(1619)에 다시 기용되어 평안도순변사(巡邊使)가 되었다. 그의 최종 관직은 함경북도병마사였다. 인조 2년(1624)에 이기빈은 육진(六鎭)을 방어할 전략을 제안하기도 했는데, 임기 중 함경도에서 사망하였다.

육군 출신으로 통제사가 된 이경준과 이기빈은 원균이나 이순신을 추모하는 시설을 하나도 새로 만들지 않았다. 그들은 전임자 이시언이 건립한 여수 충민사를 유지하는 것으로 만족하였다. 그렇게 세월이 흐르는 동안 이순신과 이억기 등은 점차 조선 수군의 정신적 뿌리로 각인되었다. 원균과 이순신의 직계 부하들의 갈등도 점차 완화되었다.

제2절
통제사가 된 이순신과 원균의 부하들

1. 이순신의 직속 부하 유형(柳珩)

선조 30년 7월에 원균이 패전하였다는 소식이 들리자 유형은 크게 통곡하고 복수를 다짐하였다. 그는 통제사 이순신의 휘하에 들어가 수군을 재건하는 데 힘을 보탰다. 곧이어 명나라 제독 진린(陳璘)이 바다를 건너와 이순신과 합세하였는데, 남해에서 명나라 수군이 일본군과 싸우다 곤경에 빠지자 그들을 구한 일도 있었다.

선조 31년(1598) 겨울에 노량해전에서는 적탄에 맞아 부상했다. 그런데도 이순신이 순국하자 그를 대신하여 끝까지 전투를 지휘했다. 이런 사실이 선조에게 알려져 바로 부산진첨절제사(釜山鎭僉節制使)로 승진되었다. 이어서 선조 33년(1600년)에는 경상우도수군절도사가 되었고, 이태가 지나자 삼도수군통제사에 임명되었다.(선조 35년, 1602년) 이순신의 직계 부하 중에서 가장 먼저 통제사가 된 것이다. 노량해전을 치른 지 4년 만이었다. 통제사 시절 그는 원균의 직속 부하인 이운룡과 갈등이 심했는데, 이운룡을 핍박한 사실이 역사에 기록되어 있다.(제1부 제1장 참조)

통제사를 지낸 뒤에 유형은 충청도병마사가 되었고, 이어서 선조 38년(1605)에는 함경도 회령부사에 임명되었다. 이태가 지나자 함경도병마사에 제수되었으며, 이후에는 경상도병마사와 평안도병마사를 거쳐 황해도병마사가 되었다. 그는 황해도의 임지에서 별세하였다.

유형은 용병(用兵)에 탁월했다. 통제사로 재임할 때 그는 전투 장비를 넉넉히 마련해 호평을 받았다. 함경도에서 병사와 부사로 있을 때도 회령과 경성에서 적을 방어하기 위한 성을 쌓고 무기도 마련하였다.

2. 원균의 부장 출신 통제사들

가. 이운룡(李雲龍)

이운룡은 왜란이 일어났을 때 줄곧 원균의 휘하에서 큰 공을 세웠다. 선조 25년 5월 7일에 벌어진 옥포해전 때도 그러했고, 이어서 벌어진 사천, 진해, 한산 앞바다, 안골포 및 부산포해전에서도 선봉장으로 두각을 나타냈다.

선조 29년(1596)에는 원균의 부장 출신 가운데 최초로 수사에 승진하였다(경상좌수사). 이순신의 부장이었던 유형과의 갈등으로 애로를 겪기는 했으나, 선조 37년(1604)에는 선무공신(宣武功臣) 3등에 책록되고, 식성군(息城君)에 봉해졌다. 그 이듬해에 도총부 부총관이 되고 비변사 당상관으로 국방에 관한 주요 사무를 담당하였다. 그리고 선조 38년(1605) 7월에는 수군의 최고 지휘관인 삼도수군통제사에 임명되었다.[151] 유형보다 3년 늦게 통제사가 된 것이다.

통영의 충렬사(忠烈祠)

선조 39년(1606)에 선조는 통제사 이운룡에게 명령하여 경상도 통영에 충렬사를 짓고 이순신의 공적을 기념하게 하였다. 현종 4년(1663)에 이 사당은 국왕의 사액(賜額)을 받았다. 이후 봄, 가을마다 역대 수군통제사가 충렬사의 제사를 주관하였다. 사적 제236호 통영충렬사로 지정되었다.(1973년 6월 11일 지정)

충렬사는 조선 수군의 역사에 빛나는 "명예의 전당"이었다. 사당 경내에 들어선 여러 비각(碑閣)이 그 사실을 웅변한다. 숙종 7년(1681)에 통제사 민섬은 이순신을 위해 〈통제사충무이공충렬묘비〉를 세웠다. 훗날 충무공 이순신의 후손으로 통제사가 된 장수들을 기리는 비각이 2동이나 추가로 건립되었다. 그 공간에 안치된 비석은 6기에 이른다. 그중에는 충렬사를 지은 통제사 이운룡의 비각도 있고, 통제사 유형과 통제사 김중기의 비각도 있다. 그러나 원균을 기념하는 비각은 없다.

충렬사에 마련된 유물전시관에는 명나라 만력 황제가 이순신에게 하사한 8가지 선물이 〈명조팔사품(보물 440호)〉이란 이름으로 보관되어 있다. 아울러 정조가 이순신의 문집 《충무공전서》를 발간하고 이 사당에 하사했으며, 직접 쓴 이순신의 제문도 보관

---

151 《실록》, 선조 38년(1605) 7월 30일.

되어 있다.

알다시피 이운룡은 처음부터 원균의 부장이었다. 그가 선무공신에 선발된 것도 원균의 부장이라는 자격으로서였다. 그러나 말년에 이운룡은 이순신의 부하로 자처하고, 자신이 원균의 부하라는 사실을 역사에서 말끔히 지우려고 노력했던 것 같다. 원균은 자신이 가장 총애한 부하에게서 버림받은 셈이다.(제1부 제1장 참조) 이런 이유로 "명예의 전당"에 원균이 자리할 공간은 허공으로 사라져버렸다.

나. 우치적(禹致績)

이운룡과 마찬가지로 우치적도 원균의 휘하에서 명성을 얻었다. 그러나 기효근과 이운룡에게 밀려 선무공신에 책봉되지 못하였다. 하지만 여러 해가 지난 다음인 광해군 3년(1611)에 그도 삼도수군통제사에 임명되었다. 통제사에서 해임된 다음에는 다른 전임자가 그러하였듯 군부의 요직을 두루 지냈다. 마지막에는 함경도병마사가 되어, 인조 6년(1628) 임지에서 별세하였다.

아래에서 우치적의 생애를 자세히 기술하려고 한다. 그의 삶을 통해 우리는 왜란 때 공이 많은 명장의 일생을 들여다볼 수도 있고, 원균과 이순신의 갈등이 어디에서 비롯되었는지도 자세히 알 수 있을 것이다. 아울러 선무공신 책봉을 둘러싼 갈등에 대해서도 구체적으로 파악할 기회이다. 우리가 검토할 것은 한산대첩을 포함하여 모두 여덟 가지 항목이다.

한산대첩

우치적은 한산대첩에 큰 공을 세워 6품으로 승진하였는데, 당시 그는 30대 초반이었다. 선조 25년(1592) 8월에 경상수사(慶尙水使) 원균은 한산대첩의 전공자를 조정에 보고하였다.[152] 비변사에서는 원균의 〈장계〉를 바탕으로 포상자에 관해 다음과 같이 아뢰었다.

"첨사(僉使) 김승룡(金勝龍)과 현령(縣令) 기효근(奇孝謹)은 특별히 당상(堂上)에 올리고, 현감(縣監) 김준계(金遵階)는 3품으로 승서(陞敍)하고, 주부(主簿) 원전(元㙉)은 5품으로 승서하고, 우치적(禹致績) 등 4인은 6품으로 승서하고, 이효가(李

---

152 《실록》, 선조 25년(1592) 8월 24일.

孝可) 등 13인은 공에 맞는 관직을 제수하소서."153

선조는 비변사의 요청을 받아들였다. 그 밖에도 한산의 싸움에서 안타깝게 전사한 만호(萬戶) 한백록(韓百祿)의 포상도 논의하였다. 그리고 멀리서 〈장계〉를 직접 가져온 박치공(朴致恭)의 승진도 결정되었다. 그런데 이운룡의 이름은 한산대첩의 유공자들 가운데서 찾아볼 수 없었다. 반면에 우치적은 한산대첩 때도 공훈이 가장 탁월한 장수 가운데 하나로 기록되었다.

거창현감

우치적은 공이 컸으므로 곧 경상도 거창현감에 등용되었다. 그러나 그 지방의 토호를 다스리지 못했다는 이유로 파직의 위기를 맞았다. 선조 27년(1594) 6월 17일에 비변사는 거창현감 우치적이 고을을 잘 다스린다는 명성이 있으나, 도원수(권율)의 〈장계〉를 보면 허점이 없지 않다고 보고했다. 즉 토호(土豪)를 엄중히 단속하지 못하여 지방관의 체면을 잃었다는 것이다. 비변사는 우치적을 도원수가 일단 벌을 주고 나서 유임하게 하는 것이 좋겠다고 제안하였다.154 그러나 선조는 우치적의 잘못을 중대시하여 도원수의 〈장계〉대로 파직하는 편이 옳다고 판단하였다.155

원균과 이순신 갈등의 중심에

거창현감을 그만둔 지 2년이 지났을 때인 선조 27년(1594)에 우치적은 동료 이운룡과 함께 원균의 부하 중에서 공적이 가장 탁월한 장수로 손꼽혀 포상을 받았다.

선조 27년(1594) 11월 12일에 경연에서 특진관 판돈녕부사 정곤수가 중대한 발언을 하였다. 이순신의 부하 중에는 당상관에 오른 이가 많으나, 원균의 부하 중에서도 우치적과 이운룡 등은 전공이 많은데도 이순신의 부하들만큼 상을 받지 못해 분통을 터뜨리고 있다는 보고였다.156

선조도 그 말에 일리가 있다고 찬동하였다. 왕은 얼마 전에 남쪽에서 올라온 어느 대신에게 원균에 관해 물었더니, "습증(濕症)에 걸린 몸으로 장기간 해상에 머물러 있

---

153 《실록》, 선조 25년(1592) 8월 24일.
154 《실록》, 선조 27년(1594) 6월 17일.
155 《실록》, 선조 27년(1594) 6월 17일.
156 《실록》, 선조 27년(1594) 11월 12일.

으나 나랏일을 싫어하지 않고 죽기를 각오하였다."라는 보고를 들었다고 회상하며, 원균의 뜻이 가상하다고 칭찬하였다.157

따라서 부하 중에 우치적처럼 공은 많아도 벼슬로 상을 받지 못한 사람들이 있다면 원균이 불만을 가지는 것은 당연하다고 하였다. 그러면서 선조는 왜, 일을 그렇게 했느냐며 대신들을 책망하고, "과연 공이 많다면 지금 모두 상을 주어서 그들의 마음을 위로하라."158고 지시하였다. 그로부터 한 달가량 지나자 비변사는 그 문제를 정식으로 제기하였는데, 보고한 내용은 다음과 같았다.

"원균의 관하에 있는 장관(將官) 우치적과 이운룡 등이 왜변이 일어났을 때부터 죽음을 무릅쓰고 힘껏 싸웠습니다. 그들은 왜장(倭將)이 탄 배를 고스란히 포획하고, 전후에 베어 죽인 수가 매우 많았습니다. 심지어는 적의 배에 먼저 올라가 붙들려 간 우리나라 사람을 탈환하고 왜적을 사로잡기까지 하였습니다."159

이처럼 보고하고, 이 장수들이 세운 공이 이와 같이 많으나 현재까지도 별로 상전(賞典)을 받지 못하였다고 한탄했다. 이제라도 사실대로 서둘러 보고하여 승진하는 것이 좋겠다고 제안하였다.160 선조는 비변사의 요청을 수용하였다.

선조와 대신들의 논의에서 명백하게 드러난 것처럼 원균과 이순신의 갈등은 그 핵심이 우치적과 이운룡 등 원균이 아끼는 부하들의 승진에 관한 것이었다. 원균도 이순신도 자신을 믿고 따르는 부하들의 출세를 위해 과도하게 경쟁을 벌였다. 덕분에 우치적과 이운룡 등은 승진하였으나, 선조 28년(1595)이 되자 원균은 통제사 이순신에게 밀려 한동안 수군을 떠날 수밖에 없었다. 우리가 다 아는 사실이다.

순천부사로 발탁

선조 29년 겨울이 되자 통제사 이순신에게 엄청난 위기가 왔다. 일본군의 침략이 예측되는 가운데 조정에서는 통제사를 원균으로 바꿔야 한다는 여론이 일어났다. 조정은 원균의 부장 우치적을 순천부사로 배치해 장차 일어날 수군의 변화를 준비하는 것 같은 인상을 주었다. 선조 29년(1596) 12월 22일에 우치적은 전라도 순천부사(順天府

---

157 《실록》, 선조 27년(1594) 11월 12일.
158 《실록》, 선조 27년(1594) 11월 12일.
159 《실록》, 선조 27년(1594) 12월 16일.
160 《실록》, 선조 27년(1594) 12월 16일.

使)에 임명되었다.161

원균을 구하지 못한 죄인

선조 30년 7월 16일에 그는 통제사 원균과 함께 춘원포에 상륙하였다. 자신은 살아남았으나, 그의 상관인 원균은 전사하였다. 따라서 우치적은 군법에 의해 죄인이 되었다.

선조 31년(1598) 9월에 의금부는 군공청(軍功廳)의 협조를 받아 우치적의 과실을 논의했다. 즉, "한산도에서 패군(敗軍)하여 '죄를 지고 임무를 수행하라.'라는 처벌을 받은 장수 명단에 (우치적이) 들어있습니다."162라고 했다. 따라서 그가 비록 일본군 3명을 참수하고 1명을 사로잡았다고 하지만, 죄를 용서하기는 어렵다는 의견이었다.163

그 보고를 받고 선조는 엄중한 전교를 내렸다. "우치적은 한산도에서 패군한 장수로 목을 베어야 할지를 아직 정하지 못하였다. 그런데 어찌 군공(軍功)을 논한다는 말인가."164

노량해전

그 후 노량해전에서도 우치적의 공은 탁월하였다. 선조 31년 12월에 도원수 권율이 여러 사람의 공을 다음과 같이 아뢰었다.

> "통제사 이순신이 전사하자 손문욱(孫文彧) 등이 임기응변으로 잘 처리했고, 그 덕택에 모두 죽음을 무릅쓰고 혈전하였습니다. … 진(린) 도독이 패배를 면한 것도 우리 수군의 공이었습니다. 우치적(禹致績), 이섬(李暹), 우수(禹壽), 유형(柳珩) 및 이언량(李彦良)의 공이 우수하였습니다. 수공(首功)은 물론 이순신이 탄배였는데, 이순신이 군사들에게 경계하기를, '다투어 수급을 베려고 하다 보면 적을 많이 죽일 수 없다.'라고 하였습니다. 그래서 이번 전투에서 수급을 참획한 것은 매우 적었습니다."165

권율은 노량해전에서 가장 공이 큰 장수를 차례로 열거했다. 손문욱을 필두로 우치적과 이섬 순서라고 말했다. 며칠 뒤에 군공청(軍功廳)에서는 대신들과 상의한 결과를 선조에게 아뢰었다.

---

161 《실록》, 선조 29년(1596) 12월 22일.
162 《실록》, 선조 31년(1598) 9월 19일.
163 《실록》, 선조 31년(1598) 9월 19일.
164 《실록》, 선조 31년(1598) 9월 19일.
165 《실록》, 선조 31년(1598) 12월 18일.

손문욱은 군사를 지휘해 전투를 독려했으므로 당상관의 직책을 주어도 아까울 것이 없고, 우치적(禹致績), 이섬(李暹), 우수(禹壽), 유형(柳珩) 및 이언량(李彦良) 등도 승진하는 것이 좋겠다고 했다.166 보고를 받은 선조는 권율과 다시 문의해서 처리하는 것이 좋겠다는 의견을 제시하였다.

충청수사가 되었으나

그로부터 3년이 지난 선조 34년(1601) 1월에 우치적은 충청수사가 되었다.167 하지만 그 이듬해 윤2월에 사간원이 그를 다음과 같이 탄핵하였다.

> "충청수사 우치적은 의롭지 못한 일을 많이 저질러 인심을 많이 잃었으므로 소문이 창궐하였습니다. 그러자 자신의 죄를 스스로 알아채고는 춘신(春汛, 봄철 조수)의 방어가 간절한 때 병을 핑계로 수사를 그만두려고 합니다. 그의 탐욕스럽고 방종하고 기탄없는 정상을 벌하지 않을 수 없습니다. 파직하고 변경에 충군(充軍)하여 뒷날 공을 세우도록 하소서."168

그러나 선조는 왜란 때 공이 많은 우치적을 아꼈다. "우치적에 관한 일은 서서히 결정하겠다."라고 결정을 미루고, 사간원이 문제 삼은 내용을 논의하여 어떻게 처리하는 것이 좋을지를 아뢰라고 비변사에 지시하였다.169 짐작하건대 조정에서는 명장 우치적을 아껴, 그냥 조용히 지나간 것으로 보인다.

선무공신 후보

이후 선무공신을 선발하는 일이 본격화하자 원균의 부장으로 우치적과 이운룡의 이름이 거론되었다. 그러나 우치적은 결국 공신이 되지 못하고 기효근이 이운룡의 앞자리를 차지하였다. 아래에서는 그때 일을 살펴보겠다.

공신도감에서 원균과 이순신의 부장들을 심사대상으로 삼은 것은 선조 36년(1603) 2월 12일이었다. 공신도감의 당상관들은 왜란 중에 조정에 올라온 〈장계〉와 여러 장수에게 청취한 여론을 토대로 공신 후보를 논의하였다고 말했다.170 그에 따르

---

166 《실록》, 선조 31년(1598) 12월 25일.
167 《실록》, 선조 34년(1601) 1월 6일.
168 《실록》, 선조 35년(1602) 윤2월 20일.
169 《실록》, 선조 35년(1602) 윤2월 20일.

면 이순신의 휘하에서는 권준(權浚), 이순신(李純信), 안위(安衛) 및 배흥립(裵興立)의 공이 큰 것으로 조사되었다고 했다.171 그리고 원균의 부장 중에는 이운룡과 우치적의 공이 가장 큰 것으로 평가되었다.172 나중에 공신도감이 밝힌 것처럼, 이때 후보자 명단은 주로 장수들의 의견을 참작한 것이었다.173

그러나 두 달이 지난 선조 36년(1603) 4월 28일에는 공신도감의 당상(堂上)이었던 이항복(李恒福), 이호민(李好閔), 황진(黃璡), 홍가신(洪可臣) 및 박명현(朴名賢)이 전과는 다른 주장을 했다. 즉, 〈장계〉를 종합한 결과 이순신(李舜臣)의 휘하에서는 권준과 이순신(李純信) 및 배흥립의 순서이고, 원균의 휘하는 이운룡과 우치적이 선두라고 하였다.174 그러면서도 원균의 〈장계〉에는 공적의 등급을 논할 때 이운룡과 우치적이 제3의 장수 곧 기효근의 아래에 나오기도 한다고 보고하였다.175

공신도감은 이운룡과 우치적을 후보로 거론하게 된 사유를 다음과 같이 부연 설명했다.

"원균과 이순신 두 사람의 장수가 공을 다투느라 틈이 있었던 데다가 이운룡과 우치적에 대한 은상(恩賞)이 복구된 일로 말미암아 (양측에) 유감이 더욱더 깊어졌기 때문에 두 사람의 이름을 먼저 거론하게 된 것입니다. … 원균의 〈장계〉는 처음부터 군공(軍功)의 등급이 (누가 제1인지) 뚜렷하지 못합니다. 어느 때는 이운룡과 우치적 두 사람을 다른 사람의 아래에 두었다가 나중의 〈장계〉에서는 그들의 공이 으뜸이라고 했습니다. 앞뒤의 차이가 심한 편입니다."176

인용문을 읽고 어떤 사람은 원균의 공적 평가가 일관성이 없다고 불평하기도 한다. 그러나 싸울 때마다 어찌 유공자의 순서가 일정할 수 있는가. 싸움마다 장수들의 성적이 조금씩 다르게 나타나는 것이 도리어 정상적인 일이다.

하여튼 선조 37년(1604) 6월 21일까지도 원균과 이순신의 휘하 장수 가운데서 권준과 이순신(李純信), 이운룡과 우치적의 4명이 공신 후보로 손꼽혔다. 하지만 신하들은 그들을 공신 선발에서 완전히 제외하자고 말했다.177 그러자 선조가 반대했다.

---

170 《실록》, 선조 36년(1603) 2월 12일.
171 《실록》, 선조 36년(1603) 2월 12일.
172 《실록》, 선조 36년(1603) 2월 12일.
173 《실록》, 선조 36년(1603) 4월 28일.
174 《실록》, 선조 36년(1603) 4월 28일.
175 《실록》, 선조 36년(1603) 4월 28일.
176 《실록》, 선조 36년(1603) 4월 28일.
177 《실록》, 선조 37년(1604) 6월 21일.

왕은 평소 지론대로 "원균과 이순신이 해상에서 세운 공은 참으로 권율보다는 우월하다. 그런데 권율의 휘하는 공신으로 뽑고 두 대장의 휘하는 아무도 공신이 되지 못하면 그것은 타당하지 못하다."라고 주장하였다.

그래서 이순신, 권율 및 원균의 휘하 장수를 각기 두 명씩 공신으로 선발하기로 방침이 확정되었다. 선조 37년(1604) 6월 21일에 공신도감은 선조에게 아뢰기를, 이순신의 부장인 권준과 이순신(李純信) 사이에는 우열이 뚜렷하지 않고, 원균 휘하의 이운룡(李雲龍)과 우치적(禹致績)도 공에 우열은 없다고 보았다.[178] 따라서 그들 4인을 모두 공신으로 선발하자는 뜻이었다.

하지만 그로부터 4일 뒤에 뜻밖에도 큰 변화가 일어났다. 선조 37년 6월 25일에 선무공신의 명단을 확정할 때 원균 휘하의 장수로 기효근과 이운룡이 뽑히고, 우치적은 떨어졌다.[179] 《실록》에 그 사유가 기록되지는 않았으나, 미루어 짐작할 때 원균의 〈장계〉를 장수들의 평판보다 중시한 것도 같고, 원균이 순국할 때 우치적이 구원하지 못한 책임을 물은 것도 같다.

어쨌거나 이운룡과 우치적은 공신 책봉과 관련하여 상관인 원균을 두고두고 원망하였다. 특히 우치적의 반발은 극렬하였다. 관련 기사가 선조 38년(1605) 6월 5일의 《실록》에 다음과 같이 수록되어 있다.

> "사헌부가 아뢰었다. '공을 논하여 봉작을 정하는 것은 조정이 결정하는 일이므로 당사자들이 함부로 호소할 수 없습니다. 그런데 행사용(行司勇) 우치적(禹致績)은 지난해에 훈작(勳爵)이 깎이자 아내의 종을 시켜 대궐 아래에서 격쟁(擊錚)하게 하였습니다. 그는 직질(職秩, 품계)이 높은 무신인데, 소민(小民)과 같이 무지한 짓을 하였습니다. 그 죄를 다스리지 않을 수 없습니다. 파직을 명하소서.'"[180]

인용문에도 나오듯 우치적은 선무공신이 될 뻔하였으나 결국은 제외되어, 분함을 참지 못했다. 마침내 그는 아내가 소유한 종에게 징을 치며 주인의 억울함을 호소하게 하였다. 사헌부는 우치적의 행위야말로 체통을 잃은 것이라며 심하게 비판하였다. 하지만 선조의 생각은 달랐다.

---

178 《실록》, 선조 37년(1604) 6월 21일.
179 《실록》, 선조 37년(1604) 6월 25일.
180 《실록》, 선조 38년(1605) 6월 5일.

"우치적의 일은 평범한 일이므로 파직할 것은 없다. 추고만 하라."181

죄 줄 일은 아니고 서면으로 조사하라는 지시였다. 선조는 우치적이 원균의 부장으로 여러 차례 큰 공을 세운 사실을 기억하였고, 그래서 최대한 관대하게 처분하였다.

원균이 조정에 올린 〈장계〉에서 번번이 자신과 이운룡보다 기효근의 공적을 높이 평가한 점에 관해 우치적은 앙심을 품었다. 이운룡의 전기자료를 살펴보면 두 장수가 원균과 기효근을 심하게 욕하는 대목이 있다.

앞에서 서술했듯 원균은 이운룡과 우치적의 승진을 관철하기 위해 이순신과 의를 상해가며 다투었는데, 정작 두 장수는 그런 원균을 비난하였다. 더구나 이운룡은 공신으로 뽑히지 못한 것도 아니고, 순국한 기효근과 등급은 같고 순위가 그다음이었을 뿐이다.

짐작하건대, 이순신의 휘하에서 권준과 배흥립이 공 다툼을 하느라 시간이 갈수록 사이가 걷잡을 수 없이 나빠진 것처럼 원균의 여러 부장도 경쟁이 심했다고 여겨진다. 특히 기효근과 이운룡 및 우치적이 서로 용납하지 못하였다고 생각된다.

---

181 《실록》, 선조 38년(1605) 6월 5일.

제3절
다양한 계통의 참전 장수들

왜란 후 삼도수군통제사에 임명된 장수들의 내력을 살펴보면 여러 계통이 발견된다. 성우길처럼 선조를 호종(扈從)한 무신이 있는가 하면, 광해군의 외숙인 김예직, 후궁의 아버지 원수신도 보인다. 이억기 휘하에서 성장한 이응표도 있고, 육군에서 경력을 쌓은 정기룡도 있었다. 그밖에 왜란 이후에 본격적으로 성장한 이영도 통제사로 뽑혔다.

1. 선조 호종한 통제사 성우길(成佑吉)

성우길은 광해 7년(1615) 5월에 삼도수군통제사로 재임했던 사실이 확인된다.[182] 그로 말하면 선조 23년(1590)에 무과에 급제하고 임진왜란이 일어나자 선전관으로 선조의 피난길을 호종하였다. 그때 능력을 인정받은 듯 훈련원부정(訓鍊院副正)에 발탁되었고, 공조좌랑과 해주판관을 역임하였다.

선조 35년(1604)에는 북도우후(北道虞候)가 되었는데 공을 세워 '자금은주자(紫金銀胄子), 즉 붉은색으로 장식된 투구를 하사받았다. 성우길은 여진족을 토벌하는 데 공이 컸으므로, 선조 37년(1606)에는 전라도병마사와 훈련원도정 및 안변부사와 길주목사를 거쳤다.

삼도수군통제사가 된 것은 광해군 초기의 일이다. 그런데 당파싸움에 깊이 연루되어 근무 태만으로 몰려 비판을 받기도 하였고, 방군징포(放軍徵布), 즉 베를 받고 군사를 놓아주는 등 비리를 범했다고 고발되어 여러 차례 수난을 당했다.

알고 보면 성우길은 유능한 관리였다. 광해군 5년(1613)에는 서로방어사(西路防禦

---
182 《실록》, 광해 7년(1615) 5월 14일.

使)가 되어 평안도 방면을 수비하였다. 이어서 광해군 10년(1618)에는 평안도병마사와 함경도순변사(巡邊使)를 차례로 역임하였다. 그리고 광해군 12년(1620)에는 무신의 한계를 넘어 호조판서에 올랐다. 역사에 보기 드문 파격적인 승진이었다.

광해군 14년(1622)에 함경남도병마사로 재임할 때 도원수 한준겸(韓浚謙)이 인조반정에 가담하기를 권유하였으나 이를 거절한 채 조정을 떠나 고향으로 돌아갔다. 인조 즉위년(1623)에 황현(黃玹)의 역모 사건에 연루되어 매를 맞고 세상을 떠났다. 그러나 그 이듬해에 반정공신 이귀(李貴)의 상소로, 잃었던 관직을 되찾았다.

성우길은 원균이나 이순신과는 직접적인 인연이 없었던 사람으로, 선조를 호종할 때부터 능력을 인정받아 무관으로 출세하였으나, 정쟁의 소용돌이에 휩쓸려 추락하였다.

2. 광해군의 외숙부, 통제사 김예직(金禮直)

임진왜란이 일어났을 때 김예직은 아직 젊은 선비였다. 그도 성우길처럼 선조를 의주까지 호종해 인정을 받았다. 김예직은 광해군의 외숙으로 무과에 급제해 승승장구했다. 선조 35년에 평안도 용천군수를 지냈고, 광해군 2년(1610)에는 첨지중추부사(僉知中樞府事)로 벼슬이 높아졌다. 광해 8년(1616)에는 함경도병마사가 되었는데, 탐학한다는 이유로 벼슬을 잃기도 했다. 그러나 곧 포도대장이 되었고, 드디어 삼도수군통제사를 역임하였다. 광해 11년(1619) 7월 16일의 일이다.[183]

그는 광해군의 외숙이었으나, 광해군이 인목대비를 폐위하려고 하자 노골적으로 반대하는 바람에 벼슬을 잃기도 했다. 광해군이 임해군과 영창대군을 없애려 하였을 때도 반대하다가 조정에서 쫓겨났다.

인조 즉위년(1623)에 인조가 왕위에 오르자 김예직은 스스로 죄를 청하였다. 하지만 광해군 때 집권세력인 대북파의 미움을 받아 여러 번이나 조정을 떠난 사실을 참작해, 인조는 김예직을 후대하고 상까지 주었다. 김예직은 광해군의 외척이었는데도 인조 치하에서 무사하였다.

---

183 《실록》, 광해 11년(1619) 7월 16일.

3. 광해군의 궁척(宮戚), 통제사 원수신(元守身)

광해군 말기에 삼도수군통제사는 원수신이었다. 그의 딸은 광해군의 후궁이기 때문에 왕실과 특수 관계였다. 인조가 즉위하자 원수신은 통제사의 지위를 잃었다.

선조 30년(1597) 6월 말에 원수신은 청주 판관(淸州判官)으로 재임하였는데 관리로서 경력이 얕아, 언관이 그 자리를 바꾸라고 요청할 정도였다.[184] 그러나 몇 해 뒤에 그가 용감한 무관이라는 사실이 조정에 알려졌다. 선조 38년(1605) 5월에 원수신은 함경도에서 여진족의 침략을 막는 데 크게 이바지하였다.[185] 그 이듬해에는 육진(六鎭)의 성첩(城堞)을 수리하였는데, 조정에서 파견한 어사의 평가는 별로 좋지 않았다.[186] 이후 원수신은 훈융첨사(訓戎僉使)로 육진을 지키며 여진족과 여러 차례 전투를 벌여 공을 세웠다.

광해 9년(1617) 11월에 원수신은 요직에 올라 훈련도감의 중군이 되었다. 그때 마침 인목대비를 폐위하려는 움직임이 일어났다. 대부분 관리가 그러하였듯, 그 역시 조정의 방침에 순응하였다. 하루빨리 인목대비를 폐출하고 종묘사직을 안정시키자고, 그는 주장하였다.[187] 그 해에 원수신은 "(훈련)대장(大將)"이란 높은 자리에 올랐다.[188]

그 이듬해 6월에는 전라우수사에 임명되었는데,[189] 임지에 도착하기가 무섭게 광해군이 탈 용주(龍舟) 1척과 협선(夾船) 1척을 정교하게 만들어 그해 8월 말까지 한양으로 보내라는 특명을 받았다.[190] 광해군은 원수신을 무척 아꼈다. 그는 여러 해 동안 광해군을 호위하였고, 그 공으로 특별히 가자(加資, 품계를 높임)하라는 왕명이 내릴 정도였다.[191]

광해군은 원수신의 사위나 다름없었다. 왕에게는 5명의 후궁이 있었는데, 그중 하나가 원수신의 딸이었기 때문이다.[192] 원수신은 광해군에게 바치는 용선을 정성껏 제작하였다. 관할 관청인 주사청(舟師廳)은 원수신과 그 부하 설응정(薛應貞)의 공을 높이 평가하고, 상으로 품계를 높이자고 건의하였다.[193] 사관은 당시에 용선을 만든 것

---

184 《실록》, 선조 30년(1597) 6월 29일.
185 《실록》, 선조 38년(1605) 5월 21일.
186 《실록》, 선조 39년(1606) 5월 20일.
187 《실록》, 광해 9년(1617) 11월 25일.
188 《실록》, 광해 9년(1617) 12월 2일.
189 《실록》, 광해 10년(1618) 6월 8일.
190 《실록》, 광해 10년(1618) 6월 29일.
191 《실록》, 광해 10년(1618) 7월 5일.
192 《실록》, 광해 10년(1618) 7월 5일.
193 《실록》, 광해 11년(1619) 1월 26일.

은, 환란이 생기면 왕이 그 배를 타고 강화도로 피난가기 위한 것이라고 하였다.

그런데 원수신은 궁정 세력을 믿고 부정부패를 많이 저질렀다는 비판도 있었다.194 광해 11년 10월에 원수신은 전라우수사를 그만두고 공홍수사가 되었다.195 공홍이란 충청도를 가리킨다. 광해 12년(1620)에는 함경도 안변부사(安邊府使)가 되었다.

당시 함경감사는 민간에 피해를 주는 곰사냥을 대대적으로 시행하고 유공자의 포상을 건의했다. 포상자 명단에 원수신의 아들 원유형(元有亨)도 포함이 되었는데, 그는 실제로 곰사냥에서 뚜렷한 역할이 없었다는 주장이 제기되었다.196

원수신은 함경도 남병사 김준계(金邊階)와 사이가 좋지 않았다. 원균의 부하였던 김준계는 안변을 순시하다가 사적인 감정 때문에 원수신의 부하를 살해하여 물의를 일으켰다.197 그 일로 김준계는 남병사의 자리에서 쫓겨났다. 사관(史官)은 광해군이 김준계를 벌한 것은 후궁의 아버지 원수신을 편들었기 때문이라며 비판하였다.198

이후 원수신은 삼도수군통제사에 등용되었는데 광해군 말기의 일이다. 하지만 인조반정이 일어나, 그는 하루아침에 모든 것을 잃었다. 인조 1년 3월 20일에 원수신은 삭직(削職), 즉 삭탈관직의 처분을 받았다.199

4. 이억기의 부장 출신 통제사 이응표(李應彪)

광해 7년(1615) 7월 3일에 이응표가 삼도수군통제사에 임명되었다.200 그는 선조 30년(1597) 7월 16일에 순국한 전라우수사 이억기의 부장이었다. 이응표는 선조 13년(1580)에 무과에 급제한데 이어서 무산진만호(茂山鎭萬戶)를 지냈다. 선조 16년(1583)에는 완도를 관리하는 가리포첨사(加里浦僉使)로 근무하였다.

왜란 중에 이응표는 이억기 휘하에서 공을 많이 세웠다. 왜란이 끝나자 경상도 밀양도호부사(密陽都護府使)와 선산도호부사(善山都護府使)를 지냈고, 전라우수사와 경상우수사도 차례로 역임하였다.

---

194 《실록》, 광해 11년(1619) 1월 26일.
195 《실록》, 광해 11년(1619) 10월 14일.
196 《실록》, 광해 12년(1620) 6월 5일.
197 《실록》, 광해 12년(1620) 12월 3일.
198 《실록》, 광해 13년(1621) 윤2월 19일.
199 《실록》, 인조 1년(1623) 3월 20일.
200 《실록》, 광해 7년(1615) 7월 3일.

그런데 선조 33년(1600) 8월에 그는 사간원으로부터 심한 비판을 받았다. 미조항첨사(彌助項僉使)로 재직하는 중에 군인들을 심하게 수탈해 자신의 일상용품까지도 모두 착취했다고 하였다. 언관은 이응표에 대한 엄벌을 촉구했다.201 언관들은 이응표는 관리가 될 자격이 조금도 없는 인물이며, 이런 사람을 변방의 장수로 보내기 때문에 백성의 원망이 크다고 하였다.202 무능하고 부패한 장수의 표본이라는 사간원의 고발 때문에, 선조는 이응표의 벼슬을 빼앗았다. 그러나 이러한 비판은 과장된 것이고, 이응표가 그처럼 보잘것없는 장수는 아니었다.

이응표에게는 한 가지 큰 허물이 있다. 선조 35년(1602) 7월에 그가 전라우수사로 임명되었을 때 사간원이 그 문제를 제기하였다. 5년 전인 선조 30년(1597) 7월에 전라우수사 이억기가 순국하였을 때 일이다. 한산도(閑山島, 정확하지 않음)에서 일본군과 싸울 때 이응표는 주장(主將) 이억기를 남기고 도주하였다는 비판이다. 그런 과오가 있었으므로 수군에서는 이응표의 승진에 반발하는 사람들이 있다고 하였다.203 마치 우치적이 상관 원균을 구하지 않고 달아난 것처럼 이응표는 이억기를 외면한 채 홀로 퇴각하였다는 비판이다.

또, 이응표는 잘못을 반성하기는커녕 수군이 먹을 군량을 마련한다는 구실로 배를 많이 만들어 민간에 팔아, 그 돈을 자신의 집으로 몰래 보냈다고도 하였다. 사간원은 이응표의 죄를 질책하며 당장에 파직하라고 요구했다.204 그러나 선조는 서서히 결정하겠다며 그 일을 덮었다.

이응표와 주장 이억기

대사간 이상의(李尙毅), 사간 김대래(金大來), 헌납 윤길, 정언 이구징(李久澄) 및 유색(柳穡)은 이응표가 주장 이억기(李億祺)를 배신한 사건을 다음과 같이 보고했다.

> "억기는 일찍이 응표와 생사를 같이하기로 언약했습니다. 그런데 적과 싸우다가 선척(船隻)이 분궤(奔潰, 싸움에 져 흩어짐)하자 억기는 응표만 믿고 닻을 내린 채 (다가오기를) 기다렸습니다. (이억기는) 군관(軍官)을 시켜 큰 소리로 빨리 오라고 불렀습니다. 그러나 응표는 기(旗)를 눕히고 서둘러 노를 저어 도망쳐 억

---

201 《실록》, 선조 33년(1600) 8월 15일.
202 《실록》, 선조 33년(1600) 8월 15일.
203 《실록》, 선조 35년(1602) 7월 15일.
204 《실록》, 선조 35년(1602) 7월 15일.

기가 패하여 죽게 하였습니다. 그 사실을 직접 목격한 사람도 있습니다."205

사간원은 선조 30년 7월에 이응표가 저지른 잘못을 구체적으로 지적하며 그의 잘못을 따졌다. 그러자 그를 전라우수사로 추천한 비변사는, 정유년(1597)에 무슨 일이 벌어졌는지를 다음과 같이 선조에게 아뢰었다.

"원균(元均)이 절영도(絶影島)로 진입했을 때 이응표(李應彪)는 선봉장이었습니다. 그는 먼저 다대포(多大浦)에서 적선 10여 척을 격파하고, 칠산도(七山島, 칠천도)로 물러가 진을 치고 그대로 후방을 막고 있었습니다. 그날 저녁에 모든 배가 궤산(潰散)된 사실은 수군이라면 똑똑히 알지 못하는 이가 없습니다."206

비변사의 보고에 따르면 이응표는 정유년 7월 다대포에서 상당한 공을 세운 인물이고, 이억기의 전사와는 직접 관계가 없다는 것이었다. 그러나 위 인용문을 자세히 분석한 결과, 비변사의 보고에는 상당한 오류가 있었다.

첫째, 그해 7월 15일에 원균이 부산의 절영도에 간 사실이 없다. 그러므로 인용문의 앞부분은 틀렸다. 절영도에 진출했다가 여러 척의 판옥선을 잃은 것은 원균이 아니라 전라우수사 이억기였고, 그 날짜는 정확히 선조 30년 7월 7일이었다.207

둘째, 그해 7월 7일에 다대포에서 우리 군이 적군의 빈 배를 불살랐다는 기록도 《난중일기》에서 확인된다. 인용문에서 이응표가 10여 척의 적선을 부쉈다는 기록과 일맥상통하는 내용이다. 만약 그때 이응표가 후방인 칠천도로 물러나 적의 침투를 차단하였다면 그것은 이억기가 순국하기 9일 전의 일이다. 그러므로 비변사의 보고는 7월 16일에 일어난 사건과는 관계가 없다.

셋째, 이응표는 이미 선조 30년 겨울에 주장을 버리고 달아난 죄인으로 거명되어 처벌을 받았다. 우치적, 손경지 등도 그러하였다. 그런 점에서 사간원 측의 사건 묘사가 오히려 사실에 가깝다고 판단한다.

그럼 그때 비변사를 대표하여 선조에게 잘못된 보고를 올린 사람은 누구일까. 선조 35년(1602) 12월 29일의 《실록》을 자세히 살펴보면 정승 이덕형이 바로 문제의 장본인이었다. 그는 다음과 같이 주장했다.

---

205 《실록》, 선조 35년(1602) 7월 18일.
206 《실록》, 선조 35년(1602) 7월 17일.
207 이순신, 《난중일기》, 정유년(1597) 7월 16일에 표류한 수군 세남(世男)의 증언이 있다.

"올해(선조 35년) 여름에 사간원이 이응표(李應彪)를 논박하자 그 일에 대해 상(선조)께서 비변사에 물으셨습니다. 그때 마침 소신이 체찰사였는데 관련 문서를 자세히 보았으므로 사실대로 아뢰었습니다. 그랬더니 대신(臺臣, 사간원)들은 도리어 소신이 온당하지 못하다고 하였습니다. 그래서 피혐(避嫌, 사직)하기에 이르렀습니다. 잇따라 소장(疏章)을 올려 (신을) 죄에 얽어 넣으려 하였으므로 소신은 부끄러워 면직(免職, 사직)을 청하였습니다."208

이덕형은 자신이 관련 서류를 꼼꼼히 잘 살펴서 선조 30년 7월에 일어난 이응표 사건을 정확히 알고 있다고 주장하였다. 그러나 위에서 서술한 것처럼 이덕형의 상황 판단은 잘못된 것이 많았다. 과거에 이덕형은 남쪽 지방에서 사건 당시의 격군을 직접 만나 확인한 결과, 이른바 '칠천량 사태'는 그동안 조정에 알려진 것과는 달리 희생자가 거의 없는 사건이었다고 보고하였다. 위 인용문을 보면 알 수 있듯, 이덕형은 이응표 사건을 두고 사간원과의 논쟁을 벌이다가 논리가 궁하자 스스로 사직한 것으로 드러났다.

이응표, 선박을 팔아 부정을 저질렀을까?

이덕형 등 비변사의 대신들은, 이응표가 선박을 많이 만들어 사사로이 판매했다는 점도 변명하였다. 그들이 선조에게 올린 보고는 다음과 같았다.

"이응표는 (전라우수사로) 부임한 뒤 선상(船上)에 대포를 건조하려고 했습니다. 그러나 재원을 염출할 방도가 없었으므로, 쓰지 못하는 판자로 작은 배를 만들어 판매할 것을 계획하였습니다. 상사(上司, 비변사 등 상급 관청)에게 아뢰려고 하였는데, 그러면 사람들의 말이 있을까 염려했다고 합니다. 그렇다면 (사간원의 주장에는) 이것이 와전된 것으로 보입니다."209

즉, 이응표가 사적 이익을 위해 배를 만들어서 판 것이 아니라, 전함(판옥선)에 대포를 설치할 비용을 마련하고자 작은 배를 몇 척 만들었다는 주장이다. 이 주장이 사실이라면 이응표는 칭찬을 받아야 옳았다. 그런데 사간원은 이덕형 등의 주장을 다음과 같이 반박하였다.

---

208 《실록》, 선조 35년(1602) 12월 29일.
209 《실록》, 선조 35년(1602) 7월 17일.

"응표는 공사(公事)를 빙자하여 사리(私利)를 경영했습니다. 배를 많이 만들어 경강(京江)으로 끌고와 판매하고는 값진 목재를 (팔아 그 돈을) 곧장 자신의 집으로 수송했다고 합니다. 그 소문이 파다하므로 분노하지 않는 사람이 없습니다. 신들이 논한 것은 대개 여기에 근거한 것입니다."210

이처럼 남인 이덕형이 주도하는 비변사와 북인 이상의가 이끄는 사간원이 정면으로 충돌하였다. 문제가 시끄럽게 되자 이상의 등 사간원 관리들도 벼슬을 그만두겠다고 하였고, 정승 이덕형도 자리에서 물러나겠다고 공언하였다. 선조는 어떻게 처리해야 할지 골치가 아팠을 것이다. 몇 달이 지나자 이덕형은 이상의 등 사간원의 경박함을 고발하며 선조에게 다음과 같이 호소했다.

"경망스럽고 사려 없는 자들(이상의 등)의 무슨 일이든 비판하는 것이 이와 같습니다. … 조정에서 공론을 주장하는 사람이 있어, 대간의 실수를 살피고 바로잡아야 마땅합니다. 그 당시에 옥당(玉堂, 홍문관)이 제대로 처리하지 못했으니, 매우 온당치 못합니다. … 신이 사실(私室, 사적인 공간)에 있을 적에 매우 민망하게 여긴 일이 많았으나, 번거롭게 소장에 기록하여 아뢰기가 어려웠으므로 지금까지 말씀드리지 못했습니다."211

이러한 진술이 암시하는 바지만, 이응표에 관한 사간원과 비변사의 줄다리기는 일단 비변사의 승리로 돌아갔다. 이덕형의 강력한 후원을 받으며 이응표는 낙마하지 않고 꿋꿋하게 잘 버텼다.

그는 북인이 집권한 광해군 때도 벼슬이 더 올라가 삼도수군통제사까지 지냈다. 능력도 있고 운도 좋은 무관이었다. 이응표는 평소 원균과는 별로 가깝지 않았고, 남인의 정치적 후원을 받은 이순신과는 무척 친밀하였다. 따라서 이응표가 원균을 위해 사당을 새로 지을 리는 만무하였다.

5. 육군 출신 통제사 정기룡(鄭起龍)

정기룡은 광해 9년(1617) 6월에 삼도수군통제사로 재임하였고,212 광해 14년

---

210 《실록》, 선조 35년(1602) 7월 18일.
211 《실록》, 선조 35년(1602) 12월 29일.

(1622)에도 다시 통제사로서 수군을 호령하였다. 두 번이나 통제사를 지낸 것인데, 광해 14년 3월 7일에 통제영에서 순직하였다. 이것만 보면 정기룡이 본래부터 수군과 깊은 인연이 있었던 것으로 보이나, 왜란 중에는 수군에 복무한 적이 한 번도 없었다.

정기룡은 젊은 시절에 무과에 급제하였는데, 선조의 명령으로 이름을 "기룡"으로 바꾸었다. 처음 이름은 무수(茂壽)였다. 왜란이 일어나기 전에 경상우도병마사 신립(申砬)의 휘하에 들어갔다가 곧 훈련원봉사가 되었다. 임진왜란이 발생하자 경상우도 방어사 조경(趙儆)의 휘하에서 종군하였다.

무재(武才)가 탁월해 거창에서 일본군을 격파하였고, 김산(金山)에서는 적에게 포로가 된 상관 조경을 구해냈다. 이어서 곤양 수성장(守城將)으로 임명되어 일본군이 호남에 진출하지 못하게 막았다. 그 후에는 상주판관이 되어 격전 끝에 일본군을 물리치고 상주성을 되찾았다. 선조 26년(1593)에는 회령부사로 승진하고, 그 이듬해에는 상주목사로 임명되었다.

정유재란이 일어나자 토왜대장(討倭大將)으로 활약하였다. 고령에서 적장을 생포하는 등 전공을 세웠으며, 성주, 합천, 초계, 의령 등 여러 성을 되찾았다. 그 공으로 경상우도병마사에 승진해 경주와 울산까지 회복하였다. 정기룡은 명나라의 총병(摠兵) 역할을 대행해 경상도에 남아있던 일본군을 모두 소탕하는 등 승승장구했다.

왜란이 끝나자 경상도 방어사가 되었는데, 김해부사와 밀양부사를 거쳐 중도방어사(中道防禦使)를 지냈다. 이어서 경상좌도병마사로 울산부사를 겸하였다.

이처럼 육군의 요직을 두루 지낸 다음에 두 번이나 삼도수군통제사 겸 경상우수사에 임명되었다. 그의 품계는 매우 높아 보국숭록대부(輔國崇祿大夫)로 더는 올라갈 지위가 없었다. 《실록》에 그의 졸기(卒記, 간단한 이력과 평가)가 실려 있어 아래에 옮긴다.

"통제사 정기룡(鄭起龍)이 임소(任所, 통제영)에서 죽었다."213

《실록》에는 두 편의 평론이 보이는데, 정기룡의 공과(功過)를 다음과 같이 평가했다.

"기룡은 선조(先朝, 선조)의 숙장(宿將)으로 누차 전공을 세웠다. 이때 이르러 궁첩(궁녀)과 결탁하여 뇌물을 바치고 섬긴 덕분에 임금의 총애를 받았다. 그러다가 임지에서 죽었다."214

---

212 《실록》, 광해 9년(1617) 6월 21일.
213 《실록》, 광해 14년(1622) 3월 7일.

"기룡은 용감한 장수였다. 임진란에 힘써 싸워 공로가 있었는데, 이때 와서 내간(內間, 궁궐 안쪽)과 결탁하여 사사로이 뇌물 바치기를 끊임없이 하여 심지어 나전 팔첩 대병(螺鈿八貼大屛)을 만들어 올리기도 하였다. 그러므로 죽어서까지도 남는 죄가 있다."215

요컨대 정기룡은 선조 때의 용맹스러운 장수로 일본군을 물리치는 데 공이 많았다고 했다. 장수로서는 조금도 손색없는 인물이었다. 그러나 광해군 때는 궁중의 여인들에게 뇌물을 많이 바쳐 왕의 총애를 받았다고 비판하였다.

통제영이 있는 남쪽 해안 지방은 나전칠기로 이름난 곳이라, 역대 통제사는 명품을 요구하는 궁녀 또는 후궁의 요청을 뿌리치기 어려웠을 것이다. 그렇게 판단하면 정기룡이 과연 스스로 뇌물을 바쳐 총애를 얻었다고 단정하기 어려울 것으로 보인다.

6. 육군과 수군 모두 거친 통제사(統制使) 이영(李英)

통제사 중에는 무관 경력을 확인하기 어려운 이도 있다. 이영이 바로 그런 인물이다. 현존하는 자료를 통해서 알아보면 그는 선조 34년(1601)에 병마사를 지낸 것으로 나온다.216 그리고 그보다 3년 뒤인 선조 37년 3월에는 경상좌수사로 근무하였다.217

그가 통제사로 근무한 것은 광해 7년(1615) 또는 8년(1616)이었다. 광해 8년 2월 29일에는 임지인 통영에서 사망한 지 이미 12일이 지났다는 기록이 보인다.218 선조 25년(1592) 왜란이 일어났을 때는 밀양부사였다는 말도 있으나, 왜란 중에 이영이 어디서 어떠한 역할을 하였는지는 제대로 알 수 없다.

---

214 《실록》, 광해 14년(1622) 3월 7일.
215 《실록》, 광해 14년(1622) 3월 7일.
216 《실록》, 선조 34년(1601) 1월 17일.
217 《실록》, 선조 37년(1604) 3월 5일.
218 《실록》, 광해 8년(1616) 2월 29일.

제4절
인조와 가까웠던 신군부

　인조 때는 조정 분위기가 달라져 당장에 일본군이 다시 침략해 올 것이라 걱정하는 사람은 거의 없었다. 그때는 북쪽의 후금(後金), 즉 청나라와의 충돌이 눈앞의 큰 문제였다. 수군은 평상시의 모습으로 되돌아갔다고 볼 수 있다.

　그 당시 수군통제사에 임명된 장수는 인조반정에 참여하였거나, 또는 이괄의 난을 평정하는 데 이바지한 인물이었다. 한 마디로, 정치적 배경이 좋은 장수들이었다. 통제사 중에는 시문(詩文)을 사랑하는 유장(儒將)이 많았다. 당시는 성리학이 조선 사회를 독점적으로 지배하는 분위기였으므로, 이제는 장수라도 선비와 별로 차이가 나지 않았다.

1. 정사공신 통제사 구인후

　구인후(具仁垕)는 두 번이나 삼도수군통제사를 지냈다. 그는 인조 2년 1월에 통제사의 지위에 있었다.[219] 다시 10년쯤 지난 인조 11년 3월에도 통제사에 임명되었다.[220] 인조의 외척으로 문한(文翰)에 뛰어났다. 그도 그럴 것이 그는 사계(沙溪) 김장생(金長生)의 문인이었다. 김장생의 〈문인록〉에는 구인후를 다음과 같이 기록하고 있다.

　　　"자는 중재(仲載)이고 호는 유포(柳浦)이며, 무인년(선조 11년, 1578)생이다. 본관은 능성이며 군산(羣山) 구굉(具宏)의 조카이다. 어려서부터 (김장생) 선생에게 제자의 예를 올리고, 책을 짊어지고 와서 (사계) 선생을 섬겼다. 전심전력으로 공부하며 교육을 받았는데 울연히 뛰어오르려는 뜻이 있었다. 그러므로 선생이

---
219 《실록》, 인조 2년(1624) 1월 11일.
220 《실록》, 인조 11년(1633) 3월 25일.

항상 원대한 일을 해낼 인물로 기대하였다. (젊어서) 무과(武科)에 급제하여 좌상을 지냈다. 인조반정에 참여하여 정사훈(靖社勳)에 올랐으며, 그와 동시에 능천부원군(綾川府院君)에 봉해졌다. 시호는 충무공(忠武公)이다."221

구인후는 문무를 겸비한 선비로 직위가 좌의정에 이르렀는데, 젊은 시절에 인조를 도와 반정(反正)에 성공하였다. 일찍이 선조 36년(1603)에 무과에 급제하였고, 3년 뒤에는 선전관에 발탁되었다. 이후 고원군수와 갑산부사를 지냈다. 광해군 때 집권층인 대북파와 갈등이 깊어 광해군 12년(1620)에 이서(李曙) 및 신경진(申景禛) 등과 반정을 모의했다.

인조 1년(1623)에 인조가 반정을 일으킬 당시 지방에 있었기 때문에 그 대열에 직접 참여하지 못하였다. 그러나 처음부터 반정 계획을 함께 세운 공로를 인정받아 정사공신(靖社功臣) 2등에 뽑히고 능천군(綾川君)에 책봉되었다.

그 후 여러 벼슬을 거쳤는데, 인조 5년(1627)에 정묘호란이 일어나자 인조를 수행하여 강화도로 피난했다. 그때 이미 주사대장(舟師大將)으로 인조의 피난을 주도했다. 피난길에서 돌아와 군사에 관한 요직을 두루 지냈다. 인조 14년(1636)에 병자호란이 일어나자 3,000명의 군사를 거느리고 남한산성으로 들어가 인조를 호위했다. 그 공으로 어영대장이 되었으며, 도총부도총관, 비변사제조, 판의금부사 등 요직을 두루 차지했다.

인조 22년(1644)에 심기원(沈器遠)이 역모를 꾀하였을 때 사건을 적발하여 영국공신(寧國功臣) 1등이 되었고 능천부원군(綾川府院君)으로 호칭이 바뀌었다.

무관이지만 학문에 밝아서, 요직을 두루 역임했다. 병조판서는 물론이고 형조와 공조판서를 지냈으며 효종 3년(1652)에는 우의정에 임명되었다. 2년 뒤에 사은사로 청나라에 다녀왔다. 그때 김홍욱(金弘郁)이 소현세자빈(昭顯世子嬪) 강씨(姜氏)의 신원을 요구하다 벌을 받자 김홍욱을 옹호하였다. 그 일로 구인후는 벼슬을 잃었으나, 다시 등용되어 의정부 좌의정이란 높은 지위에 올랐다.

구인후는 두 차례나 공신에 책봉되었다. 사적으로는 인조의 외척이었는데도 항상 신중한 태도를 유지해 정치적으로 큰 탈이 없었다. 그는 선비의 풍모를 지닌 유장(儒將)이었다.

---

221 김장생(金長生), 《사계전서(沙溪全書)》, 제47권, 부록(附錄), 〈문인록(門人錄)〉

2. 의병 출신 통제사 이수일

이수일(李守一)은 인조 3년(1625) 2월에 삼도수군통제사 겸 경상우수사가 되었다.222 그는 일찍이 선조 16년(1583)에 무과에 급제해 몇 차례 보직 이동을 겪고 함경도 남병사 신각(申恪)의 막하로 들어갔다. 왜란이 일어났을 때는 벼슬을 그만둔 상태였으나, 나라를 구하려는 마음으로 의병을 일으켰다. 그러나 예천, 용궁에서 패배하였다.

이후 밀양부사와 경상좌수사를 지냈다. 정유재란이 일어났을 때는 도체찰사 이원익의 건의로 성주목사에 임명되었으나 상부의 명령을 어겨 장형(杖刑)을 받기도 하였다. 왜란 중에 그는 큰 공을 세우지 못하였다고 볼 수 있다.

그러나 선비의 청렴한 절조가 있어 사람들이 감복했다. 정약용의 《목민심서(牧民心書)》에 이수일의 성품을 칭찬하는 다음과 같은 기록이 있다.

> "(왜란 때) 계림군(鷄林君) 이수일(李守一)이 성주목사(星州牧使)가 되었는데, 체찰사 이원익이 추천하였다. 그가 금오성 대장(金烏城大將)을 겸임(兼任)하였을 때 중국의 24장(將)이 성주에 주둔하여 사무(事務)가 매우 많았다. 그런데도 공은 밖으로는 중국군대의 요구에 따르고 안으로는 군민(軍民)을 진무(鎭撫)하였는데 일마다 모두 사리에 맞았다. 중국 장수로 (조선에) 온 사람은 으레 폐백으로 교제해 왔다. 그러나 공은 한결같이 (중국 장수가 준) 폐백을 군비(軍備)에 충당하였고 사유물로 삼지 않았다. 그러므로 상공(相公) 이원익은 더욱 공을 공경하고 중히 여겼다."223

인용문에서 확인하였듯 이수일은 청렴하고, 공무에 헌신하는 인물이었다. 왜란이 끝나자 그는 함경도로 가서 북도방어사와 북도병마사를 역임하였다. 그 뒤에는 남도병마사가 되어 여진족의 소굴을 소탕하였다. 전후로 여러 벼슬을 지내고 광해군 8년(1616)에는 벼슬이 높아져 숭정대부가 되었다.

인조 2년(1624)에 이괄(李适)이 반란을 일으켰을 때 이수일은 평안도병마사였다. 그는 부원수로서 길마재(鞍峴)에서 반란군을 토벌해 한양을 수복했다. 그 공으로 진무공신(振武功臣) 2등에 선발되고, 계림부원군(鷄林府院君)에 책봉되었다. 앞에서도 말했

---

222 《실록》, 인조 3년(1625) 2월 25일.
223 정약용(丁若鏞), 《목민심서(牧民心書)》, 예전(禮典) 6조, 제2조, 〈빈객(賓客)〉.

듯, 이수일에게는 선비의 기상이 높아서 인조는 그를 형조판서에 임명하기도 했다(인조 6년, 1628).

3. 정사공신 통제사 이항

이항은 인조 5년 겨울에 삼도수군통제사로 재임하였다.224 정확히 어느 때 통제사가 되었는지는 알 수 없다. 그는 광해군 10년(1618)에 무과에 급제해 북쪽 변방에서 젊은 시절을 보냈다. 인조가 반정을 일으킬 당시 훈국장관(訓局將官)이었는데, 반정에 참여하여 품계가 당상관으로 올랐다. 정사공신(靖社功臣) 3등에 뽑히고, 함녕군(咸寧君)에 책봉되었다.

장재(將材)가 있다는 평가를 받아 훈련도감과 포도청의 대장을 역임하였다. 수군통제사를 지낸 것도 그와 같은 맥락에서였다. 그 밖에도 충청도와 경기도, 함경도와 평안도의 병마사를 두루 맡았다.

병자호란이 일어나 인조가 남한산성으로 들어갔다는 소식이 들리자 멀리 함경도 종성에서 군대를 이끌고 한양까지 달려왔다. 그 충성심을 미루어 짐작하고 남음이 있다. 그런데도 대간(臺諫)은 인조를 구원하려고 한양으로 오지 않은 장수들을 처벌할 때 이항도 연루시켰다. 그는 관직을 잃고 곽산의 능한성(凌漢城)에 유배되었는데, 그곳에서 병들어 사망하였다. 인조는 그의 죽음을 슬퍼하고 생전의 관직을 복구하였다.

4. 정사공신 통제사 구굉(具宏)

인조 7년(1629) 가을에 구굉은 삼도수군통제사였다.225 그때 그는 경상도관찰사 홍방과 서로 좌석 배치를 놓고 다퉈 말썽이 일어나기도 했다. 구굉은 대단한 수재로 문무에 통달한 인재였다. 물론 장안의 손꼽히는 명가 자손이기도 하다.

그는 왜란이 한창이던 선조 28년(1595)에 맏형 구성(具宬)이 주문사(奏聞使)로 명나라에 가게 되자 형을 따라 중국에 다녀왔다. 왜란이 끝나던 해에 비로소 관직에 나

---
224 《실록》, 인조 5년(1627) 11월 30일.
225 《실록》, 인조 7년(1629) 9월 1일.

아가 여러 벼슬을 거쳐 선조 38년(1605)에 전라도 고창현감에 임명되었다.

이후 3년 뒤에 비로소 무과에 급제해 무관의 길에 올랐다. 그러다 광해군이 영창대군을 살해하고 인목대비를 폐출하려는 논의가 일어났다. 구굉은 조카 구인후 등과 함께 평안도로 가서 반정을 모의하였다. 그 후 광해군 15년(1623)에 김류(金瑬), 이귀(李貴) 및 이서 등과 함께 반정을 일으켰다. 인조는 구굉을 정사공신(靖社功臣) 1등으로 뽑고 능성군(綾城君)에 책봉하였다.

이괄(李适)이 논공행상에 불만을 품고 난리를 일으키기 전에 이미 그가 역모를 일으킬 줄 짐작하고 인조에게 대비해야 한다고 건의했다. 이괄이 난을 일으키자 구굉은 인조를 모시고 공주까지 호종했다. 훗날 정묘호란이 일어났을 때도 인조를 호위해 강화도로 갔다. 그 공으로 품계가 높아져 숭정대부가 되었다.

인조 7년에는 삼도수군통제사에 경상우수사를 겸하였다. 2년 뒤에는 형조판서가 되었는데 무관으로서는 드문 일이었다. 인목왕후가 작고하자 산릉(山陵, 묘소)을 조성하고, 창경궁도 수리하였다. 이 공으로 품계도 오르고 부원군에 책봉되었다.

나중에 병자호란이 일어나자 인조를 호종해 남한산성으로 들어갔다. 구굉은 경기도의 군사를 뽑아 남한산성을 방어했다. 후금이 물러간 뒤에 그 공으로 병조판서가 되었다. 그는 형조판서를 세 번 지냈고, 공조판서를 네 번이나 맡았으며, 병조판서도 두 번을 역임하였다. 그 밖에도 여러 벼슬을 두루 거쳤는데, 특히 훈련원을 비롯하여 어영청(御營廳), 포도청 및 총융청(摠戎廳)을 지휘하였다. 인조가 총애하는 무관으로 온갖 영예를 한 몸으로 누렸다고 볼 수 있다. 조선 후기에 무관으로 크게 이름을 떨친 몇 개의 가문이 있는데 그중 하나가 바로 구굉과 구인후를 비롯한 능성구씨이다. 그들은 하나같이 유장(儒將)의 풍모를 자랑하였다.

남해 충렬사

구굉이 조정에서 군부의 실력자로 있을 때 남해 노량에 유림(儒林)의 발의로 충무공 이순신의 충의를 기리는 또 하나의 충렬사를 지었다. 이순신이 노량해전에서 전사한 직후 한때 그의 시신을 안치했던 공간이었다. 인조 10년(1632)에 현지의 유생들이 작은 사당을 짓고 제사를 지냈다.

그 후 이순신이 순국한 지 60년이 되던 해, 즉 효종 9년(1658)에 그 사당은 크게 확장되었다. 이어서 현종 4년(1663)에는 통영의 충렬사와 더불어 노량의 충렬사에도 현종이 직접 어필로 쓴 충렬사라는 현판이 내려졌다. 그보다 2년 앞서 현종 2년

(1661)에는 노론의 거두 우암 송시열이 사당의 내력을 기록해 〈충무이공묘비(忠武李公廟碑)〉를 만들었다. 그 묘비를 세운 것은 한 해 뒤의 일이다. 나중에 송시열은 자신이 원균의 실상을 모르고 비문을 쓴 사실을 후회하였다고 하는데, 한 번 세워진 비문을 다시 수정하지는 않았다.226

이처럼 후대는 이순신을 수군의 자랑으로 여겨서 세월이 흐를수록 그를 추모하는 기념물을 계속 만들었다. '수군의 성지(聖地)'를 조성한 셈이다. 역대 여러 왕과 대신들, 수군통제사 및 해당 지역 유림이 이순신을 추모하는 일에 앞장선 것이다. 하지만 이순신 생전에 그와 비슷한 명성을 누린 원균은 모두가 약속이나 한 듯 잊었다. 그들은 원균이란 인물에 관하여 이순신의 앞길을 가로막은 장애물 정도로 여길 뿐이었다.

5. 진무공신 통제사 변흡

인조 11년(1633)에 변흡(邊潝)은 삼도수군통제사였다.227 그는 왜란이 끝나고 선조 36년(1603)에 무과를 거쳐 벼슬길에 올랐다. 광해군 때도 순탄하게 경력을 쌓는 듯하다. 광해 14년(1622)에는 명나라 황제의 등극을 축하하는 사절단의 부사(登極副使)로 임명되어 상사(上使) 오윤겸(吳允謙)을 수행하였다. 그 사이 무관으로서 여러 요직을 두루 역임하였다.

인조가 반정을 일으키고 그 이듬해(1624)에 이괄(李适)이 반란을 일으켰는데, 그때 변흡은 황해도병마사로 재임했다. 그는 양서순변사(兩西巡邊使)에 임명되어 난을 평정하는 데 크게 이바지하였다. 그 공으로 변흡은 진무공신(振武功臣) 2등이 되었고, 원흥군(原興君)에 봉해졌다.

인조 6년(1629)에 조정은 강화도의 방어를 강화하려고 경기도의 수영(水營)을 교동에 설치했다. 그때 변흡은 경기수사로서 교동부사도 겸하였다. 이후 5년 뒤에 그는 삼도수군통제사로 뽑혀 남쪽 지방의 수군을 총지휘하였다.

문헌을 살펴보면 변흡은 성품이 사납고 교만하였다는 악평도 없지 않으나, 문사(文士)처럼 글을 좋아했다는 기록도 남아있다. 문장가로 이름났던 신익전(申翊全)이 쓴 〈치제문(致祭文)〉의 첫 대목을 인용하면 다음과 같다.

---

226 김간, 〈원균행장〉 참조.
227 《실록》, 인조 11년(1633) 3월 16일.

"혼령이여/ 대대로 전하는 병법에
활쏘는 기예도 뛰어났네/ 젊은 나이에 붓을 던지고
군사를 나누어 맡았다네/ 무위(武威)를 떨쳤으니
나라의 간성이로다/ 아울러 문학과 역사에 의지해
신중하게 자신을 다스렸네"

惟靈 家傳韜略 藝亢弓櫜 夙齡投筆 分麾擁旄 有洸其武 干城邦國 兼資文史 約慎自
飭228

조금 미화된 부분은 있었을 테지만, "문학과 역사에 의지해 신중하게 자신을 다스렸네"라고 하는 글귀를 함부로 버릴 수 없다. 이미 위에서 살핀 여러 통제사처럼 변흡 역시 문무를 통달하였다. 17세기의 조선은 유장의 시대였다.

6. 병자호란의 영웅 통제사 유림

유림(柳琳)도 평생 두 번씩이나 통제사를 지냈다. 인조 17년(1639) 3월 8일에 통제사가 된 것이 처음이다.229 그 후 2년이 지난 인조 19년(1641) 12월 20일에도 다시 통제사로 기용되었다.230 그만큼 조정의 신뢰가 깊었다.

일찍이 선조 36년(1603) 무과에 급제했으나 체격이 왜소하여 출세가 늦었다. 뒤늦게라도 벼슬길에 오를 수 있었던 것은 정승 이항복(李恒福)의 후원 덕분이었다. 그는 광해 10년(1618) 충청수사에 임명되었고, 그 이듬해에는 황해도병마사로 해주에 성을 쌓았다. 유림은 성 쌓기에 조예가 깊어 인조 4년(1626)에는 경기도 광주목사(廣州牧使)로 남한산성을 쌓았다. 그후 4년 뒤에는 전라도수사였는데, 평안도에 있는 가도(椵島)에서 유흥치(劉興治)가 난을 일으키자 수군을 이끌고 삼화까지 진출하였다. 그런 다음에는 평안병사로 임명되어 육군을 거느리고 적을 평정하였다.

유림은 포도대장을 비롯하여 군부의 요직을 두루 거쳤다. 인조 14년(1636)에는 다시 평안도병마사가 되어 후금의 침략에 대비했다. 성을 보수하고, 총포를 제작했으며, 군량미도 비축하고, 군사를 훈련하였다. 그해 겨울에 후금이 병자호란을 일으키자 순

---

228 신익전(申翊全), 《동강유집(東江遺集)》, 제15권, 응제록(應製錄), 〈원흥군 변흡 치제문(原興君邊潝致祭文)〉.
229 《실록》, 인조 17년(1639) 3월 8일.
230 《실록》, 인조 19년(1641) 12월 20일.

찰사 홍명구(洪命耉)와 함께 끝까지 항전하였다. 인조 15년(1637) 1월에는 김화에서 후금 군대를 무찔렀다. 김화전투에서 적장은 누르하치의 매부였는데 유림을 상대로 싸우다 전사했다. 누르하치의 누이가 울면서 원수를 갚아달라고 요청하였으나 누르하치는 허락하지 않았다고 한다.231 유림이 거둔 김화전투의 승리는 역사에 길이 남았다. 그러나 남한산성이 이미 함락되었으므로 그는 이제 적과 싸울 수 없게 되었다.

인조 19년(1641)에 청나라는 명나라를 정벌할 때 조선에 파병을 요구했다. 유림은 왕명으로 금주(錦州)로 출정하였으나, 지난날 명나라가 조선을 도와준 점을 생각해 소극적으로 싸움에 나갔다. 그 일로 청나라의 문책을 받았으니 유림의 의리가 얼마나 강했는지를 미루어 짐작할 수 있다.

7. 빈민 구제한 통제사 유정익

유정익은 무려 세 번씩이나 통제사를 지냈다. 처음은 인조 18년(1640) 10월 유정익(柳廷益)을 발탁해서 통제사로 삼았다.232 다음은 효종 즉위년(1649) 12월에도 통제사가 되어 임지로 떠났다. 효종 2년(1651) 6월에도 그는 여전히 통제사로 재임 중이었는데 재정을 관리하는데 남다른 재능이 있었다. 유정익은 통제영이 저축한 곡식으로 은 2천 60냥을 바꾸어 비변사와 상평청에 올려보내며, 국가의 비용에 보태 쓰라고 하였다. 비변사가 이런 사정을 아뢰자 효종은 그에게 말 한 필을 하사하였다.233 이런 예화에서 보듯, 유정익은 탁월한 관리였다.

효종 2년에 유정익의 통제사 임기는 만료되었다. 그러나 우승지 김육(金堉)이 그의 연임을 요청해 효종이 승낙하였다.234 그 이듬해에는 마침 일본의 지기도(智奇島)에 표류했던 통제영 출신의 병사 서일립(徐一立)이 돌아왔으므로, 유정익은 그로부터 일본의 사정을 조사하여 조정에 보고하였다.235

그런데 유정익이 통제사로 재직하던 시기에는 이미 군대의 기강이 해이해졌고, 군수물자의 조달도 뜻대로 되지 않았다. 그는 전선(戰船)에 탑재한 동포(銅砲)가 이미 낡

---

231 남구만(南九萬), 《약천집(藥泉集)》, 제17권, 신도비명(神道碑銘), 〈통제사(統制使) 유공(柳公) 신도비명 - 경오년(숙종 16년, 1690)〉.
232 《실록》, 인조 18년(1640) 10월 25일.
233 《실록》, 효종 2년(1651) 6월 2일.
234 《실록》, 효종 2년(1651) 10월 23일.
235 《실록》, 효종 3년(1652) 7월 19일.

을 대로 낡아 무용지물이나 다름없게 된 점을 개탄했다. 유정익은 조정에 건의하여 동포, 즉 청동 대포를 새로 만들자고 건의하여 효종의 허가를 받았다.236

판옥선에 실을 대포를 새로 제작하기는 어려웠다. 비용도 많이 들고 기술자를 동원하기도 쉽지 않아, 대포의 교체를 반대하는 신하도 있었다. 효종은 비용 절감을 위해 철포(鐵砲)로 대신할 것을 검토하기도 했다. 그런데 장수(匠手, 기술자)들에게 문의한 결과, 철포보다는 청동으로 제작한 대포가 낫다는 의견이 많았다. 결과적으로 오래된 동포(舊銅砲)를 손질하여 쉽게 부서지지 않도록 보완하는 방법을 택하게 되었다.237 이처럼 유정익은 낡은 무기를 개선하는 데도 힘썼다.

그런 유정익도 여동생 일로 한때는 곤경에 처했다. 역적으로 처단된 김자점(金自點)의 첩이 여동생이었기 때문에 대신 중에 유정익을 꺼리는 이가 많았다. 그러나 영의정 정태화가 효종에게 아뢰기를, "유정익의 이름이 역적의 진술에서 나오지 않았습니다. 그런데도 의심하여 유정익의 통제사 벼슬을 바꾼다면 사람들이 모두 저절로 의심하게 됩니다."라고 하였다. 정태화의 말을 듣고 효종은 느끼는 바가 있어 유정익의 벼슬을 바꾸지 않았다.238

8. 절조 있는 통제사 이확

인조 19년(1641) 5월 16일에 이확(李廓)은 통제사에 임명되었다.239 그는 무과를 거쳐 정승 이항복의 추천으로 선전관에 임명되었다. 앞에서도 언급한 것처럼 무관으로 출세하려면 반드시 선전관을 거쳐야 한다. 이확은 무재(武才)가 있어 젊은 시절에 궁중으로 들어온 호랑이를 잡았다.

그는 무인으로는 보기 드물게 당색(黨色)이 뚜렷한 인물이었다. 알다시피 광해군 때 대북의 영수 이이첨(李爾瞻)이 문무백관을 위협하여 인목대비를 폐위하려고 하였다. 전-현직 관리에게 사실상 찬성을 강요하였으나, 이확은 찬성하지 않았다.

인조반정이 일어나던 날, 이확은 돈화문 밖에서 수비를 맡았다. 밤중에 반정을 꾀하는 군사가 그곳에 도착하자 문을 열어주었다. 반정이 성공하자 광해군 아래서 벼슬

---

236 《실록》, 효종 4년(1653) 1월 23일.
237 《실록》, 효종 4년(1653) 1월 23일.
238 이유원(李裕元), 《임하필기(林下筆記)》, 제10권, 전모편(典謨編), 〈권징(勸懲)〉.
239 《실록》, 인조 19년(1641) 5월 16일.

한 무관도 처벌을 받게 되었다. 이확도 벌을 받게 되었는데, 반정공신 이귀(李貴)가 이확이 문을 열어준 사실을 강조하여 살아났다. 그 후 이괄이 반란을 일으켰다. 이확은 도원수 장만(張晩)의 휘하에 들어가 선봉장으로서 큰 공을 세웠다. 그 공으로 출셋길이 열렸다.

인조 14년(1636)에는 회답사(回答使)로 선발되어 후금의 수도인 심양(瀋陽)에 갔다. 그때 후금은 국호를 청(淸)으로 고치고 황제로 호칭을 바꾸었다. 그들은 이를 기념하여 하늘에 제사를 올리는 등 대규모 잔치를 열었고, 조선의 사신인 이확도 참여하라고 강요하였다. 그러나 이확은 결사적으로 저항하며 청나라의 국가의례에 참석하지 않았다. 그는 조선 선비의 절조(節操)를 유감없이 증명한 셈이었다. 그러나 소문이 와전되어 인조는 그를 평안도 선천에 유배했다. 얼마 후 사실이 제대로 알려져 조정에서는 이확의 충절을 높이 평가했다.

바로 그해에 청나라는 조선에 침입해 이른바 병자호란의 비극이 일어났다. 이확은 남한산성에 들어가 끝까지 종묘사직을 수호하였다. 결국에 인조가 청나라 황제에게 항복하기는 하였으나, 이확은 무신으로서 나라를 위해 자신이 할 수 있는 모든 힘을 기울였다고 볼 수 있다. 그는 무장으로서 자질도 뛰어났고, 모든 행실이 매서운 선비와 조금도 다름없었다.

9. 북벌사업의 주인공, 통제사 이완

17세기 전반에 활동한 가장 이름난 장수는 아마도 이완(李浣)일 것이다. 그도 통제사를 지냈다. 인조 23년(1645) 2월에 그는 통제사에 재임 중이었다.[240] 이완은 당시에 조선을 대표하는 무반(武班) 명가(名家)의 일원으로, 아버지는 진무공신으로 일찍이 통제사를 역임한 이수일(李守一)이었다.

이완은 인조 2년(1624)에 무과에 급제하였고, 당시 군사권을 쥐고 있던 정사공신 이서(李曙)의 추천으로 승승장구하였다. 여러 벼슬을 거친 다음, 인조 9년(1631)에는 평안도병마사가 되었다. 그야말로 고속 출세였다.

그로부터 5년이 지났을 때 병자호란이 일어났다. 이완은 도원수 김자점(金自點)의 별장(別將)이 되어 정방산성(正方山城)을 수비했다. 그는 적군을 동선령(洞仙嶺)으로 유

---

240 《실록》, 인조 23년(1645) 2월 7일.

인해 크게 무찔렀다. 복병을 이용한 작전으로 공을 세워 명성은 더욱 높아졌다.

인조 17년(1639) 7월에는 정승 최명길(崔鳴吉)의 추천으로 승정원 동부승지에 임명되었다. 문무를 모두 갖춘 인재였기 때문에 이러한 기회가 주어진 것이다. 그러나 문신의 반대가 적지 않았다.

그 이듬해에는 황해도병마사가 되었다. 그때 청나라의 요청으로 조정에서 수군을 파견하게 되어, 주사대장(舟師大將)에는 임경업(林慶業)이 임명되었고 이완은 그 부장(副將)으로 명나라 군사와 싸우게 되었다. 그러나 명나라 측에 정보를 제공해 양편에 사상자가 나지 않게 하였다. 그 일로 청나라의 비난을 받았다. 인조 21년(1643) 5월에는 경기도수군절도사 겸 삼도통어사가 되어, 사실상 청나라의 재침에 대비하였다. 이어서 이완은 남부지방의 수군을 총괄하는 삼도수군통제사에 임명되었다. 인조 말에는 한양으로 올라와 어영대장이 되었다.

효종 원년(1650)에는 우(右)포도대장으로 지명되었다. 그러나 한때 형조와 갈등이 깊어 한직으로 밀려나기도 했다. 그러나 효종의 신뢰가 두터워 다시 어영대장을 거쳐 포도대장이 되었다. 알다시피 효종은 앞서 일어난 호란의 후유증을 수습하는 것은 물론, 청나라에 대한 원한을 갚으려고 고심하였다. 효종은 북벌(北伐)을 염두에 두고 군비를 증강한 것으로도 유명하다. 그 목적으로 효종은 이완을 어영청 대장으로 기용하였다는 것이 통설이다.

이완은 신무기를 다수 제조하고 성곽도 개수하거나 신축하는 등 전쟁에 철저히 대비하였다. 그리고 포대(布袋)를 이용해 언제 어디서든지 방어전을 효과적으로 펼 수 있게 준비하였다.

당시에 우리나라 군사들은 투구와 갑옷이 제대로 없었다. 적과 일전을 벌이게 되면 시석(矢石)을 막기 어려웠다. 이에 효종은 목순(木楯, 나무 방패)을 쓰는 것이 좋겠다고 생각하였는데, 이완은 그것을 휴대하기가 어렵다는 점을 지적하였다. 이완은 병사들이 저마다 큰 포대를 휴대한다면 거기에 흙을 담아 곧바로 방어진지를 구축할 수 있다고 하였다. 또 그는 어영청의 운영제도를 손질하여 군영으로 제 기능을 갖추게 하였다. 그밖에 경기도 안산의 덕물도(德勿島)를 개간해 둔전을 설치하였다. 그것으로 강화도의 군영을 재정적으로 뒷받침하였는데, 이는 한양을 지키는 명실상부한 보루를 만들기 위해서였다.

이완은 무장이었지만, 학식과 지략이 뛰어난 유장(儒將)임이 틀림없었다. 그는 문관의 전유물이나 다름없었던 병조참판을 거쳐, 나중에는 공조판서와 형조판서까지 지냈다. 병조판서에 임명되기도 하였으나 사양하였다.

이완에 대한 효종의 신임은 매우 깊어 효종 4년(1653) 11월에는 훈련대장으로 삼았다. 관례상 그 자리는 훈척(勳戚)이라야 임용되는 것이었으나 이완은 예외적인 존재였다. 그는 현종 때까지 16년씩이나 훈련대장의 지위를 겸직하였다.

이후로도 이완은 중요한 직책에 임명된 적이 많았으나 번번이 사양하였다. 특히 현종 15년(1674) 5월에는 의정부 우의정에 제수되기도 하였다. 그러나 모두 사양하고 겸손하게 살았다. 그해 6월에 이미 나라의 폐단으로 굳어진 군역(軍役)을 과감하게 개혁하라는 유소(遺疏)를 남기고 작고하였다. 이완은 참으로 강직하고 청렴하며 결단력이 있는 인물이었다. 자기 생각이 옳다고 확신할 때면 국왕과도 논쟁을 회피하지 않을 정도로 과감하였다.

이완의 성품을 잘 표현한 일화 한 토막을 소개하면 다음과 같다. 이유원이 쓴 《임하필기》에 나온다.

> "이완은 자신이 타는 말을 창밖에 매어 두고 아침저녁으로 꼴과 콩을 반드시 직접 가져다가 먹였다. 어떤 사람이 묻기를, '공은 명예와 지위가 이미 높은데도 친히 종들이나 할 일을 행하십니다. 체면에 손상이 있지 않겠습니까?'라고 하였다. 그러자 다음과 같이 대답하였다. '나는 궁마(弓馬)로 출세하였으니 항상 아침저녁으로 전쟁에 나아가 나라를 위하여 목숨 바칠 생각을 합니다. 한 몸의 생사를 오로지 이 말에 의지합니다. 그러므로 은혜롭고 사랑스럽게 길러 주지 않다가 위급한 때 갑자기 공을 이루라고 요구한다면 저것이 비록 짐승이라 할지라도 내가 부끄럽지 않겠습니까.'"241

이완이 그런 말을 하였는지는 잘 모르겠다. 그러나 인용문에서 우리가 알 수 있는 것은 이완의 사고방식이다. 본연의 임무에 충직하고, 의리와 절조가 있는 인물이라는 점이다. 17세기 조선에서는 무관인 통제사들도 누구나 이완과 같은 가치관을 공유하였다고 믿어진다.

'유장'이 대세로 등장

삼도수군통제사라는 자리는 수군을 이끄는 최고의 지휘관이었다. 그러므로 수사와 병사 등 요직을 두루 지낸 여러 장수 중에서도 가장 기량이 출중한 인사라야 그 자리에 발탁되었다. 위에서 알아본 것처럼 선조와 광해군 때 통제사를 지낸 이는 하나같

---

241 이유원, 《임하필기》, 제20권, 문헌지장편(文獻指掌編), 〈이완(李浣)의 말(李浣馬)〉.

이 왜란에 참전해 무공을 세운 장수들이었다.

그중 수군으로 일본군을 물리친 장수는 모두 네 명이다. 이순신의 직속 부하 유형, 원균의 부하였던 이운룡과 우치적 그리고 이억기의 부장이었던 이응표였다. 그런데 원균과 이억기는 먼저 전사하였기 때문에 그들의 부하들은 모두 이순신이 아끼는 부장이 되었다. 결국은 이순신의 휘하로 흡수되었다는 뜻이다.

게다가 선무공신을 뽑는 과정에서 이운룡과 우치적은 원균 휘하에서 경쟁하던 기효근에게 밀렸다. 기효근은 선조 30년에 작고하였으나 그에 대한 이운룡과 우치적의 질투와 미움은 끝내 사라지지 않았다. 이억기의 부장 이응표도 우치적과 마찬가지로 주장(主將)을 구원하지 않은 죄로 처벌을 받았기 때문에 주장을 위하는 마음이 끝까지 유지되지 못한 것 같다.

그러므로 왜란이 끝난 다음에 묘한 분위기가 형성되었다. 통제사 유형은 정승 이항복과 협력하여 자신의 상관이었던 이순신을 추모하는 사당을 세웠으나, 이운룡, 우치적 및 이응표는 그들의 주장인 원균이나 이억기를 추모하는 공간을 짓는 데 열성을 조금도 보이지 않았다. 특히 이운룡은 선조의 명령을 받들어 통제영에 충렬사를 건립하였는데, 이순신의 위패를 모시는 것으로 만족하였다.

나중에 통영의 충렬사는 조선 수군의 '명예의 전당'으로 발전했다. 수군의 영웅이라면 그 사당에 한 자리를 차지하고 후세의 기림을 받았다. 이순신을 중심으로, 유형과 이운룡도 그곳에서 후배들의 존경을 받았다. 하지만 원균과 이억기가 설 자리는 없었다.

그밖에 다른 통제사는 왜란 때 수군으로 복무한 경력이 없었다. 그들은 원균이나 이순신과는 직접적인 인연이 없었다고 해도 과언이 아니다. 대체로 그들은 선조 또는 광해군과 가까운 사이였다. 국가적인 차원에서 수군의 중요성이 공감대를 형성하였기 때문에, 국왕의 신임이 두터운 장수들이 통제사로 뽑혔다.

인조 이후에도 역시 왕과 조정의 신임을 받는 장수만 수군통제사가 되었다. 그런데 그 시절에는 조선 사회가 더욱더 철저한 성리학 사회로 바뀌었다. 그와 같은 흐름에 부응이라도 하듯 통제사들도 대부분 선비적 성향이 강한 '유장'이었다. 그들은 '유장'의 원조(遠祖)로 여긴 충무공 이순신에 관해 깊은 애정과 관심을 가졌다. 후대로 내려올수록 남해안 각지에는 이순신을 기념하는 사당과 비석이 더욱 많아졌다는 점을 보아도 넉넉히 짐작할 수 있다.

이순신 사당의 확대

남해 충렬사는 이순신이 전사한 지 60년이 되자 면모를 일신하였다. 효종 9년(1658)에 본래의 조촐했던 사당을 헐고 새로 사당을 지었다. 조정은 물론이고 현직 통제사가 그 일에 앞장섰다. 현종 4년(1663)이 되자 남해와 통영의 충렬사에 현종이 직접 어필로 현판을 써서 하사했다. 이 역시 현직 통제사들과 무관한 일이 아니었다.

18세기가 되자 이순신은 수군의 영예를 넘어 국가의 영웅으로 부상했다. 아산 이충무공 유허(牙山 李忠武公 遺墟, 사적 제155호)에 있는 현충사가 건립된 것이 바로 그때였다. 숙종 32년(1706)에 그 사당을 세우고, 그 이듬해에 숙종은 '현충사(顯忠祠)'라는 이름을 짓고 직접 현판을 써서 내려보냈다. 이로써 이순신은 역사에 빛나는 위인이 되었다.

이순신에 관한 추모 열기는 19세기까지도 이어졌다. 그가 최후의 결전을 벌인 관음포에도 기념물이 들어섰다. 순조 32년(1832)의 일이다. 왕명으로 관음포에 제단과 비석이 건립되었다.(사적 제232호. 1973년 6월 11일 지정)

이처럼 이순신에 관한 추모 열기가 높아질수록 원균에게는 불이익이 발생하였다. 생전에 이순신의 대척점에 섰다는 이유만으로, 통제사 원균에 대한 긍정적인 관심은 갈수록 희미해졌다. 잘 생각해 보면, 이순신을 기리는 일과 원균을 추도하는 일은 상반된 일이 아니다. 그러나 사람들의 생각은 거기에 미치지 못하였다. 요컨대 원균을 추도하는 사당이 남해안에 없는 까닭은, 그가 해전에서 공을 세우지 못했기 때문이 아니다. 사람들이 그의 공을 잊고 말았기 때문이다.

제2장
부록: 이순신의 조방장

이순신은 전라좌수사로 초대와 제3대 삼도수군통제사를 겸했다. 수군의 총사령관이었으므로, 휘하에 혁혁한 조방장을 거느렸다. 정확히 말해, "주사(舟師) 조방장(助防將)"이었는데, 그 역할은 "수군통제사"를 최측근에서 보좌하는 것이다. 왜란이 시작되었을 때 전라좌수사 이순신은 오래전에 자신보다 더 훨씬 높은 벼슬을 역임한 선배를 조방장으로 불렀다. 그러나 뒤에는 자신과 호흡이 잘 맞는 유능한 부하 중에서 조방장을 골라 썼다. 후임 통제사 원균이 순국한 뒤에는 원 장군의 휘하에 있던 명장도 조방장으로 임용하였다.

조방장을 고르는 것은 중요한 일이었다. 이순신이든 원균이든 또는 다른 수사와 통제사도 그 문제로 무척 고심하였던 것 같다. 특히 통제사의 조방장은 지략과 무예도 출중한 인물이어야 했다. 그런데 관련 자료가 충분하지 못해 원균과 이억기 등의 조방장이 누구였는지는 잘 알 수가 없다. 우리가 아는 것은 원균이 통제사로 재임하였던 선조 30년(1597) 3월 이후에 그의 휘하에는 이순신의 심복 배흥립이 조방장으로 기용되었다는 사실 정도이다.

10여 명의 조방장

이순신이 남긴 《난중일기》를 꼼꼼히 검토하면 역대에 그의 조방장을 지낸 10여 명의 장수가 등장한다. 아래에서는 그들의 면면을 알아보고자 한다. 앞서 말한 그의 대선배로 왜란 당시 서전(緖戰)을 승리로 이끄는 데 이바지한 정걸도 그중 한 사람이었다. 그리고 영호남의 물길에 밝아 왜란 초기에 중요한 역할을 한 것으로 알려진 어영담도 왜란 초기에 이순신의 조방장이었다.

그런데 선조 27년(1594)부터 전쟁은 장기적인 소강상태에 빠졌다. 그러자 조방장도 전공을 많이 쌓지 못하였다. 특히 정응운과 한명달 두 사람은 이순신과의 인연도 얕았다. 그 뒤를 이어 조방장으로 떠오른 김응함, 박종남, 신호, 김완, 배흥립, 배경남 등은 어떠하였든가. 그들은 모두 왜란 초기에 명성이 높았는데, 신호는 정유재란 때 남원성전투에서 장렬히 전사한 맹장이요, 김완은 기민한 장수로 칠천량 사태 때 왜군의 포로가 되기도 하였다. 김완은 적진을 벗어나 무사히 귀국한 의지의 인물이기도 하였다. 그밖에도 배흥립 등 몇몇 장수는 이순신과 친분이 각별하여, 원균이 '이순신의 다섯 아들'이라고 일컫기도 하였다. 배흥립과는 달리 김응함, 박종남 및 배경남 등은 큰 업적을 남기지 못하였다. 그밖에 왜란이 끝날 무렵에는 본래 원균의 부하였던 이영남과 우치적도 이순신의 조방장으로 활동하였다. 그것은 물론 원균이 순국한 뒤였다. 그럼 이순신과 여러 조방장의 사연을 하나씩 간단히 알아보겠다.

백전노장 정걸

선조 24년(1591) 2월, 이순신은 전라좌수사로 부임하였다. 왜란이 일어나기 불과 14개월 전이었다. 그때까지 이순신은 수군으로 근무한 경력이 별로 없었다. 젊은 시절, 2년쯤 발포만호를 역임한 적이 있기는 하였으나 수군 경험은 부족하였다. 이에 이순신은 대선배로 을묘왜변(명종 10년, 1555) 때 전라도 해안에서 왜군과 대결하였던 정걸(丁傑)을 조방장으로 선택하였다.

정걸은 이순신보다 무려 31세 연상으로, 아버지뻘이었다. 경력도 화려해 이미 전라좌수사를 비롯해 전라우수사와 경상우수사를 지냈고, 전라병사도 역임한 백전노장이었다. 당시에 정걸은 70대 고령이었으나 까마득한 후배 이순신의 부름에 따라 군복을 다시 입었다. 정걸이 후배를 위해 조방장의 역할을 맡은 사실은 특기할 일이다.

두 사람의 호흡은 잘 맞았다. 이순신은 대선배인 정걸을 "영감님"이라고 부르며 존중하였다. 정걸 또한 까마득한 후배인 이순신에게 조력을 아끼지 않았다. 왜란이 일어나기 두 달쯤 전의 《난중일기》를 읽어보면, 두 사람 사이에는 아래와 같이 훈훈한 교감이 있었다.

즉 선조 25년(1592) 2월 21일이었다. 전쟁이 발생하기 2개월 전의 일이었는데, 이순신은 공무를 마치고 초저녁이 되자 작은 잔치를 열었다. 그날의 비용은 영저리(營邸吏), 즉 감영과 좌수영을 오가며 행정사무를 보는 아전이 냈다고 기록되어 있다. 이순신은 조방장 정걸과 능성현감 황숙도를 초대하여 활도 쏘고 술도 마셨다. 밤이 깊은 다음에야 잔치를 그만두었다.

그리고 약 50일이 지난 선조 25년 5월 7일에 이순신의 전라좌수영과 원균의 경상우수영은 연합함대를 편성해 경상우도 지역인 옥포와 합포에서 잇따라 승리를 거두었다. 그 뒤로도 수군 연합함대는 조정에 승전보를 계속 올려보냈다. 적진포, 사천, 당포, 당항포, 율포에 이어 한산대첩으로 판세를 굳혔고, 나중에는 안골포와 장림포해전에서 승리하였다. 그리고 그해 9월 초에는 화준구미와 다대포, 서평포, 절영도, 초량목, 부산포 등지로 찾아가 적선을 격침하는 성과를 거두었다.

이순신은 《난중일기》에서 임진년(1592) 9월 초순의 해전이 어떻게 전개되었는지를 서술하면서 조방장 정걸 등의 활약을 다음과 같이 기록하였다.

> "어디서나 왜적은 섬 기슭에 기대어 전함을 두었다. 삼도 수사가 거느린 여러 장수와 조방장 정걸이 힘을 합쳐 적선을 모두 격파하였다. 그러고는 배에 가득한 왜적의 물자와 무기를 왜적이 쓸 수 없게 모두 불살랐다. 왜적은 아군의 위세에 겁을 먹고 산으로 도망쳤다. 그 때문에 적의 머리는 베지 못했다."242

앞에서 기술하였듯, 조선 수군은 왜란 초기에 연전연승을 거두었는데, 그때마다 백전노장 정걸의 공이 컸다. 이순신은 그 점을 남김없이 조정에 아뢰었다. 그리하여 선조 26년(1593) 초에 정걸은 충청수사로 승진하였다. 그때 나이가 무려 80세였다. 그는 이순신이 삼도수군통제사가 된 다음에도 한산도 진영에 합류하여, 왜적을 무찌르는 데 힘을 보탰다. 정걸은 선조 28년(1595)에 관직에서 물러나 2년 뒤에 노환으로 사망하였다. 이순신이 가장 존경하는 선배이자 동료였던 정걸은 전라도 고흥 출신이었다.

물길에 밝은 어영담

정걸이 충청수사로 전보되자 이순신은 부하 가운데서 조방장 두 사람을 새로 골랐다. 우조방장 어영담(魚泳潭)과 성명을 알 수 없는 좌조방장이 있었다. 그때 우조병장 어영담과 이순신의 관계는 그야말로 최상이었다. 어영담은 수군에 오래 종사한 사람으로, 전라도와 경상도의 물길에 매우 밝았다. 이순신에게는 "눈"과도 같은 존재, 요샛말로 "지피에스(GPS, 위성 항법 시스템)"에 해당하였다.

왜란이 일어났다는 소식이 이순신에게 전해지기 불과 며칠 전의 《난중일기》에 다음과 같은 기록이 보인다.

> "광양현감(어영담)이 적을 수색하느라 배를 타고 나갔다가 날이 저문 뒤 되돌아

---

242 이순신, 《난중일기》, 임진년(1592) 9월 1일.

갔다."243

을묘왜변 때처럼 왜적이 행여 전라도 쪽으로 침입할까 봐 이순신은 신경을 곤두세우고 있었다. 그래서 물길에 밝은 어영담이 날마다 작전 구역 안에서 수색 작업을 벌이고 있었다. 불과 며칠 뒤 왜적은 부산 쪽으로 쳐들어왔다.

원균의 참전 독촉이 빗발쳤으나, 이순신은 약 20일이 지난 뒤에 비로소 전열을 가다듬고 출전에 나섰다. 그가 휘하의 여러 장수를 이끌고 경상도 해역으로 출진할 때 그쪽 물길을 아는 어영담이 이순신의 "중부장(中部將)"을 맡았다.244 그 직책은 이순신의 직할부대를 이끄는 요직이었다. 선조 26년 5월, 웅포해전이 벌어졌을 때도 어영담은 이순신의 중부장을 맡았다. 한산대첩 후 이순신이 조정에 올린 〈장계〉에서 보듯 어영담의 활약은 눈부셨다.

"광양현감 어영담이 먼저 돌진하여 왜의 커다란 전선 한 척을 쳐부수었습니다. 그는 왜군 장수를 활로 쏘아 생포한 다음에 제 배로 데려왔습니다. 적장은 화살을 맞아 중상이고 게다가 말도 통하지 않아 즉시 목을 베었습니다. 그 밖에도 (어영담은) 왜적의 머리를 12개나 베었고, 적이 억류한 조선인 한 명을 빼앗았습니다."245

이순신은 어영담의 능력을 깊이 신뢰했다. 그는 어영담을 불러 작전을 상의할 때가 많았다. 가령 선조 26년 2월 1일 자 《난중일기》라든가, 그해 6월 3일 자도 참고하기 바란다. 때때로 어영담은 술과 안주를 마련해 이순신의 본진을 찾아오기도 하였다.246 두 장수의 사이는 더없이 가까웠다.

이순신은 그를 깊이 신뢰하였고, 마침내는 정걸의 뒤를 이어 후임 조방장에 임명하였다. 정확히는 "우조방장"이었다. 어영담의 가장 큰 역할은 첩보 수집이었다. 그는 새로운 정보가 입수되기만 하면 바로 이순신에게 전하였다. 선조 27년(1594) 2월 3일, 어영담은 역적이 반란을 일으켰다는 소식을 급히 알렸다. 이순신은 그 소식을 듣고, "걱정과 통분을 참을 수 없다"247라고 일기에 적었다. 그때 누가 어디서 역모를

---

243 이순신, 《난중일기》, 임진년(1592) 4월 9일.
244 이순신, 〈장계〉, 선조 25년(1592) 4월 29일.
245 이순신, 〈장계〉, 선조 25년(1592) 7월 8일.
246 이순신, 《난중일기》, 계사년(1593) 3월 8일.
247 이순신, 《난중일기》, 갑오년(1594) 2월 3일.

일으켰는지는 기록하지 않았다. 그때는 전국 각지에서 반란이 끊이지 않았으므로, 이순신은 그 문제를 매우 걱정하였다. 그 이튿날 아침에 순천부사 권준과 어영담을 불러서 이야기를 나누었다는 기록도 《난중일기》에서 발견될 정도이다.

그 무렵 이순신은 당항포해전을 준비 중이었다. 어영담은 이번에야말로 부지휘선('次船')을 타고 싶다는 의향을 밝히며 이순신의 의중을 타진하였다.248 이후 며칠 동안 이순신은 권준과 어영담을 불러 작전을 숙의하였는데, 회의는 늘 밤늦게 끝났다. 그해 2월 10일 밤, 세 사람은 왜적을 토벌할 계획을 일단 완료한 것으로 보인다.

그 이튿날 이순신은 자신과 함께 싸울 경상우수사 원균을 만나 작전 회의를 하였다. 그날 원균은 술 열 잔을 마시고, "취하여 미친 소리가 많았다"249라고 이순신은 기록하였다. 아마 두 장수 사이에 작전을 둘러싼 의견 대립이 있었던 것 같다. 이순신은 원균의 취한 모습이 "우습다"라고 촌평하였다. 이미 그들은 건너서는 안 될 강을 이미 건넌 것이다.

그 소식을 들었는지 어영담이 지체하지 않고 이순신에게 달려왔다. 원균과의 일로 속이 상하였을 이순신을, 그는 위로하였다. 두 사람은 함께 술을 마셨고, "함께 취했다."250라고 하였다. 그리고는 해가 저물 무렵, 이순신과 어영담은 나란히 서서 활을 세 순씩 쏘았다.

해전이 예정된 날이 되자 이순신은 권준과 어영담을 작전지역에 보내 샅샅이 정탐하였다. 그들은, "견내량에 복병할 장소를 직접 가서 살폈다"251라고 보고하였다. 이렇게 준비를 철저히 마친 다음에 당항포해전이 시작되었다.

그해 3월 3일 오후 여섯 시경, 척후장 제한국이 첩보를 올렸다. "왜선 여섯 척이 오리량과 당항포에 정박 중입니다!"252 이순신은 즉시 전선을 보내 흉도 앞바다에 진을 쳤다. 그리고는 정예병을 태운 서른 척의 전선을 어영담에게 주어 왜적을 무찌르게 했다.

그 이튿날이 밝자 우리 수군은 진해 앞바다까지 나아갔다. 왜적은 연달아 후퇴에 후퇴를 거듭하였다. 다시 첩보가 들어왔다. 소소강에 적선 14척이 들어왔다는 것이다. 이순신은 어영담과 경상우수사 원균에게 왜적을 토벌하라고 했다. 이번에도 작전은 성

---

248 이순신, 《난중일기》, 갑오년(1594) 2월 7일.
249 이순신, 《난중일기》, 갑오년(1594) 2월 11일.
250 이순신, 《난중일기》, 갑오년(1594) 2월 11일.
251 이순신, 《난중일기》, 갑오년(1594) 2월 21일.
252 이순신, 《난중일기》, 갑오년(1594) 3월 3일.

공이었다. 어영담은 다음과 같이 보고하였다.

"왜적이 우리 군사들의 위세에 질려 밤을 틈타서 도망쳤습니다. 그들이 남기고 간 빈 배 17척을 모조리 불살랐습니다."253

경상우수사 원균이 조정에 올린 보고서에도 같은 내용이 담겨 있다. 이렇듯 수일간 작전을 성공리에 마치고 조선 수군은 무사히 한산도로 돌아왔다. 조정에서는 수군의 승전보에 기뻐하며, 이순신에게 한산도에서 무과 별시를 주관하라고 명하였다. 참으로 경사스러운 일이었다. 선조 27년 4월 9일, 이순신을 비롯한 삼도의 수군이 관리하는 무과시험이 끝나 영예의 합격자를 발표하였다.

그날 큰비가 쏟아졌는데, 그 누가 미리 알았겠는가. "조방장 어영담이 세상을 떠나다니, 이 아픔을 무엇이라 말할 수가 있겠는가!"254 이순신은 그날 일기장에 자신이 가장 믿고 사랑하는 동료를 불의에 잃은 비참한 심정을 고백하였다. 아마 어영담은 여름철에 유행하는 소화기 계통 전염병에 걸린 듯하다. 어영담이 죽지 않았더라면, 조선 수군의 승리에 더욱 이바지하였을 텐데, 하늘도 무심하였다. 그는 경상도 함안 출신이었다.

두각을 보이지 못한 조방장

이순신의 조방장 가운데에도 주장과 인연이 깊지 않은 장수가 몇 명은 있었다. 어영담과 같은 시기에 '좌조방장'을 지낸 어느 장수가 생각난다. 그는 이순신과 뜻이 잘 맞지 않았다. 선조 27년(1594, 갑오년) 2월 15일에, "좌조방장이 늦게 온 죄를 따져 물었다"255라는 기록만 있을 뿐이다. 《난중일기》에 다시 등장하지 않는 것으로 보아 곧 해임된 것으로 짐작한다. 이순신에게도 인사상의 실수는 있었다는 이야기이다.

아마 조방장 정응운(鄭應運)도 위와 비슷하였을 것이다. 선조 27년(1594) 가을부터 약 일 년 동안 정응운은 이순신의 조방장으로 근무하였다. 그러나 이순신과 살가운 관계가 아니었다. 이따금 이순신을 본진으로 찾아가 안부 인사를 아뢰고는 서둘러 자신의 임소로 돌아가는 정도였다. 선조 28년(1595) 2월 17일에 이순신이 중요한 작전 회의를 열었을 때도 그는 참석하지 않았다.

그날 이순신의 곁에서 함께 대책을 논의한 장수는 장흥부사와 또 다른 조방장 신

---

253 이순신, 《난중일기》, 갑오년(1594) 3월 3일.
254 이순신, 《난중일기》, 갑오년(1594), 4월 9일.
255 이순신, 《난중일기》, 갑오년(1594), 2월 15일.

호(申浩)였다. 그들은 종일토록 작전을 논의하였다. 그날 회의가 끝난 다음에야 정응운은 잠시 이순신의 얼굴을 보았다.

그해 7월 25일, 이순신은 한산도에서 충청수사의 생일잔치를 열었다. 그때도 전라우수사, 경상수사 및 조방장 신호가 함께 모여 술도 마시고 많은 이야기를 나누었다. 정응운은 밤에야 잠깐 얼굴을 비치는 정도였다. 시간이 흐를수록 그는 이순신과 더욱 소원한 관계가 되었던 것 같다. 그날 이후에는 《난중일기》에서 정응운이란 이름을 찾기 어렵게 되었다.

조방장 한명달은 이순신과 인연이 더더욱 엷었다. 《난중일기》에 고작 1회만 이름이 나온다. 선조 27년(1594) 10월 9일, 이순신이 공무를 보던 정자로 여러 사람이 찾아왔는데, 조방장 한명달은 그 가운데 한 사람이었다.[256] 이것이 전부였다니! 우리가 이해하기 어려울 정도로 먼 사이였다.

한명달과 함께 조방장 역할을 한 김응함(金應緘)도 존재감이 크지 않았다. 그래도 김응함은 조방장을 퇴직한 뒤에도 이순신의 진에 남아 계속해서 근무하였다. 명량해전 때 김응함은 미조항첨사로 중군장을 맡았다. 그 전투에서 그는 상당한 공을 세웠다. 당시의 조방장은 배흥립이었다.

명량해전 때 이순신이 김응함과 거제현령 안위를 꾸짖으며 전투태세를 독려한 이야기는 역사에 유명하다. 정유년(선조 30, 1597) 9월 16일의 《난중일기》를 펼치면, 이순신의 쩌렁쩌렁한 음성이 당장 들려올 듯하다.

"너는 중군장인데 멀리 도망쳐 대장을 구하지 않았으니, 그 죄를 어찌 모면할 것이냐? 당장 처형할 것이나 지금 형세가 위급하므로 우선 공을 세우게 한다."[257]

이순신의 불호령이 내리자 김응함과 안위가 전선을 이끌고 적진으로 용감하게 뛰어들었다. 중요 전투마다 이순신은 현직 조방장을 중군장으로 임명하였는데, 명량해전 때는 전직 조방장 김응함을 중군장으로 삼았다. 그만큼 김응함의 전투 능력을 믿었다는 뜻이 아닐까.

명량해전에서 대승을 거둔 후에도, 김응함은 중군장으로서 자신의 역할을 충실히 다하였다. 그해 10월 10일 밤 열 시쯤(二更) 김응함은 다음과 같은 특별한 보고를 올렸다.

---

256 이순신, 《난중일기》, 갑오년(1594), 10월 9일.
257 이순신, 《난중일기》, 정유년(1597), 9월 16일.

"해남에 머물던 적들이 물러간 것으로 보입니다. 이희급의 부친은 왜적에게 붙잡혔으나 통사정을 한 결과 돌아왔습니다."258

이희급은 함양군수를 역임한 사람이었다. 그 소식을 듣고 이순신은, "마음이 언짢아 앉았다가 누웠다 하다가 새벽이 되었다."259라고 기록하였다. 마치 자신의 부형이 적에게 생포되어 곤욕을 겪은 것처럼 괴로웠기 때문이다.

그보다 사흘 뒤 김응함은 또 다른 첩보를 올렸다. 해남의 어느 섬에 정체 모를 사람이 깊숙이 숨어들어 소와 말을 잡아먹는다는 것이다. 이순신은 날쌘 군관을 보내어 사실관계를 정확히 파악하게 했다. 명량해전에서는 이미 크게 승리했으나 아직도 전라도 남해안의 민심은 안정되지 못하였다. 그날 밤에 이순신은 잠을 이루지 못하고 걱정과 탄식을 연발하였다. 일기장에다 자신의 어지러운 심사를 그는 다음과 같이 적었다.

"이날 밤 달빛은 비단결 같고 바람은 조금도 불지 않았다. 홀로 뱃전에 앉아 있노라니 슬픈 마음을 억누르기 어려웠다. 이리 뒤척이고 저리 뒤척이며, 앉았다 누웠다 되풀이하며 밤새 한숨도 자지 못한 채 하늘을 우러러 탄식할 따름이었다."260

사육신의 후손 박종남

이순신의 조방장으로 우리가 기억할 만한 이가 또 여럿이 있다. 그중 잘 알려지지 않은 실력자가 박종남(朴宗男)이다. 그로 말하면 이순신의 최측근에서 보좌한 인물이었다.

선조 27년(1594) 8월 17일, 도원수 권율이 경상도 사천에 도착해서 이순신을 찾았다. 그때 권율과 이순신은 사이가 좀 서먹하였다. 권율이 조정에 보낸 보고서에서 이순신을 비판한 적이 많았기 때문이다. 그런데 두 사람이 마주 앉아 여러 시간 함께 이야기를 나누자, "오해가 많이 풀리는 듯하였다."261라고 했다.

그날 권율은 경상우수사 원균도 불러들였는데, 도원수는 그 자리에서 원균을 몹시 책망하였다. "원 수사가 머리를 들지 못하였다"262라고 이순신이 기록할 정도였다. 그

---

258 이순신, 《난중일기》, 정유년(1597), 10월 10일.
259 이순신, 《난중일기》, 정유년(1597), 10월 10일.
260 이순신, 《난중일기》, 정유년(1597), 10월 13일.
261 이순신, 《난중일기》, 갑오년(1594), 8월 17일.

모습을 가까이서 지켜본 이순신은, "우습다!"263라고 적었다. 원균이 도원수에게 심하게 추궁당하는 모습을 보고, 가슴이 후련하였다는 뜻이다.

한참 야단을 친 다음에 원균의 마음을 풀어주려는 듯, 권율은 술을 함께 마시자고 원균과 이순신에게 요청했다. 잔을 여덟 번 돌리자 도원수가 몹시 취해 회식은 끝났다.

그날 밤늦게 이순신은 숙소로 돌아왔다. 늦은 시간이었는데도 조방장 박종남이 윤담과 함께 찾아왔다. 윤담은 호남의 선비요, 박종남은 박팽년의 후손으로 성격이 단정한 무사였다고 한다. 말년에는 회령부사까지 지냈는데, 《실록》에서 관련 내용을 잘 살펴보면 그는 참으로 유능한 무관이었다. 이순신은 일찌감치 박종남의 능력과 성품을 인정해 매우 가깝게 지냈다.

《난중일기》를 꼼꼼히 읽어보면 얼마 뒤에 박종남은 조방장을 그만두고 첨지중추부사로 승진하였다. 선조 27년 9월 25일의 일기에는, 첨지 박종남이 600명의 군사를 거느리고 이순신의 진영에 합류하였다고 한다. 첨지 김경로도 70명의 군사를 데리고 왔다. 그때는 장문포에서 왜적을 토벌할 계획이 한창 추진되는 중이었다. 그날 밤 이순신은 박종남, 김경로와 늦게까지 "함께 앉아서 이야기"264를 나누다가 잠이 들었다.

다음 달 10월 9일, 영등포와 장문포에서 싸운 뒤 박종남과 김경로가 다시 진영으로 이순신을 찾아왔다. 그 무렵에 이순신의 조방장을 맡은 장수는 김응함과 한명달이었다. 그들은 이미 앞에서 서술한 바와 같이 존재감이 별로 없었다. 그날 이순신을 찾아와 승리를 축하하고 되돌아간 관리는 여럿이었다. 저녁때가 되자 다른 손님들은 모두 돌아갔다. 그런데도 박종남과 김경로는 이순신의 곁에 머물러 종일 활을 쏘다가 거기서 숙박하였다. 《난중일기》에는 이렇게 적었다.

> "박자윤(朴子胤, 박종남)은 마루방에서 잤는데 춘복(春福, 본영의 활을 만드는 장인)과 함께 잤다. 그리고 김성숙(金惺叔, 김경로)은 배로 내려가서 잤다."265

그 이튿날에도 박종남은 이순신의 진에 머물렀다. 두 장수가 여간 가까운 사이가 아니었다는 점을 알 수 있다. 그날도 여전히 여러 관리가 잠깐씩 들어와서 이순신에게 안부를 여쭙고 작별을 고하였다. 홍양현감, 보성군수 및 장흥부사가 그러하였다.

---

262 이순신, 《난중일기》, 갑오년(1594), 8월 17일.
263 이순신, 《난중일기》, 갑오년(1594), 8월 17일.
264 이순신, 《난중일기》, 갑오년(1594), 9월 25일.
265 이순신, 《난중일기》, 갑오년(1594), 10월 9일.

아직도 진영에 남은 장수는 박종남과 곤양군수 이광악이었다. 곤양군수는 원균의 부하였으나, 평소 이순신과도 가까운 사이였다. 그는 박종남과 함께 제1차 진주성전투에서 큰 공을 세워 훗날 선무공신으로 책봉되었다. 이 또한 후일담이지만 이광악은 전라병사를 역임하였다.

선조 28년(1595)이 되자 이순신은 박종남을 다시 조방장에 기용하였다. 그때 신호 역시 조방장을 하게 되었다. 이순신과 특히 가까운 이는 물론 박종남이었다. 선조 28년(1595) 3월 4일, 박종남은 이순신의 진으로 들어왔고, 사흘이 지난 3월 7일에도 다시 찾아왔다.

그 이튿날, 이순신은 대청에서 전라우수사 이억기, 경상수사 배설을 만났다 조방장 박종남과 신호 및 우후 이몽구가 배석하였다 그해 3월 10일, 이순신은 조방장 박종남과 오붓하게 이야기를 나누었다. 3월 12일에도, 이순신의 본진에서는, "조방장 박종남과 우후(이몽구)가 장기를 두었다"266라는 기록이 보인다. 또, 그 이튿날(3월 13일)에는 "아침에 자윤(박종남의 자) 영감을 불러 같이 밥을 먹었다."267라고 하였다. 이순신이 박종남의 자(字)를 적고 "영감"이라고 쓴 것으로 보아 얼마나 그를 존중하였는지 충분히 짐작할 수 있다. 직책상으로는 직속 부하였으나 이순신은 박종남을 꼬박꼬박 "영감"이라고 불렀다.

그보다 이틀 뒤, 전라우수사 이억기가 이순신을 찾아왔다. 두 장수는 종일 활을 쏘았다. 해 질 무렵에 이순신은 조방장 박종남의 처소를 방문하였는데, 그때 발포만호 황정록, 사도첨사 김완 및 녹도만호 송여종 등도 불러 함께 담소하였다. 그들이야말로 이순신이 가장 믿고 아끼는 장수들이었다.

그해 4월 9일에도 이순신은 조방장 박종남과 활을 쏘았는데 박종남은 활도 잘 쏘았다. 5월 24일에 충청수사 선거이가 이순신을 찾아왔을 때도, 박종남에게 그를 상대로 활을 쏘게 하였다. 선조 28년 6월 18일, 저녁나절에도 이순신은 조방장 박종남과 함께 활 열다섯 순이나 쏘고 헤어졌다.

그런데 조방장의 역할이 통제사와 한담이나 하고 활시위만 당기는 것은 아니었다. 선조 28년 4월 19일, 이순신은 조방장 박종남에게 군사를 나눠 주고 해상의 왜적을 수색하고 토벌하게 하였다. 박종남은 이순신이 괴로울 때 마음을 터놓고 이야기할 수 있는 동료이기도 하였다. 선조 28년 7월 10일 밤, 이순신은 전라우수사를 만나 식량

---

266 이순신, 《난중일기》, 을미년(1595), 3월 12일.
267 이순신, 《난중일기》, 을미년(1595), 3월 13일.

부족을 걱정하였다. "마음이 답답하여 괴롭다."268라고 고백할 만큼, 이순신의 고민이 깊었다. 그때도 조방장 박종남은 이순신과 자리를 같이하였다. 밤이 깊어지자 이순신은 겨우 두어 잔 술을 마시고는 "몹시 취했다."269라고 말했다. 근심이 깊어 술도 쉽게 취하였던 것일까. 밤새 이순신의 마음은 매우 심란하였다.

"밤이 깊어 다락 위에 누웠는데, 초승달 빛이 다락에 가득하여 마음을 억누를 수 없구나."270

슬픔을 참기 어려웠다는 고백이었다. 조방장 박종남이야말로 통제사의 그 마음을 누구보다 훤히 알고 있었다. 하지만 그해 가을이 깊어가자 박종남은 이순신의 곁을 떠났다. 그해 8월 21일, 소비포(현 경상남도 고성군 하이면 덕명포) 앞바다에서, 이순신은 가까운 동료이자 부하인 이억기(경수), 권준(언경), 박종남(자윤) 그리고 신호(언심)에게 편지를 보냈다. 그날 밤 이순신은 일기장에 이렇게 적었다. "몸도 몹시 차갑고 마음도 쓸쓸하다."271 차가운 바닷가에 홀로 남겨진 외로운 사람의 심정이었다.

얼마 뒤 박종남은 수군을 완전히 떠났다. 선조 28년(1595) 9월 22일, 이순신은 《난중일기》에 쓰기를, "박자윤(종남) 영감이 (육지로) 나갔다. 경상우수사(배설)도 찾아와서 전별했다."272라고 서술하였다. 그날 이후 이순신의 일기에는 박종남에 관한 기록이 다시 보이지 않는다. 한번 육지로 올라간 박종남은 영영 수군에 복귀하지 못하였다.

박종남은 임진왜란이 일어나기 전, 함경도에서 많은 공을 세워 무사로서 명성이 높았다. 왜란 초기에는 춘천을 방어하며 왜적의 북진을 막았다. 광해군이 한창 함경도에서 활약할 때는 그의 호위를 맡았다. 광해군의 분조(分朝)에서는 병조참의라는 높은 직책을 얻었다.

선조 26년(1593), 박종남은 진주목사로 임명되어 왜군의 침략을 막아냈다. 그러나 관찰사와 뜻이 어긋나는 바람에 그 이듬해에 파직이란 수모를 겪었다. 그때 이순신이 조정에 요청하여, 박종남을 '주사조방장(舟師助防將)'으로 삼았다(선조 27년). 이후 박종남은 여러 해전에서 이순신과 함께 공훈을 세웠다. 이순신은 그의 공적을 조정에

---

268 이순신, 《난중일기》, 을미년(1595), 7월 10일.
269 이순신, 《난중일기》, 을미년(1595), 7월 10일.
270 이순신, 《난중일기》, 을미년(1595), 7월 10일.
271 이순신, 《난중일기》, 을미년(1595), 8월 21일.
272 이순신, 《난중일기》, 을미년(1595), 9월 22일.

보고했고, 그 결과였는지 박종남은 상주목사를 거쳐 광주목사까지 지냈다. 나중에는 회령부사가 되었으나, 대사헌 홍여순의 탄핵을 받아 관직에서 쫓겨났다. 당쟁에 휘말려 비방과 탄압을 받은 것으로 보인다. 박종남은 경상도 대구 사람이었다.

남원성에서 전사한 맹장 신호

이순신의 조방장이라면 신호도 빠뜨릴 수 없다. 임진왜란 초기에 그는 낙안군수로 이순신과 함께 왜적을 막았다. 그러나 곧 당파싸움에 희생되었다. 선조 27년(1594) 2월 16일, 이순신은 흥양현감 배흥립을 통해 암행어사 유몽인(柳夢寅)이 작성한 비밀보고서를 입수하였다. 그에 따르면, 북인 유몽인은 남인 또는 남인과 가까운 수령을 몽땅 쫓아내고 있었다. 그 가운데 낙안군수 신호도 포함되어 있었다.

유몽인이라면 《어우야담(於于野談)》의 저자로 문명이 높은 선비였으나, 북인의 소장파 지도자였다. 이순신은 《난중일기》에 이렇게 썼다. "임금을 속임이 이 정도에 이르렀다. 이러고서야 나랏일이 하나도 제대로 될 수가 없다. 하늘을 우러러 탄식할 뿐이다."273 "남쪽 지방에 내려와 근거 없는 소문만 듣고서 나라를 그르치는 교활하고 간사한 말이다. 악무목(송나라의 충신 악비 岳飛)을 상대로 간신 진회(秦檜)가 저지른 것과 다를 바가 전혀 없다. 나라를 위하여 매우 통탄할 노릇이다."274 그 당시 북인들은 이순신을 비롯한 남인과는 껄끄러운 관계였다.

이순신은 부하인 신호의 처지를 동정하였고, 신호도 옛 상관을 잊지 못하였다. 그 해 10월 25일, 신호는 다시 이순신을 찾아왔다. 그는 체찰사 이원익이 이순신에게 보내는 공문과 목화, 벙거지 및 정포(正木, 목면) 한 동(同)을 가지고 찾아왔다. 이원익은 남인으로 이순신과 한 편이었다.

이순신은 밤이 이슥할 때까지 신호와 이야기를 나누었다. 신호는 이순신의 부하 순천부사 권준이 직무상의 일로 붙잡혀 갈 때도 이순신을 만나러 다시 찾아왔다. "마음이 편안하지 않다."275라고 이순신은 기록하였다. 그보다 열흘쯤 뒤에 신호는 이순신을 다시 찾아왔다.

신호는 이순신에게 자주 바깥소식을 전하였다. 선조 27년 10월 26일에도 서인 김상용(金尙容)이 체찰사 이원익(남인)에게 얼마나 무례하였는지를 알렸다. 김상용은 이

---

273 이순신, 《난중일기》, 갑오년(1594), 2월 16일.
274 이순신, 《난중일기》, 갑오년(1594), 2월 16일.
275 이순신, 《난중일기》, 갑오년(1594), 10월 25일.

조정랑이 되어 서울로 올라갈 때 체찰사가 머무는 남원에서 하루 머물렀다. 그러나 체찰사에게 인사를 드리지 않고 곧장 올라갔다.

그 소식에 이순신은 혀를 찼다. "시절이 이러하다니, 참으로 해괴하다."[276] "체모가 어찌 이럴 수가 있는가. 놀라지 않을 수 없다."[277] 그보다 열흘쯤 뒤, 정확히는 선조 27년 11월 7일에는 원수 권율이 서울에서 돌아와 수군 진영에 머물러 있다는 소식도 알렸다.

그 이듬해(1595년) 2월 20일에는 신호가 우수사 및 장흥부사 등과 함께 원균의 악행을 낱낱이 이순신에게 아뢰었다. "실로 놀라운 일이다!"[278]라고 이순신은 일기장에 적었다. 그때 원균은 이순신과 경쟁에 밀려 충청병마절도사로 전임한 직후였다. 신호 등은 원균에 관한 악담을 이순신 앞에서 늘어놓음으로써 승리의 쾌감을 만끽하였다. 이순신은 원균에 관한 악담이라면 싫어한 적이 한 번도 없었다.

이순신과 교감이 깊었기 때문에 선조 28년(1595) 2월에 신호는 조방장이 되었다. 그해 2월 16일, 신임 조방장 신호는 이순신의 한산도 진영에 도착해 우선 교서(敎書, 선조가 이순신에게 준 공식 문서)에 엎드려 절하고, 이순신을 뵈었다. 그날 저녁, 그들은 전선을 타고 함께 바다로 나갔다. 새벽에는 통영 부근의 춘원도에 도착하였다. 그러나 경상우도 수군이 약속을 깨고 끝내 합류하지 않아서, 토벌 작전은 제대로 시행되지 못한 채 좌절되었다고 한다.

조방장 신호는 군사작전에도 유능했다. 선조 28년 4월 26일 새벽, 이순신은 전라우수사 이억기와 자신의 조방장 신호에게 명하여 왜적의 동태를 탐지하게 하였다. 매사에 민첩하였던 신호는 탁월한 궁사였다. 그해 6월 9일 조방장 신호와 사도첨사, 방답첨사가 편을 갈라 활쏘기를 했는데, 승자는 신호였다.

그해 10월 1일, 이순신은 조방장 신호와 아침 식사를 하고 그와 작별하는 조그만 술자리를 가졌다. 그날 저녁에 신호가 진영을 떠났다. 그가 어떤 벼슬에 임명되었는지는 알 수 없으나, 얼마 뒤에 다시 조방장으로 복귀하였다. 그가 이순신의 휘하를 완전히 벗어난 것은 선조 29년 4월 21일이었다. "조방장 신호가 병 때문에 자기 집으로 돌아갔다."[279] 이순신은 일기장에 그렇게 적었다. 신호는 전라도 고부(현 전라북도 정읍시 북면) 사람이었다.

---

276 이순신, 《난중일기》, 갑오년(1594), 10월 26일.
277 이순신, 《난중일기》, 갑오년(1594), 10월 26일.
278 이순신, 《난중일기》, 을미년(1595), 2월 20일.
279 이순신, 《난중일기》, 병신년(1596), 4월 21일.

신호는 이순신보다 나이가 여섯 살 많은 선배였다. 임진왜란이 일어나기 전, 나라에서 이순신과 같은 무관을 여럿 발탁해 남쪽에 배치한 점은 누구나 안다. 신호도 그 가운데 한 사람이었다. 당시에 조정은 정읍현감 이순신, 순천부사 권준, 흥양현감 배흥립 그리고 광양현감 어영담도 만약에 대비해 특별히 임용하였다.280 그 후 왜란이 일어나자 그들은 약속이라도 한 듯 이순신의 휘하에 들어와 잇따라 공을 세웠다. 출세가 유난히 빨랐던 권준 한 사람을 제외하고는 모두가 약속이나 한 듯 번갈아 이순신의 조방장이 되었다. 특기할 만하다.

신병으로 일시 귀향했던 신호는 곧 관직에 다시 기용되었다. 선조 30년(1597) 정유재란이 일어났을 때 그는 남원 교룡산성을 방어하는 수어사(守禦使)가 되었다. 얼마 후 왜군이 남원성을 포위하자 원병(援兵)으로 출진하여 끝내 장렬히 전사하였다.

일본에 끌려간 김완

이순신의 부하 중에서 유난히 눈치가 빠르고 행동이 민첩한 장수는 김완(金浣)이다. 그는 적의 동태를 감시하는 척후에 유능하였고, 복병장으로도 탁월했다. 선조 25년 4월 29일 자 《난중일기》에는 사도첨사 김완이 척후장으로 기록되어 있다. 임진왜란 초기의 일이다. 그해 6월 7일, 영등 앞바다에서 왜적과 싸울 때도 왜적이 남쪽의 넓은 바다로 달아나자 김완이 그들을 추격하여 한 척을 나포하였다. 한 달 뒤에 벌어진 한산대첩 때도 큰 공을 세웠다. 선조 25년 7월 8일, 김완은 왜적의 대선 한 척을 나포했고, 왜장을 비롯하여 16명의 머리를 베었다. 그 이듬해 2월 18일에는 웅천에서 해전이 벌어지자 복병장으로 활약하였다.

적정을 탐지하는 데 그는 특히 능숙했다. 선조 26년 7월 11일에는 두치(豆恥) 나루에 왜적이 출현했다는 소식을 듣고 이순신은 김완을 보냈다. 알고 보니, 광양 사람들이 왜적의 옷으로 변장하고 소동을 피운 것이었다. 그날 일기장에 이순신은, "화가 치밀어올라 참을 수가 없다."281라고 적었다. 그로부터 20여 일이 지난 7월 28일에도 비슷한 일이 재발하였다.

복병장 김완이 왜적으로 보이는 10명을 체포하였다. 심문한 결과 그들은 우리 어민인 '포작(鮑作 바다에 들어가 전복을 채취하는 사람)'이었고, 경상우수사 원균의 지시로 변장을 하였다고 자백하였다. 이 자백은 아무래도 허위로 날조된 것 같다. 이순

---

280 성해응(成海應), 《연경재전집(研經齋全集)》, 제62권, 난실사료(蘭室史料) 4, 〈독부충의전(督府忠義傳)〉.
281 이순신, 《난중일기》, 계사년(1593), 7월 11일.

신이 문제의 포작들을 곤장으로 다스린 다음에 그냥 놓아준 것을 보아도 원균이 깊이 관련되었다는 주장은 믿기 어렵다.

기민한 김완은 선조 28년(1595) 3월 16일에도 민감한 첩보를 이순신에게 보고했다. 충청수사 이순신(李純信)이 군량미 200여 섬을 제대로 관리하지 못해 조도어사 강첨이 심문했다는 소식이었다. 아울러, 신임 충청수사 이계정(李繼鄭)이 탑승한 전함에서 화재사고가 발생했다고 했다. 이 사건으로 이계정은 사망하였다. "참으로 놀라운 일이다!"282라며 이순신은 경악하였다.

이순신은 김완을 깊이 신뢰하였다. 그들은 자주 만나서 활쏘기도 하고 이야기도 나누었다. 가령 선조 28년 4월 26일, 저녁 무렵 이순신은 권준, 배흥립, 김완, 김인영과 함께 스무 순이나 활을 쏘았다. 그뿐만 아니라, 그해 9월 20일에 거행된 둑제(纛祭) 때 사도첨사 김완을 헌관(獻官)으로 삼았다. 둑제란 본래 전쟁에 출정할 때 승리를 기원하며 지낸 제사인데, 《국조오례의(國朝五禮儀)》에도 실릴 만큼 중요한 제사였다. 나라에서는 봄과 가을에 제물을 풍성하게 마련해 성대하게 둑제를 지냈다. 이순신도 한산도에서 둑제를 지냈으며, 그때마다 가장 신뢰하는 부하들을 제관으로 삼았다.

하지만 선조 29년(1596) 2월 6일에 김완은 조도어사(調度御史)의 고발로 관직에서 쫓겨났다. 이순신은 가만히 좌시하지 않았다. 그는 곧 모든 인력을 동원해 김완의 억울함을 호소하였고, 마침내는 조방장으로 다시 기용했다. 조선 후기에 성해응이 저술한 《연경재전집(研經齋全集)》에 따르면, "을미년(선조 28년)에 이순신이 (김완이) 군량을 조달한 공이 있다고 조정에 보고한 덕분에 조방장이 되었다"283라는 기록이 있다. 그런데 다시 살펴보니 선조 28년이 아니라 그 이듬해인 병신년(선조 29, 1596)에 해당하는 일이었다.

《난중일기》를 보면 병신년(1596) 3월 23일의 일기에 김완이 조방장으로 등장한다. 조방장으로서 김완은 진중에서 일어나는 크고 작은 사건을 이순신에게 신속 정확히 보고하였다. 그해 4월 22일, 김완은 장수 노천기가 술을 마시고 헛짓을 하다가 본영의 군관 황인수와 수군 성복에게 모욕을 당했다고 곧장 보고했다. 이순신은 기강을 무너뜨린 노천기를 체포하여 곤장 30대를 때렸다. 수군 성복은 그 당시 이순신의 부하들 가운데서 가장 씨름을 잘하는 군인이었다.

이처럼 김완은 조방장으로서 이순신을 보좌하였는데, 선조 30년(1597) 2월 25일

---

282 이순신, 《난중일기》, 을미년(1595), 3월 16일.
283 성해응, 《연경재전집(研經齋全集)》 제61권, 〈난실사료(蘭室史料)〉.

에 이순신이 통제사에서 해직되었다. 그 이튿날 이순신은 서울로 압송되었고, 권준을 비롯해 이순신의 최측근은 모두 사직하였다. 하지만 뜻밖에도 김완은 자리를 지켰다. 그는 신임 삼도수군통제사 원균의 조방장이 되었다. 외부 사람들은 이해하기 어려운 일이었으나, 원균이 김완을 그만큼 높이 평가하였다는 뜻으로 볼 수 있다.

그는 원균을 보좌하다가 이른바 칠천량 사태 때 일본군의 포로가 되어 일본으로 압송되었다. 그러나 기민함은 그때도 그의 목숨을 살리는 밑천이 되었다. 얼마 뒤에 탈출에 성공해 그는 무사히 귀국하였다.

귀국한 이후 김완은 자신의 포로 생활을 적은 기록에서 원균을 극도로 헐뜯었다. 이순신의 총애를 받던 김완으로서는 당연한 왜곡이라고 봐야 할 것인가. 또는 통제사 원균에 대한 인간적 배신으로 봐야 하는가.

《실록》에 따르면, 선조 34년(1601) 4월 26일에 조정은 김완을 함안군수로 임명하였으나 사간원의 거센 항의를 받고 임명을 철회하였다. 그에게 쏟아진 비판의 초점은 "인물이 용렬하고 병이 들었다"[284]라는 것이었다. 인물이 용렬하다는 말은 무슨 뜻일까. 자세히 알 수는 없으나 유교적 교양이 풍부하지 못하였기 때문에 문신들로부터 그런 비난을 받았을지도 모르겠다. 김완은 경상도 영천 출신이다.

"이순신의 아들" 배흥립

선조의 어전에서 호조판서 김수가 이렇게 말하였다. "조정에서 보낸 서성(徐渻)이 술상을 차려 잔치를 베풀고 이순신과 원균을 화해하도록 했습니다. 그때 원균이 이순신에게 말하기를, '그대에게는 다섯 아들이 있다.'라고 하였습니다."[285] 사관은 "다섯 아들"에 관하여 주석을 달기를, 권준, 배흥립, 김득광 등을 말한다고 하였다.[286] 과연 권준은 순천부사 때부터 이순신과 무척 가까운 사이였고, 김득광도 전쟁 초기에 보성군수로 이순신과 밀접한 사이였다. 배흥립도 역시 마찬가지였다.

임진왜란이 발생하고 얼마 후 이순신이 전라좌수영의 수군을 이끌고 전투를 시작하였다. 그때 《난중일기》에는 다음과 같은 기록이 있다.

"5월 1일, 진해루에 앉아 방답첨사(이순신) 흥양현감(배흥립) 그리고 녹도만호

---

284 《실록》, 선조 34년(1601) 4월 26일.
285 《실록》, 선조 30년(1597) 1월 27일.
286 《실록》, 선조 30년(1597) 1월 27일.

정운 등을 불러들였다. 그들은 모두 분격하여 제 한 몸을 잊어버린 듯하였다. 실로 의사들이라 일컬을 만하였다."287

배흥립 등은 한목소리로 왜적과의 결전을 다짐하였다. 그때부터 배흥립은 이순신과 함께 많은 전투에서 공을 세웠다. 특히 한산대첩에서 그는 대형의 적선 한 척을 격파하고, 여덟 명의 적을 참수했으며, 다수의 적군을 물에 빠뜨려 익사시켰다. 이순신은 여러 전투에서 가장 공이 많은 장수로 신호, 어영담 그리고 배흥립을 손꼽았다. 세 장수는 모두 이순신의 조방장을 지냈다.

선조 27년(1594) 9월 8일, 이순신의 진영에서 장흥부사 황세득과 배흥립이 재계하였다. 그들은 그 이튿날에 지낼 둑제의 헌관(황세득)과 전사(典祀, 배흥립)였다. 김완이 그러하였듯 배흥립도 둑제를 주관하였다.

그러나 배흥립에게도 불운이 찾아왔다. 선조 28년(1595) 1월 26일, 정탐을 맡은 탐후선이 들어와 이순신에게 나쁜 소식을 전했다. 배흥립을 붙잡으러 관리들이 이미 좌수영에 들어왔다고 전하였다. 며칠 지난 2월 2일, 이순신은 일기장에 적기를, "흐리고 바람이 세게 불었다. 흥양현감이 잡혀갔다."288라고 하였다. 얼마 후 배흥립은 다시 풀려나 전처럼 흥양현감의 직책을 수행하였다.

그는 이순신이 직영하는 둔전(농장, 農場)인 도양장을 관리하는 데도 매우 유능하였다. 그해 6월 6일에 군관 송희립이 이순신에게 농사 형편을 보고하면서, "흥양현감(배흥립)이 무척 애를 많이 쓴 덕분에 올해 추수는 무난할 것"289이라고 했다.

그런지 얼마 안 되어 이순신은 배흥립을 조방장으로 발탁하였다. 그해 8월 6일의 일기를 보면, 그는 김완과 함께 이순신의 조방장으로 근무하였다. 그해 추석을 며칠 앞두고 배흥립과 김완 등은 함께 "상화(床花, 잔칫상과 제상에 올리는 조화, 혹자는 이를 상화 떡으로 번역)"290를 만들었다. 그 이튿날 이순신은 배흥립과 함께 아침 식사를 했다. 저녁때는 두 사람이 활터(射場)에 가서 장수들이 말달리는 모습을 구경하였다.

선조 30년(1597) 6월 12일, 이순신은 과거의 여러 부하에게 편지를 보냈다. 통제사의 관직을 잃고 한양으로 붙들려가 한바탕 고난을 치른 뒤였다. 이순신은 그 와중

---

287 이순신, 《난중일기》, 임진년(1592), 5월 1일.
288 이순신, 《난중일기》, 을미년(1595), 2월 2일.
289 이순신, 《난중일기》, 을미년(1595), 6월 6일.
290 이순신, 《난중일기》, 을미년(1595), 8월 6일.

에 모친 변씨부인도 여의고 이른바 "백의종군"하였다. 물론 그 백의종군이란 것이 오늘날 우리가 상상하는 것처럼 비극적인 것은 아니었다. 실제로는 도원수 권율과 도체찰사 이원익의 수군 관련 최고위 자문역이었다. 어찌 되었든 총지휘관의 자리를 잃은 이순신은 비탄에 빠졌다. 이순신은 평소에 자신이 특히 아끼던 장수 14명을 규합하려고 편지를 보냈다.

전라우수사 이억기를 비롯하여 충청수사 최호, 경상수사 배설, 가리포첨사 이응표, 녹도만호 송여종, 여도만호 김인영, 사도첨사 황세득, 동지 배흥립, 조방장 김완, 거제현령 안위, 영등포만호 조계종, 남해현감 박대남, 하동현감 신진 그리고 순천부사 우치적이 편지의 수신자였다.291 그들 가운데 우치적은 본래 원균의 휘하 장수였는데, 뒤늦게 이순신의 진영에 본격적으로 합류한 것으로 보인다.

얼마 후 신임 통제사 원균은 권율과 이원익의 강요로 어쩔 수 없이 부산포 공격을 감행하였는데, 그 결과가 이른바 칠천량 사태였다. 원균이 이끈 수군은 왜적의 추격을 따돌리고 한산도로 귀환하려 했으나 실패하였다. 바로 그 시점에 원균의 조방장은 배흥립과 김완이었다. 배흥립은 위기에 빠진 주장 원균을 구하지 못한 채 도망갔다는 이유로 나중에 조정의 처벌을 받았다.

사건 직후인 그해 7월 23일, 이순신은 진주 굴동으로 향하였다. 길을 가다가 이순신은 도중에 배흥립의 부인을 만났고, 이어서 배흥립을 만나 하룻밤을 함께 보냈다. 패전의 후유증이었던지 배흥립은 심하게 앓았다. 그해 7월 25일, 저녁에 배흥립을 문병하고 나서 이순신은, "고통이 극도로 심한 것 같아서 걱정이다."292라고 일기에 기록하였다.

그 후 배흥립은 곧 건강을 되찾아 다시 이순신의 조방장이 되었다. 그해 9월 중순 조선 수군은 명량에서 왜적을 대파하는 기적을 연출하였다. 그런데 10월 14일, 이순신의 향리에서 셋째아들 이면이 왜적과 싸우다가 장렬히 전사하였다는 침통한 소식이 전해져 왔다. 그때도 가장 먼저 이순신에게 달려와 위로한 이가 바로 배흥립이었다.

이후 거의 날마다 저녁때가 되면 배흥립은 이순신을 찾아왔다. 물론 그 밖에도 여러 사람이 이순신을 찾아왔다. 그 가운데는 진사 백진남(白振南) 등 이순신과 평소에 가깝게 지내던 남쪽의 선비들도 많았다. 그들은 몇 번씩이나 이순신을 찾아와 따뜻한 위로의 말을 건넸다.

임진왜란 최후의 결전인 노량해전 때까지도 배흥립은 조방장으로 이순신의 곁을

---

291 이순신, 《난중일기》, 정유년(1597), 6월 12일.
292 이순신, 《난중일기》, 정유년(1597), 7월 25일.

지켰다. 전쟁이 끝나고, 선조 37년(1604)에 배흥립은 전란에서 국가에 크게 공헌한 점을 인정받아 공조참판에 임명되었다. 무관으로서는 매우 이례적인 인사였는데, 그는 경상도 김천 출신이다.

패자부활전에 성공한 배경남

이순신에게는 또 한 사람의 조방장이 있었는데 그가 배경남(裵敬男)이다. 그는 임진왜란이 시작될 당시 부산진첨절제사였다. 그때 경상도는 삽시간에 무너졌고 순찰사 권율은 배경남에 대해서도 혹평하였다. 적이 두려워 도망친 비겁한 장수라는 것이었다. 이로 인하여 배경남은 파직되었다.

땅에 떨어진 자신의 명예를 되찾고 국가에 보답하려고, 배경남은 이순신의 막하를 찾아갔다. 선조 27년(1594) 1월, 이순신은 조정에 〈장계〉를 올려 배경남의 발탁을 역설하였다. 한 사람의 인재라도 놓치면 안 된다는 그의 주장이 통했다.

《난중일기》를 자세히 살펴보면, 선조 27년 1월 초순부터 배경남의 이름이 자주 등장한다. 그는 "첨지"라고 하는 인물로 이순신을 자주 방문하였다. 그해 3월 14일에는 이순신의 한산도 진영에서 광양현감 송전, 강진현감 유해와 함께 첨지 배경남도 함께 잠을 잤다. 밤늦게까지 많은 이야기를 나누었다는 뜻이다. 그해 6월 1일에는 이순신이 배경남 첨절제사(첨사)와 함께 아침식사를 하였다고 기록되어 있다. 그 다음날 아침에도 두 사람은 함께 아침밥을 먹었다. 이 정도라면 그들이 매우 가까워졌다는 증거로 읽어도 좋겠다. 그때 그들은 이미 당항포해전을 준비하고 있었다.

과연 당항포해전에서 배경남은 좌별도장으로 참전해 왜적의 대선 1척을 불사르는 공을 세웠다. 이순신은 왕에게 보낸 〈장계〉에 그 사실을 명시하였다.

이후에 배경남은 이순신의 조방장으로 기용되었다. 말하자면, 그는 패자부활전에 성공한 셈이었지만, 이순신에게 악운이 찾아와 통제사 자리를 잃었다. 이후 한바탕 파란을 겪고는 선조 30년 7월 23일에 이순신은 수군통제사에 복직하였다. 원균이 춘원포에서 순국한 직후였다.

통제사로 복직한 이순신을 가장 먼저 찾아온 이가 바로 전직 조방장 배경남이었다. 이순신은 그에게 "술을 권하며 위로했다"[293]라고 일기에 썼다. 그해 8월 이후 배경남의 행적은 《난중일기》를 비롯한 다른 기록에서도 찾을 수 없어서 유감이다. 아마

---

293 이순신, 《난중일기》, 정유년(1597), 7월 24일.

사망한 것이 아닐까 짐작한다. 배경남은 전라도 강진 사람이다.

노량해전에서 전사한 이영남

현재 전하고 있는 《난중일기》는 빠진 날짜가 매우 많다. 오랜 세월이 지나는 동안 저절로 파손된 때문이기도 할 테지만, 누군가 일부러 없애지 않았을 거라고 단정하기는 어렵다. 어쨌든 일기만 가지고는 확인할 수 없는 조방장도 있었다. 다른 자료를 보면, 이순신의 조방장을 지낸 이가 두 사람쯤 더 있었고, 그들은 바로 이영남(李英男)과 우치적이었다.

그중에서도 이영남은 전쟁 초기부터 이순신과 밀접한 관계였다. 가령 선조 26년(1593) 2월 15일 자 《난중일기》를 살펴보면, 순천부사 권준, 광양현감 어영담, 사량만호 이여념, 소비포권관 이영남, 영등포만호 우치적이 찾아왔다고 기록하였다. 소비포는 행정구역상 원균의 관내였으므로, 이영남은 원균의 부하였다.

무사이면서도 진사 출신인 이영남은 이순신을 더욱 믿고 따랐다. 그는 원균과 이순신을 이간질하는데 앞장선 인물이기도 하다. 원균이 이순신을 대신해 통제사가 되자 그는 미움을 받았다. 그러다가 원균이 순국하고 이순신이 다시 통제사의 자리에 오르자, 이순신은 이영남을 조방장으로 발탁하였다.

이영남은 조방장으로서 전라도 남서해안에 민간인들이 배를 타고 드나들며 곡식을 무역하지 못하게 막았다. 그들로 인해 군량의 조달에 어려움이 생겼기 때문이다. 그는 수군에 군량을 바치면 허가장을 발행해 배의 출입을 허락하였는데, 결과적으로 부자들이 앞다퉈 군량을 바쳤다. 불과 10여 일 동안 만섬 이상의 군량을 모았다고 한다.

이영남은 진도에서 왜적과 싸워 크게 무찔렀고, 노량해전에서도 공을 세웠다. 자신의 배에 가까이 다가온 적선은 불화살로 공격하였고, 멀리 떨어진 적선은 대포로 공격했다. 전쟁 중에 무려 200여 척의 왜선을 섬멸하였다고 하는데 믿기 어려운 주장이다.

노량해전 당시 그는 이순신과 함께 힘을 합쳐 적에게 포위된 진린을 구원하였으나, 정작 본인은 이 전투에서 이순신과 마찬가지로 전사하였다. 이와 같은 내용은 앞에서도 소개한 성해응의 "독부충의전"이란 글에 자세히 나와 있다. 그는 충청도 진천 사람이다.

《난중일기》를 분석하면 이영남은 초기부터 이순신의 진영을 자주 출입하면서 직속 상관인 원균에 관해 온갖 험담을 전하였다. 그로 인해 원균과 이순신의 사이가 벌어졌다고 해도 틀린 말이 아니다. 아마 진사 출신 이영남으로서는 처음부터 원균에게 호감을 느끼지 못하였는지도 모르겠다. 그 반면에 선비 같은 느낌을 주는 이순신은 이영남의 취향에 맞았던 것 같다.

어쨌거나 원균과 이순신의 진영을 오가며 이영남이 한 역할은 좋게 평가하기가 어렵다. 한편으로 전쟁 초기에 양편이 힘을 합쳐 연합함대를 구성하도록 매개자 역할을 한 것은 잘한 일이다. 그러나 우리 수군을 대표하는 수군의 양대 축이 이영남 때문에 더욱더 깊은 혐의를 갖게 된 점은 매우 안타깝다.

패전의 치욕을 갚은 우치적

영등포진도 본래 경상우수사 원균의 관내였다. 그곳의 만호 우치적도 처음에는 이순신과 무관하였다. 그러나 선조 26년부터 이영남의 중개로 이순신과 약간의 접촉이 있었다. 하지만 누가 보든지 우치적은 원균이 가장 아끼는 부장이었다.

선조 28년에 원균은 조정의 명령으로 잠시 수군을 벗어났다가 선조 30년에 이순신의 후임으로 삼도수군통제사가 되었다. 그때 우치적은 원균의 중군장이 되었고, 원균과 함께 이른바 칠천량 사태를 맞았다. 그 결과는 우리 모두 알고 있는 것처럼 조선 수군의 패배였다. 그 후에 우치적은, 싸움에서 주장인 원균을 구하지 못한 죄로 처벌을 받게 되었고, 패전의 치욕을 씻기 위해 더욱더 분전하였다.

선조 30년 가을에, 이순신이 다시 통제사의 지위에 오르자 우치적은 다시 그 휘하로 들어갔다. 이순신은 그를 "주사조방장(舟師助防將, 통제사의 조방장)"에 임명하였다. 그것은 정조가 어명으로 편찬한 《이충무공전서(李忠武公全書)》 제14권에도 기록되어 있다. 이 기록은 본래 전라도 순천의 읍지인 《승평지(昇平志)》에 실린 내용이라고 한다. 그와 한 글자도 다르지 않은 서술이 앞에서 인용한 성해응의 책에도 실려 있다. 출신 지역으로 말하면, 우치적은 한양 사람이었으며 경상도 산청과도 인연이 있었다고 한다.

이순신이 제3대 통제사에 임명되어 각지를 순회하며 병력을 끌어모을 당시, 우치적은 순천부사였다. 그는 이순신에게 상당한 액수의 노자를 제공하였다. 이에 이순신은 크게 감격하여, "너무나 미안하다."[294]라고 일기장에 기록하였다. 우치적이 이순신의 조방장으로 기용된 것이 언제였는지는 정확히 알 수 없으나, 아마 선조 31년 하반기였을 것으로 짐작한다.

---

294 이순신, 《난중일기》, 무술년(1598), 5월 13일.

요약

이상에서 살핀 바를 요약해본다. 선조 25년(1592) 4월부터 선조 31년(1598) 11월에 노량해전에서 전사할 때까지 이순신은 10여 명의 조방장을 차례로 임용하였다. 그들은 직할부대에서 손꼽히는 유능한 장수로, 첩보를 수집하거나 주장(主將)과 함께 작전을 숙의하였다. 전투가 시작되면 '중군장'의 역할을 맡기도 하였다.

관련 기록을 자세히 들여다보면 조방장마다 역할에 상당한 차이도 있었고, 주장(主將)과의 친밀도에도 차이가 있었다. 이순신이 가장 아낀 조방장은 과연 누구였을까? 그 인물을 한 사람으로 단정하기는 어렵다.

그럼 원균, 이억기 등 왜란 때 공을 많이 세운 장수들의 조방장은 또 누구였을까. 그들은 저마다 어떠한 조방장을 휘하에 두었을지도 궁금하다. 짐작하건대 원균의 조방장으로는 기효근, 이운룡 및 우치적 등이 있었을 것 같다.

위에서 우리가 살핀 이순신과 여러 조방장의 관계는 그 자체로 의미가 있겠으나, 원균과 이억기 등 왜란 당시 조선 수군을 이끈 최고위 지휘관들이 조방장을 어떻게 선발하고, 또 서로 어떠한 사이로 지냈는지를 짐작하는 토대이기도 하다. 요컨대 위에서 분석한 내용은 원균과 기효근, 이운룡, 우치적, 원전 등의 관계를 유추하는 토대가 될 것으로 믿는다.

제3장
배제와 혐오 그리고 망각의 역사

오랫동안 원균은 조선의 역사에서 기피 인물로 취급되었다. 18세기 이후에 작성된 전기 기록에서 평소에 이야기의 주인공이 원균과 가깝게 지냈다고 쓴 것을 보지 못했다. 원균은 역사 서술에서 철저히 배제되었고, 사람들이 혐오하는 대상이었다. 그가 평생에 나라를 위해 쌓은 많은 공적은 잊혀졌다.

지금까지의 서술에 반감을 품은 독자들도 있을 법하다. 그런 사람들을 위해 선조 35년(1602) 4월 20일의 《실록》 기사를 소개한다.

> "사신(즉 사관)은 평론한다. 삼가 살피건대 오늘날 책봉해야 할 공신의 종류는 셋이다. 호종(扈從, 임금의 피난을 따라간 충신)·토역(討逆, 역적의 토벌)·평왜(平倭, 일본군을 평정한 신하)가 그것이다. 이 세 가지 공훈은 진실로 보답하지 않을 수 없는 국가의 중대사인데, 호종과 토역은 본래 그러한 (공을 세운) 사람이 있다. 등급이 공평하지는 못하더라도 그렇게 심한 오류는 아닐 것이다. 하지만 평왜는 처음부터 끝까지 중국 조정의 덕택이었으므로, 우리나라 장사(將士, 장수)는 평왜의 공신으로 정하기가 참으로 어렵다.
> 여러 장수 중에 힘을 쏟은 이는 공신으로 뽑지 않을 수 없는데, 권율(權慄)·이정암(李廷馣)·이순신(李舜臣)·원균(元均) 같은 이들이야말로 현저하게 공이 있다고 하겠다. 그런데 그들은 불행히도 이미 다 작고하였다. 그러므로 누구를 원훈으로 삼아 공로를 논의하여 정할 것인가. 나머지 장수는 지혜나 공력이 엇비슷하다. 공이 서로 같은 이가 많아서 취사(取捨)선택할 때 혹시라도 공정하지 못하면 사람마다 원망을 품고 반드시 불평하는 기색을 보일까 걱정이다. 이는 참으로 쉽사리 논의하여 정할 수가 없는 일이라서 식자들이 걱정하였다."295

사관이 당시의 식자층을 대변하여 '평왜'에 공이 큰 공신들, 즉 선무공신을 뽑기가 어렵다는 점을 자세히 설명하였다. 그 견해를 정리하면 다음의 세 가지로 압축된다.

---

295 《실록》, 선조 35년(1602) 4월 20일.

첫째, 나라를 구하는 데는 조선 군부의 공보다는 명나라 군대의 역할이 훨씬 컸다고 했다. 둘째, 조선의 허다한 장수 가운데 공적이 뚜렷한 이는 네 사람이라고 보았다. 권율, 이정암, 이순신 그리고 원균이었다. 원균은 누가 보아도 가장 뛰어난 공신이었다. 셋째, 이 네 명을 빼고는 공훈이 엇비슷하므로 자칫 잘못하면 공신에 선발되지 못한 여러 장수가 불만을 터뜨릴 수 있다는 걱정이었다. 이렇듯, 육군은 권율과 이정암, 수군은 이순신과 원균이 수훈(首勳)이었다. 그런데 후세는 원균을 혐오하고 비방하며 외면하게 되었으니 정말 딱한 일이다.

1. 이순신과 원균의 상보적 관계

본래 원균과 이순신의 관계는 상보적이었다. 조정 대신들은 그 점을 잘 알고 있었다. 선조 30년(1597) 1월 23일에 선조가 대신과 비변사의 당상관을 불러 놓고 수군의 앞날을 걱정할 때 그러한 의견이 많았다. 먼저 이산해가 앞으로는 수군을 적절히 잘 통제하자고 건의했다. 그러자 선조는 "한산도(閑山島)의 장수는 편안히 누워만 있고 어떻게 해야 할지 몰랐다."296라고 말하며 통제사 이순신의 무사안일을 질타했다. 실제로 원균이 충청병마사로 전출된 이후 근 2년 동안 조선 수군은 이렇다 할 성과를 내지 못했다. 게다가 수군의 전력은 급속히 위축되었다.

윤두수의 분석은 다음과 같았다. "이순신은 왜구를 두려워해서 그런 것이 아닙니다. 그는 실로 나가서 싸우기가 싫증 난 것입니다. 임진년에 정운(鄭運)이 전사했는데, 절영도(絕影島)에서 전선을 운행하다 적의 대포에 맞아서 그랬습니다."297라고 말하며 정운과 같은 맹장이 그립다는 어투로 수군의 현실을 비판했다.

그러자 이산해는 분석하기를, "이순신은 정운과 원균이 곁에 없어서 그렇게 가만히 머물러 있는 것입니다."298라고 했다. 알다시피 정운이나 원균은 이순신에게 전투를 독려한 공이 있었다.

김응남 역시 전사한 정운의 공을 기리며 다음과 같이 말하였다. "정운은 이순신이 나가 싸우지 않는다는 이유로 (이순신의) 목을 베려고 하였습니다. 그러자 이순신이

---

296 《실록》, 선조 30년(1597) 1월 23일.
297 《실록》, 선조 30년(1597) 1월 23일.
298 《실록》, 선조 30년(1597) 1월 23일.

두려워하며 마지못해 억지로 싸웠습니다. 그가 해전에서 이긴 것은 정운이 재촉해서 그렇게 된 점도 있습니다. 정언신(鄭彦信)은 항상 정운의 사람됨을 칭찬했습니다."299 김응남의 주장에는 과장된 점이 없지 않으나, 왜란 초기에 이순신이 열심히 싸운 것은 정운과 원균의 독촉이 있어서였다는 것이 여러 대신의 공론이었다.

선조도 또한 그렇게 생각했다. 그래서 왕은 원균과 이순신을 수군에 함께 기용하는 방법을 고민하였다. 두 장수를 적절히 통제할 대신(大臣)만 있으면, 그렇게 수군을 운영하고자 했다. 그러나 그럴만한 문신을 발견하지 못하였기 때문에 부득이 통제사를 이순신에서 원균으로 교체했다. 이런 이유를 모르는 많은 사람들은 선조가 이순신을 질투한다든가, 그를 죽이려고 했다는 식으로 잘못된 주장을 한다. 선조는 이순신을 통제사에서 면직한 다음에도 육군으로 보내지 않고, '백의종군'이라는 형식을 빌려 이순신을 원수부에 배속하였다. 통제사 원균을 간섭하고 제어하는 방편으로 삼은 것이다.

2. 역사의 질곡

그런데 그 방법이 결국은 독이 되었다. 이순신과 권율 및 이원익 등이 철저하게 원균의 지도력을 제한하였다. 그 결과 원수부 및 체찰부와 원균의 수군이 극한적으로 대립하는 형국이 되었다. 이것이 결국은 선조 30년 7월 16일의 비극, 즉 통제사와 두 명의 수사가 순국하는 사태를 가져왔다. 선조는 그 점을 끝까지 기억하였다. 그래서 이순신을 다시 통제사로 삼은 다음에는 어떠한 간섭도 하지 않고 조용히 뒤에서 그를 후원하였다. 다행스러운 변화였다.

선조 31년 겨울에 노량해전에서 통제사 이순신도 순국하였고, 다행히 왜란은 종결되었다. 이후의 역사는 우리가 잘 아는 것처럼 이순신의 영광을 기리면 기릴수록 원균은 역사에서 배제되고 혐오의 대상으로 전락한 특이한 현상이 나타났다. 왜, 그렇게 되고 말았을까.

아래에서는 그 문제를 다음의 세 가지 측면에서 살피려고 한다. 첫째, 원균은 당대의 영향력 있는 문신들과 대립하였다는 점이다. 그는 조정의 실권을 쥐고 있던 남인 주류와 대립하였는데, 그 점이 큰 문제였다. 특히 이순신의 후원세력인 유성룡과 이원익의 미움을 받았다는 점이 치명적이었다.(제1절)

---

299 《실록》, 선조 30년(1597) 1월 23일.

둘째, 17세기에는 이순신과 같은 '유장(儒將)'을 존중하는 사회적 분위기가 짙어졌다. 그러면서 이순신은 초당파적인 우상으로, 나아가 국가적인 영웅으로 떠올랐다. 그러자 이순신이 깊이 혐오하였다는 이유로 원균은 혐오와 배제의 대상이 되었다.(제2절)

셋째, 18세기 이후에 원균에 대한 혐오와 배제는 사회의 일반적 통념이 되었다. 조선 후기에 저술된 역사 서적들, 가령 《연려실기술》 같은 책도 그러한 경향을 반영하였다. 원균 문제의 절정은 정조가 《이충무공전서》를 편찬한 데 있다. 이 책에는 원균에 관한 이순신의 혐오감이 곳곳에 드러나 있어, 원균을 긍정적으로 평가하는 것 자체를 불가능하게 만들었다.

당대에는 조선 수군을 이끈 두 명의 자랑스러운 장수가 바로 원균과 이순신이었다. 그런데 후대는 원균이라면 이순신이라는 역사의 빛을 가리는 악의 세력쯤으로 인식하게 되었다. 이제라도 우리는 그와 같이 터무니없는 역사적 질곡에서 벗어날 때가 되었다.

제1절
당대의 문신들과 원균의 대립

생전에도 원균을 부정적으로 평가한 문신은 누구였을까. 남인의 영수였던 영의정 유성룡과 역시 남인으로 우의정인 동시에 도체찰사였던 이원익이 그 선두에 있었다. 그리고 원균과 자주 충돌한 이가 도원수 권율이었다. 흔히 그를 장수로 기억하기 일쑤지만 사실 권율은 문과에 급제한 문신이었다. 그는 서인이면서도 남인에 가까웠다. 훗날 그의 사위 이항복도 장인과 똑같은 정치적 행보를 보였다. 이항복의 친구인 대신 이덕형도 남인에 가까웠다. 이덕형은 북인의 영수 이산해의 사위였으나, 시일이 갈수록 남인 쪽으로 기울었다.

한 마디로, 원균은 당대의 영향력 있는 여러 문신과 불화한 관계였다. 전략적인 차이가 원인이었으나, 갈등이 깊어지자 《징비록》 등 후대의 영향력이 큰 저술에 부정적인 모습으로 묘사되었다. 그들의 감정적 대립은 당파싸움의 영향을 받은 것이기도 하였지만, 꼭 그렇게 볼 일만은 아니었다. 가치관의 차이도 작용하였다. 문신들은 이순신과 같은 '유장(儒將)'을 편애하는 성향이 있어서, 그와 대립각을 세운 원균을 혐오하기 쉬웠다. 유서 깊은 선비 집안에서 자란 원균 역시 유교적 소양이 깊었으나 이순신과는 상당한 차이가 있었다. 그 점이 원균에게 무척 불리하게 작용하였다.

1. 영의정 유성룡의 비판

영의정 유성룡은 선조의 총애를 받은 신하였다. 그는 남인의 영수로 이순신의 정치적 후견인이었다. 말년의 저술인 《징비록》에서 유성룡은 이순신을 고상한 유장(儒將)으로 치켜세우면서 원균을 형편없는 인물로 끌어내렸다. 모두가 다 아는 사실이다. 그런데 선조 30년 1월 말의 《실록》을 살펴보면, 유성룡은 어전 회의에서 다음과 같이 평가하였다.

"원균이 자기 한 몸을 잊고 용감히 싸우는 것은 그의 장점입니다. 그러나 지친 군졸을 어루만지는 것은 감당할 수 없을 것입니다."300

유성룡은 원균의 장점으로 나라를 위해 용감하게 싸우는 점을 예로 들었다. 그러면서도 지친 군졸을 어루만지는 다정한 인품이 부족하다고 평하였다. 유성룡은 수군의 통제를 누구에게 맡겨야 할지 고심하였고, 그 결과 원균은 통제사가 되기에 부족하다고 확신하였다. 그는 자신의 견해를 다음과 같이 밝혔다.

"원균이 힘껏 싸운 것은 사람들이 모두 아는 바입니다. 그러나 한번 해전을 벌인 뒤에 착오를 일으켜, 영남의 수군 중에 원망하고 배반하는 자가 많이 있습니다. 그러므로 원균에게 맡길 수 없는 것은 틀림없습니다. 더구나 이순신과 원균이 서로 사이가 나쁘다는 점은 조정에서 모두 아는 대로입니다. 소신의 생각에, 수륙에 차이가 있더라도 함께 협동해야 할 것 같아 두 사람이 모여 의논하게 하였습니다. 그런데 원균은 발끈하여 노하는 기색이 있었습니다."301

유성룡은 왜란 초기부터 원균의 휘하에는 이영남처럼 상관을 비난하고 불평하는 장수가 있다는 사실을 지적하였다. 또, 자신이 이순신과 원균을 불러 서로 화해하고 작전 계획을 마련할 기회도 마련하였으나, 원균이 화를 참지 못하고 성을 냈다고 전하였다. 요컨대 원균에게는 덕망과 인품이 부족하다는 평가였다. 따라서 원균이 항상 힘껏 싸우는 장수라 할지라도 통제사가 되기에는 적합하지 못하다는 평가였다.

2. 우의정 이원익의 균형

당시에 우의정으로 역시 선조의 총애를 받은 이원익도 유성룡과 거의 같은 생각이었다. 그는 나중에 도체찰사가 되어 통제사 원균을 지휘하는 처지가 되었는데, 다음과 같은 평가는 아직 조정에 있을 때의 진술이었다.

"전투에 임할 때와 평상시는 평가가 다를 수 있습니다. 원균 같은 사람은 성질이 매우 거세어 상사(上司)와 공문을 주고받거나(文移) 통제를 받을 때는 반드시

---

300 《실록》, 선조 29년(1596) 11월 7일.
301 《실록》, 선조 29년(1596) 11월 7일.

서로 다투게 됩니다. 그러나 전투에 임해서는 쓸만하다고 봅니다."302

이원익은 원균의 단점으로, 성질이 너무 거세다는 점을 손꼽았다. 자기주장이 강해서 상부의 명령에 대항하고, 군사 행정적인 절차나 사소한 명령을 잘 따르지 않아 골칫거리가 될 때가 있다고 했다. 그러나 전투에 나가면 누구보다 용감하게 잘 싸우므로 훌륭한 장수라고 보았다. 영의정 유성룡은 유교적인 판단만으로 원균을 악평한 느낌을 주는데, 이원익은 원균에게 약점이 있다고 해도 실전에는 필요한 장수라고 판단하였다. 선조는 이원익의 판단에 무게를 두었다. 그래서 원균의 능력을 다음과 같이 평가했다.

"원균에 대해서는 계미년(선조 16년, 니탕개의 난)부터 자주 들었다. 그는 나랏일을 위하는 마음이 대단히 정성스럽고, 또 죽음도 두려워하지 않는다."303

선조는 장수의 길과 문신의 길은 서로 다르다고 보았다. 조정이 원균에게서 기대할 바는 장수로서 얼마나 충성스럽고 용감한지가 관건이므로, 왕은 원균에게 아무런 불만이 없다는 뜻이었다. 선조는 이원익보다 좀 더 긍정적인 측면에서 원균의 능력을 평한 것이다.

이원익은 선조의 평에 동의하면서도 유성룡의 관점이 잘못된 것만은 아니라고 보았다. 그래서 그는 다음과 같이 덧붙였다.

"원균에게는 전공(戰功)이 있어서 그를 인정하는 것입니다. 만약 그렇지 않다면 결코 기용해서 안 될 사람입니다."304

여기서 확인되듯 이원익이나 유성룡 또는 다른 누가 보아도 원균은 장수로서 많은 공이 있어, 모두 그 점을 인정하고 있었다. 그러므로 유교적 관점에서 보면 논란의 여지가 있을지라도 원균을 등용하는 것은 문제가 없다는 평가였다. 하지만 조정 일각에서는 유장(儒將)이 아니라는 점에서 원균을 통제사로 기용하는 데 반대하는 여론이 적지 않았다. 그러나 지난 세월에 원균이 쌓은 공적이 많았고, 일본군의 재침이 눈앞의

---

302 《실록》, 선조 29년(1596) 10월 21일.
303 《실록》, 선조 29년(1596) 10월 21일.
304 《실록》, 선조 29년(1596) 10월 21일.

현실이 된 선조 30년 1월 말에 원균을 고위 지휘관으로 등용하는 것은 당연한 일이었다.

마침내 선조는 지난 이삼 년 동안 전적(戰績)이 저조했던 이순신을 삼도수군통제사에서 해임하고, 원균에게 수군을 맡겼다. 그런데 이원익이 지적한 것처럼 신임 통제사 원균은 상부와 문서를 주고받는 일에서 고분고분하지 않았다. 그뿐만 아니라, 일본군을 상대할 전략을 둘러싸고도 사사건건 상부와 대립하였다.

원균은 이원익 등과 매우 심하게 대립하였기 때문에, 그 결과 선조 30년 7월 중순에 이른바 '칠천량 사태'가 일어났다고 볼 수 있다. 전투가 벌어지면 원균은 쓸만한 장수라고 평가한 이원익이었으나, 서로 극한으로 대립하여 감정이 몹시 나빠졌다. 나중에는 전투를 앞두고서도 원균의 견해를 함부로 꺾었다. 그런 사실은 앞에서 이미 자세히 분석하였다.

3. 이덕형이 알아낸 '칠천량'의 진실

후세는 칠천량 사태를 둘러싸고 여러 가지 이야기를 해왔으며, 그 과정에서 원균을 마음껏 조롱하고 비방했다. 이야기가 복잡하게 헝클어져 칠천량 사태의 진실을 알기는 거의 불가능한 일이 되었다.

그런데 선조 34년 1월 중순에 우의정 이덕형이 선조에게 보고한 바에 따르면, 사태의 진실이 완전히 파묻힌 것은 아니었다. 이덕형은 원균의 정치적 후견인이었던 이산해의 사위였으나 정치적으로는 유성룡에 훨씬 더 가까웠다. 그는 칠천량에서 전사한 병사가 거의 없다는 점을 선조에게 보고하는 등 칠천량의 실상을 정확히 분석하기도 했다. 앞에서도 그 내용을 소개한 적이 있으나, 더없이 중요한 기록이므로 다시 인용한다.

> "신이 지난해(선조 33년, 1600)에 남쪽 지방을 왕래할 때 그곳 사람들의 말을 들어보았습니다만, 대개가 (원균, 이억기 및 최호 등은) 모두 나라를 위해 목숨을 바친 사람들이라고 말하였습니다. 그(원균)는 과거에 경상우수사로 재임하였는데, 전쟁터에 나갈 때마다 병사들이 적을 향해 나아가지 않으면 칼로 내리쳤습니다. 그래서 모두가 '원균 수사(水使)는 미련하다'라고 욕했습니다. 그러나 그는 일 처리가 강직했습니다. 그 때문에 이순신을 체포한 후에 그를 (통제사

로) 임명하여 보냈던 것입니다. 그런데 주위의 여러 장수가 모두 이순신의 막하(幕下)였으므로 서로 의논이 잘되지 않았고, 원균의 세력은 고립되었습니다. 보다 못해 (부체찰사) 한효순(韓孝純)이 체찰사(體察使, 이원익)에게 보고하여 (조정에 인사) 조치하려고 했습니다. 그러나 미처 그렇게 하지 못한 상태에서 원균이 패전한 것입니다."305

인용문에서 우리는 세 가지 사실을 확인할 수 있다. 첫째, 원균은 강직하고 국가에 충성스러운 장수라는 점이다. 둘째, 통제사 원균의 주변에는 이순신의 직계 부하가 너무 많았고, 그들이 말을 잘 듣지 않아 지도력의 위기가 왔다는 사실이다. 셋째, 부체찰사 한효순이 그러한 문제점을 상부에 보고하여 인사이동을 단행할 계획이었는데, 불행히도 칠천량 사태가 먼저 일어났다는 것이다.

이덕형의 분석은 앞에서도 서술한 바인데 신뢰할 만한 내용이었다. 그는 이른바 칠천량 사태의 진실을 다음과 같이 요약하였다.

"제장의 말은 믿을 수 없으나 (그때 참전한) 격군(格軍)의 말은 믿을 수 있습니다. 아군이 부산까지 가서 공격할 때 일입니다. 우리나라 함선 90척이 곧바로 적을 향해 돌진하자 수많은 적선이 바다를 가득 메우고 덤벼왔습니다. 그래서 수가 적은 우리 함대로서는 도저히 당해낼 수 없었습니다. 아군이 한산을 향해 후퇴하였는데, 격군이 밤낮없이 노를 저어 (고성의) 춘원포(春原浦)에 닿았습니다. 적군은 밤을 이용하여 정면으로 공격해 왔고, 그 바람에 아군은 힘이 지친 데다 또 갑자기 당하는 변이라 싸움도 제대로 하지 못하였습니다. 마치 물이 마르듯이 도망쳐 단 한 명의 전사자도 없었다고 하였습니다."306

후세가 원균의 무능과 비열함을 마음껏 떠벌리는 이른바 칠천량 사태란 사실 위와 같이 단순하고 허망한 사건에 지나지 않았다. 그날의 패배가 어찌 전적으로 원균 한 사람의 탓이었겠는가? 하지만 세상 사람들은 마음껏 그를 헐뜯으며 조롱한다. 선조는 이덕형의 보고를 듣고 사태의 진실을 온전히 이해하였다. 그는 도원수와 도체찰사 그리고 비변사가 한편이 되어 원균과 갈등할 때 원균을 저버렸다. 그런 자신의 부족함을 깨달아서, 나중에 원균을 선무공신 제1등으로 뽑을 때 주저하지 않은 것이다.

---

305 《실록》, 선조 34년(1601) 1월 17일.
306 《실록》, 선조 34년(1601) 1월 17일.

이덕형에 관한 논란

칠천량의 진실을 누구보다 잘 아는 이덕형이었다. 그러나 훗날에 그는 원균을 변호하지 않았다. 이항복과 친한 사이였던 그는 유성룡의 정치적 추종자로서 이순신을 높이는 데 이바지하였을 뿐이다. 이덕형은 선조의 총애를 받기도 하였는데, 그의 인품과 정치적 처신에 문제가 있다고 비판하는 여론이 적지 않았다. 물론 당론(黨論)에 오염된 것이라 전적으로 믿을 수는 없으나, 참고할 점도 있다고 생각되어 《실록》에 실린 사평(史評)을 아래에 소개한다. 우선 이덕형과 그 아버지 이민성이 부패한 관리라는 점을 구체적인 예를 들어 고발하였다.

> "병조판서로 있을 적에 (이덕형은) 병조의 군사를 동원하여 남대문 밖 옛 집터에 새로 집을 지었다. 그때 포루(砲樓)와 별영(別營)의 재목과 기와를 함부로 가져다 썼다. 홍경소(洪敬紹)가 사산 감역(四山監役)으로서 이런 행위를 목격하고 비난하였다.
> (이)덕형의 아비 민성(民聖)도 (황해도) 문화현령(文化縣令)이었을 적에 공명 고신첩(空名告身帖)을 많이 팔았다. 그 돈으로 소 1백여 마리를 매입하여 (경기도) 통진(通津)에 있는 자신의 전장(田庄)에 방목(放牧)하였다. 들판이 온통 (황소 때문에) 누른빛이었다고 한다. 통진에 집을 지을 때도 창호(窓戶)를 모두 문화현에서 제작하여 (달구지에) 실어다가 썼다. 나중에 그 아버지가 통진현감을 그만두게 되자 덕형이 (명나라) 경리(經理)의 접반사로 통진의 쌀 1백여 석을 가져다 쓴다는 식으로 공문을 만들었다. 그러고는 근친(覲親, 부친을 찾아뵘)을 이유 삼아 통진으로 달려가, 고을의 대청(大廳)에 앉아 (고을) 창고의 쌀 1백여 석을 꺼내어 그곳에 있는 자기 집으로 실어 가게 하였다."307

그 밖에도 이덕형은 훈련도감의 제조로 재임할 때도 2~3일마다 하인을 보내 쌀을 3~4석씩이나 가져갔고, 적두(赤豆)와 대두(大豆)도 2~3석을 가져갔다고 한다.308 사관은 이덕형이 부정부패를 저지른 사실을 거론할 때 목격자의 성명까지 밝히며, 그것이 조금도 사실과 다르지 않다는 점을 입증하고 있다.

사관의 주장은 거짓이 아닐 것이다. 그런데 하필 이덕형만 그처럼 관가의 물건을 함부로 가져갔을까 하는 의심이 든다. 왜란으로 농장을 잃은 관리가 많아서, 그들도 조정의 공적 자산(資産)을 훔쳤을 것이다. 이덕형 한 사람의 죄라고 단정하기 어렵다. 그렇다

---
307 《실록》, 선조 33년(1600) 1월 29일.
308 《실록》, 선조 33년(1600) 1월 29일.

해도 이덕형이 청렴한 관리가 아니었다는 사관의 비판은 부정하기 어려울 것이다.

사관은 또 이덕형의 정치적 처신에 문제가 있었다는 점도 다음과 같이 구체적으로 지적했다.

> "덕형은 또 (정치적 입장을) 뒤집었다 엎었다 하는 것이 매우 심하였다. 그의 장인 이산해(李山海)는 동론(東論, 동인의 견해)을 강력히 주장하였다. 덕형도 실은 산해와 뜻이 같았는데, 한 번은 술을 가지고 서인(西人) 김권(金權)의 집에 찾아가 장인의 잘못을 강력히 주장하였다.
> 또, 경자년(선조 33년, 1600)에 유성룡(柳成龍)이 논박을 받자 덕형은 〈차자(箚子)〉를 올려 성룡의 당파를 공격했다. 그래서 성룡의 당파가 그를 원망했다. 그러나 덕형은 그 뒤에 성룡의 당파에 붙었다. 그러자 성룡의 당파에서는 그가 이랬다저랬다 하는 줄 모르고 몹시 추존(推尊)하는 사람까지 있었다."309

여기서 보듯, 이덕형은 본래 동인이었으나 서인과 가까이 지냈다. 나중에는 북인이 되었다가 또 남인으로 넘어갔다고 했다. 당파싸움이 심했던 시기에 이덕형은 당파에 구애되지 않았으니, 장점이라고 볼 수도 있다. 그러나 그가 본래 속하였던 당파의 관점에서는 변절자로 낙인받기 마련이었다.

끝으로, 사관은 이덕형과 북인 유대정의 일화를 소개하며 이덕형이 지조 없는 사람이라고 비판했다.

> "덕형이 일찍이 유대정(兪大禎)에게 말하기를, 벼슬하는 사람은 반드시 여러 번 처지를 바꿔야만 고관대작(高官大爵)이 될 수 있다고 하였다. 그러자 대정이 큰 소리로 웃으면서 말하기를, 대감은 몇 번이나 길을 바꾸셨길래 정승이 되셨느냐고 물었다. 덕형은 크게 웃었다고 한다. … 이덕형의 탐오하고 궤휼함이 이처럼 극도에 이르렀는데도 정승이 되기까지 하였으니 너무나 괴이하다."310

사관은 이덕형이 지조도 없는 인물이라고 힐난하였는데, 쉽게 동조하기는 어렵다. 그에게는 당파보다는 국가가 더 중요하였으므로 사안에 따라 동에서 서로, 북에서 남으로 정치적 우군을 바꾸었을 수 있다. 그런데 사관은 북인의 관점에서 바라본 것이라서, 그 나름의 일리는 있겠으나 역사적 진실이라고 단정할 수 없다.

---

309 《실록》, 선조 33년(1600) 1월 29일.
310 《실록》, 선조 33년(1600) 1월 29일.

이덕형은 원균에 대해서 우호적이거나 중립적이지도 않았다. 그는 권율의 사위인 이항복과 무척 가까운 사이로 이순신에게 쏠려 있어서, 원균의 업적을 공정하게 평가하지 못하였다.

4. 문제의 인물 권율

권율은 이순신 편이었다. 그는 행주대첩의 공로로 도원수로 발탁되었다. 당초에 이순신과도 사이가 좋지 않았으나, 이순신이 원균과 대립하자 이순신의 편이 되었다. 이순신이 통제사에서 해임되고 원균이 부임하자 그의 공격 전술을 처음부터 끝까지 반대했다.

조정의 비밀 지시에 따른 것으로 짐작되는데, 권율은 이순신이 백의종군하자 곧 자신의 참모로 기용하였다. 그러고는 통제사 원균이 제시한 가덕도와 안골포에 대한 수륙 양면 작전을 반대했다. 더구나 칠천량 사태가 일어나자 권율은 사건의 진상을 신속하고 정확히 조사하지 않았다. 그리하여 원균이 한산도에 남기고 간 90척의 판옥선을 수습하지 않았다. 선조 30년 7월에 일어난 수군의 참사에 가장 책임이 큰 신하가 바로 도원수 권율이었다.

이른바 칠천량 사태가 일어난 직후에 권율이 보낸 한 통의 문서가 선조에게 입수되었다. 선조는 그 문서를 길이 보관하라고 승정원에 지시하였는데, 선조 30년 7월 25일의 일이었다. 《실록》에서 관련 내용을 인용한다.

> "도원수 권율이 급히 아뢰기를, 통제사 원균이 치보(馳報, 급보)한 내용에 따르면 수군을 몇 개의 부대로 나누어 번갈아서 (부산포 또는 절영도로) 오가게 하라는 사안에 관해 삼도수사(三道水使)와 함께 회의한 결과, 수사들의 의견이 다음과 같다고 합니다. 즉, 그렇게 하면 우리가 반드시 패전할 터인데 그렇게 될 줄 분명히 아는 이상 우리는 부산과 절영도를 왕래할 수 없다고 했습니다. 덧붙이기를, 장수가 밖에 나와 있을 때는 임금의 명령이라도 따르지 않는다고 하였습니다. 그렇게 말하면서 원균은 어리석고 용렬한 통제사로서 이 문제를 풀 수는 없다고 하였습니다. 이로 보건대 장수들이 임금의 명령을 따르지 않겠다는 뜻입니다. 이러한 일은 결코 용서하기 어려운 일이므로, 조정에서 결단을 내리소서."311

선조는 〈비망기〉의 형식을 빌려 승정원에 전교하기를, 이 서장은 중요하므로 사책(史冊)에 상세히 기록해 두라고 하였다.312

인용문에서 우리는 네 가지 사실을 확인하게 된다. 첫째, 마지막 출전을 앞두고 원균은 권율에게 급보를 보내, 수군절도사들은 도원수-도체찰사-비변사 라인이 그들에게 지시한 부산포와 절영도에 대한 작전을 거부하였다는 점이다.

둘째, 원균은 전통적인 병법을 기준으로, 일선 지휘관의 권리와 의무를 규정했다는 점이다. 즉, 조정의 일방적인 명령에 무조건 따르기보다는 지휘관들의 경험과 판단을 중심으로 작전을 수행한다는 원칙을 천명한 것이다.

셋째, 권율은 원균 등 일선 지휘관의 태도를 반역으로 간주했다는 점이다. 그는 조정에 보고하여 사후에 원균 등을 처벌할 근거로 삼고자 했다. 부산포를 향해 떠날 때 원균과 이억기 및 최호 등은 이기지 못할 싸움에서 적에게 죽거나 요행히 살아와도 권율의 손에 죽을 운명이었다. 원균 등이 춘원포에서 패전하고 살아남을 뜻이 없었을 것은 명약관화(明若觀火, 불 보듯 빤함)하다.

넷째, 권율이 선조에게 보낸 이 글은 본래 목적과는 달리 원균의 억울함을 증명하는 문서가 되었다. 본래 권율은 원균 등의 항명을 조정에 보고함으로써 사후에 그들을 처벌할 근거로 삼고자 하였다. 하지만 이 문서가 후세에 남음으로써 권율이 원균 등을 사지로 내몰았다는 점이 여실히 증명하게 되었다.

사실이 이와 같았음에도 불구하고, 아직도 많은 사람이 칠천량의 진실을 외면하고 있다. 이른바 칠천량 기념관을 '다크 투어'의 목적지로 삼아 원균의 무능과 비겁함을 비판하는 이들이 적지 않다. 어리석고 무책임한 그 같은 태도를 바로잡을 길이 없어 안타깝다.

5. 이순신 편든 이항복

정승 이항복이 권율의 사위라는 점은 이미 말한 대로인데, 그는 공신도감에서 가장 비중이 큰 인물이었다. 그 덕분에 권율이 선무공신 제1등에 뽑혔고, 게다가 이순신의 뒤를 바로 이어 제2인으로 책봉되었다. 이항복은 원균과는 가까워질 수가 없는 태

---

311 《선조》, 선조 30년(1597) 7월 25일.
312 《선조》, 선조 30년(1597) 7월 25일.

생적 한계를 안고 있었다. 과연 왜란 후에도 그는 이순신 한 사람의 공적을 기리는 사당을 건립하자고 주장해 이를 관철시켰다.

《재조번방지(再造藩邦誌)》에는 이항복이 칠천량 사태 직후에 보인 태도를 다음과 같이 기록하였다.

> "이때 한산도에서 (원균 등이) 패전했다는 보고가 왔다. 온 나라가 다 놀랐고, 상(선조)이 비변사의 여러 신하를 불러 (앞일을) 물었다. 그러자 여러 신하가 당황하여 대답할 바를 알지 못하였다. 그때 경림군(慶林君) 김명원(金命元)과 병조판서 이항복(李恒福)이 조용히 아뢰기를, '이것은 원균의 죄입니다. 오직 이순신을 기용하여 통제사로 삼아야 할 것입니다.'라고 하였다."313

이항복은 장인 권율의 죄를 따지지 않고 "원균의 죄"라고 규정했다. 죄인 원균이 죽었으니, 이순신을 통제사로 재기용하는 것 외에 다른 방법은 없다는 주장이었다. 선조는 이항복과 김명원의 주장을 그대로 따랐다. 문제의 장본인 권율은 자신의 잘못을 탓하기는커녕 이순신에게 명하여 뒷일을 감당하게 하였다. 그러나 조정의 방침은 이미 경상좌우도는 물론이고 전라좌도의 수영(水營)까지 몽땅 포기하고, 전라우도의 수군만 가지고 적을 상대하는 것이었다. 그 역시 도원수 권율과 도체찰사 이원익이 조기에 흩어진 수군을 제대로 통솔하지 않고 수수방관했기 때문에 비롯된 결과였다.

앞서 이덕형의 보고에서 확인한 대로 칠천량 사태로 숨진 병사는 거의 없었고, 전함의 손실도 적었던 데다가 90척 이상이 한산도에 그대로 남아있었다. 그런데 누구도 이를 수습하지 않아 스스로 무너지고 말았다. 이것이 어찌 전사한 원균과 이억기 및 최호의 책임이었겠는가.

6. 허목이 남긴 혐오와 배제의 기록

원균에 대한 편견은 시간이 흐를수록 그 정도가 심해졌다. 거짓 진술은 시간이 흐를수록 확대 재생산되었다. 여기서는 17세기 남인의 영수 허목(許穆)이 쓴 두 개의 글만 간단히 살펴보겠다. 먼저 그가 쓴 〈서애(西厓, 유성룡) 유사(遺事)〉의 한 대목을 인

---

313 《대동야승(大東野乘)》, 〈재조번방지(再造藩邦誌)〉, 4.

용한다.

"상(선조)이 화내며 이순신을 처벌하고 장수를 원균으로 대신하였다. 공(유성룡)은 힘껏 간언하고 원균은 반드시 패할 것이라고 하였다. 과연 아군이 대패하여 원균은 달아나다가 죽었고, 호남은 완전히 무너져 적에게 함락되었다. (다행히) 김명원과 이항복이 계책을 써 이순신을 다시 기용하였다."314

위 인용문은 짧은 글이지만 허목이 과장법을 써 원균을 혐오하고 배제한 사실이 역력히 드러나 있다. 다음의 네 가지 점에서 허목의 글은 문제를 안고 있다.

첫째, 선조가 화가 치밀어 어느 한순간에 통제사를 교체한 것도 아니고, 선조야말로 이순신과 권율 두 사람을 함께 기용하고자 한 것이 사실이었다. 그러나 허목은 선조가 홧김에 앞뒤 생각도 없이 통제사를 함부로 교체했다고 왜곡하였다.

둘째, 유성룡이 원균의 기용을 끝까지 반대한 것도 아닌데, 힘껏 간언하였다는 식으로 과장했다. 또, 원균이 통제사가 되면 반드시 진다고 말한 적이 없는 데도 사실을 왜곡했다.

셋째, 원균이 전사한 사실을 그대로 기록하지 않고 "달아나다 죽었다"라고 말해 그에 관한 혐오감을 더욱 더 조장했다. 사건의 본질에는 도원수-도체찰사-비변사의 책임이 있었으나, 허목은 그 점을 완전히 간과했다.

넷째, 당시에는 이순신 아니면 원균이 통제사감이라는 공통된 인식이 있었다. 그래서 이순신이 재기용된 것인데도 마치 김명원과 이항복이 대단한 기지를 발휘해 이순신이 되살아난 것처럼 꾸몄다.

이어서 허목이 정승 이원익을 추모하며 쓴 〈오리(梧里) 이상국(李相國, 이원익) 유사〉를 살펴보겠다. 이 글에도 곳곳에 혐오와 배제의 논리가 작용하고 있는데, 그 일부를 몇 개의 단락으로 나누어 소개하면 다음과 같다.

"과연 원균은 패하여 도망하다가 적에게 살해되었다. 그런 뒤에야 상(선조)이 다시 이순신을 기용하였다. 이순신은 깨지고 패한 나머지 몸소 애쓰고 고생하며, 사졸을 어루만지고 다독였다. 그러자 병사들의 사기가 다시 진작되었다."315

---

314 허목(許穆), 《기언(記言)》 제38권, 〈서애(西厓) 유사(遺事)〉.
315 허목, 기언 제38권, 〈오리(梧里) 이상국(李相國, 이원익) 유사〉.

일일이 지적하면 끝도 없으나, 허목은 원균의 전사를 기리기는커녕 "패하고 도망하다가 적에게 살해되었다"라고 서술함으로써 원균에 대한 혐오감을 조장하고 역사에 그의 오명을 기록하기에 급급하였다. 참으로 악의적인 서술이다.

이어서 이순신의 활동은 한없이 다정스럽고 애국심에 넘친 지사의 활동으로 묘사했다. 허목의 과장된 서술은 이제 겨우 시작 단계였다. 그는 다음과 같이 현장감 넘치는 생생한 묘사로 이순신의 영웅적인 면모를 기술했다.

> "공(이순신)이 한산(閑山)에 이르러 일을 계획하고 망해정(望海亭)에 올라 군사들에게 크게 연회를 베풀어 주니 군사들이 뛸 듯이 기뻐하며 분전(奮戰)할 것을 생각하였다."316

눈을 씻고 《난중일기》를 살펴보아도 이순신이 칠천량 사태 이후 한산도에 간 일이 없었다. 그가 다시 한산도에 들어가 수군을 위로한 적이 없다는 말이다. 그런데도 이처럼 영웅적인 모습을 상상하며 마치 실제로 일어난 것처럼 기록하였다.

게다가 허목은 영웅 이순신이 한산도에서 대단히 감동적인 군중 연설을 한 것으로 상정하고, 그 연설의 중심에 이원익이 자리했다고 서술했다. 이것이 전쟁 문학이라면 으뜸이요, 역사적 기록이라면 거짓이다.

> "이순신이 말하기를, '장수와 병사가 죽음을 잊게 한 사람은 상국(이원익)이라'고 말하고, 이어 탄식하기를, '나는 장수가 되어 밖에 있으면서 당로자(當路者)에게 참소를 입고 의심을 받았다. 그런데 상국이 전적으로 나의 계책을 써 주었으니, 지금 수군이 대략이나마 갖추어진 것은 내 힘이 아니라 상국의 힘이라'고 하였다. 마침내 적과 남해 앞바다에서 싸워 크게 격파하고, 이순신은 군중에서 죽었다."317

한 구절 한 구절이 모두 주옥같은 표현이요, 영웅 이순신과 명재상 이원익이 서로 힘을 합쳐 나라를 위해 얼마나 성심껏 일하였는지를 강조했다. 계몽 소설의 한 장면으로는 이만한 작품이 다시 나오기 어려울 테지만 사실과는 거리가 있었다. 앞에서도 살펴보았듯, 이원익은 본래 원균의 기용을 반대하지 않았다. 그는 원균의 용맹스러움과 그간의 공적을 높이 평가했다. 다만 도체찰사로서 원균의 전략과 전술에 반대하였

---

316 허목, 기언 제38권, 〈오리(梧里) 이상국(李相國, 이원익) 유사〉.
317 허목, 기언 제38권, 〈오리(梧里) 이상국(李相國, 이원익) 유사〉.

을 뿐이다. 그런데 허목의 글을 보면, 그는 처음부터 원균의 등용을 반대한 것 같은 느낌을 준다. 나라를 위해 싸우다 목숨을 잃은 것은 원균이나 이순신이나 다름이 없었다. 그런데도 허목은 한 사람의 죽음은 비겁자의 개죽음으로 묘사하고, 다른 사람의 죽음은 꽃다운 희생으로 서술하였다.

만약 허목이 남인이 아니라 북인의 후예였더라면 이렇게까지 마음껏 글을 꾸밀 수 있었을까. 광해군의 몰락과 함께 조정에서 북인의 목소리가 사라진 것이 원균이란 장수의 사후 평가에 적지 않은 영향을 끼쳤다. 당쟁의 여파가 전쟁 영웅의 명성에 누가 될 수도 있었다. 그러나 모든 것을 당쟁의 논리로만 설명하려 든다면 그것은 또 역사를 지나치게 단순화하는 어리석은 설명이 되고 만다.

제2절
초당파적 혐오와 배제

17세기 조선에서는 초당파적인 신화 만들기 사업이 시작되었는데, 그 중심에 영웅 이순신이 있었다. 임진왜란과 정유재란에 이어 정묘호란과 병자호란을 치른 나머지 국력은 고갈되었고, 지배층은 자신들의 집권을 정당화할 묘책이 필요하였다. 그래서 그들은 왜란과 호란에서 가장 두각을 나타낸 인물을 국가적 영웅으로 떠받들며 국가에 대한 충성심을 강조하였다.

이순신은 선무공신 제1등 중에서도 제1인이요, 왜란에 사실상 종지부를 찍은 노량해전에서 순국한 전쟁 영웅이었다. 그는 공도 많이 세웠을 뿐만 아니라, 유성룡과 이원익 등 여러 문신과 사이가 좋았다. 게다가 그의 부하들 가운데 다수가 아직 생존하고 있었다. 그러므로 이순신을 국가적 영웅으로 부각한다면 부작용은 걱정할 필요가 없고, 나라를 위해서든 그와 직접 간접으로 좋은 관계를 맺은 여러 사람에게도 득이 될 일이었다.

원균은 영웅 이순신의 동지이자 경쟁자였으므로, 이순신에 관한 서사를 꾸밀 때 반드시 등장해야 할 인물이었다. 한 가지 문제는 이순신을 둘러싼 서사극에서 원균에게 어떠한 역할을 부여하는 것이 가장 극적인 효과를 낼 수 있는가 하는 점이었다. 17세기의 조선 사회는 그 점을 오래 숙고하지 않았다.

이순신이 극도로 선한 인물이요 유교적 덕망까지 겸비한 이상적인 영웅이라면, 원균에게는 그와 정반대되는 역할을 배정하면 될 일이었다. 원균과 이순신이 극단적으로 대비될수록 영웅 이순신의 얼굴은 화려한 광채를 내뿜을 것이다. 그것이야말로 권선징악(勸善懲惡), 즉 선을 권장하고 악을 징계하는 유교적 서사의 기본원칙에 정확히 들어맞는 일이기도 하였다.

그것은 암묵적 음모였다. 이런 음모를 적극적으로 방해할 세력은 조선 사회 어디에도 존재하지 않았다. 과거에 원균을 정치적으로 후원하던 서인도 이제 등을 돌려, 원균을 버리고 이순신을 그들의 반대파인 남인과 함께 공유했다. 심지어 북인까지도 원균에 대한 지지를 이어가기보다는 이순신 찬양에 편승했다. 본래 적극적으로 이순신을 후원하던 남인이야 두말할 나위도 없었다.

1. 《선조수정실록》이란 팩션

그리하여 17세기를 대표하는 조선의 문인은 모두 한목소리로 이순신을 찬양하기 시작했다. 그 대열을 이끈 대표적인 인사로는 백호 윤휴(남인)와 택당(澤堂) 이식(李植) 그리고 지봉(芝峰) 이수광(李睟光) 등이 손꼽힌다. 특히 이식 등은 서인의 정치적 이익을 위해 편찬한 《선조수정실록》에 위에서 말한 바와 같은 서사 구도를 충실히 반영한 이순신 신화를 옮겨 썼다. 그렇게 함으로써 이순신과 원균의 선악 대립을 실제로 일어난 역사적 사건으로 만들어 놓았다. 이식 등은 17세기 초반까지 간행되었거나 저술된 주요 문집에서 이순신을 높이고 원균을 깎아내린 기록을 집대성한 것인데, 이것이야말로 이후의 역사 서술의 표준이 되었다. 그 예로 선조 30년 7월의 기록 하나를 소개하면 다음과 같다.

> "당초에 원균이 한산도(閑山島)에 도착하여 이순신이 세워 놓은 규약을 모조리 변경하고 형벌에 법도가 없어, 군중의 마음이 모두 떠났다. 권율은 원균이 적을 두려워하여 머뭇거린다고 하여 불러 매를 쳤다. 그러자 원균이 분한 마음을 품고 (본진으로) 돌아가 마침내 수군을 거느리고 절영도(絶影島)에 이르러 제군(諸軍)을 독려하여 나아가 싸우게 하였다."[318]

이상의 짧은 서술에도 왜곡된 기술이 세 가지나 된다. 첫째, 신임 통제사 원균이 규약을 바꾸고 형벌이 지나쳐 군중이 모두 원균을 저버렸다는 서술은 거짓이다. 이는 원균을 악장(惡將)으로 표현하기 위해 동원한 무책임한 수사였다. 원균은 밤낮으로 군비를 확장하고, 이순신의 심복이던 배흥립과 김완을 좌우조방장으로 기용하여 갈등을 최소화하려고 애썼다.

둘째, 도원수 권율과 통제사 원균의 갈등도 매를 때리고 말고가 문제의 핵심은 아니었다. 그들에게는 일본군과 어떻게 싸울지를 둘러싸고 깊은 갈등이 있었으며, 원균

---

[318] 《실록 – 선조수정실록》, 선조 30년(1597) 7월 1일.

한 사람만 권율과 이원익 등의 전술을 반대한 것이 아니다. 모든 수사가 권율과 이원익 등의 전법을 무리한 것으로 판단해 거부하였다.

셋째, 통제사 원균이 홧김에 아무 생각 없이 출전한 것도 아니었다. 강제로 출전한 것은 사실이지만, 함선의 절반을 본진에 둔 채 90척의 함선만 이끌고 부산포까지 나갔다가 돌아왔다. 절영도에 간 적도 없고, 추원포가 아니라 춘원포에 정박하였다.

이어지는 《선조수정실록》의 기술도 거짓투성이였다. 먼저 이식 등이 남긴 기록을 소개하고, 그 잘못을 간단히 지적하겠다.

> "적은 아군을 지치게 할 계책으로, 아군의 배에 가까이 접근하였다가 문득 피하였다. 밤이 깊어 바람이 심하게 불어 우리 배가 사방으로 흩어지자, 원균은 남은 배를 수습하여 가덕도(加德島)로 돌아왔다. 그때 사졸들이 갈증이 심하여 다투어 배에서 내려 물을 먹었다. 그러자 적이 갑자기 나와 엄습하니, 원균 등이 황급하여 어찌할 줄을 모르고 급히 배를 이끌고 퇴각하여 고성(固城)의 추원포(秋原浦)에 주둔하였다. 그러자 수많은 적선이 몰려와 몇 겹으로 포위하였다. 원균은 몹시 놀라며 여러 장수와 더불어 힘껏 싸웠으나 대적해 내지 못하고, 배설이 먼저 도망하자 아군이 완전히 무너졌다."[319]

이상의 기록이란 것도 대체로는 픽션이다. 첫째, 통제사 원균은 90척의 전함을 이끌고 부산포에 갔다가 적군이 바다에 가득하여 밤낮을 가리지 않고 바로 철수했다. 그 당시에 참전한 격군이 이덕형에게 제공한 정보가 그와 같았다. 새벽에 옥포를 출항하면 잘해야 이른 오후에 부산포에 도착할 수 있었다. 그런데 그날 밤에 원균의 함대는 이미 춘원포로 귀항한 상태였다. 어느 겨를에 적군을 쫓아 이리저리 바다를 헤매고 다녔다는 말인가. 이러한 서술은 원균의 무능을 강조하기 위해 지어낸 말이다.

둘째, 더구나 원균이 아무 대책 없이 가덕도에 배를 댔다고 하는 것도 말이 되지 않았다. 평소에 원균이 가장 걱정한 것이 바로 가덕도와 안골포의 일본군이었다. 더구나 가덕도는 부산포 근처에 있다. 그런데 귀항 중인 원균의 배가 어찌 그곳에서 쉬려고 하였겠는가.

셋째, 고성의 추원포에 주둔했다는 주장도 춘원포를 잘못 말한 것이다. 그나마 이 기록이 옳은 점도 한 가지 있어 다행이기는 하다. 즉, 《선조수정실록》의 추원포 관련 주장은 우리에게 이른바 칠천량 사태라는 것이 존재하지 않았다는 점을 증명한 것이다.

---

319 《실록 - 선조수정실록》, 선조 30년(1597) 7월 1일.

일본군과 우리 군의 충돌은 춘원포 부근 해상에서 일어난 것이고, 칠천도와는 무관하였다. 그런 점에서 현재의 '칠천량해전 공원전시관' 같은 것은 허구적인 기념물이다.

2. 이식이 쓴 〈행장〉의 오류

이식은 왜란에 관련된 여러 인사의 전기자료를 생산하였다. 그때마다 원균을 무능하고 비루한 악인으로 묘사하고, 이순신을 그와 정반대되는 영웅으로 그렸다. 심지어 그는 원균의 부장으로 나중에 출세한 이운룡의 전기까지 집필해, 자신의 상상력을 역사적 사실로 기술하는 뛰어난 재능을 입증하였다.(제1부 제1장)

이식은 왜란 때 도체찰사였던 이원익의 〈시장(諡狀)〉을 쓸 때도 그와 같은 자신의 집필 방침을 고수하였다. 예를 들면 다음과 같은 방법이었다.

> "이때 수군통제사 이순신이 한산도를 굳게 지켜 왜적이 감히 서해로 들어오지 못했다. 그러므로 호남(湖南)이 덕분에 온전할 수 있었다. 그런데 병사(兵使) 원균은 탐욕스럽고 포학하기만 할 뿐 재주도 없는 몸으로, 이순신의 공적을 시기한 나머지, 교묘한 음모를 꾸며 중상모략을 일삼았다. 그러자 조정이 여기에 속아 넘어가 이순신 대신에 원균을 (통제사로) 임명하려고 하였다."[320]

두 가지 점에서 이식의 위 서술은 역사적 사실과 배치된다. 첫째, 호남이 온전하였던 것은 이순신 한 사람의 공이 아니라 조선 수군 모두의 공적이었다. 최고급 지휘관으로 말하더라도 이순신을 포함하여 원균과 이억기 등이 공동으로 이룬 쾌거였다. 그러나 이식은 그런 사실을 무시하고 이순신 한 사람의 공으로 돌렸다.

둘째, 통제사 이순신이 해임되고 그 자리에 원균이 올라간 것은 조정의 중론에 따른 것이다. 원균이 이순신을 모략하여 그런 결과가 나온 것이 아니다. 조정의 일은 선조가 비변사의 당상관들과 함께 결정하는 것이며, 일개 전라병마사 원균이 좌우하는 것이 아니다. 게다가 원균이 이순신을 모함하였다든가, 원균에게 탐욕과 포악함 외에는 이렇다 할 재주가 없다고 주장하는 것은 사실관계를 무시한 것이다. 이원익이 어전에서 말하였듯이 원균은 공이 있어서 등용한 것이다.

---

320 이식(李植), 《택당선생별집(澤堂先生別集)》, 제8권, 행장(行狀) 상, 〈영의정 완평부원군(完平府院君) 이공(李公)의 시장(諡狀)〉

이식은 선조 30년에 원균이 수군에 다시 기용된 일에 이원익이 찬성한 사실을 완전히 무시하고, 다음과 같이 엉뚱한 주장을 태연하게 늘어놓았다.

> "이에 공(이원익)이 그(의 등용이) 부당함을 극구 아뢰었고 몇 차례나 소장을 올렸다. 그러나 모두 허사가 된 채 결국에는 원균이 이순신을 대신하게 되었다. 그 뒤에 과연 (원균이) 크게 패하여 수군을 전멸시키고 말았다. 그리하여 정유년(1597, 선조 30)에 이르러 왜적이 마침내 양호(兩湖 전라도와 충청도) 지방까지 침입하였다."321

이식의 거짓된 서술은 끝이 없는 것 같다. 첫째, 이원익은 전쟁의 재발을 앞둔 시점에서 원균의 재기용을 주장한 것이 명백한 데도, 한사코 이를 반대하였다고 역사적 사실관계를 완전히 뒤집어 놓았다.

둘째, 원균의 패배는 그 자신이 자초한 것이 아니다. 그것은 도원수 권율과 도체찰사 이원익 등이 원균 등에게 부산포 진격 작전을 억지로 강요한 결과였다. 또, 원균이 어쩔 수 없이 패전한 이후에 남은 수군을 수습하고 재편할 의무는 도원수와 도체찰사 등에게 있었다. 하지만 이원익 등은 그러한 의무를 망각하고 수군을 돌보지 않았다.

셋째, 정유재란은 원균이 패배해서 일어난 것이 아니라, 이미 한 해 전인 선조 29년 겨울부터 조정에서 늘 걱정한 바였다. 적이 전라도와 충청도를 노리고 있다는 점은 누구나 알고 있었다.

그런데도 이식은 마치 원균이 대책 없이 적을 얕보고 공격했다가 실패하는 바람에 이런 끔찍한 사건이 일어난 것처럼 왜곡을 일삼았다. 선조가 인정한 것처럼 원균의 패배는 조정이 초래한 것이요, 원균 한 사람의 죄가 아니었다.

이식은 역사적 사실을 외면하고 정유재란의 피해마저도 원균 한 사람에게 뒤집어 씌우는 잘못을 범하였다. 조선 지배층 전체의 무능을 반성하기는커녕 모든 잘못을 원균 한 사람에게 떠넘겼다. 그 대신에 그는 자랑스러운 영웅 이순신을 내세움으로써 지배층의 자괴감을 극복하고자 하였다.

---

321 이식(李植), 《택당선생별집(澤堂先生別集)》, 제8권, 행장(行狀) 상, 〈영의정 완평부원군(完平府院君) 이공(李公)의 시장(諡狀)〉

3. 이항복의 찬가

원균과 끝까지 대립한 이가 도원수 권율이었다. 앞에서도 보았듯 권율은 원균과 여러 수사가 자신의 명령을 순순히 따르지 않는다며 선조에게 급보를 보냈다. 그 문서를 선조는 영구히 보존하게 함으로써 여차하면 원균 등의 목을 벨 준비까지 하였다. 바로 그 도원수의 사위가 이항복이었다. 왜란이 끝나자 그는 당연히 이순신을 불세출의 영웅으로 만드는 일에 합세하였다.

이항복은 〈고(故) 통제사(統制使) 이공(李公, 이순신)의 유사〉라는 글까지 지어 이순신이 얼마나 고상한 인격의 소유자인지를 강조했다. 그중 한 대목을 소개하면 다음과 같다.

> "일찍이 (이순신은) 원균과 군사(軍事)로 말미암아 둘이 말다툼한 일이 있었다. 감정이 쌓여 서로 사이가 좋지 않았다. 그런데도 공(이순신)은 항상 자제들에게 타일러 말하기를, '만일 누가 (원균과 다툰) 그 일에 관해 묻는 사람이 있거든, 너희들은 의당 저 사람(원균)에게 공이 있음을 말할지언정 그의 단점은 말하지 말라.'고 하였다."322

만약 이항복이 서술한 것과 같이 순수하고 아름다운 성격을 가진 인물이 있다면 그는 곧 군자(君子)일 것이다. 이항복은 이순신을 추모하며 사상 최고의 명장이요 인격이 완비된 유교적 군자로 묘사하였다.

그러나 이순신이 직접 쓴 《난중일기》를 읽어보면 이야기는 완전히 달라진다. 알다시피 이순신은 원균에 대해 끝없이 원망하고 비방하였다. 심지어는 원균의 운명이 장차 어떻게 될지를 이름난 점쟁이에게 물어, 그 결과를 일기에 기록할 정도였다. 원균에 대한 이순신의 증오심과 혐오 및 비난은 끝이 없었고, 그는 휘하의 부하는 물론이고 지나가는 과객에게도 원균을 비방하는 말을 들으면 일기에 기록하고 통쾌하게 여겼다. 그런 이순신이 어찌하여 자제들에게 이항복이 서술한 것처럼 하였을까. 만약 그렇게 하였다면 그야말로 보통 사람은 상상하기 어려운 위선일 것이다.

정승이 된 이항복은 조정에 건의하여 이순신의 사당을 짓기도 하였다. 이순신을 추모하고 기림으로써 그 자신이 얼마나 나라를 사랑하고 백성을 위하는 신하인지를

---

322 이항복(李恒福), 《백사집(白沙集)》, 제4권, 유사(遺事), 〈고(故) 통제사(統制使) 이공(李公, 이순신)의 유사〉.

후세에 알린 것이다.

4. 이수광의 합주

실학자 지봉 이수광도 원균을 비방하고 이순신을 추모하는 일에 앞장섰다. 그는 거북선의 뛰어난 성과를 강조하며 다음과 같이 주장했다.

> "우리나라의 전선(戰船)은 제도가 매우 굉장하였다. 사람들이 말하기를, 왜선 수십 척이 우리나라의 전선 한 척도 감당하지 못하였다고 한다. 이순신이 거북선을 창조하여 승리를 거두었으므로, 대체로 보면 선박의 장점에 힘입은 셈이다. 그러나 원균이 (통제사) 이순신을 대신하게 되자 100여 척의 전선으로도 여지없이 패배하였다. 이순신이 다시 원균을 대신하자 13척의 전선으로도 바다를 뒤덮은 600척의 배를 거느린 왜적을 꺾었다. (승리란) 장수에 적임자를 얻느냐 못하느냐에 달려 있을 뿐이다."323

이수광의 서술은 흥미롭기도 하지만 여러 문제점을 내포하고 있다. 첫째, 그는 왜란 때 거북선의 활약을 강조한 최초의 역사가였다고 볼 수 있다. 거북선이 돌격선으로 상당한 공을 낸 것은 사실이나, 지나치게 과장할 필요는 없다. 또, 거북선을 이순신이 처음 만든 것도 아니란 것은 사실이다.

둘째, 이수광은 조선의 전선 즉 판옥선의 기능을 높이 평가하였다. 그러나 왜란 끝 무렵에는 일본군도 판옥선을 운용하였다는 사실은 알지 못하였다. 우리 전함의 상대적 우위는 시간의 흐름과 무관하게 항상 일정한 것이 아니었다는 점을 이수광은 알지 못했다.

셋째, 윗글에 보이는 더욱더 심각한 문제점은 이순신이 지휘하면 다 승리하고 원균이 하면 다 실패한다는 식의 위험한 서술이다. 이순신이 명량해전에서 승리한 것은 그 자신의 능력이 출중한 점도 있으나, 두 가지 숨은 이유가 있다. 도원수나 도체찰사 등이 이순신에게 일일이 간섭하지 않았기 때문에 그가 지휘관으로서 능력을 유감없이 발휘하였고, 또 일본군에게 명량은 그야말로 낯선 바다였으므로 이순신이 지형의 유리함을 이용할 수 있었다.

---

323 이유원(李裕元), 《임하필기(林下筆記)》, 제19권, 문헌지장편(文獻指掌編), 〈거북선(龜船)〉.

그에 비해 원균은 도원수 등이 강제한 싸움에 억지로 나갔다. 그때 그는 지휘작전권 자체를 제대로 발휘하지 못하는 가련한 상태였다. 더구나 오랜 세월 동안 일본군도 이미 익숙해진 환경과 저들에게 유리한 지역에서 싸워야 했다는 점도 고려해야 한다. 이러한 제반 조건을 무시하고, 이순신이면 다 된다는 식으로 주장하는 것은 위험한 일이며 사실과 정면 배치되기도 한다. 가령 부산포해전에서 이순신은 하마터면 적에게 사로잡힐 뻔하였다. 다행히 안골포만호 우수가 그를 구조하였기에 위기를 벗어날 수 있었다.

5. 이순신의 후예를 자처한 윤휴

17세기 남인을 대표하는 학자가 곧 백호 윤휴이다. 그는 이순신과 개인적으로도 인연이 있다. 이순신의 서녀(庶女)가 곧 윤휴의 서모(庶母)였다. 어릴 적부터 윤휴는 서모를 통해서, 그리고 서모를 찾아오는 여러 사람을 통해서 이순신에 관한 일화를 많이 들었다. 물론 하나같이 영웅 이순신의 모습을 부조(浮彫, 도드라지게 새김)하는 이야기뿐이었다. 이런 이야기들을 하나둘씩 모을 때 윤휴는 이순신이 마치 자신의 외할아버지라도 되는 것 같은 착각에 빠지곤 하였던 모양이다.

윤휴가 기술한 〈통제사 이충무공의 유사(統制使李忠武公遺事)〉는 이순신 띄우기의 결정판이라고 보아도 좋다. 그 가운데는 앞서 비판한 안방준(安邦俊)의 거짓말도 포함되어 있다. 윤휴는 안방준의 문집 《은봉전서(隱峰全書)》에 실린 터무니없는 거짓을 사실로 믿었다. 문헌 비판이라고는 하나도 고려하지 않고, 원균을 비방하고 헐뜯는 이야기에 귀를 기울인 것이다.

당대 제일의 학자 윤휴도 이 지경이었으니, 나머지는 거론할 필요도 없겠다. 윤휴가 사실로 믿고 퍼뜨린 안방준의 거짓말이란 다음과 같다. 앞서 살핀 바이나 중요성을 고려해 조금 더 상세하게 분석한다.

우선 안방준은 자신의 숙부 안중홍(安重洪)의 처가 원균과 친척이라고 거짓말을 늘어놓았다. 안방준의 숙모가 원주원씨인 것은 사실이지만 원균과는 계통이 완전히 다른 집안이었다. 그런데도 안방준은 원균이 숙모와 친척이라서 삼도수군통제사가 된 다음에 전라도 보성에 있는 안중홍의 집으로 찾아왔다고 거짓말을 늘어놓았다.324

---

324 윤휴(尹鑴), 《백호전서(白湖全書)》, 제23권, 사실(事實), 〈통제사 이충무공의 유사(統制使李忠武公遺事)〉; 안

안방준의 숙모는 원천상(元天祥)의 딸로 중종 27년(1532)생이다. 원균보다 여덟 살 위였다. 원천상의 아버지는 원언보(元彦輔), 할아버지는 원익(元翊), 증조부는 원치(元菑)이며 외조부는 파평윤씨 윤현손(尹賢孫)이다. 그들 가운데 통제사 원균과 친척인 사람은 아무도 없다. 그런데도 안방준은 원균이 친척이라서 통제사로 부임하던 날 안씨 일가를 찾아왔다고 너스레를 떨었다. 알다시피 원균은 통제사로 임명되기 전에 이미 한산도에 도착하여 경상우수사를 지내고 있었다. 그런데 안방준은 마치 원균이 통제사가 되어 육지에서 먼 길을 거쳐 한산도로 들어간 것처럼 서술하였다.

안방준은 원균을 모욕하기 위해 여러 가지로 말을 지어냈다. 예컨대 원균이 자신의 숙부 앞에서 이렇게 말하더라고 기록하였다.

"제가 이 (통제사라는) 직함을 영화롭게 여기는 것이 아니라, 오직 이순신에 대한 치욕을 씻게 된 것이 통쾌합니다."325

하지도 않은 이런 말을 꾸며냄으로써 원균이 소인배라는 사실을 강조한 것이다. 그것이 안방준의 서사 전략이었다. 그는 숙부 안중홍이 철없는 원균을 다음과 같이 나무랐다고 서술했다.

"영감(원균)이 능히 성심을 다하여 적을 무찔러 그 공로가 이순신보다 뛰어나야만 치욕을 씻었다고 할 수 있는 것이오. 그저 이순신의 직함을 대신하는 것으로 통쾌하게 여긴대서야 어찌 부끄러움을 씻었다고 말할 수 있겠소."326

사람을 모욕하는 것도 이쯤이면 상수(上手, 뛰어난 솜씨)라고 해야겠다. 안방준은 거기서 멈추지 않고, 통제사 원균이 얼마나 졸렬한 군인인지를 조작된 언사를 빌려 다음과 같이 비웃었다.

"원균은 다시 말하기를, '제가 적을 만나 싸우게 된다면, 거리가 멀 때는 편전(片箭)을 사용하고 가까우면 장전(長箭)을 쓸 것입니다. 적과 맞부딪치면 칼과 기름칠한 곤봉을 쓰면 되지요. 이기지 못할 리가 없습니다.'라고 하였다. 숙부는

방준(安邦俊), 《은봉전서(隱峯全書)》, 권8, 기사(記事), 〈백사론임진제장사변(白沙論壬辰諸將士辨)〉.
325 윤휴(尹鑴), 《백호전서(白湖全書)》, 제23권, 사실(事實), 〈통제사 이충무공의 유사(統制使李忠武公遺事)〉; 안방준(安邦俊), 《은봉전서(隱峯全書)》, 권8, 기사(記事), 〈백사론임진제장사변(白沙論壬辰諸將士辨)〉.
326 윤휴(尹鑴), 《백호전서(白湖全書)》, 제23권, 사실(事實), 〈통제사 이충무공의 유사(統制使李忠武公遺事)〉; 안방준(安邦俊), 《은봉전서(隱峯全書)》, 권8, 기사(記事), 〈백사론임진제장사변(白沙論壬辰諸將士辨)〉.

웃으면서 대답하기를, '대장이 어찌 칼과 곤봉을 쓰는 것까지 명령해서야 될 말인가?'라고 했다."327

원균의 뇌리에는 아무런 전략이나 전술도 없고, 그저 필부와 다르지 않았다는 식의 비판이었다. 물론 이런 대화 자체가 허구였다. 안방준은 거짓을 꾸며 한바탕 원균을 조롱한 다음에 아래와 같이 그를 다시 헐뜯었다.

"원균이 떠난 뒤에 숙부는 나에게 말씀하셨다. '원균의 사람됨을 보니 큰일을 하기는 글렀다. (역사에 졸렬하기로 이름난) 조괄(趙括)과 기겁(騎劫)도 이와 같지는 않았을 것이다.' 그러고는 한참이나 탄식하였다. 남쪽 지방 사람들은 지금도 이 일, 즉 나의 숙부가 원균과 나누었다는 대화를 들으면 팔뚝을 걷어붙이고 분통하지 않은 적이 없다."328

안방준은 서인에 속한 호남의 이름난 선비였다. 그는 시류에 편승해 없던 말까지 지어내, 자신의 집안을 높이고 원균을 헐뜯었다. 그런 안방준과 윤휴는 비록 당파는 다를지언정 이순신을 높이고 원균을 사정없이 깎아내리는 데는 기꺼이 동료가 되었다. 이순신은 17세기 조선 지배층의 공동자산이요, 원균은 이순신의 영광을 치장하는 도구가 되었다. 거기에는 당파의 차이도 없었다.

6. 유장(儒將) 이순신에 대한 동질감

이순신을 빛내려는 조선 지배층의 노력이 계속되자 전에는 미처 알지 못하였던 그의 미덕과 지혜가 새롭게 발견되었다. 예컨대 이순신이 역사에도 무척 밝은 인물이었다는 점도 지배층의 관심거리로 떠올랐다. 대표적인 것이 17세기 후반의 정승 김육의 서술에 보인다.

잠곡 김육은 실학자요, 탁월한 재상으로 충청도 지방에 대동법을 처음 시행하였다. 그는 세상을 떠날 때까지도 민생을 걱정하여 호남 지방에 대동법을 확대 시행하자는

---

327 윤휴(尹鑴), 《백호전서(白湖全書)》, 제23권, 사실(事實), 〈통제사 이충무공의 유사(統制使李忠武公遺事)〉; 안방준(安邦俊), 《은봉전서(隱峯全書)》, 권8, 기사(記事), 〈백사론임진제장사변(白沙論壬辰諸將士辨)〉.
328 윤휴(尹鑴), 《백호전서(白湖全書)》, 제23권, 사실(事實), 〈통제사 이충무공의 유사(統制使李忠武公遺事)〉; 안방준(安邦俊), 《은봉전서(隱峯全書)》, 권8, 기사(記事), 〈백사론임진제장사변(白沙論壬辰諸將士辨)〉.

〈유소(遺疏)〉를 올릴 정도로 대단한 인물이었다.

바로 그런 정승까지도 영웅 이순신의 새로운 면모를 찾느라 애를 썼다. 김육은 이순신이 여느 선비 못지않게 역사에 탁월한 식견을 가졌다는 점을 강조하였다. 《잠곡유고》(제13권)를 살펴보면, 이순신이 무과시험에 응시할 때의 진기한 풍경이 서술되어 있다. 즉, 그때 시험관이 이순신에게 다음과 같이 물었단다.

> "(중국 고대에) 한나라의 장량(張良)은 적송자(赤松子)란 신선과 노닐었다고 《무경(武經, 병법에 관한 책)》에 기록되어 있다. 장량은 과연 죽지 않았던 것인가?"329

그러자 이순신이 다음과 같이 대답했다고, 김육은 기록하였다.

> "한나라 혜제 6년(기원전 189년)에 유후 장량이 죽었다는 점이 《자치통감강목》에 쓰여있습니다. 어찌 그가 죽지 않았을 리 있겠습니까."330

이런 대답을 듣고 시험관은 깜짝 놀라며, 이순신이 만약에 평범한 무사라면 어찌 그런 점까지도 알 수 있겠느냐고 혀를 찼다고 했다. 김육의 이와 같은 서술은 단순히 이순신은 역사에 두루 밝았다는 점을 말하는 데 그치지 않는다. 김육이 이러한 일화를 통해 말하고자 한 점은, 이순신이야말로 선비 중의 선비로 지식과 지혜가 출중하며 동서고금의 역사에 정통한 최상의 전략가라는 것이다.

과연 이순신이 역사를 즐겨 읽은 것은 사실이었다. 《난중일기》를 살펴보면 정유년(1597) 10월 8일의 일기 다음에 중국 송나라의 역사를 읽은 짤막한 후기 〈독송사(讀宋史)〉를 실었는데, 그 첫머리는 아래와 같다.

> "오호라, 지금이 어느 때인데, 이강(李綱, 송나라 대신)은 떠나려고 하는가. 가면 어디로 간다는 말인가. 신하가 임금을 섬길 때는 오직 죽을 각오로 해야 한다. 다른 길이 없다. 그때는 사직이 위태로워 한 가닥 터럭으로 천근만근을 붙들어 올리는 것 같았다. 신하라면 몸을 던져 나라의 은혜를 갚아야 마땅하였다. (이강이) 조정을 버리고 (고향으로 돌아)간다고 말했으니, 생각조차 못 할 말이었다. 어찌 이를 입 밖으로 꺼낼 수 있었는가."331

---

329 김육(金堉), 《잠곡유고(潛谷遺稿)》, 제13권, 신도비명(神道碑銘), 〈통제사(統制使) 이충무공(李忠武公)의 신도비명(李統制忠武公神道碑銘)〉.
330 김육(金堉), 《잠곡유고(潛谷遺稿)》, 제13권, 신도비명(神道碑銘), 〈통제사(統制使) 이충무공(李忠武公)의 신도비명(李統制忠武公神道碑銘)〉.

잠시 역사적 사실을 알아보면, 이강은 북송의 대신이었다. 그는 여진족(금나라)의 침략을 막다가 도리어 송나라 고종의 미움을 받았다. 그 일로 조정에 다시 선 지 75일 만에 이강은 관직에서 물러났다. 이후 송나라는 곧 망해버렸다. 이순신은 왜란 때 조선의 사정이 북송 때와 별로 다르지 않다고 확신하였다. 그래서 그는 송나라 역사책을 읽으며 여러 가지 생각을 하였다. 〈독송사〉의 뒷부분은 다음과 같다.

> "내가 이강이라면 어떻게 할 것인가. 몸이 망가지고 피를 쏟으며 울었고 간담을 상했는데도 일이 이 지경이 되었으니, 적과는 화친할 수 없다고 분명히 말했으리라. 아무리 말해도 (왕이) 듣지 않는다면 나는 그대로 죽겠노라. (…) 혹시 죽음을 무릅쓰고 살길을 찾는다면, 만에 하나라도 나라를 건질 도리가 있으리라. 이강은 이런 생각을 하지 않고 조정에서 물러났으니, 어찌 신하가 된 사람이 몸을 바쳐 임금을 섬기는 의리라고 말할 수 있으랴!"332

이순신은 송나라 역사책을 읽고 밤새워 고뇌하였다. 그때 조정 대신들의 생각은 서로 달라 우왕좌왕할 때가 많았다. 그러나 이순신의 생각은 확고부동하였다. "적과는 화친할 수 없고" 만약 뜻대로 안 되면 "그대로 죽겠노라"라고 다짐했다. "몸을 바쳐" 나라를 구하는 데 힘쓸 뿐, 어떤 이유로든 벼슬에서 물러나지 않겠다고 말했다. 이런 이순신이었으므로, 후세의 선비들은 은연중에 그야말로 '유장(儒將)'이라 부르며 동류의식을 느낀 것이었다.

《난중일기》를 꼼꼼히 검토해 보면 그는 우리나라의 역사도 즐겨 읽었다. 병신년(1596) 5월의 일기를 보면, 하루는 종일토록 비가 내렸다. 이순신은 홀로 앉아 책을 읽었는데, 그 점을 다음과 같이 기록하였다.

> "우리나라의 역사를 읽었다. 분하고 못마땅한 생각이 많이 났다."333

못마땅한 처사가 어디 과거에 국한되었겠는가. 현실 속에서도 억울하고 분한 일은 적지 않았다. 정유년(1597) 8월의 어느 날 밤, 이순신은 부하들에게서 원균 등이 전사하던 날에 경상우수사 배설이 어떠한 행위를 했는지를 전해 듣고 한참을 괴로워하다가 다음과 같이 썼다.

---

331 이순신, 《난중일기》, 정유년(1597) 10월 8일.
332 이순신, 《난중일기》, 정유년(1597) 10월 8일.
333 이순신, 《난중일기》, 병신년(1596) 5월 25일.

> "권세가에게 아첨하여 제(배설)가 감당하지 못할 높은 지위에 올라 나랏일을 크게 망쳤도다. 그런데도 조정에서는 (그 잘못을) 살피지 못하고 있다. 이를 어찌하랴, 어찌하랴!"[334]

이순신은 유장(儒將)이었다. 선비로서 지조와 지혜를 충분히 갖추었으니 그것이 그의 장점이요, 많은 선비가 그러하였듯 그 또한 편협하고 독선적이었으니 그것은 단점이다. 17세기 조선을 이끈 대신들은 이른바 선비들이다. 구국의 영웅을 찾아 그를 찬양하고 미화함으로써 체제의 위기를 탈출하고자 했던 그들에게는 이순신처럼 구미에 맞는 전쟁 영웅이 다시 없었다. 그래서 조선 지배층은 당파를 초월하여 영웅 이순신의 신화를 쓰기로 작정하였다.

일단 그러한 선택에 도달한 이상, 영웅의 생애에 걸림돌이 된 이가 있다면 그 사람은 이제 만인의 적이요 소인 중의 소인이었다. 이와 같은 선비공동체의 전략적 선택은 의외의 희생양을 만들어냈다. 그가 바로 선무공신 제1등 중에서도 제3인으로 뽑힌 원균이었다. 원균은 참으로 불운한 인물이라고 말할 수 있다.

---

[334] 이순신, 《난중일기》, 정유년(1597) 8월 12일.

제3절
18세기에는 사회적 통념으로 굳어진 혐오와 배제

조선 후기에 원균은 무능과 비겁과 음험과 시기 질투와 모든 악의 화신이 되어갔다. 당대에는 용감한 장수라고 했고, 공이 크기 때문에 등용한다고 하였으며, 지혜로운 장수라는 평가가 있었으나 그것은 모두 옛말이 되었다. 아니, 정확히 말해 그와 같은 상찬(賞讚, 칭찬함)의 언어는 완전히 자취를 감추었다.

영조 26년(1750) 7월 3일에 호조판서 박문수는 무슨 일로 조정에 글을 올렸는데, 그 가운데는 다음과 같은 구절이 포함되어 있다.

> "통영은 하나의 통영인데도 원균이 장수가 되자 군대 전체가 패망하였고, 이순신이 장수가 되자 가는 곳마다 그와 겨룰 상대가 없었습니다."335

'암행어사'로 후세가 존경하는 박문수였다. 그가 원균을 혐오해야 하는 개인적인 이유는 하나도 없다. 박문수는 그 당시에 널리 퍼져 있던 통념에 기댄 것뿐이다.

그런가 하면 추락한 원균과는 달리 이순신에 대한 흠모의 정은 우리가 상상할 수 있는 한계를 이미 벗어났다. 정조 10년(1786) 3월에 왕은 이순신을 일컫는 당대의 용어였던 "선정(先正)", 즉 유교적 관점에서 본 역사상의 현명한 위인에 관해 다음과 같이 말하였다.

> "(요즘은) '선정(先正)'이란 칭호를 유가의 현인('儒賢')에 국한되어 사용하는 것 같지 않다. (학자요 시인으로 이름난) 김인후(金麟厚)에게 제사를 바치며 쓴 제문(祭文)에서도 그를 선정이라고 하였다. 그리고 이순신은 무인(武人)인데도 선정이라 일컫는다. 그리고 보면 선정을 꼭 유가의 현인에 국한해 사용하지 않는다는 점이 분명하다."336

---

335 《실록》, 영조 26년(1750) 7월 3일.
336 《실록》, 정조 10년(1786) 3월 20일.

그런데 위 인용문에서 유현(儒賢)은 아니라고 거론한 김인후를 수년 뒤에 정조는 문묘에 배향하였다. 18세기 조선 선비들이 '선정'이라고 부른 이들은 결국 이런저런 이유로 유교의 현인으로 대접을 받았다. 예술가나 무인을 '선정'이라고 일컬은 예는 거의 없었다. 이순신을 조선 후기 선비들이 '선정'이라고 부른 것은 극히 예외적인 일이었다. 정조 10년 당시에는 왕이 그 점을 정확히 인식하지 못하였을 따름이다. 한국의 긴 역사에서 이순신을 제외한 그 어느 무인이 선비들로부터 '선정'이란 명예로운 호칭으로 불렸는가.

18세기 후반에 이순신의 위상은 대단히 높았다. 정조 자신이 그런 사실을 누구보다 잘 알고 있었다. 그랬기에 정조 15년(1791) 3월에 왕은 다음과 같은 특명을 내렸다.

> "(청나라에 굴복하지 않은 인조 때의) 삼학사(三學士, 홍익한, 윤집 그리고 오달제)의 봉사손(奉祀孫, 종손)을 찾아 벼슬을 주라. 그리고 작고한 정승 유성룡과 충무공 이순신의 직계 후손 가운데 유능한 이를 찾아서 과인에게 아뢰라."337

정조는 나라를 위해 목숨을 바친 충신과 국가를 위기에서 구한 명신의 자손에게 특혜를 주고자 하였다. 그때 가장 먼저 머리에 떠오른 이가 청나라에 항복하기를 거절한 홍익한, 윤집 그리고 오달제였다. 그에 버금가는 인물은 임진왜란 때 명신으로 알려진 유성룡과 이순신이었다. 18세기 후반에 이순신은 나라를 구한 명신의 아이콘이었다. 안타깝게도 세상에서 이순신을 추앙하면 할수록 원균은 부끄러운 이름이 되어 짙은 암흑 속으로 추락하였다. 아래에서는 말년에 정조가 이순신에게 매료되어 여러 가지 특전을 베푼 사실을 간단히 서술하겠다.

1. 정조의 오해

정조는 이순신의 행적에 깊은 관심을 가졌다. 그가 이순신을 깊이 공부할수록 그는 원균의 무지와 무능에 대한 원망과 깊은 한탄을 자제할 수 없었다. 정조의 문집인 《홍재전서》에는 정조 24년(1800)에 기록한 다음과 같은 글귀가 있다.

---

337 《실록》, 정조 15년(1791) 3월 19일.

"충무공(이순신) 대신에 원균이 (통제영에) 들어가자 전선 1백여 척이 일패도지(一敗塗地, 한 번 싸움에 모두 사라짐)하였다. 그러나 원균을 대신하여 충무공이 들어가자 전선 13척으로도 바다를 가득 메운 적선 6백여 척을 격파했다. 이처럼 장군만 제대로 얻는다면 전함이 많고 적고는 따질 필요가 없다."[338]

이른바 '칠천량 사태'를 예로 들어 원균의 무능을 질타하고, 명량해전의 승리를 통해 이순신의 위대함을 선양한 것이다. 얼핏 보면 명쾌한 분석으로 보이지만 실은 위험천만한 역사 왜곡이다. 한 가지 문제는 사실관계의 오류에 있고, 또 한 가지는 점차 달라지고 있었던 전쟁의 성격을 오해한 것이다. 인용문에 나타난 정조의 관점은 앞에서 분석한 지봉 이수광의 주장과 같아서 길게 다시 논의할 필요는 없다.

다만 두 가지 사실을 특별히 강조하고자 한다. 첫째, 왜란 때 조선 수군이 승리한 것은 도원수, 도체찰사 그리고 비변사의 간섭이 없었을 때였다는 점이다. 이른바 '칠천량 사태'는 통제사 원균이 기획한 전투가 아니라 상부로부터 강요된 것이고, 또 그에 관한 정보가 김응서를 통해 요시라 등 적군에게 고스란히 노출된 상황이었다. 따라서 천하의 명장이라도 이길 수 없는 전투였다. 그 반면에 명량해전은 이순신이 독자적으로 기획한 전투요, 적군은 아군의 상황도 잘 모르고 지형지물에 대한 이해가 없었기 때문에 겉으로 보기에는 위태로운 전투이면서도 유리한 점이 있었다. 이러한 견해는 이순신의 승리를 깎아내리는 것이 아니라 사실관계를 객관적으로 설명한 것이다. 또, 이순신에게 그러한 재량권이 주어진 것은 앞서 '칠천량 사태'의 교훈이 작용한 것이다. 조정에서도 수군을 지나치게 간섭하는 것이 아무런 이득도 되지 않는다는 점을 알게 되었다는 것이다.

둘째, 고대부터 전투의 승리를 좌우하는 가장 기본적인 요소는 다름 아닌 무기의 성능이었다. 위 인용문에 보이는 정조의 판단은 명장의 중요성을 강조한 것이지만, 자칫하면 무기의 중요성을 간과하는 결과를 빚는다. 왜란 초기에 우리 수군이 여러 차례 승리한 것은 두말할 나위 없이 판옥선이라는 전함의 위력을 빼고는 말하기 어렵다. 그러나 왜란 후기가 되면 적군도 판옥선을 운용하게 되었으므로, 일반이 짐작하는 것처럼 우리 군의 우위가 보장된 것은 아니었다. 그래서 이순신은 명량해전에서 이기고도 적군의 재침을 두려워하며 고군산도(군산) 앞바다까지 급히 후퇴하였다. 정조는 이런 점을 자세히 알지 못하고 너무 성급한 결론을 내린 감이 없지 않았다.

---

338 정조(正祖), 《홍재전서(弘齋全書)》, 제13권, 서인(序引) 6, 〈익정공주고군려류서(翼靖公奏藁軍旅類叙) - 경신년(庚申年)〉.

하여간 정조는 이순신을 비롯하여 왜란과 호란 때 공을 세운 여러 장수의 공적을 기리는 사업을 적극적으로 추진하였다. 그 과정에서 무명의 장수도 간혹 큰 대접을 받았다. 일례를 들면 다음과 같다.

> "충무공 이순신과 충민공(忠愍公) 임경업(林慶業)의 자손을 황단(皇壇, 명나라 신종황제를 기념하는 제단)에서 거행하는 망배례(望拜禮, 일종의 제사)에 배참(陪參)하도록 하라. 아울러 (왜란 때 공을 세우고) 작고한 목사(牧使) 제말(諸沫)에게 시호(諡號)를 내리라. 그의 조카 제홍록(諸弘錄)에게는 벼슬을 추증하고 비석을 세워 그곳에 (충심임을) 정표(旌表)하라."339

두말할 나위 없이 이순신과 임경업은 제각기 왜란과 호란에 관계된 충신이었다. 그런데 위 인용문에 등장하는 제말이란 장수는 누구인가. 보통은 잘 모르고 지나칠 수 있는 장수로, 왜란 때 활약한 수많은 전쟁 영웅의 하나였다. 정조는 역사가 잊은 제말 같은 영웅까지도 재발견하여 벼슬을 추증하고, 시호를 주고, 자손을 벼슬에 등용하며, 충신으로 표창하는 일을 게을리하지 않았다. 그러나 정조의 그처럼 너그럽고 후한 은전(恩典)이 선무공신 가운데서도 1등 공신 원균에게는 미치지 않았다. 정조에게 있어 원균이란 백해무익(百害無益)한 존재, 즉 해롭기만 한 인물로 인식되었기 때문이다. 이것은 정조만의 생각이 아니라, 그 시대의 통념이었다. 인간의 역사에는 이처럼 억울한 일이 자주 일어난다.

2. 정조가 쓴 이순신의 비문

정조는 왜란 때 명나라 숭정제(崇禎帝)가 수만 명이나 되는 군대를 보내 조선을 구해준 은혜에 깊이 감사하였다. 또, 그때 나라를 구하고 국위를 선양한 이순신을 깊이 숭모하였다. 그래서 정조 17년(1793) 7월 21일에 왕은 특별한 조치를 했다. 왕은 승지를 황단(皇壇), 즉 숭정제를 기념하는 제단에 보내어 황제의 위패를 봉안(奉安)한 공간을 찾아뵙게 하였다. 아울러 이날을 기념하여 충무공 이순신에게 의정부 영의정의 벼슬을 추증하였다.340 그러고는 다음과 같이 감회를 토로했다.

---

339 《실록》, 정조 16년(1792) 7월 25일.
340 《실록》, 정조 17년(1793) 7월 21일.

"이날이 무슨 날인가. 아, 신종(神宗, 숭정제)께서 우리나라를 구하여 다시 만들어 주신 은혜는 하늘과 같이 그칠 날이 없으리라. … (황제의) 덕을 본받고 공을 갚는 데는 나라에 밝은 법규가 있기 마련이다. 더구나 작은 나라 (조선의) 배신(陪臣)으로, 명나라의 은총을 입어 천하의 명장이 된 사람이 있으니 그가 바로 이 충무공(이순신)이다. 옛적의 일을 보건대 무령왕(武寧王) 서달(徐達)이란 사람의 비석을 중국 황제가 직접 지었고, 유사(有司)가 그 비석을 세운 적이 있었다. 우리도 삼가 이런 역사를 본떠 일찍이 과인이 해당되는 도에 명하여 비석을 깎게 하고, 비석 머리에 새길 전자(篆字)도 만들어서 내려보냈다. 비석에 기록할 명시(銘詩)를 지어서 내려줄 때까지 기다리라고 명령하였노라. 작년에는 민생에 관한 일로 바빠 그 일을 미처 하지 못하였다. 이제 오늘에 이르러 충무공의 후손을 불러 안부를 묻고 (비석 만드는) 사업을 감독하게 하노라."341

요컨대 정조는 왜란 때 명나라가 조선을 구한 은혜를 생각하면 할수록 명나라 황제로부터 높은 평가를 받은 이순신을 사모하게 된다는 것이었다. 정조는 이순신의 지대한 업적에 비추어 아직도 그에게 영의정의 벼슬을 추증하지 못한 것은 참으로 잘못된 일이었다고 술회했다. 그러면서 정조는 중국의 옛일을 본받아 이순신의 공적을 기리는 비문을 자신이 직접 지어 비석도 새로 세우게 하였다. 아울러 이순신의 후손이 그 공사를 주관하는 영예를 누리게 하였다.

이순신의 탁월한 공적과 충절을 기리며 정조는 신도비명(神道碑銘)을 직접 저술하였다. 앞서 정조는 이순신의 비석에 제목을 정하고 '상충 정무지비(尙忠旌武之碑)'라는 전자(篆字)를 만들게 하였다. 중국의 명필 안진경(顏眞卿)이 가묘(家廟)에 세운 비문에서 필요한 글자를 모으게 하였다. 그리고 빗돌은 전라도관찰사 이형원(李亨元)에게 명하여 마련하게 하였으며, 비석은 충청도 아산에 있는 이순신의 묘 아래 세우게 하였다.342

비석을 세우는 공사가 끝난 것은 정조 18년(1794)이었다. 신하들은 정조가 지은 이순신 신도비의 탑본(榻本)을 바쳤는데, 정조는 그것을 인쇄하여 전국에 있는 다섯 곳의 사고(史庫)에 비치하고, 관각(館閣)과 태학(太學, 성균관)에도 보내어 영구히 보관하라고 지시하였다.343 정조 19년(1795) 5월의 일이었다.344

---

341 《실록》, 정조 17년(1793) 7월 21일.
342 《실록》, 정조 19년(1795) 5월 11일.
343 《실록》, 정조 19년(1795) 5월 11일.
344 《실록》, 정조 19년(1795) 5월 11일.

3. 《이충무공전서》의 편찬

정조의 이순신 추모사업은 계속되어 정조 19년(1795) 9월 14일에는 《충무공이순신전서(忠武公李舜臣全書)》를 발간하기에 이르렀다.345 이에 앞서 정조는 신하들에게 명하여 이순신의 행적 및 그가 쓴 유고(遺稿)를 모아 책으로 편찬하라고 하였다. 드디어 책이 완성되자 정조는 다음과 같이 말하였다.

> "이 사업은 충의를 드높이고 공로에 보답하며 무용(武勇)을 드러내고 공적을 표창하려는 뜻에서 비롯되었다. 그래서 책을 편집할 때도 과인이 여러 번이나 관심을 표했다. 이제 책자를 인쇄할 때가 되었으므로 특별한 조치가 있어야겠다. 내탕(內帑, 왕실의 금고)에 있는 5백 민(緡)의 금전과 어영(御營, 친위부대)의 돈 5백 민을 내려주어 책을 인쇄하는 비용에 보조하도록 하라."346

《이충무공전서》는 이순신의 추모문집이었는데, 기획부터 편찬 및 간행에 이르기까지 정조의 특별한 보살핌 속에서 진행되었다. 동서고금을 통틀어서 이름난 장수는 많으나 그를 기리는 거질(巨帙)의 추모문집이 나온 적은 없었다. 이순신은 이처럼 특별한 대접을 받았다. 당대에 그와 버금가는 장수로 손꼽힌 원균이 얼마나 푸대접을 받았는가를 생각하면 세상일이란 참으로 알 수가 없다.

물론 정조의 관심을 끈 것은 이순신 하나는 아니었다. 왕은 이순신과 함께 항상 임경업을 추모했다. 그 점을 〈정조대왕행장(正祖大王行狀)〉은 다음과 같이 기록하였다.

> "왕(정조)은 충절을 높이고 공로를 보답하는 길이라면 아끼지 않고 할 수 있는 모든 일을 다 했다. 특히 충무공 이순신과 충민공 임경업을 으뜸으로 여겨 그들의 유문(遺文)과 유사(遺事)를 편집하였다. 충무공은 《전서(全書)》로 하고, 충민공은 《실기(實紀)》라 하여 책자를 발간하였다."347

임경업과 이순신을 동렬에 두었다고는 하지만 자세히 살펴보면 그 차이는 명백하였다. 임경업의 경우는 저술도 없고 그 덕행을 기리는 전설이 많지 않아 유장(儒將)이라고 부르기는 어려웠다. 그래서 그의 충성심과 용맹함을 기리는 한편의 전기를 완성

---

345 《실록》, 정조 19년(1795) 9월 14일.
346 《실록》, 정조 19년(1795) 9월 14일.
347 《실록》, 정조실록 1권, 〈정조 대왕 행장(行狀)〉.

하는 것으로 만족하였다.

그에 비해 이순신에 관해서는 미담도 많이 남았고, 그가 생전에 작성한 공문이며 일기나 편지와 같은 사적 기록이 상당히 많았다. 정조는 그 모든 문헌 자료를 총괄하여 일종의 전집을 편찬하게 하였다. 평생 학문에 종사한 고명한 선비라도 그의 문집을 나라에서 간행하는 일은 극히 드물었다. 그런데 무인 이순신은 그가 남긴 길고 짧은 모든 글을 묶어 《이충무공전서》라 이름 짓고, 우리나라 최고의 문신들이 교정과 교열에 매달려 주옥같은 문집으로 만들어냈다.

정조는 이순신의 문집을 간행한 뒤에 마무리 행사 또한 성대하게 거행하도록 지시하였다. 정조 19년(1795) 12월 초순에 왕명으로 통제사 이득제(李得濟)가 경상도 통영에 있는 충렬사(忠烈祠)에서 특별한 제사를 올렸다.348 그날의 행사를 위해 정조는 충무공 이순신의 영전에 드리는 치제문(致祭文)을 몸소 저술하였다.349

4. 영예와 특권

정조는 이후에도 이순신을 비롯한 여러 충신의 자손들에게 특권과 영예를 부여했다. 가령 정조 20년(1796) 7월 19일에는 관리들의 정기적인 인사발령이 났는데, 그날도 다음과 같이 특명을 내렸다.

> "《충무전서(忠武全書, 이충무공전서)》를 읽을 때마다 녹도만호 정운(鄭運)이 한 일에 이르면 크게 감탄하지 않은 적이 없었노라. 이 사람이 운대(雲臺, 해운대)의 전투를 하지 않았더라면 어찌 명량(鳴梁)대첩과 당포(唐浦)의 승리가 있겠는가. … 이처럼 충성스럽고 용감한 사람은 역사책에서 아무리 찾아보아도 견줄 만한 이가 매우 드물다. … 비분강개하여 충무공을 권면하고 떨치게 만든 사람이 바로 이 사람이었다. 다만 신분이 낮은 사람으로 가문이 한미하여 역사에 드러나지 아니하고, 아직도 시호를 내려주는 은전이 없었으니 어찌 흠전(欠典)이요 궐사(闕事)라고 말만 하겠는가. … 정운에게 특별히 병조판서를 추증하라. 그리고 홍문관은 그의 시호를 의논하라."350

---

348 《실록》, 정조 19년(1795) 12월 5일.
349 《실록》, 정조 19년(1795) 12월 5일.
350 《실록》, 정조 20년(1796) 7월 19일.

틈이 날 때마다 정조는 《이충무공전서》를 읽었다. 그 가운데 부산포해전에서 전사한 정운이란 존재에 주목하였다. 마침내 정조는 그의 벼슬을 높이고 시호까지 내려주기로 하였다. 이처럼 《이충무공전서》에 나오는 크고 작은 여러 장수가 정조의 관심을 끌었다. 이순신이 호평한 이는 정조도 호평하였고, 이순신이 악평한 이는 정조도 하찮게 여겼다.

나라의 운명을 좌우하는 왕으로서 정조는 충신의 자손에게 특전을 베푸는 것이 현명한 일이라고 확신하였다. 그리하여 그는 왜란 때 조선에 파견된 명나라의 이여송 제독과 이순신의 자손에게 관직 임용에 특혜를 주었다. 또, 효종 때 북벌을 앞장서 추진한 것으로 알려진 이완의 후손에게도 그와 같은 혜택을 베풀었다.351 정조 때부터 우리나라에는 몇몇 집안의 후손들이 관직 임용에 특혜를 누렸는데, 그런 사실을 뚜렷이 드러낸 정조의 발언을 소개하면 다음과 같다.

> "이문성(李文成, 율곡 이이)과 김문경(金文敬, 신독재 김집)의 집안은 곤수(閫帥)와 침랑(寢郞)이 되는 데 막히는 바가 없었다. 그러나 정익(이완) 집안은 그렇지 못하였으니, 어찌 성조(聖祖, 역대 국왕)의 성의를 본받았다고 하겠는가.352 … 앞으로 이 계파(이완의 자손)는 충무공 이순신, 의민공(毅愍公) 이억기(李億祺) 집안의 경우처럼 선전관(宣傳官)으로 쓸 때는 자급을 한 등급 올려서 천거하고 권점(圈點, 추천 등급)도 더하라. 그리하여 이 세 집안을 동등하게 대접하고, 혹시라도 (임용에서) 떨어지는 경우가 없게 하라. 이를 해당 관청의 수교(受敎, 왕명의 기록)에 올리라."353

요컨대 문신의 후예로는 율곡 이이와 신독재 김집의 자손이라면 무조건 임용하고, 무신의 집안에서는 이순신, 이억기 그리고 이완의 후손이라면 반드시 벼슬을 주라는 명령이었다. 그들은 후보로 거론되기만 하면 반드시 등급을 올려서 다른 집안사람들에게 밀려나는 일이 없게 하라는 것이 정조의 특명이었다. 그것도 앞으로 영구히 그렇게 하라는 지시였다. 인용문에 보이는 '곤수'란 무관으로서 누릴 수 있는 가장 영예로운 벼슬인데, 구체적으로는 평안병마사 및 함경병마사, 각도의 수사(水使) 벼슬이다. 그리고 '침랑'이란 과거에 급제하지 못한 사람이 나아가는 가장 좋은 벼슬인데, 종묘(宗廟)와 각종 왕릉의 책임자인 영(令) 또는 참봉(參奉)을 가리킨다.

---

351 《실록》, 정조 20년(1796) 7월 22일.
352 《실록》, 정조 20년(1796) 7월 22일.
353 《실록》, 정조 20년(1796) 7월 22일.

앞에서 정조는 이순신과 임경업을 무신 가운데 으뜸으로 쳤다고 하였으나, 실은 그렇지 아니하였다. 위 인용문에서 보았듯, 정조가 가장 우대한 무인은 이순신, 이억기 및 이완이었다. 그리고 문신은 서인/노론을 대표하는 이이와 김집이란 두 명의 선비였다. 원균은 이순신 및 이억기와 함께 왜란 때 가장 공을 많이 세웠으나 여지없이 배제되었다. 《이충무공전서》를 누구보다 열심히 애독한 정조는 원균을 혐오하였기 때문이다.

워낙 이순신을 깊이 존경하였으므로, 정조는 이순신이 아낀 부하 유형에 관하여도 남다른 애정을 보였다. 정조 20년(1796) 8월에 우의정 윤시동은 다음과 같이 흥미로운 일화를 어전에서 진술하였다.

> "작고한 통제사 유형과 작고한 훈련도정 유병연(柳炳然)은 할아비와 손자 사이인데, 모두 송나라의 (충성스러운) 신하 악비(岳飛)가 그러했듯이 진충보국(盡忠報國, 충성을 다해 나라에 보답함)이란 네 글자를 등에 문신으로 새겼습니다. 유형은 본래 남해현감(南海縣監)이었는데, 충무공 이순신을 도와 노량해전에서 싸우다가 탄환을 맞고도 죽지 않았습니다. 그 자취가 매우 위대하였습니다. 또, 유병연은 효종 때 정익공(貞翼公) 이완(李浣)의 천거를 받은 이로, 선정신(先正臣) 송시열이 (효종의 북벌 의지를 담은) 비밀 유시를 받자 그가 와신상담하는 성상(효종)의 의지를 알게 하였습니다. … 호서(충청도)의 유생과 선비들이 연명으로 신들에게 단자(單子, 공식문서)를 올려 그런 사실을 (전하께) 말씀드리기를 부탁하였습니다."354

이런 일을 계기로, 정조는 유씨 일가에 벼슬을 높여주고 시호를 내리는 조치를 하였다. 죽은 이순신이 그의 부하와 그 자손들에게까지 혜택을 보게 한 셈이었다. 그런 특명을 내릴 때도 정조는 이순신의 자손을 잊지 않았다. 왕은 다음과 같이 지시했다.

> "(유씨 집안의 일로) 말미암아 생각이 나도다. 충무공의 아들 이면(李葂)은 정유년(1597)에 순국하였고, 이훈(李薰)은 갑자년(1624)에 순국하였다. 그리고 이신(李藎)이 정묘년(1627)에 순국하였다. 그런데도 벼슬을 추증하는 절차가 아직도 시행되지 않았다. … 차마 충무공의 집안에 이런 일을 시행하지 않을 수가 있는가. 관련 부서에 명하여 제각기 화함(華啣, 아름다운 칭호)을 증정하게 하라."355

---

354 《실록》, 정조 20년(1796) 8월 9일.
355 《실록》, 정조 20년(1796) 8월 9일.

인용문에 등장하는 이면과 이훈 및 이신은 모두 이순신의 아들들이다. 정조는 이순신의 부하인 유형과 그 자손의 충절을 논의하는 마당에 불현듯 이순신의 세 아들을 떠올리며 그들에 대한 포상을 지시하였다. 요즘 말로 정조는 이순신의 진정한 지지자였다. 그래서 말년에 정조가 다음과 같이 명령한 것은 오히려 당연한 일이었다.

"충무공 이순신의 사손(祀孫, 종손)을 녹용(錄用, 관직에 임용)하라."[356]

이순신의 명성이 높아질수록 생전에 그와 경쟁 관계였던 원균의 처지는 더더욱 비참해졌다. 《이충무공전서》 또는 《난중일기》에 서술된 한 개인의 판단이 후세에 엄청난 악영향을 끼친 것이다. 이것은 결코 당연한 일도 아니고, 일어나서는 아니 될 일이었다. 하지만 21세기의 시민들조차 정조와 같은 관점으로 원균과 이순신의 문제를 바라보고 있는 것 같다.

---

356 《실록》, 정조 22년(1798) 7월 22일.

제5부

민주 시민의 역사 읽기

제5부
민주 시민의 역사 읽기

元均眞實

어느 인터넷 백과사전에서 〈원균〉 항목을 읽었다. 고소설 〈흥부전〉이 절로 필자의 뇌리에 떠오른다. 알다시피 착한 흥부의 모습을 도드라지게 만든 것은 놀부였다. 사람은 누구나 오장육부가 달렸다는데, 작품 가운데 놀부는 심술보라는 기관이 하나 더 달렸다고 한다. 그래서 놀부는 사사건건 동생 흥부를 못살게 굴고 박해하였다는 이야기고, 그럴수록 빛나는 것이 바로 흥부의 착한 마음씨였다.

한국인이면 누구나 다 아는 〈콩쥐 팥쥐〉도 구성면에서는 〈흥부전〉과 별로 다르지 않다. 콩쥐의 어질고 착한 심성은, 그와는 모든 것이 정반대인 팥쥐라는 인물의 언행으로 말미암아 선명하게 드러났다. 이런 방식의 서사를 우리는 권선징악(勸善懲惡) 소설이라고 한다.

조선 시대는 도덕을 강조하는 유교(儒敎)의 전성기였다. 그 시절에는 착함을 권장하고 악을 다스리는 유교적 서사가 유행하였다. 문학이든 역사든 거의 모든 이야기가 선과 악의 극명한 대조라는 "프레임"에 갇혔다. 그 여파가 오늘에도 인터넷 백과사전을 통해 큰 영향을 미치고 있다.

'놀부 프레임'이란 문제

역사적 인물 원균은 바로 그런 "프레임"에 갇혔다. 사람들이 이순신의 애국심과 용기를 강조하고, 이순신이 평생에 단 한 번도 진 적이 없다는 백전불패(百戰不敗) 신화의 주인공임을 주장할 때마다 원균에게는 악역이 배당되었다. 이순신의 이름이 빛날수록 원균은 어리석고 비겁하며, 욕심 많고 간교하다는 부정적 이미지가 만들어졌다. 그야말로 전형적인 흑백 논리인 셈으로, 이는 시간이 흐를수록 강화되었다.

조선 후기에는 유교적 덕성을 온몸으로 구현한 민족적 영웅이 출현하기를 갈망하는 분위기가 짙었다. 왜란에 이어 두 차례 호란까지 겪었기 때문에 원수를 갚으려고 애쓰던 인조와 효종 때도 그러했다. 또 역모 사건이 빈번히 일어나는 바람에 충신이란 존재가 어느 때보다 소중하게 느껴지던 영조와 정조 때도 영웅에 대한 갈망이 컸다. 정조가 이순신의 문집인 《이충무공전서》를 편찬하도록 지시한 배경이 바로 그런 것이었다. 그 덕분에 이순신의 《난중일기》까지 활자화되었는데, 그 이후로 원균이라면 사람들은 고소설에 등장하는 놀부나 팥쥐를 떠올린다. 다시 한 세기가 흘러 19세기 말이 되자 조선은 외세의 침략으로 큰 위기에 빠졌고, 사람들은 충신 이순신에 관해 깊은 향수를 느꼈다. 사회 분위기가 그렇게 흐를수록 원균에 대한 대중의 혐오는 깊어졌다. '악인 원균'은 역사의 진실로 잘못 알려졌고, 그 흔적이 인터넷 백과사전 가운데 아직도 뚜렷하다.

고개 드는 의문

정말 원균은 구제 불능의 악인이요, 무능력자였을까? 지금까지 제1부에서 제4부까지 서술한 것처럼 역사의 진실은 사회적 통념과는 달랐다. 임진왜란의 수많은 전쟁터에서 원균과 이순신은 다른 여러 장수와 함께 협력하여 나라를 위해 싸웠고, 많은 공을 세웠다. 조정에서는 특히 원균과 이순신 두 장수의 어깨에 나라의 운명이 달렸다고 믿었다. 두 사람 사이에 불화가 있었던 것은 분명한 사실이지만, 전쟁터에 나간 장수들이란 으레 그런 사이였다. 조선에 파견된 명나라의 장수들끼리도 마찰이 심각하였고, 침략군인 일본군 진영에서도 가토 기요마사와 고니시 유키나가는 노골적으로 대립하였다. 전투 중에 장수들은 서로 협력하면서도 대립하는 것이 보편적인 일이다.

조정에서는 원균과 이순신이 서로 불편한 사이라는 점을 알고 있었으나, 그 두 장수를 제외하면 수군을 맡길 유능한 장수가 없다는 점에 의견이 일치하였다. 원균과 이순신은 누구나 인정하는 16세기 조선 최고의 명장이었다. 그랬기에, 삼도수군통제사란 높은 자리도 이순신이 아니면 원균이 맡아야 했다. 제3의 가능성 같은 것은 아예 존재하지 않았다. 명백한 역사의 진실이다.

마침내 길고 긴 일본의 침략전쟁이 끝난 다음에도 조정의 논의는, 전란 중에 수군의 역할이 컸고, 수군을 대표하는 장수라면 당연히 원균과 이순신 두 명이라고 했다. 원균이 최후에는 적에게 패배하였다고 하지만 그 때문에 그를 공신으로 인정하지 못하겠다는 주장은 없었다. 패전의 문제를 거론한 대신조차도 원균은 2등 공신이 되기에 무난하다고 말하였다.

'가짜 뉴스'에 침몰한 역사의 진실

그런데 왜, 일부 인터넷 백과사전은 원균에 관해 이토록 적대적인가. 그것은 그의 사후에 등장한 수많은 가짜 뉴스 때문이다. 이순신과 원균을 선악 이분법으로 재단하는 낡은 관념이 빚어낸 허구적 기록에서 해방되어야 한다는 뜻이다. 아직도 많은 이순신 옹호론자는, 원균이 살아나면 이순신이 죽기라도 하는 것처럼 잘못된 생각을 하고 있다. 그러나 그런 법은 없다. 역사적 인물의 공과를 둘러싸고 편싸움을 할 일이 아니라, 역사의 진실을 회복하려는 노력이 필요하다.

지난 400년 동안 우리 사회는 원균의 일생에 관해 수많은 가짜 뉴스를 생산해 왔다. 오늘날 시민들이 손쉽게 이용하는 인터넷 백과사전 가운데는 문제의 가짜 뉴스를 바탕으로 역사적 진실을 외면한 주장이 넘쳐난다. 그런 가짜 뉴스를 일일이 소개하고 반박하기란 여간 귀찮고 성가신 일이 아니지만, 시민들에게 원균의 역사적 진실을 전하고 싶은 사람으로서는 그냥 지나칠 수 없는 일이다.

가짜 뉴스의 일례

가짜 뉴스의 예를 들어보겠다. 원균이 무과시험에 부정한 방법으로 합격했다가 취소되었다는 주장이 있다. 연전에 인터넷 백과사전 〈나무위키〉의 "원균" 항목에 그런 설명이 있었다. 시간이 흐르자 그런 거짓말이 널리 퍼져 역사적 사실처럼 통하는 형편이다.

> "원균은 아버지 원준량의 입김 덕분에 무과에서 부정으로 급제했다는 의혹이 있다."[1]

위와 같은 서술은 역사적 사실을 왜곡한 것이다. 《실록》을 살펴보면, 명종 19년(1564) 6월 21일에 의정부 사인(舍人, 정4품) 최옹(崔顒)이 "삼공"(삼정승)을 대신하여 다음과 같이 국왕에게 아뢰었다.

> "함경북도병사 곽흘(郭屹), 평안병사 이택(李澤), 경상우도병사 원준량(元俊良)이

---

[1] 가령 〈오마이뉴스〉에도 이러한 언급이 있다. (2024년 11월 4일 오전 10시 검색)
https://www.ohmynews.com/NWS_Web/View/at_pg.aspx?CNTN_CD=A0002787743&CMPT_CD=P0010&utm_source=naver&utm_medium=newsearch&utm_campaign=naver_news

그들의 자제(子弟)를 무과(武科) 초시(初試)에 응시하도록 허락하였으므로, 지금 그 일을 추고(推考) 중에 있습니다.
신들이 듣건대, 과거 사목(科擧事目)이 문과는 상세합니다. 그러나 무과는 일정한 규정을 세우지 않은 까닭에, 자제들이 (부형의) 군관(軍官)으로서 옛날 관습에 따라 응시하도록 허락하였던 것입니다.
(이번에 문제가 된 사안은) 법을 위반하고 부정으로 응시한 것과는 비할 바가 아닙니다. 상(명종)께서 참작하여 처리함이 어떻겠습니까?"2

무과에 응시하는 규정이 세밀하지 않아 각도의 병마사 자제들이 부형이 주관하는 무과 초시에 응시한 것이었다. 최옹의 보고를 받은 명종은 다른 명령을 하지 않고, "알겠다"라고 짧게 대답하였다.

위에 소개한 《실록》의 기사를 분석하면 다음의 네 가지 설명이 가능하다. 첫째, 자제의 무과 응시자격 시비에 걸린 것은 3명의 병마사였다는 점이다. 함경북도병마사 곽흘, 평안도병마사 이택 그리고 경상우도병마사 원준량이었다. 그들을 상대로 조정에서는 "추고(推考)"하는 중이라고 하였다. "추고"란 가벼운 잘못에 관해 문서를 통해 자신의 태도와 입장을 소명하는 절차를 가리킨다. 그들 병마사 가운데 원균의 아버지 원준량이 포함되어 있었다.

병마사 또는 병사라면 무관으로서는 가장 유능한 인물들이었다. 그들의 자제(子弟)에게 무과(武科) 초시(初試)에 응시하도록 허락했다는 이유로 조정의 추궁을 받은 것이었다. 알다시피 무과도 문과와 마찬가지로 정규시험에 해당하는 식년시에는 1차부터 3차까지 시험이 있었다. 1차 시험인 "초시"는 지역별로 시행하였고, 병마사가 해당 지역의 고시 책임자였다.

그런데 원준량, 이택 그리고 곽흘이 "자제", 즉 아들과 조카 등 손아래 친족이 시험을 보게 하였다. 그것이 조정의 쟁점으로 떠올랐다는 것인데, 그 당시에는 무과에 합격한 것이 아니라, 1차 시험이 겨우 완료된 상황이었다. "자제"라면 꼭 아들이라고 한정하기도 어려우므로, 그때 시험에 응시한 이가 아들이었는지 조카였는지도 불분명한 상황이다. 그런데도 위의 기사를 토대로 원균이 부정 합격했다가 떨어졌다고 주장한다면 무리한 일이다.

둘째, 원준량 등 여러 병마사는 과거시험에서 부정행위를 저지른 것일까, 하는 문제도 살펴봐야 한다. 문과 시험이었다면 시험에 응시하게 한 것만으로도 불법이 된다.

---

2 《실록》, 명종 19년(1564) 6월 21일.

《실록》에서, "과거 사목(科擧事目)이 문과는 상세합니다."라고 말한 뜻이 그 점에 있다.

그러나 무과는 경우가 달랐다. 그동안 누구도 문제 삼지 않았던 하나의 관행이었다. "무과는 일정한 규정을 세우지 않은 까닭에, 그 자제들이 군관(軍官)으로서 옛날 관습에 따라서 응시하게 허락한 것입니다." 최옹의 이와 같은 해명에서 보듯 원준량 등에게는 딱히 위법한 사실이 없었다.

셋째, 의정부의 3대신, 즉 영의정과 좌의정 및 우의정이 보기에 원준량 등 병마사를 문책하는 것은, 법을 잘못 적용한 일이라고 보았다. 그래서 정승들은 의정부의 실무 관리 최옹을 통해 명종에게 원준량 등이 무죄라는 사실을 애써 강조하였다. "법을 위반하고 거짓으로 응시한 것과는 비할 바가 아닙니다." 의정부에서 보기에는 심각한 문제가 전혀 아니었다.

그럼 이후에 병마사와 같은 지역 사령관의 자제들이 현지에서 무과에 응시하는 것은 금지되었을까? 훗날 이순신이 삼도수군통제사로서 한산도에서 무과 별시를 주관하였다. 그때도 누구나 아는 바지만 이순신의 자제들이 대거 무과에 응시해 합격의 영예를 누렸다. 인터넷 백과사전의 편집자는 그런 사실도 몰랐거나, 알고 있으면서도 원균을 헐뜯는 데 열중한 나머지 왜곡을 일삼은 것으로 보인다.

넷째, 삼정승의 건의 사항을 전해 들은 명종은 당연히 그들의 의견을 받아들여, 사건 자체를 없었던 일로 처리하였다. "알겠다!"라고 간단히 대답함으로써 이 사건은 종결되었다.

요컨대 인터넷 백과사전에서는 원균과 그 아버지 원준량이 대단한 부정사건을 저지른 것처럼 역사적 사실을 왜곡하였다. 그런 줄도 모르고 많은 국민이 그런 기사를 무책임하게 전파하며, 원균의 이미지를 부정적인 것으로 조작하는 데 이바지하고 있다. 원균은 그해에 무과에 부정으로 합격한 사실도 없고, 더구나 합격이 취소된 적도 없었다. 그가 무과에 합격한 것은 명종 22년(1567)으로, 당시 나이는 28세였다.

세 가지 주제

인터넷에 넘쳐나는 가짜 뉴스 때문에 일반 시민은 역사를 제대로 알기가 어렵다. 역사를 왜곡하는 일은 현대에 갑자기 나타난 현상이 아니다. 까마득한 옛날부터 역사를 왜곡하는 이가 많았다. 우리가 당연한 것으로 믿는 서사 가운데는 일반화가 잘못된 것도 적지 않다. 뒤틀린 사실관계를 해명하기도 하고, 새로운 해석을 통해 우리가 몰랐던 역사상을 만드는 일이야말로 역사가의 사명이다.

원균에 관한 가짜 뉴스가 부지기수라고 해도 좋을 정도이다. 그가 순국하고 나서, 즉 17세기부터 해가 갈수록 가짜 뉴스가 많이 만들어졌다. 이런 일은 이순신을 영웅화하는 과정에서 빚어진 것이다. 아래에서 필자는 조선 시대에 구체적으로 어떠한 가짜 뉴스가 있었는지를 간단히 소개할 것이다. 그것도 일일이 다 열거할 수 없을 정도로 많아서, 본문에서는 백호 윤휴가 서술한 이순신에 관한 한 편의 글에 국한하겠다(제1장)

우리가 굳이 과거에 생산된 가짜 뉴스에 주목하는 이유는 그것이 현대의 가짜 뉴스에 깊은 영향을 주고 있어서다. 여기서는 인터넷 백과사전에 버젓이 실린 원균에 관한 가장 대표적인 가짜 뉴스에 주목하겠다. 무슨 문제가 어떠한 방식으로 서술되어 있는지를 구체적으로 분석하겠다.(제2장)

제5부의 마지막 장에서는 현재 수준에서 일반 시민에게 제공할 수 있는 내용은 어떠한 것인지를 시범적으로 서술하겠다. 이러한 문제의식의 저변에는 〈나무위키〉와 같은 인터넷 백과사전에서 원균의 역사적 진실을 심하게 왜곡하고 있다는 비판의식이 존재한다. 원균의 생애를 시민의 눈높이에 맞게 서술한 것인데 시민은 전문적인 연구자가 아니므로, 그 설명이 평이하고 간단하게 되도록 노력했다.(제3장)

제1장
17세기의 전형적인 가짜 뉴스 – 백호 윤휴의 〈통제사 이충무공의 유사〉

이미 앞에서도 여러 차례 지적한 것처럼 17세기의 큰 선비였던 백호(白湖) 윤휴(尹鑴, 1617~1680)는 원균에 관해 잘못된 정보를 널리 퍼뜨렸다. 그는 자신의 서모(庶母)가 이순신의 서녀(庶女)였기 때문에 이순신을 가깝게 느꼈고, 남다른 존경심을 품었다. 윤휴는 자라나면서 서모에게서 이순신에 관한 전설을 많이 들었고, 서모를 방문하는 이순신의 부하들을 통해 여러 가지 설화를 수집하였다. 나중에 그는 〈통제사 이충무공의 유사(統制使李忠武公遺事)〉라는 장문의 글을 저술해, 이순신을 불세출의 유장(儒將)으로 추앙하였다.

윤휴의 서사야말로 이순신은 절대 선이요, 원균은 절대 악이라는 흑백 논리의 구현이었다. 그가 쓴 글에는 여러 가지 가짜 뉴스가 점철되어 있다. 그 점을 앞에서도 여러 차례 언급하였으나, 아래에서는 오늘날까지 일반에 가장 큰 영향을 행사하고 있는 세 가지에 초점을 맞추었다. 하나는 처음부터 원균이 비겁하게 도망쳤다는 허위 사실이며(제1절), 또 하나는 원균이 실로 배은망덕한 인물이라는 악의적인 왜곡이다.(제2절) 끝으로, 이른바 칠천량 사태에 관한 윤휴의 잘못된 서술도 거듭 소개하고, 과연 무엇이 문제인지를 비판하고자 한다.(제3절)

제1절
왜란 초기에 원균이 도망쳤다는 거짓말

앞에서 윤휴의 잘못을 여러 차례 거론하였다. 그는 17세기 남인을 대표하는 인물로 파급력이 대단히 큰 저자였다는 점에서, 몇 번이고 그가 기술한 문제의 저작인 〈통제사 이충무공의 유사(統制使李忠武公遺事)〉의 잘못을 재론하지 않을 수 없다. 윤휴는 원균이 처음부터 그릇된 사람이었다는 점을 강조하기 위해 왜란 초기의 형편을 장황하게 기술하였다. 그중 한 대목을 인용하면 다음과 같다.

"(왜란이 일어나자) 그때 원균(元均)은 자기 군대를 버리고 가벼운 배를 타고는 호남의 바다 어귀에 이르러 장차 육지로 내려가 도망치려고 하였다. 그러자 비장 이영남(李英男)이 원균에게 말하였다.

'공은 명을 받고 수군절도사가 되었는데, 적이 막 바다를 건너온 이때 만여 명의 수군을 다 흩어 보내고, 전함 백여 척을 바닷속에 가라앉혀 버리고서 적을 보고도 싸우지 않아 이 지경에 이르렀으니, 후일의 책망에 대하여 어떻게 스스로 해명하겠습니까. 그러니 이웃 도(전라도)에 원병을 청하여 적과 일전을 감행하는 것이 가장 나은 방법이요, 싸워서 이기지 못한 다음에 다른 계책을 쓰더라도 늦지 않을 것입니다.'

그러자 원균이 그 말을 옳게 여겨 이영남을 보내어 순신에게 함께 출전할 것을 요청하였다."3

무엇보다 충격적인 한 가지 서술이 신경 쓰이게 한다. 즉, 원균이 이순신에게 도움을 요청한 것부터가 스스로 결정한 것이 아니라는 서술이다. "비장 이영남"이 경상우수사 원균을 힐난하였기 때문에 어쩔 수 없이 그렇게 되었다는 식으로 적었다. 이

---

3 윤휴(尹鑴), 《백호전서(白湖全書)》, 제23권, 〈통제사 이충무공의 유사(統制使李忠武公遺事)〉.

순신의 지지자들은 현재까지도 이런 말도 안 되는 주장으로 원균의 무능하고 비겁한 행태를 비난한다.

　흥분을 가라앉히고 인용문에서 글쓴이 윤휴가 펼친 주장을 하나씩 따져보자. 우선 윤휴는, 원균이 자신의 경상우수영을 함부로 내버린 사람이라고 비난하였다. 또, 가벼운 배를 타고 호남의 바다 어귀까지 도망쳤다고 하였다. 이어서 원균은 곧 육지에 배를 대고 도망칠 계획이었다고도 했다.

　윤휴의 이와 같은 서술은 사실과 무관한 주장이다. 앞에서 논증한 것처럼 왜란 초기에 원균은 굳세고 용맹한 휘하 장수들을 거느리고 일본군과 싸웠다. 그러다가 장차 진주로 쳐들어오는 적을 막기 위해 서쪽으로 이동하였다. 적군은 세력이 강하고 우리 군은 수가 적었으나 원균은 이미 10척의 적선을 격침하였다. 그 과정에서 우치적이 공을 많이 세웠다는 기록이 있다. 그때 원균은 일본군을 사로잡아 조정에 압송하기도 하였다. 《실록》에도 나와 있고, 오희문의 《쇄미록》 등에도 기록되어 있는 사실이다. 아울러 그를 선무공신 제1등으로 책봉한 〈공신교서〉에도 원균이 승전한 사실이 기록되어 있다.

　윤휴의 글에는 근거도 없는 주장이 정말 많다. 가령 원균이 만 명의 병사를 해산하고 전함 백여 척을 스스로 침몰시켰다는 서술이 가장 대표적이다. 이런 주장은 후대의 여러 기록에도 빠짐없이 등장하는 전형적인 가짜 뉴스이다. 만약 원균에게 그처럼 훌륭한 장비와 많은 군사가 있었다면 원균은 얼마나 좋아하였겠는가.

　선조 25년(1592) 4월에 일본군이 침략했을 때 그동안 군비 확장에 박차를 가했다고 알려진 이순신의 휘하에도 20척쯤의 판옥선이 있었다. 조선 수군이 기염을 토하던 선조 27년(1594)에도 조선 수군은 통틀어 120척 정도의 판옥선을 보유하였다. 그 시절에 이순신이 바다를 누빌 때 휘하의 부하는 1천 명 정도였다는 기록도 있다. 그것도 이순신의 정치적 후원자인 영의정 유성룡이 선조의 어전에서 진술한 내용이다. 그런데 원균은 왜란이 일어나기 두어 달 전에 경상우수사로 부임하였을 뿐인데, 어찌 그에게 1만 명의 병사와 1백여 척의 전함이 있었겠는가. 그야말로 전형적인 가짜 뉴스이다.

　게다가 소비포(경남 고성 소을비포)권관인 이영남이 자신의 상관인 경상우수사를 마치 어린 부하를 다루듯이 깨우쳤다는 주장도 우습기 짝이 없다. 더구나 이와 같은 주장은 이식이 쓴 이운룡의 비문이나 다른 선비가 기술한 강덕룡의 전기 기록에도 나온다. 도대체 원균을 똑같은 말로 꾸짖은 부하가 왜 그렇게도 많았는가?

　모두 거짓말이다. 왜란 초기에 이순신이 쓴 〈장계〉를 보든, 《실록》 기사를 참고하든 원균은 전쟁이 일어나자마자 상황을 날카롭게 주시했고, 처음부터 이순신과 연합함대를 구성하겠다고 판단했다.

더구나 권관(權管)이란 지위는 지금으로 말하면 소위쯤 되는 초급장교이다. 이영남은 휘하에 판옥선 한 척도 운용하지 못하는 초소장에 지나지 않는다. 당시에 원균은 나이가 50도 지난 역전의 명장이요, 당당한 경상우도의 수군 사령관이었다. 소대장 이영남이 사단장 원균을 나무랐다는 식의 허무맹랑한 이야기가 역사적 사실로 둔갑하였다.

인용문에서 윤휴가 언급한 시기는 선조 25년 4월 하순에 해당한다. 그 당시 원균은 이영남보다 직급도 훨씬 높고 전투 경험도 있는 여러 부하와 함께 진주성을 바다 쪽에서 방어하고 있었다. 기효근과 우치적, 이운용 등이 바로 그들이었다. 그런데 원균이 그들을 버리고 갑자기 혼자 가벼운 배를 타고 호남의 해안에 몰래 상륙해 줄행랑을 놓으려 하였다는 것이다. 이런 헛된 주장이 어떻게 역사적 사실을 대체할 수 있겠는가.

권관 이영남이 우수사 원균을 설득했다는 주장은 처음부터 앞뒤가 뒤바뀐 것이다. 원균이 초소장급인 하급 장교 이영남을 보내 이순신 장군에게 합동작전을 요청한 것이고, 그런 심부름은 한두 번이 아니었다. 그런데 윤휴는 사실관계를 완전히 뒤집어, 이영남이 설득한 결과 비겁한 사령관 원균이 마음을 고쳐먹었다고 기록했다.

사실대로 말하면 소비포권관 이영남은 원균의 "비장(裨將, 비공식 참모)"도 아니었다. 원균이 그를 이순신에게 보낸 것은 기효근과 우치적 등 믿음직한 장수들은 당장에 원균과 함께 언제 어디서 나타날지 모르는 적을 상대해야 하기 때문이다. 이른바 "연락장교"의 역할을 맡은 이영남은 전함인 판옥선도 보유하지 못했고, 전투 경력도 없는 초급장교였다. 그것이 원균의 판단이었다.

그런데 이영남은 그 역할을 기화(奇貨, 진귀한 보배)처럼 여겨 훗날, 자신의 상관인 원균을 배반하고 이순신에게 몰래 접촉하여, 온갖 나쁜 소문을 전달하고 두 장수의 화해를 방해하였다. 원균과 이순신의 사이가 왜란 초기부터 극도로 나빠진 데는 이영남의 이간질이 어느 정도 영향을 끼쳤다고 볼 수 있다.

윤휴는 17세기 남인이 우러르는 큰 선비요, 후세가 보아도 풍도(風度, 풍채와 태도)가 아름답고 당당한 어른이었다. 그런 그에게도 어두운 점이 있었으니, 자신의 외조(外祖, 외할아버지)나 다름없었던 충무공 이순신에 대한 무한한 흠모와 숭배가 역사를 왜곡한 것이다. 윤휴는 이순신의 삶을 감동적으로 표현한 점에서는 뛰어났으나, 그 과정에서 원균의 역사적 진실을 감추고 가짜 뉴스를 많이 생산하였다. 참으로 경계할 일이요, 안타까운 사실이다.

통제사 원균의 군비 확장

윤휴가 주장한 것과는 정반대로 원균에게는 특별한 능력이 있었다. 그는 워낙 성실해, 항상 최선을 다해 자신의 임무를 수행하였다. 그 점은 함경도에서 여진족을 상대로 싸울 때도 여실히 입증되었고, 충청도병사 시절에 상당산성을 쌓을 때도 거듭 증명되었다. 그뿐만 아니라, 통제사로 부임한 뒤에는 판옥선을 짓는 사업에도 더없이 큰 열성을 보였다.

판옥선의 건조(建造)에 관한 이야기를 구체적으로 알아보자. 앞에서도 언급한 적이 있는데, 선조 30년(1597) 5월 12일에 비변사가 선조에게 아뢴 내용이 주목된다.

"(저희가) 도원수 권율의 장계를 보았더니, 주사(舟師, 수군)로서 지금 한산도(閑山島)에 도착한 배는 1백 34척입니다. 이미 (주둔지를) 출발하였으나 아직 (한산도에) 도착하지 못한 배는 5~6척이옵니다. 그와는 별도로 제작 중인 것으로, 향후 20일 이내에 완성될 배가 48척이라고 하였습니다. 모두 계산하면, 1백 80여 척에 이르는데, 이것은 (모두) 판옥 대선(板屋大船)입니다. 이 밖에도 병선(兵船, 협선 등 보조선)으로 아군의 형세를 도울 만한 배의 숫자가 반드시 더 많이 있을 것입니다."4

길게 설명할 필요도 없이 조선 수군의 역사상 최대 규모의 함대였다. 이런 보고가 있기 4년 전, 이순신이 통제사였던 선조 26년(1593) 7월 16일에 경상우도수사(慶尙右道水使) 원균(元均)이 보고한 내용과 비교해보면, 그때 원균은 이렇게 보고하였다.

"왜선(倭船) 6백여 척이 바다를 뒤덮고 (건너) 오는데 뒤따라오는 선척(船隻)도 끊이지 않습니다. 이들은 곧바로 호남(湖南)을 침범할 계획입니다. 그런데 (우리) 삼도(三道)의 판옥선(板屋船)은 1백 20여 척이 있을 뿐입니다. 본도(本道, 경상우도)는 (왜적의) 분탕질로 인하여 군량이 이미 다 떨어져, 많은 사졸(士卒)이 기곤(飢困)이 심한 가운데 계속하여 죽어가고 있습니다. 배를 부릴 방책이 없어 매우 걱정됩니다."5

---

4 《실록》, 선조 30년(1597) 5월 12일.
5 《실록》, 선조 26년(1593) 7월 16일.

선조 26년 7월 현재, 조선 수군은 판옥선 120척을 보유하였다. 전라도, 경상도 및 충청도 수군의 전력을 총집계한 것이 그 정도였다. 그것도 왜란이 처음 시작되었을 때와 비교하면 3배쯤 증가한 숫자였다. 전쟁의 혼란 속에서도 조정의 도움을 받아 이순신, 원균, 이억기 등은 끊임없이 판옥선을 새로 만들었다. 결과적으로 위 3인의 수사는 약 40척씩의 판옥선을 거느렸다. 그러나 군량이 부족해 그 정도의 판옥선도 제대로 부리지 못하였다. 이런 상태는 원균이 통제사에 임명될 때까지 그대로 유지되었다.

왜란이 일어났을 때 전라좌수사 이순신은 20척, 전라우수사 이억기는 25척을 거느렸다. 그리고 원균은 처음에 10척쯤을 운용하였으나 한 달 동안 홀로 적을 상대하느라 4척만 온전하였고 나머지는 파손된 부분이 있어 수리가 필요하였다.

후세는 원균의 경상우수영이 엄청나게 많은 판옥선을 보유했으리라 추측하지만, 그것은 잘못된 생각이다. 임진왜란이 끝난 직후인 선조 36년(1603) 7월 26일에 삼도수군통제사 이경준(본직은 경상우수사)이 조정에 올린 보고서를 보면, "제 진중에 있는 전선(戰船)은 원수(元數, 본래의 숫자)가 19척"이라고 하였다.6 원균이 부임할 당시 그가 운용할 수 있는 장부상의 판옥선 숫자는 19척이었다는 뜻이다. 그러나 실제로는 절반밖에 쓸 수가 없었다.

조선 후기에 편찬한 《만기요람》을 보아도, 함대 규모가 가장 큰 전라우수영이 29척, 경상우수영은 24척, 전라좌수영은 14척, 그리고 경상좌수영은 9척이라고 하였다. 이것은 왜란을 겪은 나머지 함선 보유량을 전보다 조금 상향 조정한 결과였다. 그 밖에도 충청도 수영은 겨우 3척으로 못 박았다.

요컨대 선조 30년(1597) 봄에 원균이 통제사로 임명되자 그는 군비 증강에 박차를 가했다. 위에서 살핀 것처럼 그는 48척의 판옥선을 새로 지었다. 불과 서너 달 사이에 조선군의 전함은 180척으로 늘어났다. 이는 이순신이 통제사로 재임할 때보다 무려 60척이 증가한 것이었다. 조정의 도움이 적지 않았으나, 그렇다 하더라도 통제사 원균이 군사 장비를 확장하는데 탁월한 능력이 있었다는 점은 누구도 부정할 수 없는 사실이었다.

윤휴는 〈이충무공유사〉에서 원균의 업적에 관해서는 입을 다물었다. 오직 그의 잘못을 부풀리고, 심지어 사리에 어긋난 가짜 뉴스를 생산하는 데만 매달렸다. 참으로 불필요한 서사이다. 윤휴처럼 창의적이고 비판적인 선비가 어쩌면 그렇게 무디고 편향

---

6 《실록》, 선조 36년(1603) 7월 26일.

될 수 있었는지 알다가도 모를 일이다. '원균은 어리석다'라는 편견이 얼마나 심했으면, 그렇게 치우치고 말았을까 싶다.

제2절
원균은 배신자라는 거짓말

윤휴는 원균과 이순신의 사이가 나빴던 점을 당연히 알고 있었다. 문제는 그가 두 장수의 관계 악화를 사실과 달리 왜곡하였다는 점이다. 그는 원균의 도덕성에 결함이 있었다며 노골적으로 비난하였는데, 차례로 소개해 보겠다. 우선 두 사람 사이에 불화가 시작된 출발점을 다음과 같이 진단하였다.

> "처음에 원균은 한 척의 배에 타고 위급함을 호소했다. 그때 순신이 구원해 준 것에 감사하여 한동안 순신을 정중히 섬겨왔다. 그런데 (두 장수가) 연명(聯名)으로 승첩을 보고하자 조정에서는 순신의 공이 가장 큰 줄 알게 되어 순신을 통제사로 승진시켰다. 그러자 원균은 자신이 선배인데도 순신의 아래 있게 된 것을 부끄럽게 여겨 점차 불화(不和)가 쌓여갔다."7

짧은 기록이지만 하나도 사실과 일치하는 대목이 없다. 한 척의 배를 타고 와서 부탁한 것처럼 서술한 것도 과장이요, 한동안 이순신을 섬겼다는 말은 근거가 없다. 그런데 원균이 이순신과 친하게 지내려고 노력한 것은 어김없는 사실이다. 그러나 두 장수가 거둔 귀중한 승리를 "연명"으로 조정에 보고하기는커녕 이순신이 원균을 속이고 홀로 자신의 공으로 기록하여 보고한 것이 불화의 발단이었다.

이순신이 통제사로 임명된 다음에 불화가 시작된 것이 아니라, 그 이전부터 신뢰에 금이 갔다. 이순신이 초전의 승리를 독차지하려고 했던 것부터 문제가 일어났다. 윤휴는 그런 사실을 무시하고, 모든 것을 원균의 탓으로 돌렸다. 사실 벼슬의 세계에서는 선배와 후배가 따로 없었다. 유성룡 같은 이는 일찌감치 영의정이 되었는데, 그 아래는 나이 많은 선배가 즐비하였다. 나이가 많고 적음이 큰 문제는 아니었다. 원균이 그 정도 상식도 없는 사람은 아니다.

---

7 윤휴(尹鑴), 《백호전서(白湖全書)》, 제23권, 〈통제사 이충무공의 유사(統制使李忠武公遺事)〉.

이어진 글에서 윤휴는 원균을 비열한 음모를 일삼는 모략꾼으로 만들어 놓았다. 그 반면에 이순신은 다음과 같이 도덕적으로 완벽한 군자처럼 그려 놓았다.

"이에 순신이 말하기를, 두 장수가 서로 불화하다가 큰일을 그르칠까 염려스럽다고 하였다. 그리고 스스로 인책(引責)하여 자신의 직임을 바꿔주기를 요청하였다. 그러자 조정에서 원균을 충청도병마절도사에 임명하였다. 그런데도 원균은 유감이 풀리지 않아, 조정 대신들과 무리를 짓고 갖가지로 순신을 모함하였다."8

위 단락에서도 여러 가지 왜곡과 과장이 발견된다. 또, 지나친 단순화의 오류도 있다. 우선 이른바 이순신의 공이란 홀로 이룩한 것이 아니요, 원균과 이억기 등 여러 장수가 공동으로 달성한 것이다. 그것을 한 사람이 독차지할 수는 없다. 그런데도 이순신이 마치 혼자서 세운 공처럼 서술하였기에 불화가 일어나는 것은 당연한 일이다. 원균의 휘하에는 기효근, 이운룡, 우치적, 원전 등 쟁쟁한 장수가 많았다.

이순신은 충돌을 피하고, 원균은 이순신을 일방적으로 공격한 것처럼 윤휴는 서술하였다. 하지만 사실은 그와 달라 양측의 불화가 조정을 시끄럽게 만들 정도로 심각하였다. 마침내 조정에서는 문제 해결이 쉽지 않다고 판단해 이순신에게 수군을 통째로 맡기고, 원균을 육지로 올려보냈다. 이것이 역사적 사실이었다.

윤휴는 마치 원균에게 대단한 정치적 후원세력이 있었던 것처럼 서술하였다. 사실은 그와 정반대였다. 집권당은 영의정 유성룡을 비롯한 남인이었고, 조정에서 활동하는 서인과 북인은 대부분 남인과 협력하는 사람들이었다. 그래서 원균이 조정 대신 다수를 포섭하여 이순신의 자리를 위협한 것처럼 주장한 것은 사실과 달랐다.

선조 29년 말부터 이순신 교체론이 등장한 것은 일본과 명나라의 평화 교섭이 수포가 되었고, 일본의 재침 가능성이 짙어졌기 때문이다. 그동안 영의정 유성룡은 평화로운 전쟁 종식에 기대를 걸고 다소 안이하게 국정을 운영하였다. 이순신도 군비를 별로 강화하지 않았고, 수군의 상태도 불량하였다. 이에 통제사 교체론이 조정에서 제기된 것인데도 그 책임을 원균 한 사람의 책동에 돌리고 있으니, 이처럼 지나친 왜곡이 없다.

윤휴는 자신의 잘못된 판단을 합리화하려고 두어 가지 일화를 인용하였다. 그 하나는 다음과 같다.

---

8 윤휴(尹鑴), 《백호전서(白湖全書)》, 제23권, 〈통제사 이충무공의 유사(統制使李忠武公遺事)〉.

> "(원균이) 말하기를, 순신이 호남에 있으면서 처음에는 오지 않으려고 했는데, 내가 굳이 요청함으로 인하여 승첩을 거두기에 이르렀다고 했다. 그러자 조신(朝臣) 중에 무리 지어 순신을 헐뜯는 자가 많았다."9

이것은 원균이 지어낸 말이 아니라 당시에 조정 대신 가운데 모르는 이가 없을 정도로 잘 알려진 사실이다. 이런 말을 원균이 하였다고 하더라도, 그 말에 선동이 된 대신들이 과연 있었겠는가. 사리로 보면, 이순신이 출정을 미룬 것은 잘못이었다. 그러나 그로서는 무수한 적군과 대적하기가 두려운 것은 어쩔 수 없는 어려움이기도 하였다. 대신들이 그 정도도 간파하지 못하였다고 우긴다면, 그것은 윤휴의 부족함이다.

윤휴는 원균의 도덕성에 흠집을 더하려고 다음과 같은 일화도 인용하였다.

> "원균은 또 유언비어를 날조하여 말하기를, '순신은 오랫동안 해도(海道)를 점거해 있으면서 병민(兵民)들의 마음을 얻어 사람들이 그를 해왕(海王)이라고 하니, 국가에 이롭지 못할 듯하다.'라고 하였다."10

이런 말이야말로 유언비어였다. 원균이 이순신을 헐뜯어, 백성들이 그를 "해왕"이라고 부른다며 국가에 정녕 이롭지 못한 존재라고 비방한 사실이 과연 있었던가. 어느 기록에서도 발견하지 못한 망언이다. 윤휴는 이런 거짓말까지 날조해서 원균을 도덕적으로 추락시키려 하였다. 더구나 그는 다음과 같이 거짓된 주장을 보탰다.

> "그러자 상(선조) 또한 순신을 의심하였다. (왕은) 체찰사 이원익(李元翼)에게 명령하여 은밀히 (이순신이 불충하다는) 단서를 잡도록 하였다. 이에 이원익이 두 차례나 밀장(密狀, 비밀 장계)을 올려 순신이 충성스러움을 아뢰었다."11

이순신의 부하들 가운데 원균을 비방하는 이들이 지어낸 말인지는 모르겠다. 그러나 윤휴처럼 명망 있는 선비가 이처럼 위험한 주장을 뚜렷한 근거도 없이 역사적 사실처럼 서술하여 후세의 눈을 가리는 것은 죄악이다.

알다시피 조정에서 선조 30년 봄에 이순신을 통제사에서 해임한 것은 원균과의 험악한 관계 때문이 아니었다. 앞에서도 논의하였듯, 일본군이 재침하리라는 우려가

---

9 윤휴(尹鑴), 《백호전서(白湖全書)》, 제23권, 〈통제사 이충무공의 유사(統制使李忠武公遺事)〉.
10 윤휴(尹鑴), 《백호전서(白湖全書)》, 제23권, 〈통제사 이충무공의 유사(統制使李忠武公遺事)〉.
11 윤휴(尹鑴), 《백호전서(白湖全書)》, 제23권, 〈통제사 이충무공의 유사(統制使李忠武公遺事)〉.

어느 때보다 깊어졌기 때문이다. 전란이 박두한 가운데 원균이란 장수 없이 적군을 맞을 수는 없다는 조정의 판단이었다. 그동안 이순신은 통제사로 재임하는 가운데 선조 28년과 선조 29년 사이에 이렇다 할 활약이 없었다. 게다가 선조 30년 초에 가토 기요마사가 대마도에서 부산으로 건너올 당시에 조정과 의견이 맞지 않아, 문책을 당한 것이었다. 그렇다 하더라도 조정에서 이순신을 완전히 수군에서 배제한 것도 아니었다. 이러한 제반 사정이 복잡하게 얽혀 있었는데도, 윤휴는 마치 원균의 농간으로 이순신이 크게 억울한 일을 당한 것처럼 서술하였다. 성리학자로서 윤휴의 수월성은 누구나 인정하는 바지만, 역사가로서는 허점투성이였다고 하겠다.

원균과 이순신의 갈등 – 무엇이 문제였는가?

원균과 이순신의 대립이 심각한 것은 누구도 부정할 수 없는 사실이었다. 그 문제를 조정에서 본격적으로 검토하기도 했는데, 선조 27년(1594) 11월 12일에 열린 어전 회의 기록이 참고할 만하다. 두 사람을 잘 알고 있었던 대신 김수와 선조가 나눈 대화를 정리하면 다음과 같다.

> 김수(金睟, 경상관찰사 역임): "원균과 이순신이 서로 다투고 있어 매우 염려됩니다. 원균에게 잘못한 바가 없지는 않습니다마는, 그리 대단치 않은 일이 점차 악화해 이 지경에 이르렀습니다. 매우 불행한 일입니다."[12]
> 선 조: "무슨 일 때문에 그렇게까지 되었는가?"
> 김 수: "원균이 10여 세 된 첩자(妾子, 원사웅)를 군공(軍功)에 참여시켜 상을 받게 했기 때문에 이순신이 이것을 불쾌히 여긴다고 합니다."[13]

인용문에서 김수는 두 사람의 다툼이 사소한 데에서 발단되었다고 말하였고, 잘못은 원균에게 있다고 주장했다. 즉, 원균이 어린 아들에게 공이 있는 것으로 꾸몄기 때문에 이순신이 분노했고, 이것이 두 사람의 관계를 망가뜨렸다는 이야기이다.

그러나 김수의 분석은 잘못된 것이다. 애당초 이순신이 원균의 아들 원사웅의 나이를 잘못 알고 경솔하게 조정에 아뢴 것이다. 그래서 이것이 훗날 이순신에게 "기망죄(欺罔罪)", 즉 조정을 속였다는 죄목으로 돌아왔다. 원균이 아들의 군공을 보고했을 당시에 원사웅은 이미 성년이었고, 실제로 적군을 물리친 공이 있었다.

---

12 《실록》, 선조 27년(1594) 11월 12일.
13 《실록》, 선조 27년(1594) 11월 12일.

김수의 주장을 듣고도 선조는 두 사람의 불화를 충분히 이해할 수 없다고 판단하였다. 왕의 속마음을 알아차린 대신 김응남이 원균과 이순신의 갈등을 구조적인 측면에서 분석하였다. 그 내용을 정리하면 다음과 같다.

> 선　조: "과인이 들으니, (육군을 대표하는 장수) 고언백(高彦伯)과 김응서(金應瑞)는 좌차(坐次, 서열) 때문에 서로 다툰다고 한다. 그런데 이들(원균과 이순신)은 무슨 일 때문에 서로 다투는가?"14
>
> 김응남: "대체로 공 다툼으로 이렇게 되었다고 합니다. 당초에 수군이 승전했을 때 원균은 스스로 공이 많다고 생각하였습니다. 이순신은 (적군을) 공격하려고 하지 않았는데 선거이(宣居怡)가 힘써 싸우기를 주장하였습니다. (더구나) 이순신의 공이 매우 크지도 않은데 조정에서 이순신을 (통제사로 임명해) 원균의 윗자리에 올려놓았습니다. 그 때문에 원균이 불만을 품고 (이순신과는) 협조하지 않는다고 합니다."15

김응남의 분석에 따르면, 두 장수의 갈등에는 공적에 대한 평가를 둘러싸고 이견이 심하였다는 점을 알 수 있다. 원균과 이순신 두 장수의 공은 다른 여느 장수와 견줄 수 없이 컸다. 두 장수의 공이 똑같다고 단언하기도 어렵지만 서로 크게 차이가 난다고 보기도 어렵다는 것이 원균의 입장이었다. 그런데 한 사람은 통제사가 되어 전체 수군을 지휘하고, 다른 한 사람은 그 아래서 부장의 역할을 하게 되어 자연히 불만이 커졌다는 것이다.

이러한 김응남의 분석을 통해 원균과 이순신의 갈등에 관한 구조적 이해가 가능해졌다. 그러나 아직도 석연치 않은 대목이 있다. 아무리 그러하다 해도 너무 다툼이 심하지 않은가? 이런 의문이 들 법하였다. 그 점을 눈치챈 대신 정곤수가 조금 더 심층적인 분석을 시도했다. 그가 선조와 주고받은 대화는 다음과 같았다.

> 정곤수(鄭崐壽): "정운(鄭運)이 (이순신을) 협박하기를, '장수(이순신)가 만일 (영남으로) 가지 않는다면 전라도는 필시 수습할 수 없게 될 것이다.'라고 했습니다. 그 때문에 이순신이 부득이 (그쪽으로 넘어) 가서 (함께 적을) 격파하였다고 합니다."16
>
> 선　조: "(그래도) 순신이 왜적을 포획한 공은 가장 클 것이다."17

---

14 《실록》, 선조 27년(1594) 11월 12일.
15 《실록》, 선조 27년(1594) 11월 12일.
16 《실록》, 선조 27년(1594) 11월 12일.

정곤수: "(그런데) 순신의 부하 중에는 당상관에 오른 자가 많은 데 비해 원균의 부하 중에 우치적이나 이운룡 같은 사람은 전공이 매우 많은데도 그들에게 베푼 상은 도리어 다른 사람들(즉, 이순신의 부하)만 못하였습니다. 그래서 분해하고 있습니다."18

정곤수의 분석이 가장 타당한 것으로 보인다. 원균의 휘하에는 우치적을 비롯해 여러 명장이 있었다. 그들이 모든 전투에서 가장 탁월한 성과를 냈다. 그러나 그보다 공이 적은 이순신 휘하의 여러 장수가 포상을 받았고, 원균 휘하의 장수들은 소외되었다. 이것은 결코 작은 문제가 아니다. 그래서 원균 휘하의 우치적과 이운룡 등은 이순신 휘하인 배흥립이나 권준 등과 대립하였다는 것이다. 원균은 자신의 부하들이 애써 공만 세우고 승진이 뒤로 밀리게 되자 이순신을 원망하게 되었다는 해석이다.

사실이 이와 같았음에도 훗날 택당 이식 같은 문사는 이운룡의 비문을 작성하면서 상황을 완전히 뒤집어서 설명했다. 즉, 이순신의 인정을 받아 이운룡은 출세가도를 달렸고, 직속상관인 원균을 버리고 이순신을 따랐다는 식으로 거짓된 주장을 태연히 늘어놓았다. 세상 사람들은 그런 줄도 모르고, 마치 이운룡 등은 처음부터 이순신의 충직한 부하였던 것으로 착각하고 있다.

정곤수의 탁월한 상황 분석에 모두 크게 감탄하였다. 그의 한 마디로 원균과 이순신 갈등의 심층적인 원인이 확연히 드러난 것이다. 이에 선조와 김응남이 다음과 같이 해결책을 궁리하였다.

선 조: "원균이 하는 일을 보니, 가장 아름답게 여길 만하다. 과인이 지난번에 남방에서 올라온 사람(어느 고관인 듯)에게 원균에 관해 물었다. 그가 답하기를, '(원균은) 습증에 걸린 몸으로 오랫동안 바다 위에서 지냈는데도 (나랏)일을 싫어하는 생각이 조금도 없고, 죽기를 각오한 것 같습니다.'라고 하였다. 그 뜻이 아름답다!"
부하 중에 공은 많은데도 상을 받지 못한 사람이 있다면 보통 사람의 정리로 보아도 박대하는 것이 아닌가. 그(원균)에게는 반드시 불만이 있을 법하다.
당초에 왜, 그렇게 처리했는가? 참으로 공이 많았다면 지금이라도 모두 상을 주어 그(원균)의 마음을 위로하라."19

---

17 《실록》, 선조 27년(1594) 11월 12일.
18 《실록》, 선조 27년(1594) 11월 12일.
19 《실록》, 선조 27년(1594) 11월 12일.

김응남: "그에게 위로하는 뜻을 보이시는 것이 옳습니다. (그러나) 순신이 (통제
사를) 그만두겠다고 요청하는 것도 부당합니다."20

　　선조도 그러했고, 대신 김응남도 원균의 부장들에게 뒤늦게나마 상을 주자는 데 의견의 일치를 보았다. 다만 김응남의 뜻은, 원균의 부하들에게 상을 주더라도 통제사 자리는 이순신이 그대로 유지하는 것이 좋겠다는 의견을 제시했다. 이 말끝에 선조는 김응남을 비롯한 대신들이 혹시라도 원균을 수군에서 배제할 뜻을 가졌는지 궁금하게 여겼다. 그래서 선조는 장차 원균을 어떻게 할지를 고민하였다. 그러자 대신 김수와 정탁이 그 문제에 관해 자신들의 소견을 피력하였는데, 그들의 주장은 다음과 같다.

선　조: "바깥 여론이 원균의 벼슬을 바꾸었으면 하는가?"21
김　수: "바꾸었으면 하고 바라는 여론은 별로 없습니다."22
정탁(鄭琢): "소신이 남방에 내려가서 들었습니다만, 왜적이 수군을 무서워한다고 합니다. 원균은 군사들이 따르므로 가장 쓸만한 장수입니다. 이순신도 비상한 장수인데, 다만 그들이 다투는 일은 매우 잘못입니다. 이때 어찌 감히 사적인 분노 때문에 이렇게들 서로 다투는 것입니까. (전하께서 두 장수에게) 글을 내려 국가의 급한 사무를 우선하도록 꾸짖는 것이 옳습니다. 만일 (전하께서) 내린 글을 읽어본다면 그들도 어찌 감격하고 뉘우치는 마음이 없겠습니까. 이런 일 때문에 원균의 벼슬을 바꾼다면 수군이 흩어질 염려가 큽니다."23

　　김수는 일반 여론을 청취한 결과, 두 장수가 불화하기는 하지만 벼슬을 바꿔야 할 정도는 아니라고 보았다. 정탁 역시 원균으로 말하면 군사들이 믿고 따르는 명장이요, 이순신도 재능이 비상한 명장이므로 그 가운데 한 사람이라도 수군에서 쫓아내면 안 된다고 주장하였다. 그것이 정탁의 일관된 소신이었다. 정탁은 염려하기를, 만약에 원균을 수군에서 제외하면 그 부하들이 이순신의 말을 잘 듣지 않을 것이므로 결과적으로 수군이 무너지게 된다고 염려했다.
　　과연 정탁의 염려는 사실로 드러났다. 이상에서 소개한 어전 회의를 통해 선조는 원균과 이순신의 갈등이 구조적으로 심각한 문제라는 점을 인식하였고, 그래서 결국은

---

20 《실록》, 선조 27년(1594) 11월 12일.
21 《실록》, 선조 27년(1594) 11월 12일.
22 《실록》, 선조 27년(1594) 11월 12일.
23 《실록》, 선조 27년(1594) 11월 12일.

원균을 버리고 이순신 한 사람에게 수군을 맡기는 특단의 조치를 마련했다. 그 배경에는 물론 영의정 유성룡의 강한 의지가 숨어 있었다. 선조 28년(1595) 초가 되자 원균은 수군을 떠나 충청도병마사로 자리를 옮기게 되었다. 형식적으로 보면 승진이었다. 수사보다는 병사가 한 단계 높은 지위였기 때문이다. 그러나 실질적으로는 원균을 수군에서 몰아낸 것이다.

    그러자 조선 수군은 힘을 잃었다. 원균의 부하들이 이순신의 지휘를 달갑게 여길 리가 없었다. 물론 그들 중에는 이순신의 명령에 순종하는 이가 점차 늘어났을 테지만, 전체적으로 보면 상황이 그렇게 만만하지 않았던 것 같다. 그로부터 2년 뒤에 통제사를 이순신에서 원균으로 교체한 것은 다른 이유도 있었으나, 이순신의 지도력이 무너진 현실도 작용한 것으로 보인다. 그런데 선조 30년 봄에 통제사가 이순신에서 원균으로 바뀌었으니, 이번에는 또 어떻게 되었을까. 원균의 말을 고분고분 따르지 않는 부하들이 아주 많았다. 이순신의 부하들이 반발할 것은 당연한 일이었다. 선조와 유성룡 등 조정 대신들이 인사정책에 실패하여 도리어 원균과 이순신의 분란만 키운 셈이었다.

제3절
원균의 최후도 편파적으로 서술

윤휴는 〈통제사 이충무공의 유사〉에서 원균의 최후에 관하여도 악의적이고 편파적인 기술로 일관하였다. 독자에게 원균에 대한 혐오 감정을 극대화함으로써 영웅 이순신을 부각(浮刻)하는 서사 전략을 선택한 것이다. 그의 서술이 가진 문제점을 앞에서도 언급하였으나, 사안의 중대성을 고려해 다시 한번 간략하게 논의하려고 한다.

우선 원균이 통제사로 부임하자 이순신이 정비한 수군의 모든 질서가 무너졌다는 주장을 펼쳤는데, 그 내용은 다음과 같다.

> "원균은 통제영에 이르러 모든 일을 순신이 하던 것과 반대로 하여, 장사(將士) 중에 순신이 썼던 사람은 모두 내쫓았고, 자기의 비장이었던 이영남(李英南)은 일찍이 순신의 군대와 합세할 것을 건의하였고 그 일을 익히 알고 있다는 이유로 그를 배척하여 군사(軍事)에 참여시키지 않았다. 그리고는 술을 즐기고 형벌을 남용하여 온 군중이 해체(解體)되었다."[24]

윤휴의 서술에서 취할 점은 단지 한 가지였다. 원균이 직할부대 중심의 새로운 질서를 마련하였다는 사실이다. 그 점을 윤휴는, "모든 일을 순신이 하던 것과 반대로 하여"라고 표현한 것이다. 그밖에는 사실과 배치되는 주장뿐이다. 첫째, 원균은 조방장으로 이순신의 심복이었던 배흥립과 김완을 배치하는 등 수군의 화합을 위해 노력했다.

둘째, 사소한 이유로 이영남을 업무에서 배제하였다는 주장은 근거가 없다. 그런데 이영남이 그동안 직속상관을 배신하고 이순신과 원균이 대립하게 부추긴 그를 중용하지 못한 것은 당연한 이치였다.

셋째, 윤휴는 원균이 술만 마시고 부하들을 벌주는 일만 한 것으로 서술하였으나,

---

24 윤휴(尹鑴), 《백호전서(白湖全書)》, 제23권, 〈통제사 이충무공의 유사(統制使李忠武公遺事)〉.

원균이 한 일은 단기간 내에 주야로 힘써 80척가량의 판옥선을 새로 완성한 것이다. 윤휴는 그때 상황이 일촉즉발의 위기가 나날이 이어진 데다가 도원수와 도체찰사 등 원균을 감시하는 눈길이 얼마나 성가시고 귀찮았는지를 짐작할 수 있었다. 그런데도 이처럼 태연히 거짓된 서술을 일삼았다.

그는 원균이 억지로 출전하게 된 사정에 관하여도 자의적인 기술을 마다하지 않았다. 다음과 같은 식이었다.

"이때 (일본군 첩자) 요시라가 또 와서 김응서를 속여 말하기를, '조선이 비록 청정은 놓쳤으나, 지금 일본의 수군이 또 나올 것이니, 만일 수군으로 그들을 요격한다면 또한 이익을 얻을 수 있을 것이다.'라고 하였다. 조정에서 그 말을 믿고 마침내 다시 앞서 순신에게 했던 것처럼 원균에게 훈시하였다. 그러자 원균은 이미 순신을 고자질하여 죄를 얻게 하고 통제사의 자리를 대신 차지한 터라, 이때 이르러 그 일이 어려운 줄을 알면서도 감히 말하지 못하였다."[25]

이 서술 중 한 가지 사실만 맞는 말이다. 그 한 가지란 요시라를 통해 일본군이 다시금 조선 수군을 함정에 빠뜨렸다는 사실이다. 그것은 사실에 부합하는 서술이지만 그밖에는 사실관계를 완전히 왜곡한 억지 주장이다. 첫째, 원균이 이순신을 모략하여 통제사가 되었다는 것은 그 당시 사정을 왜곡한, 전형적인 가짜 뉴스였다. 수군에 허다한 장수가 있었음에도 조정에서는 원균과 이순신을 제외하면 통제사가 될 만한 인재가 없다고 보았다. 그래서 이순신을 낙마시키자 원균을 통제사로 지명한 것이다.

둘째, 원균은 조정의 무리한 출전 요구를 순순히 받아들이지 않았다. 그가 휘하의 이억기 및 최호 등과 함께 얼마나 거세게 저항했는지는 《실록》에도 명확하게 기록되었다. 《난중일기》에서도 원균이 도원수와 도체찰사 등의 명령에 따르지 않은 사실이 명기되어 있다.

다음은 통제사 원균의 마지막 출정에 관해서도 윤휴는 사실관계에 어긋난 기술을 일삼았다. 우선 그가 쓴 기록을 읽어보겠다.

"그리하여 7월에는 원균이 수군을 모조리 지휘하여 부산으로 들어가 공격하였으나, 과연 순신이 말한 책략과 같이 크게 패하였다. 이때 적들은 해안 이동(以東)을 끼고 주둔해 있었으므로, 원균이 수군을 거느리고 한산도로부터 바다를

---

25 윤휴(尹鑴),《백호전서(白湖全書)》, 제23권,〈통제사 이충무공의 유사(統制使李忠武公遺事)〉.

건너갈 적에 적들은 이미 먼저 정보를 입수하고 있었다. 마침내 절영도(絶影島)에 이르러 적을 만나서 원균이 제군(諸軍)을 녹족하여 나가 싸우게 하자, 적들이 거짓 후퇴하는 척하면서 유인하니, 원균은 형세를 타고 마구 진격하였다. 그런데 적들이 짐짓 아군을 지치게 하려고 바다 가운데 배만 띄워놓고 종일토록 교전하지 않자, 우리 군사들은 형세를 잃어 물러나서 뱃머리를 돌려 되돌아오려 해도 거의 빠져나갈 수가 없게 되었다."26

위의 서술이 일부 타당한 점은 적군이 우리 군의 움직임을 관찰할 수 있었다는 점을 기록한 것이다. 그에 더하여 김응서와 요시라를 잇는 첩보 라인이 가동되고 있어 우리 수군의 움직임이 적에게 수시로 알려지는 상황이었다. 그 점을 원균이 몰랐다고 전제한 것부터가 사실에서 어긋난다. 또, 우리 군을 지치게 하였다는 진술도 원균의 직할부대에 해당하는 이야기가 아니다. 위에서 윤휴가 서술한 부분은 선조 30년 7월 7일에 있었던 전라우수사 이억기 부대의 고초를 가지고 마치 원균이 겪은 일처럼 꾸며놓았다는 점이다.

윤휴는 원균과 이억기 등이 적군에게 패한 마지막 날의 정경을 다음과 같이 서술했다.

"그러다가 밤이 깊어지고 파도가 심해져서 호남 수군의 배 7척이 표류하게 되자, 원균은 그 나머지 배만 거두어서 가덕도(加德島)에 돌아와 정박하였다. 여기서 군사들이 기갈(飢渴)에 못 이겨 서로 다투어 배에서 내려가 마실 것을 찾는 동안에 적들이 갑자기 나타나 아군을 습격함으로써 우리 장사(將士) 4백여 명을 잃었다."27

거듭 말하지만, 이억기의 전라우수영이 절영도 근해에서 7척을 잃은 것은 그해 7월 7일에 일어난 사고였다. 그 일을 7월 15일에 일어난 것으로 기록한 것은 엄청난 오류이다. 또, 원균이 하필 가덕도에 군사를 정박하려 했다는 서술도 본질에서 빗나갔다. 가덕도와 안골포에는 적군이 주둔하고 있어, 원균은 그곳의 일본군을 먼저 제거하지 못하면 부산포를 공격할 수 없다고 주장해 온 터였다. 그런데 원균이 어찌 가덕도에 군사를 상륙하게 하였겠는가. 이는 서사의 허구성을 입증하기에 충분하다.

끝으로, 윤휴는 원균과 두 명의 수사들이 순국한 점에 관해서도 다음과 같이 조롱

---

26 윤휴(尹鑴), 《백호전서(白湖全書)》, 제23권, 〈통제사 이충무공의 유사(統制使李忠武公遺事)〉.
27 윤휴(尹鑴), 《백호전서(白湖全書)》, 제23권, 〈통제사 이충무공의 유사(統制使李忠武公遺事)〉.

하는 어투로 기술했다.

> "그리고는 칠천도(漆川島)로 옮겨 정박했다가 다시 적의 추격을 받고 바다 가운데서 싸웠으나 크게 패하였다. 이에 원균은 배를 타고 언덕으로 올라가 도주하려다가 적에게 잡혀 죽었다. 이때 전라도수군절도사 이억기와 충청도수군절도사 최호(崔湖)는 모두 죽었고, 경상도수군절도사 배설(裵楔)은 항구를 탈출하여 도망쳐 죽음을 면하였다."[28]

인용문의 내용은 이덕형이 격군들을 통해 사실관계를 확인한 것과 정면으로 어긋나는 가짜 뉴스이다. 첫째, 이덕형이 확인한 것처럼 우리 수군은 선조 30년 7월 15일 늦은 밤에 고성현 춘원포에 정박하였다. 칠천도에 정박한 사실이 없다.

둘째, 이덕형이 확인한 바지만, 그 이튿날 새벽에 적군의 침략이 대대적으로 자행되어 일전을 펼치려 하였으나 배설이 도주하는 바람에 우리 군의 대오가 무너졌다. 그리하여 대규모 철수 작전이 이뤄졌고, 우리 군 가운데 사망자는 별로 없었다.

셋째, 그런 가운데 통제사 원균을 비롯하여 전라우수사 이억기와 충청수사 최호만 순국하였다. 그럼 어찌하여 최고 지휘관들만 몰살한 것일까? 앞에서도 서술했듯, 부산포 출전을 놓고 통제사와 수사들은 도원수 권율과 정면충돌했다. 권율이 조정에 급보를 보내 그들의 항명을 보고하였고, 선조가 그 기록을 보관하라고 승정원에 특별 지시를 내릴 정도였다. 그래서 원균, 이억기, 최호 등은 적에게 패하면 결국 죽음이 있을 것으로 알고, 전장에서 최후를 맞은 것으로 보아야 한다. 만일 그들도 죽기 살기로 난을 피하고자 하였더라면 목숨을 잃지 않아도 되었을 것이다. 훗날 선조는 그런 점을 충분히 인지하였기에, 조정이 그들을 패하게 한 것이라고 강조하였다.

비단 윤휴만 왜곡을 일삼은 것은 아니다. 그에 앞서 유성룡이 《징비록》에서 원균을 폄하하였고, 그의 전공을 감추느라 안간힘을 썼다. 그와 비슷한 노력이 오랜 세월을 두고 이어져 내려와 오늘날에는 버젓한 정설로 자리매김하였다. 그런 영향으로 이미 앞에서도 말한 것처럼 〈나무위키〉와 같은 인터넷 백과사전에는 원균의 생애를 처음부터 끝까지 악의적으로 편집한 기사가 실리게 되었다. 다음 장에서 그러한 문제점을 일일이 지적하고 대안을 모색하려고 한다. 역사를 왜곡한다는 것은 참으로 무서운 일이다.

---

28 윤휴(尹鑴), 《백호전서(白湖全書)》, 제23권, 〈통제사 이충무공의 유사(統制使李忠武公遺事)〉.

제2장
인터넷 백과사전의 교정

오늘날에는 시민들이 궁금한 사항이 있으면 〈나무위키〉를 비롯한 인터넷 백과사전을 찾아보는 것이 대세이다. 시민 누구나 이용하는 인터넷 백과사전의 중요성은 이루 말할 수 없을 정도이며, 이런 사전류에서 손쉽게 얻을 수 있는 지식이야말로 생활에 편리하고 유용하다. 그러나 크고 작은 문제가 도사리고 있다. 제일 심각한 것은 가짜 뉴스가 사전에 많이 포함되어 있다는 점이다.

때로 그것은 사전 편찬자의 능력을 벗어난 문제라고 볼 수 있다. "원균" 항목이 바로 그 좋은 예이다. 학자들이 연구를 통해 사실을 명확히 밝히지 못하였기 때문에 익명의 저자들이 여러 문헌에서 잘못된 정보를 가져다 사전을 온통 가짜 뉴스로 도배하였다.

제1절
인터넷 백과사전의 내용

〈나무위키〉의 "원균"29 항목은 그 내용이 워낙 방대하다. 그 시비를 일일이 가리기에는 지면이 부족할 것이다. 그러므로 "3. (원균의) 생애" 가운데서 일부만 소개할 예정이다. 즉, 임진왜란 초기까지 원균의 행적을 무엇이라고 서술했는지를 알아보겠다.

아래 실은 인용문에서 사실관계가 잘못 기술된 부분이 발견되면 우선 번호를 매기고 밑줄을 긋겠다. 그렇게 표시해 두면 인터넷 사전에 얼마나 많은 문제점이 있는지를 한눈에 알 수 있다. 그리고 나서 그 내용이 어떻게 바뀌어야 할지를 검토하고자 한다.

〈인용문〉

3. 생애
3.1. 출생부터 임진왜란 발발 전까지
3.1.1. 과거 급제

중종 35년(1540) 1월 5일, (1) 충청도 진위군(現 경기도 평택시)에서 8남 1녀 중 장남으로 태어났다. (2) 아버지는 무인 집안 출신이자 경상도병마절도사를 역임했던 원준량. 충순위(忠順衛)로 복무하다가 28살이 되던 1567년(선조 즉위년) 식년시 무과에 을과 2위로 급제하게 된다.

(3) 다만 이 과정에서 원균은 아버지 원준량의 입김 덕분에 무과에서 부정으로 급제했다는 의혹이 있다. 명종실록 명종 19년(1564) 6월 21일자 기록에 따르면, 원준량이 자식을 부정입시케 하여 탄핵받았다. 이때 원균의 나이는 24살로 입시에 응할

---

29 https://namu.wiki/w/%EC%9B%90%EA%B7%A0 (2024년 11월 2일 12시 45분 검색)

나이이며, 원균의 바로 아랫 동생인 원연은 21살이나 문과 급제생이었고, 다른 두 동생들(원용, 원전)은 무과에 응시하기엔 지나치게 어렸을 것이므로, 이에 해당되는 것은 원균일 가능성이 높다. 게다가 아버지 원준량도 벼슬살이를 하던 시절 윤원형 같은 권력자에게 뇌물을 바치며 관직 생활을 하였는데, 정작 왜구의 침입 시에는 제대로 움직이지도 않았으며, 선술했듯이 아들의 무과 응시에 부정도 의심되고, 이렇게 무능하고 부패한 무인의 전형을 보여준 데서 알 수 있듯이 아주 뼛속부터 심하게 썩어빠진 인물이었다.

(4) 어찌 됐건 첫 직위는 선전관(宣傳官)을 맡았으나 이후 1574년까지 공직생활 기록이 없다. (5) 일각에서는 원준량이 윤원형과 연을 맺고 있다가, 윤원형이 몰락하며 같이 피해를 본 것이라는 주장[15: 대표적으로 평택시에서 편찬한 원균평전이라는 책에서도 이런 내용을 주장하고 있다.]이 있으나 주류 주장은 아니다.

3.1.2. 북방에서의 (6) 무난한 활동

1575년(선조 9년) (7) 잠시 거제현령으로 부임했고[16: 실록은 아니나, 거제읍지(巨濟邑誌)에 따르면 거제현령으로 부임하기 직전 시기 방답진첨사(防踏鎭僉使)로 재직하게 되는데 어떤 이유에서인지 정3품이 아닌 낮은 직으로 임명되었다고 기록되어 있으며 이후에도 벼슬의 등급이 낮아지고 다른 곳으로 보내졌다고 기록되어 있다. 참고자료.] (8) 이후 조산보만호로 재직하게 된다.

(9) 이 시기 여진족 토벌에 참여해 부령부사(富寧府使)로 진급[17: 하버드-옌칭 도서관에 소장되어 있는 『융경원년정묘식년문무과방목(隆慶元年丁卯式年文武科榜目)』가 출처.]했고 이후 종성부사(鐘城府使)[18: 시전부락전투에 당시 종성도호부사(약칭 종성부사·종3품)였던 원균이 '우위, 1계원장(一繼援將)'으로 참전했다고 나온다.]에 임명되어 49세 때인 1588년(선조 21) 북병사 이일(李鎰)의 휘하에서 시전부락(時錢部落) 정벌에 참가해 승리를 했다. (10) 이를 근거로 김탁환의 소설 불멸이나 불멸을 원작으로 한 불멸의 이순신에서는 북방에서 여진족 토벌에 활약했다고 설정되어 있지만[19: 불멸의 경우에는 원균맹장론을 인용한 소설이고 당연히 그를 원작으로 한 불멸의 이순신 또한 원균맹장론을 어느정도 차용했다.], 선조시대는 워낙 기록 유실이 심해 자세한 기록이 남아있지 않으며 남아있는 기록들을 보더라도 참가는 했는데 어떤 공을 세웠는지에 대한 내용들이 기술되어 있지 않거나 두리뭉술하게 묘사된 경우가 많다.

3.1.3. (11) 전쟁 3개월 전, 경상우수사가 되다

선조 24년(1591) 전라좌도수군절도사에 임명되었으나 대간이 탄핵하여 파직되었다. (12) 탄핵 사유는 거제현령 시절에 보여준 무능함이었다.

사간원이 아뢰기를, "전라좌수사 원균(元均)은 전에 수령으로 있을 적에 고적(考積)이 거하(居下)였는데[20: 고적(考積)은 관리에 대한 인사평가를 말하며, 거하(居下)란 인사평가의 등급 중 하등(下等)을 말한다. 조선의 인사평가 체계의 거상, 거중, 거하로 나뉘게 되는데 (13) 당연히 거하를 받았다는 말은 인사평가가 무척이나 나빠서 최하점을 받았다는 의미다.] 겨우 반 년이 지난 오늘 좌수사에 초수(超授)[21: 초수는 계급, 직급을 올려주는 것을 말한다.]하시니 출척권징(黜陟勸懲)의 뜻이 없으므로[22: 출척(黜陟)은 "못난 사람을 내쫓고, 올바른 사람을 쓴다."는 뜻이며 권징(勸懲)은 우리가 흔히 말하는 권선징악(선을 추구하며 악을 벌한다)이다. (14) 그러니까 사간원이 보기엔 원균은 관리로써 제대로 일할 생각이 없는 무능한 인물이라고 판단한 것이다.] 물정이 마땅치 않게 여깁니다. 체차를 명하시고[23: 체차(遞差)란 관리의 임기가 다 되었거나, 임무 수행에 적절하지 않거나, 무능할 경우 관리를 변경함을 말한다.] 나이 젊고 무략(武略)이 있는 사람을 각별히 선택하여 보내소서."[24: (15) 간단히 해석하면 원균은 이전에 고을 수령직도 제대로 못 했는데, 더 큰 자리인 좌수사직을 맡는다는 건 말이 안 됩니다. 당장 자르시고 다른 유능한 사람을 골라서 좌수사에 임명하여 주십시오.라고 건의한 것이다.] 선조실록 선조 24년(1591) 2월 4일자 첫 번째 기사 #

1년 뒤인 선조 25년(1592)에는 (16) 조선 최대의 수군 기지인 경상우수영을 담당하는 경상우도수군절도사에 다시 임명되었다. (17) 전라좌수사 시절에 일 못한다고 탄핵받은 인사가 더 큰 전력을 관할하는 경상우수사로 임명된 걸 의아하게 여기는 사람들이 있는데, 당시 무관들의 평균적인 수준과 관직생활 양상을 이해하면 이상할 것이 없다. 문관들에 비해 학문이 떨어지는 무관들이 평시에 불량한 행실, 행정 능력 미숙 등을 이유로 심심하면 탄핵을 받아 견제당하는 일은 무척 흔했다. 임진왜란 이전 조선 최고의 명장으로 인정받은 신립도 성격이 폭급하고 장졸들이 명에 따르지 않는다 싶으면 중한 형벌을 내려 부하들이 꺼린 정황이 보이며 이일도 여진족 간자를 조정의 허락을 구하지 않고 선참했다가 파직된 전례가 있다.

더군다나 당시 조선은 조선통신사가 일본을 방문하기 전부터 전란을 준비하고 있었다. 1590년, 비변사에서는 무신들의 불차채용(不次採用)[25: 관계의 차례를 뛰어넘어 벼슬을 줌.]을 대거 진행했다.[26: (18) 바로 이때 이산해와 정언신의 추천으로 이순신이 천거되었다.] (19) 평시라면 전투 경험이 있든 말든 행실이 불량하다면 얄짤없이 탄핵감이지만, 이 때는 일본의 침공 위협과 여진족의 준동이 동시에 급부상하는 상황이어서 조정의 분위기가 조급해진 탓에 일손이 잡히는 대로 전부 뽑아 남쪽으로 내려보내던 시점이었다. 그러니 원균의 능력은 일단 차치하고[27: 이순신의 경우에도 (이일의 거짓 장계 때문이긴 하지만) 조선 조정이 봤을 때는 큰 공을 세운 인물은 아니었다. 유성룡을 비롯한 동인의 지원과 비변사의 반대에도 밀어붙인 선조의 결정이 아니었다면 전라좌수사에 오르지 못했을 가능성이 컸다.] 전투 경험이 있다는 것 자체는 사실이었기 때문에, 그리고 억세게 좋은 운까지 더해져서 경상우수사라는 그릇에 넘치는 자리를 맡을 수 있었던 것이다.

그리고 (20) 부임한 지 3개월 뒤에 임진왜란이 일어나자 본인과 나라의 운명이 바뀌었다.

3.2. 임진왜란 발발과 초기 행적

임진왜란 초기 그의 행적에 대해서는 논란이 많다. 원균을 무작정 비판하는 이들이 (21) 가장 잘못 알고 있는 부분이 이 부분으로 잘못된 비판으로 원균옹호론자들에게 빌미를 많이 준다. 선조실록이 기록유실이 심해 일괄적인 정리가 되지 않았고 승정원일기도 남아있지 않다는 점도 크다.

이순신에게 일본의 침공 사실을 바로 전달한 사실은 난중일기에서 검증된다. 이후 선조실록 5월 10일자 기사에 실린 선전관 민종식의 전선 시찰 보고에 의하면 원균이 적선 30여 척을 격파했다는 소식을 전한다. 그러나 6월 28일, 경상우도 초유사 김성일이 올린 경상도 전선의 상황 보고에는 원균이 군영을 모두 불태우고 보유 판옥선을 전부 자침시킨 후 전선 1척을 몰고 도망쳤다는 보고를 올린다. 김수의 장계에는 조라포, 지세포, 율포, 영등포 등 경상우수영의 포구들이 이미 텅비었고, 이 때문에 원균이 우응진을 시켜 창고를 불태웠다는 내용이 나온다. (22) 임진왜란 동안 원균은 이렇다 할 함대를 이끌지 않았기 때문에 후자의 서술이 맞는 것으로 보이며, 이 때 자침시킨 판옥선의 수는 70여 척 ~ 80여 척[28: 징비록 기준]으로 기록되어 있다. 이로 인해 조선 수군은 전쟁이 발발하자마자 수군 최강의 전력을 상실한다.[29: 참고로 임진왜란에서 조선 수군의 최대 전력은 칠천량 직전 130 ~ 180여 척이다. 최대 전력을 180여 척이라고 가정해도 원균이 자침시킨 70여 척 ~ 80여 척은 40%를 넘는 규모다.]

(23) 처음 적병이 한 방향으로 거제를 향하였다. 경상우수사 원균이 우후(虞侯)를 시

켜 병영을 지키게 하고 백천사(白川寺)에 달려가서 관망하다가 우리나라 어선을 적선인 줄 알고 당황하여 노량(露梁)으로 물러났다. 우후가 그 소문을 듣고 성중 노약자(老弱者)를 나가라고 독촉하니 죽은 자가 많았다. 어느 섬의 군사가 그 형세를 보고 모두 흩어졌다. 〈연려실기술, 제15권 선조조 고사본말(宣祖朝故事本末) 이순신이 바닷길을 질러막다〉

(24) 심지어는 기록에 따라서는 원균이 직접 배를 불태운 것이 맞는지 조차 의문인 부분도 있다. 연려실기술에 따르면 원균은 수사의 부관인 우후[30: 기록에 따르면 당시 우후의 이름은 우응진이며, 이후의 기록은 없이 93년 5월 난중일기에 경상우수영 우후로 이득진이라는 사람이 등장한다. 따라서 정황상 왜란 초기에 전사한 것으로 추정된다.]에게 병영을 지키게 한 후 형세를 지켜보다 우리나라 어선을 적선으로 착각하고 노량으로 바로 도망갔다고 서술되고 있기 때문이다. 우후에게 명령을 내리고 튄 것도 아닌 것이 바로 다음 문장에 '우후가 (원균이 노량으로 갔다는) 그 소문을 듣고'라고 서술되고 있기 때문이다. 이는 원균이 직속부하인 우후에게 별다른 명령을 내리지도 않고 바로 노량으로 튀어버린 바람에 우후가 소문을 듣고서야 원균이 백천사를 떠났다는 사실을 알았음을 시사한다. 그렇다면 경상우수영을 불태운 것은 우후의 자체 판단일 수 밖에 없다.

같은 날 김수가 올린 또 다른 장계에서는 이순신 또한 왜적이 쳐들어오지 않은 남해안 섬들의 군량과 군기를 불태워 빈 성이 된 곳이 있다는 묘사가 있는데, (25) 이는 당시 원균의 도주로 원균 예하의 수령과 병사들이 패닉에 빠져 함께 도망치고, 빈 성에 군량과 군기만 남아있었기 때문이다. 출정을 앞둔 이순신이 이를 회수할 방법은 없었기에[31: 조정의 출정 명령을 받고 이순신은 좌수영의 수군을 총소집 중이었다. 이후 발생한 해전이 바로 옥포해전] 왜군에게 빼앗기기 전 불태웠는데, 초기 원균이 도주한 걸 몰랐던 김수는 이를 이순신의 독단적인 결정으로 착각했던 것으로 해석된다.

3.2.1. (26) 70여 척을 제대로 활용하지 못한 것에 대한 변명

(27) 원균이 장수로서 제대로 전략전술이나 식견을 갖추지 못했기 때문에 비판받아 마땅한 것은 맞지만, 이때 원균이 경상우수영 전력 70여척을 전부 자침시킨 순간부터 비판을 적용하는 것은 무리가 있다. 전란 시작 원균의 행보부터 비판하는 것은 전근대 조선 수군과 현대 한국해군을 구분하지 못해서 저지르는 실수다. 현대 해군이야 모항에 전투함들이 모여 있고 승조원들이 언제든지 출동지시에 응할 수 있도록 대

기 태세를 갖추고 있지만, 왜구의 침입에 대응하기 위해 키워진 전근대 조선 수군은 소규모로 쪼개어 관할 진포에 흩어져 있었다.

20만의 왜군이 느닷없이 한꺼번에 상륙해서 밀어닥치는 시나리오는 조선군이 흔히 생각했던 왜구의 침략과는 스케일 자체가 달랐었기 때문에, 준비할 시간 자체가 없었던 것이 사실이다. (28) 경상우수영이 수영 중에 가장 규모가 크다곤 하나 그만큼 관할 구역도 넓어 임진왜란 직전에 8관 16포였다. 70여척의 전선들은 8관 16포에 흩어져 있었지 경상우수영에 모여 있지 않았다. 게다가 배를 움직일 인원들도 항시 배치되어 있지 않다. 조선 수군은 상하번으로 나뉘어 근무했고 전시에는 지방관들에게 통보해 병력을 소집하는 절차를 거쳐야 했다.

고니시는 경상좌수사 박홍의 관할에 상륙했지만 구로다 나가마사가 이끄는 제3군은 우수영 관할로 상륙해 밀고 들어왔고 전쟁 이틀만에 동래성이 함락되어 경상도 전역이 전쟁공황과 행정마비 사태가 몰아닥쳤다.

(29) 경상우수영의 3분의 1규모로 수영 중에 규모가 세번째에 불과했고 전화를 입지 않았던 이순신의 전라좌수영이 병력과 전선을 모두 소집하는 데 보름이 걸렸다. 전라좌수영의 2배, 경상우수영의 3분의 2 정도 규모인 이억기의 전라우수영은 해당 기간안에 병력과 전선을 모으는 데 실패해서 이순신의 1차 출동에 함께하지 못했다.

(30) 전화도, 아스팔트 도로도, 자동차도 없던 시대다. 지금처럼 휴대전화로 예비군 소집문자 보내면 택시타고 가는 시대가 아니다. 전라좌수영이 소집에 보름이 걸렸고[32: 그러나 난중일기에 따르면 전라좌수영 수군에게 본영으로 집결하라는 명령을 내린건 4월 27일이며 본영에 수군 집결이 완료된건 5월 1일로 5일 정도 걸렸다고 보는 게 타당하다. 다만 이때 29일까지 집결하라는 명령을 내렸지만, 난중일기에 따르면, 본영으로 집결이 완료된 시기는 5월 1일로 원래 계획보다 2일이 더 걸렸다. 이런 상황으로 볼때 우수영도 전 전선을 모으려 했다면 최소 5일 이상은 걸렸으리라 추정해볼 수는 있다.], 전라우수영이 그보다 오래 걸렸다면, 제일 큰 경상우수영은 당연히 20일 이상 소모된다고 생각해야 한다. 물론 일본군의 직접적인 공격이 없었다는 가정하에.

(31) 즉, 원균은 경상우수영 전력을 동원할 시간 자체가 없었고, 누가 그 자리에 있었어도 무리였다. 실제 개인적으로 원균을 극혐 수준으로 싫어했던 이순신조차도 난중일기에 이때 원균의 행보는 어쩔 수 없었던 것이라고 평했을 정도로, 단순히 경상우수영이 와해되었다고 원균을 비판하는 주장은 전근대 시대상과 소규모 국경방어 병력이 시간을 끄는 동안 병력을 모아서 내려보내는 조선의 방어전략에 무지하기 때문이다. 그리고 이러한 잘못된 비판이 원균옹호론자들에게 파고들 틈을 준다. 경상우수

영 전력은 원균이 70척을 불태운게 아니라 애초에 모일 틈도 없어서 각 진포에 흩어진 채 와해되었다고 보는 게 맞으며 원균이 군영을 불태운건 적들에게 시설을 이용 못 하게 하고 해도나 군사자료를 태워 파기하는 행동은 이런 상황에서는 전세계적으로 일반적인 대응이다.

(32) 3.2.2. 반론

얼핏 보면 그럴 듯 하겠지만 조금만 생각해 보면 말도 안 되는 소리다. 경상우수영의 자침이 당연했다는 논리대로라면 조선은 돈이 펑펑 남아돌아서 삼도 전력의 절반 이상을 자침이 예정된 경상우수영에 몰아줬다는 소리가 된다.

위에서 이순신과 이억기의 소집 사례를 잘 보면 의도적으로 논점을 어그러뜨리고 있는데, 이순신의 15일은 좌우수영이 만나기로 약속한 시간이지 좌수영 본영의 소집 시간은 물론 좌수영 전력의 소집 시간조차 아니다. 이순신이 예하 전력의 소집을 명한 것이 4월 27일이고(대기 명령은 4월 26일 하달) 거리가 먼 보성, 녹도 등을 제외한 예하 전력이 소집된 것이 4월 29일, 전체 전력이 모인 것이 5월 1일이었다. 전라우수영은 관할 자체가 장흥 이서 전라도 서해안 전역이라 당연히 소집에 시간이 걸릴 수밖에 없었다. 경상우수영 본영 전력은 정확히 파악되지는 않으나 8관 16포가 상하번제에서 70척 중 규모에 따라 각각 2~3척의 전선을 보유한다고 가정해도 본영에 남는 전선 전력은 족히 두자릿수가 된다.[33: 8관 및 2첨사진이 각 3척, 나머지 14진이 각 2척씩이라 가정할 경우 남는 전력은 무려 22척이다. 첨사진인 부산진의 경우 전선 1척, 중선 1척, 방패선 1척을 각각 자침시켰다. 이로 미루어 볼 때 실제 우수영 본영 전력은 전체 우수군의 절반에 달할 가능성도 있다.] 아무리 상하번제임을 참작해준다 해도 이 중 절반은 수습했어야 한다.

원균이 시간이 없었다는 주장도 남아있는 기록을 조금만 읽어보면 바로 논파된다. 전라좌수영에 김수와 원균의 공문이 도착한 것이 4월 15일 오후였으니 이미 원균은 4월 14일에 적의 침공을 파악하고 있었을 것이다. 이후 경상우도 방면이 전선이 된 것은 4월 19일 김해가 공격받으면서다. 즉 아무리 원균에게 불리한 상황을 가정해도 최소 4~5일의 시간이 있는데 그 시간동안 원균이 한 것은 고작 배 한 척을 건진 것에 불과했다. 최전방도 아닌 전라좌수군은 4월 15일 저녁 공문을 받은 후 4월 17일이 되자 상하번 병력들이 모여들었고 예하 진포에 소집령을 내린 뒤 거리가 먼 보성, 녹도 전력까지 완전히 모이는 데 5일이 소요되었다. 아무리 초전이고 최전방임을 감안해도 본영 전력조차 소집 못 할 정도로 위급한 상황은 전혀 아니었다.

심지어 4월 27일 도착한 좌부승지의 서장에서 인용된 원균의 장계에는 '각 포구의 수군을 이끌고 바다로 나가 군사의 위세를 뽐내고 적선을 엄습할 계획이다.'라고 큰소리를 탕탕 쳐놓았다.[34: 이 서장은 4월 23일 작성되었다. 앞서 4월 20일에 한 차례 서장이 성첩되어 내려왔고, 경상우수영->한성->전라좌수영의 이동시간과 한성에서의 장계 취합 및 작성 시간을 포함해보면 원균의 해당 장계는 4월 15~18일 쯤 작성되었을 것이다. 실제 거제 일대에서의 전황이든 기록상으로든 원균이 삼도 최대의 수군 전력을 모조리 포기해야 할 정황은 전혀 보이지 않는다.] 본영보다 전선에 가까운 영등포와 옥포에서도 전선 두 척은 수습했으니[35: 정확히는 영등포, 옥포, 지세포 만호들이 전선 두 척을 끌고 왔는데, 옥포해전에서 우치적과 이운룡이 경상우수군의 선봉이었다는 것을 보면 두 전선은 영등포와 옥포 소속이었을 가능성이 높다.] 더더욱 본영 전력 수습 실패에 대해 실드 쳐 줄 건덕지가 없다. 거제현은 5월 초까지 굳건히 버티다가 옥포해전 이틀 후인 5월 9일 현령 김준민이 김수의 명령으로 진주 수성을 위해 출병한 여파로 5월 12일에서야 함락되었으니, 이쯤되면 대체 원균이 무엇때문에 우수영을 모조리 불태워버리고 부리나케 도망갔는지조차 알 수 없을 지경이다.

더욱 문제인건 원균이 군영을 불태운 이후의 행보다. 수군이라고 무조건 배를 모아 싸우는 방법만 추구한 게 아니다. 수군의 핵심 임무는 해안 방어였고 이를 위해선 농성전을 포함한 지상전도 감행했다.

구체적 사례로 박홍이 이끄는 경상좌수영 본영은 일본군이 상륙하자 즉각 전선을 모은 게 아니라 병력을 동래성으로 보내 동래성 방어전에 가담했다. 또한 임진왜란의 첫 전투인 부산진전투와 다대포전투 역시 수군들이 지키던 진영에서 벌어진 싸움이였다. 이순신 역시 처음부터 전선을 모으기 보단 병사들을 소집하고 훈련시키며 차분히 방어태세를 준비하는 모습을 보였다. 따라서 당장 전선 70척을 본영으로 모을 수 없었다고 해서, 저항을 사실상 포기하고 본영에서 빠져나와 고성으로 몸을 피한 원균의 행동은 일반적 대응으로 보기 힘들다. 정상적인 대응은 적과 가까이 있는 진영들은 농성을 하며 버티고, 원균 자신은 남해현 등 후방의 병력을 모아 농성하는 진영을 지원하는 것이어야 했었다.[36: 당시 일본군이 차량으로 이동하는 것도 아니고 대부분은 뛰어서 이동하는 것일텐데 가까운 창원등의 진영에서 병력을 소집시켜 농성하게 하고 본인은 전선을 타던 협선을 타던 뱃길을 활용해 후방으로 이동하고 전령을 보내 각 지역의 전선들을 끌어모으려는 시도를 했었다면 70척중에 태반을 잃지는 않았을 것이다. 오히려 그렇게 농성하고 있었다면 소집을 마치고 달려온 이순신의 조선 수군에 합류하여 일본군을 역사서에서보다 더 강하게 압박할 수 있었을 것이다.] 난중일기에서 이순신은 경상도 수군들이 해안의 요지들을 지키지 않고 달아난 것을 두고 격분하여 비판하고 있다. 경상우수영이 대왜구전쟁에서 전통의 최전방이었음을 고려하면 원균은 평시에 이 전시 계획, 즉 어느 기간 내에 어디에서 어느 정도의 전력을 유지하고 집결시킬지를 상정하고 준비하는 데 전력을 기울였어야 했다. 그러나 원균은 그러지 않았고, 도망과 육군 합류 둘을 놓고 고민하다 이운룡 등의 만류 끝에 전라도에 지원을 요청한다.

임진년(1592년) 5월, (경상)우수사 원균이 군사를 잃고 도망치려 하자 옥포만호 이운룡이 막아서며 말하길 "주상이 임명한 이곳에서 죽어야 합니다. 이곳은 바로 양호(호남)의 목구멍과 같은 곳이니, 이곳을 잃으면 양호가 위태로워집니다." (원균은) 즉시 율포만호 이영남을 이충무(이순신)에게 보내 구원을 요청하니, 이충무가 군대를 이끌고 옥포에서 원균과 합류했다. 이운룡과 영등포만호 우치적이 선봉에 나서 왜선 30여 척을 대파하고 왜군이 전선을 버리고 달아나자 마침내 이를 모두 불태워 버렸으며, 추격하다 노량에 이르러 적을 대파하고 또 왜선 30여 척을 불태웠다.

右水使元均敗軍欲走, 玉浦萬戶李雲龍抗言曰, "使君當死於對內. 此兩湖咽喉, 失此則兩湖危矣." 卽遣栗浦萬戶李英男, 請救於李忠武. 忠武引軍赴之, 會均於玉浦. 雲龍與永登萬戶禹致績, 爲先鋒大破倭船三十餘艘, 彼棄船而走, 遂盡焚其船, 追擊至露梁大破之, 又燒三十餘艘. 〈거제군읍지(巨濟郡邑誌) 고적(古蹟) 중.〉

(33) 그리고 그 이후에야 경상우수영이 수습되기 시작한다. 그것도 원균이 주도한 게 아니라 전라좌수영이 옥포에 도착하자 아직 판옥선을 유지한 남해현령 기효근 등의 나름대로의 판단에 따른 합류였다. 전라좌수군이 당포에서 원균과 합류하기까지 경유한 진포는 평산포, 상주포, 미조항, 소비포 등이며, 관할 군현도 고성, 사천, 곤양, 하동, 남해 등 5개 군현이 남아있었다. 이미 옥포, 영등포, 율포 등의 전력이 우수사에게 합류했고 당포 이서의 각 진포와 군현마다 판옥선 한 척씩만 건사해도 최소 9척인데 원균은 이들을 전혀 통제하지 못한 것은 물론 매 보고마다 모조리 버려졌다 할 정도로 완전히 방기한 것이다. 그렇다고 정말 중과부적으로 밀려난 것도 아니고, 원균은 고작 거제 코앞인 당포에 처박혀 있었다(…) 다시 말해서 옥포해전의 발단이 된 구원 요청은 그냥 본인이 똥 싼 거 이순신에게 치워달라고 징징댄 거 그 이상도 이하도 아니다. 1차 출정 당시 연합함대의 전력은 28척으로 그 중 24척이 전라좌수군 세력이었는데, 원균이 사람처럼만 굴었으면 이 정도 세력은 당연히 수습하고도 남았을 것은 물론이고 경우에 따라 1차 출정 직후 벌어진 고현성의 실함도 막을 수 있었을 것

이다. 반면 사례로 충무공은 칠천량해전 직후 전쟁터가 된 전라도를 돌면서 도망친 수군과 남아있던 물자, 피란민까지 수습해서 전라우수영으로 이동하는 모습을 보여준다. 그것도 단 하루 차이로 왜군과의 조우를 피하면서 말이다.

그럼에도 불구하고 당시 원균의 행동이 정상참작이 되었던 것은, 그 이순신조차 부임 직후 여럿 모가지를 날리며 좌수영의 기강 확립에 애를 먹을 정도로 당시 수군의 상황과 기강 자체가 좋지 않았고 어쨌든 관할을 아예 버리진 않았기 때문이다. 이런 참작 사유가 있었기에 이각, 이유검 등 도망친 경상도 지휘관들을 본보기로 참할 때 살아남아서 계속 쓰임 받을 수 있었던 것이다.[37: 실제로도 원균 말고도 도망은 쳤지만 나름 참작할 사유가 있는 경우에는 징벌을 받지 않았다. 예를 들어 경상좌수사 박홍은 갑자기 공격받아 병력 절반이 갑자기 날아간 상태에서 동래성을 구원하려고 했다가 실패하자 원균처럼 자침하고 도망쳤고 박진은 병사 500명으로 어떻게 싸워보려다가 실패하였다.(단 김성일이 올린 장계에 따르면 반대로 처음부터 냅다 도망쳤다가 인맥으로 남의 공을 제것으로 만들었다고 한다. 어느쪽이 진실인지는 의문.) 이각 같은 유형은 문자 그대로 그냥 아무것도 안 하고 도망쳐서 쉴드칠 구석이 하나도 없어서 도저히 그냥 넘길 수 없으니 참한 것.] 잘못된 원균 비판론은 여기서 원균이 중앙에 빽이 두터워서 살았다! 라며 엉뚱하게 윤두수를 공격해서 원균옹호론자들이 파고들 틈을 더욱 열어준다.

3.2.3. 재반론

재반론의 요건은 이 정도가 있다.

1. 조정의 예상보다 큰 규모의 침공
(34) 2. 형편없는 원균의 군재

1번의 경우 임진왜란은 조선의 건국이래 최대규모의 침공이며 고려말 왜구의 침공을 감안해봐도 단독 침공으론 그렇다. 제1진으로 온 고니시 유키나가의 무대는 거의 2만에 가까운 병력을 거느리고 있었다. 고니시만 해도 이 정도인데 이후 병력까지 합치면 (35) 17만 수준으로 예상치의 10배를 넘는 초대규모 침공이었으나 조정은 사전에 그 정도 규모를 예상을 하지 못해서 선조가 그나마 수만명도 올 수 있지 않을까? 했다가 당시 비변사에 있던 변협이 한척에 100명 규모였으니 100척을 띄워도 1만명에 불과하다며 수만명 가능성도 일축했다.

또한 당시 일본은 막 통일된 상태도 정세가 많이 불안한 상황이었다. 김성일과 황윤길이 조선통신사로 일본에 방문했을 때도 도요토미 히데요시는 원정 나가서 4개월이나 기다리고서야 만날 수 있었다. 이런 상황에서 (36) <u>합계 17만</u> 규모의 대침공이 일어날 거라고 예상하는 게 넌센스다.

(37) <u>즉 조선이 기존에 내다본 관점은 "얘네들이 전쟁 준비하는 거 같은데 지금 계네 상황도 그렇고 전례를 들춰보면 많아도 1만명 안팎일 것이다."였고 이에 맞춰서 각 수영에게도 방침을 하달했을 것이다.</u> 문제는 고니시만 해도 1만 8천이나 데리고 와서 대전제가 처음부터 깨졌고 원균 입장에서는 "아니, 분명 윗분들이 1만명 남짓만 온댔는데…?" 입장이었을 것이고 2번의 문제까지 겹쳐져 원균은 도저히 '싸워서 물리친다'를 선택할 수 없었다.

(37) <u>2번의 경우 칠천량해전을 보면 답이 나온다. 이순신이 악으로 깡으로 키운 수군을 한번에 제대로 된 전투 없이 말아먹은 원균의 군재는 가히 재앙적이다. 물론 원균은 자기 군재를 잘 아는 자가 아니다.</u> 그런 자였다면 이순신을 모함해서 삼도수군통제사가 되어 자기 신세를 망치는 게 아니라 이순신 밑에서 하라는 거 하며 묻어 하는 것을 택했을 것이다. 하지만 적어도 원균은 이 때엔 자침을 했고 정작 삼도수군통제사가 되고 나서는 자기 말이 말도 안 된다는 것을 알 정도로 무모하지는 않았다.

이는 1번과 합쳐서 '싸워서 이긴다'는 선택지는 절대 고르지 않게 만든다. 문제는 이 다음 차선의 선택지가 뭐냐는건데 이 후보로는 '병력을 온전시켜 전라도 수군과 합류한다', '백성들이 피난할 때까지 존버했다가 전라도 수군과 합류한다.', '자침하고 합류한다' 정도가 있다.

(38) 첫 번째의 경우 병력 보존의 관점에서는 좋다. 가장 큰 경상우수영 병력을 온전히 이순신에게 합류시켜 조선 수군은 경상좌수영 병력만 빼고 모두 온전한 상태에서 시작하며 이 경우 이순신은 250척 규모로 시작하기에 현실 역사보다 더 많은 병력으로 편하게 시작한다.(적어도 규모면에서는) 이 경우 일시적으로 경상도 해안 전역의 제해권을 잃겠지만 경상우수영+전라우수영+전라좌수영 세 군영의 수군이 모인다면 다시 탈환할 수 있다. 다만 성공하려면 어떻게 병력이 다 모일 때까지 기다려야 하고 저 상태에서는 백성들이 잠시 일본군의 노략질에 무방비로 노출된다는 게 가장 큰 흠이다. 또한 합류를 위해서라지만 싸워보지도 않고 자기 구역을 내줬다고 하면 윗선에서 난리날 것이고 그렇다고 셋 다 자기 구역에서 집결하려고 하면 진작에 전투는 벌어지고도 남는다.

두 번째는 백성 보호의 관점에서는 훌륭한 선택이지만 대신 그만큼 병력을 까먹을 각오는 해야 한다. 나름 싸워봤다고 말할 수 있고 백성 보호라는 측면에서 나중에 할 말이 생기는 선택지지만 대신 병력을 좀 까먹는 게 흠이고 진짜 우수영을 박살내려고 온다면 자기도 원치 않게 '싸워서 이긴다' 혹은 '싸웠는데 졌다'의 선택지를 골라야 하며 운이 좋든 어떻든 전자가 걸린다면 정말 좋지만 원균의 군재상 그럴 리 없고 후자에 걸리면 경상우수영 병력은 증발, 함선과 물자는 탈취당할 우려가 있다. 하필 원균이 지휘관이라 위험성이 너무 높은 선택지다.

세 번째는 셋 중에서 가장 나쁜 선택지로 사실 원래는 차선보다는 차악에 가깝다. 싸워보지도 않고 함선과 물자를 바다에 꼬라박하는 게 좋은 선택지일 리는 없다. 문제는 원균이 지휘관이라 차선급에 속한다는 것. 다 모일 때까지 기다려서 되다는 보장도 없고 싸워서 이긴다는 보장도 없다면 차라리 "내가 제대로 못 쓸거 너도 못 쓰게 만들겠다!" 라는 게 그나마 낫다는 것. 원균이 원래 자침하고 제대로 된 계획이 있긴 했는지 의문인걸 감안하면 자침하고 이순신에게 합류한건 그나마 나은 선택이고 1, 2번을 감안하면 그의 능력으로 가능한 선택지 중 하나다. 해전을 위해선 병력이 모여야 하기에 시간이 오래 걸리는 반면 자침을 위해서는 각지에 명령을 하달하고 각지에서 알아서 자침하면 되기 때문.

다만 저 와중에 원균이 정말 저런 전략적인 판단을 하고 했을 가능성이 거의 없고 그렇다고 백성들을 대피시키기 위한 노력도 없어서 원균 같은 똥별이 할 수 있는 선택지 중에서는 그나마 나은 선택이었음에도 불구하고 비판의 대상이 될 뿐이다. 애초에 현재로 치면 함대사령관이나 다름없는 자리는 그에게 맞지도 않았고 그런 자리를 고작 실전경험이 있긴 하다고 줄 정도로 장수 보는 안목이 없던 조정이나 또 냅름 받는 원균이나 그놈이 그놈이지만 그래도 예상대로 1만 언저리의 침공이었다면 그랬는데도 원균이 대뜸 자침했다면 조정에서 금부도사를 보내도 할 말이 없는 트롤링이지만 아무도 예상치 못한 대침공이라서 원균의 자침은 조금 이해받을 여지가 있고 이걸로 원균만 비판하기에는 사람 보는 눈이 없던 조정도 똑같다. 차라리 원균이 맡은 곳이 이순신과 맞바뀌어져(그럴 가능성은 없지만) 원균이 전라좌수영, 이순신이 경상우수영에 있었다면 원균이 자침을 했을 리 없다. 그 때는 하면 변명거리가 1도 없는, 조정에서 사약 보내도 할 말이 없는 대트롤링이기 때문.

물론 이 변명도 어디까지나 원균에게 최소한의 당위성이라도 있었다는거지 원균이 잘했다는건 아니다. 장수로서의 소임은 어디까지나 지더라도 나라를 지키기 위해 싸우는 것이기 때문. 정말 전략상의 계획이 있지 않고서야 싸우지도 않고 자침하는 것이 명장의 자세일 리 없다. 원균이 한심한 똥별이니까 "그래… XX하는 것보다는 낫지…"

할 수 있는거지."[38: 임진왜란 초기에 원균이 가장 큰 트롤링을 저지른 것 같지만 사실 원균 이상으로 트롤링이 심했던 이들도 많았다. 경상좌병사 이각은 진짜 아예 도망쳤다 김명원에게 잡혀 참수되었으며 지휘관의 도망으로 지휘권이 붕 떠버린 그의 휘하 병력은 새로운 병마사인 박진이 올 때까지 각개전투를 이어나가야 했고 또 도망치면서 병마사 인신을 잃어버려 후임 병마사인 박진은 의심을 받는 등 고생이 많았다. 사실이 아니긴 했지만 신각도 도망쳤다는 오해를 받아 처형되었다. 사실 원균 역시도 이렇게 도망친 장수1에 속할 뻔 했다가 겨우 거기까지는 면한 케이스다.]

그 외에 이순신의 15일은 4월 16일에 전쟁발발을 전해 듣고 5월 1일에 집결했다. 명령을 내린 때부터는 분명 5일이지만 그 이전에 열흘 정도 텀이 있었던 것. 왜 열흘이나 텀이 있었던 걸까? 당연하지만 전쟁 터졌다고 바로 소집명령을 내린 게 아니기 때문이다. 전쟁이 났다고 해서 바로 출동하는 게 아니라 적의 규모는 어느 정도인지 우리가 나서도 되는지 안 되는지(적은 병력이라면 굳이 나설 필요가 없으니) 전쟁 났다는 말에 불안해하는 민심이나 동요하는 병사들은 없는지 등 할일은 많다. 실제로 난중일기에 17,18,20일에는 전황에 대한 기록이 있다.[39: 동래성, 부산진이 무너진 소식 같은건데 이미 삼포왜란과 을묘왜변에서도 몇몇 고을이 함락당한 전적이 있었던 만큼 고을 몇개 함락당했다고 함부로 군을 움직일 순 없었다. 심지어 이순신 장군의 임지는 부산 일대에서 아주 먼 전라도 서부 해안이었다.] 원균 또한 전장에서 먼 이순신과는 달리 매우 가까이 있는 인물로서 파악에 걸릴 시간이 그만큼 길 수는 없겠지만 그 또한 소집에 걸리는 시간+소집 전 상황 파악하는 등 기타 일에 필요한 시간이 10일 이내일 수는 없었을 것이다. 그걸 감안해도 건진 배가 절망적으로 적어서 문제지 원균이 시간도 넉넉한데 배 못 건진건 아니다.

요컨대 재반론의 요지를 말하자면 원균은 원래 무능했고 조정의 의도치 않은 오판까지 더해져서 더한 트롤링을 저질러도 이상할게 없었지만 용케도 자기 배 자침하는 정도로 끝났고 그정도면 상황에 비해 보면 사고를 덜 친게 아니냔 의미다.

위의 인용문에 수록된 내용 가운데 역사적 사실이라고 볼 수 있는 부분은 거의 없다. 불과 몇 개의 문장만 그대로 수용할 수 있다. 나머지는 사실관계에 오류가 있거나 무리한 해석으로 가득하다. 사정이 이와 같은데도 시민들에게 역사지식을 제공한다는 구실로 24시간 잘못된 내용을 제공하는 것은 옳은 처사가 아니다.

제2절
백과사전의 비판

앞에서 인용한 백과사전에서 문제가 되는 부분을 어떻게 수정하는 것이 좋을까. 번호순으로 필자의 견해를 기술하면 다음과 같다.

(1) 조선 초부터 대대로 살았던 경기도 진위현의 명문 원주원씨 집안에서 태어났다. 그의 아버지는 한성부 건천동에도 집을 가지고 있었으므로, 원균은 한양과 진위를 오가며 성장한 것으로 보인다. 이름난 문인 허균은 자신의 문집에서 원균과 이순신을 건천동을 빛낸 당대의 위인으로 손꼽았다.
(2) 아버지는 선비 가문에서 출생하였으나 무인으로 출세하여
(3) (무책임하고 사실관계가 불분명한 데다 원균을 깎아내릴 악의를 가지고 쓴 것이므로 삭제한다.)
(4) 무과에 급제한 후 얼마 뒤에 선전관에 등용되었다. 알다시피 선전관은 무관 가운데서도 장래가 촉망되는 사람들만 뽑히는 영예로운 직책이었다.
(5) (근거가 불충분한 서술이므로 삭제한다.)
(6) 뛰어난 활약
(7) 그는 거제현령을 지냈는데, 그 사실은 《경상도읍지》 안에 수록된 〈거제읍지〉에 언급되어 있다. 이미 젊은 시절부터 원균은 수군과 인연이 깊었음을 짐작할 수 있다.
(8) 이후 조산보만호에 임명되었다. 조산보만호는 함경도 지역에서 가장 중요한 직책의 하나로 탁월한 무관은 반드시 거쳐야 하는 직책이었다.
(9) 곧이어 선조 16년(1583)에 일어난 '이탕개의 난'에 큰 공을 세워 부령부사로 특진하였는데, 공이 커서 선조가 그때부터 원균이란 존재에 주목하였다고 실록에 기록되어 있다.
(10) (원균의 생애를 이해하는 데 필요한 서술이 아니므로 삭제함)
(11) 왜란이 발생하기 직전에
(12) 탄핵 사유는 전라좌수사에 임명하기 직전의 근무성적이 나빴기 때문이다.
(13) 흔히 무신(武臣)은 근무성적이 잘못 나오는 경우가 있었다. 과거에 원균은 어사 성낙이 근무를 잘한다고 보고해 표창을 받기도 하였다. 또, 대신 조

인득의 회상에 따르면 유능하고 성실한 무관이었다고 한다. 모두 《실록》에 나온다.

(14) 원균은 전라좌수사로 임명되기 직전에 성적이 좋지 않았다는 이유로 사간원에서 그 임명을 반대하였다. 조선 시대에는 이런 일이 비일비재하였다.

(15) 여기서 보듯 사간원은 원균보다 나이가 어린 관리를 전라좌수사로 보내기 위해 그 임명을 철회하라고 요구한 것이다.

(16) 전라좌수영보다 규모가 더 큰

(17) 원균의 능력이 뛰어나 중요한 역할을 맡기는 것이 옳다는 점에 관하여 조정의 공감대가 형성되어 있었기 때문이다.

(18) 바로 이때 비교적 나이가 젊은 많은 무관이 천거되었다.

(19) (해당 내용이 사실과 무관하므로 삭제함. 해당 사항에 관한 견해는 이미 제1부~제4부에서 밝혔다.)

(20) 부임한 지 얼마 안 가서

(21) 가장 잘못 알고 있는 부분이다.

(22) 김수의 보고서는 왜란 초기의 상황을 보고한 것이지만, 사실과 전혀 다르다. 원균은 이순신과 연합함대를 구성하기 이전인 선조 25년 4월에도 많은 적선을 무찔렀다. 그의 휘하에서 활동한 부장 우치적이 무려 10척의 일본배를 격침하였다는 기록도 있다.

(23) 왜란 초기에 경상우수영에 속한 여러 장수도 그 지역의 육군과 마찬가지로 몸을 피해 달아났다. 그들은 모두 부산에서 가까운 거리, 즉 거제도 동쪽 지역에 주둔하고 있다가 적의 세력이 상상을 초월한 규모였기 때문에 놀라서 흩어진 것이다. 그러나 그때도 원균은 거제도 서쪽의 수군을 규합하여 바다에 나가 외로운 싸움을 벌였다.

(24) (사실관계가 잘못 서술되어 있어 삭제함. 당시의 역사적 맥락을 이해하려면 앞에서 해당 항목에 관해 서술한 글을 참조할 것.)

(25) 그 당시 원균은 기효근, 이운룡, 우치적, 원전 및 강덕룡 등을 거느리고 일본군이 바다를 통해 진주성으로 쳐들어가지 못하게 막고 있었다. 이순신이 원균과 상의하지 않고 서둘러 남해현의 군사기지를 불태운 것은 실책이었다. 이 사건으로 말미암아 남해현감 기효근은 끝끝내 이순신과 불화하였다.

(26) 19척

(27) (사실과 어긋난 설명이므로 삭제함. 그 문제에 관한 논증은 제1부~제4부에서 찾아볼 것.)

(28) 경상우수영의 규모는 전라좌수영보다는 큰 편이었으나 보유한 판옥선의 총 수는 19척에 지나지 않았다. 그나마도 각 포구에 흩어져 있었는데, 일본군이 사상 최대규모로 쳐들어왔기 때문에 적선을 직접 목격한 여러 장수는 상관인 원균의 허락도 구하지 않고 멋대로 달아났다. 그래서 왜란 초기에

원균은 병력을 모으기가 쉽지 않았는데, 마침 비장 강덕룡이 진주 지방의 명망가 출신인데다 모병(募兵)에 유능하였다. 그의 노력에 힘입어 원균은 경상우수영을 빠른 속도로 재건하였다.

(29) 왜란이 일어나기 여러 해 전부터 조정에서는 만약에 일본군이 쳐들어온다면 전라좌도가 그들의 공격 목표가 될 것으로 예견했다. 그래서 그 지역의 군비를 증강하는데 특히 공을 들였다. 그런데 적군이 남도의 우리 수군 중에서도 가장 군사력이 미약한 경상좌도로 밀고 들어왔다. 그 바람에 경상좌도는 물론이고 경상우도까지 큰 피해를 보았지만 전라좌도는 무사하였다. 그런데도

(30) (불필요한 서술이고 정확하지도 않으므로 삭제함)

(31) 이미 적의 침략으로 인해 큰 타격을 입었으나 원균은 싸움을 포기하지 않았다. 하지만 불과 몇 척의 판옥선만 가지고 홀로 침략군을 제압하는 것은 무리한 일이었다. 그래서 그는 처음부터 이순신에게 연합함대의 구성을 제의하였다. 이순신이 원균의 부름에 일찌감치 호응하였더라면 거제도에 있던 경상우수영을 적군에게 잃지 않을 수도 있었다. 그런데 이순신은 또 그 나름으로 무슨 생각이 있었던지 원균의 제의를 받고도 보름가량 결정을 미루다가 조정의 출동 명령이 거듭되자 드디어 경상도 해역으로 진출하였다.

(32) (사실관계를 무시하고 처음부터 원균을 무능하고 비겁한 장수로 전제하고, 그가 가진 전함의 숫자도 오판하였으므로 삭제함)

(33) (거짓된 정보를 바탕으로 허구의 사실을 기술하였으므로 삭제함. 앞에서 해명한 부분을 참조할 것.)

(34) (거짓된 주장이므로 삭제함. 이 책의 제1부~제4부에서 논의한 부분을 참조할 것.)

(35) 총 15만 8천 명의 적군이 침략해왔다. 당초에 선조가 무신 변흡에게 쳐들어올 적군의 규모를 물었을 때, 그는 최대 1만 명으로 예측하였다. 《실록》에 기록된 사실이다.

(36) 16만 명

(37) ~ (38) (사실과는 동떨어진 설명이므로 삭제함. 이와 관련된 설명은 앞의 제1부~제4부의 설명을 참조할 것.)

요컨대 이상의 견해를 종합하면 인터넷 백과사전에는 다음과 같은 설명문이 실리는 것으로 충분하다.

3. 원균의 생애
3.1. 출생부터 임진왜란 발발 전까지
3.1.1. 과거 급제

중종 35년(1540) 1월 5일, 조선 초부터 대대로 경기도 진위현에 살았던 명문 원주원씨 집안에서 태어났다. 그의 아버지는 한성부 건천동에도 집을 가지고 있었으므로, 원균은 한양과 진위를 오가며 성장한 것으로 보인다. 이름난 문인 허균은 자신의 문집에서 원균과 이순신을 건천동을 빛낸 당대의 위인으로 손꼽았다. 아버지는 선비 가문에서 출생하였으나 무인으로 출세하여 경상도병마 절도사를 역임했던 원준량이다. 원균은 충순위(忠順衛)로 복무하다가 28살이 되던 1567년(선조 즉위년) 식년시 무과에 을과 2위로 급제하였다. 무과에 급제한 후 얼마 뒤에 선전관에 등용되었다. 알다시피 선전관은 무관 가운데서도 장래가 촉망되는 사람들만 뽑히는 영예로운 직책이었다.

3.1.2. 북방에서의 뛰어난 활약

1575년(선조 9년) 그는 거제현령을 지냈는데, 그 사실은 《경상도읍지》안에 수록된 〈거제읍지〉에 언급되어 있다. 이미 젊은 시절부터 원균은 수군과 인연이 깊었음을 짐작할 수 있다. 이후 조산보만호에 임명되었다. 조산보만호는 함경도 지역에서 가장 중요한 직책의 하나로 탁월한 무관은 반드시 거쳐야 하는 직책이었다.
곧이어 선조 16년(1583)에 일어난 '이탕개의 난'에 큰 공을 세워 부령부사로 특진하였는데, 공이 커서 선조가 그때부터 원균이란 존재에 주목하였다고 실록에 기록되어 있다. 이후 종성부사(鐘城府使)[18: 시전부락전투에 당시 종성도호부사(약칭 종성부사·종3품)였던 원균이 '우위, 1계원장(一繼援將)'으로 참전했다고 나온다.]에 임명되어 49세 때인 1588년(선조 21) 북병사 이일(李鎰)의 휘하에서 시전부락(時錢部落) 정벌에 참가해 승리를 했다.

3.1.3. 왜란이 발생하기 직전에 경상우수사가 되다

선조 24년(1591) 전라좌도수군절도사에 임명되었으나 대간이 탄핵하여 파직되었다. 탄핵 사유는 전라좌수사에 임명하기 직전의 근무성적이 나빴기 때문이다.
사간원이 아뢰기를, "전라좌수사 원균(元均)은 전에 수령으로 있을 적에 고적(考積)이 거하(居下)였는데[20: 고적(考積)은 관리에 대한 인사평가를 말하며, 거하(居下)란 인사평가의 등급 중 하등(下等)말한다. 조선의 인사평가 체계의 거상, 거중, 거하로 나뉘게 되는데 흔히 무신(武臣)은 근무 성적이 잘못 나오는 경우가 있었다. 과거에 원균은 어사 성낙이 근무를 잘한다고 보고해 표창을 받기도 하였다. 또, 대신 조인득의 회상에 따르면 유능하고 성실한 무관이었다고 한다. 모두 《실록》에 나온다.] 겨우 반 년이 지난 오늘 좌수사에 초수(超授)[21: 초수는 계급, 직급을 올려주는 것을 말한다.]하시니 출척권징(黜陟勸懲)의 뜻이 없으므로[22: 출척(黜陟)은 "못난 사람을 내쫓고, 올바른 사람을 쓴다."는 뜻이며 권징(勸懲)은 우리가 흔히 말하는 권선징악(선을 추구하며 악을 벌한다)이다. 원균은 전라좌수사로 임명되기 직전에 성적이 좋지 않았다는 이유로 사간원에서 그 임명을 반대하였다. 조선 시대에는 이런 일이 비일비재하였다.] 물정이 마땅치 않게 여깁니다. 체차를 명하시고[23: 체차(遞差)란 관리의 임기가 다 되었거나, 임무 수행에 적절하지 않거나, 무능할 경우 관리를 변경함을 말한다.] 나이 젊고 무략(武略)이 있는 사람을 각별히 선택하여 보내소서."[24: 여기서 보듯 사간원은 원균보다 나이가 어린 관리를 전라좌수사로 보내기 위해 그 임명을 철회하라고 요구한 것이다.] 선조실록 선조 24년(1591) 2월 4일자 첫 번째 기사 #

1년 뒤인 선조 25년(1592)에는 전라좌수영보다 규모가 더 큰 경상우수영을 담당하는 경상우도수군절도사에 다시 임명되었다. 원균은 능력이 뛰어나서 중요한 역할을 맡기는 것이 옳다고 조정의 공감대가 형성되어 있었기 때문이다.

더군다나 당시 조선은 조선통신사가 일본을 방문하기 전부터 전란을 준비하고 있었다. 1590년, 비변사에서는 무신들의 불차채용(不次採用)[25: 관계의 차례를 뛰어넘어 벼슬을 줌.]을 대거 진행했다.[26: 바로 이때 비교적 나이가 젊은 많은 무관이 천거되었다.] 그리고 부임한 지 얼마 안 가서 임진왜란이 일어나자 본인과 나라의 운명이 바뀌었다.

3.2. 임진왜란 발발과 초기 행적

임진왜란 초기 그의 행적에 대해서는 논란이 많다. 원균을 무작정 비판하는 이들이 가장 잘못 알고 있는 부분이다.
이순신에게 일본의 침공 사실을 바로 전달한 사실은 난중일기에서 검증된다. 이후 선조실록 5월 10일 자 기사에 실린 선전관 민종식의 전선 시찰 보고에 의하면 원균이 적선 30여 척을 격파했다는 소식을 전한다. 그러나 6월 28일, 경상우도 초유사 김성일이 올린 경상도 전선의 상황 보고에는 원균이 군영을 모두 불태우고 보유 판옥선을 전부 자침시킨 후 전선 1척을 몰고 도망쳤다는 보고를 올린다. 김수의 장계에는 조라포, 지세포, 율포, 영등포 등 경상우수영의 포구들이 이미 텅 비었고, 이 때문에 원균이 우응진을 시켜 창고를 불태웠다는 내용이 나온다. 김수의 보고서는 왜란 초기의 상황을 보고한 것이지만, 사실과 전혀 다르다. 원균은 이순신과 연합함대를 구성하기 이전인 선조

25년 4월에도 많은 적선을 무찔렀다. 그의 휘하에서 활동한 부장 우치적이 무려 10척의 일본배를 격침하였다는 기록도 있다.

왜란 초기에 경상우수영에 속한 여러 장수도 그 지역의 육군과 마찬가지로 몸을 피해 달아났다. 그들은 모두 부산에서 가까운 거리, 즉 거제도 동쪽 지역에 주둔하고 있다가 적의 세력이 상상을 초월한 규모였기 때문에 놀라서 흩어진 것이다. 그러나 그때도 원균은 거제도 서쪽의 수군을 규합하여 바다에 나가 외로운 싸움을 벌였다.

같은 날 김수가 올린 또 다른 장계에서는 이순신 또한 왜적이 쳐들어오지 않은 남해안 섬들의 군량과 군기를 불태워 빈 성이 된 곳이 있다는 묘사가 있는데, 그 당시 원균은 기효근, 이운룡, 우치적, 원전 및 강덕룡 등을 거느리고 일본군이 바다를 통해 진주성으로 쳐들어가지 못하게 막고 있었다. 이순신이 원균과 상의하지 않고 서둘러 남해현의 군사기지를 불지른 것은 실책이었다. 이 사건으로 말미암아 남해현감 기효근은 끝끝내 이순신과 불화하였다.

3.2.1. 19척을 제대로 활용하지 못한 것에 대한 변명

현대 해군이야 모항에 전투함들이 모여 있고 승조원들이 언제든지 출동지시에 응할 수 있도록 대기 태세를 갖추고 있지만 왜구의 침입에 대응하기 위해 키워진 전근대 조선 수군은 소규모로 쪼개어 관할 진포에 흩어져 있었다.

20만의 왜군이 느닷없이 한꺼번에 상륙해서 밀어닥치는 시나리오는 조선군이 흔히 생각했던 왜구의 침략과는 규모 자체가 달랐었기 때문에, 준비할 시간 자체가 없었던 것이 사실이다. 경상우수영의 규모는 전라좌수영보다는 큰 편이었으나 보유한 판옥선의 총수는 19척에 지나지 않았다.30 그나마도 각 포구에 흩어져 있었는데, 일본군이 사상 최대규모로 쳐들어왔기 때문에 적선을 직접 목격한 여러 장수는 상관인 원균의 허락도 구하지 않고 멋대로 달아났다. 그래서 왜란 초기에 원균은 병력을 모으기가 쉽지 않았는데, 마침 비장 강덕룡이 진주 지방의 명망가 출신인데다 모병(募兵)에 유능하였다. 그의 노력에 힘입어 원균은 경상우수영을 빠른 속도로 재건하였다.

고니시는 경상좌수사 박홍의 관할에 상륙했지만 구로다 나가마사가 이끄는 제3군은 우수영 관할로 상륙해 밀고 들어왔고 전쟁 이틀 만에 동래성이 함락되어 경상도 전역이 전쟁공황과 행정 마비 사태가 몰아닥쳤다.

---

30 《실록》, 선조 36년(1603) 7월 26일.

왜란이 일어나기 여러 해 전부터 조정에서는 만약에 일본군이 쳐들어온다면 전라좌도가 그들의 공격 목표가 될 것으로 예견했다. 그래서 그 지역의 군비를 증강하는 데 특히 공을 들였다. 그런데 적군이 남도의 우리 수군 중에서도 가장 군사력이 미약한 경상좌도로 밀고 들어왔다. 그 바람에 경상좌도는 물론이고 경상우도까지도 큰 피해를 보았지만 전라좌도는 무사하였다. 그런데도 이순신의 전라좌수영이 병력과 전선을 모두 소집하는 데 보름이 걸렸다. 전라좌수영의 2배, 경상우수영의 3분의 2 정도의 규모인 이억기의 전라우수영은 해당 기간 안에 병력과 전선을 모으는 데 실패하여 이순신의 1차 출동에 함께하지 못했다.

이미 적의 침략으로 인해 큰 타격을 입었으나 원균은 싸움을 포기하지 않았다. 하지만 불과 몇 척의 판옥선만 가지고 홀로 침략군을 제압하는 것은 무리한 일이었다. 그래서 그는 처음부터 이순신에게 연합함대의 구성을 제의하였다. 이순신이 원균의 부름에 일찍 호응하였더라면 거제도에 있던 경상우수영을 적군에게 잃지 않을 수도 있었다. 그런데 이순신은 또 그 나름으로 무슨 생각이 있었던지 원균의 제의를 받고도 보름 넘게 결정을 미루다가 조정의 출동 명령이 거듭되자 드디어 경상도 해역으로 진출하였다.

조정의 예상보다 큰 규모의 침공

임진왜란은 조선의 건국 이래 최대규모의 침공이며 고려말 왜구의 침공을 감안해 봐도 단독 침공으론 그렇다. 제1진으로 온 고니시 유키나가의 부대는 거의 2만에 가까운 병력을 거느리고 있었다. 고니시만 해도 이 정도인데 이후 병력까지 합치면 총 15만 8천 명의 적군이 침략했다. 당초에 선조가 무신 변흡에게 쳐들어올 적군의 규모를 물었을 때 그는 최대 1만 명으로 예측하였다. 《실록》에 기록된 사실이다.

또한 당시 일본은 막 통일된 상태로 정세가 많이 불안한 상황이었다. 김성일과 황윤길이 조선통신사로 일본에 방문했을 때도 도요토미 히데요시는 원정 나가서 4개월이나 기다리고서야 만날 수 있었다. 이런 상황에서 16만 명 규모의 대침공이 일어날 거라고 예상하는 게 넌센스다.

결론적으로, 인터넷 백과사전 〈나무위키〉의 설명을 그대로 두어서는 아니 되겠다. 하루빨리 그 내용을 수정하는 것이 이치에 맞는 일인데, 과연 사전의 편찬을 담당하는 사람이 필자의 주장에 바로 수긍할지 모르겠다. 이미 수백 년 동안 원균에 관해 여러 사람이 조작한 가짜 뉴스가 역사적 사실로 군림하고 있기 때문이다. 이런 판국에 어찌 대대적인 수정 작업이 이뤄질 수 있겠는가.

참으로 안타까운 일이지만, 지금 당장에는 원균에 관한 역사적 사실을 시민들에게 널리 계몽하는 일이 필요하다. 그런데 그것도 쉬운 일이 아니다. 먼저 역사학자들의 문제의식을 일깨우는 데서 일이 시작되어야 할 것도 같다. 이 책의 제1부에서 제4부에 이르기까지 필자가 원균의 진실을 위해 여러 각도에서 장문의 서술을 피하지 않고 감행한 이유가 바로 여기에 있다.

종장

원균의 역사적 진실에 관하여

종장
원균의 역사적 진실에 관하여

元均
眞實

　왜란 때 수군의 공이 가장 뛰어났다는 사실은 길게 토론할 필요도 없다. 전후 두 차례에 걸쳐 약 30만 명의 일본군이 쳐들어왔으나, 그들은 조선을 점령하는 데 실패하였다. 약 10만 명의 명나라 군대가 조선에 파병되어 적의 침략을 막는 데 이바지한 것도 사실이지만, 그것으로 전쟁의 승부가 결정된 것은 아니었다. 남해에 조선 수군이 버티고 있어 일본군의 서진(西進)을 가로막은 것이야말로 나라를 위기에서 구한 업적이었다. 그래서 왜란이 끝난 뒤에 이른바 "선무공신(宣武功臣)"을 뽑을 때에 누구나 한목소리로 수군의 공적을 손꼽았다.

　마침내 공신의 서열을 정하게 되자 일등공신에 이순신과 권율 및 원균을 차례로 책봉하였다. 그것도 우연한 일이 결코 아니었다. 아는 바와 같이 이순신과 원균은 수군을 지휘한 장수요, 권율은 행주산성에서 승리를 거둔 육군 장수였다. 이렇듯 그들 세 사람은 한 시대의 평가를 받은 명장들이다.

　그런데도 후세는 위 3인 가운데 오직 원균을 가리켜 비열하고 무능하며 부패한 인간이라고 낙인찍었다. 원균을 조롱하고 배척하는 문헌은 세월이 갈수록 산더미처럼 쌓여갔다. 근세에 이르러 그의 진실을 말하는 연구가 여러 권 출간되었으나, 일반 시민은 여전히 원균의 진실을 알지 못한다.

　원균의 역사적 진실을 찾아 나선 것은, 어이없이 격하된 한 사람의 명장을 구원하기 위해서만은 아니다. 그가 탁월한 장수였다는 점을 구체적으로 밝히는 것이 필요하다고 보았다. 그러나 그에 관한 역사를 쓰는 일은 당사자의 명예회복에 그치지 않고 한층 더 중요한 사실도 알아내는 것이다. 원균의 진실을 통해 우리는 역사의 진실에 한 걸음 더 가까이 다가설 수 있다고 확신한다.

　역사적 인물 원균과 긴밀한 관계에 있던 여러 사람의 역사적 행보를 더 정확히 들여다볼 수 있게 되었다. 그 바탕 위에서 우리는 400년도 더 지난 까마득한 과거에 일어난 여러 가지 사건을 입체적으로 조감(鳥瞰)할 수 있다. 이것은 당장 눈앞에서 벌어지고 있는 크고 작은 사건에 관해서는 역사적 관점에서 재검토할 수 있는 능력을 키우는 계기, 즉 역사적 사고력을 배양하는 방법이 될 수 있다. 요컨대 원균의 진실을 캐는 작업은, 그 한 사람만을 위한 진혼곡(鎭魂曲)을 연주하는 데 그치지 않는다. 사물에 대한 역사적 성찰의 의미를 되새기는 일이라는 점을 강조하고 싶다.

제1절
요약과 결론

　　제1부에서 제4부에 이르기까지 원균에 관한 다음의 다섯 가지 문제를 차례로 해명하였다. 다양한 주제를 다루었고, 장(章)과 부(部)마다 연구 방향과 거기서 얻은 새로운 결과를 소개하였으므로, 그 내용을 더욱 자세히 알고 싶은 독자는 관련되는 장과 부의 머리말과 결론 부분을 참고하기 바란다. 아래에서는 각 부와 장에서 논의한 바를 다시 짧게 요약하겠다.

　　첫째, 사람들이 원균에 관하여 알고 있는 내용이 문제투성이라는 점을 부각하였다. 후세에 널리 알려진 허다한 기록들이 역사적 사실을 왜곡하고 있음을 알게 되었다. 진실을 후세에 전달해야 마땅한 역사 기록이 왜, 그렇게 잘못되었을까? 필자는 왜곡의 현상과 그 역사적 배경을 정밀하게 분석해, 역사적 진실을 새롭게 발견하고자 했다.(제1부)

　　가령 원균이 가장 아끼고 사랑한 부장(副將) 이운룡의 전기자료부터 심하게 왜곡되었다. 현존하는 기록에 따르면, 이운룡은 직속상관인 원균을 처음부터 배척하고 혐오한 것으로 되어있다. 하지만 그것은 사실과는 거리가 먼 허구이다. 이운룡은 원균의 충직한 부하였는데도, 후세가 정치적 목적을 가지고 두 사람의 관계를 왜곡하였다.

　　또, 정탁의 〈신구차(伸救箚)〉도 본래의 모습은 오늘날 그의 문집에 실린 글과는 아주 다른 내용을 담고 있었다. 정탁은 원균과 이순신 두 장수를 동시에 기용하자고 항상 주장하였다. 그는 〈신구차〉에서 이순신이 잘못한 점을 진솔하게 지적하였으며, 원균의 장점을 아낌없이 호평하였다. 그런데도 후세는 〈신구차〉의 주요한 내용을 왜곡함으로써 정탁의 본래 의도를 뒤집어 놓았다.

　　그 밖에도 일반 사람들이 별다른 이의 없이 신뢰하는 이순신의 《난중일기》와 유성룡의 《징비록》에도 문제가 적지 않다는 것을 드러냈다. 우선 이순신의 《난중일기》는 한 인간의 주관적 평가를 담은 개인적인 기록이며, 때로 편향적이고 심각한 오류를 내포한 것으로 증명되었다.

그리고 《징비록》은 더욱더 심각한 문제점을 안고 있다. 그 기록은 노련한 정치가 유성룡이 자신과 그리고 정치적 이해관계를 공유하는 남인의 당파적 이익을 위해 왜란의 흐름을 왜곡한 부분이 적지 않았다. 곳곳에 편향적 해석이 도사리고 있으며, 역사적 사실을 충실히 기록하기보다는 자의적으로 해석하고 왜곡한 점이 많았다.

역사 기록에 관한 '통념의 오류'를 바로잡아야 우리는 새로운 시각으로 역사를 바라볼 수 있다. 이미 수백 년 동안 굳어진 편견과 오류라서 하루아침에 쉽게 바뀌는 것은 어려운 일이겠으나, 지금부터라도 노력하면 언젠가 보람을 느끼게 될 것이다.

둘째, 이 책에서는 원균에 관한 역사적 진실이 과연 무엇인지 깊이 탐구하였다. 앞에서 발견한 진실 가운데는 우리가 비교적 쉽게 접근할 수 있는 여러 자료 속에 숨어 있었다. 그동안 무심히 지나치고 만 기록 속에 귀중한 역사적 진실이 있었다는 깨침이 참으로 귀한 소득이었다.(제2부)

역사적 진실의 보고는 바로 《실록》이었다. 왜곡이 심한 것으로 알려진 〈선조수정실록〉에도 뜻밖의 역사적 사실이 발견되기도 하였다. 그리고 개인의 전기라는 이유로 홀대받은 〈원릉군 행장〉, 즉 대사헌 김간이 저술한 원균의 전기에도 우리가 전혀 몰랐던 선조의 〈유서(諭書)〉가 포함되어 있었다. 아울러, 원균을 선무공신 제1등에 책봉한 〈교서(教書)〉에서도 원균의 공적을 객관적으로 입증하는 진실이 발견되었다. 또, 여러 고을에서 편찬한 〈읍지〉에서도 원균과 그의 부장들이 해전에서 거둔 승리가 간단명료하면서도 구체적으로 서술된 사실을 확인하였다.

여기서 특기할 한 가지 사실은, 원균의 공신 〈교서〉가 다른 공신의 〈교서〉와는 달리 매우 구체적으로 서술되어 있다는 점이다. 똑같은 일등공신이라도 이순신의 〈공신교서〉에는 그 공적이 포괄적이고 추상적으로 기술되어 있으나, 원균의 〈교서〉에는 그가 세운 공훈이 구체적이고 상세하게 기록되었다. 후세의 불필요한 억측과 잡담을 막기 위해 선조는 당대에 이미 검증한 원균의 공적을 충실히 기록한 것으로 짐작한다.

한마디로 말해, 원균은 이순신과 더불어 당대의 가장 뛰어난 명장이었다. 설사 '칠천량 사태'에 대한 그의 책임이 있었다고 하더라도, 그는 왜란 때 가장 공적이 현저한 장수였다. 후세는 그를 깎아내리는 데 익숙하지만, 그것은 잘못된 태도이다.

셋째, 원균이 조선 수군을 완전히 망쳤다고 말하는 이들이 많은데, 그것은 '칠천량 사태'에 대한 이해가 부정확한 데서 비롯된 편견이다. 필자는 사태의 실상을 파헤쳐 입체적으로 연구 검토하고자 했다.(제3부)

단 한 번의 전투로 통제사 이순신이 애써 기른 조선 수군을, 원균이 한꺼번에 잃어버렸다는 통설은 허구이다. 우선 칠천량에서 1만 명을 헤아리는 조선 수군이 바닷물에 빠져 죽었고, 180척의 판옥선이 물속에 가라앉았다는 통설은 근거 없는 허구이다.

칠천량에서 조선 수군은 적군과 이렇다 할 전투를 벌인 적이 없었다. 속설대로 원균이 홧김에 모든 전함을 이끌고 부산포로 쳐들어간 적도 없었고, 《징비록》을 비롯한 여러 기록에 장황하게 기록된 것과 같이 부끄러운 졸전(拙戰)을 연거푸 치른 것도 아니다. 원균이 도원수 권율과 도체찰사 이원익 등의 강요로 출전한 것은 사실이나, 보유 전함의 절반인 90척을 이끌고 부산포로 갔다가 급히 철수하여 고성의 춘원포에서 정박하였다. 그 이튿날에 결전을 치르려 하였으나, 경상우수사 배설이 대오를 이탈하는 바람에 적군과의 혈전은 성사되지 못했다.

칠천량 사태 후에 수군이 무너진 것은 전사한 장수들의 책임이 아니다. 생존한 수사 배설, 그리고 억지 출동을 강요한 도원수 권율 등이 사태를 수수방관하고 직무에 태만하였기 때문에, 수군은 멀쩡한 전함과 군사를 제대로 수습하지 못했다.

통제사 원균은 불과 수개월의 재임 중에 80척가량의 판옥선을 지어, 역사상 최고로 전투력을 키웠다. 그는 대단히 의욕적이고 성실한 장수였고, 군사전략에 밝은 명장이었다.

그동안 과소평가되었던 기문포해전도 이 책에서는 완전히 재평가했다. 또, 안골포와 가덕도해전에서 원균이 거둔 승리도 새롭게 조명했다. 특히 기문포해전에서는 일본군 200명을 몰살해 고니시 유키나가가 항의 서한을 조정에 보낼 정도였다는 사실도 밝혔다.

넷째, 원균은 왜란 때 조선 수군의 양대 축을 이루었던 명장인데도 역사는 그를 혐오하고 배척하며 역사에서 완전히 지워버렸다. 왜, 이런 일이 일어났을까? 이 책에서는 그런 문제도 다각적으로 분석하였다.(제4부)

여러 문헌을 섭렵하고 사실관계를 상세히 조사한 결과 그 배경에는 다음과 같은 세 가지 역사적 현상이 있었다. 그 하나는 왜란 이후 17세기 전반에 일어난 수군 내부의 세력 교체와 관계가 깊었다. 왜란 후 삼도수군통제사로 임명된 인물의 대다수는 원균의 직계 부하가 아니었으며, 그가 아낀 부하 가운데서도 통제사로 등용된 이들이 있었으나 그들은 그 나름의 이유로 이순신의 상속자로 변신하였다.

또 하나, 좀 더 의미심장한 사회 현상과도 연결된 문제가 있었다. 조선 사회가 더더욱 성리학 일변도로 재편되는 과정에서 '유장(儒將)'을 중시하는 사회적 분위기가 대세를 이루었다. 시일이 흐를수록 사람들은 선비의 면모가 각별하였던 이순신을 국가적 영웅으로 추대하였다. 이순신은 남인의 영웅에서 출발하여 초당파적인 영웅으로 자리매김 되었고, 그 과정에서 원균의 명예는 추락했다.

끝으로, 정조가 특명으로 이순신의 개인 문집인 《이충무공전서》를 간행한 사건이다. 이 책의 간행을 계기로 이순신이 개인적 감정으로 비방하고 증오한 원균이 조선 사회의 공적(公敵)으로 낙인찍혔다.

원균은 유능하고 충성스러우며 국가에 공헌한 역사적 인물이었으나, 후세는 그를 비겁하고 무능하며 사악한 인간으로 기억하게 되었다. 그와 경쟁 관계였던 이순신이 원균을 비방하고 혐오한 것은 개인 사정으로 치부할 수도 있지만, 후세가 원균을 깎아내리는 데 편승한 것은 잘못이다.

다섯째, 이상에서 살펴보았듯, 원균의 진실이 역사에서 실종된 것은 긴 시일을 두고 진행된 비극적 사건이다. 뚜렷한 근거도 없이 역사적 인물을 혐오하고 배척하는 목소리가 커진 것은, 원균에 관한 '가짜 뉴스'가 끊임없이 생산-유통-소비된 결과이다. 이 문제를 어떻게 청산하느냐, 하는 것은 사회적으로 무척 중요한 과제이다.(제5부)

문제의 심각성을 드러내기 위해, 앞에서 17세기의 큰 선비 윤휴가 집필한 이순신의 〈유사(遺事)〉를 상세히 검토하였다. 아울러, 오늘날 시민들이 자주 이용하는 인터넷 백과사전인 〈나무위키〉의 원균 관련 사항을 분석해, 어떠한 문제가 그 안에 있는지를 따져보았다.

이밖에도 이 책에서는 왜란 당시 선조와 비변사의 구성과 운영을 비롯하여 시시각각으로 달라진 수군의 실상과 전황(戰況)을 파악하려고 노력하였다. 또, 수군을 강화하려는 여러 가지 시도에 관해서도 관심을 쏟았다. 원균과 불가분의 관계였던 여러 부하에 관해서도 주목하였고, 이순신과의 관계도 깊이 해부하였다. 아울러 전쟁 당시에 일본과 중국이 처한 정치 및 사회 현실을 정확히 이해하고자 여러 가지 자료를 분석하였다.

제2절
역사를 위하여

원균의 진실을 알아내려고 힘쓰는 과정에서 여러 가지 사실을 새로 발견하기도 하고, 이미 알려진 것과는 다르게 해석하기도 하였다. 연구 및 집필에 종사하는 동안 깊은 인상을 남긴 몇 가지 사항을 간단히 메모해 둔다. 미래의 역사연구에 디딤돌이 될 수도 있으리라 믿는다.

이순신의 정치적 상품화

이순신을 정치적으로 상품화하는 현상은, 원균이 긍정의 역사에서 사라진 점과 표리를 이룬다. 이순신이 정치적으로 이용가치를 얻으면 얻을수록 원균에게는 더욱더 혹독한 악역이 배정되었다. 그런데 아이러니한 일도 있었다. 이순신의 정치적 가치에 주목한 최초의 인물은 선조인데, 그는 원균의 능력을 가장 정확히 평가한 인물이기도 하였다. 선조가 이순신을 선무공신에 책봉하는 〈교서〉 및 제관(祭官)을 보내 그의 영전에서 읽게 한 〈제문〉을 살펴보면, 선조가 이순신을 정치적 아이콘으로 활용한 사실이 확인된다.

선조는 왜란 당시부터 수군의 역할을 가장 적극적으로 평가하였다. 특히 그는 수군의 양대 축인 이순신과 원균을 높이 평가하였다. 그런데 원균이 순국한 뒤로 이순신만 살아남아 끝까지 수군을 지휘하였으므로, 자연히 그에게 가장 큰 공을 돌리게 되었다. 선조는 이순신의 공훈을 사상 유례없이 극찬하고 그의 사람됨을 극도로 찬미하였다. 이는 왜란의 상흔을 깨끗이 씻어내는 하나의 정치적 수단이었다.

오랫동안 선조가 국정 파트너로 삼은 영의정 유성룡도 이순신을 자신의 정치적 목적에 이용했다. 그는 누구보다 이순신을 미화하였는데, 그 이면에는 한 가지 목적이 숨어 있었다. 즉, 전쟁 말기에 그의 반대파는 "주화오국(主和誤國)"이라고 하는 다소 과장된 정치적 비난을 쏟았다. 이에 유성룡은 그러한 공격에서 벗어나기 위해 왜란의 구도를 이순신과 일본의 싸움으로 단순화하였다. 그러고는 자신을 이순신의 가장 듬직

한 후원자로 부각해, 그 자신과 이순신 두 사람이 국가를 위기에서 구출한 것처럼 역사를 서술하였다. 그 과정에서 유성룡은 평소 자신이 싫어하던 원균을 사정없이 조롱했다.

유성룡을 이어서 남인의 중심이 된 윤휴와 허목도 유성룡의 길을 그대로 따랐다. 그런가 하면, 서인이었으나 남인과 가까이 지낸 이항복(권율의 사위)도 유성룡 등 남인의 견해에 동조하였다. 그 뒤로는 서인들까지도 이순신이라는 정치적 유산을 공유하기에 힘을 쏟았다. 그들의 대표는 인조 때 문신 이식이었다.

이식은 이순신의 정치적 상품화를 더욱 적극적으로 밀어붙였고, 결과적으로 이순신은 유교적 현인(賢人)으로 역사 서술에 등장하였다. 그와는 반대로 원균은 변명의 여지가 없는 하찮은 소인(小人)으로 추락하였다. 이식이 편찬하기 시작한 〈선조수정실록〉은 사실관계가 불분명한 잡다한 기록을 총동원하여 이순신을 국가 재건의 중심축으로 부각하고, 원균을 무뢰한으로 끌어내렸다.

그때부터 서인의 영수 이여(李畬)와 송시열 등도 이순신의 미화에 가세하였다. 그리하여 영웅 이순신의 면모는 세종대왕에 필적할 만큼 위대한 모습으로 역사에 각인되었다.

역사 서술이 그런 방향으로 치닫자 조선의 군부(軍府)에서도 자랑스러운 조선 수군의 연원을 이순신에게 두었다. 왜란 당시 이순신과 쌍벽을 이루었던 원균의 유산은 평가절하된 채 사장(死藏)되었고, 날이 갈수록 철저히 잊혀졌다.

18세기 이후에는 이순신을 정치적 상품으로 만드는 사업이 더욱 심해졌다. 이순신은 나라를 구한 성웅으로 부동의 자리를 얻었고, 그가 혐오했다는 이유만으로 원균은 만인의 적이 되기에 충분하였다. 이순신을 미화하는 사업이 도를 넘어, 심지어 이순신과 원균을 중용한 국왕 선조조차 빛을 잃을 정도였다.

이순신의 영웅화는 정조 때 사실상 완결되었다. 왕명으로 《이충무공전서》가 편찬되고, 정조가 어필로 비문을 지어 이순신을 찬양하기에 이르렀다. 이에 그 이름은 신성해졌고, 조선의 군부를 이끄는 장신(將臣)도 그 상당수가 이순신의 직계 후손 가운데서 선발되었다.

그러나 이순신을 거국적으로 미화하고 추앙하였지만, 그것으로는 나라를 지킬 국력이 배양되지는 못하였다. 19세기 후반부터 일본과 서양 제국의 침략이 거세지자 조선은 존립의 위기를 맞았다. 그때 애국지사이자 당대 제일의 문필가로 손꼽힌 단재 신채호는 웅혼한 필치로 이순신의 애국혼을 찬미하였다. 그로써 이순신은 을지문덕이나 광개토대왕과 동급으로 부상하여 조국을 지키는 영원한 호국신의 하나가 되었다.

일제 강점기에는 〈동아일보〉가 앞장서 이순신의 혼을 기렸으며, 작가 이광수는 소설로 이순신의 일대기를 지어 신문에 연재하였다. 이순신의 인기는 하늘을 찌를 정도로 높았다. 우여곡절 끝에, 1945년 8월에 제2차 세계대전이 막을 내려 한국은 일제의 압제에서 풀려났다.

이후에 친일의 허물을 안고 대통령의 자리를 차지한 독재자 박정희는 이순신의 정치적 가치에 다시 주목하였다. 그는 자신 또한 구국의 위인이란 점을 대중의 뇌리에 각인하기 위해 이순신을 끌어들였다. 박정희는 이은상을 비롯한 문인과 문화예술 방면의 인사들을 동원해 이순신을 신격화하였다. 일반 시민은 그러한 정치공작의 본질을 파악하기 어려웠다. 연구자 중에서도 독재정권의 무리한 정치공작에 순응하는 경향이 짙었다.

1980년대 후반에 한국에서는 이른바 '민주화'의 물결이 크게 일어나 군사정권이 무너지고, 정권이 민선(民選)으로 교체되었다. 그런데도 이순신의 정치적 상품화는 여전히 계속되었다. 우파든 좌파든 정치가들은 이순신의 이미지를 등에 업고 반대파를 공격하기 일쑤다. 그들은 애국자 또는 민족주의자로서 자신의 위상을 높이는 수단으로, 이순신과 원균의 조작된 이미지를 이용한다. 그리하여 원균은 이순신과 극명한 대조를 이루는 사상 최악의 인물로 취급되고 있다. 오늘날 한국에서 감히 이순신 신화에 도전하는 것은 정치적 자살행위나 다름없는데, 그 점은 북한에서도 다르지 않다.

아마 앞으로도 한국사회가 최고의 정치적 상품으로 공인하는 이순신과 원균의 대립적 이미지를 폐기하기는 쉽지 않을 것이다. 그러나 이런 상황이 계속된다면, 우리의 역사 인식은 공정성을 상실한 채 표류할 것이다.

그래도 절망하지 말아야 할 것이다. 역사를 제대로 알고자 하는 시민이 사라질 리 없기 때문이다. 원균과 이순신 그리고 16세기의 조선 사회를 정확히 이해하고자 노력하는 시민이 왜 없겠는가. 굽은 것은 펴고 늘어지고 휘어진 나뭇가지는 잘라내는 것이 정원사이듯, 역사의 정원사를 지향하는 이가 사라지지 않을 것이다.

언젠가 우리 시민은 다음과 같이 중요한 사실에 공감할 것이다. 세평과는 달리 원균은 성실하고 유능한 인물이었으며, 선조 또한 세속의 통념과는 달리 유능한 왕이었다는 사실이 밝혀질 것이다. 그 반면에 이순신과 유성룡은 화려하게 치장된 신화와 전설에서 벗어나 본래의 자리로 돌아올 것이다. 그들이 유능하고 애국적인 인사였다 하더라도, 후세가 찬미하는 것처럼 완벽한 영웅은 아니었다.

이중의 산

역사가는 사실을 수집하고, 그런 사실이 존재하게 만든 맥락을 종합적으로 고찰한다. 그처럼 고단한 작업 끝에 역사적 진실이 하나의 서사로 탄생한다. 이것이 우리가 아는 상식이다.

그런데 원균을 둘러싼 역사 기록은 서로 엇갈리기 일쑤이고 서로 모순 관계에 놓여 있기도 하다. 이러한 역사적 진술과 기억 또는 서술을 우리는 어떻게 평가하는 것이 옳은 방법일까하는 물음이 생긴다.

현존하는 모든 구술과 진술은 어느 것이나 등가(等價, 같은 값)의 가치를 가지는 것인가. 우리는 그렇게 볼 수가 없다. 다수 의견이 하나의 일치된 방향을 지시한다고 해서 그것이 역사의 진실이라고 단언할 수 있을까. 만약 소수 의견이라는 이유로 그것은 역사적 진실이 아니라고 함부로 부정한다면, 그것도 잘못이다. 사람들은 원균에 관해 일관되게 부정적 진술이 여러 군데서 발견된다는 이유로, 그를 못된 사람이라거나, 부패한 관리, 또는 무능한 지휘관이라고 매도한다. 하지만 그런 판단은 위험천만한 일이다.

우리는 사료(史料)를 엄격히 비판한 다음에야 하나의 진술이 과연 역사적 진실인지 또는 아닌지를 가늠할 수 있다. 물론 이것은 원균의 진실에 국한된 문제만은 아니다. 신뢰할 수 있는 역사를 서술한다는 것은, 사료의 문자적 의미를 독해하는 능력 이상의 능력을 요구한다. 이것은 기본적인 연구 윤리임에도, 원균에 관한 연구와 저술에서 흔히 간과된 문제였다.

이 책에서 제시한 여러 가지 주장들, 특히 새로 발견한 역사적 사실과 이전의 해석과는 다른 새로운 해석이 독자에게는 낯선 것이다. 어떤 이는 자신에게 익숙한 "통념"을 벗어났다는 이유로, 필자를 질책하고 함부로 비난할는지도 모르겠다. 이 책은 "잘못된 통념"에 대한 도전이란 성격 때문에, 많은 사람에게 불편을 줄 수 있다.

누구든 필자의 견해를 부정하거나 반박할 자유가 있다. 그러나 자신이 진실이라고 믿은 "통념"과 다르다는 점 때문에 함부로 공박할 일은 아니다. 이 책에서 심혈을 기울여 제시한 사료비판에 어떠한 잘못이 있는지를 구체적으로 언급한 의견이라면 얼마든지 환영한다. 또 해석에 어떠한 잘못이 있는지를 주장할 때 "통념"의 기준에서가 아니라, 필자 자신의 논리적 모순을 지적하며 반론을 전개해 주기를 부탁드린다.

역사의 아틀라스

원균에 관한 연구만 그런 것이 아니라 역사상에 억눌린 사람들 또는 부당하게 대접받은 사람들의 권리를 되찾으려는 노력은 언제나 힘겨운 일이다. 역사 속 승자(勝者)에 관한 기록은 대체로 풍부하다. 그러나 그 반대편으로 몰린 사람들에 관해서는 기록도 많지 않으며, 기록이 남아있더라도 혐오와 배제의 언사로 가득한 모멸적 내용의 문헌이 다수이다. 그처럼 불리한 여건으로 인해, 여간해서는 "그릇된 통념"을 뒤엎는 새로운 역사 서술을 전개할 수 없다. 게다가 많은 사람이 승자의 언술(言述)에 익숙해져 있어서, 애써 구축한 새로운 역사상이 그들에게 수용되기도 어렵다.

다행히도 필자의 동료 중에는 그런 점을 누구보다 깊이 이해하는 이가 있다. 그는 원균에 관한 연구에 몰두한 필자를 떠올릴 때면 문득 그리스 신화에 등장하는 "아틀라스"가 생각난다고 말하였다. 알다시피 아틀라스라면 어깨에 지구를 짊어지고 있는 신화 속 거인이다. 잠시 '아틀라스'라는 말을 꺼낸 동료의 견해를 아래에 옮기고자 한다.

"아틀라스는 자기 어깨에 지구를 들추어 메고 하늘을 향해 들어 올립니다. 진실을 가리고 있는 하늘을 뚫고, 지구를 들어 올리는 아틀라스가 있어 하늘과 땅 사이에 역사라는 공간이 새로 생긴다는 비유를 하고 싶습니다. 힘겹게 노동하는 아틀라스가 있어야만 그동안 우리 앞에 가려졌던 진실이 모습을 드러낼 수 있겠지요. 이제 선생님 덕분에 새 희망이 생기는 듯합니다.

이순신의 위대함을 기리는 이곳에서 선생님의 글을 통해 원균이 새로이 부활합니다. 그는 위대한 영웅 이순신을 돋보이게 해주는 악마의 위치에 서기를 강요받아 왔습니다만, 이제부터는 자신의 고유한 서사를 가진 새 자리로 이동할 것입니다.

사람들은 입버릇처럼 이렇게 말하지요. 전쟁은 정치가가 하고, 전투는 군대가 한다고 말입니다. 아마 이순신은 정치적 관점에서 일본군에 대한 전쟁을 수행한 것이 아닌가 하는 생각이 들었습니다. 반면에 원균은 휘하의 군대를 이끌고 그저 열심히 전투에 임했다는 느낌입니다. 저도 그렇고 다른 사람들도 만약에 선생님의 글을 처음부터 끝까지 읽는다면, 지나간 역사의 무대에서 원균이 떠맡은 배역이 진정으로 무엇이었는지를 좀 더 정확히 알 수 있을 것입니다.

그러나 어쩌면 사람들이 선생님의 초대장을 기꺼이 받아 들기는 어려운 일일는지도 모릅니다. 귀에 익숙하지 않은 이야기, 역사 속 승자로 기억되지 못한 한 영웅의 이야기를 선생님은 꺼내고 있으니까요. 그러나 결국은 괜찮아질 것입니다. 선생님은 앞으로도 부단히 원균의 서사를 고유한 방식으로 써나가실 것으로 믿습니다.

이른바 '역사적 기록'이란 무엇일까요? 이순신은 《난중일기》를 통해 기록자인 자신의 주관적 관점을 명확히 표현하였고, 자신의 눈으로 사건의 전후 사정을 기록하였습니다. 하지만 원균은 그러한 개인적 기록을 남겼는지 우리가 알 수 없습니다. 그가 역사에 남긴 기록이란 일종의 공문밖에 없는 것 같습니다. 그런 기록은 오늘날 공무원이 작성하는 공문서가 그렇듯 전투에 대한 객관적 진술만 있습니다. 기록자 원균의 인간적 모습은 찾아볼 수 없습니다. 사람들이 좋아하는 극적인 요소는 원균이 조정에 보낸 공문에는 존재하지 않습니다.

원균과 이순신이란 두 인물의 엇갈린 운명처럼 두 사람이 남긴 기록도 그 운명이 서로 엇갈렸습니다. 그리고 그들을 바라보는 사관(史官)의 기록, 특히 〈선조수정실록〉에 실린 사관의 평가도 흥미롭습니다. 이식과 같은 사관은 왜, 두 영웅의 갈등에 관해 한쪽 편만 드는지 궁금해집니다. 예나 지금이나 승리자의 편에 선 역사가는 승자를 일방적으로 찬양하면서, 그 승자의 이익을 공유하는 것이 아닐까요.

선생님처럼 패자(敗者)의 편에 선 역사가는 〈선조수정실록〉의 사관과는 차원이 다른 서술을 합니다. 우리는 이런 식으로 말하곤 합니다. 제우스와 싸우다 졌기 때문에 아틀라스는 천벌을 받고 있다고 말입니다. 하지만 아틀라스가 신화에 기록되어 있기에, 우리는 제우스의 의도에서 벗어난 사실을 엿봅니다. 그렇게 말하고 보니, 아틀라스가 맡은 역할이란 진실이 있는 자리를 우리에게 보여주는 것이라는 확신이 듭니다."

원균의 진실이 세상에 환히 드러나려면, 아틀라스와 같은 거인이 등장해야겠다. 필자가 과연 아틀라스가 될 자격이 있는가. 그러하다고 말하기는 어려우나 세상에는 '그릇된 통념'에 쉽게 함몰되지 않는 교양 시민이 항상 존재할 것이다. 그들이 키워내는 한 줄기 빛은 깜깜한 우주의 어둠 속에서도 드러나기 마련이다.

부록
– 원균의 진실에 관한 중요 자료 선집

1. 원균을 선무 일등공신으로 책봉하는 〈교서〉

해설: 왜란에 공을 세운 사람은 매우 많으며, 그 가운데 공신의 칭호를 얻은 이도 9천여 명이었다. 하지만 그중 오직 18명만이 정공신(正功臣)인 "선무공신(宣武功臣)"이었고, 나머지 9,060명은 "선무원종공신"이었다. 원종공신(原從功臣)이란 공이 있으나 정공신에 미치지 못하는 이들로, 그 가운데는 정공신의 형제, 조카 및 사위 또는 가까운 친척이 적지 않았다.

정공신과 원종공신의 대우에는 큰 차이가 있다. 가령 원종공신에게는 별도로 사당을 세워주고, 노비와 전답을 지급하는 것과 같은 특전이 없었다. 그에 비해 정공신은 대대로 사당 제사를 누리는 이른바 "불천위(不遷位)"의 특권을 부여받았고, 만약 후세에 묘를 이장하면 그 비용까지도 국가에서 부담하였다. 경기도 평택시 도일동에 자리한 원균 장군의 현재 묘소도 근처에서 이장한 것인데, 그 비용을 국가가 댔다는 기록이 남아있다.

여러 공신 가운데서 영예롭기는 일등공신이 가장 높다. 임진왜란 후 조정에는 공신도감이라는 임시 특별 관청을 마련해 수년 동안에 걸쳐 공신 후보들의 업적을 엄격히 심사했다. 공신도감에서는 조정의 여론을 수렴하고, 국왕인 선조와 진지한 토론을 거쳐 공신의 숫자와 등급을 정하였다. 공신 책봉은 한두 사람의 뜻으로 정한 것이 아니고, 체계적이고 합리적인 절차와 논의를 거쳐 이루어졌다.

오늘날에는 원균이 선무공신에 포함된 사실에 분노하는 이가 많으며, 더구나 그가 이순신과 나란히 '일등공신'에 책봉된 사실을 비난하는 여론도 있다. 그러나 정확히 알고 보면 선무공신은 400여 년 전에 까다로운 절차와 심의를 거쳐 책봉된 것이다. 후세가 함부로 비방하는 것은 도리에 어긋난다. 〈원균 선무공신 교서〉는 1992년 4월 20일에 "보물"로 지정된 국가 중요 문화재이다.

아래에서는 이 〈교서〉의 전문을 번역하여 소개하고, 그에 관한 의견을 간단히 덧붙인다. 원문은 단락이 구별되어 있지 않으나, 편의상 몇 개의 단락으로 나누어 번호를 매긴다.

(교서의 제목) 〈자헌대부 지중추부사 증 효충 장의 적의 협력 선무공신 숭록대부 의정부 좌찬성 겸 판의금부사 원릉군 원균에게 내리는 교서〉

해설: 원균이 생전에 얻은 최종 벼슬은 품계로 말하면 자헌대부(정2품)요, 직책은 중추부의 부사였다. 〈교서〉에서는 먼저 그 점을 기록하고, 사후 그에게 추증된 공신 명칭과 품계 및 관직을 나란히 적었다. 그런 다음에 '원릉군'에 봉군(封君)한 사실까지 언급하였다. "효충 장의 적의 협력"이란 여덟 글자는 선무공신 일등에 공통되는 공신호이다. 국가에 크게 이바지하였다는 의미로, 여기서 일일이 설명하지 않겠다. 원균에게 추증한 품계는 자헌대부보다 정확히 3단계 위인 종1품 숭록대부였는데, 그에 상응하는 최고의 관직은 의정부 좌찬성이었다. 좌찬성은 의금부 판사를 겸직하는 것이 보통이라 겸직도 명하였다. 역사를 모르는 시민 중에는 일등공신 3명 가운데 원균만 종1품 숭록대부인 까닭을 함부로 억측하는 일도 있다. 원균의 공이 작아서 그렇게 되었다는 주장인데, 그것은 잘못된 판단이다. 이순신과 권율은 생전에 원균보다 품계가 높았으므로, 정1품의 상계인 보국숭록대부로 추증되었다. 참고로, 원균의 부친 원준량도 생전의 벼슬이 높아, 3단계를 높이자 정1품 보국숭록대부에 영의정이 되었다.

1. 왕이 이르기를 (나라가) 위태할 때 용맹을 세움은 용감한 신하가 임금의 한을 삭이려는 충성의 표현이오, 벼슬을 내려주고 그 공훈을 난지(鸞紙, 특별한 용지)에 기록함은 (임금이 신하의) 노고에 보답하는 떳떳한 방식이다.

해설: 그 표현은 달라도 이순신의 〈공신 교서〉에도 같은 취지의 글이 보인다. 공신은 곧 충신이요, 공신 책봉은 충신에 대한 임금의 보답이란 뜻이다.

2. (왕은) 깊이 슬퍼하며 (그대의 공을) 포상하고 (그대의 충성을 다른 사람들에게도) 권장하노라.

해설: 원균이 이미 순국하였으므로, 선조는 애통한 마음으로 공신 책봉을 거행한다는

뜻이다.

2.1 그대로 말하면 농우(隴右, 무사가 많이 나온 중국의 감숙성 서쪽)의 인재요, 서산(西山, 북경의 서쪽으로 역시 훌륭한 무사가 배출되었음)의 장망(將望, 명장)이었노라. 이경기(李輕騎, 중국의 명장)의 힘센 팔은 많은 무리를 능히 제압하였고, 반정원(班定遠, 동한(東漢)의 명장 반초(班超))의 호두(虎頭, 머리 생김이 호랑이 같아서 생긴 말)는 만리 먼 땅의 고기를 먹었느니라. 뱀 머리 모양의 창을 쓸 때 그 모습이 웅장하였고, 표범과 같은 지략에는 기이함이 많았도다. 그대의 밝은 분별력은 집극(執戟, 창을 들고 성문을 지킴)하는 별과도 같았고, 그대의 뛰어난 명성은 분부(分符, 부절을 받고 내려간 임지)한 땅에 무성하였도다. 그대가 자수(紫綬, 인끈)를 변방에 드리우니, 초목도 그대의 이름을 알았고, 그대가 푸른 갑옷을 남쪽 언덕에 걸자 호리(狐狸, 여우와 이리 즉 왜적과 오랑캐)가 자취를 감추었도다.

해설: 여러 고사(故事)를 인용하여 선조는 원균이 중국의 이름난 충성스러운 영웅호걸과 다를 바가 조금도 없다는 점을 강조하였다. 글의 후반부에서는 원균이 경상우수사로서 그리고 삼도수군통제사 등 여러 직책을 수행할 때 위엄이 대단하였다는 점을 칭찬하였다. 만고 역사에 비추어도 존재 가치가 뚜렷한 훌륭한 장수, 즉 명장이란 점을 밝힌 것이다.

2.3 3천의 비운(否運, 불행한 운수)과 106의 재년(災年, 지극히 불우함)을 만났던지라. 바닷물이 출렁이자 고래 떼(적군)가 술렁거렸도다. 세상을 어지럽게 하는 속된 인간들(즉 왜적)이 감히 대방(大邦, 중국)을 원수로 삼았고, 큰 산돼지와 긴 뱀처럼 사악한 무리가 상국(上國, 중국)을 거듭 침략할 것을 꾀하였도다.

해설: 여러 가지 문학적 표현을 빌려 왜란을 일으킨 일본군의 난동을 비판하였다. 명나라를 정벌하겠다고 떠들어댄 적군의 무모함을 나무라는 형식으로, 그들의 침략을 꾸짖은 것이다.

3. 궁벽한 땅이라 (조선은) 바깥소식에 어두웠노라. (그 옛날) 사나운 도적들이 난리를 꾀하자 당나라 조정은 서쪽으로 피란하였고, 진(晉)나라의 문물도 남쪽으로 건너갔노라. 내가 의지한 바가 있다면, 그대와 이순신이 의기를 합하고 규모를 크게 같이 함이

었다. 그대들이 바다를 덮은 과선(戈船, 전함)을 다스리니 창응(蒼鷹, 사나운 매)과 적작(赤雀, 봉황)이오, 구름과 같이 늘어선 전함을 바다에 펼치자 철통같은 장막이었도다.

해설: 내외의 침략으로 말미암아 도읍을 옮겨야 했던 중국의 당나라와 진나라의 역사를 떠올리며, 선조는 임진왜란 때 조정이 겪은 고통을 상기하였다. 바로 그처럼 나라가 절대적인 위기에 빠졌을 때 선조가 의지한 것은 무엇이었을까. 왕은 오직 원균과 이순신이 이끄는 수군이었노라고 솔직히 말하였다. 이억기도 최호도 물론 있었으나, 조선 수군의 대명사는 이순신과 원균, 원균과 이순신 그 둘이었다. 그 두 사람에 힘입어 조선의 바다는 철옹성으로 변하였다. 선조는 그 사실을 끝내 잊지 않고 고마워했다.

3.1 본영을 절도의 요지(즉 한산도)에 정하였고, 진마다 '상산(商山)의 수비'(철통같은 수비) 태세를 갖추었도다. 장료(張遼, 〈삼국지〉의 영웅)가 유수(濡須, 지명)를 지키듯 형세가 삼엄하였고, 주유(周瑜, 적벽대전에서 위나라를 대파함)가 거느린 적벽의 군사보다 도리어 강성하였도다. 그대가 한창 적을 무찌를 때는 하루에도 10여 개의 진을 쳐부수었노라. (왜적과) 전투를 벌일 때는 한 달에도 3번이나 승리의 장계를 올렸도다.

해설: 선조는 원균의 공훈을 보다 구체적으로 기술하였다. 〈삼국지〉에 나오는 주유의 적벽대전만큼이나 인상적이고 훌륭한 승리를 연거푸 거두었다고 칭찬하였다. 왜적을 몰아칠 때는 하루에도 10여 개의 진을 무너뜨렸고, 한 달에도 3번씩이나 승리의 기쁜 소식을 선조에게 보내왔다고 말하였다. 현재 〈실록〉에 기록되어 있는 원균의 〈장계〉는 몇 개뿐이다. 그러나 공신도감에서 선무공신을 책록할 때는 그것이 모두 남아있었다. 만약 달마다 세 차례나 올린 원균의 〈장계〉를 우리가 볼 수 있다면 왜란 때 조선 수군의 실상을 온전히 알 수 있을 것이다. 한 가지 분명한 사실은 선조와 조정 대신들이 기억하는 원균은 이순신과 맞먹는 명장의 풍모였다.

3.2 (그대가) 전후로 왜선을 격파한 것이 130척에 이르렀고, 적의 목을 벤 것은 수백 급이었노라. 바닷물에 빠뜨려 죽인 적은 그 수를 헤아릴 수 없을 정도였으며, 적의 장졸 가운데 (그대가) 목을 벤 것만 하여도 237급이었노라. 그대의 전공을 하뢰(下瀨, 수군)에 새기나니, (그대의) 명성은 복파(伏波, 한나라의 장군 명칭, 변란의 평정을 뜻함)보다 빛나도다. 우리 군대의 명성이 그대로 말미암아 더욱 높아졌고, 군기와 사

기 또한 한층 드높아졌도다.

해설: 원균의 〈장계〉를 바탕으로 공신도감이 내린 엄밀한 판정은 놀라울 정도였다. 그가 부하들과 함께 쳐부순 적선이 130여 척이오, 목을 베어 조정에 바친 것만도 237급이었다. 《실록》에서 확인한 바지만 원균이 한꺼번에 조정에 바친 조총은 70정 이상이었다. 선조와 공신도감 그리고 조정 대신들은 이른바 '칠천량 사태'로 조선 수군이 타격을 입은 사실을 감안하더라도, 원균이 부하들과 함께 세운 공적이 매우 탁월하였다.

그러나 후세는 원균이 명장이라는 사실을 부인하기에 급급하다. 과연 왜 이렇게 되었을까. 그 점은 이 책의 본문에서 자세히 분석한 바와 같다. 우리가 이순신과 경쟁 관계였다는 이유로 원균을 혐오하는 것은 잘못이다.

3.3 당가(唐家, 당나라 또는 중국)에는 이러한 보장(保障)이 있었으니, 황제의 금성탕지(金城湯池, 철옹성)를 (다시) 논의할 이유가 있으랴. (왜)적의 모습은 아동(阿童, 목동)이 수룡(水龍, 물속의 용)을 두려워하는 듯하였고, (우리) 나라의 힘은 맹사(猛士, 용사)와 산호(山虎, 산 호랑이)가 숨어 있는 것과 같았노라.

해설: 따지고 보면 당나라와 같은 중국의 역대왕조가 위기를 벗어나 중흥한 것은 충신에 힘입은 것이다. 조선이 겪은 임진왜란도 마찬가지였다. 원균과 이순신의 수군이 있어, 일본군은 목동이 물을 두려워하듯 하였다. 원균과 같은 호랑이가 산속에 숨어 침략자를 공격하는 듯한 기세였노라고, 선조는 회상하였다. 이것은 물론 다소 과장된 표현이었다. 하지만 그만큼 원균과 수군의 공이 컸다는 감사의 표현이었다. 선조는 왜란이 끝나자 수군의 공훈을 높이 평가해, 우리가 왜적을 물리친 것은 수군과 명나라 군대 덕분이었다고 평가하였다.

3.4 아, 당시에 그대가 백번 싸운 용력(勇力)은 오늘날 나라가 중흥하는 기틀이 되었노라. 울분에 젖은 그대의 반평생은 오직 임금이 모욕을 당하면 신하란 죽음으로 갚는다는 그것이었노라. 눈물에 젖은 일념이었으니, 위급한 때를 다하여 힘이 모자람을 그 얼마나 한탄하였으리오.

해설: 선조는 원균의 충성심을 높이 기리며, 그에 힘입어 나라가 재건되었다고 확신하

였다. 〈이순신 공신 교서〉에서도 그 점이 무척 강조되었다. 왜란은 나라가 죽고 사는 존망의 기로였다는 절박한 인식이었다. 그래서 적군이 일단 물러간 뒤에도 선조는 경계심을 늦추지 않고 만약의 사태에 대비하였다.

4. (우리 원균) 장군은 죽었어도 산 것과 다름이 없노라. 비록 그 공훈은 끝을 보지 못하였으나, 사훈(司勳, 주나라 때의 상훈 담당관)과 장상(掌賞, 포상을 담당하는 관리)은 몸이 죽어도 오히려 포상하는 법이라.

해설: 알다시피 원균은 선조 30년 7월 16일에 경상도 고성에서 외롭게 순국하였다. 선조는 그 당시에 주장 원균을 끝까지 구원하지 않은 죄를 물어 여러 장수를 처벌하였다. 심지어 경상수사 배설은 그 죄로 목이 잘렸다. 전쟁이 끝나고 선무공신을 뽑을 때도 선조는 이른바 '칠천량 사태'의 본질을 명확히 정의하였다. 그 일차적인 책임은 억지를 부리며 통제사 원균과 여러 수사를 사지로 보낸 조정에 있다고 하였다.

4.1 이에 책훈을 베풀어 (그대를) 선무 일등공신으로 삼고, (생전의 품계보다) 3계급을 올려 작위를 내리노라. 그대의 부모와 처자에게도 또한 (생전의 품계에) 3계급을 더하여 주고, 그대에게 만약 아들이 없다면, 조카나 사위에게 2계급을 대신 올려주겠노라. (그대의) 공훈을 적장(嫡長)이 대대로 물려받아 녹봉을 받게 하여 영원무궁토록 도울지니라. 또, 노비 13구와 논 150결, 은자 10량, 옷감 1단과 내구마(內廏馬, 대궐의 좋은 말) 한 필도 하사하노라. 도착하거든 잘 받을지어다.

해설: 상훈의 구체적인 내용은 위와 같았다. 똑같은 일등공신이라도 서열이 더 높은 이순신과 권율에게는 이보다 약간 많은 수량의 토지와 노비 등이 지급되었다. 그런데 벼슬을 높여주는 일이며, 자손에게 전하는 방식은 모든 일등공신에게 똑같은 법이 적용되었다.

4.2 (그대의) 인수(印綬, 벼슬)는 한나라 때 법식을 따르고, 문관(門關, 사당)은 주(周)나라 법에 따라 시행하노라. (그대에게) 총질(寵秩, 특별히 내려주는 벼슬)을 추가하여 충용(忠勇)하던 마돈(馬敦, 중국의 명장)보다 더욱 빛나게 할 것이오, 구훈(舊勳)을 추록하여 양찬(陽瓚, 절개가 뛰어났던 중국의 명사)에 뒤지지 않게 하리라.

해설: 중국 고대의 법과 절차에 따라 원균에게 상전(賞典)을 베푼다고 명시하였다. 이 점은 모든 정공신에 공통된 것이었다. 이처럼 포상의 영예를 장중하고 정성스럽게 표현하였다.

5. 이제 (공신의) 명수(名數)를 더하여 (그대들 모두, 즉) 존망(存亡, 산 자와 죽은 자)을 위로하노라. 태산이 닳고 큰 강물이 마를지언정 (공신들이 충성을) 맹세할 때 (모든 이가 가장) 윗줄에 있지는 않더라도(일등공신은 아니더라도) 기린각(麒麟閣, 공신의 초상을 모신 사당)에 (그대들의) 이름을 쓸 때는 싸움에 함께 나간 영웅의 기개와 모습을 떠올릴 것이다.

해설: 선무공신은 일등부터 삼등까지로 나뉘었고, 같은 등수라도 위상에 약간의 차이가 있었다. 하지만 그들은 모두가 어엿한 정공신이요, 어깨를 나란히 하고 전쟁에 나간 영웅들이었다. 그중에는 포상 당시에 고인이 된 원균과 이순신 같은 인물도 있었고, 아직 살아서 국방의 책임을 다하는 지휘관도 있었다. 선조는 그들 모두의 초상을 그리게 하여 조선의 법과 전통대로 기린각에 두게 하였다.

5.1 (그대의) 혼백이여, 영혼이 있거든 추증하는 이 포장을 받을지어다. 이에 (왕은) 교시하며 마땅히 (그대가) 다 알 줄로 믿노라.

5.2 선무공신 위차 및 명단

1등 이순신, 권율, 원균

해설: 여기서 보듯 수군 장수는 원균과 이순신 두 명이요, 권율은 행주산성에서 대승을 거둔 육군 장수로 일등공신이 되었다. 선조는 원균의 공이 권율보다 크다고 믿었으나 신하들의 의견을 참작해 권율에게 원균보다 앞자리를 허락하였다.

2등 신점, 권응수, 김시민, 이정암, 이억기
해설: 이등공신은 네 명인데 앞의 셋은 육군 장수요, 이억기는 수군 장수였다.

3등 정기원, 권협, 유사원, 고언백, 이광악, 조경, 권준, 이순신, 기효근, 이운룡.

해설: 삼등공신은 모두 열 명이다. 그중에 이광악은 원균의 부하로 김시민과 함께 진주성을 지킨 공을 평가해 공신으로 삼았다. 조경은 권율을 도와 행주산성에서 승리한 공으로 공신이 되었고, 권준과 이순신(李純信)은 이순신의 부하로 공이 많아 삼등공신이 되었다. 그리고 기효근과 이운룡은 원균의 휘하에서 공을 많이 세워 선무공신에 참여했다. 이밖에도 이순신의 부하 배흥립과 원균의 부하 우치적은 공신 후보로 심사 대상이었으나 결국은 탈락하였다. 그 사유를 별도로 밝히지는 않았으나, 공교롭게도 그 둘은 통제사 원균을 끝까지 구원하지 않은 죄로 처벌된 사실이 있었다. 아마 그 점 때문에 공신에서 배제된 것일 수도 있다.

5.3 (교서의 반포 연월) 만력 32년(1604) 10월일

해설: 선무공신 명단이 반포되기는 선조 37년 10월이었다. 왜란이 끝난 지 6년의 세월이 흐른 뒤였다. 그때 원균의 부하들과 이순신의 부하들은 대다수가 살아남아서 승승장구하였다. 그들은 광해군 때를 지나 인조 초반까지도 조선 군부의 핵심적인 위치에 있었다. 물론 그 밖에도 다양한 여러 세력이 17세기 조선의 신군부를 구성하였다.

2. 선조의 〈치제문(致祭文)〉

해설: 선조는 만력 33년 을사년, 즉 선조 38년(1605) 정월 18일에 예조정랑 유성(柳惺)을 보내어 경기도 진위현 여좌동에 있는 원릉군 원균의 사당에 제사를 지내도록 하였다. 선무공신을 책봉한 지 3개월 만의 일이었다. 제문의 내용을 번역하면 다음과 같다. 임의로 단락을 나누고 번호도 매겼다.

    1. 유세차 만력 33년 을사년(1605) 정월 18일 계사 일에 국왕(선조)은 신(臣) 예조정랑(禮曹正郞, 정5품) 유성(柳惺)을 내어 증(贈) 의정부 좌찬성 원균의 영전에 (선무공신 제1등에 뽑힌 것을) 알리고 제사 지내게 하셨다.

해설: 선조는 정공신으로 뽑힌 모든 신하에게 예조의 관리를 보내 그 사실을 알리고, 이미 별세한 이에게는 제사하게 하였다.

    2. 오직 영(靈, 작고한 그대)은 굳센 장수로 이 나라의 영웅호걸이요, 기질과 품성이 용맹하여 모든 사나이 가운데서도 특출한 인물이다. 일찍이 무과에 뽑혀 의장(儀仗, 의례용 무기)의 창을 잡았고, 여러 차례 변방에 (장수로) 기용하였는데, 늠름하고 명성이 높았다. 이에 전쟁을 지휘할 전권을 주고 남쪽 바다를 지키게 하였더니, 바다 물길과 요충지가 의연하여 금성탕지(金城湯池, 철옹성)와도 같았다.

해설: 원균이 용맹한 명장으로 평생에 많은 공을 세운 사실을 기록하고, 특히 남쪽 바다를 수호하는 데 탁월하였다는 점을 간략히 서술하였다.

    3. 먼 나라 (일본) 땅이 순하지 못하여 살기가 충천하였다. 여러 고을이 마치 바람에 쏠리듯 피해가 심해 극단에 달했다. 그러나 경만은 용기를 내어 나라를 위해 죽기를 맹세하고 우리 군사를 격려해, 침략한 적을 방어하고자 바다에 나아가 싸웠다. 달마다 승전 보고를 올렸으니, 우리 바다를 지키는 일은 경이 아니면 누구를 의지할 수 있었겠는가.

해설: 왜란 중에 원균이 수군 대장으로서 남쪽 바다를 지키는 데 수훈(首勳, 첫째가는

공훈)이 있었다는 점을 서술한 것이다.

4. 내가 그 빛나는 공훈을 아름답게 여겨 특별히 품계를 더하였는데, 적군이 다시 쳐들어왔을 때 경은 힘껏 싸워 승승장구하였다. 그러다가 적이 밤중에 엄습하여 불의의 변을 당했으니, 이는 하늘이 순리를 돕지 아니한 것이다. 한 번 패하여 (목숨을) 지탱하지 못하였으니, 장군의 타계는 과인이 박덕한 까닭에 일어난 일이다.

해설: 선조는 이른바 '칠천량 사태'로 통제사 원균이 순국한 사실을 몹시 안타까워하며, 그 책임은 국왕에게 있다고 말하였다. 아울러 그것은 원균의 잘못이 아니라 운이 나빠서 일어난 변이라고 평했다.

5. 장군의 영웅적인 계획이 영영 사라지고 장엄한 전략도 펼 수 없게 되어, 자나 깨나 가슴을 치는 탄식이 그치지 아니한다. 피로써 충성을 맹세하더니 (마침내 순국하고) 말았으니, 더더욱 (과인의) 슬픔이 깊도다. 이에 종축(宗祝, 예조)에 명하여 약간의 제의(祭儀, 제사 의식)를 갖추노라. (그대의) 영(靈)이여, (과인의 뜻을) 알거든 흠향(歆饗, 제물을 받음)하라.

해설: 명장 원균을 잃은 슬픔을 노래하며, 예조의 관리를 통해 제사를 거행하게 되었다고 고인에게 왕의 마음을 알린 것이다.

3. 《실록》에서 만난 원균

해설: 연대순으로 《실록》에 실린 원균에 관한 기사를 발췌하였다. 〈선조수정실록〉에서 인용한 것은 맨 앞에 〈선조수정실록〉이라고 표시하였다. 내용 가운데 독자가 쉽게 이해하기 어려운 부분은 간단한 해설 또는 풀이를 덧붙였다. 그리고 특히 중요한 부분은 밑줄을 그어 따로 표시하였다. 《실록》 기사를 곰곰 음미하면 원균에 관해 일반이 잘못 알고 있는 부분이 많이 해소될 것이다. 물론 《실록》이라고 객관적으로 사실을 정확히 기록한 것은 아니다. 여기서 일일이 정오(正誤)를 다투지 않았으나, 이 책의 본문에서 대부분 상세히 논의하였다. 참고하기를 부탁드린다. 만약에 아래에 수록한 《실록》 기사를 정밀하게 살핀다면, 왜란의 실상을 이해하는 데도 상당한 보탬이 될 것이다.

선조 24년(1591) 2월 4일: 사간원이 아뢰기를, "전라좌수사 원균(元均)은 전에 수령으로 있을 적에 고적(考績)이 거하(居下)였는데 겨우 반년이 지난 오늘 좌수사에 초수(超授, 단계를 뛰어넘어 승진함)하시니 출척 권징(黜陟勸懲)의 뜻이 없으므로 물정이 마땅치 않게 여깁니다. 체차(바꿔서 임용하기)를 명하시고 나이 젊고 무략(武略)이 있는 사람을 특별히 선택하여 보내소서."하니, 아뢴 대로 하라고 답하였다.

해설: 사헌부와 사간원이 '초수'를 반대하는 것은 늘 있는 일이었다. 이듬해 원균은 경상우수사에 보임되었다.

선조 24년(1591) 2월 16일: 사간원이 아뢰기를, "전라좌수사 이순신(李舜臣)은 현감으로서 아직 군수에 부임하지도 않았는데 좌수사에 초수(招授)하시니 그것이 인재가 모자란 탓이긴 하지만 관작의 남용이 이보다 심할 수 없습니다. 체차하소서."하니, (그때도 언관은 '초수'를 이유로 이순신의 승진을 반대하였다.)
답하기를, "이순신의 일이 그러한 것은 나도 안다. 다만 지금은 상규에 구애될 수 없다. 인재가 모자라 그렇게 하게 하지 않을 수 없었다. 그 사람이면 충분히 감당할 터이니 관작의 고하를 따질 필요가 없다. 다시 논하여 그의 마음을 동요시키지 말라."고 하였다.

해설: 조정은 왜군의 침략을 걱정하고 있었고, 아마 전라좌도로 쳐들어올 가능성이 크다고 보았다. 그 점은 훗날 선조의 발언에서 확인할 수 있다. 그 당시 조정에서는 유

성룡이 실세였는데, 유성룡과 이순신은 막역지우(莫逆之友, 친한 벗)로 이순신이 조산보만호로 기용될 때부터 뒤를 봐주고 있었다. 그러나 이순신의 승진은 너무 느렸는데, 그의 고과(考課, 근무 평정)가 나빴기 때문이다.

선조 24년(1591) 2월 18일: 사간원이 아뢰기를, "이순신은 경력이 매우 얕으므로 중망(衆望)에 흡족할 수 없습니다. 아무리 인재가 부족하다고 하지만 어떻게 현령을 갑자기 수사(水使)에 승진시킬 수 있겠습니까. 요행의 문이 한번 열리면 뒤의 폐단을 막기 어려우니 빨리 체차시키소서. …"하니,
(왕이) 답하기를, "이순신에 대한 일은, 개정하는 것이 옳다면 개정하지 어찌 않겠는가. 개정할 수 없다. …"하였다.

해설: 본래 원균이 가기로 예정된 자리를 이순신이 차지하였다. 그때 원균과 이순신이 자리를 서로 달리하였으면 어떤 결과가 나왔을까. 역사란 물론 가정을 용납하지 않는 것이지만, 아차 하는 순간에 서로 운명이 뒤바뀌고 말았다.

선조수정실록, 선조 25년(1592) 5월 1일: 전라수군절도사 이순신(李舜臣)이 경상도에 구원하러 가서 거제(巨濟) 앞 나루에서 왜병을 격파하였다.
왜병들이 바다를 건너오자 경상우수사 원균(元均)은 대적할 수 없는 형세임을 알고 전함(戰艦)과 전구(戰具)를 모두 물에 침몰시키고 수군 1만여 명을 해산하였다. 그런 다음에 혼자서 옥포만호(玉浦萬戶) 이운룡(李雲龍)과 영등포만호(永登浦萬戶) 우치적(禹致績)과 남해현(南海縣) 앞에 머물렀다.
(원균은 안전한) 육지를 찾아 적을 피하려고 하였다. 그러자 이운룡이 항거하여 말하기를, '사또가 나라의 중책을 맡았으니 의리상 관할 경내에서 죽는 것이 마땅하다. 이곳은 바로 양호(兩湖)의 요충지인데, 이곳을 잃게 되면 양호(전라도와 충청도)가 위태롭다. 지금 우리 군사가 흩어지기는 하였지만 그래도 모을 수 있으며 호남의 수군도 와서 구원하도록 청할 수 있다.'라고 하였다.
그러자 원균이 그 계책을 따라 율포만호(栗浦萬戶) 이영남(李英男)을 (이)순신에게 보내어 (도움을) 청하였다.

해설: 이것은 이식이 저술한 이운룡의 비문에 나와 있는 내용이다. 칠천량 사태 이후 이운룡은 이순신의 휘하에 들어가 크게 성공하였다. 그는 수군통제사까지 지냈다. 그

랬기 때문에 이순신을 편들며 원균을 함부로 비판하였다.

이때 순신은 여러 포(浦)의 수군을 앞바다에 모으고 적이 이르면 싸울 준비를 하고 있었다. 영남의 말을 듣고 장수들의 대부분은 말하기를, '우리가 우리 지역을 지키기에도 부족한데 어느 겨를에 다른 도에 가겠는가.' 라고 하였다.
그런데 <u>녹도만호(鹿島萬戶) 정운(鄭運)과 군관 송희립(宋希立)만은 강개하여 눈물을 흘리며 이순신에게 진격하기를 권하여 말하기를 '적을 토벌하는 데는 우리 도(道)와 남의 도가 따로 없다. 적의 예봉을 먼저 꺾어놓으면 본도도 보전할 수 있다.'라고 하니 순신이 크게 기뻐하였다.</u>

해설: 다른 기록에는 이순신이 반대하자 정운이 수군을 움직이지 않는 이순신의 목을 베려 하였더니, 그제야 움직였다고도 하였다.

언양현감(彦陽縣監) 어영담(魚泳潭, 광양현감의 오류)이 수로(水路)의 향도가 되기를 자청하여 앞장서서 마침내 거제 앞바다에서 원균과 만났다. <u>원균이 (이)운룡과 (우)치적을 선봉으로 삼고 옥포에 이르렀다. 왜선 30척을 만났으나, 그대로 진격하여 크게 물리치자 남은 왜적은 육지로 올라가 도망하였다.</u>(이것은 명백한 원균 부대의 승리였다.) 이에 그들의 배를 모두 불태우고 돌아왔다.
그리고 다시 노량진(鷺梁津)에서 싸워 적선 13척을 불태우니 적이 모두 물에 빠져 죽었다. 이 전투에서 순신은 왼쪽 어깨에 탄환을 맞았다. 그런데도 종일 전투를 독려하다가 전투가 끝나고서야 비로소 사람을 시켜 칼끝으로 탄환을 파내게 하니, 군중(軍中)에서는 그때야 그 사실을 알았다.
이에 앞서 순신은 전투 장비를 크게 정비하면서 자신의 마음대로 거북선을 만들었다. 이 제도는 배 위에 판목을 깔아 거북 등처럼 만들고 그 위에는 우리 군사가 겨우 통행할 수 있을 만큼 십자(十字)로 좁은 길을 내고 나머지는 모두 칼·송곳 같은 것을 줄지어 꽂았다. 그리고 앞은 용의 머리를 만들어 입은 대포 구멍으로 활용하였으며 뒤에는 거북의 꼬리를 만들어 꼬리 밑에 총구를 만들었다. 좌우에도 총구가 각각 여섯 개가 있었으며, 군사는 모두 그 밑에 숨어 있도록 하였다. 사면으로 포를 쏠 수 있게 하였고 전후좌우로 이동하는 것이 저자는 것처럼 빨랐다. 싸울 때는 거적이나 풀로 덮어 송곳과 칼날이 드러나지 않게 하였는데, 적이 뛰어오르면 송곳과 칼에 찔리게 되고 덮쳐 포위하면 화총(火銃)을 일제히 쏘았다. 그리하여 적선 속을 횡행(橫行)하는

데도 아군은 손상을 입지 않은 채 가는 곳마다 바람에 쓸리듯 적선을 격파하여 언제나 승리하였다. (위는 사관이 이순신의 사적인 글을 인용한 것이다.) 조정에서는 순신의 승보를 보고 상으로 가선대부(嘉善大夫)를 가자(加資)하였다.

선조 25년(1592) 5월 10일: 상이 선전관 민종신(閔宗信), 승지 노직(盧稷), 주서(注書) 박정현(朴鼎賢), 가주서(假注書) 한우신(韓禹臣), 검열 김선여(金善餘)·김의원(金義元) 등을 인견하였다.

상이 종신에게 이르기를, ""그대가 들은 것을 다 말하라. 징병(徵兵)은 어떻게 하였는가?"하니, 종신이 아뢰기를, "신은 (4월) 23일 밤에 나주(羅州)에 도착했는데 감사는 본주(本州)에 있었습니다. 신은 묘시(卯時)에 어명을 전한 다음 군사 1천 명을 신립(申砬)에게 주고 군사 6백 명을 거느리고 (4월) 29일에 경상순찰사가 있는 곳으로 갔습니다.

순찰사가 '이일(李鎰)은 이미 패하고 마침 이지시(李之詩)가 와 있었어 그 군사를 지시에게 주어 올라오는 적을 막도록 하였는데 지시의 군사도 패배했다.'고 하였습니다."라고 하였다.

상이 이르기를, "아군(我軍) 중에 계속 (과인에게로) 오는 자가 있었는가?"라고 하니, 종신이 아뢰기를, "원균(元均)이 바다에 나가 적선 30여 척을 격파했다고 하였습니다. (선조 25년 4월 말에 원균은 적선 30척을 또 격파한 것이다.)

신이 천안(天安)에 이르니 병사 신익(申翌)이 군사 1만 명을 거느리고 있었고 방어사 이옥(李沃)과 이세호(李世灝) 등도 그곳에 있었습니다. 신이 익(翌) 등에게 '성상께서 이미 거둥하셨는데 어찌하여 경성으로 가지 않는가?'라고 하였더니 이옥(李沃)의 말이 '그 말이 옳다. 군사를 인솔하고 전진하겠다.'라고 하였습니다. 신은 또 길에서 심대(沈岱)를 만나서 역시 같은 말을 하였더니 심대 역시 밤을 무릅쓰고 달려갔습니다."라고 하였다. …

상이 하문하기를, "부산포(釜山浦)의 일로(一路)에는 머물러 있는 적병이 없는가?"라고 하니, 종신이 아뢰기를, "1백여 명만이 있다고 합니다. 김해(金海)는 네 번째 싸움에서 비로소 무너졌는데 이유검(李惟儉)이 먼저 성을 빠져나갔기 때문이라고 합니다. 유검은 도순찰사가 이미 참형시켰다고 하고 서예원(徐禮元)은 간 곳을 모른다고 합니다."라고 하였다. …

선조수정실록, 선조 25년(1592) 6월 1일: 처음에 원균(元均)이 이순신에게 구원병을 청하여 적을 물리치고 연명(聯名)으로 장계를 올리려 하였다. 이에 순신이 말하기를 '천천히 합시다.'라고 하고는 밤에 스스로 연유를 갖춰 장계를 올리면서 원균이 군사를 잃어 의지할 데가 없었던 것과 적을 공격함에 있어 공로가 없다는 상황을 모두 진술하였으므로, 원균이 듣고 대단히 유감스럽게 여겼다. 이로부터 각각 장계를 올려 공을 아뢰었는데 두 사람의 틈이 생긴 것이 이때부터 시작되었다.

해설: 원균과 이순신이 대립하게 된 시초를 기술한 것이다. 이순신이 원균의 공을 가로챘다는 말은 일리가 충분히 있는 주장이다.

선조 25년(1592) 6월 21일: 이때 동래(東萊)가 이미 함락되어 왜적들이 계속 몰아쳐 곧장 진격하니 가는 곳마다 대적할 사람이 없었다. 대가가 이미 서로(西路)로 들어가자 황해도 이남에서 동래까지 오직 패전 소식만 들려오고 전혀 다른 소식은 없었다. 그런데 경상우수사(慶尙右水使) 원균(元均)은 전라좌수사(全羅左水使) 이순신(李舜臣)과 약속하여 한산도(閑山島)에서 회합하였다.
이때 이순신이 전선(戰船) 80척을 거느리고서 마침내 이해 5월 6일에 옥포(玉浦) 앞바다로 나아가니, 적선(賊船) 30여 척이 사면에 휘장을 두르고 길다란 장대를 세워 홍기(紅旗)·백기(白旗)들을 현란하게 달았으며, 나머지 왜적들은 육지로 올라가 마을 집들을 불사르고 겁탈하였다.
왜적들은 수군(水軍)을 보고는 노(櫓)를 빨리 저어 진지(陣地)를 나와 아군(我軍)과 바다 가운데서 만났는데 아군이 적선 26척을 불살라 버렸다.
이튿날 다시 대전(大戰)을 전개하기로 약속하였는데, 대가(大駕)가 서쪽으로 갔다는 소식을 듣고는 여러 장수가 도착하지 않아, 그대로 서로 모여 통곡하고는 마침내 9일에 제각기 본진(本鎭)으로 돌아갔다.
(5월) 29일에 순신과 원균이 재차 노량(露梁)에서 회합하여 적선 1척을 만나 불살라버렸는데, 조금 후에 보니 바닷가 한 산에 왜적 1백여 명이 장사진(長蛇陣)을 치고 있고 그 아래로는 전선 12척이 벼랑을 따라 죽 정박하고 있었다.
때마침 일찍 들어온 조수(潮水)가 벌써 빠져나가 바닷물이 얕아져서 큰 배는 나아갈 수 없었다. 순신이, "우리가 거짓 퇴각하면 왜적들이 반드시 배를 타고 우리를 추격할 것이니 그들을 바다 가운데로 유인하여 큰 군함(軍艦)으로 합동하여 공격하면 승전(勝戰)하지 못할 리가 없다."하고서, 배를 돌렸다. 1리를 가기도 전에 왜적들이 과연 배를 타고서 추격해 왔다.
아군은 거북선으로 돌진하여 먼저 크고 작은 총통(銃筒)들을 쏘아대어 왜적의 배를 모조리 불태워버리니, 나머지 왜적들은 멀리서 바라보고 발을 구르며 울부짖었다. 한창 전투할 적에 철환(鐵丸)이 순신의 왼쪽 어깨를 명중하였다.

(6월) 2일에 당포(唐浦)에 도착하니 적선 20척이 강 연안에 죽 정박하였는데, 그중에 큰 배 한 척은 위에 층루(層樓)를 설치하고 밖에는 붉은 비단 휘장을 드리워 놓고서, 적장(賊將)이 금관(金冠)에 비단옷을 입고 손에 금부채를 가지고서 모든 왜적들을 지휘하고 있었다. 중위장(中衛將) 권준(權俊)이 배를 돌려서 노를 재촉하여 바로 그 밑으로 돌진하여 그 배를 쳐부수고, 적장을 쳐다보고 활을 쏘니 시위를 놓자마자 적장이 거꾸러졌다.

해설: 당포에서 금부채 등을 빼앗고 배를 나포한 것은 원균 휘하의 우치적이었다고 한다. 그런데 이순신이 그 공을 권준에게 돌리자 원균과 이순신 사이에 공 다툼이 크게 일어났다고 한다.

(6월) 4일에 당포(唐浦) 앞바다로 나아가자 전라우수사(全羅右水使) 이억기(李億祺)가 전선 25척을 거느리고 와 회합하니 여러 장수들이 기운이 증가되지 않는 이가 없었다. (이때 비로소 이억기의 전라우수영이 연합함대에 합류하였다.)

(6월) 5일에 외양(外洋)으로 나가다가 적선이 고성(固城) 당항포(唐項浦) 앞바다로 옮겨 정박하였다는 것을 듣고, 순신이 배 3척을 먼저 보내어 형세를 정탐하도록 하였는데, 겨우 바다 어귀를 나가자마자 바로 포(砲)를 쏘아 신호를 보냈다. 그러자 모든 군사들이 일시에 노를 재촉하여 앞뒤를 고기꿰미처럼 연결하여 나아가 소소강(召所江)에 이르니 적선 26척이 강 연안에 죽 벌여 있었다. 그중에 큰배 한 척은 위에 3층 판각(板閣)을 설치하고 뒤에는 검은 비단 휘장을 드리우고 앞에는 푸른 일산을 세워 놓았으며, 휘장 안에는 여러 왜적이 죽 나열하여 시립하고 있었다. 모든 군사가 처음 한 번 교전하고 거짓 패한 척하여 퇴각하니, 층각을 세운 큰 배가 돛을 달고 먼저 나왔다. 모든 군사가 양쪽에서 공격하니 적장이 화살을 맞고 죽었다. 그러자 모든 군사가 승세를 타 불을 질러 적선 1백여 척을 소각해 버리고 왜적의 머리 2백 10여 급(級)을 베었으며 물에 빠져 죽은 적은 그 수효를 다 기록할 수 없었다. 6일에 잔여 왜적을 외양(外洋)에서 추격하여 또 한 척을 불살라버렸으며, 9일에 모든 군사가 전투를 중지하고 본진으로 돌아왔다.

7월 6일에 순신이 억기와 노량에서 회합하였는데, 원균은 파선(破船) 7척을 수리하느라 먼저 와 정박하고 있었다.

해설: 여기서 보듯 원균이 왜란 초기에 가동한 전함은 11척이었다. 그중 4척은 여전히 작전에 투입되고 있었고, 나중에 7척은 수리했다.

적선 70여 척이 영등포(永登浦)에서 견내량(見乃梁)으로 옮겨 정박하였다는 것을 들었다.
(7월) 8일에 수군이 바다 가운데 이르니, 왜적들이 아군이 강성한 것을 보고 노를 재촉하여 돌아가자 모든 군사가 추격하여 가보니, 적선 70여 척이 내양(內洋)에 진을 치고 있는데 지세(地勢)가 협착한 데다가 험악한 섬들도 많아 배를 부리기 어려웠다. 그래서 아군이 진격하기도 하고 퇴각하기도 하면서 그들을 유인하니, 왜적들이 과연 총출동하여 추격하기에 한산(閑山) 앞바다로 끌어냈다.
<u>아군이 죽 벌여서 학익진(鶴翼陣)을 쳐 기(旗)를 휘두르고 북을 치며 떠들면서 일시에 나란히 진격하여, 크고 작은 총통(銃筒)들을 연속적으로 쏘아대어 먼저 적선 3척을 쳐부수니 왜적들이 사기가 꺾이어 조금 퇴각하니, 여러 장수와 군졸들이 환호성을 지르면서 발을 구르고 뛰었다.</u> 예기(銳氣)를 이용하여 왜적들을 무찌르고 화살과 탄환을 번갈아 발사하여 적선 63척을 불살라버리니, 잔여 왜적 4백여 명은 배를 버리고 육지로 올라가 달아났다.
(7월) 10일에 안골포(安骨浦)에 도착하니 적선 40척이 바다 가운데 벌여 정박하고 있었다. 그중에 첫째 배는 위에 3층 큰 집을 지었고 둘째 배는 2층 집을 지었으며 그 나머지 모든 배는 물고기 비늘처럼 차례대로 진을 결성하였는데 그 지역이 협착하였다. 아군이 두세 차례 유인하였으나 왜적은 두려워하여 감히 나오지 않았다. 우리 군사들이 들락날락하면서 공격하여 적선을 거의 다 불살라버렸다. 이 전투에서 3진(陣)이 머리를 벤 것이 2백 50여 급이고 물에 빠져 죽은 자는 그 수효를 다 기록할 수 없으며 잔여 왜적들은 밤을 이용하여 도망갔다.
<u>순신 등이 그의 군관(軍官) 이충(李沖)을 보내어 치계하고 수급(首級)을 바치도록 하니, 행조(行朝)에서는 상하가 뛸듯이 기뻐하며 경하(慶賀)하지 않는 사람이 없었다.</u>

해설: 이충은 원균의 군관이다. 근거는 두 가지다. 하나는 "이충"이 이순신의 《난중일기》에 단 1회도 나오지 않는다는 점이다. 임금에게 〈장계〉를 가져간 군관의 이름이 어떻게 한 번도 나오지 않을 수 있는가. 둘째, 오희문의 《쇄미록》에 보면 그는 원균의 군관으로 기록되어 있다. 다음을 보라. – "다음날에 전 만호(萬戶) 이충(李沖)이 경상우수영에 갔다가 수군절도사 원균이 또 적선 24척을 불사르고 적병 7명의 수급을 베었

다는 소식을 담은 서장(書狀)을 은밀히 지니고 이 고을을 지났다. 그를 우연히 만나 근심이 자못 풀렸다." - 임진년 5월, 날짜 불명 (오희문, 《쇄미록》, 1, 국립진주박물관, 2018, 89쪽)

【충이 오자 상이 영남(嶺南)의 일을 하문하니, 대답하기를 '감사(監司) 김수(金睟)가 함양(咸陽)에 있다고 들었습니다만 소식이 통하지 않고 있습니다. 적이 직로를 따라 올라오기 때문에 좌·우도(左右道)가 두 조각으로 갈라져서 호령이 통하지 않는다고 합니다.'라고 하였다.】

선조 25년(1592) 6월 28일: 경상우도 초유사(慶尙右道招諭使) 김성일(金誠一)이 치계하였다. "신은 죄가 만 번 죽어도 마땅한데 특별히 천지 같은 재생(再生)의 은혜를 입어 형벌을 당하지 않았을 뿐만 아니라 또 초유(招諭)의 책임을 맡겨주시니, 신은 명을 받고 감격하여 하늘을 우러러 눈물을 흘리면서 이 왜적들과 함께 살지 않기로 맹세하였습니다.
지난달(5월) 29일에 직산(稷山)에서 남쪽으로 달려가 이달 5일에 공주(公州)에 도착하였는데, 대가가 서쪽으로 갔다는 소식을 전해 듣고는 북쪽을 바라보고 통곡하며 비록 도보로라도 호종의 대열에 끼어 말굴레 밑에서 죽고자 하였으나 갈 방법이 없었습니다. 신은 의리로 보아 차마 물러나 앉아있을 수 없어 빈주먹으로라도 김수(金睟)를 따라 싸움터에서 죽고자 하였습니다. 그러나 초유의 명을 받았으니 마음대로 임무를 저버릴 수 없어 백성들을 혈성(血誠)으로 개유(開諭)하고 충의(忠義)로써 격려하면 작은 힘이나마 얻어 나라를 위하는 신의 마음을 바칠 수 있겠기에, 잠시 죽음을 참고서 구차스럽게 모진 목숨을 보전하고 있습니다.
본도(本道)에 함락되어 패전한 뒤에 무너져 사방으로 흩어진 자들이 <u>도망한 군사나 패전한 병졸만이 산속으로 들어간 것이 아니라, 대소 인원들이 모두 산속으로 들어가 새나 짐승처럼 숨어 있으니 아무리 되풀이해서 알아듣도록 설득해도 응모하는 사람이 없었습니다.</u>
그런데 근일에는 <u>고령(高靈)에 사는 전 좌랑(佐郞) 김면(金沔), 합천(陜川)에 사는 전 장령(掌令) 정인홍(鄭仁弘)이 그의 동지인 현풍(玄風)에 사는 전군수(郡守) 곽율(郭𧺆), 전 좌랑 박성(朴惺), 유학(幼學) 권양(權瀁) 등과 더불어 향병(鄕兵)을 모집하니 따르는 사람이 많습니다.</u>
인홍은 정예병(精銳兵)이 거의 수백 명이며 창군(槍軍)은 수천 명이나 되는데 고을의 가장(假將) 손인갑(孫仁甲)을 추대하여 장수로 삼아 왜적을 방어할 계책을 세우고 있고, 삼가(三嘉)에 사는 훈련 봉사(訓鍊奉事) 윤탁(尹鐸), 전 봉사(奉事) 노흠(盧欽)도 의병(義兵)을 일으켜 서로 응원하려고 합니다.

김면은 스스로 장수가 되어 바야흐로 병사들을 모집하는데, 적병들이 갑자기 쳐들어오자 병사들을 거느리고 나가 싸우니 왜적들이 패전하여 달아나므로 10여 리를 추격하여 거의 대첩(大捷)을 거두려는 찰나에 복병(伏兵)이 갑자기 나타나니 우리 군사가 놀라 무너져 퇴각하였습니다.

순찰사가 전 현령 조종도(趙宗道)를 소모관(召募官)으로 삼자 제법 많은 인민을 불러모아 여러 일을 수습하였습니다.

또 의령(宜寧)에 사는 고 목사(牧使) 곽월(郭越)의 아들인 유생(儒生) 곽재우(郭再祐)는 젊어서 활쏘기와 말타기를 연습하였고 집안이 본래 부유하였는데, 변란을 들은 뒤에는 그 재산을 다 흩어 의병을 모집하니 수하에 장사(壯士)들이 상당히 많았습니다. 가장 먼저 군사를 일으켜 초계(草溪)의 빈 성(城)으로 들어가 병장기(兵仗器)와 군량을 취득하니,

이때 동현(同縣)에 사는 정대성(鄭大成)이란 자가 무리를 모아 도적질을 하였는데 합천 군수(陜川郡守) 전현룡(田見龍)은 재우까지 도적으로 의심하여 감사(監司)와 병사(兵使)에게 급히 통보하였습니다. 이에 감사와 병사가 마침내 명령을 내려 대성을 사로잡아 참수하니, 재우의 병사도 흩어졌습니다.

도사(都事) 김영남(金穎男)이 그는 도적이 아니라고 말하자 감사(監司) 김수(金睟)는 전현룡의 말을 믿지 않고 신이 초유하게 하였기에 신이 즉시 공첩(公貼)을 보내어 재우를 불렀습니다. 며칠 뒤에 단성현(丹城縣)으로 신을 찾아왔습니다. 그 사람은 비록 담력(膽力)과 용맹은 있으나 심원한 계책이 없으며 또 당치도 않게 큰소리만 잘 칩니다. 패주한 수령(守令)이나 변장(邊將) 등의 소식을 들으면 꼭 참수(斬首)하라고 하였고 심지어는 감사와 병사에 대해서도 불손한 말을 많이 하였습니다. 그를 비방하는 말이 비등하여 미친 도적이라고들 합니다. 그러나 이런 위급한 때를 당하여 이런 사람을 잘 다루어 쓰면 도움이 없지 않을 것이기에, 즉시 동현(同縣)으로 보내 돌격장(突擊將)이라 부르고 그에게 왜적들을 공격하게 하였습니다.

그렇게 하였더니 재우는 그 아비가 명나라 북경에 갔을 때 황제가 하사한 붉은 비단 철릭(帖裏)을 입고서, 지금 장사(將士)들을 거느리고 의령현의 경내 및 낙동강 가를 마구 누비면서 왜적을 보면 그 수를 불문하고 반드시 말을 달려 돌격합니다. 화살에 맞는 왜적이 많아서 그를 보면 바로 퇴각하여 달아나 감히 대항하지 못합니다. 왜적에

게 사로잡혔던 사람이 돌아와 '왜적들이 「이 지방에는 홍의 장군(紅衣將軍)이 있으니 조심하여 피해야 한다.」고 했다.' 합니다. 그래서 의령 한 고을 사람들이 그에 힘입어 조금 편안해졌습니다. 신은 비록 그의 거친 것을 의심합니다마는 격려하고 권장하여 힘을 다하도록 하여 서서히 그가 하는 바를 살피겠습니다.

【재우(再祐)는 4월 24일에 의병을 일으켜 왜적들을 토벌하였다. 김천일(金千鎰) 등이 뒤에 비록 창의사(倡義使)로 이름하였지만 가장 먼저 의병을 일으킨 사람은 실제로는 재우이며 왜적들이 감히 정암진(鼎巖津)을 건너 호남(湖南)으로 가지 못하게 한 것도 바로 재우의 공이다. 재우는 김수가 싸우지 않고 점차 퇴각하는 것에 분격하여, 당초 의병을 일으킬 적에 김수에게 격문을 보내어 그의 죄를 일일이 따져 책망하고, 그를 베려고 하자, 그가 매우 두려워하여 심지어 치계까지 하여 변명하면서 재우의 일을 마치 역적처럼 말하니, 비변사의 여러 사람들도 재우의 심사(心事)를 모르고 의심하였다. 그러자 재우도 이로 인하여 죄를 얻어 마침내 뜻을 펴지 못할까 두려워하여 자기와 친한 사람을 의주로 보내 상소하기로 하고 그의 죄를 따져 책망한 말을 모두 열거하여 상소문을 만들고 '그는 아비도 무시하고 임금도 무시하여 불충 불효하며 패전을 기뻐하고 왜적을 맞아들였다.'라고 하였다. 또 금관자(金貫子)를 잃어버리고 달아났으니 머리 없는 시체 귀신이라고 그를 욕하니, 그가 마침내 성(城)을 지키면서 재우를 피하고 김성일(金誠一)이 그를 타이르게 하였다. 성일이 힘껏 저지하지 않았다면 그가 아마 죽음을 면하지 못하였을 것이다. 그가 산음현(山陰縣)에 있다가 재우의 선봉이 이미 바싹 다가왔다는 소식을 듣고 함양으로 도망갈 때는 심지어 말을 거꾸로 타고 달아나니, 좌·우도(左右道) 사람들이 그가 왜적에게 겁먹고 또 재우에게 겁먹은 것을 비웃지 않는 사람이 없었다. 그가 전현룡(田見龍)의 말을 믿지 않았다는 것은 그럴 리가 없을 터인데, 지금 성일의 치계에 '김수도 역시 전현룡의 말을 믿지 아니하였다.'라고 하였으니, 이는 좋은 말로 아뢰어 서로를 화해시키려는 것인가보다.】

진주(晉州)에 사는 유생 3백여 명이 또 서로 통문(通文)을 돌려 의병을 일으켜 왜적을 방어하기로 계획하였습니다. 비록 그 결과가 어떻게 될지는 모르겠지만, 국가가 믿는 것은 인심이니 인심이 이와 같기를 하찮은 소신은 밤낮으로 하늘에 축원하였습니다. 변란이 발생한 초기에 도내(道內)의 병사(兵使)·수사(水使)·방어사(防禦使)·조방장(助防將) 등이 각 고을의 군기(軍器)들을 옮겨 전쟁터에 쌓아두었다가 무너져 달아날 때는 물이나 불 속에 던져버리기도 하고 도중에 버리기도 하였기 때문에 병기(兵器)가 모두 없어졌으며, 창고 곡식은 수령(守令) 등이 왜적이 닥치기도 전에 먼저 스스로 겁을 먹고서 창고를 불사르기도 하고 혹은 백성들이 훔쳐 먹도록 내버려 두기도 하였기 때문에 군량도 일체 없어졌습니다.

의병이 비록 일어났어도 병기와 군량이 없어서 사람들이 견고한 뜻이 없고 적변(賊變)을 들으면 모였다가 바로 흩어져 버립니다. 백방으로 생각해 봐도 도무지 병기와 군량을 조달해 낼 방도가 없으니 민망하기 그지없습니다.

왜적은 대부대가 서울로 떠난 뒤에 잔여 왜적이 혹은 1백여 명, 혹은 50~60명씩 부대를 편성하여 곳곳에 둔취(屯聚)하고 있습니다. 성주성(星州城)을 점거하고 있는 적은 고작 40~50명뿐인데 우리 병사가 감히 그 소굴을 엿보지 못하자 왜적이 목사(牧使)·판관이라고 자칭하고 관곡을 나누어 주니 백성들이 모두 복종하고 있습니다.

낙동강을 왕래하는 적선이 혹은 1백여 척, 혹은 수십 척씩이나 강을 뒤덮고 끊임없이 오르내리는데 이는 모두 약탈한 물건을 운송하는 배들입니다. 또 한 떼의 적들이 좌도(左道)의 경주·영천·신령(新寧)·의흥(義興)·군위·의성·안동 등지를 경유하면서 도처마다 함락하는데 감히 적의 예봉(銳鋒)을 감당할 수 없어 좌·우도의 길이 끊어졌으니 지금은 어느 곳으로 가고 있는지 모르겠습니다.

우도에 침범한 왜적의 한 패는 김해·창원·우병영(右兵營)·칠원(漆原) 등지를 약탈하여 소굴로 삼고, 또 한패는 연해(沿海)의 여러 섬에 출몰하니 여러 진보(鎭堡)의 모든 장수는 왜적을 바라만 보고 겁을 먹어 앞다투어 도망하여 육지로 나왔으므로 바다의 군영이 일체 텅 비어 버렸습니다.

우수영(右水營)은 수사(水使, 원균)와 우후(虞候)가 스스로 군영을 불태웠고 우후는 간 곳을 알 수 없습니다. 수사는 배 한 척을 타고 현재 사천(泗川) 해포(海浦)에 우거하고 있는데 격군(格軍) 수십 명 외에는 군졸이 한 명도 없습니다. (전형적인 가짜 뉴스이다.)

신이 보건대, 고성(固城)이 비록 함락되었으나 왜적이 이미 돌아갔고 군량도 있으니, 만약 수사(원균)가 성에 들어가 웅거하여 지킨다면 무너져 흩어진 인민들이 반드시 안집(安集)할 것이기에 두 차례나 수사에게 통문(通文)을 보냈습니다. 수사(원균)가 지난 19일 성으로 들어가 지킬 계획으로 고성현 지경에 배를 대자 왜적 1백여 명이 전날의 배반한 백성들을 거느리고 재차 와서 성을 점거하였습니다. 결국은 들어가지 못하였습니다.

그러나 지금 들으니 수사가 선전관 원전(元㙉, 고성현령)이 전한 명에 따라서 전라도 수사와 재차 약속하여 근간에 적선을 쳐부수려 한다고 합니다.

신의 망령된 생각에는 소소한 왜구는 그 배를 쳐부수어 돌아갈 길이 없게 한다면 궁벽한 산중에서 굶어 죽거나 혹은 변방 장수에게 섬멸당하게 될 것이니 진실로 좋은 계책입니다.

그러나 이번의 왜적들은 서울에 웅거하고 여러 도(道)에도 충만하니, 만약 빈 배를 쳐부순다면 적에게 손해를 입히지 못하고 그들의 죽기를 각오하는 마음만 증가시킬 뿐이니, 오랫동안 나라 안에 체류하며 백성들에게 해를 끼칠 것입니다.

거제현령(巨濟縣令)【김준민(金俊民)】은 성을 지킴이 가장 견고하였습니다. 목숨 바쳐 물러나지 말자는 뜻을 지녔기에 이로써 온 섬이 절로 견고해졌습니다. 그러나 순찰사(巡察使)【김수(金睟)】가 근왕(勤王)할 일로 현령을 육지로 불러내, 그가 나가자마자 군사와 백성은 무너져 흩어졌고 왜적이 성안에 가득하였습니다. (김준민의 잘못이 아니라 순찰사 김수의 잘못이라는 뜻. 그러나 뒤에서 보듯 적군의 점령은 일시적이었다.)

남해(南海)는 호남(湖南) 지경에 끼어 있어 왜적이 아직 출현하지 않았습니다. 현령 기효근(奇孝謹)이 전라좌수사(全羅左水使) 이순신(李舜臣)에게 통보하기를, '본현(本縣)이 적진과 가까우니 왜적이 만약 이곳을 탈취하면 이곳에는 군량이 많으므로 오래 주둔하면서 반드시 호남을 침범하려 할 것이다.'라고 하였습니다. 그 때문에 현령이 바다로 나간 사이에 이순신이 군관(軍官)을 보내 창고를 다 불태우게 하니, 고을 백성 및 미조항(彌助項)·평산포(平山浦)로 들어왔던 군사들이 다 흩어졌습니다. (남해의 창고를 불태우게 명령한 사람은 누구인가? 다름 아닌 이순신이었다.) 현령이 관아로 되돌아오자 겨우 빈 성만 남아있었습니다. 부득이 보리를 거두어 군량을 마련하고 흩어진 군졸들을 모아 어렵게 성을 지키고 있는데 왜적이 쳐들어오면 반드시 먼저 무너져 흩어질 것입니다.

진해·고성은 전일 파선(破船)이 되어 육지로 올라온 왜적 40여 명이 고을 경내에 출현하였습니다. 그러자 진해현감은 먼저 도망하였습니다.

해설: 진해현감은 일찌감치 도주했다. 적의 규모가 워낙 컸으므로 거제도 동편에서는 이러한 일이 자주 일어났다. 특별히 비난할 일도 아니다.

고성현령 김현(金絢)은 부임한 지가 7년인데 형벌이 너무 가혹하여 민심을 잃은 지 오래되어 진해에 적이 들어온 뒤에는 배반한 백성들이 사방에서 일어나 현령을 죽이려고 하였습니다. 현령은 그 기미를 알고서 복병을 배치해 놓고 거짓으로 도망한 체하니 배반한 백성들이 앞다투어 성안으로 들어가 관고의 물건들을 훔쳐내자 복병이 엄습하여 50여 명을 사로잡아 참수하였습니다. 이로 인하여 백성들이 더욱 원망하여 배반하므로 현령(김현)은 수사(水使)와 함께 바다로 나갔습니다. 그때 적이 이미 입성하여 사방으로 흩어져 분탕질하므로 현령이 도망하였습니다.(고성현령도 바다로 도망쳤다.)

함안군수(咸安郡守) 유숭인(柳崇仁)은 장기간 전쟁터에 나가 있어 백성들이 흩어져 성이 빈 지가 거의 1개월이 되었는데도 왜적들이 아직 쳐들어오지 아니하였는데, 이달 중에 순찰사가 비로소 군수를 돌려보내 그 고을을 지키도록 하였습니다. 14일에 왜적들이 쳐들어와 여염집을 분탕질하자 군수가 흩어져 도망한 사람 1백여 명을 소집하여 연일 공격하니 왜적들이 어지간히 퇴각하여 흩어졌는데, 순찰사가 군수를 근왕한 일로 불러가자 왜적이 이미 온 군(郡) 안에 두루 널리게 되었습니다.

초계군(草溪郡)·합천군(陜川郡)은 군수가 혹은 처형당하고 혹은 체직당하여 순찰사가 최몽성(崔夢星)·손인갑(孫仁甲)을 초계군과 합천군의 가장(假將)으로 삼았는데, 잇따라 치보하기를 '이달 16일에 적선 2백여 척이 강을 뒤덮고 초계 지방으로 올라와 상륙하고 도적질하니, 인민들은 달아나 숨고 최몽성은 군을 버리고서 산중으로 들어갔다. 18~19일에 왜적이 연달아 합천 지경을 침범하였다.'고 했습니다.

병사(兵使, 경상우병사)가 현재 거창에 있지만 휘하의 군졸이 다 도망가고 한 명도 없어서 응원할 방책이 없습니다. 적이 만약 합천으로 들어온다면 내지(內地)에 보존된 네댓 고을이 차례로 함락당하게 될 것입니다.

대개 본도의 순찰사는 서울로 올라갔고, 병사(兵使)는 군졸이 없으며, 수사(水使, 원균)는 군영을 잃었고, 남은 고을로는 다만 거창·안음(安陰)·함양·산음(山陰)·단성(丹城)·진주·사천·곤양(昆陽)·하동·합천·삼가(三嘉) 등 10여 고을이 있을 뿐입니다. 인민이 모두 깊은 산중으로 들어가 다만 빈 성만이 남아있을 뿐이어서 비록 수령(守令)과 가장(假將)이 있다 하더라도 호령이 시행되지 않아 군사를 조달하여 응원할 방책이 없으니 불원간 모두 적의 소굴이 될 것입니다. 애통하고 절박한 상황을 차마 말할 수 없습니다.(경상우도는 희망이 없다는 보고인데, 그 내용이 모두 사실과 일치하지는 않는 것 같다.)

신이 보건대 진주는 남쪽 지방의 거진(巨鎭)으로 양도(兩道, 전라 경상도)의 요충지에 위치하였으니, 이곳을 지키지 못한다면 이 일대에 보존된 여러 고을이 토붕 와해되어 조석(朝夕)을 보존할 수 없을 뿐만 아니라 적이 반드시 호남을 침범할 것입니다.

호남은 지금 근왕(勤王)으로 인하여 도내(道內)가 텅 비었으니 만약 또 적의 침입을 받는다면 더욱 한심하게 될 것입니다. 이곳은 바로 수양(睢陽) 1군(郡)이 강회(江淮)의 보장(保障)이 된 것과 같으니, 오늘날 꼭 지켜야 할 곳입니다.

그런데 진주의 정병(精兵)이 이미 감병사(監兵使)에게로 갔다가 모두 무너져 산속으로 들어갔고 그 나머지로 성을 지키는 군사는 겨우 천여 명이며 아병(牙兵)으로서 활을 잘 쏘는 자도 겨우 60~70명뿐입니다. 신은 진주에 머물면서 독려 조치하여 이 고을을 견고하게 지키도록 하여 호남 및 내지를 방어하는 계책으로 삼으려고 합니다.

그런데 목사 이경(李儆)이 목에 종기가 난 지 1개월이 지나 생명이 경각에 달려 있는데 순찰사는 그가 실제로 아픈 줄을 모르고서 이미 주청하여 그를 파직시켰으므로 다만 판관 1명 만이 있을 뿐이어서 성을 지킬 장수가 없습니다.

그 때문에 신이 멋대로 진(鎭)을 버린 수령·변장 등을 모아서, 공을 세워 스스로 충성을 바치도록 분부하였습니다. 그러자 가덕첨사(加德僉使) 전응린(田應麟), 고성현령(固城縣令) 김현(金絢, 고성을 버리고 갔던 현령)이 나타나므로, 응린은 군관을 거느리고 곽재우와 함께 정암진(鼎巖津)을 지키게 하였으며, (김)현은 진주의 수성장(守城將)으로 임명하였습니다. 또 권관(權管) 주대청(朱大淸) 등도 왔기에 판관과 함께 성을 지키도록 하였습니다.

그리고 병사(兵使)·수사(水使)가 패망한 뒤 휘하에 한 명의 군졸도 없어, 성을 지키는 군졸들을 보내달라고 독촉합니다. 그러나 오합지졸이라서 성을 나가면 모두 흩어질 것이므로 피차간에 도움이 없을 것입니다. 그래서 신이 사유를 갖추어 관문(關文)을 보내고 진주에 현재 남아있는 군졸에게는 전적으로 성을 지키는 일을 맡겨 호남과 이 지방 고을을 방어하도록 하였습니다.

신이 또 생각하건대, 이 진주를 보존하려면 반드시 인근을 침범한 적을 공격하여야 병세를 펼칠 듯하기에 곤양군수(昆陽郡守)를 중위장(中衛將)으로, 사천현감(泗川縣監) 및 진주판관(晉州判官)을 좌우 돌격장(左右突擊將)으로 삼아 정병 3백 명을 거느리고 가서 함안군에서 왜적을 공격하게 하였습니다. 그런데 불행하게도 연일 비가 내려 접전하지 못하였는데 적은 대군이 이른 것을 바라보고는 곧 퇴각하여 흩어졌습니다.

잠시 후에 왜적 1백여 명이 또 고성(固城)을 침범하였다는 소식을 듣고 고성은 진주와 사천에서 매우 가깝기 때문에 부득이 회군하여 합동으로 공격하였는데, 적이 배반한 백성을 거느리고 현성(縣城)에 웅거하여 철환(鐵丸)을 많이 쏘고 또 배반한 백성을 시켜 활을 마구 쏘도록 하니 관군이 접근할 수 없었습니다.

도내(道內)에 감사(監司)가 없으니 모든 적변(賊變)을 당연히 신이 아뢰어야 합니다. 신이 도내에 있으면서 여러 성이 함락된 사유와 여러 장수가 패전한 상황을 목격하였는데, 말하는 자는 모두 '군졸이 명령을 따르지 않고 적과 대진하자 무너져 흩어졌기 때문에 장수가 속수무책이었다.'라고 합니다.

그러나 신이 본 바로는 좌수사(左水使) 박홍(朴泓)은 화살 한 개도 쏘지 않고 먼저 성을 버렸으며, 좌병사(左兵使) 이각(李珏)은 뒤이어 동래(東萊)로 도망하였습니다. 우병사

(右兵使) 조대곤(曺大坤)은 연로하고 겁이 많아 시종 물러나 움츠렸고, 우수사(右水使) 원균(元均)은 군영을 불태우고 바다로 나가 다만 배 한 척을 보전하였습니다.
병사와 수사는 한 도(道)의 주장(主將)인데 하는 짓이 이와 같습니다. 그 휘하의 장졸(將卒)들이 어찌 도망하거나 흩어지지 않겠습니까. 양산(梁山)의 가장(假將) 밀양부사(密陽府使) 박진(朴晉)도 창고와 병기(兵器)를 불태우고 도망하였습니다. …
해중(海中)의 여러 고을이 왜적의 배를 바라보고는 일시에 달아나 흩어져 육지로 나와 장수는 도주하는 것으로 상책(上策)을 삼았고 수령(守令)은 성(城)을 죽는 지역으로 여기는데, 온 도내가 다 그러하여 적이 칼날에 피를 묻히지 않고도 파죽지세로 수십 일 동안에 서울에 들어오게 하였으니, 예로부터 남의 나라의 수도를 이렇게 쉽게 함락한 것이 오늘날과 같은 적은 없었습니다.
군법이 만약 엄중하여 패전한 자는 반드시 죽이고, 나아가지 않고 머뭇거린 자를 반드시 죽이며, 성을 포기한 자를 반드시 죽이며, 또한 변란이 발생한 뒤에 장수가 군법을 잘 시행하여 범죄자를 즉시 참수하였다면, 사람들이 후퇴하면 반드시 처형당한 줄을 알았을 것이니 어찌 오늘날처럼 달아나 무너지는 데까지 이르렀겠습니까. 장수나 수령 등을 처벌하지 않고 도망한 군졸들만 처벌하는 것은 아무래도 근본이 아닌 듯합니다.
… 근래에 부역(賦役)이 번거롭고 무거워 백성들이 편히 살 수 없는 데다가 형벌마저 매우 가혹하여 군졸이나 백성들의 원망하는 마음이 뱃속에 가득한데도 호소할 길마저 없어 그들의 마음이 이산된 지 벌써 오래입니다. 그러므로 왜국은 정수(征戍)나 요역(徭役)이 없다는 말을 듣고 마음속으로 이미 그들을 좋아하고 있는데 왜적이 또 민간에 명을 내려 회유(誨誘)하니 어리석은 백성들이 모두 왜적의 말을 믿어 항복하면 반드시 살고 싸우면 반드시 죽는 것으로 여깁니다. 따라서 연해의 무지한 백성들이 모두 머리를 깎고 의복도 바꾸어 입고서 왜적을 따라 곳곳에서 도적질하는데 왜적은 몇 명 안 되고 절반이 배반한 백성들이니 매우 한심합니다. …"

선조 25년(1592) 6월 28일: 김수가 치계하였다. "수영(水營)의 조라포(助羅浦)·지세포(知世浦)·율포(栗浦)·영등포(永登浦) 등 진이 이미 텅 비었습니다. 오직 거제현령(巨濟縣令) 김준민(金俊民)만이 홀로 외로이 죽기를 각오하고 성을 지키고 있습니다. 【준민이 계미년(선조 16년) 북도(北道)의 싸움에 며칠 길을 걸어서 들어가 싸웠는데 용맹이 삼군(三軍)에서 으뜸이었다. 원균(元均)은 준민이 즉시 수군(水軍)으로 달려 나오지 않는다 하여 준민을 간사하게 여겼으니 잘못입니다.】

해설: 김준민은 김수의 요청으로 출륙하였다가 나중에 진주성 싸움에서 전사한다. 출륙 당시 적군에게 성이 함락되었다가 백성의 저항으로 적이 물러갔다고 하여 나중에 포상이 된다.

원균은 수군(水軍) 대장인데 여러 장수를 거느리고 내지(內地)로 피하고(배 한 척으로 바다에 있다는 김성일의 보고와는 어긋난다.) 우후(虞候) 우응진(禹應辰)을 시켜 관고(官庫)를 불태우게 하였습니다. 그리하여 2백 년 동안 저축한 물건들이 하루아침에 사라지게 하였습니다.(이것도 과연 사실인지 모르겠다.)

조라포만호 박붕(朴鵬)은 간 곳을 알 수 없고 초계군수 이유검(李惟儉)과 의령현감 오응창(吳應昌) 등은 패군장(敗軍將)으로서 이미 효시하였기에 토적(土賊)들이 빈틈을 타서 관곡(官穀)을 훔쳐가고 있습니다.

웅천현감(熊川縣監) 허일(許鎰)은 적이 경내를 침범하기도 전에 먼저 스스로 도주하였으며, 성주목사(星州牧使) 이덕렬(李德悅)은 왜적이 성주성에 웅거하고 있는데도 성주의 지경을 떠나지 않고 있었으나, 판관(判官) 고현(高晛)은 젊은 무부로서 홀로 먼저 도피하였으며,

개령현감(開寧縣監) 이희급(李希伋), 선산부사(善山府使) 정경달(丁景達), 상주목사 김해(金澥), 판관 권길(權吉), 문경현감 신길원(申吉元) 등은 모두 다 도망가 숨어 적이 가는지 머무는지를 일체 치보(馳報)하지 않았습니다.

칠천량 사태(左道) 여러 고을의 승패와 왜적들의 유무 및 감사(監司) 이성임(李聖任)이 부임하였는지의 여부 등을 전혀 알 수 없기에 신의 군관을 시켜 산길로 몰래 가서 염탐해 오도록 하였더니,

감사 및 신구(新舊)의 병사(兵使)·수사(水使)·방어사(防禦使)·조방장(助防將) 등의 간 곳을 알 수 없다고 하였습니다. 수령이나 여러 장수로서 도망가 숨은 자들에게 법을 시행할 수는 없으나 마땅히 은밀히 체포하여 율에 따라 죄를 정하겠습니다.

성주(星州) 사각(史閣)은 그런대로 남아있지만 땅 구덩이 속에 이안(移安)한 사궤(史櫃)를 다 꺼내어 불태워 버렸으니 지극히 비통합니다.

방어사(防禦使) 성응길(成應吉)도 본도에서 한창 극성을 부리는 적을 버려두고 바로 죽령(竹嶺)으로 왔는데 이내 간 곳을 알 수 없어 급난(急難)을 구제하도록 위탁한 뜻이 전혀 없습니다.

대개 칠천량 사태의 동래·양산·밀양·청도·경산·대구·인동(仁同)에서부터 우도의 성산·상주까지 일로(一路)가 이미 적의 소굴이 되었으며, 영산(寧山)·창령·현풍(玄風)으로부터

우도의 성주·개령(開寧)·금산(金山)까지의 일로도 역시 왜적들의 소굴이 되어 사방으로 흩어져 약탈하니, 가업(家業)과 처자(妻子)를 잃은 도내의 세가(世家)·대족(大族)들이 격분하여 마음 아파하지 않는 이가 없습니다. 시기를 틈타 진격하여 토벌할 계획을 세우고 있습니다."

선조 25년(1592) 6월 28일 병진: 김수가 치계하였다. "영덕현령(盈德縣令) 안진(安璡)이 성을 지킨 상황을 보고하는 공문을 가지고 온 사람이 산길로 밤에만 걸어서 20일 만에 신의 처소에 도착하였습니다.
(경상)칠천량 사태의 승패에 대하여 자세히 물어보니, 동해(東海) 일대 장기(長鬐) 이상으로 안동·청송·진보(眞寶)·봉화·예안(禮安)·영천(榮川)·예천·풍기(豊基) 이외의 언양(彦陽) 일로와 울산·경주·영천(永川)·신령(新寧)·의흥(義興)·의성·군위·비안(比安) 등도 이미 분탕되어 왜적들이 횡행하며 우마로 실어 나르는 짐바리가 도로에 끊이지 않고 있는데도 감사·병사·수사·방어사·조방장 등은 역시 간 곳을 알 수 없으며, 각처의 수령들도 모두 도망하여 숨었습니다.
우도는 거창·안음(安陰)·함양·산음(山陰)·단성(丹城)·하동·곤양(昆陽)·사천·진주 이외에는 모두 적의 침략을 겪었으며, 남해의 섬들은 비록 왜적의 난을 겪지는 않았으나 군량과 군기를 전라좌수사(全羅左水使)가 【이 사실은 김성일의 서장 중에도 있다. 좌수사는 바로 이순신(李舜臣)이다.】(이순신이 남해의 섬마다 비축된 군량과 군기를 없앴다.) 먼저 스스로 불태워버려 이미 빈 성이 되었습니다.
성주(星州)의 적은 그 수가 많지 아니하여 조대곤(曺大坤)이 전력하여 잡았으며, 남쪽 변방을 침범한 왜적은 수사(水使) 원균(元均)이 여러 장수를 거느리고서 힘을 합해 잡았습니다.(1592년 6월 18일 이전의 전투 성과를 대강 기록한 것이다.)
신은 비록 거느린 군졸은 없으나 의리상 차마 물러가 본도만 지킬 수는 없기에 군관과 수령 등 80여 명만을 거느리고 전라감사(全羅監司) 이광(李洸)과 합세하여 함께 서울로 가기로 약속하고서, 달려 함양에 이르러 이광이 통보한 성교(聖敎)를 보니 '왜적이 경기 지역에 가득하여 부득이 송도(松都)에 주차(駐箚)하고 사방을 호령하여 기어이 왜적들을 무찔러 섬멸하려고 하니 경은 경상우도에 비밀히 알리어 급급히 경내의 군사를 총동원하여 와서 응원하도록 하라.'고 하셨습니다. 신은 삼가 성유(聖諭)를 읽고서 오장(五臟)이 타고 찢어지는 것 같아 모르는 사이에 울음과 눈물이 함께 나왔습니다. 이달(6월) 18일에 곧장 전주에 이르러 지금 진위(振威)로 가고 있습니다."

선조수정실록, 선조 25년(1592) 7월 1일: 이순신(李舜臣)이 왜병을 고성(固城) 견내량(見乃梁)에서 크게 격파하였다. 이때 왜적이 수군을 크게 출동시켜 호남(湖南)으로 향하자 순신이 이억기(李億祺)와 함께 각기 거느린 군사를 재촉하여 나가다가 견내량에서 적을 만나게 되었는데, 적선이 바다를 뒤덮어 오고 있었다.

원균(元均)이 앞선 승리에 자신하여 곧장 대적하여 격파하려 하였다. 그러자 순신이 말하기를 '이곳은 항구가 좁고 얕아 작전할 수가 없으니 넓은 바다로 유인해 내어 격파해야 한다.'라고 하였다. 그러나 원균이 듣지 않자, 순신이 말하기를 '공이 병법(兵法)을 이처럼 모른단 말인가.'라고 하고 여러 장수에게 영(令)을 내려 거짓 패하여 물러나는 척하니, 적이 과연 기세를 몰아 추격하였다. 이에 한산도(閑山島) 앞바다에 이르러 군사를 돌려 급히 전투를 개시하니 포염(砲焰)이 바다를 뒤덮었고 적선 70여 척을 남김없이 격파하니 피비린내가 바다에 진동하였다.

또 안골포(安骨浦)에서 그들의 구원병을 역습하여 패배시키니 적이 해안으로 올라 도망하였는데 적의 배 40척을 불태웠다.

<u>왜진(倭陣)에서 전해진 말에 의하면 '조선의 한산도전투에서 죽은 왜병이 9천 명이다.'라고 하였다. 이 일을 아뢰자 순신에게 정헌대부(正憲大夫)의 자계(資階)를 상으로 내리고 하서(下書)하여 칭찬하였다.</u>

선조 36년(1603) 7월 26일: "(경상우수사 겸) 통제사(統制使) 이경준(李慶濬)이 급히 보고하였다. '이달 3일 2경 사나운 바람이 불고 소나기가 퍼부었는데, 천지가 어두워서 지척도 분별하기 어려웠고 인가가 모두 날아가고 나무가 뽑혔으며 파도가 하늘까지 닿고 사나운 물결이 산더미와 같았습니다. 군기(軍器)와 잡물(雜物)은 태반이나 유실되었고 격군 9인이 빠져 죽었으며, <u>진중에 있는 전선(戰船)은 원수(元數)가 19척인데 7척이 부서졌습니다.</u> 풍변(風變)이 참혹하기가 싸움을 치른 것보다 심하여 방어가 몹시 약해졌으니 매우 염려됩니다.'"

해설: 통제사 이경준의 〈장계〉에서 확인되듯 본래 경상우수영이 보유한 판옥선은 총 19척이었다. 원균이 왜란 초기에 100척의 전함을 바닷물에 수장하였고, 1만 명의 군사를 해산하였다는 기록도 있으나, 그 기록은 낭설에 지나지 않는다. 임진왜란이 일어났을 당시인 선조 25년 4월에 원균은 판옥선 10척가량을 운용하며 각지에서 전투를 벌였다. 이후 두 달 동안 치열한 전투를 벌이자 그중 7척이 부분적으로 파손되었다. 그러나 선조 25년 7월 초에 원균은 그 전함을 모두 고쳐 실전에 다시 투입하였다.

《난중일기》 참조.

선조 25년(1592) 7월 4일: 요동 도지휘사(遼東都指揮司)가 본국에 자문(咨文)을 보내왔는데, 그 대략은 다음과 같다.

"국왕은 잠시 물러나 서쪽에 와 있으나 종묘사직을 계승하여 지키는 것을 중히 여겨야 한다. 더구나 해국(該國)의 사민(士民)들은 임금을 그리는 마음이 없지 않아, 이광(李洸)·윤선각(尹先覺)·원균(元均)·이순신(李舜臣) 등 충용(忠勇)스런 사람이 적지 않다. 일은 해국의 집정 재상(執政宰相) 및 2~3명의 일을 담당하는 자가 기회에 맞게 독단하여 처리하는 데 있을 뿐이다.

한편으로는 국왕을 수행할 궁속(宮屬)·신재(臣宰)·복종(僕從)이 각각 몇 명인지를 조사하여 압록강을 건너는 무리가 하나라도 넘치는 인원이 없도록 힘써야 하고,

한편으로는 현재의 병마가 얼마인지를 조사하여 일을 담당한 제신(諸臣)이 책임지고 도망친 자와 배반한 자를 수습하고 왕자(王子)가 안집하고 보호하게 하며, 청천강 등의 요충지를 보전하도록 하여 만에 하나라도 다른 걱정이 없게 해야 한다. 혹 부득이하여 반드시 요동으로 와야 될 형편이면, 마음에 계획을 정하여 충용스런 제신은 그곳에 두어 우리 군사와 함께 힘껏 미친 도적을 섬멸하고 다시 옛 임금을 맞이하게 해야 한다.

단지 아주 가깝고 믿는 권속(眷屬)과 신복(臣僕)만을 거느리고 임시로 적의 군사를 피할 것이요, 어지럽게 따르는 백성들 때문에 회복할 계책을 그릇되게 하지 말라."

해설: 이때 선조는 압록강을 넘어가고 조선에는 왕자와 재신을 두어 마지막까지 항전하게 할 복안을 가졌다. 당시에 중국에서 파악하고 있던 "충용한" 신하도 몇이 있었다. 이광(李洸)·윤선각(尹先覺)·원균(元均)·이순신(李舜臣) 등인데, 이광은 전라도관찰사, 윤선각은 충청도관찰사였다. 원균과 이순신은 모두 수군절도사였다.

선조 25년(1592) 7월 9일: 비변사가 아뢰기를, "전라우도수사(全羅右道水使) 이억기(李億祺)가 좌수사(左水使) 이순신(李舜臣), 경상우수사 원균(元均)과 협동하여 적선 39척을 쳐부수었습니다.(이 보고서는 이억기가 올린 것이다. 합동작전이었다.) 수급(首級)을 바친 것은 단지 9급이지만 왜란 이후 전투에서 이긴 공이 이보다 더한 것이 없습니다. 억기를 특별히 논상(論賞)하소서.

계본을 받들고 온 이흥상(李興祥, 1571-1592, 온성부사, 마천령의 해정창에서 전사,

청해이씨, 이지란 6대손)은 멀리서 행재소에 도달하였고 또 군공(軍功)이 있으니 6품에 상당하는 관직을 제수하고, 진무(鎭撫) 이근석(李根碩, 전주이씨)에게도 상당한 관직을 제수하소서. 계본 중에 기록되어 있는 군공에 대해서는 해사(該司)가 마련하게 하는 것이 어떻겠습니까?"라고 하니, 상이 따랐다.
이어서 억기 등이 노획한 회갑(盔甲) 따위의 물건을 중국 장수에게 가져다가 보여주었다.

선조수정실록, 선조 25년(1592) 8월 1일: "이순신(李舜臣) 등이 부산(釜山)에 주둔한 적을 공격하였으나 이기지 못하였다. 왜병이 해상의 전투에서 여러 번 패하자 부산·동래(東萊)에 모여 웅거하면서 전함을 벌여놓고 항구를 지켰다. 순신이 원균과 함께 수군을 총동원하여 진격하였으나 적이 군사를 거두고 전투에 응하지 않고 높은 곳에 올라가 총을 쏘므로 수군이 육지로 오르지 못하고 빈 배 4백여 척만 태워버리고 퇴각하였다. 이때 녹도만호 정운(鄭運)이 앞장서서 힘을 다하여 싸우다가 탄환에 맞아 전사하였는데 순신이 애통해 하였다."

선조 25년(1592) 8월 24일 신해: "비변사가 아뢰기를, '경상수사(慶尙水使) 원균(元均)의 승첩을 알리는 계본(啓本)은 바로 얼마 전 이순신(李舜臣)이 한산도(閑山島) 등에서 승리한 것과 한때의 일입니다. 싸움에 임해서는 수종(首從)이 있고 공에는 대소가 있는 것이어서 그사이에 차등이 있기 마련입니다. 그러나 이곳에서는 확실히 알기가 어려운 일입니다. 적을 벤 것으로써 대략을 논하면, 힘을 다하여 혈전했음에는 의심이 없습니다.
다시 1등에 참여한 이는 마땅히 별도로 포상을 하여야 할 듯합니다. 첨사(僉使) 김승룡(金勝龍, 경주김씨, 선조 9년 중시 병과, 병마절도사), 현령(縣令) 기효근(奇孝謹, 남해현령, 원균 휘하, 선봉장, 정유재란 때 사직하고 귀향 중 적병 만나자 어머니와 함께 바다에 투신, 선무 3등공신)은 특별히 당상(堂上)에 올리고,
현감(縣監) 김준계(金遵階, 희천 김씨, 전주인, 선조 16년 무과)는 3품으로 승서(陞敍)하고,
주부(主簿) 원전(元㙉, 원균의 아우, 고성현령)은 5품으로 승서하고,
우치적(禹致績, 영등포만호, 원균 휘하, 통제사, 병마절도사, 1592년 5월 초에 전라좌수사 이순신(李舜臣)과 경상우수사 원균이 함대를 이끌고 합동작전을 하자, 옥포만호 이운룡(李雲龍)과 함께 선봉에서 연합함대를 인도하였다. 옥포·적진포·합포해전 때는, 맨 먼저 왜장이 탄 적선에 뛰어 올라가 적을 죽이고 그 배를 빼앗았다. 그 뒤 많은 해전에서

원균의 돌격전법의 선봉장으로서 언제나 적선에 올라 많은 적을 죽이고, 적에게 잡혀 있던 우리 백성들을 구해내었다. 1596년에 순천부사가 되었으며, 1598년에 노량해전(露梁海戰)에서 왜군을 무찌르는 데 매우 공이 컸다.) 등 4인은 6품으로 승서하고,
이효가(李孝可, 전의이씨, 서울 사람, 이듬해 감목관, 훈련원정, 원종공신 2등자) 등 13인은 공에 맞는 관직을 제수하소서.
만호(萬戶) 한백록(韓百祿, 청주한씨, 춘천 출신, 지세포만호, 부산첨사, 미조항에서 전사, 충장공)은 전후 공이 가장 많은데 탄환을 맞은 뒤에도 나아가 싸우다가 싸움이 끝나고 오래지 아니하여 끝내 죽음에 이르렀습니다. 극히 슬프고 애처로운 일이니, 또한 당상(堂上)으로 추증하소서.
배지인(陪持人, 장계를 가지고 올라온 사람) 박치공(朴致恭, 우수사 원균의 군관, 난중일기, 1593년 8월 7일에 거짓말 잘하는 부정적인 인물로 나온다. 원균 수사의 측근)은 3급(級)을 베고 왜적 한 명을 사로잡았으니 6품으로 승서함이 어떠하겠습니까?"라고 하니,
답하기를, "이에 따라 조처해야 한다. 그런데 원균에게는 가자(加資)하지 않는가?"라고 물었다.
회계(回啓)하기를, "원균은 이미 높은 가자를 받았고, 지금 이 전첩(戰捷)의 공은 이순신이 으뜸이므로 원균에게는 가자할 필요가 없을 듯합니다."라고 하였다.

해설: 여기에서 거론한 것은 모두 원균의 〈장계〉에 따라 한산해전에서 활약한 부하들에게 포상한 내용이다.

선조 25년(1592) 9월 1일: "정원에 전교하였다. 원균(元均)과 이억기(李億祺)는 이순신(李舜臣)과 공이 같은 사람들이다. 품계를 높여주고 글을 내려 아름다움을 포장하라."

해설: 1592년 8월 24일에는 한산대첩의 공로를 이순신에게 돌렸으나, 그 사이에 조정의 평가에 변화가 일어났다. 원균과 이억기도 이순신과 공이 다르지 않다고 평하고, 그들의 자급을 높이고 치하하였다.

선조 26년(1953) 5월 21일: "비변사가 아뢰었다. 원균(元均)의 계본을 가지고 온 도사(都事) 원전(元㙉)을 불러 물으니, 적선의 원수(元數)가 거의 1만여 척에 이르고 웅천(熊川)에 머무르고 있는 적들은 채소를 심고 꽃을 가꾸면서 스스로 오래 머물 계획이

라고 한다 하며,

도망쳐 나온 여자의 공초(供招)에는, 그들의 처자 및 원병(援兵)과 군기를 수송하다가 호남을 침범한 뒤에야 회군(回軍)할 것이라고 했다 합니다.

창원(昌原)에 주둔하고 있는 왜적은 보리와 밀을 경작하여 이미 제초(除草)를 마쳤고 3월 그믐에는 모두 자기들이 수확한다고 합니다.

김해(金海)에는 촌민들이 모두 왜적에게 부역하여 영남의 크고 작은 도로에 모두 향도가 되어 있고, 향리(鄕吏)인 김변호(金變虎)와 서자(書者)인 배인(裵仁) 등은 왜적의 장수가 되어 매번 분탕질할 때마다 반드시 앞잡이가 되니, 적중에 머물러 있는 백성들은 이들의 소행을 보고는 모두 왜복(倭服)을 입고, 다시 도망쳐 나오려는 뜻이 없다고 합니다.

또 왜구가 연전에는 매번 나와서 약탈을 자행했었는데 지금은 소굴에만 들어앉아서 출입하지 않는다고 합니다.

우도(右道)의 문경(聞慶)·함창(咸昌)·상주(尙州)·김해(金海)·창원(昌原)·웅천(熊川)과 좌도(左道)의 선산(善山)·대구(大丘) 이하에도 모두 다 왜적이 주둔하고 있다고 합니다."

해설: 최전선의 상황이 끔찍하였다. 경상도 백성은 이미 일본화되었고, 전선은 고착되었다. 일본군이 전라를 침략할 의도가 감지되기도 하였다.

선조 26년(1953) 5월 28일: "대신들이 아뢰기를, '어제 윤근수가 아뢴 바, 1만 명의 병사가 한 달 동안 먹는 군량은, 5천 석을 넘지 않으니, 이조판서 이산보(李山甫), 호조판서 이성중(李誠中) 등과 본도(本道) 및 전라감사가 대구(大丘) 등지에 비축하도록 하라는 뜻으로 하서(下書)하심이 마땅합니다.

또 원균(元均)이 보내온 정예(精銳)한 무기들을 경략에게 보내는 일과 황제가 하사하신 은(銀) 3천 냥(兩)에 관하여는 서울에 있는 대신(大臣)들을 제독의 진영에 보내어 군졸들에게 나누어 지급하여 주고, 아울러 경략에게 민망하고 절박한 사정을 호소하는 일은 함께 시행하게 하소서.

유정(劉綎)·오유충(吳惟忠)·낙상지(駱尙志)는 대구부(大丘府)에 잠시 머무르면서 서로 협력하도록 하였으니, 우리나라 병마(兵馬)들은 기회를 보아 적을 추격하여 토벌하라는 뜻으로 수군과 육군의 장관들에게 비밀히 효유하시어 유정의 약속과 통제를 따르게 하는 것이 매우 마땅합니다.

다만 반드시 근거할 만한 경략의 명문이 있어야만 시행할 수 있으니, 이러한 뜻을 낱

날이 들어서 서성(徐渻)과 각처의 장관들에게 비밀히 효유하소서. 또 경략에게 번갈아 품명하여 스스로 조처하게 하심이 온당할 듯합니다.

또 해주(海州)는 한 모퉁이 궁벽한 곳에 있으니, 중국 장수가 회군하기 전까지 대가(大駕)가 그곳에 머무르는 것은 매우 불편합니다. 현재의 이곳은 형편상 오래 머무르기가 어렵고 황해도는 어느 곳이나 모두 탕패(蕩敗)되었는데, 물력(物力)이 약간이나마 모여진 곳은 오직 해주 한 곳뿐이기 때문에 이렇게 부득이한 계획을 세운 것입니다.

안악(安岳)은 직로(直路)와의 거리가 멀지 않아서 형편상 매우 편리하나 지탱할 만한 양식이 없습니다. 양식만 조처된다면 제일 편리하고 마땅할 것입니다.

이 뜻을 유영경(柳永慶)에게 자세히 하문하시고, 또 경략의 회자(回咨)를 기다려서 다시 의논하여 처리하게 하심이 마땅할 것입니다.'고 하니,

상이 이르기를, '모두 아뢴 대로 하라. 이 제독(李提督)이 있는 곳으로 은냥(銀兩)을 다 보냈는가? 여러 장관에게 나누어 주었는가? 은냥을 가지고 가는 사람에게 그 곡절을 자세히 이르라.'고 하였다."

선조수정실록, 선조 26년(1593) 6월 1일: "<u>왜적이 진주를 함락시켰다.</u> 김천일·최경회 등이 전사하였다. 당시 진주에서 급변을 보고하니, 이여송이 경성에서 열둔(列屯)의 제장(諸將)인 유정(劉綎)·오유충(吳惟忠)·낙상지(駱尙志) 등에게 전령하여 군사를 전진시켜 구원하게 하였으나, 제장은 적의 형세가 막강함을 두려워하여 감히 진격하지 못하였다. 적은 여러 둔병(屯兵)을 다 동원하여 30만이라 호칭하며 곧장 진주로 향했는데, 의령(宜寧) 등 여러 고을을 분탕하고 노략질하니 화염이 충천하였다. 권율은 이빈(李薲)과 함께 함양(咸陽)으로 물러가 주둔했다가 이어 남원(南原)으로 들어가고, 곽재우는 정진(鼎津)을 버리고 후퇴하였다.

이달 21일에 적병이 비로소 진성(晋城)을 범하면서 곁에 있는 고을에 군사를 나눠 배치하여 밖의 원조를 막는 한편 본성을 백 겹으로 에워싸고 주둔하니, 사면 수백 리가 그들 군사로 가득하였다. 홍계남 등이 높은 곳에 올라가 바라보니, 깃발이 하늘을 가리고 함성이 땅을 진동하였으며, 포위 속에 있는 진주성이 마치 큰 바다에 뜬 외로운 배와 같아서 두려워서 감히 진격하지 못하였다.

이달 22일에 적이 성을 공격하기 시작하였다. 성안에서 사격하여 1진(陣)을 물리쳤으나 초혼(初昏)에 다시 쳐들어와 한참 동안 크게 싸웠다. 밤새도록 전진 후퇴를 되풀이 하다가 5경(更)이 되어서야 그쳤다.

이에 앞서 성안에서는 성 남쪽에 있는 촉석루(矗石樓)는 강물과 잇닿아 있는 험절(險

絶)한 곳이니만큼 적이 필시 범하지 못할 것이고, 서쪽과 북쪽은 참호(塹壕)를 파서 물을 채웠으니, 동쪽 한 곳으로만 적의 공격을 받게 되리라 생각하였었다. 그런데 이때 와서 적은 참호의 물을 빼내고 흙으로 메워 큰길을 만들었는가 하면 곧장 성 밑을 파서 장대(墻臺)의 큰 돌을 운반해 갔다. 성 위에서 시석(矢石)이 어지럽게 떨어졌으나 적은 죽음을 무릅쓰고 모여들어 꼭 허문 뒤에야 그만두려 하였다.

그다음 날(23일) 세 차례 전투에서 세 번 모두 물리쳤으며, 그날 밤에는 네 차례 접전하여 모두 물리쳤다. 그다음 날(24일)도 그러하였는데, 탄환과 화살이 서로 빗발치듯 하여 성 안팎에 죽은 자의 수효를 헤아릴 수 없었다.

이튿날(25일)에는 적이 동문(東門) 밖에 토산옥(土山屋)을 짓고 그 위에서 성을 굽어보며 총탄을 발사하였다. 성안에서도 이미 마주 대하여 높은 언덕을 쌓았는데, 황진(黃進)이 직접 흙을 져 나르고 성안의 사녀(士女)들이 힘을 다해 쌓는 일을 도왔으므로 하룻밤에 끝마쳤다. 그리하여 드디어 마주 바라보고 현자총(玄字銃)을 쏘아 토옥(土屋)을 파괴하니 이에 적이 물러갔다.

그 이튿날(26일) 밤에는 밀고 당기며 크게 싸우다가 새벽이 되어서야 그쳤다. 그런데 적은 또 나무궤를 만들어 쇠가죽을 입힌 뒤 각자 짊어지기도 하고 이기도 하면서 탄환과 화살을 막으며 성을 무너뜨리려고 전력을 기울였다. 이에 성 위에서는 비오듯이 활을 쏘고 큰 돌을 연달아 굴러 내려서 격퇴시켰다. 그러자 적은 큰 나무 두 개를 동문 밖에 세우고 그 위에 판옥(板屋)을 만든 뒤 성안으로 화전(火箭)을 쏘아 보내니 성안의 초옥(草屋)에 일시에 불이 번졌는데, 황진이 또 마주 대하여 나무를 세우고 판자를 설치하여 총을 쏘니 적이 곧 중지하였다.

서예원(徐禮元)이 겁을 먹고 허둥거리며 제대로 일을 처리하지 못하자, 김천일(金千鎰)이 장윤(張潤)을 임시로 목사(牧使)에 임명하여 진정시켰다.

이때 큰비가 내려 활의 아교가 모두 풀리고 군사들은 먹고 잠잘 겨를도 없어 점점 피로의 기색이 짙어져 갔다. 이에 반해 적은 많은 군대로 교대하며 나왔기 때문에 병사들이 생기가 돌고 용맹스러워 지르는 함성이 우레와 같았다.

왜적이 성안에 글을 보내기를, '대국의 군사도 이미 투항하였는데, 너희 나라가 감히 항거하겠는가.' 하였는데, 성안에서 글로 답하기를, '우리나라는 죽음이 있을 뿐이다. 더구나 명나라 군사 30만이 지금 진격 중이니, 너희들은 섬멸되고 말 것이다.'라고 하니, 적이 아랫도리를 벗고 야유하기를, '중국 군사는 벌써 물러갔다.'라고 하였다.

김천일이 매양 높은 데 올라가 바라보면서 말하기를, '모방(某方)에 병기(兵氣)가 있으니, 명나라 군사가 곧 와서 구원할 것이다.'라고 하면, 군인들이 크게 기뻐하였으나,

조금 있다가는 조용해지곤 하였다. 김천일이 최경회 등에게 말하기를, '언제나 이 적을 물리치고 하란 진명(賀蘭進明, 당 숙종(唐肅宗) 때 하남절도사(河南節度使)로 임회(臨淮)에 주둔하고 있었는데, 이때 윤자기(尹子奇)가 회양(淮陽)을 포위하자 장순(張巡)이 구원을 청하였으나 하란 진명은 장순의 명성과 공적이 자기보다 높은 것을 질투하여 구원하지 않아 회양이 드디어 함락되었다. 《당서(唐書)》권5. 여기서는 구원하지 않는 장수들을 하란 진명으로 비유하였다.)의 살점을 씹을 것인가.'라고 하였다.

이날 밤에 또 밀고 당기며 크게 싸우다가 5경에 이르러서야 그쳤다. 적이 언덕 다섯을 동·서 두 문 위에 한꺼번에 쌓고 대나무를 엮어 책(柵)을 만든 뒤 비오듯 총을 쏘아대니, 성안에 죽는 자가 매우 많았다. 또 큰 궤를 만들어 그 속에 병사를 엄폐시키고 네 바퀴 달린 수레에 실은 다음, 적 수십 인이 철갑(鐵甲)을 입고 철순(鐵楯)으로 가리고서 수레를 밀어 성에 대고는 큰 철추(鐵錐)로 성을 팠다. 이종인(李宗仁)이 단독으로 활을 쏘니, 화살마다 철갑을 뚫어 적병이 많이 죽었다. 성 위에서 솜을 묶어 기름을 적신 다음 불을 붙여 던져 그 궤를 태우니 궤 속의 적들이 모두 섬멸되었다.

이날 밤 적이 다시 북문을 침범하자 이종인이 구원하러 그곳으로 달려가 힘껏 싸워 물리치고는 자기가 지키던 서성(西城)으로 돌아왔다. 그런데 이곳은 그동안 서예원이 대신 지키고 있었는데, 적이 몰래 와서 성을 뚫는 것도 눈치채지 못했으므로 성이 장차 무너지려 하였다. 적이 바야흐로 가까이 밀고 들어왔는데, 종인(宗仁)이 힘껏 싸워 물리치는 동시에 적장을 사살하니, 적은 시체를 끌고 물러갔다.

다음날(27일) 적이 또 동쪽과 북쪽의 성을 침범하여 크게 전투가 벌어졌는데, 종인이 다시 크게 싸워 물리쳤다. 황진(黃進)이 순행차 이곳에 이르렀다가 성 아래를 굽어보고 말하기를, '적의 시체가 참호에 가득하니 죽은 자가 거의 1천여 명은 되겠다.'고 하였다. 그런데 이때 적 한 명이 성 아래에 잠복해 있다가 위를 향해 철환(鐵丸)을 쏘았는데, 판순(板盾)을 뚫고 진의 이마에 맞아 즉사하였다.

황진은 용략(勇略)이 여러 장수 가운데 으뜸이라 성안에서 그를 의지하였었는데, 그가 죽자 성안이 흉흉해지며 두려워하였다. 이에 서예원이 그를 대신하여 무리를 이끌었는데, 그는 겁에 질린 나머지 혼이 빠져 갓을 벗은 채 말을 타고 울면서 돌아다녔다. 최경회(崔慶會)가 군정(軍情)을 경동(驚動)시켰다 하여 참하려고 하다가 그만두고는 장윤(張潤)에게 대신 맡겼다. 장윤은 명망이 황진 다음가는 인물이었는데, 그도 탄환에 맞아 죽겠되니 종인 혼자서 동서로 뛰어다니며 적을 응수하였다.

29일 동문의 성이 비로 인해 무너지자 적의 무리가 개미 떼처럼 기어올랐다. 종인이 친병(親兵)과 더불어 활과 화살은 놓아두고 칼과 창을 가지고 육박전을 벌여 죽인 적의 시체가 구릉(丘陵)처럼 쌓이니 적이 이에 물러갔다. 적이 창의사(倡義使)가 지키는 서쪽과 북쪽 성문은 병력이 미약하다는 것을 알고 이에 대군을 모아 힘을 다해 공격해 올가거니, 창의군(倡義軍)이 제대로 버텨내지 못하였다. 적이 드디어 성에 올라와 병기를 휘두르니, 성벽을 지키던 군사들이 흩어져 촉석루로 들어갔는데, 서예원은 먼저 달아나 숨어버렸다.

김천일이 최경회·고종후 등과 청당(廳堂)에 나란히 앉아서 말하기를, '여기를 우리들이 죽을 장소로 합시다.'라 하고는 술을 가져오게 하였는데, 술을 지니고 있던 자도 이미 달아난 뒤였다. 이에 불을 지르도록 명하고는 스스로 타 죽으려 하였는데 적이 바로 촉석루에 올라오자, 김천일이 그 아들 김상건(金象乾) 및 최경회·고종후·양산숙(梁山璹) 등과 함께 북쪽을 향하여 두 번 절하고 강에 몸을 던져 목숨을 끊었다. 이종인은 이곳저곳에서 싸우다가 남강(南江)에 이르렀는데, 양팔로 두 명의 적을 끼고는 크게 소리치기를, '김해부사 이종인이 여기에서 죽는다.'고 하며, 강에 몸을 던졌다. 진사(進士) 문홍헌(文弘獻), 정자(正字) 오차(吳𤥛), 참봉(參奉) 고경형(高敬兄) 등이 모두 따라 죽었다. 성이 일단 함락되자 적이 대대적으로 도륙을 자행하였다. 서예원 및 판관(判官) 성여해(成汝楷)도 죽음을 면하지 못하였으며, 여러 장령(將領)들도 다 죽었다. 김준민(金俊民)은 단독으로 말을 달리며 거리에서 싸웠는데, 좌우로 돌격할 때마다 적의 무리가 물 갈라지듯 흩어졌다. 왜적이 종일 그를 추축(追逐)하였으나 탄환과 칼이 모두 명중되지 않았는데, 끝내 그가 어디에서 죽었는지 알지 못했다. 성안의 사녀(士女)들도 앞을 다퉈 강에 이르러 투신자살하여 흐르는 시체가 강을 메웠다. 대략 죽은 자가 6, 7만이나 되었는데, 장사(壯士)로서 벗어난 자는 수삼 인에 불과했다.

적이 성곽을 헐고 가옥을 불태워서 성이 온통 폐허가 되었다. 성이 포위를 당한 9일 동안은 주야로 벌인 크고 작은 전투가 1백여 차례나 되었으며, 적의 죽은 자도 상당하였다. 그러나 중과부적인 데다가 외부에서 원조가 이르지 않아서 여러 장수가 힘이 다하여 죽었다. 왜변(倭變)이 일어난 이래 참혹하게 무너지고 의열(義烈)이 장엄하게 드러난 것으로 진주성 같은 예가 없었다.

유격(遊擊) 오종도(吳宗道)가 경성에서 변을 듣고 달려 내려가다가 죽산(竹山)에 이르러 풍우(風雨)의 이변을 만나고는 접반관(接伴官)에게 말하기를, '진성이 포위를 당한 지 지금 8일째인데, 오늘과 내일 사이에 함락되지 않으면 적이 반드시 물러갈 것이다.'라고 하였는데, 과연 그날 함락이 되었다. …

<u>그 뒤에 (고니시 유키나가와 같은 왜적이) 이간질을 하여 이순신(李舜臣)을 떠나게 만들고 원균(元均)을 패하게 만든 것도 모두 깊은 기모(機謀)에서 나온 것이다.</u> 대저 진

주성은 이미 누차 승전하여 홀로 온전하게 지켜 냈고 곡식 10만 석을 비축하여 일면의 보장지(保障地)가 되었으니, 반드시 지키고 떠나지 않을 것을 행장은 본래 익히 알고 있었다.

옛날 용병(用兵)을 잘하는 자는 장차 취하려 할 때 먼저 주는 경우도 있었다. 그런데 이 성을 지키지 못할 가능성에 대해 어찌 김명원(金命元) 등이 능히 판단할 수 있었겠는가. 더구나 조정에서 문법(文法)을 가지고 장수들을 휘어잡아 항시 동서로 진퇴하는 일에 대한 통제가 중앙에서 나옴에 있어서랴. 김명원 등이 만일 행장의 말에 따라 진주성을 버리게 했더라면 필시 군법에 의해 죄를 얻을 것인데, 김명원이 어찌 감히 스스로 독단할 수 있었겠는가. 이것이 곽재우(郭再祐)의 의논이 받아들여질 수 없었던 이유이다. 진주의 패망된 상황은 여러 장상(將相)들이 조사하여 갖추 주문하였고, 또 기록한 자가 많아 사실을 참험(參驗)하여 대략 여기에 적는 바이다.]"

선조 26년(1593) 5월 30일: "비변사가 아뢰기를, '경상우수사(慶尙右水使) 원균(元均)의 장계를 보건대, 수령(守令)들이 수사(水使)는 그들을 통제할 수 있는 관리가 아니라고 하여 수사가 하는 모든 군령을 전혀 듣지 않는다고 합니다. 현재 기강이 해이되어 장수된 자가 마음대로 수족을 놀릴 수 없게 되었으니, 우선 그의 장계대로 통훈(通訓) 이하의 수령을 그 죄의 경중에 따라 치죄(治罪)하게 하소서.'라고 하니, 상이 따랐다."

선조 26년(1593) 6월 3일: "경상우도수사 원균(元均)이 치계하였다. '신은 지금 호남의 주사(舟師)와 더불어 이미 바다로 나왔습니다. 웅천·창원의 왜적은 아직도 여전히 웅거하여 있고, 웅포의 왜적은 차츰 늘어나서 전보다 배나 성한데 험지를 점거하여 나오지 않고 있습니다.

김해·양산 두 강에 정박한 적들은 서로 번갈아 출입하면서 순치(脣齒)처럼 서로 의지하여 부산 통로를 장악하고 있습니다.

이 적의 소굴을 내버려 둔 채 그대로 부산으로 들어가면 앞뒤의 적이 안팎으로 협공할 것이니 실로 위험한 일입니다. 지금의 계책으로서는 육군으로써 직접 웅천의 적을 쳐서 해양 가운데로 몰아내면 주사가 서로 통할 수 있으니 이때 먼저 웅포를 공격하고 차차로 김해·양산을 공격하여 이리저리 적을 섬멸하여 부산 길을 통하게 하는 것이 가장 좋으나, 이미 육군이 없으니 달리 섬멸할 계책이 없어 명나라 구원병이 오기만을 고대합니다.

그러나 명나라 장수는 우리 주사가 먼저 부산의 적선(賊船)을 불사른 후에 뒤에서 재빨리 공격하겠다고 하였습니다. 이 사이에 처사하기가 실로 낭패스럽습니다. 대체로 주사가 지난봄부터 수개월 동안 일제히 해상에 주둔하면서 백방으로 진퇴하였으나 영영 꾀어낼 형세가 없었으니, 이미 경험해본 것입니다. 신의 얕은 계책으로는 육군이 급히 진격하게 하여 수륙 합공을 기해야 한다고 생각합니다.'"

해설: 원균은 선조 26년 6월부터도 수륙 양면작전을 구사해 웅천과 창원 등에 주둔하고 있는 일본군을 소탕하자고 주장했다. 이것이 원균의 지론이었다. 그러나 조선의 육군은 전투력이 약했고, 중국군은 우리 수군에게 먼저 부산포를 요격하라고 주문했다. 우리 군은 남해의 섬을 거의 모두 포기한 상태였으므로 부산까지 왕래할 때 마음 편히 오갈 수도 없는 상황이었다. 그 섬들은 이미 일본의 요새로 바뀌어 있었다.

선조 26년(1593) 7월 15일: "경상우도수사(慶尙右道水使) 원균(元均)이 치계(馳啓)하였다. '왜선(倭船) 6백여 척이 바다를 뒤덮고 오는데 뒤따라오는 선척(船隻)도 끊이지 않고 있습니다. 이들은 바로 호남(湖南)을 침범할 계획인데, 삼도(三道)의 판옥선(板屋船)은 1백 20여 척만이 있을 뿐이고, 본도(本道)는 분탕질을 당하여 군량이 이미 다했으므로 허다한 사졸(士卒)들이 기곤(飢困)이 심하여 계속 죽어가고 있어 배를 부릴 방책이 없으니 매우 우려됩니다.'"

해설: 아군의 판옥선은 3도를 합쳐 120척으로 늘어났다. 그러나 적선은 총 600척으로 수적 우세를 과시하였다. 아군은 식량도 부족했는데, 이미 진주성이 무너진 바람에 식량 조달이 큰 문제로 부상했다.

선조 26년(1593) 7월 15일: "원균이 또 치계하였다. '신이 이순신(李舜臣)과 서로 약속(約束)하고서 한산도(閑山島) 등지에 진(陣)을 치고 있습니다. 그러나 흉적이 진주를 함락한 뒤로 전라도 연해(沿海)에 사는 백성들이 적이 전라도 지경에 이르기도 전에 먼저 소동을 일으켜 관사(官舍)를 태우기도 하고 혹은 창고의 곡식을 노략질하기도 하는데, 도처가 다 그러합니다.'"

해설: 경상도 남부지방의 거점인 진주성이 함락되자 백성들의 이반이 심하였다.

선조수정실록, 선조 26년(1593) 8월 1일: "이순신(李舜臣)을 삼도수군통제사(三道水軍統

制使)에 겸임하게 하고 본직(本職, 전라좌수사)은 그대로 두었다. 조정이 의논하기를, 삼도의 수사(水使)가 서로 통섭(統攝)할 수 없는 처지이므로 특별히 통제사를 두어 주관하도록 하였다. 원균(元均)은 선배로서 그의 밑에 있게 됨을 부끄럽게 여겨 틈이 벌어지기 시작했다.

이순신이 육지는 군수물자에 고달프다는 점을 들어 체부(體府, 체찰부)에 청하기를, '일개 면의 해포(海浦)라도 부여해 주면 양식과 기계를 자족시킬 수 있게 하겠습니다.'라고 하였다. 이때 와서 소금을 구워 판매하여 곡식 몇만 석을 비축하였으며, 영사(營舍)와 기구(器具)가 완비되었다. 백성을 모집하여 완취(完聚)시키니, 하나의 거진(巨鎭)이 되었다."

선조 26년(1593) 10월 22일: "상이 편전(便殿)에 나아가 대신들에게 이르기를, '왜적들이 이처럼 주둔하고 있으니 어떻게 해야 하겠는가?'하니,

풍원부원군(豊原府院君) 유성룡(柳成龍)이 아뢰기를, '왜적이 강화(講和)를 핑계로 변방 고을에 주둔해 있으면서 여전히 약탈하고 있으니, 우리나라가 진실로 그들의 술책에 빠진 것입니다.

김준민(金俊民)이 거제(巨濟)를 떠난 뒤부터는 왜적이 거제의 옥포(玉浦)·영등포(永登浦)·지세포(知世浦) 등의 섬을 나누어 점거하고 있는데, 병선 만들 목재가 이 섬들에만 있습니다. (1592년 왜란 초기에 김준민은 출륙하였다가 이때까지 돌아오지 않았다는 뜻) 만일 적군이 쉬면서 선척(船隻)을 많이 만들게 된다면 우리도 주사(舟師)가 있기는 하지만 사세가 막아내기 어려울 것입니다.

더구나 수사(水使)들은 무재나 지략이 서로 비등하고 호령이 한결같지 못합니다. 원균(元均)의 군사 6백여 명과 이순신의 군사 1천여 명이 오랫동안 바다 위에 머무르고 있습니다.

해설: 해상에 머무는 아군의 세력이 매우 약하였다. 물론 전체 군사력이 아니었을 테지만 그 규모가 영세하였다. 그런데 지난 일 년 사이에 원균의 경상우수영은 병력이 많아져 통제사 이순신의 60%까지 확대되었다.

그런데다가 또 매우 굶주리고 있으니, 하루아침에 무너진다면 적군이 바다와 육지로 한꺼번에 몰려올 염려가 없지 않습니다. 백방으로 생각해 보아도 달리 방어할 계책이 없습니다.

반드시 중국군과 합세해야 하는데 군량이 모자라니 매우 민망하고 염려됩니다. 여기(조정)의 경비(經費)로 한 해를 지탱하여 쓸 만한 수량을 정하여 10만~20만 석쯤 요량해서 남겨두고 그 나머지는 모두 그곳으로 실어다가 군량에 보충한다면 일이 제대로 될 수 있을 것입니다.

군사를 조발하는 등의 일에는 각 고을이 오로지 하리(下吏)들에게만 맡기고 있어 강장한 자는 뇌물을 주어 면하고 쇠약한 자만 뽑힙니다. 이번에는 노약(老弱)은 제외하고 정예(精銳)만 뽑아 3등급으로 나누어 부책(簿冊)을 만들고, 그 임시에 조발하여 압령(押領)하고 가서 교부(交付)하게 한다면 일시에 이르게 되어 전처럼 혼잡해지는 폐단이 없을 것입니다.'라고 하였다.

상이 묻기를, '왜적의 실정이 어떠한가?'라고 하니,

유성룡이 아뢰기를, '가등청정(加藤淸正)과 소서행장(小西行長)의 뜻이 어찌 참으로 중국을 침범하려는 것이겠습니까. 그들의 소망은 조공(朝貢)의 길을 통하려는 것에 지나지 않을 것입니다.

또한 홍인상(洪麟祥)의 장계를 보건대 중국 조정에서 우리나라에 있는 적세를 모르고 단지 군사 5천 명만 머물게 하고 모두 철수하려 한다고 하였습니다.

만일 왜적이 새 군사를 다시 조발하여 내년 봄에 대거 출동하게 된다면 어떻게 방어하겠습니까. 모름지기 겨울 이전에 유 총병(劉總兵)과 합세하여 소탕해야 할 것입니다.'라고 하였다.

상이 이르기를, '유 총병은 단지 파수(把守)하라는 명만 받았으므로 비록 백 번 싸워 백 번 이길 형세라고 하더라도 송 경략(宋經略)의 명령이 없으면 반드시 진격하지 않을 것이다. 대저 여기의 사정을 반드시 중국 조정이 환히 알도록 해야 할 것인데, 송 경략이 진주(晉州)를 비웠으므로 왜적이 들어가 점거하였다.'고 석 상서(石尙書)에게 거짓 신보(申報)했고, 모든 주문(奏聞)도 번번이 막아 저지하고 있으니 그의 마음가짐과 행사가 매우 가슴 아프다. 대신(大臣)으로서 처사가 이러하니 천하의 일을 할 수가 없다. 그러나 주본(奏本)은 되도록 완곡(婉曲)하게 만들어 왜적이 물러가지 않은 것과 우리나라의 급급한 정세를 갖추어 자세하게 개진해야 한다. 또 좋은 말로 주선해 가는 것이 합당하다고 하니,

이조 판서 김응남(金應南)이 아뢰기를, '중국의 서울이 연경(燕京)이므로 우리나라는 곧 번리(藩籬)가 됩니다. 이번에 왜적이 중국을 업신여겨 번리를 무너뜨리고 있으니 마땅히 죄를 성토해야 하는데 도리어 조공(朝貢)의 봉상(封上)을 의논하고 있으니 이는 도적질을 가르치는 것입니다. 옛부터 제왕이 융적(戎狄)을 방어함에 있어서는 오는 자는

거절하지 않고 가는 자는 붙잡지 않았을 뿐이요, 왕(王)으로 봉하여 악한 짓을 더하게 한 일은 들어보지 못했습니다.'고 하고,

좌의정 윤두수(尹斗壽)는 아뢰기를, '한(漢)나라 때의 묵돌(冒頓)이나 당(唐)나라 때의 돌궐(突厥)이 극도로 날뛰었었지만 모두 천토(天討)를 가하지 않았습니다. 중국의 방법은 기미(羈縻)할 뿐이었습니다.'고 하니,

상이 이르기를, '경(윤두수)의 말은 잘못이다. 이래서 화의(和議)가 일어나게 된 것이다.'라고 하였다.

김응남이 아뢰기를, '신이 전에 제주목사(濟州牧使)로 있었기 때문에 대강 수로(水路)를 알고 있는데, 제주에서 중국 강남(江南)을 가려면 매우 멀지만 전라도에서 요동에 가기는 매우 가깝습니다. 만일 호남(湖南)으로 해서 바로 요동을 침범한다면 누가 막아낼 수 있겠습니까.'라고 하니,

상이 놀라면서 이르기를, '이 말이 사실인가? 서북(西北)을 경유하지 않고도 요동에 갈 수가 있는가?'라고 물었다.

유성룡이 아뢰기를, '반드시 먼저 우리나라를 얻어야 수로와 육로로 병진(竝進)할 수 있습니다.'라 하고,

도승지 심희수(沈喜壽)가 아뢰기를, '왜적들이 변방 고을에 주둔해 있으면 비록 촌보(寸步)를 움직이지 않더라도 우리나라는 저절로 잔파될 것입니다.'라고 하였다.

상이 이르기를, '한강(漢江) 이남에 왜적의 진지가 별이나 바둑돌처럼 벌려 있어 수미(首尾)가 서로 잇닿아 있기 때문에 한 군영을 범하면 금방 호응하는가 하면 높은 곳에는 으레 요새(要塞)를 만들었으니 지형을 잘 알았다고 하겠다.'라고 하니, …

상이 이르기를, '옛사람들은 반드시 먼저 엄하게 군율(軍律)을 밝혀 눈물을 흘리면서 참형(斬刑)한 경우도 있었다. 최영(崔瑩)이 장수가 되어서 군율에 관계된 죄는 조금도 용서하지 않았기 때문에 사졸들이 모두 사력을 다 바쳤다. 왜적은 굳이 말할 것이 못되지만 비록 소소한 죄라도 반드시 참형에 처하기 때문에 그 군사들이 죽기를 각오하고 적에게 달려나가는 것이다. 그렇게 하지 않는다면 누가 죽을 땅에 나아가 적세를 꺾으면서 힘써 싸우려 하겠는가.

우리나라는 군율이 엄격하지 못하였는데 사변이 생긴 뒤에는 더욱 해이해졌다. 군율을 범하여 응당 죽여야 할 사람들을 비변사가 하나도 법에 의해 논단하지 않았다. 이와 같은 짓을 그만두지 않는다면 비록 무장한 군사가 백만이 되고 군량이 10년을 지탱하게 된다 하더라도 또한 할 수 있는 일이 없을 것이다. 옛사람들도 사람 죽이기를 좋아해서가 아니라 죽이지 않으면 손상되는 바가 매우 많기 때문에 마지못해서 죽인 것

이다.

박홍(朴泓)은 경상수사(慶尙水使)로서 진(鎭)을 버리고 평양으로 왔는데도 죄를 주지 않았고, 봉강(封彊)을 맡은 신하는 마땅히 봉강에서 죽어야 하는 법인데 경상도의 수령들이 피신하여 북도(北道)로 들어온 사람이 있기도 하니, 진실로 경악스러웠다.

이번 진주(晉州) 싸움에는 적세가 호대하여 전과는 현저하게 달랐기 때문에 아군의 형세로는 막아내기 어려울 듯하였다. 그러나 장수는 마땅히 군세를 드날리며 자신이 해야 할 책임을 다했어야 하는데 끝내 한 사람도 달려가 구원한 자가 없었다.

그런데도 유사(有司)가 군율대로 하지 않았고 대간 역시 논집하지 않았으니 군율을 범한 장수가 어떻게 징계되겠는가. 당초 경상도에서 군율을 범한 장사(將士)들은 경중에 따라 죄를 다스렸어야 했다.'고 하니,

사간 이시언(李時彦)이 아뢰기를, '이는 모두 공도(公道)가 행해지지 않고 사정이 너무 성하여 그렇게 된 것입니다. 엄하게 군율을 밝히려면 반드시 위에서 한편으로 치우치는 마음을 제거하고 공도를 회복한 다음에야 백료(百僚)들이 힘쓸 바를 알게 될 것입니다.'고 하고,

유성룡은 아뢰기를, '군율은 반드시 부오(部伍)를 정하고 약속(約束)을 엄하게 하여 삼령 오신(三令五申)으로 정예롭게 훈련시킨 다음에야 호령이 행해질 것입니다. 우리나라는 태평한 시대가 오래여서 무장들이 용병에 유의하지 않았기 때문에 사졸들이 전진(戰陣)이 무슨 일을 하는 데인지도 모르는데, 창졸을 싸움에 나가게 했으니 이는 마치 양 떼를 내몬 것과 같습니다. 이빈(李薲)·권응수(權應銖) 등의 경우도 군사를 통솔할 방법을 몰랐기 때문에 마치 풀을 베듯이 사졸들을 죽였습니다. 이 때문에 군사들의 마음이 더욱 풀어지게 되었습니다.'라고 하였다. …

또 (상, 즉 선조는) 이르기를, '왜적을 방어하려면 화포(火砲)가 아니고서는 할 수가 없는데 화약을 조처하기가 어렵다. 중국에서는 바닷물을 달여서 만들어낸다고 했다. 앞서 정주(定州)에 있을 때 시험삼아 달여서 만들어내도록 하고 잘 만드는 사람은 당상(堂上)으로 올려 제수하도록 하여 방(榜)을 걸어 알렸지만 잘 만드는 사람이 없었다. 어떻게 하면 화약을 풍족하게 쓸 수 있겠는가?'라고 하니,

유성룡이 아뢰기를, '화약에 대한 일은 아주 용이합니다. 중국의 방법은 세 차례 말리고 다섯 차례 식히지만 우리나라는 네 차례 말리고 두 차례 식히는데, 쉬는 날이면 으레 나무를 베어 염초(焰硝)를 굽게 합니다. 이렇게 하면 화약이 저절로 많아질 것입니다. 강화(江華)에 목자(牧子)들이 많이 있지만 별로 맡아보는 일이 없으니, 감목관(監牧官)이 거느리고 굽게 하면 합당합니다.'라고 하고,

완성군(完城君) 이헌국(李憲國)은 아뢰기를, '중종조(中宗朝)에는 염초를 방납(防納)하였는데 값을 주고 모집하기도 했습니다. 지금은 국가의 저축이 고갈되었고 무역(貿易)하기도 매우 어려우니 도성 사람들에게 명하여 집집마다 굽게 함이 가합니다.

또 과거(科擧)에도 조총(鳥銃)으로 시취(試取)하는 것이 합당합니다.'라고 하였다(완성군 이헌국의 제안). 상이 이르기를, '나도 이미 생각해 보았다. 목전(木箭)은 긴요하지 않으니 대신 조총(鳥銃)으로 시험보이는 것이 어떻겠는가?'라고 물으니, 유성룡 등이 아뢰기를, '상의 분부가 지당하십니다.'라 하고,

심희수가 아뢰기를, '생원 진사의 초시(初試) 때 겸하여 무재(武才)도 시험보게 할 일을 두세 번이나 전교하셨기 때문에 비변사가 시험 삼아 시행하겠다는 뜻을 상달했습니다마는, 많은 사람이 모두들 합당하지 않게 여깁니다.'라고 하였다. 상이 이르기를, '이것이 무슨 말인가?'라고 하니,

윤두수가 아뢰기를, '생원 진사시에서 시취한 사람들은 모두 유약한 사람들이어서 무재를 익히게 한다면 이로 인해 본업(本業)을 폐하게 될까 염려됩니다.'라 하고,

이헌국이 아뢰기를, '우림위(羽林衛)는 우리나라의 정병(精兵)이어서 그 가운데 반드시 효용(驍勇)한 사람이 많을 것입니다. 지난해 서북(西北)으로 행행(行幸)하실 적에 이들이 싸움에 나아가기도 하고 호위(扈衛)하기도 했었는데 지금은 모두 흩어지고 없습니다. 명종조(明宗朝)에는 서얼과(庶孽科)가 있었으니 이를 따라 과거를 보여 서울에 집합시켰다가 위급할 때 쓰는 것이 합당하겠습니다.'라고 하였다.

상이 이르기를, '과인의 생각에도 서얼을 허통(許通)시키고 공사천(公私賤)을 양인(良人)이 되게 하면 상인(常人)들이 모두 무재를 익히게 될 것이고 생원 진사시에도 시험을 보이면 양반(兩班)도 모두 무재를 익힐 것으로 여겨진다. 풍신수길(豊臣秀吉)이 죽는다 하더라도 일본은 곧 우리나라와는 영원히 풀 수 없는 원수인데 이런 때 어떻게 다시 예전의 규정에 구애될 수 있겠는가.

듣건대 경상도의 풍속은 누구라도 아들 형제를 두었을 경우 한 아들이 글을 잘하면 마루에 앉히고 한 아들이 무예를 익히면 마당에 앉혀 마치 노예처럼 여긴다니, 국가에 오늘날과 같은 일이 있게 된 것은 경상도가 오도(誤導)한 소치이다. 옛적에 육상산(陸象山)은 자제들에게 무예를 익히게 했고 왕양명(王陽明)은 말타기와 활쏘기를 잘했다 한다. 우리나라는 책자(冊子)만 가지고 자제들을 교육하므로 문무(文武)를 나누어 두 갈래로 만들어 놓았으니 참으로 할 말이 없다.'고 하니,

이헌국이 아뢰기를, '어세겸(魚世謙)이나 정난종(鄭蘭宗)은 모두 한때의 명사(名士)였는데도 공무(公務)에서 물러 나오면 매양 모화관(慕華館)에서 말을 달렸었으니, 조종조의

인물들은 오늘날과는 같지 않았습니다.'라고 하였다. 상이 이르기를, '어찌 인물이 조종조와 달라서이겠는가. 습속이 다른 탓이다.'라 하고,

또 이르기를, '기사(騎射)할 때 과녁을 말의 배 밑에 설치하고 굽어보며 쏘는데, 적이 어찌 말의 배 밑에 숨겠는가. 이제 기사는 없애고 대신 추인(芻人)으로 시험하고 싶은데 어떻겠는가?' 하니, 공조판서 김명원(金命元)이 아뢰기를, '기사는 말달리기를 익히는 것 뿐이니 상의 분부대로 추인으로 시사(試射)하는 것이 또한 합당합니다.'라고 하였다. …
심충겸이 … 아뢰기를, '… 옛적에는 전쟁이 일어나면 반드시 둔전(屯田)을 하여 군량을 보충했었으니, 제갈양(諸葛亮)의 위빈(渭濱)과 조충국(趙充國)의 금성(金城)이 그러한 것입니다. 우리나라는 탕패한 나머지 군량을 조달할 길이 없으니 반드시 둔전을 만든 다음에야 조달할 수 있을 것입니다. 사방의 땅 중에 비옥(肥沃)하기가 재령(載寧)의 둔전만 같은 데가 없으니 병사(兵使) 조인득(趙仁得)에게 전달하여 조처하게 하는 것이 합당합니다. 또 듣건대 인천(仁川) 자연도(紫烟島)에 있는 목장에 말이 겨우 1백여 마리뿐이라고 하니 말을 한구석으로 몰아붙이고 둔전을 만들게 하는 것이 또한 합당하겠습니다.'라고 하니,

상이 이르기를, '둔전을 만들자는 뜻은 아름답지만은 우리나라는 중국과 다르다. 병사나 수사가 단지 수백 명의 잔약한 군사를 거느리고 있는데 무슨 군사를 가지고 둔전을 할 수 있겠는가.'라고 하였다.
… 상이 이르기를, '과인의 생각에는 목장 등의 땅을 백성을 모집하여 농사짓게 하여 절반은 지은 자가 먹게 하고 반은 관(官)에서 취한다면 군민(軍民)을 역사시키는 폐단이 없게 될 것이다.'라고 하였다. …"

선조실록 45권, 선조 26년(1593) 윤11월 14일: "… (명나라) 사신에게 바친 것으로, 적세(賊勢)에 관한 게첩(揭帖)은 다음과 같다. '조선국 배신(陪臣) 원임 의정부 영의정 정철(鄭澈), 영중추부사 심수경(沈守慶), 의정부 영의정 유성룡(柳成龍) 등은 진정서(陳情書)를 삼가 바칩니다. …
삼가 살피건대, 소방에서는 지난 신묘년(1591) 여름에 일본의 적추(賊酋)가 요승(妖僧) 현소(玄蘇)를 보내어 와서 변문(邊門)을 두들기고 투서(投書)하였는데, 그 말이 아주 도리에 어그러졌으며 소방을 협박하여 저들을 따르게 하려는 것이었습니다. 소방의 군신은 이를 절통하게 미워하고 근심하면서 반드시 적변(賊變)이 있을 것을 알고 곧 사신을 보내어 경사(京師)로 달려가 아뢰게 하였습니다.
또 순찰사(巡察使) 김수(金睟)를 경상도로, 이광(李洸)을 전라도로, 윤선각(尹先覺)을 충

청도로, 순변사(巡邊使) 신립(申砬)·이일(李鎰)을 경기·황해도로 보내어 군정(軍丁)을 점열(點閱)하고 군기(軍器)를 수조(修造)하며 성지(城地)를 선축(繕築)하게 하였습니다.
또 경상도는 전에도 적침을 받은 땅이므로 부산·동래·밀양·김해·다대포(多大浦)·창원·함안 등지의 성을 증축하고 참호도 깊이 팠습니다. 내지(內地)에 성이 없는 곳으로서, 이를테면 대구부(大丘府)·청도군(淸道郡)·성주목(星州牧)·삼가현(三嘉縣)·영천군(永川郡)·경산현(慶山縣)·하양현(河陽縣)·안동부(安東府)·상주목(尙州牧)같은 곳은 다 백성을 징발하여 성을 쌓았습니다.(침략에 대비해 상당한 준비를 하였다는 것인데 결과적으로 소용이 없었다.) …
임진년 3월에 부산첨사(富山僉使) 정발(鄭撥)이 비보(飛報)했는데, 대마 도추(對馬島酋) 평의지(平義智)의 배가 포구에 와 정박하여 첨사에게 투서한 속에 길을 빌린다는 따위의 말이 있었다 합니다. 소방에서는 이를 듣고 더욱 놀라고 분하여 그 글을 물리쳐 돌려보내고 변방에 신칙하여 이들을 변경에서 다 쫓아내게 하고 머물러 기다리는 것을 허가하지 않았더니, 평의지는 부산포의 섬 절영도(絶影島)로 돌아가 배를 대었다가 며칠 만에 앙심을 품고 떠났다가 그 후 4월 13일에 적이 이미 변경을 침범하였습니다. 부산이 함락되자 첨사 정발은 힘껏 싸우다가 죽었습니다. 이튿날에 동래도 함락되었는데, 부사(府使) 송상현(宋象賢), 교수(教授) 노개방(盧蓋邦), 양산군수(梁山郡守) 조영규(趙英珪) 이하 죽은 장관(將官)·군민(軍民)이 수만여 명입니다.
밀양부사(密陽府使) 박진(朴晉)이 군사를 거느리고 양산·밀양 사이에서 잇따라 싸웠으나 모두 패하고 밀양도 함락되었습니다. 그때 적봉(賊鋒)이 매우 날카로워 길을 곱잡아 나아가니, 인심은 놀라서 동요되고 열진(列鎭)은 미처 서로 구원하지도 못하였습니다.
순변사 이일이 상주성 밖에서 맞아 싸우려 하였으나, 미처 포진하기도 전에 적이 갑자기 이르러 조총(鳥銃)으로 사면에서 공격하니, 군사는 무너지고 이일은 겨우 몸만 피하였고 종사관(從事官) 홍문 교리(弘文校理) 윤섬(尹暹), 수찬(修撰) 박호(朴箎), 상주 판관 권길(權吉) 등은 다 죽었습니다.
상주 백성들이 곳곳에서 서로 모여 힘껏 싸우고 한 사람도 투항한 자가 없어 죽은 자가 더욱 많았고, 온 경내가 황폐화되었습니다.
이일이 흩어진 군졸을 거두어 조령(鳥嶺)으로 물러가 지키려 하였는데, 신립(申砬)이 순변사(巡邊使)로서 충주(忠州)에 있으면서 이일을 맞아 충주에서 함께 지켰습니다. 적이 정탐하여 방비가 없음을 알고 밤새 재를 넘어 곧바로 나아가 성을 에워쌌습니다. 신립이 나가 싸우다가 패하여 죽게 되자, 우리 군사는 적에게 밀려 모두 금탄(金灘)에 빠지니, 강물이 흐르지 못하였습니다. 충주는 경도(京都)의 상류에 있으니 충주를 이미 잃었으면 경성을 지킬 수가 없습니다.

이보다 앞서, 경도 사람들은 이일·신립이 다 중병(重兵)으로 험애(險隘)를 막고 있었기 때문에 날마다 승전의 소식을 기다렸는데 패하였다는 보고가 갑자기 이르렀습니다.

또 성안의 정장(精壯)도 먼저 신립·이일과 여러 장관(將官)들이 뽑아 데려갔고, 제도(諸道)의 원병도 미처 불러 모으지 못하였습니다.

이에 우리 임금은 사세가 이미 급박한 것을 알고 왕자(王子)와 재신(宰臣)들을 나누어 보내어 사방에서 불러 모으게 하고, 자신은 서쪽으로 옮겨가 상국(上國) 지방에 조금이라도 가까운 곳에서 정성을 바쳐 천자의 뜰에서 은혜를 빌어 회복을 꾀하려고 하였습니다. 이것이 비록 나라를 지키는 떳떳한 도리는 아닐지라도 또한 일을 헤아리는 권의(權宜)인데, 정말로 천자의 생성(生成)하는 은혜를 입어 오늘이 있을 수 있었던 것입니다. 이것이 적변이 생긴 이래의 대체적인 사정입니다.

지난해(1592) 6월에 우리 임금이 의주(義州)에 계시면서 날마다 군량이 모자라 군용(軍用)을 이어 가지 못할 것을 근심하여, 판중추부사 유성룡(柳成龍)을 차출하여 이조정랑(吏曹正郎) 신경진(辛慶晉), 제용감 정(濟用監正) 홍종록(洪宗祿) 등을 데리고 일로의 군량을 점열하게 하였습니다. 또 잇따라 상산군(商山君) 박충간(朴忠侃), 예조참판 성수익(成壽益), 동지중추부사 이노(李輅), 전성군(全城君) 이준(李準)을 보내어 각각 관령(管領)하는 역참(驛站)에서 마초(馬草)와 양식을 독촉하게 하였습니다.

올해(1593) 정월 8일, 대군(大軍)이 평양(平壤)을 회복하던 때는 호조판서 이성중(李誠中)을 전차(專差)하여 좌랑(佐郎) 김계현(金繼賢)·이자해(李自海)를 데리고 군사를 따라 같이 다니며 양식과 마초를 맡게 하고, 또 박충간을 재촉하여 여전히 전운(轉運)을 맡아 살피게 하였습니다.

또 분호조판서(分戶曹判書) 권징(權徵)을 차출하여 종사관(從事官) 황치경(黃致敬)·권회(權恢)와 중추부경력(中樞府經歷) 신암(申黯)을 데리고 강화(江華)·교동(喬桐)에 들어가 공사(公私)의 저축을 다 징발하여 군량(軍糧)에 보태게 하고, 이어서 충청도·전라도의 바닷길로 조운(漕運)하는 것을 감독하여 계속하여 개성(開城)으로 수송하게 하였습니다.

또 사간원 정언 황극중(黃克中)을 보내어 근만(勤慢)을 살피게 하고 대신(大臣) 의정부 우의정 유홍(兪泓)을 시켜 모든 사무를 총독(總督)하여 밤낮으로 재촉해서 시각을 늦추지 못하게 하였습니다.

(1593년) 4월 12일에 적이 도성을 떠나고 그날로 대군이 입성하였다가 5월에 대군이 적을 쫓아 남으로 내려갈 때 호조판서 이성중이 대군을 따라가 양식을 맡았는데, 뜻밖에도 7일에 이성중이 함창(咸昌)에서 병으로 죽었으므로 조도관(調度官) 홍문 정자

(弘文正字) 윤경립(尹敬立)이 잠시 그 임무를 맡아 국왕에게 치계(馳啓)하였기에 곧 본조참의(本曹參議) 정광적(鄭光績)을 보내어 대신하게 하였습니다.

또 이조판서 이산보(李山甫)와 조도사(調度使) 강첨(姜籤)을 충청도로, 검찰사(檢察使) 김찬(金瓚), 조도사 변이중(邊以中)·임발영(任發英) 등을 전라도로 나누어 보내어 군량을 찾아 모으게 하였습니다. 이어서 홍문관 교리 박홍로(朴弘老)를 보내어 두 도(道)를 재촉 독려하여 전수(轉輸)하게 하였습니다.

이 뒤의 절차는 경략(經略)의 비계(祕計)를 받들어 선후책(善後策)을 헤아려 공조참판 이노(李輅)와 공조좌랑(佐郞) 최흡(崔洽)을 빨리 보내어 설험(設險)하는 등의 일을 맡게 했습니다.

그 가운데에서도 군병을 조련하는 일은 이미 제도 도순찰사(諸道都巡察使) 권율(權慄)에게 맡겨 유 총병(劉總兵)의 관하에서 세 도(道)의 민정(民丁)·군장(軍壯)을 다 징발하여 영문(營門)에 나아가 지휘를 받게 하였습니다.

또 의정부 좌의정 윤두수(尹斗壽)를 보내어 제총(提總)케 하여 모두 감히 게을리하지 못하게 하였습니다.

다만 광해군(光海君)은 지난번 변이 일어난 이후로 산을 넘고 내를 건너면서 무로(霧露)를 무릅쓴 탓으로 혈기(血氣)를 상하여 오랫동안 낫지 않으므로 잠시 해주(海州)에 머물러 있으면서 의원을 찾아 약을 쓰지 않을 수 없었습니다. 이어서 성지(聖旨)가 있었다는 말을 듣고는 황공하고 감격하여 감히 앓는다고 말하지 못하고 이미 병을 무릅쓰고 도성에 왔으니 곧 남으로 내려갈 것입니다.

생각하건대, 소방이 미약하여 한번 미치광이 도둑에게 침범당하자 스스로 떨쳐 일어나지 못하고 왕사(王師)를 들판에서 노고하게 한 지도 이미 한 해가 넘었습니다. 번병(藩屛)의 임무를 다하지 못하여 성천자(聖天子)께 동쪽을 돌보는 근심을 크게 끼쳤으니, 죄를 피할 데가 없습니다.

그러나 소방은 이 적이 한 하늘 아래에서 같이 살 수 없는 원수로서 자손만대 반드시 갚아야 할 원한이 있습니다. 적이 이미 우리 사직(社稷)을 짓밟았고, 우리 구롱(丘隴)을 파헤쳤으며, 우리 백성을 도륙하였고, 우리 자녀를 잡아갔고, 우리 재곡(財穀)을 탕진케 하였으니, 나라 안의 혈기가 있는 사람이면 누구나 다 속을 썩이고 이를 갈며 적 앞에 나아가 죽으려 하는데, 더구나 천위(天威)에 힘입어 후환을 대비하려는 것이겠습니까.

이것이 어떤 큰일이고 어떤 기회인데, 또한 무슨 마음으로 우물쭈물 너그럽게 놓아두어서 스스로 망하는 지경으로 나아가 재조(再造)의 은혜를 저버리겠습니까. 그러나 하지 못하고 있는 것은 적이 아직 물러가지 않았기 때문일 뿐입니다. 적이 물러가지 않았으므로 힘쓸 겨를이 없고, 힘쓸 겨를이 없으므로 일이 미치지 못하는지라, 비록 국력을 쌓고 병정을 훈련하여 말년을 수습하려 해도 또한 스스로 떨치지 못하니, 이것이 바로 소방이 밤낮으로 답답해하는 바입니다.

이제 경상도에 적이 있는 곳으로는 울산(蔚山)의 서생포(西生浦)와 동래(東萊)·부산(釜山)과 양산(梁山)의 상용당(上龍堂)·하용당(下龍堂)과 김해(金海)·창원(昌原)이며, 바다 안은 가덕(加德)·천성(天城)과 거제(巨濟)와 거제의 영등포(永登浦)와 장문포(場門浦)입니다.(적의 근거지는 이와 같았다. 처음부터 남해의 섬을 지킬 수 없었던 것이 원통한 일이었다.)

소방의 맹장(猛將)·정병(精兵)이 전후(前後)로 힘껏 싸우다가 함안(咸安)·진주(晉州) 사이에서 죽은 자가 무려 수만여 명이며, 적의 수미(首尾)가 가도·우도에 걸쳐 수백 리에 뻗쳐 있으면서 번갈아 나와서 마구 약탈해 왔는데 다행히도 천병(天兵)이 대구(大丘)·경주(慶州)에 압림(壓臨)하여 있어, 울산의 적이 경주로 넘어오지 못하고 동래의 적이 대구로 넘어오지 못하고 있습니다.

서북(西北)에 있는 우리나라의 제장(諸將) 즉 이빈(李贇)·고언백(高彦伯)·홍계남(洪季男)·선거이(宣居怡) 등도 또한 범이 산에 있는 위엄을 빙자할 수 있어서 영잔(零殘)한 군졸을 거두어 의령(宜寧)·울산·경주 사이에서 나누어 막으면서 날마다 혈전(血戰)하고 있는데 형세는 이미 위축되었습니다.

또 거제의 적이 전라도의 지경을 침범하기 쉬우므로 세 도의 주사장(舟師將) 이순신(李舜臣)·원균(元均)·이억기(李億麒) 등을 시켜 수군 1만 여를 거느리고 한산도(閑山島)에서 서로 차단하여 서방으로 침범하는 길을 방비토록 하였습니다.(수군은 최대 1만 명이었다.)

이것은 소방이 오늘날 적에게 대비하고 있는 형세의 대략이며, 그밖에 징발한 군사는 모두 총병의 영문에 가서 훈련을 기다립니다. 군량이 나오는 곳으로 말하면, 다 전라도에 의뢰하여 장만하고 있는데, 온갖 계획을 세워 밤낮으로 독촉하여도 길이 험하고 먼데다가 사람의 힘이 쉽게 고갈되어 이따금 군량이 모자랍니다. 어찌 감히 일부러 게을리하겠습니까. 대저 이곳에서 협박당한 사람으로서 그 불안한 마음을 안정시킨다는 것은 더욱 오늘날의 급무(急務)이므로 조금도 소홀히 할 수 없습니다.

… 오직 이렇기 때문에 민심은 옛 나라를 생각하는 데에 간절하고 의사(義士)는 나라의 쇠망에 분격하여, 적이 서울을 함락한 뒤부터 강개하여 눈물을 흘리며 각자 불러 모아서 회복을 꾀하는 자가 여기저기에서 벌 떼처럼 일어난 것을 이루 기록할 수 없

는데, 이따금 힘껏 싸우고 굽히지 않아서 몸을 나라에 바쳐 절의(節義)가 뚜렷하게 드러난 자도 많이 있습니다.
이를테면, 창의사(倡義使) 김천일(金千鎰), 첨지중추부사 고경명(高敬命), 김해부사(金海府使) 백사림(白士霖), 거제현령 김준민(金浚民, 결국에는 진주에서 순절하였다는 뜻), 충청절도사 황진(黃進), 경상우도절도사 최경회(崔慶會), 원임좌랑(原任佐郞) 조헌(趙憲), 원주목사 김제갑(金悌甲), 회양부사 김연광(金鍊光), 진주목사 서예원(徐禮元), 판관 성수경(成守慶), 옥천군수 권희잉(權希仍), 의승장(義僧將) 영규(靈奎), 해미현감(海美縣監) 정명세(鄭名洗), 경상우도절도사 유업잉(柳業仍), 절도사 김시민(金時敏), 동래부사 송상현(宋象賢), 첨지중추부사 유극량(劉克良), 상운찰방(祥雲察訪) 남정소(南廷甦), 보령현감(保寧縣監) 이의정(李義精) 등이 외로운 성을 지키거나 적의 보루를 공격하다가 적의 칼날에 쓰러질지언정 차마 구차하게 살려고 하지 않았습니다.(순절한 장수들은 이와 같았다.)
… 서울 백성들은 적이 성안에 들어오고부터는 누구나 다 칼을 갈며 날마다 밖에서 구원하러 오는 군사를 기다려 안에서 호응할 것을 꾀하므로, 적이 끝내 그들에게 소용이 되지 않을 줄을 알고서는 정월 24일에 속임수를 써서 죄다 죽이니, 성안에 가득히 피가 흘렀습니다.
경상도·전라도·충청도·황해도·평안도의 백성으로 말하면, 안으로는 조도(調度)에 이바지하고, 밖으로는 정역(征役)에 종사하며, 역자석해(易子析骸, 남의 자식과 제 자식을 바꾸어 먹고 해골을 뽀개어 불 때서 밥을 지음)의 어려움을 갖춰 당하지 않은 자가 없었으나, 한번 영(令)이 내린 것을 듣고는 도로에서 허둥지둥 뛰며 남녀노소가 지고 신고 따라가면서 조금도 원망하지 않았으니, 민심의 소재를 알 수 있습니다. 나라를 일으키는 근본이 여기에 있지 않겠습니까. …'라고 하였다. …"

선조 26년(1593) 12월 30일: "비변사가 아뢰기를, '지금의 형세는 곳곳에 양곡이 고갈되었는데 병란은 풀리지 않고 있으니 백방으로 생각하여 보아도 구제할 계책이 없습니다. 지난번 전라수사(全羅水使) 이순신(李舜臣)이 해도(海島)에 둔전 설치하기를 청했는데 이는 매우 원대한 생각입니다.(둔전 문제는 선조도 관심을 가지고 신하들과 토론한 적이 있었다. 선조 26년 2월 22일) 가령 소득이 많지 않다고 하더라도 내지(內地)에서 운송해 가는 폐단을 감소시킬 수 있습니다.
경상도 진주(晉州)의 흥선도(興善島) 목장(牧場)은 토지가 비옥하여 기장이 잘 된다고 하는데 지금 수군과 제장(諸將)들이 한산도(閑山島)에 있으면서 그 앞을 막고 있으니 올해에 조처하여 목자와 유민들에게 명하여 김해(金海)·거제(巨濟) 등처에서 귀순해 와서 갈 데가 없는 사람들과 함께 그곳에 가서 살게 하고, 남해(南海)·곤양(昆陽)·진주 등지의 올해 관적(官糴) 가운데 있는 종자를 내어 주어 힘써 경작하게 한다면, 이를 수확하여 군량에 충족시킬 수 있을 뿐만이 아니라 거처를 잃은 백성들도 살아갈 수 있는 터전이 생기는 것입니다.

이제 원균(元均)의 군관(軍官)인 감찰(監察) 박치공(朴致恭)이 내려가니 이런 내용으로 원균과 관찰사 한효순(韓孝純)에게 하유하여 제때 맞추어 시행하게 하소서.

또 장내(場內)의 마필(馬匹)의 수효도 조사하여 계문하게 하고 그 가운데 건장한 말은 숫자를 헤아려 끌어다가 전사(戰士)들에게 쓰게 하고 그 나머지 암컷과 망아지는 남겨 두어 번식시키는 종마(種馬)로 쓰게 하는 것이 좋겠습니다. 이 의견도 상세히 헤아려 시행하게 하소서.'라고 하니, 상이 따랐다."

선조 27년(1594) 4월 23일: "정원에 전교하였다. '경상우수사 원균(元均)이 전후 누차에 걸쳐 병기(兵器)를 올렸는데 이번에 또 보내온 크고 작은 조총(鳥銃)이 70여 자루에 이르고 있으니 이것만 보아도 그의 전공(戰功)을 알 수 있어 매우 가상한 일이다. 그것을 가지고 올라온 원사웅(元士雄)에게 직을 제수하라.'"

해설: 원균은 누차에 걸쳐 병기를 수집하여 조정에 보냈고 이때는 무려 70정을 구해서 올려보냈다. 아들 원사웅이 가져갔는데 벼슬을 받았다.

선조 27년(1594) 6월 20일: "경상우도수사(慶尙右道水使) 원균(元均)에게 하유하기를, '거제현령(巨濟縣令) 김준민(金俊民)이 육지의 전장으로 달려가 거제 한 고을이 주재(主宰)가 없게 되자 적병이 그 틈을 타서 성에 들어갔는데 그곳 백성들이 항복하지 않고 향촌(鄕村)의 사람을 규합, 서로 단결하여 날마다 밤에 습격하고 혹은 매복하여 앞길을 차단하기도 하여 적이 마침내 성을 버리고 떠났다.

해설: 김준민은 거제현령으로, 거제를 버리고 육지로 가서 싸웠다. 거제도의 위기를 가져왔다. 이로 인하여 김준민을 원균이 비판하였다. 다행히 백성이 저항하여 거제 성이 지켜졌다.

그 당시 힘을 다해 싸운 군사가 아직도 상을 받는 반열에 들지 못했으니 참으로 마음

아프다. 공이 있는데도 논상(論賞)되지 못한 자가 있으면 생존자나 죽은 자를 막론하고 다 사실에 따라 치계(馳啓)하라.'하였다. 이에 원균이 하서(下書)에 따라 공이 있는데도 상을 받지 못한 자를 개좌(開坐)하여 아뢰었다.(원균의 노력으로 거제의 배성이 상을 받게 되었다.)

비변사가 아뢰기를, '각인(各人)의 군공(軍功)에 대해서 사목(事目)으로 논한다면 비록 준례가 없더라도 마땅히 특별히 은전(恩典)을 마련하여 해읍(海邑)의 잔민(殘民)이 충성을 바친 데 대한 권장을 해야 할 것 같습니다. 해당 조(曹, 관청)가 빨리 특례를 마련하여 시행하게 하소서.'라고 하였다."

선조 27년(1594) 8월 21일: "영의정 유성룡이 청대하자, 상이 서청(西廳)에서 인견했다. … 성룡이 아뢰기를, '신이 서성(徐渻)의 서신을 보았는데 서신의 내용은 다 진달할 수 없으나, 대개는 김응서와 고언백은 서로 싫어하고 박진(朴晉)과 김덕령(金德齡)도 화목치 못하다는 것입니다.'라고 하니,

상이 이르기를, '변장들이 매우 그르다. 전일에 저들이 스스로 말하기를, 이제부터는 손을 잡고 서로 좋게 지내고 다시는 전과 같이 서로 미워하지 않을 것이라고 하였는데 이제 또 이러하면 군상을 속인 죄를 면할 수 없을 것이다. 이러한 때는 호(胡)와 월(越)나라 사람이라도 한집처럼 여겨야 할 텐데 사사로운 혐의로 틈이 있으니 매우 무리하다.'라고 하였다. …

성룡이 아뢰기를, '지금 만약 강성한 수군을 설치하여 적의 후미를 제압하면 적의 형세가 자연 위축될 것인데 육지의 장수들이 수군 보기를 남의 일처럼 여기니 수군이 매우 허술하여져서 굶주림과 질병으로 사망해 거의 다 없어졌습니다. 어사(御史)가 육지의 군사를 뽑아들이게 해야 합니다.'라고 하니, …

성룡이 아뢰기를, ' … 요즘처럼 서북풍(西北風)이 높아질 때는 적들이 나오기가 어려우니 많은 의병(疑兵)과 병선(兵船)을 내보내어 거제도의 적을 침공하게 해서 장차 그들의 군량 보급로를 단절할 것처럼 하면 적이 반드시 두려워서 움직이지 못할 것(수군의 겨울 활동 전략)입니다.

그런데 수군이 약해서 계획을 시행할 수 없으므로 여러 차례 원수(元帥)에게 이문(移文)하였는데 원수의 말도 시행되지 않는다고 합니다. 조존성(명나라 장수)에게 명하여 급히 달려가서 여러 장수를 독려하고 육군을 많이 설치하여 의병으로 삼게 하고, 또한 김덕령이 군사를 거느리고 나가서 침공할 계획을 하게 하는 것이 마땅합니다.(조존성은 육군을 독촉하는 임무를 가졌다.) 적이 올해에는 움직이지 않을 것 같으나 명년

에는 크게 걱정됩니다.'라고 하였다. …

상이 최흥원(崔興源)에게 묻기를, (사신은 논한다. 마음가짐을 삼가고 몸가짐도 검소하여 조금은 덕망이 있으나 운치와 품격이 보통이고 강직하고 과감한 기상은 없었다.) '김응서를 원균(元均)과 서로 바꿀까? 박진과 바꿀까?'하니, (선조는 이 무렵 원균과 이순신을 분리하기로 결심하였다.)

홍원이 아뢰기를, '적과 대치해 있는데 장수를 바꿈은 온당치 않습니다. 부득이한 일이 아니면 그대로 맡기는 것도 무방합니다.'라고 하고,

김수(金睟)가 아뢰기를, '박진이 병이 중하다 하니 속히 체직시키고 김응서로 대신함이 무방합니다.'라고 하였다. …

상이 이르기를, '이순신(李舜臣)이 혹시 일을 게으르게 하는 것이 아닌가?'라고 하니, 성룡이 아뢰기를, '만약 이순신이 아니었다면 이만큼 되기도 어려웠을 것입니다. 수·륙(水陸)의 모든 장수 중에 순신이 가장 우수합니다.'라고 하였다. …"

선조 27년(1594) 8월 23일: "비변사가 아뢰기를, '수군의 병력을 증원하기 위한 사항을 신들이 반복해서 생각해 보았지만 좋은 계책을 얻지 못했습니다. 그러나 그 안에는 행할 만한 계책도 있었습니다. 병란이 일어난 이래로 경상도의 백성이 다른 지방으로 유리(流離)한 자가 헤아릴 수 없이 많으며 적에게서 도망하여 돌아온 자도 전후에 걸쳐 수천 명으로 추산됩니다. 그러니 장수들에게 명하여 지성으로 보살펴서 적절히 처리하게 하여 남해(南海) 등지에 안주시켜 노약자는 농사를 짓게 하고 장정은 격군(格軍)으로 삼으면 그 수가 반드시 입번(入番)하는 수군보다 많을 것입니다. 도원수 및 수사 원균과 통제사 이순신에게 하서하소서.

이제부터 적중에서 나오는 사람과 유리하는 사람들을 모두 거두어들여 해변의 기름진 땅에 정착하여 농사짓게 하고 장정은 잡역을 면제하고 격군에 충원하면 흩어졌던 백성은 죽음을 면할 수 있고 수군은 고단하고 잔약한 데 이르지 않을 것입니다. 그러나 그 편부(便否)를 멀리서 알 수 없으니 원수가 정확하게 헤아려 속히 아뢰게 하소서.'라고 하니, 상이 따랐다."

해설: 수군의 병력이 부족하였다. 격군도 없고, 둔전에서 일할 인력도 불충분하였다. 비변사가 내놓은 방법은 경상도의 유이민을 이용하자는 것이었다.

선조 27년(1594) 9월 21일: 정원에 하교하기를, '바다와 육지의 여러 장수들이 여러

해 동안 방수(防戍)하며 적과 대치하느라 그 고생이 대단하다.(바다가 육지보다 먼저였다. 승전하기 때문이었다.) 그런데도 물품을 내려주어 내 뜻을 보이지 못했다. 지금 이계명이 내려갈 적에 이엄(耳掩)을 보내어 여러 장수들에게 나누어주고자 하는데 누구누구에게 주어야 할 것인지를 모르겠으니, 비변사에 문의하라.' 하니, 비변사가 회계하기를, '각처 육지와 바다의 여러 장수들이 여러 해 동안 노천에서 수고한 정상은 이루 형언할 수가 없습니다. 다만 편비(褊裨) 이하는 두루 지급할 수 없으니, 주사(舟師) 중에는 통제사 이순신(李舜臣), 경상우수사 원균(元均), 전라우수사 이억기(李億祺), 충청수사 이순신(李純信)이 각도의 주장(主將)이니 의당 나누어 지급해야 될 것이요,

육군의 경우는 도원수 권율(權慄), 순변사 이빈(李贇), 경상병사 고언백(高彦伯)·김응서(金應瑞), 방어사 권응수(權應銖), 경상좌수사 이수일(李守一, 경상좌수사도 그사이에 복구되었는데, 미미한 세력이었다. 이수일은 1592년 임진왜란이 일어나자 의병을 일으켜 분전했으나 예천·용궁에서 패전하였다. 다음 해(1593) 밀양부사로 승진, 이어 경상좌도수군절도사에 발탁되고 왜적을 격퇴한 공으로 가선대부에 올랐다. 훗날 형조판서까지 승진했다.), 전라병사 이시언(李時言)에게 함께 은사(恩賜)를 내리는 것이 합당할 듯합니다.

또 전직 수사 정걸(丁傑)은 80세의 나이로 나랏일에 힘을 바치려고 아직도 한산도(閑山島) 진중(陣中)에 머물러 있다고 들었습니다. 이 사람에게도 아울러 은사가 내려진다면 군사들의 마음이 필시 감동될 것입니다.'라고 하자,

전교하기를, '계사(啓辭)대로 장수 11인에게 각기 3령(令)을 주고 도원수(都元帥)는 4령을 주며, 또 조방장 김태허(金太虛)·홍계남(洪季男)·곽재우(郭再祐)·정희현(鄭希玄), 경주부윤 박의장(朴毅長)에게 각각 3령씩을 사급(賜給)하라.'하고,

이어 전교하기를, '체찰사가 있는 곳에도 이엄을 보내지 않을 수 없다. 그러니 지금 초피(貂皮) 4령을 내려주고 김덕령(金德齡)에게는 호피(狐皮)를 하사하고 입이엄(笠耳掩)도 아울러 보내라.' 하였다.

해설: 방한 용구의 지급 순위, 수량을 살펴보면 조정에서 어느 장수 어떤 부대를 중시하였는지 알 수 있다.

선조 27년(1594) 10월 8일: "경상우수사(慶尙右水師) 원균(元均)의 장계에, '9월 29일부터 10월 2일까지 장문포(場門浦)에 둔거(屯據)한 적세(賊勢)와 접전한 절차에 대해서

는 이미 치계하였습니다.(장문포전투의 1차 보고서는 이미 보냈다고 하였다.)
(10월) 2일 평명(平明, 해뜰 무렵)에 다시 장문포에 진격하였는데, 전보다 약간 많아 무려 백여 명이나 된 것이 필시 둔처(屯處)한 왜병을 청원(請援)한 것이었습니다. 세 곳의 높은 봉우리에 모여 있으면서 많은 깃대를 세워놓고 무수히 총을 쏘아댔는데, 우리 병사들이 강개(慷慨)하여 진퇴(進退)하면서 종일토록 접전하다가 어둠을 이용하여 조금 물러나 외질포(外叱浦)에 진을 쳤습니다.
(10월) 3일 진시(辰時)에 주사(舟師)를 동원하여 적진이 있는 장문포의 강어귀에 줄지어 세워놓고 먼저 선봉을 시켜 성(城)에 육박하여 도전하게 하니 적의 무리가 시석(矢石)을 피하여 성안에 숨기도 하고, 혹은 성밖에 땅을 파고서 몸을 숨기기도 하였는데, 그 수효를 알 수 없었습니다.
적이 총을 쏘고 대포도 쏘았는데 그 탄환의 크기가 주먹만 하였고 3백여 보(步)나 멀리 날아왔으며, 화력이 전일보다 갑절이나 더했고 설비(設備)는 매우 흉험(兇險)하였습니다. 적진 근처에 마초(馬草)가 무수히 쌓여 있었으므로 신은 정예병을 선발하여 수직(守直)하는 왜병을 쏘아 쫓고 불을 질렀는데 타는 불꽃이 밤새도록 하늘에 닿았습니다.
문제는 육병(陸兵)이 아니기 때문에 육지에 있는 적을 주사(舟師)로서는 다시 어떻게 끌어낼 방법이 없어 매우 통분스러웠습니다.(수륙병진 아니면 큰 효과 없다는 평소의 지론을 되풀이하였다.)
신(臣)은 다시 통제사(統制使) 이순신(李舜臣), 육병장(陸兵將) 곽재우(郭再祐), 충용장(忠勇將) 김덕령(金德齡)에게 상의하여 수륙(水陸)으로 합동 공격할 것을 계획하고, 길을 잘 아는 거제(巨濟) 출신 사수(射手) 15명을 뽑아 길잡이를 삼고 신이 거느린 각 선박에 육전(陸戰)을 할 만한 자로서 자원한 31명을 선발해서 곽재우의 지휘를 받도록 하는 일을 단단히 약속하였습니다.
(10월) 4일 묘시(卯時)에 여러 배로 적진에 돌진해 들어가면서 명화 비전(明火飛箭)을 쏘기도 하고 혹은 현·승자총통(玄勝字銃筒)을 쏘면서 도전하고, 정예선(精銳船)을 영등(永登)의 적 소굴에 나누어 보내 서로 들락날락하면서 이쪽저쪽을 공격할 기세를 보여 서로 지원하는 길을 끊도록 하였으나 그들은 성문을 굳게 닫고 나오지 않아 섬멸할 길이 없어 분함을 견딜 수 없었습니다.
육병장 등은 도원수(都元帥) 권율(權慄)에게 가서 직접 형세를 고하고 후일을 기약하기로 하고서 (10월) 7일에 돌아갔고, 신 및 주사(舟師)는 그대로 외질포에 진을 치고 있었습니다.

(10월) 5일 휴병(休兵)할 때 신이 거느린 사후선(伺候船)의 장수를 정하여 정심포관(廷深浦串)으로 보내 적병의 동태를 급히 보고하도록 하였는데, (10월) 6일 묘시(卯時)에 사후장(伺候將) 원사웅(元士雄, 원균의 아들)과 조준표(曺俊彪) 등이 돌아와 보고하기를, '사후선 4척이 편대를 지어 거제의 오비질포(吾非叱浦)에 도착하여 적선 2척을 만났는데 기를 잡고 돌진해 들어가니 왜적의 반은 이미 육지에 내렸고 배를 지키던 적병도 우리 배가 돌진해 오는 것을 보고 물속으로 뛰어들었다.
수문장(守門將) 김희진(金希進) 등과 있는 힘을 다해 집중사격을 가하자 맞아서 다친 왜병이 상당히 많았는데 배에서 내린 적병 30여 명이 총을 쏘면서 지원을 해와서 수급(首級)을 베어오지는 못하였습니다. 적선 2척과 기타 실려있던 잡물(雜物)은 모두 불태우고, 막풍석(莫風席)·물통·낫·도끼·노(櫓) 등은 싣고 왔다.'라고 하였습니다.
다시 타다 남은 적선을 가지고 와서 증거품으로 하라고 하였더니, 7일에 돌아와 고하기를 '오비질포에 도착하니 왜적 5~6명이 길을 잃고 바닷가에서 방황하고 있으므로 뭍에 내려 활을 쏘면서 추격하자 적의 무리가 산골짜기로 흩어져 도망을 쳤는데, 그 중에 한 명이 다급하게 되자 칼을 풀고 항복하기에 사로잡아 데리고 왔다.'라고 하였는데 타다 남은 2척의 적선도 끌고 왔습니다.(전리품도 착실히 수습하였다.)
그리고 신의 중위장(中衛將) 곤양군수(昆陽郡守) 이광악(李光岳)은 6일에 행군하여 왜적이 숨어 있는 해변에 복병하고 있으면서 출몰하는 것을 엿보아 재빠르게 배를 움직여 돌진해서 1명을 생포해 왔고,
선봉장 웅천현감(熊川縣監) 이운룡(李雲龍)은 적진에 달려들어 왜인이 쓴 작은 판(版)을 탈취해 왔는데, 판본(版本)은 통제사 이순신이 있는 곳으로 보냈고, 한산(閑山)으로 돌아가 진을 치고 정신을 가다듬어 사변에 대비하도록 지휘하였습니다.'라고 하였는데, 비변사에 계하하였다."

선조 27년(1594) 10월 10일: "요동 도지휘사사(遼東都指揮使司)가 왜정(倭情)에 관하여 보낸 자문(咨文)은 다음과 같다.
'… 조선 국왕(朝鮮國王)의 주문(奏文)은 다음과 같습니다. 만력(萬曆) 22년(1594) … 또 본월(1594년 9월) 15일 배신 경상우도 수군절도사(慶尙右道水軍節度使) 원균(元均)의 치계에는, '(1594년) 3월 5일 본도의 병선(兵船)을 점검하기 위하여 통제사(統制使) 이순신(李舜臣) 등을 대동하고 고성(固城) 지역에 이르러 정탐하던 중에 중국 병사 2명이 탄 작은 배가 있어서 급히 앞으로 오게 하였는데 배 안에는 본국(=조선)의 어린 사내아이가 한 명 있었다. 데려다가 물어보니 「나는 본도 상주(尙州)에 사는 정희순(丁

希順)인데 잡혀간 해와 달은 기억할 수 없으나 적에게 잡혀가 웅천현(熊川縣)의 둔(屯)에 있으면서 심부름을 하였다. 그런데 오늘 적병들이 본국의 병선을 바라보고 각기 두려워하는 마음을 품고 담 도사(譚都司)에게 금유(禁諭)하는 패문(牌文) 써주기를 간청하였는데, 나는 패문을 가진 관군(官軍)을 따라 실려왔다. 일전에 적병들이 하는 얘기를 들으니, 천사(天使)가 오면 우리는 모두 바다를 건너갈 것이지만 오지 않으면 병력을 크게 보강하여 수륙(水陸)으로 침략할 것이라고 했다.」 하였다.'라고 하였으며, …

또 본월(1594년 9월) 10일 배신 제도 도순찰사(諸道都巡察使) 권율(權慄)의 치계에는, '경상좌도병마절도사 고언백(高彦伯)과 우도병마절도사 박진(朴晉) 등이 「매복한 자와 망보는 자들의 보고에 따르면, 우도(右道)의 적들은 김해(金海)·거제(巨濟)·웅천(熊川) 등지에 여전히 나누어 주둔하고 있으며 약탈하는 일은 전에 비하여 드물다고 하였고, 웅천에 주둔하고 있는 적은 밀양부(密陽府) 삼랑성(三郞城) 위에 집을 지으면서 천장(天將)이 나올 때 어주(魚酒)와 미두(米豆)로 군사를 먹일 곳이라고 하였으며, 좌도(左道)의 적들은 경주(慶州)에서 패하여 돌아온 뒤로 역시 각기 맡은 요새만 지키고 있으면서 무리를 단속하여 움직이지 않고 있다고 했다.」는 내용의 비보를 하였다.'고 하였으며,

(1594년) 6월 7일 총병(總兵) 유정(劉綎)의 사후(伺候) 배신(陪臣) 김찬(金瓚)의 치계에는, '(1594년) 5월 23일 본부(本府)의 군영에 있으면서 해 도사(該都司) 담종인(譚宗仁)의 게보(揭報)를 들었는데, 본월(1594년 5월) 4일부터 7일까지 웅천현(熊川縣) 등지에 주둔하고 있는 적이 배를 바다에 띄워 먼저 50여 척, 뒤에 80여 척이 모두 어디론가 갔는데 행장(行長)의 무리는 별로 가감(加減)이 없었다고 하였다.'고 하였으며, …

또 본월(1594년 9월) 21일 배신(陪臣) 경상도 방어사 김응서의 치계에는, '해 언양현감(該彦陽縣監) 위득화(魏得和)가 「(1594년) 5월 28일 도망쳐온 군인 황필금(黃必金)이, 만력 21년(1593년) 2월 중에 적에게 잡혀가 일본국 무응구(無應仇) 지방에 보내졌다가 본년(1594년) 3월 중에 다시 낭고야(郞古耶) 지방으로 보내졌는데, 그곳에서 대상간(大上間)이라 부르는 대고사마(大告司馬)가 본도(本島)에 와 있으면서 모든 병무(兵務)를 전담하여 관리하였는데, 각추(各酋)가 평양(平壤)과 전라(全羅)에서 실패한 것을 깊이 부끄럽고 한스럽게 여겨 배를 모아 식량을 운반하고 강병(强兵)을 더 조발(調發)해서 본년(1594년) 7월 중으로 2기(起)로 나누어 1기는 제주(濟州)로부터 곧바로 전라도로 침범해가고, 1기는 경상도로부터 곧바로 경기도로 들어가 동서(東西)에서 분탕질하며 이내 합세하여 서쪽으로 침략한다는 말을 들었다고 공칭하였다.」는 내용으로 비보하였다.'고 하였으며, … 이상과 같은 내용을 갖추어 아룁니다. 이러한 내용으로 보아

신(臣)은 적병이 아직도 신의 영토 안에 있으며 모두가 위세(威勢)의 긴완(緊緩)에 관계된다고 생각되어 도리상 계속하여 치주(馳奏)합니다. …

지난해(1592년)에 적이 경상도를 경유하여 충청좌도를 거쳐 곧바로 신의 도성을 침범하였는데 그들이 경과한 연해로(沿海路) 수천 리가 쑥대밭이 되어 잡초만이 우거졌을 뿐입니다. 병화를 겪은 다른 곳도 모두 그러한데 <u>전라도 일대의 몇십 읍(邑)만은 겨우 분탕질과 약탈을 면하여 소방(小邦)의 경비(經費)와 군량을 모두 그곳에 의지하여 운영하고 있기 때문에 적들이 탐내는 곳도 바로 그곳입니다.</u> 이제 비록 그들이 움직이지 않고는 있지만 움직이기만 한다면 반드시 전라도와 충청우도를 침범해서 벼와 곡식을 유린하고 공사(公私)간에 비축해 놓은 것을 약탈하여 식량으로 삼고 서해(西海)의 배를 거두어 모아 수륙(水陸)으로 함께 진격해 올 것이니, 그렇다면 전라도와 충청도는 말할 것도 없고 황해도와 평안도까지도 차례로 와해될 것입니다. 이 점이 또한 오늘날의 위박(危迫)한 형세입니다. …"

선조 27년(1594) 10월 13일: "비변사가 회계하기를, '… 거제(巨濟)의 수륙(水陸) 형세를 헤아려볼 때, 적병이 현재 영등(永登)·장문(場門) 등에 둔거(屯據)하고 있으면서 <u>책루(柵壘)를 굳게 하고 해안에 임하여 수비를 하며 기계를 많이 설치해서 느긋한 자세로 지친 상대방을 기다리고 있으니, 공격하기가 쉽지 않았습니다.</u>

또 육군(陸軍)이 견내량(見乃梁)을 따라 건너려고 했다면, 적은 반드시 남쪽 해안에 복병을 설치하고 있다가 우리의 군사가 그 아래에 배를 대고 반쯤 내려 미처 진형(陣形)을 갖추지 못했을 때를 이용하여 적이 뒤에서 습격하였을 것입니다. 그렇게 되었다면 반드시 전체의 군대가 힘쓸 수 없는 문제가 있었을 것이니, 이는 매우 위험한 방법이었습니다.

다행히도 여러 장수가 안 될 것을 알고 진(陣)을 함께하여 중지하거나, 주사(舟師)와 같이 신고 함께 진격하였기 때문에 비록 승첩을 얻지는 못하였지만 패배에는 이르지 않은 것이니, 이는 불행 중 다행이었습니다.

해설: 수륙병진 작전은 성과를 내지 못했던 것인데, 실상은 실패에 가까웠다. 나중의 기사를 읽어보면 알 수 있다.

대체로 거제도는, 북변(北邊)의 영등·장문에 현재 적의 방비가 삼엄하니 육군으로 선공(先攻)하기는 불가합니다. 다만 주사(舟師)로 바다를 왕래하면서 공격할 형세를 취하여 적병이 만일 그들의 배를 구원하려고 놀라 바다로 나오게 되면 그때 접전을 할 수가 있겠지만 지금은 적병이 우리 군대가 올 줄을 먼저 알고 굳게 수비하고 나오지 않으니 그 형세가 어쩔 수 없습니다.

만일 육지로부터 공격하려면 견내량 등으로는 안 되고, 한산도(閑山島)를 경유해야 합니다. 사사(射士) 중에서 길을 잘 아는 사람을 가려 뽑아서, 적진의 사면 숲에다 분산하여 매복시켜 출몰하게 하여 적이 군사의 많고 적음을 모르게 하고, 밤에는 그들의 책막(柵幕)을 기습하기도 하고 낮에는 잠복하여 있다가 나무하는 왜병을 저격하기도 하면서 적이 오면 숨고 적이 가면 다시 모여 적이 소요를 일으켜 불안스럽게 한다면 열흘이 못 되어서 그들의 기세가 위축될 것입니다. 이같이 한 뒤에 주사가 때때로 돛을 올리고 위용을 떨치면서 공격하여 초멸하려는 태도를 취하면, 만에 하나 도망갈 수도 있을 것입니다.

무릇 병가(兵家)의 일이란 비교하자면 바둑을 두는 것과 같습니다. 바둑에는 선수(先手)와 후수(後手)가 있는데, 소위 '처음에 털끝만큼 틀린 것이 뒤에는 천 리나 어긋난다.'는 것으로 살피지 않을 수 없는 것입니다. 이번의 이 거사는 먼저 기일(期日)을 정하고 또 통문(通文)을 함으로써 적이 먼저 알고 예비를 하도록 하였으니 이것이 첫째로 불가한 이유이고,

처음에 거사 기일을 27일로 정하면서 주사(舟師)의 정돈 여부를 살피지 않아 결국 여러 번 거사 기일을 물렸으니 둘째로 불가한 것입니다.

또 거제의 적에 대하여 어떤 사람이 조금밖에 안 된다고 한 것을 다시 자세히 탐지해 보지도 않고 있다가 군사가 적군의 진영에 도착해서야 비로소 적군의 무리가 많다는 소식을 듣고 군대가 의구심을 가졌으며, 적선(賊船)을 이미 높은 곳에 끌어 올려 매놓은 것조차 모르는 등 염탐을 자세히 하지 못하여서 아군이 놀라 움직일 것은 의심할 여지가 없는 것이니 셋째로 불가한 것입니다. …

주사가 이미 공을 세우지 못하였고, 또 경상감사 홍이상(洪履祥)이 의거한 원균(元均)의 첩보(牒報) 내용으로 보면, 공을 세우지 못했을 뿐만 아니라 약세만 내보이고 업신여김을 당함이 너무 심하며, 육군과 수군을 겨우 어렵게 수합(收合)하여 한 가지 이익도 얻지 못하고 돌아옴으로써, 군사들의 마음이 모두 동요되었습니다.

이러한 때는 삼군(三軍)의 마음이 원수(元帥) 한 몸에 달려 있으니, 의당 원수 자신이 진정(鎭定)하고, 분부하고 약속하여 여러 장수에게 각기 본래의 위치로 돌아가 전처럼 진로를 차단하고 별도로 배치하여 후일을 도모하도록 해야 합니다. 도원수가 남원(南原)에 직접 오지 않아 원근의 군사들 마음에 의구심을 갖도록 해서도 안 되니, 이 또

한 적절한 일이 아닌 듯합니다. 급히 본진(本陣)으로 돌아가도록 하여 조금도 지체하지 말게 하고, 각 장수의 접전에 대한 보고가 서로 다른 것이 많은 것으로 보아 허위로 보고한 폐단도 없지 않을 것이니 다시 자세히 조사하여 급히 치계하도록 하소서. 거사한 뒤에 틈이 이미 생겼고, 소서비의 사신이 또 적진으로 돌아갔으니, 앞으로의 일이 매우 염려스럽습니다. 거제의 왜적이 필시 고성(固城) 등에서 노략질을 할 것이고, 그렇게 되면 웅천(熊川)이나 김해(金海)의 적도 반드시 동요할 것이니, 주사는 비록 한산도로 되돌아가더라도 별도로 경선(輕船)을 뽑아 해구(海口)에 복병을 설치하도록 하고, 의령(宜寧)의 육군도 나누어서 파수하여 십분 경계를 엄하게 하되, 잠시도 태만히 하여 일을 그르침이 없도록 해야 합니다.

육군의 수효를 상고(相考)해 보면, 별초 난군(別抄闌軍)이 1천 수백여 명, 군안(軍案)에 들어 있는 다른 군인이 8백여 명, 선거이(宣居易)가 거느린 포·살수(砲殺手)·아병(牙兵)이 1백 40여 명, 이일(李鎰)이 거느린 군사가 2백 10여 명등으로 모두 합하여 계산해도 2천 수백 명에 불과합니다."

해설: 조선의 육군은 군인이라고 일컬을 만한 것이 도무지 없었다. 수륙 양면 작전의 실패는 육군이 허약한 점에서 비롯되었다.

선조 27년(1594) 11월 5일: "오시에 상이 편전(便殿)에 나아가 영의정 유성룡(柳成龍), 행 판돈녕부사 정곤수(鄭崑壽), 좌찬성 최황(崔滉), 호조판서 김수(金睟), 형조판서 신점(申點), 행 판결사 윤선각(尹先覺), 병조판서 한효순(韓孝純), 호조참판 성영(成泳)을 인견하였다.
행 도승지 강신(姜紳), 지평 송순(宋諄), 헌납 강연(姜綖), 부수찬 정경세(鄭經世), 주서 이덕온(李德溫), 가주서 윤의립(尹義立), 검열 심열(沈悅)·김신국(金藎國)이 입시하였다.
상이 이르기를, '왜서(倭書, 일본에 관한 중국의 서한)에 대해 처치하는 일이 있어야 할 것이다.'라고 하니,
유성룡이 아뢰기를, '이 적은 그 형세가 쇠약해진 것은 아닙니다. 총병(總兵)이 이미 떠나서 일이 이루어지지 않았기 때문에 우리나라를 끌어 잡고 그 일을 완화시키려는 속셈인 것입니다. 올겨울이 지나면 적은 필시 재차 움직일 것입니다. 소서행장(小西行長)과 가등청정(加藤淸正)은 형세상 양립(兩立)할 수 없는 처지로 가등청정이 더욱 거세고 무례한데 관백(關白)이 만일 그에게 전임시켜 군사를 더 늘려서 나오게 된다면 명년의 일은 극히 우려스럽습니다. 우리나라의 경우는 그 화를 늦추어서 중국군이 오

기를 기다리고자 할 뿐입니다.'라고 하였다. …

유성룡이 아뢰기를, '우리나라는 단지 관백이 명년에 나온다는 말과 흉적(兇賊)이 정예병(精銳兵)을 길러 온 지 이미 오래이므로 지금 만일 쳐들어온다면 대국의 군사도 막기 어려울 것이라는 내용으로 상주해야 할 뿐입니다.'라고 하였다. …

상이 이르기를, '불가불 견제해야 하니, 비변사(備邊司)는 지휘하여 말을 잘 만들게 하라. 또 거제(巨濟)의 싸움에서 우리나라 병선(兵船)을 빼앗긴 일을 영상은 들었는가?' 하니,

유성룡이 아뢰기를, '신은 듣지 못하였습니다.'라고 하자,

상이 이르기를, '방소(防所)에 갔던 내관(內官)이 어제 들어왔는데, 그들이 작전 등의 일에 종시 동참하였다 하기에 그곳 사정을 물었더니 원균(元均)이 거느린 사도선(蛇渡船)이 소실 당한 것도 확실하다고 하였다.'라고 하였다.

해설: 이 배는 사도첨사 김완의 배로, 원균의 휘하가 아니라 전라좌수사 이순신의 소속이었다. 전라좌수영이 사상 최초로 판옥선을 적에게 강탈당하였다.

유성룡이 아뢰기를, '장령(將領)은 마땅히 그에 대한 벌을 받아야 할 것입니다.'라고 하니, 상이 이르기를, '숨기고 즉시 보고하지 않은 것은 너무도 잘못이다.'라고 하였다.

유성룡이 아뢰기를, '주사(舟師)를 가지고 뭍에 내린 왜군을 공격하기란 매우 어려운 일입니다.'라고 하니,

상이 이르기를, '이빈(李贇)이 거느린 군사는 겨우 3백 명인데 마른 가시나무로 평지에다 진을 만들었고, 김덕령(金德齡)의 군사도 겨우 3백 명이라 하니 매우 한심하다. 또 내관에게 들으니, 곽재우(郭再祐)는 만일 뭍에 내려서 싸운다면 군사가 필시 전멸할 것이라고 여겨 원수(元帥)의 영을 따르지 않았다고 한다.'라고 하자,

유성룡이 아뢰기를, '신들은 뭍에 내리는 계책을 듣고는 필시 패배할 것이 염려되어 계달하려고 하였으나 주사(舟師)와 합세한다는 소식을 듣고는 계달하지 않았습니다. 또 함안(咸安)에 진군할 때도 곽재우는 그것이 불가함을 주장했다고 합니다.'라고 하였다. …"

선조 27년(1594) 11월 12일: "진시에 상이 별전(別殿)에 나아가 비로소 《주역(周易)》을 강하였다. … 김수(金晬)가 아뢰기를, '원균(元均)과 이순신(李舜臣)이 서로 다투는 일은 매우 염려됩니다. 원균에게 잘못한 바가 없지는 않습니다마는, 그리 대단치도 않

은 일이 점차 악화되어 이 지경에 이르렀으니, 매우 불행한 일입니다.'라고 하니, (경연에서까지 이순신과 원균의 불화를 다루게 되었다.)

상이 이르기를, '무슨 일 때문에 그렇게까지 되었는가?'라고 하자, 김수가 아뢰기를, '원균이 10여 세 된 첩자(妾子)를 군공(軍功)에 참여시켜 상을 받게 했기 때문에 이순신이 이것을 불쾌히 여긴다 합니다.'라고 하였다.(이것이 바로 잘못된 주장이다. 원사웅은 앞에서도 보았듯 사후선을 이끄는 장수의 역할을 충분히 감당하였다.)

상이 이르기를, '내 들으니, 고언백(高彦伯)과 김응서(金應瑞)는 좌차(坐次) 때문에 서로 다툰다 하는데 이들은 무슨 일 때문에 서로 다투는가?'라고 하니,

김응남이 아뢰기를, '대개 공다툼으로 이렇게 되었다 합니다. 당초에 수군이 승전했을 때 원균은 스스로 공이 많다고 생각하였습니다. 이순신은 공격하려고 하지 않았는데 선거이(宣居怡)가 힘써 거사하기를 주장하였습니다. 이순신의 공이 매우 크지도 않은데 조정에서 이순신을 원균의 윗자리에 올려놓았기 때문에 원균이 불만을 품고 서로 협조하지 않는다 합니다.'라고 하고,

정곤수(鄭崑壽)는 아뢰기를, '정운(鄭運) 장수가 만일 가지 않는다면 전라도는 필시 수습할 수 없게 될 것이라고 협박했기 때문에 이순신이 부득이 가서 격파하였다 합니다.'라고 하니,

상이 이르기를, '순신이 왜적을 포획한 공은 가장 많을 것이다.'라고 하였다.

정곤수가 아뢰기를, '순신의 부하 중에는 당상관에 오른 자가 많은데, 원균의 부하 중에 우치적(禹致績)이나 이운룡(李雲龍) 같은 자는 그 전공이 매우 많은데도 그에 대한 상은 도리어 다른 사람만도 못하기 때문에 서로 분해하고 있습니다.'라고 하니,

상이 이르기를, '원균의 하는 일을 보니, 가장 가상히 여길 만하다. 내가 저번에 남방에서 올라온 사람에게 원균에 대해 물었더니, 습증에 걸린 몸으로 장기간 해상에 있으나 일을 싫어하는 생각이 없고 죽기를 각오하였다고 하니, 그의 뜻이 가상하다. 부하 중에 만일 공이 많은데 상을 받지 못한 자가 있다면 보통 사람의 정리로 보아도 박대한 것 같으니 그는 반드시 불만스런 뜻이 있을 것이다. 당초에 어째서 그렇게 했는가? 과연 공이 많다면 지금 모두 상을 주어서 그의 마음을 위로하라.' 하자

김응남이 아뢰기를, '그에게 위로하는 뜻을 보이는 것이 옳습니다. 순신이 체직을 자청하는 것도 역시 부당합니다.'라고 하였다.

상이 이르기를, '바깥 여론이 원균을 체직시키려 하는가?' 하니, 김수가 아뢰기를, '별로 체직시키려는 여론이 없습니다.'라고 하였다.

상이 이르기를, '저번에 장계를 보니 고언백(高彦伯)과 김응서(金應瑞)의 사이는 비단 물

과 불같은 정도뿐만이 아니라고 하였는데, 물과 불은 바로 상극(相克)인 물건이다. 만일 그렇다면 전쟁에 임해서 서로 구제하지 않을 뿐 아니라, 또한 반드시 서로 해칠 것이다. 이는 필시 문자(文字) 중에서 과장한 말일 것이나 역시 염려를 아니할 수 없다.'라고 하니,

김응남이 아뢰기를, '이는 문자 중에 과장한 말입니다.'라고 하였다.

<u>정탁(鄭琢)이 아뢰기를, '소신이 남방에 가서 들으니, 왜적이 수군을 무서워한다 합니다. 원균은 사졸이 따르니 가장 쓸 만한 장수요 이순신도 비상한 장수인데, 단 이들이 다투는 일이 매우 못마땅합니다. 이때 어찌 감히 사적인 분노로 이렇게 서로 다툴 수 있겠습니까. 글을 내려서 국가의 급무에 우선하도록 질책하는 것이 옳습니다. 만일 내린 글을 본다면 그들 또한 어찌 감격하고 뉘우치는 마음이 없겠습니까. 이 때문에 원균을 체직시킨다면 필시 수군이 흩어질 염려가 있을 것입니다.'라고 하고 …"</u>

선조 27년(1594) 11월 19일: "경상도관찰사 홍이상이 치계하기를, '당초 거사할 때 신이 순행 차 진주(晉州)에 이르러서 전 감사 종사관 최입(崔岦)에게 주사(舟師)를 거느리고 적간(摘奸)하라고 들여보내고, 신의 군관 강효업(姜孝業)·홍윤필(洪胤弼) 등도 포수(砲手)를 거느리고 가서 싸움을 도우라고 아울러 들여보냈었습니다.

최입과 강효업 등이 돌아온 뒤에 그쪽 형편을 자세히 물었더니 양굴(兩窟)에 있는 적의 수효는 그리 많지 않아 쌍방이 교전할 때 역력히 셀 수가 있었는데, 다과의 형세로 논한다면 마치 태산이 새알을 누르는 것보다 더하였었다.

외양(外洋)을 배회하고 한랑(閑浪)을 들락날락하며 관망하였는데, (1594년 10월) 1일 미시에 왜선(倭船) 3척이 나와 사도(蛇渡)의 병선(兵船)이 매여 있는 곳을 범하여 배꼬리에 불을 지르고 또 군졸 한 명을 베고 갔으므로 놀라고 분해하였다.

그날 저녁에 적선(賊船)이 어둠을 타고 몰래 나와서 일시에 포를 쏘므로 우리 군사는 매우 당황해서 어찌할 바를 몰랐다. 이때 전라 주사(全羅舟師, 이순신)의 사후선(伺候船) 3척이 실종되어 그 배에 탄 병졸이 거의 다 죽었다. 적이 재차 사도의 선박을 범하여 남김없이 불태웠다. 수직(守直)하던 군졸로 미처 도피하지 못한 자는 모두 피살되었다. (이순신이 거느린 전라좌수영 군대가 적에게 대패하였다.)

(10월) 3일에 통제사(統制使, 이순신)의 전령에 의하여 군사 1백여 명을 모집해서 뭍에 내려 군사의 위세를 보였다. 이때 적의 기병(騎兵)과 보병(步兵) 도합 50여 명이 산을 넘어 돌진해 오므로 아군은 당황하여 급히 후퇴해서 배에 올랐다. 비록 전군이 패하지는 않았으나 많은 사상자를 냈다고 하였습니다.

위엄을 떨어뜨리고 모욕을 취한 행위는 한둘이 아닌 데 밤중에 배가 소실 당한 사건만은 전혀 보고하지 않고 적세(賊勢)나 늘어놓고 전공(戰功)이나 망령되이 보고하니, 매우 놀라운 일입니다. (이순신은 패전한 사실을 숨긴 것이다.)
이광악(李光岳)이 한 왜적을 사로잡은 그것의 경우는 서로 만나서 투항할 것을 약속받은 것을 만인이 본 바인데도 그는 돌진해서 생포했다 합니다. (원균의 보고 중 이광악이 적을 생포하였다는 한 줄은 잘못된 것이다.) …
기타 속이는 일은 이에 따라 알 수 있습니다. 대개 이 거사는 애초 약속이 분명치 않아서 일에 허술함이 많았고, 제장(諸將)들의 알력은 날로 심하여 초월 동주(楚越同舟) 격이어서 전쟁에 임하여 서로 시기하여 일마다 모순투성이니, 몹시 안타깝고 민망합니다.'라고 하였는데, 비변사에 계하하였다.
비변사가 회계하기를, '거제(巨濟)의 전쟁에서는 좌절된 일이 많았는데 사실대로 보고하지 않고 도리어 장황한 말만 멋대로 늘어놓았으니, 체찰 제신(體察諸臣)의 죄가 큽니다. 단, 적과 대진하고 있는 이때 만일 대간(臺諫)의 논박이 거세게 일고 있다는 소식을 듣고 【이때 대간이 나국(拿鞫)할 것으로 논계(論啓)하였다. 아래에 자세히 보인다.】 스스로 편치 못하여 행공(行公)하지 않는다면 일이 더욱 허술해질 것이니, 도원수(都元帥, 권율)와 통제사(統制使, 이순신)에게 우선 추고하게 하고 방비할 모든 일을 별도로 조치할 것을 급히 선전관을 보내서 하유하는 것이 어떻겠습니까?' 하니, 아뢴 대로 윤허한다고 답하였다."

선조 27년(1594) 11월 28일: "비변사가 아뢰기를, '이순신(李舜臣)과 원균(元均)은 본래 사이가 좋지 않아 서로 헐뜯고 있습니다. 만일 율법으로 다스린다면 마땅히 둘을 다 죄주어 내쳐야 할 것입니다.
그런데 이순신은 왜변 초에 병선(兵船)을 모아 적의 진로를 차단하여 참괵(斬馘)을 바친 공로가 많았고, 원균의 경우는 애초 이순신과 협력하여 역시 적의 선봉을 꺾는 성과를 올렸으니, 이 두 사람의 충성과 공로는 모두 가상합니다.
위에서 특별히 잘 화합시켜 진정시킬 수 있는 대책을 생각하시어 급히 선전관을 보내하셔서 국가의 위급을 우선으로 돌보라고 권하면서 마치 한 광무(漢光武)가 가복(賈復)과 구순(寇恂)에 하듯 하신다면, 저 두 사람 또한 전혀 양심이 없지 않을 것이니 어찌 감격한 마음으로 성상의 명령을 공경히 받들어서 옛 태도를 버리고 새로운 각오를 하지 않겠습니까.
만약에 성상의 뜻을 몸 받지 않고 끝까지 깨닫지 못한 채 그전의 잘못을 영영 고집한다면, 그때는 자연 나라의 법이 그들을 처리할 것입니다.

혹자는 말하기를 두 사람은 틈이 벌어질 대로 벌어졌으니, 원균을 체차(遞差)하여 그들의 분쟁을 종식해야 한다고 합니다. 어떻게 처리해야 하겠습니까?' 하니,

답하기를, '<u>과인의 생각에는 이순신은 대장으로서 하는 짓이 잘못된 것 같으니, 그중 한 사람을 체직시키지 않을 수 없다. 혹 이순신을 체차할 경우는 원균으로 통제사로 삼을 수 있거니와, 혹 원균을 체차할 경우는 다른 사람을 차출해야 할 것이니, 참작해서 시행하라.</u>' 하였다."

해설: 선조는 이순신을 육지로 내보내고 원균에게 통제사 직책을 맡기려는 생각이 있었다. 그러나 유성룡을 비롯한 비변사의 반대에 부딪혀 마음을 바꾸었다.

선조 27년(1594) 12월 1일: "비변사가 회계하기를, '상께서 말씀하시기를, 〈군율을 범했다고 말한다면 유독 이순신만은 군율을 범하지 않은 사람인가. 내 생각에는 이순신의 죄가 원균보다 더 심하다고 여겨진다. 원균을 병사로 삼아서는 안 된다는 그 주장을 나는 알 수 없다. 그러나 참작해서 시행하라〉고 전교하셨습니다.

통제사 이순신은 지금 기망죄(欺罔罪)를 범했으니 마땅히 중벌로 다스려야 합니다만, 주사(舟師)를 조치하는 일이 날로 급해지고 있어 이럴 때 주장(主將)을 바꾼다는 것은 실로 옳은 계책이 아닙니다. 그러므로 단지 추고만 해서 후일의 성과를 책임지게 한 것입니다.

원균도 체직하고 싶지 않습니다만 이순신이 통제사가 되고 원균이 부장(副將)이 되었을 때도 주장의 절제를 따르지 않았는데, 원균을 체직시켜 다시 병사로 올려서 가까운 지방에 옮겨 놓는다면 군중 통령(軍中統令)의 체통은 이로부터 더욱 무너져 수습 정돈할 길이 없을 것 같습니다. 논의가 일치되지 못하는 것은 이 때문입니다. 그러나 <u>이순신과 원균이 다 같이 중한 군율을 범했는데, 원균만 체직시키는 것도 편중의 폐단이 없지 않습니다. 그러니 전의 계청에 의하여 선거이와 서로 바꾸는 것이 무방합니다.</u>'라고 하니, 아뢴 대로 하라고 답하였다."

선조 27년(1594) 12월 1일: "장령 이철(李鐵)이 아뢰기를, '<u>거제의 싸움에서 제장(諸將) 중에 어떤 자는 배회하면서 관망만 하고 나아가 싸우려고 하지 않았으며, 사후선(伺候船) 3척이 행방불명되었는데도 사실대로 보고하지 않았습니다.</u> (도원수 권율과 통제사 이순신의 책임을 논한 것이다.) 그들이 군대를 무너뜨리고 위를 무시한 죄를 여러 날

논집하고 있는데도 아직껏 윤허하지 않으시니, 몹시 민망하고 답답합니다.'라고 하니, 상이 이르기를, '도원수가 어찌 이렇게까지 했겠는가. 우상은 어떻게 생각하는가?'라고 하였다. 김응남(金應南)이 대답하기를, '그 사람은 일찍이 행주(幸州)의 싸움에서 공을 세웠습니다. 공론이 격분한 바가 비록 이와 같기는 하나 만일 체직시킨다면 대신할 사람을 얻기가 어렵습니다.'라고 하니,

상이 이르기를, '대간의 말이 이와 같으나 전선에 나가 있는 상황에서 장수를 바꾸는 일은 병가(兵家)의 꺼리는 바이니, 체직할 수 없다.'라고 하였다.

정언 노경임(盧景任)이 아뢰기를, '전 체찰사 윤두수(서인, 이때는 동인이 집권하고 있었다.)는 대신이 되어 병권을 장악하고 있으면서 패군(敗軍)한 일을 사실대로 알리지 않았으니, 파직을 청한 것도 말감(末減)을 따른 것입니다.'라고 하니,

상이 이르기를, '체찰사는 혹 모를 수도 있는 일이다. 대신을 어찌 가볍게 파직시킬 수 있겠는가.'라고 하였다.

김응남(동인=남인의 영수, 이순신을 편들어 원균을 쫓아내려 한 대신)이 아뢰기를, '두 장수가 화목지 못하니 형세 상 서로 용납하기 어렵습니다. 원균을 부득이 체해야겠는데 대신할 사람을 아직 얻지 못하였으니, 선거이(宣居怡)와 서로 바꾸는 것이 어떻겠습니까?' 하니, 【이때 원균이 경상수사(慶尙水使)로 있으면서 통제사 이순신과 사이가 안 좋았기 때문에 충청도병사(忠淸道兵使)로 있는 선거이와 서로 바꾸자는 것이다.】

상이 이르기를, '비변사에서 추천한 사람은 누구인가?'라고 하니, 김응남이 대답하기를, '곽재우(郭再祐)·이광악(李光岳, 원균의 중위장)·배설(裵楔)입니다.

충청도수사(忠淸道水使)도 차출해야 하겠는데, 적합한 사람이 없습니다. 박종남(朴宗男)이 비록 진주(晉州) 일로 계파(啓罷) 되기는 하였지만, 이 사람이 적합할 것 같습니다.'라고 하였다.

상이 이르기를, '박종남은 성질이 느슨한 것 같으니, 이럴 때 그러한 사람으로 장수로 삼아서는 안 된다. 그리고 그에게 수사까지 제수하는 것은 마땅한 바가 아닌 듯싶다. 이 밖에 쓸만한 다른 사람이 없는가?'라고 하니, … 상이 이르기를, '비변사와 의논해서 잘 처리하라.' 하였다."

선조 27년(1594) 12월 1일: "비변사가 아뢰기를, '원균과 선거이를 서로 바꾸는 일을 어제 경연(經筵)에서 아뢰었습니다. <u>오늘 다른 대신의 의논을 들어보니, 원균이 이미 군율을 범하여 지금 추핵(推覈) 중에 있으므로 병사의 직임으로 바꾸는 것은 사체에 온당치 못하다고 합니다</u>' 하니(남인 대신 가운데 이 기회에 원균을 낙마시키려는 이가

있었다.)
상이 답하기를, '군율을 범했다고 말한다면 유독 이순신만은 군율을 범하지 않은 사람인가. 내 생각에는 이순신의 죄가 원균보다 더 심하다고 여겨진다. 원균을 병사로 삼아서는 안 된다는 그 주장을 나는 알 수 없다. 그러므로 참작해서 시행하라.' 하였다."

선조수정실록, 선조 27년(1594) 12월 1일: "경상우수사(慶尙右水使) 원균(元均)을 충청절도사(忠淸節度使)로 옮겨 제수하였다. 균이 이순신의 차장(次將)이 된 점을 부끄럽게 여기고서 절제(節制)를 받지 않으니 순신은 여러 차례 글을 올려 사면을 청하였다. 이에 조정에서는 누차 도원수가 공죄(功罪)를 조사하게 하였는데, 균은 더욱 거침없이 욕지거리를 내뱉어서 하는 말이 모두 추악하였으며, 순신 또한 균이 공상(功狀)이 없음을 말하는 가운데 실상과 다른 한 조목이 끼어 있었다. 그런데 조정에서는 대부분 원균을 편들어서 마침내 모두 탄핵을 당했다.
상이 다시 비변사가 조정하게 하였는데, 단지 균은 체차(遞差)하여 육장(陸將)으로 삼고 순신은 병사로 죄책감을 느끼고 스스로 공을 세우게 하였다.
균은 서울과 가까운 진(鎭)에 부임하여 총애받는 권신(權臣)과 결탁해 날마다 허황한 말로 순신을 헐뜯었는데, 순신은 성품이 곧고 굳세어 조정 안에서 대부분 순신을 미워하고 균을 칭찬하였기에 명실(名實)이 도치되었다."

해설: 전형적인 가짜 뉴스이다. 근거 없이 일방적으로 원균을 폄훼하고 이순신을 미화하는 사적인 글을 〈선조수정실록〉에 실어 후세에 악영향을 끼쳤다.

선조 27년(1594) 12월 16일: "비변사가 아뢰기를, '원균(元均)의 휘하에 있는 장관(將官, 부하 장수) 우치적(禹致績)·이운룡(李雲龍) 등이 왜변이 있었던 초기부터 죽음을 무릅쓰고 힘껏 싸워서 왜장(倭將)이 탄 배를 고스란히 포획하고 전후 베어 죽인 수가 매우 많았으며, 먼저 적의 배에 올라가서 붙들려 간 우리나라 사람을 탈환하고 왜적을 사로잡기까지 하였습니다. 이 사람들이 세운 공은 이와 같은데 아직 별다른 상전(賞典)을 받지 못하였으니, 앞으로 장사(將士)의 마음을 권장시킬 수 없을 것입니다. 사실대로 치계하도록 한 뒤에 다시 의논해서 시행하는 것이 어떻겠습니까?' 하니, 상이 따랐다."

해설: 원균이 거느린 경상우수영의 수군이 왜란 초기부터 얼마나 많은 공을 세웠는지

를 조정에서 인정한 것이다. 원균의 부장으로 기효근과 김준계 등은 이미 품계가 상당히 높아져 있었다. 그러나 우치적과 이운룡은 원균의 선봉장으로 큰 공을 세웠는데도 상전(賞典)이 너무 박하였다. 훗날 그들도 크게 출세하여 삼도수군통제사까지 되었다. 특히 이운룡은 기효근과 함께 원균의 막하(幕下)를 대표하는 장수로 뽑혀 선무공신 제2등에 책봉되었다.

선조 27년(1594) 12월 19일: "사간원이 아뢰기를, '해로를 차단하여 쳐들어오는 적을 막는 데는 주사(舟師, 수군)보다 나은 것이 없습니다. 주사의 성쇠에 국가의 경중이 매였으므로 조정에서는 깊이 생각할 일이요 소홀히 다루어서는 안 될 것입니다. 그러나 처음부터 협력한 장사(將士)를 태반이나 교체하여 (수군이) 허술해졌고, 이는 이미 식자(識者)들의 걱정거리입니다. 경상(우)수사 원균(元均)을 지금 내륙으로 옮기자 군정(軍政)이 해이해지고 (수군의) 형세가 쇠퇴하여 주사의 일이 형편 없습니다. 후일의 걱정을 이루 말할 수 없습니다. 혹자는 말하기를, 원균과 이순신은 모두 일시의 명장이나 서로 화목하지 못하여 형세상 양립하기가 어렵다고 하지만 이는 너무 생각이 없는 말입니다. 원균과 이순신은 공은 서로 같은데 상이 달랐으므로 원균이 마음속으로 불쾌하게 여겼습니다. 관하(管下, 휘하)의 장사들이 각기 다투어 험한 말을 주고받아 틈이 벌어지고 결국은 서로 부딪친 것입니다. (이것이야말로 객관적인 분석이라고 생각한다.) 만일 조정이 대의(大義)를 가지고 나무라서 (원균과 이순신을) 깨우치고 두려워하는 마음을 갖게 한다면 저 사람들도 선공후사(先公後私)의 의리를 알 것이므로 어찌 거룩한 (어)명을 공경히 받들어 과거의 (잘못된) 태도를 버리고 새로운 각오를 하지 않겠습니까. 다시 격려하여 (서로) 협력하라는 뜻으로 글을 내려 호되게 꾸짖고, 원균에게 전과 같이 수사(水使)의 관직을 맡기소서.'라고 하니, (선조는) 이미 (뜻을) 정하였다고 답하였다."

해설: 명장인 원균과 이순신을 화해시키고 둘 다 수군으로 활동하게 하자는 것이 사간원의 주장이었다. 대신 정탁과 똑같은 의견이었는데, 선조가 이를 거부하였다.

선조 27년(1594) 12월 22일: "사간원이 아뢰기를, '수사 원균을 그대로 유임시킬 일을 전에도 아뢰었습니다.'라고 하니, 윤허하지 않는다고 답하였다."

선조 28년(1595) 1월 13일: "비변사가 아뢰기를, '(경상우병사) 김응서(金應瑞)의 〈장계)를 보니, (그는) 이순신(李舜臣)·원균(元均)과 서로 합쳐 수군과 육군으로 거제(巨濟) 등을 협공하려고 계획하였다고 합니다. 그가 분개하여 적을 토멸하려는 뜻은 가상하거니와, 듣건대 수군은 형편없이 약하고 육군 또한 잔약한 데다 군량까지 떨어진 판국입니다. 비록 대거 진공(進攻)하려 해도 그 형편은 쉽지 않다고 합니다. 이순신이 결행하지 못하고 미루는 것도 이유가 있어서 일 것입니다. 그러므로 가볍게 거사하기는 어려울 듯합니다. (당시에 수군도 형편이 좋지 않아 이순신은 수륙 합동작전을 미루었다는 뜻이다.)
장차 수군과 육군을 조금이라도 수습한 뒤에 종사관(從事官)을 급히 (한양으로) 올려보내어 조정에 건의한 다음에 거사하라고 김응서와 권율에게 비밀히 유시하는 것이 어떻겠습니까?' 하니, 상이 따랐다."

해설: 당시에는 모든 작전권을 비변사가 쥐고 있어 일선의 지휘관들이 아무리 비상한 전략을 쓰고 있더라도 바로 시행하지 못하였다. 실로 큰 폐단이었다.

선조 28년(1595) 4월 3일: "상이 정원에 전교하였다. '원균(元均)의 〈장계(狀啓)〉를 살펴보니 전마(戰馬)를 얻고 싶어한다. 이번에 내구마(內廐馬) 2필을 보내 1필은 원균에게 주고 1필은 군영에 두고 길러 전쟁에 쓰도록 하라.'"

해설: 그때 원균은 벼슬이 바뀌어 충청병사였는데, 선조가 2필의 전마를 보냈다.

선조 28년(1595) 8월 15일: "사헌부가 아뢰기를, '충청병사(忠淸兵使) 원균(元均)은 사람됨이 범람(泛濫)하고 게다가 탐욕스럽고 포학하기까지 합니다. 5~6월에 입방(入防)한 군사를 기한 전에 역을 풀어주고 그 대가로 종자로 쓸 콩을 거두어 농사(農舍, 농장)로 실어 보냈다고 합니다. 또 무리한 형벌을 시행하고 잔혹한 일을 자행하여 죽은 자가 잇따르고 앓아 죽는 사람도 많아 원망하고 울부짖는 소리가 온 (충청)도에 가득합니다. 이와 같은 사람은 통렬히 다스리지 않을 수 없으니 파직하고 서용하지 마소서.
철원부사(鐵原府使) 심원해(沈源海)는 사람됨이 탐욕스럽고 용렬합니다. 환상곡(還上穀)의 수효를 속여서 보고하여 사사로이 사용하였으며, 소를 잡아 민간에서 재리(財利)를 꾀하였습니다. 심지어 자신의 형을 위해 지역 안에 집을 짓고 농토를 널리 점유하였다고도 합니다. 듣고 보는 이들이 경악하고 있습니다. 파직하소서.

봉산군수(鳳山郡守) 박응인(朴應寅)은 전에 연안부사(延安府使)로 있을 때 백성에게 (세금) 거두기를 한없이 하였고 비용도 너무 많아 길가의 거읍(巨邑, 봉산)이 탕진되어 텅 비었습니다. 벼슬을 체차(遞差)하소서.'라고 하니,
상이 답하기를, '원균의 사람됨은 범람하지 않는다. 이럴 때 명장을 이처럼 대접해서는 안 된다. 윤허하지 않는다. 나머지는 아뢴 대로 하라.' 하였다."

해설: 충청병사 원균이 많은 비리를 저질렀다고 사헌부가 고발했으나 실제로 그러했는지는 알 수 없다. 한 가지 틀림없는 사실은 원균이 병사로서 매우 엄격하여 아랫사람들이 힘들어했다는 점이다. 선조는 원균과 같은 명장을 함부로 고발하는 것은 적절하지 않다고 말하며 사헌부의 주장을 물리쳤다.

선조 28년(1595) 8월 16일: 사헌부가 원균을 파직하고 서용하지 말라고 연달아 아뢰었으나, 상은 그렇게 할 수 없다고 답하였다.

선조 28년(1595) 8월 18일: "사헌부가 원균·이여온의 일로 계속 아뢰니, 답하였다. '<u>오늘날 장수 가운데 원균은 으뜸이다. 설사 정도에 벗어난 일이 있었다고 하더라도 어찌 가벼이 논계(論啓)하여 그의 마음을 다치게 하겠는가. 윤허하지 않는다.</u>
이여온을 전일 칭찬한 자도 사람이고, 후일 헐뜯는 자도 사람이다. 사람들이 칭찬하고 헐뜯는 말을 말세(末世)에 어찌 믿을 수 있겠는가. …'"

선조 28년(1595) 12월 8일: "이조가 아뢰기를, '호종(扈從)한 재신(宰臣)과 시종(侍從)의 자제들은 처음의 전교로 인하여 보고 듣는 대로 거의 다 관직에 제수하였습니다. 아직 미처 관직에 제수되지 않은 인원은 갖추어 기록하여 아룁니다.
전에는 비록 친자제가 아니더라도 혹 그가 원하는 바에 따라서 관직에 제수하였는데, 지금 또 아들·사위·아우·조카가 아닌 사람에게 관직을 제수해 주기를 원하는 자가 있습니다. 그러나 본조에서 감히 마음대로 할 수 없어 감히 여쭙니다.
<u>방수(防戍)한 여러 장수로서 이순신(李舜臣)·원균(元均)·이억기(李億麒) 등의 자제는 그때 전교로 인하여 관직을 제수하였거니와</u>, 이밖에 두드러지게 공로가 있는 사람의 자제는 해조(該曹)가 초록(抄錄)하여 계하(啓下)한 뒤에 관직에 제수하게 하였습니다.
전사한 사람의 자제 중에는 전에 혹 관직에 제수된 자가 있었습니다. 그러나 지금 전교에 따라 듣고 본 바를 아울러 서계(書啓) 합니다. 이 뒤로도 듣는 대로 관직에 제수

하여야 할 것입니다.'라고 하니, 아뢴 대로 하라고 전교하였다."

해설: 조정에서는 이순신, 원균, 이억기를 장수로서 가장 우대해 그 자제들에게 관직을 주었다.

선조 29년(1596) 1월 12일: "사헌부가 아뢰기를, '각도의 병사(兵使)에게는 본래 종사관(從事官)이 없는 법인데, 충청병사(忠淸兵使) 원균(元均)은 전 군수(郡守)【최덕순(崔德峋)】에게 종사관의 명칭을 붙여 수행하기를 아뢰어 거느리고 갔습니다. 이는 법규에 어긋나는 처사로서 지극히 잘못된 것입니다. 사신은 논한다. 최덕순은 음관(蔭官)으로서 추솔하고 비루하여 한 가지 점도 취할 것이 없다. 임진란 때 가평군수(加平郡守)로 있으면서 우리나라의 피난민을 죽여서 머리를 깎고 이마에 문신을 새겨 왜인의 형색을 만들어 행재소(行在所)에 거짓으로 보고하고 상공(上功)을 노리다가 여러 사람이 목격하여 정상이 드러났다. 그런데도 그에게 형이 가해지지 않았으니, 통탄함을 이루 말할 수 있겠는가. 대관(臺官)의 이 논란 역시 너무 가벼운 것이다.】 덕순은 바야흐로 도내에 우거(寓居)하고 있다가 연줄을 이용해 간청하여 (종사관의) 소임을 맡게 되었습니다. 그러나 별로 하는 일도 없이 열읍(列邑)에 전식(傳食, 신세를 짐)하므로 많은 폐단을 끼치고 있습니다. 원균을 추고하고, 최덕순의 종사관 칭호를 없애소서.'라고 하니, 상이 이르기를, '병사는 추고할 수 없다. 칭호를 없애는 일은 아뢴 대로 하라.' 하였다."

해설: 충청병사 원균은 조정의 허락을 얻어 최덕순(전 가평군수)을 종사관에 임명하였다. 그런데 원균과 사이가 나빴던 사헌부에서 최덕순의 위인 됨을 문제 삼고, 원균이 종사관을 두지 못하게 하였다.

선조 29년(1596) 5월 7일: "상이 별전(別殿)에 나아가 《주역(周易)》을 강독하였다. 강독이 끝나고 (여러 신하와 토론이 이어졌는데) … 윤형(尹泂)은 아뢰기를, '신이 충청도 남포(藍浦) 땅에 있을 때 살펴보니, 부역(賦役)이 많아 백성이 편히 살지 못하였습니다. 쇄마(刷馬)의 대역(大役)은 말할 수도 없거니와 포수(砲手)·살수(殺手)를 뽑고 또, 선봉(先鋒)을 뽑아서 보내는 등의 여러 가지 일이 계속 몰렸습니다. 그런데 병사(兵使) 원균(元均)은 상당산성(上黨山城)에서 성을 쌓을 때 (주민의) 편의를 돌보지 않고 잔폐(殘弊)한 고을이건 부성(富盛)한 고을이건 각각 2~3백 명의 인력을 동원하여 부역을 독촉하였습니다. 그러므로 근착(根着, 의지할 곳)이 없는 자는 모두 유이(流移)하였고, 겨우 (고향에) 남아있는 자도 장차 보전할 수 없게 되었습니다.
백성이 원망하고 배반한다면 성을 아무리 굳게 쌓더라도 누구와 함께 지키겠습니까. 더구나 이 농사철에 분주히 명을 따르기에 지쳐 백성이 밭에 나가 농사짓지 못하므로 이 때문에 원망이 더욱 극도에 이르렀으니, 우선 농한기를 기다려서 하는 것이 마땅합니다. 빨리 비변사를 시켜 될 수 있는 대로 잘 처치하게 하는 것이 어떠하겠습니까? 대개 원균의 하는 짓이 외람하므로 신이 논계(論啓)하려 하였으나, 원중(院中, 사간원)이 일을 맡은 사람을 가벼이 논하여서는 안 된다고 하여 하지 못하였습니다.'라고 하고,

응남은 아뢰기를, '윤형은 그 폐단을 보고 아뢰었으나 원균 같은 자는 쉽게 얻을 수 없습니다. 대개 장수에는 보장(步將)·수장(水將)의 차이가 있는데, 예전 송(宋)나라 때 장세걸(張世傑)은 보장으로서 수장이 되고 유사용(劉思用)은 수장으로서 보장이 되어 그 쓰임이 잘못되었으므로 공을 이룰 수 없었습니다. 원균은 수장의 재주를 지녔으나 이순신(李舜臣)과 서로 의견이 맞지 않아서 어찌할 수 없습니다. 혹시 경기수사(京畿水使)를 제수한다면 그 재주를 펼칠 수 있을 것입니다. 산성의 일은 신도 전날에 농한기에 할 것을 계청하였습니다.'라고 하고, … "

해설: 충청병사 원균은 상당산성을 쌓을 때 적의 침략이 눈앞에 다가왔다고 생각하고 공사를 몹시 독촉하였다. 그래서 많은 사람이 불편하게 여겼다는 것이다. 대신 김응남은 원균의 장점이 수군이므로 그를 경기수사에 임명하여 다시 수군으로 돌려보내자고 건의하였다.

선조 29년(1596) 6월 26일: "상이 별전(別殿)에 나아가 《주역(周易)》을 강독(講讀)하였다. … 상이 이르기를, '이순신(李舜臣)은 밖에서 의논하기를 어떠한 사람이라고들 하는가?'라고 하니, 김응남이 아뢰기를, '이순신은 쓸 만한 장수입니다. 원균(元均)으로 말하면 병폐가 있기는 하나 몸가짐이 청백하고 용력(勇力)으로 선전(善戰)하는 점도 있습니다.'라고 하니,

상이 이르기를, '이순신은 처음에는 힘껏 싸웠으나 그 뒤에는 작은 적일지라도 잡는데 성실하지 않고, 또 군사를 일으켜 적을 토벌하는 일도 없어서 내가 늘 의심하였다. 동궁(東宮, 광해군)이 남쪽으로 내려갔을 때 여러 번 사람을 보내어 불러도 오지 않았다.'라고 하자,

김응남이 아뢰기를, '원균이 처음에 사람을 시켜 이순신을 불렀으나 이순신이 오지 않

자 원균은 통곡하였다고 합니다. 원균이 이순신에게 군사를 청하여 성공하였는데, 도리어 그 공은 순신이 자신보다 위에 있게 되어 두 장수의 사이가 서로 벌어졌다 합니다.'라고 하니,

상이 이르기를, '이순신의 사람됨으로 볼 때 결국 성공할 수 있는 사람인가? 어떠할는지 모르겠다.'라고 하자, 김응남이 아뢰기를, '알 수는 없지만, 장사(將士)들은 이순신이 조용하고 중도에 맞는다고 합니다. 그러나 지금 거제(巨濟)의 진(鎭)에는 원균을 보내야 합니다. 거제를 지키는 일이라면 이 사람이 아니고 누가 하겠습니까.' 하였다.

상이 이르기를, '거제에서 군사를 철수한 뒤에 나도 (그 까닭을) 물었고 비변사도 주둔시켜 지키지 않으려고 한 것이 아니었다. 한산도(閑山島)는 어떻게 해야 하겠는가?'라고 하자, 윤근수(尹根壽)가 아뢰기를, '반드시 한산도를 지킬 필요는 없습니다.'라고 하니,

상이 이르기를, '한산도의 진을 비울 수는 없다. 그러나 지키면 군사가 적어 세력이 분산되겠고, 양향(糧餉, 군사의 식량)은 또 어떻게 장만하겠는가?'라고 하자, 김응남이 아뢰기를, '거제를 지키면서 주사(舟師)로 왜적의 양도(糧道)를 끊으면 감히 나오지 못할 것입니다.'라고 하였다.

상이 이르기를, '적이 4~5년 동안 군사를 훈련하고 움직이지 않은 것은 대포(大砲)를 만들기 위해서가 아니었겠는가? 그들이 대포를 만든다면 우리나라뿐이 아니라 중국도 당해낼 수 없을 것이다.'라고 하니,

윤근수가 아뢰기를, '대포는 왜의 배가 얇아서 설치하지 못할 것인데, 진천뢰(震天雷)는 우리나라에서 배워 갔습니다.'라고 하였다.

상이 이르기를, '(적이) 우리나라에서 수전(水戰)과 궁시(弓矢)의 기술은 배워 익히지 않는가?'라고 하니, 김응남이 아뢰기를, '적이 궁시를 익히려 하였으나, 사람들이 말하기를 활줄이 느슨해지므로 잘 쏘지 못한다고 합니다.'라고 하였다. …

상이 이르기를, '중국 사람이 (왜적에게 대포를) 가르쳤다. 이제 그들이 다시 출동하면 반드시 대포를 배울 것이다.'라고 하자, 김응남이 아뢰기를, '우리나라 사람이 (적에게) 다수 투항하였기에, 그중에는 활을 잘 쏘는 자도 있을 것이고 포를 잘 쏘는 자도 있을 것입니다. 이번에 다시 군사를 출동해 온다면, 형세가 (우리로서는) 버티기가 무척 어려울 것입니다. 또 중국 조정이 대군(大軍)을 (조선으로) 내보낸다는 소식이 적진에 흘러 들어간다면 이것도 참 염려할 일입니다.'라고 하니,

상이 이르기를, '그렇기는 하나 이 말은 좋다. 적이 들으면 마음속으로 침범하기 어렵다고 여길 것이다.'라고 하였다. …"

해설: 선조 29년 여름에 왕과 대신들은 원균과 이순신의 능력과 성품 그리고 그들의 사이가 나빠진 이유를 깊이 논의하였다. 또, 만약에 일본이 다시 침략해온다면 적의 수군은 대포를 사용할 가능성을 염려하기도 했다.

선조 29년(1596) 7월 9일: "원균(元均)을 전라도병사로, 우준민(禹俊民)을 사간원 사간(司諫)으로, 윤형(尹泂)을 사헌부 장령(掌令)으로, 이병(李覮)을 사헌부 장령으로, 정효성(鄭孝成)【효자 정항기(鄭亢棋)의 아들】을 당진현감(唐津縣監)으로 삼았다."

해설: 적의 침략이 우려되는 상황이라 명장 원균을 전라병사로 보냈다. 일본군이 가장 노리는 지역이 바로 전라도였기 때문이다.

선조 29년(1596) 8월 4일: "김시헌(金時獻)을 사헌부 집의로, 이필형(李必亨)을 사간원 정언으로, 신설(申渫)을 홍문관 부수찬으로, 김지남(金止男)을 예문관 대교로, 장만(張晩)을 예문관 검열로, 원균(元均)을 전라병사로, 서인원(徐仁元)을 춘천부사로 삼았다."

해설: 이보다 한 달 전에도 원균을 전라병사로 보낸다는 명령이 있었으나 이때 이르러 인사명령이 제대로 발효되었다.

선조 29년(1596) 8월 11일: "전라병사 원균(元均)이 배사(拜辭) 하니, 상이 일렀다. (직접 만난 것은 아니고 문서로 선조가 그를 격려한 것이다.)
'경(卿)이 나라를 위해 힘을 다하여 지성스러운 충성과 용맹이 옛사람도 비할 자가 드물기에 내가 일찍이 아름답게 여겨 왔지만 돌아보건대 아무것도 보답한 것이 없었다. 이번에 또 멀리 떠나게 되어서 친히 접견하고 전송하려 했었는데 하필 기운이 편치 못하여 그렇게 하지 못하겠다. 내구(內廄)의 양마(良馬) 한 필을 내려 나의 뜻을 표하니 경은 받아라.'"

해설: 원균은 충청병사로 임명되었을 때도 선조로부터 2필의 말을 받았다. 전라병사가 되자 다시 한 필의 말을 받았으니, 왕의 기대와 신임이 얼마나 두터웠는지 알 수 있다.

선조 29년(1596) 10월 5일: "오정(午正)에 도체찰사 이원익(李元翼)을 오라고 하여 만났는데, 승지 이덕열(李德悅), 주서 조즙, 검열 장만과 유경종 등이 입시하였다. … 상이 묻기를, '연해(沿海) 지방은 어떠하던가?'라고 하니, 이원익이 아뢰기를, '매우 당황하고 있었습니다. 그래서 어찌하여 그다지도 당황하느냐고 물었더니 수군(水軍)이 모두 죽어서 적세(賊勢)가 두렵다고 하였습니다.'라고 하였다.

상이 이르기를, '수군이 많이 죽었다고 말한 것은 굶어 죽었다는 말인가?'라고 하니, 이원익이 아뢰기를, '지난해(선조 28년) 이후에 굶어 죽은 자는 없고 이전에 흉년으로 많이 죽었다고 하였습니다. 그리고 해변에는 능로(能櫓, 익숙한 뱃사람)도 대부분 사망했기 때문에 지금은 8결(八結, 전토(田土) 8 결마다 1부(夫)의 역가(役價)를 징수하는 것)마다 능로의 역(役)을 정하고 있었습니다.'라고 하였다.

상이 이르기를, '배를 부릴 줄 모르는 자도 정하여 보내던가?'라고 하니, 이원익이 아뢰기를, '그러하였습니다.'라고 하였다.

상이 이르기를, '바닷가의 촌락(村落)은 모두 텅 비어 있던가?'라고 하니, 이원익이 아뢰기를, '그렇습니다. 평상시에는 가끔 요역(徭役)을 하지 않는 자도 있었는데 지금은 양반도 벗어나지 못하고 있었습니다. 경상도야 말할 것도 없지만 적들이 분탕질하지 않은 전라도 지방에는 부자(富者) 중에 소민(小民)의 일을 하지 않은 예도 있었는데, 지금은 모두 그렇지 못합니다. 그러나 양반은 유사(流徙, 유이하거나 이사함)하지 않았고 소민은 모두 도망하였습니다. 그 이유를 캐보니, 양반은 국가와 더불어 휴척(休戚, 운명)을 같이하려는 마음이 있으므로 그런 것입니다. 신은 마음속으로 귀하게 여겼습니다.'라고 하였다.

상이 이르기를, '부산(釜山)·안골(安骨)·가덕(加德) 등지의 적은 아직도 남아있던가? 언제나 철거할 것 같던가?'라고 하니, 이원익이 아뢰기를, '적들은 처음부터 우리를 속여 왔으므로 그 거류(去留, 가고 머뭄)를 확신할 수 없습니다. … '하였다. …

상이 이르기를, '통제사 이순신은 힘써 종사하고 있던가?'라고 하니, 이원익이 아뢰기를, '그 사람은 미욱하지 않아 힘써 종사하고 있을뿐더러 한산도(閑山島)에는 군량이 많이 쌓였다고 합니다.'라고 하였다.

상이 이르기를, '애초에는 왜적을 부지런히 사로잡았다던데, 그 후에 들으니 태만한 마음이 없지 않다고 하였다. 사람 됨됨이가 어떠하던가?'라고 하니, 이원익이 아뢰기를, '소신의 의견으로는 장수들 가운데 가장 쟁쟁한 자라고 여겨집니다. 그리고 전쟁을 치르는 동안 처음과는 달리 태만하였다는 일에 대해서는 신이 알지 못하는 바입니다.'라고 하였다.

상이 이르기를, '절제(節制, 군사의 지휘)할 만한 재질이 있던가?'라고 하니, 이원익이 아뢰기를, '소신의 생각으로는 경상도에 있는 많은 장수 가운데 순신이 제일 훌륭하다고 여겨집니다. …' 하였다. …"

해설: 선조 29년 초겨울 당시 조선 수군은 병력의 조달도 잘되지 않았고, 격군 중에는 바다에 익숙하지 않은 이가 많았다. 선조는 이순신의 됨됨이와 능력에 관해 의문을 품고 있었는데, 도체찰사 이원익은 전폭적으로 이순신을 호평하였다.

선조 29년(1596) 10월 21일: "상이 별전에 나아가 《주역(周易)》을 강하였다. … 원익이 아뢰기를, '전투에 임할 때와 평상시는 같지 않습니다. 원균(元均)과 같은 사람은 성질이 매우 거세어서 상사(上司)와 문이(文移, 공문을 주고받음)하고 절제(節制, 지휘함)하는 사이에 반드시 서로 다툽니다. 그러나 전투에 임해서는 제법 기용할 만하다고 합니다.'라고 하였다. 상이 이르기를, '원균(元均)에 대해서는 계미년(선조 16년, 1583년 니탕개의 난)부터 익히 들어왔다. 국사를 위하는 일에 매우 정성스럽고 또한 죽음을 두려워하지 않는다고 한다.'라고 하니,
원익이 아뢰기를, '원균은 전공(戰功)이 있으므로 인정하는 것입니다. 그렇지 않다면 결코 기용해서는 안 되는 인물입니다.'라고 하고,
김순명(金順命)이 아뢰기를, '충청도(忠淸道)의 인심이 대부분 불편하게 여겼다고 합니다.'라고 하였다. 상이 이르기를, '마음은 순박한데 (원균은) 고집이 세기 때문이다.'라고 하니,
원익이 아뢰기를, '원균에게는 군사를 미리 주어서는 안 됩니다. 전투에 임해서 군사를 주고 돌격전을 하게 해야 합니다. 평상시에 군사를 거느리게 하면 반드시 원망하고 배반하는 자들이 많을 것입니다.'라고 하였다.
상이 이르기를, '전날에 (충청병사인) 원균을 탐오하다고 하여 대론(臺論, 언관의 비판)이 있었다. 원균은 지극히 청렴한데 탐오하다고 하는 까닭이 무엇인가?'라고 하니,
김수(金睟)가 아뢰기를, '전에 조산(보)만호(造山萬戶)로 있었을 때 어사(御史) 성낙(成洛)이 〈장계〉하여 포장(褒奬)하였습니다.'라고 하고,
원익이 아뢰기를, '원균이 어찌 지극히 청렴하기까지야 하겠습니까.' 하고,
조인득(趙仁得)이 아뢰기를, '소신이 일찍이 종성(鍾城)에서 (부사로 있던) 그를 보니, 비록 만군(萬軍)이 앞에 있더라도 횡돌(橫突)하려는 의지가 있었고, 행군(行軍)도 매우 박실(朴實)하였습니다. 그가 탐탁(貪濁, 탐욕스럽고 부정함)한지는 모르겠습니다.'라고 하였다.
상이 이르기를, '이러한 장수는 많이 얻을 수 없다.'라고 하니, 원익이 아뢰기를, '이

후로 과연 어떻게 될지 모르겠습니다.'라고 하였다. …

상이 이르기를, '우리나라는 평상시에 장수를 기용하는 방도가 어긋나서 반드시 과실이 하나라도 없는 자를 찾으려 한다. 옛날에 오기(吳起)와 같은 자도 그 인품으로 논하자면 족히 볼 만한 것이 없었으나 그 재지(才智)는 기용할 만하였다. 문사(文士)라 하더라도 역시 잘못을 면하지 못하는 법인데 무인(武人)에게 어떻게 완전하기를 요구할 수 있겠는가.'라고 하니, …

충원(忠元)이 아뢰기를, '무장(武將)에게 완전한 것을 구할 수 없다는 말씀은 매우 지당합니다. 한 가지 재주나 한 가지 기예를 갖춘 자도 모두 기꺼이 기용해야 합니다. …'하니, …

사신은 논한다. 옛날부터 인재는 다른 시대에서 빌릴 수 없는 법이다. 우리나라의 땅이 비록 편협하지만, 어찌 한때 장수가 될 만한 자가 없겠는가. 원익이 대신의 몸으로 전하께서 흉금을 털어놓고 하문하자 도리어 쉽게 얻기는 매우 어렵다는 것으로 대답하여 성상이 애타게 기다리는 마음을 너무도 낙담케 하였으니, 애석한 마음 금할 수 없다."

해설: 이원익은 원균을 비판적인 관점에서 바라보았다. 그는 이순신과 친밀하였고, 무사(武士)조차 조행(操行)이 선비와 똑같아야 한다는 선입견을 품고 있었다. 안타까운 일이었다. 위의 기록을 통해 확인한 사실이지만 원균은 용맹하고 공이 많았으며 매우 청렴결백한 장수였다.

선조 29년(1596) 11월 7일: "미시(未時, 13시) 정각에 상이 별전(別殿)에 나아가 대신(大臣)과 【이산해(李山海)·유성룡(柳成龍)·윤두수(尹斗壽)·김응남(金應南)·정탁(鄭琢)·이원익(李元翼).】 비변사(備邊司) 유사 당상(有司堂上)을 【김명원(金命元)·김수(金晬)·이덕형(李德馨)·유영경(柳永慶), 승지 이덕열(李德悅).】 인견(引見)하였다.

상이 이르기를, '어찌하여 각각 품은 생각을 말하지 않는가?'라고 하니, 이산해가 아뢰기를, '병란이 일어난 지 5년인데 좋은 계책이 전혀 없으므로 강화(講和)만을 믿다가 이렇게 궁박하게 되었으니, 어찌 이처럼 한심한 일이 있겠습니까.

대저 수전(水戰)과 육전(陸戰)은 차이가 있어서 육전은 쉽지 않으나 수전만은 이길 수 있는데, 애초 적장(賊將)을 사로잡았을 때(누구를 생포하였는지는 알지 못함) 원균(元均)을 다른 데에 옮겼고(충청병사를 거쳐 전라병사로 보낸 일), 또 근래에는 주사(舟師, 수군)가 완전히 없어졌기 때문에(이순신이 통제사였으나, 조정의 공론은 수군이 부실하여 없는 것과 다름없다고 보았다.) 수전의 공효(功效)를 듣지 못하게 되었으니 매우 분합니다. … 소신은 병이 깊어서 평시에도 착란하여 조치를 잘못하였거니와, 이제는 정신이 어지러워서 죄다 아뢰지 못합니다.'라고 하고,

유성룡이 아뢰기를, '소신의 생각은 아침에 이미 대강 아뢰었습니다.'라고 하였다.

… 상이 이르기를, '원균은 어떠한 사람인가?'라고 하니, 유성룡이 아뢰기를, '예로부터 육장(陸將)은 수전을 잘못하고 수전하는 자는 육전을 잘못했습니다. 원균이 제 몸을 잊고 용감히 싸우는 것은 그의 장점이나 지친 군졸을 어루만지는 것이라면 감당할 수 없을 것입니다. 이 일(수사의 직무)을 맡길 다른 사람이 있다면 그를 등용해야겠습니다.'라고 하고,

정탁이 아뢰기를, '수전이 그의 장기이니, 이제 그 단점을 버리고 그 장점을 쓰는 것이 나을 것입니다.'라고 하였다.

해설: 원균에게 수군을 거느리게 하자는 것이다. 당시에 일본과 중국의 평화협상이 최종적으로 결렬되었다. 전운이 일어나는 마당에 조정에서는 원균을 다시 수군으로 돌려보내자는 의견이 다수였다.

상이 이르기를, '선거이(宣居怡)는 병이 있는가?'라고 하니, 이산해가 아뢰기를, '중풍을 앓은 지 오래되어 일을 시킬 수 없습니다.'라고 하였다.

유성룡이 아뢰기를, '원균이 힘껏 싸운 것은 사람들이 모두 아는 바입니다. 하지만 한 번 수전한 뒤에 착오를 일으켜 영남의 수군 중에는 (이영남처럼 그를) 원망하고 배반하는 자가 많이 있으므로, 원균에게 맡길 수 없는 것은 분명합니다. 더구나 이순신(李舜臣)과 원균이 사이가 나쁜 것도 조정에서 잘 아는 바입니다. 소신의 생각으로는, 수륙의 차이가 있더라도 함께 협동해야 할 것이었습니다. 그래서 두 사람이 모여 서로 의논하게 하였으나 원균은 발끈하여 노기(怒氣)가 있었습니다.'라고 하니,

상이 이르기를, '이순신도 그러하던가?'라고 하자, 이원익이 아뢰기를, '이순신은 스스로 변명하는 말이 별로 없었으나, 원균은 기색이 늘 발끈하였습니다. 예전의 장수 중에도 공을 다툰 자는 있었으나, 원균은 심하였습니다.

소신이 올라온 뒤에 들으니, 원균이 이순신에 관해 분하다는 말을 매우 많이 하였다고 합니다. 이순신은 결코 한산(閑山)에서 옮길 수 없으니, 그를 옮긴다면 일마다 다 틀어질 것입니다. 전하께서 하교(下敎)하시어 (원균은 지금) 그대로 병사(兵使)로 있게 하는 것이 나을 듯합니다.

조정에서 여러 가지로 그에게 하유(下諭, 타이름)하여도 뜻을 움직일 수 없었습니다.

그러므로 소신도 이런 위급한 때 마음을 합하여 함께 구제해야 한다고 주장하였으나, 원균은 노기를 풀지 않았습니다. 이 일은 어렵지 않겠습니까.' 하니, 상이 이르기를, '난처한 일이다.'라고 하였다.

윤두수가 아뢰기를, '원균은 소신의 친족인데, 신이 오랫동안 그 사람을 보지 못하였습니다. 대개 이순신이 (그보다) 후진인데 지위가 원균의 위에 있으므로 발끈하여 노여움을 품었을 것입니다. 조정에서 헤아려 잘 처리해야 할 것입니다.'라고 하니,

상이 이르기를, '내가 전날에 들으니, 당초에 군사를 청한 것은 실로 원균이 한 것이었다. 그런데 조정에서 원균이 이순신만 못하다고 생각하였으므로 원균이 이렇게 노하였다고 하고, 또 들으니 원균은 적을 사로잡을 때 선봉(先鋒)이었다고 한다.'라고 하였다.

유성룡이 아뢰기를, '원균은 가선(嘉善, 종2품 하계)이 되었을 뿐인데 이순신은 정헌(正憲, 정2품 상계)이 되었으므로, 바로 이 때문에 원균이 분노한 것입니다.'라고 하니,

상이 이르기를, '내가 들으니, 군사를 청하여 수전한 것은 원균에게 그 공이 많고 이순신은 따라간 것이라 한다. 또 들으니, 이순신이 왜인을 많이 잡은 것은 원균보다 나으나, 그 공을 이룬 것은 실로 원균에게서 비롯하였다고 한다.'라고 하였다.

이원익이 아뢰기를, '소신이 원균의 공은 이순신보다 나을 수 없다고 조용히 말하자 원균이 말하기를, 이순신은 물러가 있고 구원하지 않다가 천 번 만 번 불러서야 비로소 진군(進軍)하였다고 하였습니다. 원균은 침범당한 (경상도) 지방에 있으면서 적과 싸우기를 바랐으나, 이순신이 원균과 당장에 함께 나가서 싸우지 못한 것은 형세가 그러하였던 것입니다.'라고 하고,

이덕열이 아뢰기를, '이순신은 (원균이) 열다섯 번이나 부르기를 기다린 다음에 처음으로 나아갔는데, (연합 수군이) 적의 배 60척을 포획하자 맨 먼저 쳐들어간 것으로 자신의 공을 보고하였다고 합니다.'라고 하고,

이원익이 아뢰기를, '호남에 있던 적선이 자신이 있는 곳으로 돌진하면 적이 (사방에) 가득해질 우려가 있었으므로 어쩔 수 없이 나중에 간 것입니다. 원균은 처음에 많이 패하였으므로, 이순신이 쫓아갔을 때 옆에 서 있거나 손수 잡지는 않았더라도 (그의) 관하(管下, 휘하)가 잡은 것도 많았을 것입니다. 그런데 참급(斬級, 목을 벤 수)이 많은 것으로 보면, (이순신이) 원균보다 많았습니다.'라고 하고,

정탁이 아뢰기를, '그들이 공을 다투는 마음을 살펴보면 두 장수 모두 잘못한 것이 있음이 명백합니다. 그러나 이순신도 가볍지 않은 장수이니, 전하께서 하교(下敎, 가르침)하여 화해시키고 뒷날에 공을 세우라고 당부하는 것이 어떠하겠습니까?' 하고,

이원익이 아뢰기를, '원균은 처음에 많이 졌으나 이순신은 패하지 않았고 공이 있었습

니다. 그러므로 다툼에 실마리가 여기서 일어났습니다.'라고 하였다. …
유성룡이 아뢰기를, '… 적이 호남을 공격하면 (그 뒤로는) 반드시 공주(公州)로 길을 잡을 것입니다. 또 오늘날 급한 것은 오직 조령과 죽령인데, 이곳은 참으로 적이 오는 길목입니다. …' 하고 …
상이 호조판서에게 【김수(金睟)】 이르기를, '병란 끝에 오랫동안 기근이 있었는데, 어쩌다가 지난해(선조 28년)에 크게 풍년이 들고 올해(선조 29년)도 풍년이니, 우리나라를 도운 것이 매우 크다. 그렇기는 하나 도리어 적의 양식을 돕게 될까 염려된다. 이것을 (공개적으로) 말할 수는 없겠으나, 반드시 민간에 저축한 것이 없게 해야 한다. … ' 하니 …
윤두수가 아뢰기를, '청적(淸賊, 가토 기요마사)은 오로지 시설(厮殺, 싸우고 죽임) 하는 것을 일삼으니, 다시 움직인다면 그 화를 헤아릴 수 없을 것입니다.'라고 하였다.
… 유성룡이 아뢰기를, '신의 생각으로는, 적은 내년(선조 30년)에 움직일 것이고, 움직이면 먼저 호남을 침범할 것입니다.'라고 하였다. (정유재란 때 적이 호남을 노릴 것이란 점을 한 해 전에 정확히 예측하였다.) …
사신은 논한다. 적이 반드시 강하지만은 않고 우리가 반드시 약하지만은 않다. 인화(人和)를 보합(保合)하고 여신(餘燼)을 수습하여 성을 등에 지고 한번 싸워서 죽을 각오로 결전해야 할 것인데, 도리어 움츠리고 떨치지 않으면서 스스로 반드시 망할 것으로만 알고 있다. 임금은 사직(社稷)에 죽는다는 의리를 생각하지 않고 새가 나무를 고르듯이 편히 지낼 생각만 하여 위아래가 서로 속이고 흐릿하게 자신의 잘못을 모른다. …
유성룡이 아뢰기를, '동국(조선)의 서적은 어느 곳에 두어도 괜찮습니다. 이번 전쟁은 반드시 10년 안에는 안정되지 않을 것입니다. 가령 청정(淸正)이 스스로 패하더라도 끝내 필시 분노할 것이나, 만약 하늘이 우리나라에 복을 주어 그 나라에 변란이 생겨서 저희끼리 죽인다면 알 수 없습니다.'라고 하였다. (유성룡의 진단은 결과적으로 옳은 말이었다. 전쟁은 히데요시의 사망이라는 일본의 내부 변화로 끝났다.) …
윤두수가 아뢰기를, '왜인이 영악한 것은 청정만이 아니라 온 나라 안이 다 그러하여, 죽음을 두려워하는 빛이 조금도 없습니다.'라고 하자, (선조와 대신들은 모두 일본군의 용맹을 지나치게 두려워하였다.)
… 이원익이 아뢰기를, '… 영남은 이미 왜적을 겪었으므로 거의 경동(驚動)하는 마음이 없겠으나, 양호(兩湖, 전라와 충청도)는 부역이 많으므로 사람들이 다 원망하고 배반하여 국가가 있고 관원이 있는 줄 모르니, 매우 민망합니다. 다른 도는 두루 돌 수

없는 형세이므로 반드시 금오성에 들어가 지키려 하는데, 비변사가 안 된다고 합니다.'라고 하니 …"

해설: 그날 전라병사 원균을 수군으로 보낼 방침이 세워진 셈이었다. 조정에서는 일본군이 일차적으로 전라도를 습격하고 이어서 충청도까지 짓밟을 줄 짐작하고 있었다. 과연 그 짐작대로 적이 연달아 두 지역을 습격하였는데, 우리는 나름대로 침략에 대비하였다고 하지만 성과는 거의 없었다.

선조 29년(1596) 11월 9일: "해평부원군(海平府院君) 윤근수(尹根壽)가 아뢰기를, '… 적이 다시 쳐들어온다면, 지난번에 패하여 흩어진 그 군졸로 맞설 것인데, 어찌 다시 지탱할 수 있겠습니까. 신이 감히 생각한 것으로 함부로 어리석은 말을 하여 묘당(廟堂)의 계책에 만 분의 일이라도 우러러 도우려고 삼가 아래에 조목조목 적으니 성명(聖明)께서 재단하여 취택하시기 바랍니다.
신이 지난번에 원균(元均)을 도로 경상우수사(慶尙右水使)로 삼아 주사(舟師)를 다시 거느리고 적의 침략에 미리 대비하기를 청하였습니다. 그러나 원균이 현재 맡은 (전라)병사(兵使)를 대신할 사람을 얻기가 어렵다는 보고가 왔습니다.
신이 전에 《일본고(日本考)》를 보니, 근일에 임회후(臨淮侯) 이언공(李言恭)이 지은 것인데, 왜적은 육투(陸鬪)를 잘하고 수전(水戰)을 잘못한다고 분명히 말한 대목이 있습니다. 또 임진년(선조 25년)의 병화(兵禍) 이후에 적의 예봉(銳鋒)을 크게 꺾은 것은 주사(舟師)만 그러하였을 뿐입니다. 육전(陸戰)은 모두 그렇지 못하였습니다. 또 듣건대 적은 (우리) 주사를 특히 심하게 두려워하여 피하고 감히 접근하지 못하나 우리 육군은 어린아이처럼 생각한다고 합니다.
임진년에 수전한 장수 중에서 공이 있는 자는 손꼽아 셀 수 있는데, 그 가운데에서 원균이 가장 우직하여 제 몸을 잊고 용맹을 떨치며 죽음을 피하지 않아 공적이 매우 뚜렷합니다. 또 수전에 익숙하여 적을 보는 대로 나아가 이기기만 하였고 지는 일이 없었습니다. 그러므로 군졸이 믿고 두려워하지 않았는데, 이제 (그가) 주사를 버리고 기보(騎步)를 거느립니다. 병사(兵使)가 수사(水使)보다 높기는 하나, 이것은 옛사람이 이른바, 그가 잘하는 것을 버려두고 그 재주를 못 쓰도록 한다는 것입니다.
더구나 이제 다섯 적장(賊將)과 큰 군사가 겨울이나 봄에 올 것이라는 신보(申報)를 들었으니, 우리나라에서는 서둘러 바다 가운데에서 막아 죽일 생각을 해야 할 것입니다. 혹시 조금이라도 늦추었다가 적이 뭍에 내리게 한다면, 뒤에 보기(步騎)가 수만 명이 있더라도 어찌 선풍처럼 빨리 오는 예봉을 막을 수 있겠습니까. 임진년의 일을 경계해야 합니다.

바다 가운데에서 (적을) 막고 죽여서 감히 언덕에 오르지 못하게 하는 것이 오늘날 적을 막는 첫째 방책입니다. 그러므로 주사의 장수는 본디 과거에 싸워서 여러 번 이긴 자 가운데서 선택해야 할 것입니다. 원균이 수군을 거느리면 반드시 이길 도리가 있음을 기대할 수 있겠으나, 마땅하지 않은 사람으로 담당하게 하여 적에게 대항하지 못하면, 적이 혹시라도 호남으로 가는 길을 한번 범하면 원균이 한 도의 기보 군졸을 거느려 대장(大將)이 되어도 결코 수전에서처럼 뜻대로 싸우지 못할 것입니다. 다시 그를 수사로 삼아 전날에 싸웠던 장기(長技)를 쓰게 하지 않으면 아니 되겠습니다. 육군의 장수로 말하면 마땅한 사람이 있을 것이니, 어찌 원균을 대신하여 감당할 자가 없겠습니까.

어떤 이는 말하기를 〈원균은 이순신(李舜臣)과 서로 사이가 좋지 않다. 이순신이 통제사(統制使)이므로 원균을 절제(節制, 지휘)할 것인데, 원균이 그 아래에 있는 것을 감수하지 못하여 두 장수가 화합되지 않을 것이다. 하면 일이 성공될 리가 없을 듯하다〉고 하나, 신은 그렇지 않다고 생각합니다.

통제사란 직임은 한때 필요에서 생긴 것이어서 그대로 둘 수도 있고 없앨 수도 있습니다. 이순신의 통제사라는 직명도 오히려 낮출 수 있고 혹 원균을 경상도 통제사라 칭하여 이순신과 명위(名位)가 대등하게 할 수도 있습니다. 신축성 있게 임의로 바꾸더라도 안 될 것이 없습니다. 대개 원균의 자급(資級)이 본디 이순신과 같았기 때문입니다. 이것은 국가의 존망에 관계되는 것이므로, 감히 다시 아뢰어 번거롭게 하는 혐의를 피할 겨를이 없는 것입니다.

신은 지난번에 한산(閑山)의 주사(舟師)를 빨리 움직여 거제(巨濟)의 장문포(場門浦)에 진주하자고 아뢰었습니다. 이제는 적들이 들어와 침범할 형상이 이미 드러났고, 눈앞에 닥친 일이므로 매우 급합니다. 조금도 늦출 수 없으니, 모두 거제에 진주하여 수로(水路)를 제압하고 있다가 책사(冊使)가 나온 뒤에는 오가는 적의 배를 모두 주사로 막고 잡아죽임으로써 적이 (조선으로) 오는 길을 끊어야 합니다. 그리고 혹시 적의 장수가 나오는데 주사의 장수들이 전쟁을 꺼려 미처 막지 못하였다고 핑계되면 바로 군법으로 처리하여 군율(軍律)을 엄하게 해야 합니다. 바라건대, 속히 하서(下書)하여 이순신 등이 급히 (장문포에) 진주하도록 엄히 신칙(申勅, 지시)하여 다른 말로 핑계하지 못하게 하소서.

해설: 윤근수의 견해는 매우 좋았으나, 그대로 시행되지 않았다. 결국에 아군은 거제도를 되찾지 못하고 적군의 차지가 되었다. 그러므로 적의 재침략을 막을 수 없었다.

신은 전에 경상감사(慶尙監司)가 되어 좌도(左道)·우도(右道)의 바닷가에 있는 각 진포(鎭浦)를 두루 다녔는데, 좌도의 개운포(開雲浦) 이북은 판옥선(板屋船)을 부리는 데에 익숙하지 않고 제도가 어긋나서 작전하기에 어렵습니다. 바닷길이 조금만 멀면 바다로 나갈 때 작은 배를 사용할 뿐으로 판옥선은 헛되이 만들어서 매어 둘 뿐입니다.
또 좌수사(左水使)의 본영(本營)은 본디 동래(東萊) 지역에 있어 부산(釜山)에서 거리가 매우 가까웠는데, 이제는 적을 피해 멀리 옮겨 장기(長鬐) 같은 곳에 주재합니다. 그래서 우도의 주사와 성세(聲勢)가 아득하여 서로 닿지 않습니다. 이것은 병란을 피하려는 생각이니, 급할 때 어떻게 도움이 되겠습니까. 좌수사도 판옥주사(板屋舟師)를 정제하여, 책사(명나라 사신)가 돌아와 부산에 닿거든 곧 우도의 주사가 주재한 곳으로 옮기게 하여, 서로 합해 좌우의 형세를 만들고 기각(掎角)의 계책으로 삼아야 합니다. 그러면 군용(軍容)이 조금 씩씩해질 수 있을 것입니다.
개운포 이북은 판옥선 수를 줄이고, 줄인 만큼 배의 격군(格軍)과 수졸(水卒)을 좌수사가 거느리고 (우수영과 같은 곳으로) 와서 주사가 모자라는 곳에 채워야 합니다. 개운포 이북에서는 판옥선이 헛된 것으로 쓸데없는 것이라면, 주사가 모자라 한 명의 군졸이라도 시급한 이때 어찌 앉아서 보기만 하고 갈 데가 없게 만들 수 있겠습니까. 오늘날 크게 걱정할 것은 판옥선의 수가 적은 것이 아니라 배마다 격군이 모자라는 것입니다. 빨리 좌수사에게 명하여 미리 이동 준비를 하게 하시고 때맞춰 곧 봉행하도록 하소서. …' 하니, (상이) 답하기를, 이렇게 글로 써서 아뢰니 매우 아름답고 기쁘다고 하였다."

해설: 윤근수는 원균을 수군으로 다시 기용하여 이순신과 함께 일본군의 재침을 방어하자고 주장했다. 또, 그는 유명무실한 경상좌수영을 이전하여 경상우수영과 함께 주둔하면서 합동작전을 펴게 하자고 건의했다.

선조 29년(1596) 11월 13일: "판중추부사 윤두수(尹斗壽)·좌의정 김응남(金應南)·지중추부사 정탁(鄭琢)·우의정 이원익(李元翼) 등이 청대(請對) 하니, 아뢴 대로 하라고 답하였다. 오시(午時) 초에 별전(別殿)에 나아가 네 대신(大臣)을 인견(引見)하였는데, 승지(承旨) 허성(許筬)이 입시하였다.

김응남이 아뢰기를, ' … 적이 아직 바다를 건너오지도 않았는데 인심이 먼저 동요하여 중국 사신의 양식을 장만하는 군사까지도 다 달아나고 장흥고(長興庫)도 종이를 진배(進排)하지 않아서 공사(公事)가 다 폐기되니, 서울 사람의 경동(驚動)함이 이보다 더 심할 수 없습니다. 시정(市井) 사람들이 이 때문에 동문(東門)에서 일제히 호소하며 경성(京城)을 지키기를 바란다 합니다.'라고 하고,

윤두수가 아뢰기를, '대가(大駕)가 파천(播遷)하면 도리어 임진년만도 못할 것이니, 내전(內殿)은 나가더라도 위에서는 반드시 성을 지킬 생각을 하셔야 하겠습니다. … 신이 밤새도록 자지 못하고 충분히 생각해 봤는데 국가의 대계는 오직 강화가 그래도 좀 낫겠습니다. 비변사 당상의 뜻도 이러합니다.'라고 하고,

정탁이 아뢰기를, ' … 내전(왕비)은 먼저 강화로 가는 것이 좋겠는데, 소신의 의견도 윤두수와 같습니다. 바라건대, 각별히 체념(體念)하소서.'라고 하고, …

윤두수가 아뢰기를, '왜를 막는 데에는 주사(舟師)만 한 것이 없을 것입니다. 저들의 배는 본디 얄팍한데 장왜선(將倭船)은 더욱 가볍고 빠르니, 한번 포를 쏘고 나서 주사를 장문포(長門浦)에 들어가게 하고 원균(元均)이 영등포(永登浦)를 지키면서 적선이 왔을 때 포로 맞서 치게 하면, 아마도 편리할 듯합니다.'라고 하고,

정탁이 아뢰기를, '왜적은 주사를 매우 두려워하니, 이순신(李舜臣)을 시켜 주사를 거느리고 치게 하면 청적(淸賊)의 선봉(先鋒)을 격파할 수 있을 것이고, 적이 많아서 수적으로는 열세이지만 그들을 꺾어 패하게 할 수는 있을 것입니다.'라고 하고, … 상이 이 모두에 대해 입을 다물고 답하지 않았다. …

이원익이 아뢰기를, '지금 반드시 나라를 잃을 것으로 생각하면 안 됩니다. 왜적이 오더라도 반드시 아무쪼록 막을 것을 생각해야 할 것인데, 더구나 그들에게도 멸망할 형세가 있으니, 어찌 그들만이 우리보다 강하다고 하겠습니까. 혹 낭패하게 되더라도 비변사로서는 내전도 나가지 않고 성안에서 굳게 지켜야 한다고 하는 것이 옳습니다. … 다만 중국에 의지하여 편안하기를 바라면서 적이 곧바로 서로(西路)로 향하게 한다면, 여기에서 또 다른 곳으로 옮겨 보존하려고 한들 해낼 수 있겠습니까.' 하고, …"

해설: 원균에게 수군의 지휘를 맡기는 것은 정해진 방침이었다. 그런데 적이 쳐들어오기도 전에 선조는 적군을 두려워하며 피난 갈 생각부터 하였다. 그 때문에 조정이 불안하였다.

선조 29년(1596) 11월 17일: 묘시 정각(7시)에 상이 별전(別殿)에 나아가 우의정 겸

강원 충청 전라 경상 등도 도체찰사(右議政兼江原忠淸全羅慶尙等道都體察使) 이원익(李元翼)을 인견(引見)하였다. … 상이 이르기를, "적이 다시 움직이면 반드시 전라도를 침범할 것이다."라고 하니(선조가 옳게 짐작했다.), 이원익이 아뢰기를, '그것도 알 수 없습니다. 근일 떠도는 말을 들으면 청정(淸正)이 〈반드시 왕자(王子)를 잡아가겠다.〉고 하였다 하는데, 이는 절로 마음 아파지는 일입니다. …' 이원익이 아뢰기를, '우리나라 사람은 참으로 스스로 힘써야 하니, 어찌 오로지 중국만을 믿을 수 있겠습니까.' 하니, 상이 이르기를, '우리나라는 본디 논의가 많거니와, 비변사에서까지 논의가 분분하여 참으로 한결같지 않으니, 매우 불편하다.'라고 하였다. …

이원익이 아뢰기를, '… 또 한산도(閑山島)는 날씨가 좋아 들어갈 만하면 신이 한번 가보고 주사(舟師)를 얼마쯤 징발하여 막을 계책을 의논하려 합니다. 충청도까지만 내려가라고 하교(下敎)가 있기는 하였으나, 반드시 소신이 남방에 내려가야 각포(各浦)의 배를 내어 농민(農民)을 실을 것이고 연해(沿海)의 주사도 급히 징발할 수 있을 것입니다. 여기에서는 미리 헤아리기 어렵습니다.'라고 하였다.

상이 이르기를, '주사는 공천(公賤)과 사천(私賤)을 따지지 않는다는 말이 맞는가?'라고 하니, 이원익이 아뢰기를, '… 이제 또 수군과 육군이 다 죽었으므로 전결에 따라 농민까지 죄다 내었고, 또 장흥(長興) 이남은 한배에 90명을 배정하고 4운(運)으로 나누었는데, 가량(價糧)을 주지 않았습니다. 그러다가 신이 올라오니, 해사(該司)가 다 '경비가 모자라므로 도로 공문을 보내어 사천을 뽑아내게 하였다.' 했습니다고 하였다. …

상이 이르기를, '제어하는 것으로 말하면, 김응서의 도량이 우연한 것이 아닌 듯하다.'라고 하니, 이원익이 아뢰기를, '김응서가 제어를 잘하여 그런 것이 아니고, 단지 그들의 말을 들어주어 대접을 후하게 해주기 때문입니다. 모든 요구에 대해 그 뜻을 따라 주지 않는 것이 없어서, 혹 여색을 구해도 바라는 대로 해주니, 군중(軍中)이 자못 원망합니다.'라고 하였다. …

상이 이르기를, '주사(舟師)로 왕래하는 적의 배를 막아야 하겠다.'라고 하니, 이원익이 아뢰기를, '주사도 서둘러야 하고, 청야(淸野) 하는 일도 늦추어서는 안 되겠습니다.'라고 하였다. 상이 이르기를, '5년 동안 군사를 훈련하였으면, 반드시 간사한 꾀가 있을 것인데, 우리나라의 궁시(弓矢)나 배의 제도를 적이 배우지 않았겠는가? 그들이 우리나라 배를 만들어 대포를 싣고 온다면 해로울 것이다.'라고 하니, 이원익이 아뢰기를, '큰 배로는 물마루를 넘어 들어올 수 없으므로 저들이 다 새로 만들었으나 우리 배만 못한데, 튼튼하지는 않더라도 바다를 건너는 데 편리하도록 만들었기 때문에 그렇습니다. 그들의 기술은 매우 정교하지만, 주사는 그들도 겁을 냅니다. 그들의 배는 매우 얇으므로, 우리 배와 부딪치면 부서지지 않는 것이 없습니다.
원균(元均)은 주사로 용감히 싸웠으므로, 윤두수(尹斗壽)가 신에게 반드시 그를 쓰게 해야 한다고 하였는데, 소신도 반드시 그렇게 하려 합니다.'라고 하자,
상이 이르기를, '두 장수가 서로 사이가 좋지 않으니, 일이 어떻게 될 수 있겠는가. 원균은 끝내 이순신(李舜臣)의 부하가 되려 하지 않고 매우 미워한다.'라고 하였다.
이원익이 아뢰기를, '활을 많이 만들려 하여도 뿔은 있으나 힘줄이 없는데, 제주(濟州)에 배가 없으므로 또한 넉넉히 가져올 수 없습니다. 총통(銃筒)을 만들어도 화약이 없으니, 매우 염려됩니다. 또 일로(一路)의 군기(軍器)를 이미 많이 내어놓았으나, 말이 없어서 나르지 못합니다. 그리고 화약은 경중(京中)에 많이 있습니다.'라고 하니,
상이 이르기를, '경중에서 어찌 반드시 죄다 쓰겠는가. 아무쪼록 많이 가져가야 하겠으니, 해사(該司)에 말하여 넉넉히 가져가라.' 하자, 이원익이 아뢰기를, '선천(宣川)에 있는 화약 3천 근은 서방(西方)에서 죄다 써서, 전일 가져간 50근도 매우 적습니다. 〈장계(狀啓)〉에 말한 1천 근도 적어서 방어하기 어렵습니다.'라고 하였다.
상이 이르기를, '내장(內藏)의 군기(軍器)는 이번에 가져가는가?'라고 하니, 이원익이 아뢰기를, '병조(兵曹)에 말이 없으므로 지금 구하고 있습니다.'라고 하였다. …
상이 이르기를, '남방 사람은 조총(鳥銃)을 쏠 줄 아는가?'라고 하니, 이원익이 아뢰기를, '알기는 압니다마는, 경중(京中) 사람만큼 정교하지 못합니다.'라고 하였다. … 상이 이르기를, '남방 사람은 모두 싸우고자 한다는데, 사실인가?'라고 하니, 이원익이 아뢰기를, '양남(兩南, 전라 및 경상도) 사람은 다들 요역(徭役)에 괴로우므로 싸울 뜻이 없으나, 북돋아 인도한다면 어찌 절로 격려되지 않겠습니까. 신이 영남(嶺南)의 인심을 오래 관찰했는데, 그들이 〈임진년에는 뜻밖에 병란을 당하였으므로 그처럼 겁냈으나, 이제 다시 온다면 어찌 적과 함께 살 수 있겠는가〉라고 말하고는 있습니다만, 병란을 당해보아야 알 수 있습니다. …
호남(湖南)은 차역(差役)이 매우 중하므로 인심이 원망한다는 말이 있는데 어찌 다들 난동까지야 생각하겠습니까. 그러나 국가가 잘 알아서 처치해야 하겠습니다. 전라도는 임진년의 병란 이후로 국가에 공이 많거니와, 양반 중에서 근왕(勤王)한 자는 다 호남 사람입니다. 또 호남이 원망하는데도 나라에서 사람을 대우하는 것은 그렇지 않으니, 성색(聲色)의 차이 없이 호남 사람을 꼭 거두어 써야 하겠습니다.'라고 하였다. … 오시(午時, 11~13시)에 파하여 나왔다.

해설: 그날 어전 대담이 오전 7시부터 5시간 이상 계속되었다. 사안의 중대함을 엿볼 수 있고, 선조가 이원익을 얼마나 신뢰하였는지도 짐작할 수 있다.

선조수정실록, 선조 29년(1596) 12월 1일: "당시에 심유경은 '평행장은 실로 가토 기요마사와는 의견을 달리하여 화의의 일이 성심에서 나왔다.'라고 하였으며 조정도 그렇게 믿었다. 만약 그렇다면 도요토미 히데요시와 같은 사나움으로 이미 조선이 저희를 업신여겼다고 이르면서 봉전(封典)까지도 받지 않았으니 이는 화의와는 크게 어긋난 것이다. 마땅히 행장을 엄하게 벌해야 하는데도 여전히 그를 의지하고 신임할 뿐 아니라 비밀리에 우리나라에 첩자를 보내어 이순신(李舜臣)을 제거하고 원균(元均)을 속여 패전하게 했으니 이는 실상 가토 기요마사와 표리가 되어 한 짓이다. 더구나 가토 기요마사는 일본 명장들 가운데 우두머리이고 행장은 도요토미 히데요시의 중신(重臣)인데 어찌 우리나라에 몰래 통고하고 틈을 봐서 살해할 리가 있겠는가. 그렇다면 도요토미 히데요시가 어떻게 강적이 되어 우리에게 침범할 수가 있었겠는가.

해설: 올바른 지적이다. 우리 수군의 두 명장이 곤욕을 치른 것은 김응서-권율-이원익-유성룡 등이 일본의 계략에 놀아났기 때문이다.

그들이 화의를 위하여 왕래한 것은 중국 사람의 뜻에 거짓으로 응하면서 사실은 교묘한 계책을 실행하여 중국 군사들을 지치게 하고 우리나라 군사를 피로하게 한 뒤에 이미 휴식을 취한 저들의 군사들을 재차 출병하고는 중국 황제를 성나게 해서 군대를 동원하여 원정을 오게 함으로써 저들은 군대를 바다에 주둔시킨 채 주인이 객을 기다리는 전술로써 필승의 계책으로 삼으려는 것이었다.
그러므로 당시에 황신은 상에게 아뢰기를, '예로부터 심원한 모책과 비밀스런 계획이 적장으로부터 나온 것은 아직 없습니다. 행장과 가토 기요마사는 다른 점이 없어서 그 말을 믿을 수 없습니다.'라고 하였다.

선조 30년(1597) 1월 22일: 전라도병마절도사 원균의 서장은 다음과 같다.
'신이 중요한 임무를 위임받아 남번(南藩)을 지키고 있으면서 노둔하나마 힘을 다하여 만세의 원수를 갚고자 하였습니다. 그러나 스스로 생각해도 몸이 이미 매우 쇠약하여 나라에 보답하는 것이 많지 못하니, 하늘을 바라보고 임금을 우러르면서 단지 통곡만 할 뿐입니다. 지금 변방 일에 어려움이 많아 군사를 일으키고 대중을 움직이기에 겨를이 없습니다. 여러 고을에 신칙하여 군마를 정제하여 신이 사졸에 앞장서서 일거에 섬멸하려 합니다.
다만 수륙(水陸)의 일을 헤아려 말한다면, 임진년 초기에 육지의 적이 기세를 떨쳐 순월(旬月) 사이에 평양까지 침입했으나 해상의 적은 해를 보내도록 패하여 끝내 남해(南海) 이서(以西)에는 이르지 못하였으니, 우리나라의 위무(威武)는 오로지 수군에 달려 있습니다.
신의 어리석은 생각에는 수백 명의 수군으로 영등포(永登浦) 앞으로 나가 몰래 가덕도(加德島) 뒤에 주둔하면서 경선(輕船)을 가려 뽑아 삼삼오오 짝을 지어 절영도(絶影島) 밖에서 무위를 떨치고, 1백여 명이나 2백 명씩 대해(大海)에서 위세를 떨치면, 청정(淸正)은 평소 수전(水戰)이 불리한 것에 겁을 먹고 있었으니, 군사를 거두어 돌아갈 것으로 생각합니다.
원하건대 조정에서 수군을 가지고 바다 밖에서 맞아 공격해 적이 상륙하지 못하게 한다면 반드시 걱정이 없게 될 것입니다. 이는 신이 쉽게 말하는 것이 아니라 전에 바다를 지키고 있어서 이런 일을 잘 알기 때문에 이제 감히 잠자코 있을 수가 없어 우러러 아룁니다.'라고 하였는데, 비변사에 계하하였다."

해설: 원균의 뜻은 윤두수 등의 의견과 다름없었다. 가덕도의 뒤에 진을 치고 일본군의 상륙을 방해하자는 계책이었다. 그러나 조정에서 결정을 미루는 바람에 일본군이 바다를 건너 다시 들어왔고, 이러한 한시적인 방어책은 사용할 수 없게 되었다. 그런데도 후세는 원균의 지략이 부족하여 이처럼 어리석은 계획을 제시하였다며 그를 비방한다.

선조 30년(1597) 1월 23일: "사시(巳時)에 상이 대신과 비변사 유사 당상을 명초하여 인견하였다. … 이산해가 아뢰기를, '이후에는 힘껏 수군을 조치해야만 믿을 수가 있습니다. 신이 지난번 호서(湖西)에 있을 적에 마침 원균(元均)을 만났습니다. 원균이 말하기를 〈왜적을 무서워할 게 무엇인가?〉 하기에 신은 처음 듣고는 망령되다 여겼습니다. 지금에 와서 보니 수군을 믿고 그런 말을 한 것을 알게 되었습니다. 이번 김신국(金藎國)이【김신국이 군기 선유관(軍機宣諭官)으로 이원익(李元翼)에게 내려갔다가 돌아왔다.】돌아왔는데 신이 물었더니, 김신국이 말하길 〈도체찰사 역시 수군을 믿고 있다.〉라고 하였습니다.'라고 하였다.
상이 이르기를, '왜추(倭酋)는【행장(行長)을 말한다. 행장이 김응서(金應瑞)에게 청정

(淸正)을 도모할 계책을 일러주었는데, 유성룡(柳成龍) 등이 적의 말을 경솔히 듣다가 그들의 계책에 빠질까 싶다며 경솔히 움직이지 못하게 했기 때문에 이런 일이 있게 된 것이다.】 손바닥을 보이듯이 가르쳐 주었는데 우리는 해내지 못했으니, 우리나라야 말로 정말 천하에 용렬한 나라이다.

지금〈장계〉를 보니, 행장 역시 조선의 일은 매번 이렇다고 조롱까지 하였으니, 우리나라는 행장보다 훨씬 못하다. 한산도(閑山島)의 장수는 편안히 누워서 어떻게 해야 할 줄을 몰랐었다.'【한산도의 장수는 통제사 이순신(李舜臣)이었다.】라고 하니,

윤두수가 아뢰기를, '이순신은 왜구를 두려워해서 그런 것이 아니라 실로 나가 싸우기에 싫증을 낸 것입니다. 임진년 정운(鄭運)이 죽을 때도 절영도(絶影島)에서 배를 운행하다 적의 대포에 맞아 죽었습니다.'라고 하고,

이산해는 아뢰기를, '이순신은 정운과 원균이 없어서 그렇게 체류한 것입니다.'라고 하고,

김응남은 아뢰기를, '정운은 이순신이 나가 싸우지 않는다 하여 참(斬)하려 하자 이순신이 두려워 마지못해 억지로 싸웠으니, 해전에서 이긴 것은 대개 정운이 격려해서 된 것입니다. 정언신(鄭彦信)이 항상 정운의 사람됨을 칭찬했습니다.'라고 하였다.

상이 이르기를, '이번에 이순신에게 어찌 청정의 목을 베라고 바란 것이겠는가. 단지 배로 시위하며 해상을 순회하라는 것뿐이었는데 끝내 하지 못했으니, 참으로 한탄스럽다. 이제 도체찰사의 장계를 보니, 시위할 약속이 갖추어졌다고 한다.'라고 하고, 상이 한동안 차탄(嗟歎)하고는 길게 한숨지으며 이르기를, '우리나라는 이제 끝났다. 어떻게 해야 하는가, 어떻게 해야 하는가.'라고 하니,

윤두수가 아뢰기를, '왜적은 만세토록 잊지 못할 원수여서 밤낮으로 복수를 생각해야 합니다. 심유경(沈惟敬)은 분쟁(紛爭)을 푸는 것을 자기 임무로 삼고 있으니 어찌 다른 뜻이 있겠습니까. 모름지기 극진하게 대접해야 합니다. 이번에도 친히 접견하지 않았으니 그의 마음이 서운할까 싶습니다.'라고 하였다. …

이산해는 아뢰기를, '인심을 책려하고 수군을 정돈하여 장래를 도모하는 것이 오늘날의 급선무입니다.'라고 하고, …

유영경이 아뢰기를, '갑오년(선조 27년) 사이에 사람들 모두가 석성(石星)의 화상(畫像)을 걸어놓고 생사(生祀)를 지냈습니다만 신은 홀로 천하의 대사를 그르칠 것이라고 말하였는데 과연 신의 말과 같이 되고 말았습니다. 지금은 하교하신 대로 먼저 사신을 의주로 보내 성지(聖旨)가 동쪽에 반포되기를 기다렸다가 즉시 들어가 주문(奏聞)해서 다시 성지를 받든 뒤에 서서히 사신을 보내야 합니다.'라고 하자, 상이 이르기를, '그

렇다.'라고 하였다. …

유성룡이 아뢰기를, '임진년에 우리나라 사람들이 조금만 전쟁을 알았다면 반드시 적이 무인지경처럼 들어오지는 못했을 것입니다.'라고 하였다. 상이 이르기를, '그 말은 맞다. 부산의 적이 곧바로 전라도로 향하겠다고 선언하고 있으나 만약 우리나라 백성의 의복으로 변장하고 경기(輕騎) 수천 명을 거느리고 곧바로 경성(京城)에 박두한다면 어찌 알 수 있겠는가.'라고 하니,

유성룡이 아뢰기를, '그건 그렇지가 않습니다. 소신이 보는 바로는 이 적들은 용병(用兵)에 능합니다. 이 적들이 〈완전한 행군을 할 것이다〉 하며, 갈 곳이 있으면 반드시 기치를 세우고 비록 협로(峽路)라 하더라도 먼저 한 사람을 보내 살핀 연후에 올 것입니다. 신이 대동강(大同江)에 있을 때 보니 적 한 명이 먼저 오고 몇 사람이 또 와서 형세를 정탐한 뒤에야 들어왔습니다. 이 적들이 단지 수천 수백 명을 거느리고 온다는 것은 그럴 리가 만무합니다.'라고 하고, … 또 아뢰기를, '<u>이 적들이 우리나라에 쳐들어온 지 이미 6년이나 되었는데 그들의 군량과 군사의 수를 알 수가 없으니 저 적의 꾀는 진실로 헤아릴 수가 없습니다. 근래 우리나라의 일을 보면 장수는 많고 병졸은 적어서 호령이 여러 곳에서 나와 성사(成事)할 수 없습니다.</u>'라고 하고는, 산해도(山海圖)를 탑전(搨前)에 바쳤다. …

유성룡이 아뢰기를, '전라(全羅) 한 도가 임진년 변란이 일어나던 처음부터 지금까지 내공(內供)을 조달하고 경비를 대느라 민력(民力)이 탕갈되어 이상함이 많을 것이라 하며, 충청도 역시 그렇다고 합니다. 이 두 도에 하서하여 위유(慰諭)하고 전라감사가 인재를 뽑아 보내라고 해야 합니다. 최상중(崔尙重)을 수령으로 삼았으니, 정설(鄭渫)과 변이중(邊以中)도 역시 거두어 써야 합니다.'라고 하니,

상이 이르기를, '서너 명을 거두어 쓰는 것이야 어찌 중요하겠는가. 공부(貢賦)와 요역(徭役)을 일 분이라도 감해준다면 괜찮을 것이다. 양호(충청 및 경기도)의 일이 매우 염려된다. 역당(逆黨)과 외얼(外孼)들 가운데 어찌 무뢰배들이 없겠는가.'라고 하였다. 김응남이 아뢰기를, '신이 근심하는 것은 포루(砲樓)나 수전(水戰)·화전(火箭)에 있지 않고 인심을 진정시킬 수 없는 데 있습니다. 상께서 아래 백성들을 무휼(撫恤) 하기를 잊지 마시고 양남 사람들도 마땅히 거두어 써야 합니다.'라고 하니, 이정형이 아뢰기를, '호남 사람을 거두어 쓸 것을 일찍이 전교하셨습니다. 사람을 쓰는 것은 판서에게 달렸는데 신들은 문견이 넓지 못하고 빈자리도 적어서 하지 못하고 있습니다.'라고 하였다. 상이 이르기를, '이제 직접 들었으니 마땅히 거두어 써야 한다. 그리고 군공이 있는 사람, 납속한 사람도 써야 한다.'라고 하였다."

선조 30년(1597) 1월 27일: "상이 대신과 비변사 유사 당상을 인견하였다.

상이 이르기를, '적선이 비록 2백 척이라 하나 매우 많다.'라고 하니, 유성룡이 아뢰기를, '16진(陣)이 거의 다 나온 것입니다. 행장의 군사는 두치(豆恥)의 길로 가서 정탐하여 전라도를 엿보려는 것 같습니다.'라고 하였다.

상이 이르기를, '전라도 등은 방비를 제대로 하고 있지 않다. 한 사람도 수군(水軍)으로 들어오지 않는다고 한다. 어떻게 해야 하겠는가?'라고 하니, 유성룡이 아뢰기를, '그곳은 호령이 시행되지 않기 때문에 군사들이 즉시 나오지 않는 것입니다. 그동안 간사한 아전들이 용사(用事)하여 제장(諸將)의 호령이 하나도 시행되지 않았고, 혹시 한 가지 명령이 내려도 수개월이 걸려 오는 자도 있고, 오지 않는 자도 있으니 매우 부당합니다.'라고 하였다.

판중추부사 윤두수가 아뢰기를, '이번에 도원수가 길에서 왜적 두세 명을 만났다 하는데, 혹시 적이 흉역(兇逆)을 부렸다면 얼마나 나라가 욕되게 되었을지 아득합니다. 마땅히 체찰사에게 하서하여 간이(簡易)하게 출입하지 못하게 하고, 또 그런 영적(零賊)을 소탕하게 하는 것이 어떻겠습니까?'

이순신(李舜臣)은 조정의 명령을 듣지 않고 전쟁에 나가는 것을 싫어해서 한산도에 물러나 지키고 있어 이번 대계(大計)를 시행하지 못하였으니, 대소 인신(人臣)이 누군들 분해 하지 않겠습니까.' 하고,

지중추부사 정탁(鄭琢)은 아뢰기를, '이순신은 참으로 죄가 있습니다.'라고 하였다.

상이 이르기를, '이순신은 어떠한 사람인지 모르겠다. 계미년(선조 16년, 니탕개의 난) 이래 사람들이 모두 (그를) 거짓되다고 하였다. 이번에 비변사가 〈여러 장수와 수령들이 호령을 듣지 않는다〉라고 말한 것은 다른 까닭이 아니라, 비변사가 그들을 옹호해주기 때문이다. 중국 장수들이 못하는 짓이 없이 조정을 속이고 있는데, 이런 습성을 우리나라 사람들도 모두 답습하고 있다. 이순신이 부산 왜영(倭營)을 불태웠다고 조정에 속여 보고하였는데, 영상(領相)이 이 자리에 있지만, 반드시 그랬을 이치가 없다. 지금 비록 그의 손으로 청정의 목을 베어오더라도 결코 그 죄는 용서해 줄 수 없다.'라고 하니,

유성룡이 아뢰기를, '이순신은 한동네 사람이라서 신이 어려서부터 아는데, 직무를 잘 수행할 자라 여겼습니다. 그는 평일에 대장(大將)이 되기를 희망하였었습니다.'라고 하였다.

상이 이르기를, '글을 잘 아는가?'라고 하니, 유성룡이 아뢰기를, '성품이 강의(强毅)하여 남에게 굽힐 줄을 모르는데, 신이 수사(水使)로 천거하여 임진년(선조 25년)에 공을 세워 정헌(正憲, 정2품 상계)까지 이르렀으니, 매우 지나쳤습니다. 무릇 장수는 뜻이

차고 기가 펴지면 반드시 교만하고 게을러집니다.'라고 하였다.

상이 이르기를, '이순신은 용서할 수 없다. 무장(武將)으로서 어찌 조정을 경멸하는 마음을 갖는가. 우상(右相)이 내려갈 때 말하기를 〈평일에는 원균(元均)을 장수로 삼아서는 안 되고 전시에는 써야 한다.〉라고 하였다.'라고 하니, 좌의정 김응남이 아뢰기를, '수군 가운데 원균만 한 사람이 없으니, 이제 버릴 수 없습니다.'라고 하고,

유성룡이 아뢰기를, '(원균이) 나라를 위하는 마음이 깊습니다. 상당산성(上黨山城)을 쌓을 때, 원균은 토실(土室)을 만들어 놓고 몸소 성 쌓는 것을 감독하였다 합니다.'라고 하였다. 상이 이르기를, '(그를) 수군의 선봉으로 삼고자 한다.'라고 하니, 김응남이 아뢰기를, '지당하십니다.'라고 하였다.

영중추부사 이산해(李山海)가 아뢰기를, '임진년(선조 25년)에 수전(水戰)할 때 원균과 이순신이 서서히 〈장계(狀啓)〉하기로 약속하였다 합니다. 그런데 이순신이 밤에 몰래 혼자서 장계를 올려 자기의 공으로 삼았기 때문에 원균이 원망을 품었습니다.'라고 하고,

윤두수가 아뢰기를, '이순신을 전라충청통제사(全羅忠淸統制使)로 삼고, 원균을 경상통제사(慶尙統制使)로 삼으면 어떻겠습니까?' 하니,

상이 이르기를, '원균이 만약 적의 소굴로 직접 침입하면 누가 당하겠는가. 소공(邵公)과 이현충(李顯忠)의 일이 참으로 이와 같다.'라고 하였다. (해설: 소공은 소굉연(邵宏淵)으로 이현충과 함께 송(宋)나라 사람이다. 이현충은 충용(忠勇)이 뛰어났는데, 소흥(紹興) 연간에 여러 차례 군공을 세워 중흥(中興)의 명장이 되어 벼슬이 태위(太尉)에 이르렀다. 효종(孝宗) 때 금(金)나라 군사를 물리쳐 하남(河南)을 회복하게 되었는데, 소굉연이 그 공을 시기하여 서로 틈이 생겨 사사건건 저지하여 큰 공을 이루지 못했다.《송사(宋史)》권 367 이현충열전(李顯忠列傳) 참조)

김응남이 아뢰기를, '모름지기 어사(御史)를 보내서 규찰하는 것이 어떻겠습니까?' 하니, 상이 이르기를, '문신(文臣)으로 특별히 어사를 보내 그들 사이를 살피게 해야 한다.'라고 하였다.

윤두수와 김응남이 함께 아뢰기를, '이순신은 조용한 사람인 듯한데, 다만 속임수가 많고 전진하지 않고 있습니다.'라고 하였다. 상이 병조판서 이덕형(李德馨)에게 이르기를, '원균의 일을 급히 조처하라.' 하니,

(이덕형이) 아뢰기를, '원균을 처음 수전(水戰)에 내보낼 때 의논이 일치되지 않아 여기에 이르렀습니다. 근래 변방 장수의 일을 보건대, 이운룡(李雲龍)은 도적 한두 명을 보면 나아가 싸우지 않고 단지 문보(文報, 문서로 보고함)만 하였습니다. 이런 사람은 평상시 같았으면 어찌 견벌(譴罰)을 받지 않았겠습니까. 원균을 좌도(左道, 경상도)로

보내는 것이 무방합니다.'라고 하자, 상이 이르기를, '좌도로 보낼 수 없다.'라고 하니, 김수가 아뢰기를, '서성(徐渻)이 술을 차려 잔치를 베풀고 두 사람에게 화해(和解)하라고 했는데, 원균이 이순신에게 말하기를 〈너에게는 다섯 아들이 있다〉【다섯 아들이란 권준(權俊), 배흥립(裵興立), 김득광(金得光) 등】하였으니, 그가 분해하고 불평함을 알 수 있습니다.'라고 하였다.

이덕형이 아뢰기를, '군사는 반드시 조리(條理)가 있어 마치 그물에 강(綱)이 있는 것과 같은 연후에야 두서(頭緖)를 알 수 있는 것인데, 전라도의 일은 매우 문란합니다. 신이 군사의 액수(額數)를 알고자 하여 무학(武學)이라 이름하여 팔도가 병조에 올리게 하였더니, 황해도 등은 이미 올려보냈는데 전라도는 잠잠하게 아무 소식이 없으니, 매우 허술합니다.'라고 하였다. …"

해설: 원균을 다시 수군으로 돌려보내기로 한 것과 다름없었다. 원균과 이순신의 불화에 관해서도 조정에서 깊이 있게 논의하였다.

선조 30년(1597) 1월 27일: "이복남(李福男)을 전라도병마절도사로, 원균(元均)을 경상우도수군절도사로, 조수준(趙守準)을 병조좌랑으로, 이수일(李守一)을 나주목사로, 이유함(李惟誠)을 형조좌랑으로 삼았다."

선조 30년(1597) 1월 27일: "상이 별전(別殿)에 나아가 비변사 대신 및 유사 당상인 영돈녕부사 이산해(李山海), 의정부 영의정 유성룡(柳成龍), 판중추부사 윤두수(尹斗壽), 의정부 좌의정 김응남(金應南), 지중추부사 정탁(鄭琢), 경림군(慶林君) 김명원(金命元), 호조판서 김수(金睟), 병조판서 이덕형(李德馨), 병조참판 유영경(柳永慶), 이조참판 이정형(李廷馨), 상호군 노직(盧稷)을 인견하였다. 좌승지 이덕열(李德悅), 주서 조즙(趙濈), 사변 가주서(事變假注書) 이순민(李舜民), 검열 심액(深詻)·이유홍(李惟弘)이 입시하였다. …

유성룡이 아뢰기를, ' … 적들이 연속해서 나오니 근일 남쪽은 한 곳도 믿을만한 곳이 없는데, 체찰사(이덕형)와 원수(권율)는 논의가 일치되지 않아 장관(將官)들과 수령(守令)들이 어느 쪽을 따라야 할지 모르고 있으니, 이것이 매우 걱정입니다. …' 하였다. 상이 이르기를, '전라도는 방어할 생각이 없는 듯 수사(水使, 이순신과 이억기)는 수군이 오지 않는다고 핑계하고 있으니, 이는 무슨 말인가?'라고 하니, 유성룡이 아뢰기를, '임시로 군대를 모집하여 수가 차지 않으면 길 가는 사람까지도 모두 붙잡아 새끼로 묶어 보냅니다. 또 체찰사의 호령은 그런대로 따르지만, 감사(監司) 이하의 호령은 사람들이 따르지 않습니다. 군기(軍機)는 일각이 위급한데 더군다나 이처럼 완만해서야 되겠습니까. … 전라도 남원(南原)은 요충지이니 만약 이복남(李福男)이 그대로 그곳을 지키면 반드시 방어할 일이 있을 것인데, 지금은 최염(崔濂)이 가서 지키고 있습니다. 전주(全州)역시 요충지인데, 이 두 고장이 궤멸되면 다시는 해볼 수 없습니다. 지금 백성들이 어떻게 해야할지를 모르고 있는데, 만약 산성(山城)을 지키려고 하면 농사를 지을 수가 없으므로 사람들이 모두 그 점을 염려하고 있습니다. 각 고을에다 산성을 만들어 농사를 지으면서 지키게 하는 것이 옳습니다. …'하고,

윤두수가 아뢰기를, '전날에 권율이 소신에게 편지를 보내왔는데 보니, 행장(行長)이 바야흐로 강화(講和)를 말하는데 고성(固城)·곤양(昆陽) 근처에 적도들이 쳐들어왔으므로 이것을 행장에게 말했더니, 행장은 〈그 적은 나의 무리가 아니다. 조선에서 비록 그들을 죽이더라도 내가 가서 구할 리가 없다.〉라고 했다 했습니다.

<u>신이 선거이(宣居怡)·이순신 등이 군사를 이끌고 영등포(永登浦)에 진을 치고 있는 적과 싸우도록 했더니 장문포(長門浦)에 진을 치고 있던 적들이 와서 구원하고, 장문포에 진을 치고 있던 적과 싸우면 영등포에 진을 치고 있던 적들이 와서 구할 뿐 행장의 군사들은 관망(觀望)만 하고 있으면서 후원할 만한데도 끝내 와서 구하지 않았으니, 역시 오는 대로 격파해야 합니다.</u>

원수(元帥)가 길에서 왜적 5~6명을 만났다고 하는데, 적이 만약 원수가 고단(孤單)함을 알았다면 말할 수 없게 되었을 것입니다. 체찰사 역시 간약(簡約)한 사람인데 행동을 경솔하게 해서는 안 됩니다.

지난번 비변사에서 이순신의 죄상(罪狀)을 이미 헌의(獻議)했으므로, 이순신의 죄상은 상께서도 이미 통촉하시지만, 이번 일은 온 나라의 인심이 모두 분노하고 있으니, 행장(行長)이 지휘(指揮)하더라도 역시 할 수 없을 것입니다. 위급할 때 장수를 바꾸는 것이 비록 어려운 일이지만 이순신을 체직해야 할 듯합니다.'라고 하고,

정탁이 아뢰기를, '(이순신에게) 참으로 죄가 있습니다만 위급할 때 장수를 바꿀 수는 없습니다.'라고 하자,

상이 이르기를, '과인은 이순신의 사람됨을 자세히 모르지만, 성품이 지혜가 적은 듯하다. 임진년(선조 25년)) 이후에 한 번도 거사하지 않았고, 이번 일도 하늘이 준 기회를 취하지 않았으니 법을 범한 사람을 어찌 매번 용서할 것인가. 원균(元均)으로 대신해야 하겠다.

중국 장수 이제독(李提督, 이여송) 이하가 모두 조정을 기만하지 않는 자가 없더니, 우

리나라 사람들도 그걸 본받는 자가 많다. 왜영을 불태운 일도 김난서(金鸞瑞)와 안위(安衛)가 몰래 약속하여서 했다고 하는데, 이순신은 자기가 계책을 세워 한 것처럼 하니 나는 매우 온당치 않게 여긴다. 그런 사람은 비록 청정(淸正)의 목을 베어오더라도 용서할 수가 없다.'라고 하였다.

이산해가 아뢰기를, '임진년에 원균의 공로가 많았다고 합니다.'라고 하니, 상이 이르기를, '(원균에게) 공이 없었다고 할 수 없다. (그가) 앞장서서 나아가는 것을 귀하게 여기는 것은 사졸(士卒)들이 보고 본받기 때문이다.'라고 하였다.

유성룡이 아뢰기를, '신의 집이 이순신과 같은 동네에 있으므로 신이 이순신의 사람됨을 깊이 알고 있습니다.'라고 하자, 상이 이르기를, '경성(京城)사람인가?'라고 하니, 유성룡이 아뢰기를, '그렇습니다. 성종(成宗) 때 사람 이거(李琚)의 자손인데, 직사(職事)를 감당할 만하다고 여겨 당초에 신이 조산만호(造山萬戶)로 천거했습니다.'라고 하였다.

상이 이르기를, '글을 잘하는 사람인가?'라고 하니, 유성룡이 아뢰기를, '그렇습니다. 성품이 굽히기를 좋아하지 않아 제법 취할 만하므로 그 사람이 어느 곳 수령(정읍현감 - 필자)으로 있을 때 신이 수사(水使, 전라좌수사)로 천거했습니다.

임진년(선조 25년)에 신이 차령(車嶺)에 있을 때 이순신이 정헌(正憲, 정2품 상계)이 되고, 원균이 가선(嘉善, 종2품 하계)이 되었다는 말을 듣고는 작상(爵賞)이 지나치다고 여겼습니다. 무장(武將)은 지기(志氣)가 교만해지면 쓸 수가 없게 됩니다.'라고 하자, 상이 이르기를, '그때 원균이 그의 동생 원전(元㙉)을 보내 승전을 알렸기 때문에 그런 상이 있었다.'라고 하였다.

유성룡이 아뢰기를, '거제(巨濟)에 들어가 지켰다면 영등(永登)·김해(金海)의 적이 반드시 두려워하였을 것인데 오랫동안 한산(閑山)에 머물면서 별로 하는 일이 없었고 이번 바닷길도 역시 요격(邀擊)하지 않았으니, 어찌 죄가 없다고 하겠습니까. 다만 체대(遞代, 임무 교대) 하는 사이에 사세가 어려울 것 같으므로 전날에 그렇게 계달하였던 것입니다. 비변사로서 어찌 이순신 하나를 비호하겠습니까.' 하니,

상이 이르기를, '이순신은 조금도 용서할 수가 없다. 무신(武臣)이 조정을 가볍게 여기는 습성은 다스리지 않을 수 없다. 이순신이 조산만호로 있을 때 김경눌(金景訥) 역시 녹도도(鹿屯島)에 둔전(屯田) 하는 일로 마침 그곳에 있었는데, 이순신과 김경눌은 평소 사이가 좋지 않았다. 이순신이 밤중에 호인(胡人) 하나를 잡아 김경눌을 속이니, 김경눌은 바지만 입고 도망하기까지 하였다. 김경눌은 허술한 사람이어서 그처럼 위태로운 곳에서 계엄을 하지 않았고, 이순신은 같은 변방의 장수로서 서로 희롱해서는

안 되는 것이다. 과인이 그런 일을 일찍이 들었다. 김경눌은 매양 공(功)을 세우는 데 뜻을 둔 사람인데, 지금은 어디에 있는지 모르겠다. 평일에 자부하던 기개를 어찌 난시(亂時)에 시험하지 않고 있는가.'라고 하자,

김수가 아뢰기를, '신이 임진년에 그를 거느리고 올라오다가 용인(龍仁)에서 철환을 맞았습니다. 지금은 순찰사 둔전관(巡察使屯田官)이 되었다고 합니다. 대체로 미덥지 않은 사람입니다.'라고 하였다.

상이 이르기를, '그 사람이 평소에 스스로 〈글은 이름이나 쓸 정도이고 칼솜씨는 사람을 대적할 만하니, 오백의사(五百義士) 같은 사람이다〉라고 하였다.'라고 하니,

김수가 아뢰기를, '평소에도 활을 잘 쏘지 못하였는데 지금은 팔에 병이 났습니다.'라고 하였다.

이정형이 아뢰기를, '이순신이 거제도에 들어가 지키면 좋은 줄은 알지만, 한산도는 선박을 감출 수 있는 데다가 적들이 천심(淺深)을 알 수 없고, 거제도는 그만이 비록 넓기는 하나 선박을 감출 곳이 없을뿐더러 또 건너편 안골(安骨)의 적과 상대하고 있어 들어가 지키기에는 어렵다고 하였으니, 그 말이 합당한 듯합니다.'라고 하니, 상이 이르기를, '(거제도에) 들어가 지키기도 어렵다고 했는데, 경의 생각은 어떤가?'라고 하자, 이정형이 아뢰기를, '신 역시 자세히 알 수가 없습니다. 그 사람의 말이 그렇습니다.

원균은 사변이 일어난 처음에 강개(慷慨)하여 공을 세웠는데, 다만 군졸을 돌보지 않아 민심을 잃었습니다.'라고 하였다. 상이 이르기를, '성품이 그처럼 포악한가?'라고 하니, 이정형이 아뢰기를, '경상도가 완전히 무너진 것은 모두 원균에게서 말미암은 것입니다.'라고 하였다.

상이 이르기를, '우상(右相, 이원익)이 내려갈 때 원균은 적과 싸울 때나 쓸 만한 사람이라 하였으니, 여기에서 짐작할 수 있다.'라고 하니,

김응남이 아뢰기를, '(원균이) 인심을 잃었다는 말은 우선 그만두시고 주사(舟師)로 등용해야 합니다.'라고 하였다.

상이 이르기를, '이억기(李億祺)는 과인이 일찍이 본 적이 있는데, 쓸 만한 사람이다.'라고 하니, 이정형이 아뢰기를, '원균만 못합니다.'라고 하였다.

상이 이르기를, '원균은 자기 소견대로만 하고 고칠 줄 모른다. 체찰사(이원익)가 비록 논리적으로 개유(開諭, 타이름)해도 고치지 않는다고 한다.'라고 하니, 유성룡이 아뢰기를, '대개 나라를 위하는 데는 성심이 있습니다. 상당산성(上黨山城)을 쌓을 때 움막을 만들고 자면서 역사를 감독해 수축하였습니다.'라고 하고,

이산해가 아뢰기를, '상당산성을 수축할 때 위력으로 역사를 감독했기 때문에 원망하는 사람이 많았습니다.'라고 하고, 이정형이 아뢰기를, '상당산성의 역사는 비록 마무리 되었지만 비에 다시 무너지고 말았습니다.'라고 하였다.

상이 이르기를, '체찰사(이원익)가 이순신과 원균에게 분부하는 일이 있으면, 비록 온당하지 못하더라도 이순신은 그런대로 면종(面從, 겉으로 따름)을 하지만 원균은 노기를 내어 청종(聽從, 따름)하지 않는다고 한다. 이는 그의 공(功)을 빼앗겨서인가? 원균을 좌도주사(左道舟師, 경상도통제사)에 임명하고, 또 다른 사람이 2인을 진압하게 하는 것이 어떻겠는가?'라고 하니, 이정형이 아뢰기를, '이순신과 원균은 서로 용납하지 못할 형세입니다.'라고 하고, 김수가 아뢰기를, '원균은 늘 이순신이 (자신의) 공을 빼앗았다고 신에게 말하였습니다.'라고 하고,

이덕열이 아뢰기를, '이순신이 원균의 공을 빼앗아 권준(權俊)의 공으로 삼을 때 원균과는 상의하지도 않고 먼저 〈장계〉하였습니다. 그때 왜선 안에서 여인(女人)을 얻어 사실을 탐지하자 곧장 〈장계〉를 올렸다고 합니다.'라고 하였다.

상이 이르기를, '그때 왜장(倭將)이 3층 누선(樓船)에 앉아서 관(冠)을 쓰고 바둑을 두고 있었는데 그 배가 매우 허술하였다. 그 때문에 우리 배와 만나 즉시 부서졌다고 한다. 왜선이 지금도 그곳에 있다 하니, 전선(全船)을 포착(捕捉)했다는 말이 반드시 허언은 아닌 것으로 생각한다.'라고 하고,

또 상이 이르기를, '전라도는 중국 사신을 지대(支待) 하느라 주사(舟師)와 격군(格軍)이 아직 정돈되지 않았다고 한다. 이러한 일은 모두 이순신만 나무랄 수 없다.'라고 하니,

김수가 아뢰기를, '(부산포의 왜군 기지를) 불태우는 일을 이순신이 처음에 안위(安衛)와 밀약하였는데, 다른 사람이 먼저 불살랐습니다. 그러자 이순신이 도리어 자기의 공로로 삼은 것입니다. 하지만 그 일은 자세히 알 수가 없습니다.'라고 하고, 이정형이 아뢰기를, '변방의 일은 멀리서 헤아릴 수가 없으니, 서서히 처리해야 합니다.'라고 하고, 김수가 아뢰기를, '이것이 사실이라면 용서할 수는 없습니다.'라고 하고, 유성룡이 아뢰기를, '그 사람의 죄가 그렇기는 하나 지금부터 책려(策勵)해야 합니다.'라고 하고, 윤두수가 아뢰기를, '이순신과 원균을 모두 통제사(統制使)로 삼아, 서로 세력을 합치게 해야 합니다.'라고 하였다.

상이 이르기를, '비록 두 사람을 나누어 통제사로 삼더라도 반드시 조절하여 절제(節制, 지휘)하는 사람이 있어야 한다. 원균이 앞장서서 싸움에 나가는데 이순신이 물러나 구하지 않는다면 사세가 어려울 것이다.'라고 하니, 김응남이 아뢰기를, '그렇게 되

면 이순신을 중죄에 처해야 합니다.'라고 하였다.
상이 이르기를, '옛날 이현충(李顯忠)의 일도 있었으니 반드시 문관(文官)을 통해 두 사람을 조절하여 꺼리는 바가 있도록 해야 한다. 그(이순신)가 이미 통제사가 되었으니, 수군을 모아야 하는데 어째서 정돈하지 않고 있는가?'라고 하니, 유성룡이 아뢰기를, '겨울이면 격군(格軍)을 풀어준다고 합니다.'라고 하고, 김수가 아뢰기를, '으레 10월이면 격군을 풀어주는 것이 이미 규례가 되었기 때문에 아직 정돈하지 못하고 있습니다.'라고 하고,
윤두수가 아뢰기를, '신이 남원(南原)에 있을 때, 이순신이 군관을 남원에 보내 군사를 모집하다가 그곳 병방(兵房)을 참(斬)하기까지 하여 백성들이 잇따라 소란하고 곡성(哭聲)이 하늘에까지 사무쳤습니다. 군관을 불러서 물어보았더니, 그들의 멀고 가까운 친척까지 붙잡아 갔기 때문이라고 하였습니다. 이로 보건대 군사를 모을 즈음에 상서롭지 못한 일이 많았습니다.'라고 하였다. …
상이 이르기를, '원균에게 수군을 나누어 통제하게 하는 일을 판서는 어떻게 생각하는가?'라고 하니, 이덕형이 아뢰기를, '그 사람이 하고자 하면 신의 생각에는 마땅하다고 여기나, 서로 제지하고 방해하는 걱정이 있을까 싶습니다. 중국 제도에 참장(參將)이 전쟁하면 독전(督戰)하는 사람이 있는 것과 같게 해야 합니다.'라고 하고, 윤두수가 아뢰기를, '종사관(從事官)으로 싸움을 북돋우게 하면 됩니다.'라고 하였다. 상이 이르기를, '반드시 어떤 사람을 보내 전적으로 (그 두 사람의 관계를) 조절하도록 내려보내야 한다.'라고 하니, 유성룡이 아뢰기를, '(부체찰사) 한효순(韓孝順)에게 독전(督戰)하도록 하면 됩니다.'라고 하였다. 상이 이르기를, '싸움을 북돋우는 사람이 한 곳에 있으면 그는 반드시 꺼리는 바가 있을 것이다. … ' 하니, … 유성룡이 아뢰기를, '(두 사람에게) 하서(下書)하여 위유(慰諭)하고, 두 사람을 책려해야 합니다.'라고 하고,
이덕형이 아뢰기를, '박진(朴晉)의 말로는 이순신의 군관(軍官)이 원균이 있는 곳에서 돌아왔는데, 〈군중에서 (이순신의 군관이) 사설(邪說)로 고동(鼓動, 선동)하여 주장(主將, 원균)을 배척했다고 하여 그 군관을 내쫓았다〉고 합니다. 두 사람의 사이가 점점 이렇게 되고 있습니다.'라고 하였다.
상이 이르기를, '우리나라 사람은 도량(度量)이 좁다.'라고 하니,
이덕형이 아뢰기를, '체찰사가 종사관까지 보내 품하였는데, 이곳에는 다만 하서만 했을 뿐 별달리 조치한 일이 없습니다. 이후에도 이처럼 하면 말할 수 없게 됩니다.'라고 하였다. …
상이 이르기를, '할 수 있는 일은 빨리해야 한다. 원균은 오늘 정사(政事, 관리임명)에

서 해야 하는가?'라고 하니, 이정형이 아뢰기를, '원균을 통제사로 하면 일이 이루어지지 않을까 싶으니, 경솔히 하지 말고 자세히 살펴서 해야 합니다.'라고 하고, …"

선조 30년(1597) 1월 28일: "(상이) ⟨비망기⟩로 유영순(柳永詢)에게 전교하였다. '우리나라가 믿는 바는 오직 수군뿐인데, 통제사 이순신(李舜臣)은 나라의 중한 임무를 맡고서 마음대로 기망(欺罔)하여 적을 토벌하지 않아 청정(淸正)이 편안하게 바다를 건너게 하였다. (이순신을) 잡아다 국문하고 용서하지 말아야 하겠지만, 지금 적과 진을 맞대고 있으므로 우선 공을 세워 효과를 거두게 해야 한다.
과인은 평소 경(원균)의 충용을 알고 있어 이제 경을 경상우도수군절도사 겸 경상도통제사로 삼노니, 경은 더욱 책려하여 나라를 위해 힘을 다하라. 우선 이순신과 합심하여 전의 유감을 깨끗이 씻고 해적을 다 섬멸해 나라를 구해 이름을 역사에 남기고, 훈공(勳功)이 종정(鍾鼎)에 새겨지게 하라. 경은 공경히 거행하라.' 이를 원균에게 하유하라."

해설: 드디어 원균은 수군에 복귀하게 되었는데 경상우수사로서 경상도통제사가 되었다. 그때 이순신은 전라좌수사로 전라도통제사로 벼슬이 바뀌었다.

선조수정실록, 선조 30년(1597) 2월 1일: "통제사 이순신(李舜臣)을 하옥시키라고 명하고, 원균(元均)으로 대신하였다.
이보다 앞서 평행장(平行長)과 경상우병사 김응서(金應瑞)가 서로 통하여, 요시라(要時羅)가 그사이를 왕래하였는데, 그가 말한 바가 마치 가토 기요마사와 사이가 좋지 않은 듯해서 우리나라는 그걸 믿었었다. 이때 왜적이 재침을 모의하면서 우리나라의 수군을 꺼렸고, 그중에서도 더욱더 순신을 꺼렸다. 이에 요시라를 보내서 말하기를 '강화하는 일이 이루어지지 않은 것은 실로 가토 기요마사가 주장하고 있어서이다. 만약 그를 제거하면 나의 한이 풀리게 되고 귀국의 근심도 제거될 것이다. 모월 아무 날에 가토 기요마사가 어느 섬에서 잘 것이니, 귀국에서 만약 수군을 시켜 몰래 잠복해 있다가 엄습하면 결박할 수가 있을 것이다.'라고 하였다.
응서가 이로써 보고하니, 상이 황신(黃愼)을 보내 순신에게 비밀리에 명령하였다. 그러나 순신은 '바닷길이 험난하고 왜적이 필시 복병을 설치하고 기다릴 것이다. 전함(戰艦)을 많이 출동하면 적이 알게 될 것이고, 적게 출동하면 도리어 습격을 받을 것이다.'라고 하고는 마침내 거행하지 않았다. 그런데 그날 가토 기요마사가 과연 다대포

(多大浦) 앞바다에 왔다가 그대로 서생포(西生浦)로 향했는데, 이는 실로 행장과 함께 작은 군사로 우리를 유인하고자 한 것이었다. 그런데 조정에서는 오히려 조정의 명령을 따르지 않은 것을 들어 순신을 하옥시켜 고신(栲訊)하게 하고, 마침내 전남병사(全南兵使, 전라병사) 원균을 통제사로 삼았다."

선조 30년(1597) 2월 4일: "사헌부가 아뢰기를, '통제사(統制使) 이순신(李舜臣)은 막대한 국가의 은혜를 받아 차례를 뛰어 벼슬을 올려주었으므로 관직이 이미 최고에 이르렀는데, 힘을 다해 공을 세워 보답할 생각은 하지 않고 바다 가운데서 군사를 거느리고 있은 지가 이미 5년이 지났습니다. 군사는 지치고 일은 늦어지는데 방비하는 모든 책임을 조치한 적도 없이 한갓 남의 공로를 빼앗으려고 기망(欺罔)하여 장계를 올렸으며, 갑자기 적선이 바다에 가득히 쳐들어 왔는데도 오히려 한 지역을 지키거나 적의 선봉대 한 명을 쳤다는 말은 듣지 못하였습니다. 뒤늦게 전선(戰船)을 동원하여 직로(直路)로 나오다가 거리낌 없는 적의 활동에 압도되어 도모할 계책을 하지 못했습니다. 적을 토벌하지 않고 놓아두었으며 은혜를 저버리고 나라를 배반한 죄가 큽니다. 잡아 오라고 명하여 형법에 따라 죄를 정하소서.'라고 하니, 천천히 결정하겠다고 답하였다."

해설: 사헌부가 여러 가지 사유를 갖추어 통제사 이순신을 탄핵했다. 그리하여 원균이 그 자리를 이어받은 것이다.

선조 30년(1597) 2월 4일: 사시(巳時)에 상이 대신과 비변사 유사 당상을 명초(命招)하여 별전(別殿)에서 인견하였다. … 상이 이르기를, '변장(邊將, 변방의 장수)의 숨김이 더욱 심하다. 울산군수(蔚山郡守)는 적과 대적하다가 불리하였는데도 조정은 아득하여 듣지 못하게 하였다. 남의 신하가 되어 어떻게 속일 마음을 내는가?'라고 하니, … 상이 이르기를, '왜적이 이번에도 많이 왔겠지?'라고 하니, 김응남이 아뢰기를, '지금 군사를 쉬게 할 리 없습니다. 옛날 김성일(金誠一)이【통신사(通信使) 김성일】사신으로 갈 때 신이 홀로 보내서는 안 된다고 하였습니다. 지난해 황신(黃愼)이 갈 때 신이 또 보내서는 안 된다고 주장하였습니다. 조정에 있는 진신(縉紳)이라면 누군들 모르겠습니까? 신이 지난번에 병중에 올린 사직 차자(辭職箚子)에서도 이 조목을 언급했습니다. 예부터 강화(講和)는 제대로 성공시킨 이가 없었습니다. … 지금 형세로 보아 믿을 만한 것은 없지만 자강(自强)할 수 있다면 적을 섬멸하기가 무엇이 어렵겠습니까? …',

하자, …

상이 이르기를, '원균(元均)의 아우 원전(元㙉)은 어디에 있는가? 공로가 있는 사람이고 또한 장사(壯士)이다.'라고 하니,

이덕형(李德馨)이 아뢰기를, '이순신(李舜臣)이 당초에 원균을 모함하며 말하기를 〈원균은 조정을 속였다. 열두 살짜리 아이를 멋대로 군공(軍功)에 올렸다.〉라고 했는데, 원균은 말하기를, 〈나의 자식은 나이가 이미 18세로 활 쏘고 말 타는 재주가 있다〉고 했습니다. 두 사람이 서로 대질했는데, 원균은 바르고 이순신의 이야기는 군색하였습니다.'라고 하였다.

해설: 선조는 원균의 아우로 그 오른팔이었던 원전에게 벼슬을 내려줄 뜻이 있었다. 그때 대신 이덕형은 원균과 이순신의 사이가 나빠진 원인의 하나로 이순신이 원균을 모략한 적이 있다고 증언하였다.

선조 30년(1597) 2월 6일: "김홍미(金弘微)에게 전교하였다. '이순신(李舜臣)을 잡아 올 때 선전관(宣傳官)에게 표신(標信)과 밀부(密符)를 주어서 잡아 오도록 하고, 원균(元均)과 교대한 뒤에 잡아 오라고 말해라. 또 이순신이 만약 군사를 거느리고 적과 대치한 상황이라면 잡아 오는 것이 온당하지 못할 것이므로, 전투가 끝난 틈을 봐서 잡아 오라고도 말해라.'"

해설: 늦어도 이날에는 이미 전라도통제사를 이순신에서 원균으로 바꾼다는 명령이 내렸을 것이다.

선조 30년(1597) 3월 12일: "상이 별전(別殿)에 나아가서 《주역(周易)》 관괘(觀卦)의 육사(六四)부터 계구(戒懼)까지 강하였다. … 지사(知事) 윤근수(尹根壽)가 아뢰기를, '평조신(平調信)이 〈추격해 오는 청정(淸正)의 군사가 매우 많다.〉고 하니 침범할 계획임을 알 수 있습니다. 듣건대 원균(元均)도 한산(閑山)으로 돌아가려고 합니다. 근자에 적선(賊船) 2백 척이 좌·우도에 분산하여 정박하는 것을 막지 못한 것이 매우 안타깝습니다. 듣건대 절영도(絶影島)에는 왜적이 머물러 있지 않으므로 원균 등이 장차 진주(進住)하려고 합니다.'라고 하니,

상이 이르기를, '절영도는 부산과 가까운데 주사(舟師)가 주둔하였다가 양면(兩面)에서 적의 공격을 받게 되면 어쩌겠는가?'라고 하였다.

김명원이 아뢰기를, '무장선(無藏船, 빈 배)이 정박할 만한 곳은 한두 군데가 아니므로

오래 머무를 수 없습니다. 또 적선은 풍세(風勢)를 타고 나오고 우리는 풍세를 거슬러 적을 맞아야 하므로, 아무리 만전(萬全)의 형세가 있더라도 (절영도에서) 적을 막기는 어려울 것입니다.'라고 하니, …"

해설: 선조 30년 1월부터 적군이 쳐들어오는 것을 바다에서 막으려 하였으나 결과적으로 실패하였다. 통제사 원균은 본영을 다시 한산도에 두려고 하였으며, 부산포의 출입을 보장하려고 절영도에 기지를 건설하고자 했다. 그러나 선조와 김명원의 반대로 무산되었다. 안타까운 일이다.

선조 30년(1597) 3월 13일: "비망기로 우부승지 김홍미(金弘微)에 전교하였다. '이순신(李舜臣)이 조정을 기망(欺罔)한 것은 임금을 무시한 죄이고, 적을 놓아주어 치지 않은 것은 나라를 저버린 죄이며, 심지어 남의 공을 가로채 남을 모함하기까지 하며【장성한 원균(元均)의 아들을 가리켜 어린아이가 모공(冒功)하였다고 계문(啓聞)하였다.】 방자하지 않음이 없는 것은 기탄함이 없는 죄이다.
이렇게 허다한 죄상이 있으면 법으로 용서할 수 없다. 율(律)을 상고하여 죽여 마땅하다. 신하가 임금을 속이면 반드시 죽이고 용서하지 않는 것이 옳다. 이제 형벌을 끝까지 시행하여 실정을 캐어내려고 하는데 어떻게 처리하면 좋을지 대신들에게 하문하라.'"
해설: 선조는 통제사 이순신의 죄를 꾸짖고 그 자리를 원균으로 대체한 것이 사심에서 비롯된 일이 아니라는 점을 누구나 승복하도록 하고 싶었다. 실제로 이순신을 죽이려 한 것은 아니었다.

선조 30년(1597) 3월 20일: "2월 28일에 통제사(統制使) 원균(元均)이 장계(狀啓)하기를, '부산포(釜山浦) 앞바다에서 진퇴(進退)하며 병위(兵威)를 과시하고, 가덕도(加德島) 등처에서 접전(接戰)한 절차는 전 통제사 이순신(李舜臣)이 이미 치계(馳啓)하였습니다. 그때의 일을 자세히 수소문하였더니, 본영(本營) 도훈도(都訓導) 김안세(金安世)의 공초(供招)에 〈전 통제사(이순신)가 부산포 앞바다로 가서 진퇴하며 병위를 과시할 때, 통제사가 탄 배가 적진(賊陣)에 가까이 다가갔는데 조수(潮水)가 물러가자 물이 얕아지면서 배 밑이 땅에 닿아 적에게 배를 빼앗기게 되었습니다. 그때 배 위의 전졸(戰卒)이 큰 소리로 구원을 요청하자 안골포만호(安骨浦萬戶) 우수(禹壽)가 노를 빨리 저어 달려가서 이순신(李舜臣)을 등에 업은 다음에 어렵게 우수의 배로 옮겼습니다. 이순신이 탔던 배는 (자신의) 선미(船尾)에 연결하여 간신히 안골포로 끌어왔다〉라는 말이 있었습니다.
대개 이번 부산의 거사(擧事)에서 우리나라 군졸이 바다에 가득할 정도로 많이 죽어 왜적의 비웃음만 샀을 뿐이고, 별 이익이 없었으니 매우 통분합니다. 이런 실수를 저지른 제장(諸將)을 조정에서 처치하소서.
나주판관(羅州判官) 어운급(魚雲級)은 대루(對壘)한 날에 불조심하지 않아 기계(器械)와 군량을 한꺼번에 불타게 하여 적진(賊陣) 바로 앞에서 참담한 화를 자초하였습니다. (이기기는커녕) 도리어 적이 밤새도록 구경하며 좋아라. 깔깔대게 했으니 더욱 통분합니다. 어운급의 죄상을 조정에서 처치하소서.'라고 하였는데, 비변사에 계하(啓下)하였다.
비변사가 회계하기를, '전날에 부산 앞바다에서 병위(兵威)를 과시한 일은 유해무익(有害無益)했을 뿐만 아니라 (우리) 주사(舟師)의 허실(虛實)을 적이 모두 알게 하였으니 매우 한심합니다.
안골포와 가덕도 두 곳에서 접전할 때 수령과 변장(邊將)이 패전(敗戰)한 곡절(曲折)을 추핵(推覈)하여, 계문(啓聞)하고 (과실에 따라) 벌을 주시고, 나주판관 어운급은 잡아 온 뒤에 빙문(憑問, 조사) 하여 처치하라고 행이(行移, 문서를 발송함) 하면 어떠하겠습니까?' 하니, 아뢴 대로 하라고 윤허하였다."

해설: 이순신은 선조 30년 2월 10일에 부산포를 공격하였는데 거의 목숨을 잃을 뻔하였다. 아군의 전투는 완전한 실패로 끝났다는 것이 원균의 조사 보고였다.

선조 30년(1597) 3월 21일: "비변사가 아뢰기를, '원균(元均)의 계본(啓本)에 〈심천사(沈天使, 명나라 사신)가 자신의 죄를 면하려고 우리나라에 허물을 돌린다.〉고 한 말은 신들도 일찍이 염려했던 바입니다.
이번에 우리의 주사(舟師)가 적선(賊船)을 공격하여 섬멸한 것은 진실로 그렇게 하지 않을 수 없어서였습니다. 그런데 심유격(沈遊擊, 沈惟敬)이 만약 병부(兵部)에 보고하여 이것을 빌미로 우리나라에 죄를 돌리고 자신의 죄를 면하는 발판으로 삼으려 한다면 역시 근심거리입니다. 그러니 이제 아직 보고하지 않은 근일의 적정(賊情)을 조사하여 심유격이 전에 분부한 〈각각 공격하여도 무방하다.〉는 말도 언급하고, 또 청적(淸賊, 가토 기요마사)의 후군(後軍)이 운반하는 군량을 시기를 보아 차단하여 적이 후고(後顧)를 염려하게 하고, 또 적이 만약 육로(陸路)로 침범해온다면 앉아서 구경만 하고 초포(勦捕)하지 않고 적이 날뛰는 대로 버려둘 수 없습니다. 그러나 (아군과 적군의) 강약의 형세가 같지 않고 적이 충돌(衝突)해 올 화가 조석에 박두하였으니 속히 대병을 출동시켜 구원해달라는 뜻으로 자세히 말을 만들어 군문(軍門)에 이자(移咨)하는 것이 어떻겠습니까?' 하니, 아뢴 대로 하라고 전교하였다."

해설: 선조 30년 3월에 통제사 원균은 거제도의 기문포에서 일본군을 공격하여 큰 성과를 냈는데, 명나라의 유격 심유경이 그것을 문제 삼았다. 마치 일본과 평화를 깨는 침략행위처럼 간주했다.

선조 30년(1597) 3월 24일: "3월 19일에 성첩(成貼)한 도원수 권율의 〈서장〉에, '전라우수사(全羅右水使) 이억기(李億祺)의 치보(馳報)에 〈3월 8일 왜선(倭船) 대·중·소 3척이 거제(巨濟) 기문포(器問浦)에 와서 정박(定泊) 상륙(上陸)하였다고 하기에 통제사(統制使, 원균)가 즉시 주사(舟師)를 거느리고서 일시에 발선(發船)하여 밤새도록 노를 저어 9일 이른 아침에 기문포에 당도하여 보니, 왜선 3척이 해안(海岸)에 매여있는데 왜적은 모두 상륙하였고, 산기슭 사이에서 밥 짓는 연기가 잠시 일어나는 중에 왜적 3~4명이 칼을 번뜩이며 언덕 위에 서 있었다. 통제사가 항왜(降倭) 남여문(南汝文) 등을 보내어 이해(利害)로 회유(誨誘)하게 하였더니, 숨어 있던 왜적 20여 명이 나왔고, 남여문이 왜추(倭酋)와 조용히 담설(談說)하자 숨어 있던 왜적이 다 나왔는데 대개 80여 명이었으며 우리 주사(舟師)의 성대한 위용(威容)을 보고는 엄습을 받을까 봐 구차하게 목숨을 부지하고자 하였다. 안골포만호(安骨浦萬戶) 우수(禹壽), 고성현령(固城縣令) 조응도(趙凝道), 거제현령 안위(安衛) 등이 탄 배가 다투어 올라가서 항복을 받으니, 장왜(將倭)가 그 무리 7명을 거느리고 와서 통제사의 배로 올라갔다. 통제사가 그에게 술을 주고 배를 타고서 떠날 것을 허락하니 왜적들은 생환(生還)하게 되는 것을 기뻐하여 죽 늘어서서 절을 하고 머리를 조아리며 무수히 치사(致辭)하고는 저희 배 있는 데로 내려가서 두 배에 나누어 타고 바다로 나아갔다. 돛을 달려는 즈음에 통제사가 먼저 지자총통(地字銃筒)을 쏘고 지휘기(持揮旗)를 흔들며 적각(笛角)을 급히 부니, 제선(諸船)이 앞을 다투어 공격하였다. 조응도(趙凝道)가 탄 배는 다른 배보다 상당히 빨라 먼저 적에게로 달려 들어가서 적선을 공격하니 왜적 20여 명이 조응도의 배로 올라와 싸웠는데 조응도와 사부(射夫)·격군(格軍) 등 적의 칼날에 많은 사람이 다쳤으나 혹은 물로 뛰어들어 헤엄을 쳐서 나오기도 하고 혹은 다른 배에 구제되기도 하여 살아난 사람이 많았다. 적의 칼을 맞고 물로 뛰어든 조응도를 우수(禹壽)의 배에 건졌으나 잠시 뒤에 죽었다. 적들이 그대로 조응도의 배인 고성(固城)의 배를 타고서 노를 저어 북쪽으로 달아날 때 여러 전선이 포위하여 지자총통과 현자총통(玄字銃筒)을 계속 쏘아대니 좌우의 방패(防牌)가 총에 맞아 다 떨어졌고, 화살이 비 오듯 하니 왜적은 허둥대며 어찌할 줄을 몰라 했다. 임치첨사(臨淄僉使) 홍견(洪堅), 흥덕현감(興德縣監) 이용제(李容濟)가 당화전(唐火箭)과 송거(松炬) 등으로 적선에 불을 지르도록 하여 왜적들이 모두 배에서 뛰어내려 육지를 향해 헤엄칠 때 사살하고서 그 시체를 건져 목을 벤 것이 모두 18급(級)이었다. 변험(辨驗)하여 통제사에게 보내어 수송하게 하였다〉라고 하였습니다.'라고 하였는데, 비변사에 계하하였다.
비변사가 회계하기를, '적의 수급을 벤 사람들은 통제사가 군공(軍功)을 마감하여 〈장계〉하기를 기다린 뒤에 논상(論賞)하고, 조응도와 전사(戰死)한 사람들도 자세한 치계가 있었던 뒤에 휼전(恤典)을 거행하는 것이 마땅하다는 것으로 통제사에게 행이(行移)하는 것이 어떻겠습니까?' 하니, 아뢴 대로 윤허하였다."

해설: 이 기사에서도 확인되듯 기문포해전은 아군이 승리한 전투였다. 적을 공격하는데 가장 앞섰던 조응도가 전사하여 안타까움은 있었으나 적군에게 위세를 뚜렷이 증명하였다.

선조 30년(1597) 3월 25일: "〈비망기〉로 우승지 정광적(鄭光績)에게 전교하였다. '통제사 원균(元均)이 임명을 받자마자 곧 무용(武勇)을 떨쳐 적선 3척을 포획(捕獲)하고 수급(首級) 47급을 바쳤으니 매우 가상하다. 원균과 공이 있는 사람을 즉시 논상(論賞)하고, 혹 관원을 보내 호군(犒軍)하여 장사(將士)들을 격려할 일을 의계(議啓)하라. 그리고 적의 수급과 계본(啓本)을 가지고 온 사람도 아울러 참작하여 논상할 것으로 비변사에 말하라.'"

선조 30년(1597) 3월 25일: "비변사가 회계하기를, '원균이 바친 수급이 만약 나무를 베러 왕래하는 왜라면 쳐들어와서 사람을 죽인 왜적과는 차이가 있습니다. 그러나 제장(諸將)을 독려하여 역전(力戰), 참획(斬獲)한 그의 공이 참으로 가상하니 논상하는 것이 마땅할 것 같으나, 중대한 일인 은명(恩命)은 신하가 경솔히 의논할 수 없는 것입니다.
관하(管下)의 공이 있는 사람들은 군공을 마감하여 장계하기를 기다린 뒤에 상전을 거행하시고, 호군(犒軍)에는 따로 사신을 보낼 것이 아니라 한효순(韓孝純)을 보내 궤유(饋諭)하게 하는 것이 무방하겠습니다.

계본을 가지고 온 가설 판관(加設判官) 이익경(李益慶)은 승서하고 수군 김영추(金永秋)는 면역(免役)시키는 것이 어떻겠습니까?' 하니,

답하기를, '나무를 베러 다니는 왜가 없지 않을 것이나 이도 적다. 분군기(分軍記)를 보건대 분명 나무를 베러 다니는 왜는 아니었으니 보통 왜가 아닌 듯하다. 논상과 호군의 일은 아뢴 대로 하라.

원균은 가자(加資) 하거나 은양(銀兩)을 내려야 마땅하겠으나, 다만 반드시 병기(兵器)를 조사하는 것은 깊은 뜻이 있으니 우선 병기를 바치기를 기다려 참작하여 시행하는 것이 마땅할 듯하다. 승서(陞敍, 승진)하거나 면역시키는 일은 아뢴 대로 하라.' 하였다."

해설: 기문포해전은 혁혁한 승리였는데도, 조정 일각에서는 그때 아군이 무찌른 일본군이 일개 나무꾼이었다며 평가 절하하려는 움직임이 있었다.

선조 30년(1597) 4월 19일: "행장(行長)의 서계(書契)에, '조선 번선 대장(朝鮮番船大將) 막하(幕下)에 올립니다. 전일 김 절도사(金節度使, 김응서)와 굳게 약속을 정하였기 때문에 김해진(金海陣)의 배와 안골포진(安骨浦陣)의 배, 그리고 우리 진중 오도(五島)의 배가 거제도(巨濟島)에서 재목을 베었는데, 조선의 번선(番船)이 잘잘못을 불문하고 사람들을 죽이고 배를 빼앗아 갔으니, 이것이 무슨 도리입니까? 이는 반드시 큰일에 하자가 될 것입니다. 이 때문에 일본의 제진(諸陣)이 분노하여 이를 갈면서 수륙 양전을 펴서 원수를 갚고 수치를 씻으려는 뜻으로 말하는 것을, 내가 심력을 다하여 여러 장수를 계유(誡諭)하기를 〈바라건대, 억누르고 참아서 한 번 시비(是非)를 물어본 뒤에 왕조(王朝)의 석 노야(石老爺)에게 명문(明文)으로 통보하고 또 조선 국왕에게도 명문으로 통보하고 나서 수륙전을 펴 원수를 갚고 수치를 씻는 것이 옳다〉라고 하였더니, 여러 장수가 답하기를 〈그렇다면 그대의 말을 따르겠다. 그러나 칼끝에 살아남은 사람이 산속으로 도망쳐 들어간 일이 있으니, 거제도에서 수탐(搜探)하는 것도 의혹과 불신을 푸는 일이다〉라는 뜻으로 말하였습니다. 그 때문에 이번에 특별히 요 첨지(要僉知)가 상세히 글을 작성하여 족하(足下)에게 알리게 하였던 것인데, 어찌하여 약속을 어기고 신임을 잃음이 이처럼 심하십니까? 작은 이득을 위하여 큰일을 그르친다면 이는 조선의 불충이요, 일본의 불신인 것입니다. 불충과 불신이 어찌 하늘과 땅 사이에 용납될 수 있겠습니까? 일의 시비를 명백히 기술하여 자세히 회신하여 주기 바랍니다. 헤아려 살피기 바랍니다. 정유(丁酉) 4월 9일 풍신행장(豊臣行長).' 하였는데,

비변사에 계하하였다. 회계하기를, '편지를 갖고 온 왜적 11명은 죽여도 유익할 것이

없으니 개유(開諭)하여 놓아주어도 안 될 것은 없습니다. 그러나 이같이 연이어 오간다면 간계(奸計)의 소재를 헤아릴 수가 없으니 변고에의 대비를 더 공고히 하여야 합니다. 그런데 요시라의 수군이 머무는 그곳에는 접대하지 말라는 것으로 이미 하유하였습니다. 김응서(金應瑞)가 행장에 대해 거제도의 재목을 사사로이 허락하여 금하지 않은 일에 관해서는 이미 도체찰사가 추문하여 사실을 알아서 치계하도록 명하였으니, 그 계문(啓聞)을 기다려서 조처하는 것이 어떠하겠습니까?' 하니, '아뢴 대로 하라'고 하였다."

선조 30년(1597) 4월 19일: "3월 29일에 전라좌수사(全羅左水使) 원균(元均)이 서장(書狀)을 올리기를, '신이 해진(海鎭)에 부임한 이후에 살펴본 결과, 가덕도(加德島)·안골포(安骨浦)·죽도(竹島)·부산(釜山)을 드나드는 적이 서로 거리가 가까워서 성세(聲勢)는 서로 기대고 있는 것 같으나 그 수는 수만 명에 불과하므로 병력도 외로운 듯하고 형세도 약합니다.

그중 안골포와 가덕도 두 곳의 적은 3~4천도 되지 않으니 형세가 매우 고단합니다. 만약 육군이 몰아친다면 주사(舟師)의 섬멸은 대쪽을 쪼개듯이 쉬울 것이요, 그 뒤로 우리 군사가 전진하여 장수포(長藪浦) 등에 진을 친다면 조금도 뒤를 돌아볼 염려가 없게 됩니다.

날마다 다대포(多大浦)·서평포(西平浦)·부산포(釜山浦)에서 병위를 드날려 적에게 보인다면 회복의 계책이 거의 이루어질 수 있을 것입니다. 그렇지 않고 서로 버티며 날짜만 보낸다면 한 해가 지나가기도 전에 우리 군사가 먼저 지치게 됩니다. 그리하여 내년에는 더욱 심하고, 그다음 해는 더더욱 심할 것인데 군사가 쇠잔하고 군량이 고갈된 뒤에는 비록 지혜로운 자가 병력을 움직이려 해도 어떻게 할 수가 있겠습니까?

<u>우신(愚臣)의 망령된 생각에는 우리나라 군병은 그 수가 매우 많습니다. 노쇠한 자를 빼고 정병(精兵)만 추리더라도 30여만 명은 만들 수 있습니다. 지금은 늦봄인 데다 날씨가 가물어서 땅이 단단하니 말을 달리며 작전을 할 때는 바로 이때입니다. 반드시 4~5월 사이에 수륙 양군을 대대적으로 출동시켜 한 번 승부를 겨루어야 합니다.</u>

만약 시일을 지연시키다가 7~8월께 비가 개지 않아 토지가 질척거리면 기병이나 보병이나 다 불편할 것이니 그때는 육전(陸戰)도 되지 않을 듯합니다.

하물며 가을이 다 지나고 난 뒤에는 바람이 점점 세지고 파도가 하늘에 닿을 듯 높아질 것이므로 배를 부리기가 매우 어렵습니다. 그때는 수전이 되지 않을 것입니다.

신이 이른바 4~5월 안에 거사하자는 것도 이를 염려하여서입니다. 또한 행장(行長)·

요시라(要時羅) 등은 거짓으로 통화(通和)하는 것이므로 그 실상을 알 수 없습니다. 기회를 잡아서 (육군과 수군이) 함께 공격하여 남김없이 섬멸한다면 수치를 조금이나마 씻을 수 있겠습니다. 조정(朝廷)에서 속히 선처하소서.'라고 하였는데, 비변사에 계하하였다."

해설: 통제사 원균의 전술적인 제안이 보인다. 그때는 적군의 숫자가 수만 명에 지나지 않으므로 때를 잃지 말고 육군과 수군을 총동원해 승부를 걸자고 하였다. 참으로 옳은 전략이었는데, 조정에서는 차일피일 날짜만 미루는 바람에 결국은 14만 명도 넘는 일본군이 잇따라 부산포와 서생포에 상륙하였다.

선조 30년(1597) 4월 22일: "비변사가 아뢰기를, '통제사(統制使) 원균(元均)의 장계에, 안골포(安骨浦)·가덕도(加德島) 두 곳은 적세가 고립되어서 육군이 몰아낸다면 수군이 섬멸되기가 쉬울 것이라고 하였고, 또 우리나라가 30만의 정병(精兵)을 얻을 수 있으니 4~5월 안에 수륙으로 대거 출동하여 한번 승부를 결단하자고 하였습니다. 그가 적을 치려고 하는 뜻이 매우 결연합니다.

신들도 오늘날의 형세가 오래 버티기는 어려울 것을 염려하고 있으나, 적이 험조(險阻)한 곳에 둔거(屯據)하고 있으면서 둔전에서 식량을 가져다 쓰는 모양은 주인이 손님을 기다리며 편히 쉬면서 우리가 힘들기를 기다리는 형세입니다. 우리나라 수륙의 군병이 날로 더 피곤하여져서 마침내 저절로 무너지는 형세가 될까 두렵습니다.

진실로 탈 만한 기회가 있으면 더불어 한 번 승부를 결단하는 것은 그만둘 수 없는 일입니다. 하지만 저들에게는 탈 만한 기회가 있고 우리에게는 탈 만한 기회가 없다면 그 형세는 저절로 수수방관하고 앉아서 기회를 놓치는 데에 이르고 말 것인데 오늘날의 일이 바로 그렇습니다. 참으로 힘이 적을 제압할 수 있다면 마땅히 기미를 잘 판단하여 이로운 형세를 취하되 마치 빠른 우레에는 미처 귀를 막지 못하듯이 하여야 할 것이지 어찌 천 리 밖에서 싸움을 청할 것이 있겠습니까.

안골포는 지세가 육지와 이어져서 육군이 진격할 수도 있겠지만, 가덕도는 바다에 있어서 수군이 아니고서는 전진할 수가 없으니, 장계의 뜻은 상량(商量)이 부족한 듯합니다. 그리고 30만의 정병은 4~5월 내에 소집하기가 쉽지 않습니다. 다만 제때 적을 섬멸해야지 지연시켜서는 안 된다는 뜻은 참으로 원균이 아뢴 바와 같습니다.

이 일은 도체찰사(都體察使)와 도원수(都元帥)가 형세의 편부를 자세히 참작하고 사기(事機)의 득실을 잘 요리하여 좋을 대로 처치할 일이지, 멀리 조정에서 통제할 수는 없습니다. 이런 내용으로 속히 도체찰사와 도원수에게 밀유(密諭)하여 다시 사세를 살펴 치계(馳啓)하는 한편 가능함을 보아서 진격하여 사기(事機)를 놓치는 일이 없도록 하라고 하는 것이 어떠하겠습니까?' 하니,

전교하기를, '과인의 뜻은 (원균의 주장대로는) 안 된다고 여긴다. 그러나 시험하여 보라고 하유하는 것도 괜찮겠다.'라고 하였다."

해설: 조정에서는 선조도 대신들도 원균의 제안을 선뜻 수락하지 못하였다. 결단력이 없었던 그들인지라, 도체찰사 이원익과 도원수 권율에게 이 문제에 관한 의견을 다시 물었다.

선조 30년(1597) 5월 8일: "<u>도원수(권율)가 비밀 장계(祕密狀啓) 한 통을 올렸다. 【그 내용은 대강 안골포(安骨浦)와 가덕도(加德島)의 적세가 고단한 것은 원균(元均)이 말한 바와 같으나 섣불리 싸우는 것은 옳지 않다는 내용이었다.】</u>"

선조 30년(1597) 5월 12일: "비변사가 아뢰기를, '도원수 권율의 장계를 보니, 주사(舟師) 중에 지금 한산도(閑山島)에 도착한 배는 1백 34척이고, 이미 출발하였으나 아직 도착하지 못한 배는 5~6척이며, 따로 건조 중인 것으로 20일 사이에 건조가 끝내는 배가 48척이라 하였습니다. 모두 계산하면 1백 80여 척에 이르는데 이들은 판옥 대선(板屋大船)입니다. 이밖에도 병선(兵船)으로서 군의 형세를 도울 만한 숫자가 반드시 많이 있을 것입니다.

당초에 주사를 취합(聚合)시킨 뜻이 단지 바닷길을 중도에서 끊어 적들이 뒤를 걱정하는 염려가 있게 하면 육지에 있는 적의 소굴이 아무리 견고하더라도 형편상 동요하지 않을 수 없을 것이라는 점에서였습니다. 이는 지금으로서는 큰 계책입니다.

혹 어떤 사람(원균)은 〈적병이 현재 안골포(安骨浦)와 가덕도(加德島)에 주둔하고 있으니 우리나라의 주사가 이곳을 지나 부산 앞바다를 가로막기는 어렵다.〉라고 하니, 그 형세가 진실로 그렇기는 합니다.

애당초 두 적장(賊將)이 협동하지 못하여, 행장은 성패를 앞서서 관망하려는 마음이 있었습니다. 그래서 한산도의 주사들이 부산을 한 번씩 왕래할 수 있었습니다. 지금 권율의 장계를 살펴보니 그도 본마음은 주사를 크게 벌여 일본에서 나오는 배들을 막으려 하였던 것인데, 근래는 주사의 출입이 거제(巨濟) 등지의 적을 수 포(搜捕)함에 불과하고 부산 앞바다는 왕래하지 못하고 있어, 군량을 실은 적선들이 연이어 왕래하며 꺼

리는 바가 없으니, 매우 잘못된 것이라고 하였습니다. 이 말이 매우 옳은 말입니다. 이제 주사(舟師)와 선척·격군(格軍)이 대강 모였으니, 통제사 원균(元均)을 시켜 다시 형세를 살피게 해서 혹은 거제도와 옥포(玉浦) 등지에 진주하게 하고 부산과 대마도의 바닷길을 살피게 해서 중로를 막아 끊는 계책을 세워야 할 것입니다. 크게 싸우지는 못한다 할지라도 배를 3등분 해서 절영도(絶影島) 앞바다를 번갈아 오가며 뒤따라온 배가 이어가고 앞에 있던 배가 되돌아가게 함으로써 주사의 왕래가 끊이지 않게 하면 부산과 서생포(西生浦)에 상륙해 있는 왜적들은 모두 군량미 수송로가 끊길까 걱정할 것이고, 뒤를 이어 나오는 적선들도 반드시 두려워하고 주저하여 함부로 건너오지 못해서 마음대로 횡행하지 못할 것입니다. 이렇게 되면 적의 형세는 선두와 후미가 단절되어 우리가 도모할 수 있게 될 것입니다.

대체로 군세(軍勢)는 기회를 타는 것을 소중히 여기며, 또 견고한 곳을 피하고 허점을 공격하란 말이 있습니다. 요즘 말하는 자 중에 혹은 곧바로 적의 소굴을 공격하려 하고 있습니다만 이는 바로 견고한 곳을 공격하는 것으로서 병가(兵家)에서 꺼리는 바입니다. 반드시 우리의 장점을 이용하여 적의 허점을 공격한 다음에야 승리의 공을 거둘 수 있습니다.

요사이 적세를 살펴보면, 오랫동안 주둔해 있으면서 성문을 나오지 않고 매양 큰소리로 공갈만 치고 있습니다. 그러나 흉도들이 아직 집결을 마치지 못하였고 군량이 계속되지 못하고 있습니다. 이는 바로 기회를 타서 승리를 얻을 수 있는 시기입니다. … 신들의 어리석은 견해는 이와 같으니, 이는 경거망동하는 자들의 의견과는 다릅니다. 바라건대, 이러한 의견을 비밀히 도체찰사와 도원수에게 하유하여 다시 더 상량(商量)하도록 하고, 수군(水軍)과 육군의 여러 장수를 단속하여 기회를 잃지 말도록 곧바로 선전관을 보내어 밤낮을 가리지 않고 달려가게 하는 것이 어떻겠습니까?' 하니,

답하기를, '계사(啓辭)는 지당하나, 나의 견해는 그렇지 않다. 체찰사에게도 반드시 계책이 있어 스스로 지휘할 것이니, 하유할 것이 없다.'라고 하였다."

해설: 통제사 원균은 많은 판옥선을 지어 수군의 세력을 키웠다. 그는 육군도 세력을 급속히 팽창시켜 적군의 숫자가 늘어나기 전에 싸움을 결정지으려 하였으나, 조정의 반대에 가로막혀 어찌할 수 없는 형편이 되었다. 군사작전을 전혀 모르는 대신과 왕이 사사건건 작전을 간섭하였다.

선조 30년(1597) 6월 11일: "수군통제사 전라좌도수군절도사(水軍統制使全羅左道水軍節

度使) 원균(元均)이 치계하기를, '신이 11월 15일에 먼저 안골포(安骨浦)를 공격하겠다는 계책을 갖추어 아뢰었는데 지시를 기다리는 사이에 시일이 쉽게 가버려, 앉아서 기회를 잃게 되었으니 매우 안타깝습니다.

대개 전에는 적들이 비록 거제(巨濟)·웅천(熊川) 등을 점거하고 있었으나 거리가 조금 떨어져 있었고, 주사(舟師)가 장생포(長生浦)·다대포(多大浦)를 출입하면서 스스로 (명나라와) 화친하였다고 핑계 대며 철병(撤兵)하겠다고 크게 소문을 냈습니다.

그러나 이제 거제의 적은 안골포로 들어가 점거하고, 김해(金海)의 적은 죽도(竹島)로 들어가 점거하여 목을 막고 정치(鼎峙)하여 서로 성세(聲勢)를 의지하면서 우리나라의 뱃길을 막고 있습니다. 따라서 부산 앞바다로 나아가 적의 무리를 차단하여 공격할 방도가 다시 없게 되었습니다. 설사 (우리 함대가) 대거 (부산포에) 이를 수 있다 하더라도 나아가서 배를 머무를 곳이 없고, 물러나서는 뒤를 돌아다 보아야 할 근심이 있습니다. 이는 실로 병가(兵家)의 승산(勝算)이 아닙니다.

신의 계책으로는 반드시 수륙(水陸)으로 병진하여 안골포의 적을 도모한 연후에야 차단할 방도가 생겨, (그곳을) 회복하는 형세를 우리에게 완전히 유리하게 전개할 수 있으리라 여깁니다. 조정에서도 방도를 마련하지 않는 것은 아니겠으나, 신이 변방에 있으면서 적을 헤아려 보건대 금일의 계책은 이보다 나은 것이 없으니, 조정이 특히 처치하여 속히 지휘하게 하소서.'라고 하였는데, 비변사에 계하(啓下)하였다.

비변사가 회계하기를, '원균의 뜻은 반드시 육군이 먼저 안골포(安骨浦)와 가덕도(加德島)의 적을 공격해야 한다는 것이고, 도원수와 체찰사의 뜻은 그렇지 않아 수군을 나누어 다대포 등을 왕래시키면서 해양에서 요격하려는 계획입니다. 이는 대사(大事)이니, 여러 장수의 계책을 하나로 결정하여 처리해야지 서로 달라서 기회를 잃게 해서는 안 됩니다.

신들 역시 지도(地圖)로 형세를 살피고 <u>해변의 형세를 자세히 아는 사람의 말을 참조하건대(이순신의 조언을 받은 것으로 보인다) 안골포는 김해(金海)·죽도(竹島)와 매우 가깝고 지형이 바다 가운데로 뻗어 나왔으므로 군사가 육로로 공격하면 적에게 뒤에서 엄습 당할 염려가 없지 않으니, 도원수가 진공(進攻)을 어렵게 여기는 것이 또한 반드시 소견이 있을 듯합니다. 대저 군중(軍中)의 일을 제어하는 권한이 체찰사와 도원수에게 있으니, 제장(諸將)으로서는 품하여 지휘를 받아서 진퇴하는 것이 마땅한데도 근일 남쪽의 장수들이 조정에 처치해 달라고 자청하는 일이 다반사여서 체통을 유지하는 뜻이 도무지 없습니다. 위의 사연을 도체찰사와 도원수에게 모두 하유하는 것이 어떻겠습니까?'</u> 하니, 아뢴 대로 윤허하였다."

해설: 통제사 원균은 도원수 권율 및 도체찰사 이원익과 전술적인 견해가 달랐다. 이순신의 도움을 받고 있었던 권율 등은 사사건건 원균의 작전을 반대하고 자신들이 계획한 대로 밀어붙였다.

선조 30년(1597) 6월 15일: "병조가 아뢰기를, '오 총병에게 수륙(水陸)의 군병 수 및 기계(器械) 수를 써 주라는 일로 전교하셨습니다. 수륙의 군사 숫자는 중국 장수에게 전후로 써 보인 것이 다소 같지 않습니다. 지난번 양 경리(楊經理)에게 회자(回咨)할 때 〈… 수군은 우도 통제사(右道統制使, 전라도 통제사) 원균(元均)이 거느린 군사가 모두 4천 5백 명, 좌도수사(左道水使) 이운룡(李雲龍)이 거느린 군사가 5백 명이다〉고 개좌(開坐)하여 회답하였으니, 이번에도 이 숫자로 써 보이는 것이 마땅합니다. …'하니, 아뢴 대로 하라고 전교하였다."

선조 30년(1597) 6월 26일: "비변사가 아뢰기를, '체찰사(이원익)는 대신(大臣)이고 도원수(권율)는 주장(主將)인데도, 절제(節制, 지휘)의 권한이 주사(舟師, 원균 등 수군)에게 행해지지 않고 있으니 매우 놀랍습니다. 명령을 따르지 않으면 거기에 상응하여 행해야 할 법규대로 적용해야 할 것이요, 그저 고지식하여 어리둥절하게 몇 마디만 조정에 치보(馳報)하고 그만둘 일이 아닙니다. 남쪽의 일은 이 한 가지 단서만 가지고 보아도 매우 염려됩니다. 근일에 이르러서는 남풍(南風)이 연달아 불어 (적의) 전선이 연속적으로 와서 정박합니다. 비록 우리나라 수군이 오랫동안 바다에 있으면서 낱낱이 소탕해 막지는 못하더라도 현재의 선박을 합쳐 몇 개 부대로 나누되 배설(裵楔)은 경상우도의 배로 일개 부대를 만들고, 이억기(李億祺)는 전라우도의 배로 일개 부대를 만들며, 최호(崔湖)는 충청도의 배로 일개 부대를 만들고, 원균(元均)은 그가 거느린 선박으로 일개 부대를 만듦으로써 한산도를 굳게 지켜 근본으로 삼고 부대별로 교대로 해상에 나가 서로 관측하게 해야 합니다. 그리하여 혹은 서로 가고 오기도 하고 먼 거리까지 혹은 가까운 거리를 다녀 정처(定處)가 없이 하면서 금고(金鼓) 소리로 서로 통하고 깃발이 연락하게 해야 합니다. 그리고 별도로 옥포(玉浦)와 조라포(助羅浦)에서 바라다보이는 곳에 의병(疑兵)을 설치해 형세를 벌이면, 적선에서는 반드시 우리나라 수군이 크게 모였다고 여길 것이고, 또 중국군이 함께 세력을 돕고 있는지 의심할 것입니다. 그래서 육지에 있는 적은 뒤를 돌아보는 걱정이 있게 되고 뒤이어 오는 자는 요격당할까 염려할 것이니, 군기(軍機)에 관계된 바가 적지 않을 것입니다.

지금 체탐인(體探人)의 말에 의하면, 왜선이 대마도에 부지기수로 도착했는데 우리나라 병선이 많은가 의심하여 아직 나오지 못하고 있다 합니다. 그 말을 반드시 믿을 것은 아니지만 사세로 헤아려 보면 또한 그럴듯합니다.
어찌 한결같이 조응도(趙凝道)가 잘못해서 실패한 것에만 염려한 나머지 지나치게 위축되어 깊이 한산도 해상의 거제(巨濟) 등에 숨어 있으면서 감히 선박 하나도 내보내 엿보지 못하게 함으로써 먼저 약함을 보이게 할 수 있겠습니까. 만약 적의 선박이 기세를 타고 크게 이르러 거제를 다시 굴혈(窟穴)로 삼게 한다면, 비록 중국군이 뒤에 나오더라도 형편상 어떻게 할 수 없을 것입니다. 이런 뜻으로 다시 하유(下諭)하여 군법(軍法)을 밝히고 고식적으로 하지 않아, 대사를 이루게 하는 것이 어떻겠습니까?' 하니, 아뢴 대로 하라고 답하였다."

해설: 그해 3월에 있었던 기문포해전에서 고성현령 조응도가 전사하였으므로, 수군의 활동이 위축되었다는 것이 비변사의 분석이었다. 사실과 일치하지 않는다. 그때 도원수와 체찰사는 원균 등이 수군의 출동을 자제하고 있어, 자신들의 명령에 따르지 않는다고 비변사에 고발하였다. 비변사는 수군을 변명하기 위해 조응도 전사 사건을 거론하는 듯하였으나, 결론적으로 도원수 등을 편들며 수군 지휘부를 질타했다.

선조 30년(1597) 6월 28일: "도원수 권율의 〈장계〉는 다음과 같다. '통제사(統制使) 원균(元均)은 매양 육로에서 먼저 안골포(安骨浦) 등의 적을 치라고 미루면서 바다로 나가 군사작전을 벌여 오는 적을 막을 생각이 없으니, 신은 분한 마음을 이기지 못하겠습니다. 그래서 혹은 전령(傳令)으로 혹은 돌려보내면서 호되게 나무랐고 세 번이나 도체찰사에게 군관을 보내기까지 하였습니다. 그리하여 남이공(南以恭)이 또한 체찰의 명을 받들고 한산도(閑山島)에 들어가 앉아서 독촉하고서야 부득이한 나머지 18일에 비로소 전선을 출발시켜 크고 작은 배 1백여 척이 가덕도(加德島) 앞바다를 향했으니, 이는 남이공의 힘이었지 어찌 원균의 마음이었겠습니까.
비록 그렇긴 하나 이런 식으로 계속 번갈아 교대하며 뒤에 오는 자가 나아가고 앞에 간 자가 돌아오면, 그곳의 적들이 의심하고 두려워하여 감히 바다를 건너지 못할 것이고 혹시 돛을 달더라도 파두(波頭)에 부서질 것이니, 이곳에 있는 적들의 형세가 고단해지고 양식이 떨어져 진퇴가 궁색해질 것입니다. 그때 중국군의 힘을 합쳐 뜻을 정해 진격해 들어가면 어찌 되지 않을 리가 있겠습니까. 신은 우선 사천(泗川)에 머물면서 해상의 소식을 기다리겠습니다.'"

해설: 통제사 원균과 전라우수사 이억기 및 충청수사 최호의 순국을 기록한 기사이다. 그러나 그들의 마지막 출정에 관한 위 기록은 전형적인 왜곡이다. 사실관계가 일치하는 부분은 고성 춘원포=추원포에서 순국하였다는 점뿐이다.

선조 30년(1597) 7월 10일: "비변사가 아뢰기를, '적병이 비록 해안에 나누어 점거하고 있으나 군량을 조달하고 병사를 보충하는 길은 바다에 있습니다. 우리나라의 주사(舟師)를 적이 무서워하니 부대를 나누어 번갈아 나가 바다에 왕래하면서 적의 보급로를 끊는다면 이는 곧 적의 허점을 공격하는 것임과 동시에 요충지를 장악하는 것이니 현재의 계책으로는 이보다 나은 것이 없습니다.
다만 염려되는 것은 여러 장수가 명령을 잘 이행하지 않아 부득이 출병하였다가 오히려 앞을 다투어 돌아옴으로써 크게 형세를 이루어 적의 사기를 떨어뜨리지 못하는 것뿐입니다.
지금 양 총병의 분부가 이와 같으니, 접견할 때 문답한 내용을 자세히 거론하여 미리 도체찰사와 도원수에게 하유하되 시급히 전일 분부한 대로 주사의 여러 장수를 엄하게 독려하는 한편 기회를 살펴 가며 도모하여 기회를 잃어 대사를 그르치지 않도록 하는 것이 어떻겠습니까?' 하니,
상이 전교하기를, '아뢴 대로 시행하라. 원균(元均)에게도 아울러 말을 만들어 하유하기를, 〈전일과 같이 후퇴하여 적을 놓아준다면 나라에는 법이 있고 나 역시 사사로이 용서하지 않을 것이다.〉라고 하라.' 하였다."

해설: 원균을 비롯한 수군 지휘부와 조정의 갈등이 극심하였다. 조정에서는 수군의 활동이 미온적이라고 판단해 적극적인 전투를 주문했다. 일선 지휘관의 판단을 무시한 이러한 지시가 결국에는 통제사와 두 명의 수사를 죽음으로 내몰았다.

선조 30년(1597) 7월 22일: "선전관 김식(金軾)이 한산(閑山)의 사정을 탐지하고 돌아와서 입계하였다. '(7월) 15일 밤 2경에 왜선 5~6척이 불의에 내습하여 불을 질러 우리나라 전선 4척이 전소 침몰당하자 우리나라 여러 장수가 창졸간에 병선을 동원하여 어렵게 진을 쳤는데, 닭이 울 무렵에는 헤아릴 수없이 많은 왜선이 몰려와서 서너 겹으로 에워싸고 형도(刑島, 흉도) 등 여러 섬에도 끝없이 가득 깔렸습니다.
우리의 주사(舟師)는 한편으로 싸우면서 한편으로 후퇴하였으나 도저히 대적할 수 없어서 고성 지역 추원포(秋原浦)로 후퇴하여 주둔하였습니다. 그런데 적세가 하늘을 찌

를 듯하여 마침내 우리나라 전선은 모두 불에 타서 침몰당하였고 여러 장수와 군졸들도 불에 타거나 물에 빠져 모두 죽었습니다.

신은 통제사 원균(元均) 및 순천부사 우치적(禹致績)과 간신히 탈출하여 상륙했는데, 원균은 늙어서 행보하지 못하여 맨몸으로 칼을 잡고 소나무 밑에 앉아있었습니다. 신이 달아나면서 일면 돌아보니 왜노 6~7명이 이미 칼을 휘두르며 원균에게 달려들었는데 그 뒤로 원균의 생사를 자세히 알 수 없었습니다.

경상우수사 배설(裵楔)과 옥포(玉浦)·안골(安骨)의 만호(萬戶) 등은 간신히 목숨만 보전하였고, 많은 배가 불에 타서 불꽃이 하늘을 덮었으며, 무수한 왜선들이 한산도로 향하였습니다.'"

해설: 이른바 '칠천량 사태'에 관한 목격자 김식의 최초 보고였다. 인용문 가운데 밑줄 친 부분은 사실로 인정된다. 그 나머지는 모두 사실과는 거리가 있는 낭설이었다. 김식의 오보(誤報)로 말미암아 조정에서는 수군이 전멸한 것으로 착각하였다. 실지로는 전사한 이가 극소수였다. 통제사 원균 등은 책임감을 이기지 못해 패전하느니 차라리 죽음을 선택한 것으로 보인다.

선조 30년(1597) 7월 22일: "상이 별전에 나아가 대신과 비변사 당상을 인견하였는데 영의정 유성룡(柳成龍), 행 판중추부사 윤두수(尹斗壽), 우의정 김응남(金應南), 행 지중추부사 정탁(鄭琢), 행 형조판서 김명원(金命元), 병조판서 이항복(李恒福), 병조참판 유영경(柳永慶), 행 상호군 노직(盧稷), 좌승지 정광적(鄭光績), 주서 박승업(朴承業), 가주서 이성(李惺), 검열 임수정(任守正), 이필영(李必榮)이 입시하였다.

상이 김식(金軾)의 서계를 대신들에게 내보이면서 이르기를, '주사(舟師)가 전군이 대패하였으니 이제는 어찌할 도리가 없다. 대신이 도독과 안찰(按察)의 아문에 가서 이 소식을 알려야겠다.'라고 하고,

또 이르기를, '충청과 전라 두 도에 남은 배가 있는가? 어떻게 할 수 없는 일이라고 핑계만 대고 그대로 둘 수 있는가. 지금으로서는 남은 배로 수습하여 방어할 계책을 세우는 길뿐이다.'라고 하였다.

좌우가 모두 한 마디도 말하는 자가 없이 한참 동안 침묵을 지키니, 상이 소리 높여 이르기를, '대신들은 어찌하여 대답하지 않는가? 이대로 내버려 둔 채 아무런 방책도 세우지 않을 셈인가? 대답하지 않는다고 왜적이 물러나고 군사가 무사하게 될 것인가.'라고 하니, 성룡이 아뢰기를, '감히 대답을 드리지 않으려는 것이 아니고 너무도 민박한 나머지

계책을 생각지 못하여 미처 아뢰지 못하는 것입니다.'라고 하였다.

상이 이르기를, '주사 전군이 대패한 것은 천운이니 어찌하겠는가. 원균은 죽었더라도 어찌 사람이 없겠는가. 다만 각도의 배를 수습하여 속히 방비해야 할 뿐이다.'라고 하고,

또 이르기를, '척후병도 설치하지 않았단 말인가? 왜 후퇴하여 한산(閑山)이라도 지키지 못했는가?'라고 하니,

성룡이 아뢰기를, '한산에 거의 이르러서 칠천도(七川島)에 도달했을 때가 밤 2경이었는데 왜적은 어둠을 이용하여 잠입하였다가 불의에 발포하여 우리 전선 4척을 불태우니 너무도 창졸간이라 추격하여 포획하지도 못하였고, 다음날 날이 밝았을 때는 이미 적선이 사면으로 포위하여 아군은 부득이 고성으로 향하였습니다.

육지에 내려보니 왜적이 먼저 상륙하여 이미 진을 치고 있었으므로 우리 군사는 미처 손쓸 사이도 없이 모두 죽임을 당하였다고 합니다.'라고 하였다.

상이 이르기를, '한산을 고수하여 호표(虎豹)가 버티고 있는 듯한 형세를 만들었어야 했는데도 진격하라고 굳이 독촉하여 이와 같은 패배를 초래하게 하였으니 이는 사람이 한 일이 아니고 실로 하늘이 그렇게 만든 것이다. 말해도 소용이 없지만, 어찌 어쩔 수 없는 일이라고 내버려 둔 채 아무런 대책도 세우지 않을 수 있겠는가. 남은 배만이라도 수습하여 양호(兩湖) 지방을 방수(防守)해야 한다.'라고 하니,

항복이 아뢰기를, '지금의 계책으로는 통제사와 수사(水使)를 차출하여 계책을 세워 방수하게 하는 길밖에 없습니다.'라고 하자, 상이 이르기를, '그 말이 옳다.'라고 하고,

또 이르기를, '적의 수가 매우 많았으니 당초에 풍파에 쓸려 죽었다는 설은 헛소리였다. 그들을 감당하지 못하더라도 한산으로 후퇴했더라면 형세가 극히 좋고 막아 지키기에도 편리하였을 것인데 이런 요새를 버리고 지키지 않았으니 매우 잘못된 계책이다. 원균이 일찍이 절영도(絶影島) 앞바다에는 나가기 어렵다고 하더니 이제 과연 이 지경에 이르렀다. 내가 전에도 말했거니와 저 왜적들이 6년간을 버티고 있는 것이 어찌 한 장의 봉전(封典)을 받기 위해서였겠는가. 대체로 적의 배가 전보다 대단히 크다고 하는데 사실인가?'라고 하니, 김응남이 아뢰기를, '그렇습니다.'라고 하였다.

상이 이르기를, '대포와 화전(火箭)도 배에 싣고 왔는가?'라고 하니, 명원이 아뢰기를, '이는 알 수 없고 김식(金軾)의 말에 의하면 왜적이 우리 배에 접근하여 올라오자 우리 장사들은 손 한 번 써보지도 못하고 패배하였다고 합니다.'라고 하고,

정광적은 아뢰기를, '아군은 칠병포(七柄砲)만을 쏘았다고 하니 참으로 마음 아픈 일입니다.'라고 하였다.

상이 이르기를, '평수길(平秀吉)이 항상 말하기를 〈먼저 주사를 격파한 다음에야 육군

을 노획할 수 있다.〉라고 했다 하더니 이제 과연 그렇게 되었다.'라고 하니,

노직이 아뢰기를, '(7월) 9일의 싸움에서는 군졸들이 겁을 먹어 화살 하나도 쏘지 못하였다고 합니다.'라고 하자, 상이 이르기를, '이미 지난 일을 논의하면 무슨 도움이 있겠는가. 일변으로 통제사를 차출하여 남은 배를 수습하면서 일변으로는 도독부에 알리고, 또 일변으로 중국 조정에 주문(奏聞)해야 할 것이다.'라고 하였다.

상이 항복에게 이르기를, '전군이 모두 패배하였는가, 혹 도망하여 살아남은 자도 있는가?'라고 하니, 항복이 대답하기를, '넓은 바다라면 패전하였더라도 혹 도망하여 나올 수 있지만 지금 이 상황은 그렇지 않아 비좁은 지역에 정박하였다가 갑자기 적선을 만나 궁지에 몰려 상륙하였으니 대체로 전군이 패배했을 것입니다.'라고 하였다.

상이 해도(海圖)를 살펴보며 항복에게 가리켜 보이면서 이르기를, '후퇴해 나올 때, 견내량(見乃梁)에 이르기 전에 고성에서 적병을 만나 이처럼 패배를 당했단 말인가? 저쪽을 거쳤다면 한산으로 쉽게 퇴진하였을 것인데 이곳을 거쳐 패배를 당하였는가?'라고 하니, 항복이 이르기를, '그렇습니다.'라고 하고,

성룡이 아뢰기를, '한산을 잃는다면 남해는 요충지대인데 지금 이곳도 필시 적의 점거지가 되었을 것입니다.'라고 하였다. 상이 이르기를, '영상도 남해를 근심하고 있는가?'라고 하자, 성룡이 아뢰기를, '어찌 남해만 근심이 되겠습니까.' 하니, 상이 이르기를, '이 일은 어찌 사람의 지혜만 잘못이겠는가. 천명이니 어찌하겠는가.'라고 하였다.

명원이 아뢰기를, '장수를 보낸다면 누가 적임자가 되겠습니까?' 하고, 항복이 아뢰기를, '오늘날의 할 일은 단지 적절한 인재 선발에 있습니다.'라고 하니,

상이 이르기를, '원균은 처음부터 가려고 하지 않았으나 남이공의 말을 들으면 배설도 〈비록 군법에 따라 나 홀로 죽임을 당할지언정 군졸들을 어떻게 사지에 들여보내겠는가〉라고 했다고 한다. 대체로 모든 일은 사세를 살펴보고 시행하되 요충지는 고수해야 옳은 것이다. 이번 일은 도원수가 원균을 독촉했기 때문에 이와 같은 패배가 있게 된 것이다.'라고 하였다.

상이 이르기를, '우리나라는 지금까지 적세를 알지 못하고 입으로만 늘 당병(唐兵) 당병이라고 하였는데, 만약 왜적이 움직인다면 수천에 불과한 중국 군사가 방어할 수 있을 것인가. 그들이 이런 말을 들으면 반드시 나를 겁쟁이라 여겨 그들의 조소를 받을 것이나, 마 도독의 군사는 만 명도 채 못 되고 양원(楊元)의 군사도 3천 명 정도이니 어떻게 남원을 지킬 수 있겠는가.

만약 적이 돌아서 호남 연해에 정박한다면 남원 지방 정도는 마치 큰길 가운데 손가마를 놓아둔 것과 다름이 없는데 양원이 홀로 방어할 수 있겠는가. 만약 중국의 군사

가 많이 집결되면 서로(西路)는 그런대로 보존할 수 있을지도 모르나 하삼도(下三道)는 수습하기가 어려울 것이다.'라고 하니,

항복이 아뢰기를, '왜적이 혹 광양·순천으로 향하면 양원이 혼자 지킬 수가 없습니다.'라고 하고, 성룡이 아뢰기를, '지금은 중국의 군사를 믿을만하지 못하니, 마땅히 남은 배로 강화(江華) 등지를 수비해야 합니다.'라고 하고,

윤두수는 아뢰기를, '비록 잔여 선박이 있다 하더라도 군졸을 충당하기가 어려우니 아직은 통제사를 차출하지 말고 각도의 수사가 우선 그 지방의 군졸을 수습하여 각기 지방을 지키게 하는 것이 어떻겠습니까?' 하고,

성룡이 아뢰기를, '산동(山東)의 수군이 나온다 하더라도 풍랑이 점점 높아질 때이니 그들이 반드시 온다고 믿기는 어렵습니다.'라고 하니,

상이 이르기를, '중국군이 온다 해도 왜적이 어찌 두려워할 리가 있겠는가. 많은 사람이, 중국군이 나오기만 하면 왜군은 저절로 물러갈 것이라 하지만 이 말은 틀린 말이다.'라고 하고,

또 이르기를, '한담을 아무리 늘어놓는다 해도 국가의 성패에는 도움이 안 된다. 대신이 먼저 도독과 안찰에게 알리는 한편 일변으로 주사(舟師)를 수습해야지 그밖에 다른 선책은 없다.'라고 하였다.

상이 이르기를, '내 말이 지나친 염려인 듯하지만, 중국 장수들은 늘 우리 주사를 믿는다고 했는데 지금 이런 패보를 들으면 혹 물러갈 염려가 있으니, 만약 그렇게 될 경우에는 어떻게 해야 하는가?'라고 하니, 항복이 아뢰기를, '아마도 경솔하게 물러가지는 않을 것입니다.'

상이 말하기를, '한산은 왜적과 가까운 거리에 있으므로 외로운 군사로는 지킬 수 없을 것이니 조금 후퇴하여 전라우도를 지키게 하는 것이 좋을 것이다.'라고 하니, 성룡이 아뢰기를, '그렇게 하면 결국 남해를 빼앗기고 말 것입니다.'라고 하였다.

상이 이르기를, '내가 확실히 알지는 못하나 지금 주사가 패배하였다는 소문이 전파되었다면 남방 인심이 이미 놀라 흔들릴 것이니 다시는 어떻게 할 도리가 없을 것이다. 그러나 어떻게 할 수 없다고 하여 아무런 계책도 세우지 않을 것인가. 어찌 죽기만을 기다리고 약을 쓰지 않을 수 있겠는가. 단지 〈민박(憫迫)〉 두 글자만 부르짖는다고 왜적이 물러나 도망하겠는가.'라고 하니,

성룡이 아뢰기를, '남해와 진도를 지키다가 감당하지 못하면 물러나서 다른 요새지를 택하여 지키는 것이 옳을 것입니다.'라고 하자,

상이 이르기를, '우리나라는 위로 중국이 있으니 왜적의 소유가 될 리는 없다. 그러하

니 모든 일에 할 수 있는 데까지 힘을 다하여야 할 것이다.'라고 하였다."

해설: 위 기사에서 밑줄 친 부분은 대체로 사실에 부합한다. 그 나머지는 실제 상황을 잘 모르고 지레짐작한 것이 대부분이다. 그래도 조정에서 사태를 비교적 침착하게 평가하고 전망하는 능력을 갖춘 이는 선조뿐이었다.

선조 30년(1597) 7월 25일: "도원수 권율이 치계하기를, '통제사 원균이 치보(馳報)한 내용에 의하면 〈수군을 몇 부대로 나누어 번갈아 내보내어 오가는 일을 삼도수사(三道水使)와 함께 회의하였더니 수사들이 「반드시 패배할 시기를 분명히 알고서는 부산과 절영도를 왕래할 수 없다. 장수가 밖에 있을 때는 임금의 명령도 받지 않는다.」고 하니, 어리석고 용렬한 통제사로서는 어떻게 처치할 수 없다〉 하였습니다.
이는 곧 여러 장수가 임금의 명령을 듣지 않는다는 뜻으로 이와 같은 일은 결코 용서하기 어려우니 조정에서 결단을 내리소서.'라고 하니, 〈비망기〉로 정원에 전교하기를, '이 서장을 사책(史冊)에 상세히 기록해 두라.' 하였다."

해설: 통제사 원균이 마지막으로 출전하기 직전에 도원수 권율과 얼마나 심하게 갈등했는지를 잘 보여 주는 문서이다. 권율은 원균 등을 항명죄로 선조에게 고발했고, 선조는 그에 관한 기록을 보관하여 장차 벌 줄 뜻이었다. 원균과 두 명의 수사가 패전의 불명예를 안기보다는 차라리 죽음을 선택한 이유를 짐작하게 하는 중요한 문서이다. 선조는 이러한 정황을 잘 알고 있었으므로, 원균 등에게 패전의 책임을 묻지 않고 스스로 미안하게 여긴 것이다.

선조 30년(1597) 7월 26일: "7월 21일에 성첩(成貼)한 도원수 권율의 〈서장〉에 아뢰기를, '신의 군관인 최영길(崔永吉)이 한산도에서 지금에야 비로소 나왔는데, 그가 말하기를 〈원균(元均)이 사지를 벗어나 진주로 향하면서 말하기를, 「사량(蛇梁)에 도착한 대선(大船) 18척과 전라선(全羅船) 20척은 본도(경상우도)에 산재해 있고, 한산에 머물러 있던 군민(軍民)·남녀·군기(軍器)와 여러 곳에서 모여든 잡선(雜船) 등을 남김없이 창선도(昌善島)에 집합시켜 놓았으며, 군량 1만여 석은 일시에 운반하지 못하여 덜어내어 불태웠고, 격군(格軍)은 도망하다 패배한 배는 모두 육지 가까운 곳에 정박시켰으므로 사망자는 많지 않았다.」라고 하였다〉라고 하였습니다. 최영길을 곧이어 올려 보내겠습니다.

이순신(李舜臣)에게 흩어져 도망한 배를 수습하도록 사량으로 들여보내소서.'라고 하였는데, 비변사에 계하(啓下)하였다."

해설: 도원수 권율은 원균 등이 순국한 뒤에 곧바로 전황(戰況)을 정확히 파악하지 않았다. 그는 7월 21일에 자신의 군관이 원수부에 돌아와 멋대로 거짓 보고를 하였는데도 그 진위조차 분간하지 못하고 위 기사와 같이 엉뚱한 보고를 조정에 올렸다.

선조 30년(1597) 8월 5일: "도체찰사 이원익(李元翼)이 치계하기를, '주사(舟師)의 각 장수의 생사와 거처는 전에 태안군수 이광영(李光英)이 진술한 바에 따라 이미 장계를 올렸는데, 뒤에 다시 조사해 본 결과 전후 말한 것이 각기 달랐으므로 권율(權慄)에게 전령하여 무사를 각처로 파견하여 사실을 확실히 조사케 한 후에 계문(啓聞)하려 합니다. 임진란 이후 분궤(奔潰, 패주함)한 장관(將官)들을 한 사람도 군법에 따라 치죄하지 않았으므로 오늘날에 와서는 관습이 되어 보통으로 여기게 되었습니다. 이번의 주사들은 처음부터 서로 힘을 겨루며 싸우다가 패배한 것이 아니라 살아남은 자나 죽은 자나 모두 달아나기에 바빴던 사람들입니다. 중론을 참고해 보니 힘을 다하여 싸우다가 바다 한가운데에서 전사한 자는 조방장 김완(金浣)뿐이었습니다.
많은 장수에게 모두 군법을 시행할 수 없다 해도 원균(元均)은 주장(主將)이었으니 군사를 상실한 군율로 처단해야 합니다. 경상우수사 배설(裵楔)과 조방장 배흥립(裵興立) 두 장수는 여러 장수의 우두머리였으니 배흥립에게는 우선 군령을 시행하고, 배설은 지금 병선을 이끌고 바다에 있으므로 이 사람까지 제거하면 해로(海路)가 모두 비게 될 것이니 우선 뒷날을 기다려 논의하여 처치해야 하겠습니다.
이하 수령과 변장들도 등급을 나눠 벌을 주되 그중 가장 먼저 도망갈 것을 주장하여 서로 구원해주지 않은 자들에 대해서는 모두 군법으로 처리할 것을 도원수 권율과 이미 의정(議定) 하였습니다.'라고 하였는데
비변사가 회계하기를, '주사의 패군한 장수에게는 원래 해당하는 군율이 있으니 장계대로 시행해야 합니다. 수령이나 변장들도 거처를 찾아내어 등급대로 벌을 주되 그중 먼저 도망할 것을 선동하여 서로 구원하지 않은 자는 그 사실을 상세히 조사하여 모두 군법에 따라 다스려야 합니다. 배설은 지금 주사를 영솔하고 바다 가운데에 있으니 잠시 후일을 기다려서 의논하여 처리하는 것도 안 될 것 없습니다. 이러한 사연으로 행이(行移) 하는 것이 어떻겠습니까?' 하니,
상이 이르기를, '아뢴 대로 윤허한다. 다만 원균(元均)을 죽이려 하면 균이 마음속으로

복종하지 않을 듯하니, 헤아려서 처리하라.' 하였다.
비변사가 회계하기를, '원균이 군사를 잃은 죄는 참으로 용서하기 어려우나 그간에 잘못한 죄를 오로지 원균에게만 책임 지울 수는 없을 듯하니, 우선 원균이 나타나기를 기다렸다가 다시 의논하여 처리하는 것이 어떻겠습니까?' 하니, 아뢴 대로 윤허하였다."

해설: 이순신의 《난중일기》에 따르면, 그해 7월 18일에 그의 부하가 원균 등의 전사를 보고하였다. 그러나 이순신이 상관으로 모시던 권율과 이원익은 그해 7월 말까지도 원균이 어딘가에 살아 있다는 착각을 하고 있었다. 매우 한심한 일이었다. 사건이 일어난 지 10여 일이 지난 다음에 분명히 드러난 사실은 아군의 피해가 거의 없었다는 사실 뿐이었다. 도대체 권율 등은 진상 파악을 왜, 이렇게 엉망으로 한 것인가.

선조 30년(1597) 11월 4일: "사헌부가 아뢰기를, '도원수(都元帥) 권율(權慄)은 장령(將領)의 명을 받았으면 밤낮으로 적개심을 돋울 것을 생각하여야 함에도 오랫동안 적과 대치하고 있으면서 한 가지의 대응책도 세우지 못하였습니다.
지난날 주사(舟師)의 싸움은 조정의 명령이 있었다 하더라도 원수가 된 자로서는 힘을 헤아리고 시기를 보아서 대항하기 어려울 것 같으면 그 상황을 치계(馳啓)하여 후회가 없도록 해야 했습니다. 그런데 이러한 계획은 하지 않고 경솔한 생각과 부질없는 행동으로 원균(元均)에게 엄한 곤장을 쳐서 독촉했다가, 마침내 6년 동안 경영하여 어렵게 마련한 주사를 단번에 여지없이 무너뜨리고 많은 산책(山柵)을 한 곳도 지키지 못함으로써 적이 호남으로 들어가 군민(軍民)이 뿔뿔이 흩어졌습니다.
남원(南原)이 함락되고 나니 전라도는 다 적의 수중에 들어갔고, 호서의 각 고을도 유린당하여 창칼이 거쳐 간 곳은 해골이 들판에 즐비하니 지난 임진년(선조 25년)보다도 더 참혹하였으며, 경기의 고을까지 바짝 쳐들어와서 도성을 지키지 못 할 뻔하였으니, 이는 망국의 원수(元帥)입니다.
그의 죄상은 율대로 처벌하더라도 부족한데, 더구나 먼저 대피하여 영남에서 서울로 도망쳐 와서는 강탄(江灘)을 지키고자 함이라고 핑계를 대며 버젓이 장계를 올렸으니, 이것이 과연 원수가 외방의 책임을 맡은 체모이겠습니까. 인심의 울분이 이처럼 극도로 달하였는데 율이 장차 무슨 면목으로 다시 하늘의 해를 보며 장병들을 호령하겠습니까.
그리고 재차 명령을 받아 남쪽으로 내려가던 날에도 요충지로 향하지 않고 영남의 산 속 절간으로 깊숙이 들어가서 평시처럼 무사태평하게 밤낮으로 술에 빠져 있었습니다.

여론이 들끓는다는 소문을 듣고 나서는 그 죄를 은폐하고자 호남 지방의 적이 물러간 곳만 맴돌며 노니는 채, 여태 아무런 계획도 시행하는 일이 없이 한가로이 오가며 여전히 시일을 허송하고 있으니, 어떻게 힘을 다하여 적을 토벌하고 장수들을 검속하기를 바랄 수 있겠습니까. 조정이 그대임(代任)을 어렵게 여겨서 옳지 못함을 알고도 여태 바꾸지 않고 있으나 조정 신하 중에 찾는다면 어찌 권율보다 나은 자로 적임자가 없겠습니까. 권율을 속히 나국하여 율대로 죄를 정하도록 명하고 비변사가 그를 대신할 사람을 속히 가려 보내도록 하소서. …' 하니,
답하기를, '도원수의 일은 논한 바가 너무 지나치다. 한창 왜적과 대치하고 있는데 어찌 이럴 수가 있겠는가. …' 하였다."

해설: 정유재란의 재난이 한바탕 전라도와 충청도를 휩쓸고 지나가자 사헌부는 이 모든 사태의 장본인이 도원수 권율이라는 점을 문제 삼았다. 그러나 선조는 관대하게 그를 용서하였다.

선조 30년(1597) 11월 10일: "제독 총병부(提督摠兵府)에 이자(移咨)하였다.
'조선 국왕은 왜적의 정세가 긴급한 일로 자문을 보냅니다. … 왜적은 서생포(西生浦)에서부터 부산(釜山)·안골포(安骨浦) 등까지 경상좌우도의 연해 요해지를 마음대로 점거하여 둔거지(屯居地)가 서로 연이었고, 수로는 또 죽도(竹島)·천성(天城)·가덕(加德) 등까지도 적의 근거지가 있어 여러 곳의 적들이 한창 진격하여 나올 적에는 수륙의 형세가 다 같이 급했습니다.
… 한산도의 수비가 무너지자 서생포·부산포·안골포 등지의 적이 수없이 분산되어 돌격하므로, 성윤문·고언백·권응수·박명현(朴名賢)·이시언 등이 각기 거느리고 있는 군병으로 곳곳에서 추격하였지만, 중과부적으로 상대가 되지 않아 대세를 꺾지 못하였습니다. … 다행히도 중국군이 대세를 몰고 앞에서 진격함을 힘입어 적병이 점차 후퇴하므로, 이에 소방의 여러 장수가 소식을 듣고 일어나 다시 소집하니 부곡(部曲)에 흩어졌던 군병도 차츰 돌아오게 되어, 적이 향한 곳을 따라 길을 나누어 섬멸 또는 포로로 잡을 수 있었습니다. …
근래 또 배신 겸 삼도수군통제사(兼三道水軍統制使) 이순신(李舜臣)의 치계에 의하면, 〈한산도가 무너진 이후 병선과 병기가 거의 다 유실되었다. 신이 전라우도수군절도사 김억추(金億秋) 등과 전선 13척, 초탐선(哨探船) 32척을 수습하여 해남현(海南縣) 해로의 요구(要口)를 차단하고 있었는데, 적의 전선 1백 30여 척이 이진포(梨津浦) 앞바다

로 들어오기에 신이 수사(水使) 김억추, 조방장(助防將) 배흥립(裵興立), 거제현령(巨濟縣令) 안위(安衛) 등과 함께 각기 병선을 정돈하여 진도(珍島) 벽파정(碧波亭) 앞바다에서 적을 맞아 죽음을 무릅쓰고 힘껏 싸운바, 대포로 적선 20여 척을 깨뜨리니 사살이 매우 많아 적들이 모두 바닷속으로 가라앉았으며, 머리를 벤 것도 8급이나 되었다.

적선 중 큰 배 한 척이 우보(羽葆, 새털로 만든 장식물)와 홍기(紅旗)를 세우고 청라장(靑羅帳, 푸른색 비단 휘장)을 두르고서 여러 적선을 지휘하여 우리 전선을 에워싸는 것을 녹도만호(鹿島萬戶) 송여종(宋汝悰)·영등만호(永登萬戶) 정응두(丁應斗)가 잇따라 와서 힘껏 싸워 또 적선 11척을 깨뜨리자 적이 크게 꺾였고 나머지 적들도 멀리 물러갔는데, 진중(陣中)에 투항해온 왜적이 홍기의 적선을 가리켜 안골포(安骨浦)의 적장 마다시(馬多時)라고 하였다.

노획한 적의 물건은 화문의(畫文衣)·금의(錦衣)·칠함(漆函)·칠목기(漆木器)와 장창(長槍) 두 자루다〉하였는데, 이미 절차대로 자보(咨報)하고 사실을 확인하였습니다.

지금 앞에서의 연유에 따르면, 한산도가 무너진 이후부터 남쪽의 수로(水路)에 적선이 종횡하여 충돌이 우려되었으나 현재 소방의 수군이 다행히 작은 승리를 거두어서 적봉(賊鋒)이 조금 좌절되었으니, 이로 인하여 적선이 서해에는 진입하지 못할 것입니다. … 자문을 잘 받으시기 바랍니다.'"

선조 31년(1598) 4월 2일: "상이 이르기를, '지난해 한산(閑山) 싸움의 패배에 있어 수군(水軍) 여러 장수에 대하여 즉시 공(功)과 죄(罪)를 가려내어 법대로 처리했어야 했는데도, 아직 고식적인 습관에만 젖어 위엄을 밝히는 교훈을 보여 줄 생각을 않고 있다. 지금까지 한 사람의 죄도 바로잡지 않고 한 사람의 공도 포상을 하지 않고서 그들이 죄를 지은 채 공을 세워 속죄하도록 하자는 것에 불과한데, 이에 대하여 비변사는 어떠한 소견을 가졌는지 모르지만 그렇게 하다가는 비록 한백(韓白, 한신과 백기)이 장수가 되더라도 싸움을 승리로 이끌지는 못할 것이다. 도원수마저도 대수롭잖은 일로 보아 한 명의 교위(校尉)라도 목을 베어 군율(軍律)을 크게 진기 시키지 않고 있으니, 어떻게 일을 성사시킬 수 있겠는가. 옛사람이 삼군(三軍)이 죽음을 영광으로 삶을 치욕으로 생각하게 할 수 있었던 것은 오직 권징(勸懲)이 분명했기 때문이다. 지금 한산 싸움에 대하여 실시한 권징은 과연 어떠한가. 이 일은 여느 심상한 일이 아니니 서둘러 권징을 시행해야 할 것이다. 세월이 점점 오래되고 나면 사실을 밝히기가 쉽지 않을 것이다.'라고 하였는데,

비변사가 아뢰기를, '<u>원균(元均)이 주장(主將)으로서 절제(節制)를 제대로 하지 못하여</u>

적들이 불의에 기습을 감행하도록 하여 전군(全軍)이 함몰되게 하였으니 죄는 모두 주장에게 있다고 하겠습니다. 그러나 그 아래 각 장사의 공죄(功罪)에 대해서도 신상필벌을 행하여 군기(軍紀)를 바로잡지 않으면 안 되겠습니다.'라고 하니,
상이 이르기를, '원균 한 사람에게만 핑계 대지 말라.' 하였다. 【이산해(李山海)와 윤두수(尹斗壽)가 그렇게 아뢰게 한 것이다.】

사신은 논한다. 한산의 패배에 대하여 원균은 책형(磔刑)을 받아야 하고 다른 장졸(將卒)들은 모두 죄가 없다. 왜냐하면, 원균이라는 사람은 원래 거칠고 사나운 하나의 무지한 위인으로서 애초 이순신(李舜臣)과 공로 다툼을 하면서 백방으로 상대를 모함하여 결국 이순신을 몰아내고 자신이 그 자리에 앉았기 때문이다. 겉으로는 일격에 적을 섬멸할 듯 큰소리를 쳤으나, 지혜가 고갈되어 군사가 패하자 배를 버리고 뭍으로 올라와 사졸들이 모두 어육(魚肉)이 되게 만들었으니, 그때 그 죄를 누가 책임져야 할 것인가. 한산에서 한 번 패하자 뒤이어 호남(湖南)이 함몰되었고, 호남이 함몰되고서는 나랏일이 다시 어찌할 수 없게 되어버렸다. 시사를 보건대, 가슴이 찢어지고 뼈가 녹으려 한다."

해설: 이른바 칠천량 사태의 책임을 누구에게 물을 것인지가 조정에서 논의되었다. 선조는 통제사 원균의 책임으로 돌릴 수 없다는 점을 명백히 밝혔다. 그러나 사관(史官)은 모든 것이 원균의 책임이라는 주장을 폈다. 아마 그는 남인으로 유성룡과 특히 가까운 인물이었을 것이다.

선조 31년(1598) 11월 27일: "좌의정 이덕형이 급히 〈장계〉하였다. '이달(1598년 11월) 19일 사천(泗川)·남해(南海)·고성(固城)에 있던 왜적의 배 3백여 척이 합세하여 노량도(露梁島)에 도착하자, 통제사 이순신이 수군을 거느리고 곧바로 나아가 맞이해 싸우고 중국 군사도 합세하여 진격하니, 왜적이 대패하여 물에 빠져 죽은 자는 이루 헤아릴 수 없고, 왜선(倭船) 2백여 척이 부서져 죽고 다친 자가 수천여 명입니다. 왜적의 시체와 부서진 배의 나무 판자·무기 또는 의복 등이 바다를 뒤덮고 떠 있어 물이 흐르지 못하였고 바닷물이 온통 붉었습니다.
통제사 이순신과 가리포첨사(加里浦僉使) 이영남(李英男), 낙안군수(樂安郡守) 방덕룡(方德龍), 흥양현감(興陽縣監) 고득장(高得蔣) 등 10여 명이 탄환을 맞아 죽었습니다.
남은 적선(賊船) 1백여 척은 남해(南海)로 도망쳤고, 소굴에 머물러 있던 왜적은 왜선

(倭船)이 대패하는 것을 보고는 소굴을 버리고 왜교(倭橋)로 도망쳤으며, 남해의 강 언덕에 옮겨 쌓아놓았던 식량도 모두 버리고 도망쳤습니다. 소서행장(小西行長)도 왜선이 대패하는 것을 바라보고 먼바다로 도망쳐 갔습니다.'

사신은 논한다. 이순신은 사람됨이 충용(忠勇)하고 재략(才略)도 있었으며 기율(紀律)을 밝히고 군졸을 사랑하니 사람들이 모두 즐겨 따랐다. 전일 통제사 원균(元均)은 비할 데 없이 탐학(貪虐)하여 크게 군사들의 인심을 잃고 사람들이 모두 그를 배반하여 마침내 정유년 한산(閑山)의 패전을 가져왔다. 원균이 죽은 뒤에 이순신으로 대체하자 순신이 처음 한산에 이르러 남은 군졸들을 모으고 무기를 준비하며 둔전(屯田)을 개척하고 어염(魚鹽)을 판매하여 군량을 넉넉하게 하니 불과 몇 개월 만에 군대의 명성이 크게 떨쳐 범이 산에 있는 듯한 형세를 지녔다.

지금 예교(曳橋)의 전투에서 육군은 바라보고 전진하지 못하는데, 순신이 중국의 수군과 밤낮으로 혈전하여 많은 왜적을 참획(斬獲)하였다. 어느 날 저녁 왜적 4명이 배를 타고 나갔는데, 순신이 진린(陳璘)에게 고하기를 '이는 반드시 구원병을 요청하려고 나간 왜적일 것이다. 나간 지가 벌써 4일이 되었으니 내일쯤은 많은 군사가 반드시 이를 것이다. 우리 군사가 먼저 나아가 맞이해 싸우면 아마도 성공할 것이다.'라고 하니, 진린이 처음에는 허락하지 않다가 순신이 눈물을 흘리며 굳이 청하자 진린이 허락하였다. 그래서 중국군과 노를 저어 밤새도록 나아가 날이 밝기 전에 노량(露梁)에 도착하니 과연 많은 왜적이 이르렀다.

불의에 진격하여 한참 혈전을 하던 중 순신이 몸소 왜적에게 활을 쏘다가 왜적의 탄환에 가슴을 맞아 선상(船上)에 쓰러지니 순신의 아들이 울려고 하고 군사들은 당황하였다. 이문욱(李文彧)이 곁에 있다가 울음을 멈추게 하고 옷으로 시체를 가려놓은 다음 북을 치며 진격하니 모든 군사가 순신은 죽지 않았다고 여겨 용기를 내어 공격하였다. 왜적이 마침내 대패하니 사람들은 모두 '죽은 순신이 산 왜적을 물리쳤다.'라고 하였다.

부음(訃音)이 전파되자 호남(湖南) 일도(一道)의 사람들이 모두 통곡하여 노파와 아이들까지도 슬피 울지 않는 자가 없었다. 국가를 위하는 충성과 몸을 잊고 전사한 의리는 비록 옛날의 어진 장수라 하더라도 이보다 더할 수 없다. 조정에서 사람을 잘못 써서 순신이 그 재능을 다 펴지 못하게 한 것이 참으로 애석하다. 만약 순신을 병신년(1596년)과 정유(1597년) 연간에 통제사에서 체직시키지 않더라면 어찌 한산(閑山)의 패전을 가져왔겠으며 양호(兩湖)가 왜적의 소굴이 되겠는가. 아, 애석하다."

해설: 노량해전에 관한 기록이다. 여기서도 사관은 원균을 비방함으로써 이순신의 인품과 능력을 부각하는 수법을 사용하였다.

선조 32년(1599) 7월 19일: "도원수(都元帥) 권율(權慄)을 추증(追贈)하는 일로 이비(吏批)가 아뢰었다. 【영상(領相) 권철(權轍)의 아들이다. 늦게 과거에 급제하여 여러 벼슬을 거친 다음 호조정랑이 되었고 의주목사(義州牧使)로 뛰어올랐다. 임진년에는 광주목사(光州牧使)로서 호남의 방백(方伯)으로 승진되었다. 그의 성품은 본래 우둔하고 겁이 많았으며 위망이나 지략이 별로 일컬을 만한 것이 없었다. 단지 행주(幸州)에서 한 차례 승첩을 거두자 갑자기 중명(重名)을 얻게 되어 도원수에 제수되고 곤외(閫外)를 전제하였다. 오랫동안 적진과 대치하고 있으면서 한 가지의 계책이라도 바쳐 적의 흉봉(凶鋒)을 꺾지는 못하고 도리어 겁을 먹고는 적의 모습이 보이기도 전에 늘 멀리 피하곤 하였다. 정유년 주사(舟師)의 전투에서 아무리 조정의 명령이 있었다고는 하나 진실로 시기를 살피고 힘을 헤아려 왜적과 대결하기가 어렵다는 상황을 즉시 치계했어야 하였다. 그리고 제장(諸將)에게 분부하여 군사를 정돈하여 고수하고 적을 가벼이 보지 말라고 했더라면 적이 많다고는 하나 필시 제멋대로 충돌해 오기까지는 못했을 것이다. 그러나 권율은 이런 계책은 염두에도 두지 않고 멋대로 경거망동하면서 통제사(統制使) 원균(元均)을 형장(刑杖) 하면서까지 더욱 급하게 독전(督戰)하였다. 그리하여 6년 동안 어렵게 모은 주사를 패배시켜 하나도 남은 것이 없게 하였으며, 그 많은 산책(山柵) 역시 한 곳도 보존하지 못함으로써 적군이 무인지경에 들어가듯 호남·호서를 침입하게 했다. 그는 겁내고 나약하여 방략이 없는 것이 이와 같았는데도 조정에선 그의 후임자를 구하기 어렵다 하여 다시 그에게 병권의 중임을 맡겼는데, 권율 역시 과거의 잘못을 고쳐 제진(諸鎭)을 독려하며 힘껏 적을 토벌하지 못하였다. 그리고 한다는 짓이 그저 아병(牙兵)으로 자위책(自衛策)으로 삼고 주전(廚傳, 음식과 거마)을 사치스럽게 하면서 적이 물러간 영호(嶺湖)의 고을들을 왕래하는가 하면 단지 이문(移文)하여 열진(列鎭)을 그냥 단속해 보는 것으로 책임을 면할 소지로 삼았으니, 그가 군무를 보살피지 않고 등한히 세월을 보낸 것이 회남(淮南)에서 고변(高騈)이 한 짓(당 희종(唐僖宗) 때 황소(黃巢)가 난을 일으키자 황제가 회남절도사(淮南節度使) 고변을 출동시켰으나 병을 칭탁하고 나가지 않았다. 이에 희종이 그가 출병할 뜻이 없음을 알고 왕탁(王鐸)으로 대신하게 하고 그의 병권을 몰수하였다.《당서(唐書)》 권 224)과 다를 게 없다. 다만 8년 동안 밖에서 수고한 공로가 없지 않은데, 조정에서 증직(贈職)한 것이 혹시 여기에서 나온 것은 아닌가.】

영돈녕부사 이산해(李山海)와 해원 부원군(海原府院君) 윤두수(尹斗壽)는 의논드리기를 '증직(贈職)의 고하(高下) 문제는 해조(該曹)가 참작하여 시행하기에 달렸다.'라고 하였고, 행 판부사 정탁(鄭琢)은 의논드리기를 '숭품(崇品)으로 품계를 올리더라도 안될 게 없을 듯하다.'라고 하였습니다. 영중추부사 최흥원(崔興源), 행 판중추부사 이원익(李元翼), 우의정 이항복(李恒福)은 병 때문에 수의(收議)하지 못하였습니다."

선조 34년(1601) 1월 17일: "진시에 상이 별전(別殿)에 나아가 겸 사도도체찰사(兼四道都體察使) 이덕형(李德馨)과 부사(副使) 한준겸(韓浚謙)을 인견하였다.

… 상이 이르기를, '대체 이상하다. 지금 모두 왜적이 오지 않을 것이라고 하여 변방 일들이 해이해지고 있는데 적이 오고 안 오고를 어떻게 미리 알겠는가. 마치 송(宋)나라 때 금적(金賊)이 겨우 물러가자 금방 서로 경축하던 일과 같다. 인심이 이러하니, 역시 변괴이다. 적들이 자중지란이 생겨 쉽게 발동을 못 할 것이라고 하는 김대함(金大涵)의 말을 나는 믿지 않는다. 설사 자중지란이 있다 하더라도 대마도는 아주 가까워 배 한 번 타면 금방인데 건너오기가 무엇이 어렵겠는가.

우리나라가 군대를 양성하여 방어를 잘하면 그만이고 구구히 말로만 득실(得失) 성패(成敗)를 논하는 것은 소용없는 일이다. 나랏일이 자연적으로 이렇게 잘못되어 가고 있으니 올해라고 적변(賊變)이 없을 것인지 어떻게 알겠는가. 30만~50만은 그만두고 단지 몇만 명만 온다 해도 누가 당해낼 것인가. 서해도(西海道)의 한두 섬 같은 곳은 수만 병력이 금방이라도 집결할 수 있으니, 가을·겨울에는 오지 않는다는 말 역시 틀린 말이다. 우리나라의 논의는 참으로 가소롭다.

을묘왜변 후에는 전라도가 틀림없이 적의 침공을 받을 것이라고 했는데 임진년에는 적이 부산(釜山)으로부터 들어왔으니, 이것이 어찌 전례이겠는가. 육전(陸戰)에서 승리를 거두면 금방 육전에선 이길 수 있다 하고 수전(水戰)에서 승리하면 금방 수전에선 승리할 수 있다고 하니 그야말로 시속에서 말한 화살 떨어진 곳에다 과녁을 세우는 격이다. 용병(用兵)에 있어 만약 전례만을 인용한다면 매우 불가한 일이다.'라고 하니, 이덕형이 아뢰기를, '성상의 하교가 지당합니다.'라고 하였다.

상이 이르기를, '시론(時論)이 이와 같으니, 부득이 수군(水軍)이라야만 왜적을 막을 수 있다고 하므로 전에 영상(領相)이 내려갈 때 나 또한 그렇게 말을 했다. <u>이기고 패하는 것은 병가(兵家)에 늘 있는 일이다. 따라서 용병을 잘하는 자라도 혹 이기기도 하고 패하기도 한다. 가령 수병으로 막는다고 하나 백 번 싸워 백 번 이긴다는 보장이 어디 있겠는가. 1천 리가 넘는 연해(沿海)에 어느 곳이고 모두 방비해야 하므로 병력</u>

도 곳곳에 나누어 두어야 하지만 어느 바다라고 못 건너며 어느 곳이라고 못 올 것인가. 그들이 비록 한 길로만 온다고 하더라도 꼭 이긴다고 기필할 수는 없다. 수병이 만에 하나 차질을 일으켜 적이 뭍에 오르게 한다면 비록 용양(龍驤)의 1만 척이 바다에 떠 있는 들 무슨 소용이 있겠는가. 그리고 만약에 형세가 곤궁하고 힘이 다하여 막아낼 수가 없다고 한다면 모르지만, 왜적이 틀림없이 경상도로 올 것이라는 말은 지나친 말이다. … 당초 권율(權慄)이 행주(幸州) 싸움에서 승리를 거둔 후에는 산성을 지켜야 한다고 하다가 이순신(李舜臣)이 수전(水戰)으로 승전하자 그때는 또 반드시 주사라야 승리를 취할 수 있다고 하니, 도대체 어디서 어떻게 싸워야 반드시 이긴다는 것인가.'라고 하니, …

상이 이르기를, '적은 1천~2천 명의 군사만으로도 쳐들어올 수 있는 데 반해 우리나라 군대는 1만 명으로도 왜병 1천 명을 당하지 못한다. 설마 토평(討平)했다손 치더라도 피해가 적지 않을 것인데 어떻게 이길 것이라고 기필할 수 있겠는가. 지금의 계책으론 양장(良將)과 용사(勇士)를 얻는 것뿐이니, 언론이 아무리 좋은들 무엇에 쓰겠는가.'라고 하였다. …

이덕형이 아뢰기를, '소신이 무술년(선조 31년) 왜교(倭橋)에 갔을 때 권율(權慄)과 상의한 바 있었는데, 우선 수사(水使)를 시켜 통제사의 명망을 키울 만한 자가 누구인가 하고 여러 장수에게 두루 물어보았더니 모두 말하기를 〈이운룡(李雲龍)이 수전(水戰)에 익어 적당하기는 하나 다만 시골 사람으로서 발신(發身)한 지가 오래지 않아 호령(號令)이 잘 통하지 않는다.〉라고 하였습니다.'라고 하였다. …

상이 이르기를, '이경준(李慶濬)·이수일(李守一)은 어떤가? 경이 지금 멀리 가게 되었으니 충분히 논의하여 내가 알게 해야 한다.'라고 하니, 이덕형이 아뢰기를, '소신이 왜교에 갔을 때 적이 물러간 것을 듣고 이수일이라면 그 뒤를 잘 수습할 것 같아서 망령되이 장계하여 우병사(右兵使)로 삼게 했는데, 마침 서급사(徐給事)의 행차로 나국(拿鞫)하였다가 현재는 극변(極邊)에 가 있습니다. 거기가 더 소중한데 어떻게 나오게 할 수가 있겠습니까.' 하였다.

상이 이르기를, '남방의 일이 중하다면 나오게 하는 것이야 뭐 어렵겠는가. 나도 일찍이 그 사람을 본 일이 있다.'라고 하니,

이덕형이 아뢰기를, '이수일이 만약 병사가 되면 우도의 인심이 만족해할 것이니, 일찍이 좌수사로 있을 때 선치(善治)했기 때문입니다. 그리고 이경준(李慶濬)은 평안병사(平安兵使)로 있으면서 몸가짐이 깨끗하였고, 무술년에 남원(南原)에 주둔하고 있을 때는 군졸들을 사랑했기 때문에 남방 사람들이 그가 일 처리를 잘하고 군졸을 사랑한다

고 일컬으니, 그 두 사람을 남방에다 쓰면 가장 적합할 것입니다. 다만 이경준은 뱃멀미하여 주사(舟師)에는 맞지 않는다고 합니다.'라고 하였다.
상이 이르기를, '만약 그렇다면 쓸 수 없으니 불행한 일이다.'라고 하니, 이덕형이 아뢰기를, '이경준이 비록 주사 경력은 없지마는, 그가 재직한 곳에서 모두 현명하다고 칭하고 있습니다.'라고 하였다. …
상이 이르기를, '우리나라 무장(武將)들은 문자(文字)를 몰라 병서에 대한 지식이 없다. 왜놈들은 비록 글은 몰라도 평생 전쟁에 종사하여 할아비와 아비 때부터 서로 전수하면서 익혔기 때문에 무재(武材)가 되는데, 우리나라 사람들은 문자를 배우지 않기 때문에 비록 지려(智慮)는 있어도 모두 저들 같이 싸움에 익숙하지 못하다. 전번에 병서(兵書)를 배워 익히도록 한 바 있는데, 밖에서 들으면 비웃을 줄 나도 알고 있으나 그렇다고 오늘 배우지 않으면 내일은 점점 더 멀어질 것이다. 비록 훈상(訓上)을 정하더라도 누가 서도(書徒)가 되어 자제를 가르치듯 하겠는가. 중이 불경 외우듯 한다면 익혀질 리 없겠지만, 그렇다면 그냥 내버려 두고 하지 않을 수 있는가. 중국 장수들은 문장(文章)이 매우 좋아 오 도사(吳都司)의 게첩(揭帖)을 볼 때마다 나는 먼저 찬탄을 하게 되는데, 어쩌면 그와 같이 지을 수 있단 말인가. 대책(對策) 같은 것도 그렇게 짓는다고 하던가?'라고 하니, …
이덕형은 아뢰기를, '왜적들은 병서로서 《손자(孫子)》·《오자(吳子)》·《육도(六韜)》·《삼략(三略)》을 왜 말로 번역하여 읽는다고 하였습니다.'라고 하였다. …
이덕형이 아뢰기를, ' … 지금은 주사(舟師) 이운룡(李雲龍)이 영솔할 배가 10척도 채 못되니 (적의 사신이) 보게 해서는 안 됩니다. … ' 하였다. …
상이 이르기를, '원균(元均)이 전쟁에서 패한 후로 사람들이 그를 헐뜯고 있으나 나는 원균 같은 자는 용감하고 슬기로운 자라고 생각한다. 우리나라는 누가 한 가지 일을 잘 하면 모두 칭찬을 하고 한 가지 일에 실패하면 모두 비난한다. 원래 영웅(英雄)은 성패(成敗)를 가지고 논할 수 없다. 원균을 내가 보지는 못했으나, 애초 임진년에 이순신(李舜臣)과 마음을 함께하여 적을 칠 때 싸움이 벌어지면 반드시 앞장을 섰었으니, 그가 용감히 싸웠던 것을 알 수 있다. 한산(閑山) 싸움에서 패전한 것으로 다투어 그에게 허물을 돌리지만, 그것은 그의 잘못이 아니라 바로 조정이 그를 빨리 들어가도록 재촉했기 때문이다.
그의 서장(書狀)을 보면, 안골포(安骨浦)가 그 앞에 있어 금방 들어갈 형세가 못되니 육군이 먼저 적을 몰아내게 한 다음 들어가야 한다고 하였다. 그런데 도원수(都元帥)가 잡아들여 곤장을 치자, 그는 반드시 패할 것을 알면서도 들어가지 않을 수 없었다.

그게 과연 그가 스스로 패한 것인가?
후에 들으니, 이억기(李億祺)와 최호(崔湖) 등이 조정에서 빨리 들어가라고 재촉한 것을 듣고는 서로 말하기를 〈명령을 어기면 우리 세 사람이 죽을 것이고 들어가면 나라를 욕되게 함이 작지 않을 것이다.〉라고 하였다 하니, 패군한 죄에 비하면 차이가 있다고 하겠다. 내가 평소에 매우 온당치 않게 생각했기 때문에 말하는 것이다. 외부의 공론은 어떠한가?'라고 하니,
이덕형이 아뢰기를, '외부의 공론은 모릅니다. 신이 지난해에 남방을 왕래하면서 그 고장 사람들의 말을 들어보면 대개는 모두 나라를 위해 죽은 사람이라고 하였습니다. 그가 전에 경상우수사(慶尙右水使)로 있으면서 전쟁에 임했을 때, 사람들이 달려가지 않으면 칼로 그들을 쳤습니다. 그리하여 모두 원균 수사(元均水使)는 미련하다고 했지만, 그는 일에 임해선 강직했기 때문에 이순신을 잡아 온 후 그를 임명하여 보냈습니다. 그런데 주위 제장(諸將)이 모두 이순신의 막하(幕下)여서 서로 의논하지 않아 원균의 세력이 고립되었습니다. 그때 한효순(韓孝純)이 체찰사(體察使)에게 보고하여 조치하려고 했는데 미처 못하고 원균이 패전한 것입니다. 여러 장수의 말은 비록 믿을 수 없으나 격군(格軍)의 말은 믿을 만도 합니다. 부산(釜山)에 가서 공격할 때 우리나라 주사 90척이 곧바로 적을 향해 돌진하자 부지기수의 적선이 바다에 가득히 떠오니, 우리나라의 수효가 적은 주사로서는 도저히 당해낼 수 없어 한산을 향해 후퇴하는데 격군들은 밤낮없이 노질하여 춘원포(春原浦)에 닿았습니다. 적군들이 밤을 이용하여 정면으로 공격해오는 바람에 힘이 지친 나머지 갑자기 당하는 변이어서 싸움도 하지 못하고 물이 마르듯이 다 도망쳐 1명도 전사자가 없었다고 하였습니다.'라고 하였다.
상이 이르기를, '《진서(陣書)》에 〈대장(大將)이 죽으면 차장(次將)을 참수한다〉 하였는데, 원균이 이미 싸움에 패하여 죽었으니 그 휘하들을 비록 다 죽이지는 못할지라도 사실을 밝혀 군율에 의하여 처리해야 옳다. 지금 원균의 후인(後人)으로서 고관대작(高官大爵)이 된 자가 많은데도 그 싸움에 패한 죄를 유독 원균에게만 돌린다면 원균의 본심이 후세에 밝혀지지 않을 것이다. 그리고 구천에 있는 그의 넋도 어찌 자기 죄를 승복하여 억울하게 어김이 없겠는가.'라고 하였다. …
상이 이르기를, '경상도는 풍습이 잘못 들어 무(武)를 익힌 사람은 전혀 취하지 않는다고 하니, 그 풍습을 고치지 않을 수 없다.'라고 하니,
이덕형이 아뢰기를, '군사들이 이름만 군부(軍簿)에 있지 활과 화살을 다룰 줄 모르는 자가 많습니다. 소신이 내려가서 재주도 훈련하고 활쏘기도 시험하여 활 잘 쏘고 기구를 갖춘 자는 군부에 그대로 두고 활을 쏘지 못하는 자는 주사(舟師)에 소속시키면

권징(勸懲)이 될 듯합니다. …' 하였다."

해설: 이덕형은 이른바 칠천량 사태에 참전한 격군의 증언을 통해 사태의 참모습을 밝혔다. 매우 소중한 기록이다.

선조 35년(1602) 4월 20일: "… 사신은 논한다. 삼가 살피건대 오늘날 녹공해야 할 공신의 종류는 셋이니 호종(扈從)·토역(討逆)·평왜(平倭)가 그것이다. 이 세 가시 공훈에 대해서는 진실로 보답하지 않을 수 없는 국가의 중대사이다. 그러나 호종과 토역은 본디 그러한 사람이 있으니, 등급이 혹 공평하지 못하더라도 그렇게 심한 잘못은 아닐 것이다. 하지만 평왜에 대해서는 처음부터 끝까지 중국 조정의 덕택이었으니 우리나라 장사(將士)는 진실로 평왜에 해당시키기가 어렵다. 그러나 그중 힘을 쏟은 이에 대해서는 녹공하지 않을 수 없는데 권율(權慄)·이정암(李廷馣)·이순신(李舜臣)·원균(元均)같은 이들은 또한 표표하게 공이 있는 자라고 할 수 있겠다. 그런데 불행히도 이미 죽었으니 누구를 원훈으로 삼아 참된 공로를 논의하여 정할 것인가.

그 나머지는 지혜나 공력들인 것이 비슷하고 공도 서로 같은 이가 수없이 많은데, 취사(取捨)하고 여탈(與奪)할 때 혹 공정하지 못하게 되면 사람마다 원망을 품고는 반드시 불평하는 기색이 있을 것이다. 이는 진실로 쉽사리 논의하여 정할 수 없는 것이므로 유식한 이들이 걱정하는 바였다."

해설: 사관은 왜란에 공을 가장 많이 세운 이로 육군 장수 두 명과 수군 장수 두 명을 예로 들었다. 아마 세평이 그와 같았던 모양이다.

선조 35년(1602) 7월 17일: "비변사가 아뢰기를, '정유년에 원균(元均)이 절영도(絶影島)로 진입했을 때, 이응표(李應彪)가 선봉장으로서 다대포(多大浦)에서 먼저 적선 10여 척을 격파하고 칠산도(七山島)로 물러가 진을 치고 그대로 후방을 막고 있었습니다.

그날 저녁 모든 배가 궤산(潰散)된 사실은 수군이라면 분명하게 알지 못하는 자가 없는데 배를 만들어 사사로이 판매했다니, 매우 놀랄 만한 일입니다.

다만 듣건대, 이응표가 도임한 이래 선상(船上)의 대포를 건조하려 했으나 재원을 염출할 방도가 없게 되자 쓰지 못하는 판자로 작은 배를 만들어 판매할 것을 상사(上司)에 품보(稟報)하려고 하였으나 혹 사람들의 말이 있을까 염려했다고 합니다.

그렇다면 필시 이것이 와전된 것일 것이니 이런 일은 혹 있을 수 있으리라고 여겨집니다. 그러나 대간이 이미 중히 탄핵했고 보면 억지로 잉임(仍任) 시키는 것도 사체에 방해가 될 듯싶습니다.'라고 하였는데, 입계(入啓)하였다."

해설: 이응표는 전라우수영의 장수로 그가 다대포에서 공을 세운 것은 이른바 칠천량 사태 때의 일이 아니었다. 그보다 8일 앞서 선조 30년 7월 7일에 있었던 것으로, 전라우수영의 절영도 진출에 관한 사항이다. 해당 사건이 일어난 지 5년이 지나자 비변사 당상관들도 과거의 일을 정확히 기억하지 못하였다.

선조 36년(1603) 2월 12일: "공신도감이 아뢰기를, '정왜(征倭)의 공(功)에 대해서 지금 마련했는데, 신들은 모두 진중(陣中)에 있으면서 직접 눈으로 본 사람들이 아니므로 단지 그 당시의 장계와 소문에 뚜렷하게 드러난 사람들을 뽑았습니다.
임진년(선조 25년)에 순안(順安)에 진을 치고 적로(賊路)를 차단하여 행조(行朝)의 성원(聲援)이 되고 중국군으로 향도(嚮導)하고 토병(土兵)을 수합(收合)하여 모양을 이룰 수 있게 한 것은 순찰사 이원익의 공인 듯합니다. 전에 신들이 왜적을 치는 데 구관(句管)한 공이 있었다고 계청한 것은 이 때문입니다.
이순신과 원균의 바다에서의 승전과 권율의 행주에서의 승전은 전교대로 마련하였습니다.
이억기(李億祺)는 전라수사로서 초반의 한 곳 싸움에는 참여하지 않았으나 그 후로는 처음부터 끝까지 참여하였습니다.
권응수(權應銖)는 영천(永川)에 있는 적을 공격하여 좌도(左道)를 보전시켰고,
김시민(金時敏)은 진주(晉州)를 지키면서 성을 보전하고 적의 명장을 죽여 왜국에까지 소문이 나게 하였습니다.
이정암(李廷馣)은 연안성(延安城)을 지켜 보전함으로써 강화(江華)를 통행하기에 지장이 없게 하였습니다. 이들은 모두 드러나게 사람들에게 알려진 사람들입니다.
진주성을 지킬 때 이광악(李光岳)이 곤양군수(昆陽郡守)로 성중(城中)에 들어가 처음에는 성 지키는 일을 지휘하다가 시민이 전사한 뒤에는 힘껏 싸워 적을 물리쳤습니다.
이순신과 원균의 해상전(海上戰)에서는,
이순신은 권준(權浚)·이순신(李純信)·안위(安衛)·배흥립(裵興立)의 공이 크다고 하였고
원균은 이운룡(李雲龍)·우치적(禹致積)의 공이 다른 사람보다 크다고 하였습니다. 이순신과 원균은 이미 수공(首功)에 참여하였으니 그들의 편장(編將)들의 논공(論功)은 어떻

게 해야 합니까?

권율의 행주 싸움에서 조경(趙儆)이 중위장(中衛將)이 되어 협력하여 지휘하였으니 이 편비(偏裨)들은 어떻게 해야 합니까?

김응서(金應瑞)와 고언백(高彦伯) 등은 대진(對陣)하여 승전한 공은 없으나 여러 해 동안 싸움을 한 공이 있는데 이들 역시 어떻게 해야 합니까?

의병들은 비록 크게 공을 세우지는 못하였으나 그 가운데에서 먼저 의병을 일으켜 한 쪽 방면을 보전한 자는 불가불 논상하여야 합니다. 경상우도가 보전된 것은 실로 곽재우(郭再祐)의 힘에 말미암은 것인데, 이 사람은 어떻게 해야 합니까?

대개 녹훈(錄勳)을 마련할 때 호종(扈從)에 대해서는 많게 하고 이들에게는 너무 소략하게 하였으므로 사람들이 실망할 뿐만 아니라 공로에 보답하고 뒷사람들을 권장함에서도 미안한 듯하기에 감히 여쭙니다.'라고 하니,

전교하기를, '우리나라의 장사(將土)들이 왜적을 막는 것은 양(羊)을 몰아다가 호랑이와 싸우는 것과 같았다.

이순신과 원균의 해상전이 수공(首功)이고 그 이외에는 권율의 행주 싸움과 권응수의 영천 수복이 조금 사람들의 뜻에 차며 그 나머지는 듣지 못하였다. 간혹 그 가운데에 잘하였다고 하는 자도 겨우 한 성을 지킨 것에 불과할 뿐이다.

논공(論功)함에 있어서는 조정의 의논을 따르겠다. 다만 반드시 지극히 공평하게 하여 외람되지 않게 하라. 또 여러 해 동안 싸운 공을 논한다면 김응서와 고언백 두 장수에 그치지 않을 것이니, 참작해서 시행하라.' 하였다.

사신은 논한다. … 정왜(征倭)의 공에 이르러서는, 그것이 비록 중국 장사(將土)들의 공이라고는 하나 대진(對陣)하여 승전한 공이 없지 않았다. 그런데 호종한 신하들은 많이 참여시키고 싸움에 임한 장사들은 소략하게 하였으니, 공에 보답하는 방도를 잃었다고 할 만하다."

해설: 왜란 때 수군의 역할이 컸다는 사실은 누구도 부인할 수 없는 사실이었다. 원균과 이순신을 정점으로 그들의 빼어난 부장들은 이운룡과 우치적, 권준, 배흥립 및 이순신(李純信) 등이었다.

선조 36년(1603) 3월 4일: "공신도감(功臣都監)이 아뢰기를, ' … 이순신(李舜臣)·권율(權慄)·원균(元均)·권응수(權應銖) 등 약간 인을 제외한 그 나머지 제장(諸將)들은 뛰어난 자가 없습니다.

김응서(金應瑞)·고언백(高彦伯)은 여러 해 동안 전쟁에 임했던 공로가 있으므로 우선 취품(取稟) 합니다.

신들이 다시 함께 상의한바 임진년 난리 때 박진(朴晉)이 황산(黃山)을 차단하다가 힘이 부쳐 후퇴한 뒤에도 군병들을 수습, 지휘하여 교전(交戰)하게 하였습니다.

권응수가 영천(永川)을 공격한 일 같은 것도 박진이 가려 보낸 데에서 연유한 것으로 그 공을 없앨 수 없습니다.

정기룡(鄭起龍)·한명련(韓明璉)·이수일(李守一)·김태허(金太虛)·김응함(金應緘)·이시언(李時彦)도 모두 힘써 싸운 노고가 있는데 더러 수전(水戰)·육전(陸戰)에 참전한 공도 있습니다.

김응서·고언백 등의 공을 논하면 이들도 마찬가지로 의논해야 합니다. 어떻게 해야 하겠습니까?' 하니,

전교하기를, '김시민 등은 아뢴 대로 하라. 주사(舟師)의 편비(褊裨)는 모두 기록을 헤아려 조치하라. 육군(陸軍)의 장수는 별달리 적의 예봉을 꺾은 일이 없는데 같이 기록하면 외람됨을 면치 못할 것이다. 만약 수고한 바가 있다고 한다면 혹 특별히 가자(加資) 하여 올려 서용해도 되겠지만 훈공(勳功)이 있다고 하는 것은 모를 일이다.

고언백은 왜적을 체포하여 능(陵)을 보호한 공이 있으니, 녹훈(錄勳)하는 것이 마땅할 듯하다.'라고 하였다."

선조 36년(1603) 4월 21일: "군공청(軍功廳)의 계목(啓目) 공사(公事)로 정원에 전교하였다. 【비망기(備忘記)였다.】 '군공청의 공사는 내가 지금도 경위를 모르겠으므로 우선 이 계목만 가지고 말하겠다. 이순신(李舜臣) 【*】 은 당초에 왜적을 쳐부수었을 적에 통제사의 관직을 제수하여 정헌대부(正憲大夫)에 이르렀고 그가 죽은 뒤에는 정승으로 증직(贈職)하였으니, 논공(論功)하지 않은 것이 아닌데, 18자급(資級)을 대가(代加) 하려고 함은 무슨 이유인가? 설사 대가(代加)를 하는 일이 있더라도 왕자(王者)의 상이 어찌 18자급이나 줄 수 있겠으며, 또한 사리에 어긋나 나라의 체모에 손상이 없겠는가? 또, 아무는 수급(首級) 몇을 베고 아무는 적 몇을 죽였다는 것도, 베인 것과 죽인 것을 모두 머리를 바치도록 하여 실지인지를 고찰해 본 것인가? 어디에 근거하여 반드시 누가 몇을 베고 누가 몇을 죽였는지를 안 것인가? 사살(射殺)한 것을 상 줌은 더욱 우스운 일이다. 먼 옛날 헌원(軒轅)이 탁록(涿鹿)에서 치우(蚩尤)와 싸운 때부터 만력(萬曆) 시절에 파주(播州)의 적(賊)을 무찌를 때까지 일찍이 오늘날처럼 사살한 것으로 군공(軍功)을 논한 일을 보았는가? 싸움이 한창 어지러울 때 어떻게 누구는 몇을 사살하고 누구는 몇을 쏘아서 맞추었는지를 알 수 있겠는가. 설사 알 수 있는 사람이 있

다 하더라도 어디에 근거하여 그의 말을 꼭 믿을 것인가. 우리나라에서 사살했다는 수효를 가지고 왜적의 군사를 헤아려 본다면 일본의 군사는 이미 다 없어졌을 것이다. 그런데 과연 그러한가? 참으로 왜적들에게 웃음거리가 되고 후세에 비난을 남길까 염려된다.

대저 임진년에서 지금까지는 12년이 되고 정유년에서 지금까지는 7년이 되는데도 논공과 시상을 아직도 끝내지 못하고 있다. 군공청이라는 것을 둔 것이 태만한 관원과 교활한 하리(下吏)들이 농간하는 곳이 되어 그동안의 일을 이루 다 말할 수 없고 국정을 심하게 어지럽히는 것이 이보다 더한 것이 없는데도 과감하게 그것의 옳고 그름을 논하는 사람이 없었다. 이제는 마땅히 군공청을 혁파하여 하나라도 쓸데없는 관원을 덜어버려야 할 것이니, 의논하여 아뢰라고 비변사에 이르라.'

【*임진년(선조 25년)에 이순신이 전라좌수사(全羅左水使)로서 전함을 거느리고 경상우수사(慶尙右水使) 원균(元均)과 함께 거제도(巨濟島) 앞바다에서 왜적과 싸워 크게 쳐부수고 왜적의 배 50여 척을 포획하여 전란(戰亂) 이래 제일의 공을 세웠었다. 그러나 그때 계책을 마련하여 먼저 올라갔던 것은 모두 원균의 솜씨에서 나온 것이고, 이순신은 다만 달려와서 구원했을 뿐이었다. 크게 승전한 뒤에 원균이 행조(行朝)에 채보(馳報)하려고 하자, 이순신이 속이기를 '공(公)과 협력하여 일한다면 왜놈들은 섬멸하고 말고 할 것도 못 되는데 이러한 소소한 승전을 어찌 조정에 치계(馳啓)할 필요가 있겠는가. 내가 다른 도(道)에서 급작스럽게 구원하러 왔기에 병기를 갖추지 못했으니, 왜적에게서 노획한 것을 써야 하겠다.'라고 하니, 원균이 그대로 따랐다. 그러고는 이순신은 비밀히 사람을 시켜 노획한 병기와 왜적의 배에 실려있던 금병(金屛)·금선(金扇) 등의 물건을 가지고 가 행조에 치계하도록 하여 과시하였으므로 전공(戰功)이 모두 그 자신에게 돌아가게 되었다.

이때 행조는 한창 다급할 때였으므로, 치보를 받고 크게 기뻐하여 이순신을 통제사로 제수하고 원균이 이순신의 지휘를 받게 하니, 원균이 이 때문에 크게 화가 나 드디어 서로 협조하지 않았다.

그 뒤 정유재란(丁酉再亂) 때는 원균이 통제사가 되었는데, 왜적의 기세를 대적할 수 없음을 알고 한산도(閑山島)로 물러나 지키고만 있고 싸우지 않으려고 하자 조정에서 매우 급하게 싸움을 독려하여 원수(元帥)가 장벌(杖罰)하게 하였다. 이에 원균이 마지못하여 싸우다가 패전하여 죽었다.

이순신이 다시 이를 대신하여, 제독(提督) 진인(陳璘)을 따라가 순천(順天) 앞바다에서 왜적을 쳐 거의 크게 승전을 거두게 되었을 때 왜적의 탄환을 맞아 배 안에서 죽었다. 이순신은 재질과 기운이 남보다 많이 뛰어나 중국 사람들도 명장이라 일컬었다.]"

선조 36년(1603) 4월 28일: "공신도감(功臣都監)이 【당상(堂上)은 이항복(李恒福)·이호민(李好閔)·황진(黃璡)·홍가신(洪可臣)·박명현(朴名賢)】 아뢰기를, '전후의 왜적을 정벌할 때 공로가 있는 사람들을 의의(擬議)하여 취품(取稟) 한 것은, 이원익(李元翼)·이순신(李舜臣)·권율(權慄)·원균(元均)·권응수(權應銖)·김시민(金時敏)·이정암(李廷馣)·곽재우(郭再祐)·이억기(李億祺)·권준(權俊)·이순신(李純信)·이운룡(李雲龍)·우치적(禹致績)·배흥립(裵興立)·박진(朴晉)·고언백(高彦伯)·김응서(金應瑞)·이광악(李光岳)·조경(趙儆)·정기룡(鄭起龍)·한명련(韓明璉)·안위(安衛)·이수일(李守一)·김태허(金太虛)·김응함(金應緘)·이시언(李時言) 등 26인이었습니다.

지금 상의 분부를 받들고서 다시 참작하여 헤아려 보건대, 김시민과 이광악 등을 이미 녹공(錄功)하였으니 이정암이 연안(延安)에서 성을 지켜낸 공도 또한 마땅히 김시민 등의 예에 의해 마련해야겠습니다.

주사(舟師)의 편비(褊裨)는 이순신(李舜臣)의 휘하에는 권준·이순신(李純信)·배흥립이고 원균의 휘하에는 이운룡·우치적인데,

그 당시의 각 장계(狀啓)를 조사해 보건대, 이순신의 장계에는 권준·이순신의 이름이 일 등의 첫머리에 있고, 원균의 장계에는 이운룡·우치적의 이름이 등급을 논할 때는 다른 사람(기효근 - 필자)의 아래에 있고 또 다른 장계에는 〈이 두 사람의 공보다 앞설 사람이 없다.〉라고 하였습니다.

당초에 뽑아내어 취품 한 것은 단지 들은바 주사(舟師)들의 의논이 그와 같았기 때문이었습니다마는 원균과 이순신의 두 장수가 공을 다투느라 틈이 있는 데다가 또한 이운룡·우치적 등의 은상(恩賞)이 복구된 일로 인하여 유감이 더욱 깊어졌기 때문에 그들의 성명을 먼저 들게 된 것입니다.

나타나 있는 문안(文案)으로 말한다면, 이순신의 장계는 비록 과장한 것인 듯하나 분명히 의거한 데가 있는 데 비해 원균의 장계는 애초부터 군공(軍功)의 등급에 있어 분명하지 못하여, 어느 때는 이운룡과 우치적 두 사람을 다른 사람의 밑에 넣었다가 그 뒤의 장계에는 으뜸 공이라고 했으니 앞뒤의 전도가 심한 편입니다. 공론이 비록 그렇기는 하지만 이 두 사람의 군공은 녹공하기 곤란할 듯합니다.

이순신의 장계에, 이름이 일등에 든 사람은 권준과 이순신(李純信) 두 사람만이 아니었습니다. 정운(鄭運) 같은 사람에 있어서도 이름이 1등의 셋째 번에 들었고, 본디 역전(力戰)한 사람으로 일컬어져 왔는데, 상께서 수효가 지나치게 많다고 경계하셨습니

다. 정운이 이미 녹공되지 않았으니 배흥립도 마땅히 삭제되어야 합니다. 다만 그때의 편비 중에 일등에 든 사람들은 우열이 없을 듯한데, 이미 주장(主將)이 없으므로 신들이 들은 것을 참작하여 첫머리에 든 두 사람만 뽑았습니다만 공이 같은데 탈락한 사람들이 반드시 원성이 있을 것입니다. 신들이 날마다 머리를 맞대고 의논하여 감정했지만 합당하게 하지 못했으니, 부득이 이대로 처결하는 것이 어떻겠습니까?

이억기는 전라우수사(全羅右水使)로서 이미 해상의 전투에 참여하였으니 녹공에 들어가야 함이 의심할 것 없겠으나 안위는 그 당시 일곱 번의 전투에 한 번도 참여하지 않았으니 삭제하여야 할 듯합니다.

육장(陸將)들은 별로 대단하게 적봉(敵鋒)을 겪었거나 적진을 함락시켰거나 한 공이 없었음은 과연 성상께서 분부하신 것과 같습니다. 고언백(高彦伯)은 비록 왜적을 사로잡고 능(陵)을 수호한 공이 있기는 합니다마는 공로가 고언백과 비등한 사람이 또한 많은데, 고언백은 들어가고 다른 사람은 모두 들어가지 못한다면 뭇사람들의 마음이 반드시 섭섭하고 원통하게 여길 것입니다.

또 호종(扈從)했던 사람들은 많은 쪽으로 마련하고 왜적을 정벌한 사람들은 이처럼 약소하게 한다면 뒷날에 생길 근심을 또한 염려하지 않을 수 없습니다. 전날에 취품 하였던 육장(陸將) 중에서 다시 참작하여 뽑아내서 공로가 있는 사람은 모두 녹공을 하는 것이 어떻겠습니까?' 하니,

전교하기를, '윤허한다. 그 사람들의 공로는 내가 알 수 없으니, 충분히 헤아려 반드시 공평하고 올바르게 하여 사람들의 비난이 일어나지 않게 하는 것이 온당하다. 속담(俗談)에 〈친구 덕으로 공신(功臣)이 되었다.〉라는 말이 있다. 이 말이 농담에서 나온 것이지만 그런 일이 혹은 틀림없는 수도 있을 것이다. 그러나 이번의 일이 그렇다는 것은 아니니, 오해하지 말라. 다만 그 일을 신중하게 하여 종정(鍾鼎)에 녹훈(錄勳)하는 일을 한결같이 공정하게 하고 혹시라도 외람하게 하는 일이 없도록 하려는 것이다. 만약 실제로 공이 있는 사람이라면 어찌 논공하지 않을 수 있겠는가.'라고 하였다."

선조 36년(1603) 6월 26일: "〈비망기〉로 이르기를, '원균을 2등에 녹공해 놓았다마는, 적변이 발생했던 초기에 원균이 이순신(李舜臣)에게 구원해주기를 청했던 것이지 이순신이 자진해서 간 것이 아니었다.
왜적을 토벌할 적에 원균이 죽기로 하고서 매양 선봉이 되어 먼저 올라가 용맹을 떨쳤다.
승전하고 노획한 공이 이순신과 같았는데, 그 노획한 적괴(賊魁)와 누선(樓船)을 도리

어 이순신에게 빼앗긴 것이다.

이순신을 대신하여 통제사가 되어서는 원균이 재삼 장계를 올려 부산(釜山) 앞바다에 들어가 토벌할 수 없는 상황을 힘껏 공문서를 올렸으나, 비변사가 독촉하고 원수가 윽박지르자 원균은 반드시 패전할 것을 환히 알면서도 진(鎭)을 떠나 왜적을 공격하다가 드디어 전군이 패배하게 되자 그는 순국하고 말았다. 원균은 용기만 삼군에서 으뜸이었던 것이 아니라 지혜도 또한 지극했다.

당(唐)나라 때 가서한(哥舒翰)이 가슴을 치면서 동관(潼關)을 나섰다가 마침내 적에게 패전하게 되었고, 송(宋)나라 때 양무적(楊無敵)이 반미(潘美)의 위협 때문에 눈물을 흘리며 싸우러 나갔다가 적에게 섬멸된 것이 어찌 이와 다르겠는가.

고금(古今)의 인물들을 성공과 실패만 가지고는 논평할 수 없다.

나는 원균이 지혜와 용기를 갖춘 사람이라고 여겨 왔는데, 애석하게도 그의 운명이 시기와 어긋나서 공도 이루지 못하고 일도 실패하여 그의 역량이 밝혀지지 못하고 말았다.

전번에 영상(이덕형)이 남쪽에 내려갈 때 잠시 원균을 민망하게 여기는 뜻을 가졌었는데, 영상이 기억하고 있는지 모르겠다.

오늘날 공로를 논하는 마당에 도리어 2등에 두었으니 어찌 원통하지 않겠는가. 원균은 지하에서도 눈을 감지 못할 것이다.

정운(鄭運)은 배흥립(裵興立)의 일 때문에 삭제하였다. 이순신이 여러 장수를 모아 놓고 구원하러 가기를 의논할 적에 정운이 힘껏 찬동했었고, 왜적을 토벌할 때도 정운의 공이 많았다. 결국, 힘을 다하여 싸우다가 죽었으니 이는 정운이 국가를 위해 목숨을 바친 것이다. 배흥립이 범람하다는 것 때문에 마땅히 녹공할 정운까지 아울러 삭제할 수는 없는 일이니, 정운을 녹공해야 함은 의심할 것이 없다.

회복(恢復)하게 된 공로가 오로지 중국군에게 있었으니, 청병(請兵)하러 가서 소청을 얻어낸 사람들을 호종하지 않았다 해서 빠뜨릴 수는 없다. 심희수·유몽정이 이미 청병한 사람이라면 다른 사람은 참여하지 못하게 되더라도 이 사람들은 버려둘 수 없으니 다시 참작해야 한다.

홍여순(洪汝諄)은 처음부터 호종했었는데도 지금 빠졌으니 이는 무슨 까닭인가?

홍여율(洪汝栗)은 적변이 발생했던 초기부터 직접 영정(影幀)을 지고 고초를 겪으면서도 온전하게 보호했었다. 이러한 그의 공로도 역시 빠뜨릴 수가 없으니, 녹공의 합당 여부를 의논해서 아뢰라.

당초에 4등급으로 구분한 뜻을 알지 못해서 이봉정(李奉貞)을 원종(原從)에 녹공하라는 것으로 전교했었다. 지금에 와서 이 녹공된 사람들을 보건대, 비록 처음부터 끝까지 호종한 사람이 아닌데도 역시 다른 공로로 참여한 사람이 있다. 이봉정의 경우는 승전색으로서 처음부터 호종하여 평양까지 갔다가 아비의 상사를 듣고서 고향으로 돌아갔으니 사사로이 스스로 물러간 것과는 다르다. 그는 본향(本鄕)인 용천(龍川)에서부터 다시 호종하고 의주까지 가느라 고초가 많았고, 주선한 일도 있었으니, 정훈(正勳)에 녹공하지 않을 수 없음이 또한 이러하다.

내가 비록 잘나지는 못했지만, 어찌 감히 한 사람의 환시(宦寺) 때문에 경들을 턱없이 속여서 당연히 녹공해서는 안 될 사람을 함부로 여러 훈신 사이에도 두려 하겠는가. 이봉정은 4등에 녹공해야 한다.

같은 등급 속에는 모두가 똑같은 사람이므로 차례를 논할 수 없으면 당연히 직품에 따라서 기록했어야 할 것인데, 많은 사람이 바뀌어 놓여 있으니 좌차(坐次)에 있어서 온당치 못한 듯하다. 또 각 등급의 상격(賞格)에 관한 전례를 알고 싶으니 모두 고찰해서 아뢰라.

산하대려(山河帶礪)의 훈공을 종정(鍾鼎)에 기록하는 것은 국가에 더 없이 큰일이니, 반드시 공평 정대하게 하여 공이 있는 사람을 빠뜨려서도 안 되며 공이 없는 사람을 함부로 써서도 안 된다. 우리나라에는 전부터 친구 덕분에 공신이 되었다는 비난이 있었다. 이 말이 비록 맹랑하기는 하나 이로 인해 경계하기에는 좋은 말이니, 아무쪼록 조용하게 잘 살펴서 처리하라.' 하니,

회계하기를, '이번의 공신은 원수(元數)가 너무 많으니, 전에는 이렇게 많은 적이 없었습니다. 좌명공신(佐命功臣)과 정국공신(靖國功臣)은 그 수가 이번보다 적었는데도 4등급으로 마련했었기에 이번에도 또한 이 예에 의해 마련했던 것입니다.

<u>원균은 당초에 군사가 없는 장수로서 해상의 대전에 참여하였고, 뒤에는 주사(舟師)를 패전시킨 과실이 있었으니 이순신·권율과는 같은 등급으로 할 수 없어서 낮추어 2등에 녹공했던 것인데, 방금 성상의 분부를 받들었으니 올려서 1등에 넣겠습니다.</u>

정운은 수록하겠습니다만, 심희수와 유몽정은 청병하여 소청을 얻어낸 사람들과는 차이가 있으므로, 삭제하여 개정하지 않을 수 없습니다.

홍여순은 평양까지 호종했다가 북도의 요해지(要害地)를 파수하는 일로 명을 받고서 대가(大駕)를 배사하고 의주로 들어갔고, 뒤에는 경기의 삭녕(朔寧) 등지에 나가 군사를 모집하다가 9월 초에야 비로소 의주로 들어갔으니, 처음부터 끝까지 호종한 사람들과는 차이가 있습니다. 그래서 그의 성명이 애초부터 원훈들이 의논하여 결정하는 속에 나오지 않은 것이었으므로, 감히 제기(提起)하지 않았던 것입니다.

홍여율과 이봉정은 또한 마땅히 수록하겠습니다.

상격에 관한 전례는 문서가 없어서 사고(查考)할 여유가 없었으니 곧바로 고찰하여 아뢰도록 하겠습니다." 하자, 알았다고 답하였다.

사신은 논한다. 위 헌공(衛獻公)이 망명했다가 위나라로 돌아올 적에 교외에 이르러 수종했던 사람들에게 고을을 나누어 준 다음 들어오려 하자 유장(柳莊)이 말하기를 '만일에 모두가 사직을 지켰더라면 누가 고삐를 잡고 따라갔을 것이며, 모두가 따라갔더라면 누가 사직을 지켰겠습니까. 임금께서 나라에 돌아와 사정(私情)을 쓰려 하시니 불가한 일이 아닙니까.' 하니, 나누어 주지 않았었다.
환시는 나라 임금의 가노(家奴)로서 녹훈한 일은 고찰해 볼 데가 없다. 원균은 주함(舟艦)을 침몰시키고 군사를 해산시킨 죄가 매우 컸다."

해설: 사관이 원균의 잘못을 일컬으며 주함을 침몰시키고 군사를 해산했다고 비판한 것은 사실과 다르다.

선조 36년(1603) 8월 17일: "공신도감(功臣都監)이 아뢰었다. '공을 논하여 등급을 매기는 것은 국가의 막중한 일이니, 취사(取捨)하는 사이에 실적과 공론을 따라 조금도 마음에 차지 않는 점이 없어야 스스로 돌이켜보아도 뉘우쳐 한탄할 것이 없고 참록(參錄)되지 못한 자도 할 말이 없을 것입니다. 신들이 이에 대하여 충분히 잘 삼가서 살피려고 하였으나 등급을 매긴 뒤에 다시 살펴보니, 간혹 참작할 만한 자가 있었습니다.
왕년에 두 원훈(元勳)이 당상(堂上)들과 함께 정훈(正勳)에 참록되어야 할 자를 의논하여 정한 것 이외에 또 공무 때문에 뒤미처 와서 호종한 자 약간 기록하여 다시 감정(勘定)하는 데에 갖추어 넣었으니, 심희수(沈喜壽)·유몽정(柳夢鼎) 등이 곧 그 가운데에 이름이 들어있는 자들로 이 두 사람만이 참록되었습니다.
다른 사람은 뒤미처 와서 호종한 시기의 선후와 의주에 있을 때 분주한 일을 살펴보았더니, 한응인(韓應寅)·오억령(吳億齡)·신경진(辛景晉)이 연경(燕京)에 갔다가 개성부(開城府)에 돌아와서 곧 호종하여 의주(義州)에 들어갔는데, 한응인은 중국 장수를 접대하는 일에 가장 분주하였습니다. 심희수가 평양(平壤)에 뒤미쳐 온 것은 개성부터 호종한 자와 시기상 선후의 차이가 있으나 힘쓴 것은 다 마찬가지인데, 참록되기도 하고 참록되지 않기도 하는 것은 매우 미안합니다. 심희수 등만이 참록되는 것은 어려울 듯합니다.

이희득(李希得)은 서울부터 어가(御駕)를 호종하여 개성부에 이르러 경성 순검사(京城巡檢使)로 배사(拜辭)하고 나갔다가 5월에 도로 평양에 들어왔고, 6월에 중전(中殿)께서 장차 북도(北道)로 거둥하시게 되었기 때문에 명을 받고 함경도에 갔다가 9월에야 의주에 돌아왔으니, 그 사이에 호종한 기간은 매우 적습니다.
이병(李覮)은 처음부터 호종하였으나 이미 참록되지 못하였습니다.
이성중(李誠中)은 통어사(統禦使)로서 5월에 평양에 뒤미처 와서 곧 호종하였는데, 원훈이 기록하여 결정한 속에 이름은 있으나 애초 계품(啓稟)할 때는 나오지 않았습니다.
이병 등은 참록되지 못하였는데 이희득이 참록되는 것은 매우 온당치 못합니다. 어제 계품할 때 '삭제하면 모두 삭제해야 한다.'고 한 것은 대개 이러한 일을 염려해서이니, 모두 삭제하여 고치는 것이 어떻겠습니까?
김응함(金應緘)은 당초에 대동찰방(大同察訪)으로서 순안진(順安陣)에 있다가 공을 세워 당상이 되었고 그 뒤에는 이순신(李舜臣)의 중군(中軍)이 되어 노량대전(露梁大戰)에 참여하였으므로 그 공로가 많으나, 순안진의 제장(諸將)은 이미 뽑아내어 기록할 공도 없거니와 노량대전에도 참여하지 않았는데, 이순신·원균(元均)이 바다에서 싸운 것과 조목을 같이하여 논하였습니다. 안위(安衛)가 바다에서의 대전(大戰)에 참여하지 못하였다 하여 삭제되었는데, 김응함만이 참록되는 것은 미안하니, 고쳐야 할 듯합니다.
또 같은 등급 안의 차서에도 혹 헤아려서 낮추거나 높일 것이 있는데, 이것은 분부를 기다려 다시 품처(稟處)해야 하겠습니다. 사체가 엄중하므로 잘 헤아리고 의논하여 합당하게 하라고 힘쓰느라 감히 이렇게 곧 청하였다가 도로 고치곤 하니 매우 황공합니다. 감히 여쭙니다."

선조 36년(1603) 8월 17일: "〈비망기〉로 일렀다. '전일 함께 면대하여 의논해서 감정하려다가 미처 못하였는데 언관(言官)이 논하였으므로 바야흐로 논하려던 일을 곧바로 의논할 수 없다. 이제 번거로이 논하길 마지않아 이미 윤허하였으므로 별로 면대하여 의논할 일이 없다. 그러므로 면대하지 않은 것이니 이 뜻을 알라. …
정왜(征倭)에서는 이순신·원균·권율(權慄)이 1등이 되어야 마땅하고, 이 밖에는 다 삭제하라. 고언백(高彦伯)은 적을 토벌하고 능(陵)을 수호하였으니, 공이 있을 뿐이 아닌데 신하로서 어찌 감히 삭제하자고 말하겠는가. 그대로 두어야 하니, 이를 도감(都監)에 말하라.'"

선조 37년(1604) 6월 6일: "빈청(賓廳)에서 원훈(元勳)과 대신(大臣)이 아뢰기를, '신축년에 공훈을 결정할 때 호종(扈從)과 정왜(征倭)로 공신들을 나누어 두 가지로 했는데, 임인년 가을에 이르러 비로소 함께 녹훈하자는 의견이 있어 즉시 아뢰어 개정(改正)하였습니다.

그런데 이제 언관(言官)이 또 나누어 녹공할 것을 청하니, 그중에 삭제할 자가 27인인데 추록(追錄)한 정운(鄭運) 등도 당연히 아울러 삭제해야 합니다. 그렇게 하면 정왜무장(征倭武將)으로 남는 사람은 단지 이순신(李舜臣)·권율(權慄)·원균(元均)·고언백(高彦伯) 이 네 사람뿐입니다.

권응수(權應銖)는 영천(永川) 수복(收復)의 공이 있었고,

수전에서의 이억기(李億祺)와 행주(幸州)의 조경(趙儆)은 승첩(勝捷)의 공이 있었고,

진주(晉州)의 김시민(金時敏)·이광악(李光岳)과 연안(延安)의 이정암(李廷馣)은 모두 성을 온전히 지킨 공이 있었는데 모두 삭제당하였으니, 훗날 무장(武將)들이 해이해질까 걱정스럽습니다.

임진란 초기에 신점(申點)이 옥하관(玉河館)에 있다가 왜변(倭變)을 듣고는 울부짖으며 청병(請兵)하였는데, 그 뒤 많은 중국군이 나온 것은 모두 신점의 힘입니다. 그런데 유독 녹훈에 참여하지 못하였으니, 이 몇 사람은 마땅히 함께 그대로 두어야 합니다.

그리고 두 가지 공신이 당초에 그 숫자가 매우 많았기 때문에 4등급으로 나누었으나 이제는 이미 명호를 나누었으므로 3등급으로 나누어 정하고 아울러 군량(軍糧)을 주청하러 갔던 사신들도 정왜(征倭)의 공훈에 옮겨 기록하게 하소서.'라고 하니, 상이 따랐다. 【그 뒤에 호종(扈從)은 호성(扈聖)으로, 정왜(征倭)는 선무(宣武)로 고쳤다.】"

선조 37년(1604) 6월 19일: "빈청이 재차 아뢰기를, '… 이번의 녹훈(錄勳)은 곧 온 나라의 더없이 큰 거조(擧措)인데 일을 시작한 지 4년이 되도록 아직 감정(勘定)을 끝내지 못한 상태에서 대간(臺諫)의 의론이 다시 일어나 삭제하는 것과 그대로 두는 것이 무상(無常)하게 되어 사체에 해롭게 되었습니다.

그 때문에 신들이 감히 다시 말을 할 수 없기는 합니다마는 그사이에는 진달하지 않을 수 없는 것이 있습니다. 정왜(征倭) 한 무장(武將)들을 모두 삭제하고 나면 그대로 둘 사람은 단지 이순신(李舜臣)·권율(權慄)·원균(元均)·고언백(高彦伯) 네 사람뿐이고, 권응수(勸應銖) 이하의 제장(諸將)들은 모두 참여하지 못하게 됩니다. 그렇게 되면 전진(戰陣)에 종사하며 시종 근로(勤勞)하던 사람들은 반드시 해이해져 장차 거듭 무사(武士)들을 실망하게 될 것이니 관계되는 바가 작지 않습니다. 따라서 쉽게 감정할 수 없으니 어떻게 조처해야 할지 감히 품합니다.'라고 하니, '어떻게 하겠는가'라고 답하였다."

선조 37년(1604) 6월 19일: "빈청이 세 번째 아뢰기를, '애초에는 두 공신을 합쳐 하나로 하면 원수(元數)가 매우 많았기 때문에 등급을 정할 때 4등급으로 나누어 마련할 것으로 계하했습니다. 지금은 이미 명칭을 나누었고 삭제된 사람 또한 많으니, 4등에 녹훈된 사람을 3등에 합치고 군사와 양곡을 주청(奏請)한 사신들은 정왜(征倭)의 명칭에 이송시키는 것이 합당할 듯합니다.

이 사신들은 군사와 양곡을 주청하여 얻어냈으니, 훈적에 참록되는 것이 진실로 당연합니다. 임진왜란 초기에 신점(申點)이 옥하관(玉河館)에 있다가 왜인들의 변을 듣고는 중국 조정에서 울부짖으며 청병(請兵)하였으므로 비로소 군사출동에 관한 의논이 있게 되었고, 그 뒤 대병(大兵)이 계속 나오게 된 것도 모두 이 사람이 힘을 다해 발단(發端)시킨 공이었습니다. 그는 뒤에 청병한 사람들에 비하여 경중이 자별한데 후자들은 참여하고 신점은 삭제되었으니, 타당하지 못한 듯합니다.

또 신들은 끝내 마음에 불안한 점이 있어 번독스럽지만 품하지 않을 수 없습니다. 정왜 한 무장 중에 녹훈된 사람은 단지 4인뿐인데, 그 이외에도 권응수(權應銖)는 영천(永川)에서 수복(收復)한 공이 있고, 이억기(李億祺)는 주사(舟師)로, 조경(趙儆)은 행주(幸州)에서 승전한 공이 있고, 김시민(金時敏)과 이광악(李光岳)은 진주(晉州)에서, 이정암(李廷馣)은 연안(延安)에서 모두 성(城)을 온전히 지킨 공이 있었으니, 이는 모두 환히 드러나 녹훈되어야 할 사람들인데도 모두 삭제되었습니다. 공로로 말하면 마땅히 녹훈되어야 하는데 취사(取舍)를 이렇게 했으니, 앞으로 무사들이 해이해질 것을 염려하지 않을 수 없습니다. 대저 신하 된 사람이 공로가 있으면 맹부(盟府)에 이름을 기록하고 철권(鐵券)을 주는 것은 한때의 공로에 대해 상을 주는 것뿐만이 아니라 곧 뒷사람들을 권면하기 위한 것입니다.

만일 이번에 삭제와 등록을 합당하게 하지 못하여 거듭 인심을 잃게 된다면 국사에 손실이 적지 않을 것이니, 성상께서 참작하여 재량하신다면 이보다 다행함이 없겠습니다. 또 두 공신을 합하여 녹훈할 때 이순신·권율·원균을 1등에 넣는 것에 대해서는 이제 다시 의논할 것이 없습니다.

그러나 정기원(鄭期遠)·권협(權悏)·유사원(柳思瑗)·고언백(高彦伯)은 3등에 들어갔는데 이제 이미 명칭을 나누었으니 이 네 사람은 또한 3등이 되어야 합니다. 그렇게 하면 2등에는 녹훈할 사람이 없습니다. 그러나 애초 3등에 녹훈된 사람을 2등으로 올리는 것은 자못 온당하지 못합니다. 어떻게 조처해야 할지 감히 품합니다.'라고 하니,

답하기를, '과인은 잘 모르니 대신이 침작해서 하도록 하라. 또 3등을 2등으로 올려도

무방하다.'라고 하였다."

선조 37년(1604) 6월 21일: "재차 아뢰기를, '삼가 성상의 분부를 받들건대, 신들은 감격스러움을 견디지 못하겠습니다. 신들도 난 후 제장(諸將)들이 실제로 적을 무찔러 함몰시킨 공이 없다는 것을 모르는 것은 아닙니다. 그러나 이미 녹훈하는 일을 시행한다면 그중에서 공로가 가장 많은 사람은 녹훈하여 전사(戰士)들을 격려 권면시키는 여지를 만들지 않을 수 없습니다. 이는 또한 단지 한때의 공을 취한 것으로, 어찌 옛사람들의 풍성한 공로나 큰 업적에 견주어 함께 논할 수야 있겠습니까.

다만 이미 녹훈했다가 도로 삭제해버리면 무사들의 마음을 실망하게 되어 관계되는 바가 작지 않기 때문에 신들이 그 가운데 뚜렷이 드러나 일컬을 만한 사람인 권응수(權應銖)·이억기(李億祺)·조경(趙儆)·김시민(金時敏)·이정암(李廷馣) 등 6인을 아뢰어 삼가 성상께서 재량하시기를 바랐던 것입니다.

지금 다시 6인 가운데 반복해서 헤아려 보건대, 조경은 권율의 중군(中軍)으로 행주(幸州)에서 승전한 공이 있었고,

이광악은 김시민과 힘을 합쳐 진주성(晉州城)을 지켰으므로 모두 훈적(勳籍)에 참여하게 된 것입니다.

그런데 이번에 이순신과 원균의 관하(管下) 장사들은 모두 삭제되었고 유독 조경과 이광악만 취하는 것은 온당하지 못한 듯합니다. 이 두 사람은 녹훈하지 않아도 되겠습니다만 오직 성상께서 결단하시기에 달렸습니다.

훈호(勳號)의 글자를 넣기가 과연 꼭 맞지 않는 것은 진실로 성상께서 분부하신 것과 같으니, 보절(保節) 두 글자를 버리고 장의(仗義)로 대신하되 결책(決策) 등의 어구(語句)도 첨가하여 넣는 것이 합당하겠습니다. 익운(翊運)이란 말도 온당하지 못한데, 이는 추후 개정하여 아뢰도록 하는 것이 합당하겠습니다.

다만 중국군을 청하여 왜적을 친 것은 모두가 성상의 계책에서 나온 것으로 성상께서 사대(事大)하시는 정성이 중국을 감동하게 해 그렇게 된 것입니다. 호종했던 제신(諸臣)들이야 무슨 기록할 만한 공로가 있었다고 뻔뻔스레 이런 훌륭한 명칭을 차지할 수 있겠습니까. 이미 감정(勘定)한 여덟 글자는 신자(臣子)의 분의에 있어 또한 너무 과하니, 다시 다른 어구를 더 넣을 필요는 없을 듯합니다. 신들의 의견이 이러하기에 감히 아룁니다.'라고 하고,

또 아뢰기를, '이번 삼가 무장(武將)과 호종(扈從)했던 사람들 가운데 의논할 만한 사람을 서계(書啓)하라는 분부를 받들고서 무장에 대해서는 대개 서계했습니다. 그런데

좌의정 유영경(柳永慶)은 자신의 이름이 의논할 만한 대상에 들어있다 하여 인혐(引嫌)한 채 참여하지 않고 있습니다. 따라서 신들이 독자적으로 의계(議啓)하는 것은 미안할 듯한데 어떻게 조처해야 할지 감히 품합니다.'라고 하니,

답하기를, '윤허한다. 이 6인은 아뢴 대로 모두 녹훈하라. 조경(趙儆)은 권율의 휘하(麾下)로 녹훈되었으니 이순신과 원균 두 대장의 휘하에서도 몇 사람을 취해 아울러 녹훈하라. 그렇게 하면 균등하게 될 것이니 그렇게 하라.

그리고 육장(陸將)들 가운데 적을 무찌른 공이 없더라도 또한 전부를 버릴 수는 없다. 이시언(李時言)은 날랜 장수로 처음부터 끝까지 왜적을 쳤으니 한마(汗馬)의 공이 있고, 평양(平壤)에 있던 왜적이 패하여 돌아갈 적에 중도에서 시살한 일이 있는 것 같고, 도산(島山)의 전투에서도 공로가 있었으니, 버려둔다면 이는 또한 잘못이다. 그러나 나는 까마득하여 기억하지 못하겠으니 잘 살펴서 조처하라.

또 훈호에 대해서는 사실에 따라 말한 것이지 애초부터 터무니없이 외람되이 포장(褒獎)한 것은 아니다. 나는 그 당시 파천(播遷)하였을 뿐인데, 어찌하여 지나치게 사양하여 위에만 공을 돌리고 차지하지 않아서야 하겠는가. 그렇게 해서는 안 된다.'라고 하고,

또 답하기를, '좌의정이 혐의스럽게 여겨 인피(引避)하였다면 다른 정승이 의논해서 처결하도록 하라.' 하였다."

선조 37년(1604) 1월 21일: "세 번째 아뢰기를, ' … 신점(申點)의 일은 어제 이미 모두 공문서를 올렸으므로 오늘은 감히 재차 번독스럽게 하지 않겠습니다. 오직 성상께서 재량 하시기에 달려 있습니다.'라고 하고,

또 아뢰기를, '삼가 성상의 분부를 받들었습니다만 이순신(李舜臣)과 원균(元均) 두 대장의 휘하 장사들 가운데 애초 녹훈된 사람이 각각 2인씩인데, 권준(權俊)·이순신(李純信)은 이순신의 관하이고 이운룡(李雲龍)·우치적(禹致績)은 원균의 관하입니다. 이 4인은 모두 해상(海上)에서의 전공(戰功)이 있는데 그 우열을 논하는 데는 신들이 정확한 소견도 없고 또한 의거할 만한 문적(文籍)도 없습니다. 만일 모두를 수록(收錄)한다면 숫자가 과하게 될 듯하고 취사(取捨)하려면 공로가 같아서 경중을 분간하기가 어렵습니다. 이점에 대해 조처하기가 매우 어려우니 어떻게 해야 하겠습니까?

이시언(李時彦)은 평소 날랜 장수라는 평이 있었는데 황해도 방어사로서 평양에 있던 왜적이 패전하고 돌아갈 때 과연 중도에서 가로막고 시살한 일이 있기는 합니다. 그러나 시살한 일에 대해서 지금까지도 사람들의 말이 매우 많은 것은 물론 의자(議者)들은 이시언의 공으로 여기지 않고 있습니다. 만일 유독 이 사람만을 많은 삭제 대상

자 속에서 취한다면, 뒷말하는 사람들이 분개할 것인데 어떻게 주처해야 하겠습니까? 또 훈호(勳號)에 부득이 다른 말을 첨가해야 한다면 결책(決策)의 결(決) 자를 협(協) 자로 하는 것이 더 온당합니다. 협책(協策) 두 글자로 1등과 2등에 첨가해 넣는 것이 합당할 듯합니다. 감히 아룁니다.'라고 하니,

답하기를, '윤허한다. 부득이한 것 이외는 대간(臺諫)의 아룀을 이미 윤허했기에 어기기가 곤란하다. 정경신에 대해서는 대간이 불가하다고 했으므로 추가하여 녹훈하기는 어려울 듯하다. 신점에 대해서는 의계(議啓)한 대로 하라.

원균과 이순신이 해상에서 세운 공은 진실로 권율보다도 우월한데 권율의 휘하는 녹훈하고 두 대장의 휘하는 녹훈하지 않는 것은 타당하지 못하다. 만일 4인을 녹훈하지 않는다면 할 수 없이 조경(趙儆)도 삭제해야 한다. 그러나 5인을 모두 다 녹훈하는 것만 못하다. 그리고 육장(陸將) 가운데 1인도 참여하지 못한 것은 지나친 듯하다. 이시언과 박진(朴晉) 등도 어찌 그만한 공이 없겠는가. 녹훈하든지 삭제하든지는 다시 의논, 침적해서 되도록 알맞게 하라. 무장들을 잘 통제하여 그들의 마음을 수습하는 데 대해 고려하지 않을 수 없다.'라고 하였다."

선조 37년(1604) 6월 25일: "공신(功臣)들의 명칭을 정하여 대대적으로 봉(封)했는데, 서울에서 위주까지 시종(始終) 거가(車駕)를 따른 사람들을 호성공신(扈聖功臣)으로 하여 3등급으로 나누어 차등이 있게 명칭을 내렸고,

왜적을 친 제장(諸將)과 군사와 양곡을 주청(奏請)한 사신(使臣)들은 선무공신(宣武功臣)으로 하여 3등급으로 나누어 차등이 있게 명칭을 내렸고,

이몽학(李夢鶴)을 토벌하여 평정한 사람은 청난공신(淸難功臣)으로 하고 3등급으로 나누어 차등 있게 명칭을 내렸다.

호성공신 1등은 이항복(李恒福)·정곤수(鄭崑壽)인데 충근정량갈성효절협력호성 공신(忠勤貞亮竭誠效節協力扈聖功臣)이라 하고,

2등은 신성군(信城君) 이후(李珝)·정원군(定遠君) 이부(李琈)·이원익(李元翼)·윤두수(尹斗壽)·심우승(沈友勝)·이호민(李好閔)·윤근수(尹根壽)·유성룡(柳成龍)·김응남(金應南)·이산보(李山甫)·유근(柳根)·이충원(李忠元)·홍진(洪進)·이괵(李碔)·유영경(柳永慶)·이유징(李幼澄)·박동량(朴東亮)·심대(沈岱)·박숭원(朴崇元)·정희번(鄭姬藩)·이광정(李光庭)·최흥원(崔興源)·심충겸(沈忠謙)·윤자신(尹自新)·한연(韓淵)·해풍군(海豊君) 이기(李耆)·순의군(順義君) 이경온(李景溫)·순령군(順寧君) 이경검(李景儉)·신잡(申磼)·안황(安滉)·구성(具宬)인데 충근정량효절협책호성 공신(忠勤貞亮効節協策扈聖功臣)이라 하고,

3등은 정탁(鄭琢)·이헌국(李憲國)·유희림(柳希霖)·이유중(李有中)·임발영(任發英)·기효복(奇孝福)·최응숙(崔應淑)·최빈(崔賓)·오정방(吳定邦)·이응순(李應順)·신수곤(愼壽崑)·송강(宋康)·고희(高曦)·강곤(姜緄)·내시(內侍) 김기문(金起文)·내시 최언준(崔彦俊)·내시 민희건(閔希騫)·의관(醫官) 허준(許浚)·이연록(李延祿)·이마(理馬) 김응수(金應壽)·이마 오치운(吳致雲)·내시 김봉(金鳳)·내시 김양보(金良輔)·내시 안언봉(安彦鳳)·내시 박충경(朴忠敬)·내시 임우(林祐)·내시 김응창(金應昌)·내시 정한기(鄭漢璣)·내시 박춘성(朴春成)·내시 김예정(金禮楨)·내시 김수원(金秀源)·내시 신응서(申應瑞)·내시 신대용(辛大容)·내시 김새신(金璽信)·내시 조구수(趙龜壽)·의관(醫官) 이공기(李公沂)·내시 양자검(梁子儉)·내시 백응범(白應範)·내시 최윤영(崔潤榮)·내시 김준영(金俊榮)·내시 정대길(鄭大吉)·내시 김계한(金繼韓)·내시 박몽주(朴夢周)·이사공(李士恭)·유조생(柳肇生)·양순민(楊舜民)·경종지(慶宗智)·내수사별좌(內需司別坐) 최세준(崔世俊)·사알(司謁) 홍택(洪澤)·이마 전용(全龍)·이마 이춘국(李春國)·이마 오연(吳連)·이마 이희령(李希齡)인데 충근정량호성 공신(忠勤貞亮扈聖功臣)이라 하여, 각각 작위(爵位)를 내리고 군(君)으로 봉했다. 모두 86인인데 내시(內侍)가 24명, 이마(理馬)가 6명, 의관이 2명이고, 별좌(別坐)와 사알(司謁)이 또 2명이다.

선무공신(宣武功臣) 1등은 이순신(李舜臣)·권율(權慄)·원균(元均) 세 대장인데 효충장의적의협력선무 공신(效忠仗義迪毅協力宣武功臣)이라 하고,

2등은 신점(申點)·권응수(權應銖)·김시민(金時敏)·이정암(李廷馣)·이억기(李億祺)인데 효충장의협력선무 공신(效忠仗義協力宣武功臣)이라 하고,

3등은 정기원(鄭期遠)·권협(權悏)·유사원(柳思瑗)·고언백(高彦伯)·이광악(李光岳)·조경(趙儆)·권준(權俊)·이순신(李純信)·기효근(奇孝謹)·이운룡(李雲龍)인데 효충장의선무 공신(效忠仗義宣武功臣)이라 하였다. 각각 관작을 내리고 군(君)으로 봉했는데 모두 18인이다.

청난공신(淸難功臣) 1등은 홍가신(洪可臣)인데 분충출기합모적의청난 공신(奮忠出氣合謀迪毅淸難功臣)이라 하고,

2등은 박명현(朴名賢)·최호(崔湖)인데 분충출기적의청난 공신(奮忠出氣迪毅淸難功臣)이라 하고, 3등은 신경행(辛景行)·임득의(林得義)인데 분충출기청난 공신(奮忠出氣淸難功臣)이라 하였다. 각각 관작을 내리고 군으로 봉했는데 모두 5인이다.

사신은 논한다. 국가가 임진년의 왜변을 만나 종사(宗社)가 전복되고 승여(乘輿)가 파천했으며 원릉(園陵)이 화를 입었고 생민들이 해독을 받았으니, 말하기에도 참혹한 일이다. 다행히 황은(皇恩)이 멀리 미침을 힘입어 팔도(八道)가 다시 새로워졌으니, 임금의 도리에 있어 논공행상(論功行賞)하여 공로에 보답하는 특전을 그만둘 수 없을 것 같다.

그러나 호종신(扈從臣)을 80여 명이나 녹훈(錄勳)하였고 그 가운데 중관(中官)이 24명이며 미천한 복례(僕隸)들이 또 20여 명이나 되었으니, 또한 외람한 일이 아니겠는가. 이몽학(李夢鶴)의 난에 이르러서는 주군(州郡)에서 불러 모은 도적 떼에 지나지 않는 것이니, 그것을 토평한 것이 어찌 공이 될 수 있는 일이겠는가. 단서철권(丹書鐵券)을 만든 것이 애초 어찌 이처럼 구차한 데에 쓰려고 한 것이겠는가.

아, 김응남(金應南)은 신묘년에 부경(赴京)하였을 적에 정신(廷臣)들의 의논을 힘껏 변론하여 실제 상황을 들어 주문(奏聞)함으로써 마침내 황상(皇上)이 감림(監臨)하게 하였으니, 그의 공이 진실로 크다.

그리고 신점(申點)은 중국에 있다가 국가가 병화(兵火)를 당했다는 말을 듣고서 7일 동안이나 먹지도 않고 울면서 구원병을 보내줄 것을 주청했으니, 중국군이 나오게 된 것은 과연 누구의 공이겠는가.

정곤수(鄭崑壽)는 구원병을 주청하고 군량을 주청한 공로가 있고,

이호민(李好閔)은 사명(辭命)을 전담한 공로가 있고,

<u>이순신·원균·권율은 혈전(血戰)한 공이 있었다. 그리고 당시 3공(三公)은 조금의 실책이 있었으나 부득이하였다. 이들 몇 사람을 녹훈하는 것은 옳다."</u>

선조수정실록, 선조 37년(1604) 6월 25일진: "공신을 대대적으로 봉하였다. … 선무공신은 1등에 이순신·권율·원균, 2등에 신점(申點)·권응수·김시민·이정암·이억기, 3등에 정기원(鄭期遠)·권협(權悏)·유충원(柳忠瑗)·고언백(高彦伯)·이광악(李光岳)·조경(趙儆)·권준(權俊)·이순신(李純信)·기효근(奇孝謹)·이운룡(李雲龍) 등 총 18인이다. …

선무공신(宣武功臣) 1등은 효충장의적의협력(效忠仗義迪毅協力)의 호를 내리고, 2등은 적의 2자를 줄이고, 3등은 또 협력 2자를 줄였다. …"

선조 37년(1604) 10월 29일: "선무공신(宣武功臣)의 교서를 공포할 때 선독(宣讀)한 별교서(別教書)의 내용은 다음과 같다.

'신하로서 귀중한 것은 국가가 위급할 때 적을 방어하는 충성을 바치는 것인데 선왕(先王)께서도 국가를 안정시킨 공을 포장하였으니 어떻게 상을 주어 면려하는 법전을 거행하지 않을 수 있겠는가. 이에 이장(彝章)에 따라 빛나는 은전을 내리는 바이다.

지난번 운뢰(雲雷)의 비색한 운수 때문에 국가에 어려움이 많았었다. 사나운 고래가 갑자기 달려오니 그 형세가 그물로 제어하기는 어려웠고, 무서운 짐승이 갑자기 날뛰니 누가 소굴로 밀어 넣어 막을 수 있었겠는가. 애타게도 1백 년의 종사(宗社)가 하루

아침에 폐허가 되는 참혹함을 당하였다. 다행히도 하늘에 계신 영령(英靈)의 도움을 받고 또 제신(諸臣)의 힘을 의지하여 칼을 울리고 손바닥을 치면서 다투어 원수 갚기에 분발하였고 비바람을 무릅쓰고 다 함께 국가의 일에 정성을 끝까지 바쳤다.

이에 생기(生氣)가 조금 살아났고 꺼진 재가 다시 타오르게 되었다. 형세를 합쳐 밀고 나아가니 배 타고 몰려온 왜적을 쓸어낼 수 있었고 성을 등지고 생사의 일전을 벌이니 백만의 적군을 물리칠 수 있었다. 사방을 전제(專制)하면서 7년간 열심히 근로(勤勞)하였다. 기타 급할 적에 달려가 구하고 적을 쳐부순 과감하고도 굳센 공로가 어찌 한때 도움이 적었다고 할 수 있겠는가. 역시 전날에 비추어 훌륭하기 그지없다. 만약 경(卿)들이 떨치고 일어나 마음을 다하지 않았다면 어떻게 어려웠던 일들이 풀려 오늘을 보존할 수가 있었겠는가. 죽기도 하고 살기도 하여 사생(死生)이 같지는 않지만, 이들을 높이 받드는 포숭(襃崇)의 법전이야 어찌 다름이 있겠는가.

이에 이순신(李舜臣)·권율(權慄)·원균(元均)을 책훈(策勳)하여 1등(一等)에 봉하고 모습을 그려 후세에 전하며 관작과 품계를 세 자급(資級) 초천(超遷)한다. 그의 부모와 처자도 세 자급을 뛰어넘게 하되, 아들이 없으면 생질(甥姪)과 여서(女壻)를 두 자급 뛰어넘게 하고 적장(嫡長)은 세습(世襲)하여 그 녹봉을 잃지 않게 할 것이며, 영원히 사유(赦宥)의 은전을 받게 하라. 반당(伴倘) 10인, 노비(奴婢) 13구, 구사(丘史) 7명, 전지 1백 50결, 은자(銀子) 10냥, 내구마(內廐馬) 1필을 하사한다.

신점(申點)·권응수(權應銖)·김시민(金時敏)·이정암(李廷馣)·이억기(李億祺)를 2등에 봉하고 모습을 그려 후세에 전하며 관작과 품계를 두 자급 뛰어넘게 한다. 그의 부모와 처자도 두 자급을 뛰어넘게 하되, 아들이 없으면 생질과 여서를 한 자급 뛰어넘게 하라. 적장은 세습하여 그 녹봉을 잃지 말게 할 것이며, 영원히 사유의 은전을 받게 하라. 반당 6인, 노비 9구, 구사 4명, 전지 80결, 은자 7냥, 내구마 1필을 하사한다.

정기원(鄭期遠)·권협(權悏)·유사원(柳思瑗)·고언백(高彦伯)·이광악(李光岳) 조경(趙儆)·권준(權俊) 이순신(李純信) 기효근(奇孝謹)·이운룡(李雲龍)을 3등(三等)에 봉하고 모습을 그려 후세에 전하며 관작과 품계를 한 자급 뛰어넘게 한다. 그의 부모와 처자도 한 자급을 뛰어넘게 하되, 아들이 없으면 생질과 여서를 가계(加階)하라. 적장은 세습하여 그 녹봉을 잃지 말게 할 것이며, 영원히 사유의 은전을 받게 하라. 반당 4인, 노비 7구, 구사 2명, 전지 60결, 은자 5냥, 내구마 1필을 하사한다.

아, 이 삼물(三物, 닭, 개, 돼지)을 내어 이미 다 같이 산하대려(山河帶礪)의 맹세를 이루었으니 백대(百代)에 전하여 가서 영원토록 자손과 후손들이 복록을 누리게 되길 바란다. 그 때문에 교시(敎示)하노니 잘 알 것으로 여긴다."

4. 원균의 편지(1591년 여름)

434년 만에 원균의 서한이 고향으로 돌아왔다. 선조 24년(1591) 6월경 원균은 수원 고양동(현 고등동)에 거주하는 친구에게 한 장의 편지를 썼다. 흉년이 심해 가족이 끼니를 잇기 어려운 형편이라고 했다. 그해 2월에 선조는 원균을 전라좌수사에 임명하였으나 간관의 반대로 취소되었다. 실직상태였던 원균은 서한문에서 아들 원사웅을 만나거든 자신의 어려운 형편을 전하기 바란다고 했다. 아들은 수원의 처가에 머물고 있었던 것 같다.

이 서한이 일반에 모습을 나타낸 것은 434년 만의 일이다. 알다시피 원균은 평택 도일동 출신으로 왜란 때 유독 공이 많아 이순신 및 권율과 함께 선무일등공신에 뽑힌 장수이다. 이순신이 〈난중일기〉 등 후세에 여러 문헌을 남긴 것과는 달리 원균이 쓴 글은 한 장도 전해지지 않는다.

그런데 그의 편지가 불쑥 나타남으로써 원균의 인간적인 체취를 맡게 되었다. 단숨에 붓을 휘둘러 쓴 글씨를 보면 그는 활달하고 거칠 것이 없는 성격의 소유자였던 것 같다. 그리고 글의 흐름과 내용을 음미해 보면, 마음이 따뜻하고 속정이 깊고 조심스러우며 문장력도 매우 탁월하였다는 사실을 알 수 있다.

그동안 우리는 그가 매우 거칠고 무뚝뚝한 장수일 것으로, 또는 저돌적인 용장일 뿐 선비다운 정서와는 거리가 먼 것으로 지레짐작했다. 그러나 이 한 장의 편지를 읽어보면 이야기는 달라진다. 원균은 유교적 교양이 높은 명가(名家)의 자제로 한문에도 능통했다. 그는 자신이 전하고자 하는 바를 간단명료하면서도 격조 높은 문학적 표현으로 서술할 줄 아는 선비이자 무사였다. 짐작하건대 선조실록에 실린 여러 편의 〈장계(보고서)〉도 그 자신이 직접 썼던 것 같다. 이순신만 아니라 원균도 병법에 통달한 유장(儒將), 즉 선비 장수였을 가능성이 크다.

이번에 원균의 서한이 발굴된 것은 우연이기도 하지만 그럴만한 계기도 없지 않았다. 수년 전부터 뜻있는 평택시민들이 원주원씨 종중과 함께 손을 맞잡고 원균에 관한 올바른 사실을 알리기 위해 노력해왔다. 서한을 소장한 분도 그런 사실을 알게 되어 후손의 품으로 돌아오게 되었다. 또, 그 서한은 초서(草書)로 되어 있어 보통 사람은 내용조차 짐작하기가 쉽지 않을 테지만, 다행히 그 점은 필자가 해결할 수 있었다. 이 지면을 빌려 저자를 도와준 호남한국학진흥원(원장 홍영기)의 김성희 연구위원에게 거듭 감사드린다.

우리 앞에 불쑥 나타난 한 장의 오래된 서한, 짤막한 그 편지는 원균의 기질과 성품, 교양을 낱낱이 보여주었다. 어쩌면 그가 쓴 또 다른 중요한 문서가 어디선가 갑자기 출현할 수도 있겠다. 그런 희망이 우리를 더욱더 기쁘게 한다.

4.1 원균의 편지 (번역문 - 선조 24년 6월경)

고양동에 답장 올립니다.
오랫동안 내리던 비가 조금 뜸해지자 장마철 무더위가 기승을 부립니다.

우러르고 그리워하는 마음 간절하던 차에 정이 듬뿍 담긴 편지가 도착했습니다. 긴 여름철에 큰 탈 없이 지내신다고 하니 이 얼마나 다행한 일입니까. 하룻밤 앓으신 감기쯤은 걱정하지 않아도 되겠지요.

저의 처지는 날마다 더더욱 어려워져 무엇인가에 의지해 일어날 힘도 없습니다. 온 식구가 오랫동안 예상(翳桑, 옛날 책에 나오는 지명)의 굶주림을 겪고 있는지라, 제 머리카락도 갑자기 반이나 희어졌습니다. 이 사람이 도대체 누구란 말입니까?
고향 집의 궁핍함이 눈앞에 아른거려 속이 탑니다.
제 아들을 만나시거든 이렇게 지낸다는 이야기를 꼭 전해주시기 바랍니다.

다 쓰지 못하고 이만 줄입니다.

원균 올림

4.2 원균의 편지 - 해제와 분석

편지의 수신자가 사는 곳 고양동(高陽洞)은 어디일까?

고양동이란 지명은 전라도 여수현, 충청도 공주부에 있다. 그러나 원균의 고향 진위현에서 매우 가까운 경기도 수원도호부(水原都護府)에도 고양동이 있었다. 예컨대 조선 후기에 편찬한 《《계구암집(戒懼菴集)》》(윤형로(尹衡老)의 문집)을 보면, 〈연보〉에서 확인되는 바이다. 문집의 저자 윤형로는 "정조 임인년(1782)에 졸하였다. 수원(水原) 고양동(高陽洞)에 장사 지냈다."라고 했다.

그런데 수원의 지명을 다룬 여러 읍지에는 "고양동"이 보이지 않는다. 하지만 장용영(壯勇營) 외영(外營)에 관한 다음의 기록에서 고양동이란 지명이 확인된다.

> "… 또 (수원의) 팔달위(八達衛) 서쪽으로는 평야가 아득히 펼쳐져 있고 사잇길이 이리저리 교차하고 있는데, 숙지산(孰知山) 돈대와 고양동(高陽洞) 둔사(屯舍) 뒤쪽 언덕의 돈대는 요해지(要害地)로서 모두 관방(關防)에 합당하니, 남쪽 수구(水口) 및 구산(龜山)의 돈대와 아울러 동돈(東墩)의 규례에 따라 장졸(將卒)을 배치하여 경계하게 함으로써 서성(西城)의 노대(弩臺)까지 차례차례 연결되도록 할 것이다."1

위 인용문에서 말한 "팔달위"는 수원성의 남쪽을 방어하는 부대였다. 원균의 고향 진위의 현감이 그 "위장"을 겸하였다.

> "… 5개 읍의 수령을 위장(衛將)이라 칭하고 각기 성 지키는 데 예속시켰는데, 용인은 창룡위(蒼龍衛), 진위는 팔달위(八達衛), 안산은 화서위(華西衛) …"2

그럼 수원 고양동의 위치는 정확히 어디일까? 〈일성록〉에서 언급한 숙지산이 어디인지 우선 알아보아야 한다. 문맥으로 보아 숙지산과 고양동은 거리가 멀지 않은 곳으로 보이기 때문이다. 숙지산의 위치를 찾는 것이 중요하다.

다행히 숙지산은 지도에도 표시되어 있다. 숙지산(熟知山, 옛지명은 孰知山)은 현재 수원시 화서동에 있다. 해발 124m의 산으로, 화서문에서 약 1km가량 떨어져 있다. 화서동의 옛 지명은 공석면(空石面)인데 돌이 많아서 화성 축조의 공사를 총괄한 채제공이 왕에게 보고했다. 숙지산과 팔달산 곳곳에는 지금까지도 돌을 뜬 흔적이 남아 있다. 돌을 뜨는 자리를 조선시대에는 부석소(浮石所)라고 했다. 팔달산 1군데, 숙지산 2군데, 여기산 2군데, 권동(앵벌산으로 추정) 1군데가 설치되었으며, 거기서 화성을 짓기 위해 캐낸 돌은 팔달산 13,900덩어리, 숙지산 81,100덩어리, 여기산 62,400덩어리, 권동 32,000덩어리 등 총 189,400덩어리(사용된 양은 187,600개)였다. 여기서 보듯 화성 일대에서 가장 큰 채석장이 있던 곳이 숙지산이다.

지도에서 살펴보면 숙지산의 바로 남쪽에 현재의 "고등동"이 자리한다. 이곳이 바로 원균의 편지를 수신한 친구가 살았던 "고양동"이다.

---

1 《일성록(日省錄)》, 정조 22년(1798) 무오 10월 19일.
2 《홍재전서(弘齋全書)》, 제13권, 서인(序引) 6, 〈익정공주고군려류서(翼靖公奏藁軍旅類叙)〉, 경신년(1800).

그런데 오늘날 고등동 사무소에서는 지명 유래를 다음과 같이 설명한다. 다소 장황하지만 원문을 그대로 인용하겠다.

"고등동은 본래 수원부 지역으로 1796년 화성 축성 이후 수원군 남부면 속하였다. 1899년 발간된 『수원군읍지』를 보면, '고등촌면(高等村面)'이라 표기되어 있다. 1914년 4월 1일 일제에 의한 수원군의 동리 명칭 및 구역 변경 때, 고등촌이란 명칭을 '고등리(高等里)'로 바꾸어 일형면 관할 하에 두었다. 그리고 1936년 10월 1일 조선 총독부령 제94호에 의하여 수원읍이 확장될 때 수원읍으로 편입되었는데, 이때 '고등정(高等町)'이란 일본식 명칭으로 불리게 되었다. 해방 후인 1949년 8월 15일 수원읍 지역이 수원시로 승격되면서, 이 지역의 명칭도 일본식 이름을 버리고 고등동으로 바뀌게 되었다. 이후 1963년 1월 1일 동 통합 때 화서동과 함께 고화동(高華洞) 관할이 되었다가, 1978년 11월 수원시 조례 제838호에 의하여 고화동이 고등동과 화서동으로 분동됨에 따라 독립적인 동으로서 오늘에 이르고 있다.
고등동은 팔달구에 속하는 10개의 행정동 중의 하나로, 동 면적은 1997년 12월 31일 현재 1.01㎢이다. '고등(高等)'이라는 동 이름은 <u>고려시대에 이곳이 고등촌처(高等村處)였으므로, 고등촌(高等村)이라 불리던 것을 이어받은 것이라 전해진다.</u>
또한 고등동 지역은 수원 화성 팔달산에 있는 화성장대(서장대)에서 서쪽으로 내려다볼때 서둔과 축만제(서호)를 지킬 수 있는 정탐과 수비가 용이한, 생김새가 고래의 등처럼 높게 보여 이곳에서 능히 적을 살피고 기다릴 수 있는 적대라 여겨 높을高 기다릴等을 써서 고등이라 이름 붙여졌다고도 한다."3

요컨대 원균과 편지를 교류한 이는 곧 수원도호부 고양동, 즉 현재의 수원시 고등동에 살고 있었다.

고양동에 살던 편지의 수신인은 누구였을까?

원균이 수원에 사는 지인, 즉 친구에게 편지를 보냈다면 수신인이 누구일까? 원균과 인연이 깊은 인물이었을 것이다. 위의 사진(편지)에는 친척임을 암시하는 구절이 없으므로, 가까운 친족일 가능성은 일단 배제한다. 그는 아마도 원균과 마찬가지로 무과에 급제한 수원 출신으로, 집안이 좋은 인물, 또는 그 자신도 관직을 지낸 인물, 요

---

3 https://paldal.suwon.go.kr/submain_view.asp?menuid=sub130202 2025년 6월 2일 검색.

컨대 상당한 지체가 있는 사람이라고 보아야 한다.

참고로 원균이 무과에 급제한 것은 선조 즉위년(1567)이었다. 그의 이름이 나오는 방목은 융경1년 정묘(선조 즉위년) 11월 초2일 문무잡과 복시방목(隆慶元年丁卯十一月初二日文武雜科覆試榜目)』이다.4

원균과 동년배로 수원에 거주한 무관(무사)는 누가 있었을까? 원균이 1540년생이었음을 고려해 그보다 5~6년 선후배 가운데서 적절한 인물을 찾아보자. 우선 원균과 같은 시험에 합격한 사람, 즉 동방(同榜) 가운데 수원 출신이 있었을까? 한 사람도 없는 것으로 확인되었다.

그러면 원균보다 5~6살 연상 또는 연하인 무과 급제자 중에는 수원 출신이 몇이나 될까? 현전하는 모든 방목을 조사한 결과 다음의 네 명이 발견되었다. 무과에 급제한 연도순으로 차례로 소개하겠다.

가. 박희현(朴希賢) [무과] 명종(明宗) 19년(1564) 갑자(甲子) 식년시(式年試) 병과(丙科) 9위(17/28)

자(字) : 언선(彦善)
생년 : 을미(乙未) 1535년 (중종 30)
연령 : 30세
본관 : 영해(寧海)
거주지 : 수원(水原)
전력 : 보인(保人)
부모구존 : 자시하(慈侍下)

[부(父)] 성명 : 박보(朴葆), 관직 : 충순위(忠順衛)
[안항(鴈行)] 형(兄) : 박희천(朴希天), 형(兄) : 박희성(朴希聖)5

나. 최몽린(崔夢麟) [무과] 선조(宣祖) 5년(1572) 임신(壬申) 별시2(別試2) 병과(丙科) 2위(17/52)

자(字) : 상백(祥伯)

---

4 방목은 국립중앙도서관(청구기호: 古6024-217)에 소장되어 있다. 선조(宣祖) 즉위년(1567) 정묘(丁卯) 식년시(式年試)에서 원균은 을과(乙科) 2위(5/280)로 합격하였다. 매우 우수한 성적이었다.
5 『가정43년갑자9월초4일문무잡과방목(嘉靖四十三年甲子九月初四日文武雜科榜目)』(『국초문과방목(國初文科榜目)』, 충남대학교 도서관[고서 史記錄類 179])

생년 : 임인(壬寅) 1542년 (중종 37)
연령 : 31세
본관 : 수원(水原)
거주지 : 수원(水原)
전력 : 보인(保人)
부모구존 : 자시하(慈侍下)
[부(父)] 성명 : 최균(崔均) 관직 : 학생(學生)
[안항(鴈行)] 제(弟) : 최몽서(崔夢瑞)6

다. 최용(崔溶) [무과] 선조(宣祖) 5년(1572) 임신(壬申) 별시2(別試2) 병과(丙科) 16위(31/52)

자(字) : 거원(巨源)
생년 : 병오(丙午) 1546년 (명종 1)
연령 : 27세
본관 : 수원(水原)
거주지 : 수원(水原)
전력 : 충순위(忠順衛)
부모구존 : 자시하(慈侍下)
[부(父)] 성명 : 최수장(崔壽長) 품계 : 통훈대부(通訓大夫) 관직 : 종성판관(鍾城判官)
[안항(鴈行)] 제(弟) : 최호(崔顥)7

라. 소눌(蘇訥) [무과] 선조(宣祖) 9년(1576) 병자(丙子) 중시(重試) 병과(丙科) 23위(27/38)

자(字) : 근부(謹夫)
생년 : 갑오(甲午) 1534년 (중종 29)
연령 : 43세
본관 : 진주(晉州)
거주지 : 수원(水原)
전력 : 전경산현령(前慶山縣令)

---

6 [출전] 『융경6년임신12월초2일문무과별시[방목](隆慶六年壬申十二月初二日文武科別試[榜目])』(하버드옌칭도서관 (Harvard-Yenching Library)[TK 2291.7 1746(1564a)])
7 [출전] 『융경6년임신12월초2일문무과별시[방목](隆慶六年壬申十二月初二日文武科別試[榜目])』(하버드옌칭도서관 (Harvard-Yenching Library)[TK 2291.7 1746(1564a)])

무과규구 : 과녁 5시10순 취10분이상(貫革五矢十巡取十分以上)
부모구존 : 구경하(具慶下)
[부(父)] 성명 : 소극관(蘇克寬) 품계 : 통정대부(通政大夫)
[안항(鴈行)] 형(兄) : 소전(蘇詮), 형(兄) : 소흔(蘇訢), 제(弟) : 소열(蘇說)[8]

위에 소개한 네 명의 무사는 원균과 알고 지냈다고 보아도 무리가 없다. 그중에서도 원균과 특히 가깝게 지냈을 법한 인물은 누구일까? 그의 후배인 최용과 선배인 소눌 2인이라고 하겠다. 최용의 부친은 종성판관을 지냈으므로, 생전에 절도사를 지낸 원균의 아버지 원평군 원준량과 친숙한 사이였다고 믿어도 좋다. 원균과 최용은 적어도 2대 이상의 세연(世緣)이 있다.

또, 소눌은 그 자신이 경상도 경산 현령을 지냈는데, 원균의 고향 진위에는 소눌의 친족인 진주소씨가 많이 살았다. 게다가 원균의 친족 중에는 진주소씨와 결혼한 이가 매우 많아 서로 혼반(婚班)이었다. 그러므로 소눌이야말로 원균과 가장 친밀하게 지냈을 것으로 보아도 무리는 아니라고 본다.

요컨대 원균이 수원에 있는 지인에게 편지를 보냈다면, 수신자일 확률이 가장 높은 이는 경산현령을 지낸 소눌과 종성판관의 아들인 최용이다. 이번에 발견된 편지도 위 2명의 무인 가운데 하나일 가능성이 있다.

편지의 원문과 해설[9]

원문: 고양동에 답장 올립니다(高陽洞 回納)
해설: 고양동은 현재의 수원시 고등동에 있는 마을이다. 아마도 원균은 자신과 같은 무관이자 나이가 엇비슷한 소눌(蘇訥, 전직 경산현감) 또는 최용(崔溶, 종성판관 최수장의 아들) 가운데 한 사람이었을 것으로 보인다.

원문: 오랫동안 내리던 비가 조금 뜸해지자 장마철 무더위가 기승을 부립니다. (積雨小寂 潦暑逾/肆)
해설: 한국의 장마철은 대체로 6월 중순부터 7월 중순까지이다. 그런 점에서 이 편지는 음력 6월(양력 7월)에 쓴 것으로 추정된다.

원문: 우러르고 그리워하는 마음 간절하던 차에 정이 듬뿍 담긴 편지가 도착했

---

8 [출전] 『만력4년병자추문무과중시방목(萬曆四年丙子秋文武科重試榜目)』(한국국학진흥원[예천 진성이씨 백송파(白松派[李宏]) 종중])
9 이 편지의 탈초(脫草)와 번역 과정에서 결정적인 도움을 준 "호남한국학진흥원(원장: 홍영기)"의 김성희 연구위원에게 깊은 감사의 뜻을 표한다.

습니다. (此時詹頴 益勞方寸/ 情訊到手)
해설: 이 편지의 수신자와 원균은 가끔 소식을 주고받는 사이였다고 짐작된다. 16세기 후반에 가끔 소식을 주고받는다는 것은 예삿일이 아니다.

원문: 긴 여름철에 큰 탈 없이 지내신다고 하니 이 얼마나 다행한 일입니까. (就審/氣體 閱得長夏不至/大損 豈不壯哉)
해설: 수원 고양동에서 원균에게 온 편지는 크게 보아 안부 편지였다고 짐작된다.

원문: 하룻밤 앓으신 감기쯤은 걱정하지 않아도 되겠지요. (但一夜患/感 未足仰慮)
해설: 여름 감기를 잠시 앓았다는 이야기가 고양동에서 온 서신에 포함되어 있었음을 짐작할 수 있다.

원문: 저의 처지는 날마다 더더욱 어려워져 무엇인가에 의지해 일어날 힘도 없습니다. (弟狀日益/摧陷 無以攀援自力中)
해설: 이 구절은 당사자인 원균의 처지가 매우 어려웠음을 알려준다. 원균이 이처럼 큰 위기에 빠진 적은 언제였을까? 선조 24년(1591)에 전라좌도수군절도사에 임명했으나 대간의 반대로 취임하지 못하였다는 기록이 주목된다. (《실록》, 선조 24년 2월 4일) 그보다 한 해 전인 선조 23년(1590)에 종성부사 원균은 고과(考課) 성적이 좋지 않았고, 그 때문에 대간은 원균이 종성부사에서 전라좌수사로 승진하는 것을 반대했다. 선조 24년 여름에는 원균이 실의에 빠져 있었을 것이 당연한 이치이다. 그 후 선조 25년(1592) 2월에 원균은 경상우수사로 발령되어 임지로 내려갔다.
그러면 이 편지는 선조 24년 음력 6월경에 쓴 것으로 볼 수 있다. 그 당시 원균은 종성부사를 그만두고 서울로 돌아와 경제(京第, 서울집)가 있던 건천동(현 서울시 중구 인현동)에서 가족과 함께 살았던 것이 분명하다. 즉 선조 24년 6월, 원균이 수사 발령을 받지 못한 채 우울하게 서울에서 지낼 때 쓴 편지이다. 당시 그의 나이는 우리 나이로 52세였다(만 51세).

원문: 온 식구가 오랫동안 예상(翳桑, 옛날 책에 나오는 지명)의 굶주림을 겪고 있는지라, 제 머리카락도 갑자기 반이나 희어졌습니다. (渾眷久在翳桑 頭髮/忽成半白)
해설: 문자 그대로 오랫동안 굶었을 리는 없으나 벼슬이 없는 상태여서 상당히 곤궁하게 지냈다는 뜻으로 보면 좋겠다.

원문: 이 사람이 도대체 누구란 말입니까? (此何人斯)
해설: 자신의 처지가 갑자기 불우해진 점을 한탄한 것으로 볼 수 있다.

원문: 고향 집의 궁핍함이 눈앞에 아른거려 속이 탑니다. (鄕室/飢乏 如在目擊 尤以是/焦心而已)

해설: 원균의 고향 진위에는 적지 않은 전답이 있었다. 그러나 선조 24년 여름에는 보리농사가 되지 않았고, 그 전해 가을에 거둔 나락도 춘궁기를 지나는 중에 소진되어 남은 것이 거의 없었다. 그래서 서울 건천동에 사는 식구든 진위 여좌동(현 평택시 도일동)에 사는 식구든 모두 고생이 컸다는 뜻이다.

원문: 제 아들을 만나시거든 이렇게 지낸다는 이야기를 꼭 전해주시기 바랍니다. (若逢吾兒 傳此/遣之狀 如何)

해설: 원균의 아들 원사웅(元士雄)은 1575년생이다. 원균이 이 편지를 쓸 당시에 우리 나이로 17세였다. (만 16세) 이미 장가들어서 처가에서 생활하고 있었던 것 같은데, 처가가 수원에 있었던 것으로 짐작된다. 그의 장인은 만호를 지낸 구삼락(具三樂, 능성구씨)이다. 원사웅의 처가는 꽤 부유했던 모양으로, 아버지 원균의 절박한 사정을 알면 도울 방법이 있었을 것이다.

원문: 다 쓰지 못하고 이만 줄입니다. (餘留不備)

원문: 원균 올림(元均 頓)

원균의 편지에서 확인된 사실

우리는 원균의 편지를 분석함으로써 다음의 다섯 가지 사실을 확인하였다.

첫째, 원균의 편지는 수원도호부 고양동에 사는 절친에게 답장으로 보낸 것이다. 절친은 이름은 아마도 소눌 또는 최용이었을 가능성이 크다.

둘째, 이 편지를 쓴 시점은 선조 24년(1591) 음력 6월로 짐작된다. 그 당시 원균은 함경도 종성부사를 그만두고 서울 건천동에 와서 머물고 있었다. 그런데 대간의 반대로 말미암아 전라좌수사에 취임하지 못하고, 관직을 잃은 상태로 애를 태우며 지냈다.

셋째, 선조 23년에는 가을에 경기도의 벼의 작황이 좋지 않았으며, 그 이듬해인 선조 24년 여름에는 보리도 제대로 수확하지 못했다. 그래서 서울에 사는 사람이나 시골에 사는 사람이나 모두 연명하기 어려웠다.

넷째, 당시에 원균의 아들 원사웅은 이미 장가들어 처가인 능성구씨 집안에 동거하고 있었다. 아버지 원균은 사돈인 구씨의 사정이 자신보다 훨씬 나은 것으로 짐작하고, 수원 고양동에 사는 친구를 통해 아들에게 자신의 처지를 알리고자 했다.

다섯째, 원균은 유교적 교양이 높은 명가(名家)자제로 한문에 능통했다. 그는 자신이 말하고자 하는 바를 간단명료하면서도 격조 높은 문학적 표현으로 서술할 줄 아는 선비이자 무사였다.

5. 동아시아의 주요사건 연표

1543년 포르투갈인이 일본 다네가섬(種子島)에 표착해 신무기인 총을 전파
1544년 조선 인종 즉위, 사량진에서 왜변 일어남
1545년 조선 명종 즉위, 을사사화
1547년 일본과 조선의 '정미약조'
1549년 F.자비에르 신부, 일본 가고시마(鹿兒島)에 상륙해 천주교를 포교
1550년 몽골의 알탄 칸, 중국 베이징(北京)을 포위(庚戌의 변).
1555년 일본인, 조선에서 '을묘왜변'을 일으키고 중국의 난징(南京)도 위협해
1562년 일본인, 중국의 싱화(興化)를 점령; 일본은 포르투갈에 개항
1563년 척계광(戚繼光) 등이 싱화를 회복
1565년 중국 쓰촨(四川)에서 백련교도(白蓮敎徒)의 난
1567년 조선 선조 즉위
1569년 알탄 칸의 티베트원정
1571년 명(明)나라, 알탄 칸을 순의왕(順義王)에 책봉
1572년 신종(神宗) 만력제(萬曆帝) 즉위(~1620).
1573년 명나라 장거정(張居正)의 개혁; 일본 무로마치 막부(室町幕府) 멸망
1575년 조선 사림의 동-서 분당
1578년 중국, 포르투갈과 광둥(廣東)에서 무역(~1640).
1582년 마테오리치 신부 광둥에 상륙; 알탄 칸 사망
1587년 마테오리치 난징 진출; 도요토미 히데요시(豊臣秀吉)의 천주교 금지령
1587년 히데요시, 조선에 서한 보내
1588년 히데요시, 조선에 사신 보냄
1588년 후금의 누르하치, 건주(建州)를 통일
1589년 '기축옥사'(정여립의 난)
1590년 히데요시, 일본을 재통일; 조선, 일본에 사신 파견
1591년 조선 사신의 귀국; 이순신, 전라좌수사에 임명; 명나라 해안경비 강화
1592년 원균, 경상우수사 임명, 히데요시, 임진왜란 일으킴(4월 13일)
1592년 4월 13일 ~ 4월 15일 다대포전투
1592년 4월 14일 부산진전투
1592년 4월 15일 동래성전투
1592년 4월 17일 ~ 4월 28일 경상도 및 충청도 함락
1592년 4월 25일 상주전투
1592년 4월 28일 충주 탄금대전투
1592년 4월 28일 선조, 피난하기로 결정
1592년 4월 30일 선조, 한양 출발

1592년 5월 2일 한강전투
1592년 5월 7일 옥포 및 합포해전
1592년 5월 8일 적진포해전
1592년 5월 18일 임진강전투
1592년 5월 26일 정암진전투
1592년 5월 29일 사천해전
1592년 6월 2일 당포해전 - 가덕해전이라 기술한 곳도 있음
1592년 6월 5일 제1차 당항포해전, 용인전투
1592년 6월 6일 율포해전, 무계전투
1592년 6월 10일 여주전투
1592년 6월 15일 제1차 평양성전투
1592년 6월 22일 선조, 명나라로 망명하려고 사신 보냄 - 망명하지 않음
1592년 6월 27일 임진강전투
1592년 7월 7일 웅치전투
1592년 7월 8일 이치전투
1592년 7월 8일 한산대첩
1592년 7월 9일 제1차 금산전투
1592년 7월 10일 안골포해전
1592년 7월 10일 우척현전투
1592년 7월 17일 제2차 평양성전투
1592년 7월 18일 해정창전투
1592년 7월 24일 ~ 7월 27일 영천성전투
1592년 7월 29일 지례전투
1592년 8월 1일 제3차 평양성전투
1592년 8월 1일 청주전투
1592년 8월 1일 사천•고성•창원 공방전
1592년 8월 2일 제1차 경주전투
1592년 8월 18일 제2차 금산전투
1592년 8월 25일 영원산성 전투
1592년 8월 29일 부산포해전
1592년 9월 1일 화준구미해전
1592년 9월 1일 다대포, 서평도, 절영도, 초량목 및 부산포해전
1592년 9월 2일 연안전투
1592년 9월 8일 제2차 경주전투
1592년 9월 16일 ~ 1593년 1월 28일 북관대첩
1592년 9월 27일 창원전투

1592년 10월 10일 제1차 진주성전투
1592년 12월 11일 독성산성전투
1593년 1월 9일 제4차 평양성전투
1593년 1월 15일 성주성전투
1593년 1월 27일 벽제관전투
1593년 2월 10일 ~ 3월 6일 웅포해전
1593년 2월 12일 행주대첩
1593년 4월 일본군, 남쪽으로 철수해 서생포부터 웅천까지 성을 쌓음
1593년 6월 29일 제2차 진주성전투
1593년 8월 이순신, 삼도수군통제사에 임명
1593년 8월 명나라, 일본군에 휴전협상 제의해 이후 3년 동안 휴전
1593년 8월 선조, 의주에서 몇 차례 남하했다가 다시 의주 근처로 올라감
1593년 10월 3일 선조, 한성부 정릉동 행궁에 도착
1594년 3월 4일 제2차 당항포해전
1594년 10월 1일 영등포해전
1594년 10월 4일 장문포해전
1594년 겨울, 명나라 군대 조선에서 철수
1595년 일본 나가사키, 천주교 신자 순교
1595년 8월 1일 이원익, 도체찰사(우의정 겸 강원, 충청, 전라, 경상)
1596년 가을, 명나라와 일본의 평화협상 결렬.
1597년 봄, 가토 기요마사, 김해 죽도에 상륙; 고니시 유키나가 부산포 상륙
1597년 2월 통제사, 이순신에서 원균으로 교체
1597년 3월 9일 기문포해전
1597년 여름, 명나라 장수 양원(楊元) 조선에 도착
1597년 6월 19일 가덕도와 안골포해전
1597년 7월 16일 통제사 원균, 수사 이억기 및 최호 순국(이른바 '칠천량 사태')
1597년 여름, 일본군 141,500명의 침략전쟁 재발
1597년 8월 15일 고령전투
1597년 8월 16일 남원, 황석산성전투
1597년 8월 27일 어란포해전
1597년 8월 19일 일본군, 전주성 점령
1597년 9월 7일 직산전투
1597년 9월 7일 벽파진해전
1597년 9월 16일 명량해전
1597년 9월 22일 석주관전투
1597년 12월 24일 ~ 1598년 1월 초순 제1차 울산성전투

1598년 7월 28일 히데요시, 일본군의 귀환을 명령
1598년 7월 19일 절이도해전
1598년 8월 18일 히데요시 사망
1598년 9월 20일 ~ 10월 7일 순천 왜교성전투
1598년 9월 21일 제2차 울산성전투
1598년 9월 28일 사천성전투
1598년 11월 19일 노량해전
1598년 11월 21일 남해왜성 소탕전
1599년 왜란의 종식
1600년 영국, 동인도(東印度)회사 설립
1601년 마테오리치 베이징(北京) 진출
1602년 네덜란드, 동인도회사 설립; 마테오리치, 《곤여만국전도(坤輿萬國全圖)》 완성
1603년 에도막부(江戶幕府) 시작(~1867)
1608년 광해군 즉위; 경기도에 대동법 시행
1609년 조선과 일본, '기유약조' 체결
1609년 네덜란드, 일본에 상관(商館) 설치
1611년 명나라에서 당쟁 격화
1612년 일본, 천주교를 금지
1613년 일본, 영국과 통상
1616년 누르하치, 후금(後金 - 청나라)을 부흥
1618년 누르하치, 명나라 정복 전쟁 시작; 일본, 무역제도 정비
1619년 누르하치, 사루후전투에서 명나라 대파
1621년 네덜란드, 나가사키 상관을 강화
1622년 산둥(山東)에서 백련교도의 난; 네덜란드, 마카오를 공격
1623년 인조반정
1624년 이괄의 난
1624년 네덜란드, 타이완 점령(~1661)
1627년 명나라 의종(毅宗) 숭정제(崇禎帝) 즉위(~1644).
1627년 정묘호란
1636년 병자호란
1636년 후금, 국호를 청(淸)으로 바꿈; 일본, 나가사키의 데지마(出島)를 서양에 개방
1639년 일본, 쇄국령(鎖國令) 내려 포르투갈인의 입국 금지
1644년 명(明)나라 멸망; 청(淸)나라가 중국을 통치
1645년 청나라, 난징(南京) 점령; 한인(漢人)에 변발령(卞髮令)

6. 원균 연보(1540~1597)

중종 35년(1540) 1월 5일 증 영의정 행 경상도병마절도사 원준량과 증 정경부인 남원 양씨의 장남으로 출생
명종 17년(1562) 23세 파평윤씨(1547~1642)와 결혼(추정)
명종 22년(1567) 28세 식년시 무과에 을과 2위로 급제
명종 22년(1567) 28세 모친 증 정경부인 남원양씨 작고 - 〈방목〉
선조 5년 (1570) 31세 선전관 - 〈원균 행장〉;《실록》; 윤휴의 〈제장전〉(윤두수와 이산해의 후원)
선조 9년(1575)경 36세 경상우도 거제현령(巨濟縣令, 종5품) - 〈거제읍지〉
선조 10년(1576) 37세 함경도 조산보만호(造山堡萬戶, 종4품), - 〈행장〉;《실록》(어사(御史) 성낙(成洛)이 장계하여 포장(褒奬))
선조 16년(1583) 44세 니탕개의 난에 공을 세워 부령부사(富寧府使)로 특임 - 〈행장〉;《실록》(선조가 그때부터 공의 명성을 알았음)
선조 21년(1588) 49세 종성부사(鐘城府使)로 북병사 이일(李鎰)과 함께 여진족 시전부락(時錢部落)을 정벌 -《실록》("일만 군사가 눈앞에 있더라도 과감하게 돌진하려는 의지가 있고, 부대 운영도 소박하고 진실하였다"라는 조인득의 증언)
선조 24년(1591) 52세 전라좌도수군절도사에 임명; 대간의 반대로 취임하지 못함 -《실록》
선조 24년(1591) 52세 여름 한양에서 수원에 사는 친지에게 자신의 딱한 사정을 기록한 편지를 보냄(부록 4. 원균의 편지 참조)
선조 25년(1592) 2월 53세 경상우도수군절도사에 임명 -《실록》; 관할구역은 8관 16포(하동, 곤양, 남해, 사천, 고성, 진해, 거제, 웅천 등 8관과 가덕진, 천성포, 제포, 안골포, 영등포, 율포, 옥포, 조라포, 지세포, 가배량, 당포, 사량, 소비포, 적량, 미조항, 평산포 등 16포), 보유한 판옥선은 19척
선조 25년(1592) 4월 13일 53세 임진왜란 발생(고니시의 제1군 1만 8,700명이 90여 척에 분승)
선조 25년 4월 15일경 53세 원균, 이순신에게 연합함대 편성 제안
선조 25년 4월 19일 53세 일본군, 김해성 점령
선조 25년 4월 53세 왜선 10척 불태우고 가덕도와 곤양 등에서 승리
선조 25년 4월 53세 원균의 부장 강덕룡, 진주에서 모병 활동
선조 25년 4월 20일경 53세 원균, "각 포구의 수군을 이끌고 바다로 나가 군사의 위세를 뽐내고 적선을 엄습"(좌부승지의 〈서장〉)
선조 25년 4월 53세 원균, 진주성 바깥 바다를 방어; 적선 30척 물리쳐 -《실록》
선조 25년 4월 말 53세 거제도의 경상우수영 파괴; 이순신의 남해현 방화사건
선조 25년 4월 30일 53세 선조의 피란 시작

선조 25년 5월 6일 53세 원균, 이순신과 연합함대 구성
선조 25년 5월 7일 53세 옥포해전 승리; 원균의 부장 옥포만호 이운룡과 영등포만호 우치적 등 선봉대로 왜선 30여 척 격파, 노량해전에서 왜선 30여 척을 불태움 《거제군읍지(巨濟郡邑誌)》,〈고적(古蹟)〉) 이하는 이순신과 공동 승리
선조 25년 5월 7일 53세 합포해전 승리
선조 25년 5월 8일 53세 적진포해전 승리
선조 25년 5월 12일 53세 거제현 일시 함락; 그해 5월 9일 김수, 현령 김준민을 진주로 데려감
선조 25년 5월 29일 53세 사천해전 승리
선조 25년 6월 2일 53세 당포해전 승리 – 일부 기록에는 가덕해전이라고 표기함
선조 25년 6월 4일 53세 전라우수사 이억기 수군 연합함대에 합류
선조 25년 6월 5일 53세 당항포에서 승리 – 제1차 당항포해전
선조 25년 6월 6일 53세 율포해전 승리
선조 25년 6월 11일 53세 선조, 평양 출발해 결국 박천에 도착
선조 25년 6월 17일 53세 가토 기요마사, 함경도에서 임해군과 순화군을 사로잡음
선조 25년 7월 6일 53세 원균, 파손된 판옥선 7척 수리
선조 25년 7월 7일~8일 53세 한산대첩(와키사카 야스하루(脇坂安治) 등과 대결)
선조 25년 7월 10일 53세 안골포해전 승리
선조 25년 8월 29일 53세 장림포/부산포해전 승리
선조 25년 9월 1일 53세 화준구미해전 승리
선조 25년 9월 1일 53세 다대포해전 승리
선조 25년 9월 1일 53세 서평도해전 승리
선조 25년 9월 1일 53세 절영도해전 승리
선조 25년 9월 1일 53세 초량목해전 승리
선조 25년 9월 1일 53세 부산포해전; 전라좌도 녹도만호 정운 순국
선조 26년(1593) 2월 10일 ~ 3월 6일 54세 웅포해전 승리
선조 26년 2월부터 54세 이순신과 불화 심해짐
선조 26년 6월 29일 54세 일본군이 진주성 점령
선조 26년 7월 중순 54세 거제도가 적군에 점령됨 –《실록》
선조 26년 8월 54세 이순신, 삼도수군통제사에 임명(종사관 정경달)
선조 26년 8월 54세 원균, 25척의 판옥선 거느림 –《난중일기》
선조 27년(1594) 3월 4일 55세 제2차 당항포해전 승리; 전라좌우도와 대등한 군사력 (각기 40척)
선조 27년 10월 1일 55세 영등포해전 승리
선조 27년 10월 4일 55세 장문포 수륙 합동작전
선조 27년 12월 1일 55세 원균, 충청도병마절도사(종2품)로 승진

선조 28년(1595) 2월 27일 56세 경상우수영을 신임 수사 배설에 인계 - 《난중일기》
선조 28년 4월 56세 선조, 원균에게 내구마 2필 하사
선조 28년 56세 청주의 상당산성 수축
선조 29년(1596) 8월 4일 57세 원균, 전라도병마절도사에 임명 - 《실록》
선조 29년 57세 일본군, 판옥선 제작 - 이운룡의 보고
선조 30년(1597) 1월 58세 왜군의 재침(총 14만 1,500명)
선조 30년 1월 28일 58세 경상우도수군절도사 겸 경상도통제사 - 《실록》
선조 30년 2월 8일 58세 원균, 좌도(경상) 통제사겸 경상우수사에 부임. 2월 23일 경에는 전라좌수사 겸 삼도수군통제사에 부임 - 《실록》
선조 30년 2월 10일 58세 이순신, 김응서와 함께 부산포 출전 - 《실록》("안골포만호 우수가 노를 빨리 저어 달려가서 이순신을 등에 업어 어렵게 우수의 배로 옮겼고 이순신이 탔던 배는 선미에 연결하여 간신히 안골포로 끌어왔다.")
선조 30년 3월 9일 58세 기문포해전 승리, 적군 200명 몰살, 고성현령 조응도 순국 - 《실록》
선조 30년 3월 58세 이순신 나흘간 투옥 후 '백의종군'
선조 30년 4월 58세 19일 원균, 수군과 육군의 동시 출병을 건의
선조 30년 6월까지 58세 원균, 판옥선 80척가량 건조해 전투력 증강 - 《실록》
선조 30년 6월 4일 58세 이순신, 경상우도 합천(초계) 도원수부에 도착
선조 30년 6월 18일 58세 원균, 100여 척 이끌고 부산포로 출동
선조 30년 6월 19일 58세 안골포해전 승리(2척 포획); 가덕해전 승리(8척 포획); 회항 중 안골포에서 보성군수 안홍국 순국
선조 30년 7월 7일 58세 군관 박영남, 통제사 원균 대신 도원수에게 벌 받음 - 《난중일기》
선조 30년 7월 8일 ~ 7월 9일 58세 전라우수사 이억기, 적선 추격하다가 12척 표류 - 《난중일기》, 〈행장〉, 《난중잡록》
선조 30년 7월 14일 ~ 7월 15일 58세 90척 거느리고 부산 앞바다 진출했다가 고성 춘원포로 회항 - 《실록》
선조 30년 7월 16일 58세 원균, 춘원포에서 순국; 왜란 후 진위로 이장 - 〈행장〉
선조 30년 8월 15일 58세 고령전투로 정유재란 본격화
선조 37년(1604년) 10월 65세 원균, 이순신 및 권율과 함께 '선무공신' 제1등에 책봉; 의정부 좌찬성 추증; 원릉군에 책봉 - 〈선무공신교서〉; 《실록》
인조 20년(1642) 배우자 파평윤씨 작고(향년 96세)

"왜선을 격파한 것이 130척이요, 적을 벤 것이 수백 명이며, 물에 빠뜨려 죽은 자는 모두 셀 수 없다. 그밖에 장졸(將卒)의 머리를 베어 (조정에) 바친 것이 237개였

다."(원균을 선무공신에 책봉하는 〈교서〉) 〈끝〉

[참고문헌]

가. 연구자료

《경국대전(經國大典)》
《국조인물고(國朝人物考)》
《대동야승(大東野乘)》
《만기요람(萬機要覽)》
《보성군읍지(寶城郡邑誌)》
《상장등록(喪葬謄錄)》, 숙종 13년(1687, 정묘).
《승정원일기(承政院日記)》
《여지도서(輿地圖書)》
《응천일록 1(凝川日錄一)》
《장성군 읍지(長城郡邑誌)》
《조선왕조실록》
〈원균 선무공신교서〉
〈원균 무과 방목〉, 명종 22년(1567).
〈원연 진사방목〉, 명종 22년(1567).
《원주 원씨 족보》, 영조 16년(1740).
〈원준량 무과 중시 방목〉, 명종 1년(1546)
〈원지(元墀) 무과중시 방목〉, 선조 9년(1576).
〈이순신 선무공신교서〉
강덕룡(姜德龍), 《매촌 강덕룡 실기(梅村 姜德龍 實記)》, 진주, 임계정, 1979.
김간, 〈원균 행장〉, 18세기.
김육(金堉), 《잠곡유고(潛谷遺稿)》
김장생(金長生), 《사계전서(沙溪全書)》
남구만(南九萬), 《약천집(藥泉集)》
박규수(朴珪壽), 《환재집(瓛齋集)》
박동량(朴東亮), 《기재사초(寄齋史草)》
성여신(成汝信), 《부사집(浮查集)》
성해응(成海應), 《연경재전집(研經齋全集)》

손기양(孫起陽), 《오한집(鰲漢集)》

신익전(申翊全), 《동강유집(東江遺集)》

안방준(安邦俊), 《은봉전서(隱峰全書)》

오희문(吳希文), 《쇄미록(瑣尾錄)》; 《쇄미록》, 1권, 사회평론사, 2018; 《한 권으로 읽는 쇄미록》, 사회평론아카데미, 2020.

유성룡(柳成龍), 《서애집(西厓集)》

유성룡(柳成龍), 《징비록(懲毖錄)》; 《징비록》, 장윤철 역, 스타북스, 2020.

윤근수(尹根壽), 《후광세첩(厚光世牒)》

윤휴(尹鑴), 《백호전서(白湖全書)》

이산해(李山海), 《아계유고(鵝溪遺稿)》

이순신(李舜臣), 《난중일기(亂中日記)》

이순신, 《이충무공전서(李忠武公全書)》

이식(李植), 《택당선생 별집》

이식(李植), 《택당선생집(澤堂先生集)》

이원익(李元翼), 《오리선생속집(梧里先生續集)》

이유원(李裕元), 《임하필기(林下筆記)》

이익(李瀷), 《성호사설(星湖僿說)》

이항복(李恒福), 《백사집(白沙集)》

이현일(李玄逸), 《갈암집(葛庵集)》

정경운(鄭慶雲), 《고대일록(孤臺日錄)》

정약용(丁若鏞), 《목민심서(牧民心書)》

정조(正祖), 《홍재전서(弘齋全書)》

정탁(鄭琢), 《약포집(藥圃集)》

조경남(趙慶男), 《난중잡록(亂中雜錄)》

조목(趙穆), 《월천집(月川集)》

채제공(蔡濟恭), 《번암집(樊巖集)》

한치윤(韓致奫), 《해동역사(海東繹史)》

허균(許筠), 《성소부부고(惺所覆瓿藁)》

허목(許穆), 《기언(記言)》

나. 참고문헌

강문식, 〈약포 정탁의 임진왜란 극복기,《용마무견록》〉,《선비문화》 37, 2021.
강영철, 〈임진왜란과 원균〉,《사학연구》 35, 1982.
강창규, 〈《懲毖錄》의 성립과정과 서술의 변모 -《亂後雜錄》과 초본《懲毖錄》의 비교를 중심으로 -〉,《東洋漢文學研究》 63, 2022.
김강녕, 〈임진왜란기 유성룡과 이순신의 우의와 소통〉,《이순신연구논총》 36, 2022.
김강녕, 〈임진왜란기 이덕형과 이순신의 인연과 소통〉,《이순신연구논총》 40, 2024.
김경수, 〈박동량의《기재사초》〉,《韓國史學史學報》 44, 2021.
김경수, 〈이순신의 난중일기〉,《한국사학사학보》, 제10집, 2004.
김경태, 〈《쇄미록》에 나타난 임진왜란 관련 정보의 전달 양상〉,《역사와 담론》 99, 2021.
김경태, 〈【서평】한국의 임진왜란 연구는 어디로 가야 할 것인가 - 이계황,《임진왜란 동아시아 국제전쟁》(서울, 혜안, 2023)〉,《歷史學報》 258, 2023.
김경태, 〈2000년대 이후 임진왜란 연구의 새로운 경향과 과제〉,《朝鮮時代史學報》 108, 2024.
김경태, 〈동경대학(東京大學) 사료편찬소(史料編纂所) 소장「사료고본(史料稿本)」의 임진왜란 초기 서술에 대한 비판적 검토〉,《韓國史研究》 194, 2021.
김경태, 〈임진왜란 직전 일본의 정세와 도요토미 히데요시의 전쟁 구상 - 도요토미 히데요시 발급 문서를 중심으로 -〉,《史叢》 114, 2025.
김명훈·박선숙, 〈조총의 등장과 발사원리 연구〉,《충무공 이순신과 한국 해양》(현.《해양역사문화》) 7, 2020.
김미선, 〈《간양록》에 대한 후대의 평가와 그 의미〉,《국학연구》 43, 2020.
김봉희, 〈북한의 고전소설《임진록》에 등장하는 경남 출신 의병장 형상화 양상 - 윤세평의《임진록》(민주청년사, 1955)을 중심으로-〉,《加羅文化》 31, 2022.
김세호, 〈丁酉再亂期 火王山城 守城 및 참전 기록의 기초적인 辨證〉,《大東漢文學》 81, 2024.
김시덕, 〈임진왜란의 기억-19세기 전기에 일본에서 번각된 조-일 양국 임진왜란 문헌을 중심으로〉,《동아시아의 전쟁 기억: 트라우마를 넘어서》, 문예원, 2013.
김영진, 〈임진왜란 이후 명군철수 협상에 대한 고찰〉,《韓國政治外交史論叢》 42-1, 2020.
김윤미, 〈박은식의 이순신 서술과 대한민국 임시정부의 역사전쟁〉,《溫知論叢》 78, 2024.
김인호,《원균평전. 타는 바다》, 평택문화원, 2014.
김일환, 〈임진왜란과 쯥州〉,《충무공 이순신과 한국 해양》(현.《해양역사문화》) 10, 2023.
김준배,《일본 문헌 속의 이순신 표상》, 민속원, 2021.

김준배, 《일본 문헌 속의 이순신 표상》, 민속원, 2022년.

김준배, 〈《고단 다이코키 : 조선정벌(講談太閤記朝鮮征伐)》의 이순신 서술과 그 의미〉, 《이순신연구논총》 36, 2022.

김준배, 〈메이지시대 초기 일본 문헌 속 이순신의 출현과 그 의미〉, 《이순신연구논총》 35, 2021.

김평원, 《임진왜란과 거북선 논쟁의 새로운 패러다임》, 책바퀴, 2022.

김형수, 〈인조반정 전후 경상도 지역에서의 남북인 갈등과 대북인(大北人) 처리〉, 《韓國思想史學》 78, 2024.

노대환, 〈조선후기 佛狼機砲의 제조와 배치〉, 《軍史》 131, 2024.

노승석, 〈임진왜란기 한산도(閒山島) 통제영(統制營)에 관한 연구 - 역사 사료를 중심으로 -〉, 《泰東古典研究》 52, 2024.

노영구, 〈근대전환기 역사교과서의 임진왜란 및 이순신 서술의 특징〉, 《역사와 현실》 130, 2023.

노영구, 〈宣祖代 정국 동향과 李舜臣을 도운 조정의 관원〉, 《韓國史論》 70, 2024.

노영구, 〈순천 왜교성 전투에 보이는 정유재란 참전국의 무기체계〉, 《南冥學研究》 77, 2023.

라경준, 〈조선후기 성곽 축조 기법의 변화〉, 《韓國中世考古學》 8, 2020.

류시현, 〈1930년대 초반 최남선·이광수의 임진왜란 인식〉, 《歷史學研究》 92, 2023.

박균섭, 〈선산부사-통제사종사관 정경달의 임진왜란에 대한 기록과 기억〉, 《嶺南學》 77, 2021.

박민수, 김영진, 〈임진왜란을 보는 '새로운' 창 -《經略復國要編》의 재조명과 사례 분석 -〉, 《軍史》 127, 2023.

박정민, 〈전쟁의 공포와 임진왜란기 檄文의 선전·선동 전략〉, 《大東漢文學》 73, 2022.

박주미, 〈임진왜란시 조선 수군의 승전요인 - 조선초기 왜란에 의한 조선 수군 변화를 중심으로 -〉, 《軍史》 128, 2023.

박채환, 〈임진왜란 시기 조선 수군의 화포 활용에 대한 비교연구: 16세기 서양 해전 사례와의 비교를 중심으로〉, 《이순신연구논총》 40, 2024.

박현규, 〈한국에서의 임진왜란 연구 동향과 문물 사료〉, 《이순신연구논총》 34, 2021.

백승종, 《고성현령 원전과 진주목사 원사립》, 논형, 2025.

변원섭, 【박사학위논문】壬辰倭亂 시기 日記資料에 나타난 士大夫의 戰爭體驗과 平和 認識 : 《《瑣尾錄》, 《孤臺日錄》, 《亂中日記》를 중심으로」, 강원대학교 대학원 평화학과, 2022.

송수환, 〈임진왜란 의병장 《일기》 조작의 한 사례 - 이경연의 '龍蛇日錄'을 중심으로 -〉, 《민족문화연구》 95, 2022.

송희복, 〈임진왜란기의 시마즈 요시히로와 패주의 진실〉, 《이순신연구논총》 39, 2023.

신용권, 《대마도와 7년 전쟁》, 지식과감성, 2020.

신윤호, 〈임진왜란 이후 연해 읍수군 운용의 변화와 특성〉, 《지역과 역사》 53, 2023.

신윤호, 〈임진왜란 이후 진주지역의 전략적 위상변화와 해상방어〉, 《충무공 이순신과 한국 해양》(현.《해양역사문화》) 10, 2023.

신윤호, 〈임진왜란 초기 해전을 통해 본 朝·日 수군 비교〉, 《한일군사문화연구》 37, 2023.

쑹녠선, 《동아시아를 발견하다 - 임진왜란으로 시작된 한중일의 현대》, 역사비평사, 2020.

《신편 한국사》, 제29권, "조선 중기의 외침과 그 대응 I", 국사편찬위원회, 2002.

원균장군 숭모회, 《임진왜란의 영웅 선무일등공신 원균》, 2000.

이계황, 《임진왜란 - 동아시아 국제전쟁》, 혜안, 2023.

이민웅, 〈다대포첨사 윤흥신의 임란(壬亂) 사절(死節) 경위와 조선후기의 현창〉, 《항도부산》 40, 2020.

이민웅, 〈武毅公 李純信의 임진왜란 시기 활약상 - 충무공 이순신의 기록을 중심으로〉, 《이순신연구논총》 35, 2021.

이왕무, 〈'임진전쟁'의 기록과 왕조의 역사 서술 - 선조실록의 서술을 중심으로 -〉, 《東洋古典研究》 97, 2024.

이욱, 〈은봉 안방준의 의병활동과 當代史 저술〉, 《史叢》 114, 2025.

이욱, 〈임진왜란기 충청수사 선거이의 활동과 공적〉, 《이순신연구논총》 38, 2023.

이유리, 〈尾張 德川家의 조선본 입수 방식과 유통 양상〉, 《東아시아 古代學》 75, 2024.

이은식, 《원균 그리고 이순신》, 타오름, 2009.

이재범, 《원균정론(元均正論)》, 계명사, 1983.

이정일, 《임난과 원균》, 해군사관학교 박물관, 1991.

이정일, 〈임진왜란 강화교섭기 조선의 대명 외교와 명일 교섭 - 일본 사은사(謝恩使)의 조선 경유 문제를 중심으로 -〉, 《東아시아 古代學》 72, 2023.

이정일, 〈임진왜란 시기 조명 관계와 명일 교섭 - 나이토 조안의 조선 경유를 중심으로 -〉, 《朝鮮時代史學報》 106, 2023.

이정일, 〈임진왜란 시기 조선의 대일 육상 전력 강화 - 1596년 강화협상 결렬 전후를 중심으로〉, 《東北亞歷史論叢》 76, 2022.

이정일, 〈임진왜란 시기 조선의 대일 전략(對日 戰略) - 1593년 일본군의 한성 퇴각을 중심으로 -〉, 《史叢》 104, 2021.

이정일, 〈임진왜란기 조선의 對日 공수(攻守) 방안 - 전쟁 발발부터 1596년 9월 강화협상 결렬까지를 중심으로 -〉, 《白山學報》 124, 2022.

이정일, 〈지전략(Geostrategy)의 관점에서 본 조선군의 對日 방어: 임진왜란 초기 경상우도를 중심으로〉, 《전북사학》 72, 2024.

이조희, 〈임진왜란 시기 《紀效新書》의 전래와 軍事上의 변화〉, 《한국학연구》 63, 2021.

임현채, 〈壬辰倭亂期 조선과 일본의 豊臣氏 활용과 그 인식〉, 《韓日關係史研究》 71, 2021.

임현채, 〈壬辰倭亂期 豊臣政權의 權威 - 히데요시의 天皇·天子 활용을 중심으로 -〉, 《韓國史學史學報》 44, 2021.

장준호, 《유성룡의 《징비록》 연구. 《징비록》에 대한 역사적, 정치사적 배경과 저술의 가치》, 카모마일북스, 2020.

장준호, 〈임진왜란 개설서의 사학사적 검토 《한국사》12(1977)와 《한국사》 29(1995)를 중심으로〉, 《東洋古典研究》 84, 2021.

장준호, 〈임진왜란기 金誠一의 招諭 활동과 戰時行政〉, 《서강인문논총》 58, 2020.

장준호, 〈임진왜란기 藥圃 鄭琢의 活動에 대한 고찰〉, 《충무공 이순신과 한국 해양》(현.《해양역사문화》) 9, 2022.

장혜지, 〈임진왜란기 오희문 가문의 식생활 및 찬품 교류 - '쇄미록'을 중심으로 -〉, 《歷史와 實學》 83, 2024.

전병철, 〈임진왜란 전후 黃㵢의 정책 건의와 그에 관한 李瀷의 견해〉, 《嶺南學》 90, 2024.

전재호, 〈한국에서 왜성(倭城)에 대한 인식과 정책 변화에 관한 연구: 반일(反日) 민족주의의 역할을 중심으로〉, 《서강인문논총》 67, 2023.

정수환, 〈임진전쟁과 일상, 기록 그리고 텍스트 검토〉, 《韓國史學史學報》 44, 2021.

정영문, 〈임진왜란 시기 피로인(被虜人)의 체험과 체험 공간에 관한 연구〉, 《東方學》 47, 2022.

정진술, 〈이순신과 전라우수사 이억기〉, 《이순신연구논총》 38, 2023.

정진술, 〈임진왜란 시기 李舜臣家 인물들의 行蹟〉, 《이순신연구논총》 40, 2024.

정해은, 〈《징비록》의 서술 중점과 후대 영향력〉, 《국학연구》 46, 2021.

제장명, 〈이순신과 경상좌수사 이운룡〉, 《이순신연구논총》 38, 2023.

제장명, 〈이순신을 도운 경상우수영·충청수영 사람들〉, 2015년 이순신학술세미나

제장명, 〈임진왜란 시기 가덕도의 위상과 조선 수군의 활동〉, 《항도부산》 42, 2021.

제장명, 〈임진왜란 시기 거제 진공작전의 경과와 의미〉, 《해양문화재》(현 《해양유산연구》) 14, 2021.

제장명, 〈정유재란 시기 사천성 전투의 경과와 의미〉, 《이순신연구논총》 33, 2020.

조인희, 【박사학위논문】임진왜란기 조선의 대외교섭과 조일 국교 회복에 대한 연구, 연세대학교 일반대학원 사학과, 2022.

조인희, 〈17세기 초 임진, 정유재란의 공신 선정에 대한 고찰〉, 《韓日關係史硏究》 77, 2022.

조인희, 〈도요토미 히데요시(豊臣秀吉)의 '정명(征明)'에 대한 고찰〉, 《韓日關係史硏究》 75, 2022.

조인희, 〈임진왜란기 명일 교섭의 초기 전개와 조선의 대명 교섭〉, 《국학연구》 53, 2024.

조인희, 〈정유재란사(丁酉再亂史) 연구에 관한 한일학계 연구의 현황〉, 《學林》 46, 2020.

조인희·최윤오, 〈임진왜란기(壬辰倭亂期) 분조(分朝) 구성원의 행적에 관한 고찰 - 공신 선정 문제를 중심으로 -〉, 《歷史와 實學》 73, 2020.

최관, 김시덕 공저, 《임진왜란 관련 작품 해제》, 도서출판 문, 2010.

최은주, 〈조선시대 임진왜란 일기자료의 현황과 傳存 양상〉, 《한국민족문화》 77, 2020.

한명기, 〈성호(星湖) 이익(李瀷, 1681~1763)의 중국사인식(中國史認識) 소고(小考)〉, 《韓國思想史學》 75, 2023.

한명기, 〈임진왜란 무렵 明의 礦稅之弊와 조선 - 요동 礦稅太監 高淮의 징색을 중심으로 -〉, 《전북사학》 59, 2020.

한성일, 〈임진왜란 시기 수군 동원 방식의 실태와 변화〉, 《지역과 역사》 51, 2022.

홍성화, 〈【서평】동아시아 국제질서를 통해서 본조선중기와 임진왜란 - 김경록, 《조선중기 한중군사관계사》, 국방부 군사편찬연구소, 2022 -〉, 《지역과 역사》 51, 2022.

Coyner, Tom 11 July 2006. "Why Are Koreans So Against Japanese?: A Brief History Lesson Helps Foreign Investors Do Business", The Korea Times.

Elisonas, Jurgis (1991). "Chapter 6: The inseparable trinity: Japan's relations with China and Korea". In Hall, John Whitney (ed.). The Cambridge History Of Japan. Vol. 4. Cambridge University Press.

Hawley, Samuel 2005. The Imjin War, The Royal Asiatic Society, Korea Branch/ UC Berkeley Press, 2005.

Hooker, Richard 1996. "Toyotomi Hideyoshi(1536–1598)", Washington State

University. Archived from the original on 2008-10-20.

Huang, Ray 1988. "Chapter 9 - The Lung-ch'ing and Wan-li reigns, 1567–1620"; Mote, Frederick W.; Twitchett, Denis (eds.). The Cambridge History of China Volume 7: The Ming Dynasty, 1368–1644, Part 1. Cambridge University Press.

Perez, Louis 2013. Japan at War: An Encyclopedia. Santa Barbara, California: ABC-CLIO.

Perrin, Noel 1979. Giving up the gun: Japan's reversion to the sword, 1543–1879. Boston: David R Godine.

Rockstein, Edward D. 1993. Strategic And Operational Aspects of Japan's Invasions of Korea 1592–1598, Naval War College.

Sajima, Naoko; Tachikawa, Kyochi 2009. "Japanese Sea Power: A Maritime Nation's Struggle for Identity" (PDF). Foundations of International Thinking on Sea Power (2). Sea Power Centre, Australia.

Swope, Kenneth M. 2005. "Crouching Tigers, Secret Weapons: Military Technology Employed During the Sino-Japanese-Korean War, 1592–1598", The Journal of Military History, 69 (1).

Turnbull, Stephen (2002), Samurai Invasion: Japan's Korean War 1592–98, Cassell & Co.

Turnbull, Stephen 2002. Samurai Invasion: Japan's Korean War 1592–98, Cassell & Co.

旧参謀本部,《日本の戦史 朝鮮の役》, 德間書店, 1995年.

笠谷和比古・黒田慶一,《秀吉の野望と誤算》, 文英堂, 2000年.

中野等,《文禄・慶長の役研究の学説史的検討》(PDF), 日韓文化交流基金、吉川弘文館, 2010年, 114쪽.

中野等,〈唐入り(文禄の役)における加藤清正の動向〉,(《九州文化史研究所紀要》, 56号, 2013年; 山田貴司 編著,《シリーズ・織豊大名の研究 第二巻 加藤清正》, 戎光祥出版, 2014年.

[색인]

가. 인명

* '원균', '이순신'의 색인어는 본문 빈도수가 많아 생략합니다.

ㄱ

가복(賈復) 384 977

가스파르 코엘료 31

가토 가아키 71

가토 기요마사(加籐淸正) 23 37 43 52 64 131 305 323 407 415 447 609 622 993 1016 1077 1080

강덕룡 9 83 114 129 159 160 162 163 165-167 169 174 181 182 205 381 461 731 735 736 894 898 1079 1082

고니시 유키나가(小西行長) 23 37 51 58 277 323 407 444 553 559 566 653 725 1077

고니시 조안(小西如安) 46

고바야카와 타카카게(小早川隆景) 37

고바야카와 히데아키(小早川秀秋) 584

고양겸(顧養謙) 46 321

고언백 23 348 379 383 486 503 505 507 510 512 515 516 518 871 921 962 967 970 975 1037 1048 1049 1051 1052 1056-1058 1062-1064

고토 스미하루(五島純玄) 35

곽재우 50 92 255 256 259 504 510 548 933 951 967 968 974 979 1051

구굉 776 779

구로다 나가마사(黑田長政) 37

구순(寇恂) 384

구인후 987 997

구키 요시타카(九鬼嘉隆) 68 69

국경인 609

국세필 609

권율 15 23 50 62 78 91 132 133 242 244 256 261 275 314 348 362 369 370 376 377 391 423 425 446 448 486 489 499 503 505 510 515 516 518 519 553 561 582 586 587 590 591 593 594 595 604 607 611 613 614 634 641 643 648 650-653 661 663 664 670 671 675 681 687 688 690 694 727 759 761 764 812-814 823 826 902 906 921 961 967 968 970 977 1000 1006 1022 1025 1035 1036 1041 1043 1046 1048 1051 1056 1057 1058 1062 1063 1064

권응수 133 486 499 501 505 510 515 518 638 752 921 956 967 1037 1047 1048 1051 1057-1059 1062-1064

권준 91 149 157 381 412 436 486 502 510 511 517 518 629 720 763 800 803-805 809 872 921 930

1006 1010 1047 1048 1051 1060
　　1062-1064

기카와 히로이에(吉川広家) 39

기효근 71 81 83 84 92 108 115 124
　　126 129 142 149 160 232-234 358
　　381 384 435 443 461 470 486 518
　　525 528 533 731 758 811 868 888
　　894 898 921 944 1051 1062 1063
　　1064

김간 20 83 84 338 429 431-459
　　461-463 466 525 781 1083

김경욱 737

김난서 397 398 1008

김덕령 256 259 377 965 967 968 974

김명원 372 406 552 664 825 951 958
　　990 1006 1030

김산의 도훈도 356

김상준 363

김성일 175 232 233 292 526 883 932
　　934 1013

김수 80 81 221 226 227 264 374 378
　　392 406 423 529 535-537 638 720
　　724 870 932 933 936 958 966 973
　　974 989 990 993 1006 1080

김승룡 84 165 234 358 758

김시민 134 486 501 502 510 515 518
　　732 921 963 1047 1049 1051
　　1057-1059 1062-1064

김신국 374 406 973

김예직 766 767

김완 157 540 627 628 630 668 673
　　790 799 803 804 806 807 1035

김우옹 273 297 423 638

김육 738 839 1083

김응남 372 378 379 392 406 407 580
　　633 664 722 813 871 873 954 979
　　985 990 996 1006 1030 1061 1063

김응서 23 272 294 323 379 383 406
　　425 448 449 503 507 510 559 595
　　600 602 604 605 607-609 643 871
　　967 975 981 1000 1001 1012 1019
　　1020 1048 1049 1051

김응함 507 510 514 515 790 791 796
　　1049 1051 1056

김인영 628 804 807

김준계 84 160 165 358 758 769 944
　　981

김준민 113 936 939 953 963 964

김집 428 849

김천일 23 92 317 730 934 947 948
　　963

김축 234 583 684 1027

김홍미 412 729 1014 1015

ㄴ

나대용 540

남도주인(이운룡) 136

남이공 284 422 582 585 663 683
　　1026 1027

누르하치 61 783 1075 1078

ㄷ

다무라 진나이(田村甚內) 69
다치바나 나오츠쿠(高橋直次) 584
다치바나 무네시게(立花宗茂) 39
담종인(譚宗仁) 545 970
도요토미 히데요리(豊臣秀頼) 35
도요토미 히데요시(豊臣秀吉) 14 23 69
   323 434 1075 1085 1088
동일원(董一元) 57
등자룡(鄧子龍) 67 304

ㅁ

마귀(麻貴) 50
모리 가쓰나가(毛利勝永) 37
모리 테루모토(毛利輝元) 37
민종신 351 928

ㅂ

박동량 354 726 1061 1083
박명현 192 510 763 1037 1051 1062
박종남 790 791 797 798 800 979
박진 28 377 507 510 518 519 526
   939 959 965 970 1011 1049 1061
박치공 240 358 716 759 945 964
박홍 81 221 222 350 529 530 938
   956
배경남 790 791 808
배설 157 243 281 578 579 648 664
   676 678 682 688 691 800 807 841
   878 906 979 1025 1028 1030 1035
배응록 540
배흥립 241 411 412 487 503 510 539
   590 628 629 648 649 660 676 763
   790 791 804-807 1006 1035 1038
   1047 1048 1051 1053
변존서 593 628
변협 29 698
변홍달 250 690
변흡 781 782

ㅅ

사명대사 555 557 558
서성 204 377 805 947 949 965 1006
   1067
석성(石星) 45 299 319 327-329
   473-475 566 570 606 1002
선거이 259 269 379 392 871 962 973
   975 979 991 1007
성여신 162 163 167 169 175 177 178
   717 1083
성윤문 157 158 689 1037
세남 657 685 686 771
소 요시토시(宗義智) 428
손경지 628 648 677 771
손기양 97 98 152 1083
손인갑의 애인 158
송시열 429 456 458 909
송유진 320
송응창(宋應昌) 43 321 346

송한련 230 233 234
순화군 43-45
순화왕(順化王) 47
식성군(이운룡) 100 146 533 732 757
신각 778
신립 23 29 315 774 928 959 960
신점 372 374 486 518 921 1057 1058 1060 1062 1063 1064
신호 539 628 790 799 800 801 806
신홍수 589
심기원 777
심수경 28 347 372 958
심유경(沈惟敬) 43 47 299 317 418 474 570 612 1002
심충겸 284 372 1061

ㅇ

아사노 요시나가(淺野幸長) 584
아시카가 요시미츠(足利義滿) 32
안괄 247 588
안방준 468 469 836 837 838 1084
안위 157 158 230 397 398 503 510 514 598 691 692 721 763 807 1010 1017 1038 1047 1051 1056
안중홍 836
안홍국 470 471 583 654 683 684 689 731 735 1027 1081
알탄 칸 27 1075
야나가와 시게노부(柳川調信, 平調信) 604 638

양방형(楊方亨) 323
양성지 218 219 432
양원(楊元) 51 1032
양호(楊鎬) 50 56 423 619 637
어영담 436 540 628 792 793 806 809 927
어운급 417 1016
오다 노부나가(織田信長) 30
오다와라(小田原) 34 69
오대로(五大老) 49
오유충(吳惟忠) 45 620 946 947
오윤겸 781
오코치 히데모토(大河內秀元) 51
오희문 351 357 359 932 1084 1088
옥형 753
와키자카 야스하루(脇坂安治) 68 69 303 342 1080
요시라 277 294 568 570 595 596 597 601 602 671 844 1012 1021
우시축전수(羽柴 筑前守, 도요토미 히데요시) 438
우에다 히데토(立花宗茂) 584
우응진 897 940
우치적 81 83 84 113 114 119 121 124 129 130 160 166 172 350 352 381 384 435 443 461 487 494 503 508 510 511 517 525 528 587 677 731 733 758 761-764 771 788 810 811 863 868 894 898 926 944 975 980 1030 1047 1048 1051 1060

1080
우키타 히데이에(宇喜多秀家) 39
원극유 431
원릉군(원균) 7 20 467 479 905 916 923
원사웅 257 258 259 365 870 964 969 1073
원선 464
원수신 768
원연 465-468 1083
원유남 157 247 588
원전 66 83 84 115 160 165 358 381 461 465 468 528 536 560 731 734 758 811 868 881 894 898 935 944 945 1008 1014
원준량 218 465 856-858 880 1083
원창령 581
원천상 469 837
위학증(魏學曾) 319 475
유대진 699
유성룡 9 30 42 78 98 106 154 166 193 215 219 264-282 284 287 289-296 298 300 308-315 317 320-323 327 332 347 360-362 370 374 382 386 388 391-394 406 413 447 448 473-475 519 545 570 580 581 591 595 613 627 643 644 653 664 670 687 688 711 714 717 721 727 729 818 822 825 826 867 874 909 953 957 958 960 973 990 1000 1002 1006 1030 1061 1084
유정(劉綎) 45 57 555 946 947 970
유택 24
유형 45 57 555 946 947 970
윤근수 272 300 372 397 413 581 986 994 1014 1061 1084
윤두수 215 284 316 392-394 406 407 580 581 664 721 955 961 979 990 996 999 1001 1006 1030 1042 1061
윤회 581
윤휴 532 622-624 722 723 728 830 836-838 860 861 867-869 875-878 1084
이경준 752 754 865 942 1043
이광악 81 83 84 115 160 166 257-259 376 381 443 461 486 502 510 511 515 518 731-733 921 969 977 979 1047 1051 1057 1058 1062-1064
이근석 356 944
이긍익 596 653-662
이기빈 754
이대원 25 29 33 730 750 751
이덕열 392 394 720 987 990 1006
이덕필 250 689 690
이덕형 136 308 391 392 406 670 772 821 990 1005 1006 1014 1042 1053
이몽구 540 628 799

이몽상 103
이변 218
이복남 29 50 247 409 587 730 1006 1007
이산해 28 194 328 330-333 358 392 397 406-408 581 616 695 700 702 703 728 745-747 749 822 990 1005 1006 1039 1042 1084
이선 428 454
이수광 830
이수일 356 409 507 510 778 785 967 1006 1043 1049 1051
이순신(李純信) 66 142 486 503 511 517 539 630 763 764 804 922 967 1047 1051 1060 1062-1064
이시언 28 510 517 518 752 956 967 1037 1049 1051 1060
이식 97 132 133 150 151 155 494 511 533 609 830-833 872 1084
이억기 62 78 81 89 91 115 156 157 169 173 209 221 222 237 241 246 251 253 260 261 281 285 291 342 347 356 359 361 397 405 437 444 450 452 461 462 486 501 514 518 529 539 547 578 579 588 618 628 630 631 634 641 648 656 660 661 666 672 675-677 682 685 690 693 694 699 708 711 718 729 730 749 755 766 769 770 790 799 800 811 819 824 825 832 849 865 868 876-878 921 930 942 943 945 962 967 983 1006 1009 1017 1025 1028 1029 1045 1047 1057-1059 1062-1064 1077 1080 1081 1088
이언량 540 761 762
이여 43 196 216 317 909 924
이여송(李如松) 39 42 316 317 849 1007
이엽 687
이영남 20 111 157 245 266 276 350 436 532 622 809 810 861 863 875 926 1039
이완 785 787 849 850
이운룡 9 81 96 97 99 104 108 110 114 121 124 125 129 130 132 134 136 140 151 153-158 160 166 184 257 260 266 350 381 384 435 443 461 486 503 510 517 518 525 528 533 542 731 733 757 759 760 764 765 788 811 868 872 888 894 898 921 926 969 975 980 1005 1025 1043 1044 1047 1051 1060 1062-1064 1088

이원익 78 128 129 189 271 275 308 324 380 390 392-395 406 448 502 510 519 531 561 585 590 591 595 604 607 614 626 627 634 642-644 663 668 670 673 675 680 683 684 687 688 718-720 723 724 727 801

814 819 820 826 827 831 833 869 906 987 990 996 998 1000 1001 1009 1010 1025 1027 1035 1042 1051 1061 1077 1084

이응표 157 628 648 677 764 767-771 785 786 805 1042
이이 106 181 297 313 314 323 325 471 555 782 847 848 877
이이첨 297 323 325 782
이일 79 146 219 225 227 228 316 434 526 537 538 878-880 893 926 956 957 970
이정암 503 511 512 516 519 811 919 1042 1043 1046 1047 1052 1054 1058-1060
이정형 159 407 716-719 1000 1003 1005-1008
이종성(李宗誠) 324
이지각 590 591
이찬종 734 735
이충(李冲) 355
이항 779
이항복 298 453 510 580 665 738 763 782 824 825 834 909 1030 1042 1051 1061 1084

이현일 181-183 734 1081
이호민 511 761 1046 1057 1058
이확 782 783

이효가 359 756 942
이흥상 357 941
임해군 43-45 609 765

ㅈ

자운 751
장윤 266-283 734 946 947 1081
정걸 66 238 270 788-791 964
정경세 105 265 309-314 316-327 335 970
정경운 356 714 715 1081
정곤수 374 376 379 381 382 757 868 869 970 972 1057 1058
정기룡 511 750 764 771-773 1044 1046
정문부 23
정사룡 590
정언신 29 105 408 812 879 998
정여립 105 314 323
정운 66 81 136 169 173 380 381 407 511 514 540 628 806 813 848 871 927 944 975 1002 1051 1053 1057 1080

정원명 248 588
정응태(丁應泰) 325
정탁 159 166 185 186 194 202 208 211 213 215 274 378 383-385 392 406 521 664 873 976 990 996 1004 1006 1030 1042 1062 1084

정희순 546 547 967
조경 28 29 315 372 374 486 503 510 515 517 518 774 921 1048 1051 1057-1064
조경남 595 710 711 725 726 1081
조계종 157 691 805
조대곤 82 177 222 223 351 527 530 936 939
조목 141 293-298 322 388 456 977 991 1010 1052 1081
조사랑(助四郞) 370
조승훈(祖承訓) 317 474
조식 162 186 314 356 727
조응도 156 579 580 598 599 706 729 732 733 1013 1014 1022
조인득 80 722 723 726 894 955 986
조준표 259 260 966
진린(陳璘) 57 331 497 754
진흥국 248 587

ㅊ

최대성 541
최영길 645-647 1030
최정립 401 402
최호 78 250 281 291 452 578 579 628 634 648 661 672 676 682 690 693 729 807 819 824 876 878 1025 1028 1045 1062 1070 1077
최황 374 376 970

츠쿠시 히로카토(筑紫広門) 584

ㅌ

택당(이식) 97 98 155 457
토도 타카토라(藤堂高虎) 68 69
퇴계(退溪, 李滉) 265 293 295 307 310

ㅍ

파평윤씨 430 459 460 467 468 834

ㅎ

하감동 402 403
한명달 788 794 796
한백록 359 757 942
한치윤 291 336 357 428 559 702-704 725 1084

한효순 216 604 673 687 714 817 818 961 970 1007 1015 1041
해생(解生) 53
허균 220 221 466 727 890 893 1081
허수석 400
허징 475
현덕승 46
형개(邢玠) 48 50
호리 마사오키(堀正意) 302
홍가신 511 761 1046 1058
홍이상 368 375 377 378 969 973
황신 402 403 448 573 997 1009 1010
황여일 593 682 685 686

황우한 337
황윤길 315 896
황진 46 511 761 945-947 960 1046
후쿠시마 마사노리(福島正則) 38

나. 지명

ㄱ

가덕도 70 72 73 279 280 343 414 416 417 422 441 551 560 575 576 579 584 585 613 653 657 664 684 726 831 877 1001 1015 1016 1020-1024 1026-1028

가덕포 127

감만이포 63

거제도 71 72 74 127 128 279 343 353 360 361 368 371 373 377 418 450 508 527 534 541 547 552 579 582 597 599 602 605 606 612 613 674 732 894 898 936 1019 1050

건천동 218-220 432 729 1072

견내량 110 123 154 289 647 931 942 971 972

고금도 74 739

곤양 64 70 75 82 118 163 164 168 169 171 242 341 342 435 471 526 527 534 655 716 774 888 937 941 964 1007 1079

광둥(廣東) 27 50 66 67 748 1075

ㄴ

남해현 71 229 231-234 350 541 887 926 1079

내이포 25

ㄷ

다대포 75 582 591 635 636 657 685 686 771 792 887 959 1012 1020 1024 1046 1047 1075 1076 1080 1087

동래부 남촌 63

두룡포 64

두억포 63

ㅂ

봉화 941

부산포 10 70 73 78 81 89 221 249 250 272 279 281 397 399 416 417 422 434 449 452 529 550 551 584 603 611 632-634 636-638 642 644 653 664 680 681 688 721 792 807 823 831 833 928 1015 1020 1037 1077 1081

ㅅ

사천 57 64 71 75 78 82 114 118 126 134 163 168 169 171 242 391 440 527 586 618 664 682 732 757 792 888 935 937 941 998 1026 1039 1076 1079

상당산성 86 214 571 616 617 719 864 984 985 1005 1009 1010 1081

서생포 44 58 70 140 347 400 425 573 576 685 686 962 1013 1023 1037

순천 49 54 57 59 65 226 376 510 537 662 1050 1078 1086
시전부락 79 433 881 896

ㅇ

안골포 64 70 75 124 169 173 343 417 422 443 451 547 560 561 575 576 582 584 585 603 606 613 643 657 663 671 732 757 906 931 942 1020-1022 1024 1026-1028 1037 1038 1044 1079
여좌동 432 453 465-468 923 1073
영등포 116 347 360 361 371 377 414 450 451 551 657 715 883 887 888 897 931 939 953 962 997 1001 1007 1079
오아포 63 64 535
온라도(칠천도) 451 655 658
울산성 54-56 1077 1078
웅천 44 64 74 449 455 551 635 653 655 714 945 946 951 970 973 1024 1079

ㅈ

장생포 635 636 1024
전주성 52 1077
절영도 75 81 221 280 369 407 414 529 550-552 576 579 656 666 680-682 685 686 688 690 771 792 813 830 877 959 1001 1002 1014 1023 1028 1031 1046 1047 1076
제포 63 64 70
죽도 427 573 591 599 602 603 605 613 635 636 1020 1024 1037
진위현 79 218 432 465 893 896 923

ㅊ

창선도 127 646 716 1034
천성포 64 1079
춘원포 90 674 678 820 832 1029 1045
칠천도 254 258 281 451 643 644 653 655 658 665 878 1031

ㅎ

한산도 63 72 78 84 169 173 174 275 280 289 302 323 347 357 358 364 376 403 407 422 443 482 509 559 574 582 585 593 615 616 623 634 644 650 660 661 663 674 694 703 709 716 770 792 802 808 813 830 864 918 929 942 944 952 962 963 967 972 986 988 998 1002 1022 1026 1028 1050 1086
황석산성 52 1077

다. 기타

30만 정병 554 562 577

ㄱ

가덕도해전 75 441 906
가짜 뉴스 7 11 22 171 434 470 483 625 645 856 858 860 907
간파쿠(關白) 30
강화(講和) 조건 44
거북선 30 41 121 268 342 412 492 710 835 927 929 1085
격군 241 364 367 390 405 412 576 598 617 646 657 674 707 708 711 738 820 935 942 989 996 1010 1011 1017 1023 1034 1045
격군의 숫자 708
경국대전 62 1083
경상우수영 63 71 108 115 121 122 155 156 160 163 170 171 208 254 268 438 440 463 480 524 525 534 535 541 579 618 630 688 694 708 710 713 721 737 884-887 890 891 1079 1088
경상좌수영 63 710 887 890
경술(庚戌)의 변 26
계미년 723 724 728 818 939 989 1004
고대일록 355 716 717 1084
공신도감 15 338 477 503 510 514 919 1048 1051 1055
국조인물고 264 309-313 315-322 324-326 687 1083
군공청 507 761 1049 1050
귀 무덤 52
금병(金屛, 금병풍) 353 509 1050
금선(金扇, 금부채) 354 509 1050
기린각 195 485 486 921
기망장계 159 190
기문포해전 75 418 597 602 606 734 1077 1081
기재사초 266 354 726 1083 185

ㄴ

난중일기 5 9 18 20 66 77 81 85 94 108 112 113 118 125 156-158 164 170 174 209 217 218 220-223 234-250 252-262 279 281 283-285 357 372 376 380 439 441 450 458 466 523 524 529 530 541 542 546 547 580 586-593 608-610 629 630 632 644 649 654 655 657 663 680-693 771 790-810 827 834 839 840 841 851 855 876 904 913 943 1036 1065 1080 1081 1084 1085
난후잡록 288-290
남원성전투 51 791
남이공의 직언 391
남인 86 98 105 106 273 283 314 396 397 570 580 773 801 816 830 979

남해현 방화사건 229 232-234 1079
내구마 87 445 485 920 982 1064 1081
노량해전 59 67 76 494 761 807 809 945 1078

ㄷ

다네가시마(일본 조총) 37
다르게 보기 96
당포해전 75 119 438 441 463 475 509 512 720 721 726 727 1076 1080
당항포해전 72 75 120 121 437 442 462 463 475 476 544 618 628 794 808 1076 1077 1080
대동법 46 60 77 405 643 741 838 1078
대장군포 38
대철포(대형 조총) 73 74
도원수(권율) 62 78 688 759 1022
도체찰사(이원익) 78 585 663 688
동국신속삼강행실도 729 730

ㅁ

만기요람 621 705-707 710 865 1083
만력제 27 38 46 47 50 56 1075
매촌 강덕룡 실기 167 1083
면포 61
명나라와 일본의 협상 42 48
명량해전(명량대첩) 55 65 74 76 89 452 796 797 835 844 1077

ㅂ

방목 430 460 464 465 467 468 821 881 1069 1070 1071 1079 1083
백의종군(보직 대기) 88 194 244 250 274 275 433 448 491 492 495 586 587 680 713 722 807 814 823 1081
범죄 수사적 기법 96 207
벽제관전투 39 1077
별시(別試) 무과 28 156
복병선(伏兵船) 659
봉화(烽火) 83 535
부령도호부사 79 433
부사집 162 163 167 175 176 717 1083
부산진 함락 81 222 529 531 892
부산포해전 73 75 90 127 173 407 416-418 574 751 757 836 849 1076 1080
부산포해전에 관한 보고서 127 416
북인 98 186 284 296 392 396 570 580 753 773 801 822
불랑기(佛朗支) 38
불차채용(不次採用) 882 897
불차탁용(不次擢用) 81
비거도(鼻居舠, 작은 배) 658 659
비망기 412 507 512 515 572 604 669 730 824 1012 1015 1018 1034 1049 1052 1056

비변사 28 78 86 88 141 142 210 213 314 324 362 388 389 392 419 420 555 571 572 577-581 607 610 632 664 672 688 734 757 772 824 974 990 997 1001 1004 1006 1013 1030 1038
비변사 확대회의 392

ㅅ

사도의 2호선 253
사도의 병선 375 976
사로병진책(四路竝進策) 57
사무라이 25 31 34-36 52 305
사천 왜성 전투 57
사후선(정탐선) 546
삼도수군통제사 10 11 87 100 186 416 447 493 570 620 750 753 754 774 778 805 819 917 952 1037
삼포왜란 24 314 724 892
서인 98 272 273 284 300 312 392 396 580 670 801 822 844 850 979 1067
석천사 753
선무공신 14 15 66 91 96 100 125 133 141 142 149 154 239 453 467 479 489 497 499 518 519 679 733 757 758 762 820 824 829 841 845 862 902 905 915 916 921 922 1061-1063 1081
선전관 79 280 351 413 432 525 531 532 536 660 664-666 693 849 881 883 897 928 935 1014 1029 1079
선조수정실록 109 155 264 350 352 386 387 533 830 831 913 925 926 928 942 944 947 952 980 1000 1012 1028 1063
세키가하라(関ヶ原) 전투 35
소비포권관 157 245 267 350 436 532 809 863
소초선(小哨船) 451
손죽도 사건 33
쇄미록 108 266 351 356 357 359 862 931 932 1084 1085 1088
수군 사령탑 교체 273
수군에 관한 문제 278 366 586 691
수군에 관한 통계 425
수군의 기본 전략 368
수군의 식량 사정 364 366
수군의 편제 62
수륙 합동작전 254 369 419 552 560 1080
수륙병진 56 636 637 968 971
순천 왜성 전투 57
습증 381 759 872 975
승병장 556
신구차 9 20 94 108 159 185-187 193-196 198 200 204 207 208 215 216 235 274 394 524 904
신기전 55
쌍학진 546

ㅇ
아시가루(足輕, 경보병) 35-37
애마총 87 46445
양조평양록(兩朝平壤錄) 304
어전 회의 82 212 213 223 358 378 406 410 530 816 873
여지도서 164 181 1083
역사를 왜곡하는 방법 205
역사적 텍스트의 변조 159 161
연려실기술 596 653-662 815 884
연병규식 322
연합함대 10 83 110 172 222 352 436 522 530 533 541 544 1079 1080
연합함대 편성 436 530 533 1079
영천전투 133 134
옥포해전 69 72 75 115 354 475 58 618 757 884 887 1080
왜구 25-27 32 33 41 62 63 65 164 168 169 171 176 177 407 470 653-662 699 705 717 743 813 881 885 888 889 898 899 935 946 1002
왜성 48 55 57-59 74 76 88 330 337 425 547 553 574 594 623 657 1078 1088
왜영 방화사건 397
요시라의 계략 273
용인전투 69 1076
운주당 276 624

울음 밭 87 464
웅포해전 75 470-472 475 793 1077 1080
원균 무과 방목 1083
원균 선무공신교서 10 477 479-491 495 497 508 521 1083
원균 중용론 395
원균과 이순신의 불화 722 1006
원균의 서장 1000
원균전 429 455
원균행장 10 338 428 429 431-463 466 471 475 482 509 525 660 781
원종공신 15 92 464 468 477 734 915 945
원준량 무과중시 방목 465
원지 무과중시 방목 469 1083
유림 750 751 780-783
유서 20 55 82 224 225 338 409 429 442 460-464 475 482 531 536 608-610 816 905
유이민 329 367 966
유장 18 22 77 147 776 777 780 786-788 815 816 818 838 840 841 847 860 906 1055 1065
율포해전 72 75 1076 1080
은봉전서 468 469 836 837 838 1084
의화사(議和使) 46
이괄의 반란 776 1078
이순신 선무공신교서 484 488-497 508 1083

이순신에 대한 탄핵 411
이순신의 다섯 아들 381 629
이순신의 분군율(僨軍律, 군사를 패망시킨 죄) 376
이충무공전서 18 82 83 181 195-198 200 202 203 216 223-231 235 342 488 530-532 534-541 810 815 847-851 855 906 909 1084
인터넷 백과사전 5 7 11 854-856 858 859 878-880 895 899 907
일본군의 판옥선 835 1081
임신조약 24
임진왜란 2 9 23 24 35 49 51 54 61 65 68 69 97 107 122 133 134 147 159 160 164 175 200 300 304 306 308 318 320 329 330 354 355 381 490 526 554 707 708 710 722 728 742 748 752 801 807 843 880 882 883 885 892 896 897 915 918 1058 1075 1079 1084-1089

ㅈ

장만록(張萬祿) 377
장문포 수륙 합동작전 369-372 1080
장문포해전 75 253 260 375 573 658 659 732 733 1077
재조지은 60 327
쟁공 149 166 212 885 898
적진포해전 75 733 1076 1080
전라우수영 65 342 657 658 685-688 699 708 710 890
전라좌수사 29 65 80 84 108 115 123 168 172 177 215 225 232 353 411 435 436 508 528 536 553 717 751 790 865 882 896 925 929 936 941 953 974 1008 1020 1050 1081
전쟁문학 640
정공신 15 92 464 477 479 485 486 731 733 767 785 915 921 923
정미약조 25 1075
정여립 사건 313 322
정유재란 9 23 48 50-52 57 63 66-70 74 77 132 133 455 460 471 472 509 559 599 613 710 729 731 791 944 993 1050 1081 1086 1088
정한록(征韓錄) 304
제1차 당항포해전 72 75 120 121 462 475 476 1076 1080
제1차 진주성전투 799 1077
제2차 당항포해전 75 1077 1080
제2차 진주성전투 45 1077
제승방략 314
조공무역 32 33 44
조방장 11 315 398 627 628 630 648 660 668 669 790-792 795 796 798-800 802 807 808 810 934 940 941 967 1035 1038
조산보만호 79 881 893 896 1079
조선군기대전(朝鮮軍記大全) 306
조선정벌기(朝鮮征伐記) 301-304 307

조선태평기(朝鮮太平記) 304-306
조총병 60
종성도호부사 29 79 80 881 896
주사(舟師) 168 172 256 332 333 364
　573 576 578 600 651 652 665 668
　704-707 709 744 790 951 953 968
　971 972 974 976 978 986 994 995
　997 998 1009 1010 1014 1016
　1017 1020 1022-1024 1029 1030
　1033 1035 1036 1041 1044 1045
　1049 1051 1054 1058
주인장 48
주화오국 9 287 291 296 298 317 322
　427 641 908
직산전투 52 54 55 1077
진관체제 314
진주지역의 방어 83
징비록 7 9 18 20 42 95 159 162 183
　263-285 287-291 299-307 324
　331-334 361 370 571 640 641 661
　714 748 816 878 883 904 905 906
　1084 1087 1088
징비록 쓰게 된 이유 287

ㅊ

참장 215 318 3211 1011
청나라 27 60 61 77 776 783 785 786
　843 1078
청난공신 15 91 92 192 679 1061 1062
체찰사(이원익) 62 78 129 585 590 663
　688 719 720 1009 1010 1025
충렬사 750 757 780 788 789 848

충민사 750 753 755
충청도병마사 78 756 874
충청병사 45 289 323 386 393 395 413
　414 445 463 616 723 724 982-985
　987 989 990
충청수영 62 65 223 530 579 630 649
　1088
치제문 283 781 782 848 923
칠천량 사태 75 90 91 132 457 495
　580 632 640 649 653 654 660-664
　667-671 673 675 677 678 680 693
　734 772 791 805 819 825 827 844
　905 906 919 920 924 926 940
　1030 1047 1077
칠천량해전 7 10 21 89 132 302 449
　452 513 563 569 626 631 632 640
　676 678 693 832 889

ㅌ

통제사 경질론 391
통제사 이충무공 유사 532 622-624
통제영 10 243 281 416 622 774 783
　1086

ㅍ

판옥 대선 575 616 647 709 864
판옥선 21 88 115 119 160 163 164

184 267 341 343 345 365 396 400 401 452 524 540 542 575 579 615-617 619 646 707-711 743 745 752 772 863-865 883 888 942 952 996 1080 1081

포르투갈 상인 23 26 27 38

포수 375 557 746 976 984

포작(보자기) 238

프로슈머(Prosumer) 7

ㅎ

학익진 54 72 342 357 546 547 582 683 931 1027

한산대첩(한산해전) 72 74 75 84 700 703 945

한산도 수군의 배 615

한양 점령 34 84 473

할지론 446 475

합포해전 75 115 116 733 944 1076 1080

해주석씨 474

해평윤씨족보 581

행조(行朝, 행재소) 353 354 439 508 509

행주대첩 23 39 65 503 507 823 1077

헌의 159 186 187 193 196 284 307 384 640 1007

호광총병(湖广總兵) 67 330

호성공신 14 91 325 506 679 680 1061

회갑(盔甲, 투구와 갑옷) 356 944

효충 장의 적의 협력 479 916 1062

후금 27 56 61 776 780 782 783 785 1075 1078

훈련도감 319 549 557 768 779 821